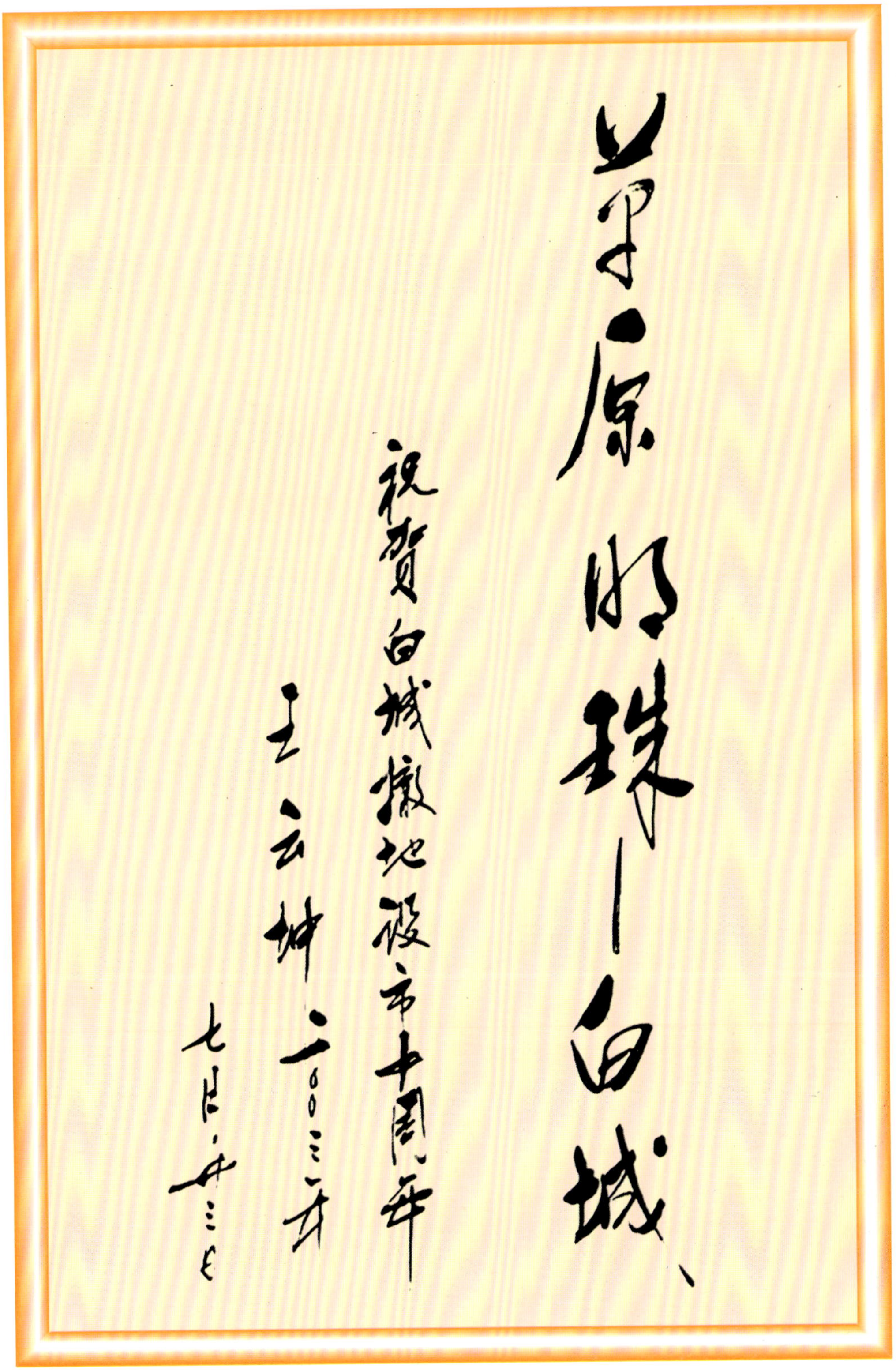

草原明珠——白城

祝贺白城撤地设市十周年

王云坤 二○○三年七月廿三日

中共吉林省委书记王云坤为白城撤地设市十周年题词

祝贺《白城年鉴》创刊发行

白城市市长　岳清友

在新世纪之初，《白城年鉴》问世了。她是世纪的贺礼，时代的产物，精神文明建设的硕果，白城文化事业的又一座丰碑。《白城年鉴》以马列主义、毛泽东思想、邓小平理论和“三个代表”重要思想为指针，以“科学地历史地总结经验，客观地全面地认识现实”为办刊宗旨，以丰富的内容、翔实的资料、完备的体例，全面地、系统地、准确地记述了世纪之初白城人民艰苦创业，开拓进取的奋斗历程，展现了新时代白城大地经济和社会发展变化的崭新风貌。它将为研究白城的生态资源与发展规律，确定保护利用与开发建设方针，谋划世纪构想与宏伟蓝图，提供宝贵的基础资料；对于宣传白城、推介白城、提高白城的知名度，向世人展示白城草原的自然风光，促进旅游事业的快速发展，将产生良好的社会影响，起到积极的推动作用。借此，我对《白城年鉴》创刊发行表示真诚的祝贺！向勤勤恳恳、兢兢业业为《白城年鉴》付出辛勤劳动的广大编撰人员，向关心与支持白城年鉴事业发展的各界人士表示衷心的感谢！

21世纪是个充满希望的世纪。在新世纪，白城的改革开放和现代化建设将迈出更大的步伐。我们要基本实现现代化，把白城建设成为经济繁荣、科教发达、生活富裕、法制健全、社会文明、环境优美的现代化城市。我深信，在以胡锦涛为总书记的党中央领导下，经过200万勤劳智慧的白城人民的努力奋斗，一个开放式、现代化、美丽富庶的白城定会梦惊华夏，名扬世界。著书为用，希望广大干部群众，以《白城年鉴》创刊发行为契机，全面了解市情，深刻认识自己，扩大宣传白城，积极推进“三个文明”建设。同时，也希望《白城年鉴》继续遵循既定的编辑方针和创刊宗旨，紧紧围绕经济建设这个中心，服从和服务于市委、市政府的工作大局，解放思想、实事求是、与时俱进、开拓创新，把《白城年鉴》办得更好。各地、各部门要继续关心和支持地方志工作，编辑人员要精益求精，不断创新，增强年鉴的服务功能、资政功能和信息功能，为实现白城全面建设小康社会，推进跨越式发展的宏伟目标作出新的更大的贡献。

2003年8月7日

白城年鉴

地址：白城市文化东路1号
电话：0436　3225760
邮编：137000

①副市长、编委会主任、主编姜凤国在《白城年鉴》（2002）编纂工作会议上讲话

②编委会副主任陈越、高学忠、黄雪娥、鞠万义出席《白城年鉴》（2002）编纂工作会议

③《白城年鉴》（2002）编纂工作会议

④编委会常务副主任、责任主编张建本在白城年鉴编委会会议上讲话

⑤荣获国家及全省社会科学研究成果一二等奖的地（市）、县（市）志

⑥白城年鉴编辑部全体工作人员

编纂委员会

白城市地方志办公室是市政府的职能部门，始建于1984年 。

白城市地方志办公室编纂的《白城地区志》于1992年出版，成为白城地区第一部地区志，是全省第一部地（市）级志书，也是全国第二部地区志，被评为全国新编地方志优秀成果一等奖 。

白城市地方志办公室续修的《白城市志》（1986—1995）于1999年出版，成为全省第一部续修市、县志。省地方志编委会给予高度评价。2001年，《白城市志》被评为全省新编地方志优秀成果一等奖。并将此书列为全省续修新一轮市、县志的范本。还被推荐到全国展评 。

白城市地方志办公室，认真指导各县（市）新编地方志工作，严格审查、精心修改各县（市）志。到2001年，全市各县（市）志全部出版发行，成为全国第二个完成首届修志任务的地级市。为此，省地方志编委会特发通报嘉奖白城市地方志办公室。全市出版的县（市）志全部获奖：《白城市志》（今洮北区）、《通榆县志》，被评为全国新编地方志优秀成果二等奖；《大安县志》、《镇赉县志》、《洮南市志》，被评为全省新编地方志优秀成果一等奖 。

新世纪伊始，白城市地方志办公室和白城市政府办公室，负责每年编纂出版一部由市政府主办、市年鉴编委会承办的《白城年鉴》，国内外公开发行。它的问世，必将成为各部门、各级组织和社会各界广泛利用的信息资源，直接服务于政治、经济和文化的需要，为全市的深化改革和“三个文明建设”，发挥重要的“资政”作用。

全国五一劳动奖状获得者白城市第一中学

全国五一劳动奖章获得者盖雁

白城功臣

热烈祝贺白城一中盖雁校长荣获全国五一劳动奖章

地址：白城市民生西路30号

电话：0436　3333012　3333013

邮编：137000

白城年鉴

——2002——

白城市人民政府办公室
白城市地方志办公室

主　　编　姜凤国
责任主编　张建和
副 主 编　赵长明
　　　　　张　富

吉林人民出版社

白城市地方志编纂委员会

《白城年鉴》编纂委员会

《白城年鉴》（2002）编纂人员

主　　编　姜凤国

责任主编　张建和

副 主 编　赵长明　张　富

责任编辑　邢国明　戴忠春　张颖娜
　　　　　徐国政　刘　宁　董恩礼
　　　　　赵　彤

美术编辑　张明哲　李双印

摄影人员　张明哲　高玉田　左玉文
　　　　　孙晓柏　韩凤翥　曹文举
　　　　　李玉辉　谷学忠　王野春
　　　　　高柏祥

《白城年鉴》（2002）审稿人员

主　　审　陈　越　高学忠

审稿人员　黄雪娥　鞠万义　隋　喜
　　　　　陈金生　张凤林　曹海林
　　　　　白铁城　李亚芹　于秀芬
　　　　　陈继辉　赵全来

《白城年鉴》（2002）撰稿人员

（按交稿时间先后排序）

金　燕　郭宝玉　蔡晓玉　刘代春　孙伟光　李志贤　任洪娜　崔戓仙　于黎明　许新宇
尹立武　张立友　王　海　佟　强　李建强　张志明　王晓男　程维江　李克宇　吴　澍
徐丽男　马奎文　王　丹　马继超　刘　爽　吴文良　袁　娟　邹国栋　姚士民　张树林
李泰丰　闫云波　石洪亮　郑晓志　焦雅芹　范洪戈　赵铁慧　吕　莉　邢惠勤　王忠民
胡洪洲　施鸿成　闫振华　刘莉莉　马新民　岳家驹　秦国芝　李晓娜　翟国春　刘宏宇
孙振海　曹伯志　孙孟君　李　莉　马长江　白丽娟　冯明臣　于长海　江其田　吕俊林
杨国昌　张洪全　刘　鹏　闫　莉　王　欣　李光彦　陶立群　王　晔　柳宝明　李志强
梁云彬　王德金　徐占春　田坤元　马　焉　崔宏伟　王敬堂　王立鹏　李凤起　陈文秀
张海征　李大治　孙发堂　刘开宇　李静华　张志钢　肖立峰　张　权　王淑秋　曹晓红
邓　凯　郝玉章　李　芳　张学坤　单德忠　杨玖廷　刘杭伟　姜　玲　叶　晓　刘淑贤
陈清波　陶　平　黄正连　赵国立　纪国臣　张明秋　孙乃涛　邓少辉　万晓光　赵　瑛
周顺宝　张德福　刘福安　刘俊峰　李大伟　靳瑞祥　罗雁鸣　李冬梅　王秀军　闫兆玲
于海龙　任宝华　王淑荣　邵立群　陈　吉　温　超　于永超　王　粤　张泽旭　仲崇玉
李兴会　王福泉　车庆林　杨忠民　董海波　樊立光　王欣来　刘维国　李玮娜　李军红
刘　尧　乔　安　冯国春　李永明　刘春城　任林友　刘春林　孙守航　姜　勇　姜瑞清
樊秀云　孙立峰　毛春峰　华勇智　张文明　吴井峰　李鹏宇　李晓琨　吕　厚　刘宏坤
王振山　刘德民　王洪铎　李铁志　程晓源　魏宝军　周元斌　侯治家　王忠明　崔向阳
翟雅萍　冯连伟　古淑华　邢　波　廖荣彬　胡志强　王元宏　张敏辉　田桂霞　杨丽萍
王艳娟　白　茹　李洪海　孙凌文　邢铭建　张建波　李先臣　王　涛　邱志军　关剑明
倪金富　王鹏飞　王焕芝　夏德富　熊志伟　方克颖　马弘真　李春玉　李宝山　汤　文
刘晓林　曹世伟　孙万春　卢　刚　潘淑坤　赵洪亮　吴爱民　朱劲松　左长生　孔艳军
张志义　刘志君　张顺山　张琦平　商靖红　李英文　王世友　王天禄　陈双林　张国德
邹毅勇　丁雪原　任宏伟　李秋田　陈　雷　鄂文明　刘广志　梁英利　张洪志　李万成
李晶涛　韩凤林　刘学军　王德平　赵晨星　佟伟军　李虹卫　王振忠　马晶莹　朱洪贵
邰　宇　刘洪太　马　燕　崔厚臣　刘安君　李莹洁　岳凤库　马静莹　马建平　孙洪河
付　群　许宪友　杜亚男　崔　凯　吕杰夫　周　丽　于凤琴　丁良占　李　东　官秀茹
杨景香　李晓明　陈玉明　唐永久　吴志敏　魏占起　李荣华　褚集阜　董伟明　武　扬
李东平　李淳生　陈学艳　周　正　兰　橙　来秀英　马广瑞　赵　宇　杨俊贤　王仙波
卢凤吉　栾红光　李大莹　张立恒　孙宏剑　赵　毅　黄秀东　蔡云华　李洪武　闫国忠
张喜东　杨贵民　李殿文　孙桂华　王维民　郑光华　李兴明　龚喜军　石洪泉　董喜斌
王蕴哲　张建华　刘世才　张春雨　郭艳琴　张洪泉　孙鹏山　于福生　李兆乾　吴国林
徐俊韬　吕　田　杜亚欣　王　利　刘凤冰　李海军　冯　富　毕翠英　李宝君　王宝军
薛振华　谢殿卿　季　荣　魏雪峰　肖凤祥　闫　宏　张仕信　张精建　张树乐　啜志明
费建伟　李久真　王玉廷　王芳原　付贵刚　季景伟　王立武　孙乃玉　陈景祥　刘玉卓
张玉文　古艳阳　李文忠　刘　兵　赵树杰　王一兵　范书华　曹伯铭　乔玉良　高崇信
牟荣康　姜丽玲　朱玉萍　王立文　祁桂华　李雅贵　孙晓东　朱　春　孙春生　辛　劲
王全贺　张颖娜　董恩礼　刘　宁　戴忠春　邢国明　徐国政　张　富

编　辑　说　明

一、《白城年鉴》是白城市政府主办的地方综合年鉴，是一部全面、系统、准确记述白城市自然、地理、政治、经济、文化和社会发展各方面情况的资料工具书。《白城年鉴》(2002) 以“三个代表”重要思想为指导，重点记述了白城市2001年国民经济和社会发展的基本情况，突出反映了全市上下齐心协力建设具有白城特色的生态市及“三个文明建设”的新情况、新成就。

二、《白城年鉴》(2002) 采取分类编辑法，以篇目、栏目、分目、条目组成框架结构的主体部分。全书设10个篇目，即：概况、政治、经济、文化、社会生活、人物、大事记、文献、信息服务、附录。

三、《白城年鉴》(2002) 中的全部稿件，均由相关单位专人撰写，并由单位领导审阅。统计数据，由供稿单位提供，白城市统计局核准。

四、《白城年鉴》(2002) 中的称谓：单位名称，以篇目为单位，第一次出现记述全称括注简称，以后出现均记简称；人物篇目中的地名亦以篇目为单位，第一次出现记述当时地名括注今名（洮北区除外），以后出现均不括注。

五、《白城年鉴》(2002) 彩页中的文字简介与个别照片由于需要，时间有所跨越。有的照片因作者不详无法署名，在此向作者表示感谢，敬请谅解。

六、《白城年鉴》(2002) 的编辑出版，得到了全市各级领导机关、各部门、各单位及社会各界的大力支持与协作，在此一并表示感谢。由于编辑水平有限，难免有疏漏或错误之处，敬祈批评指正。

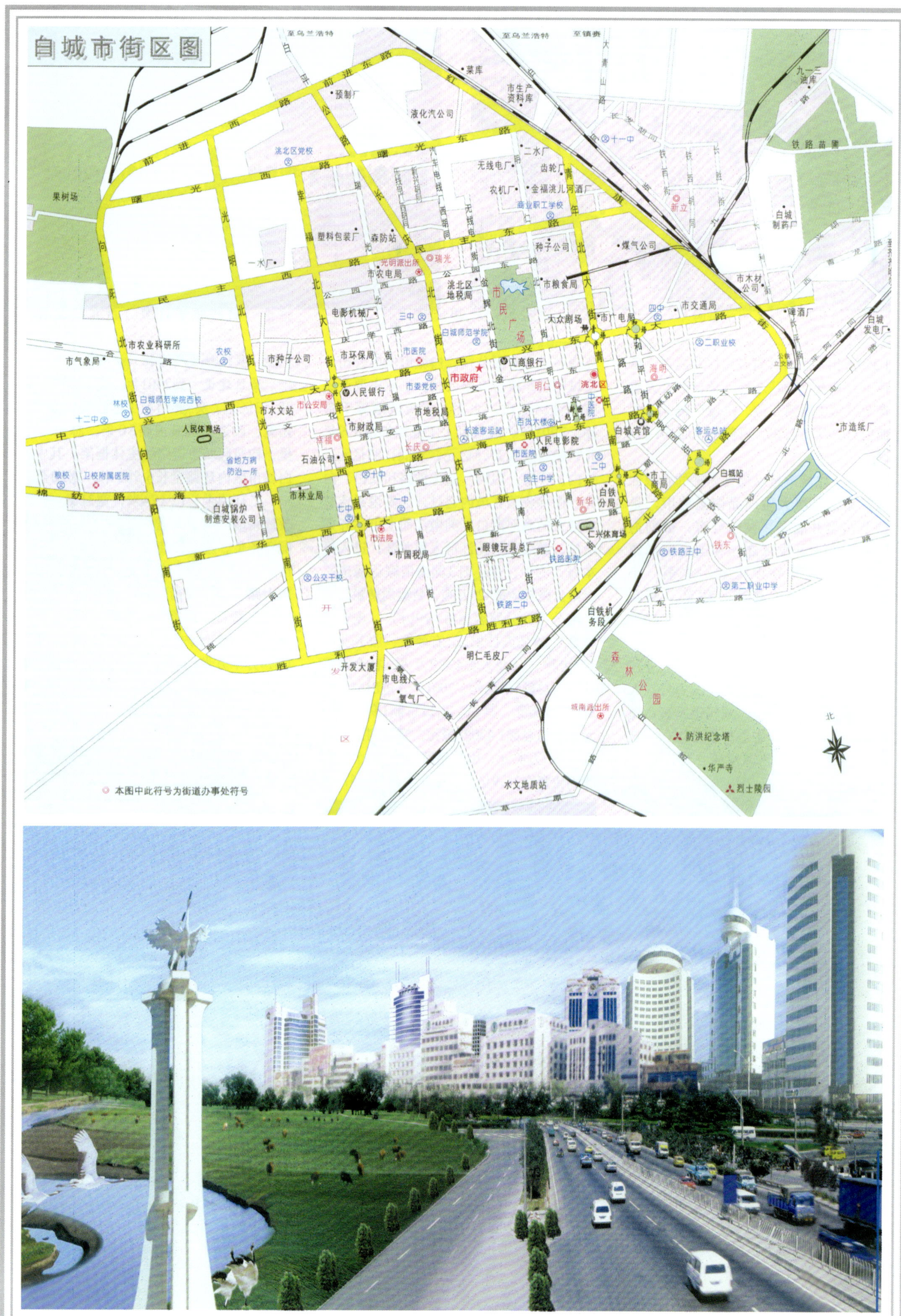
白城市街区图
至乌兰浩特
至乌兰浩特
至镇赉
菜库
预制厂
市生产资料库
洮化汽公司
洮北区党校
二水厂
齿轮厂
无线电厂
农机厂
金福洮儿河酒厂
商业职工学校
十一中
九一三油库
铁路苗圃
果树场
白城制药厂
塑料包装厂
森防站
一水厂
光明派出所
瑞光
市农电局
洮北区地税局
市民广场
种子公司
市粮食局
煤气公司
市木材公司
电影机械厂
三中
白城师范学院
大众剧场
市广电局
四中
市交通局
啤酒厂
白城发电厂
市农业科研所
农校
市种子公司
市环保局
市医院
工商银行
二职业校
市气象局
市政府
明仁
洮北区
海明
人民银行
市委党校
白城师范学院西校
林校
市公安局
市水文站
市地税局
中医院
十二中
人民体育场
市财政局
长途客运站
百货大楼
白城宾馆
客运总站
市造纸厂
吉福
长庆
人民电影院
省地方病防治一所
石油公司
二中
十中
粮校
卫校附属医院
民主中学
市工商局
白城站
白城锅炉制造安装公司
市林业局
一中
新华
白铁分局
七中
仁兴体育场
市法院
市国税局
眼镜玩具总厂
铁路医院
铁路三中
铁东
公交干校
第二职业中学
铁路二中
白铁机务段
明仁毛皮厂
开发大厦
市电线厂
氧气厂
城南派出所
森林公园
防洪纪念塔
华严寺
烈士陵园
水文地质站
北
本图中此符号为街道办事处符号

胡耀邦同志来白城视察

李先念同志来白城视察

朱镕基同志来白城视察灾情

李岚清同志来白城视察灾情

胡锦涛同志来白城视察灾情

温家宝同志来白城视察农业

王忠禹同志来白城视察工业

回良玉同志在白城工作

王云坤同志来白城视察开发区

洪虎同志来白城视察社区

中国共产党白城市第三次代表大会

温家宝同志和刘润璞同志合影

白城市第二届人民代表大会第四次会议

中国人民政治协商会议白城市委员会二届四次会议

市委书记刘润璞在市政协二届四次会议上发表重要讲话

市人大主任沈贵在市二届人大四次会议上讲话

市长岳清友在市二届人大四次会议上作政府工作报告

市政协主席刘宝泉在市政协二届四次会议上讲话

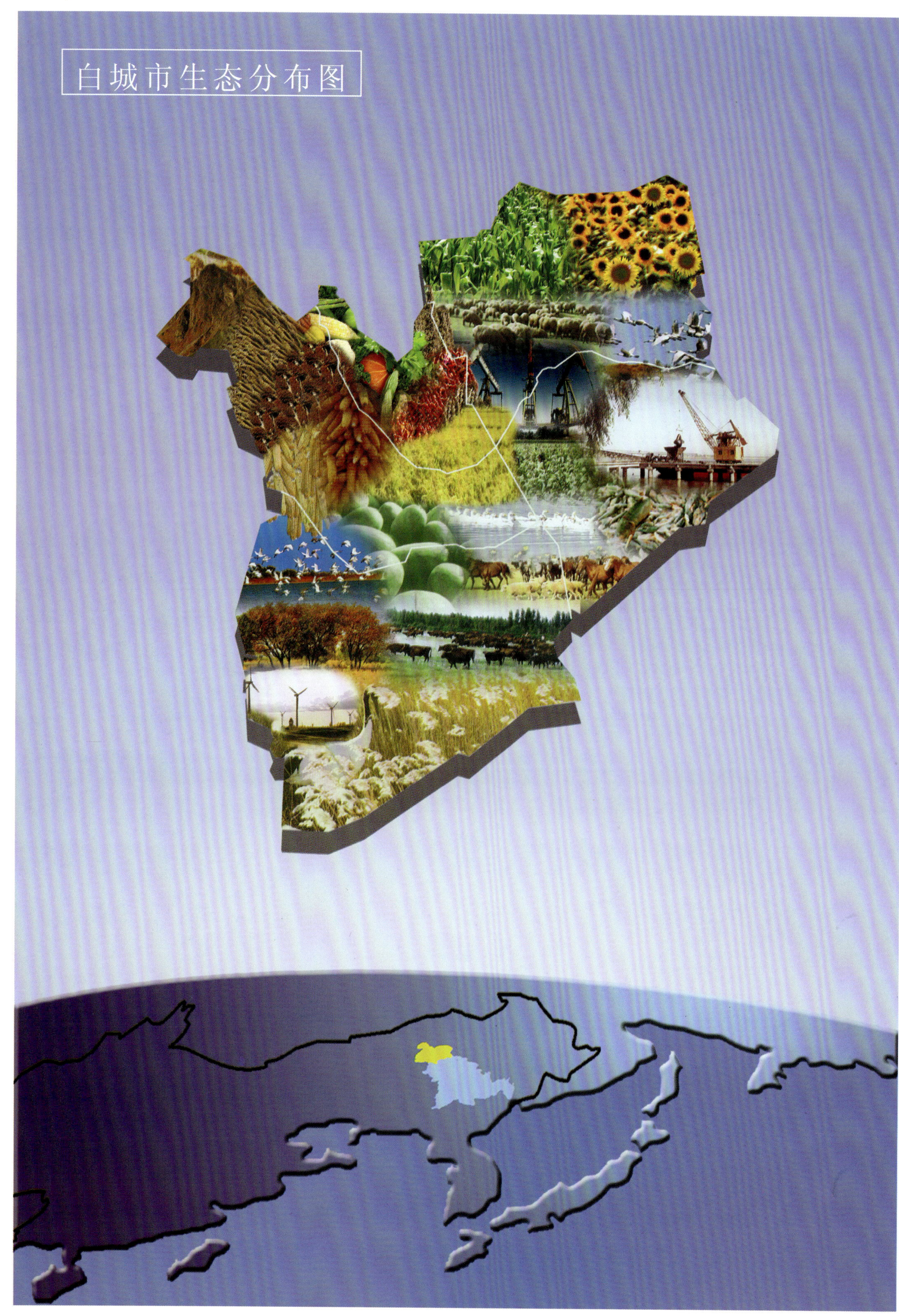
白城市生态分布图

目录

概 况

政　　治

经　济

文 化

社 会 生 活

人 物

大 事 记

文 献

附 录

信 息 服 务

彩 页

2002 概　况

白城年鉴

基 本 概 况

位置疆域

白城市位于吉林省西北部。东经121度38秒至124度22分，北纬44度13分57秒至46度18分。东南部与吉林省松原市毗邻，东北部与黑龙江省泰来县相连，与黑龙江省肇源县、杜尔伯特蒙古族自治县隔江相望，西南部与内蒙古自治区科尔沁左翼中旗接壤，西北部与内蒙古自治区科尔沁右翼前旗、扎赉特旗、突泉县相接。全市东西宽211公里，南北长230公里，总面积25 692平方公里。

（孙洪河　许宪友）

地势地貌

地势。白城市地貌特点是：西北高东北低，东南略有抬升。西北部为大兴安岭东麓褶皱地带，有敖牛山、大砬子山、马鞍山等丘陵和低山，海拔300至662.6米；东北部为平原，海拔130至140米；西南部广泛分布西北至东南走向大小沙丘、沙垄，海拔150至180米，是一块潜育化沙漠区。境内最高山峰为敖牛山，海拔662.6米；最低地区为镇赉县和大安市境内的月亮湖地区，海拔一般为130米左右。

地貌。全市地貌种类3种：

剥蚀低山丘陵。缓坡状低山，分布在境内西北部，海拔多在400至500米；山脊走向多沿北西向和北东向展布；山坡多较缓；基岩裸露，沟谷发育；主要由二迭系和侏罗系火山岩组成。椭圆形丘陵，分布在洮南市、洮北区西北部，海拔多在240至340米；丘顶浑圆，坡度和缓，沟谷宽敞，覆盖层发育与低山相区别；洮儿河北部，宽谷多沿北东向发育，南部多沿北西向和近东西向延伸；主要由花岗岩和火山岩组成。

剥蚀堆积高平原。微倾斜台地，主要分布在洮南市西部、洮北区西北部、镇赉县北大岗一带；在岭下乡、平安镇、平台镇、内蒙古自治区兴安盟太本站形成比高20米的陡坎与扇形地分界；由太本站向北东延伸，呈缓坡与低平原相接；分布宽度25公里；台面海拔由后缘至前缘一般为240至160米，台面宽广较平坦，并从后缘微向前缘；主要组成物为下更新统冰川堆积砾卵石层。

风积堆积低平原。冰积低平原，分布在白城市西部，以镇西为顶点，顺洮儿河向东南方向呈扇状散开至洮北区太平山一线形成弧形前缘构成规模巨大的扇形地；纵长55公里，前缘宽50公里，坡降0.00125，海拔由顶部至前缘一般多在210至150米；主要由上更新统镇西冰期冰水堆积物组成。冲积湖积低平原，境内分布广泛；形态分为微波状岗地、风沙覆盖的微波状岗地、微倾斜平地湖沼洼地、沙坨地；主要分布在通榆县东、西、北部的大部分地区；地形一般起伏较大，海拔138至175.3米；岩性主要为黄土状亚砂土；镇赉县英华乡至大安市新平安镇一带海拔135至170.7米，表面呈微波状起伏；由上更新统地层组成地表岩性；洮南市西、西南部海拔145至168米，主要分布为微波状岗地和风沙覆盖的岗地。风积冲积低平原，主要分布在通榆县西、西北和西南部，形态主要为沙垄、垄间低地和微起伏平地；海拔140至175米；岩性主要为风成砂；地表堆积物主要为灰、灰黑色亚砂土，少见黄土状亚砂土。冲积平原，主要沿嫩江、洮儿河、霍林河、呼尔达河、蛟流河、那金河两岸呈条带分布；形态可分为高漫滩、低漫滩、阶地；通榆县和大安市境内的霍林河谷盲尾散流带发育有较全的高漫滩、低漫滩；高漫滩海拔132至145米，低漫滩海拔131.2至144米；岩性为全新统亚砂土、亚粘土，局部为粉细砂；境内阶地少见，只在通榆县西南部的新开河两岸出现。此外，在通榆县西南部的瞻榆镇一带，由于强烈的风沙活动，使平原表面部分被风沙所覆，形成风蚀洼地、风蚀陡坎、风蚀柱、沙丘、沙盖、沼泽地、盐碱地，地貌景观颇为多彩。

（李风起）

气　候

【基本情况】　2001年，白城市年日照时数3 012小时，居吉林省各市、州之首，较历年平均值多51小时。年平均气温5.5℃，较历年平均值高0.5℃。年极端最高气温40.0℃，5月13日出现在洮北区，为历年第二高值。年极端最低气温-37.9℃，1月13日出现在洮北区。年降水量207.3毫米，多为无效降水，较历年平均值和夏季降水量均少近5成，比历年降水量最少的1995年的261.6毫米少54.3毫米。干旱程度是有气象记录以来最严重的一年。严重的干旱造成农作物大面积、大幅度减产，部分农田绝收。地下水位连年大幅度下降，造成部分地方人畜饮用水困难。全年性的干旱严重制约了全市农业生产发展。年平均大风日数16天。4月7日出现强沙尘暴天气，持续17个小时，扬尘量每平方米18.7克，为全市有气象记录以来最强的1次沙尘暴天气。5月17日又发生1次强沙尘暴天气。

（尹立武）

2001年白城市各月日照时数对照表

单位：小时

		全年	1月	2月	3月	4月	5月	6月	7月	8月	9月	10月	11月	12月
全年平均	2001年	3012	174	234	260	255	274	270	321	279	280	248	212	205
	历年平均值	2961	208	219	268	266	290	280	271	272	259	237	202	189
	比历年平均值（±）	51	-34	15	-8	-11	-16	-10	50	7	21	11	10	16
洮北区	2001年	2896	188	251	258	249	252	242	296	231	253	254	215	207
	历年平均值	2916	205	216	263	259	284	271	263	270	257	234	203	191
	比历年平均值（±）	-20	-17	35	-5	-10	-32	-29	33	-39	-4	20	12	16
镇赉县	2001年	3153	171	250	271	252	282	294	337	319	303	254	211	209
	历年平均值	2937	207	221	270	267	287	275	262	268	256	237	201	186
	比历年平均值（±）	216	-36	29	1	-15	-5	19	75	51	47	17	10	23
通榆县	2001年	2958	173	219	254	264	266	252	313	278	272	246	215	206
	历年平均值	2924	204	213	265	262	286	281	270	266	257	234	200	186
	比历年平均值（±）	34	-31	6	-11	2	-20	-29	43	12	15	12	15	20
洮南市	2001年	2938	165	214	263	252	267	255	326	274	280	240	208	194
	历年平均值	3005	211	221	271	269	294	282	278	280	262	241	203	193
	比历年平均值（±）	-67	-46	-7	-8	-17	-27	-27	48	-6	18	-1	5	1

续表：

		全年	1月	2月	3月	4月	5月	6月	7月	8月	9月	10月	11月	12月
大安市	2001 年	3 122	173	237	254	259	305	309	332	292	293	245	213	210
	历年平均值	3 015	213	222	272	272	298	290	280	276	262	238	203	189
	比历年平均值（±）	107	-40	15	-18	-13	7	19	52	16	31	7	10	21

（尹立武）

2001 年白城市各月气温对照表

单位：℃

		全年	1月	2月	3月	4月	5月	6月	7月	8月	9月	10月	11月	12月
全年平均	2001 年	5.5	-22.2	-15.2	-3.1	9.0	17.2	23.5	24.9	22.9	16.7	8.3	-2.8	-13.2
	历年平均值	5.0	-16.6	-12.1	-3.1	7.4	15.6	21.0	23.6	21.8	15.1	6.2	-5.1	-13.8
	比历年平均值（±）	0.5	-5.6	-3.1	0	1.6	1.6	2.5	1.3	1.1	1.6	2.1	2.3	0.6
洮北区	2001 年	5.5	-22.4	-15.3	-3.0	9.1	17.1	23.4	25.2	22.7	16.6	8.1	-2.6	-13.3
	历年平均值	4.8	-16.8	-12.5	-3.4	7.1	15.5	20.9	23.3	21.6	14.8	5.9	-5.4	-13.9
	比历年平均值（±）	0.7	-5.6	-2.8	0.4	2.0	1.6	2.5	1.9	1.1	1.8	2.2	2.8	0.6
镇赉县	2001 年	5.1	-23.0	-16.4	-3.3	8.7	16.7	23.4	25.2	23.0	16.4	7.6	-3.3	-13.7
	历年平均值	4.8	-17.0	-12.3	-3.3	7.4	15.4	20.9	23.5	21.6	14.9	5.9	-5.5	-14.1
	比历年平均值（±）	0.3	-6.0	-4.1	0	1.3	1.3	2.5	1.7	1.4	1.5	1.7	2.2	0.4
通榆县	2001 年	5.9	-21.4	-13.9	-2.6	9.3	17.1	23.8	25.5	22.8	17.1	8.7	-2.8	-12.8
	历年平均值	5.5	-15.7	-11.4	-2.7	7.8	15.8	21.3	23.9	22.1	15.4	6.7	-4.5	-13.1
	比历年平均值（±）	0.4	-5.7	-2.5	0.1	1.5	1.3	2.5	1.6	0.7	1.7	2.0	1.7	0.3
洮南市	2001 年	6.1	-21.1	-13.7	-2.8	9.4	18.7	23.7	24.0	23.6	17.0	8.7	-2.0	-12.2
	历年平均值	5.3	-15.9	-11.5	-2.7	7.7	15.8	21.1	23.7	22.0	15.3	6.4	-4.9	-13.2
	比历年平均值（±）	0.8	-5.2	-2.2	-0.1	1.7	2.9	2.6	0.3	1.6	1.7	2.3	2.9	1.0
大安市	2001 年	4.9	-23.3	-16.6	-3.7	8.6	16.3	23.0	24.5	22.3	16.4	8.6	-3.1	-14.2
	历年平均值	4.7	-17.6	-12.8	-3.6	7.2	15.3	20.9	23.5	21.8	15.1	6.2	-5.3	-14.5
	比历年平均值（±）	0.2	-5.7	-3.8	-0.1	1.4	1.0	2.1	1.0	0.5	1.3	2.4	2.2	0.3

（尹立武）

2001年白城市各月降水量对照表

单位：毫米

		全年	1月	2月	3月	4月	5月	6月	7月	8月	9月	10月	11月	12月
全年平均	2001年	207.3	5.0	0.6	1.0	6.2	13.4	45.3	76.1	35.5	12.6	9.7	1.4	0.5
	历年平均值	404.1	0.9	1.4	5.0	12.8	26.9	73.9	140.0	86.8	34.8	16.1	3.7	1.8
	比历年平均值（±）	-196.8	4.1	-0.8	-4.0	-6.6	-13.5	-28.6	-63.9	-51.3	-22.2	-6.4	-2.3	-1.3
洮北区	2001年	123.6	4.1	0.3	0.9	5.2	5.7	28.6	33.8	17.9	14.2	10.8	1.7	0.4
	历年平均值	406.3	0.6	1.1	3.9	12.4	25.6	78.2	140.8	86.5	37.1	15.8	2.9	1.4
	比历年均值（±）	-282.7	3.5	-0.8	-3.0	-7.2	-19.9	-49.6	-107.0	-68.6	-22.9	-5.0	-1.2	-1.0
镇赉县	2001年	133.4	5.6	1.4	1.2	9.1	2.6	25.0	33.7	22.4	13.0	17.8	1.0	0.6
	历年平均值	402.1	1.1	1.5	5.0	13.1	24.0	76.0	137.8	88.0	33.9	16.3	3.5	1.9
	比历年平均值（±）	-268.7	4.5	-0.1	-3.8	-4.0	-21.4	-51.0	-104.1	-65.6	-20.9	1.5	-2.5	-1.3
通榆县	2001年	270.3	4.2	0.4	0.2	7.5	28.6	86.0	91.1	41.3	10.0	0.5	0.4	0.1
	历年平均值	397.2	0.7	1.5	5.7	12.0	30.7	69.9	139.6	85.7	30.5	15.3	3.9	1.7
	比历年平均值（±）	-126.9	3.5	-1.1	-5.5	-4.5	-2.1	16.1	-48.5	-44.4	-20.5	-14.8	-3.5	-1.6
洮南市	2001年	194.9	6.4	0.5	0.6	6.0	12.2	52.9	47.2	39.1	15.7	12.6	1.2	0.5
	历年平均值	397.4	0.8	1.3	4.7	12.0	26.3	73.6	142.3	81.2	33.5	16.7	3.5	1.5
	比历年平均值（±）	-202.5	5.6	-0.8	-4.1	-6.0	-14.1	-20.7	-95.1	-42.1	-17.8	-4.1	-2.3	-1.0
大安市	2001年	305.5	4.7	0.5	1.9	4.4	17.7	24.5	174.5	56.9	10.1	6.9	2.6	0.8
	历年平均值	416.8	1.3	1.8	5.9	14.6	27.8	71.7	139.3	92.4	38.8	16.2	4.7	2.3
	比历年平均值（±）	-111.3	3.4	-1.3	-4.0	-10.2	-10.1	-47.2	35.2	-35.5	-28.7	-9.3	-2.1	-1.5

（尹立武）

2001年白城市各月平均大风日数对照表

单位：日

		全年	1月	2月	3月	4月	5月	6月	7月	8月	9月	10月	11月	12月
全年平均	2001年	16	0	0	1	8	5	0	1	0	0	1	0	0
	历年平均值	26	1	1	3	6	6	2	1	1	1	2	1	1
	比历年平均值（±）	-10	-1	-1	-2	2	-1	-2	0	-1	-1	-1	-1	-1
洮北区	2001年	16	0	0	0	10	4	0	0	0	0	2	0	0
	历年平均值	22	0	1	2	6	5	2	1	0	1	2	1	1
	比历年平均值（±）	-6	0	-1	-2	4	-1	-2	-1	0	-1	0	-1	-1
镇赉县	2001年	14	0	0	1	5	5	0	1	0	0	2	0	0
	历年平均值	12	0	0	2	4	3	1	1	0	0	1	0	0
	比历年平均值（±）	2	0	0	-1	1	2	-1	0	0	0	1	0	0
通榆县	2001年	26	0	0	2	12	9	1	0	0	1	1	0	0
	历年平均值	36	1	1	4	8	8	4	2	1	1	3	2	1
	比历年平均值（±）	-10	-1	-1	-2	4	1	-3	-2	-1	0	-2	-2	-1
洮南市	2001年	19	0	0	1	11	4	0	1	0	0	2	0	0
	历年平均值	27	1	1	3	6	6	3	1	1	1	2	1	1
	比历年平均值（±）	-8	-1	-1	-2	5	-2	-3	0	-1	-1	0	-1	-1
大安市	2001年	5	0	0	0	3	1	0	1	0	0	0	0	0
	历年平均值	25	1	1	3	6	6	2	1	1	1	2	1	0
	比历年平均值（±）	-20	-1	-1	-3	-3	-5	-2	0	-1	-1	-2	-1	0

（尹立武）

2001年白城市初、终霜及无霜期表

单位：日/月，天

	洮北区	洮南市	镇赉县	大安市	通榆县		洮北区	洮南市	镇赉县	大安市	通榆县
初霜期	21/9	21/9	21/9	21/9	21/9	无霜期	136	138	136	138	138
终霜期	8/5	6/5	8/5	6/5	6/5	历年平均值	140	139	137	140	147

（尹立武）

水 文

【江河】 2001年，全市河流长50公里以上有嫩江、洮儿河、霍林河、蛟流河、那金河、二龙涛河、呼尔达河、额木太河、文牛格尺河，其中主要河流有3条：嫩江、洮儿河、霍林河。

嫩江是流经境内唯一大江。由镇赉县丹岱乡十家子屯入境，在大安市四棵树屯东流出。境内河道长184公里。属嫩江江段下游区，江道比降在1/20 000左右，地势平缓，水流平稳，河床稳定，江岔众多，江道弯曲，湿地沼泽遍布，泡沼相连，江道深而宽，江道土质由黄沙土和细沙土组成。2001年，最大水面宽0.25公里，年径流量72.20亿立方米，最大流量1 160立方米/秒，最小流量27.2立方米/秒，分别比2000年少0.02公里、25.39亿立方米、220立方米/秒和13.2立方米/秒。水深9.1米至0.6米，流速0.14米/秒。均为历史最低年份。11月7日开始结冰，11月13日封江，4月9日开江。

洮儿河为嫩江支流。由洮北区岭下镇半拉山入境，经洮北区、洮南市、镇赉县、大安市，由月亮湖（原月亮泡）注入嫩江。境内流长285.83公里。岭下镇以上为半山区，河道比降1.7/1 000，河道比降大，水流急。流入境内平原区，岭下至洮南水文站，河道比降6.3/10 000左右；洮南至黑帝庙河道比降0.7/10 000。2001年，年径流量1.6亿立方米，最大流量68立方米/秒，最小流量1.16立方米/秒，分别比2000年少2.225亿立方米、52立方米/秒和0.59立方米/秒。均为历史最低年份。2000年12月1日至2001年12月31日，洮儿河洮南水文站以下至月亮湖区间干涸。

霍林河是嫩江支流。从通榆县街基入境，经通榆县、大安市、乾安县，于前郭县查干泡汇入嫩江，境内流域面积10 841平方公里。无固定河道，属季节性河流，遇大水年易发生水灾。2000年7月5日至2001年12月31日，霍林河双岗、胡家店水文站干涸。

2000至2001年，境内其它河流干涸。

（魏占起）

【湖泡】 1987年，境内水面大于1平方公里的自然湖泡有115处。其中，常年水面大于10平方公里的18处，常年水面大于25平方公里的7处。全市有100处湖泡养鱼养苇，占湖泡总数86.95%。2001年，全市常年水面大于1平方公里的自然湖泡有38处。其中，常年水面大于10平方公里11处，大于25平方公里7处。77处湖泡基本干涸，仅35处湖泡养鱼养苇。

（魏占起）

【天然泉】 洮南市西北部半山区小河源头均有天然泉。洮儿河冲击扇下游，丰水年有涌泉现象。

（魏占起 吴志敏）

2001年境内嫩江水质表

毫克/升

地点	总硬度（德）	溶解氧	生化需氧量	氨氮	亚硝酸盐	挥发酚	氰化物	砷	汞	6价铬
大赉	78.8	9.8	3.5	0.74	0.015	〈DL	〈DL	〈DL	〈DL	〈DL
白沙滩	66.9	8.9	2.0	0.78	0.025	〈DL	〈DL	0.007	〈DL	〈DL

注：〈DL代表未检出项目

（吴志敏）

2001年嫩江（大赉水文站）水位特征值表

毫克/升

特征值	月水位（米）												年均水位（米）
	1	2	3	4	5	6	7	8	9	10	11	12	
平均水位	122.86	122.96	123.23	123.67	123.74	122.65	122.18	125.16	123.90	122.94	122.92	123.15	123.28
比2000（+－）	0.01	0.20	0.23	0.27	-1.3	-0.47	-0.56	0.87	-0.38	-0.96	-0.53	0.14	-0.21
比历史最高年（+－）	0.29	0.29	0.42	0.99	1.45	-1.43	-6.48	-5.35	-5.14	-4.69	-3.74	-1.98	-2.13

注：2001年为历史最低年份

（吴志敏）

2001年嫩江（大赉水文站）流量特征值表

毫克/升

特征值	月流量（立方米/秒）												年均流量（立方米/秒）
	1	2	3	4	5	6	7	8	9	10	11	12	
平均流量	36.6	28.2	30.7	184	413	139	119	843	473	199	144	67.4	229
比2000（+－）	-33.7	-22.6	-21.7	-62	-496	-74	-66	+215	-115	-211	-58	-8.9	-80
比历史最高年份（+－）	-1.5	-1.5	-20.2	0	+283	-453	-3951	-9257	-4297	-1951	-906	-250.6	-1741

注：2001年为历史最低年份

（吴志敏）

2001年境内洮儿河水质表

毫克/升

地点	总硬度（德）	溶解氧	生化需氧量	氨氮	亚硝酸盐	挥发酚	氰化物	砷	汞	6价铬
镇西	167.2	9.1	5.0	0.42	0.035	〈DL	〈DL	0.007	〈DL	〈DL
洮南	160.3	9.5	5.9	2.99	0.014	〈DL	〈DL	〈DL	〈DL	〈DL

注：〈DL代表未检出项目

（吴志敏）

2001 年洮儿河（洮南水文站）水位特征值表

毫克/升

特征值	月 水 位 （米）												年均水位（米）
	1	2	3	4	5	6	7	8	9	10	11	12	
平均水位	连底冻	部分连底冻	144.21	143.98	143.80	部分干涸	—	—	—	—	—	—	部分干涸
比2000年（+—）	—	—	-0.33	-0.27	-0.29	—	—	—	—	—	—	—	—
比历史最高年份（+—）	—	—	-0.50	-0.50	-0.57	—	—	—	—	—	—	—	—

注：2001 年为历史最低年份

（吴志敏）

2001 年洮儿河（洮南水文站）流量特征值表

毫克/升

特征值	月 流 量 （立方米/秒）												年均流量（立方米/秒）
	1	2	3	4	5	6	7	8	9	10	11	12	
平均流量	—	0.028	0.66	0.06	0.22	0.027	0.025	—	—	—	—	—	0.17
比2000年（+—）	—	-0.312	-0.56	-1.73	-1.47	-3.613	-5.555	—	—	—	—	—	-1.75
比历史最高年份（+—）	—	-0.392	-0.46	-0.02	-0.32	-2.703	-273.98	—	—	—	—	—	-192.83

注：2001 年为历史最低年份

（吴志敏）

资 源

【土地资源】 据 1999 年土地利用现状变更调查统计，白城市幅员 2 569 229.40 公顷，人均土地面积 1.3 公顷，居吉林省各市、州之首。

农用地。全市农用地 1 842 968.95 公顷，占幅员 71.73%。其中，耕地 742 434.92 公顷〔《白城统计年鉴》(2002) 载，2001 年年末实有耕地 518 383 公顷〕，居吉林省各市、州之首；园地 1 714.38 公顷；林地 357 571.14 公顷，宜林地面积居吉林省各市、州之首；牧草地 566 800.74 公顷，为吉林省羊草场分布中心，草原面积居吉林省各市、州之首（芦苇面积 75 080.15 公顷，居吉林省各市、州之首）；水面 174 447.77 公顷（河流、湖泊、水库等水面 19 798.57 公顷），水域面积、可养殖水面均居吉林省各市、州之首。

建设用地。全市建设用地 182 087.43 公顷，占幅员 7.09%。其中，居民点及工矿用地 135 241.00 公顷，交通用地 27 047.86 公顷，水利设施用地 19 798.57 公顷。

未利用地。包括滩涂、荒草地、盐碱地、沼泽地、沙地、裸岩砾石地、田坎及其它未利用地。全市未利用地 544 173.02 公顷，占幅员 21.18%。其中，有 84 800 公顷宜农后备资源，可补充耕地不足。

（吕俊林 江其田）

【水资源】 2001 年，白城市水资源总量 22.72 亿立方米，居吉林省各市、州之首。

地表水资源。白城市地表水资源量 1.89 亿立方米。境内有嫩江、洮儿河、霍林河、蛟流河等，均为过境客水水资源。

地下水资源。白城市地下水天然资源量 20.83 亿立方米，可开采资源量 15.39 亿立方米，实际开采量

13.05 亿立方米。利用率 84.80%，比 2000 年增长 61.83%。洮北区地下水天然资源量 4.20 亿立方米，可开采资源量 3.58 亿立方米，实际开采量 6.59 亿立方米。利用率 184.08%，比 2000 年增长 2.45 倍。镇赉县地下水天然资源量 3.77 亿立方米，可开采资源量 2.76 亿立方米，实际开采量 0.92 亿立方米。利用率 33.33%，比 2000 年增长 21.05%。通榆县地下水天然资源量 4.88 亿立方米，可开采资源量 3.88 亿立方米，实际开采量 1.43 亿立方米。利用率 36.86%，比 2000 年增长 50.52%。洮南市地下水天然资源量 2.94 亿立方米,实际开采量 2.13 亿立方米。利用率 72.45%，比 2000 年下降 0.32%。大安市地下水天然资源量 3.81 亿立方米，可开采资源量 2.23 亿立方米，实际开采量 1.98 亿立方米。利用率 88.79%，比 2000 年增长 33.78%。

（吴志敏）

【矿产资源】 2001 年，白城市已发现非金属矿产主要有：

石灰石。主要分布于洮南市那金镇好田村，已探明储量 293.22 万吨。主要用于水泥、石灰生产。

白粘土。主要分布于洮北区平安镇附近，储量 1.5 亿立方米。主要用于白粘土膨胀珍珠岩保温制品、水泥、粘土瓦、陶瓷等生产。

膨润土。主要分布于通榆县向海水库西侧，为钠基膨润土，质量较好，物理性质稳定，分布广。但由于三面环水，无公路，交通不便，尚未开发。

陶粒珍珠岩。主要分布于洮南市那金镇好田村，储量不详。主要作为膨化材料生产膨胀珍珠岩。

高岭土（亦称陶土）。分布于洮南市万宝镇，地质储量 4 000 万立方米，埋深 2 米宜于露天开采，是生产陶瓷制品的理想原料。

硅藻土。分布于洮南市安定镇。1999 年钻探，在深度 82.4 至 96.8 米处发现优质硅藻土矿层,厚度 14.4 米,中间粘土夹层 1.40 米，储量不详。

建筑用砂、石、粘土。砂、石主要分布在洮南市、洮北区。储量可观，用于建筑混凝土生产。粘土分布于全市各地，可用于制砖、瓦等。

矿泉水。资源丰富，开发前景广阔，属含锶偏硅酸重碳酸硫酸镁钙型矿泉水。埋深 120 米左右，分布于全市各地。已发现矿泉水 8 处。其中，探明储量 5 处，开发利用 3 处。

（杨国昌　江其田）

【能源资源】 石油。白城市石油资源是吉林省油田的重要组成部分，主要分布在大安市、镇赉县。全市含油面积 260.6 平方公里，已探明石油地质储量 14 068.9 万吨。其中，海坨子油田 488.9 万吨，大安油田 6 200 万吨，红岗油田 3 400 万吨，英台油田 3 300 万吨，一棵树油田 280 万吨，四方坨子油田 400 万吨。1974 年开始采油，到 2001 年，累计开采原油 1 450 多万吨。

天然气。白城市已探明天然气储量 26.9 亿立方米（溶解气）。其中，红岗油田可利用天然气储量 3.3 亿立方米，深层难开发的天然气储量 5.7 亿立方米。到 2001 年，累计开采天然气 1.55 亿立方米。

煤。白城市煤炭资源主要分布在洮南市万宝乡、万宝镇、煤窑乡、野马乡。到 2001 年底，吉林省万宝煤矿累计探明煤地质储量 9 709.8 万吨，其中工业储量 6 565.8 万吨；探明保有储量 8 315.5 万吨，其中工业储量 5 171.5 万吨。含煤性及煤质：多为复合煤层，煤层结构由简单到复杂；煤质多为中灰分、低硫、高磷、高发热量。煤种有肥焦、无烟 2 种。

（杨国昌　江其田）

【林地资源】 2001 年，全市林地面积 335 978 公顷，占总土地面积 13.0%。其中，有林地 255 543 公顷,疏林地 18 307 公顷，灌木林 965 公顷，未成林 61 163 公顷；按权属分:国有 133 124 公顷，集体 172 418 公顷,私有 8 523 公顷，团体 21 913 公顷；按树种分：松树 538 公顷，榆树 49 712 公顷，杨树 208 500 公顷，果树 3 250 公顷,其它 73 978 公顷。有林地面积按林种分：用材林 97 941 公顷,防护林 130 034 公顷，特用林 14 541 公顷，经济林 13 027 公顷；有林地面积按龄组分：幼龄林 41 382 公顷，中龄林 73 378 公顷，近熟林 67 021 公顷，成熟林 42 891 公顷，过熟林 17 844 公顷。

（肖凤祥）

【湿地资源】 2001年，全市湿地面积约50万公顷，主要有吉林莫莫格国家级自然保护区湿地、吉林向海国家级自然保护区核心湿地和月亮湖水库、洮儿河灌区湿地等。其中吉林莫莫格、向海自然保护区湿地是东北地区中部水禽迁徙线，是丹顶鹤、白鹤、白鹳等世界濒危鸟类的栖息繁殖地；1992年，向海湿地被列入《国际重要湿地名录》，加入世界湿地公约组织，名列全国6大湿地之首；月亮湖水库湿地是国家大型Ⅰ级水库，是嫩江平原水域的心脏。

（肖凤祥）

【林木资源】 2001年，全市林木蓄积量13 199 750立方米，其中，用材林5 992 121立方米，防护林7 013 924立方米，特用林193 705立方米。有林地林木蓄积量12 811 240立方米。有林地林木蓄积量按权属分：国有5 945 069立方米，集体5 984 733立方米，私有434 766立方米，团体446 672立方米；按树种分：松树6 327立方米，榆树523 783立方米，杨树12 246 659立方米，其它阔叶树34 471立方米；按龄组分：幼龄林389 649立方米，中龄林2 816 655立方米，近熟林4 474 435立方米，成熟林3 916 298立方米，过熟林1 214 203立方米。

（肖凤祥）

【森林景观资源】 白城蒙古黄榆。蒙古黄榆是濒临灭绝的国家重点保护珍稀树种。吉林向海国家级自然保护区内，通榆县兴隆山林场一带生长的12万亩天然次生蒙古黄榆，面积之大，保存之好，长势之旺，为欧亚大陆仅有，是全人类宝贵财富。

包拉温都山杏奇观—杏花海。通榆县包拉温都蒙古族乡，有一处大自然造就的天然奇观—杏花海。在东西长40余公里连绵起伏的沙丘上，生长着万亩百余万株天然次生山杏树。初春，遍野杏花竞放，成为粉红世界。深秋，晨霜染过的山杏林，泛着深绿的光泽，涂抹着高天阔地。

东北杨树基因库。白城市东北杨树基因库位于洮北区洮白公路立交桥西南5公里处。建于1982年春，面积18公顷。是“三北”（西北、华北、东北）地区面积最大、收集无性系数量最多、保存最完整的杨树基因库。共收集国内外杨树无性系330个，有国际上独有的小叶杨，也有世界公认的杨树优良无性系，保存下来约有300个无性系。杨树基因库建成至2001年，取得成果5项。其中，白林3号杨选育达到国际先进水平，晚花杨引种达到国内领先水平。

东北樟子松种子园。东北樟子松种子园位于洮北区境内的白城市林木良种繁育场。是1977年国家林业部和吉林省林业厅联合投资建成的，是国家樟子松品种科学研究项目，是吉林省林业种苗基础建设项目。面积1 235亩，有东北樟子松1.6万株，13个种源，334个无性系。已结实。园内分10个大区、68个小区。樟子松按随机排列、错位排列、顺序排列设置，布局合理，错落有致。经过两个工程期建设，发展成为北方西部地区最大的樟子松种子园和最优良的东北樟子松基因库，成为白城市区重要旅游景点。园内东北樟子松翠绿挺拔，建有凉亭、木屋、石桌、石凳等设施，风光秀丽、景色怡人，是观光旅游、休闲娱乐的好场所。

白城市环城林果园。1998年，市委、市政府决定在城区外围建设绿色环城林果园。全长42 715米，绿化面积213.6公顷。栽植各种苗木11.2万株。其中，果树7.1万株，柳树1.4万株,杨树2.7万株。经近两年的培植和管护，初具雏形，是休闲、旅游的好去处。

（肖凤祥　张仕信）

【野生动物资源】 白城市鸟类资源丰富。有鸟类17目、47科、273种，占全国鸟类种类20.2%,为全省鸟类种类72.62%。其中，137种为中日候鸟协定所列种类,约占协定记述种类60.4%,占本区鸟类58%。在273种鸟类中,非雀形目161种，雀形目112种，分别占58.97%和41.03%。在非雀形目鸟类中，水禽类97种，占区内鸟类41%。其中，国家重点保护鸟类有丹顶鹤、白枕鹤、白鹤、白头鹤、白鹳、白鹮、大鸨、普通秋沙鸭、白琵鹭、大天鹅、小天鹅、蓑羽鹤等。鹤类有丹顶鹤、白枕鹤、蓑羽鹤、白鹤、白头鹤、灰鹤6种，约占全国鹤类种类66.7%，占世界鹤类种类40%。其中，丹顶鹤、白枕鹤、蓑羽鹤在境内繁殖，白头鹤、白鹤和灰鹤仅在迁徙季节路过此地或在此地停留。雁鸭类27种，占全国雁鸭类种类58.70%。种类数量较多的有鸡形目的雉鸡、斑翅山鹑、鹌鹑；鸽形目的毛腿沙鸡、山斑鸠；雀形目的铁爪鹀等。在鸟类中，有优势种11种，普通种61种，常见种62种，稀有种188种，罕见种46种。有留鸟22种，候鸟251种。其中，夏候鸟78种，冬候鸟21种，旅鸟152种。候鸟居全省各市、州之首。

全市有野生兽类50余种。其中，哺乳类有紫貂、猞猁、黄羊、斑羚、普通刺猬、大耳猬、蒙古兔、东北兔、旱獭、赤狐、草狐、貉、黄鼬、艾鼬、狗獾、豹猫、狍子、狼、伶鼬、普通蝙蝠、萨氏蝙蝠、纳氏耳蝠、花鼠、达乌尔黄鼠、巢鼠、黑线姬鼠、褐家鼠、小家鼠、大仓鼠、东方田鼠、五趾跳鼠、草原鼢鼠、林姬鼠、社鼠、黑线伧鼠、银鼠、红背鼠、香鼠。两栖爬行类有大蟾蜍、花背蟾蜍、无斑雨蛙、东北雨蛙、花狭口蛙、蜥蜴、游蛇、蝮蛇、红点锦蛇。人工饲养的野生动物有梅花鹿、马鹿、紫貂等。

全市有鱼类12科、51种。其中，鲤科35种，鳅科3种，鲶科、鲇科、七鳃鳗科各2种，塘鳢科、狗鱼科、鳢科、鮨科、攀鲈科、胡瓜鱼科、银鱼科各1种。主要经济鱼类有鲤、鲫、草、鲢、鳙、鲂、鲇、黄鲦、乌鳢等。

虾类、贝类各3种，蟹类及浮游生物50属。

（肖凤祥）

【野生植物资源】 全市有野生经济植物85科、579种。列为主要计产种类25科、56种。平原草甸草原生长的植物建群种有羊草、糙隐子、贝加尔针茅等；伴生种有碱蒿、星星草、委陵菜等。常见植物有野古草、糙隐子、虎尾草、拂子茅、鸡几肠、地杆、米口袋、兴安胡枝子、草地早熟禾、防风、甘草、野豌豆、万年松、百里香等。沿江低地湿地草甸主要植物是莎草科植物和根茎禾草，为建群植物。伴生种为湿生杂草类，有小叶樟、三棱草、踏头苔草、芦苇、香蒲等。伴生种有牛鞭草、水稗草等。常见植物有西伯利亚蓼、蔓委陵、苔草、灯心草、碱蓬、紫苑、狼尾巴草、柳丛马蔺等。沙丘坨间疏林灌丛草甸主要建群种有大籽蒿、蒙古蒿、蒙古黄榆、拉条榆、叶底珠、展枝唐松草等。常见的有野线麻、蒙古黄榆、黄花草木犀、兴安胡枝子、沙地委、委陵菜、山楂、糙隐子、细叶黄蒿、大针茅等。低山丘陵草甸草原主要植物有贝加尔针茅、糙隐子、拉条榆、山杏等。大岗台地草原草甸主要植物有贝加尔针茅、大针茅、兔尾蒿、糙隐子、羊草、狼针草、山杏、兴安胡枝子、麻花头等。

全市有树种33科、66属、157种（不含试验品种和类型），主要树种有19科、92种。代表性的树种有：松科的樟子松、长白美人松、云杉等；柏科的侧柏、圆柏、杜松；杨柳科杨属的小黑杨、小青黑杨、白城杨、银白杨、晚花杨等；柳属的垂柳、龙须柳、小黄柳、小红柳、旱快柳、青皮柳、朝鲜柳、杞柳、旱柳、沼柳、松江柳、伪蒿柳等；榆科的家榆、蒙古黄榆、河南白榆、垂榆、拉条榆；桑科的蒙古桑、山桑、秋雨桑；胡桃科的胡桃楸；壳斗科的蒙古柞；蔷薇科的蔷薇、月季、山杏、海棠、毛樱桃、李子、山里红、山丁子、柳叶绣绒菊；豆科的紫穗槐、小叶锦鸡儿、胡枝子、刺槐、树锦鸡、细叶锦鸡儿、兴安胡枝子；芸香科的黄菠萝；槭科的糖槭、元宝槭、茶条槭；鼠李科的鼠李；葡萄科的葡萄、山葡萄；无患子科的文冠果；柽柳科的柽柳；胡颓子科的沙棘；木樨科的花曲柳、水曲柳、丁香；茄科的枸杞；忍冬科的接骨木等。

（肖凤祥）

【草原资源】 2001年，全市有草原1 711万亩。其中，可利用草原1 328万亩（1999年市国土局土地利用现状变更调查统计，全市牧草地566 447.77公顷），占草原总面积77.8%。可分5类。

平原草甸草原类。草场土壤含水量较高，地下水较丰富，是全市天然草场主要代表类型。主要分布在大安市、镇赉县和洮南市，通榆县和洮北区也有分布。草原植被以中旱生、多年生的根茎性禾草、丛生禾草占优势，且有大量杂草组成。群落比例占此类草原面积50%。采草场，牧草生长茂盛，草高60至80公分，平均草高50公分，总盖度70—75%，每平方米有牧草8至12种。在羊草类草场上，总盖度65—90%，每平方米有牧草12

至26种。建群种有羊草、糙隐子、贝加尔针茅等。伴生种有碱蒿、星星草、委陵菜等。常见植物有野古草、糙隐子、虎尾草、拂子茅、鸡儿肠、地杆，广布野豌豆、万年松、百里香等。牧草生长茂盛，产量较高，亩产鲜草322.5公斤，是良好的采草场和放牧场。面积1 045万亩，占草原面积82%。

沿江河低湿地草甸类。草场土壤过度湿润，局部有季节性积水。各县（市、区）均有分布。牧草生长在江河两岸、泡沼四周的河漫滩和冲积低洼地上。草原植被主要是莎草科植物和根茎禾草。建群种有小叶樟、三棱草、踏头苔草。伴生种有牛鞭草、水稗草等。常见植物有西伯利亚蓼、蔓委陵、苔草、灯心草、碱蓬、紫苑、狼尾巴草、柳丛马蔺等。草高55至180公分。总盖度50—90%。产草量较高，但草质较差，亩产鲜草355公斤。面积153万亩，占草原面积9%。

沙丘坨间疏林灌丛类。草原由于气候干燥，土壤含沙大，是较好的雨天放牧场。主要分布在大安市、镇赉县和通榆县。草原植被以高大杂草为主。建群种有大籽蒿、蒙古蒿、蒙古黄榆、拉条榆、叶底珠、展枝唐松草等。草高37至50公分。总盖度65—70%。产草量中等，平均亩产鲜草232.5公斤。面积61万亩，占草原面积3.5%。

低山丘陵草甸草原类。草原主要分布在洮南市西北部山地丘陵地带。草原植被以丛生禾草、杂类草、灌丛为主。有贝加尔针茅、糙隐子、拉条榆、山杏等。面积83万亩，占草原面积5%。

大岗台地草原类。主要分布在镇赉县的西部，洮南市和白城市洮北区北部大兴安岭台地上。草原植被以丛生禾草，杂类草、灌丛为主。有贝加尔针茅、大针茅、兔尾蒿、糙隐子、狼针草、山杏、兴安胡枝子、麻花头等。面积9万亩，占草原面积0.5%。

（刘世才）

【芦苇资源】 白城市是全国五大芦苇产区之一。2001年，全市芦苇面积214万亩（1999年市国土局土地利用现状变更调查统计，全市芦苇面积75 080.15公顷），居全国第二位。分布在霍林河、洮儿河、二龙涛河、文牛格尺河、蛟流河、嫩江流域。其中，镇赉县61.90万亩，通榆县83.87万亩，洮南市20.10万亩，大安市35.00万亩，零散苇原13.13万亩。

（秦国芝　李晓娜）

【自然保护区】 吉林向海国家级自然保护区。为国际重要湿地。位于通榆县西北部70公里处。1981年3月，经吉林省人民政府批准为自然保护区。1986年7月，经国务院批准为“国家级自然保护区”。1992年，被世界野生生物基金会评为“具有国际意义的A级自然保护区”。列入世界重要湿地名录。保护区总面积105 467公顷，区内生物资源丰富，多种生物区系与复杂的生态环境相互渗透。其中湿地面积3.6万公顷。草原3.04万公顷，林地2.9万公顷。区内有野生动植物595种。其中，药用植物220种，鸟类273种，兽类37种，鱼类29种。国家重点保护鸟类17种。具有湿地生态环境指示性的鹤类6种，占世界鹤类种类40%。

吉林莫莫格国家级自然保护区。1981年，经吉林省人民政府批准建立。1997年12月8日，《国务院关于发展芦芽山等国家自然保护区名单的通知》，晋升为国家级自然保护区。地处镇赉县境内，总面积144 000公顷。保护区内大小泡泽储水4.6亿立方米,明水面积26 000公顷,盛产鲫、鲢、鲇等10科、46种鱼类。有鸟类16目、43科、193种。约占全省鸟类种类60%。其中水禽103种。

（张仕信）

行政区划

白城市人民政府驻白城市文化东路1号。2001年初，白城市辖洮北区、镇赉县、通榆县，代管大安市、洮南市；城市街道办事处20个，镇36个，乡67个（其中少数民族乡9个）。

2001年8月至12月，经吉林省人民政府批准，撤销洮北区大岭乡，将其所辖行政区域划归平台镇；撤销兴建乡，将其所辖行政区域划归德顺蒙古族乡。撤销大安市静山、太山乡，设立太山镇，将静山、太山乡所辖行政区域划归太山镇；撤销新荒乡，将其所辖行政区域划归安广镇；撤销六合乡，将其所辖行政区域划归舍力镇；撤销同建乡，将其所辖行政区域划归两家子镇。撤销通榆县永青乡，将其所辖行政区域划归开通镇；撤销瞻榆、耀东乡，将其所辖行政区域划归瞻榆镇。撤销镇赉县岔台、黑鱼泡乡，设立黑鱼泡镇，将黑鱼泡乡行政区域和岔台乡所辖的岔台、包金台、他四海、棉西、大河、哈拉火烧村划归黑鱼泡镇，将岔台乡所辖的少力蒙古族村划归莫莫格蒙古族乡；撤销张家园子乡，将其所辖的东报马台、西报马台、杭乃村划归大屯镇，将张家园子、苏可、七克吐村划归五棵树镇。

2001年末，白城市辖洮北区、镇赉县、通榆县，代管洮南市、大安市；城市街道办事处20个，镇38个，乡54个(其中数民族9个)，村917个，社区居委会144个；自然屯2 923个。

（孙洪河　许宪友）

2001年白城市行政区划表

单位：个

县市区	城市街道办事处、镇、乡名称	城市街道办事处	镇	乡	村	自然屯
全市		20	38	54	917	2 923
洮北区	海明街道办事处　长庆街道办事处　瑞光街道办事处 明仁街道办事处　铁东街道办事处　新立街道办事处 幸福街道办事处　新华街道办事处　城南街道办事处 岭下镇　平安镇　青山镇　林海镇　洮河镇　平台镇 保平乡　东风乡　三合乡　洮东乡　金祥乡　永胜乡 德顺蒙古族乡	9	6	7	155	476
镇赉县	镇赉镇　坦途镇　东屏镇　大屯镇　到保镇　五棵树镇 沿江镇　丹岱乡　胜利乡　保民乡　建平乡　黑鱼泡镇 英华乡　嘎什根乡　哈吐气蒙古族乡　莫莫格蒙古族乡	—	8	8	147	466
通榆县	开通镇 瞻榆镇　双岗镇　边昭镇　鸿兴镇　新华镇　四井子镇 兴隆山镇　乌兰花镇　羊井乡　新发乡　新兴乡　团结乡 八面乡　苏公坨乡　七井子乡十花道乡　西艾力蒙古族乡 向海蒙古族乡　包拉温都蒙古族乡	—	9	11	172	693
洮南市	团结街道办事处　富文街道办事处　光明街道办事处 兴隆街道办事处　永康街道办事处　通达街道办事处 瓦房镇　万宝镇　黑水镇　那金镇　安定镇　兴业乡 万宝乡　聚宝乡　煤窑乡　东升乡　野马乡　永茂乡 洮府乡　大通乡　福顺乡　幸福乡　二龙乡　向阳乡 蛟流河乡胡力吐蒙古族乡　呼和车力蒙古族乡	6	5	16	220	665
大安市	安北街道办事处　锦华街道办事处　临江街道办事处 慧阳街道办事处　长虹街道办事处 月亮泡镇　安广镇 丰收镇　叉干镇　龙沼镇　太山镇　新平安镇　两家子镇 舍力镇　大岗子镇　乐胜乡　联合乡 西大洼乡　四棵树乡 大赉乡　红岗子乡　来福乡　古城乡 烧锅镇乡　大榆树乡 海坨乡　新艾里蒙古族乡	5	10	12	223	623

（许宪友）

人口民族

【人口】 2001年与2000年相比：全市627 531户，增长2.2%。总人口1 997 738人，增长0.3%。其中，男1 019 185人，占总人口51%，增长0.2%；女978 553人，占总人口49%，增长 0.4%；非农业人口795 572人，占总人口39.8%，增长0.5%；农业人口1 202 166人，占总人口60.2%，增长0.1%。人口自然增加 9 648 人，自然增长率4.83‰。其中，出生17 071人，占总人口8.55‰，下降23.7%；死亡7 423人，占总人口3.72‰，下降24.1%。

（黄正连）

2001年白城市人口统计表

单位：人

	总户数（户）		总人口数				非农业人口数		农业人口数	
	合计	与2000年比(±%)	合计	与2000年比(±%)	其中 男	其中 女	合计	与2000年比(±%)	合计	与2000年比(±%)
白城市	627 531	2.2	1 997 738	0.3	1 019 185	978 553	795 572	0.5	1 202 166	0.1
洮北区	161 660	3.6	476 238	0.5	239 440	236 798	272 826	0.6	203 412	0.3
洮南市	142 462	2.2	435 742	0.9	221 951	213 791	153 064	0.3	282 678	1.3
大安市	132 300	3.7	425 254	0.03	215 563	209 691	158 327	0.7	266 927	0.4
通榆县	98 127	0.6	346 741	0.5	175 286	171 455	102 339	0.7	244 402	0.4
镇赉县	92 982	-0.2	313 763	-0.6	166 945	146 818	109 016	0.4	204 747	1.2

（黄正连）

2001年白城市人口变动情况统计表

单位:人

	出生		死亡		迁入		迁出	
	人数	与2000年比（±%）	人数	与2000年比（±%）	人数	与2000年比（±%）	人数	与2000年比（±%）
白城市	17 071	-23.7	7 423	-24.1	35 249	-32.3	36 876	-33.4

续表：

	出生		死亡		迁入		迁出	
	人数	与2000年比（±%）	人数	与2000年比（±%）	人数	与2000年比（±%）	人数	与2000年比（±%）
洮北区	3 985	-38.9	2 147	6.6	16 851	-32.6	16 495	-36.2
洮南市	4 952	-15.9	1 131	-51.5	8 424	-28.8	8 077	-39.7
大安市	3 045	-25.9	1 571	-42.5	4 585	-35.6	5 680	-32.3
通榆县	3 011	-3. 3	1 334	3. 1	2 315	-56.5	2 298	-30.0
镇赉县	2 078	-23.9	1 240	-11.7	3 074	-43.3	4 326	-2. 8

注：①迁入35 249人。其中，省内5 213人，省外3 104人，市内7 244人，县（市）内19 688人。

②迁出36 876人。其中，省内7 345人，省外4 474人，市内5 369人，县（市）内19 688人。

（黄正连）

【民族】 2001年，白城市有少数民族29个，116 822人，占全市总人口5.85 %。其中，蒙古族71 597人，满族38 244人，朝鲜族1 443人，回族4 704人，其他少数民族834人。

（李志贤）

2001年白城市国民经济发展概况

2001年，全市人民在市委、市政府的正确领导下，努力践行“三个代表”重要思想，解放思想，抢抓机遇，迎难而上，扎实工作，与时俱进，开拓创新；以加快实现跨越式发展为主题，以搞好结构调整为主线，以深化改革和科技进步为动力，以提高人民生活水平为根本出发点；坚持“更新观念争上游、负重前进加压力、改革创新找差距、跨越发展升位次”的工作方针，继续全面实施“兴工富市、双招双引、建设新三城”战略，采取积极有效措施，努力扩大社会需求，经过全市人民的共同努力，经济建设和社会各项事业都取得了明显成效，白城面貌发生了新变化，实现了“十五”规划的良好开局。

国民经济继续保持较快增长。全年国内生产总值83.3亿元，按可比价格计算，比2000年增长13.5%。其中，第一产业增加值29.5亿元，增长8.0%；第二产业增加值26.1亿元，增长19.9%；第三产业增加值27.7亿元，增长14.0%。全市人均国内生产总值4 176元，比2000年增长13.6%。产业结构进一步优化，一、二、三产业增加值在国内生产总值中的构成比例由2000年的37.2∶28.9∶33.9发展为

2001年的35.4∶31.3∶33.3。

市场价格在低位平稳运行。全年居民消费价格指数99.7。其中，食品类价格指数103.3,衣着类价格指数91.9,家庭设备及用品类价格指数96.7,交通和通讯类价格指数103.6,娱乐教育文化用品及服务类价格指数98.7,居住类价格指数103.4。

以国企改革为中心环节的各项改革继续深化。现代企业制度建设向前推进，全市85.0%的国有大中型企业完成投资主体多元化的公司制改造。95.7%的中小型企业实行放开经营，87.0%的国有大中型企业实现改革脱困目标；企业重组退出步伐加快，企业退出率79.4%，60.0%的职工解除了国有职工身份。全市国有企业改制面96.1%，居全省各市、州之首。

劳动就业工作得到加强，再就业工作取得进展。年末全市全社会从业人员73.15万人。全年通过各种途径使1.1万人实现再就业。

稳步推进财税体制改革，财政收入增长较快。支出结构进一步优化，对经济建设的支持力度加大。全年一般预算全口径财政收入6.15亿元，其中地方级财政收入3.66亿元，分别比2000年增长18.9%和13.8%。全年一般预算财政支出14.29亿元，按可比口径比2000年增长31.9%。

国民经济发展中存在的主要问题是：经济持续增长的基础还不够稳固，社会需求内生性增长能力依然较弱,经济总量小、产业结构不合理、财政收入少的问题未从根本上解决；部分国有工业内在活力和创新能力不足，工业由于资金供需矛盾较大，市场制约因素增多，一些新的经济增长点不能按期发挥效益；农民收入仍呈恢复性增长，城乡部分居民生活还有困难；社会保障体系尚待进一步完善，就业压力很大；投资环境和市场经济秩序还需改善和整顿；生态建设和环境治理还存在问题，可持续发展能力有待提高。

农业。农业结构调整步伐加快，农村经济持续发展。优化种植业结构，实现三元结构，粮食、经济、饲料作物比例为5∶4.5∶0.5；加强了万元田（棚）建设，全市万元田（棚）发展到8.1万户，占农村总户数30.0%；积极发展订单农业，种植业签订供销合同415万亩，比2000年增长10.2个百分点；粮食生产在遭受严重旱灾情况下，仍夺得较好收成，全年粮食总产量12.99亿公斤，农林牧渔业总产值53.2亿元，分别比2000年增长1.9%和9.7%。畜牧业成为全市农业发展的重要支撑力量。牧业产值23.4亿元，比2000年增长21.7%，占农林牧渔业总产值44.0%，与2000年持平。猪牛羊肉产量14.1万吨，禽蛋产量5.5万吨，牛奶产量2.3万吨，分别比2000年增长1.4%、下降5.2%和增长12.6%。全市牛、羊、禽分别发展到40万头、295万只、3 000万只。水产品产量1.7万吨；全年造林12 614公顷，幼林抚育38 700公顷，林业总产值9 743万元。

工业和建筑业。工业围绕加快兴工富市，努力适应市场需求，进行结构调整，加快国有企业改革步伐，着力提高经济运行质量，工业整体效益创历史新高。全市规模以上工业企业工业增加值8.9亿元，按可比价格计算，比2000年增长3.3%。其中，重工业增加值4.9亿元，下降4.9%；轻工业增加值4.0亿元，增长12.5%。全年销售收入27.8亿元，工业产品销售率94.8%，规模以上工业企业盈亏相抵后利润1.83亿元，分别比2000年增长19.6%、1.3个百分点和73.6%。全年建筑业增加值8.6亿元，比2000年增长36.6%。施工单位工程668个，其中投标承包工程376个，占全部施工工程56.3%。建筑施工面积110万平方米，竣工面积100万平方米，比2000年增加17.2万平方米，增长20.8%。

固定资产投资。继续贯彻落实扩大内需政策,重点项目建设力度加大，城市基础设施建设取得新进展。全年固定资产投资28.2亿元，比2000年增长41.3%。其中，国有经济投资22.0亿元，增长41.0%；集体经济投资0.6亿元，增长10.9%。按投资管理渠道划分，基本建设投资12.2亿元，增长16.4%；更新改造投资5.5亿元，增长84.8%；房地产开发投资3.6亿元，增长71.4%，成为全市投资增长的主要推动力。新开工项目增加，投资规模扩大。全年基本建设施工项目182个，其中新开工项目156个，新增固定资产11.1亿元；更新改造项目203个，其中新开工项目188个，新增固定资产5.6亿元。

内外贸易。全市消费品市场销售活跃，保持了较快增长。全年社会消费品零售额45.1亿元，比2000年增长11.5%。按城乡分，城市零售额30.3亿元，增长12.0%；县及县以下零售额14.8亿元，增长10.4%。按行业分，批发零售贸易业零售额41.0亿元，增长12.4%。其中，限额以上批发零售业零售额3.2亿元，增长33.1%；限额以下批发零售业及个体零售额37.8亿元，增长11.0%。餐饮业零售额3.8亿元，增长9.4%。其他行业零售额0.3亿元，下降33.8%。随着市场建设步伐的加快，超市、连锁、配送等商贸经营形式应运而生且发展迅速，正在成为拉动市场销售增长的主要形式。面对世界经济下滑的不利形势，全市积极调整出口产品结构，努力拓宽出口市场。全年进出口总额3 326万美元，比2000年增长25.0%。其中，出口总额1 900万美元，增长16.0%；进口总额1 426万美元，增长39.4%。对外开放环境进一步改善，招商引资成果显著。先后组织参加了各种交易会、洽谈会和赴京津鲁经贸交流等大型招商引资活动，成效明显。全市实际利用外资497万美元，比2000年增长33.2%。招商引资项目502个，实际到位资金24.9亿元，比2000年增长18.9%。

交通、邮电和旅游。交通运输继续发展，邮电通信快速增长。全年交通运输、仓储和邮电通信业增加值6.18亿元，比2000年增长4.1%。公路货运量420万吨，货运周转量2.38亿吨公里，公路客运量499万人，旅客周转量2.69亿人公里，分别比2000年增长7.7%、24.3%、1.0%和1.5%。邮电业务总量2.2亿元，其中邮政业务总量0.4亿元，分别比2000年增长10.0%和17.6%。电信业务总量1.8亿元，年末全市局用交换机总容量32.65万门，固定电话用户26.4万户，移动电话用户17万户，无线寻呼用户4.5万户，分别比2000年增长7.4%、增加2万门、增长15.3%、增加12.7万户和减少3.9万户。

旅游业投入力度加大，生态旅游业快速发展。旅游开发建设投入3 500万元，建立查干浩特旅游开发区，建成有38个蒙古包的民俗村、跑马场、狩猎场、钓鱼台、游泳场、码头等一批重点设施，新建的7栋别墅已有3栋营业。加强了吉林向海、莫莫格国家级自然保护区、五间房水岛乐园、森林公园等景点的建设。“假日经济”促进了全市旅游业的发展，生态、特色旅游吸引了大批中外游客。全年来白城市观光旅游的域外游客49万人次，创收1.68亿元，分别比2000年增长63.0%和40.0%。

人民生活和社会保障。人民生活水平稳步提高。全年城镇居民人均可支配收入4 309元，农民人均纯收入1 280元，分别比2000年增长3.7%和4.9%。

社会保障体系进一步完善和健全，社会保障事业取得新进展。基本做到养老金按时足额发放。离退休人员养老金社会化发放率100.0%。全面启动城镇职工基本医疗保险制度，参保8.6万人。积极筹措资金，全年发放下岗职工基本生活费3.11亿元。加强了最低生活保障基础工作，全市纳入城市低保对象10 192人，发放低保资金736万元。扶贫工作继续加强，全年发放扶贫贷款3 535万元。

（黄秀东）

2001年白城市主要经济指标完成情况表

	单位	2001年	2000年	同比(±%)		单位	2001年	2000年	同比(±%)
一、国内生产总值	亿元	83.3	73.3	13.5	六、工业成本费用利润率	%	7.20	4.71	2.49
第一产业	亿元	29.5	27.3	8.0	七、全市固定资产投资完成额	亿元	28.2	19.9	41.3

续表：

	单位	2001年	2000年	同比（±%）		单位	2001年	2000年	同比（±%）
第 二 产 业	亿元	26.1	21.7	19.9	八、社会消费品零售总额	亿元	45.1	40.4	11.5
第 三 产 业	亿元	27.7	24.3	14.0	九、城镇居民人均可支配收入	元	4 309	4 154	3.7
二、规模以上工业增加值	亿元	8.9	8.6	3.3	十、农民人均纯收入	元	1 280	1 212	4.9
三、规模以上工业企业利润	亿元	1.83	1.05	73.6	十一、全口径财政收入	亿元	6.15	5.17	18.9
四、工业总资产贡献率	%	9.99	8.45	1.54	其中：地方级财政收入	亿元	3.66	3.22	13.8
五、工业流动资产周转率	%	1.37	1.04	0.33	十二、外贸进出口总额	万美元	3 326	2 661	25.0

（黄秀东）

2001年白城市人均主要经济指标完成情况表

	单位	2001年	2000年	同比（±%）		单位	2001年	2000年	同比（±%）
1、人均国内生产总值	元	4 176	3 675	13.6	5、农民人均纯收入	元	1 280	1 212	5.6
2、人均固定资产投资额	元	1 412	1 000	41.2	6、人均全口径财政收入	元	308	259	18.9
3、人均社会消费品零售总额	元	2 261	2 029	11.4	7、人均地方财政收入	元	184	161	14.3
4、城镇居民人均可支配收入	元	4 309	4 154	3.7					

（黄秀东）

2001年白城市主要经济指标比例关系表

	单位	2001年	2000年	同比（+—）		单位	2001年	2000年	同比（+—）
1、第一产业增加值占GDP比重	%	35.4	37.3	-1.9	5、地方财政收入占GDP比重	%	4.4	4.4	0.0
2、第二产业增加值占GDP比重	%	31.3	29.6	1.7	6、第一产业从业人员比重	%	60.3	61.8	-1.5
3、第三产业增加值占GDP比重	%	33.3	33.1	0.2	7、第二产业从业人员比重	%	11.1	11.7	-0.6
4、出口总额占GDP比重	%	1.9	1.9	0.0	8、第三产业从业人员比重	%	28.6	26.5	2.1

（黄秀东）

2001年白城市主要经济指标在全省位次表

	单位	2001年	位次	2000年	位次		单位	2001年	位次	2000年	位次
一、国内生产总值（GDP）	亿元	83.3	8	73.3	8	六、农民人均纯收入	元	1 280	9	1212	9
二、地方财政收入	亿元	3.66	8	3.22	8	七、全市固定资产投资完成额	亿元	28.2	6	19.9	8
三、人均 GDP	元	4 176	9	3 675	9	八、社会消费品零售总额	亿元	45.1	7	40.4	7
四、人均地方财政收入	元	184	8	161	9	九、全社会劳动生产率	元	11 388	9	9 915	9
五、城镇居民人均可支配收入	元	4 309	7	4 154	6	十、工业企业利润总额	亿元	1.8	4	1.1	7

（黄秀东）

县（市、区）概况

洮北区

【基本情况】 洮北区位于吉林省西北部，白城市中部。东经122度50分33秒，北纬45度37分10秒。东邻镇赉县、大安市，西、南与洮南市接壤，北与内蒙古自治区科尔沁右翼前旗毗邻。为白城市委、市政府所在地，是全市政治、经济、文化交流中心。区政府驻白城市青年南大街14号。幅员1 838平方公里，其中城区面积54.6平方公里。耕地81 662公顷。其中，旱地74 318公顷，水田7 344公顷。人均占有耕地0.4公顷。林地19 748公顷。属温带大陆性季风气候。2001年，平均日照时数2 896小时，平均气温5.5℃，降水量123.6毫米，比历年平均值少20小时、高0.7℃、少282.7毫米。无霜期136天，大风日数16天。分别比历年平均值少4天和6天。总人口476 238人，其中，常住人口203 400人；城镇非农业人口272 800人；少数民族人口20 041人。人口出生率8.37‰，死亡率4.51‰，自然增长率3.86‰。辖7个乡、6个镇、9个街道办事处、155个行政村、476个自然屯。

全区有草场67万亩，其中可利用草场47万亩。芦苇2万亩，总产0.3万吨。野生兽类主要有狼、狐狸、蒙古兔、黄鼬等；鸟类有雁、鸭类，百灵类，斑翅山鹑、环颈雉鸡等。野生植物主要有羊草、披碱草、小叶樟等。出产防风、桔梗、柴胡、甘草等62科299种药材，有“天然药库”之称。水资源总量4.41亿立方米。其中，地下水4.2亿立方米，地表水0.21亿立方米。主要河流有洮儿河。人均占有水量926立方米。水面16 573公顷。其中，可养鱼水面273公顷，已养鱼水面213公顷。有林地17 082公顷，活立木蓄积量99.40万立方米。矿产资源有河卵石、中砂、细砂、膨润土等几十种。

2001年，国内生产总值11.48亿元，人均国内生产总值6 523元，分别比2000年增长15%和14.3%。其中，第一产业增加值4.99亿元，第二产业增加值3.02亿元，第三产业增加值3.47亿元，分别比2000年增长3.7%、21.3%和30%。财政收入5 602万元，财政支出16 927万元，分别比2000年增长12.8%和20.6%。

（夏德富）

【农业】 2001年，全区粮食总产375 100吨，居全市各县（市、区）之首，比2000年增长6.9%。其中，玉米244 748吨，水稻67 660吨，高粱20 677吨，小麦8 896吨，大豆1 866吨，杂豆19 816吨。分别比2000年增长5.3%、48.3%，下降42%，增长194%，下降55.6%和23.6%。油料作物总产19 981吨，比2000年下降18.5%。其中，葵花籽2 146吨，花生13 340吨，芝麻3 041吨，分别比2000年下降10.43%，增长1.43%和下降17.5%。甜菜产量16 261吨，烤烟产量663吨，分别比2000年增长9.81%，下降32%。全年造林719公顷,绿化村屯30个。森林覆盖率9%。肉类总产量29 166.1吨，比2000年增长20%。其中，猪肉17 229.9吨，牛肉3 254吨，羊肉3 689吨，禽肉4737.1吨，其他肉类256.1吨。猪、牛、羊、禽存栏分别为40.2万头、2.5万头、22万只和351.7万只，分别比2000年增长8.59%、13.63%、9.07%和9.73%。水产品产量50吨。农林牧渔业总产值91 543万元，比2000年增长8.6%。其中，农业产值66 331万元，林业产值951万元，牧业产值24 234万元，渔业产值27万元。农业机械总动力332 000千瓦，大中型拖拉机533台，小型和手扶拖拉机12 758台，水库1座，自流灌区2处，机电井31 005眼。农田有效灌溉面积69.66千公顷，实际灌溉面积60.39千公顷，为全省第一个水利化县（区）。农村用电量6 220.2万千瓦时，化肥施用量10万吨。

发展高效农业。全区采取经济驱动、示范带动、市场拉动、科技促动的方法，发展效益农业。种植业实现粮食、经济、饲料作物三元种植，高效经济作物比重增大。选择红辣椒、蔬菜、甘草、烤烟、花生、小冰麦、绿豆等7个优质高效品种作为主推品种，种植面积占总播种面积42%。整体构成呈现“二稳八增五减”的发展格局，即玉米、水稻种植保持与2000年持平，增加了小冰麦、花生、葵花、甜菜、烟叶、蔬菜、辣椒、薯瓜类种植，减少了高粱、杂粮、大豆、绿豆、蓖麻种植面积，优化了结构。粮食、经济、饲料作物比例调整为4∶5.5∶0.5。发展养殖专业乡3个、专业村9个、专业屯21个。新增规模饲养场（户）1 136个，建成全市最大的昌华蛋鸡养殖厂、东风肉鸽养殖场。规模经营场(户)饲养畜禽131.2万头（只），占全区畜牧饲养总量31.5%，比2000年增长3.7%。开展草原禁牧工作，实行舍饲半舍饲。改良猪、牛、羊品种。发展美国落地王鸽、獭兔、河蟹、鹌鹑、肉犬，示范养殖火鸡、珍珠鸡和法国无声鸭等珍禽，饲养总量6.1万头(只)，比2000年增长8.9%。制定《进一步抓好万元田（棚）户工程建设的意见》，开展百名农林牧渔科技人员承包指导千个科技示范户、千个科技示范户帮助带动万个农户的科技服务“百、千、万”活动，推动了万元田（棚）建设。建成万元田（棚）16 466户，占农户总数35.7%，万元田（棚）户户均纯收入10 940元，万元田（棚）户人均收入3 850元，比全区农村人均收入高1 650元。

2001年，洮北区发生有历史记录以来最严重的旱灾。全区筹集抗旱资金3 000万元；新增机电井42眼，重打机电井1.2万眼；增加“小白龙”282吨，水泵265台，柴油机445台；铺设地埋输水管道17处、4 000延长米，维修农田井1 693眼。还通过物探的方法在大岭贫水区成功打井2眼。组织抗灾工作队，深入各乡镇通过挖砂采石、外出打工、商饮运输等渠道累计创收7 139万元。

（夏德富）

【工业及建筑业】 2001年，全区有规模以上工业企业48户，其中国有工业企业7户。全区有食品加工业、饮料制造业、烟草加工业、造纸及纸制品业、印刷业、化学原料及化学制品制造业、非金属矿物制品业、专用设备制造业、交通运输设备制造业、煤气生产和供应业等25个行业。从业人员665人。主要工业产品产量：汽配产品63套，多元素复合肥2万吨，塔吊60套，拖车400台，分别比2000年增长 8.6%、33.3%、100%和 11.2%。精制稻米 2.5 万吨，填补了精制稻米产品的空白。名优产品主要有：鹤城化肥有限公司生产的多元素复合肥，被吉林省人民政府命名为“吉林省名牌产品”；汽车附件厂生产的车门铰链，被吉林省人民政府命名为“吉林省名牌产品”；新型环保设备厂生产的拖车和污水净化槽，被吉林省人民政府命名为“吉林省名牌产品”；马世甘草开发有限责任公司生产的甘草茶，被吉林省人民政府命名为“吉林省名牌产品”。开发新产品 22 种，主要有：丰盛米业公司 生产的《洮儿河》牌精制米，鹤翼包装厂生产的瓦楞纸，金利源食品有限公司生产的《利源》牌粘玉米等。全口径工业总产值 30 500 万元，工业增加值 7 300 万元，分别比 2000 年增长 20.3%和 21.7%。工业企业产品销售收入 24 000 万元，税金 300 万元，利润 200 万元，分别比 2000 年增长 17.1%、22.5%和 15%。工业产品产销率 92%，比 2000 年提高 2 个百分点。亏损企业 26 户，亏损额 237 万元。分流安置下岗职工 1 106 人，国有企业年末下岗职工 2 618 人，城镇登记失业率 3.6%。

全区有建筑企业 12 户。其中，国有企业 3 户，集体企业 8 户，私营企业 1 户。实施建筑工程 69 个，实行招标承包工程 68 个，完成房屋竣工面积 255 595 平方米，工程质量优良品率 24%。总产值 1.5 亿元，税金 2 250 万元，利润 1 500 万元，分别比 2000 年增长 20%、18.7%和 18%。

2001 年初，洮北区委、区政府制定《关于对重点工业项目进行包保的安排意见》，区领导及区直相关部门分别包保项目，推动了项目建设。建成投产稻谷加工、双宝饲料、羊屠宰加工、葵花籽加工、花生加工、玉米加工、水果饮料加工等项目。全年工业技术改造投资 4 030 万元，比 2000 年增长 72.4%；开发新产品 22 种，产值 4 819 万元，利税 182 万元，新产品产值率 15.8%。为提高增产增效水平，对工业经济运行采取一系列拉动措施。积极启动停产半停产企业。筛选了一批有利于启动企业生产的招商引资项目。海明纸厂、北方阀门厂、二塑厂、兴发木器加工厂等一批企业，通过重组、出售、租赁和股份制改造等多种途径，实现了整体或局部启动生产。帮助规模较大的企业开拓市场，搞好产销衔接，培育产值、利税大户。鹤城化肥股份有限公司生产全元素复合肥 17 500 吨，产值 3 500 万元，比 2000 年增长 56.3%。工贸集团总公司生产的环保产品、建筑机械设备、交通运输设备和农用机械设备几十种，新开发的两种新式起重机在市场上供不应求，年产值创历史最好水平。汽车附件厂协作配套范围不断扩大，成为哈尔滨汽车制造厂唯一一户配套全车铰链的 A 级供应商，产值 1 200 万元。开展“大干四个月，促进全区工业提速增效”活动。区级领导及相关部门 30 多名负责人，帮扶全区重点企业 37 户，有效地挖掘了增产潜力，推动了生产。

（夏德富）

【非国有经济】 2001 年，全区有个体私营企业 16 095 户，从业人员 27 496 人，总产值 11.9 亿万元，税金 2 730 万元，利润 4 300 万元。乡镇集体企业 80 户，从业人员 5 153 人，总产值 1 223 千万元，税金 500 万元，利润 400 万元，

（夏德富）

【城乡建设】 2001 年，全区城市供水管道长 80 公里，供水量 2 703 万吨／年，人均用水 117.04 升／日，用水普及率 87.61%。城市燃气供应企业 5 户，用气人口 23 万人，气化率 84.38%。

全区城市公共建筑 2 000 万平方米，城市民用建筑 10 000 万平方米，分别比 2000 年增长 40%和 24%。新建楼房 14.4 万平方米，比 2000 年增长 20 %。

全区城市道路总长 124.4 公里，其中铺装路面 120.8 公里，分别比 2000 年增长 16.9%和 68.4%。运营汽车 1 936 辆，其中，大型客车 18 辆，小型客车 98 辆，出租车 1 820 辆，分别比 2000 年增加 47 辆、6 辆、11 辆和 30 辆。

全区绿化覆盖面积 918 公顷，园林绿地面积 808 公顷，公共绿地面积 355 公顷，分别比 2000 年增长 16.65%、9.63%和基本持平。

全区 13 个乡镇 155 个村全部通电。用上自来水乡镇 3 个，村屯 38 个，分别占乡镇、村屯总数 23%和 7.9%；用水人口 3.8 万人，占全

区农村人口总数18.6%。

全区农村道路总长447.7公里，其中铺装路面91.7公里。全区形成乡村道路网，乡镇和10.3%村屯通客车。

全区农村公共建筑260万平方米，农村住宅面积372万平方米，分别比2000年增长60%和30%。农村人均居住面积18.6平方米。

2001年，洮北区城市开发建设管理总体战成果显著。建成高质量标准街路6条，铺装巷路20条，建设公厕20座,铺装内环路机动车道123万平方米。投资2亿元，新建扩建吉鹤灵苑、客运大厦、市民广场、阳光广场、东北商厦、老年公寓等十大工程。继续完善和提高了森林公园建设工程品味和档次。绿化二环路续建工程，植树3 852株；在中兴、新华、和平3个街心广场重新设置了具有象征意义的大型雕塑；在4个街心广场栽植大量的桧柏绿篱和花草；在新华路、中兴西路栽植花草4.5万株；整理中兴游园绿地1 400平方米，种植草坪和绿篱，设置汉白玉雕塑。市政维护不断加强，进行了油路恢复、公路维护、排水设施清掏、疏通以及照明设备更换，城市功能进一步增强。招商引资10万元，完成市区内街路牌的设置、安装，达到国家标准。改造村屯15个，建成金祥1.7公里油路。

（夏德富）

【第三产业】 2001年，全区公路里程589.1公里。公路客运量95万人，公路客运周转量5 896万人公里；公路货运量108万吨，公路货运周转量4 213万吨公里，分别比2000年增长55.9%、23.3%、0.8%和13%。邮政业务量2 369万元，电信业务量16 294万元，分别比2000年增长109.65%和22.58%。数字移动电话放号5 575户，业务量6 942万元,无线寻呼业务量336万元，分别比2000年增长34.98%、56.74%和下降62.16%。全区商业、饮食服务业网点1 166个，从业人员2 180人，社会消费品零售总额19 961万元,集市贸易交易额4 970万元，分别比2000年增长6%、8%、8%和10%。

全区建成白城红干椒批发市场、岭下镇牲畜交易批发市场、肉食水产品批发市场、煤炭市场、白城花卉批发市场、瑞光商贸城批发市场等一批专业市场，改造了白城蔬菜批发市场，基本形成以专业批发市场为基础，以专业化营销队伍为载体，以迅速快捷的信息为导向的农副产品流通网络。市场营销额3.24亿元。销售地方品牌卷烟3 053大箱。组建了旅游局、旅行社，开辟了华严寺、森林公园、吉鹤灵苑、青山草场等旅游景点和专线，组织开展了形式多样的旅游活动。

全区组织参加西安经贸洽谈会、广州交易会、中国·白城2001年（香港）投资贸易洽谈会(简称香港洽谈会)、中国长春国际农业·食品博览(交易)会(简称长春农博会)等大型经贸活动，成功举办2001年中国白城红干椒贸易招商洽谈会，相继引进瑞光商贸城、站前综合楼、联通130、白城市小屯水泥有限公司、市民广场扩建工程等一批投资额度较大的项目。全年招商引资项目117个，实际到位资金2.56亿元，比2000年增长18.7%。组建对外贸易经济合作局，取得了国家外经贸部审批的对外贸易进出口权。成立吉林海外交流有限责任公司白城分公司，为全区向国外派送留学人员和劳务输出人员，开展对外经济技术交流与合作提供了方便，创造了条件。

（夏德富）

【社会事业】 2001年，全区有幼儿园103所，在园儿童4 608人，教师379人，分别比2000年增长2%、10%和6%。小学151所，在校学生37 296人，教师2 577人，分别比2000年增长2%、8%和4%。普通中学29所，在校学生19 820人，教师1 536人，分别比2000年增长0.35%、2%和3%。职业学校1所，在校学生129人，教师41人。 中等专业学校4所，在校学生6 191人，教师379人。大专院校1所，在校学生3 090人，教师687人。

全区有科研机构2个。各类专业技术人员7 318人，比2000年增长3%。其中，高级职务344人，中级职务1 936人，初级职务4 854人。全年推广应用新技术12项。

全区有艺术表演团体、电影事业单位、文化艺术馆各1个；档案馆、图书馆各2个；广播电台1座；电视发射台和转播台2座，广播人口覆盖率、电视人口覆盖率均100%。

全区有医疗机构19个，床位668

张。卫生专业技术人员1 192人，比2000年增长4.5%。其中，高级职务57人，中级职务218人，初级职务917人；医生629人，护师151人,护士114人。农村卫生防疫机构2个。卫生医疗点210个，农村医生210人，卫生人员80人。个体开业医生42人。

全区体育运动日趋广泛，人民健康水平显著提高。在省、市比赛中获金牌3枚、银牌2枚、铜牌1枚。

全区花园式学校建设稳步发展，“新三室”(语音室、微机室、电教室)建设步伐加快，城内6所小学拥有微机224台，2所学校新建语音室。投资400万元购进先进医疗设备近百台件，其中万元以上设备40件，完成洮北区第二医院医疗楼建设的前期准备工作。成功举办全区第八届中小学体育运动会和首届中小学生艺术节。

（夏德富）

【人民生活】 2001年，全区城镇居民人均消费性支出3 228元，农民人均纯收入2 200元，职工平均货币工资6 695元，分别比2000年增长8%、4.4%和16.3%。城市人均住房面积12.8平方米。各级社会福利院（所）17个，床位528张，供养五保老人289人。全年优待1 818户。其中，烈属140户，军属270户，在乡复员军人1 194户，带病退伍军人80户。优待总额46.7万元。发放烈属、因公牺牲军人家属、病故军人家属死亡抚恤金34.66万元，发放革命伤残军人抚恤金67万元。发放自然灾害救济金1 501万元，救济11 154户。安置残疾人就业46人。

（夏德富）

【体制改革】 产权制度改革。2001年，洮北区成立工业企业产权制度改革指导组，在电子仪器厂进行规范化的股份制改造试点，在取得经验的基础上，对未改制企业逐户进行指导。汽车附件厂兼并了华光工艺品厂，组建了工农实业集团。制定《关于规范和管理改制企业的指导意见》，对已改制企业存在的突出问题提出切实可行的整改措施。制定《出售企业验收细则》，全面考核出售企业“二次改革”问题较多的弹簧床厂、四建公司等企业。加快乡镇企业民营改革步伐，出售了拖车总厂、保平化工厂、新型建筑材料厂。

管理体制改革。改革环卫处、园林处和市政维护处的管理体制和运行机制。重新组建和启动民营经济发展区，出台更优惠的发展政策，编制中长期发展规划和土地利用整体规划；通过招商引资等途径引进、开发一些新项目，粮库、草业公司等企业落户发展区。

医药卫生体制改革。推行医疗单位医、药分开的管理办法，进行医院医药集中招标采购试点。确定计划生育以块为主，条块结合的管理模式。

人事制度改革。采取“先分后考，择优录用”的办法，在1999年大中专毕业生中，考试录用156人担任居委会主任，录用100人到农村顶替代课教师，拓宽毕业生就业渠道。努力办好人才市场，促进了人才交流与合理使用。制定全区涉农科技人员职称晋级新标准，开展农民技术员评聘工作，对有实践经验和特长的农民科技示范户评定农民技术职称，发放证书，共评聘农民技术人员86人。精心组织劳务输出，农民劳务输出3.8万人，创收5 500万元。

（夏德富）

【党建工作】 2001年，洮北区在白城市第一个实行任免干部常委会票决制和党政正职领导干部任免全委会表决制。推行任前公示、试用期、诫勉谈话、下岗待岗及离任审计制。面向社会公开选拔一批后备干部、乡镇长助理和区直部门副职领导干部。

（夏德富）

镇 赉 县

【基本情况】 镇赉县位于吉林省西北部，白城市北部。东经122度47分06.3秒至124度04分33.7秒，北纬45度28分14.3秒至46度18分。东靠嫩江与黑龙江省杜尔伯特蒙古族自治县、肇源县隔江相望，西连内蒙古自治区科尔沁右翼前旗，南和西南分别与大安市、洮南市、洮北区为邻，北与黑龙江省泰来县、内蒙古自治区扎赉特旗接壤。幅员5 378平方公里。耕地140万亩。其中，旱地120万亩，水田20万亩。

林地61.57万亩，水域160万亩。属温带大陆性季风气候。2001年，平均日照时数3 153小时，平均气温5.1℃，降水量133.4毫米，分别比历年平均值多216小时、0.3℃，少282.7毫米。无霜期136天，大风日数14天。分别与历年平均值基本持平和多2天。总人口313 763人，其中，常住人口311 956人；城镇非农业人口83 572人，乡村非农业人口25 444人；少数民族人口26 000人。人口出生率6.62‰，死亡率 3.95‰，自然增长率 2.67‰，辖8个乡、8个镇、5个街道办事处、147个村、466个自然屯。

全县有草场289万亩，其中可利用草场240万亩。芦苇61.9万亩，总产1万吨。水资源总量4.09亿立方米。其中，地表水0.32亿立方米，地下水3.77亿立方米。主要河流有嫩江、洮儿河、二龙涛河、呼尔达河。人均占有水量1 171立方米。水面92万亩。其中，可养鱼水面90.65万亩，已养鱼水面28万亩。有林地38 238公顷，活立木蓄积量228.90万立方米。矿产资源主要有石油、天然气。

2001年，国内生产总值12.1亿元，人均国内生产总值3 840元，分别比2000年增长24% 和27.1%。其中，第一产业增加值6.4亿元，第二产业增加值2.6亿元，第三产业增加值3.1亿元，分别比2000年增长10.8%、42.8%和 43.3%。财政收入9 690万元，财政支出21 289万元，分别比2000年增长38.3%和47.4 %。

（张洪志）

【农业】 2001年，全县粮食生产遭受严重旱灾，仍夺得较好收成，粮食总产200 064吨，比2000年下降25%。其中，玉米82 937吨，水稻99 302吨，高粱6 193吨，小麦2 517吨，大豆2 395吨，杂豆6 631吨。油料作物总产1 542吨。其中，葵花籽1 103吨，蓖麻籽404吨。甜菜产量922吨，烤烟产量942吨，分别比2000年下降20%和37.5%。获国家绿色食品发展中心认证的绿色食品有嫩江湾集团总公司《嫩江湾》牌“大米”、“小米”，《鹤园》牌“大豆”、“花生”4种，获长春农博会名牌产品称号有乳品厂《RUIXIN》牌袋装“学生大豆粉”、小冰麦生产办公室《北斗》牌“小冰麦”，大豆生物工程有限公司《丹顶鹤》牌“青仁青豆粉”等7种。全年造林3 778万亩，森林覆盖率7.12%。肉类总产量39 235吨，其中，猪肉22 582吨，牛肉3 426吨，羊肉3 283吨，禽肉7 810吨。猪、牛、羊、禽存栏分别为226 340头、53 260头、331 280只、2 190千只。被市委、市政府评为“畜牧业工作先进县”。水产品产量6 000吨，居全省各市、州之首。农林牧渔业总产值110 986万元，比2000年增长9.3%。其中，农业产值57 617万元，林业产值3 113万元，牧业产值49 178万元，渔业产值1 078万元。农业机械总动力323 892千瓦，大中型拖拉机633台，小型和手扶拖拉机14 952台。机电井6 740眼。农田有效灌溉面积57万亩，农田实际灌溉面积51.75万亩。农村用电量1 182万千瓦时，化肥施用量26 509吨。

（李晶涛）

【工业及建筑业】 2001年，全县规模以上工业企业28户，有石油和天然气开采业、饮料制造业、建筑材料业、造纸业等15个行业。从业人员4 414人。主要工业产品产量：原油7 033吨，平板玻璃471 418重箱，啤酒2 980吨，纸11 458吨。名优产品12种。开发新产品5个。全口径工业总产值23 589万元，工业增加值6 307万元，分别比2000年增长53.4%和47.8%。工业企业产品销售收入17 751万元，税金1 722万元，利润508万元。亏损企业11户，亏损额258万元。分流安置下岗职工1 992人，国有企业年末下岗职工11 516人，城镇登记失业率3.5%。

全县有建筑企业6户，实施建筑工程42个，实行投标承包工程42个，完成房屋竣工面积12.23万平方米，工程质量优良品率91%。总产值9 053万元，税金245万元，利润435万元，分别比2000年增长31.2%、20.7%和74%。

（刘学军）

【非国有经济】 2001年，全县有个体私营企业706户，从业人员15 724人，分别比2000年增长5%和4.3%。总产值52 057万元，税金856万元，利润1 490万元，分别比2000年增长11%、9.1%和10.2%。乡镇企业10 850户，从业人员16 430人，分别比2000年增长4.3%和3.9%。总产值56 700万元，税金888万元，利润1 600万元，分别比2000年增长

10.1%、9.5%和8.6%。集体企业88户，从业人员4 643人，分别比2000年增长1%和1%。总产值2 075万元，利润110万元，税金32万元，分别比2000年增长3.2%、2%和5%。

（刘广志）

【城乡建设】 2001年，全县城市供电5 100万千瓦时。城市供水管道长200公里，供水量234万吨/年，人均用水81升/日，用水普及率71%。城市燃气用气总户数1.8万户，用气5.4万人，气化率75%。

全县城市道路总长44.5公里，其中，铺装路面21公里，分别比2000年增长219%和242%。运营汽车381辆，其中，大中型客车82辆，小型客车137辆，出租车162辆，分别比2000年减少6辆和增加25辆和42辆。

全县城市绿化覆盖面积7.2公顷，园林绿地面积4.3公顷，公共绿地面积2.9公顷 。

全县16个乡镇、147个村全部通电。用上自来水乡镇10个，村屯78个，分别占乡镇、村屯总数60%和14 %。用水人口4万人，占全县农村人口总数14.3%。

全县农村道路总长1 676.9公里，其中铺装路面307.4公里。全县形成乡村道路网，乡镇和80%村屯通客车。

全县农村公共建筑28.12万平方米，农村住宅面积198.06万平方米，农村人均居住面积9.04平方米。

（刘广志）

【第三产业】 2001年，全县铁路里程89.26公里。公路里程706.2公里，公路通车里程666.5公里。公路客运量60万人，公路客运周转量2 778万人公里；公路货运量64万吨，公路货运周转量3 810万吨公里，分别比2000年增长7.1%、17.4%、12.3%和13.8%。邮政业务量471万元，电信业务量1 865万元，长途电话业务量311万元。移动用户14 394部，业务量1 217万元；无线寻呼1 518户 。

全县社会消费品零售总额40 128万元，集市贸易交易额13 483万元 。出口商品贸易总额100万美元 。

（李晶涛）

【社会事业】 2001年，全县幼儿园58所，在园儿童4 981人，教师335人。小学149所，在校学生22 757人，教师2 501人，分别比2000年增长2%、下降0.06%和增长1.5%。普通中学22所，在校学生14 685人，教师1 662人，分别与2000年持平，增长0.3%和下降2.4%。职业学校4所，在校学生113人，教师23人。中等专业学校1所，在校学生101人，教师35人。

全县有各类专业技术人员10 732人。其中，高级职务307人，中级职务2 135人，初级职务8 280人。全年办各类专业技术培训班47次，培训5 000人，发放资料3 000册。推广应用新技术14项。全县有艺术表演团体、电影事业单位、文化艺术馆、档案馆、图书馆各1个；广播电视台1座，电视发射台和转播台6座，广播人口覆盖率86.0%，电视人口覆盖率92.3%。

全县有医疗机构23个，床位709张。卫生专业技术人员1 142人，比2000年增长11%。其中，高级职务36人，中级职务213人，医生594人，护师186人，护士62人。卫生防疫机构2个。农村卫生医疗点164个，农村医生270个，卫生人员72人。个体开业医生146人。

全县群众性体育运动不断发展，在省、市比赛中获金、银、铜牌各1枚。全年向上级体育部门输送优秀体育人才3人。

（刘学军）

【人民生活】 2001年，全县城镇居民人均消费性支出3 053元，农民人均纯收入1 095元，职工平均货币工资6 265元，分别比2000年增长4%、4.3%和20.2%。参加社会职工养老统筹保险14 547人.其中，国有企业职工13 385人，集体企业职工1 162人。参加失业保险17 724人。城市人均住房面积18.75平方米。国有企业下岗职工总数11 516人。发放最低生活保障金46万元。全年再就业1 992人。城镇失业职工980人，发放救济金159万元。各级社会福利院（所）16个，床位640张，供养五保老人551人。全年优待军烈属2 004户。其中，烈属676户，军属141户，伤残军人206户，在乡复员军人922户，带病退伍军人59户。优待总额625万元。发放烈属、因公牺牲军人家属、病故军人家属死亡抚恤金21.6万元，发放革命伤残军人抚恤金22.2万元，发放自然灾害救济金547万元，救济20 512户，安置残疾人就业58人。

（刘广志）

通　榆　县

【基本情况】 通榆县位于吉林省西北部。东经122度02分13秒至123度30分57秒，北纬44度13分57秒至45度16分27秒。东与乾安县相接，西与内蒙古自治区科尔沁右翼中旗为界，南与长岭县相连，西南与内蒙古自治区科尔沁左翼中旗相交，北与洮南市为邻，东北与大安市接壤。幅员8 464平方公里，居全市各县（市、区）之首。耕地139 968公顷。其中，旱地139 765公顷，水田203公顷。林地173 186公顷，居全市各县（市、区）之首。水域55 584公顷。属温带大陆性季风气候。2001年，平均日照时数2 958小时，平均气温5.9℃，降水量270.3毫米，分别比历年平均值多34小时，高0.4℃和少126.9毫米。无霜期138天，大风日数26天。分别比历年平均值少1天和10天。风资源居全市各县（市、区）之首。总人口346 741人（均为常住人口）。其中，城镇非农业人口95 060人，乡村非农业人口7 297人；少数民族人口49 760人。人口出生率8.68‰，死亡率3.85‰，自然增长率4.84‰。辖11个乡、9个镇、172个村、693个自然屯。

全县有草场400万亩，其中可利用草场319万亩，居全市各县（市、区）之首。2001年，被白城市委、市政府评为"草原建设工作先进县"。芦苇83.87万亩，总产3.20万吨。水资源总量5.38亿立方米，居全市各县（市、区）之首。其中，地表水0.50亿立方米，地下水4.88亿立方米。主要河流有霍林河、额木太河、文牛格尺河。人均占有水量3 233立方米。水面37 747公顷。其中，可养鱼水面7 215公顷，已养鱼水面5 530公顷。有林地130 423公顷，活立木蓄积量577.29万立方米，均居全市各县（市、区）之首。

2001年，国内生产总值12.4亿元，人均国内生产总值3 576元，分别比2000年增长14.3%和13%。其中，第一产业增加值6.5亿元，第二产业增加值2.8亿元，第三产业增加值3.1亿元，分别比2000年增长4.0%、27.2%和29.5%。全口径财政收入5 017万元，财政支出22 080万元，均比2000年增长30.7%。

（李英文　张琦平）

【农业】 2001年，全县粮食总产273 562吨，比2000年增长55.9%。其中，玉米166 562吨，高粱20 450吨，小麦1 157吨，大豆14 693吨，杂豆59 930吨。分别比2000年增长90.2%、3%、6.2%、5.5%和77.2%。油料作物总产36 548吨，比2000年增长12.4%。其中，葵花籽24 599吨，蓖麻籽11 949吨，分别比2000年增长7.6%和36.7%。甜菜产量42 528吨，比2000年增长202.6%。《向海》牌"小米"、"草原红牛"和《瀚海珠》牌"兴隆山绿豆"、"荞麦"、"黑瓜籽"获国家绿色食品发展中心认证的绿色食品。在"长春农博会"上，《向海》牌袋装"奶花芸豆"等20种产品，获名牌产品（金奖）称号。新建有机食品基地2.8万亩，绿色食品基地45万亩，成为吉林省第一绿色食品品牌大县和绿色（有机）食品基地大县。全年造林2 995公顷。森林覆盖率15.41%，居全市各县（市、区）之首。肉类总产量40 973吨，比2000年下降6.5%。其中，猪肉23 368吨，牛肉2 934吨，羊肉4 651吨，禽肉9 400吨，兔肉35吨，分别比2000年下降3.9%、55.5%和增长5.5%、3.1%、45.8%。猪、牛、羊、禽存栏分别为165 120头、118 370头、500 800只、280万只，分别比2000年增长7.9%、6.5%、6.6%和90.5%。水产品产量1 915吨，比2000年增长40%。农林牧渔业总产值109 782万元，比2000年增长6%。其中，农业产值63 310万元，林业产值2 318万元，牧业产值43 756万元，渔业产值398万元，分别比2000年增长34.8%，下降17.8%、14.5%和84.5%。农业机械总动力337 128千瓦，比2000年增长9.3%。大中型拖拉机2 392台，小型拖拉机 14 656台，分别比2000年增长28.5%和21.9%。水库4座，自流灌区4处，机电排灌站2处，机电井4 036眼。农田有效灌溉面积100 360公顷，实灌55 000公顷。农村用电量3 009万千瓦时，化肥施用量69 789吨。

（刘志君　张志义）

【工业及建筑业】 2001年，全县有规模以上工业企业24户，其中国有工业企业6户。国有工业企业有水电供应、建材、化学制造、锅炉制造等4个行业。从业人员1 068人。主要工业产品产量：锅炉150吨位，机制红砖3 000万块，分别比2000年增长33%和13.3%。名优产品5种：通榆县锅炉厂生产的《固硕》牌锅炉获吉林省劳动厅“吉鹤杯”优秀新产品奖；龙翔糖业股份有限公司生产的《雪原》牌绵白糖获“长春农博会”金奖；红牛奶业股份有限公司生产的《红牛》牌奶粉被评为“吉林省名牌产品”；吉鹤村酒业股份有限公司生产的《吉鹤村》牌白酒被评为“吉林省行业名牌”，获第二届曼谷国际名酒博览会金奖；羽绒制品厂生产的《翔通》牌羽绒服被评为“吉林省著名商标”。全口径工业总产值26 903万元，工业增加值8 313万元，分别比2000年增长26%和21%。工业企业产品销售收入20 147万元，税金1 260万元，利润52万元。亏损企业11户，亏损额402万元。分流安置下岗职工1 846人，国有企业下岗职工2 617人，城镇登记失业率3.5%。

全县有建筑企业2户，施工建筑工程24个，实行投标承包工程16个，完成房屋竣工面积68 585平方米，工程质量优良品率15%。总产值5 350万元，利润120万元，分别比2000年增长2.2%和445%。税金180万元。

（张志义　王天禄）

【非国有经济】 2001年，全县有个体私营企业18 338户，从业人员25 118人，分别比2000年增长19.7%和1.9%。总产值74 850万元，税金1 840万元，利润4 300万元，分别比2000年增长10.1%、10.2%、10.3%。

（张志义　王天禄）

【第三产业】 2001年，全县铁路里程84公里。公路里程773.2公里，公路通车里程1 951.5公里。公路客运量94万人，公路客运周转量5 330万人公里，公路货运量60万吨，公路货运周转量4 286万吨公里，分别比2000年增长1.08%、1.47%、7.14%和24.34%。邮政业务量452万元，电信业务量176.5万元，长途电话业务量31.2万元，分别比2000年增长75.9%、38.9%和减少20.1%。移动电话用户19 809部。

全县商业饮食服务业网点3 450个，从业人员5 109人。社会商品零售总额7亿元，集市贸易交易额1.5亿元，分别比2000年增长7.6%和10.3%。出口葵花仁532吨，绿豆10 254吨，荞麦2 700吨。进出口商品贸易总额606.2万美元，其中，进口总额25.1万美元，出口总额581.1万美元，分别比2000年增长44.6%、250倍和38.32%。

（王天禄　张志义）

【城乡建设】 2001年，全县城市供电4 807万千瓦时。城市供水管道长130公里，供水量156万吨/年，人均用水77.84升/日，用水普及率81.81%。城市燃气供应企业3户，用户人口2.5万户，气化率63.63%。

全县城市公共建筑3万平方米，城市民用建筑8万平方米，比2000年增长8%。新建楼房7万平方米。全县城市道路总长60公里，其中铺装路面51.65公里。运营汽车1 778辆。其中，大型客车9辆，中型客车13辆，小型客车29辆，出租车360辆，分别比2000年增加1辆、2辆、3辆和147辆。

全县园林绿化面积177.9公顷，公共绿地面积54.6公顷。

全县20个乡镇、172个村全部通电。用上自来水乡镇19个，村屯552个，分别占乡镇、村屯总数95%和80%；用水人口18.2万人，占全县农村人口总数80%。

全县农村道路总长1 397.2公里，其中铺装路面167.2公里。全县形成了乡村道路网，20个乡镇和30%村屯通客车。

全县农村公共建筑0.7万平方米，农村住宅面积486.5万平方米，分别比2000年增长2.3%和85.7%。农村人均居住面积22平方米。

（孔艳军　王世友）

【社会事业】 2001年，全县有幼儿园20所，在园儿童1 181人，教师83人。小学167所。在校学生34 311人，教师2 916人，分别比2000年减少5.2%和1.6%。普通中学30所。在校学生15 132人，教师1 818人，分别比2000年减少0.5%和17.3%。职业学校12所，在校学生3 186人，教师522人。中等专业学校2所，在校学生300

人，教师 179 人。

全县有各类专业技术人员 8 261 人，比 2000 年增长 12.98%。其中，高级职务 184 人，中级职务 1 791 人，初级职务 5 156 人。建科技示范园区 2 处。引进美国绿头野鸭养殖项目，并对 6 类作物 24 个品种和 12 种肥料进行对比试验。在吉林向海国家级自然保护区建科普基地 1 处。

全县有艺术表演团体 1 个，电影事业单位 3 个，文化艺术馆 2 个，档案馆、图书馆各 1 个。广播电台、电视发射台和转播台各 1 座，广播人口覆盖率 94.29%，电视人口覆盖率 58.84%。

全县有医疗机构 28 所。其中，医院 4 所，卫生院 19 所。床位 905 张。卫生专业技术人员 1 499 人，比 2000 年增长 0.9%。其中，高级职务 56 人，中级职务 192 人，初级职务 1 125 人；医生 662 人，护师 189 人，护士 134 人。卫生防疫机构 1 个。农村卫生医疗点 306 个，农村医生 267 人，卫生人员 96 人。个体开业医生 36 人。

全县有体育场 1 座，占地 6.6 万平方米，标准蓝球场 2 个，封闭网球场 2 个，门球场 1 个。在省、市比赛中获金、银、铜牌 9 枚，全年向上级体育部门输送优秀体育人才 10 人。

（张顺山　孔艳军）

【人民生活】 2001 年，全县城镇居民人均消费性支出 2 316 元，农民人均纯收入 1 379 元，职工平均货币工资 6 354 元，分别比 2000 年增长 11%和减少 16.2%，增长 27.50%。参加社会职工养老统筹保险 11 411 人。其中，国有企业职工 8 280 人，集体企业职工 664 人。参加失业保险 12 913 人。城市人均住房面积 9 平方米。国有企业下岗职工总数 12 244 人，占全县国有企业职工 44.78%，发放最低生活保障金 105.8 万元。全县再就业 1 846 人。城镇失业职工 1 953 人，发放救济金 89 万元。各级社会福利院 20 个，床位 490 张，供养五保老人 247 人。全年优待 1 388 户。其中，烈属 68 户，军属 320 户，伤残军人 176 户，在乡复员军人 759 户，带病退伍军人 65 户。优待总额 140 万元。发放烈属、因公牺牲军人家属、病故军人家属死亡抚恤金 0.6 万元，发放革命伤残军人抚恤金 23 万元。发放自然灾害救济金 230 万元，救济 31 900 户。安置残疾人就业 18 人。

（商靖红　左长生）

洮南市

【基本情况】 洮南市位于吉林省西北端，白城市西部。地处东经 121 度 38 分至 123 度 20 分，北纬 45 度 02 分至 46 度 01 分。东邻大安市，南接通榆县，西与内蒙古自治区突泉县为邻，北与内蒙古自治区科尔沁右翼前旗相连，东北和白城市洮北区接壤。南北宽 102 公里，东西长 132 公里，幅员 5 103 平方公里。耕地 12.20 万公顷。其中，旱地 11.76 万公顷，水田 4 385 公顷。林地 64 770 万公顷，水域 2.91 万公顷。属温带大陆性季风气候。2001 年，平均日照时数 2 938 小时，平均气温 6.1℃，降水量 194.9 毫米，分别比历年平均值少 67 小时，高 0.8℃，少 202.5 毫米。无霜期 138 天，大风日数 19 天，分别比历年平均值少 1 天和 8 天。总人口 435 742 人，常住人口 435 742 人，城镇非农业人口 122 050 人，乡镇非农业人口 31 014 人。有 13 个民族，少数民族人口 34 057 人。人口出生率 11.36‰，死亡率 2.60‰，自然增长率 8.77‰。辖 6 个城市街道办事处、5 个镇、16 个乡、220 个村、665 个自然屯。

全市有草原 15.5 万公顷，可利用草场面积 12.4 万公顷。芦苇 1.4 万公顷，总产 500 吨。野生植物 75 科 431 种。野生动物主要有蒙古兔、狐狸、狼、黄羊、野鸭、环颈雉鸡、鹌鹑。水资源总量 4.72 亿立方米。其中，地表水 0.55 亿立方米，地下水 4.17 亿立方米。主要河流有洮儿河、蛟流河。人均占有水量 1 083 立方米。水面 24.57 万亩，其中，可养鱼水面 24 万亩，已养鱼水面 18 万亩，有林地 48 860 公顷，活立木蓄积量 280.14 万立方米。矿产资源 12 种，主要有煤、砂、石、矿泉水、石灰石。

2001 年，国内生产总值 116 742 万元，人均国内生产总值 2 692 元，分别比 2000 年增长 0.75%和 0.52%。其中，第一产业增加值 39 908 万元，第二产业增加值 34 082 万元，第三产业增加值42 752万元，分别比2000年减少5.4%，增长3.0%、5.6%。财政收入4 096万元，财政支出21 336万元。

（樊秀云）

【农业】 2001年，全市粮食生产遭受严重虫灾旱灾，总产17.32万吨，比2000年下降44.93%。其中，玉米113 926吨，水稻27 666吨，高粱11 571吨，小麦1 490吨，大豆1 832吨，杂粮1 121吨，杂豆13 627吨。油料作物总产11 219吨，比2000年下降52.79%。其中，葵花籽2 130吨，蓖麻籽5 911吨，芝麻2 936吨。甜菜31 988吨，比2000年增长68.70%。全市获长春农博会名牌产品有《黑水》牌西瓜、《福茂》牌辣椒、《A字鹦哥》牌绿豆、《天府》牌粉条等15种。被白城市委、市政府评为“发展品牌农业先进市”。洮南市被列为全国生态建设示范县，市委、市政府动员社会各界力量，建设环城林。全年造林2 654公顷，森林覆盖率9.58%。肉类总产43 157吨，比2000年增长2.46%，居全市各县（市、区）之首。被白城市委、市政府评为“牧业科技先进市”。其中，猪肉22 409吨，牛肉3 535吨，羊肉7 305吨，禽肉7 150吨，兔肉28吨。年末，存栏猪214 165头，牛19 676头，羊374 342只，禽223.2万只。水产品产量3 050吨。农林牧渔总产值88 701万元，比2000年下降0.76%。其中，农业产值43 808万元，林业产值1 273万元，畜牧业产值42 477万元，渔业产值1 143万元。农业机械总动力393 287千瓦。其中，大中型拖拉机985台。小型拖拉机20 068台，其中，小四轮拖拉机19 400台。水库3座，塘坝102座，自流灌区7处，机械排灌站1个，机电井36 516眼，农田有效灌溉面积47 478公顷，旱涝保收面积38 796公顷，农村用电量21 386千瓦时，化肥施用量48 885吨。

（樊秀云）

【工业及建筑业】 2001年，全市有规模以上工业企业36户。其中，国有企业14户。全市主要有纺织专用设备制造业、服装制造业、毛纺织业、医药制造业、造纸业、电力生产业、锅炉制造业、食品酿造业。从业人员11 400人。培育出医药、纺织、服装、油脂化工、机械制造等6个支柱产业，产值和利税分别占全市工业总产值、利税89.4%和89.7%。骨干企业有马应龙制药有限公司、洮南香实业有限责任公司。主要产品产量：化学药品制剂15 080万片（粒、支、袋），机制纸3 892吨，机制糖3 306吨，服装26.8万件，白酒2 882吨，分别比2000年下降6.83%、25.58%和增长15.68%，下降11.53%、23.51%。名优产品有全毛哔叽、全毛花达呢、洮南香酒。新产品有肝乐宁、斯普林、心血通。全口径工业总产值48 446万元，工业增加值16 394万元，分别比2000年下降43.45%和34.26%。工业企业产品销售收入32 708万元，税金107万元。亏损企业19户，亏损867万元。分流下岗职工2 200人，年末下岗职工14 885人，其中国有企业年末下岗职工10 062人。城镇登记失业率3.5%。

全市有建筑企业5户，施工建筑安装企业8户，施工建筑工程66个，实行投标工程39个，完成房屋竣工面积13.57万平方米，工程优良品率32.75%。总产值70 524万元，税金274万元，利润7 949万元，分别比2000年增长24.15%、53.07%和201.33%。

（樊秀云）

【非国有经济】 2001年，全市有城镇个体工商户8 536户,私营企业72户。从业人员10 221人，总产值9 651万元,营业额19 320万元，分别比2000年下降9.22%、7.87%和2.09%。集体企业98户，从业人员4 081人。乡镇企业34户，从业人员3 566人；乡镇个体工商户11 809户，从业人员19 056人。总产值102 840万元，税金2 099万元，利润3 540万元。

（樊秀云）

【城乡建设】 2001年，全市城区供电7 811万千瓦时，城市供水管道长27公里，供水量170万吨/年，人均用水0.09立方米/日，用水普及率33.3%。城市燃气供应企业2

户，用气人口 5.5 万人，气化率 40.74%。供热面积 95 万平方米。公共建筑面积 2.97 万平方米，民用建筑 60 284 平方米。

全市争取亚洲银行贷款 1.078 亿元，同时筹集、引进资金 4.5 亿元，修内环路及环路内道路 20 条，面积 43 万平方米，建设维修排水泵站 4 座，铺地下排水管道长 35 公里，建楼房 37 万平方米。市区有公共汽车 40 辆，标准运营车 28 辆，运营线路网 30.5 公里，年客运总量 147 万人次，有各种出租车 130 辆。全市城市绿化覆盖面积 414 公顷，园林绿地面积 8 公顷，公共绿地面积 26.4 公顷，分别比 2000 年增长 3.5%、3.5%和下降 11.34%。

小城镇住宅面积 1.2 万平方米，公共建筑 0.21 万平方米，分别比 2000 年增长 0.1%和 2%。生产建筑 2.37 万平方米，供热面积 0.14 万平方米。道路总长 34 公里，面积 24.08 万平方米。其中高级、次高级公路 20 公里，面积 13.72 万平方米。全年自来水受益镇 3 个，供水管道 19 公里，年供水 240 万吨，用水人口 0.64 万人。占小城镇人口总数 6.34%。建公园 2 个，绿化覆盖 100 公顷，园林绿地 42 公顷，公共绿地 10 公顷。

全市农村道路总长 1 091.5 公里，其中铺装路面 458.48 公里。形成乡村道路网，乡镇和 93%村屯通客车。全市农村住宅面积 3.2 万平方米，公共建筑面积 0.33 万平方米，分别比 2000 年增长 0.2%和 1.1%。自来水受益村 72 个，受益 3 万人，占全市农村人口总数 9.56%。

（樊秀云）

【第三产业】 2001 年，洮南市铁路货运量 20.6 万吨，铁路客运量 24.6 万人。公路营运里程 2 340 公里。公路货运量 88 万吨，公路客运量 63 万人，分别比 2000 年增长 5.77%和 6.6%。有邮政局（所）26 个，电话用户 42 985 户。邮政业务量 658.36 万元，电话业务量 2 491.63 万元，长途电话业务量 441.41 万元，分别比 2000 年增长 97.24%、6%和 3.5%。移动电话用户 21 015 部，无线寻呼 801 户，分别比 2000 年增长 81.49%和减少 21%。

全市有商业网点 715 个，从业人员 4 210 人，社会消费品零售总额 65 120 万元（全口径），居民消费品零售总额 4 365 万元，集市贸易交易额 15 652 万元。进口商品 11 种，总额 250 万元。出口商品有 21 种，总额 8 550 万元。分别比 2000 年下降 2.5%和 15.5%。

（樊秀云）

【社会事业】 2001 年，全市有幼儿园 2 所，在园儿童 500 人，教师 85 人。小学 232 所，在校学生 36 040 人，专职教师 2 457 人，分别比 2000 年下降 0.8%、10.84%和增长 6.23%。普通中学 29 所，在校学生 22 565 人，专职教师 1 306 人，分别比 2000 年下降 3.3%，增长 5.4%和下降 0.68%。职业学校 7 所，在校学生 2 364 人，教师 247 人。吉林电大洮南分校 1 所，在校学生 485 人，教师 30 人。中央农业广播电视学校洮南分校 1 所，在校学生 322 人，教师 22 人。

全市有科研机构 11 个，其中，国营 3 个，民营 8 个。各类专业技术人员 10 897 人，比 2000 年增长 6.35%。其中，高级职务 292 人，中级职务 2 890 人，初级职务 7 715 人；自然科技人员 8 745 人，社会科技人员 3 152 人。洮南市的吉林马应龙制药有限公司成为吉林省首批《中药现代化科技产业（吉林）基地》示范企业。吉林敖东洮南药业股份有限公司申报的《注射用蒺藜皂苷冻干粉针》获国家科技部科技型中小企业技术创新基金 75 万元，该项目生产的药品属国家二类中药新药，年末完成III期临床研究。

全市有文艺表演团体、公共图书馆、电影事业机构各 1 个，影剧院 2 个。广播电台、电视台各 1 座，电视差转台 13 座。乡（镇）广播站 21 个。广播、电视人口覆盖率皆 100%。

全市有卫生机构 32 个。其中，医院 5 个，卫生院 22 个。卫生专业技术人员 1 569 人，比 2000 年下降 6.3%。其中，高级职务 36 人，中级职务 408 人，初级职务 266 人；医生 710 人，护师 102 人，护士 330 人。病床 492 张。卫生防疫机构 3

个，有卫生专业技术人员117人。其中，高级职务2人，中级职务15人，初级职务88人。农村卫生医疗点（村级）239个，农村医生和卫生人员239人。个体开业医生38人。

全市参加国家、省、市体育比赛中获金牌10枚、银牌12枚、铜牌9枚。全年向上级体育部门输送优秀体育人材8人。瓦房镇被国家体育总局评为“亿万农民健身先进单位”。

（樊秀云）

【人民生活】 2001年，全市农民人均纯收入1 050元，职工平均货币工资6 222元，比2000年增长2.94%。城市人均住房面积15.6平方米，农村人均住房面积22平方米。

全市社会保险、养老保险参保企业230户、28 732人，应缴养老保险费2 661万元，实收3 117万元，应拨养老保险金5 459万元，实拨5 459万元。失业保险参保户235户、27 748人，应收失业保险费149万元，实收117万元。发放救济（失业）金419人、70万元。

全市参加城镇职工基本医疗保险单位139户，参保职工11 363人，全年基本医疗保险总收入324.5万元，支付医疗费224.9万元，结余99.6万元。

全市城市居民最低生活保障享受人数2 752人，失业职工救济4 100人。有福利院、所21个，床位872个，收养人数736人。优抚对象20 097人。安置符合安置政策98人，为应安置人数的100%。

奋力抗御干旱，帮助灾民渡难。北部半山区9个乡镇连续3年大旱，多数地块颗粒无收。市委深入到胡力吐蒙古乡重灾区召开常委（扩大）会议，现场办公。制定帮扶措施。给灾民开仓借粮14 735吨，动员干部捐献衣、被15 000件。确保灾民安全越冬，生活无忧。

（樊秀云）

大 安 市

【基本情况】 大安市位于吉林省西北部，白城市东部。东经123度09分至124度22分，北纬44度57分至45度46分。东与黑龙江省肇源县隔嫩江相望，西与洮南市、通榆县接壤，南与前郭尔罗斯蒙古族自治县、乾安县为邻，北与镇赉县以洮儿河为界。幅员4 909平方公里。耕地833 150公顷。其中，旱地831 229公顷，水田1 921公顷。林地37 226公顷，水域732平方公里。属温带大陆性季风气候。2001年，平均日照时数3 122小时，平均气温4.9℃，降水量305.5毫米，分别比历年平均值多107小时，高0.2℃，少111.3毫米。无霜期138天，大风日数5天。分别与历年平均值基本持平和少20天。总人口425 254人，其中，常住人口42.3万人；城镇非农业人口10.3万人，乡村非农业人口5.5万人；少数民族人口0.7万人。人口出生率7.16‰，死亡率3.69‰，自然增长率3.47‰。辖12个乡、10个镇、5个城市街道办事处、223个村、623个自然屯。

全市有草场23.5万公顷，其中可利用草场17.7万公顷。芦苇2.33万公顷，总产1.5万吨。野生动物56种，野生植物58科270种。水资源总量4.14亿立方米，其中，地表水0.33亿立方米，地下水3.81亿立方米。主要河流有嫩江、洮儿河、霍林河。湖泊13个。人均占有水量960立方米。水面42 967公顷，其中，可养鱼水面31 133公顷，已养鱼水面20 170公顷，均居白城市各县（市、区）之首。有林地20 940公顷，活立木蓄积量134.23万立方米。矿产资源主要有石油、天然气、矿石等。

2001年，国内生产总值19.9亿元，比2000年增长16.2%，居白城市各县（市、区）之首。人均国内生产总值4 691元，比2000年增长16.2%。其中，第一产业增加值7.1亿元，第二产业增加值6.9亿元，第三产业增加值5.9亿元，分别比2000年增长10.7%、14.9%和25.2%。财政收入13 601万元，财政支出25 927万元，分别比2000年增长18.1%和23.8%。

（王粤）

【农业】 2001年，全市粮食总产 245 000 吨，比 2000 年增长 28.9%。其中，玉米 192 516 吨，水稻 11 818 吨，高粱 14 405 吨，小麦 8 265 吨，大豆 2 805 吨，杂粮 12 000 吨，杂豆 3 011 吨。油料总产 8 955 吨,比 2000 年下降 22.4%。其中，葵花籽 2 424 吨；蓖麻籽 780 吨；芝麻 5 214 吨，居白城市各县（市、区）之首。“大安烟叶”、“坨坨寺小米”、“大安白条鹅”、“绿色白芝麻”、“红黄鸭蛋”、“大米”等 13 种食品获“长春农博会”名牌产品称号。甜菜产量 25 974 吨，比 2000 年增长 557.1%。烤烟叶产量 3 248 吨，居白城市各县（市、区）之首，比 2000 年下降 53.75%。全年造林 5 747 公顷，森林覆盖率 4.30%。肉类总产量 35 571 吨，比 2000 年增长 28.5%。其中，猪肉 18 878 吨，牛肉 609 吨，羊肉 3 795 吨，禽肉 12 109 吨。存栏猪 209 340 头，牛 85 975 头，羊 207 800 只；禽 378 万只，居白城市各（市、区）之首。水产品产量 5 196 吨。大安水产良种场生产的“大安彭泽鲫鱼”、“大安河蟹”获中国北京国际农业博览会认定的名牌产品。农林牧渔业总产值 130 833 万元，比 2000 年增长 15.6%。其中，农业产值 52 747 万元，林业产值 2 088 万元，牧业产值 74 250 万元，渔业产值 1 748 万元。农业机械总动力 221 870 千瓦，大中型拖拉机 256 台，小型拖拉机 13 725 台，水库 1 座，自流灌区 2 处，机械排灌站 3 处，机电井 9 352 眼。农田有效灌溉面积 4.3 万公顷，实际灌溉 2.9 万公顷。农村用电量 27 011 千瓦/时，化肥施用量 59 080 吨。

（王粤）

【工业及建筑业】 2001 年，全市规模以上工业企业 49 户，其中国有工业企业 10 户。全市有石油和天然气开采业、食品加工业、烟草加工业、橡胶制品业、普通机械制造业等行业。从业人员 4 313 人。骨干企业有大安市汽车零部件有限责任公司、大安市第二汽车配件厂。主要工业产品产量：齿环 59 万件，橡胶 470 万件，分别比 2000 年增长 43.9%、12.0%。名优产品：齿环 1995 年被评为省级“优秀新产品”。新产品 25 个。工业总产值 2 430 万元，工业增加值 1 950 万元，分别比 2000 年增长 6%和 5%。工业企业产品销售收入 751 万元，税金 61 万元，亏损 61 万元。分流安置下岗职工 480 人，国有企业年末下岗职工 2 130 人，城镇登记失业率 3.28%。

全市有建筑企业 12 户。建筑工程 73 个，实行投标承包工程 24 个，完成房屋竣工面积 12.6 万平方米，优良品率 45%。总产值 12 221 万元，税金 350 万元，利润 180 万元，分别比 2000 年增长 21.5%、14.7%和 13.9%。

（王粤）

【非国有经济】 2001 年，全市有私营企业 80 户，从业人员 1 601 人，分别比 2000 年增长 85%和 43%。总产值 3 500 万元，税金 400 万元，利润 120 万元，分别比 2000 年增长 25.6%、17.2%和 13.5%。乡镇企业 91 户，从业人员 3 314 人，分别比 2000 年增长 12.5%和 10.6%。总产值 10 635 万元，税金 181 万元，利润 113 万元，分别比 2000 年增长 9.1%、9.7%和 12.8%。

（王粤）

【城乡建设】 2001 年，全市城市供电 5 673 万千瓦时。城市供水管道长 46 公里，供水 35 900 户，供水量 540 万吨/年，人均用水 108.8 升/日，用水普及率 72.29%。城市供热面积 90 万平方米，供热量 9 万吉焦/年。城市燃气供应企业 1 户，用气人口 10 万人，气化率 67%。

全市城市公共建筑 43.5 万平方米，城市民用建筑 101.5 万平方米，分别比 2000 年增长 7%和 17%。新建楼房 1 225 547 平方米，比 2000 年增长 17%。

全市城市道路总长 63 公里，其中铺装路面 49 公里，分别比 2000 年增长 22.3%和 26.4%。运营汽车 489 辆，其中，大型客车 103 辆，小型客车 110 辆，出租车 276 辆，分别比 2000 年增加 52 辆、11 辆、12 辆和 39 辆。

全市绿化覆盖面积 350 公顷，园林绿地面积 242 公顷，公共绿地面积 107 公顷，分别比 2000 年增长0.3%、0.4%和2%。

全市22个乡镇，223个村全部通电。用上自来水乡镇22个，村屯131个，分别占乡镇、村屯总数100%和21.3%；用水人口6.5万人，占全市农村人口总数25.4%。

全市农村道路总长870公里，其中铺装路面456.1公里。形成乡村道路网，100%乡镇和40%村屯通客车。

全市农村公共建筑85.88万平方米，农村住宅面积586.48万平方米，分别比2000年增长1.3%和0.8%。农村人均居住面积15.4平方米。

（王粤）

【第三产业】 大安市是长（长春）白（白城）铁路、通（通辽）让（让湖路）铁路交汇点。2001年，铁路客运量35万人，铁路货运量1.2万吨，分别比2000年增长18.5%和12.8%。公路通车里程378公里，公路营运里程3 864公里。公路客运量196万人，公路客运周转量9 691万人公里；公路货运量86万吨，公路货运周转量3 864万吨公里，分别比2000年增长3.5%、4.6%、2.5%和2.8%。大安港为吉林省最大的内河港口。从大安港逆嫩江而上，可达黑龙江省嫩江港；顺江而下，可通往哈尔滨、佳木斯直达俄罗斯开放港口布拉戈维申斯克、下列宁斯阔耶、共青城、尼古拉耶夫斯克，并可进入日本海，为中、俄、日三国海河联运通道。2001年，货运量5万吨，货运周转量3 056万吨公里。邮政业务量665万元，电信业务量5 428万元，分别比2000年增长22.7%、15.6%。固定电话用户48 226户，移动电话用户27 000户，无线寻呼4 800户，分别比2000年增长19.2%、16.8%和下降11.6%。

全市商业、饮食服务业网点3 830个，从业人员5 745人，社会消费品零售总额72 017万元，分别比2000年增长21.5%、14.6%和24.8%。集市贸易交易额20 200万元。出口商品：烤烟叶2 000吨，服装20万件，羊草6 000吨，刹车盘3 000吨。出口商品贸易总额3 400万元，比2000年增长13%。

（王粤）

【社会事业】 2001年，全市有幼儿园11所，在园儿童1 911人，教师109人，分别比2000年增长37%、10%和73%。小学203所，在校学生32 675人，教师3 409人，分别与2000年持平，增长16%和9%。普通中学34所，在校学生18 889人，教师2 459人，分别与2000年持平，增长2%和5%。职业中学7所，在校学生3 078人，教师386人。

全市有科研机构22个。各类专业技术人员10 193人，比2000年增长6.3%。其中，高级职务345人，中级职务2 263人，初级职务2 485人。全年组织实施科技计划19项，推广应用新技术和新成果30项。创建科技示范基地1个，完成11个品种的试验示范，科技投资120万元。

全市有艺术表演团体、影剧院、公共图书馆各1个，电影事业机构2个，广播电台（站）、电视台各1座，转播台3座，广播人口覆盖率、电视人口覆盖率均为100%。

全市有卫生机构36个。其中，医院6所，卫生院25所。卫生专业技术人员1 784人，比2000年下降3.9%。其中，高级职务42人，中级职务151人，初级职务1 591人；医生1 053人，护师243人，护士147人。病床1 350张。卫生防疫机构1个。卫生专业技术人员126人。其中，高级职务1人，中级职务19人，初级职务106人。农村卫生医疗点126个，农村医生和卫生人员225人。个体开业医生14人。

全市体育运动活跃。在全省摔跤比赛中获金牌2枚，在全省青少年运动会上获金牌2枚、银牌4枚，在白城市超长距离比赛中获金牌1枚。大安市被评为"全国体育先进县（市）"。

（王粤）

【人民生活】 2001年，全市城镇居民人均生活费收入3 060元，城镇居民人均消费性支出2 569元，农民人均纯收入1 150元，职工平均货币工资5 980元，分别比2000

年增长 14.5%、16.9%、12.8%和11.1%。城市人均住房面积17.4平方米，农村人均住房面积22.7平方米。

全市参加养老保险21 986人，失业保险、医疗保险10 113人。全市最低生活保障人数18 355人，发放最低生活保障金372万元。国有企业下岗职工5 487人，全年再就业4 995人。城镇失业职工156人，发放救济金1 920万元。各级社会福利院21所，床位633张，供养五保户老人461人。社区服务中心5个，社区服务站55个，便民服务网点253个，安置下岗职工1 253人。全年优抚烈属、伤残军人、复员军人2 001人，发放抚恤金、保健金、定期补贴金238.2万元；安置退伍军人122人。

（王粤）

生态白城风采

白城之春，千里草原，绿浪滚滚，野花烂漫，骏马奔腾，令人心驰神往。

白城之夏，蓝天白云，碧草娇花，牛羊画中游，纵有五色笔，难描千般韵。如诗如画的夏日草原，令人叹为观止，留连忘返。

白城之秋，茫茫苇荡，百鸟啼鸣。那亭亭玉立的丹顶鹤尤为迷人。丹顶鹤的寿命是百鸟之冠。在这里，你可以听到许多关于丹顶鹤爱情忠贞，终生一对的动人故事。

白城之冬，千里草原，银装素裹，分外妖娆。眺望眼，碧玉丝绦千万缕，几多牛儿入画来，好不胜江南。

联合国湿地保护区——向海

国家级自然保护区——莫莫格

吉林省最大的内河港口——大安港

①蒙古黄榆
②蛟流河
③洮儿河
④月亮湖
⑤嫩江湾
⑥霍林河

①草原红牛
②风力发电
③镇赉英台采油厂
④姜家甸草原
⑤苇海
⑥白城山羊
⑦向日葵
⑧大安白鹅
⑨大安烤烟
⑩洮南福顺红辣椒
⑪洮南黑水西瓜
⑫沙棘果
⑬杂粮豆、甘草、麻黄

①鹤舞晨曲
②闲庭信步
③交相辉映
④洮儿河畔夕阳醉
⑤披着晚霞
⑥牧归
⑦夕阳下的白沙滩

⑤

⑥

④

⑦

白城市旅游景点分布示意图

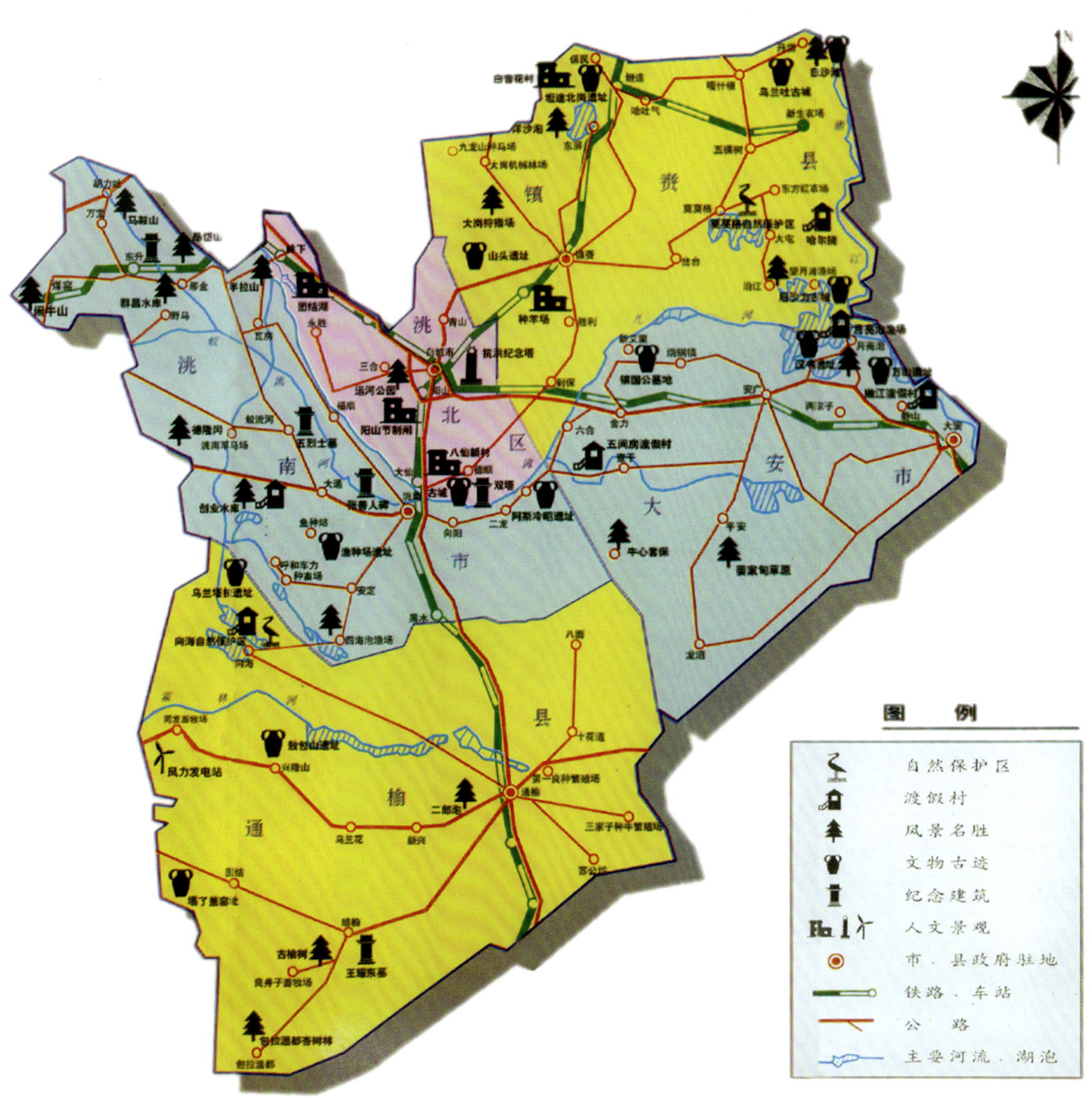

现代白城风貌

①

②

③

④

①白城经济开发区大厦
②广电大厦
③电信大厦
④电业大厦
⑤人民银行白城支行大厦
⑥工商银行大厦
⑦建设银行大厦
⑧中国银行大厦
⑨工商大厦

白 城
①

②

③
④
白城体育馆

①白城火车站
②建筑设计院办公楼
③师范学院体育馆
④鹤城体育馆
⑤吉鹤宾馆
⑥政府宾馆
⑦检察院办公楼
⑧中级人民法院办公楼

⑤

⑥

⑦

⑧

①步行街
②市民广场
③吉鹤广场
④三园纪念碑
⑤森林公园
⑥运河带状公园
⑦洮儿河水渠
⑧内环路
⑨中环路
⑩洮白一级公路公铁立交桥
⑪通榆鹤城广场

④

⑤

⑥

⑦

⑧

⑨

⑩

⑪

①向海度假村
②嫩江度假村
③查干浩特度假村
④科尔沁蒙古族民俗村
⑤伊赫昭民俗村

③

④

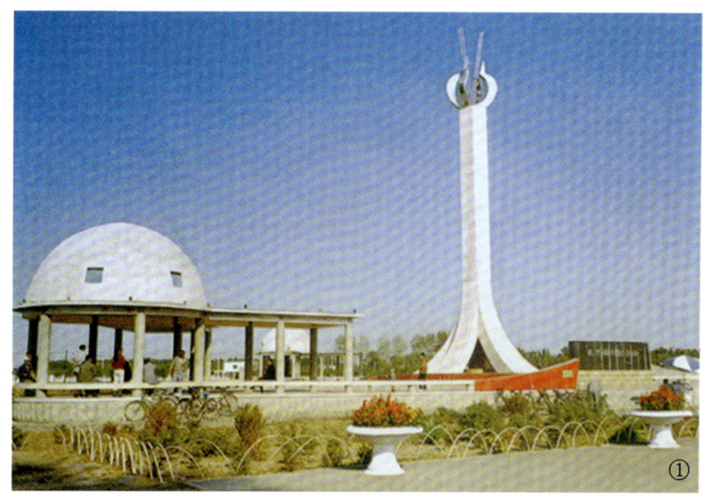

①抗洪纪念塔
②万福麟宅邸（吉鹤文苑）
③华严寺
④清代双塔
⑤清真寺
⑥天主教堂
⑦基督教堂
⑧马仁兴烈士纪念塔
⑨吉鹤灵苑

①

②

③

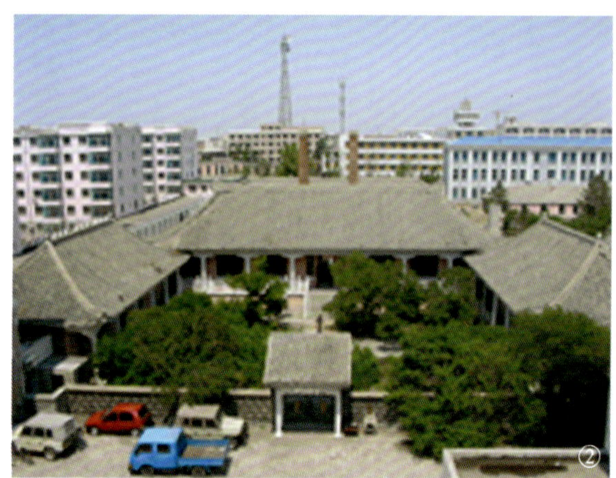

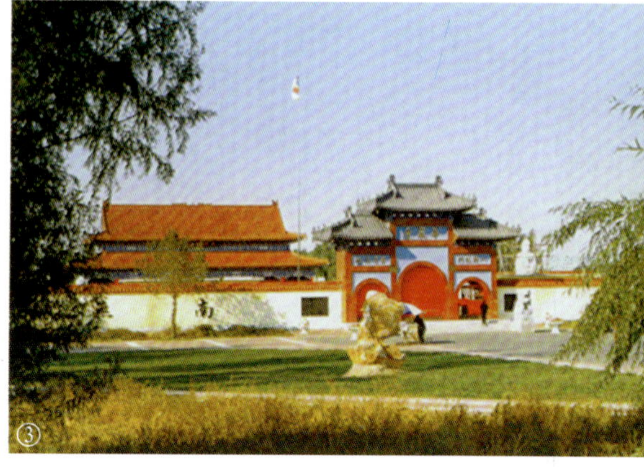

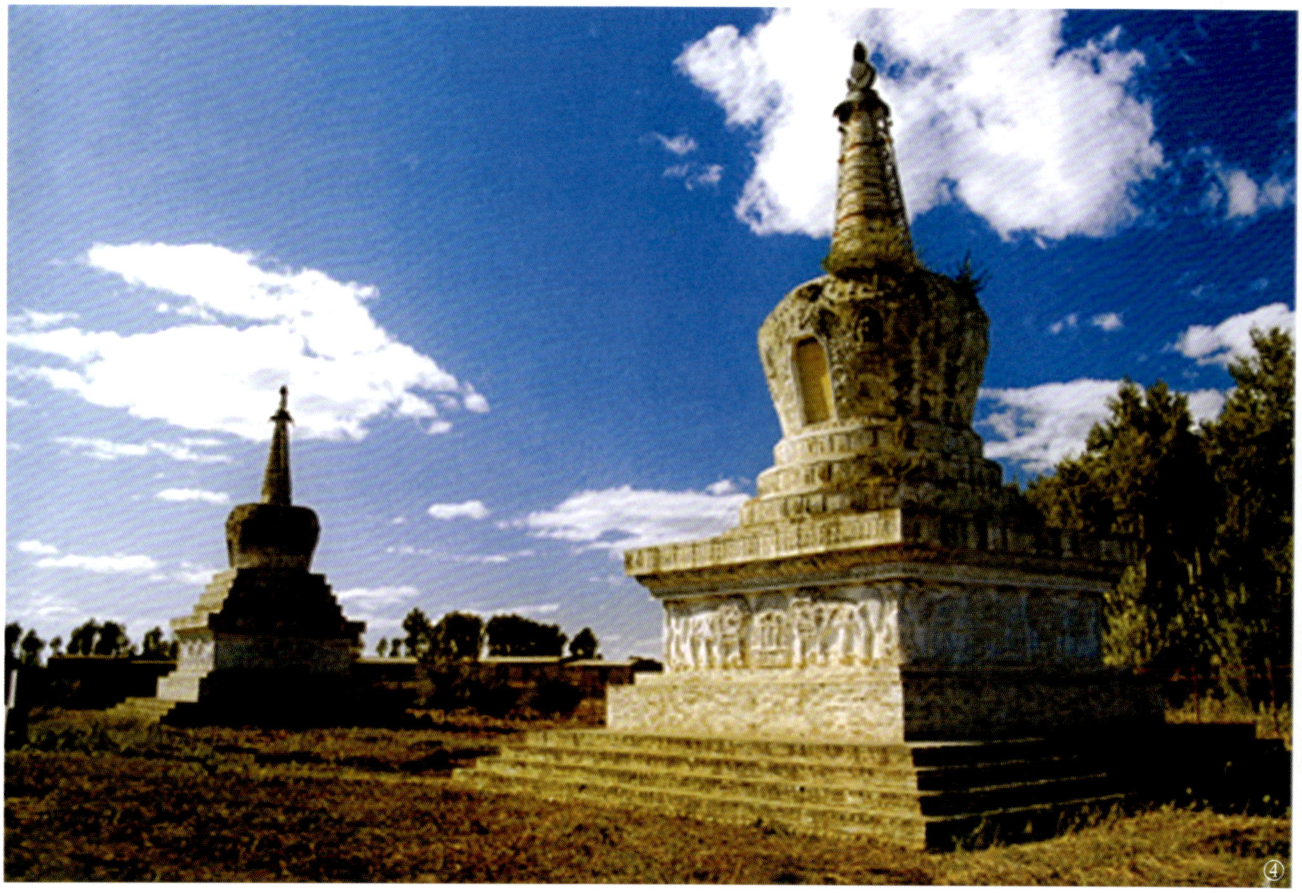
④

⑤

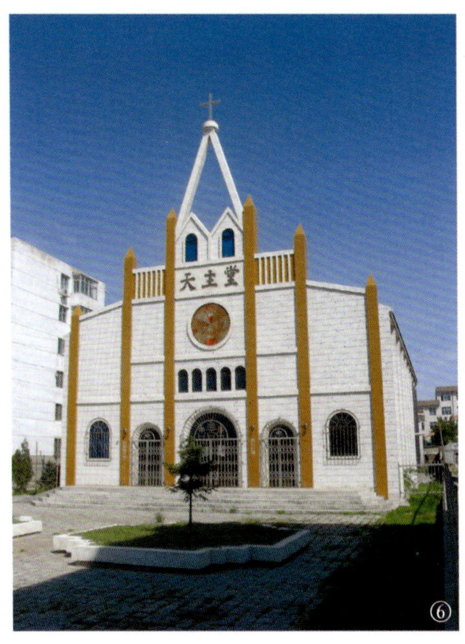

⑥

⑦

⑧

⑨

①市民广场一角
②南环广场一角
③中兴西大路夜景
④通榆鹤城广场
⑤镇赉永安广场

③

①逛书市
②逛花市
③自娱自乐
④中老年秧歌队
⑤ ⑥开放式健身场
⑦中老年的士高
⑧湖边垂钓
⑨太极拳
⑩放风筝

⑧

⑦

⑨

⑥

⑩

白城市交通图

白城客运总站
洮南
镇赉
通榆
大安
胡力吐
万宝
万宝镇
煤窑
东升
那金
野马
三友
瓦房
平安镇
岭下
镇西
大岭
青山
平台
永胜
侯家
三合
洮东
保平
国堤
林海
福顺
金祥
幸福
兴业
永茂
四十家子
聚宝
石灰窑
蛟流河
大通
向阳
二龙
德顺
黑水
安定
呼和车力
双岗
鸿兴
西艾里
四井子
兴隆鱼场
同发
三合屯
兴隆山
莲花泡
风力发电厂
乌兰花
新兴
七井子
永青
羊井子
三家畜牧场
苏公坨
边昭
新华
新华牛场
跃东
瞻榆镇
良井子牧场
联合屯
团结
新发
包拉温都
半拉格森
什花道
青海
振兴
八面
阳光
大岗子
丰收
大安马场
新平安
丰水山牧场
二十里铺
同建
古城
叉干
舍力
来福
安广
红岗子
两家子
乐胜
月亮泡
太山
联合
西大洼
十八家户
大榆树
海坨
四家子
龙沼
大大
大岗林场
英华
建平
嘎什根
丹岱
那林新村
新生农场
五棵树
莫莫格
东方红农场
东屏
哈吐气
坦途
黑鱼泡
坨台
沿江
大屯
胜利
镇南种羊场
聚宝山
新艾里
富国
到保
一棵树
洮河
六合
大坝
谢家围子
丹岱

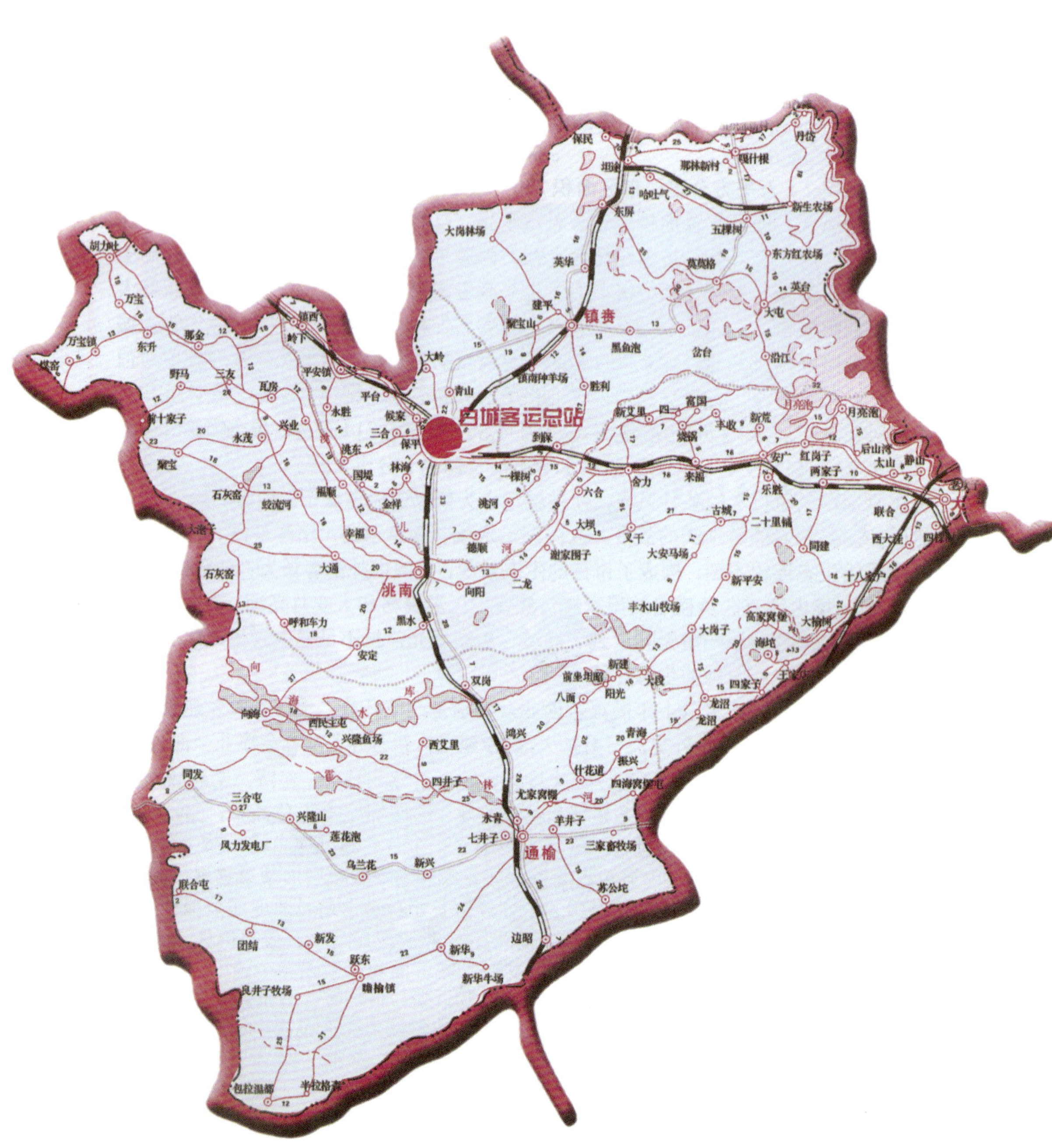

人民日报记者刘克力采访白城市委书记刘润璞

人民日报记者刘克力采访白城市市长岳清友

沧桑巨变超常

中共白城市委书记　刘润璞

白城市辖5个县（市、区）4个经济开发区，幅员25 692平方公里，建城区面积约30平方公里，有耕地1 198万亩，宜林地186万亩，草原1 359万亩，居吉林省各市（州）之首。芦苇在全国五大重点芦苇产区中居第二位，水域面积3 029平方公里，可养殖水面10 214公顷，地上是浩瀚黄金玉米带，地下探明石油储量14 068.9万吨。2001年，白城市国内生产总值83.3亿元，其中，第一产业增加值29.5亿元，第二产业增加值26.1亿元，第三产业增加值27.7亿元。全口径财政收入6.15亿元，城镇人均支配收入4 309元，农村人均纯收入1 280元。

白城市是以粮食为主的农牧业地区，是国家级大型商品粮基地市，是全国节水型井灌区建设示范市，被列为全国农业四大开发区之一和国家生态建设示范区。粮食总产量129.5万吨，其中，玉米79.3万吨，水稻20.88万吨。蔬菜产量34.44万吨。农业产品以盛产优质杂粮杂豆蜚声国内外，大鹦哥绿豆在日本、韩国等地畅销不衰；蓖麻产量19 888吨，居吉林省各市（州）之首。牛、羊、禽分别发展到40万头、295万只和3 000万只。通榆县的中国草原红牛和通榆县、镇赉县、大安市的东北细毛羊、中国美利奴羊受到省内外赞誉。水产品产量1.7万吨，居全省各市（州）之首。2001年，农林牧渔业总产值53.2亿元，其中，畜牧业产值23.42亿元，林业产值0.97亿元。

工商贸易。白城市工业以纺织、汽车配件为支柱产业和食品、造纸、医药等以当地资源为主的优势产业。全市工业有煤炭采选业、汽车配件制造业、电力煤气热力业等26个门类。工业主要产品有石油、棉布、水泥、平板玻璃等千余种。2001年，规模以上工业增加值8.9亿元，销售收入27.8亿元，利润1.83亿元。商业、服务业网点有3万户，从业人员4.89万人。社会消费品零售总额5.1亿元。2001年，进出口总额3 326万美元，其中，出口总额1 900万美元，进口总额1 426万美元。实际利用外资497万美元，引进招商项目502个，实际到位资金24.9亿元。工业生产总值57.86亿元，乡镇企业产值48.44亿元。

发展的白城市

城市建设。到2001年，市区建设投资98.53亿元，实施684项工程建设，新建、拓宽、改造、铺装道路30条，总长36公里，构筑起城市道路的主体框架。其中，白城市区建成爱国街、青年街、文化路、中兴东大路、幸福大街等5条道路，铺装成彩砖或水磨石人行道板。建成的公铁路立交桥3座，其中市区内2座。全市住宅楼面积1 314万平方米，市区建成民生、吉鹤苑等二十几个小区。昔日一片片低矮简陋的平房被新颖别致、风格各异的楼房取代。市标志建设项目海明路步行街全长800延长米，平均宽35米，铺装路面3万平方米。白城市区购物广场、开发区批发大世界、中华美食文化城、长青蔬菜批发市场、瑞光商贸城、新世纪购物中心、工商大厦、青年街批发市场等一大批商贸设施拔地而起；重建了火车站站前广场，增强了城市幅射力和吸引力。1991年，中国银行白城分行13层综合办公楼竣工之后，中国工商银行白城分行16层办公楼，24层白城电业大厦、广电大厦相继落成。

白城市市长　岳清友

全市文化、教育、卫生和体育事业等有很大发展。有各类艺术表演团体7个，文化馆8所，文化站24所，群众艺术馆1所，公共图书馆6所；中波调频发射台和转播台3座，电视台4座，电视发射台和转播台6座，广播覆盖率88.9%，电视覆盖率97.8%。有幼儿园147所，小学933所，普通初中146所，普通高中22所，有白城师范学院等12所大中专院校。全市有卫生机构172个。白城市组队参加北京国际马拉松赛，获金牌1枚，银牌3枚。在全国九运会上白城市队员获金牌2枚，银牌1枚。

白城旅游事业发展较快。几年来，先后在长春、北京、深圳组织召开新闻发布会；到哈尔滨、吉林、沈阳、大连等城市开展旅游宣传促销活动；成功地举办了中国·白城第三届生态旅游节暨首届文化节；精心组织中国·白城首届旅游产品展示展销会，那达慕大会、白城风光图片展、生态旅游演讲比赛和书画展等十几项大型系列活动。全市新开辟旅游景点26个，旅游专线6条，兴建全市第一个旅游客车始发站。旅游基础设施总投资3亿元。旅游收入1.98亿元。

抢抓机遇快速

区委书记　纪成和

几年来，洮北区以经济建设为中心，依托区域优势和资源优势，不断调整产业结构，大力发展区域经济，形成了多种经营方式并举，多种购销渠道并行的多元化、多层次、全方位发展的经济新格局。

洮北区工业门类齐全，技术力量雄厚，拥有乡级以上独立核算工业企业80户，固定资产原值12 145万元，净值8 241万元。初步形成了以汽车线束总成、农用车配套件、轻型车中门铰链、地埋式污水净化槽、彩板门窗、彩色地面砖、精制稻米、多元素复合肥等名优产品为代表的“行走机械配套、环保产业、建筑建材、农产品加工、农用生资”五大主导行业。以“塑料制品、绦纶缝纫线、工业滤材、无纺布、保温材料、木器制品”等产品为主的优势产业。以“马世甘草茶”为代表的甘草系列产品生产基地，使洮北区成为全国最大的甘草种植深加工基地；以“金吉鹤、银吉鹤、红鹤城、绿鹤城、白鹤城”为代表的鹤牌系列香烟已成为吉林名牌投放市场，名扬全国。

洮北区属于农业大区。全区旱田全程灌溉能力达95%，节水灌溉面积30万亩，是全省第一个达到水利化标准的县（区）。洮儿河水已通过导流水利工程引入了万顷稻田，生产的“洮儿河”牌大米获得了中国绿色食品发展中心颁发的绿色食品证书。绿色品牌食品5个，名牌产品21个。农田的播种、中耕基本实现了机械作业。玉米年产量20万吨以上，水稻15万吨。初步建成了水稻、大豆、高粱、葵花、烤烟、红干椒、

发展的洮北区

区长　衣尚平

甘草、小麦、花生、绿豆、南果梨、烟叶、无公害蔬菜等种植农产品生产基地。建成了生猪、黄牛、奶牛、细毛羊和肉用羊、肉鸡和蛋鸡等特产养殖生产基地。全区产业化龙头企业已发展到56户，资产超百万元的企业200户，各级各类农民专业协会和经济合作组织80个，形成了常规农业、开发农业、创汇农业并举，种植业、养殖业、加工业协调发展的可喜局面。

坚持以城区建设为基础，市政设施日臻完善。建设了高标准的二环路和海明路步行街，城区内高楼大厦鳞次栉比，街道宽阔，卫生清洁，环境优美。水、电供应充足，地下排水畅通，具有较为完整的批发与零售市场体系。区内各类有型市场15个，新世纪购物中心、长青蔬菜批发市场和瑞光商贸城汇集了全国各地名牌产品和土特产品，档次高、规模大。饮食服务业发展迅速，以白城宾馆、洮北区宾馆、王府大酒店、富都、东北亚洗浴中心等为代表的宾馆、饭店、娱乐城、歌舞厅达二百余家。

基础教育成效显著，义务教育1992年成为全国首批达标县，素质教育进入全省前列。培养了一大批适应本地经济建设需要的人才。城区内文化、体育事业蓬勃发展，群众性文体活动日益活跃，专业艺术成绩突出。医疗技术水平不断提高，健全了农村医疗、预防、保健网络。人口增长得到有效控制，实现低生育水平，成为全省计划生育工作一类县（区）。文明小区、文明社区、文明村镇、文明行业和警军民共建等精神文明创建活动呈现了积极向上的发展态势。

真抓实干迅猛

县委书记　王守志

镇赉县紧紧围绕“兴工富市”战略，以盘活存量资产和搞活“双停”企业为目标，大力推进国有企业改制步伐，广泛开展招商引资工作，加大技术改造和新产品开发步伐，使全县工业形势发生了转折性的变化。2001年，全县全口径工业产值实现5.5亿元，三年平均递增40.4%，规模以上工业实现产值1.73亿元，三年平均递增23.8%,全口径增加值1.4亿元，三年平均递增28.6%，规模以上工业增加值6 300万元，实现利税2 100万元。

经过近三年的努力，全县15户直属工业企业全部完成了改制工作，其中出售9户，租赁5户，股份合作1户，随着改制企业陆续恢复生产，增强了工业经济的整体实力。广泛开展招商引资工作。县委、县政府层层下达招商指标，调动方方面面的积极性，经过努力，先后使玻璃、乳品、通用机械等一批企业招商成功，启动生产。共盘活存量资产5 000多万元，安置下岗职工近2 000名。狠抓技术改造和新产品开发。累计投资技改资金7 000多万元。先后开发成功了S 11系列卷铁芯节能变压器、箱式变电站、学生饮用豆奶粉、中药净石灵、高碳素钢丝电柱等新产品30多种，有力地提高了产品的档次和竞争能力。不断培育工业发展后劲。为保证工业经济稳定快速增长，确定25户重点工业企业，实行县级领导包点和有关部门包保的办法，确保这些企业正常生产。去年，县石油开发有限公司借助境内吉林油田扩产的契机，公司的股份出售给长春华海集团，新公司接手后，投入资金3 000万元，新打油田井20眼，现已全部投产，日产量由原来的10吨左右提高到50吨。

发展的镇赉县

县长　李江山

近几年来，镇赉县坚持以农民增收为核心，以科技进步为动力，以万元田（棚）工程为载体，以市场为导向，以实现农业和农村经济结构战略性调整为主线，以推进农业产业化进程为手段，全面发展效益农业，取得了令人瞩目的成就。

科教兴农工程成效显著。围绕种植业结构调整和开发农业、效益农业，运用多种形式开展了对基层干部和农民专业技术的短期培训和绿色证书的教育。共培训98个题目，办班420场（次），印发资料20余万份，培训人数达14万人次，发放绿色证书3 000份，使每位基层干部都掌握了一项农业实用技术，每户农民都有一个种田明白人。2001年，获国家绿色食品发展中心颁发的嫩江湾牌大米、小米和鹤园牌花生、大豆4个A级绿色食品证书。填补了全县无绿色食品的空白。镇赉县一直把发展万元田（棚）作为改进农业生产方式、经营方式和发展高效农业，推进干旱寒冷地区农业改革，增加农民收入的主要措施来抓，万元田（棚）建设速度明显加快，全县万元田（棚）已达到18 275户，占农户总数的41.9%。

从1998年以来，镇赉县连续4年进行城市开发建设管理总体战，特别是近两年来，开发建设达到高潮。共拓宽改造主要街路8条，新增黑色路面11万平方米；铺装巷道132条，7万多平方米；安装改造路灯368杆1 389盏；建成正阳街灯光隧道；改造扩建了水厂，新铺给排水管线51.8公里；新建高标准公厕24处；建成标塔一座；将县委、县政府大院改建成占地面积14 000平方米的市民文化休闲广场；兴建住宅小区5处，建住宅楼78幢，30余万平方米；兴建了东北商都、白天鹅商业城和北方农贸市场等一批高档次商贸中心。城区栽植各类绿化树12.8万株，落成街心和单位绿地花园164处，2.3万平方米；主要街路两侧摆放花缸、盆景6 800多个；建起了1 300平方米的中心花窖；还修建了各类城市雕塑小品120多个。

民安

与时俱进稳步

市委书记 岳景君

洮南市位于吉林省西北部、白城市西南部，1904年建置设府，素有“千年古城，百年府县”之称，曾为关东一带的商贸重镇。是全国比较有名的杂粮杂豆之乡、福顺辣椒之乡、黑水西瓜之乡、万宝粉条之乡。几年来，洮南市委、市政府围绕全面建设小康社会的宏伟目标，深入实施工业立市、农业“五增”、“洮商”活市、城市化、所有制结构调整和开放带动六大战略，着力在建设“三城一地一中心”和“六市”上下功夫，即：建设医药纺织城、绿色森林城、文明卫生城，壮大农特产品生产和精深加工基地，培育关东商贸物流中心；建设工业市、乳源市、农产品加工市、物流市、生态市和文化市。取得了全市经济发展、政治稳定、社会进步的可喜成绩。

工业经济竞争力明显提高。按照走新型工业化道路的思路，推进工业化进程，改造提升传统产业，发展新型工业。培育出吉林敖东洮南药业、吉林马应龙制药、馨蜀源制酒厂等一批骨干企业，初步构筑了纺织服装、医药研制、食品酿造、能源开发、饲料加工五个重点产业。工业经济运行质量和发展后劲持续提高，在国民经济中的支撑和带动作用越来越强。

农业和农村经济结构调整成效显著。用工业化思维谋划农业，突出抓好精细种植业增效、畜牧业增富、农产品加工增值、劳务经济增收和林业建设增绿五项工程。全市万元田（棚）总户数达到26 898户，约占全市农村总户数的41%，实现产值3.5亿元。股份牧业经济得到了快速发展，牧业产值达到4.2亿元，重点实施了奶牛增收富民战略，举全市之力发展奶牛产业，计划用5年时间，发展奶牛10万头，建设吉林西部乳源市。抓住国家加大生态建设投入的机遇，举全市之力大打以造林绿化为

发展的洮南市

市长　许广山

主的生态建设翻身仗，造林绿化208万亩，森林覆被率达9.63%。构筑了西瓜、辣椒、粉条、葵花、蓖麻、芝麻、方便羊汤和特色米豆八个加工产业。有6.6万个农村劳动力从土地中转移出来。农业抗御自然灾害和农民驾驭市场的能力不断增强，新打井515眼，节水灌溉面积40万亩。

“洮商”战略深入实施。依托悠久的商贸历史和区位优势，积极发展区域物流，围绕建设关东商贸物流中心这一目标，加快了洮南市农产品加工贸易园区、洮南市物流中心、中国北方优质红干椒、关东农贸商城和关东马市等商贸流通的载体建设和各类专业合作社、专业协会等新型经济组织，培养了一大批经纪人，全市新经济组织600多个，经纪人5 000多人。

开放带动取得重大成果。积极实施走出去、引进来战略，加强区域交流合作，参与国际经济循环，先后引进资金21.9亿元，引进深圳宝安、武汉马应龙、中国希望集团、吉林敖东、吉林恒和、吉林名门、吉粮集团等国内较大企业集团11户，实施超千万元的项目13个，提高了洮南的竞争力和知名度。

城乡面貌发生较大变化。全方位运营城市资本，加大基础设施投入，城市功能和品位明显提高。一大批城市道路、排水、给水、路灯、广场、景点等城市基础设施建设工程如期竣工投入使用，从根本上解决了居民行路难、排水难、休闲难和居住难的问题。农村的生产、生活条件继续改善。村镇建设不断加强，农村住宅砖瓦率进一步提高，农村交通条件进一步改善，实现了乡乡通油路的目标。城乡居民生活水平逐步提高。城镇居民可支配收入、农民人均收入都有了大幅度增加。居民储蓄存款余额达10亿元，城乡居民消费日趋活跃。各项事业全面发展，朝着奔小康的目标快速前进。

励精图治飞跃

县委书记 张宝田

素有鹤乡之称的通榆县，位于吉林省西部，坐落在风光旖旎、景色迷人的科尔沁大草原东陲。辽阔的地域，丰富的资源，独特秀美的塞外草原风姿，令世人神往，令仙鹤迷恋，是一块让有识之士施展才华，开创事业的金土地。

农业人口人均耕地面积全省第一，农业人口人均草原面积全省第一，国家商品牛和细毛羊生产基地，中国草原红牛的故乡，全省最大的芦苇产区，全国十大油料产量大县，全省甜菜生点产区，中国杂粮杂豆之乡。

这里物华天宝，人杰地灵。十大资源得天独厚，具有极大的发展潜力。被誉为“八百里瀚海”的一颗明珠。

十五期间，县委、县政府坚持以邓小平理论和党的“十五大”精神为指导，按

鹤城广场

发展的通榆县

县长　刘俊道

照“三个代表”重要思想的要求，进一步解放思想，励精图治，求实创新，把握大局，趋利避害。以发展为主题，以结构调整为主线，以改革开放和科技进步为动力，以提高人民生活水平为根本出发点，以扩大总量，优化结构，提高效益为基本任务。依托资源，发挥优势，做强农业，壮大工业，搞活服务业，促进经济持续健康快速发展。加强精神文明和民主法制建设，保持社会稳定。进一步加强和改进党的领导，加速推进全县经济和社会事业的跨越式发展。

到2006年，国内生产总值达到25.1亿元，年均递增 15%，全口径财政收入达到1.055亿元，年均递增16.5%，努力实现主要经济指标翻一番，在经济总量上再造一个通榆 。

开拓创新跨越

市委书记　刘继武

大安市位于松嫩平原腹地，地理位置得天独厚。长白、通让铁路在这里交汇，302国道一级公路贯穿全境。“黄金水道”大安港是吉林省最大的内河港口，顺流而下，可达俄罗斯的五个开放港口。

大安市素有“鱼米之乡”、“骏马之乡”的美誉。是吉林省粮食、渔业、畜牧业、烤烟、芦苇、白鹅六大商品基地。

大安市矿产资源丰富。现探明135.7平方公里的储油区，储油量16 500万吨。境内有红岗采油厂、新大采油厂，年产原油60至80万吨，天然气储量20亿立方米。

发展的大安市

市长　高新文

大安市工业门类齐全。构筑了汽车和石油钻采配套、橡胶化工、服装制鞋、烤烟和白鹅五项优势产业“五龙齐舞”的工业经济发展格局；食品工业传统优势明显，资源工业、民营工业发展势头迅猛；以骨素明胶、尼龙—11树脂为代表的新兴高科技产业有着巨大的发展潜力和美好的发展前景。

大安市风光秀丽。嫩江度假村、月亮湖、五间房水岛都是闻名遐迩的消暑宝地。

省级经济开发区的优惠政策，良好的经济发展软硬环境，对国内外有识之士投资兴业具有巨大的吸引力。

面向未来超越发展

市政府副秘书长、党工委书记 季 委

白城经济开发区是1998年2月经吉林省政府批准设立的省级开发区，规划面积4平方公里，常驻人口12 000人。建区以来，在市委、市政府的正确领导和各界人士的大力支持下，开发区以项目建设为中心，以招商引资为手段，以建设派克企业园、高新技术园、生物医药园、环保产业园、生态农业园为重点，各项工作取得了较大进展。到2002年，累计实现国内生产总值6.13亿元，年均递增79%；累计实现工业产值8.43亿元，年均递增91%；累计招商引资到位资金7.17亿元，年均递增54.9%；累计新上项目82个，完成投资10亿元，年均递增37%。

在实施的各类项目中，基础设施项目主要有：西部供热站、胜利路、花园路、光明街、吉鹤广场、吉鹤苑高档住宅小区、幸福花园、客货运输枢纽站、电信大厦、广电中心、开发大厦、鹤原宾馆等39个项目，其中，已经建成投资使用的有24个项目，累计完成投资2.1亿元。

工贸项目主要有：美国德尔福派克企业园、金鹏齿轮变速箱、国宏汽车改装车、道君药业、多邦药业、长恒药业、裕丰精制稻米、鹤城旅游街、富都娱乐城、聚龙建材城、批发大世界、移动传输等43个项目，其中已经建成投入生产运营的有26个。

白城经济开发区机构健全、职能完善，代表市政府对开发区经济和行政事务实行统一领导和管理，在开发区内行使市级经济管理权，享有省政府赋予的各项经济管理权。经省政府批准，开发区在1999年列入省土地管理

的白城经济开发区

主任　何绍杰

改革试点单位，赋予国家级开发区管理职能和权限。白城经济开发区全面推行“直接办理制、窗口服务制、全程服务制、社会服务承诺制”，形成了良好的投资环境。

2002年面对我国加入WTO的新形式，经济全球化大趋势，白城经济开发区紧紧围绕省八次党代会和白城市三次党代会要求提出了“五年升四位”的发展目标和跨越式发展总体要求，全面实施了二次创业。两年来，全区完成国内生产总值22 770万元，完成工业总产值33 000万元，完成第三产业总收入实现15 770万元，完成固定资产投资32 820万元，招商引资到位资金27 000万元，财政收入实现1 203万元，比2001年增长49%、65%、63%、40%、69%、100%。

按照“十六大”精神和市委三届三次会议提出的“三步走，三基本”的总体要求，结合开发区开展第二次创业的实际，确定了“三步走，实现三次跨越”和“五年升四位，十年翻五番”的奋斗目标。即：到2005年，GDP由2000年的1.1亿元增长8亿元，在全市经济总量中所占份额由1/50提升到1/20，实现翻三番的目标，在全省22个省级开发区的综合指标考核中，由目前的14位上升到前10位；到2010年，GDP要达到32亿元，在全市经济总量中所占份额由1/20提升到1/10，实现翻两番的目标；“三步走”的奋斗目标是：打造一个格局，建设五个园区，开成五个主导产业，推进四化建设进程”。

发挥优势蓬勃发展

党工委书记　周金河

大安经济开发区是1992年8月经省政府批准设立的省级经济开发区，为副县（处）级建制，设党工委办公室、管委会办公室、经济发展局、招商局、建设局、财税局、土地环保局、工商行政管理局、公安分局。1997年以来，开发区高举邓小平理论伟大旗帜，全面贯彻“三个代表”重要思想，以加快发展为主题，以招商引资为重点，以经济建设为中心，综合运用大安市赋予开发区的各项优惠政策，依靠体制创新和科技创新，以大开放带动大发展。

到2002年末，开发区国内生产总值实现2.47亿元；工业总产值完成2.2亿元；工业增加值0.704亿元；总收入完成2.88亿元；财政收入0.56亿元；基本建设投资1.657亿元；第三产业增加值1 580万元；完成新登记注册个体工商户1 070户；累计招商引资项目31项，共计协议利用外资6.9亿元，实际到位资金4.03亿元。

开发区成立至今，共完成城市基础设施建设投资1.5亿元。小区开发共完成住宅建设投资1.3亿元，建筑面积10.5万平方米。区内重点企业有大安石油机械股份有限公司，中谷国家粮食储备库，明胶有限责任公司，永达油田有限公司，开发区粮库，“吉鸿”牌、“AAA”级绿色食品——大安草原白鹅生产基地；吉林省最大的内河港口——大安港，大安港是吉林省同俄罗

的大安经济开发区

管委会主任　王洪江

斯远东地区开展直接贸易的唯一水上通道。经过两期改造扩建工程，总投资2 596万元，建成了煤炭、粮食、木材、化肥、杂货、汽车、集装箱7个低水位码头，年吞吐能力达100万吨，已成为吉林、黑龙江两省，嫩江、松花江、黑龙江三条水系上最现代化港口。

大安经济开发区在党的“十六大”精神和省政府第三次开发区会议精神鼓舞下，继续实施招商兴区，特色兴区，民营工业区战略，巩固和发展现有经济逐年递增的好形势，进一步解放思想，扩大开放，坚持以市场为导向，以科技为支撑，紧紧围绕发展开发区特色经济，加快区内现有工业经济运行质量，充分利用现有资源，借助外力发展自己，继续把开发区建设成集工业、贸易、旅游为一体的资源型开发区。

涵养资源持续发展的

几年来，白城市委、市政府以丰富的旅游资源为依托，紧紧抓住入世和国内外旅游业迅猛发展的有利时机，充分发挥政府在组织领导、基础设施建设、宏观管理、资源配置等方面的职能作用，实现了白城旅游产业的快速发展。成为白城市经济和社会发展的优势产业，旅游产业在全市国民生产总值中占1.81%。

从2000年开始，累计投入旅游建设资金6亿多元，实施大小项目400多个，使全市景区景点和旅游基础设施得到进一步完善。从1999年以来，连续三年市委、市政府举办生态旅游节，多次在北京、大连、哈尔滨、深圳、香港等地举办生态旅游节发布会，市委、市政府领导亲自参加宣传促销活动，对白城旅游业的快速发展起到了很大的推动作用。举办了各种产品展示展销会，吸引30多家域外旅游企业参加，参展产品16个系列1 000多个品种，人员达10万多人。签订各类经贸合同10亿多元。

①市委书记刘润璞，市委常委、常务副市长杨亚杰为查干浩特旅游经济开发区揭牌
②书记、主任、旅游局局长王延军
③迎宾酒
④民俗村一角

地址：洮北区岭下镇
电话：0436　3881415
邮编：137000

查干浩特旅游经济开发区

科尔沁蒙古族民俗村

旅游经济开发区

景区别墅

日月岛及码头

首届那达慕大会开幕式

赛马

中共白城市纪律检查委员会

①

几年来，中共白城市纪委、监察局积极探索，大胆创新，各项工作都取得显著成效。1996年初，在全市率先实行了党风廉政建设目标管理责任制，明确规定了各级党委、政府抓党风工作的责任和目标，并制定了量化考核标准。改变了过去坐堂等、靠举报的工作方式，主动出击查案，并深入市直机关和乡镇进行督办指导。还建立了群众举报奖励制度，调动了广大群众参与反腐败斗争的积极性。案件查处、领导干部廉洁自律、纪检监察信息、宣教、干部管理工作在全省均处于领先地位。案件工作自2000年以来连续两年在全省案件工作会议上介绍经验。在省委召开的清理党政机关及其工作人员收送现金和有价证券工作电视电话会议上，白城市独家介绍了经验。落实党风廉政建设责任制工作和政务公开工作受到中央纪委、监察部的肯定，分别在2000年中央纪委召开的座谈会和工作会议上介绍了经验。2001年被中央纪委、监察部、人事部评为先进集体。

②

③

白城市监察局

①市委副书记、市纪委书记刘德翔
②中共白城市纪委第四次全体会议
③市纪委常委会议
④全市党风廉政建设和反腐败工作经验交流会
⑤全市会计委派工作座谈会
⑥在镇赉县检查党风廉政建设责任制工作
⑦纪检干部认真研究案件查处工作
⑧市纪委领导在白城市多邦药业集团检查工作
⑨市纪委领导在镇赉县胜利乡二井子村扶贫点帮助指导脱贫致富

地址：白城市文化东路1号
电话：0436　3225671
邮编：137000

中共白城市委保密委员会

地址：白城市文化东路1号
电话：0436 3223276
邮编：137000

①市委常委、市委秘书长、保密委员会主任李殿发
②全市保密工作会议
③检查保密工作
④保密技术监测

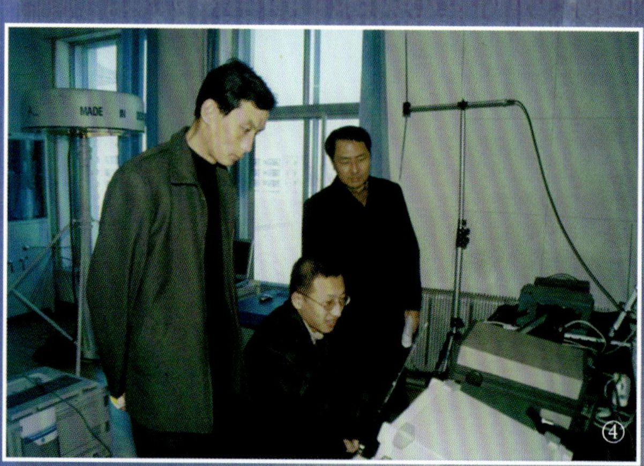

中共白城市委保密委员会，负责制定全市保密工作计划，指导、协调和监督全市党政军机关和人民团体及企事业单位的保密工作；监督检查《中华人民共和国保守国家秘密法》及其它党和国家关于保守党和国家秘密的法律、法规、党纪的执行情况；组织开展全市保密检查，督促各县（市、区）和有关部门对泄密事件进行查处；组织有关部门对泄露的国家秘密采取补救措施；指导监督经济、贸易、科技、文化系统中涉外活动的保密工作；开展全市保密宣传教育活动和培训专职保密干部，组织全市保密工作理论、政策研究工作；负责通信和电子信息保密工作的指导、监督工作；推广应用保密技术设备。

几年来,白城市委保密委员会办公室(保密局)被吉林省委保密委员会评为全省“保密工作先进单位”。

中共白城市直属机关工作委员会

副书记 白景武

党工委委员在研究机关党建工作

党工委全体同志在学习“三个代表”

几年来，市直机关党建工作以“三个代表”重要思想为指导，坚持从严治党，认真贯彻落实《中国共产党党和国家机关基层组织工作条例》。本着基础工作抓规范，重点工作抓创新，难点工作抓突破，整体工作上水平的工作思路，加强和改进机关党的思想、组织和作风建设，为促进机关各项工作任务的完成，提供了坚实的思想组织保证。

近年来，白城市直机关党工委先后被白城市委授予“先进基层党组织”称号，被白城市委、市政府授予“精神文明建设先进单位”、“招商引资先进单位”等荣誉称号。

地址：白城市文化东路1号
电话：0436　3223712转6033
邮编：137000

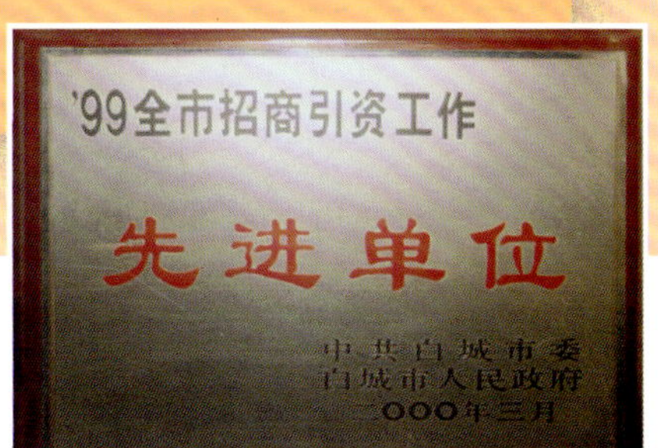

中共白城市委组织部

地址：白城市文化东路1号
电话：0436　3223562
邮编：137000

几年来，市委组织部全面贯彻落实市委党的建设总体部署，紧紧围绕改革发展稳定大局，以与时俱进的精神状态，高标准、高质量地完成了领导班子建设、干部管理、基层组织建设和党员队伍建设等主要工作任务，为白城经济发展和社会进步提供了坚强的组织保证。

在全省领先探索并实行了任免干部“票决制”，拟提拔和正常管理的干部“民意否决”制、公开选拔领导干部制度，领导干部末位淘汰制，领导干部选拔任用公示5项制度。推动了《党政领导干部选拔任用工作条例》的贯彻执行。

全面推行了农村政务（村务）公开和民主管理制度，发展党员公示制。村党支部换届“三推两考一选”办法、“双推双考”办法选拔致富能人入党；开展了“555素质工程”、村级干部正规化培训及正规化学历教育，选拔致富能人型村干部工作，完成了农村“三个代表”学习教育活动任务。“创建兴企先进党组织，争做兴企模范党员”活动。

开展了团结、形象和严谨作风，党风廉政建设和社会实践以及规章制度等方面的专题教育活动。举办了“中国明天更辉煌，白城明天更美好”演讲活动。召开了深化组织工作创新等方面研讨会。开展了“全市组织工作创新成果”评比活动。干部任免“票决制”、“三推两考一选”等创新性工作受到中组部、省委、省委组织部的肯定与表扬。保密、招商引资、信息、廉政建设、党内统计分析、机关党建等项工作被省委组织部和市委评为先进单位。

①市委常委、组织部部长曹宇光
②组织部副部长孙佳学参加白城市监狱副监狱长竞争上岗演讲会议
③全市组织系统学习“十六大”精神深化组织工作创新研讨会
④全市组织系统学习“十六大”精神演讲比赛

中共白城市委宣传部

几年来，市委宣传部坚持以邓小平理论为指导，努力践行“三个代表”重要思想，围绕中心，服务大局，开拓创新，出色地完成了“以科学的理论武装人，以正确的舆论引导人，以高尚的精神塑造人，以优秀的作品鼓舞人”的各项任务。实现了全市宣传思想工作重点求突破，整体上水平的奋斗目标，为全市经济建设和社会发展做出了突出的贡献。

1998年9月，被中共吉林省委、省政府授予“’98抗洪抢险模范集体”。1999年10月，被吉林省委、省政府、省军区联合授予“拥军优属先进单位”，被白城市委、市政府授予“帮扶国有困难企业先进单位”。2001年，被白城市委、市政府授予“招商引资工作优胜单位”，“标准街路建设模范单位”，机关党支部被党工委评为“党建工作先进机关党支部”。2001年6月，参加由吉林省委宣传部、省委党史研究室联合组织的“电信杯”吉林省纪念建党80周年党的知识竞赛，荣获组织奖。被省委宣传部评为“宣传信息工作先进单位”。

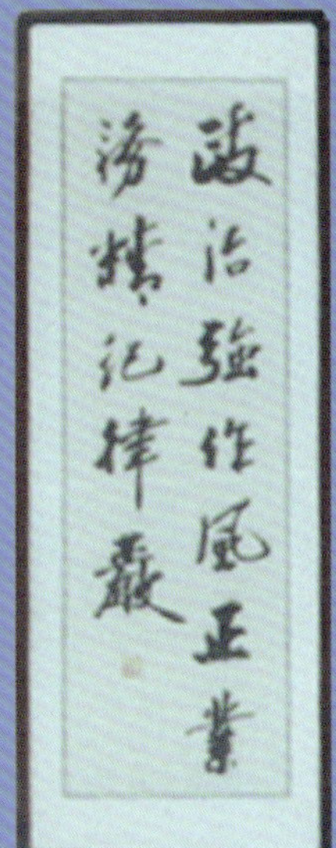

地址：白城市文化东路1号
电话：0436 3232705
邮编：137000

①市委常委、宣传部部长任凤春
②领导班子成员

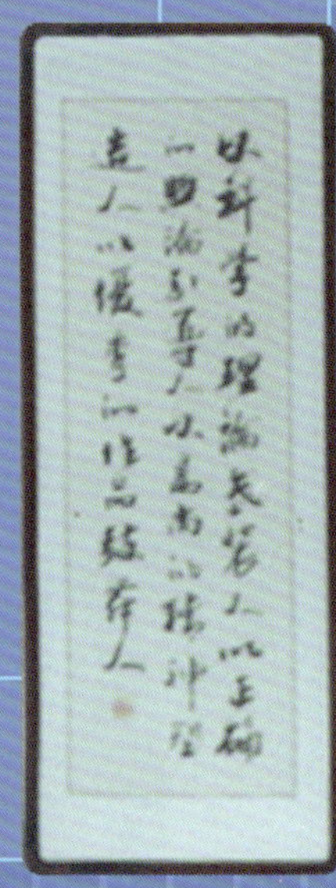

中共白城市委统战部

白城市政协副主席、统战部部长　王文成

地址：白城市文化东路1号
电话：0436　3223478
邮编：137000

几年来，全市统战工作高举爱国主义、社会主义两面旗帜，坚持大团结、大联合的主题，协调关系，化解矛盾，积极调动统一战线成员的积极性和创造性，进一步巩固和发展了最广泛的爱国统一战线。在加强民主党派工作、非公有制经济人士思想政治工作、民族宗教工作、海外联谊工作、党外人士安排工作、统战宣传和调研工作以及自身建设等方面做了大量卓有成效的工作，提高了统战工作的社会地位和影响力，为全市经济和社会各项事业实现跨越式发展做出了一定贡献。

2000年，荣获“白城市民族团结进步先进集体”称号，2000年和2001年荣获“白城市招商引资先进单位”称号。

领导班子成员

中国民主建国会
白城市委员会

中国农工民主党
白城市委员会

白城市政协副主席、市民建主委 邢金普

白城市政协副主席、市农工党主委 杨枫

学习民建省委"六大"会议精神

农工党白城市委'99年度总结表彰大会

中国民主建国会白城市委员会
地址：白城市文化西路1号
电话：0436 3326027
邮编：137000

中国农工民主党白城市委员会
地址：白城市文化西路1号
电话：0436 3320412
邮编：137000

中国国民党革命委员会白城市总支委员会
地址：白城市文化西路1号
电话：0436 3324773
邮编：137000

中国国民党革命委员会
白城市总支委员会

白城市民革主委 白长明

参政议政研究提案

白城军分区

①政委吕克梁
②司令员王开
③原沈阳军区司令员梁光烈来白城检查国防建设
④省军区政治部主任荆南飞来白城检查部队建设
⑤全市国防动员委员会第一次全体会议

⑥办公楼
⑦政委吕克梁深入基层检查指导民兵工作
⑧官兵战斗在'98抗洪第一线
⑨组织民兵训练
⑩参加地方植树造林

⑦

⑧

近年来，白城军分区党委认真践行“三个代表”重要思想，按照“政治合格、军事过硬、作风优良、纪律严明、保障有力”的总要求，加强后备力量建设。立足白城地区的实际，树立“艰苦奋斗，开拓进取，做一等工作，创一流业绩”的思想，抓好各项工作的落实，被沈阳军区评为“先进党委”。依据“编组合理、干部齐备、兵员素质良好”的要求，对民兵进行组织调整改革，使民兵质量建设得到进一步提高。在，98抗洪抢险中，民兵发挥了“突击队”和“生力军”作用，受到四总部通报表彰。科学规范施训，提高军事素质，在吉林省军区举办的全省“9909”科技练兵比武竞赛中，军分区代表队获得“战术作业”团体第一名；洮北区人武部连续10年被吉林省军区评为“民兵规范化训练先进单位”；有1人被沈阳军区评为“优秀四会教练员”；1998年，军分区司令部被吉林省军区树为“标兵司令部”。白城军分区积极参加地方经济建设，组织民兵修复水毁工程；每年春季成建制用兵参加白城市植树造林。带头致富，民兵成为白城市“万元田（棚）”工程的骨干。严格落实管理制度，军分区被沈阳军区评为“行政管理先进单位”、“财务管理先进单位”；至2001年，军分区机要保密工作连续43年安全无事故，被沈阳军区评为“安全保密先进单位”；通榆、镇赉两个民兵装备仓库连续50年无事故，受到总参谋部通报表彰。加强廉政建设，改革接待方式，坚持“限额点餐”，受到中共中央纪委和中央军委纪委的肯定。

⑨

⑩

地址:白城市辽北路49-15号　电话:0436　3237385　邮编:137000

长春铁路分局

地址:白城市新华东大路110号
电话:0436　6125830
邮编:137000

白城市境内有平齐、长白、通让、白阿4条铁路线，线路总延展长589.636公里，其中正线长495.852公里，营业里程404.372公里。客货运站38个。其中，一等站、二等站各1个，三等站4个，四等站18个，五等站14个。春暑运、“五一”、“十一”收入黄金季节，与大专院校、企事业单位、部队、工商个体户建立营销网络，组织上门送票和办理团体预留票，创收110万元；托运行李610件，创收1.2万元；增收站台流运售票次数，收入8万元。走访企业货主，以诚心征服货主，吸引货源，货运收入超计划359万元，提前25天完成全年货运收入任务。年末，累计实现安全生产2 786天，实现第7个安全年，创历史最好水平。白城车站被沈阳铁路局授予“先进车站”称号；被长春铁路分局评为“安全生产先进单位”。

白城地区办事处

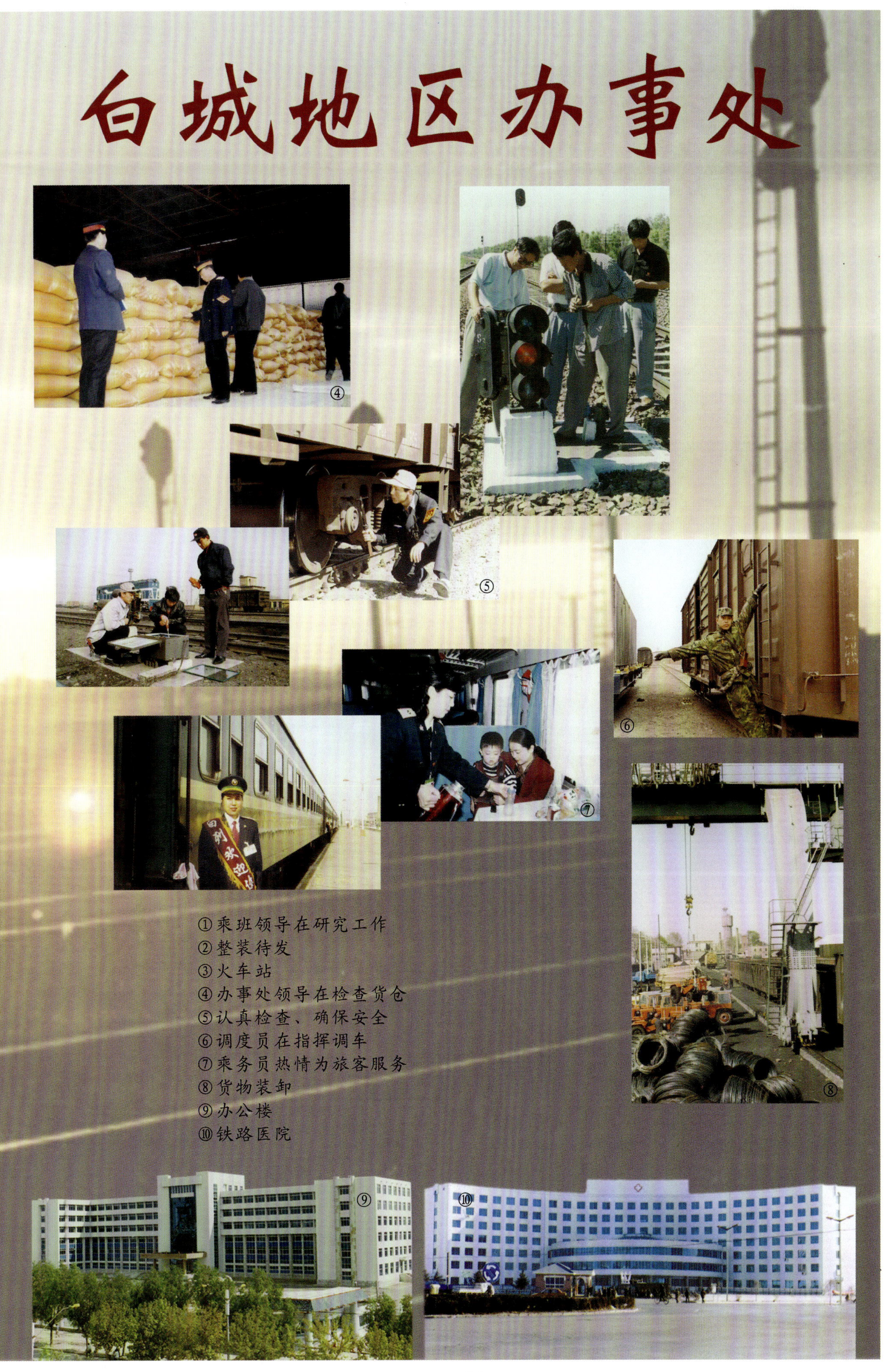

①乘班领导在研究工作
②整装待发
③火车站
④办事处领导在检查货仓
⑤认真检查、确保安全
⑥调度员在指挥调车
⑦乘务员热情为旅客服务
⑧货物装卸
⑨办公楼
⑩铁路医院

中共白城

几年来，中共白城市委党校在市委的直接领导下，努力加强自身建设，围绕党的中心工作，开展党员领导干部的轮训和培训工作，业绩突出，成果显著。

在自身建设方面，开展了树立良好的"党校和党校人"形象的"形象工程"活动，内容是"加强学习、完善制度、巩固成果、健全机制"，目标是"提高素质、规范管理、不断提高、再创辉煌"。这项活动，提高了党校职工队伍的思想道德和业务素质，激发了职工做好本职工作的积极性。党校尽力抓好硬件建设，营造现代党校的环境形象，使整个校园全部实现美化和绿化，为教职工和学员提供了一个良好的工作和学习环境。

在学员培训方面，紧紧围绕党的中心工作和形势发展的需要，不断扩大教学领域，更新教学方式和内容，基本形成了以"三个基本"、"五个当代"、战略思维、党性修养、知识学习五个方面为内容的教学格局。注重对实际问题的研究，加大了理论联系实际的力度，使教学内容更加贴近时代、贴近学员、贴近现实、贴近白城经济和社会发展的实际。

①

②

③

市委党校

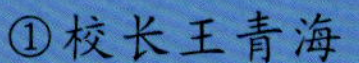

①校长王青海
②党校校委研究党校发展规划
③会议室
④教学楼
⑤省委党校九九级白城教学班开学
⑥白城学区先进班级表彰大会
⑦函授学员上计算机课

⑤

⑥

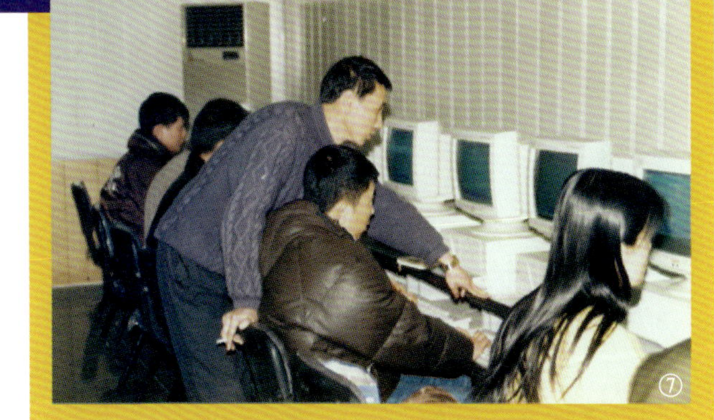

⑦

在科研工作方面，结合实际，形成了“长抓不懈、依靠机制、教学与科研相互促进、科研与经济社会发展紧密结合”的思路，强化教研人员的科研课题意识、精品意识、人才意识。科研成果的档次、数量不断攀升，科研水平不断提高。

几年来，党校取得的工作业绩得到上级领导的肯定和认可，先后被省委授予省“实施《全民健身计划纲要》先进单位”、省“精神文明建设先进单位”、国家体委“全民健身先进单位”、市“招商引资先进单位”、市“庭院绿化先进单位”、“先进基层党组织”等荣誉称号。

地址：白城市文化西路1号
电话：0436　3325013
邮编：137000

白城市总工会

几年来，白城市总工会评选出市级劳动模范17人，市先进单位100个，从中产生了一批全国和省劳动模范。全市职工共提出合理化建议33 250项，采纳实施18 650项，价值4 900元；技术革新、技术攻关1 700多项，创价值6 000万元；修旧利废、节约节支7 500多万元；招商引资1 850万元；帮扶困难企业活化资金4 277万元。广大职工的劳动创造，推动白城经济不断持续健康发展。

坚持开展职业道德建设“双十佳”活动，有80名职工、80个集体获得市级职业道德十佳称号；10名职工、12个集体受到省里的命名表彰；借助新闻媒体宣传报道142名职工的先进事迹。积极构建维权机制，保护职工的合法权益。全市有1 233个单位建立了职代会制度，建制率80%；516个国有、集体企业建立了集体合同制度，建制率68%；有928个单位建立厂务公开制度，占75%；国有及国有控股企业实行厂务公开面达100%；有48个公司制企业建立职工董事、监事制度。努力促进下岗职工再就业，积极进行职业技能培训、职业介绍和劳务输出，共培训下岗职工25 000多人次，为5 850名职工办理求职登记，有1 834名职工实现再就业，劳务输出2 000多人次。积极参与“两个确保”和“三条保障线”的工作，会同民政部门为7 000多户困难职工纳入低保。联系帮扶包保困难职工活动，全市有6 700名干部包扶14 000户特困职工，有8 900户摆脱了困境。积极筹措资金，对生活困难职工进行补助救济，共筹措2 000万元，补助救济79 000户特困职工。每年新年春节，对生活有困难的职工家庭进行走访慰问。组建工会工作有了新突破。全市新建工会组织978个，发展新会员89 000人，基层工会总数达到2 435个，会员总数达到259 320人。

积极开展建设“职工之家”和“创先争优”活动，有60名工会干部被授予白城市“模范工会干部”，有40个基层工会被命名为白城市“模范职工之家”，12人受省总工会表彰，12个基层工会获得省“模范职工之家”称号，5人被全国总工会授予全国优秀工会工作者，4个基层工会被全国总工会命名为全国“模范职工之家”。

地址：白城市文化东路1号
电话：0436　　3225424
邮编：137000

① 市委副书记关德伟、市政协副主席罗家风参加全市纪念修改后《工会法》实施一周年活动

② 组织工会会员上街宣传《工会法》

③④举办《工会法》知识竞赛活动

共青团白城市委

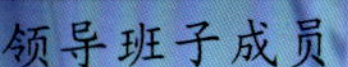

领导班子成员

全体工作人员

团市委紧紧围绕市委、市政府的中心工作，按照上级团组织的工作部署，积极探索，大胆实践，集中力量重点抓了“跨越式发展与青年责任”主题教育活动，“爱心奉献、扶困助学”活动，“人才、科技、经济”中介服务活动和创建“五四红旗团委”活动等项工作，团结带领广大团员青年，不断推进团的改革、创新和发展，使白城团的各项事业取得了喜人成果。

几年来，团市委被全国绿化委员会评为“全国部门造林绿化400佳单位”，被市委、市政府评为“精神文明建设先进单位”，被党工委评为“先进党支部”。团市委还作为全省唯一的市州级代表赴京出席了“全国农村青年工作会议”。

地址:白城市中兴东大路15号　电话:0436　3225836　邮编:137000

白城市妇联

全体工作人员

2001年，市妇联认真贯彻“一手抓发展，一手抓维权”的工作方针，采取多种形式切实维护妇女的劳动就业权、参政议政权、受教育权、婚姻家庭权和财产权。扩大“春蕾计划”覆盖面，并将“春蕾计划”引入军营、中省直单位，一年来共收到捐款23.6万元，资助874名女童重返校园，帮助6名贫困生进入高等院校。

解决农村剩余劳动力和城镇下岗女工的再就业问题。全市妇联系统共建立劳务输出基地10个，安置3.1万人就业，实现劳务收入1.2亿元。

在农村开展“双学双比”竞赛活动，全市共有58 690人次接受了各种实用技术和农业新技术培训，建立各类扶贫基地110余个，带动3 500名妇女脱贫致富。在城镇建起5个具有示范、辐射、导向作用的“巾帼社区示范基地”。

妇联组织把家庭文化建设作为“家庭文明工程”的重要内容。全市共涌现省级“文明家庭”8户，地级“文明家庭”111户，县级“文明家庭”1 175户，乡级“文明家庭”3 998户，村级“文明家庭”6459户。

2002年，白城市妇联被全国农村妇女“双学双比”竞赛活动领导小组评为“先进集体”，在由全国妇联、全国普法办组织的全国新《婚姻法》知识竞赛活动中获组织奖，被白城市委、市政府评为劳务输出工作“先进单位”、“精神文明建设先进单位”。张岱英主席被全国妇联、全国人事部授予妇联系统“先进工作者”称号。

省妇联主席杨湘岚来白城检查农村妇女工作

地址:白城市文化东路1号　电话:0436　3228666　邮编:137000

白城市归国华侨联合会

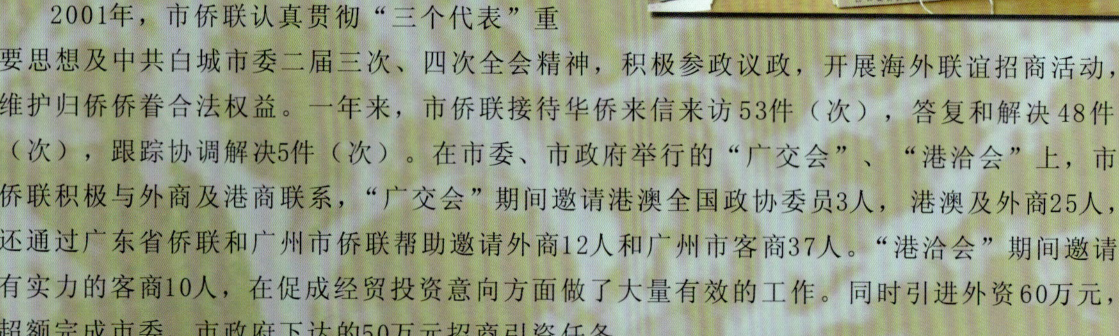

白城市归国华侨联合会，编制6人。设办公室、经济联络科。

2001年，市侨联认真贯彻“三个代表”重要思想及中共白城市委二届三次、四次全会精神，积极参政议政，开展海外联谊招商活动，维护归侨侨眷合法权益。一年来，市侨联接待华侨来信来访53件（次），答复和解决48件（次），跟踪协调解决5件（次）。在市委、市政府举行的“广交会”、“港洽会”上，市侨联积极与外商及港商联系，“广交会”期间邀请港澳全国政协委员3人，港澳及外商25人，还通过广东省侨联和广州市侨联帮助邀请外商12人和广州市客商37人。“港洽会”期间邀请有实力的客商10人，在促成经贸投资意向方面做了大量有效的工作。同时引进外资60万元，超额完成市委、市政府下达的50万元招商引资任务。

在省侨联开展的“组织起来，活跃起来”活动中，市侨联被评为“先进单位”。

①市政协副主席、侨联主席张守信

②侨联主席张守信同侨联秘书长李久真研究工作

地址：白城市文化东路1号
电话：0436　3225257
邮编：137000

白城市工商业联合会

近年来，市工商联紧紧围绕经济建设和改革发展的大局，认真履行职能，积极参政议政、建议献策，为党和政府的决策提供了依据。按照团结、帮助、引导、教育的方针，广泛开展爱国、敬业、诚信、守法和致富思源，富而思进教育以及光彩事业等活动。积极引导广大会员自觉地把自身企业的发展与国家的发展结合起来，把个人富裕与全体人民共同富裕结合起来，把遵循市场法则与发挥社会主义道德结合起来，坚定地走中国特色社会主义道路，为白城经济的发展做出贡献。尤其是党的“十六大”以来，党中央对非公有制经济给予了明确的定位，也为工商联提出了新任务。市工商联通过丰富多彩、形式多样的方式带领广大会员学习贯彻“十六大”精神，推动广大非公有制经济人士争做合格的中国特色社会主义建设者。围绕白城经济社会的热点、难点问题开展调查研究，建议献策，得到国家有关部门重视和政策倾斜。在加大招商引资力度的同时，扩大白城知名度。不断发挥工商联职能作用，反映会员的意见、建议和要求，代表和维护合法权益，提高企业经营管理水平和市场竞争能力。从而，增强了工商联的吸引力和凝聚力，提高社会知名度，发挥工商联是党和政府联系非公有制经济人士的桥梁、纽带和政府管理非公有制经济的助手作用。

①领导班子成员

②全市工商联暨非公有制经济人士迎新春联谊会

地址：白城市文化东路1号
电话：0436 3234381
邮编：137000

白城市文学艺术界联合会

地址：白城市文化东路1号

电话：0436　3223174

邮编：137000

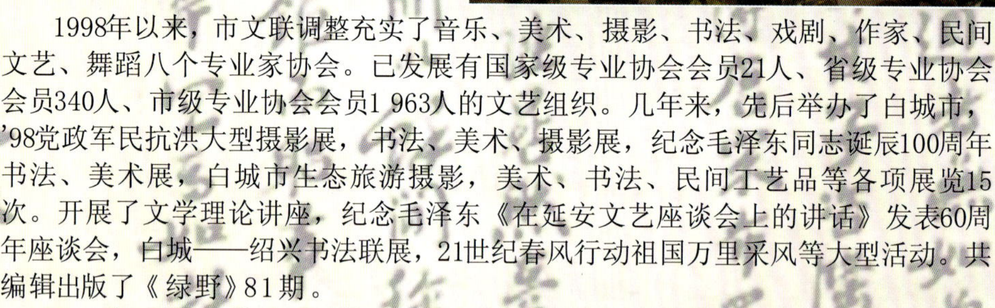

1998年以来，市文联调整充实了音乐、美术、摄影、书法、戏剧、作家、民间文艺、舞蹈八个专业家协会。已发展有国家级专业协会会员21人、省级专业协会会员340人、市级专业协会会员1 963人的文艺组织。几年来，先后举办了白城市，'98党政军民抗洪大型摄影展，书法、美术、摄影展，纪念毛泽东同志诞辰100周年书法、美术展，白城市生态旅游摄影，美术、书法、民间工艺品等各项展览15次。开展了文学理论讲座，纪念毛泽东《在延安文艺座谈会上的讲话》发表60周年座谈会，白城——绍兴书法联展，21世纪春风行动祖国万里采风等大型活动。共编辑出版了《绿野》81期。

2002年9月，文联召开了第二次文艺家代表大会，并对所属八个专业家协会进行了换届选举，新成立了白城企业文联和诗词楹联协会，文联所属协会由8个增加到10个。步入新世纪，各专业家协会必将以饱满的热情、新鲜的活力，为全市的“三个文明”建设做出新的更大的贡献。

①主席宋亚峰

②市领导参加文艺界迎新春联欢会

③领导班子成员

④全体职工

白城市档案局

白城市档案馆建于1963年。1980年,成立档案局，亦称档案馆，局馆合一，是地级国家综合档案馆。

该馆主要负责收集和保管建国后白城市（原白城地区）直属机关、团体及部分所属单位具有保管价值的各类档案资料。到2001年底，馆内设4个档案库和1个资料库，档案密集架21列，存有1954年以来的文书档案近5万卷，照片档案524张，电子档案5 000件，并已实现全文微机检索。馆藏资料5 543册，编研参考资料36册，约212万字。

多年来，该局为市委和市政府的中心工作提供了高质量的档案服务。在业务建设上，档案现代化管理取得了可喜成绩。该馆自行开发研究的《档案馆（室）文书档案管理系统》被评为市科技进步二等奖和重点科研成果；电子文件管理和档案鉴定工作走在全省前列；《市县级档案局接收电子文件研究》科研项目获国家档案局科技进步四等奖。1999年，在全省档案馆目标管理考评中，被评为省一级档案馆。

①领导班子成员（左起副局长任笑东、局长于秀芬、副局长李学广）

②全体工作人员

③档案馆一角

地址：白城市文化东路1号

电话：0436　3224963

邮编：137000

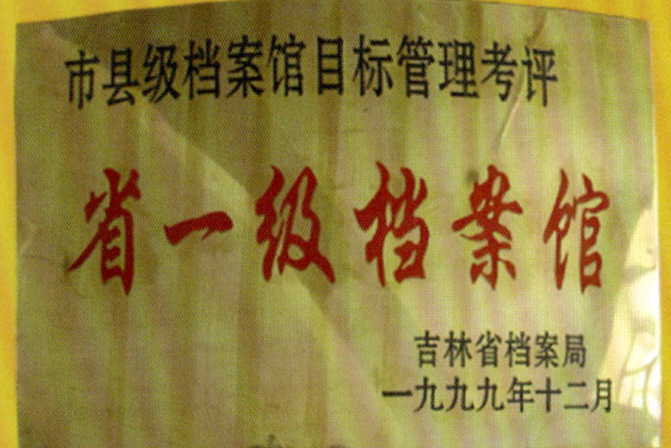

白城市外事侨务办公室

几年来，市旅游局先后到长春、北京、深圳组织召开新闻发布会；到哈尔滨、吉林、沈阳、大连等城市开展旅游宣传促销；成功地举办了中国 白城第三届生态旅游节暨首届文化节；精心组织中国 白城首届旅游产品展示展销会、那达慕大会、白城风光图片展、生态旅游演讲比赛和书画展等十几项大型系列活动。在省、市新闻媒体上，大力宣传白城生态旅游资源，形成了历史上最好的舆论氛围。全市新开辟旅游景点26个、旅游专线6条，兴建全市第一个旅游客车始发站。旅游基础设施总投资3亿元。印制《生态旅游胜地中国白城》画册，填补白城市空白。与吉林大学联合办学培养旅游管理专业人才23名，举办导游员培训班3期，培训学员100多人。开展旅游市场整顿和打假打非，评定定点单位21家，新建旅行社2家。国内外来白城游客64万人次，旅游收入1.98亿元。审核办理出国团组35个，出访240多人次。

外事（侨务）工作效果显著。几年来，积极参与全省华侨华人专业人士洽谈及项目对接会，落实工、农业项目3个，并为白城市聘请科技顾问4名。开展侨情和新移民普查，开展“侨心助学”活动，扶持贫困生12人。解决归侨危房2户，每户捐资8 000元。香港“应善良基金会”捐资24万元建校，捐资2.4万元扶贫；美国“欣欣教育基金会”捐资2万美元建校。承办全省第21期外事（侨务）干部培训班，为更好的开展外事（侨务）工作奠定了基础。

①省委书记王云坤（中）、市委书记刘润璞（右一）、市长岳清友（左一）参加中国·白城首届那达慕大会
②省委书记王云坤为查干浩特旅游经济开发区题词
③白城市委、市政府在长春举办白城生态旅游节新闻发布会
④主任、局长常时光
⑤白城市委、市政府在北京举办中国·白城第三届生态旅游节新闻发布会
⑥省市领导视察查干浩特旅游经济开发区蒙古族民俗村
⑦省外事办领导参观考察查干浩特旅游经济开发区蒙古族民俗村
⑧香港“应善良基金会”考察白城市贫困小学并为贫困小学捐资助学
⑨美国“欣欣教育基金会”为白城市捐资助学

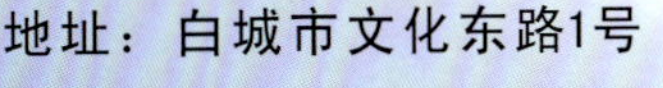
地址：白城市文化东路1号
电话：0436　3223712-8077
邮编：137000

白城市中级人民法院

白城市中级人民法院紧紧依靠市委的领导和市人大的监督，在上级法院的指导下，为辖区的稳定、发展和民主法制建设作出了突出贡献。特别是1999年以来，认真践行“三个代表”重要思想，贯彻落实党的“十五大”精神，把“公正与效率”这一主题和“加强审判工作，狠抓队伍建设，推进法院改革”三件大事作为工作的主线。带领和指导基层法院深入扎实地开展“争创人民满意的好法院，争做人民满意的好法官”活动，强化了审判工作和执行工作，对辖区的改革、发展、稳定起到了保障作用。三年来，全市两级法院共审结各类案件97 114件，活化资金32.6亿元，为全市经济跨越式发展作出了新的贡献。法院工作得到市委和全市各界群众的充分肯定，人民群众对法院的公信度和满意率有了很大程度的提高。白城中院连续三年被市委、市政府授予“精神文明建设先进单位 ”称号。

地址：白城市新华西大路52号
电话：0436　3661001
邮编：137000

①院长、党组书记高平
②领导班子成员
③党组成员走访慰问驻军
④公开审理白山市原副市长岳俊峰贪污一案
⑤办公楼

白城市人民检察院

检察长　王绍哲

2001年,白城市人民检察院以强化诉讼监督、公正执法为主线，以深化改革为动力，以提高队伍素质、改善执法条件为保障，以基层检察院建设为基础，以服务大局、维护社会稳定和人民利益为根本出发点，求真务实，与时俱进，全面开创检察工作的新局面。全年，共受理贪污贿赂案件47件；审查批准逮捕（包括决定逮捕）案件935件，1 339人；移送起诉案件965件，1 396人；渎职侵权案件2件，4人；民事行政案件142件；控告申诉案件217件。5个基层检察院全部进入“五好检察院”行列，9名干警被吉林省人民检察院命名为“五好检察官”，32名干警受到本院的表彰。在城市开发建设管理总体战中，市检察院被市委、市政府授予“城市开发建设管理总体战先进单位”称号。

地址：白城市文化东路1号
电话：0436　3225130 — 2021
邮编：137000

院领导接受群众赠送锦旗

王绍哲为获奖人员颁发纪念品

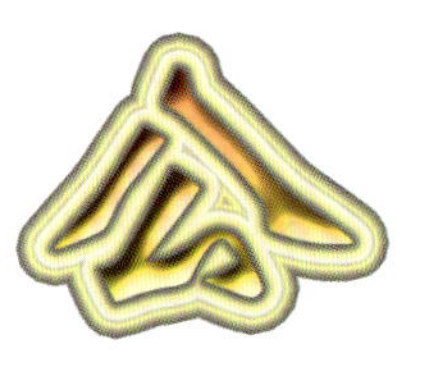

①局长储鹏
②省委书记王云坤为市公安局题写“践行三个代表、当好人民卫士”
③领导班子成员
④储鹏局长与班子成员签订党风廉政建设责任状
⑤储鹏局长为“先进集体”发奖
⑥参加吉林省公安系统阅警的白城市公安局民警方队
⑦办公楼夜景

2001年，白城市公安局，坚持从严治警，努力提高公安队伍素质，强化工作措施。严历打击各类刑事犯罪和经济犯罪活动，依法管理社会治安和道路交通安全，做好机关、企业、事业等单位内部的安全保卫，依法进行消防监督，抓好公安队伍建设，确保全市政治安定和社会稳定。

白城市公安局坚持为经济建设服务的根本方向，开拓创新，真抓实干，取得显著成绩。全年破获刑事案件和经济案件3 114起，抓捕各种犯罪嫌疑人1 077人，破获法轮功违法犯罪案件147起，查处法轮功违法犯罪人员147人。荣立集体二等功2个、三等功4个、嘉奖6个、先进单位16个、“人民满意单位”14个；“全市十大杰出青年”1人、荣记二等功7人、三等功45人、嘉奖187人、“人民满意干警”13人；市公安局党委被中共白城市委评为“先进基层党组织”。

③

④

⑤

⑥

白城市司法局

地址：白城市文化西路58号
电话：0436　332837
邮编：137000

几年来，司法局紧紧围绕全市中心工作，抢抓发展机遇，强化内部改革，拓展业务领域，提高服务档次，充分发挥职能作用，各项工作都取得了突破性进展，实现了司法行政工作的整体升位，为白城市的经济发展和社会稳定提供了高效的法律服务和法律保障。

监狱、劳教工作实现新突破。监狱、劳教所单位连续多年没有发生重大恶性案件，1996年白城监狱进入全省首批现代化文明监狱行列。法律服务工作取得了新进展。司法局组织全市律师、公证员、基层法律服务工作者深入农村、企业、市场，开展“大服务”活动。全市律师共代理各种案件2 356件，公证机构办理各类公证5 000件，基层法律服务机构办理各类法律事务4 304件。全市法律援助机构共办理各类法律援助案件200余件，有300多名贫弱者获得了法律援助。

基层基础工作实现历史性转变。全市111个乡（镇）、街道司法所解决了立户列编问题，并实行垂直领导。基层法律服务所共调解各类经济和其它纠纷4 889件，办理诉讼、非诉讼法律事务851件，协助办理公证580件，开展见证856件，为当事人挽回和避免经济损失105万元。全市调解组织共调解民间各类纠纷4 360件，调解成功4 345件，防止民转刑案件317件，避免非正常死亡38人，防止集体上访事件78起，300余人，使大量的民间纠纷排除化解在萌芽状态，为维护社会稳定作出了积极贡献。

司法鉴定工作取得了重大进展。2001年11月成立了白城市司法鉴定委员会，组建了产品质量、建筑工程、资产评估、知识产权、物价评估和司法会计专家鉴定组。办理司法鉴定案件75件，采信率达98%以上，社会专业司法鉴定机构办结182件，为司法公证提供强有力的依据，维护了法律的尊严。队伍整体素质有了新提高。几年来，司法局开展了立功创模和争创人民满意司法行政（单位）干警活动，全系统有75人、213个单位先后被省政法委、省司法厅、市委政法委授予人民满意司法行政干警和人民满意司法行政单位荣誉称号。公证、律师、司法鉴定工作在全省排序第二位。在全市政法系统社会“五评价一反馈”中，司法局获得社会赞成票第一，并被白城市委评为“社会治安综合治理工作先进单位”。

①局长王德坤
②领导班子成员
③公证处
④飞达律师事务所
⑤干警形体训练
⑥岗位基本能力考试
⑦办公楼

2002

政　治

白城年鉴

中国共产党白城市委员会

市委全体会议

【中共白城市委二届三次全体会议】 1月18日至19日，中国共产党白城市委员会（简称中共白城市委）第二届第三次全体会议在白城市召开。市委委员、候补委员出席会议。白城市人民代表大会常委会（简称市人大）、白城市人民政府（简称市政府）、政协白城市委员会（简称市政协）党员领导干部，不是市委委员、候补委员的县（市、区）长和白城经济开发区管理委员会主任，市直各部门党委（党组）主要负责人，市纪委常委列席会议。会议总结2000年工作，研究部署2001年工作。市委书记王宪林代表中共白城市委（简称市委）常委作题为《立足推进跨越式发展，努力实现"十五"良好开局》的报告。市委副书记、市长刘润璞代表市委常委就《中共白城市委关于制定国民经济和社会发展第十个五年计划的建议（草案）》作了说明。会议审议并通过《中共白城市委关于制定国民经济和社会发展第十个五年计划的建议》、《中共白城市委二届三次全体会议决议》、《关于递补中共白城市委二届委员会委员的决定》，会议决定增补张宝田为中共白城市委二届委员会委员。

（王芳原）

【中共白城市委二届四次全体会议】 7月31日，中共白城市委第二届第四次全体会议在白城市召开。市委委员、候补委员出席会议。不是市委委员、候补委员的市人大、市政府、市政协的党员领导干部，各县（市、区）长及市直各部门党委（党组）主要负责人，市纪委委员列席会议。会议由市委副书记岳清友主持。会议认真总结中国共产党第十五次代表大会（简称党的十五大）以来加强领导班子建设、作风建设工作，面对新形势、新任务的要求，统一思想、转变作风、振奋精神、开拓进取，努力开拓全市经济社会发展的新局面。市委副书记、市长刘润璞作题为《转变作风，深入基层，推进白城跨越式发展》的讲话。

（王芳原）

【中共白城市委二届五次全体会议】 12月20日，中共白城市委二届五次全体会议在白城市召开。市委委员、候补委员出席会议。不是市委委员、候补委员的市人大、市政府、市政协党员领导干部，各县（市、区）长和市直各部门主要负责人列席会议。会议由市委书记刘润璞、市委副书记关德伟分别主持。会议总结2001年的工作，研究部署全市加强党的作风建设和2002年的经济工作。市委书记刘润璞，市委副书记、代市长岳清友分别作重要讲话。会议通过《关于召开中国共产党白城市第三次代表大会的决议》、《中共白城市委关于落实加强和改进党的作风建设主要任务的实施意见》。

（王芳原）

市委常委会议

【市委常委第一次会议】 1月5日，中共白城市委常委（简称市委常委）第一次会议召开。市委常委8人出席会议。刘润璞、刘德翔因公缺席。会议由市委书记王宪林主持。会议讨论了市委二届三次全会文件、全市村委会第五次换届选举、人大工作、政协工作、关工委工作和干部问题。

（王芳原）

【市委常委第二次会议】 2月8日，市委常委第二次会议召开。市委常委7人出席会议。沈贵、刘德翔、任凤春因公缺席。会议由市委书记王宪林主持。会议研究了《白城市人民政府工作报告》、地（厅）级后备干部、贯彻落实全省组织工作会议精神事宜。

（王芳原）

【市委常委第三次会议】 2月23日，市委常委第三次会议召开。市委常委8人出席会议。刘德翔、任凤春因公缺席。会议由市委书记王宪林主持。会议研究了宣传、统战工作。

（王芳原）

【市委常委第四次会议】 3月20日，市委常委第四次会议召开，市委常委6人出席会议。王宪林、刘德翔、蔡玉和、任凤春因公缺席。会议由市委副书记、市长刘润璞主持。会议传达了全国人代会、政协会议精神，研究了工业工作、造绿工程、招商引资、城市开发建设管理总体战总结表彰事宜。

（王芳原）

【市委常委第五次会议】 4月1日，市委常委第五次会议召开。市委常委7人出席会议。王宪林、刘德翔、蔡玉和因公缺席。会议由市委副书记、市长刘润璞主持。会议研究了庆祝建党80周年活动安排方案，学习刘宝忠先进事迹，推行“四制”(直接办理制、全程服务制、窗口服务制、社会服务承诺制）和县（处）级领导班子考核事宜。

（王芳原）

【市委常委第六次会议】 5月6日，市委常委第六次会议召开，市委常委9人出席会议。王宪林、沈贵因公缺席。会议由市委副书记、市长刘润璞主持。会议研究了全市精神文明建设“十五”规划、老年人体育工作、万元田（棚）建设、开发绿色名牌产品、“三清两建一公开”(清理村级财务、清理“三角债”、清理农民负担；加强以党支部为核心的村级组织建设、建立健全集体经济各项管理制度；财务公开）工作和干部任职、奖励事宜。

（王芳原）

【市委常委第七次会议】 8月8日，市委常委第七次会议召开。市委常委5人出席会议。王宪林、刘润璞、刘德翔、任凤春、杨亚杰因公缺席。会议由市委副书记岳清友主持。会议讨论了《中共白城市委二届班子述职报告》。

（王芳原）

【市委常委第八次会议】 8月26日，市委常委第八次会议召开。市委常委8人出席会议。王宪林、任凤春、吕克梁因公缺席。会议由市委副书记、市长刘润璞主持。会议研究了纪念’98抗洪胜利三周年纪念活动、市县乡机构改革、撤乡并镇、乡镇人大换届选举、公开选拔干部方案、市委常委讨论干部实行票决制、干部任免事宜。

（王芳原）

【市委常委第十次会议】 9月29日，市委常委第十次会议召开。市委常委8人出席会议。任凤春、吕克梁因公缺席。会议由市委书记刘润璞主持。会议讨论了《中共吉林省委关于贯彻〈中共中央关于加强和改进党的作风建设的决定〉的实施意见》（征求意见稿）。

（王芳原）

【市委常委第十一次会议】 10月13日，市委常委第十一次会议召开。市委常委7人出席会议。关德伟、任凤春、吕克梁因公缺席。会议由市委书记刘润璞主持。会议传达贯彻省委七届六次全会精神，研究了市委二届三次全会、市纪委全会的有关事宜。

（王芳原）

【市委常委第十二次会议】 10月21日，市委常委第十二次会议召开。市委常委8人出席会议。关德伟、任凤春因公缺席。会议由市委书记刘润璞主持。会议研究了市直机关机构改革、武装工作、白城市第一中学管理、表彰“三五”普法先进单位和个人事宜。

（王芳原）

【市委常委第十三次会议】 11月27日，市委常委第十三次会议召开。市委常委9人出席会议。吕克梁因公缺席。会议由市委书记刘润璞主持。会议研究了市直机关机构改革方案及动员大会、市委二届五次全会、关于加强非公有制经济组织和街道社区党的建设、干部任免事宜。

（王芳原）

【市委常委第十四次会议】 12月27日，市委常委第十四次会议召开。市委常委9人出席会议。杨亚杰、吕克梁因公缺席。会议由市委书记刘润璞主持。会议讨论了市委常委分工，关于郐全义所犯错误的处理意见，干部任免，关于召开中国共产党白城市第三次代表大会有关工作。

（王芳原）

市委重点工作

2001年工作的总体要求：认真贯彻落实党的十五届六中全会和省委七届五次全会精神，坚持以加快发展为主题，以搞好结构调整为主线，以推进改革开放和科技进步为动力，以提高人民生活水平为根本出发点，深入解放思想，积极扩大开放，全力推进技术创新。围绕速度和效益、总量和质量的同步快速提高，推进工业化进程，发展生态效益农业，培育新兴服务产业。切实加强党的建设、精神文明建设和民主法制建设。经济持续快速健康发展和社会全面进步，为实现“十五”计划的目标和任务创造良好的开端。

经济工作的主要目标：国内生产总值增长13.1%，财政收入增长11%，全社会固定资产投资增长15%，社会消费品零售总额增长8.1%，城乡居民生活水平有较大提高。

市委的工作重点：一是按照“兴工富市”的总体要求，加快推进工业化进程。采用新技术对传统工业产业进行换型改造；依托项目支撑，加快壮大骨干支柱企业；突出资源优势，提高农村工业化程度。二是以提高农民收入水平为核心，大力发展生态效益农业。抓好“一调、两保、三创”，即：调整农业和农村经济结构。保护生态资源，保证可持续发展；保护农民的切身利益，调动农民的生产积极性。创牌、创汇、创规模。三是进一步搞活流通，大力培育新兴服务产业。四是全方位扩大开放，加大招商引资的力度。五是继续加大所有制结构调整的力度，在体制创新和发展非公有制经济上求得新的突破。六是千方百计搞好科技与人才的开发利用，在推进技术创新中挖掘增长潜力。抓好农业适用新技术、新成果的推广和应用；抓好传统产业技术水平的提升；建立自主知识产权；抓好科技人才的引进、开发和利用。七是加快发展各项社会事业，努力改善城乡人民生活。八是深入开展社会主义精神文明创建活动。九是加强社会主义民主和法制建设。

切实改进和加强党的领导，全面营造加快白城发展的浓厚氛围。一是强化思想保证，着力把干部群众的认识统一好。分层次、有重点、有针对性地抓好三个教育，即：在各级领导干部中深入抓好解放思想教育；在各级部门中深入抓好服务中心、促进发展的教育；在全市人民群众中深入扎实地开展好以“白城本世纪落后了、新世纪怎么办”为主题的形势任务教育；二是强化领导保证，着力把各级领导班子建设好。主要解决好五个问题，即：优化班子结构、加强学习、用人导向、善于开拓创新、强化领导责任问题。三是强化组织保证，着力把基层党组织的作用发挥好。按照中央和省委的统一部署，分期、分批地抓紧抓好县（市、区）部门、乡（镇）、村领导班子和基层干部“三个代表”重要思想的学习教育活动。结合活动推广好“三推两考一选”（党员推荐、群众推荐、个人自荐，组织考核、群众考评，党员大会选举）经验，全面抓好村党支部的工作，并要把群众评议党员工作由村延伸到乡镇。推行发展党员“公示制”，坚持开展好“创争”活动。四是强化纪律保证，着力把从严治党的方针落实好。

（王芳原）

市委重大决策

2月8日，市委批转市政协《加强政治协商、民主监督、参政议政的实施细则》，共六章十七条。这是市委进一步加强和改善对政协工作领导的实际步骤和具体化。

8月30日，根据《中共中央关于党政领导干部选拔任用暂行条例》，市委制定了《关于任免干部实行投票表决制的意见》（试行）。

9月至11月，市委下发《县（市、区）党委班子换届和市直机构改革班子调整工作中应坚持的基本原则及纪律》和《市直机关领导班子调整的基本原则、方针及纪律》。要求选拔任用领导干部应坚持五项原则、十二条方针，遵守七项纪律。这一决策受到省委肯定。

12月16日，市委下发《关于加强非公有制经济组织党的建设工作的意见》和《关于加强街道、社区党的建设工作的若干意见》。

12 月 27 日，市委、市政府下发《关于白城市劳务输出的若干规定》，共二十三条。明确提出要加大劳务输出工作力度，使其成为白城市经济跨越式发展的一个新的经济增长点。

12 月底，市委、市政府下发《白城市建设“新三城”总体规划构想》的通知。作出建设“行走机械配套城、区域商贸中心城、生态环保旅游城”新三城的重大决策。

（王芳原）

市领导赴省外、境外考察

3 月 4 日至 9 日，白城市组成有领导岳清友、关德伟、沈贵、蔡玉和、苗长凤、李守田、曲汉林、王锐、邢金普、孙柳星及市直有关部门负责人参加的学习考察团赴长春、吉林、四平学习考察。学习借鉴先进地区改革开放、发挥后发优势、加快发展的经验，促进白城市实现经济、社会跨越式发展。

5 月 17 日至 6 月 2 日，市委副书记、市长刘润璞率白城市政府代表团应美国德尔福汽车系统和所属的派克电气系统两个总部的邀请，对德尔福和派克全球总部以及设在美国、墨西哥的一些科研开发机构进行访问考察。

9 月 1 日，市委书记刘润璞、副书记岳清友、市人大副主任栾士贤、副市长曲汉林出席白城市在香港举办中国·白城 2001 年（香港）投资交易洽谈会，并举行签约仪式。

11 月 2 日，市委书记刘润璞参加吉林省党政代表团赴京津鲁开展经贸交流活动。

（王芳原）

2001 年中共白城市委、中共白城市委和白城市人民政府发文情况表

发文单位	内　　容	时　间	文　号
市委	关于在全市农村开展“三个代表”重要思想学习教育活动的实施方案	1 月 12 日	白发 1 号
市委	关于印发王宪林在市委二届三次全会上的报告的通知	2 月 6 日	白发 2 号
市委	关于印发刘润璞同志关于制定白城市国民经济和社会发展第十个五年计划建议的说明的通知	2 月 6 日	白发 3 号
市委	关于制定国民经济和社会发展第十个五年计划的建议	2 月 2 日	白发 4 号
市委	关于批转白城军分区《2001 年民兵军事训练工作安排》的通知	2 月 6 日	白发 5 号
市委	关于批转市政协《关于政治协商、民主监督、参政议政的实施细则》	2 月 8 日	白发 6 号
市委 市政府	关于在全市村级普遍开展“三清两建一公开”活动的通知	3 月 5 日	白发 7 号
市委	关于中国共产党成立 80 周年纪念活动的安排意见	4 月 4 日	白发 8 号
市委	关于深入开展向刘保忠同志学习活动的意见	4 月 5 日	白发 9 号
市委 市政府	关于授予通榆县绿色食品开发先进县荣誉称号的决定	6 月 4 日	白发 10 号
市委	关于印发《白城市 2001－2005 年社会主义精神文明建设规划》的通知	7 月 16 日	白发 11 号
市委	关于印发刘润璞同志在市委二届四次全会上的讲话的通知	8 月 9 日	白发 12 号

续表：

发文单位	内　　　　容	时　间	文　号
市委	关于任免干部实行投票表决制的意见（试行）	8月30日	白发13号
市委 市政府	关于印发《白城市2001－2005年法制宣传教育和依法治市规划》的通知	9月17日	白发14号
市委	关于乡镇领导班子换届工作若干问题的意见	9月24日	白发15号
市委	关于印发《县（市、区）党委班子换届和市直机构改革班子调整工作中应坚持的基本原则及纪律》的通知	9月28日	白发16号
市委	关于印发《市直机关领导班子调整的基本原则、方针及纪律》的通知	11月28日	白发17号
市委	关于印发刘润璞同志在市直机关机构改革动员大会上的讲话的通知	11月28日	白发18号
市委	关于加强非公有制经济组织党的建设工作的意见	12月16日	白发19号
市委	关于加强街道、社区党的建设工作的若干意见	12月16日	白发20号
市委 市政府	关于白城市劳务输出的若干规定	12月27日	白发21号
市委	关于印发刘润璞、岳清友同志在市委二届五次全会上的讲话的通知	12月27日	白发22号
市委	关于落实加强和改进党的作风建设主要任务的实施意见	12月27日	白发23号
市委 市政府	关于印发建设“新三城”总体规划构想的通知	12月28日	白发24号

（王芳原）

市委办公室工作

【基本情况】 2001年初，中共白城市委办公室（简称市委办公室），设秘书科、综合科、督查室、信息科、行政科、自动化室。编制29人。11月，市直机关机构改革，设秘书科、综合科、督查室、信息科、文电科、行政科、机要业务科、机要技术科和自动化室。行政编制25人。管理市国家保密工作局。编制7人。辖市委机关印刷厂、吉鹤宾馆，编制162人。全市有洮北区、镇赉县、通榆县、洮南市、大安市委办公室。编制115人。

2001年，市委办公室围绕市委的中心工作，坚持“为领导服务、为机关服务、为群众服务”的原则，为市委起草文件、领导讲话，做好各种重要会务工作和组织安排市委领导的重大活动，开展调研工作和重要工作的督查工作，为领导提供信息服务，较好地发挥了领导机关的参谋、助手作用。

2001年度，市委办公室被省委办公厅授予“全省党委办公系统信息工作先进单位”称号，市国家保密工作局被省国家保密局授予“全省保密工作先进单位”称号。

（王芳原）

【文秘及行政工作】 2001年，市委办公室收到中共中央、吉林省委等上级领导机关和各县（市、区）委、市直各党委文件2.1万余份。市委和市委办公室制发的文件、领导讲话5.2万余份、235件，128万余字。缴销文件资料156万余份，文书归档603份，311卷。处理文件保密、安全、准确。

落实了市委各种会议、会务工作51次，没出现纰漏，市委领导比较满意。完成市委及办公室的政务接洽、公务接待和接待信访1 800人（次、件）。做好市委及办公室的印信证件管理工作。编写市委大事记1.5万字，做好市委总值班室工作。同时，做好市委办公楼的安全保卫、维修、维护、环境卫生服务工作。

（王芳原）

【综合及督查工作】 2001年，市委办公室为市委和办公室起草、修改文件、文稿和领导讲话70件，45万字。围绕市委工作部署开展情况综合和调查研究工作。编发《工作参考》22期、《参阅件》3期。

督促检查市委重要部署贯彻落实情况27项；催办、落实、承办市委领导批示、交办事项28件；办理省委办公厅下达的督查事项17件；编发《督查专报》16份、5万字，《督查工作》3份、1.5万字和《督查反馈》50份、30万字。

（王芳原）

【信息工作】 2001年，市委办公室为省委办公厅和市委领导提供信息服务。准确、及时、全面地收集和报送来自全市各地、各部门和市外的各种重要信息、重要动态。编发《白城信息》（专报）880份，《白城信息快报》216份，《白城内参信息》14期、1.5万字。

（王芳原）

【机要工作】 2001年，较好地完成了全市党政机要部门业务领导和核心密码管理工作。密码电报工作，做到了保密、及时、准确。完成内部明电的签收、办理、递送、清退2 347份。同时，做好明密通信设备的装备、管理使用及维修工作；认真管理了机要通信专线网；编制全市机要技术工作计划及组织实施；制定并实施了全市技术装备计划；组织全市技术培训4次，工作经验交流2次。确保明、密通信安全、畅通。

（王芳原）

【保密工作】 2001年，市委保密委员会办公室（市国家保密工作局），利用各种形式进行保密教育，组织全市182人去长春参观《警钟常鸣—窃密泄密案例》展览，增强了保密观念，对全市县（处）级领导机关和领导干部和重点保密单位进行保密检查，提出整改意见37条。根据工作需要，及时调整了市委保密委员会成员。

（王芳原）

组织工作

【基本情况】 2001年初，中共白城市委组织部（简称市委组织部），设组织员办公室(副处级)、办公室、综合干部科、市直干部科、县（市）干部科、干部教育科、干部审查科、组织科、调研科、机关党总支和党员电化教育中心。编制34人。其中，行政编制31人，工勤事业编制3人。11月，市直机关机构改革，设组织员办公室（副处级）、办公室、研究室、综合干部科、市直干部科、县（市）干部科、干部教育科（加挂知识分子工作办公室牌子）、干部监督室、组织科。另外还设机关党总支和党员电化教育中心。编制28人。其中，行政编制25人，工勤事业编制3人。全市有洮北区、镇赉县、通榆县、洮南市、大安市委组织部。编制151人，实有115人。基层党组织5 558个。其中，党委371个，党总支310个，党支部4 877个。党员98 695人(正式党员95 401人，预备党员3 294人)。其中，妇女16 900人，少数民族4 643人，35岁以下党员20 803人，分别占全市党员总数的17.12%、4.7%和21.08%。

2001年，全市开展江泽民“三个代表”(中国共产党始终代表中国先进生产力的发展要求，代表中国先进文化的前进方向、代表中国最广大人民的根本利益）学习教育活动。积极推进干部制度改革，加强领导班子建设和干部队伍建设，实行公开选拔干部、公示制度，注重培养年轻干部、女干部、少数民族干部、非党干部。加强党的建设，市委在全省率先制定《中共白城市委关于任免干部实行投票表决制的意见》，农村基层党建工作在改革村党支部选拔制度上进行大胆尝试。全市917个行政村中有855个村党支部实行“三推两考一选”方式换届，新上任村干部117人。属全省首创。超额完成市委、市政府下达的招商引资任务，被市委、市政府评为2001年度“招商引资先进单位”。

（程维江　李克宇）

【“三个代表”学习教育】 2001年，全市103个乡镇、415个县(市、区）部门、2个大型企业开展“三个代表”重要思想学习教育活动。市委组织部召开电视电话会议和工作调度会议5次，组织督查和抽查12次。有44 457名乡镇部门和企业领导干部参加学习教育活动，参学单位召开各种形式座谈会4 455次，下发征求意见表45.5万份，设立征求意见箱777个，开通热线电话904

部，各单位组织班子成员谈心交心7万多人次。走访群众10.8万户，共征求意见和建议203 922条，梳理出40 686条。全市共制定出整改方案538个，整改措施27.7万条，建立健全各项规章制度11 795项。

（程维江　李克宇）

【干部制度改革】　2001年，全市积极推进干部选拔任用制度改革，探索并大力推行干部任用“投票表决制”。8月，市委在全省率先制定《中共白城市委关于任免干部实行投票表决制的意见》。市委、县（市、区）委全面推行常委会讨论和任免干部“投票表决制”，全市对3 860名领导干部实行票决。制定《关于干部人事制度改革各项工作任务的具体落实意见》，对坚持和完善选拔任用领导干部民主推荐、民意测评和民主评议制度、公开选拔、竞争上岗、任前公示、试用期、纪委一票否决制等提出具体落实办法。制定《干部考察民意测验工作实施细则》。认真执行干部交流制度，扩大交流比例。全年交流县（处）级干部141人，实行考察预告制，推行党政机关中层干部竞争上岗制度。全市县（处）级干部竞争上岗3人。

（程维江　李克宇）

【领导班子建设】　2001年，市委组织部运用“三讲”（讲学习、讲政治、讲正气）集中教育，抓好理论学习的经验，从制度建设入手，切实加强领导班子思想政治建设。下发《关于县（局）级领导干部理论学习考核的试行意见》和《2001—2005年县处级以上领导干部在职自学计划》。组织各级领导干部深入学习“三个代表”重要思想、江泽民“七一”讲话和党的十五届六中全会精神。借鉴“三讲”集中教育开好民主生活会的经验，认真贯彻《关于改进县以上党和国家机关党员领导干部民主生活会的若干意见》。组织开展学习汪洋湖活动。围绕县（市、区）换届和机构改革，全面考察市直90个处级领导班子和566名处级干部以及5个县（市、区）领导班子和167名县（处）级干部。先后两次调整变动领导干部489名，其中新提拔121名。通过调整，领导班子平均年龄45.6岁，比调整前年轻3岁；大学本科以上文化程度占64.5%，比调整前提高3.1%。信访工作首次纳入县（处）级领导班子和领导干部年度考核之中。

（程维江　李克宇）

【干部队伍建设】　2001年，市委组织部根据全市干部队伍实际，坚持育用结合的原则，全面实施《2001—2005年白城市干部教育培训规划》、《白城市2000—2003年培养选拔年轻干部工作计划》和《白城市培养选拔年轻干部工作规划纲要》。先后选调12名后备干部到市纪检、组织、信访等部门上派锻炼，组织55名领导干部和后备干部赴北京、厦门参加“著名经济学家论坛”，考核和推荐73个市直部门和5个县（市、区）35岁左右后备干部。按照省委要求，考核全市96名地厅级后备干部。公开选拔副县（处）级领导干部，报名307人，参加笔试287人，进入面试92人，任用年轻干部36人。市委面向全国公开选拔市外经贸局领导，分别从大连和长春选拔了外经贸局局长、副局长，开创了白城市从外省市选拔处级干部的先河。在保证质量的前提下，大胆启用年轻干部、女干部、少数民族干部和非党干部。提拔年轻干部24人，女干部25人，少数民族干部10人和非党干部9人担任副县（处）级以上领导职务。党政班子中有35岁以下年轻干部7人，占8.9%；妇女干部9人，占11.4%；少数民族干部8人，占10.1%。非党干部3人，占3.8%。全市有229名处级领导干部在任职前公示。公示后，有38名群众提出意见，调查后，3名改变拟任职务。

（程维江　李克宇）

【干部教育培训】　2001年，市委组织部实施《2001—2005年白城市干部教育培训规划》。充分发挥各级党校的主渠道作用。主要学习政治理论、市场经济、财税金融、外经外贸、法律法规、现代管理和科技知识。同吉林大学、中国政法大学联办研究生进修班，培养教育138人，依托吉林农业大学开办农业和农经管理专科和本科班，农村基层干部159人受到正规化教育。选派到中央党校、省委党校举办的进修班和培训班参加学习培训53人。推荐周大成赴美国攻读工商管理硕士（MBA）班。

（程维江　李克宇）

【农村基层党建工作】 2001年，开展乡镇领导干部“走读”问题经常性的敦促、落实工作。县乡机构改革、撤乡并镇和乡镇领导干部经常性调整，又出现需要把家搬到任职地的乡镇领导干部158人，到年底，有部分干部搬家，或确定搬家期限，解决乡镇领导干部“走读”问题，促进了乡镇干部思想和工作作风的转变。改革村党支部选举制度，全市917个行政村中有855个行政村党支部实行“三推两考一选”方式换届，新上任村干部117人。党委、党员、群众都满意。

（程维江　李克宇）

【城市党的建设】 2001年，全市继续围绕“兴工富市”目标，在各类企业中开展“创建兴企先进党组织，争做兴企模范党员”的“创争”活动。开展在非公有制经济组织中组建党组织工作，市委组织部坚持每季一调度，并经常到非公有制企业党组织中，摸情况，解难题。全市非公有制经济企业49户建立党组织，占应建党组织企业数89%。从理顺领导体制入手，加强对街道党委改建街道党工委的前期工作；加强街道、社区的党建工作，注重在个体、私营等非公有制经济组织和社会团体、社会中介组织中开展党的活动，发挥党员作用。

（程维江　李克宇）

【党员管理教育】 2001年，市委组织部坚持团结、教育、挽救的政策，继续深入细致地做好参与修炼“法轮功”党员的教育转化工作，对顽固坚持错误立场的5名党员进行严肃组织处理。以提高党员质量为重点，建立发展党员责任追究制度，推行发展党员公示制，严把发展党员入口关。下发《加强在工农业生产一线和青年、妇女中发展党员工作的意见》和《关于在非公有制经济组织中壮大党的力量的方案》，把发展党员工作向新的社会阶层延伸，加大发展农民党员力度，平均每村发展农民党员1.5人，优化党员队伍结构。健全和完善群众评议党员制度，认真开展村级新一轮群众评议党员工作。组织开展以深入学习和实践“三个代表”重要思想为主要内容的党员先进性教育，解决党员队伍思想上存在的突出问题。党员电教网络不断完善，全市农村乡镇各支部电视机、影碟机配备率由不足3.7%上升到100%，在党员教育中发挥了重要作用。举办《光辉的历程》展览、在《白城日报》，白城电视台、电台开设《建设新白城，为党旗添光彩》专栏。通过一系列活动，在全市各级党组织中掀起创先争优、弘扬党内正气、践行“三个代表”重要思想的热潮。9月，在全省第五届党员电教观摩评比中，市委组织部摄制的《跨越》获特别奖，《一个村官的自述》获二等奖。

（程维江　李克宇）

【纪念建党80周年暨第八次“创先争优”表彰大会】 6月29日，市委召开白城市纪念建党80周年暨第八次“创先争优”表彰大会。市委副书记关德伟宣读《中共白城市委关于表彰先进基层党组织、优秀党员、优秀党务工作者的决定》。市委副书记岳清友主持大会。市委副书记、市长刘润璞讲话。会上表彰先进基层党组织80个，优秀共产党员80人，优秀党务工作者30人。市委组织部组织全市基层党组织和广大党员开展纪念建党80周年党的知识竞赛活动。全市900个基层党组织和近万名党员参加竞赛活动。市委组织部被省组委会评为全省党的知识竞赛组织工作三等奖，受到省委组织部的表彰。

（程维江　李克宇）

宣传工作

【基本情况】 2001年初，中共白城市委宣传部（简称市委宣传部），设办公室、理论科、宣传科、新闻科、文教科、干部科、外宣科。编制27人。11月，市直机关机构改革，设办公室、理论科、宣传科、新闻科、文教科、干部科、外宣科。编制19人。其中，行政编制17人，事业编制2人。市精神文明建设指导委员会办公室（简称市文明办），设综合科、农村科。事业编制6人。管理白城市社会科学学会联合会和中共白城市委讲师团。全市有洮北区、镇赉县、通榆县、洮南市、大安市委宣传部。编制65人。

2001年，市委宣传部认真组织宣传贯彻“三个代表”重要思想、《公民道德建设实施纲要》、党的十五届六中全会精神，宣传建党 80 周年的成就，加强精神文明建设，强化干部理论学习，搞好对外宣传和对外文化交流工作，为白城市两个文明建设作出了贡献。

（李大伟）

【宣传贯彻“三个代表”重要思想】 7 月 1 日上午，召开市委常委（扩大）会议，市级领导集体收听收看庆祝中国共产党成立 80 周年大会实况直播。下发《中共白城市委（扩大）会议关于认真学习贯彻江泽民同志在庆祝中国共产党成立 80 周年大会上讲话的决议》。市委副书记、市长刘润璞在《白城日报》发表题为《伟大的纲领，行动的指南》的学习江泽民“七一”重要讲话体会文章。

市委宣传部等市直各部门召开各种形式的座谈会、讨论会，认真学习讨论江泽民“七一”重要讲话。7 月，省委副书记林炎志来白城市，就如何深入学习贯彻江泽民“七一”重要讲话精神，作辅导报告。使白城市各级党员领导干部 500 余人受到深刻教育。

8 月，市委召开 120 余人参加的理论学习中心组（扩大）学习会，专题学习江泽民“七一”重要讲话。市纪委、市委宣传部等 8 个部门作书面发言，阐述学习江泽民“七一”重要讲话的重大现实意义和深远的历史意义，并提出了践行“三个代表”重要思想，推动白城市经济社会实现跨越式发展的对策和建议。市委副书记、市长刘润璞在学习会上作中心发言。指出，江总书记的重要讲话内涵丰富，思想深刻，是一篇极为重要的马克思主义文献，是指导我们当前和今后各项工作的纲领，是加强和改进党的建设、全面推进党的建设新的伟大工程的指针，是党带领全国各族人民建设有中国特色社会主义的伟大旗帜，同时也是中国共产党第三代领导集体面向 21 世纪的政治宣言。要求全市各级领导干部要以学习、宣传、贯彻江泽民“七一”重要讲话为动力，切实加强领导班子和党员干部队伍建设，推进和实现白城市经济和社会跨越式发展。

市委宣传部等 4 个部门联合抽调全市理论骨干，组成市委学习“七一”重要讲话宣讲团。于 8 月 30 日、31 日举办学习江泽民“七一”重要讲话培训班，系统培训各县（市、区）委宣传部、理论学习室、党校和中省直驻白城市单位、市直各部门的领导及全市理论骨干 150 余人。市委副书记、宣讲团团长关德伟在培训班上作题为《新时期党的建设的伟大纲领》的辅导报告。宣讲团深入全市各地，向广大基层党员干部宣传江泽民“七一”重要讲话精神。9 月，白城市市级领导干部和市直机关干部等 1 200 余人在市大众剧场收听省委学习贯彻“七一”讲话宣讲团成员田克勤教授作地学习“七一”讲话精神专题辅导报告。

《白城日报》，白城电视台、电台等新闻媒体专栏、专题，刊播全市干部群众学习贯彻江泽民“七一”讲话精神的理论文章、动态消息百余篇，为“三个代表”重要思想的宣传贯彻创造良好氛围。

（李大伟）

【宣传贯彻《公民道德建设实施纲要》】 2001 年，中共中央印发《公民道德建设实施纲要》（简称《纲要》），11 月 9 日，市委办公室下发《关于认真学习宣传贯彻〈公民道德建设实施纲要〉的意见》，各县（市、区）下发学习宣传贯彻《纲要》，开展公民道德建设实践活动方案。

11 月，市委召开市教委、团市委、市妇联等 26 个部门参加的学习宣传贯彻《纲要》座谈会，总结交流学习经验，提出进一步抓好学习宣传贯彻《纲要》的要求。市委宣传部组织协调市直各部门在白城站等公共场所制作并悬挂宣传《纲要》内容的条幅 75 幅。在市区市民广场、海明路步行街等公共场所运用公益广告牌张贴宣传标语、宣传画 20 幅，宣传《纲要》内容。市文明办在《白城日报》发表特约评论员文章 8 篇，促进了《纲要》的学习宣传贯彻。

（李大伟）

【宣传贯彻党的十五届六中全会精神】 9 月，市委召开常委会，认真学习党的十五届六中全会精神。并就如何学习宣传贯彻党的十五届六中全会精神，提出 5 点要求：①市委常委要带头认真学习，市直各部门要积极组织全市党员干部认真学习。②要根据白城市实际情况转变工作作风，组织千人工作队深入到遭受严重旱灾的乡镇，进村入户，扶贫解困送温暖，帮助研究解决群众生产生活问题和今后发展问题。③从市委常委班子做起，解决作风问题，即市委班子除分管农村工作的领导外，全部禁止使用越野车。④关于干部任用上坚持走群众路线，做到公心、公正、公开、公平。⑤解决好灾区群众生产生活问题。

市委宣传部组织《白城日报》，白城电视台、电台，开展学习贯彻党的十五届六中全会精神系列新闻宣传战役，宣传报道全市广大党员干部群众深入学习贯彻党的十五届六中全会精神的情况。

（李大伟）

【宣传建党 80 周年成就】 2001 年 7 月 1 日，是中国共产党建党 80 周年纪念日。6 月，市委宣传部按省委、市委《关于中国共产党成立 80 周年纪念活动的通知》和省委宣传部《建党 80 周年纪念活动宣传报道意见》，下发《建党 80 周年纪念活动的宣传报道意见》。白城日报社，白城电视台、电台等新闻媒体制定出新闻宣传报道计划，成立专题报道组，把各项报道任务落实到人头。开展多角度、全方位、深层次宣传党的光辉历程及丰功伟绩等活动。在第一时间和显要位置黄金时段刊播报道了白城市“纪念中国共产党成立 80 周年书法、绘画、摄影图片展”、“纪念中国共产党成立 80 周年暨认真贯彻‘三个代表’重要思想、全面加强党的建设理论研讨会”、“光辉的历程暨白城市党建成果展览”、“全市大中小学生纪念建党 80 周年大型文艺晚会”等和各县（市、区）及市直各部门开展纪念中国共产党成立 80 周年的各种宣传教育活动。并转播、转发了全国、全省纪念建党 80 周年的各种大型重要迎庆活动。市直各新闻媒体均开辟专题、专栏，集中刊、播发回顾党的光辉历史，展现党的光辉形象、颂扬党的丰功伟绩的纪念文章、理论文章和声像节目，并邀请老干部接受采访和撰写回忆文章，追述革命英烈和优秀共产党员事迹。到 6 月 22 日，《白城日报》共刊发反映全市纪念建党 80 周年活动的动态新闻稿件和图片近 100 篇（幅）；宣传全市优秀基层党组织和优秀共产党员 6 个（人）。白城电视台播发迎庆活动动态消息 50 余条，优秀党员事迹 43 条；采播白城市先进基层党组织和优秀共产党员专题片 12 部。白城电台播发迎庆活动动态消息 32 篇，播发全市先进基层党组织和优秀共产党员专题节目 25 篇，向全国 76 家地市级电台传送迎庆稿件 76 篇。

（李大伟）

【干部理论学习】 2001 年，市委宣传部下发《2001 年全市干部理论学习安排意见》。召开市委理论中心组（扩大）学习会。吸收市级 4 个班子领导，市级离退休老干部，各县（市、区）党政主要领导，市直、中省直驻白城市各部门负责人，骨干企业领导等 200 多人参加。市委副书记、市长刘润璞做题为《深刻理解“四个如何认识”，努力完成新世纪的历史使命》的辅导。聘请吉林大学 2 名教授讲授信息、纳米技术。6 月，市委宣传部会同市纪委等 5 个部门联合召开白城市纪念建党 80 周年理论研讨会，会上宣读交流论文 50 篇，促进“三个代表”重要思想的学习落实。8 月，召开以学习江泽民“七一”重要讲话、贯彻“三个代表”重要思想为主题市委理论学习中心组（扩大）学习会。市委宣传部等市直 8 个部门负责人发言，市委副书记、市长刘润璞就学习、宣传、落实“三个代表”重要思想，加强改进党的作风建设，做中心发言。12 月，召开市委理论中心组（扩大）学习会，聘请中共吉林省委党校马克教授讲授 WTO 知识。市委书记刘润璞就如何应对入世，加快发展做重要讲话。对全市广大干部群众进一步解放思想、更新观念、迎接挑战、加快发展起到重要推动作用。

市委宣传部组织参加全省纪念建党 80 周年理论研讨会，市委常委、市委宣传部长任凤春的《发挥宣传思想工作优势，为经济社会跨越式发展创造舆论氛围》等 3 篇文章入选，入选篇目居全省第一。在市级新闻媒体刊播纪念建党 80 周年系列理论文章，讴歌党的光辉历史和丰功伟绩。《白城日报》，白城电视台、电台开设专栏、专题，刊播论文 80 余篇。市委宣传部编发《理论学习参考》12 期，加深了广大干部群众对邓小平理论、江泽民“三个代表”重要思想，党的十五届五中、六中全会精神和市委二届三次、四次全会精神的学习和理解。

（李大伟）

【文艺工作】 2001年，市委宣传部精心组织开展元旦、春节、元宵节期间的系列文化活动。举办《世纪之歌》新年音乐会、电影招待会、春节文艺招待会、元宵节灯会等各种群众喜闻乐见的文化活动20余项。开展以隆重纪念建党80周年，歌颂党、歌颂祖国、歌颂社会主义、赞美家乡为主题的2001年吉林省“长白之夏”广场文化活动暨白城市第八届“草原之夏”系列文化活动，全市举办各类文艺演出500多场次，展览80多个，举办知识竞赛、歌咏比赛20多个项目，1 000多场（次），参与干部群众达50万人次。仅市直就举办了白城市暨洮北区纪念建党80周年《光辉岁月》文艺晚会，《美在鹤乡》纪念建党80周年书法、美术作品展览，庆祝建党80周年暨白城市旅游节广场万人合唱比赛等8项大型活动。配合城市开发建设管理总体战、创建文明社区等重点工程的实施，举办《建设之光》、《社区是我家》、《通业在前进》专题广场文艺晚会和纪念白城市’98抗洪胜利三周年文艺晚会。配合2001年“中国·白城百日生态游”，举办了焰火晚会、文艺演出、图片展览专题活动。

全市开展学唱《大沁塔拉有座美丽的城》等10首歌颂白城歌曲的活动。市委宣传部与中国联合通信有限公司白城分公司联合举办“联通杯—可爱的家乡白城”歌曲演唱大赛颁奖晚会，直接和间接观众20多万人。白城市吉剧团创排大型话剧《纯洁的校园》，在市区中小学生中演出35场（次），观众5万人次，使广大中小学生认清邪教“法轮功”的危害和本质。全市专业艺术表演团体生产剧（节）目11台90余个，演出1 027场，观众100万人次。

认真组织全市中小学生爱国主义电影系列化教育和全市青少年“讲公德、守法纪”读书活动。洮北区文化小学等4所学校、苗聪等40余名中小学生受到省中小学生爱国主义电影系列化教育和青少年“讲公德、守法纪”读书活动组委会的表彰奖励。组织全市广大干部群众观看反邪教科教片《巫师的骗局》和《宇宙与人》及主旋律影片《良心》，观众10余万人次。

（李大伟）

【精神文明建设】 2001年，市委宣传部下发《白城市群众性精神文明创建活动安排意见》，市委印发《白城市2001—2005年精神文明建设规划》，市政府制定《白城市市民守则》和《白城市市民日常行为规范》，并通过新闻媒体进行大张旗鼓地宣传，做到了家喻户晓，提高了市民文明素质。

学习贯彻《公民道德建设实施纲要》。市委召开由市直26个部门、单位参加的学习贯彻《公民道德建设实施纲要》座谈会，加大对《纲要》的学习宣传力度。全面启动全市文明社区建设。市委常委、宣传部长任凤春率市、县文明办负责人，学习考察了南京市、南宁市文明社区建设经验。并多次深入各县（市、区）进行专题调研，提出了抓好社区建设具体意见。开展了文明社区试点工作。

市委宣传部与白城市东方广告公司合作引进域外资金80万元，在市区主要出入口和森林公园制作矗立了以“更新观念争上游，负重前进找差距，改革创新加压力，跨越发展升位次；全市动员大力实施：万元田（棚）工程、兴工富市工程、文明城市工程、绿色生态工程；走出白城认识白城、走出白城解放思想、走出白城宣传白城、走出白城发展白城；建设行走机械配套城、区域商贸中心城、生态环保旅游城”为内容的5个大型公益广告牌，提高了城市品位，展示了全新的城市形象。调查和检查了全市开展农村十星级文明村、十星级文明户创建活动，确立了全市5个县（市、区）抓好4个典型的目标。评选出省级“十星级”文明户典型8户，将事迹上报省文明办。积极运作，从国家文明委和省文明办争取全国“百县千乡宣传文化工程”建设资金100万元，在大安市四棵树乡、洮北区岭下镇等重点乡镇建设高标准文化站8座。11月中旬通过省级验收。

（李大伟）

【对外宣传和对外文化交流】2001年，白城市在中央、省级及香港《大公报》等域（海）外新闻媒体刊发稿件（图片）360余篇（幅）。在美国《国际日报》发专版1块。编辑制作宣传白城的大型画册《中国城市之光—白城》，制作了《相约白城》VCD光盘。宣传白城的自然风光、民俗民风、资源优势和两个文明建设成果，树立了白城良好发展形象。市委宣传部组织市文联、市摄影家协会开展“二十一世纪春风祖国万里行”活动，高玉田等3名摄影家途经22个省、市、自治区，历时139天，行程1.8万公里。边采风，边宣传白城。7月，举办《白城·绍兴书法作品展》。10月，以市委副书记关德伟为团长的白城市经济文化代表团赴绍兴市进行为期6天的交流访问。在绍兴市博物馆举办《白城·绍兴书法作品联展》和交流笔会，提高了白城知名度和文化品位。

（李大伟）

【新闻宣传】 2001年，市委宣传部按照“团结、稳定、鼓劲、正面宣传为主”的方针，围绕促进全市经济社会跨越式发展主题，开展学习贯彻江泽民“七一”讲话精神，党的十五届五中、六中全会，省委七届五次、六次全会及市委二届三次、四次全会精神的宣传战役，纪念建党80周年，发展生态环保型效益农业及万元田（棚）工程，兴工富市，城市开发建设管理总体战，市区标准街路建设，’2001中国·白城百日生态旅游，双招双引8个方面系列新闻宣传，为全市经济社会协调发展营造良好的舆论氛围。2001年，白城市遭受史无前例的严重旱灾。市委宣传部组织各新闻单位，深入重灾乡镇、村屯，采访报道了各级党组织、党员干部和广大群众，团结一致，勇斗旱魔和自力更生，开展生产自救，共度难关的生动事迹和市委千人工作队工作的成效。对夺取全市抗灾自救斗争的全面胜利，维护社会稳定起到了重要作用。为推动市委、市政府在全市开展的“面对长期干旱，农业、农村、农民怎么办”大讨论和“全市工业企业面对入世的机遇和挑战”大讨论活动深入发展，制定宣传报道方案，召开新闻联席会，进行了广泛深入、全方位、多角度、深层次的宣传报道，使两个大讨论活动有了良好的舆论氛围。

市委宣传部组织了迎庆建党80周年，元旦、春节、元宵节期间走访慰问和迎庆活动，文化、科技、卫生“三下乡”活动，党风廉政建设和反腐败斗争及“严打”、整顿规范市场经济秩序、揭批“法轮功”等方面的新闻宣传战役，为党的建设和两个文明建设的深入开展营造良好人文环境、舆论氛围。

白城市组团参加第89届中国广州出口商品交易会（简称“广交会”）是“广交会”历史上唯一一户以地级市身份参展的单位，也是白城市历史上首次参加“广交会”。市委宣传部广泛联系，在广东省及全国各地新闻媒体刊、播发白城市组团参加“广交会”的新闻、专版、专题片30余篇，20万余字；电视新闻8条，长达48分钟；电台新闻3篇，长达20分钟。新华社还在新华网上宣传了白城市参展盛况。市委宣传部组成6条标准街路建设和20条巷道建设工程宣传报道组。白城日报社，白城电视台、电台，开辟专版和专题节目，每天以显要版块和黄金时段对标准街路建设进行全方位、多角度、深层次的宣传报道，使市区内各部门、单位，广大人民群众有钱的出钱，有物的出物，保证工程的全面竣工。第四届“白城好新闻”参加评奖单位7个，新闻47条，评出一等奖9个，二等奖、三等奖各14个。

（李大伟）

农村工作

【基本情况】 2001年初，中共白城市委农村工作委员会编制13人。其中，行政编制12人，工勤事业编制1人。设人秘科、经济综合科和政策指导科。11月，市直机关机构改革，撤销中共白城市委农村工作委员会和白城市农村经济委员会，设中共白城市委农村工作领导小组办公室(简称市委农办)。编制10人。其中，行政编制9人，工勤事业编制1人。设人秘科（加挂信息科牌子）、综合科和调研科。市委农办是研究有关农业、农村、农民工作的市委工作部门。全市万元田（棚）工程建设办公室、农村税费改革办公室、退耕还林还草办公室、农村小康办公室、三清两建一公开办公室和抗灾自救千人工作队办公室等非常设机构设在市委农办。

2001年，市委农办紧紧围绕市委、市政府的中心工作，充分发挥部门的职能作用，求真务实，开拓创新，圆满地完成了各项工作任务。

（张建波）

【农村经济和社会发展调研】 2001年，市委农办按照市委、市政府农村工作会议要求，组织人员开展延长土地承包期、春耕生产、万元田

(棚)工程建设和“三清两建一公开”(清理村级财务、清理“三角债”、清理农民负担;加强以党支部为核心的村级组织建设、建立健全集体经济各项管理制度;财务公开)等调研活动,形成调查报告8篇,印发政策指导性文件3份,撰写市委、市政府领导会议讲话5份。在开展调研的基础上以市委办公室名义下发了《关于做好“城乡联动、工农联盟、劳资合作、股份经营”发展畜牧业工作的通知》,推动了全市股份牧业经济的发展。

(张建波)

【农村改革】 农村税费改革试点工作。3月下旬,市委、市政府组织各县(市、区)主管书记,市、县两级农办和农业、财政、地税局的主要领导,参加吉林省委举办的培训班,市委有关领导部署全市农村税费改革试点工作。税费改革试点工作在洮南市、镇赉县展开,通过调查摸底、动员培训、税费测算和总结验收等具体工作,到年底,完成了模拟运行等各项工作。

“三清两建一公开”工作。按照市委、市政府的安排,“三清两建一公开”领导小组办公室,通过制定工作方案,召开动员会议,下派驻乡指导组,加强督查指导等措施,摸清了村级集体经济家底,有效地化解了村级债务链,进一步减轻了农民负担,推动了村务公开民主管理进程。

乡镇行政区划调整撤并工作。根据吉林省人民政府《吉林省乡镇行政区划调整撤并工作实施意见》,8月至11月,市委农办在全市4个县(市、区)的部分乡镇协调指导了撤乡并镇工作。共撤并乡镇11个。撤并后清理超编借用人员905人,精减村社干部494人,减轻了农民负担。

(张建波)

【农业结构调整】 “九五”(1996年至2000年)以来,全市在努力稳定和提高粮食生产水平的同时,大力调整农村种植业结构。2000年,全市粮食作物和经济作物的比例为6∶4。2001年,按照市委提出的培育和发展白城特色农业、绿色农业、精品农业、大力发展畜牧业的基本思路。全市粮食作物、经济作物、饲料作物种植比例达到5∶4.5∶0.5,实现了三元种植业结构,增强了农产品市场竞争力和经济效益。

(张建波)

【万元田(棚)工程】 2001年是全市实施万元田(棚)工程建设的第三年。按照全市万元田(棚)工程建设总体规划的要求,市委农办加强了对全市实施万元田(棚)工程的组织协调,先后起草了《全市2001年万元田(棚)工程建设工作方案》和《关于组织原有万元田(棚)户开展帮扶新户活动的通知》,进一步明确了工作任务和具体措施。市万元田(棚)领导小组办公室对各县(市、区)万元田(棚)建设进展情况实行每周一调度,两周一通报。8月,筹备召开全市万元田(棚)工程工作会议,全面总结三年来全市万元田(棚)工程建设的经验,部署2002年乃至今后一个时期全市万元田(棚)工程建设工作。9月,从市农业局、市畜牧局抽调12名干部,由市委农办主任和两名副局长带队,全面检查验收全市万元田(棚)工程建设情况。11月初,按照市委、市政府领导的指示,市委农办组织全市万元田(棚)工程建设巡回报告团,到各县(市、区)做典型经验介绍,参加人员5 000余人。有力地推进了万元田(棚)工程的健康发展。全市万元田(棚)总户数达8.1万户,占全市农村总户数30%。万元田(棚)纯收入8.3亿元。用13%的耕地创造了46.09%的农业收入。

(张建波)

【“三农”大讨论】 2001年,针对白城生态环境脆弱恶劣,自然灾害频繁和农业增长方式落后的实际,市委决定在全市开展一次面对长期干旱“农业怎么办,农村怎么办, 农民怎么办”的大讨论。在组织大讨论工作中,市委农办制定了工作方案,以市委办公室、市政府办公室名义转发。按照方案内容,及时进行讨论情况的调度,并在大讨论期间组织由基层干部、农民代表和专家学者参加的研讨会,13人在会上发言,市领导到会讲话。在大讨论中,市委农办选择在大讨论中刊发的对白城农业发展具有指导意义和一定价值的论文20篇,与白城日报社一起编印了《“三农”问题大讨论文章精选》,进一步深化了“三农”大讨论的成果。

(张建波)

【抗灾自救工作】 2001年,市委、市政府,针对全市农业连年受灾,灾民生产生活困难的实际,决定成立抗灾自救千人工作队。10月10

日，由市委、白城市人民代表大会常务委员会(简称市人大)、市政府、中国人民政治协商会议白城市委员会（简称市政协）领导带队，由市、县 1 205 名干部组成的 418 个工作队，深入到全市 1 813 个重灾村屯开展抗灾自救工作。抗灾自救千人工作队办公室，具体负责全市抗灾自救工作情况的综合、指导、协调、调度等项日常工作。市委农办由 1 名副主任和 1 个科室具体抓。先后筹备了全市抗灾自救工作动员会，市直赴洮南市、镇赉县抗灾工作队员培训班，全市抗灾自救第一阶段工作调度会，全市抗灾自救第二阶段工作动员会等会议，并负责起草领导讲话及会务工作等事宜。代市委、市政府起草向省委、省政府关于抗灾自救工作情况的报告 3 份和向省委、省政府及省有关部门领导来白城市检查指导工作汇报 10 余份。在抗灾自救工作中坚持半月一调度，半月一通报制度。在抗灾自救期间，市委农办编印下发《抗灾自救千人工作队简报》30 期，有力地推动了全市抗灾自救工作的开展。

（张建波）

【筹备参加“广交会”】 1 月，市委农办组织农业、畜牧、林业、水利局等有关部门参加“广交会”。“广交会”期间，邀请客商 8 人。其中，国外客商 1 人，港商 2 人。市农业系统与国内外客商签定购销合同 3 份，总金额 13 400 万元，是市委、市政府下达任务的 9.6 倍。与港商签定绿豆购销合同 5 万吨，金额 1 亿元，是市委、市政府下达任务的 2.5 倍。会前与国内客商签定蓖麻合同，金额 3 000 万元，是市委、市政府下达任务的 3 倍。年初至 4 月 20 日“广交会”结束，市直农业系统与域内外客商签定招商引资项目 17 个，资金 9 761 万元，其中境外资金 4 858 万元。分别是市委、市政府下达招商引资任务的 122%和 223%。市委农办招商引资到位资金 100 万元，完成市委、市政府下达任务的 200%。

（张建波）

【其他工作】 2001 年初，市委农办筹备了全市农村工作会议和全市备耕生产、春耕生产、抗旱保苗双向电视电话会议，研究落实 2001 年全省农村 10 项重点工作任务会议纪要材料 40 多份。6 月，起草了全市前 5 个月农村经济工作运行情况、关于全市抗旱工作情况报告、加入 WTO 后对全市农村经济发展的影响等综合报告以及形势分析和汇报材料 20 多份，指导和推进了农村经济工作发展。

（张建波）

统 战 工 作

【基本情况】 2001 年初，中共白城市委统战部（简称市委统战部），编制 10 人，设秘书科、党派科、干部科。11 月，市直机关机构改革，将中共白城市委台湾工作办公室、白城市人民政府台湾事务办公室（简称市台办）并入市委统战部，保留牌子。并将秘书科改为办公室。改革后，市委统战部设办公室、党派科（民族宗教科）、干部科、台湾工作办公室。将编制 14 人（统战部原编制 10 人，市台办原编制 4 人）精简至 10 人。其中，机关行政编制 9 人，工勤编制 1 人。全市有洮北区、大安市、洮南市、镇赉县、通榆县委统战部。编制 33 人。

2001 年，市委统战部围绕市委中心工作和全市工作大局，坚持大团结、大联合，认真贯彻《中共中央关于坚持和完善中国共产党领导的多党合作和政治协商制度的意见》，推动中国共产党领导的多党合作和政治协商制度的落实。重点协助民主党派开展组织建设和思想建设，不断提高民主党派的政治鉴别力、民主协商能力、反映社情民意能力、社会服务能力。认真贯彻党对非公有制经济“团结、帮助、引导、教育”的方针，加强对非公有制经济代表人士的思想政治工作，引导非公有制经济健康发展。积极创造条件，推进党外人士安排工作。认真贯彻落实党的民族宗教政策，维护民族团结和社会稳定。认真做好统战宣传工作，提高统战工作的社会地位和影响力。全年招商引资 180 万元，超额完成市委、市政府下达 50 万元的任务，被评为 2001 年度白城市“招商引资先进单位”。

（刘代春）

【全市统战工作会议】 5 月 30 日，市委召开全市统战工作会议。市委、市人大、市政府、市政协、市纪委的领导出席会议，各县（市、区）

委统战部部长，中省直单位、大中专院校、市直各部门党组织负责人共 140 人参加会议。会议由市委常委、秘书长李殿发主持，市政协副主席、市委统战部部长王文成传达吉林省委统战工作会议精神，市委副书记关德伟就如何贯彻落实全国、全省统战工作会议精神，做好今后一个时期的统战工作作重要讲话。会议强调了加强和改善党对统战工作的领导，努力提高全市统战工作水平，提高各级领导干部对新世纪统战工作在党的全局工作中重要地位和作用的认识，明确了今后一个时期全市统战工作。

（刘代春）

【推动市各民主党派加强自身建设和参政议政】 2001 年，市委统战部认真贯彻《中共中央关于坚持和完善中国共产党领导的多党合作和政治协商制度的意见》、《中共吉林省委贯彻〈中共中央关于坚持和完善中国共产党领导的多党合作的政治协商制度的意见〉的实施细则》，推动市各民主党派加强自身建设。在组织建设方面，协助市各民主党派增补市委会成员，完善其班子；协助市各民主党派加强基层组织建设，完成中国国民党革命委员会白城市总支委员会（简称市民革）、中国民主建国会白城市委员会（简称市民建）、中国农工民主党白城市委员会（简称市农工党）基层支部换届工作；协助市各民主党派本着“德才兼备”和干部“四化”（年轻化、知识化、专业化、革命化）方针，建立后备干部队伍，为党派换届做准备；为市各民主党派发展新成员把好入口关。在思想政治建设方面，推动市级民主党派负责人认真学习邓小平理论和江泽民“三个代表”的重要思想。市委统战部分管领导对坚持中国共产党领导的多党合作和政治协商制度做专题辅导。支持市各民主党派开展形式多样的学习教育活动，加强市各民主党派领导班子和成员思想建设，认清了民主党派自身建设的现状及面临的形势和任务。

加强政治协商、民主监督的规范化、制度化建设。聘请 6 名党外人士担任“四员”（特约监察员、检查员、审计员和教育督导员），监督了市委、市政府有关部门的依法行政工作。市委制定和完善了市委常委与民主党派、工商联、无党派代表人士结对子、交朋友制度，高层次、小范围谈心会制度；民主党派同白城市政府有关部门对口联系和协商制度。市委常委与民主党派、工商联、无党派代表人士结成对子 18 对，进行 18 次谈心活动，使政治协商、民主监督规范化、制度化。

支持民主党派参政议政，为两个文明建设贡献力量。市委统战部围绕市委工作大局和全市经济跨越式发展目标，先后召开政情通报会、座谈会 6 次，广泛征求民主党派、工商联负责人和无党派代表人士的意见和建议，为民主党派知情出力、参政议政创造条件。4 月，市委统战部向民主党派、工商联负责人通报全市治安工作会议精神，使其了解社会治安形势，统一思想，提高认识，自觉维护社会稳定。6 月，市委统战部邀请市委政研室、市政府办公室负责人向民主党派、工商联通报市委、市政府 2001 年调研课题，为各民主党派、工商联围绕市委中心工作、选择课题、开展调查研究、参政议政创造条件。全年民主党派成员向市委、市政府递交调研报告 3 份，提交提案 72 份。

支持、协助民主党派开展活动，为经济建设服务。协调省 7 个民主党派和工商联有关专家组成的生态经济考察团，考察全市生态环保型效益经济，就白城市生态建设问题提出建议，为全市发展生态效益经济提供帮助。协调省民主党派来白城市少数民族乡为学校校舍建设和改善生态环境先后提供资金 22 万元，研究落实少数民族乡经济和社会各项事业发展项目规划。

（刘代春）

【加强市工商联组织建设工作】 2001 年，市委统战部协助工商联做好换届准备工作。根据《中共吉林省委办公厅转发〈吉林省委统战部关于工商联（民间商会）2002 年换届工作的意见〉的通知》，制定《中共白城市委统战部关于工商联（民间商会）2002 年换届工作的安排意见》，使换届工作有章可循，推进了工商联组织自身建设。协助组建白城经济开发区工商联。

（刘代春）

【加强非公有制经济代表人士工作】 2001 年，市委统战部和工商联认真贯彻党对非公有制经济人士“团结、帮助、引导、教育”的方针，在非公有制经济人士中开展“致富思源，富而思进”教育活动。与白城市、洮北区工商联组织召开“致富思源，富而思进”座谈会。号召广大非公有制经济人士致富不忘国家，自觉回报社会，立于现有基础，努力开拓创新，为白城市经济跨越式发展做出贡献。市委统战部和市工商联按照依法经营好、照章纳税好、安排就业好、企业管理好、文明经商好的标准，向吉林省委统战部推荐非公有制经济纳税大户和安排再就业较多的私营企业各2户为“纳税状元”和就业“明星企业”，在非公有制经济人士中起到积极的引导作用，营造依法纳税光荣的氛围。

（刘代春）

【党外人士安排工作】 2001年，市委统战部认真做好党外人士的政治安排工作。根据哪缺哪补的原则，增补市政协二届委员会委员8名、常委6名。起草《党外干部培养选拔的规则》，提出第十个五年计划期间党外干部的培养使用具体规划，对全市科级以上党外干部实施档案化管理。11月，市直机关机构改革，向市委推荐优秀党外干部6名，通过推荐、考试、考核有4名党外干部走上领导岗位。建立和完善党外知识分子重点人物档案资料及联系制度。推荐12名党外中、青年知识分子为吉林省委统战部“千人工程”的掌握对象。选送3名党外高级知识分子到吉林省社会主义学院参加省委统战部举办的培训班。

（刘代春）

【统战宣传工作】 2001年，市委统战部采取多种形式宣传贯彻全国、全省统战工作会议精神，使各级领导干部和群众明确新时期统战工作在党的全局工作中的重要地位和作用。在全市组织近5 000名干部群众参加全国统战知识竞赛活动。其中，获全国二等奖1名，鼓励奖1名。

（刘代春）

对 台 工 作

【基本情况】 2001年初，中共白城市委台湾工作办公室、白城市人民政府台湾事务办公室（简称市台办），编制4人。11月，市直机关机构改革，市台办并入市委统战部，对外保留牌子。洮北区、洮南市、通榆县、镇赉县台办并入县（市、区）委统战部，对外保留牌子；大安市对台办工作职能并入政府办公室。县（市、区）台办编制6人。

2001年，市台办坚持“和平统一，一国两制”方针，在涉台工作中发挥了“组织、指导、管理、协调”作用；围绕市委、市政府中心工作，开展对台宣传、招商引资接待工作，帮助台胞台属排忧解难，使对台工作有了新进展。

（崔淑贤）

【招台商引资】 2001年，市台办采取走出去，请进来的办法，吸引台商来白城市投资。8月，台商佟先生与市台办联系，拟把洮南香酒运往台湾经营(此项工作正在联系中)。9月，市台办根据全市中草药资源优势，邀请台湾药学研究知名人士14人来白城市考察。实地考察了洮北区平台镇野生中草药资源和白城市马世甘草开发有限责任公司（简称马世甘草公司），洽谈了甘草开发与研制工作，初步达成协议，由马世甘草公司每年为台湾提供甘草2 000吨。台商林先生与市台办联系，利用白城市粮食资源，合作开发速溶食品加工项目，将玉米、小麦加工成半成品全部出口，台商包销。

（崔淑贤）

【对台宣传工作】 2001年，市台办通过台湾复兴电视台播放《家在向海》风光片。在台湾《国语日报》、《讲义》等书报上以《丹顶鹤越冬翱翔》为题，介绍吉林向海国家级自然保护区的秀丽风光。受到台湾人民的喜爱和赞扬，宣传效果甚佳。市台办通过面对面的宣传、邮寄、通信和赴台人员携带介绍白城市经济发展和白城市风光资料等方式，宣传对台方针政策，介绍白城市经济、文化及投资优惠政策等，让台湾同胞了解白城。全年，邮寄各类资料200余份。针对两岸形势变化及“台独”势力猖獗情况，市、县（市、区）台办撰写反映中华民族历史悠久、文化灿烂和中华民族同根、同族、血脉相连等方面稿件20篇。市台办组织全市专职对台干部参加的“赴台考察报告会”。会同市政协“三胞委”（台港澳侨联络委员会）举办部分“三胞”委员参加的

"赴台考察报告会"。

（王晓男）

【对台接待工作】 2001 年，市台办通过电话、信函、贺卡等联系台胞老朋友；通过赴台及对台胞、台属接待等建立新关系。市台办及市委书记刘润璞、市委秘书长李殿发与台胞佟先生保持经常联系。李殿发赠送佟先生一本介绍白城市的书《仙鹤迷恋的土地》，并在书上签名留念。通过联络使市台办掌握一些台胞情况。年初，市台办首次组织有关人士赴台考察交流，回市后，在专职对台干部及部分"三胞"委员中做赴台考察报告，介绍台湾情况。全年，市台办接待来白城市考察、探亲、旅游台胞 60 多人次，赴台探亲、考察 21 人次。帮助台属解决子女就业、升学、下岗职工就业等具体问题 40 余件；帮助 6 户台属个体私营企业协调减免各种税收 5 万元。通过热情周到的接待，使台胞高兴而来，满意而去，增进了两岸同胞之间的感情，建立了往来联络渠道。

（王晓男）

政法工作

【基本情况】 2001 年初，中共白城市委政法委员会（简称市委政法委），编制 16 人，设执法监督科、综合治理指导科（社会治安综合治理办公室）、干部工作科、秘书科。11 月，市直机关机构改革，编制 20 人，设执法监督科、综合治理指导科（社会治安综合治理办公室）、干部工作科、秘书科、610 办公室。

2001 年，市委政法委组织、指导、协调、督促政法机关开展严打整治斗争；落实社会治安综合治理各项措施；开展同"法轮功"邪教组织的斗争；开展矛盾纠纷排查工作，维护社会稳定；开展政法队伍清理整顿工作和"争创人民满意政法干警（单位）"活动，不断提高政法队伍素质。各项工作取得了较好成绩，保障全市改革开放和经济建设的顺利发展。

（李冬梅）

【"严打"整治斗争】 2001 年，贯彻全国、全省社会治安工作会议精神，全市开展"严打"整治斗争。公安机关共破获刑事案件 2 890 起，抓获各类违法犯罪嫌疑人 2 691 人；检察机关批准逮捕 890 件、1 264 人，提起公诉 957 件、1 364 人，案件有罪判决率 100%。各级法院审结严重危害社会治安的一审刑事犯罪案件 840 件，判决发生法律效力的罪犯 973 人，分别比 2000 年上升 17.5% 和 25.43%。司法行政机关接收犯人 542 人和劳教人员 363 人，分别比 2000 年上升 0.7%和 94%。以"打黑除恶"为重点，打掉各类犯罪团伙 128 个，成员 446 人。其中流氓恶势力团伙 16 个。开展大案攻坚和破案会战，侦破一批重大积案和现行大案。组织开展"追逃"集中统一行动，共抓获逃犯 531 人。全市统一组织开展大规模的公捕、公判、公教大会 4 次。整顿和规范市场经济秩序，严厉打击各种经济犯罪活动。集中整治问题较多的治安混乱区域和部位，治安面貌有所改观。开展人口集中清查专项行动，进一步落实人口管理措施。监所管理密切配合"严打"整治斗争，开展政治攻势，深挖余罪。

（李冬梅）

【综合治理工作】 2001 年，市委、市政府强化综合治理领导责任制度和一票否决权制度，签订目标管理责任状，建立健全综合治理责任保证体系。加强基层基础建设，全市 92 个乡镇成立综合治理办公室或有专人抓综合治理工作。加强群众自治组织和群防群治队伍建设，调处民事纠纷 5 965 件，减少民转刑案件的发生。以创建安全小区建设为载体，加强城乡防控体系建设，增强群众自我防范意识和能力。防盗门、楼道亮灯、自行车棚、报警装置建设初见成效。开展预防青少年违法犯罪教育，加强刑释解教人员管理和安置帮教工作。落实"六联单"（监狱等改造单位对刑满释放人员开具释放通知书，一式六联分别送有关单位）衔接教育 708 人，建立释解人员安置帮教基地，减少重新犯罪。培养和总结各类综合治理典型，搞好综合治理宣传，努力营造全社会齐抓共管综合治理工作的新局面。

（李冬梅）

【同"法轮功"邪教组织斗争】2001 年，全市"法轮功"痴迷人员转化率 98%，瓦解了"法轮功"邪教组织的社会基础。进一步开展深揭深挖，排查出尚未转化“法轮功”人员129人，进一步落实领导和部门责任，加强监控工作。加大打击力度，组织开展查禁“法轮功”非法宣传品专项行动。全市破获各类“法轮功”案件147起。抓获违法犯罪人员140人。其中，判刑1人，劳动教养88人，治安拘留15人。打掉“法轮功”违法犯罪团伙9个，摧毁窝点7个，作案成员全部抓获。国家安全机关和公安机关及时掌握敌情动向和社会动态，加强专案侦查工作，有效地打击境内外“法轮功”组织相互勾联、策划建立地下组织和从事的非法宣传活动。市委、市政府为白城市委610办公室记集体三等功。

（罗雁鸣）

【排查调处矛盾纠纷工作】 2001年，市维护社会稳定领导小组办公室（简称市稳定办）召开调度会4次，交流经验，查找问题，研究措施，落实责任，并制定落实工作报告和部门协调会议制度。全市形成党委政府领导，市稳定办组织协调，部门各负其责，坚持经常的工作机制。全年集中开展不安定因素大排查7次，完善处置预案，依法处置一批群体性事件。

集中开展解决涉法上访问题专项治理。对重大疑难信访案件挂牌督办，市、县两级挂牌督办46件，已复查结案41件，结案率89%。较好地解决了缠访、闹访和越级访的问题。

（罗雁鸣）

【清理整顿政法队伍】 2001年，全市政法系统开展以“纯洁组织、提高素质、履行职能、树立形象”为目标的集中清理整顿工作。全市清除、辞退、调离执法岗位、免除法律职务、分流安置处理61人。其中，公安系统28人，检察系统17人，法院系统10人，司法行政系统6人。通过省组织的验收。深入开展“争创人民满意政法干警（单位）”活动，公正执法，文明执法。各级政法部门实行警务公开、检务公开、审判公开和司法行政公开，强化窗口整治，自觉接受群众监督。大安市人民法院等41个基层政法单位获“人民满意政法单位”称号，王廷江等50人获“人民满意政法干警”称号。

（罗雁鸣）

市直机关党建工作

【基本情况】 2001年初，中国共产党白城市直属机关工作委员会（简称市直机关党工委），设办公室、组织部、宣传部、统战部，有关部门派出机构有纪工委（副处级建制）、工会工委、团工委、妇工委，编制19人。11月，市直机关机构改革，机构未变，编制减为15人。辖机关党委11个、机关党总支16个、直属机关党支部49个，有党员3 252人。

2001年，市直机关党工委组织机关党员干部认真学习“三个代表”重要思想，开展“创建文明机关，当好人民公仆”、“巾帼建功”和文体活动；加强组织建设、廉政建设；表彰先进集体和先进个人，有力地推动了机关工作。

（王玉廷）

【学习“三个代表”重要思想】 年初，市直机关党工委下发《市直机关在职干部理论学习安排意见》，机关各级党组织在组织党员干部认真学习马列主义、毛泽东思想，特别是邓小平理论和江泽民“三个代表”重要思想的基础上，采取请单位领导和理论工作者辅导，召开专题研讨会、读书演讲会、报告会、集中交流学习体会和领导干部撰写理论文章等多种形式，就“三个代表”要求；解放思想，开拓创新；“四个如何认识”（如何认识社会主义发展的历史进程、如何认识资本主义发展的历史进程、如何认识我国社会主义改革实践过程对人们思想的影响、如何认识当代的国际环境和政治斗争带来的影响）与“四信”；学哲学，树“三观”；党史知识学习；加入WTO面临的问题和对策六个专题进行深入的学习研讨。在学习中，强化理论中心组学习带动辐射作用，各单位理论学习中心组每季度集中学习1次，每次集中解决一二个实际问题。学习后，专题辅导本单位干部的学习。学习中，注重理论联系实际，提高学习效果，把理论学习与学习贯彻江泽民“七一”重要讲话和党的十五届六中全会精神结合起来，与学习贯彻市委二届三次全会、二届五次全会精神结合起来。

（王玉廷）

【贯彻党的十五届六中全会和市委全委会精神】 10月9日，市直机关党工委下发《关于开展学习贯彻党的十五届六中全会精神的活动方案》。10月22日至26日，市直机关党工委组成4个督查组，采取听汇报、开座谈会，深入基层督查等方法，检查市直81个单位学习贯彻党的十五届六中全会精神情况。学习活动期间，出简报3期交流学习情况。学习结束后，向市委作了专门报告。在学习贯彻市委二届三、四、五次全会精神时，开展“进一步解放思想促进白城市经济社会跨越式发展”和“市民入世，机关先行”的大讨论活动，把机关党员干部的思想统一到市委中心工作上来。

（王玉廷）

【以党建带动机关建设】 2001年，市直机关党工委决定，“七一”前总结表彰“创建文明机关，当好人民公仆”活动（简称创建活动）中涌现出的先进集体和先进个人。下发《市直机关开展评选“文明杯”先进单位和“公仆杯”先进个人活动实施方案》，开展评选活动。5月，市直机关党工委组成考核小组，考核各单位开展“创建”活动和评选活动情况。6月27日，召开表彰大会，授予白城市委党校等10个单位“文明杯”先进单位称号；授予市劳动争议仲裁委员会办公室主任孙桂杉等11人“公仆杯”先进个人称号；授予白城出入境检验检疫局局长吕昭生等10人“创建”活动优秀组织奖。市委副书记岳清友，市委常委、市委秘书长李殿发到会讲话。评选活动有力地促进了机关思想作风建设，提高了机关工作效率和服务质量。在市直机关团组织中，开展“帮扶下岗青工”活动，共与250名市直机关下岗青工签定帮扶责任书。机关工会组织市直机关干部为灾区献爱心捐款捐物活动，共捐款4万多元、捐赠棉被、棉衣裤等物3 000余件。

（王玉廷）

【“创先争优”活动】 2001年，市直机关党工委继续组织市直机关各级党组织和广大共产党员，按照创建“六好”（好班子、好思路、好队伍、好载体、好制度、好效果）的要求，结合自身特点开展“创先争优”活动，充分发挥了党组织的战斗堡垒作用和共产党员的先锋模范作用，推动了市直机关各项工作开展。市直机关党工委总结表彰了“创先争优”活动涌现的先进党组织和优秀党务工作者、优秀共产党员。授予市委党校机关党委等10个党委“先进党委”称号；授予市民营经济发展局党总支等21个党总支（党支部）“先进党总支（党支部）”称号；授予张贵良等77人“优秀党务工作者”称号；授予张凡等346人“优秀共产党员”称号。

（王玉廷）

【发展新党员工作】 2001年初，市直机关整顿、确定了由410人组成的非党积极分子队伍。4月，超前考察非党积极分子，确定发展对象96人。5月，市直机关党工委举办培训班，重点培训发展党员对象。经基层党组织讨论通过、组织员谈话、市直机关党工委审批等严格把“关”，全年发展新党员93人，预备党员按期转为正式党员92人。

（王玉廷）

【机关党风廉政建设】 2001年，市直机关党工委建立有效的党内监督机制。机关党组织负责人均列席本单位班子会议，机关党组织参与本单位党政大事；干部考核、任免、公务员考评，征求机关党组织的意见；加强对党员领导干部民主生活会的管理，切实提高民主生活会质量；建立和试行党员领导干部定期向党员大会报告工作制度。9月和11月，根据市委指示，专题调研市直机关机构改革和调整干部工作，采取问卷调查、座谈讨论、个别征求意见等形式，广泛征求机关党员干部的意见，并向市委书面报告。全面实施“党风廉政建设责任区”制度。坚持分级管理、分级负责、层层包保、责任到人、奖惩同步、不留死角，从体制上、机制上、制度上铲除腐败滋生蔓延的土壤，预防和治理腐败。同时，加大监督力度，狠抓责任追究、责任考核工作。机关纪工委查结科级党员干部违纪案件4件，纪律处分党员4人。

（王玉廷）

【文体活动】 5月，市直机关党工委举办市直机关第八届职工乒乓球赛，40支代表队，140多名运动员参加男、女团体，男、女单打比赛，市地税局、吉林省地方病第一防治研究所分别获得男团、女团第一名。机关团工委开展纪念“五四”84周年“党在我心中”知识竞赛答题活动，参赛530多人，获一等奖5人，二等奖10人，三等奖15人，组织奖5人。机关工会组队，代表市总工会参加省总工会组织的“党在我心中”演讲比赛，获优秀奖。7月，市直机关党工委配合白城生态旅游节活动，开展以歌唱白城、赞美家乡为主题的学唱《大沁塔拉有座美丽的城》等10首歌曲活动。8月，市直机关工会在东北亚保龄球馆，举办市直机关第三届职工保龄球赛，62个单位组队参赛，很多领导干部参加比赛。

（王玉廷）

【“巾帼建功”活动】 3月“三八”国际妇女节前夕，市直机关妇工委召开“巾帼建功”事迹报告会，“巾帼岗位明星”、“巾帼文明岗”先进妇女组织代表作典型事迹报告。表彰了优秀妇女干部10人，“巾帼文明岗”8个和“巾帼岗位明星”10人。

（王玉廷）

政策研究

【基本情况】 2001年初，中共白城市委政策研究室（简称市委政研室），设农业经济调研科、城市经济调研科和秘书科。编制11人。11月，市直机关机构改革，设区域经济调研科、产业发展调研科、秘书科。编制10人。市委政研室围绕市委中心工作开展调查研究，全年完成各项调查课题和起草文稿、市委领导讲话70余篇（项）。

（郭宝玉）

【农村经济调研】 2001年，市委政研室围绕农民增收、农业增收、财力增强，加快发展生态型效益农业的目标，坚持以结构调整为主线，深入开展农村经济调研。4月，撰写的《调整农村经济结构要注意的几个问题》，由市委主管农业副书记向省直有关部门进行了汇报。6月，撰写的《关于我市农村经营组织建设情况的调查》，被中共吉林省委政研室采用。

（郭宝玉）

【工业经济调研】 2001年，市委政研室为加快推进全市兴工富市进程，重点开展对兴工富市问题的研究。2月，撰写的《把兴工作为实现跨越式发展的突破口》，刊载在《白城日报》2月13日2版上。11月，撰写的《关于抓住入世机遇做大做强白纺的调查报告》，中共白城市委领导作重要批示并批转给市委、市政府分管领导和市经贸委、白城纺织股份有限责任公司。

（郭宝玉）

【“新三城”建设调研】 4月，按照市委领导的指示，为搞好“新三城”（行走机械配套城、区域商贸中心城、生态环保旅游城）发展战略的实施，加快推进“新三城”建设，市委政研室集中主要调研力量，并从市直有关部门抽调人员组成三个专题调研组。从5月中旬开始，三个专题调研组分别在市内并赴南方发达地区进行调查研究和实地学习考察。在此基础上，三个调研组围绕建设“新三城”的基本内涵与重大意义、基础条件与可行性分析、思路目标与规划布局、对策措施与政策建议等主要内容，撰写出《建设“行走机械配套城、区域商贸中心城、生态环保旅游城”的总体规划构想》。10月24日，中共白城市委、市政府在洮北区宾馆召开白城市“新三城”建设论证会。出席会议的有市委、市人大、市政府、市政协的领导；市直机关有关部门负责人；市政府经济顾问及有关方面的专家、学者共67人。市委书记刘润璞、代市长岳清友分别在会上讲话。与会人员研讨论证了“新三城”建设的总体规划构想并给予较高评价。12月28日，市委以白发[2001]24号文件印发了《白城市建设“新三城”总体规划构想》。

（郭宝玉）

党史工作

【基本情况】 2001年初，中共白城市委党史研究室（简称市委党史研究室），编制6人，实有7人。11月，市直机关机构改革，编制6人，实有7人。其中，专业技术人员4人：高级政工师、副研究员3人，助理馆员1人。全市有通榆县党史办公室、洮南市史志办公室，大安市、镇赉县、洮北区党史工作由档案局负责。编制5人。2001年，市委党史研究室开展《中共白城市组织史资料》（第三卷)、《白城市个体私营经济》的编纂工作及党史宣传教育、党史学术研究工作。

（崔彧仙）

【党史资料征编】 3月至5月，市委党史研究室编纂《中共白城市组织史资料》(第三卷)。编委会主任曹宇光，副主任鞠万义，主编陈继辉、柴廉洁。主要记述1993年12月中共白城市第一次代表大会召开至2001年5月全市党组织机构沿革、组织原则、组织建设、领导体制、党员队伍及政权、地方军事、统一战线和群众团体组织机构的发展变化。全书25万字。市编委会审查同意和中共吉林省委党史研究室审定后，预计2002年出版发行。

（崔彧仙）

【《白城市个体私营经济》编纂工作】 1999年9月至2001年，市委党史研究室与市委统战部、市工商联、工商局、总工会和县（市、区）委党史办、统战部编纂《白城市个体私营经济》。主编陈继辉、柴廉洁。全书分上、下卷，80万字。上卷从1946年辽吉解放区洮南根据地初步创立至1956年白城地区对资本主义工商业社会主义改造的基本完成;下卷从1978年党的十一届三中全会召开至1999年底。全书设综述、回忆录、大事记、私营企业（有代表性）发展史、劳模事迹、典型材料、图片、文献资料等篇目。预计2002年出版发行。

（崔彧仙）

【党史宣传教育】 2001年，市委党史研究室继续在《白城日报》开办《白城烽火》专栏，发表反映白城地方党史专题25期，2万字。为纪念中国共产党成立80周年,5月，与白城广播电台共同开办《峥嵘岁月》栏目，每天播放8分钟，连续播放《夏尚志三打镇东》等专题资料35期，5.2万余字。6月，与白城日报社共同开办《光辉历程》专栏，刊载《党的光辉照耀白城》专题资料1.5万字，在《视听导报》白城版开辟《光辉历程》专栏，连续4周刊发白城地方党史近2万字。应白城电视台邀请，市委党史研究室2名副研究员作为嘉宾接受记者采访，在白城电视台向观众介绍中共党史和白城地方党史。在《绿野》2001年第四期刊载《党的光辉照耀白城》专题资料6 000字。同月,党史研究室副研究员在白城市妇女干部培训班上，作《党在白城的光辉历程》专题讲座，介绍党在白城活动历史；为市政协、市政府办公室等部门提供地方党史教育材料4万余字；为市政协、市委宣传部等部门播放《中国共产党的80年》VCD影碟。

（崔彧仙）

【党史学术研究】 6月，市委党史研究室与市纪委、市委组织部、宣传部、党校联合举办白城市纪念建党80周年理论研讨会。市委副书记关德伟出席会议并讲话。大会收到论文80余篇。市委党史研究室、市委党校、大安市委组织部撰写的论文在大会交流。市委党史研究室陈继辉、张弘撰写的《“三个代表”思想对马克思主义建党学说的继承和发展》一文，被白城市纪念建党80周年论文评审委员会评为一等奖。同时获吉林省“中国共产党与中国革命和建设”学术研讨会二等奖。并收录在《吉林人民出版社》出版的《“三个代表”与中国共产党的光辉历程优秀论文集》。

（崔彧仙）

老干部工作

【基本情况】 2001年初,中共白城市委老干部局（简称市老干部局），编制7人。其中，行政编制6人，工勤事业编制1人。设人事秘书科、综合调研科。11月，市直机关机构改革，编制6人。其中，行政编制5人，工勤事业编制1人。设综合秘书科、宣传调研科。辖白城市老干部活动中心，编制16人。全市有洮北区、洮南市、镇赉县、通榆县、大安市老干部局。编制20人。

2001年，市老干部局紧紧围绕市委中心工作，认真贯彻执行党中央和省、市委关于做好新形势下老干部工作的指示精神，以建立和完善离休干部离休费、医药费（简称“两费”）保障机制、财政支持机制为重点，积极解决老干部生活待遇问题。围绕纪念建党80周年等重大活动，不断强化老干部思想政治工作和党支部建设，组织老干部发挥作用，开展丰富多彩的活动。进一步落实了老干部政策，为全市经济发展和社会进步起到了积极作用。

（褚集阜）

【解决离休干部“两费”拖欠问题】 2001年，市直有离休干部856人。其中，抗日战争时期参加革命工作的45人，解放战争时期参加革命工作的811人；享受地（厅）级待遇54人，享受县（处）级待遇497人，科级以下待遇305人；分布在行政机关213人，事业单位264人，企业单位379人。平均年龄74.5岁。

市老干部局和市直各级老干部工作部门把建立和完善离休干部离休费、医药费保障机制和财政支持机制，解决“两费”拖欠作为老干部工作的重点，积极研究措施和办法，狠抓落实。到6月末，经市老干部局和相关部门共同努力，市直共解决离休干部“两费”拖欠139.80万元（离休费131.00万元，医药费8.80万元），解决了离休干部“两费”拖欠问题，在全省率先实现“零”拖欠。市直企业离休干部基本养老金全部实行社会化发放。市直离休干部均实行医药费统筹管理。离休干部“两费”保障机制全部建立实施并不断完善。为保证“两费”保障机制的正常运行，市财政为解决市直特困企事业单位离休干部医药统筹费和“四项补贴”（交通费、书报费、洗理费、特需经费个人所得部分）出资49. 02万元，市直离休干部“两费”财政支持机制初步形成。

（褚集阜）

【落实离休干部政治待遇】 2001年，市老干部局认真落实离休干部政治待遇，组织学习政治理论，做好思想政治工作。采取集中学习与自学相结合，专题辅导与座谈讨论相结合等形式，组织广大老干部学习江泽民“七一”重要讲话和“三个代表”重要思想，学习党的路线、方针和政策，提高了老干部理论政策水平。各单位坚持通报情况、传达文件、走访慰问等老干部政治待遇制度，落实了老干部政治待遇。同时，通过党建、信访，落实生活待遇等途径，加强了老干部思想政治工作，稳定了老干部思想和队伍。

（褚集阜）

【发挥离休干部作用】 2001年，市直许多单位充分发挥老干部政治、经验、技术和时空等方面的优势，组织老干部在各领域发挥作用。市直共有152名老干部继续在不同行业为白城的发展献计出力。其中，从事关心下一代工作的35人，参加离退休干部管理服务的66人，从事种植养殖业的13人，领办创办经济实体的9人，重新聘用的6人，从事其他工作的23人。这些老干部在各自岗位上，兢兢业业、勤勤恳恳，为白城社会经济发展做出了积极贡献。

（褚集阜）

【开展丰富多彩的活动】 2001年，市老干部局，适应老干部的志趣和特点，组织老干部开展形式多样、丰富多彩的活动。各级老干部工作部门在加强老干部活动场所建设的同时，以重大节日、纪念日为契机，通过采取室内活动与室外活动相结合、日常活动与重大节日活动相结合、知识性活动与趣味性活动相结合、走出去活动与请进来活动相结合等形式，组织老干部开展体育、文艺、文化、旅游等丰富多彩的活动。5月，举办全市第八届老干部门球赛。市直老干部门球队夺得了全省、全国老年门球赛冠军，为白城市、吉林省赢得了荣誉。市老年大学进一步发展，有学员130人，开设书法、绘画、卫生保健、音乐、时事政法等课程。在抓好教学和管理的同时，市老年大学组织老干部开展书画展，与军队、学校联谊等活动，并多次推荐老干部书画作品参加全省老干部书画展，取得较好名次。

（褚集阜）

【调查研究】 2001年，市老干部局加强对老干部工作的调查研究。在老干部“两个待遇”（政治待遇和生活待遇）落实、“三个机制”建立实施、党建工作、思想政治工作等方面提出一些新思路和政策性措施。市老干部局会同通榆县委老干部局撰写的《试谈企业老干部管理服务工作中存在的问题及对策》，会同洮北区委老干部局撰写的《关于如何做好新形势下老干部思想政治工作的思考》两篇调研文章，受到省委老干部局的好评。同时，进一步加大宣传工作力度，利用简报、报纸、电视、电台等新闻媒体，发表有关白城市老干部工作的文章40多篇。其中，在省委老干部局主办的

《老干部工作情况》、《情况反映》上登载白城市老干部工作方面的经验和作法 8 篇。通过宣传，进一步营造了做好老干部工作的良好氛围。

（褚集阜）

【市老干部活动中心简介】 白城市老干部活动中心建于 1984 年 5 月。隶属市老干部局。位于白城市中兴东大路 15 号。编制 16 人，在职职工 12 人，退休职工 1 人，专业技术人员 9 人。其中，中级职务 2 人，初级职务 4 人，高级工 3 人。主任胡晓明（2001 年 11 月离任），12 月由市老干部局副局长王环兼任。白城市老干部活动中心有阅文室、图书室、乒乓球室、台球室、麻将室、健身室等老干部活动场所。

2001 年，组织市直机关老干部开展各项活动，传达上级有关老干部方针、政策、文件，组织安排走访慰问市直机关老干部等项工作。组织市直老干部门球队参加全省、全国老年门球赛，均夺冠，为白城市和吉林省赢得了荣誉。

（褚集阜）

党校教育

【基本情况】 2001 年初，中共白城市委党校（简称市委党校），编制 100 人。其中专业技术人员 57 人：教授 5 人，副教授 19 人，讲师 22 人，助教 11 人。设校委办公室、教务处（兼党校工作处）、组织处、函授部、图书馆、校刊编辑部、党史教研室、党建教研室、经济管理教研室、政治经济学教研室、哲学教研室、科学社会主义教研室、财务处、老干部处、行政处。11 月，市直机关机构改革，编制 80 人。设校委办公室、教务处（兼党校工作处）、函授部、组织处、图书馆、公务员培训处、科研处（兼校刊编辑部）、老干部处、政治基础理论教研室、法学教研室、科文教研室、党史党建教研室、经济教研室、行政管理教研室、总务处。全市有洮北区、洮南市、大安市、通榆县、镇赉县委党校。编制 143 人。

2001 年，市委党校按照市委的部署认真开展教学和科研工作。举办各种培训班，提高了各级干部的理论水平，增加了法律知识和现代经济管理知识，完成了市委交办的全年培训任务和各项工作任务。在市直机关党工委“创建”活动中获“文明杯”先进单位、“先进基层党组织”称号，吉林省委授予“精神文明建设标兵单位”称号。

（唐永久）

【教学工作】 2001 年，市委党校在举办主体班次的同时举办联办班次，增强了市委党校的干部培训主渠道作用。主体班次除县（市、区）局长、青年干部、专家等班次外，又新办市直机关正科级干部、女干部、农林牧渔场书记（厂长）培训班。共举办培训班 8 期。培训 499 人。

4 月 3 日至 5 月 3 日，举办第一期县（处）级干部进修班。培训 80 人。7 月 18 日至 10 月 25 日，举办第二期县（处）级干部进修班，培训 73 人。学习“三个基本”（马克思列宁主义基本理论问题、毛泽东思想基本理论问题、邓小平理论基本问题）、“五个当代”（当代政治、经济、军事、科技、文化）、“四个如何认识”、法律知识、市情教育、党的建设理论、江泽民“七一”重要讲话。

4 月 17 日至 5 月 23 日，举办白城市市直正科级干部进修班。培训 100 人。学习邓小平理论、法律知识、领导干部必备知识、市情教育、当代世界问题研究。

5 月 14 日至 5 月 18 日，举办全市侨联干部培训班。培训 31 人。学习江泽民“三个代表”重要思想，邓小平的社会主义观，中国加入 WTO 的应对策略，当代技术发展前沿，中国侨联章程，侨务法则与侨务政策。

5 月 29 日至 6 月 29 日，举办全市女干部培训班。培训 68 人。学习“三个基本”、“五个当代”，领导干部必备的基础理论知识，法律知识，女性心理学，现代管理知识，市场经济理论。

7 月 9 日至 7 月 13 日，举办全市农、林、牧、渔场党委（总支、支部）书记培训班。培训 78 人。学习江泽民“三个代表”重要思想，十五发展规划，十五期间白城农林牧渔发展问题，现代农业问题及生态环保农业问题，加入 WTO 后农业、林业、牧业、养殖业的挑战与对策。

9 月 18 日至 10 月 25 日，举办

市直机关正科级干部进修班。培训78人。学习邓小平理论，法律知识，领导干部必备知识，市情教育，当代世界热点问题研究，江泽民“七一”重要讲话。

11月13日至11月16日，举办全市中青年专家学习班。培训71人。学习江泽民“七一”讲话的理论创新，中国共产党80年奋斗业绩和基本经验，正确认识和全面贯彻“三个代表”重要思想，按照“三个代表”要求加强专家队伍建设，《中共中央关于加强和改进党的作风建设的决定》，市情教育，经济全球化与知识经济，十五规划。

（唐永久）

【科研工作】 2001年，市委党校的科研工作，按照“常抓不懈、依靠体制、教学与科研互相促进、科研与经济社会发展密切结合”的思路，制定科研工作制度，落实科研任务，高质量地超额完成全年工作目标，全校共发表论文65篇。其中，国家级18篇，省级25篇，地级22篇。

（唐永久）

【函授教育】 2001年初，市委党校在籍函授学员1 074人。其中，中央党校函授本科经济管理专业117人，法律专业244人；省委党校函授专科经济管理专业349人，省委党校函授本科经济管理专业232人，在职研究生班经济管理专业71人，法律专业61人。

全年毕业学员1 133人。其中，中央党校函授99级经济管理专业156人，法律专业304人；省委党校函授99级经济管理专业114人，法律专业166人，专科经济管理专业毕业393人。

2001年，招生1 430人。其中，中央党校函授本科班经济管理专业117人，法律专业244人；省委党校函授专科经济管理专业349人，法律专业192人；省委党校本科经济管理专业232人，法律专业164人；省委党校在职研究生班经济管理专业71人，法律专业61人。

6月14日至18日，市委党校组织99级在职研究生班全体学员赴大兴安岭考察森林资源与山区植被情况。

7月18日，在通榆县委党校举办全市函授面授教学观摩课。

（唐永久）

中国共产党白城市纪律检查委员会

【基本情况】 2001年初，中共白城市纪律检查委员会（简称市纪委）与白城市监察局合署办公，一套机构两个名称。市纪委（市监察局）机关履行党的纪律检查和政府行政监察两项职能。设办公室、监察综合室、教育研究室、党风廉政建设室、白城市人民政府纠正部门和行业不正之风室、执法监察室、信访室（白城市行政监察举报中心）、纪检监察一室、纪检监察二室、案件审理室。编制50人。其中，行政编制45人，工勤编制5人。11月，市直机关机构改革，增设干部管理室（与机关党总支合署办公）。白城市人民政府纠正部门和行业不正之风室更名为白城市纪委、市监察局纠正部门和行业不正之风室。其他内设机构未变。编制41人。其中，行政编制36人，工勤编制5人。实有39人。市直设纪委（纪检组、监察室）31个，有专兼职纪检监察干部67人。全市有洮北区、镇赉县、通榆县、洮南市、大安市纪委、监察局。有纪检监察干部138人。5个县（市、区）直设纪委（纪检组、监察室）140个，有专兼职纪检监察干部241人。乡镇纪委92个，有纪检监察干部225人。

2001年，全市各级纪检监察机关认真贯彻落实中纪委五次全会和省纪委四次全会精神，紧紧围绕全市经济建设，大力开展党风廉政建设和反腐败斗争，领导干部廉洁自律、查办违法违纪案件、纠正部门和行业不正之风、从源头上预防和治理腐败等项工作取得了一定成效。

（李虹卫）

【中共白城市纪委第三次全体会议】 1月19日，召开中共白城市纪委第三次全体会议。市纪委委员27人，出席24人。各县（市、区）纪委书记和监察局长、市直各单位以及中省直驻白城市各单位的纪委书记(纪检组长)71人参加会议。会议由市纪委副书记刘春荣主持。会议传达贯彻了中共吉林省纪委第四次全会精神，总结了2000年全市党风廉政建设和反腐败工作，部署了2001年任务。审议通过市委常委、市纪委书记刘德翔代表市纪委常委会作的《围绕大局，加大力度，努力取得党风廉政建设和反腐败斗争的新成效》的工作报告。

（李虹卫）

【中共白城市纪委第四次全体会议】 11月21日，召开白城市纪委第四次全体会议。市纪委委员27人，出席25人。各县（市、区）纪委书记和监察局长、市直各单位和中省直驻白城市各单位的纪委书记（纪检组长）68人参加会议。会议由市纪委副书记刘春荣主持。会议传达贯彻了中共吉林省纪委第五次全会精神，审议通过市委常委、市纪委书记刘德翔代表市纪委常委会作的《落实〈决定〉精神，大力推进全市党风廉政建设》的报告，并对如何落实中共中央《关于加强和改进党的作风建设的决定》提出具体要求。

（李虹卫）

【全市党风廉政建设和反腐败工作会议】 1月19日，白城市委、市政府召开全市党风廉政建设和反腐败工作会议。市纪委委员、各县（市、区）纪委书记、监察局长、市直各单位主要领导145人参加会议。市委书记王宪林，市委副书记、市长刘润璞，市人大主任李增福，市政协主席刘宝泉，市委副书记岳清友、关德伟、沈贵，市委常委、市纪委书记刘德翔，市委常委蔡玉和、李树文、李殿发、任凤春出席会议。会议由刘润璞主持。会议传达了中共吉林省纪委第四次全会精神，总结了2000年全市党风廉政建设和反腐败工作情况，部署了2001年工作任务。市委书记王宪林作《认真贯彻落实中央纪委和省纪委全会精神，扎实有效地抓好全市党风廉政建设和反腐败斗争》的重要讲话。会议对深入开展党风廉政建设和反腐败斗争提出了明确要求。

（李虹卫）

【全市落实反腐败领导体制工作会议】 3月2日，市委、市政府召开全市落实反腐败领导体制工作会议。各县（市、区）委联系纪检监察工作的副书记和纪委书记、监察局长、市纪委委员、市直各单位和中省直驻白城市各单位纪委书记（纪检组长）101人参加会议。市委副书记岳清友出席会议。会议总结2000年全市落实反腐败重点任务协调组工作情况，表彰市农业局等8个优秀牵头部门和市物价局等4个参加部门。下发《2001年白城市落实党风廉政建设和反腐败重点任务协调组实施意见》，部署工作任务，促进反腐败领导体制和工作机制的进一步落实。

（李虹卫）

【党风廉政建设第一责任人工作调度会】 7月31日，白城市委、市政府召开各县（市、区）党风廉政建设第一责任人工作调度会。各县（市、区）委书记5人参加会议，市委副书记、市纪委书记刘德翔，市委常委、组织部长李树文，市委常委、市委秘书长李殿发，市委常委、常务副市长杨亚杰出席会议。市委副书记、市长刘润璞听取各县（市、区）党风廉政建设第一责任人的汇报，并作重要讲话，要求各级党委第一责任人要切实负起领导责任，抓好本地的党风廉政建设。

（李虹卫）

【全市党风廉政建设经验交流会】 8月22日，市委、市政府召开全市党风廉政建设经验交流会。各县（市、区）委联系纪检监察工作的副书记和纪委书记、监察局长、市直各单位的主要领导和纪委书记（纪检组长）共146人参加会议。市委常委、组织部长李树文，市委常委、常务副市长杨亚杰出席会议。会上镇赉县委、县政府，白城市公安局等5个单位和洮南市胡力吐蒙古族乡党委书记赖福祥介绍经验，白城市国税局、洮南市委书记王曜午等22个单位和个人的经验作书面交流。市委副书记、市长刘润璞出席会议并作重要讲话。

（李虹卫）

【落实党风廉政建设责任制】 2001年，全市建立以各级党委、政府、纪委主要领导“三位一体”为基本框架的抓落实的责任机制。主要是党委领导亲自抓，政府领导两手抓，纪委领导协调抓，层层明确责任，形成“横向到边，纵向到底”的责任制网络，强化了抓党风廉政建设的责任意识，激发了各级领导干部抓责任制落实的主动性和自觉性。

市纪委针对全市反腐败工作实际，把党风廉政建设和反腐败各项任务进行量化分解，制定下发《白城市2001年党风廉政建设责任制考核细则》，确定了任务、目标、完成时限和加减分标准。

检查考核落实党风廉政建设责任制情况。采取平时检查考核与年终集中检查考核的方式进行。12月，市纪委与市委组织部组成检查考核组，全面考核5个县（市、区）党委、政府班子和市直32个重点部门的班子及领导干部落实党风廉政建设责任制和廉洁自律情况。市委书记刘润璞，市委副书记、代市长岳清友，市委副书记、纪委书记刘德翔分别带队进行考核，并分别和各县（市、区）委、人大、政府、政协、纪委5个班子领导进行集体廉政谈心。对考核中问题较多、群众测评位次居后的领导干部进行提醒或诫勉谈话。考核结果以文件形式通报全市。5个县（市、区）纪委组成检查考核组，考核各乡（镇）和县（市、区）直部门领导班子，推动了党风廉政建设责任制的落实。

（李虹卫）

【领导干部廉洁自律】 2001年，开展纠治党员领导干部收送现金和有价证券行为工作。市纪委下发《白城市制止和纠正党政机关及其工作人员收送现金和有价证券行为专项治理工作方案》，成立专项治理工作领导小组，召开专项治理工作会议，并通过《白城日报》，白城电视台、电台进行广泛宣传，向社会公开举报电话，接受群众监督。会同市经贸委、中国人民银行白城市中心支行、市国税局、市地税局等部门联合与全市12家较大商店、商场分别签约，禁止印制发售和使用代币券（卡），并加强监督检查，先后在元旦、春节、“五 一”、“十 一”前后，到工商大厦、金百合超市、新世纪购物广场及领导干部集居地等场所明察暗访，严肃查处了白城市金百合超市违纪发售5万元代币券问题。全市有182名领导干部拒收现金和有价证券90.46万元，有15名领导干部上交无法退回的现金和有价证券11.5万元。

大力解决公款大吃大喝问题。党政机关、事业单位的公务接待继续实行定招待地点、定招待额度、定招待范围、定招待标准，不准同城宴请、不准私客公请、不准接受可能影响公务的宴请，凭财政、审计、监察部门联合印制的发票公开入账的管理办法，下发《2001年市直机关、事业单位招待费定额指标》，重新核定招待费定额，并会同审计、财政等部门加强检查、抽查，防止违反规定公款大吃大喝问题的发生。在乡镇实行“招待费用包干到人”制度。即根据乡镇距县城的远近等实际情况，分别不同档次核定每个乡镇的招待费用额度，分解落实到每个领导干部，超支自付。取消917个村小食堂，实行接待派饭制，每年可节省村级招待费600多万元。市纪委、监察局组织两次专项检查和明察暗访，并召开调度会和经验交流会，推动了这项工作的贯彻落实。

狠刹领导干部借机敛财的不正之风。市、县两级纪委分别下发《关于严禁领导干部借婚丧事、子女升学、当兵之机敛财的通告》，在学生升学前、征兵前和结婚高峰期，通过向家长发公开信，在新闻媒体发布公告等形式重申纪律。全市接到群众举报70件，查处借机敛财案件25件、25人，收缴敛财款6万余元。全市纪检监察机关检查婚事动用公车情况18次。对查出顶风违纪、婚事动用的100余辆公车，通过新闻媒体公开曝光，并批评教育其单位领导及司机。认真贯彻落实领导干部廉洁自律其他各项规定。调查公示县（处）级以上领导干部住房情况，调查县（处）级以上领导干部配偶、子女经商办企业、领导干部公款出国出境旅游、公款配备住宅电脑、公款支付上网费用情况，未发现违纪问题。

（李虹卫）

【查办违法违纪案件】 2001年，全市各级纪检监察机关采取主动出击办案、协调司法机关联合办案、深入基层指导办案，以及建立办案奖励机制等有效措施，使查案工作保持良好的发展势头。全市各级纪检监察机关立案查处各类违纪违法案件826件，比2000年上升12.8%。其中，大案要案318件，占立案总数38.5%，上升23.89%。在大案要案中，万元以上案件187件，上升23.8%。县（处）级干部案件11件，乡（科）级干部案件94件，结案率98.8%。处分违纪违法党员干部、监察对象及其他人员793人。其中，县（处）级干部11人，乡（科）级干部90人，移交司法机关追究刑事责任的10人。为国家和集体挽回经济损失384.32万元。

（李虹卫）

【预防和治理腐败】 行政审批制度改革工作。2001年，市、县纪委监督检查省政府颁布取消的277项审批项目的落实情况，调查摸底市、县两级政府设立的行政审批项目情况，组织各部门对审批事项的保留、合并和取消提出初步意见。市、县（市、区）两级行政审批制度改革领导小组办公室组织力量对审批事项进行审核清理，审核清理后提交政府常务会议讨论审定。市纪委在洮南市进行行政审批制度改革试点，成立行政审批服务中心，首批进入审批服务中心集中办公的部门和单位27个，设立办公窗口21个，办理审批服务项目60余项。

财政制度改革工作。市纪委、监察局会同财政部门，对市公安局、市国土局等10个部门实行综合财政预算，全年可节省财政拨款200余万元。对市直29个全额拨款事业单位的629人实行工资统一发放，年可节约资金3万元。抽查重点单位的财务收支和票据管理使用情况，查出违纪金额312.5万元。全市受理违反“收支两条线”规定的违纪案件7件，收缴违纪款物折合人民币56万多元。

干部人事制度改革工作。市、县（市、区）成立由组织、人事部门牵头的干部人事制度改革领导小组。在大安市进行选拔任用乡（科）级干部实行差额考察和常委会差额票决制试点，在洮北区进行任用干部常委会票决制试点，制定《党政领导班子和领导干部民意测验、民主推荐工作实施细则》。在干部的选拔、任用和管理上实行“三票制”（在干部选拔上，实行“民主推荐票”，民主推荐票不超过50%不予提名；在干部管理上，实行“民主测评票”，民主测评不称职票超过1/3的予以免职；在干部任用上，实行“常委会票决制”）。市、县（市、区）选拔任用干部普遍实行“票决制”。全市对县（处）级干部510人、乡（科）级干部1 669人实行票决制。同时，对新提拔的干部普遍实行纪检监察机关“一票否决制”和任前公示制。全市被一票否决4人，被免职18人。调查处理了在干部选拔任用中，群众有反映的20多名处级干部的问题。

规范政府采购工作。扩大了政府采购范围，加大了监督检查力度，聘请义务监督员9人，保证了政府采购工作的规范运行。全市发布政府采购目录84项，采购额4 398.61万元，节支548.37万元，其中，市直采购2 544.75万元，节支304.9万元。

会计委派工作。白城市会计管理办公室会同财政、人事等部门，在市直19个行政机关和16个事业单位设立35个会计工作站。35名委派会计编制，全部从被委派单位划拨给市会计管理办公室。本着“任人唯贤、优中选优”的原则，采取选调与公开选聘相结合的办法，从现职的财会科长、副科长和主管会计中选调19人，公开招考10人。市直35个会计工作站成立后，撤销其下属单位财会科62个，减少会计人员62人；撤销账户72个，合并保留账户73个；制止和纠正违反财经纪律的问题159件。到2001年底，全市80%的乡（镇）实行村账乡管，50%的乡（镇）实行乡（镇）级财务统管，县（市、区）直属机关和事业单位会计委派工作在机构改革中全面实行。会计委派工作的作法得到省纪委、省监察厅、省财政厅的充分肯定，省纪委用《吉纪办通报》（26期）转发全省。

领导干部任期经济责任审计工作。市纪检监察机关会同审计、组织等部门对全市312个单位开展任期经济责任审计。其中正处级领导干部审计37人，乡（科）级领导干部审计255人，企业法人审计50人。对审计中发现国有资产流失、私设“小金库”、漏缴税金、挤占挪用专项资金等7个方面的问题，进行了纠正和处理。根据审计结果，晋升22人，平调205人，降职34人，免职18人，处分7人。

（李虹卫）

【党员干部的教育和监督】 2001年，全市加大反腐倡廉宣传教育力度。组织全市党员干部认真学习邓小平关于党风廉政建设和反腐败理论、江泽民“三个代表”重要思想及党纪条规、行政法规；总结一批助夫保廉的“廉内助”典型，在全市开展“廉内助”主题教育活动；利用成克杰、胡长清等反面典型开展警示教育；在《白城日报》举办“金融杯”反腐倡廉征文活动，在白城电台开辟《廉政之声》栏目，在白城电视台开辟《瀚海廉政潮》栏目，共刊播稿件500余件，其中省级以上新闻单位刊播近百件。还在白城电视台黄金时段连续10个多月播出“手莫伸，伸手必被捉”反腐倡廉公益广告。各县（市、区）纪检监察机关充分利用新闻媒体，开展多种形式的宣传教育活动，提高了党员干部廉政勤政意识。

加强对党员干部的监督。实行一把手不准直接管理单位财务，改由副职分管，一把手主要监督管理的办法，有效地制约了乱签条子、乱花钱的现象。加强对党员干部“八小时”以外的监督。明确了“八小时”以外的行为规范，业余时间要认真接受街区党组织的管理监督。驻街区单位党组织、纪检监察组织定期深入居民中了解党员干部生活等情况，如实记载、备案，对发生的问题及时和党员干部所在单位沟通，年末做出综合鉴定，向其单位反映。把党员干部的业余活动置于党组织的监督之下，使其不犯错误或少犯错误。

（李虹卫）

【大安市人民保险公司原经理徐德翔等人贪污案】 2月23日，市纪委与市检察院、市审计局组成联合调查组，历时月余，查清了大安市人民保险公司自1993年以来，采取作假理赔卷宗、虚作理赔款和变卖固定资产不入账等手段，提取账外资金，私设小金库近1 000万元，并以展业费、手续费、招待费等支出为名，贪污、行贿、送礼和私分。其中，原经理徐德翔贪污7.2万元；原财务科科长王淑云贪污7.5万元、挪用公款20余万元；该公司驻红岗采油厂营业部原主任纪广强贪污3.3万元；办公室原主任陈景秋贪污1.1万元。以上4人被逮捕，王淑云被开除党籍，判处有期徒刑10年；纪广强被开除党籍，判处有期徒刑3年，缓刑5年；徐德翔被开除党籍，判处有期徒刑2年6个月，缓刑3年；陈景秋被免于刑事处分。此案涉及金融、粮食、铁路、油田等系统和长春、松原、白城等地的20多个部门和单位30余人，收缴赃款和违纪款200余万元。

（李虹卫）

【通榆县人民保险公司原经理秦令魁等人贪污案】 2001年，市纪委接到群众举报通榆县人民保险公司原经理秦令魁、现任主持工作副经理刘冠奇、财务科科长秦绪杰及内勤人员王东旭贪污问题。市纪委、市检察院、市审计局联合调查组历时7天，查清了秦令魁于1995年至2000年，任通榆县人民保险公司经理期间，采取作假理赔卷宗、虚作理赔、变卖固定资产不入账等手段，套取资金168万元列账外，用于吃喝招待、送礼等。其中，秦令魁贪污2.39万元，刘冠奇贪污3.2万元，秦绪杰贪污2.05万元，王东旭贪污8.838万元。秦令魁被开除党籍、解除劳动合同，判处有期徒刑3年，缓刑5年；刘冠奇被开除党籍、开除公职，判处有期徒刑3年，缓刑5年；秦绪杰被撤销职务，免于刑事处分。

（李虹卫）

【通榆县电信局局长任正平、办公室主任臧春生贪污、挥霍公款案】 2000年9月，市纪委与市检察院组成联合调查组，历时年余，查清了任正平在任通榆县电信局局长期间，1997年至2000年3月，与办公室主任臧春生，以开假发票的手段，将单位131.119万元套出列账外，除为单位支付多种费用外，任正平贪污53.7万元，臧春生贪污17万元。2人仅嫖娼就挥霍掉公款5万余元。2001年11月29日，任正平被开除党籍、开除公职，判处有期徒刑15年；臧春生被开除党籍、开除公职，判处有期徒刑10年。

（李虹卫）

【省委常委、省纪委书记吴广才来白城市调研】 7月26日至27日，省委常委、省纪委书记吴广才来白城市调研党风廉政建设和反腐败工作，听取了市委副书记刘润璞和市委副书记、市纪委书记刘德翔的工作汇报。吴广才对白城市经济建设和社会各项事业发生的巨大变化、对白城市党风廉政建设取得的显著成效给予了充分肯定。吴广才一行还视察了白城市会计管理办公室，深入了解实行会计委派制情况，认为白城市会计工作改革走在全省的前列。吴广才还视察了吉林省白城纺织股份有限责任公司等国有工业企业及民营企业的生产运营情况和城市建设情况。省纪委常委、省纪委秘书长吴鹏举陪同调研，白城市委副书记刘润璞，市委副书记、市纪委书记刘德翔陪同视察。

（李虹卫）

2001 年白城市纪检监察机关处分人员情况表

单位：人

		处分人员职务情况					处分人员分布情况										
		处分人数	县处级	乡科级	一般干部	其他人员	党务机关	政府机关	人大机关	政协机关	审判机关	检察机关	人民团体	事业单位	企业单位	农村	其他
合计		793	11	90	221	471	10	129	—	—	9	3	3	147	208	278	6
其中	党员	551	11	90	159	291	10	105	—	—	8	3	3	88	85	246	3
	监察对象	253	8	66	174	5	—	124	—	—	—	—	—	85	44	—	—
党纪处分	小计	474	9	73	112	280	10	72	—	—	5	2	3	62	75	243	2
	警告	250	3	36	57	154	5	35	—	—	3	1	1	35	32	137	1
	严重警告	135	4	24	32	75	4	23	—	—	1	1	—	18	20	67	1
	撤销党内职务	16	—	2	2	12	—	3	—	—	—	—	1	—	—	12	—
	留党察看	25	—	1	7	17	—	2	—	—	—	—	—	4	3	16	—
	开除党籍	48	2	10	14	22	1	9	—	—	1	—	1	5	20	11	—
政纪处分	小计	347	3	25	119	200	—	65	—	—	4	1	1	90	143	39	4
	警告	72	2	7	34	29	—	26	—	—	2	—	—	22	22	—	—
	记过	80	—	6	30	44	—	13	—	—	1	—	—	29	28	9	—
	记大过	44	1	5	22	16	—	14	—	—	1	—	—	11	17	1	—
	降级	9	—	—	6	3	—	1	—	—	—	—	—	5	3	—	—
	撤职	58	—	4	19	35	—	8	—	—	—	1	1	11	4	29	4

续表：

		处分人员职务情况					处分人员分布情况										
		处分人数	县处级	乡科级	一般干部	其他人员	党务机关	政府机关	人大机关	政协机关	审判机关	检察机关	人民团体	事业单位	企业单位	农村	其他
政纪处分	开除留用察看	37	—	—	5	32	—	—	—	—	—	—	—	8	29	—	—
	开除	47	—	3	3	41	—	3	—	—	—	—	—	4	40	—	—
其中受双重处分人数		28	1	8	10	9	—	8	—	—	—	—	1	5	10	4	—
免予处分		44	2	10	14	18	1	11	—	1	—	—	—	14	4	13	—
移送司法机关		10	—	1	4	5	1	3	—	—	—	—	—	1	3	2	—
刑事处理		53	—	4	14	35	1	8	—	—	1	—	—	10	31	2	—
组织处理		29	—	7	13	9	—	14	—	—	—	—	—	5	6	4	—

（李虹卫）

2001年白城市纪委、监察局印发党政纪条规及案件通报表

文件编号	印发时间	发文机关	文件标题
白纪 [2001]5号	2001年3月27日	纪委、监察局	市直纪检监察机构2000年立案查办违法违纪案件和处理信访问题情况通报
白纪发[2001]13号	2001年4月16日	纪委、监察局	白城市纪委监察局信访工作责任追究制度（试行）
白纪发[2001]14号	2001年4月18日	纪委、监察局	关于对市交警支队违规办理驾驶证问题的通报
白纪 [2001]8号	2001年4月23日	纪委、监察局	市纪委本级2000年查案情况通报
白纪 [2001]10号	2001年6月14日	纪委	关于正确认定党员干部监察对象及其他人员违纪错误性质的通报
白纪 [2001]11号	2001年6月21日	纪委、监察局	关于深入基层暗访主动出击查案工作情况的通报
白纪办发[2001]3号	2001年6月25日	纪委	关于严禁党员干部借子女升学之机设宴敛财的通知
白纪 [2001]13号	2001年7月26日	纪委、监察局	2001年上半年案件检查工作情况通报

（李虹卫）

白城市人民代表大会常务委员会

【基本情况】 2001年初，白城市第二届人民代表大会常务委员会（简称市人大常委会）是白城市人民代表大会（简称市人代会）的常设机关，下设办公室，为综合办事机构。在市人代会闭会期间，市人代会下设的内务司法、财政经济、农业与农村、环境与资源保护、教育科学文化卫生、民族侨务外事、人事代表选举委员会受市人大常委会领导。机关编制31人。其中，行政编制28人，工勤编制3人。11月，市直机关机构改革，编制33人。其中，行政编制25人，事业编制3人，工勤编制5人。机构未变。全市有洮北区、镇赉县、通榆县、洮南市、大安市人大常委会。编制112人。92个乡镇设人大主席团，有专、兼职主席、副主席183人。

2001年，市人大常委会以江泽民"三个代表"重要思想为指导，在白城市委领导下，坚持以经济建设为中心，依照宪法和法律规定，决定本行政区域内的重大事项，监督白城市人民政府（简称市政府）、白城市中级人民法院和白城市人民检察院的工作，任免地方国家机关工作人员，开展视察、检查工作，为白城社会和经济发展作出了积极贡献。

（李秋田）

【白城市第二届人民代表大会第三次会议】 2月20日至22日，白城市第二届人民代表大会第三次会议（简称市二届人大三次会议）在白城市白城剧场召开。市二届人大代表314人，出席会议代表288人。会议由大会主席团主持。主席团由51人组成，其中王宪林、李增福、岳清友、关德伟、沈贵、梁秉常、宇梁、栾士贤、葛泽峰、苗长凤为主席团常务主席。会议收到市人大代表议案2件（主席团会议决定转作重要建议），建议、批评、意见23件。会议听取、审议并批准白城市市长刘润璞代表市政府作的《白城市人民政府工作报告》，审查和批准《白城市国民经济和社会"十五"计划纲要》，听取、审议并批准白城市计划委员会主任隋喜受市政府委托作的《白城市2000年国民经济和社会发展计划执行情况与2001年计划草案的报告》，白城市财政局局长曹海林受市政府委托作的《白城市2000年预算执行情况和2001年预算草案的报告》，市人大常委会主任李增福代表市二届人大常委会作的《白城市人民代表大会常务委员会工作报告》，白城市中级人民法院院长卢炳建作的《白城市中级人民法院工作报告》，白城市人民检察院检察长王绍哲作的《白城市人民检察院工作报告》。

（李秋田）

【市人大常委会会议】 1月16日，召开市二届人大常委会第十四次会议。出席会议的市人大常委会组成人员21人。会议由市人大常委会主任李增福、副主任葛泽峰分别主持。会议通过《白城市人民代表大会常务委员会关于召开白城市第二届人民代表大会第三次会议的决定》，关于市二届人大三次会议有关事项，《白城市二届人大常委会代表资格审查委员会关于补选市二届人民代表大会代表的代表资格的审查报告》，《白城市人大常委会关于接受吕克梁辞去市二届人大常委会委员职务的决定》。任命王竹石为白城市卫生局局长。

3月7日，召开市二届人大常委会第十五次会议。出席会议的市人大常委会组成人员20人。会议由市人大常委会主任李增福、副主任宇梁分别主持。审议通过《白城市人大常委会2001年工作要点》；审议《白城市人大常委会关于抗灾保畜的视察报告》。任命张瑞莹为洮北区人民检察院检察长，张绍福为通榆县人民检察院检察长。

4月13日，召开市二届人大常委会第十六次会议。出席会议的市人大常委会组成人员23人。会议由市人大常委会主任李增福、副主任梁秉常分别主持。任命杨亚杰、曹宇光为白城市人民政府副市长。免去王林祥白城市司法局局长职务。

4月24日，召开市二届人大常委会第十七次会议。出席会议的市人大常委会组成人员21人。会议由市人大常委会主任李增福主持。通过《关于接受蔡玉和辞去白城市人民政府副市长职务请求的决定》。

5月30日，召开市二届人大常委会第十八次会议。出席会议的市人大常委会组成人员25人。会议由市人大常委会主任李增福、副主任栾士贤分别主持。听取、审议并批准《白城市2000年财政决算的报告》，听取和审议《关于2000年白城市同级预算执行和其他财政收支的审计工作报告》、《白城市人大代表评议文化局工作方案》。任命蔡冰等5人为白城市中级人民法院庭长、副庭长、审判员。免去王志武白城市中级人民法院行政审判庭庭长职务。

7月11日，召开市二届人大常委会第十九次会议。出席会议的市人大常委会组成人员24人。会议由市人大常委会主任李增福主持。补选高光祖为吉林省第九届人民代表大会代表。

8月11日，召开市二届人大常委会第二十次会议。出席会议的市人大常委会组成人员21人。会议由市人大常委会主任李增福、副主任苗长凤分别主持。听取、审议《白城市2001年上半年国民经济和社会发展计划执行情况的报告》、《白城市“三五”普法依法治理工作和全市第四个法制宣传教育规划启动工作情况的报告》、《白城市人大常委会视察组关于视察水利开发利用情况的报告》。作出《白城市人大常委会关于进一步开展法制宣传教育的决议》。

8月30日，召开市二届人大常委会第二十一次会议。出席会议的市人大常委会组成人员24人。会议由市人大常委会主任李增福主持。任命蔡跃玲为白城市人民政府副市长。免去刘长远白城市水利局局长职务。

9月24日，召开市二届人大常委会第二十二次会议。出席会议的市人大常委会组成人员23人。会议由市人大常委会主任李增福、副主任葛泽峰分别主持。听取、审议《白城市政府关于办理代表建议、批评和意见情况的报告》、《白城市人民政府关于畜牧业发展情况的报告》。作出《白城市人大常委会关于接受刘润璞辞去白城市人民政府市长职务请求的决定》、《关于许可对郧全义采取刑事拘留措施给予确认的决议》。任命岳清友为白城市人民政府副市长、代理市长。市委书记刘润璞到会讲话。

10月12日，召开市二届人大常委会第二十三次会议。出席会议的市人大常委会组成人员25人。会议由市人大常委会主任李增福、副主任宇梁分别主持。任命陈越等11人为白城市人民政府秘书长、各局局长和各委、办主任；陈晓非等2人为白城市中级人民法院副院长、审判委员会委员、审判员。免去翟占奇等10人的白城市人民政府秘书长、各局局长和各委、办主任职务。

12月25日，召开市二届人大常委会第二十四次会议。出席会议的市人大常委会组成人员22人。会议由市人大常委会主任李增福、副主任栾士贤分别主持。听取、审议《白城市政府关于“兴工富市”实施情况的报告》、《白城市中级人民法院关于深化审判方式改革，促进司法公正情况的报告》、《白城市人民检察院关于履行法律监督职责，维护司法公正情况的报告》、《白城市人大常委会代表评议小组关于评议市文化局工作情况的报告》。补选岳清友、张柏林、张占文、佟国庆为吉林省第九届人民代表大会代表。任命隋喜等11人为白城市发展计划委员会主任、各局局长和各委、办主任；李兴建等3人为白城市人大内务司法委员会、财政经济委员会、教育科学文化卫生委员会副主任委员。免去何煦华市人大常委会副秘书长职务；隋喜等8人白城市计划委员会主任、各局局长和各委、办主任职务。通过《关于接受赵洪瑞、王广生、李贵清、赵锡钧辞去吉林省第九届人民代表大会代表职务的决定》、《关于接受何煦华辞去市人大常委会委员、市人大财经委员会主任委员职务的决定》、《关于接受徐治河辞去市人大常委会委员、市人大教育科学文化卫生委员会主任委员职务的决定》、《关于撤销郧全义市人大常委会副秘书长职务的决定》。听取市人大常委会代表资格审查委员会《关于补选市二届人大代表的代表资格的审查报告》、《关于确认市人大代表辞去代表职务的报告》和《关于罢免郧全义市人大代表职务的报告》。

（李秋田）

【视察工作】 2月27日至28日，市人大常委会副主任葛泽峰率市人大常委会视察组，到通榆县、洮南市视察抗旱保畜工作。视察组建议：抗灾保畜工作不可松懈；结合“三个代表”重要思想学习教育活动，全面推动抗灾保畜工作；抗灾保畜要突出重点；动员方方面面力量，加快抗灾保畜工作进度；做好今春防疫工作；认真总结好经验教训。

6月5日至7日，市人大常委会副主任葛泽峰率市人大常委会视察组，到通榆县、镇赉县、大安市、洮北区视察全市水资源开发利用情况。市政府副市长曹宇光陪同视察。视察组提出建议：提高认识，转变观念，高度重视水资源问题；加强水利设施建设，充分发挥工程效益；有效开发水资源，提高过境水利用程度；采取积极措施，节约和计划用水；加强水污染治理，切实保护水环境；强化法制，依法加强水资源管理。

9月12日至13日，市人大常委会副主任宇梁率视察组，视察白城市查干浩特旅游开发区，莫莫格国家级自然保护区，镇赉林场、种马场、聚鑫宾馆及白城市区开发建设情况。

12月10日至12日，市人大常委会组织部分省、市人大代表开展集中视察活动。市人大常委会主任李增福、副主任栾士贤参加视察。李增福在视察白城经济开发区时提出：要充分利用自身优势，进一步抢抓机遇；要全面落实发展目标，努力提高白城经济开发区建设水平。栾士贤副主任在视察工业企业时指出：要以项目开发为重点，全方位推进招商引资工作。要大力开展技术改造和科技创新，不断增强企业发展后劲。要进一步深化企业改革，提高企业的竞争能力和自我发展的能力。

（李秋田）

【检查工作】 8月17日，市人大常委会副主任栾士贤率市人大环境与资源保护委员会全体委员回查全市芦苇产业。肯定了市政府有关部门落实检查意见取得的成绩，提出了芦苇产业发展中存在的问题。

10月28日，市人大常委会副主任宇梁率有关人员到洮北区，检查贯彻实施《中华人民共和国档案法》和《吉林省档案管理条例》情况。

12月19日至21日，市人大常委会副主任栾士贤、葛泽峰率市人大环境与资源保护委员会、农业与农村委员会部分委员，检查贯彻执行《吉林省人大常委会关于禁止猎捕陆生野生动物的决定》情况。检查组提出建议：要进一步广泛宣传，常抓不懈；要继续加强领导，明确责任；要密切合作，加大打击力度。

（李秋田）

白城市人民政府

全市重点工作及其进展情况

【国民经济增长较快】 2001年，全市国内生产总值83.3亿元，其中，第一产业增加值29.5亿元，第二产业增加值26.1亿元，第三产业增加值27.7亿元，分别比2000年增长13.5%、8.0%、19.9%和14.0%。固定资产投资28.2亿元。全口径财政收入6.15亿元，分别比2000年增长41.3%和18.9%。城镇居民人均可支配收入4 309元，农民人均纯收入1 280元，分别比2000年增长3.7%和4.9%。

围绕加快兴工富市，着力提高经济运行质量，工业整体效益创历史新高。全市工业总产值57.9亿元，规模以上工业利税4.1亿元，利润1.83亿元，分别比2000年增长11.8%、37.6%和73.6%。其中地方工业利润1.42亿元，比2000年增盈133%。经济效益提高幅度居全省各市、州之首。基本完成全市国有企业改制的阶段性任务，基本消灭停产半停产企业，基本消除亏损大户企业。

围绕发展生态效益农业，积极推进增长方式转变，农业在大灾之年取得可喜成果。全市农林牧渔总产值53.2亿元，粮食总产量129.87万吨，分别比2000年增长9.7%和1.9%。造林18.9万亩，植生态草10.7万亩；新打机电井1 050眼；牛发展到40万头，羊发展到295万只，禽发展到3 000万只。面对有气象记录以来最严重的旱灾，市委、市政府带领全市人民奋力抗灾，组织市县两级千人抗灾自救工作队深入灾区，帮助群众解决生产生活中的实际困难。抗灾自救期间，全市多种经营收入6.3亿元。

围绕搞活商贸经济，努力开拓国内外市场，内外贸易取得新进展。外贸出口额1 900万美元，比2000年增长16%；实际利用外资497万美元，销售粮食68万吨，销售地方品牌卷烟7 500大箱。社会消费品零售总额45.1亿元，比2000年增长11.5%。

（孙宏剑）

【各项改革不断深化】 2001年，坚持建立市场经济体制的方向，积极推进国有企业改革。在总结市直工业交通国有资本营运决策会议成功做法基础上，相继成立市直城市建设、农林水利、文化教育等国有资本营运决策会议，并开始运营。85%的国有大中型工业企业完成公司制改造，95.7%的中小企业实行放开经营，87%的国有大中型企业实现改革脱困目标。全市国有工商企业改制面达96.1%，居全省各市、州之首。

按照省委、省政府的部署，精心组织实施政府机构改革。政府工作部门精简17%，人员编制精简30%。26个部门调整职能110项，13个执法执纪部门增加职能42项，13个部门下放给企事业和社会中介组织，取消职能67项。积极稳妥地推进县、乡机构改革，精心组织了撤乡并镇工作。

稳步推进城镇医疗保险制度和医药、卫生体制改革。全面启动基本医疗保险，参保单位548个，参保职工8.6万人，医疗保险基金收缴率95.4%。白城市在全省第三个完成卫生监督和疾病预防控制体制改革，分别组建市及县（市）两级卫生局卫生监督所、卫生监测检验中心、疾病预防控制中心、白城市结核病防治研究所。实施了药品生产企业GMP改造。推行医疗药品集中招标采购试点工作初见成效。

（孙宏剑）

【结构调整步伐较大】 2001年，调整产业结构，突出发展第二产业，把工业作为发展重点。通过调整企业组织结构、技术结构和产品结构，优势产业聚集度明显提高，纺织、汽配行业产值占工业总产值比重47.6%，比2000年提高5.8个百分点。全年累计完成技改投资4.26亿元，投资额创历史最好水平。新产品产值率17.1%。调整农业结构，坚持以市场为导向，以农民增收为核心，推进生态效益农业发展。种植业实现三元结构，粮食、经济、饲料作物比例达5∶4.5∶0.5。全市万元田（棚）发展到8.1万户，占农村总户数的30%。大力发展品牌农业，农产品获各种奖牌189个，其中“中国北京国际农业博览会”（简称“北京农博会”）认定的名牌产品6个；“中国长春国际农业·食品博览（交易）会”（简称“长春农博会”）名牌产品77个，居全省各市、州首位。有13种产品获得绿色食品标志使用权。积极发展订单农业，种植业签订供销合同27.7万公顷，比2000年增长10%；畜牧业签订供销合同98.9万头（匹）。全面推进生态示范区建设。实行了草原禁牧。加快发展社会化服务组织，全市专业合作社、村级综合服务站和各类协会发展到393个。调整所有制结构，积极动员社会各方面力量，启动民间资本，重点发展民营经济，建立了民营经济发展区。个体工商户和私营企业比2000年分别增长20%和29.7%。调整市场结构，围绕区域商贸中心城建设，积极实施市场开拓工程，投入市场建设资金1.2亿元，新建大型市场15个，扩大、发展了一批专业批发市场，增强了辐射带动功能。

（孙宏剑）

【对外开放成果显著】 2001年，加大招商引资力度，先后组织参加了“广交会”、“港洽会”、西安召开的“中国东西部合作与投资贸易洽谈会”（简称“西交会”）、“天交会”、“厦洽会”和全省赴京津鲁经贸交流等大型招商引资活动，成效明显。全年完成招商引资项目502个，实际到位资金24.9亿元，比2000年增长18.9%。组织群众走出去，发展劳务经济，全市劳务输出30.5万人，创收6.5亿元。采取灵活方式，多渠道招贤引智，引进各类人才259人，引进“智力”263人次。

开发区建设迈出新步伐。白城经济开发区国内生产总值15 260万元，固定资产投资23 477万元，财政收入600万元，分别比2000年增长33.1%、34.3%和50.0%。大安经济开发区、白城民营经济发展区取得新进展。

（孙宏剑）

【生态旅游业发展较快】 2001

年，全市旅游开发建设投入 3 500 万元。重点建设查干浩特旅游开发区，建成 38 个蒙古包的民俗村、跑马场、狩猎场、钓鱼台、码头等一批重点设施，新建别墅 7 栋已营业 3 栋。加强了向海和莫莫格国家级自然保护区、五间房水岛乐园、森林公园等景点的建设和完善。开通旅游线路 20 多条。全年来白城市观光的域外游客 49 万人次，创收 1.68 亿元，比 2000 年分别增长 63%和 40%。

（孙宏剑）

【基础设施建设明显加快】 2001 年，全市抓住国家实行积极财政政策的机遇，运用市场机制，争取资金和项目，继续开展城市开发建设管理总体战。城市开发建设总投资 31 亿元，其中市区投资 19.5 亿元，比 2000 年增长 20.2%。规划和建设品位、档次、标准上了一个新台阶。市区新建、拓宽、改造道路 19 条，建成海明路步行街等 6 条标准街路，硬化巷道 20 条，进一步方便了群众生产生活。新建住宅 42.2 万平方米，居住环境明显改善。建成客运大厦，方便了旅客出行。扩建改造了市民广场、吉鹤广场，为群众提供了良好的休闲娱乐场所。吉鹤灵苑、鹤城体育馆、三合桥和吉鹤桥及其滚水坝等重点工程如期竣工。全市重点建设工程顺利通过国家建筑安全生产检查验收，在抽检的东北三省六个城市中名列第一名，在全国参加抽检的 60 个城市中名列第十四名。各县（市）按计划保质保量地完成城市开发建设管理任务。公路建设投资 4.1 亿元，建成一、二级公路 155.7 公里。开展村镇（集镇）建设“吉鹤杯”竞赛，村镇建设改造投资 5.8 亿元，新建砖瓦住宅 27 万平方米，农村住宅砖瓦化率 43%；完成公共建筑 16 万平方米、生产建筑 10 万平方米。进一步完善通信设施，移动通信完成模拟转网，实现数字化，通信水平明显提高。

（孙宏剑）

【各项社会事业持续发展】 2001 年，积极推进科技创新，取得各级科技成果 36 项。吉林大学白城学院、吉林大学白城医学院正式挂牌运作。全市高考本科生 3 047 人，占考生总数 48%。开展爱国卫生运动，加强疾病控制、预防保健和血液管理工作，白城市红十字中心血站在全国质量控制检查中被评为“优秀单位”。成功举办了庆祝建党 80 周年《光辉岁月》、纪念白城市’98 抗洪胜利三周年《白城明天更美好》、白城市第八届《草原之夏》等大型文化活动。积极组织参加北京国际马拉松赛、全国九运会、全国和省老年门球赛等大型体育比赛，全市运动员共获金牌 21 枚、银牌 26 枚、铜牌 31 枚。白城电视台在省电视台上稿量实现“五连冠”。在全省城市综合环境整治定量考核中，白城市环境质量指标连续五年名列榜首。计划生育工作达到省一类标准。完成第五次全国人口普查任务，白城市人口普查办公室被评为国家级“先进单位”。《白城市志》（1986－1995）获全省地方志优秀成果一等奖。民族、宗教、侨务、老龄、妇女儿童、残联、红十字会等事业有了新发展，国防后备力量建设、双拥、人防、防震减灾、人工降雨等工作都取得了新成绩。

（孙宏剑）

【社会局面稳定】 2001 年，全市落实了信访领导责任制，认真接待群众来信来访，注重标本兼治，妥善解决了群众通过市长公开电话反映的问题，上访秩序明显好转。加强了社会保障工作，参加省级基本养老保险统筹的企业在职职工 11.6 万人，城镇失业下岗人员有 2.9 万人实现就业和再就业。认真整顿和规范市场经济秩序，查处各类案件 2 599 件，收缴非法物资价值 160 余万元，清缴查补税款 1 515 万元。深入开展同“法轮功”邪教组织的斗争。严厉打击各种刑事犯罪活动，全年破获各类刑事案件 3 039 起，打掉犯罪团伙 128 个，维护了社会稳定。

（孙宏剑）

【民主法制和政府自身建设】 2001 年，全市进一步完善了向市人大报告工作和向市政协通报工作制度。认真执行市人大决议和决定，积极支持市政协及各民主党派、工商联参政议政。邀请市人大代表、政协委员视察重点工作进展情况。认真办理人大代表建议和政协委员提案，全年承办市人大代表建议 24 件；市政协建议案 3 件、提案 84 件，全部办复。认真组织行政执法检查，做好行政复议工作，促进依法行政。开展普法教育，增强了干部群众的法律意识和依法办事的自觉性。积极推行直接办理制、全程服务制、窗口服务制、社会服务承诺制和行政审批制度改革，进一步实行政务公开，加强督促检查，改进了政府工作。开展了经济监督和领导干部经济责任审计工作。认真落实领导干部廉洁自律的各项规定，实行了“一岗双责”责任制，纠正部门和行业不正之风，加大案件查办力度，廉政建设取得新进展。

（孙宏剑）

市长办公会议

【第二十二次市长办公会】 2月3日，召开第二十二次市长办公会议。蔡玉和、曲汉林、王锐、姜凤国、孙柳星、翟占奇出席会议；市政府有关副秘书长和有关部门负责人列席会议。会议由刘润璞主持。会议听取市建委主任赵桂春关于《白城市2001年城市开发建设管理总体战实施方案》的汇报。会议研究决定：1、将公厕建设、道路标牌建设纳入总体战。2、“吉鹤明珠”以市诚基公司为主开发筹建。3、幸福大街的绿化由市交通局负责。

（孙宏剑）

【第二十三次市长办公会】 2月28日，召开第二十三次市长办公会议。蔡玉和、李守田、曲汉林、姜凤国、翟占奇出席会议；市政府有关副秘书长和有关部门负责人列席会议。会议由刘润璞主持。会议听取市体改委主任陈中信关于《白城市政府推行“直接办理制、窗口服务制、社会服务承诺制”实施方案》的汇报，会议研究决定：1、白城经济开发区、建委要首先推行“三制”，其余职能部门都要推行“两制”或“三制”。2、建立招商引资项目审批、个体私营经济注册联合办公大厅。

（孙宏剑）

【第二十四次市长办公会】 4月24日，召开第二十四次市长办公会议。杨亚杰、李守田、曲汉林、王锐、姜凤国、曹宇光、孙柳星、翟占奇出席会议；市政府有关副秘书长和办公室有关人员人列席会议。会议由刘润璞主持。会议决定调整市政府市长、副市长工作分工，并相应明确了市政府秘书长、副秘书长工作分工。会议听取了市财政局局长曹海林关于《调整工资情况》的汇报。原则同意调资安排意见。

（孙宏剑）

【第二十六次市长办公会】 6月16日，召开第二十六次市长办公会议。李守田、曲汉林、王锐、孙柳星、翟占奇出席会议；市政府有关副秘书长和有关部门、洮北区政府负责人列席会议。会议由刘润璞主持。会议同意市体改委提出的市工业交通国有资本营运决策会议更名、人员调整的建议和成立白城市建设产业国有资本营运决策会议的建议。由市编制办公室行文下发。

（孙宏剑）

【第二十八次市长办公会】 8月13日，召开第二十八次市长办公会议。杨亚杰、李守田、曲汉林、王锐、翟占奇出席会议；市政府有关副秘书长和有关部门、洮北区政府负责人列席会议。会议由刘润璞主持。会议听取市公安局局长储鹏关于为刘伟等6人申请记功嘉奖的汇报，会议决定：拟给刘伟、杨玉武通报表扬；谢晓东记二等功；毕崇元、王宇、滕万财记三等功。会议听取市体改委主任陈中信关于《组建查干浩特旅游开发有限责任公司操作方案》的汇报。会议原则通过此方案。

（孙宏剑）

【第二十九次市长办公会】 9月29日，召开第二十九次市长办公会议。杨亚杰、曲汉林、王锐、曹宇光、孙柳星、翟占奇出席会议；市政府有关副秘书长和有关部门、洮北区政府负责人列席会议。会议由代市长岳清友主持。会议听取市教委关于撤销白城农机校建制和白城市第四中学搬迁到白城农机校校址办学有关情况的汇报。会议决定：1、成立领导小组。2、做好人员分流工作。3、做好资产的确定、划拨和分配工作，防止国有资产流失。4、领导小组要与组织部门沟通，保证将农机校现有的副处级以上干部安排好。

（孙宏剑）

【第三十次市长办公会】 10月15日，召开第三十次市长办公会议。杨亚杰、李守田、曲汉林、王锐、曹宇光、陈越出席会议；市政府有关副秘书长和有关部门负责人列席会议。会议由代市长岳清友主持。岳清友代市长传达省政府九届十五次全体会议精神和王国发副省长通报的省级预算审计情况、李介车副省长通报的贯彻落实全国关闭整顿小煤矿安全生产现场会精神、全省整顿和规范市场经济秩序情况。

（孙宏剑）

【第三十一次市长办公会】 11月14日，召开第三十一次市长办公会议。杨亚杰、曲汉林、王锐、陈越出席会议；市政府有关副秘书长列席会议。会议由代市长岳清友主持。会议讨论洮南热电厂债券偿还问题。会议确定：1、白城市政府把中央专项借款借来，用于洮南热电厂偿还吉林省国际信托投资公司债券。2、洮南市政府要积极帮助洮南热电厂研究其余4 000多万元债券的偿还问题。3、成立接待债民上访领导小组。

（孙宏剑）

市政府常务会议

【第十三次政府常务会议】 2月7日，召开第十三次政府常务会议。蔡玉和、李守田、曲汉林、王锐、姜凤国、孙柳星、翟占奇出席会议；市政府有关副秘书长和有关部门、洮北区政府负责人列席会议。会议由刘润璞主持。会议研究抗灾保畜、城市基础设施使用管理等项工作。会议原则通过了有关部门的报告。

（孙宏剑）

【第十四次政府常务会议】 3月19日，召开第十四次政府常务会议。蔡玉和、李守田、曲汉林、王锐、孙柳星、翟占奇出席会议；市政府有关副秘书长和有关部门负责人列席会议。会议由刘润璞主持。会议听取市政府秘书长翟占奇传达全省社会保障工作会议、民政工作会议、办公自动化工作会议、司法行政工作会议、人民防空工作会议、民族宗教工作会议、体改工作会议精神。

（孙宏剑）

【第十五次政府常务会议】 6月16日，召开第十五次政府常务会议。李守田、曲汉林、王锐、孙柳星、翟占奇出席会议；市政府有关副秘书长和有关部门负责人列席会议。会议由刘润璞主持。会议听取市体改委主任陈中信《关于加快启动白城市民营经济发展区调查情况的汇报》。会议决定：1、市民营经济发展区加挂白城经济开发区配套区的牌子，由洮北区委、区政府领导。2、重新组建民营经济发展区领导班子。3、民营经济发展区要与新建乡分开。4、调整民营发展区范围。5、民营经济发展区实行特殊政策。6、要支持民营经济发展区的发展。

（孙宏剑）

【第十六次政府常务会议】 12月11日，召开第十六次政府常务会议。杨亚杰、李守田、曲汉林、王锐、姜凤国、蔡跃玲、陈越出席会议；市政府有关副秘书长和有关部门负责人列席会议。会议由代市长岳清友主持。会议听取市政府法制办公室主任张志国关于《白城市民营经济发展区优惠政策》的汇报，并原则通过。

（孙宏剑）

市政府办公室工作

【基本情况】 2001年初，白城市人民政府办公室（简称市政府办公室），设秘书科、综合科、调研科、信息科、议案科、督查室、人事科、行政科、财会科、接待办公室、党委办公室。编制62人。其中，行政编制51人，工勤编制11人。11月，市直机关机构改革，设秘书科（市政府总值班室）、综合科、文电科、调研科、信息科、督查室、建议提案工作科、市长公开电话办公室、政务公开办公室、办公自动化管理科、人事科、接待办公室、财务科、行政科。编制66人。其中，行政编制41人，工勤编制25人。事业科室有市政府办公自动化管理中心、市政府总机、。编制21人。辖白城宾馆、市政府办公室机关房产处、市政府机关幼儿园、市政府机关液化气站，编制253人。全市有洮北区、镇赉县、通榆县、洮南市、大安市人民政府办公室，编制236人。

2001年，市政府办公室紧紧围绕市委、市政府的中心工作，认真做好文秘、综合、信息、督查、接待、财务、行政工作，为市政府机关服务，为市领导服务，为群众服务。各项工作取得了较好的成绩，为白城市经济和社会实现跨越式发展做出了贡献。超额完成市委、市政府下达的招商引资任务，被市委、市政府评为2001年度白城市“招商引资先进单位”。

（孙宏剑）

【文电秘书工作】 2001年，市政府办公室收到国务院、省政府等上级机关和各县（市、区）政府，市直各部门文件2 126份，36 895件。市政府和市政府办公室制发文件4万多份，500多万字。缴销文件资料100多万份，文件归档891份，11 479页。较好地完成市政府召开的各种会议160余次的会务工作。组织协调市政府领导公务活动50余次，没出漏洞。完成50余次公务接待工作。健全市政府印信管理制度，严格把关，未出现问题。认真执行保密制度，做好保密工作。

（孙宏剑）

【综合调研信息督查工作】 2001年，市政府办公室为市政府和办公室起草修改文件，领导讲话390件，240万字。围绕市委、市政府中心工作开展调查研究，写出调查报告26份，为市政府领导决策服务。编发《白城信息》158期，《情况参阅》22期，为省政府《政务信息选刊》、《吉林经济信息》、《要情快报》、《信息专报》提供信息700余条。督促检查市政府重要部署落实情况320次，催办、落实、承办市委、市政府领导批示、交办事项5件，办理省政府办公厅下达督查事项7件，编发《通报》、《报告》15份，5万字。

（孙宏剑）

【行政安全保卫工作】 2001年，市政府办公室加强后勤工作，维修办公楼6 000平方米，栽树60棵，种草坪1 800平方米，养花1 000盆。美化了办公环境。

建立健全机关安全保卫制度，不准“三轮车”、外来机动车随便出入市政府。节假日放假期间各单位、各部门安排领导带班、专人值班。机关保卫处加强巡逻检查，确保机关安全。

（孙宏剑）

民族工作

【基本情况】 2001年初，白城市民族事务委员会（简称市民委）与白城市宗教事务局一套机构两块牌子。编制10人，设秘书科、民族科、宗教科。11月，市直机关机构改革，编制11人。其中，行政编制8人，工勤编制1人，事业编制2人。机构未变。全市有洮北区、大安市、洮南市、镇赉县、通榆县民族事务委员会、民族宗教事务局。编制17人。

2001年，市民委围绕市委、市政府中心工作，坚持以经济建设为中心，开展“兴边富民行动”，落实党的民族政策。协调有关部门帮助民族乡村脱贫致富，促进了民族乡村的经济及社会各项事业发展。招商引资147万元，超额完成市委、市政府下达50万元任务。市民委被被吉林省民族事务委员会评为“全省民族宗教工作先进集体”。

（李志贤）

【兴边富民行动】 2001年初，经省“兴边富民行动”领导小组同意，将辖民族乡的镇赉、通榆、洮南、大安4个国家、省级贫困县（市）纳入全省“兴边富民行动”。3月，成立白城市“兴边富民行动”领导小组。7月12日，召开白城市“兴边富民行动”工作会议。市政府副市长李守田出席会议并讲话。会议通报“兴边富民行动”开展情况，部署下步工作。上半年，协调有关部门到国家、省民族事务委员会和省计划委员会专题汇报大安市“无污染纸浆”生产、镇赉县2 000公顷葡萄种植、通榆县向海蒙古族乡旅游开发项目。这3个项目在省计委立项，获国家计委认可，被列入项目库。

（李志贤）

【调研工作】 2001年上半年，市民委调查9个民族乡的民族干部、民族经济、民族教育、少数民族人口及各项事业发展状况。形成《白城市少数民族乡“九五”经济发展状况调查》、《白城市少数民族乡教育情况调查》、《白城市乡（镇）合并中涉及民族乡（镇）问题的几点建议》、《白城市城市少数民族流动人口情况的调查》、《〈城市民族工作条例〉、〈民族乡行政工作条例〉的补充修改意见》，上报市政府。

（李志贤）

【落实民族政策】 2001 年初，市民委检查各县（市、区）贯彻落实市委、市政府《关于进一步加强民族工作的决定》（简称《决定》）情况。10 月至 11 月，与市委督查室、统战部组成联合督查组，由市政协副主席、市委统战部部长王文成带队，督查各县（市、区）贯彻落实《决定》情况。写出《关于督查加强民族工作情况的汇报及建议》，提交市委，保证了市委、市政府对少数民族乡和少数民族优惠政策的贯彻执行。通榆县在财政预算中列入 29 万元作民族事业补助费，解决少数民族事业发展特殊困难。镇赉县财政预算设 11 万元民族教育补助费，用于少数民族寄宿生伙食补助。市民委会同洮南市领导协调省水利厅为胡力吐蒙古族乡解决打井款 700 万元。

（李志贤）

【民族教育、体育竞赛】 8 月，市民委配合市教委组织 22 名民族中、小学生参加全省第四届民族中小学“三语”（本民族语、汉语、外语）基本功竞赛。通榆县向海蒙古族乡乌兰塔拉小学三年级女学生葛红艳获小学低年级第一名，并代表小学低年级参赛学生在闭幕式上用“三语”汇报演讲。7 月，由李守田副市长率队，组团参加全省第三届少数民族传统体育运动会。白城市代表队 30 名运动员参加赛马、摔跤、武术比赛，获金牌 1 枚、银牌 2 枚、铜牌 3 枚。白城市代表团被大会组委会授予体育道德风尚奖。

（李志贤）

【民族干部工作】 2001 年，市民委在市直机关机构改革、调整县（市、区）领导班子、乡镇换届时，为市委组织部推荐少数民族干部提供政策依据。县（市、区）党政班子均配备了少数民族领导干部。全市 2 次公开考试选拔县（处）级后备干部，少数民族干部占一定比例。

（李志贤）

行政监察

【基本情况】 2001 年，白城市监察局（简称市监察局）与中共白城市纪律检查委员会合署办公，一套机构两个名称。市监察局履行政府行政监察职能。

2001 年，全市各级行政监察机关紧紧围绕党委、政府的中心工作，认真履行行政监察职能，强化措施，加大力度，狠抓反腐败各项工作任务的落实，取得明显成效。

（李虹卫）

【查办案件】 2001 年，全市各级行政监察机关采取主动出击办案、协调司法机关联合办案、深入基层指导办案、纪委监察局机关全员办案以及建立办案奖励机制等有效的措施，使查案工作取得了一定成效。全市纪检监察机关受理群众信访举报 2 093 件（次），其中反映行政监察对象的信访举报 796 件（次）。立案查处各类违纪违法案件 826 件，比 2000 年上升 12.8%。其中，大要案件 318 件，占立案总数的 38.5%，上升 20.5%，结案率 98.8%。处分违纪违法党员干部 793 人。其中，给予政纪处分 347 人，移交司法机关追究刑事责任的 18 人。为国家和集体挽回经济损失 384.32 万元。

（李虹卫）

【纠正行业不正之风】 2001 年，开展减轻农民负担工作。重点开展“四减三清两取消”（减掉专职社主任，减掉村会计，减掉民办教师，减掉超编、借调人员和临时工；清理高息抬款，清理公款配置的交通工具，清理公款配置的通信工具；取消村级伙食点，取消村级招待费）工作。全市减掉专职社主任 1 697 人、村会计 792 人、民办教师 955 人及超编、借调人员和临时工 765 人。清理高息抬款 3 000 余万元，清理交通和通信工具折款人民币 180 余万元。全部取消 917 个村的伙食点。通过“四减三清两取消”，全市每年可减轻农民负担 3 000 余万元。同时，采取向乡（镇）长发公开信、建立农民负担监督网络等项工作，加强对减轻农民负担工作日常管理。为有效遏制农民负担反弹，在各县（市、区）普遍自查的基础上，6月19日至23日，市监察局会同市农业局、物价局、财政局开展对减轻农民负担工作的大检查活动，纠正了部分农村中小学统一着装、摊派报刊等加重农民负担的问题，并将检查情况在全市通报。全市查处加重农民负担案件31件，给予有关责任者党政纪处分34人，查出违法违纪金额139.4万元，为集体和农民挽回经济损失131.1万元。

开展纠正医药购销中不正之风工作。市监察局组织召开全市纠正医药购销中不正之风工作会议，部署纠正医药购销中不正之风工作。会同药监、卫生、物价、工商、审计、公安等部门监督检查全市医药市场。会同市药品稽查大队开展医疗用毒性药品、计生药具、医疗器械、过期失效药品、兽药用作人药以及中药材质量专项检查8次，检查药品生产企业14户，药品经营企业230户，医疗单位52户。抽验药品604件，端掉非法经营药品黑窝点2个，打击游医药贩20起、42人次，没收假劣药品和医疗器械432个批次、621种，价值14.3万余元，查处假劣药品价值102.3万元，行政处罚38.8万元，销毁假劣药品价值263.3万元。药品价格平均下降20%左右。减轻社会医药费用负担1 900多万元。认真落实《白城市药品购销“四统一”管理暂行办法》，对全市药品生产、经营企业和医疗卫生单位的药品购销实行统一编制购药计划、统一购药渠道、统一药品监督监测、统一药品价格管理的“四统一”管理办法。协调物价部门，依法向社会公布400多种常用药品价格目录。与药监、卫生、物价部门联合制定发布统一的药品购货渠道目录和价格目录，规定153种常用药品的购货渠道。各县（市、区）也制定了统一的药品购货渠道目录和价格目录。全市二级以上医院全面实行药品分开核算、分别管理制度。市监察局在镇赉县进行药品集中招标采购代理机构试点，在白城市中心医院召开药品集中招标采购大会，邀请各县（市、区）卫生、医药、监察及全市二级以上医院负责人进行现场观摩。全国26个省、市、自治区的97户药品生产和经营企业派代表参加大会，有73户企业中标，成交额400多万元。全市组织召开药品集中招标采购大会9次，参加药品生产、经营企业200多户，中标品种500多种，成交4 000余万元，占全部年用药总量60%。可减轻群众用药费用负担400余万元。

开展治理中小学乱收费工作。监督检查国家和省关于治理中小学乱收费政策规定落实情况，召开全市治理中小学乱收费工作会议，制定治理中小学乱收费的措施和办法。5月中下旬，会同市教委、物价局联合检查市教委直属学校和各县（市、区）中小学2000年以来的收费情况，检查各级各类学校52所。其中，小学21所，初中16所，高中11所，大中专学校4所。通过走屯串户，向964名学生问卷调查，与140名学生和90位家长座谈，查阅收费卡等形式，摸清了全市中小学收费情况的底数。制止和纠正了检查中发现的个别教师推销学习用品，个别学校协商性、服务性收费过多，个别学校办理学生保险不够规范等问题。

开展治理公路“三乱”工作。在市委常委、常务副市长杨亚杰的带领下，市监察局会同交通、公安等部门对公路“三乱”问题进行大型检查2次和明察暗访4次，纠正双向检车问题5起，对个别顶风违纪人员给予纪律处分。

（李虹卫）

【执法监察】 2001年，市监察局开展经济发展软环境整治工作。市县两级监察机关会同财政、招商、工商、物价、统计等部门，组成15个联合调查组，4月10日至6月1日，深入到55户个体工商业户、25户个体私营企业、59户域外投资企业、54个重点行业部门和白城经济开发区，采取明察暗访、问卷调查、召开座谈会等形式，全面调查招商引资和发展个体私营经济软环境状况。提出了工作建议和具体的整改措施，为市政府提供了决策依据。市县两级监察机关查处影响经济和社会发展软环境的案件78件。总结了洮南市、通榆县、白城经济开发区、市国土局、建委整治软环境工作的经验，召开全市实行“四制”整治经济和社会发展软环境动员大会，推广白城经济开发区、市国土局、建委典型经验，通报21起典型案件。组建实行“四制”领导小组办公室，协调各牵头部门制定下发实行“四制”的四个具体实施方案，并加强对“四制”落实情况的监督检查。市直各相关部门全面实行“四制”，建立了服务窗口、联合办公窗口。对“瑞光商贸城”、“聚龙建材城”等7个项目实行全程服务。有8个部门在白城电视台公布了社会服务承诺内容，21个部门在《白城日报》公开服务承诺。洮南市成立行政审批服务中心，把审批服务所涉及的27个部门和单位集中在一个办公大厅，设21个窗口，可办理审批服务项目60余项，实行“一站式”办公和“一条龙”服务。

开展“四项资金”（国有企业下岗职工基本生活保障金、失业保险金、基本养老保险金和城市居民最低生活保障金）管理使用情况的执法监察工作。市、县（市、区）专门召开会议安排部署，下发工作方案。市监察局会同市财政、劳动、社保和民政部门，组成检查组，深入到企业、街道办事处和居民家中，调查“四项资金”管理使用情况。市政府分别与5个县（市、区）政府签订责任状，制定相应的考核办法，对“四项资金”实行专户管理、专款专用、封闭运行。制定完善一系列规章制度，规范“四项资金”的管理。对2000年遗留的问题进行整改，查处坐扣下岗职工生活保障金等违纪案件3件。

开展有形建筑市场建设和招投标管理情况的监督检查。市监察局会同市建委进一步健全和完善有形建筑市场的管理制度，制定了工程信息的收集和发布、标底管理、评标定标及驻场监督管理部门、中介机构的职责和工作程序等方面的规章制度，规范了建筑市场交易行为，增强了有形建筑市场工作的透明度，较好地防治了招投标中的舞弊行为。召开全市建设有形建筑市场大安现场会，总结推广大安市政府、建设局和市第二建筑公司的典型经验。开展整顿建筑市场活动，加强对招投标活动的全程监督管理，进一步完善市场功能。全市新开工建设项目143项。其中，公开招投标的138项，公开招标率96.5%。经省建设厅批准，邀请招标5项，占3.5%。对建筑市场进行监督检查，查处建设单位2户，停业整顿3户，并分别给予罚款处理。

（李虹卫）

民 政 工 作

【基本情况】 2001年初，白城市民政局（简称市民政局），编制24人，实有23人。设办公室、优抚科、社会救济科、安置办公室、社会事务科、计划财务科、党委办公室。11月，市直机关机构改革，编制21人，实有20人。设办公室、优抚科、救灾救济和社会福利科、安置科、社会事务和社区建设科、城市居民最低生活保障科、民间组织管理办公室、党委办公室。全市有洮北区、大安市、洮南市、通榆县、镇赉县民政局。编制81人，实有80人。直属事业单位36个，职工564人；民政福利企业10户，职工423人。

2001年，市民政局围绕市委、市政府中心工作开展社区建设，完成白城市第五次村委会换届选举工作。在历史罕见的旱灾之年实现“四有三不”，即灾区群众有饭吃、有衣穿、有房住、有医疗保障（因灾患病能得到及时治疗）；不流浪乞讨、不冻死饿死、不发生意外情况。开创社区福利工作，完善社区服务设施和社会保障工作，落实老兵医疗费，妥善安置退役士兵，维护了社会稳定。在全省民政局长会议上白城市有4项民政工作被评为一流工作：社会化救灾工作；实行退伍兵安置证制度、严格控制非农征集比例工作；行政区域界线管理工作；洮南市双拥工作。全市民政工作在全省初步实现位次前移。

（孙洪河）

【基层组织建设】 2001年初，市民政局制定《白城市村委会第五次换届选举工作方案》，在洮北区2个村进行村委会换届选举工作试点。根据试点情况，2月13日，市政府下发《关于抓紧做好村委会第五次换届选举工作通知》。县（市、区）政府按照要求，成立组织，制定方案，开展宣传，培训人员，学习《中华人民共和国组织法》、《中华人民共和国选举法》，严把政策关。2月至12月，全市917个村，有911个村依法按时完成换届选举工作。其余6个村因灾情严重，未进行换届选举，经批准延期进行。

村委会换届选举后，普遍建立

和完善了三项制度：以村民代表会议为载体的民主议会制度，以村民自治章程为主要内容的民主管理制度，以村务公开为主要形式的民主监督制度。

（许宪友 付群）

【双拥工作】 2001年，市政府召开拥军优属、拥政爱民（简称双拥）工作领导小组六次工作会议和双拥工作联络员会议。1月30日，市委、市政府组成拥军优属慰问团，市委副书记关德伟、副市长曲汉林带队走访慰问驻白城市中国人民解放军师（旅）以上部队官兵和中国人民解放军321医院的部队伤病员及部分优抚对象，赠送价值3 000多元的慰问品。1月31日，白城市党政军主要领导出席在白城军分区举行的迎春团拜会。"八一"前夕，市民政局与白城电视台摄制完成双拥专题片《鹤乡激昂双拥曲》，并在白城、吉林电视台播放，为申报国家级双拥模范城奠定基础。8月中旬，市科委、科协组成科技拥军专家团，与中国人民解放军65373部队有关军事训练技术问题及项目实施对接。市双拥办公室和市委党校将《驻白部队现役退伍军人参加学历教育的优惠办法》发至全市各驻军部队，驻军各部队500多名战士勇跃报名参加市委党校专科、本科函授班学习。10月12日至18日，洮北区政府和白城市广播电视局投资8.5万元，市农村有线电视台负责安装，为镇西驻军雷达站建成高18米的电视地面接收塔。接收塔建成后，由只接收2个频道增加到能接收12个频道。

10月25日，市委办公室、市政府办公室、白城军分区政治部联合下发《科技双拥活动安排意见》，实施效果显著。市区100多个单位和部门，筹集资金10万元，购置科技文化图书1万余册，装备了驻军10个图书馆。白城市金鹏齿轮股份有限责任公司为16集团军某部研制6发教练弹、6套枪弹模拟训练器，为部队节约经费百万元。白城市科达电脑公司无偿为部队提供电脑，培训100多名战士操作微机。全市开通"168"拥军法律服务专线电话，免费为部队官兵和优抚对象提供拥军法规政策咨询服务，年受理电话200多个。到年底，全市共组织慰问团（组）近千个，为驻军办实事1 300多件；驻白城市部队累计为地方办实事、好事500多件，支持地方经济建设百余次；军地组成双拥共建对子1 500对。

1月至11月，全市在《白城日报》，白城电视台、电台发表双拥报道31篇。5月8日，在《吉林日报》头版头条发表白城市双拥工作纪实《双拥鱼水情》。"八一"期间，在白城电视台、电台，《白城日报》开辟《双拥工作》专栏。6名记者历时15天，采访报道双拥先进单位和先进个人。7月8日至8月5日，白城电台播放《中华人民共和国国防法》全文。9月15日，全国第一个全民国防教育日，全市悬挂宣传标语条幅100个，发宣传单600多份。

（孙洪河 许宪友 付群）

【社区建设及服务】 2001年，市委、市政府制定《关于大力推进社区建设工作实施意见》。成立以常务副市长杨亚杰为组长，市直机关23个部门为成员的社区建设领导小组。8月20日，杨亚杰主持召开第一次社区建设工作会议。10月18日，市政府召开全市社区建设工作会议后，各县（市、区）制定社区建设工作方案，确定试点街道。全市484个居民委员会划分为133个社区居委会。

年末，全市有城镇社区服务机构151个。其中，县级服务中心5个，街道社区服务中心22个，社区服务站113个，社区养老院（所）11个。社区从业人员3 394人，其中安置下岗职工1 081人。城镇便民服务网点1 656个，社区服务志愿者1 420人，年经济总量1 800万元，比2000年增长15%。

（许宪友 付群）

【社会团体组织管理】 2001年，市民政局年检和清理整顿全市234个社会团体（简称社团），注销不合格社团14个，对开展活动较差，未按时参加年检的提出了限期整改意见。对54个社团在《白城日报》刊登了拟注销公告。加强了培育农村专业协会工作，全市农村专业协会由85个发展到96个。总结了洮北区红干椒协会、保平乡养鸡协会，大安市四棵树乡养猪协会等为农村经济发展做出重要贡献的典型经验。

（付群 许宪友）

【救灾救济】 2001年，全市在连续三年遭受严重灾害的情况下，又遭受有气象记录以来最严重的旱灾，农作物受灾65.6万公顷。其中，成灾53.3万公顷，绝收13.3万公顷，分别占实播面积97.6%、19.6%；受灾近120万人，其中成灾107万人，分别占全市农业总人口98.6%和88.3%；旱灾造成直接经济损失13.6亿元，其中农业10.7亿元。全市重灾乡镇56个，占乡镇总数60.9%。洮南市北部半山区9个乡镇基本绝收。面对严重灾情，白城市和各县（市、区）政府于10月组织“千人”工作队包扶灾区群众生产、生活，1 205名党政机关干部深入到受灾严重的镇赉县、洮南市的1 813个重灾社，帮助灾民解决生产、生活困难。捐物资折合人民币1 354万元。全市组织30.5万灾民外出打工，创收6.5亿元。广泛开展社会捐赠活动，共捐赠现金530.93万元，衣被6.89万件，蔬菜630.4万斤，粮食1 882吨，烧柴17万车，煤2 230.5吨。全省各地捐赠给灾区衣物24万件。粮食部门开仓借粮21 300吨。各级民政部门争取国家救灾款物及时足额下拨到位。确保了大灾之年灾民“四有三不”。全市无一例因救灾工作不到位而引起的灾民上访案件。9月13日，国家民政部救灾专员柳永生到白城市检查救灾工作，充分肯定了全市救灾工作。吉林省民政厅厅长朱克民说，重灾区白城市由于采取干部包保、劳务输出、开仓放粮等措施，取得了救灾工作胜利。

（许宪友 付群）

【退伍安置工作】 2001年，全市接收2000年冬季退役士兵1 288人。其中，城镇962人，农村326人；立三等功的41人，志愿兵22人，女兵8人。年初，市政府召开全市民政工作会议和全市安置办公室（简称市安置办）主任会议，部署退役士兵安置工作。全市安置办公室调查走访市区近100个单位，掌握了底数。5月17日，市政府下发《关于做好2001年退役士兵安置工作的通知》。5月22日，市政府召开全市退役士兵安置工作会议，副市长李守田部署了全市退役士兵安置任务。5月末，市政府常务会议专题研究安置工作。在安置中，全市接收的962名城镇退役士兵中，符合安置条件的893人，均妥善安置。其中自谋职业的113人，由当地政府发给《自谋职业证书》和一次性自谋职业补助费。无《非农入伍通知书》的69人，取消了安置资格。7月底全市安置工作基本结束。

市安置办完善了安置工作的法制化、规范化建设。在全省率先推行《城镇士兵退伍安置证》制度。同时，正确处理了电业系统子女退役士兵上访事件，解决了滞留3年之久的电业子女退役士兵70多人的安置问题。争取财政资金50万元，兑现了2000年、2001年度城镇退役士兵待安置期间生活补助费。

（付群 许宪友）

【优抚工作】 2000年12月31日至2001年5月30日，开展优抚对象普查工作。经普查全市有重点优抚对象10 566人，比普查前的14 576人下降27.51%。全市重点优抚对象享受生活补助和医疗补助提高标准7 056人，提高标准资金643万元。破产、停产、半停产企业17户的重点优抚对象89人，城镇义务兵家属1 541户，在乡复员军人及革命烈士家属7 225人，市本级在职特困重点优抚对象546人。市政府下发《白城市建立在乡老兵医疗保障体系工作三年规划》，落实了老兵医疗费减免政策。全市老兵每人年均医疗费240元。各县（市、区）建立老兵医疗证制度、定点医疗制度、康复医疗档案管理制度和医疗费审批制度。“八一”建军节期间，全市组织医疗队11支，为老兵义诊、送医、送药1 300人次，投入医疗费11万元。市本级组织医疗队3支，赴3个县（市、区），6个乡镇，送医送药300人次，投入医疗费1万多元。

（付群 许宪友）

【吉鹤灵苑落成】 2001年，在市委、市政府的大力支持下，洮北区政府、洮北区民政局投资1 100万元，易地建成白城市烈士陵园。6月30日动工，10月25日竣工。由白城市建筑设计院设计，占地7万平方米，建筑面积3.75万平方米。

市委书记刘润璞为其题名“吉鹤灵苑”。12月12日，省委书记王云坤视察吉鹤灵苑，给予高度评价。省民政厅副厅长冯明芳说：吉鹤灵苑的建设，打破了过去传统模式，将陵园建设与城市整体建设相融合，走出了一条集陵园、公园一体化综合发展的路子，使革命烈士陵园成为集教育、观赏、休闲、游览为一体的城市景观。这座新陵园的规模、设计、建筑、布局均堪称全省第一。

（孙洪河 付群）

【军供工作】 2001年，白城市军供站共接受军供任务200次。平均年接待过往部队官兵近万人次，军供任务量繁重。白城市军供大厦建设筹备工作基本就绪，拟建设一座占地1 268.8平方米，建筑面积7 621.6平方米的多功能军供大厦，床位260张，预计2003年交付使用。

（付群 许宪友）

【白城市军队离退休干部休养所简介】 白城市军队离退休干部休养所建于1988年。隶属市民政局。位于白城市中兴东大路84－9号。占地4 931平方米。职工15人。其中，专业技术人员2人，干部3人，工人10人。所长张兴文。设办公室、政工室、财务室、管理室、微机室、阅览室、会议室、值班室。有办公楼、军休干部住宅楼各1栋,建筑面积分别为631.4平方米、2 174平方米。

2001年1月,军休所被省民政厅授予“先进军休单位”称号，9月5日，被吉林省委、省政府授予“精神文明建设先进单位”称号。

（付群 许宪友）

【白城市汽车附件厂简介】 白城市汽车附件厂，是洮北区民政局直属福利企业。建于1955年。位于白城市朝阳路155号。占地24 000平方米。职工196人。其中，残疾职工102人，专业技术人员19人。法人代表刘刚利。设生产科、技术科、供销科、财务科、企管科、人事劳资科。主要生产车门铰链，为哈尔滨飞机制造有限责任公司、中国第一汽车集团公司、吉林轻型车厂的6352型、6351型、6330型、6350型的轻型车、微型车、轿车配套。

2001年，安排残疾职工17人和残疾职工家属15人就业。产值1 050万元，利税100万元。1991年被国家民政部评为“扶残助残先进单位”，1995年被吉林省民政厅评为“明星福利企业”。2001年被省委、省政府评为“精神文明建设先进单位”。

（许宪友 付群）

人 事 工 作

【基本情况】 2001年初，白城市人事局（简称市人事局），编制33人。其中，行政编制30人，工勤编制3人。白城市机构编制委员会办公室（简称市编办），编制7人。其中，行政编制6人，工勤编制1人。市人事局设办公室、职称科、计划录用科、职务管理科、考核培训奖惩科、调配科（白城市人事争议仲裁办公室）、工资科、福利科、军官转业安置科（市政府军转工作领导小组办公室）、专家管理科、机关党总支。市编办设机关编制科、事业编制科、事业单位登记管理科。11月，市直机关机构改革，市人事局编制32人，设办公室、职称科、录用职位科、工资福利科、考核培训奖惩科、专家管理科、调配科、军官转业安置科、机关党总支。市编办设机关编制科、事业编制科、事业学位登记管理局。编制11人。市人事局直属白城市暨洮北区人才交流中心（副处级）、军官转业培训中心、外国专家管理局、机关事业单位工人技术等级考试考核中心、科技干部继续教育中心、退休干部管理办公室、干部考试指导中心、职称考试中心。编制33人，实有21人。全市有洮北区、大安市、洮南市、通榆县、镇赉县人事局，编制90人。

2001年，市人事局、编办落实了市政府智力开发引进工程任务。完成了市县乡党政机关机构改革工作，完善了人事管理制度。开展了加强公务员队伍规范化管理、探索专业技术人员科学化管理、实行事业单位登记正规化管理，严肃人事各类考试纪律，强化继续教育措施，提高人才市场功能，改革工资分配制度和突出专家型人才培养和选拔等工作，为全市经济和社会发展提供了人事人才服务。市人事局贯彻为民执政、科学理政、依法行政、从严治政“四政”方针工作经验在省政府召开的经验交流会上书面交流。

（董喜斌　张建华）

【人事制度改革】 2001年，市委、市政府制定《白城市市级党政机关机构改革人员竞争上岗和双向选择实施办法》。在机关改革中，政府各部门坚持干部“四化”（革命化、年轻化、知识化、专业化）方针和德才兼备标准，坚持公开、平等、竞争、择优的原则，通过个人演讲、民主推荐、党组（委）讨论决策等有效形式，确定正副科长岗位人选。通过竞争上岗，政府机关33个部门179人走上正副科长领导岗位，竞争上岗率100%。科级以下公务员岗位的确定全面实行双向选择制度，双向选择率100%。

本着评聘分开的原则，探索职称改革的路子，在企业和自收自支事业单位取消专业技术职务数额的限制，实行够条件即评的办法，评定专业技术资格330人。其中，高级职务70人，中级职务170人，初级职务90人。同时下放职称的聘任权限，把聘任权交给企业和自收自支事业单位。根据市政府关于人才资源开发有关职称评定方面的优惠政策，打破指标、学历、任职时间等条件的限定，破格评审专业技术资格66人。其中，高级职务26人，中级职务40人。

按照省委组织部、省人事厅、省机构编制委员会办公室、省财政厅《关于选拔高校毕业生到农村基层工作有关问题的通知》，市人事局在2001年应届普通高等学校大专以上统招毕业生中开展选拔工作。坚持公开、平等、竞争、择优的原则，采取自愿报名、学校推荐、统一考试、组织人事部门择优录取的办法。全市有117名大专以上毕业生报名，通过考试、考核、体检，录取18人，并进行公示。11月15日前被选拔录取的18名毕业生均安排到岗。重点安排在乡镇政府、村委会、乡村中小学、卫生院和乡镇企业，从事支教、支农、支医、扶贫工作。

（董喜斌　张建华）

【市、县、乡机关机构改革】 8月18日，白城市市、县、乡三级党政机构改革工作启动，经过调查研究、动员部署、具体实施3个阶段，历时4个月，至年底基本结束。改革期间，市委、市政府先后下发《中共白城市委办公室、白城市人民政府办公室关于严格控制机构编制的通知》、《中共白城市委办公室、白城市人民政府办公室关于转发〈白城市机构改革人员分流实施办法〉的通知》、《中共白城市委办公室、白城市人民政府办公室关于转发〈白城市市级党政机关机构改革定岗定员实施办法〉的通知》、《中共白城市委办公室、白城市人民政府办公室关于转发〈白城市市级党政机关机构改革人员竞争上岗和双向选择实施办法〉的通知》、《中共白城市委办公室、白城市人民政府办公室关于印发〈白城市机构改革方案的实施意见〉的通知》、《关于机构改革中涉及编制、人员分流、竞争上岗等方面问题的意见》等相关政策规定。

改革后，市委工作部门设置8个，比改革前减少1个，精简11%，另设部门管理机构4个，市委工作部门的内设机构精简10%左右；市政府工作部门设置34个（监察局与纪律检查委员会机关合署办公，列入政府工作部门序列，不计政府机构个数），比改革前减少7个，精简17%，政府工作部门内设机构精简15%左右。市本级行政编制由1 288人精简为952人，精简26.1%，市级党委、人大、政府、政协、群团机关行政编制分别精简20%、20%、30%、20%、25%。市直29个依照公务员管理部门和具有行政职能事业单位，共精简事业编制58人，其中，财政全额拨款事业编制40人，差额拨款事业编制18人。分流人员73人。

洮北区委工作部门设置7个，部门管理机构2个；政府工作部门设置22个。党政群机关编制总数由1 104人精简为838人，精简24.1%。区委、人大、政府、政协、群团机关编制分别精简20%、20%、30%、20%、25%。洮南市委工作部门设置7个，部门管理机构2个；政府工作部门设置23个。党政群机关编制总数由1 300人精简为990人，精简23.8%。市委、人大、政府、政协、群团机关编制分别精简20%、20%、30%、20%、25%。大安市委工作部门设置7个，部门管理机构2个；政府工作部门设置23个。党政群机关编制总数由

1 475 人精简为 1 126 人，精简 23.7%。市委、人大、政府、政协、群团机关编制分别精简20%、20%、30%、20%、25%。镇赉县委工作部门设置7个，部门管理机构2个；政府工作部门设置 22 个。党政群机关编制总数由 1 142 人精简为 871 人，精简 23.7%。县委、人大、政府、政协、群团机关编制分别精简 20%、20%、21%、20%、25%。通榆县委工作部门设置7个，部门管理机构2个；政府工作部门设置 23 个。党政群机关编制总数由 1 370 人精简为 1 046 人，精简 23.6%。县委、人大、政府、政协、群团机关编制分别精简20%、20%、30%、20%、25%。

全市乡（镇）由2000年的103个精简为 92 个，精简 10.7%；编制由 2000 年的 3 347 人精简为 2 440 人，精简 27.1%。

（龚喜军　张建华）

【机关、事业编制】 2001年，市编办为确保机构改革顺利实施，先后与吉林省机构编制委员会办公室（简称省编办）衔接 10 余次，与全省各市、州沟通 20 余次，向白城市机构改革领导小组汇报 5 次，向市委、市政府领导汇报 20 余次，向市委常委会汇报3次，协调市直 13 个部门制定了关于严肃纪律确保机构改革顺利进行、竞争上岗双向选择、人员分流、国有资产管理等 15 项与机构改革相配套的政策和措施。在调查研究、广泛征求意见的基础上，经过反复讨论、多次修改，完成《白城市机构改革方案》，经省委、省政府批准后下发。在改革方案实施过程中，审核批复了市直机关各部门的“三定”（定职能、机构和编制）方案，检查验收和总结了机构改革工作。审核了各县（市、区）机构改革方案，提出修改意见，报省编办审核备案后批复执行，指导、督促和协调了县、乡机构改革工作。

白城市事业编制工作主要完成了白城电视台、白城有线电视台合并和组建白城广电信息传输有限责任公司及市、县两级卫生局卫生监督所、卫生监测检验中心，疾病预防控制中心、白城市结核病防治研究所等 36 项涉及机构、编制工作。同时，强化了《编制审核通知单》、《事业单位机构编制管理证》和《事业单位人员名库》缺一不可的联动控制手段，严格控制事业单位增编进人。与有关部门配合，完成 2 批 58 个单位的工资统一发放工作。

（龚喜军　郑光华）

【公务员管理及政务公开】 2001年，市人事局根据省人事厅《关于做好 2001 年国家公务员年度考核工作的通知》，年底在全市国家公务员中开展年度考核工作。考核内容主要是德、能、勤、绩四个方面，考核方法是对照年初制定的工作目标责任制完成情况，考核标准由各县（市、区）及市直各部门自行制定。考核结果划分成优秀、称职、基本称职、不称职四个等次，基本称职和不称职的公务员要进行离岗培训。全市参加年度考核的公务员 7 979 人。其中，优秀 1 235 人，称职 6 714 人，基本称职 1 人，不称职 21 人，未定等次 8 人。

为增强公务员计算机应用能力，推进办公自动化，继续培训国家公务员计算机初级应用能力。到年底，市直应参加计算机初级应用能力培训 5 800 人（50 岁以下），实际参加培训并颁发合格证书 5 560 人，占应参加培训人数 95.9%。

逐步规范国家公务员职务管理工作。市人事局先后向市人大递交市长提请报告 6 份，涉及政府工作部门 27 人；向市政府呈送任免文件 10 余份，涉及任免 31 人。同时加强了科级干部任职管理，严格执行公务员条例，按规定程序任免科级职务 437 人（含科级非领导职务 92 人）。

在全市公安系统开展推行公务员制度工作。按照省委组织部、政法委和省编办、人事厅、公安厅联合下发《全省基层公安机关推行公务员制度工作意见》，市人事局在全市公安系统开展推行公务员制度工作。对拟考核过渡为国家公务员人员，采取内部民主测评、群众谈话和外部走访问卷等形式，全面考核近两年来的德才表现和工作实绩。全市基层公安机关考核合格 615 人，过渡为国家公务员。拟考试考核过渡为国家公务员人员，参加省人事厅、公安厅统一组织，统一命题，统一评分的考试。考试合格 270 人，经考核过渡为国家公务员。暂缓过渡为国家公务员的 7 人，不能过渡 74 人。

在白城市监狱劳教系统开展推行公务员制度工作。根据省委组织部、政法委和省编办、人事厅、司法厅联合下发的《全省监狱劳教系统人民警察推行公务员制度工作意见》，全市监狱劳教系统考核过渡为国家公务员 14 人，考试考核过渡为国家公务员 373 人，暂缓过渡 5 人，不能过渡 5 人。其中，白城市监狱考核过渡 8 人，考试考核过渡 236 人，暂缓过渡 3 人，不能过渡 3 人；白城市劳动教养管理所考核过渡 6 人，考试考核过渡 137 人，暂缓过渡 2 人，不能过渡 2 人。

市人事局在干部考试录用、军队转业干部分配、职称评审、专业技术职务资格考试、工人技术等级考试等方面，实行政务公开，全年公示 87 次，公示后，群众未提出意见。

（李殿文　孙桂华）

2001 年白城市事业单位管理人员、技术人员情况表

单位：人

	总数					学历					
		女	少数民族	共产党员	民主党派	研究生	大学本科	大学专科	中专	高中	初中及以下
各类人员总数	46 227	18 236	1 290	11 636	21	3	6 244	15 625	20 233	2 767	1 355
一、各类专业技术人员总数	42 714	16 447	1 142	9 790	19	1	5 639	15 041	18 810	2 192	1 031
其中任中层以上领导职务	2 389	596	76	1 872	8	—	602	1 240	485	50	12
（1）高级职务	1 808	403	27	1 060	8	1	861	540	394	7	5
其中正高级职务	67	9	—	40	1	1	49	14	3	—	—
（2）中级职务	11 558	3 765	286	3 859	7	—	1 964	4 468	4 514	493	119
（3）初级职务	27 600	11 499	779	4 723	4	—	2 734	9 648	12 852	1 480	886
二、各类管理人员总数	3 513	1 789	148	1 846	2	2	605	584	1 423	575	324

（董喜斌　张建华）

2001 年白城市国家公务员情况表

单位：人

	总数					学历					
		女	少数民族	共产党员	民主党派	研究生	大学本科	大学专科	中专	高中	初中及以下
总　　计	8 107	1 321	478	6 256	14	28	1 566	3 429	2 056	802	226
一、白城市直	2 114	338	103	1 479	7	16	538	934	321	248	57

续表：

	总数					学	历				
		女	少数民族	共产党员	民主党派	研究生	大学本科	大学专科	中专	高中	初中及以下
市长	1	—	—	1	—	1	—	—	—	—	—
副市长	7	—	—	7	—	5	2	—	—	—	—
相当市长级职务	2	—	—	2	—	—	1	1	—	—	—
局（处）长	48	2	6	48	—	3	29	15	1	—	—
调研员	21	—	1	21	—	—	13	7	—	1	—
副局（处）长	125	9	8	125	—	4	68	48	4	—	1
助理调研员	70	10	3	67	—	—	33	27	6	2	2
相当局（处）级职务	23	3		23	—	2	8	9	2	2	—
科长	327	41	15	309	4	1	122	153	24	23	4
主任科员	111	25	6	98	1	—	36	48	14	11	2
副科长	113	15	5	100	1	—	36	54	14	8	1
副主任科员	200	37	12	172	—	—	39	75	29	46	11
科员	1 027	192	47	504	1	—	147	488	201	155	36
办事员及其他人员	39	4	—	2	—	—	4	9	26	—	—
二、县（市、区）	3 814	728	260	2 986	6	11	742	1 732	851	379	99
县（市、区）长	5	—	—	5	—	2	2	1	—	—	—
副县（市、区）长	31	3	3	28	—	2	19	10	—	—	—
相当县（处）级职务	12	1	1	12	—	1	7	1	2	1	—
局（科）长	155	9	8	153	—	1	72	59	15	7	1
主任科员	61	2	1	58	—	1	34	21	4	1	—
副局（科）长	480	60	32	460	3	1	156	247	49	21	6
副主任科员	180	33	14	174	—	—	81	65	22	9	3
相当科级职务的	359	32	17	310	2	1	65	144	78	50	21

续表：

	总数					学	历				
		女	少数民族	共产党员	民主党派	研究生	大学本科	大学专科	中专	高中	初中及以下
科员	2 495	585	183	1 781	1	2	304	1 182	652	287	68
办事员及其他人员	36	3	1	5	—	—	2	2	29	3	—
三、乡（镇）	2 179	255	115	1 791	1	1	286	763	884	175	70
乡（镇）长	94	—	9	92	—	—	33	38	23	—	—
副乡（镇）长	290	55	28	283	—	—	57	128	94	10	1
相当乡（科）级职务	241	10	7	237	—	—	11	106	96	19	9
科员	1 550	189	71	1 177	1	1	185	490	668	146	60
办事员及其他人员	4	1	—	2	—	—	—	1	3	—	—

（董喜斌　张建华）

【机关干部事业单位人员增加工资】 6月，根据《国务院办公厅转发人事部、财政部关于调整机关事业单位工作人员工资和增加离退休人员离退休费四个实施方案的通知》和《吉林省人民政府办公厅转发省人事厅、省财政厅关于贯彻国家调整机关事业单位工作人员和增加离退休人员离退休费四个实施方案有关问题补充规定的通知》，从2001年1月1日起，调整国家机关事业单位工作人员工资、增加离退休人员离退休费。8月末，调资审批工作结束。全市党政机关工作人员调资12 257人，月人均增资额107 .5元，月增资总额1 321 236元；事业单位工作人员调资72 114人，月人均增资额115.8元，月增资总额8 392 009.5元；离退休人员增加离退休费15 059人，月人均增加离退休费113元，月增加离退休费总额1 709 470元。

12月，根据《吉林省人民政府办公厅转发国务院办公厅转发的人事部、财政部关于从2001年10月1日起，调整机关事业单位工作人员工资标准和增加离退休人员离退休费三个实施方案的通知》，从2001年10月1日起，调整机关事业单位工作人员工资、增加离退休人员离退休费。

10月1日调整工资标准后，在职人员还按照国家人事部《关于机关、事业单位工作人员正常晋升工资档次办法的通知》，对连续两年年度考核为称职（合格）及以上的，从2001年10月1日起，按本职务（技术等级）所对应的新工资标准晋升一个工资档次。全市党政机关人员调资12 383人，月人均增资额84.5元，月增资总额1 053 699元；事业单位工作人员调资72 045人，月人均增资额89.5元，月增资总额6 468 266元；离退休人员增加离退休费15 086人，月人均增加离退休费85.5元，月增加离退休费总额1 287 803元。

依据《吉林省人民政府办公厅转发国务院办公厅转发的人事部、财政部关于从2001年10月1日起调整机关事业单位工作人员工资标准和增加离退休人员离退休费三个实施方案的通知》，从2001年起，机关事业单位在职工作人员发放年终一次性奖金。凡年终考核称职（合格）以上人员，按本年度12月份基本工资发放奖金。全市发放84 428人，50 656 800元，人均600元。

（王维民　杨贵民）

【职称评聘】 2001年，职称评聘工作采取公开竞争、特殊破格和正常评聘三种形式。为吸引更多的专业技术人员参与公开竞争，在全市5个县（市、区）小学和卫生系列增加用于公开竞争的中级职务数额150个，每个县（市、区）划拨30个。比2000年增长1倍。同时进一步改进公开竞争的录取办法：城区和城区竞争，乡镇和乡镇竞争；城区和乡镇分开录取，互不干扰。增加了公开竞争的公平性和公正性。

在特殊破格选拔中，根据基层单位和专业技术人员的反映和要求，继续扩大对业绩突出人员的申报选拔范围，在卫生、农业、教育、大中专、林业、交通、文博、出版、艺术、财经等十几个系列开展申报评选工作。在审卷中，重点看业绩、水平，审核每项科技成果所取得的经济效益和社会效益，看每名专业技术人员在白城经济发展中所作的贡献和所起的作用。经过严格审核、考查、筛选，从近百名业绩突出人员当中推荐39名有突出贡献的专业技术人员破格晋升高级专业技术资格。其中，正高3人，副高36人。

在正常评聘过程中，严格坚持“五公开”（标准条件、职务数额、推荐情况、评聘程序、评聘结果公开）原则。根据省下拨的高、中级职务数额和各县（市、区）、市直各部门摸底后的汇总情况核定指标划拨比例，按照比例和摸底结果向各县（市、区）和市直各部门划拨高、中级职务数额，并把省拨指标情况和向下划拨情况张榜公布。各县（市、区）和市直各部门亦坚持“五公开”原则，指标按比例下拨、层层公开，增强了职称评聘的透明度。全市评审审批专业技术职务任职资格4 731人。其中，高级职务485人（正高30人，副高455人），中级职务1 469人，初级职务2 777人（助理级2 021人，员级756人）。

（闫国忠　张建华）

【人才市场】 2001年，白城市暨洮北区人才交流中心，加强建章建制，改善市场管理，强化毕业生人才信息、求职人员信息、用人单位信息、毕业生档案信息等数据库建设，逐步建立和完善了机制健全、运行规范、服务周到、指导监督有力的人才市场体系，确保市场在人才资源配置中发挥基础性作用。全年引进大专以上毕业生62人，外地专业技术人才、信息类人才24人。通过多种形式发布人才供求信息30多期300余条，召开夏季人才洽谈会和专场人才洽谈会3次，接待用人单位和求职人员4 000多人次，全市企事业单位进入人才市场近70户，提供就业岗位700多个，全年推荐大中专毕业生上岗就业600多人。人才信息库储备本科、专科、中专和其他各类人才800多人。全年开展人事代理160多人次，接管大中专毕业生和各类流动专业技术人员档案2 000多份。

（李洪武　张建华）

【军转干部安置】 2001年，吉林省政府下达给白城市41名军队转业干部接收任务。其中，计划分配28名，自主择业13名；随迁随调家属3名。白城市直接接收计划分配军转干部及家属21名。其中，团、营职各2名，连排职8名，技术级7名，随迁家属2名。洮北区6名。其中，营职2名，连排职2名，技术级2名。镇赉县营职1名。

市委、市政府召开有接收任务部门主要领导参加的军转安置工作会议，市委常委、常务副市长杨亚杰到会讲话，提出强化措施，加强领导，确保全面完成安置任务。军转干部定职定位采取分配计划公开、分配办法公开、工作程序公开、考试成绩和功绩分数公开、分配结果公开的原则。通过岗前培训、填报志愿、考试考核等工作，全市接收的41名军队转业干部均得到合理安置。其中，安置党政机关25人，事业单位3人，自主择业13人。

（张喜东　张建华）

【干部退休】 2001年，市人事局根据《国务院关于安置老弱病残干部的暂行办法》，与市劳动局共同组织专家对398人报名病退的干部进行病退鉴定，其中180人完全丧失劳动能力，经审查合格后办理病退手续。全市党政机关、群众团体、事业单位干部退休 726 人。其中，党政机关 174 人（市直机关 16 人，县市、区机关 158 人），事业单位 372 人（市直 68 人，县市、区 304 人），病退 180 人（市直 4 人，县市、区 176 人）。

（王维民　张建华）

【事业单位登记管理】 2001 年，市人事局贯彻国务院颁布的《事业单位登记管理条例》，组建白城市市县两级事业单位登记管理局。5 月 15 日，事业单位登记管理工作启动。全市有事业单位 2 526 个，其中符合法人登记条件的 1 058 个。12 月 31 日，完成初始登记 602 个，占符合条件的 56.9%；其中县（市、区）完成初始登记 524 个，占县（市、区）符合条件的 54.3%。

（王蕴哲　张建华）

【考试工作】 2001 年，从严整肃考风考纪，开展各类考试工作。全市机关事业单位工人技术等级晋（定）级考试有汽车驾驶、水暖、电子基础等 29 个工种。符合条件报名人员经过考前培训、职技校课程培训，实际操作技能考核和理论考试合格者发等级证书。全市报考 2 682 人，合格 1 940 人，合格率 72.3%。其中，报考技师、高级工、中级工、初级工分别为 325 人、1 207 人、697 人和 453 人，合格分别为 119 人、847 人、543 人和 431 人。

全市组织参加全国统一的外语、会计、经济、审计、统计等各类专业技术职业资格和专业技术执业资格考试 20 种，参加考试 4 445 人，合格 2 168 人，合格率 48.7%。其中，报考价格鉴定师 14 人，监理工程师 70 人，注册税务师 53 人，城市规划师 18 人，合格分别为 2 人、5 人、2 人和 3 人；招考执业药师 79 人，造价工程师 40 人，高级审计师 59 人，合格分别为 11 人、4 人、6 人；报考会计师 224 人，助理会计师 952 人，经济师 512 人，助理经济师 279 人，统计员 13 人，审计员 29 人，合格分别为 13 人、72 人、152 人、83 人、1 人和 5 人；职称外语等级考试 2 051 人，合格 1 809 人；报考一级注册建筑师 2 人，二级注册建筑师 6 人，质量职业资格 7 人，注册资产评估师 28 人，一级机构工程师 3 人，二级机构工程师 6 人，均不合格。

（石洪泉　李兴明）

外事侨务

【基本情况】 2001 年，白城市人民政府外事办公室（简称市外办）、白城市人民政府侨务办公室（简称市侨办）、白城市旅游局（简称市旅游局）合署办公，一套机构三个名称。设外事科、侨务科、旅游科。编制 9 人。全市有洮北区、镇赉县、通榆县、洮南市、大安市人民政府外事办公室、侨务办公室，编制 15 人。

2001 年，市外事、侨务办公室围绕市委、市政府中心工作，开展外事侨务工作，为发展白城经济做出了贡献。全年接待外宾、华人、华侨 112 个团组，374 人次。全市出访外国和地区组团 48 个，出访 156 人次。全市有归侨 288 户，687 人；侨眷 989 户，8 209 人；华侨 156 户，240 人；华人 224 人，港澳同胞 180 人，港澳同胞眷属 642 人。其中，被选为县以上人大代表、政协委员 25 人，担任县（处）级以上职务 18 人，担任乡（科）级职务 57 人，担任基层领导职务 322 人。被聘任中级以上技术职务近 200 人。获“五一奖章”和被国家部委、省政府表彰 18 人。

（毕翠英）

【外事活动】 2001 年，全市接待来自美国、日本、韩国、比利时、澳大利亚等 15 个国家和地区的外宾、华人、华侨 112 个团组，374 人次。出访美国、德国、法国、英国、墨西哥等 21 个国家和地区，出访团组 48 个，出访 156 人次。其中，友好团组 2 个，12 人次；经贸团组 30 个，96 人次；学习考察团组 10 个，38 人次；其他团组 6 个，10 人次。

2 月 24 日至 26 日，接待美国养牛项目考察团托马斯·佛尼奥一行 4 人。到通榆、镇赉县考察，市委副书记沈贵陪同，市委书记王宪林、市长刘润璞会见考察团全体团员。并向美国客人介绍了白城市自然状况和经济、畜牧业发展情况。

5 月 16 日至 6 月 2 日，市长刘润璞一行 6 人赴日本、美国、墨西哥访问考察一些科研开发机构和企业。

6月30日至7月1日，美国新泽西州泽西市副市长黎素贞一行6人来白城市访问，市长刘润璞、市委副书记关德伟、副市长曲汉林在查干浩特旅游开发区会见并宴请黎素贞一行。副市长曲汉林代表市政府同黎素贞副市长签定了白城市人民政府和美国新泽西州泽西市建立友好交往备忘录。

7月10日 至7月22日，副市长姜凤国随全国友协访问团访问以色列。

7月27日至28日，日本驻沈阳总领事馆文化领事本保利征、首席助理李维国在省外办领事处长陪同下，来白城市参加日本无偿援助项目—抗旱打井竣工剪彩。常务副市长杨亚杰参加剪彩仪式。

（毕翠英）

【侨务工作】 2001年，全市有归国华侨288户，687人，其中朝鲜归侨占95%。侨眷989户， 8 209人。华侨156户，240人。华人224人。港澳同胞180人，港澳同胞眷属642人。工作对象1万人。被选为县以上人大代、政协委员25人，担任县（处）级以上职务18人，担任乡（科）级职务57人，担任基层领导职务322人，被聘任中级以上技术职务的近200人。获国家、省“五一奖章”和被国家部委、省政府表彰18人。

9月8日至9日，市侨办副主任陪同香港应善良基金会徐先生到镇赉县、洮南市，徐先生为2所小学校投资24万元建校。12月11日，市侨办副主任陪同香港应善良基金会徐先生去洮北区林海乡、洮南市大通乡、通榆县向海蒙古族乡，徐先生为灾民捐款2.4万元。

（冯富）

宗教工作

【基本情况】 2001年，白城市宗教事务局（简称市宗教局）与市民委一套机构两块牌子。市宗教局围绕市委、市政府中心工作，贯彻落实党的宗教政策和各项法律法规，依法加强对宗教事务管理，引导宗教与社会主义社会相适应，使宗教活动场所管理逐步走向制度化、规范化、法制化轨道，维护了民族团结和社会稳定。

（李志贤）

【专项调查】 2001年初，市宗教局专项调查全市清真饮食业、伊斯兰教情况。就回族群众生产生活中的特殊困难、清真管委会情况、有无自养事业及收入情况、房屋建设有无危房、宗教房产政策落实情况、宗教团体后备人选等情况形成专题调查报告，上报市政府、省宗教局。及时正确地反映了少数民族群众的意见和要求，排除了宗教界及少数民族群众中不稳定因素，为确保社会稳定创造了良好条件。

（李志贤）

【宗教活动场所年检】 1月至3月，市宗教局根据国家宗教局制定的《宗教活动场所年检办法》，年检全市宗教活动场所78个，推动了宗教活动场所的自身建设，完善了各项规章制度，依法管理了宗教活动场所。

（李志贤）

【落实宗教政策】 2001年，市宗教局贯彻党的宗教政策，尊重和保障宗教信仰自由，维护正常的宗教活动、宗教教职人员和宗教活动场所的合法权益，促进了宗教界的稳定。帮助宗教团体恢复、重建洮北区的华严寺，通榆县的香海寺，洮南市的德安禅寺。9月，华严寺举行开光大典。协助省佛教、伊斯兰教、基督教协会有针对性地培养爱国爱教的宗教教职人员，举办不同类型培训班10余期，经考试，113人获上岗传道证。全市宗教界有14人当选省、市、县（市、区）人大代表、政协委员，发挥了参政议政作用。

（李志贤）

【依法管理】 2001年，市宗教局贯彻国务院颁布的宗教行政法规和吉林省人大常委会颁布的地方性法规，坚持保护合法，制止非法，抵御渗透，打击犯罪方针。集中力量整治基督教私设聚点，合并、取缔120余处。解决了洮北区、通榆县、镇赉县宗教界内部不团结和大安市、洮北区宗教场所内部争端问题，维护了宗教界基本稳定。3月，会同镇赉县民委协调公安部门，抓获正在非法聚会的“耶稣基督血水圣灵全备福音布道团”邪教成员9人，收缴非法书刊，疏导广大群众。

（李志贤）

【引导宗教与社会主义社会相适应】 2001年，市宗教局引导宗教与社会主义社会相适应。全市佛教、基督教捐款30余万元，米面400余吨，救助全市受旱灾严重的贫困地区群众；并建边远农村希望小学2所，救助贫困大、中、小学生20余名和孤寡老人20余名。主动为党和政府分忧。在社会上引起良好反响。洮北区清真寺、大安市佛堂、洮南市基督教会等5处宗教场所被吉林省伊期兰教协会、佛教协会、基督教协会评为模范宗教活动场所。

（李志贤）

信访工作

【基本情况】 2001年，中共白城市委、白城市人民政府信访工作办公室（简称市信访办），编制10人。其中，行政编制9人，工勤编制1人。设接待科、案件科、综合科。全市有洮北区、大安市、洮南市、镇赉县、通榆县信访办公室，编制41人。

全年信访部门接待和受理群众来信来访34 525人件次。其中，群众来信641人次，集体来访1 222批次、32 092人次（含去省集体访21批、427人次），分别比2000年上升8.4%，下降11.4%，上升6.3%和12%。市本级信访部门接待和受理群众来信来访12 440人件次。其中，群众来信277件次，单人来访349人次，集体来访306批次11 639人次，分别比2000年上升10.6%，下降41.6%，上升92.8%、6.5%和8.4%。

2001年，市信访办围绕市委、市政府中心工作，贯彻全省信访工作会议精神，落实信访工作领导责任制，超前排查不稳定因素，调查处理重大信访案件，积极化解信访矛盾，严格控制越级集体上访，及时反映社情民意，保证了信访渠道通畅，密切了党与人民群众的联系，维护了政治安定和社会稳定，促进了改革开放和经济发展。

（马继超）

【签订信访工作目标责任状】 2001年3月23日，市委、市政府召开全市维护稳定工作会议。各县（市、区）分管信访、政法工作领导和信访办主任及市直各部门、中省直单位领导，共120人参加会议。会议由市委常委、市委秘书长李殿发主持，市政府副市长李守田作工作报告，市委副书记岳清友到会讲话。市委、市政府领导总结了信访工作情况，部署了信访工作任务，提出了做好信访工作要求。会上，市政府与各县（市、区）政府和市直10个重点部门签订了《2001年信访工作目标责任状》，把信访工作指标落实到各县（市、区）和市直有关部门。7月6日、8月23日，市委、市政府两次召开全市信访工作会议，分析信访形势，确定信访工作重点，制定具体措施，坚持从源头上解决信访问题。各县（市、区）和市直签订信访工作目标责任状部门多次召开信访工作会议，层层签订信访工作责任状，实行领导接待和包案制度，积极解决信访问题。

（马继超）

【认真化解信访矛盾】 2001年初，市委、市政府建立完善《市委、市政府领导干部接待和处理群众来访制度》，按照“对口接待”原则，多次接待群众集体上访，解决重大信访问题。2月，白城市农机公司职工3次去省越级集体上访，反映公司破产后职工没得到妥善安置问题。市政府市长助理孙柳星和常务副市长蔡玉和多次接待上访群众，召集有关部门研究解决办法，并派出工作组到省直有关部门征求意见，形成市政府会议纪要答复群众，但上访职工仍不满意。刘润璞市长接待上访群众代表，主持研究处理方案，决定将农机大厦租给依法成立的华生公司，其余销售网点转给上访职工成立的天龙公司经营，妥善解决了这起上访问题。9月，白城市酒厂退休职工因医疗保险费被企业留守处挪用等问题多次集体上访，市委副书记岳清友接待上访群众，召集有关部门研究解决办法，决定通过银行贷款20万元，补发被挪用的职工资金，上访职工满意。全年，市、县两级信访部门工作人员热心接待来访群众，详细询问来访情况，全面听取群众的意见和要求。对涉法信访问题，引导群众通过法律程序解决；对政策咨询问题，根据有关文件规定，耐心答复上访群众，做好疏导工作；对涉及群众利益问题，及时与主管单位领导沟通情况，共同研究解决办法，争取群众理解和支持。白城市粮油公司部分集体企业职工因改制问题多次集体上访，市信访办与市粮食局及市粮油公司领导多次研究处理办法，根据市政府有关企业改革文件，比照国有企业的改制做法，为上访职工一次性办理经济补偿，大多数上访职工认可。跟踪处理越级集体上访。对已发的越级集体上访，市信访办会同事涉地方和部门领导跟踪劝返，现场接待群众，动员群众回单位解决问题。洮北区保平乡东兴村部分农民因建设征地问题到省政府集体上访。市、区两级信访部门领导立即去省信访办说明情况，接回上访群众。市信访办与市土地局、广电局、审计局及洮北区政府有关领导，共同研究处理意见，报请市政府主管领导同意后，答复上访群众，得到多数上访群众理解，解决了这起集体越级上访问题。

（马继超）

【办理信访案件及上报信访信息】 2001年，中央、省、市交办的信访案件共29件。市信访办多次召开调度会、专题会、联席会，研究办案问题。通过下发交办单、派驻工作组、领导包案、现场办公、电话催办、督促检查等办法，组织专门力量，积极办理信访案件。到12月底，办结信访案件27件，结案率93.1%。市信访办利用广泛联系群众的有利条件，多方面了解社情民意，搜集整理信访信息，上报市委、市政府32条，上报省信访办10条。围绕群众关心的热点和难点问题，开展信访调研工作，编发《信访情况》28期，报送信访专题报告8份。基本做到特事专报，大事急报，重要问题随时报，信访信息准确，反映情况迅速，确保信访渠道畅通，为领导科学决策起到参谋作用。

（马继超）

档案工作

【基本情况】 2001年初，白城市档案局（简称市档案局）与白城市档案馆（简称市档案馆）一套机构两块牌子。设人秘科、档案法制监督科、业务指导科、档案管理科。编制24人，实有25人。11月，市直机关机构改革，设办公室、档案法制监督科、业务指导科、档案管理科。编制22人，其中专业技术人员19人：副研究馆员4人，馆员9人，助理馆员6人。全市有洮北区、洮南市、大安市、通榆县、镇赉县档案局（馆）和白城市城建档案馆。编制115人，其中专业技术人员46人：副研究馆员2人，馆员16人，助理馆员、管理员25人。白城市档案馆为3层楼独立馆舍。建筑面积612平方米。其中，库房6间，253平方米；办公室7间，321平方米。洮北区、洮南市、大安市、通榆县、镇赉县、白城市城建档案馆馆舍总建筑面积4 616平方米，其中库房1 407.5平方米。市档案馆馆藏档案140个全宗、47 742卷、1 328件，均为建国后档案。其中开放档案2 371卷。馆藏资料5 334册。5个县（市、区）和市城建档案馆馆藏档案401个全宗、235 703卷。其中，旧政权档案（1867年至1945年）35 371卷，革命历史档案（1946年至1949年）499卷，建国后档案（1949年至2001年）199 833卷。开放档案45 334卷。馆藏资料23 956册。

2001年，市档案局围绕市委、市政府的中心工作，以服务大局，服务社会为宗旨，努力开发档案信息资源，积极为领导决策、经济建设和科学研究提供有价值的档案资料。做好机构改革中档案处置工作，确保档案安全。加强档案基础设施建设，改善办公环境。强化档案业务建设，建立特色农业档案，扩大收集进馆档案范围，丰富馆藏。率先在全省进行纸质文件与电子文件配套改革，实现了由传统的归档方法向现代归档管理方法的根本转变。认真贯彻执行《中华人民共和国档案法》（简称《档案法》），开展执法检查。加强档案干部队伍建设，不断提高档案干部素质。被市委、市政府评为“三五”普法先进单位，被市直机关党工委评为市直机关党建工作优胜单位。

（邢惠勤）

【基础业务建设】 2001年，市档案馆贯彻落实中共中央办公厅《关于认真做好党政领导干部个人保存的公务文件材料收集和管理工作的通知》，收集进馆12名地级以上领导干部个人文件材料77份、照片79张。洮南市将具有地方特色的《福茂》牌辣椒档案和土地二轮承包合同、万元田（棚）、私营企业档案接收进馆。

开展了档案鉴定工作。市档案馆率先在全省开展馆藏档案价值鉴定试点。制定《鉴定工作方案》，成立鉴定工作领导小组，鉴定档案354卷、4 833件。

开展民国档案的著录工作。各县（市、区）档案馆共著录民国档案4 968卷。

（邢惠勤）

【纸质文件与电子文件配套改革】 2001年，市委办公室、市政府办公室下发《关于做好2000年度纸质文件与电子文件归档工作的通知》。市档案局在市直机关全面推行文件材料归档范围和保管期限改革，实现了由传统的归档管理方法向现代归档管理方法的根本性转变。归档期间，举办培训班4期，培训130人次，并实行跟踪指导，及时帮助解决归档中出现的问题，坚持高标准严要求，把好验收关，以保证电子文件的完整性和真实性。全年归档单位110个，归档纸质文件7 710件，电子文件4 277件。市档案馆接收73个单位的纸质档案1 328件，并将这些单位的电子档案数据库转入档案馆数据库中，共5 000余件。

（邢惠勤）

【档案利用】 2001年，全市各级档案部门贯彻市委作出的“兴工富市”决定，深入挖掘馆藏资源，编辑了《白城市主要工业产品汇编》、《白城市科研成果汇编》和《白城市自然灾害实录续编》等参考资料64种、65万字。市、县（市、区）和市城建档案馆接待查档1 591人次，利用档案9 157卷次。全市7个档案馆向社会开放档案101个全宗、47 705卷。

（邢惠勤）

【法制监督】 2001年，市档案局与市人大科教文卫委联合下发《关于对〈中华人民共和国档案法〉、〈吉林省档案条例〉贯彻实施情况进行检查的通知》。成立以市人大副主任为组长，人大科教文卫委主委、副主委、市档案局局长、副局长及有关人员参加的联合执法检查组。9月5日至15日，抽检5个县（市、区）的基层单位18个，提出整改意见22条，下发整改通知书1份，口头警告单位1个。通过执法检查，增强了档案法制意识，提高了基层档案管理水平。11月，市、县两级机关机构改革前，市档案局根据《档案法》的有关规定，在调查研究的基础上，形成《关于做好机构改革中档案归属与流向处置的通知》，做为机构改革配套政策之一，由市政府办公室以文件形式下发，确保了档案的完整与安全。

（邢惠勤）

地方志工作

【基本情况】 2001年初，白城市地方志编纂委员会办公室（简称市志办），编制6人，其中专业技术人员5人：副编审、副研究员2人，编辑2人，助理编辑1人。11月，市直机关机构改革，设秘书科、编辑科。编制6人，其中专业技术人员4人：副编审1人，编辑2人，助理编辑1人。全市有通榆县地方志办公室，洮南市史志办公室，洮北区、镇赉县、大安市地方志办公室与档案局合署办公。编制15人。

2001年，市志办落实了市委、市政府和省地方志编委会关于地方志工作的具体要求，完成了编纂《白城年鉴》(2001)的准备工作，加强了对各县（市、区）续修地方志的指导工作。《白城市志》(1986—1995)，在全省新编地方志优秀成果评比中，被评为全省一等奖。

（张富）

【编纂《白城年鉴》(2001)准备工作】 拟定《白城年鉴》(2001)领导机构。2001年，市志办拟定由副市长姜凤国为主任和有关部门领导参加的《白城年鉴》(2001)编委会及主编、副主编人选。确定了《白城年鉴》(2001)有关编纂方针、编纂机构建设等事宜。

制定《〈白城年鉴〉(2001)编纂工作方案》。确定了编纂指导思想、基本框架、编写原则、方法步骤和组织领导等问题。

编写《〈白城年鉴〉(2001)入鉴内容提要》。设计出《白城年鉴》(2001)四级分类方法(部类、栏目、分目、条目)。并提出具体编纂内容——《〈白城年鉴〉(2001)入鉴内容提要》,共11万字。

做好召开《白城年鉴》(2001)编纂工作会议的准备工作。起草了市政府领导在《白城年鉴》(2001)编纂工作会议上的讲话和有关会议材料。

撰写业务培训讲稿。做好了对《白城年鉴》(2001)编写人员进行业务培训的准备工作。撰写了《怎样搜集、整理、鉴别资料》、《怎样编纂年鉴》和《〈白城年鉴〉行文规范》等讲稿和文件,共4万余字。

(张富)

【指导县(市、区)续修地方志工作】 2001年,市志办认真贯彻全省市、州志办主任会议精神和落实省政府办公厅《关于转发〈吉林省续修新编市州、县(市、区)志工作规划〉的通知》,深入到各县(市、区)地方志办公室,督促、检查、指导续修县(市、区)志工作。开展"一抓"(抓典型,以点促面)、"二审"〔审定续修县(市、区)志工作方案,审定续修县(市、区)志篇目〕、"三查"〔检查续修县(市、区)志队伍情况,检查培训县(市、区)志编写人员情况,检查续修县(市区)志工作进展情况〕活动,并与县(市、区)主管地方志工作的领导沟通情况,协调工作,得到县(市、区)主管领导的支持,调动了县(市、区)修志人员的积极性,使全市续修县(市、区)志工作全面启动,迅速开展起来。

(张富)

【《白城市志》(1986—1995)获全省一等奖】 2001年,市志办编纂的《白城市志》(1986—1995),在全省新编地方志优秀成果评比中,被评为全省一等奖。《白城市志》(1986—1995),为全省第一部续修市、县志。主编刘润璞,责任主编徐国政、张富、邢国明,副主编戴忠春、李杰。全书180万字。省地方志编委会对《白城市志》(1986—1995)给予高度评价。省地方志编委会副主任邹吉田在全省市、州志办主任会议上,代表全省地方志编委会党组所作的工作报告中指出:"值得提出的是《白城市志》(1986—1995)经过三年多奋力拼搏,出版发行了。全书观点正确,资料翔实,内容丰富,体例完备,结构合理,文字流畅,突出了改革开放的时代特点,为我省编修续志开辟了先河,提供了良好的经验,为我们树立了榜样,创造了崭新的记录。白城市续志的编修和出版说明了一个道理,就是人总要有一点精神,事在人为。全省修志人员要向白城市志办同志学习。"

省地方志编委会将《白城市人民政府办公室转发市地方志办公室编纂〈白城市志〉(1986—1995)工作方案的通知》、《〈白城市志〉(1986—1995)目录》编入《续志编修向导》一书。

(张富)

中国人民政治协商会议白城市委员会

【基本情况】 2001年,中国人民政治协商会议白城市委员会(简称市政协),编制31人。其中,行政编制23人,事业编制3人,工勤事业编制5人。实有26人。设办公室和提案、经济科技、社会法制、学习文教、文史资料、台港澳侨联络委员会。全市有洮北区、镇赉县、通榆县、洮南市、大安市政协,编制96人。

2001年,市政协以邓小平理论和江泽民"三个代表"重要思想为指导,突出团结、民主两大主题,围绕中心,服务大局,解放思想,开拓创新,切实履行了政治协商、民主监督、参政议政的职能,较好地完成了政协白城市第二届委员会第三次会议(简称政协白城市二届三次会议）确定的各项工作任务，为白城市经济和社会跨越式发展作出了积极的贡献。

（朱洪贵）

【政协白城市二届三次会议】 2001年2月19日至21日，政协白城市二届三次会议在白城市召开。政协白城市第二届委员会委员276人，出席会议委员231人。市委、市人大、市政府领导王宪林、李增福、刘润璞、关德伟、沈贵、蔡玉和及白城军分区司令员王开到会祝贺。原政协白城地区办事处、原市政协领导刘井泉、陈万禄、王发、叶维新应邀出席会议。市直有关部门负责人列席会议。会议由市政协主席刘宝泉主持。市政协副主席马传海受政协白城市第二届委员会常务委员会委托，向大会作《政协白城市委员会常务委员会工作报告》。市政协副主席赵洪瑞受市政协常务委员会委托，向大会作《政协白城市第二届委员会常务委员会关于二届二次会议以来提案工作情况的报告》。姬铁军、成自申、张立新、杨秀增、李培、邢振友、王选禄、袁树山委员在大会发言。会议补选王敬华、杨学志、张立新、张艳秋、奚杰、臧玉明为政协白城市第二届委员会常务委员。会议通过政协白城市二届三次会议决议。市政协主席刘宝泉在闭幕式上发表讲话。会议期间，市政协委员列席白城市第二届人大三次会议，听取并讨论刘润璞市长代表市政府作的《政府工作报告》和其他报告，讨论《白城市国民经济和社会发展“十五”计划纲要》。

（朱洪贵）

【市政协常委会议】 2001年，召开市政协二届第十次至第十四次常委会议。主要内容：

传达中共白城市委二届三次、五次全会精神和全国政协九届四次会议、省政协八届四次会议精神。听取省政协副主席、省委统战部部长赵家治作新时期统战工作基本理论和政策报告。学习依法治国和以德治国知识。

审议通过《政协白城市委员会关于政治协商、民主监督、参政议政的实施细则（草案）》和《关于加快发展我市纺织服装业》、《关于切实加强国有土地资产管理，努力拓展地方财源》、《关于合理开发利用我市水资源》建议案（简称“市政协3个建议案”）。

决定增补苏永新、奚杰、张艳秋、王敬华、宋亚峰、赵文学、李智杰、刘德山为政协白城市第二届委员会委员。审议、通过增补邢爱民、胡晓明、孙习贵为政协白城市第二届委员会委员。讨论决定邢爱民任市政协副秘书长、胡晓明任市政协学习文教委员会副主任、孙习贵任市政协提案委员会副主任。通过张洪辞去市政协秘书长、常委，张鹤良辞去市政协提案委员会主任、常委的辞呈。

审议、通过《政协白城市第二届委员会补选常委候选人建议名单（草案）》、《白城市政协第二届三次会议大会选举办法（草案）》和《白城市政协第二届三次会议总监票人、副总监票人、监票人建议名单（草案）》及《政协白城市二届三次会议决议（草案）》。通过关于二届二次会议以来提案审查情况的报告。审议通过了市政协2001年工作要点。

听取并讨论市政府副市长曹宇光《关于全市上半年经济和社会发展情况的通报》及市政府《关于国有企业下岗职工基本生活保障和再就业情况的通报》和市政法委《关于社会治安形势和“严打”斗争情况》介绍。

（朱洪贵）

【市政协主席会议】 2001年，召开市政协二届第二十六次至三十三次主席会议。主要内容：

听取和审议《政协白城市第二届委员会常务委员会工作报告（草案）》、《政协白城市第二届委员会常务委员会关于二届二次会议以来提案工作情况的报告（草案）》和市政协经济科技、社会法制、学习文教委员会《关于全市草原生态综合治理情况的调查报告》、《关于洮北区社区建设情况的调查报告》、《关于我市职业技术教育的调查报告》。

审议《政协白城市委员会关于政治协商、民主监督、参政议政的实施细则（草案）》、《关于召开中国人民政治协商会议吉林省白城市第二届委员会第三次会议的方案（草案）》。

听取市委组织部、统战部负责人有关人事事项的说明。

审议、通过“市政协3个建议案”和《关于瞻榆、兴隆山镇小城镇建设发展情况的视察报告》。

（朱洪贵）

【试行《民主监督建议书》会议】 4月19日，市政协召开试行《民主监督建议书》会议。市民建、农工党、民革、工商联秘书长，市公安局、检察院、法院、司法局、工商局、土地局、建委、国税局、地税局、卫生局、技术监督局等部门负责人，市政协各委、办主任，社会法制委员会部分委员参加会议。市监察局、市人大法工委负责人应邀参加会议。会议传达了《中共吉林省委、吉林省人民政府转发政协吉林省委员会关于试行〈民主监督建议书〉的意见的通知》。市政协副主席罗家风讲话。

（朱洪贵）

【专题论证会议】 1月15日，市委在市委四楼会议室召开中共白城市委征求“十五”计划建议意见座谈会。市政协副主席赵洪瑞、张守信、邢金普，秘书长张洪和市级各民主党派、工商联负责人、无党派民主人士以及各界专家政协委员参加会议。市政协主席刘宝泉主持会议。市委副书记关德伟代表市委作关于制定《白城市国民经济和社会发展第十个五年计划》建议的说明。与会人员进行了讨论。大家一致认为市委的“十五”计划建议思路清晰，目标可行，重点明确，完全符合党中央和省委“十五”计划建议精神和全市各族各界人民的心愿，并表示坚决拥护和完全赞成。刘宝泉主席作总结发言。

（朱洪贵）

【参与论坛会议】 6月27日，市政协主席刘宝泉、副主席赵洪瑞，出席大安市政协主办的“两家子镇小城镇建设和发展论坛”。大安市委、市政府、市政协的领导和有关部门负责人及各小城镇负责人近200人参加会议。市政协组织有关领导、专家、企业家委员5人参加会议，并分别论证土地改革使用、花卉发展、小城镇发展思路、粮豆深加工、小城镇规划建设等专题。

（朱洪贵）

【提案工作】 2001年，白城市各民主党派、有关人民团体和政协委员，提出提案121件。其中，市政协建议案3件，党派团体提案14件，专委会提案5件，委员提案99件。经提案委员会审查，立案90件，立案率74.4%。其中，经济建设方面54件，占60%；科教文卫方面22件，占24.5%;政法、统战、人事、社会保障方面10件，占11.1%；其他方面4件，占4.4%。提案经市委、市政府及有关部门认真办理，全部办复。办理结果：解决或基本解决72件，占80%；正在解决或计划解决14件，占15.6%；所提意见和建议因条件限制暂时不能解决的4件，占4.4%。未予立案的31件提案，作为来信或以其他方式转送有关方面参考利用。市委、市政府领导高度重视委员提案，有7位市级党政领导亲自签批提案47件，占立案总数的52.2%。市政府对“市政协3个建议案”以文件予以答复。

（朱洪贵）

【专项视察】 4月24日至25日，市政协组织由副主席赵洪瑞任组长的视察组，跟踪视察通榆县瞻榆、兴隆山镇的小城镇建设发展情况。视察组将《关于瞻榆、兴隆山镇小城镇建设发展情况的视察报告》（简称《报告》）上报市委，市委副书记、市长刘润璞在《报告》上批示：“通榆经济条件并不很好，小城镇建设能克服困难积极发展难能可贵，各建制镇值得思考”。市委副书记关德伟批示：“此报告很好，建议转发五县（市、区）及市直相关部门，并请通榆县有关部门认真解决好瞻榆镇管理体制问题”。按照市委领导的批示，通榆县委采纳关于将瞻榆乡、耀东乡合并到瞻榆镇的建议。

7月19日，市政协副主席、市委统战部部长王文成率白城市部分政协委员组成的视察组，实地察看座落在洮北区境内的城四家子古城址、双塔，洮南市境内的天恩地局、德安禅寺（原镇安禅寺）、清真寺、张善人桥碑等省、市（县、区）级重点文物保护单位。王文成代表视察组提出建设性意见。

7月23日，市政协主席刘宝泉、副主席罗家风，率部分市政协委员视察白城市外商独资企业白城市德尔福派克电器有限责任公司。委员们就加快发展白城工业经济提出意见和建议。

11月16日，市政协副主席罗家风率市政协社会法制委员会全体委员和市农工党秘书长、工商联负责人，视察市公安交警支队交通管理和交通行政执法工作情况。委员们认为，白城市的公安交通管理工作，在全省公安交通管理建设方面位次不断前移，公安交通管理工作和行政执法工作开始步入规范化、制度化的轨道。

（朱洪贵）

【信息工作】 2001 年，市政协把信息工作纳入常委会工作要点。主管领导和负责部门深入到县（市、区）和委员中调查研究，发动各有关单位和委员积极提供信息。召开全市政协信息工作座谈会，总结交流经验。全年，通过广泛征集、精心筛选，向市级 5 个班子领导和有关部门报送《政协信息》6 期，为市政府和有关部门提供了反映社情民意的信息。

（朱洪贵）

【专题调研】 5 月至 8 月，白城市政协社会法制委员会和洮北区政协社会法制委员会组成联合调查组，专题调查洮北区社区建设情况。调查组针对全社会对社区建设认识不明确，街道居委会职责不清，居委会与物业管理企业关系不顺畅，小区服务基础设施不完善问题，提出建议。

7 月，市政协组织部分政协委员调查白城市草原生态情况。调查组针对草原面积锐减，资源逐渐枯竭；草原“三化”（沙化、碱化、退化）严重，生态恶性循环；草原建设投资少，草场改良和开发建设速度慢；草原责任制落的不实，草原执法难度大等问题，对白城市在“十五”和今后一个时期内草原生态建设提出建议。

7 月至 8 月，市政协学习文教委员会组织有关委员和专家，调查白城市职业技术教育情况。调查组针对职业技术教育发展不平衡，仍在低谷中徘徊；职业技术教育与经济发展结合不够紧密；职业技术教育发展环境不够优化的问题，提出关于振兴白城市职业技术教育的建议。

（朱洪贵）

【咨询服务】 6 月 2 日，市政协、市农工党、洮北区政协联合组织市、区政协委员和市农工党中的文化、科技、卫生方面的专家和知名人士 42 人，组成服务队，由市政协副主席赵洪瑞，市政协副主席、市农工党主委杨枫，洮北区政协主席张柏林带队，赴洮北区德顺蒙古族乡开展文化、科技、卫生“三下乡”活动。发放种、养、加实用农业技术资料和卫生防疫资料 8 000 余份；发放消杀药品、灭鼠器具价值约千元；送药价值 4 800 余元，诊治患者 400 余人；演出以宣传“三个代表”重要思想为主题的文艺节目 1 台，受到当地农民欢迎。

（朱洪贵）

【联谊交流】 1 月 17 日，市委、市政协在白城市鹤原宾馆联合召开全市各族各界人士迎春茶话会。市政协副主席马传海主持会议。市委、市人大、市政府、市政协领导王宪林、李增福、岳清友、关德伟、蔡玉和、李树文、李殿发、宇梁、赵洪瑞、邢金普、王文成、杨枫出席茶话会。全市各民主党派、各人民团体、无党派爱国人士和各界人士参加茶话会。市委书记王宪林发表讲话。市政协副主席、市农工党主委杨枫代表全市各族各界人士发言。

6 月 15 日至 18 日，市政协副主席罗家风等人，到吉林市和延吉市参加省政协召开的全省各市（州）政协工作研讨会议，并在会上交流了《开展政协提案工作应重点把握的几个基本问题》的经验。

8 月 3 日，市政协台港澳侨联络委员会（简称市政协“三胞”委）与市人大民族侨务外事委员会等单位联合组成参赛代表队，参加由省人大民族侨务外事委员会、省政协台港澳侨联络委员会等单位举办的《中华人民共和国归侨侨眷权益保护法》知识竞赛，白城市代表队获全省第二名。

8 月 12 日至 14 日，河南省政协主席林英海等 8 人在省政协副主席梁植文的陪同下来白城市考察，市政协主席刘宝泉、副主席罗家风陪同考察活动。林英海等人参观考察了吉林向海国家级自然保护区、查干浩特旅游开发区、科尔沁草原和平台兵器城。刘宝泉主席全面介绍了白城市自然情况、全市经济社会发展成就和市政协工作。林英海认为，白城有宝贵的资源，潜力很大，希望很大，今后的发展会更快。白城市政协开展工作有气魄，履行职能有成效，值得学习和称赞。省政协副主席梁植文说：白城的变化很大，看了让人高兴。白城市政协围绕中心，选准课题，集中力量，深入调研，提出了质量较高的建议，为全市经济和社会发展做出了贡献。

9月27日，市政协“三胞”委与市委对台办联合举办中秋节茶话会。组织“三胞”委员视察了城市建设，请市对台办公室负责人谈了去台湾的亲身感受和对台政策及台湾当前形势。通过座谈，委员们增强了为促进祖国统一积极开展对台工作的责任心和紧迫感，调动了委员开展对台工作的积极性。

（朱洪贵）

【全省政协提案工作座谈会在白城市召开】 9月24日至26日，全省政协提案工作座谈会在白城市召开。各市、州政协提案委员会负责人参加会议。省政协副主席郑龙吉出席会议。市政协副主席马传海、赵洪瑞和秘书长张洪参加会议。市委书记刘润璞代表市委、市政府介绍了白城市经济体制改革和经济社会发展情况。会议传达了全国政协提案工作研讨会精神。郑龙吉就怎样以“三个代表”重要思想为指导，开拓新时期人民政协提案工作问题讲了话。各市、州政协交流了提案工作情况。会议组织参观考察了查干浩特旅游开发区、吉林向海国家级自然保护区和白城市城市建设情况。

（朱洪贵）

【省政协副主席伍龙章来白城市考察调研】 7月31日至8月4日，省政协副主席伍龙章带领省计委等有关部门的领导和专家11人组成的调查组来到白城市，在市政协主席刘宝泉、副主席赵洪瑞的陪同下，进行为期5天的考察调研。伍龙章及调查组听取了关于生态建设情况的介绍，并实地考察了通榆县三家子、十花道草场、通榆风电厂、吉林向海国家级自然保护区；洮南市区城西防护林、环屯林、西部半山区荒山治理，并到正遭受严重旱灾的村屯，了解灾民生产、生活情况；镇赉县万宝山草场和黑鱼泡乡养畜专业屯；大安市姜家甸子草场和大岗子镇碱茅草种子基地。伍龙章及调查组的专家们就生态省和白城市生态建设等问题发表意见：白城各级班子在生态建设上认识高，扎扎实实地做了大量工作，在生态治理上有了突破，并取得了初步效果和经验，应该继续努力，搞好西部的生态环境治理，为生态省建设作出贡献。

（朱洪贵）

民主党派·工商联

中国国民党革命委员会白城市总支委员会

【基本情况】 2001年，中国国民党革命委员会白城市总支委员会（简称市民革），编制2人,实有1人。设中专支部、机关支部、师专支部、洮北支部。党员51人。其中，女党员14人；高级专业技术职务18人。平均年龄50岁。分布在教育界27人，科技界2人，医药卫生界3人,文化艺术界1人，政府机关4人,党派团体1人,其他13人。

市民革围绕市委、市政府的中心工作，参政议政、民主监督，组织党员调查研究，撰写提案、议案，反映社情民意，加强自身建设，发展新党员，发挥民革组织优势，做好祖国统一工作，较好地完成了各项工作任务。

（白丽娟）

【参政议政】 2001年，市民革贯彻、落实民革吉林省委在参政议政中号召全省民革党员开展“一人一案”(一名党员撰写一份提案)活动，收集整理民革党员上交提案、议案的数量和质量比往年明显提高。在市政协二届三次会议上,市民革上交提案20件（团体提案5件）,占市政协提案总数17%。其中,《关于稳定我市专业人才队伍，充分调动科技人员积极性的建议》、《关于加快治旱工程设施建设、保持农村经济稳定发展的建议》等提案受到市委、市政府的重视和采纳。为提高民革党员参政议政能力和水平，举办"新党员培训班"，专题讲座"参政议政与提案工作"等。

（白丽娟）

【民主监督】 1月、7月、12月，市民革领导列席市政府全体会议；6月、7月，参加市人大组织的为制定《全省散居少数民族权益保障条例》进行调研；9月，参加市人大组织的旅游工作视察，并积极提出意见和建议。

（白丽娟）

【自身建设】 2月，为加强基层组织建设，调整了部分支部的领导班子成员，强化了基层组织领导，使基层支部活动稳步、有序的进行。5月，举办"白城民革新党员培训班"，邀请市委统战部领导辅导全国统战工作会议精神，市民革领导主讲加强自身建设，增强政党意识，坚持中国共产党的领导，提高政治敏锐性，搞好参政议政、民主监督等内容。在"七一"中国共产党建党80周年之际，组织民革党员认真学习江泽民"七一"重要讲话，同时，举办"中山杯体育舞蹈邀请赛"，庆祝中国共产党成立80周年，以此表达民革党员热爱共产党，热爱社会主义之情。加强组织建设，贯彻《各民主党派中央关于加强自身建设若干问题座谈会纪要》和民革吉林省委下发的《当前组织发展工作的四点意见》。全年发展党员3人。其中，大专以上文化程度2人，中级专业技术职务1人。加强后备干部队伍建设，组织部分后备干部参加民革吉林省委举办的后备干部培训班。

（白丽娟）

中国民主建国会白城市委员会

【基本情况】 2001年初，中国民主建国会白城市委员会（简称市民建），辖市直机关、市商贸、市工业、洮北区、夕阳红5个基层支部。全市有会员83人，平均年龄54.7岁，大专以上文化程度的会员占总数39%，高、中级专业技术职务的会员占总数54%，各类企业高级管理人员占总数15%。

2001年，市民建完成了5个基层支部换届工作。全年发展会员4人，平均年龄35.2岁。其中，高、中级专业技术职务3人，非公有制经济代表人士1人。市民建围绕市委、市政府的中心工作，认真履行参政议政、民主监督职能，积极开展咨询服务活动，加强自身建设，为全市经济发展做出了应有的贡献。

（王焕芝）

【参政议政】 2001年，市民建认真贯彻民建吉林省委《关于进一步加强参政议政工作的实施意见》，提交党派团体提案4份，民建会员中的各级政协委员提交提案17份，在市政协二届三次会议上，市民建提交的《实现水资源的可持续利用是我市经济发展和人民生活的保障》等4件团体提案均得到主管副市长曲汉林签批。市政府对《实现水资源的可持续利用是我市经济发展和人民生活的保障》的建议，以《白城市人民政府关于进一步加强取水许可管理的通知》文件下发，对提案涉及的问题均做出明确部署。此提案获2001年民建吉林省委参政议政优秀成果特等奖。《关于建立人才支撑体系，促进经济社会发展》的建议，副市长、代市长岳清友签批后，市人事局代表市政府起草了《白城市人民政府关于引进智力，开发人才，推进经济跨越式发展的实施意见》，对全市引进智力开发人才起到积极作用。《关于优先发展私营实业企业，促进我市经济快速发展的建议》得到有关方面高度重视，加强了市政府领导与非公有制经济大户的联系，帮助解决了实际问题。

民建会员中的政协委员在市政协二届三次大会提交的《关于抢抓历史机遇，积极发展生态旅游业的建议》，引起市委、市政府的重视，并责成有关方面认真落实。市民建领导多次参加市委、市政府召开的通报会、座谈会和征求意见协商会，就全市经济跨越式发展和社会全面进步方面的内容进言献策。市民建领导视察了市政协组织的城市开发建设、公路建设、社区建设和全市重点文物古迹保护等情况。市民建认真贯彻《民建省委关于进一步加强反映社情民意工作的意见》，全面推动各支部深入开展"一人一议"活动，共向民建吉林省委和市政协及有关部门反映社情民意34条。其中，被省民建、省政协、省政府选用4条，被市政协、市政府及有关部门选用21条。《关于发展我省西部旅游业》的社情民意受到省民建的表彰，并获得奖励证书。市民建在市政协信息工作座谈会上，作了《抓好社情民意工作是履行参政党员职能的有效形式》大会发言。

（王焕芝）

【社会服务】 2001年，市民建把社会服务工作作为形象工程，以“做有所作为民建会员”为目标，组织推动会员立足岗位，开展“岗位建功立业”竞赛活动，使社会服务工作取得可喜成果。非公有制企业家会员为国家上缴税金560万元，向社会公益事业无偿捐赠近10万元，安置下岗职工再就业280人次，培训科技和各类专业技术人员260人次，投资技术改造机械化立窑生产线450万元，招商引资500万元。全年被评为本单位本系统的先进工作者21人，受省级表彰3人，被授予吉林省“百强私营企业”称号的2户，授予“吉林省青年企业家明星”的1人。

市民建广泛发动非公有制企业家会员为社会作贡献。民建私营企业会员共捐资近10万元，资助36名贫困学生；捐资3万元，扶助全市30户特困户。在扶困助学中，开展“托起希望之星”活动，得到民建中央、民建吉林省委的重视，并将开展活动情况制成光盘报送民建中央。市民建在全省社会服务工作座谈会上，作《围绕中心，服务大局，努力创造社会服务工作新局面》的大会发言，受到民建中央、民建吉林省委和省委统战部的表扬。同时，在《光明日报》、《团结报》、《吉林日报》、《统战纵横》、《会员之友》、《白城日报》、省市电视台等新闻媒体上宣传，在会内外产生良好影响。

（王焕芝）

【自身建设】 2001年，市民建认真贯彻落实省民建《关于加强思想建设工作的意见》，制定市民建《关于加强思想建设工作的实施方案》，出台《会员思想动态分析》6项措施。开展“爱心奉献、送温暖”、“三必帮、三必访”活动，推动了基层支部和广大会员思想建设工作。根据省民建开展的《对外宣传新闻评选活动的通知》，加大宣传工作力度，编写《白城民建简报》6期，发出120份。先后投出会内情况、典型事迹、通讯、简报、新闻报道等稿件20余件，采用率95%。在民建吉林省委举办的“对外宣传好新闻评选活动”中，市民建获优秀作品奖和先进个人奖。组织会员积极参加统战知识竞赛活动，参与率100%，得到民建吉林省委好评。开展中国共产党建党80周年迎庆活动，召开形势报告会和座谈会，对会员进行爱国主义、社会主义和会章、会史教育。

（王焕芝）

中国民主建国会洮南市委员会

【基本情况】 2001年，中国民主建国会洮南市委员会（简称洮南民建），有6个基层支部：老会员支部、工业支部、教育支部、农林支部、畜牧支部、财金支部。会员104人，平均年龄56.4岁。其中，大专以上文化程度47人，占会员总数45%；高、中级专业技术职务的会员68人，占会员总数65%。会员中任各级人大代表和政协委员的29人。其中，省人大代表1人；白城市人大代表2人，政协委员5人，政协常委1人；洮南市人大常委1人，政协委员19人，常委1人，副主席1人。会员中担任“特约四员”（监察员、检察员、教育督导员、审计员）的10人。民建白城市委委员4人，其中副主委1人。

2001年，洮南民建积极参政议政，参与行风测评，进行民主监督，发挥会员优势，开展社会服务，加强自身建设，为洮南市社会主义精神文明和物质文明建设献计出力。

（王鹏飞）

【参政议政】 2001年，洮南民建组织会员围绕中共洮南市委、市政府的中心工作和群众关心的热点、难点问题开展调研，为洮南市的两个文明建设献计出力。在政协洮南市十一届四次会议上，洮南民建提交的《关于加强城市二级保洁的几点建议》的提案，洮南市政府批复：“该提案所提问题准确，建议合理，切实可行，已由有关部门办理。”会员中的政协委员提交提案21件，占委员提案的23%，其中《灾情严重——十几万人渴望救助》的提案，得到了国务院副总理温家宝的签批；3份提案被民建吉林省委评为优秀社情民意，中共吉林省委书记王云坤作了批示。在政协白城市二届二次会议上，会员中的4位委员提交了《关于巩固九年义务教育成果的几点建议》等5件提案。洮南市民建领导多次参加中共洮南市委和统战部召开的座谈会、通报会，就洮南市的经济发展和社会进步进言献策。

（王鹏飞）

【民主监督】 2001年，洮南民建8名会员参加中共洮南市纪律检查委员会组织的民主监督和民主评议活动，分别测评32个窗口部门的经济发展软环境整治工作。在测评中，对有关部门的政策落实、解决“四乱”（乱摊派、乱集资、乱收费、乱罚款）、执法执纪、服务工作等方面存在的问题提出合理化建议和改进措施。

会员中的10名“特约四员”经常深入受聘单位了解情况，参加会议，提出问题和建议，切实履行了监督职能。

（王鹏飞）

【社会服务】 2001年，洮南民建组织会员本着“尽力而为，量力而行，面向社会，搞好服务”的原则，围绕中共洮南市委、市政府中心工作，发挥会员优势，开展社会服务工作。积极配合民建吉林省委在洮南市呼和车力蒙古族乡开展扶贫工作，帮助该乡争取扶贫款15万元，改善中小学办学条件；选派高级畜牧师帮助养羊户科学饲养小尾寒羊，指导防病治病、饲养管理、品种改良等技术，使小尾寒羊在该乡安家落户，迅速发展。

开展“立足本岗，建功立业”和“做有所作为民建会员”活动，鼓励和引导会员在社会服务中发挥应有作用。有9名会员被本单位、本部门评为先进工作者，有3名会员被民建白城市委评为优秀会员，1名会员和畜牧支部分别被民建吉林省委评为优秀会员和先进支部。

发挥私营企业家会员的优势，努力为社会稳定和发展做贡献。全年安排下岗职工43人，引进域外资金30万元，向国家上缴税金70万元。

（王鹏飞）

【自身建设】 2001年，洮南民建加紧后备干部培养，为2002年换届工作顺利进行奠定基础。积极主动与中共洮南市委统战部、组织部沟通协商，物色、确定新一届领导集体成员人选。充分发扬民主，严格组织程序，进行周密考察，选荐洮南民建三届委员会委员候选人，为实现新老交替和政治交接提供组织保障。

按照干部“四化”标准，对后备干部压担子，提高其组织领导才能。选派5人参加吉林省社会主义学院和白城市政协、中共白城市委党校举办的培训班，提高洮南民建会员的整体素质。

（王鹏飞）

中国农工民主党白城市委员会

【基本情况】 2001年，中国农工民主党白城市委员会（简称市农工党），机关编制3人，实有1人。有基层支部9个，党员85人。其中，医药卫生界41人，占48.2%；文化科技教育界34人，占40%；其他10人，占11.8%。高级专业技术职务46人，占54.1%；中级专业技术职务37人，占43.5%。任各级人大代表、政协委员18人，任吉林省政府参事1人，白城市、洮北区政协副主席各1人。

市农工党围绕中共白城市委、市政府的中心工作，参政议政，民主监督，开展调查研究，撰写提案、议案，加强组织建设，发挥农工党的作用，全面完成了各项工作任务。

（邢铭建）

【参政议政】 2001年，市农工党认真履行参政议政、民主监督的职能，主要领导经常参加中共白城市委召开的通报会、协商会、座谈会，白城市政府召开的全体会议，中共白城市委统战部代表中共白城市委举行的各种通报会、座谈会和征求意见会。农工党白城市委主要领导在各种会议上，发挥参政党的职能作用，提出建设性意见和建议。贯彻落实《中共中央关于坚持和完善中国共产党领导的多党合作和政治协商制度的意见》，组织党员进一步学习，领会其精神实质，同时提出“摆正位置，明确任务，发挥作用”的基本要求，强调参政党成员要强化参政意识，充分发挥参政党的职能作用。为加强参政议政工作，调整了参政议政工作委员会，市主委任主任，主管副主委、秘书长任副主任，名誉主委担任顾问，增补6名成员。调整后，围绕中共白城市委、市政府的中心任务，研究调研题目，分别落实责任，组成专题调研组，深入开展调研工作。在白城市政协二届三次会议上，提交提案和调查报告等56件（份）。其中，《关于加大白城市生态环境建设力度，发展生态环保型效益经济的调研报告》、《关于加大白城市药品市场监督管理力度的建议》、《关于认真搞好国有企业清产核资工作，避免国有资产流失的建议》和《关于白城市区内医疗卫生机构现状的调查及改革建议》等提案，均得到市政府及有关部门的高度重视，并制定了整改措施。

（邢铭建）

【民主监督】 2001年，市农工党加大履行民主监督职能力度，制定参政议政、民主监督工作奖励办法。市农工党先后有12名党员被省市有关部门聘为特约监察员、监督员。其中，省卫生厅特约监察员1人，市审计局党风廉政监督员1人，市监察局特约监察员6人，市公安局廉政监督员2人，市建委城市建设监督员2人。充分发挥党员中党风廉政监督员、监察员的作用，为白城市的经济建设和民主政治建设服务。

市农工党领导和市农工党部分市政协委员、市人大代表先后参加白城市审计局党风廉政监督员座谈会、白城市政协试行《民主监督建议书》座谈会、白城市治理经济软环境征求意见会、白城市公安局向市人大代表、市政协委员、行风监督员工作报告会、中共白城市委组织部召开的对拟提拔的局级干部征求意见会和中共白城市委召开的征求意见会。与会人员提出了关于加强和改进作风建设的意见和建议。

（邢铭建）

【自身建设】 2001年，市农工党把加强思想建设作为自身建设的首要任务。用江泽民“三个代表”重要思想统领全年工作，下发了《关于认真组织学习江泽民同志“七一”重要讲话的通知》。市农工党中心学习组首先组织学习讨论，并要求各基层支部组织党员学习，提高认识，增强参与意识，做好本职工作。为加强班子建设，市农工党经民主推荐，组织考核，新增补市委委员3人，班子成员由9人增到11人。同时调整基层支部3个，进一步加强了基层组织建设。举办政治理论学习班，参加党员50人。农工党中央副主席、农工党吉林省主委闫洪臣在学习班上作关于学习贯彻中共十五届六中全会精神的报告，中共白城市委统战部领导讲话。市农工党受到农工党中央的表彰。

（邢铭建）

白城市工商业联合会、白城市商会

【基本情况】 2001年，白城市工商业联合会、白城市商会（简称市工商联）设办公室、会员部和经济部。行政编制7人，事业编制1人，实有8人。全市有大安市、洮南市、洮北区、通榆县、镇赉县工商联，实有编制17人。有乡镇基层分会17个。其中，大安市5个，洮南市3个，洮北区2个，镇赉县5个，通榆县2个。有同业公会5个。市工商联围绕市委、市政府的中心工作，开展联系、管理非公有制经济工作，在政治协商、参政议政的同时，调查了全市非公有经济会员情况，发展了新会员，进行了为经济服务工作。全年引进外地资金100万元，超额完成市委、市政府下达招商引资50万元的任务。

（金燕）

【组织建设】 2001年，全市工商联发展新会员182个（洮北区10个，大安市105个，洮南市20个，通榆县25个，镇赉县12个，白城经济开发区10个）。年末，全市工商联共有会员1 963个（大安市908个，洮南市316个，洮北区173个，通榆县193个，镇赉县352个，白城经济开发区21个），其中，非公有制经济成份1 649个，占会员总数84%。

（金燕）

【参政议政】 2月20日，在中国人民政治协商会议白城市第二届委员会第三次会议上，市工商联提交《关于增强对非公有制经济收费透明度的建议》议案，8月，市政府向市工商联通报了落实议案的有关情况。7月，在市委统战部召开的民主党派工商联参政议政座谈会上，市工商联总结近几年调查研究和参政议政的情况，作题为《发挥民主监督作用，积极参政议政》的发言。

（金燕）

【经济服务】 2001年，市工商联完成了市委、市政府下达标准街建设资金7 000元。帮助会员单位白城市林国相眼镜有限责任公司解决某行政单位乱罚款问题，为其挽回经济损失2万元。吉林省彩扩有限公司在招商筹建冠龙大厦过程中，遇到资金缺乏等困难，市工商联和洮北区工商联领导几十次与市政府和洮北区政府有关部门协商，解决困难，使冠龙大厦破土动工。春节期间，全市工商联组织筹措资金2万余元走访慰问老会员。1月，会员白城市林国相眼镜有限责任公司经理林国相为洮北区德顺蒙古族乡全保村小学捐赠2万元。市工商联副会长、白城市梦思商贸有限责任公司总经理陈玉明等十几位非公有制经济代表人士出资十几万元举办春节文艺晚会和元宵节焰火晚会。全市有640户有经济实力、有代表性的企业会员被录入全国工商联的会员信息库中，登录中华工商网站，随时可查阅到会员企业的有关信息数据。9月，市工商联在《白城日报》开辟《白城非公有制经济典型报道》专栏，到12月，共刊载稿件10余篇。全市工商联组织利用广播、电视等媒体宣传工商业经济建设稿件、专题片等38件。其中，洮南市10件，通榆县8件，洮北区6件，大安市5件，镇赉县5件，市直4件。

（金燕）

社　会　团　体

白城市总工会

【基本情况】 2001年，白城市总工会（简称市总工会），编制51人。其中，行政编制17人，事业编制34人。实有49人。设办公室、基层工作部、财务事业部、生活保障部、宣传教育部、民主管理部、经审办公室、女工办公室、事业部、法律顾问室。直属白城市职工学校、工人文化宫。全市有洮北区、洮南市、通榆县、大安市、镇赉县总工会和白城经济开发区工会。编制81人。其中，行政编制32人，事业编制49人。全市有职工25.81万人（含私营、个体、其他经济用工7.59万人）。基层工会组织2 104个，工会会员20.6万人。

2001年，全市各级工会组织认真贯彻“三个代表”重要思想，围绕市委、市政府工作大局，全力实施以“兴工富市”为目标的经济技术创新工程、以健全机制为载体的维权工程、以组建工会为重点的基础建设工程，各项重点工作实现了新突破，促进了全市经济发展和社会进步。

（李先臣）

【组织建设】 1月，市总工会按照市总工会、市委组织部下发的《关于进一步加强工会基层组织建设的意见》，召开全市工会组建工作会议，市委副书记沈贵到会讲话，要求各级党委、政府要重视支持工会组建工作，把工会组建工作纳入党建工作目标中。6月、9月市总工会相继召开县（市、区）工会组建工作调度协调会。随之，督查指导县（市、区）工会组建工作，下发组建工作督查通报，并报送地方党委、政府，争取党委、政府支持，加快了基层工会组织建设步伐。全年新建基层工会162个，有76个乡镇、15个街道办事处建立工会组织，新增工会会员0.8万人。全年收缴工会经费117.8万元，比2000年增长14.48%。市总工会和洮北区、通榆县总工会先后成立职工旅行社，全年组团600余人次去外地参观，引来200余人次到白城市游览，为扩大白城市知名度作出了积极贡献。

（李先臣）

【技术创新工程】 2001年，全市各级工会组织动员广大职工围绕市委提出的经济发展战略，开展经济技术攻关和劳动竞赛，为建设白城、发展白城献计出力。全市职工提出合理化建议1.2万项，实施7 650项，创价值2 640万元；修旧利废、节约节支2 930万元；技术革新、技术攻关1 096项，创效益2 300万元。为提高职工队伍整体素质，有针对性地开展技术练兵、技术比武和工种排头兵选拔赛。在吉林省总工会（简称省总工会）举办的技术比赛中，白城市参赛选手获全省车工第八名和钳工第十一名的好成绩。5月1日国际劳动节，评选和表彰了全市“十大能工巧匠”，并从中选拔出全国“五一”劳动奖章获得者1人和全省“五一”劳动奖章获得者3人。在市总工会组队参加省总工会举办的全省经济技术创新成果展示会上，白城市获创新成果奖83项，市总工会获优秀组织奖。

（李先臣）

【维护职工合法权益】 2001年初，市总工会下发《〈2001年全市实施维权工程的安排意见〉的通知》和转发《吉林省总工会〈关于就涉及职工直接经济利益的相关问题实行公开的通知〉的通知》，各县（市、区）总工会制定了相应的贯彻落实办法。12月底，全市有1 233个单位建立职工代表大会制度（简称职代会），建制率80%，职代会规范率比2000年提高10个百分点；804个单位建立集体合同制度，国有企业、集体企业集体合同签订率62.4%，比2000年提高3个百分点，外资企业、乡镇企业集体合同签订率分别为30%和45%；871个单位建立厂务公开制度，厂务公开覆盖面69%，厂务公开规范率31%，分别比2000年提高4个和2个百分点；48个公司制企业建立职工董事、监事制度，比2000年增长21%。同时，市总工会与有关部门检查《中华人民共和国劳动法》执行情况。参与劳动仲裁21件，接待职工来信来访80多人次（件），妥善处理了职工集体上访等问题。

（李先臣）

【实施送温暖工程】 2001年初，市总工会向市委、市政府提交《关于职工生活状况及进一步解决职工生活困难的建议》。春节期间，市委、市人大、市政府、市政协、市纪委领导分别带队走访慰问县（市、区）和市直困难企业18户、特困职工家庭164户。全市700余名工会干部走访慰问特困职工家庭7 831户。市总工会筹集救助资金19.56万元，分别划拨5个县（市、区）和白城经济开发区、市直10个局（委）工会。全市2 135名党、政、工领导包保2 456户特困职工家庭。到年底，有826户摆脱生活困境。全市各级工会积极进行职业技能培训和职业介绍，全年培训下岗职工4 342人次，为1 574名下岗职工办理求职登记，其中408名职工实现再就业。为缓解全市遭受严重“白灾”、旱灾的压力，市总工会先后向省总工会提交《关于白城市农牧场遭遇“白灾”情况的报告》和《关于白城市遭受旱灾情况的报告》，受到省总工会、中华全国总工会的重视和支持，先后拨救灾款17万元。其中，中华全国总工会10万元，省总工会7万元。支援白城市救灾工作。市总工会领导分别走访受灾较重的5个单位和受灾职工家庭27户，发放慰问金0.72万元。市、县两级工会与有关部门协商，将全市932户特困职工家庭纳入城镇居民最低生活保障线。职工互助补充保险事业有新发展，到年末，保险储金达80.7万元，赔付0.23万元，付息1.98万元。

（李先臣）

【贯彻《公民道德建设实施纲要》】 2001年，全市各级工会组织贯彻中共中央印发的《公民道德建设实施纲要》，开展以争创“双十佳”（全市职业道德十佳标兵、十佳单位）为载体的公民道德建设活动，利用《白城日报》，白城电台、电视台等媒体广泛宣传“双十佳”先进典型事迹。市委宣传部、市总工会、市经贸委评选表彰了吉林省白城纺织股份有限责任公司丁砚义等10人为“全市职业道德十佳标兵”、镇赉县公安局等10个单位为“全市职业道德十佳单位”、大安市邮政局安广邮政支局等12个班组为“全市职业道德先进班组”。其中，受到省总工会表彰的职业道德标兵1人，职业道德先进单位1个，职业道德先进班组2个。

（李先臣）

【白城市总工会一届八次全委会】 1月10日，召开白城市总工会一届八次全委会。市总工会全体委员、一届经费审查委员参加会议。会议由市总工会副主席邓长坤主持。中共白城市委副书记沈贵到会并讲话。市总工会主席王明理作《白城市总工会一届八次全委会工作报告》。总结了2000年工作，确定了2001年工作任务。市总工会副主席臧玉明传达省和中华全国总工会组建工作会议精神。市直各局（委）工会负责人、市直各较大单位工会主席、市总工会机关全体干部列席会议。

（李先臣）

【纪念“五一”表彰会】 4月27日，市总工会召开纪念“五一”表彰会。参加会议的有市委副书记、市长刘润璞，市委副书记岳清友，市人大副主任葛泽峰，市政协副主席罗家风和受表彰的能工巧匠、模范职工之友、优秀工会干部、先进基层工会代表及各县（市、区）总工会主要负责人，市直各局（委）、较大单位工会主席和市总工会机关全体干部。会议由市总工会主席王明理主持。市总工会副主席邓长坤宣读表彰决定。市总工会决定授予白城市麻纺织股份有限责任公司机电车间班长宋金义等10人为“能工巧匠”，白城市金鹏齿轮股份有限责任公司总经理、党委书记杨秀增等10人为模范职工之友，白城市通业集团有限责任公司工会主席吴淑琴等20人为优秀工会干部，吉林省白城纺织股份有限责任公司工会等20个单位为“先进基层工会”称号。会议举行隆重颁奖仪式。获奖代表宋金义、杨秀增、吴淑琴分别作大会发言。市委副书记、市长刘润璞在会上讲话。

（李先臣）

【“五一”劳动模范进京参加庆祝活动】 根据省总工会部署，4月28日至5月3日，市总工会组成由副主席邓长坤带队，牟敏华、盖雁等15名劳动模范组成的白城代表团，赴京参加“五一”庆祝活动。在京期间，白城代表团参加在人民大会堂举行的大型招待会，瞻仰毛主席遗容，观看北京军区军事表演和全国总工会文工团专场文艺演出，登天安门城楼，参观北京爱国主义教育基地，游览部分名胜古迹。

（李先臣）

中国共产主义青年团白城市委员会

【基本情况】 2001年初，中国共产主义青年团白城市委员会（简称团市委），设组织部、宣传部、青农部和青联秘书处。编制10人。其中，行政编制9人，工勤编制1人。11月，市直机关机构改革，编制8人。其中，行政编制7人，工勤编制1人。直属团（工）委39个。其中，县（市、区）团委5个，市直机关团（工）委34个。全市有基层团委410个，其中，农村103个，城镇152个，学校155个。团总支委员会234个。团支部4 642个。其中，农村937个，党政机关、科教文卫、企事业单位3 705个。团员72 120人。专职团干部167人。少先大队857个。其中，城市47个，乡镇92个，农村718个。少先队员18万人，少先队大队辅导员862人。

2001年，团市委按照“解放思想、求实创新、突出重点、打牢基础”的工作方针，以“培养和造就青年人才”为主线，开展创建“五四红旗团委”、“跨越式发展与青年责任”主题教育、农村青年“三争做”（争做科技推广带头人、争做精神文明传播人、争做发展生态效益农业新能人）和城市青年“创新创效、四手建功”（青年技术能手、管理能手、营销能手、服务能手）及“爱心奉献、扶困助学”、“青年志愿者”、“人才、科技、经济”中介服务活动。带领青年在白城市经济跨越式发展和两个文明建设中发挥生力军和突击队作用，努力培养造就一代有理想、有道德、有文化、有纪律的新世纪青年。

（孙伟光）

【组织建设】 4月，根据中共吉林省委《关于进一步加强和改善共青团工作的意见》，团市委与市委组织部共同召开全市基层党建带团建工作会议。市委制定《中共白城市委关于进一步加强和改善共青团工作意见》，提出关于落实党委领导共青团工作责任制等16条意见。全市团组织结合村党支部和村民委员会换届选举，采取公推直选的办法，换届选举村团支部书记，并提倡村团支部书记进入“两委”（村党支部委员会、村民委员会）。全市60%村团支部完成换届选举，50%村团支部书记进入“两委”。开展创建“五四红旗团委”活动。团市委按照“班子建设好、主题活动好、支部建设好、阵地建设好”的工作要求，对创建单位提出有班子、有制度、有规划、有档案、有名册、有活动、有作用、有阵地、有经费、有服务标准。白城师范高等专科学校团委等9个基层团委为全国“五四红旗团委”创建单位，洮南市教育系统团委等22个基层团委获全省“五四红旗团委”称号，白城师范高等专科学校分校团委等3个基层团委获全省“五四红旗团委”标兵称号。

（孙伟光）

【宣传教育】 2001年，全市各级团组织开展“跨越式发展与青年责任”主题教育活动。组织团干部和团员青年学习江泽民“七一”讲话、“三个代表”重要思想和中共十五届六中全会精神，采取报告会、座谈会、知识竞赛等形式，引导团干部讲政治、讲大局、讲奉献；引导广大团员青年树立正确的世界观、人生观、价值观。团市委先后2次召开团干部座谈会进行专题学习讨论，并会同白城市关心下一代工作委员会调查全市农村万名青年思想状况。编写理论学习宣讲材料，向青年农民 宣讲。组织农村青年开展“农业怎么办、农村青年怎么办”大讨论活动。全市成立理论学习协会、小组2 348个。1月，团市委下发《关于在全市大中小学生中开展“崇尚科学、反对迷信、拒绝邪教”活动的通知》。3月2日，团市委与洮北区团委组织万名大中小学生在市民广场开展“崇尚科学、反对迷信、拒绝邪教”签名活动。“五四”青年节期间，团市委在市民广场举行“千名新团员入团宣誓仪式”。“六一”国际儿童节期间，团市委与市邮政局在白城市邮政书报刊发行中心建立“青少年新世纪书屋”，向青少年推荐优秀书目150种。全市恢复建立农村、学校、社区青少年图书站103个，推荐优秀书目2 000种。“七一”期间，团市委在市民广场举办纪念建党80周年“光辉历程”大型文艺晚会，参加3万人。市委、市人大、市政府、市政协、市纪检委领导出席晚会。晚会实况在白城电视台滚动播出。各级团组织在少先队员中开展“新世纪我能行”体验教育活动。7月18日至25日，团市委组织105名少先队员开展第二期“百名好少年赴京夏令营”活动。

（孙伟光）

【青农工作】 2月，团市委组成2个调研组，调研各县（市、区）团委1998年以来“三争做”活动情况，总结经验，查找不足。制定《关于在全市农村青年中深入开展“三争做”活动的工作方案》、《全市农村团组织和团员青年“一助一”帮困扶贫致富奔小康活动方案》和《关于实施白城青年绿色行动加快小城镇环境建设方案》，团市委召开全市农村团的工作会议，部署“三争做”活动。并将洮南市福顺乡作为“三争做”活动示范基地，在洮南市黑水镇开展小城镇绿化示范点。团市委在吉林省畜牧业学校恢复建立白城市农村青年科技培训基地。各县（市、区）团委依托农业广播电视学校、农业机械化学校建立农村青年科技培训基地，全年培训农村青年科技带头人470名。各级团委与农业、畜牧、水利等部门联合，组织专家报告团深入村屯和田间地头巡回报告，传播农业科技知识。全市举办各类巡回报告和科技大集39场次，发放科技图书资料2.7万份。团市委组织3名科技致富青年，采取劳务换技术的形式，到九台市高才科技示范基地以劳助学。开展“一助一”帮困扶贫活动。团市委组织乡、村团组织和团员青年利用3年时间帮扶万名贫困农民。其中，每个乡镇团委和村团支部分别帮扶贫困农民1人，每个村团支部组织10名致富团员青年帮扶贫困农民10人。全市结成帮扶对子5 117对，团组织和致富团员青年为贫困农民提供物资折合人民币48.2万元，提供信息、技术等方面的服务1 700人次。根据市委提出的发展特色农业、绿色农业、精品农业战略，全市发展辣椒、烤烟、花生、养鹅、养蟹等青年科技示范基地158个。各地乡、村团组织以青年致富大户和经纪人为骨干，按专业成立各种青年农民经济协会，为农民提供信息、技术、销售等方面服务。成立养鸽等协会64个，会员3 536人。创办辣椒深加工等龙头企业16个。发展青年“万元田（棚）”3.24万户。

（孙伟光）

【青工工作】 4月，团市委开展“青年文明号”评选表彰活动。团市委表彰了白城市交通局公路管理处路政科等10个“青年文明号”集体；对结构不合理，服务质量差的9个省级、8个市级“青年文明号”予以摘牌。各级团组织引导下岗青工带头再就业，实现二次创业。全市涌现出下岗再就业青工典型136人，通过青工典型安置下岗青工2 400人。市、县两级机关和事业单位团组织开展“一助一”帮扶特困下岗失业青工活动。通过帮思想、帮生活、帮技能、帮择业，全市帮助325名青工实现再就业，帮助470名特困下岗失业青工渡过难关。

（孙伟光）

【社会活动】 2001年，开展“青年志愿者”活动。全市各级团组织组织青年志愿者清理市区楼道及建筑物上的张贴物；清理白色垃圾，打捞江面漂浮物；为下岗特困职工、孤寡老人、军烈属排忧解难；学雷锋，开展便民一条街服务。开展“爱心奉献、扶困助学”活动。团市委一次性争取到域外投资商捐资5万元，救助洮北区特困学生100人。全市各级团组织救助特困学生598人。4月，团市委会同白城市绿化委员会组织团员青年植树种草，实施白城青年绿色行动，完成6个重点建设小城镇所在地环城和主要巷路绿化任务。团市委与有关单位开展“瑞光杯”首届白城十大杰出青年农民评选表彰活动，张亚斌等被评为“瑞光杯”首届白城十大杰出青年农民。11月，团市委与有关单位开展“移动杯”第二届白城十大杰出青年评选表彰活动，王学军等被评为“移动杯”第二届白城十大杰出青年。并在白城电视台、电台，《白城日报》宣传优秀青年的典型事迹。7月，围绕发展生态旅游，团市委成立白城青年旅行社，联系接待长春市青年职工20人，长春市夏令营学生50人来白城市观光旅游。争取团省委在吉林向海国家级自然保护区设立吉林省少先队体验教育基地。团市委与白城市农业开发办公室联系，争取100万元。其中，国际农发基金贷款50万元，县（市、区）配套资金25万元，项目户自筹资金25万元。用于农村青年开发性生产。10月，团市委与长春团市委达成劳务输出长期合作协议，长春团市委再就业服务中心为白城团市委提供劳务输出信息、联系用工单位。全年团市委组织洮南市聚宝乡农村青年21人、通榆县乌兰花镇农村青年11人到长春市从事餐饮服务业。

（孙伟光）

【共青团白城市二届二次全委（扩大）会议】 2月15日，共青团白城市二届二次全委（扩大）会议召开。团市委二届委员会委员、候补委员、各县（市、区）团委书记、市直团工委书记共56人出席会议。市委副书记沈贵到会讲话。会议通过《共青团白城市委关于团结带领团员青年为实现“十五”期间白城经济和社会发展目标做贡献的决定》，表彰2000年度全市先进基层团组织。

（孙伟光）

白城市妇女联合会

【基本情况】 2001年初，白城市妇女联合会（简称市妇联），设宣传部、生产部、权益部。编制10人，实有8人。11月，市直机关机构改革，设权益部、城乡工作部、妇儿工委办公室。编制10人，实有7人。全市有洮北区、镇赉县、通榆县、洮南市、大安市妇女联合会，编制21人；乡(镇)、街道妇女联合会117个，专职妇女干部117人；村、委妇代会1 252个，党政机关、事业单位妇女组织144个，非公有制单位妇女组织18个，专兼职妇女干部1 403人。

2001年，市妇联贯彻落实中共中央关于妇女工作的方针、政策，围绕市委、市政府中心工作，开展“文明家庭”创建活动，维护妇女儿童合法权益，宣传、表彰先进妇女组织和个人，配合组织部门培养、推荐、选拔妇女干部。组织、动员妇女投入改革开放和社会主义现代化建设，代表妇女参与民主管理、民主监督，促进妇女参政。协调和推动社会各界为妇女儿童办实事、办好事，为妇女儿童服务。开展女领导干部、女企业家联谊活动，促进妇女工作全面开展。

（任洪娜）

【“文明家庭”创建活动】 2001年，全市妇联组织把家庭文化建设作为“家庭文明工程”的重要内容，开展以“欢乐进万家”、“健身、健美、陶冶情操”、“建设美好家园”等为主题的系列活动。在吉林省暨长春市庆“六一”妇女儿童文体活动邀请赛中，通榆县包拉温都蒙古族乡安玉亭一家自编自演的安代舞《听党的话，驱走“法轮功”》获全省一等奖。开展“文明家庭”竞赛活动，全市涌现“文明家庭”11 751户。其中，省级8户，市级111户，县（市、区）级1 175户，乡(镇)、街级3 998户，村(委)级6 459户。

（任洪娜）

【妇女儿童合法权益保护】 2001年，市妇儿工委办公室与市统计局配合，监测评估了“九五”期间《白城市妇女发展规划》、《白城市儿童发展规划》，并提出符合实际、便于操作的各项妇女儿童发展目标和措施，为制定《白城市妇女发展规划（2001—2010）》、《白城市儿童发展规划（2001—2010）》提供依据。“六一”国际儿童节期间，全市各级妇联组织开展资助单位与贫困女童对接活动。市妇联拍摄反映“春蕾计划”成就的电视专题片《今日春蕾花更红》。开展“148”（普法热线）妇女维权周和《中华人民共和国婚姻法》(简称新《婚姻法》)宣传教育活动，采取聘请法律顾问、设立咨询站(点)、发放宣传单等形式，为广大妇女群众讲解法律知识。全市设咨询站(点)15个，发放法律法规宣传单1万张，新《婚姻法》书籍3 000册；县以上妇联举办培训班5期，培训妇女骨干860人。全市各级妇联组织接待有关妇女儿童权益保护方面来信来访233件(次)，结案率95%。

（任洪娜）

【宣传表彰先进妇女组织和个人】 1月至3月，市妇联为引导和激励广大妇女不断提高自身素质，表彰各条战线的妇女典型，在白城电视台、《白城日报》开辟“女杰风采”专栏，播（刊）出15期，宣传先进妇女典型45个。与市委宣传部、市广播电视局、白城日报社联合开展2001年“白城十大女杰”评选表彰活动。经群众推荐和评选委员会评选，李长玉等10人获“白城十大女杰”称号。3月8日，市妇联召开“三八”节表彰大会，授予洮北区长庆街道办事处妇联等20个妇女组织为“全市妇联系统先进妇女组织”称号，授予李英华等34人为“全市妇联系统优秀妇女干部”称号。7月，市妇联与白城电台、电视台，白城日报社等部门联合宣传各条战线涌现出的优秀女共产党员、女干部120人。

（任洪娜）

【培养、推荐、选拔妇女干部】 6月，市妇联与市委组织部、党校联合举办为期1个月的全市后备女干部培训班。培训后备女干部58人。主要学习马克思主义哲学、领导科学、WTO知识。通过学习，提高了后备女干部的理论水平和思想素质。8月，市妇联根据全市女性领导人才数量偏少、素质偏低的实际，创办以市委党校为依托的“白城市妇女干部学校”。该校以系统培训各级各类优秀妇女干部为宗旨，以培养适应新世纪需求的优秀女性领导人才为目标，以全面提高各行各业、各条战线女干部素质为重点，全面推动“女性素质工程”。9月，贯彻落实中共中央组织部《关于进一步做好培养选拔女干部、发展女党员工作的意见》和中共吉林省委《关于进一步加强和改善党对妇联和妇女工作领导的意见》，市妇联为市委推荐优秀女领导干部。在全市公开选拔领导干部考试和机构改革中，共提拔副处级女干部26人，科级实职女干部86人。

（任洪娜）

【市女领导干部联谊会成立】 5月，为加强全市女领导干部间的学习和交流，提高女领导干部的整体素质，市妇联倡导，市委同意，成立白城市女领导干部联谊会，名誉会长关德伟、苗长凤，会长王德坤，副会长刘春荣、王凤岚、张岱英。联谊会以集思广益,振兴白城市经济为宗旨,开展学习、交流、研讨和联谊活动。

（任洪娜）

【举办家政服务员培训班】 8月，为响应市委提出的“发展劳务经济战略”，市妇联举办首期家政服务员培训班，培训家政服务员56人，全部持证上岗。全市妇联组织共输出妇女劳力近万人，主要去大连、沈阳、北京及江浙打工。

（任洪娜）

2001年白城市基层妇联组织情况表

单位：个

	乡镇妇联组织				城乡妇代会			各类妇女组织						
	总数	乡妇联数	镇妇联数	街妇联数	总数	委妇代会数	村妇代会数	总数	党政机关妇委会	科教文卫事业妇委会	各类妇女联谊组织	非公有制单位妇女组织	乡镇企业妇女组织	厂矿企事业女职工委员会
合计	117	55	37	25	1 252	364	888	281	110	34	1	18	1	117
洮北区	22	7	6	9	315	161	154	18	14	4	—	—	—	—
镇赉县	21	8	8	5	213	66	147	32	19	3	—	10	—	—
通榆县	20	13	7	—	172	—	172	22	19	3	—	—	—	—
洮南市	27	16	5	6	293	72	221	146	19	3	—	6	1	117
大安市	27	11	11	5	259	65	194	38	21	17	—	—	—	—
市直	—	—	—	—	—	—	—	25	18	4	1	2	—	—

（任洪娜）

白城市科学技术协会

【基本情况】 2001年初，白城市科学技术协会（简称市科协），编制9人，设学会部、普及部、办公室和科技咨询服务中心。11月，市直机关机构改革，编制8人。其中，机关事业编制7人，工勤编制1人。机构未变。全市有洮北区、大安市、洮南市、镇赉县、通榆县科协，编制26人。各县（市、区）科协均设科技馆，事业编制50人。全市有市级自然科学学会（协会、研究会）34个，市直属企业科协6个。

2001年，白城市科协围绕市委、市政府中心工作，开展农村科学技术普及和推广，城市科普活动，青少年科技教育活动，学术交流活动，基层组织建设工作和市科协第一次代表大会（简称“市科协一大”）筹备工作。登记市级学会会员工作，开展市级优秀论文评审工作，并向国家和省学术年会推荐优秀论文。全年招商引资120万元，超额完成市委、市政府下达招商引资50万元的任务。

（马晶莹）

【科普大集】 1月至4月，市、县两级科协组织204名科技人员到乡（镇）、场（站）举办科普大集67场，观众21.82万人。发放科技资料36种、4.7万份，展示农业技术和反封建迷信科普挂图9种，观众9.47万人，展销农牧业新品种83种，提供新技术85项，专家解答技术难题2 300项次，并展出揭批“法轮功”罪恶的宣传图片。省科协副主席苑齐辉等15名农业专家、市科协和县（市、区）领导参加了科普大集。

（马晶莹）

【科技培训】 1月至3月，市科协邀请中国科协科技服务队到5个县（市、区）、67个乡镇、278个村屯，宣讲中国农业今后发展趋势、生态效益农业、高新技术知识。授课327场次，777课时，培训3.18万人。建立高科技复合肥“促丰宝”示范户820户，示范面积893公顷。全市科协系统培训农民10万人次。

市科协与组织部举办农村党员和村干部实用技术、经营管理培训班 36 次，培训村干部 1 130 人，培训农民党员 166 场次，1.29 万人。

（马晶莹）

【城区科普】 5 月 11 日，为“弘扬科学，反对邪教”，市委宣传部、市教委、市文化局、市科协等单位联合组织观看科教片《宇宙与人》、《巫师骗术》，观众 20 万人次。12 月底，市委宣传部、市文明办、市科协等单位在白城市海明路步行街举办《崇尚文明，反对邪教》大型图片展览。观众 10 万人次。

（马晶莹）

【企业科技活动】 2001 年，市科协在全市 35 个企业科技人员中开展“讲理想、比贡献”活动，完成“讲、比”项目 172 项，创经济效益 785 万元。在大专院校科研单位、企业之间开展架设技术供需桥梁的“金桥工程”活动，建立技术协作关系 19 项，联合开发新产品和科研成果转化 14 项。

（马晶莹）

【学术交流】 7 月，市科协向中国科协 2001 年学术年会推荐优秀科技论文 13 篇，其中 11 篇被编入中国科协出版的《新世纪 新机遇 新挑战—知识创新和高新技术产业发展》论文集。市科协开展第十一届优秀论文评审活动，入选优秀科技论文 107 篇，获特等奖 11 篇，一等奖 10 篇，二等奖 45 篇，三等奖 41 篇。其中 43 篇被编入白城市第十一届科技优秀论文集。

（马晶莹）

【青少年科技活动】 4 月，市委宣传部、市教委、市科协联合举办“白城市青少年第二届科技艺术大赛”，参赛作品 709 件，经专家评审，获特等奖 9 件，一等奖 83 件，二等奖 97 件，三等奖 152 件；表彰先进集体 24 个，优秀组织工作者 9 人，优秀辅导员 72 人。5 月，全市中小学生参加吉林省青少年第九届科技艺术大赛，参赛作品 223 件。获特等奖 14 件，一等奖 15 件，二等奖 60 件，三等奖 134 件；优秀组织单位 1 个，先进组织单位 5 个，优秀组织工作者 5 人。

（马晶莹）

【组织建设】 5 月 28 日，市委组织部、市人事局、市科协、市科委联合发文，组织评选“白城市第一届优秀科技工作者”。8 月 15 日，市科协印发《关于市级学会考评标准》。省科协授予白城市通业集团有限责任公司科协“吉林省企业科协先进科技工作者之家”称号。省人事厅、省科协授予白城市医学会“吉林省科协系统先进集体”称号，陶永久（市公路学会秘书长）、张树乐（市林学会秘书长）为省科协系统“先进工作者”。市科协重新登记市直学会会员和颁发新会员证，发展成立市锅炉学会和筹备成立反邪教协会。筹备“市科协一大”，推选代表 135 人，起草了“市科协一大”工作报告和《白城市科协章程》等文件。

（马晶莹）

白城市文学艺术界联合会

【基本情况】 2001 年，白城市文学艺术界联合会（简称市文联），编制 5 人。其中，编审 1 人，二级编剧 1 人。市文联所属白城市作家协会，本级会员 98 人，国家级会员 2 人，省级会员 49 人。白城市音乐家协会，本级会员 126 人，国家级会员 2 人，省级会员 22 人。白城市书法家协会，本级会员 130 人，国家级会员 4 人，省级会员 45 人。白城市摄影家协会，本级会员 134 人，国家级会员 4 人，省级会员 42 人。白城市舞蹈家协会，本级会员 90 人，国家级会员 1 人，省级会员 30 人。白城市戏剧家协会，本级会员 121 人，国家级会员 9 人，省级会员 63 人。白城市民间文艺家协会，本级会员 70 人。省级会员 60 人。美术家协会，本级会员 110 人，国家级会员 2 人，省级会员 31 人。直属单位《绿野》编辑部，职工 7 人。其中，编审 1 人，副编审 2 人，编辑 4 人。白城市书画院有馆员 1 人。

2001 年，市文联紧紧围绕市委、市政府的中心工作，开展“新世纪中华万里行采风”活动；举办《情满鹤乡名人名家书法精品展》、《世纪之春纪念建党 80 周年美术作品展》、《美在鹤乡美术、书法、摄影、民间工艺作品展》、《21 世纪春风行动，祖国万里行采风摄影纪实展》、《白城市与浙江省绍兴市书法作品联展》、《纪念“九一八”事变70周年笔会》、《张禹海个人书法篆刻作品展》、《白城市少儿书画作品展》、《纪念毛泽东诞辰108周年诗词书法作品展》；召开“歌颂白城创作歌曲”评审会，选定10首歌曲。出版《绿野》杂志，办好纪念建党80周年和民间故事专号，为宣传白城市，扩大白城市的知名度，激发白城市人民热爱家乡，建设家乡，振兴白城市经济，实现全市经济和社会跨越式发展做出了贡献。

（王一兵　范书华）

【新世纪中华万里行采风活动】 1月1日，市文联摄影家协会，由高玉田等3人组成新世纪中华万里行采风团（简称采风团），乘摩托车从海南省三亚市出发，往北行进至黑龙江省漠河市，途经22个省（市、自治区），100多座城市，行程18 808公里，一路上边采风，边宣传白城市，扩大白城市在全国的知名度，采风团5月19日，返回白城市。

（王一兵　范书华）

【举办展会】 1月16日，市文联在白城市博物馆（简称市博物馆）举办《“情满鹤乡”名人名家书法精品展》，有岳清友、吕鹏超、曹伯铭等人100幅作品参展。市委副书记岳清友，市委常委、宣传部长任凤春等领导参加了开幕式。观展2 000人次。

5月10日，由市文联、白城师范高等专科学校分校联合举办题为《〈世纪之春〉纪念建党80周年美术作品展》，在市博物馆展出，作品50幅。市领导关德伟、任凤春、苗长凤等参加开幕式。观展5 000人次。

6月，市文联举办歌颂白城创作歌曲评审会，评出作品30首，最后选定10首为歌唱白城十大歌曲。

6月29日，市文联举办《“美在鹤乡”美术、书法、摄影、民间工艺品展》、《21世纪春风行动，祖国万里行采风摄影纪实展》在市博物馆展出。参展作品200幅。观展2 500人次。美国新泽西州泽西市副市长为团长的访华团来白城市，也参观了这两个展览。

7月11日，《白城市与浙江省绍兴市书法作品联展》，在市博物馆开幕，浙江省绍兴市参展作品40幅，白城市参展作品40幅。市领导岳清友、关德伟、孙柳星，市委宣传部副部长杨超、市文联主席宋亚峰等出席开幕式。白城市市长助理孙柳星致词、绍兴市市长助理徐照辉致词。白城市书协主席曹伯铭发言、绍兴市书协代表车广荫发言。请绍兴市书法家陈民等人即席挥毫泼墨。作品120幅。10月，由市委副书记关德伟为团长的白城市书法家代表团一行9人赴浙江绍兴市，进行两地书法联展。白城市参展作品40幅，绍兴市参展作品40幅。观展5 000人次。

8月10日，市文联举办的《白城市旅游纪念品展览》在市博物馆开幕。展出市文联摄影家协会精美的风光片30幅；市书法家协会书法作品20幅；市美术家协会绘画作品20幅。同时，有根雕、民间工艺品参展。

9月，市书法家协会在市博物馆举办《纪念“九一八”事变70周年笔会》。举办《张禹海个人书法篆刻作品展》，展出作品100幅（件）。市领导刘润璞、关德伟、栾士贤等参加开幕式，观展2 000人次。同时，《白城市少儿书画作品展》在市博物馆开幕。参展作品200幅，获奖少儿80名。观展3 000人次。

12月，市书法家协会举办《纪念毛泽东诞辰108周年毛泽东诗词书法作品展》。展出作品60件，由市博物馆收藏。

（王一兵　范书华）

白城市社会科学学会联合会

【基本情况】 2001年，白城市社会科学学会联合会（简称市社科联），设编辑部。编制2人（编辑部成员12人，其中10人是从宣传部聘任的）。隶属市委宣传部。全市有财政学会、税务学会、审计学会、金融学会、计生协会等30个学会（协会、研究会），会员1万人。

市社科联紧紧围绕市委、市政府中心工作，发挥社联桥梁纽带、组织协调、咨询服务作用，组织全市学会（协会、研究会）和社科工作者，结合全市改革开放实际，开展理论研讨、理论学习和征文活动，取得了可喜成就。2月，在全市宣传工作会议上，市委副书记、市长刘润璞高度评价社科联工作，并致信社科联，充分肯定社科联工作。他说："《白城社会科学》，我认为真的办的很好，很贴近现实，有参考价值，有思想价值。办刊要注重质量，今后要更加严把审稿关，把有创新、有见识、有研究、有独到见解的文章，以及当前政治、经济、社会领域人们关注的热点、难点、疑点问题作为刊稿标准。要扩大发行量，让其真正成为各级党政领导干部、各业务部门负责人的良师益友。"

（冯明臣）

【社科工作】 3月12日，白城市社科联召开2000年社科联总结表彰暨2001年学会工作会议。会议总结2000年工作，安排部署2001年工作任务，表彰全市14个先进集体和40名学会先进工作者。4月至6月，开展全市第七次社会科学优秀成果评选活动。有135项优秀成果获奖。5月10日，开展"兴工富市"、"跨越式"发展理论研讨会，收到论文20篇，交流12篇。6月，开展庆祝建党80周年理论征文活动，收到论文12篇，在《白城社会科学》"庆祝建党80周年"专栏上发表。9月10日，开展学习江泽民"七一"讲话专题研讨会，收到论文15篇，在《白城日报》和《白城社会科学》上发表8篇。8月至10月，参加吉林省第五次社会科学优秀成果奖评选活动。全市有3篇论文获省社科联第五次优秀成果奖三等奖。坚持方向，办好《白城社会科学》。全年出版《白城社会科学》4期，刊载理论文章130篇。

（冯明臣）

白城市归国华侨联合会

【基本情况】 2001年，白城市归国华侨联合会（简称市侨联），设办公室、经济联络科。编制6人。全市有洮北区、大安市、洮南市、通榆县、镇赉县侨联。编制8人。市、县（市、区）侨联有委员73人。全市各级侨联联系国内外工作对象21 096人。其中，归国华侨523人，侨眷9 357人，港澳同胞2 866人，华侨、华人8 350人。

2001年，市侨联认真贯彻江泽民"三个代表"重要思想及中共白城市委二届三次、四次全会精神，积极参政议政、开展海外联谊招商引资活动、维护归侨侨眷合法权益。在省侨联开展的"组织起来、活跃起来"活动中，市侨联被评为"先进单位"。

（李久真）

【参政议政】 2001年，全市有归侨侨眷全国人大代表、全国政协委员、省政协常委各1人，省人大代表2人，市人大代表5人，市政协委员7人，县（市、区）人大代表12人，政协委员11人，向各级人大和政协提交议案、提案和大会发言29份。

（李久真）

【海外联谊、招商引资】 2001年，市侨联主要领导利用参加全国政协会议和第六届世界华商大会在南京召开的机会与全国政协海外委员和世界各地的华商进行接触、交流。向华商和海外委员介绍白城，宣传白城招商引资政策和资源优势，让华商和海外委员了解白城。同时，加强了横向联系，通过外地侨联牵线，先后去深圳、上海、广州等地会见、接待来自美国、韩国、香港等国家和地区的海外侨团6次，接待侨胞18人。

在市委、市政府举行的中国·白城'2001（广州）投资贸易说明会和经贸展洽会（简称"广贸会"），中国·白城'2001（香港）投资贸易洽谈会（简称"港洽会"）期间，市侨联积极与海外及港澳客商联系，力邀外商参加。其中"广贸会"期间邀请港澳全国政协委员3人，港澳及外商25人。还通过广东省侨联和广州市侨联帮助邀请外商12人和广州市客商37人。"港洽会"期间邀请有实力的客商10人。同时，为市、县（市、区）介绍外商，在促成经贸投资意向等方面做了大量有效的工作。

全年市侨联完成引进外资60万元，超额完成市委、市政府下达的50万元招商引资任务。

（李久真）

【维护侨益】 2001年，市侨联接待来信来访53件（次），立即答复和解决的48件（次），跟踪协调解决的5件（次），来信来访者基本满意。为当年报考华侨大学的归侨侨眷子女考生联系了满意的专业。并争取了计划招生名额 3 人。会同市教委同华侨大学协商达成协议，从 2002 年起，每年单独给白城计划招生名额 20 人。

2001 年是《中华人民共和国归侨侨眷权益保护法》(简称《归侨侨眷权益保护法》)颁布实施 10 周年。通过组织学习和宣传，提高了广大归侨侨眷对《归侨侨眷权益保护法》的认识。市侨联会同市人大民侨外委、市政协台港澳侨联络委、市侨办联合组成代表队，参加吉林省宣传《归侨侨眷权益保护法》电视大奖赛，获全省第二名。

（李久真）

【教育培训】 5 月，市侨联会同市委组织部、市委党校联合举办全市侨联干部培训班。培训侨联专职干部、部分归侨侨眷及子女 30 人。学习江泽民“三个代表”重要思想，邓小平理论，中国加入 WTO 的应对策略，当代技术发展的前沿，中国侨联章程，侨务法规与侨务政策等理论知识，提高了侨联干部的整体素质。

（李久真）

白城市红十字会

【基本情况】 2001 年，白城市红十字会（简称市红十字会），编制 4 人，实有 7 人。11 月，市直机关机构改革，将市红十字会由科级升为副处级。全市有大安市、洮南市、洮北区、通榆县、镇赉县红十字会。编制 11 人。基层组织 71 个，会员 7 100 人，其中青少年会员 2 500 人。青少年示范校 6 所，红十字教育基地 1 个。

市红十字会认真宣传贯彻《中华人民共和国红十字会法》（简称《红十字会法》)，开展救灾救助工作，取得了较好成绩。

（徐丽男）

【宣传贯彻《红十字会法》】 2001 年，市红十字会协调有关部门，采取多种形式广泛开展宣传活动。新世纪第一个“五八”世界红十字日前夕，向县（市、区）红十字会下发《关于纪念“五八”红十字日，开展“捐赠骨髓、关爱生命、展示人道力量”宣传活动的通知》。全市张贴标语 35 幅，出彩旗 40 面，发宣传单 2 万份，出板报 25 块，设宣传点 31 处，出动 2 000 人宣传《红十字会法》。在通榆县、镇赉县、洮南市电视台报道纪念“五八”世界红十字日活动 3 次。在《白城日报》发表文章 1 篇。组织医疗小分队 5 个，医务人员 27 人，义诊 500 余人，无偿投药价值 4 500 元。走访慰问敬老院 3 处，捐赠物资折合人民币近 5 万元。

（徐丽男）

【救灾工作】 2001 年，全市遭受百年未遇的特大干旱，受灾群众生活困难。8 月，市红十字会召开县（市、区）红十字会秘书长会议，号召全体红十字会干部深入灾区，实地考察，调查了解灾情，及时开展救灾救助工作。市政府副秘书长黄真久带队到吉林省红十字会汇报灾情，争取价值 2 万元的救灾物资。市红十字会将 8 吨面粉(价值 12 800 元）分别捐赠给镇赉县、大安市、洮南市红十字会，及时发放到灾民手中，让灾民在春节期间吃上饺子。同时，将 2 吨面粉送到白城市社会福利院，走访慰问孤寡老人及残疾人。

（徐丽男）

【清理滥用误用红十字标志】 2001 年，市红十字会贯彻落实《红十字会法》和《红十字标志使用办法》，清理全市滥用、误用红十字标志 300 个，清理率 100%。

（徐丽男）

白城市残疾人联合会

【基本情况】 2001 年，白城市残疾人联合会(简称市残联),设办公室、宣传教育就业部、康复部,编制 12 人。直属白城市聋儿康复中心、残疾人就业服务所,编制 13 人。全市有洮北区、镇赉县、通榆县、洮南市、大安市残疾人联合会。编制 35 人。乡（镇、街）残疾人联合会 124 个。全年有 1 235 名残疾人得到不同程度康复，培训残疾人 2 086 人次，安排残疾人就业 195 人，扶持贫困残疾人 15 413 人，其中 6 842 人解决温饱，分别比 2000 年增长 22.4%、5%和下降 37.5%，增长 235.8%和 102%。指定或委托 8 个律师事务所为残疾人提供法律服务。

核发残疾人证 4.6 万个。市残联被评为“全国残疾人按比例就业工作先进单位”。

（于黎明）

【残疾人就业和扶贫工作】 2001年，全市依法按比例安排残疾人就业 81 人，收缴残疾人就业保障金 103 万元，分别比 2000 年增长 26.6 %和下降 36.5%，分别占省残联下达任务 135%和 129%。7 月，在中国残疾人联合会召开的全国残疾人就业工作会议上，市残联被评为“全国残疾人按比例就业工作先进单位”。

全市将残疾人扶贫工作纳入政府扶贫规划，开展“帮、包、带、扶”活动。年末，有 6 842 名贫困残疾人基本脱贫，833 名特困残疾人纳入最低生活保障，分别比 2000 年增长 102%和下降 8%。11 月，在全国农村残疾人扶贫开发工作会议上，洮南市被评为“全国农村残疾人扶贫工作先进市”。

（于黎明）

【残疾人康复工作】 2001 年，全市完成白内障复明手术 1 000 例。普及型假肢安装 56 具，肢体康复训练 29 例，免费为低视力患者配戴助视器 55 人，指导康复训练智力残疾儿童 23 人，分别比 2000 年增长 27.1%、9.8%，下降 21.6%和增长 15%，分别占省残联下达任务 100%、196%、100%和 100%。全市 6 个用品用具服务站（专柜），为残疾人提供 42 个品种、1 231 件用品用具，为上千名残疾人康复提供方便条件；完成聋儿系统化训练 26 人，培训聋儿家长 57 人次。

（于黎明）

【残疾人教育和文体工作】 2001年，全市有特殊教育学校 4 所，普通学校附设特教班 9 个，在校生 675 人，三类残疾人儿童入学率 71%。培训残疾人 2 086 人，比 2000 年增长 5%，占省残联下达任务 102%。其中，城镇 246 人，农村 1 840 人。选送 13 名盲人参加全省盲人按摩培训班，占省残联下达任务 100%。

7 月，市残联组织残疾人演出队参加全省残疾人艺术汇演，有 4 个节目获奖。其中，一等奖、二等奖各 1 个、三等奖 2 个。8 月，有 2 个节目被推选参加全国残疾人艺术汇演，均获全国残疾人艺术汇演二等奖。市残联获组织奖。盲人徐春成参加全国残疾人田径锦标赛，获铅球银牌、铁饼铜牌。

（于黎明）

白城市新闻工作者协会

【基本情况】 2001 年，白城市新闻工作者协会编制 2 人，有单位会员 15 个，个人会员 244 名。

2 月 23 日至 3 月 31 日，举办“1999—2000 年度白城新闻奖”评选活动。评出获奖作品 38 件，其中，一等奖 9 件，二等奖、三等奖各 14 件。6 月，组织吉林省第十届“吉林新闻奖”参评作品 11 件。获奖 7 件。其中，一等奖 1 件，二等奖 2 件，三等奖 4 件。并获编辑奖 7 项和好版面奖 2 项。

（姜瑞清）

白城市计划生育协会

【基本情况】 2001 年，白城市计划生育协会（简称市计生协），行政、事业编制各 1 人。全市有大安市、洮南市、镇赉县、通榆县、洮北区计生协。编制 7 人。乡（镇）、场（站）、街道、村以上协会 1 471 个。市计生协围绕合格组织、合格会员、合格工作开展活动，认真履行民主参与和民主监督职责，积极进言献策，合格率 70%。

（吕莉　石洪亮）

【幸福工程】 2001 年，全市争取“幸福工程”和“妇女发展”项目款 48 万元。其中，大安市 10 万元，镇赉县 10 万元，通榆县 28 万元。除通榆县项目刚刚启动外，大安市的“幸福工程”项目救助的贫困户基本当年脱贫；镇赉县的“妇女发展”项目户家家成为富裕户，全县 200 多计生贫困户摆脱贫穷。

（吕莉　石洪亮）

【纪念活动】 5 月 13 日，全市各级计生协会开展纪念“母亲节”活动。为贫困母亲捐款 2 300 元，贷款 21.40 万元，义诊 320 人次，捐衣物 100 多件，大米 400 公斤，面粉 450 公斤。5 月 29 日，中国计生协成立 21 周年。全市出宣传车 23

台次，设咨询点 29 个，发宣传单 10 万份，贴宣传标语 71 条，组织计生协会理事下乡为群众义诊 1 580 人次，治疗 130 人，免费送药价值 6 000 多元。

（吕莉 石洪亮）

白城市个体私营经济协会

【基本情况】 2001 年初，白城市个体劳动者协会，编制 2 人。白城市私营企业协会，编制 2 人。11 月，市直机关机构改革， 两协会合并，称白城市个体私营经济协会(简称市个私协会)，编制 4 人。全市有洮北区、大安市、洮南市、通榆县、镇赉县个私协会。编制 21 人。

2001 年，市个私协会响应中国个体劳动者协会提出为西部贫困地区建光彩水窖的倡议，动员全市个体工商户和私营企业捐款 1 万元。为白城市灾区捐款 2 万元。

（李东）

【推荐企业】 2001 年，市个体私协会推荐吉林省百强企业 8 户：白城市汽车压铸件有限责任公司、华达工贸集体有限责任公司、马世甘草开发有限责任公司、吉林省金福酒业有限责任公司、镇赉县白天鹅商业发展有限责任公司、洮南市物资粮油贸易有限责任公司、恒和药业有限责任公司、大安市大发有限责任公司。评选出省光彩之星 6 个，推荐白城市蓝天美容美发学校为国家级“青年文明号”，白城市裕丰实业有限责任公司为省级“青年文明号”。

（李东）

白城市消费者协会

【基本情况】 2001 年，白城市消费者协会(简称市消协)，编制 5 人。隶属白城市工商行政管理局。全市有洮北区、大安市、洮南市、通榆县、镇赉县消费者协会。编制 27 人。有消费者基层分会 77 个，各类投诉站、监督站、联络站 355 个。

全年各级消协处理投诉 880 件，比 2000 年增加 260 件。为消费者挽回经济损失 50 多万元。市消协命名白城市万利达家电销售部等 6 户企业为“产品信誉企业”；林国相眼镜有限责任公司等 10 户企业为“消费者满意单位”。维护了消费者权益。

（丁良占）

【开展“3•15”国际消费者权益日宣传教育活动】 2001 年，为推动“绿色消费”年主题宣传，全市各级消协开展以“绿色消费” 为中心的 3 月 15 日国际消费者权益日活动。 3 月 15 日前，市、县（市、区）消协共组织新闻发布会 9 次，在市、县（市、区）电视台搞专题讲座 12 次，召开各种座谈会 15 次，在各县（市）报纸上发表各种宣传文章 18 篇。3 月 15 日， 全市各级消协在街头设大型咨询服务处、投诉站 80 处，出动宣传车 22 辆，发放各类宣传单、资料近 8 万份，举办专题文艺演唱会 5 次，挂过街宣传横幅 20 条。宣传活动在社会上产生良好反响，受到社会各界和消费者欢迎，使广大消费者进一步明白“绿色消费”含义，树立起“绿色消费”意识。

（丁良占）

【开展“揭谎月”活动】 2001 年，为打击不法经营者在倡导“绿色消费”之机诱导、侵害消费者合法权益，全市各级消协认真贯彻省消协组织的 2 月份“揭谎月”活动。为开展好“揭谎月”活动，市委、市政府成立以市人大、市委宣传部、市工商行政管理局组成的“揭谎月”领导小组，下设办公室，办公室设在市消协。“揭谎月”领导小组办公室于 8 月 1 日至 31 日，有针对性的检查食品、饮料、保健品、化妆品、建筑装饰材料等虚假违法商业企业。劝喻企业 43 户，公开曝光企业 6 户。

（丁良占）

地方军事

中国人民解放军吉林省白城军分区

【基本情况】 2001年，白城军分区（简称军分区）设司令部、政治部、后勤部。司令部设作训科、军务动员科，政治部设组织干部科、宣传保卫科，后勤部设战勤科、供应科。辖洮北区、镇赉县、通榆县、洮南市、大安市人民武装部（简称人武部）。县（市、区）共有乡（镇、厂、场、局）人武部201个，专职武装干部224人。其中，武装部长181人，副部长33人，干事10人。

2001年，军分区认真学习和实践江泽民“三个代表”重要思想，加强政治思想工作，发扬党管武装的优良传统，做好军事斗争准备工作，强化军事训练与改革，做好兵役工作，加强后勤工作和基层人武部建设，各项工作取得较大成绩。大安市人武部政委郎大华、军分区后勤部战勤参谋韦艳军被省军区党委评为优秀共产党员，洮南市人武部部长王晓奇被省军区记三等功。大安市人武部副部长李志军等2人被沈阳军区评为优秀“四会”（会讲、会教、会做、会做思想工作）教练员，洮北区人武部军事科长张宇等8人被省军区评为优秀“四会”教练员，军分区、洮北区、大安市、洮南市、镇赉县、通榆县民兵武器装备仓库达到“红旗仓库”建设标准。政治部被沈阳军区政治部评为“订刊用刊先进单位”。

（军分区军事志编写组）

【思想政治工作】 2001年，军分区组织军分区、人武部党委机关每季度学习理论5天，主要学习中共党史、中国近代史和世界近代史以及党的十五届五中全会和中央经济工作会议精神、党和国家第三代领导人关于加强国防后备力量建设理论和现代高科技知识。通过理论学习加强了班子的思想政治建设，提高了机关干部的理论水平和综合素质，进一步坚定了对马克思主义的信念和改革开放及现代化建设的信心，坚信了党的领导。

在政治思想教育中，坚持以邓小平理论和江泽民关于军队思想政治建设一系列重要论述为指导，紧密联系全体官兵的思想实际，解决在社会经济多样化、社会组织形式多样化、社会利益分配多样化、社会就业方式多样化的新形势下官兵的现实思想问题。为创建一流军分区和完成军事斗争准备为重点的各项任务提供了坚强有力的思想保证。6月25日，军分区政治部举办《建党80周年书法图片展》，观众百余人次。同时组织了“党在我心中演讲比赛”和“先锋杯”党的知识竞赛活动，镇赉县人武部获团体总分第一名。

在开展民兵政治教育中，军分区努力探索加强和改进民兵政治教育的新路子，不断完善和深化军分区《教育进入大市场，形式适应新对象》的民兵政治教育“四化”（课堂设置开放化、教育内容规范化、方法手段多样化、组织行动制度化）改革的成果。各县（市、区）人武部认真总结落实民兵政治教育改革内容，使民兵政治教育“四化”模式起到了应有的作用。在抓民兵政治教育队伍建设上，以创“三优”（优秀教练员、优秀政治指导员、优秀政治辅导员）活动为载体，促进了民兵政治教育在基层的落实。

（军分区政治部）

【党管武装工作】 2001年，市委坚持党对武装工作的领导，积极探索新形势下党管武装工作的特点和规律，每年召开党委议军会议1至2次，解决部队建设中存在的难点问题。市委常委议军会议研究确定了基层人武部机构及人员配备问题，确立了机构设置及人员配备数量。市政府下发《关于基层人民武装部机构及人员配备问题的通知》，对基层武装工作起到稳定和推动作用。开展好书记，好常委，好乡、镇长评选活动。市委组织部与军分区政治部联合下发《关于表彰支持武装工作的好乡（镇）长的通报》，对洮北区德顺蒙古族乡乡长纪文等10人进行通报表彰。

（军分区政治部）

【军事斗争准备工作】 2001年，军分区紧紧围绕军事斗争准备“应该做什么，能够做什么，怎样做得好”问题开展讨论，明确了“有战后备必用，备好才能打赢的”认识。通过专题研究，现地勘察，召开作战会议，强化了军分区在军事准备斗争中的地位和作用，理清了工作思路，明确了目标及任务。组织了由军分区首长机关带领部分人武部干部参加的城市反空袭作战理论学习研讨和模拟演练，探索了城市反空袭作战中的军地联合、兵员动员及平战转换等问题。进行战争潜力调查与研究，促进了战备工作的落实。通过对民兵整组优化配置，提高了编兵科技含量，民兵专业技术分队、民兵对口专业分队、民兵应急分队中专业对口率、复退军人和大中专毕业生比例都达到上级要求的标准。加强指挥自动化建设，军分区实现与全军程控电话网的对接，建成双向可视电话会议系统，进入全军三期网。坚持经常性管理教育工作，严格落实条令条例，集中进行重点部位的整顿，规范了管理程序。军分区、洮北区、大安市、洮南市、镇赉县、通榆县民兵武器装备仓库达到了“红旗仓库”建设标准。通榆、镇赉县民兵武器装备仓库连续51年安全无事故，军分区实现了安全年目标。

（军分区军事志编写组）

【军事训练与改革】 3月20日至9月10日，军分区和各县（市、区）人武部，分批分期组织民兵施训，训练中坚持“组织机构健全、训练形式集中、训练制度落实、教学队伍精干、施训方法科学、训练质量优良、训练保障有力”的原则，较好地完成了省军区下达的2 416人军事训练任务。

为提高全区民兵分队在执行应付突发事件、维护社会稳定的能力，5月20日至6月20日，军分区组织全区民兵应急分队战术综合演练，经过周密组织，严格训练，民兵应急分队整体遂行任务能力得到提高。吉林省军区首长和机关检查验收了洮北区民兵应急分队的演练，并给予充分肯定和较高评价。7月16日至7月27日，组织全区50名专武干部封闭式集训。主要训练专武干部业务、队列、高科技知识和轻武器实弹射击。充分运用新思维，采取新方法，实施新手段，达到了预期地训练目的。其经验被沈阳军区《东北后备军》杂志刊载。9月27日，军分区、洮北区人武部组织城市防空演习，与省军区同步进行防空演练，参加32人，历时3天，演练的做法受到省军区肯定。

军分区和各县（市、区）人武部坚持科技兴训、科技练兵和深入改革，把民兵规范化训练落到实处，把培养高素质教练员作为实施规范化训练的切入点。充分利用民兵组织调整、转业干部安置、士兵复员等时机，到基层调查摸底，选拔各类专业技术教练员。同时注重发挥当地驻军和科研单位优势，聘请教练员，形成一支结构合理、专业齐全、素质较高的教练员队伍和科学的考评机制。选送年轻、有发展潜力的教练员到现役部队培训，调整年龄大、素质低的教练员。洮北区人武部将2名有突出贡献的教练员选拔为乡镇专武干部，调动了教练员的工作积极性。坚持把增加科技含量作为实施规范化训练的突破口。在训练中，注重引入新技术，增加科技含量，运用多媒体技术和传统教学手段，开展器材革新活动，创新改进现有装备器材，解决了训练器材不足的问题。坚持把按纲施训作为实施规范化训练的重点。按照中国人民解放军总参谋部新颁发的《民兵军事训练大纲》，在训练总的指导原则基础上，继承传统练兵方法的优长，结合自身实际，改革固定单一的组训形式。坚持训用一致、突出重点、分类训练的方针，突出训兵与用兵相结合，严格管理与灵活施训相结合的方法，增强了训练效果，保证了训练质量。

（军分区军事志编写组）

【兵役工作】 预备役登记。按《中华人民共和国兵役法》的有关规定，每年结合民兵整组进行预备役登记。2001年，退役士兵和军转干部被确定服预备役人员，按时到工作单位和居住地进行预备役登记。同时兵役机关对预备役人员进行国防教育、形势教育和职能教育。

兵役登记。根据吉林省军区2001年《关于认真搞好兵役登记工作的通知》，军分区下发《兵役登记工作实施方案》。采取设置固定登记站与流动登记站相结合的形式进行登记，固定站设在乡（镇）人武部，流动登记站设在适龄青年相对集中的大中型企业、学校和大型集贸市场等场所。白城市符合服兵役年龄的 18 582 人，参加兵役登记的 16 634 人，登记率 89.5%。

兵员征集。白城市兵员征集任务 1 230 人。9 月下旬，军分区结合新颁布的《中华人民共和国征兵工作条例》（简称《征兵工作条例》），组织由各县（市、区）人武部军政主官和征兵办公室成员参加的“学习贯彻新《征兵工作条例》集训班”。10 月 17 日，召开全市征兵工作电视电话会议，市政府、军分区的领导部署 2001 年征兵工作任务。会后，军分区召开党委扩大会议，提出高质量完成征兵工作的要求和措施。在首次征集 120 名进藏兵时间紧、难度大、任务重的情况下，由于市委、市政府的正确领导和各级兵役机关的通力协作配合，落实“不收新兵家长一分钱、不抽新兵家长一支烟、不吃新兵家长一顿饭、不送一个不合格兵”的要求，完成了进藏兵征集任务和年度兵员征集任务。

（军分区军事志编写组）

【拥政爱民活动】　2001 年，白城军分区协调驻白城市各部队积极参加地方公益事业建设，为白城市的公益事业建设做出了贡献。驻白城市各部队参加地方重点工程建设和社会公益事业建设达 20 多项。在参加市区春季爱国卫生、植树造林、城市环城道路和标准街路建设中，驻白城市各部队在训练任务十分繁重的情况下，利用“五一”国际劳动节等休息时间，连续奋战 15 个日夜，完成土方 2 万立方米任务，清运越冬垃圾 400 余吨。为城市开发标准街路建设集资捐款近 10 万元。动用兵力 5 000 余人，车辆 1 000 多次，植树 25 000 棵。65850 部队投资近 14 万元修筑军民共建路 3 条。军分区协调组织驻白城市部队为城市建设捐资 12 万元，组织义务献血 180 多人次。同时还积极组织驻白城市部队为民服务活动，组织 4 个连队成立学雷锋小组，立足“营门口”坚持常年开展学雷锋活动。全年驻军各部队义务为驻地群众修理家用电器、农机具、钟表达万余件，共有 485 个学雷锋小组为驻地群众做好事 3 万余件，常年照顾孤寡残疾老人 150 人。义务理发 15 000 多人，捐赠农业、科技、文艺等图书 3 000 多册。军分区、65373 部队为城市扩建道路无偿让地 5 000 平方米，为白城市经济跨越式发展做出了贡献。

在扶贫帮困助学活动中，驻白城市各部队积极参加贫困地区群众帮扶活动。捐资近 100 多万元，使 100 多贫困户摆脱贫困，走上小康之路。63850 部队为洮北区德顺蒙古族乡投资 23 万元，建设“希望小学”1 所；为白城市第一中学建设体育艺术馆、学农基地等，支援钢材、木材、水泥等价值约 43 万元；为白城市第四、五中学修建学生宿舍、建篮球场捐资近 35 万元；为平台小学捐资 13 万元；为学校送取暖煤 30 吨，为市“关爱孤儿、助学成才”专项慈善事业捐款 2 万元；63850 部队首长带领机关干部 7 次到扶贫点大安市舍力镇民强村走访，慰问和组织科技下乡活动，举办农牧、养殖技术培训班 6 次，投资打井 5 眼，提高了粮食产量，受到该村群众的高度赞誉。驻白城市各部队还组织官兵、职工开展“扶贫济困送温暖”捐款活动，共捐款 71 074.5 元，衣服 5 200 件，大米、面粉 4 000 公斤。65373 部队与洮北区东风乡 13 户贫困户结成帮扶对子，利用节假日帮助劳动，使 7 户脱贫；投资 23 000 元为大安市来福乡新建村打抗旱井 10 眼，改造农电低压线路 2 000 余米，为新建村的发展和整体脱贫创造了良好的条件。63850 部队 1 名不透露姓名的军人，捐资帮助考上北大的贫困学生贾丽娜。洮北区人武部组织干部职工为贾丽娜捐款 1 000 元，解决贾丽娜燃眉之急。武警吉林省总队第二支队协助省武警总队在镇赉县丹岱乡乌兰吐村投资 10 万元，新建 1 所功能齐全“金盾希望小学”，还为金盾希望小学校修建了篮球、足球和排球场地，并捐赠价值 4 000 元的体育器材和教学设备。

在参加社会主义精神文明建设中，驻白城市各部队遵照江泽民关于“军队要走在社会主义精神文明建设前列”的指示，积极参加精神文明建设。分别与当地党政机关和企事业单位建立双拥对子 68 对，有 65 对分别被省、市精神文明建设指导委员会授予“军民共建、警民共建先进单位”。驻军 63850 部队成立科技助民工作小组，积极开展以科技成果转化、培训技术人员、协助科技攻关、提供技术咨询服务为主要内容的科技助民活动。为白城市监狱和白城市劳教所研制和安装了“监控显示系统”、为白城市第一粮库研制安装了“粮食自动测温系统”，为白城电台微波塔建造及技术开发项目提供了技术服务；同时还为白城市汽车贸易中心、中国农业银行白城市中心支行等4个单位进行铝合金装修和监控系统技术服务；为白城市检测、维修各类计量仪器250余台（件），培训各类技术人员91人次；为吉林龙华热电股份有限公司鹤城热电厂、白城市群众艺术馆等单位义务检修通信线路12次，维修通信设备16件。驻军321医院与白城市社会福利院（简称市福利院）结成共建对子，常年为市福利院免费义诊，送医送药，还坚持每周深入到农村为群众义诊，发放就诊优惠卡，农村贫困群众到321医院就诊减少5%的医药费，为复员退伍军人减免6%的医药费，还定期下乡为在乡复员退伍军人送医送药，义诊3 000多人次。消防支队开展消防安全专项治理检查40多次，发现不安全因素和火灾隐患7 347条，整改5 398条，促进了社会主义精神文明建设的开展。

（军分区政治部）

【后勤工作】 2001年，坚持军地协作，积极推进后勤工作改革。军分区裁减职工17人，待岗20人，办理病退1人。大安市、镇赉县和通榆县人武部实行定点医疗，完成了各人武部土地建档，对军产住房进行清查整顿和登记工作。镇赉县人武部完成了后勤保障社会化改革。坚持党委集体理财，较好地落实“一支笔”审批制度，加强了审计监督，预算执行率和家底基数率均100%。

（军分区军事志编写组）

【基层人武部建设】 2001年，县（市、区）、乡（镇）人武部积极争取地方党委、政府支持，加强军事训练。基础工作扎实有效。在地方机构改革中，军分区、人武部两级党委早筹划、早建议、抓落实，各县（市、区）党委在县（市、区）机构精简调整中，加强了基层武装机构设置和人员配备，加强了对专武干部管理和培训，促进了军政素质的提高。加强基础性设施建设，5个县（市、区）人武部维修办公楼、训练基地、武器装备仓库、食堂、招待所，购置录像机、电脑等现代化办公设备，共投资200余万元。

（军分区政治部）

中国人民武装警察部队白城市支队

【基本情况】 2001年，中国人民武装警察部队吉林省总队白城市支队（简称白城市支队），设司令部、政治处、后勤处。司令部设警务装备股、作战训练股；政治处设组织干部股、宣传股；后勤处设财务股、军需股、军运股、卫生队、修理所、生产生活服务中心。辖教导队、直属中队、警通中队各1个县、市中队5个。

2001年，白城市支队认真贯彻中国人民武装警察部队（简称武警总部）、中国人民武装警察部队吉林省总队（简称武警总队）“举旗帜、抓龙头、打基础、保中心、求发展”的总体思路，坚持“聚精会神抓落实，扎扎实实打基础，开拓创新求发展”的要求，加强思想政治建设，加强执勤工作，加强管理工作，较好地完成了各项工作任务。

（王全贺）

【思想政治工作】 2001年，白城市支队深入学习邓小平理论、江泽民“三个代表”重要思想及中国近代史和世界近代史。重点进行辩证唯物主义和历史唯物主义常识、军队传统、军纪军规、军人道德、时事政策、心理学和法律常识等方面教育。认真落实全军思想政治教育座谈会精神，突出抓好形势政策教育，解决官兵在思想上的顾虑和困惑，激发官兵“爱党、爱祖国、爱社会主义”的政治热情。开展经常性教育工作。有针对性地进行执勤教育、尊干爱兵教育、拒腐防变教育、无神论教育、军人道德教育和法纪教育。将《尊干爱兵双十条》、《文明带兵忌语五十条》打印成册，下发到基层学习。涌现出官兵关系密切的典型。大安市中队为家有困难的战士捐款900元，白城市中队为父亲患肺癌的战士捐款2 000元。全年无案件、无事故、无严重违纪发生。白城市支队配合省武警总队开展宣传文化信息网络建设，形成总队、支队、中队三级信息网络。严格按照省武警总队《基层文化建设三年规划》要求，建设图书室、俱乐部和场地设施，达到上级要求。

（王全贺）

【执勤工作】 2001年，白城市支队通过强化执勤是“中心”、“主战场”、“饭碗”意识，确保了固定目标万无一失，临时任务完成圆满，战备工作全面落实。全年清理机关兵员3次，先后把机关闲散兵员15人充实到执勤一线，保证了一线执勤兵力全员、全时在位。把落实制度作为切入点，建立了首长、机关、业务股三级查勤制度。组织支队班子成员带队实施“零点查勤”行动，及时纠正了执勤中的“常见病”、“多发病”，落实了勤务各项制度。全支队担负的5个固定看守目标累计看押人犯1 542人，未发生问题。

（王全贺）

【管理工作】 2001年，白城市支队针对部分干部、战士对军事法规不熟悉、运用不好、操作有偏差的实际，编印有关法规，下发到基层中队。组织由同一岗位人员参加的法规知识竞赛，促进了法规知识的学习。针对机关倒服务、赊欠款、喝酒等不良风气有所回升的问题，2次组织机关和基层进行教育整顿，制定了改变领导机关作风整改措施，让群众监督，较好的解决了机关的不良现象。根据喝酒问题专门制定了禁酒“三不喝”、“五不准”的规定，即：超标准的酒不喝，与工作无关的酒不喝，理由不清的酒不喝；不准在基层单位喝酒，不准在工作时间、正课时间喝酒，不准结帮成伙喝酒，不准利用工作之便喝酒，不准过量喝酒。

（王全贺）

【后勤管理】 2001年，白城市支队按照上级党委关于“实现由注重设施建设，向加强管理的转变”的指导思想，以提高效益为核心，坚持依法管理，逐步实现后勤管理科学化、制度化和规范化。加强经费使用管理。坚持依照标准制度，实施依法理财，严格把关，合理安排预算。年内所有预算经费收支达到综合平衡并有节余，支队家底经费达30万元，各中队家底经费按规定达到最低限额（标兵中队4万元，其他中队2.5万元）。开展农副业生产，适当扩大了副食品生产基地建设规模，达到满足驻白城市区部队的部分肉、菜、禽、蛋等副食品供应。为基层办实事，全年向基层投入38.2万元，改善了基层的基础设施，轮训了全支队炊事员、卫生员等独立工作、专业性强的岗位人员，提高其专业素质和服务保障水平。

（王全贺）

中国人民武装警察部队吉林省总队第二支

【基本情况】 2001年，中国人民武装警察部队吉林省总队第二支队（简称二支队），机关设司令部、政治处、后勤处。司令部设警务装备股、作战训练股、通信股、机要股、管理股；政治处设组织股、干部股、宣传股、保卫股；后勤处设军械股、运输股、财务股、军需股、营房股。支队辖大队3个，建制中队9个，直属单位4个。

2001年，二支队认真学习江泽民关于武警部队建设的重要论述和“三个代表”的重要思想。贯彻落实中国人民武装警察部队（简称武警总部）、中国人民武装警察部队吉林省总队（简称省武警总队）党委扩大会议精神，开展经常性的思想政治工作，加强军事训练，搞好后勤工作，较好地完成了以执勤和处置突发事件为中心的各项工作任务，保持了看押执勤工作连续14年无犯人逃跑事故的好成绩。全年无案件、无事故、无严重不良倾向。二中队，八、九中队和二支队分别被省武警总队评为“基层建设标兵中队”、“基层建设先进中队”、“基层建设先进支队”。

（王振忠）

【组织建设】 2001年，二支队根据省武警总队的统一部署，开展努力实践“三个代表”重要思想，保持共产党员先进性教育。党员干部对照“三个代表” 重要思想认真查找理想信念不够坚定，工作作风不够扎实，自身素质不高和各级党委、支部建设上存在的问题，并研究制定了改进措施。

在基层党委、支部建设上，坚持把能力素质强，思想作风好，热爱基层工作的干部安排到基层主官岗位上，调整了2个大队、6个中队主官，效果较好。二支队常委根据职责对各中队进行挂钩承包，定期深入中队帮扶指导，帮助分析形势，理清思路，制定措施，解决难题，提高了部队建设质量。基层各党委、支部贯彻民主集中制的原则，保证了决策的正确性和科学性；落实组织生活制度，加强党员干部的教育管理，提高了各级组织和党员干部在群众中的威信。明显发挥了大队前沿指挥所的作用、中队党支部核心堡垒作用。

（王振忠）

【思想政治工作】 2001年，二支队组织官兵深入学习江泽民“七一”讲话，自觉实践“三个代表”重要思想。支队党委机关先学一步，分专题地聘请市委党校的专家到部队授课。之后，支队常委分头深入部队进行辅导和宣讲。通过学习，坚定了全体官兵只有共产党才能救中国，才能带领全国各族人民建设一个富强、文明、民主的新中国的政治信念，增强了坚持党的领导的自觉性。懂得了如何建设党的问题，增强了工作的紧迫感和责任感。

组织官兵学习《辩证唯物主义》、《世界近代史》、《市场经济理论》、《军队纪检工作论述》等。通过学习，提高了官兵运用科学理论的立场、观点、方法认识问题、分析问题和解决问题的能力。

开展“学习实践‘三个代表’重要思想，保持共产党员先进性教育”活动。有19个党支部，282名党员参加。评出优秀党员13人，优秀干部10人。

开展“坚定理想信念”教育。针对支队执勤和农副业生产任务繁重，官兵每天执勤长达十多个小时，大课教育时间难保证的问题，实施“五小”（小课堂、小讨论、小活动、小讲评、小考核）教育方法，把大课教育化整为零，形成人人是教员，处处是课堂，事事是教材，时时受教育的生动局面，使官兵树立了正确的人生观和价值观。二支队的“五小”教育经验，年初先后在中央电视台、《人民武警报》、吉林电视台播放和刊载，并被武警总部、省武警总队转发和推广。通过教育，涌现了一批爱岗敬业，扎实工作的先进典型。六中队士官马均中由于工作成绩突出，先后被省武警总队推荐为中国武警“十大忠诚卫士标兵”候选人，评为省武警总队“十大优秀党员标兵”。

做好经常性思想工作。针对执勤人员少，工作强度大的特点，在老兵中开展“树立严守纪律、勇于吃苦、扎实工作的形象，创一流佳绩”活动，调动了老兵的工作积极性。新兵下班后，开展尊老爱新活动，增进了新老兵的团结。针对夏季天气炎热，执勤时间长，犯人易逃跑的特点，进行强化对敌斗争观念、吃苦耐劳观念和法纪政策观念教育，激发了官兵的执勤热情，提高了执勤人员的警惕性，全年哨兵制止犯人在野外劳作时强行逃跑2次，确保了勤务安全。针对内部关系上存在的问题，开展密切内部关系教育整风。查摆问题，制定改进措施，树立典型，部队中出现了兵尊干、干爱兵的良好局面。针对一些老战士降低工作标准等问题，及时开展教育，调动了老兵工作积极性。针对入党指标少，一些战士考学、学技术、当骨干的愿望比较强烈的问题，做思想工作，稳定了战士思想。对表现突出，由于指标限制不能入党的战士做出组织鉴定，装入档案，积极向地方党组织推荐，调动了战士的积极性。对考学落榜人员逐级进行承包做好工作，消除思想障碍。积极动员社会和家庭力量共同做好战士的思想工作，用亲人叮咛、朋友嘱托、社会期望来教育感化战士。二支队把典型事例录制成幻灯片、影碟下发部队，使官兵从先进事迹中受到启发，从反面典型中吸取教训。同时，积极开展丰富多彩的文体活动，用健康向上的氛围陶冶官兵的情操。全年投资3万多元，购买图书2 000余册，规范部队的文化补习和两用人才培训工作。在官兵中形成了好学上进的良好风气，增强了抵御腐朽思想文化侵蚀的能力。全年二支队共为个人和家庭有困难的战士捐款5万多元，帮助战士解决涉法问题7起。

（王振忠）

【执勤工作】 2001年，二支队开展执勤教育，把历年犯人逃跑的典型案例编成小册子和幻灯片，配合上级下发的《血案警示录》，组织官兵收看，使官兵做到警钟长鸣。把每月15日作为警醒日，加强学习和教育，提高了执勤人员的警惕性。8月，六中队看押下的1名犯人在野外劳作时伺机逃跑，被哨兵及时发现，当场捕获。

坚持依法执勤。进行执勤专项治理整顿，哨兵违反执勤规定的现象和执勤中的“常见病”、“多发病”明显减少，哨兵的法纪观念和警惕性不断增强，制止犯人及家属向狱内投递物品17次，拒收犯人及家属的钱物20次。

（王振忠）

【军事训练工作】 2001年，按照省武警总队训练达标升级活动的要求，落实军事训练工作。开展机动班和基层干部大比武，立三等功2人。省武警总队考核二、九中队，总评成绩良好以上，二中队和侦察班总评成绩优秀。加强专勤专训。重点训练哨兵反袭击、防夺枪、一招制敌等应用科目。在教导队进行“反爆破、反袭击、反劫持”（简称“三反”）为主要内容的教练员培训；在中队进行应急小分队“三反”训练，提高了应急小分队的快速反应能力，为维持社会治安奠定了基础。6个中队安装通信三级网，为更好地做好执勤工作创造了条件。全年完成执勤部（分）队训练日54个，首长机关训练日32个。

（王振忠）

【后勤工作】 2001年，二支队后勤建设紧紧围绕“强化管理保中心，面向基层办实事，转变作风要效益，提高素质上台阶”的目标，加强了规范化管理和基础设施建设。全支队养猪289头，养鸡2 400只，种菜15公顷，水稻70公顷，年收入30余万元。各中队家底经费10余万元，有50%的中队家底经费15万元。全支队投资33万元，为政治处各股配齐了微机、文件柜；为各中队配备图书和文体器材，改建了现代化温室猪舍和食堂操作间；为基层购置不锈钢橱柜9个，制做不锈钢面板架10个。在省武警总队帮助下，投资近20万元为九中队建造装修了俱乐部、水房；为基层中队维修豆浆机和菜窖，购置了太阳能热水器，解决了战士冷水洗碗的问题。

（王振忠）

【拥政爱民活动】 2001年，二支队开展“向西部春蕾女童献爱心”活动，全体官兵为西部女童捐款17 468元。向驻地镇赉县丹岱乡乌兰吐“金盾希望小学”捐款2 000余元，使8名失学儿童重返校园。全体官兵响应市委、市政府的号召，捐赠5 000元支持市区标准街路建设。同时，参加白城市森林公园植树活动，植树1 000余棵。驻地植树4 378棵。

全体官兵奉献爱心，为治疗白内障患者，向省残疾人协会捐款4 100元，向白城市残疾人捐款2 000余元。

大力开展警民共建活动，与白城市和镇赉县所属的17个单位结成共建单位。与洮北区长庆街道办事处共建社会主义精神文明。全年发挥思想政治工作优势，围绕党和国家政策法规、发扬革命传统、树立良好职业道德、批驳“法轮功”等内容，为地方上课5次，出板报8期，组织全支队60个学雷锋小组为民办好事5 000余件，开展便民活动2 000余人次。

（王振忠）

中国人民武装警察部队白城市消防支队

【基本情况】 2001年，白城市消防支队（简称支队），设司令部、政治处、后勤处和防火监督处。辖白城经济开发区、大安市、通榆县、洮南市、镇赉县消防大队和洮北区消防科，中队7个，官兵216人。

全年完成了全市防火灭火、抢险救援和处置突发事件等任务。全市发生火灾923起，死6人，伤1人，直接经济损失244万余元，与2000年相比，分别为持平，增长2倍、1倍和2.8%。实现连续8年无重、特大火灾事故。支队被国家公安部评为“学天津消防，加强部队全面建设三年规划”先进支队。

（王忠民）

【思想政治工作】 2001年，全市消防部队开展全心全意为人民服务的宗旨教育、实事求是的思想路线教育和严格、公正、文明执法的法制教育，查找解决官兵宗旨观念、思想路线、执法活动、队伍建设方面存在的问题。坚持开门评警，向社会各界人士发放评议表500份，聘请廉政建设监督员20人。本着边整边改的原则，制定完善规章制度，促进了部队全面建设。

在部队官兵中进行理想信念教育、唯物论教育和学习中共十五届六中全会精神等活动。举办全市消防部队政治指导员授课比赛，通过互相交流和学习，提高了政治指导员的授课水平。

加强“龙头工程”建设，开展“争创先进党总支、支部”活动和在营以下干部实行“末位淘汰制”，签订党风廉政建设责任书，奖惩分明。

加强“形象工程”建设，开展拥政爱民活动，为政府分忧，为百姓解难，树立消防部队的良好形象。支队与洮北区文化小学被省委、省政府评为“警民共建先进单位”。

加强警营文化建设，发挥基层俱乐部作用，开展健康向上的文体娱乐活动。4 月，举办第一届乒乓球比赛；8 月，举办第二届“瀚海杯”篮球赛，活跃了部队文化生活。组织建设的加强和思想政治工作的及时有效，调动了广大官兵积极性。全年立三等功 2 人，评为先进干部和优秀士兵 32 人。支队党委被省消防总队党委评为“优秀党委班子”。

（王忠民）

【执勤岗位练兵】 2001 年，全市消防部队以“打得赢”为目标，按照“练为战”的原则，开展执勤岗位练兵活动。实行领导干部蹲点包保制，及时解决岗位练兵中出现的问题；开展科技练兵，制定预案，进行实地演练，提高实战能力。全市消防部队制定重点单位和部位灭火作战计划 78 份，有毒化学品泄漏处置预案 6 份，提高了对重点目标的消防保卫能力。

6 月，在洮南市消防大队召开全市执勤岗位练兵现场会，与会人员观摩了洮南市消防大队岗位练兵的理论、技能、战术展示，促进了岗位练兵高质量开展。

8 月，集中考核全市岗位练兵业务，再掀岗位练兵高潮。9 月，检查验收全市岗位练兵工作，5 个大队、1 个科全部达标。洮南市消防大、中队被支队评为岗位练兵先进大、中队，6 人被评为“岗位练兵标兵”。

加强队伍管理和安全防事故工作。将 2001 年确定为全市消防部队“规范化管理攻坚年”。支队组织各大队（科）长赴外地学习“取经”，在考察部分省市消防部队规范化先进单位的基础上，重新完善了部队管理的各项规章制度。为防止违法、违纪事故的发生，开展“条令条例月”活动和“无违纪、无犯罪、无事故”的百日安全竞赛活动，增强了官兵执行条令条例的自觉性，消除了事故隐患。全年接警出动和参加社会抢险救援 976 起，出动消防车 1 166 台次，人员 5 230 人次，保护财产价值 3 639 万余元，与 2000 年相比，分别为基本持平，下降 19%、25%和增长 89%。完成了火灾扑救和抢险救援等战斗任务。

（王忠民）

【消除火灾隐患】 2001 年，市政府先后召开全市消防工作会议、公众聚集场所消防安全专项治理调度工作会议、冬季防火工作会议，部署全年及春防、冬防等重点时期的消防工作。各级政府和有关单位加强了对火灾隐患整改工作的协调组织和资金投入，全市 9 项重大火灾隐患基本得到有效整改。

6 月，召开全市消防宣传协调工作会议，各消防站利用每月最后一个星期五向社会开放，普及防、灭火常识和逃生自救知识，增强公众的自防自救能力；将《中华人民共和国消防法》（简称《消防法》）的宣传教育纳入“四五”普法教育工作之中；各地教育部门将消防安全常识纳入教学中，在全市各大中小学校每学期开设不少于 10 课时的消防安全常识和逃生自救知识的教育课；开展以“消防知识进万家”为主题的消防安全科普知识宣传，各地妇联组织将了解和掌握消防常识作为评比“文明家庭”和“巾帼建功”活动的主要内容之一；结合社区文明建设，在街道和住宅小区开展创建“119”安全文明小区活动；组织各居民组、居民委员会制定防火安全公约，提高全社会防范意识；各地共青团组织与当地教育部门联合开展争创“少年雏鹰奖章”、“消防章”活动；冬防期间，全市开展宣传贯彻《吉林省消防条例》活动，提高公众的消防安全意识。全年，在国家及省市级新闻媒体刊发消防宣传稿件 127 篇，各地设立消防公益广告牌、广告灯箱、电子屏幕 82 块，推动了消防工作的社会化进程。

全市消防部队以提高执法水平为目的，开展执法检查工作，召开全市消防监督执法工作会议，增强执法人员责任感和使命感。为预防群死群伤恶性火灾事故发生，确保重点时期、重要节假日消防安全，相继在元旦、春节、元宵节、“国庆节”和春防、冬防期间，开展以公众聚集场所为重点的消防专项治理战役。全市组成联合检查组 56 个，抽调 259 人，检查各类单位和场所

1 402 个，发现各类问题和隐患2 355 处，下发各种法律文书 4 439 份，责令停业整顿 55 户，处罚单位和场所 8 户，罚款 9.45 万元；处罚个体业主 14 人，罚款 1.89 万元；依法取缔不符合消防规定设置的公共娱乐场所 23 户，改善了全市公众聚集场所的消防安全条件。加强了消防站、消防水源、消防车辆器材装备和消防通信建设。建大安市安广镇消防站 1 个；投资 87.8 万元，购置消防车辆和个人防护装备；投资 8.19 万元，建成 350 兆“无线三级组网”，实现全市集中接警调度。

（王忠民）

人民防空

【基本情况】 2001 年初，白城市人民防空办公室（简称市人防办），设人事秘书科、工程技术科、指挥宣传科、计划财务科。编制 15 人。其中，行政编制 14 人，工勤编制 1 人。11 月，市直机关机构改革，市人防办增加了城市和城市规划区内新建民用建筑修建防空地下室的建设管理和参与平时抢险救灾、应急救援的职能。设人事秘书科（加挂法规科牌子）、计划财务科、工程建设管理 科、指挥通信宣传教育科。编制 8 人。其中，行政编制 7 人，工勤编制 1 人 。直属白城市人民防空通信站、人民防空物资供应站、人民防空工程管理站和人民防空工程维修队。职工 62 人。洮南市、大安市、镇赉县、通榆县有人防兼职干部各 1 人。

2001 年，市人防办认真贯彻执行第四次全国人民防空会议和中共中央、国务院、中央军委《关于加强人民防空工作的决定》，开展人民防空整组训练、宣传教育工作，加强人防工程建设和设施管理，较好地完成了各项工作任务。被省人民防空办公室评为“全年工作目标一等达标单位”。被市政府评为“标准街路建设先进单位”。

（靳瑞祥）

【人防工程建设及管理】 2001 年，市人防办投资 23 万元，改造白城市人民防空工程指挥所地上部分工程和改建白城市第二中学人员隐蔽部管理房及新建二号口通道，进一步提高了工程的防护能力。经吉林省人民防空办公室检查验收，质量合格。

全年，审批结合民用建筑修建防空地下室工程 5 项，新增建防空地下室 5 288 平方米，实际建设率比 2000 年提高 1.64 个百分点。

新开发利用早期工程 1 项，面积 160 平方米，工程利用率 40%。

（靳瑞祥）

【指挥通信宣传教育】 2001 年，市人防办宣传、贯彻第四次全国人民防空会议和中共中央、国务院、中央军委《关于加强人民防空工作的决定》，整顿组建 21 个单位 5 个专业队。开展医疗、通信专业队以岗代训工作，培训 134 人。完成防化专业队侦察科目训练任务，训练 22 人。拟定了室内防空演习推演方案。对白城市第三中学等 13 所初级中学的 3 200 名学生进行防原子武器、防化学武器、防生物武器教育，并培训了任课教师。在长春铁路分局白城地区办事处车辆段、机务段进行公民防空正规教育试点，受教育 2 30 多人，增强了受教育者的国防观念和人防意识。为纪念《中华人民共和国人民防空法》颁布 5 周年，向《吉林人防报》等刊物报送稿件 54 篇。制作画廊 4 期。撰写学术论文 3 篇，其中《浅谈铁路经济目标的防护》在沈阳军区召开的学术会上交流。投资 2 万元新建警报设施 2 台，易地改造建设警报设施 1 台。警报设备完好率、鸣响率均 100%。白城市人民防空通信站指挥台、警报台完成了战备执勤任务，收发报无漏抄、漏报。

（靳瑞祥）

【全省人防机关“准军事化”建设座谈会在白城市召开】 9 月 18 日至 19 日，在白城市召开全省人防机关“准军事化”建设座谈会。会议学习、交流了机关“准军事化”建设情况，以会代训，推动各项工作开展。

（靳瑞祥）

政　　法

公　安

【基本情况】 2001年初，白城市公安局(简称市公安局)，设政治部、纪检委（监察室)、办公室、指挥中心、干部处、组织处、警务处、宣传处、督察处、经济文化保卫处、刑事技术处、机要通信处、监所管理处、计算机监察处、法制处、后勤装备处、信访处、出入境管理处、户政处、市直机关保卫处、林业保卫处，直属政保支队、治安支队、刑事侦察支队、特侦支队、经侦支队、巡逻防暴警察支队、交警支队、机动车驾驶员培训中心、看守所、收容教育所、拘役所、公安干校。辖白城市公安局洮北分局、白城经济开发区分局。编制914人，实有922人。其中，市公安局机关及直属单位526人，洮北分局373人，白城经济开发区分局23人。11月，市直机关机构改革，设政治部、办公室、指挥中心、派出所工作指导处、公共信息网络安全监察处、出入境管理处、监所管理处、法制处、控告申诉处、信息通信处、计划财务装备处、禁毒处、警务督察室、行政监察室（与纪检委合署办公)、综合处、干部处、教育处、宣传处、老干部处、经济犯罪侦查处（经济犯罪侦查支队)、治安管理处（治安警察支队)、经济文化保卫处（经济文化保卫支队)。直属白城市公安局国内安全保卫支队、巡逻防暴警察支队、行动技术支队、交通警察支队、刑事警察支队、看守所、拘役所、治安拘留所、收容教育所、公安干部学校、机动车驾驶员培训中心。派出机构：白城市公安局洮北分局、白城经济开发区分局、白城市公安局四方坨子分局、白城民营经济发展区分局，白城市直机关保卫处、林业公安保卫处。编制933人。实有861人。其中，市公安局机关、直属单位及市直机关保卫处、林业公安保卫处495人，洮北分局343人，经济开发区分局23人。辖大安市、洮南市、通榆县、镇赉县公安局。编制1 307人，实有1 352人。全市有公安分局5个，城市户籍派出所9个，城市治安派出所4个，城镇派出所16个，农村派出所90个。实有626人。

2001年，全市公安机关坚持从严治警，提高公安队伍整体素质；强化工作措施，维护政治安定；严厉打击刑事犯罪，确保社会治安稳定；严格行政管理，努力减少治安隐患；加强基础工作，切实提高安全防范能力，为全市经济和社会实现跨越式发展创造了良好的社会治安环境。

全市立刑事案件7 709起，其中，杀人、绑架、放火、强奸主要案件分别为67起、2起、34起、82起，比2000年分别下降6.3%、13%、33.3%、54.1%和29.3%；多发性盗窃案件立案6 090起，比2000年下降8.9%。未发生震动全省全国的特大暴力犯罪案件。全年立治安案件8 133起，其中，侮辱妇女及其他流氓活动、偷窃少量财物、利用迷信扰乱秩序或骗财等治安案件分别立案41起、2 134起和6起，比2000年分别下降48.1%、34.9%、81.9%和75%。全年破获刑事案件3 039起，破案率比2000年提高32.4%；抓获犯罪嫌疑人1 034人，其中吉林省公安厅（简称省公安厅）督捕逃犯7人；破获“法轮功”违法犯罪案件147起，抓获“法轮功”违法犯罪人员140人；查处经济犯罪案件75起，抓获处理经济犯罪嫌疑人43人；查结治安案件5 204起，查处违法人员5 888人；收缴非法枪支818支，子弹311 640发；查办交通事故1 731起，侦破交通事故逃逸案件91起，特大交通事故比2000年下降88.9%；未发生重、特大火灾事故。全年，市政府给局长储鹏记二等功；省公安厅给大安市公安局安北派出所、洮北分局刑警大队、洮南市公安局刑警大队集体记二等功，洮北分局刑警大队七中队、六中队、洮南市公安局富文派出所、通榆县公安局政治处记三等功，白城经济开发区分局刑警大队等6个集体受嘉奖，白城市公安局国内安全保卫支队等16个集体被评为“先进单位”，白城市公安局办公室等14个单位被评为“吉林省人民满意政法单位”；白城市公安局刑事警察支队二大队队长马刚被评为白城市“十大杰出青年”，白城市公安局经侦支队队长谢晓东、镇赉县公安局刑事侦察大队民警朱宏伟、大安市公安局副局长霍福君、大安市公安局刑事侦察大队中队队长金喜平、大安市公安局巡警大队队长单文军、大安市公安局巡警大队中队长郭有权、杨树锋立二等功，镇赉县公安局看守所所长雷顺才等45人立三等功，大安市公安局长虹派出所民警胡光勇等187人受嘉奖，白城市公安局户政处民警乔国权等21人被评为“先进个人”；白城市公安局刑事警察支队三大队副大队长芮志江等13人被评为“吉林省人民满意政法干警”。

社会治安存在的突出问题。伤害、抢劫重特大刑事案件时有发生，呈上升趋势，分别立案136起和611起；诈骗大宗钱财刑事案件较突出，立案250起，比2000年分别上升40.2%、9.7%和55.3%。一些治安案件居高不下，严重危害社会治安秩序，倍受群众关注。全年立扰乱社会秩序、危害公共安全、侵犯人权、妨碍社会管理秩序治安案件分别为150起、110起、2 979起和505起，比2000年分别上升47.2%、75.5%、68.4%和47.7%。

（黄正连）

【“严打”整治专项斗争】 4月，全市开展“严打”整治斗争（严厉打击各类刑事犯罪活动，整顿治理复杂区域和部位）。年末，破获各类刑事案件2 890起。其中，省公安厅督办案件3起，市公安局督办案件15起。抓获逃犯531人。其中，国家公安部督捕逃犯1人，省公安厅督捕逃犯7人，市公安局督捕逃犯21人。破获各类经济案件78起，挽回经济损失160万元。收缴各种非法枪支700支，子弹30余万发，雷管1 864枚，炸药1 504公斤。

6月18日、20日、29日，市内连续发生抢劫杀害出租车司机系列特大案件3起，杀死1人，伤2人，抢走移动电话和传呼机各1部，现金890元，烧毁出租车1辆。专案组侦查人员走访调查，昼出夜伏，于6月30日，抓获犯罪嫌疑人申伟、张明、汪力峰，3案告破。7月1日9时许，抓获国家公安部督捕逃犯、黑龙江省龙江县带有黑社会性质犯罪团伙主要成员尉建国。

（黄正连）

【“打黑除恶”专项斗争】 按照国家公安部、省公安厅统一部署，2000年11月开始，全市公安机关开展为期一年的“打黑除恶”（打击带有黑社会性质和流氓恶势力犯罪团伙）专项斗争。实行专案专办，落实包保责任，坚持挂牌督办，开展“风雷1号”、“风雷2号”集中统一搜捕行动，打掉涉恶团伙16个，成员67人。打掉省公安厅督办涉恶团伙2个和市公安局督办涉恶团伙4个，大部分首要和骨干分子被缉拿归案。

洮北区洮东乡庆升村原村长崔洪军，自1996年任村长以来，纠集4人组成流氓恶势力团伙，横行乡里，欺压百姓。自制小口径手枪，随意鸣放，威胁恐吓群众。1999年5月，崔洪军持刀威逼各社主任为其开办的酒厂高息抬钱2万元，多次盗伐集体林木，经常无故殴打、伤害村干部和村民。2001年2月9日村换届选举时，崔洪军雇佣社会流氓持刀控制会场，要挟选民为其投票，当场致伤选民1人。在“打黑除恶”专项斗争中将崔洪军团伙一网打尽，群众称快。

（黄正连）

【网上追捕逃犯专项行动】 9月20日至11月30日，按照国家公安部和省公安厅的统一部署，市公安局开展网上追捕逃犯专项行动。全市各级公安机关以部、省、市督捕逃犯和网上逃犯为工作重点，综合运用循线追踪、设卡堵截、集中搜捕、网上比对等各种缉捕手段，采取分片包干、落实责任、兑现奖惩等工作措施，抓获网上逃犯322人。其中，国家公安部督捕网上逃犯1人，省公安厅督捕网上逃犯4人，市公安局督捕网上逃犯19人。2月16日凌晨，洮北区海明街5委1暂住居民在住处被杀死，并焚尸灭迹。潜逃的孙海亮为重点嫌疑人。省公安厅确定孙海亮为网上督捕逃犯，这次专项行动，在安徽省怀远县将孙海亮抓捕归案，此案告破。

（黄正连）

【治爆缉枪专项斗争】 2001年，根据省公安厅《关于开展治爆缉枪专项行动的实施方案》和省纪委《关于动员全省党政机关、企事业单位领导干部主动上交私存枪支弹药的通知》，市公安局集中时间，集中警力，广泛宣传，发动群众，循线追查，集中清缴散失在社会上的非法枪支弹药。配合各级纪检委，动员党政机关、企事业单位领导干部主动上交私存的枪支弹药。全市收缴非法枪支700支，子弹311 640发。其中，民用枪支665支，子弹310 740发；党政领导干部私存枪支35支，子弹900发。收缴炸药1 504公斤，雷管1 507枚，导火索265米，管制刀具140把。销毁炮弹头211枚。

（黄正连）

【扫荡“黄赌毒”专项行动】 2001年，针对全市“黄赌毒”等社会丑恶现象有抬头之势，市公安局从2月12日始，开展为期一个月的扫荡“黄赌毒”专项行动，重点打击卖淫嫖娼、聚众赌博、吸食毒品等违法犯罪活动。查处传播淫秽物品案件17起，涉嫌人员17人。其中，劳动教养1人，治安处罚16人。查处有问题行业场所152户。其中，治安处罚业主5人，清退陪侍人员51人，下发整改通知书18份；收缴淫秽光盘42张，淫秽录像带11本，打掉赌博窝点3处；当场抓获服用摇头丸青年22人。

（黄正连）

【整顿和规范歌舞娱乐服务场所秩序专项行动】 10月至12月，市公安局根据省公安厅、监察厅、文化厅、工商行政管理局《整顿和规范歌舞娱乐服务场所秩序专项行动方案》，在相关部门配合下，大规模地开展整顿和规范歌舞娱乐服务场所秩序专项行动。清查歌舞娱乐场所302户，桑那洗浴按摩美容美发店190户，宾馆饭店237户，网吧电脑游戏厅117户，录像放映厅48户。依法限期整改101户，停业整顿30户，取缔14户；查处违法人员101人，收缴赌博机61台。

（黄正连）

【公共信息网络安全监察】 2001年，市公安局对全市具备条件的逃犯一律上网查缉；主动监控“法轮功”邪教组织违法犯罪活动，提高网上发现能力，效果显著。全年，通过微机网络对比查巡，抓获网上逃犯344人。其中，国家公安部督捕逃犯1人,省公安厅督捕逃犯14人,市公安局督捕逃犯19人。破获各类刑事案件341起。在逃团伙犯罪首要分子王俊男，1999年以来，在齐齐哈尔市作大案30起，被黑龙江省公安厅列为督捕逃犯。4月25日，白城经济开发区分局根据群众举报，审查了王俊男，通过网上查阅比对，予以确认。黑龙江省公安厅将案犯解回。10月，市公安局公共信息监察处从网上发现大安市2户网吧出现“法轮功”新主页、新地址，经不间断查巡，抓获制作人。

根据省公安厅《关于加强互联网上网服务营业场所安全管理工作的通知》，全市检查“网吧”205户。其中，限期整改20户，停业整顿10户，取缔3户，依法处罚4户。没收计算机4台。市公安局对全市5所大、中专学校和科研院所联网单位进行安全检查，发现隐患，立即整改，协助建立健全管理制度。

（黄正连）

【打击经济犯罪】 2001年，市公安局开展从重从快打击经济犯罪活动。全年立经济犯罪案件75起，破获59起，破案率78.7%，比2000年提高24.7%。抓获处理经济犯罪嫌疑人43人。其中，逮捕18人，刑拘12人，转行政处罚和治安处罚13人。缴获赃款赃物总值1 327.7万元。

按照省公安厅《关于做好经济犯罪在逃人员信息清理工作的通知》，市公安局摸底排查全市经济犯罪在逃人员，以省公安厅督捕逃犯为重点，组成抓捕小组，落实包捕责任。开展集中搜捕，架网设伏，上网查巡，敦促自首等有效措施，全年抓捕经济犯罪在逃犯6人，占逃犯总数46.1%。

根据国务院部署，全市公安机关在相关部门配合下，开展打击假冒伪劣商品违法犯罪活动。全年检查企业、商店18 956户，查获假冒伪劣产（商）品标价566.7万元，端掉制售假冒伪劣产（商）品黑窝点56个。受理此类案件30起，逮捕1人，刑拘3人，治安处罚18人。

（黄正连）

【保护野生动物资源“猎鹰行动”】2001年，根据吉林省森林公安局《关于“猎鹰行动”正式启动的紧急通知》，白城市林业局、公安局会同有关部门成立“猎鹰行动”领导小组，下设办公室。制定行动方案。11月20日零时至12月1日24时，采取公开检查与秘密搜查相结合，昼夜巡护与突击抽查相结合，设卡堵截与蹲坑守候相结合的方法，在全市大规模地开展“猎鹰1号”集中统一行动，严厉打击非法捕杀、出售、运输和收购国家保护野生动物及其制品的违法犯罪行为。出动干警361人次、车辆51台次，盘查可疑人员71人，其中依法查处违法人员5人；检查重点区域6个，宾馆、饭店、酒楼216户，集贸市场32个；收缴一批野生动物。“猎鹰行动”，使全市非法捕杀、出售、收购和食用野生动物的违法犯罪行为大减。

（黄正连）

【派出所基层基础工作年】 2001年初，市公安局党委决定，将2001年确定为全市公安派出所基层基础工作年。要实现刑事案件增幅得到有效控制，可防性案件稳中有降，发现和控制违法犯罪活动能力增强，治安状况改善，“发案少，秩序好，群众满意”的奋斗目标。

市公安局党委下发《关于加强派出所基层基础工作的决定》、《关于加强公安派出所基础工作的实施意见》，成立以市公安局局长储鹏为组长的领导小组，下设指导工作办公室。3月29日，召开全市派出所基层基础工作会议，市委副书记岳清友、副市长李守田到会讲话。市公安局局长储鹏与各县（市、区）公安局（分局）局长签订工作目标责任状。

突出人口管理工作。要求派出所干警熟悉常住人口、暂（寄）住人口、重点人现实表现分别达到95%、90%、100%，加强群防群治，构筑安全防范网络。全市各级公安机关加强基层治保会和专职治安员队伍建设，做到组织、制度、任务、报酬落实。在农村建立专职治安队伍226个，有专职治安员1 147人，季节性护屯（村）队642个，有护屯（村）队员12 043人。在城市和城镇建立邻居看家网896个，有义务治安员11 516人。

市公安局制定《公安派出所基层基础工作活动检查、评比、表彰方案》、《人口管理达标的考核方案》和《公安派出所对负有“双漏”责任人员实行责任追究规定》等管理和考评办法，有奖有罚，并把考评结果与评先选优、评职晋级、立功嘉奖结合起来。年终通过考评，洮北分局新华派出所、洮南市公安局兴隆派出所、大安市公安局安北派出所、洮北分局派出所工作指导科立集体三等功；大安市公安局长虹派出所等12个派出所受嘉奖；洮南市公安局政委崔海峰，大安市公安局副局长徐秋祥，洮北分局新华派出所所长许杰、教导员丛宝兴及洮南市公安局兴隆派出所民警陶德志等10人立三等功；洮南市公安局兴隆派出所所长张喜军等4人、洮南市公安局永康派出所民警孙宏岩等42人受嘉奖。

（黄正连）

【打击“法轮功”邪教组织犯罪】2001年，市公安局加强打击“法轮功”邪教组织犯罪活动领导，综合施策，效果显著。全年破获“法轮功”违法犯罪案件147起，抓获“法轮功”违法犯罪人员140人。其中，逮捕1人，劳动教养88人，治安拘留15人，取保候审33人，刑事拘留待处理3人。抓获省公安厅督捕逃犯6人，打掉“法轮功”违法犯罪团伙9个，摧毁窝点7个。收缴反动宣传品3万余件，微机3台，打印机2台，光盘刻录机、制版印刷一体机各1台。

开展专项侦察及抓捕逃犯 。全市各级公安机关集中警力，专案专办，打击“法轮功”邪教组织犯罪活动。全年立案9起，皆破获结案。市公安局接到沈阳市公安局提供的白城市有人准备制作、散发“法轮功”反动宣传品的重要线索后，立即立案侦察，跟踪调查，获取证据后，于9月14日晚，集中搜捕窝点4处，抓获犯罪嫌疑人郐××等4人，缴获微机2台，激光打印复印机、制版印刷一体机、光盘刻录机、VCD机、塑封机各1台，各种“法轮功”反动宣传品7 760份，光盘2 400张及大量用于制作反动宣传品的纸张和用品。经过突审和深入调查，10 月 30 日，又捣毁窝点 1 个，抓获其团伙成员张××，搜查出“法轮功”反动宣传单 9 000 份，标语 200 张。按照省公安厅统一部署，市公安局结合严打整治斗争，全年抓捕“法轮功”逃犯 14 人。其中，省公安厅督捕 6 人，市公安局督捕 8 人。

加强监控和帮教工作。市公安局按照省公安厅的要求，制定《控制预防“法轮功”顽固分子聚集滋事的工作方案》、《查堵“法轮功”顽固分子聚集滋事的工作方案》和《处置“法轮功”顽固分子聚集滋事的工作方案》，调审全市原有的“法轮功”辅导站 5 个，练功点 58 个和站长 14 人，辅导员 93 人，骨干分子 204 人。突出重点，实行分层次监控，落实街道办事处、居民委组、工作单位和辖区派出所包保控制责任制。破获现行活动案件 1 起，发现工作线索 2 条，抓获作案人员 8 人。市公安局配合有关部门，开展对“法轮功”人员的教育转化工作。组织“法轮功”人员学习党的关于处理“法轮功”问题的方针、政策；宣传崇尚科学，反对邪教；揭露“法轮功”反社会反人类的反动本质；利用正反典型案例说法教育；动员亲朋好友进行规劝等，促使“法轮功”人员思想转化，重新做人。全市有“法轮功”人员 4 700 多人，转化率 98%。

（黄正连）

【交通管理】 2001 年，白城市公安交通警察支队（简称市交警支队），设政治处、办公室、车辆科、交通科、宣传科、法制科、信息技术科、驾驶员管理科，直属机动车安全检测中心、洮北大队、公路大队、特种勤务大队。编制 151 人，实有 154 人。全市有镇赉县、通榆县、洮南市、大安市交警大队。编制 250 人，实有 227 人。全年交警部门纠正车辆违章 134 万台次，处理违章人员 24.5 万人次，暂扣机动车 7 215 辆，吊扣驾驶证 2 730 个，清理违章占道 1 117 处。查处交通事故 1 731 起，其中重大交通事故 116 起，特大交通事故 1 起，分别比 2000 年上升 91.5%、9.4%和下降 88.9%；死亡 126 人，受伤 752 人，经济损失 23.6 万元，分别比 2000 年下降 1.5%及上升 14.3%和 4.5%。全市交通安全畅通，治安秩序良好，为改革开放和经济建设创造了良好环境。

创建平安大道和实施畅通工程。根据吉林省交通安全委员会《2001 年在全省继续开展创建“平安大道”活动实施方案》，交通管理部门将创建活动范围扩展到全市公路巡逻民警大队和中队。认真整治交通秩序，加强交通事故处理，应用科技手段管理交通，先期处理刑事案件和治安案件，开展交通安全村活动，加强对驾驶员再教育，确保了全市主要干线公路交通安全。全年主要干线公路特大交通事故、死亡人数分别比 2000 年下降 88.9%和 8.7%。

根据吉林省交通警察总队（简称省交警总队）《城市交通管理实施“畅通工程”方案》，全市继续实施“畅通工程”活动。坚持标本兼治，建管并举和发挥“严管街”辐射、样板作用，带动畅通工程全面开展；治乱治堵，从严整治交通秩序；集中警力控制路面，加强交通安全检查；开展宣传教育，提高市民交通文明意识；确保重点，完善城市交通基础设施。市交警支队组织城市交通路检 9 次，互检 2 次。投资 377 万元，建灯岗路口 14 处，安装硬性隔离设施 7 140 延长米，反光道钉 3 400 延长米，路口电视监控系统 1 处，施划标线 30.1 万延长米，更换标志牌 271 块。全年城市无特大交通事故，死亡、受伤人数和经济损失分别比 2000 年下降 76%、71%和 83%。

开展专项治理整顿及查处犯罪案件活动。按照省交警总队的部署，针对季节特点，交警部门开展“春运”安全保卫、“整治超载违章和无牌无证假牌假证严打斗争”，“迎国庆交通秩序整顿活动月”，“反违章、压事故”大会战，春季道路秩序整顿等专项治理整顿活动。查扣无牌无证车 312 辆，查缴假牌照 29 副，假证 10 个，查扣报废车 7 辆，收缴赃车 19 辆，吊扣驾驶证 35 本。

全市交警部门开展查处交通犯罪案件，打击交通犯罪活动。全年侦破交通事故逃逸案件 91 起，破案率 78%。协助刑侦部门破获盗窃摩托车案件 17 起。7 月 14 日 15 时许，在洮北区三合中学西侧，一辆红色夏利牌出租车将一骑自行车人撞死后逃跑。市交警支队公路巡警大队经勘查现场，走访调查，根据群众举报，痕迹物证比对，于7月31日将犯罪嫌疑人李波抓捕归案。

（黄正连）

【消防工作】 2001年，白城市消防部门深入贯彻执行“预防为主，防消结合”方针，开展专项治理整顿和消防宣传教育，依法纠正查处违章违法行为。全年出动警力5 230人次，消防车1 166台次，参加抢险救援4次，社会救助25次，保护财产价值613万元。发生火灾923起，死亡6人，伤1人，直接经济损失244万元，分别与2000年持平，上升200%、100%，上升2.8%。未发生重、特大火灾事故。在全国“学天津消防三年规划”活动中，白城市消防支队被国家公安部评为“先进单位”。

消防监督及专项治理。根据《中华人民共和国消防法》（简称《消防法》）、国家公安部《关于机关、团体、企业、事业单位消防安全管理规定》和省政府《关于实行消防安全工作责任制的通知》，各级政府签定了消防安全责任书，明确了消防工作责任制。市消防部门检查验收全市消防工作责任制和安全防火工作情况5次。组织检查组56个，检查单位和场所1 402个，发现消防责任制不落实、存在火险火灾隐患2 355处，下发限期整改法律文书4 439份，责令停业整顿55户，治安处罚22户，依法取缔23户。

市消防部门突出重点，采取强制措施，限期整改火灾隐患。经排查，确定白城宾馆、经济开发区大世界、鹤乡娱乐村和白城市轻工批发市场、百货批发总公司青年街批发市场、工商大厦天桥、市中心医院、益寿宫洗浴中心及洮南市梧桐商厦为专项治理整改重点。这些单位，在消防部门监督下，购置消防设备，改建不合理施工建筑，增加义务安全消防员，修改完善消防安全制度，排除了火灾隐患。经省政府消防安全检查工作组检查验收，达到了国家规定标准。

宣传教育及消防建设。市消防部门开展宣传《消防法》、消防安全法律法规和“消防知识进万家”及向社会开放消防站、创建“119”安全文明小区、“119”消防宣传日活动，举办特殊工种人员培训班，利用新闻媒体开办消防安全讲座。全年在《白城日报》，白城电台、电视台等新闻媒体刊发消防安全稿件127篇。设立消防公益广告牌、广告灯箱、电子屏幕82块，制作宣传展板12块。

按照省消防总队的部署，市消防支队开展为期6个月的岗位练兵活动，进行技能训练，实地模拟演练，提高了灭火实战能力。加强消防设施建设，投资248.8万元，建消防站1个，购消防车3辆及一批消防器材、消防通信设备。全年出火场灭火795次，把火灾造成损失减少到最低程度。

（黄正连）

【白城市公安局洮北分局简介】 白城市公安局洮北分局（简称洮北分局）建于1993年。由原白城市公安局改设，是白城市公安局派出机构。位于海明东路125号。局长王德友（至11月）、政委孙喜贵，局长孙喜贵（12月任）。编制351人，实有343人。设政治处、办公室、指挥中心、行政科、监察室、派出所工作指导科、计财装备科、法制科、控告申诉科、机要通信科、国内安全保卫大队、经济文化保卫大队、治安管理大队、经济侦查大队、刑事侦查大队、林保科。辖派出所26个。

2001年，洮北分局破获各类刑事案件1 142起，抓获犯罪嫌疑人526人；打掉犯罪团伙49个，161人；抓捕逃犯131人。其中，省公安厅督捕逃犯3人，市公安局督捕逃犯11人。收缴非法枪支134支，子弹2 374发，炸药180公斤。1个集体立二等功，2个集体立三等功，10个单位评为“先进单位”；9人立三等功，31人受嘉奖，17人评为“先进个人”。

（邓少辉）

【白城市公安局经济开发区分局简介】 白城市公安局经济开发区分局（简称开发区分局）建于1999年12月，是白城市公安局派出机构。位于白城市经济开发区新一路与光明街交汇处。局长马钧良，政委林志学。编制23人。设办公室、政治处、法制科、刑事犯罪侦查大队、经济犯罪侦查大队、治安管理大队、辖派出所2个。开发区分局具有与县（市）公安局相同的执法权。

2001年，开发区分局坚持“抓班子，带队伍，促工作，保平安”的工作思路，团结奋斗，艰苦创业，取得可喜成绩。全年，破获各类刑事案件135起，抓捕犯罪嫌疑人112人；打掉犯罪团伙5个，23人；抓获逃犯12人。被省公安厅和市公安局评为“先进单位”3个；被市政府评为“优秀公务员”3人，被白城经济开发区党工委评为“优秀共产党员”2人；被省公安厅评为“专项工作先进个人”2人；开发区分局被省委政法委、省公安厅评为“人民满意政法单位”，被白城经济开发区管委会评为“2001年度先进集体”，党总支被白城经济开发区党工委评为“先进基层党组织”。

（孙乃涛）

【白城市巡逻防暴警察支队简介】 白城市公安局巡逻防暴警察支队（简称巡警支队）建于1993年12月1日，是白城市公安局直属单位。位于白城市洮安东路45号。支队长宫成祥，政委张国强。编制50人，实有49人。设综合科、法制科、机动防暴大队、“110”报警服务台一大队、二大队、三大队。

巡警支队自成立以来，艰苦创业，顽强拼搏，团结一致，努力工作，努力践行“有警必接，有难必帮，有险必救，有求必应”的庄严承诺，受到各级领导和人民群众的赞誉。立集体三等功4次，评为先进单位3次，被省委政法委、省公安厅评为“人民满意政法单位”；记二等功1人，记三等功13人次，受嘉奖108人次。2001年，受理群众报警4 850起，先期处置1 803起，为群众提供救助375起，受嘉奖7人，评为优秀共产党员2人。

（纪国臣）

【白城市交通警察支队简介】 白城市公安交通警察支队（简称交警支队）建于1987年7月，是白城市公安局直属单位，副处级建制。位于白城市中兴西大路99号。支队长刘东柏，政委吕迪彰。编制151人，实有154人。设政治处、办公室、交通科、宣传科、车辆科、驾管科、法制科、科技科、检测中心、特勤大队，直属洮北大队、公路巡警大队。

2001年，交警支队坚持为改革、发展、稳定服务的指导思想，开展“实施畅通工程”、“创建平安大道”等活动，进行交通专项治理整顿，认真查处交通事故和犯罪案件，取得显著成绩。全年，纠正车辆违章134万台次，处理违章人员24.5万人次，查处交通事故1 731起，侦破交通事故逃逸案件91起，协助刑侦部门破获刑事案件17起，特大交通事故下降88.9%。投资377万元，建灯岗路口14处，安装硬性隔离设施7 140延长米，反光道钉3 400延长米，路口电视监控系统1处。立三等功1人，受嘉奖10人。洮北交警大队被省政府评为“精神文明单位”，被省委政法委、省公安厅评为“人民满意政法单位”，洮北大队四中队被省精神文明办公室授予“青年文明号”称号；交警支队被省国防动员委员会授予“‘九五’时期交通战备工作先进集体”称号；交警支队党总支被市委评为“先进基层党组织”。

（万晓光）

【白城市公安干部学校简介】 白城市公安干部学校（简称公安干校）建于1982年，是白城市公安局直属单位。校园面积33 488平方米，教学办公综合大楼建筑面积2 400平方米。位于洮北区保平乡纯阳村。校长陈克仁。公安教育专项编制19人，实有14人。设教务科、教研室、行政科、人秘科。

公安干校成立20年来，举办法律、业务、初任、军转干部、内保干部等各类培训班110期，培训干警6 000多人次。2001年举办业务培训班4期，培训干警193人。1990年7月，公安干校为当地驻军举办的军地两用人才培训班讲课实况，在中央电视台七频道《祝你成功》栏目播放；1991年9月，公安干校在国家公安部召开的全国公安干警岗位培训和自学考试座谈会议上介绍了公安干警岗位培训的经验和作法；1996年，吉林省公安系统警察干部学校评估中，公安干校被评为第一名，并记集体三等功。2001年，副校长齐海生、教师曲李生被省公安厅评为公安系统“优秀教育工作者”、“优秀教师”，教师王秀伟在吉林省公安系统教师授课竞赛活动中获三等奖。

（赵瑛）

【洮南市公安局刑事侦察大队先进事迹】 2001年，洮南市公安局刑事侦察大队（简称刑侦大队），编制41人。在洮南市公安局党委领导下，坚持政治建警，科技强警的方针，铸造了一支作风顽强，善打硬仗的特别能战斗的队伍。1998年以来，立集体二等功1次，受嘉奖2次，评为“先进单位”6次；记二等功1人，三等功4人，嘉奖14人次，评为“先进个人”33人次。2001年，破获各类刑事案件1 022起。其中，重特大案件151起，省公安厅和市公安局督办案件7起。抓获逃犯145人，其中省公安厅和市公安局督捕逃犯10人。2001年4月3日晚，黑水镇黑水村发生重大杀人案，全家3口人，被杀死2人，杀伤1人。刑侦大队接到报案连夜赶赴现场，缜密侦查，连续奋战9个小时，将犯罪嫌疑人捕获。1999年5月15日，聚宝乡长久村郝连平杀人后潜逃，被省公安厅列为督捕逃犯。刑侦大队根据点滴线索，行程2 000多公里，历尽艰辛，于2001年9月20日在河北省三河市将其抓捕归案。2001年10月，省公安厅给刑侦大队记二等功。

（周顺宝）

检　察

【基本情况】 2001年，白城市人民检察院（简称市检察院），设办公室、政治部、监察处、反贪污贿赂局、审查批捕处、审查起诉处、民事行政检察处、检察技术处、监所检察处、法纪检察处、控告申诉检察处（加挂白城市人民检察院举报中心、刑事赔偿办公室牌子）、法律政策研究室、行政装备处。编制93人，实有100人。其中，检察员47人，助理检察员26人，书记员4人。协助吉林省人民检察院管理四方坨子人民检察院。辖洮北区、洮南市、大安市、通榆县、镇赉县人民检察院。

2001年，市检察院坚持依法打击严重刑事犯罪，维护了社会治安和社会政治稳定；集中力量查办职务犯罪大案要案，查办了司法人员贪赃枉法、徇私舞弊、刑讯逼供、非法拘禁犯罪案件和群众反映强烈的基层行政管理部门、农村基层组织工作人员职务犯罪案件，打击了贿赂犯罪；加强了诉讼监督工作，解决了司法不公、诉讼违法等突出问题。加强了队伍建设和基层检察院建设。

洮北区、镇赉县、通榆县、洮南市、大安市检察院被吉林省人民检察院（简称省检察院）评为“五好检察院”。通榆县检察院被吉林省政法委命名为“人民满意政法单位”。9名干警被省检察院命名为“五好检察官”。市委、市政府授予市检察院“城市开发建设管理总体战先进单位”称号。

（岳佳驹）

【反贪污贿赂】 2001年，全市检察院反贪污贿赂局立案侦查贪污贿赂案件47件，与2000年相比：下降17.54%。其中，大要案（要案2件）26件，下降21%；贪污贿赂案件41件，下降4.7%。涉嫌犯罪的县（处）级干部2人，科级干部7人。案值5万元以上不满10万元的14件，10万元以上的11件。为国家挽回经济损失163万元。

大安市、通榆县检察院查处的发生在大安市、通榆县人民保险公司的贪污、受贿窝案，涉及人员多，犯罪数额大。在公安机关配合下，全年抓获在逃犯7人，并协助辽宁省检察机关将涉嫌贪污20万元的逃犯在洮南市捕获归案。

（岳佳驹）

【打击刑事犯罪】 2001年，全市检察院在“严打”整治斗争中，贯彻从重从快的方针，快捕快诉，及时依法严惩严重刑事犯罪分子。受理提请审查批捕案件935件，1 339人，与2000年相比：上升23.51%、17.56%。其中，审查批准逮捕890件，1 264人，上升27.3%、

21.2%。决定逮捕30件，34人，上升20%、25.93%；不批准逮捕38件，65人，不涉嫌犯罪31人，事实不清、证据不足24人，无逮捕必要9人。受理立案监督案件线索46件，要求公安机关说明不立案理由23件，47人，公安机关接到说明不立案理由通知书后，直接立案18件，37人，通知公安机关立案5件，10人，公安机关全部立案。

全年受理移送审查起诉案件与2000年相比：受理965件，1 376人，上升25%、22.2%。经审查，提起公诉957件，1 364人，上升39.9%、42.2%。起诉的刑事案件有罪判决率100%。出庭支持公诉513件。对确有错误的刑事判决提出抗诉11件，法院改判5件，6人。

在“严打”斗争中，突出打击涉黑、涉恶等严重刑事犯罪和扰乱破坏市场经济秩序的犯罪。针对案件增多的实际情况，落实办案责任制，努力缩短办案时限，审查批捕案件平均2.5天，审查起诉案件平均9.8天，分别比2000年平均缩短0.17天和2天。

（岳佳驹）

【纪检、法纪监察】 2001年，全市受理违纪违法案件2件，4人。其中，受党纪、政纪处理3人，移送司法机关处理1人。

受理渎职、“侵权”案件线索29件，比2000年上升21%。其中，举报16件，检察院发现1件，内部移送3件，外部移送5件，侦查中发现4件。立案侦查20件，比2000年上升33%。其中，滥用职权案4件，玩忽职守案5件，徇私枉法、非法拘禁案各2件，违法发放树木许可证案、徇私舞弊不移交刑事案、徇私舞弊非法批准征用占用土地案、帮助犯罪分子逃避处罚案、故意杀人案各1件。结案12件，结案率60%。“渎职”、侵权案中，新型渎职犯罪案8件，涉嫌犯罪的司法人员8人，行政执法人员10人，占渎职、“侵权”案件线索90%。通过查办徇私舞弊不征少征税款案，为国家挽回经济损失6 3万余元。

（岳佳驹）

【民事行政检察】 全市受理不服法院生效民事、行政判决、裁定的申诉案件142件，比2000年下降28.3%。其中，立案审查110件，下降20.9%；提出抗诉34件，下降27.6%。抗诉中，提请省检察院抗诉5件，下降37.5%。向白城市中级法院发出检察建议书16件，上升300%。息诉22件，持平。

（岳佳驹）

【监所检察】 2001年，全市检察院对劳改、劳教和在押人员开展政治攻势，敦促其坦白和揭发犯罪，监督检查刑事判决、裁定执行情况，发现各类问题301件，查证属实16件，其中涉嫌重大犯罪1件。纠正超期羁押8人，减刑不当25人，保外就医不当3人。检察监外执行罪犯715人次，纠正不符合条件的3人。办理监管干警职务犯罪案件4件，7人；办理服刑犯重新犯罪案件2件，2人。

（岳佳驹）

【控告申诉检察】 2001年，全市检察院妥善地处理来信、来访，对管辖的案件及时分流，逐件催办和督办。6月开展“举报宣传周”活动，通过发放传单和法律咨询等方式，宣传惩治腐败的重要性及检察机关的职能，鼓励群众积极举报。全年受理举报线索217件，比2000年下降42.13%，其中单位举报6件。审查处理209件，占受理线索总数96.3%。受理赔偿申请案件2件，均审结，与2000年持平。

（岳佳驹）

【内部治理整顿】 2001年，市检察院领导班子认真践行“三个代表”重要思想，加强领导班子建设。认真学习党的十五届六中全会作出的《关于加强和改进党的作风建设的决定》，召开以作风建设为主题的民主生活会，认真查摆在思想作风、学风、工作作风和领导生活作风方面存在的突出问题，开展批评和自我批评，统一了思想，明确了努力方向。4月，召开全市检察机关纪检监察会议，传达贯彻省检察院会议精神，对全市检察机关的作风建设、廉洁自律提出要求。进一步完善规章制度。市、县（市、区）检察院签订责任书，明确职责。对系统内部发生的1起违法、违纪问题，给予责任人党纪、政纪处分。组织干警参加业务培训和法律本、专科学历教育。鼓励新调入人员参加成人高考或函授。通过吉林大学经济法专业专科升本科学习，全市获本科文凭12人。推荐干警参加研究生班学习4人。提高了干警的政治和业务素质。主动邀请市人大代表视察检察工作，听取批评和意见。及时办结市人大及其常委会交办的事项。采取发征求意见函、走访等形式，广泛接受外部监督。开展以“三个代表”学习为主题的集中教育整顿工作，使全体干警受到了理想信念、执法观念教育，增强了干警的宗旨意识、勤政廉洁意识和执法为民意识。

（岳佳驹）

【惩治司法腐败】 2001年，市检察院坚持标本兼治，从源头上预防和治理腐败。重新修订落实党风廉洁建设责任书，一级管一级、一级抓一级，责任到人；严格落实最高人民检察院提出“九条卡死”的硬性规定（严禁超越管辖范围办案；严禁对证人采取任何强制措施；立案前不得对犯罪嫌疑人采取强制措施；严禁超期羁押；不得把检察院的讯问室当成羁押室；讯问一般应在看守所进行，必须在检察院讯问室进行的，要严格执行扣押制度；凡在办案中搞刑讯逼供的，先停职，再处理；因玩忽职守、非法拘禁、违法办案等致人死亡的，除依法追究直接责任人员外，对于领导失职渎职的一律给予撤职处分；严禁截留、挪用、私分扣押款物。）和中共中央纪律检查委员会提出的对干警8小时以外情形管理措施；落实“收支两条线”规定，制定《扣押款物管理实施细则》。防止和减少了腐败现象发生。

（岳佳驹）

审 判

【基本情况】 2001年，白城市中级人民法院（简称市中级法院）编制134人。设政治部（内设干部处、宣教处、机关党委）、办公室、计划财务装备处、监察室、司法警察支队和立案庭、刑事审判一庭、刑事审判二庭、民事审判庭、经济审判一庭、经济审判二庭、行政审判庭、执行庭、审监庭及技术处。12月12日，建立市中级人民法院执行局（副处级建制）。辖洮北区、镇赉县、通榆县、洮南市、大安市人民法院，编制360人。全市有基层人民法庭24个。

2001年，市中级法院认真贯彻执行江泽民“三个代表”重要思想，深化法院改革，加强队伍建设，贯彻“严打”方针，维护司法公正，审判工作和其他工作都取得新进展，被市委、市政府授予“精神文明建设先进单位”称号。

（赵树杰）

【立案情况】 2001年，全市法院受理各类案件4 760件，结案4 606件，结案率96.76%；民商事、执行案件结案标的额为61 709万元。

（赵树杰）

【打击刑事犯罪】 2001年，全市法院受理刑事一审各类案件662件，结案662件，判决发生法律效力1 200人。判处死刑、死缓、无期徒刑罪犯59人，判处有期徒刑和其他刑罚罪犯1 141人。

（赵树杰）

【参与治安综合治理】 2001年，全市法院采取开大庭、公开审判、就案讲法等多种形式开展法制宣传12次，受教育群众7万余人。发司法建议14条，处理群众来信187件，接待群众来访617人次。院长接待日接待来访案件当事人310人，纪检监察处理群众来信81件。大量矛盾得到及时解决和消除。

（赵树杰）

【审理民商事、行政案件】 2001年，全市法院把受案阶段、审理阶段、审判阶段预防矛盾激化作为民商事审判的关键环节，受理民商事一、二审案件945件，结案932件，结案率98.24%。

在行政案件审判中，加大了非诉行政案件的和解力度，受理各类行政案件60件，结案60件。

（赵树杰）

【审判监督】 2001年，全市法院本着慎重、实事求是的原则，说服当事人息诉服判，受理审判监督案件295件，结案280件，结案率94.91%。

（赵树杰）

【案件执行】 2001年，市中级法院在全省九个市（州）法院中率先建立统一管理、统一协调、统一指挥的执行工作新机构（执行局），认真实行了执行命令权、执行实施权、执行异议审查权的“三权分离”。受理强制执行案件306件，结案245件，结案率80.06%；执行标的额10 112万元。

（赵树杰）

【减刑、假释】 2001年，全市法院通过提高减刑、假释工作的透明度，规范了辖区监狱的监管秩序，受理减刑、假释案件2 750件，结案2 750件。

（赵树杰）

【法医鉴定】 上半年设立司法鉴定室，规范司法鉴定工作，受理法医鉴定案件261件，结案196件，结案率75.10%。

（赵树杰）

【惩治司法腐败】 2001年，全市法院认真落实反腐败工作的“三项格局”和最高人民法院的“两个办法”，查处全市法院违法违纪案件5件，对违纪干警给予行政记大过处分1件1人，行政记过处分1件1人，行政警告处分1件1人，通报批评2件2人。

（赵树杰）

【召开表彰大会】 1月16日，市中级法院召开2000年度工作总结表彰大会，市委副书记岳清友、市人大副主任苗长凤、市政协副主席罗家风等领导及市中级法院和洮北区人民法院全体干警参加大会。市中级法院党组书记、院长卢炳建，市委副书记岳清友先后在会上讲话。会上表彰了全市法院系统先进集体、个人、优秀党员。

（赵树杰）

司法行政

【基本情况】 2001年初，白城市司法局（简称市司法局），编制48人。设政治（警务）处、办公室、法规科、监所管理科、法制宣传科、基层科、公证管理科、律师管理科、司法鉴定办公室、党委办公室、纪检监察室。11月，市直机关机构改革，编制44人。设政治（警务）部、办公室、法规科、监所管理科、法律宣传科、基层科、公证管理科、律师管理科、司法鉴定办公室、纪检监察室。直属白城市监狱、劳动教养管理所。全市有洮北区、镇赉县、通榆县、洮南市、大安市司法局。编制583人。律师事务所11个。其中，国资所5个，合作所6个。执业律师69人。县（市、区）设法律援助中心。全市有公证处6个，公证员28人。司法所55个，法律服务所85个，司法助理员122人。各类调解委员会1 502个，人民调解员7 068人。

2001年，市司法局加强监狱、劳教工作。强化法律服务功能，拓宽服务领域。全年律师代理案件、受理法律援助案件和公证5 458件，接受法律咨询3 168次。开展法制宣传和人民调解、司法鉴定工作，加强队伍建设，为维护社会稳定做出了贡献。

（陈文秀）

【监狱、劳教工作】 2001年，监狱有人民警察236人，职工235人，收押罪犯1 200人。劳教所有人民警察137人，职工25人，在教人员430人。

监狱、劳教所严格执行“三个绝对不能，四个绝对不允许”（绝对不能发生影响本地区及全国的越狱暴狱伤亡等重大狱内案件；绝对不能发生干警体罚虐待罪犯致死案件；绝对不能发生爆炸火灾等重大生产事故。绝对不允许使用罪犯、劳教人员到社会上从事经营活动；绝对不允许利用罪犯、劳教人员家属和社会关系进行生产经营活动；绝对不允许从事印刷非法出版物加工假冒伪劣产品等违法生产经营活动；绝对不允许把减刑、假释、监外执行、减期、所外执行、会见、同居、准假、探亲、亲情电话、行政奖励等形式当作创收的手段）的要求，开展防脱逃专项斗争。全面清理整顿勤务罪犯、教养人员（简称犯、教人员），实行干警24小时直接管理，落实全员安全稳定包保责任制，使多数犯、教人员表现稳定，未发生重特大案件和事故。在治本上下功夫，开展正规化教育，推行亲情教育，心理矫治等教育改造方法，确保监所安全稳定。监狱、劳教所加强副食基地建设，确保犯、教人员吃上新鲜蔬菜，罪犯每 2 天吃一头猪，每周 3 顿细粮，由“温饱型”向“营养型”转变；月伙食标准 110 元，居全省监狱前列。经常开展犯、教人员文化体育活动，开通亲情电话，邀请共青团白城市委员会、白城市关心下一代工作委员会等部门领导给犯、教人员做报告，提高了教育质量，收到了良好社会效应。

（陈文秀）

【法制宣传工作】 2001 年，市政府召开全市法制宣传教育和依法治市工作会议，下发《白城市 2001—2005 年法制宣传教育和依法治市规划》。市二届人大常委会第 21 次会议听取和审议《关于“三五”普法依法治理工作和全市第四个五年法制宣传教育规划启动工作情况的报告》，通过《关于进一步开展法制宣传教育的决议》。各县（市、区）、市直各部门召开“四五”普法动员大会。全市“四五”普法依法治理工作全面实施。举办县以上领导干部学法讲座 11 次，参学 470 多人，参学率 90%。12 月 4 日，全市开展法制宣传日十街千人法制大宣传活动，送法进万家、送法到大集。得到省、市领导机关肯定。市司法局与市 14 个相关部门联合举办全市首届村官法律知识电视大奖赛，各县（市、区）村党支部书记、村委会主任和委员组成代表队参赛。镇赉县代表队夺冠，并代表白城市参加全省比赛。

（陈文秀）

【律师工作】 2001 年，全市律师代理案件 1 377 件，比 2000 年增长 12 %，其中代理非诉讼法律事务 62 件。为企事业单位挽回经济损失 3 000 多万元。市、县（市、区）政府建立法律顾问工作机构，相关政府职能部门和乡（镇）政府聘请法律顾问。并建立各项工作制度和联系制度，明确工作职责。全年，各级政府法律顾问为各级政府决策提供法律意见 21 件，代理诉讼 24 件。5 月，市长刘润璞在内参《工作情况》上批示：“市政府法律顾问出面解决问题效果好，许多棘手的问题都应通过法律途径解决”。

全市法律援助中心受理援助案件 354 件，接受法律咨询 801 人次。市、县（市、区）和 46 个乡镇开通“148”法律服务专用电话。全年接受电话咨询 2 368 次，接待来访 1 354 人次，解决纠纷 63 件。2 月，市司法局组织律师参加全国首届律师辩论大赛吉林赛区比赛，获全国首届律师辩论大赛优秀团体奖。白城市金辉律师事务所律师刘俊杰、杜立元获最佳知识奖，刘俊杰获最佳风采奖，李金辉获最佳荣誉奖。

（陈文秀）

【公证工作】 2001 年，市公证机构继续开展“公证管理工程”活动，不断拓宽办证领域。重点开办汽车消费贷款、房产交易抵押、移动通信网声明、土地租赁、企业技术改造招投标等公证业务。严格推行要素式公证书。7 月，市司法局召开全市公证理论研讨会，研讨要素式公证书存在的质量问题及改进措施。在全省公证工作改革座谈会上韩东明作了经验介绍。在全省要素式公证书点评获胜的 21 份公证书中，白城市 5 份。全年办理公证 3 730 件，其中，国内民事 1 597 件，国内经济 1 395 件，涉港台 11 件，涉外 727 件。涉及国家 12 个。收费 43.59 万元，比 2000 年增长 12.4%。经济合同履约率 99%。

继续开展“争当文明公证员、争创文明公证处”活动，在公证员队伍中实施“形象工程”，开展“比学习看提高，比干劲看业务，比效益看服务，比责任看质量，比开拓看贡献”的爱岗敬业活动。洮南市公证处建成省级文明公证处。公证员田洪印、田玉斌获“全省文明公证员”称号。

（陈文秀）

【基层司法行政工作】 2001 年，全市司法行政系统开展民间纠纷大排查、大调查活动，及时消除化解矛盾纠纷，减少了民转刑案件的发生。全市人民调解组织 1 502 个，调处各类纠纷 5 965 件。其中，防止民转刑引起自杀 11 件、24 人，制止群体性械斗 64 件。

基层法律服务所主动把握信访信息，变上访为下访，妥善处理群体上访事件，把矛盾解决在基层。全市防止群体性上访 57 件、438 人，办理非诉讼法律事务 842 件，比 2000 年增长 10%。

开展刑释、解除劳教人员（简称释解人员）安置帮教工作。全市建帮教组织 1 494 个，专兼职工作人员 2 468 人。对释解人员普遍实行“六联单”（对监狱释放人员进行衔接教育）制度，落实“六联单”衔接教育 708 人。创办安置实体和教育基地 2 个，安置释解人员 19 人。

（陈文秀）

【司法鉴定工作】 2001 年，白城市司法鉴定委员会由司法医学鉴定扩展到产品质量、建筑工程、资产评估、知识产权、物价、司法会计等方面鉴定。成立建筑工程、产品质量、资产评估、知识产权、物价、司法会计、司法医学专家鉴定组。鉴定专家 75 人。全年受理鉴定案件 8 例。其中，司法医学 5 例，精神病 2 例，建筑工程 1 例。鉴定结论采用率 100%。

（陈文秀）

【司法教育】 2001 年，市司法局电大函授站办吉林电大法律分校大专班 3 个，在学学员 45 人，毕业 44 人。全市举办司法助理员培训班 2 期，122 人参加考试，合格率 100%。举办普法教育培训班 126 期，培训 14 600 人。

（陈文秀）

【队伍建设】 2001 年，全市各级司法行政机关以“纯洁组织、提高素质、履行职能、树立形象”为目标，集中开展执法执纪专项教育整顿，清理整顿司法行政干警队伍和推行公务员工作。清除和辞退不合格干警 6 人。监狱、劳教所 373 名干警通过国家人事部门组织的考试，转为国家公务员。对全市司法行政系统机关干部和劳教所干警、司法助理员进行全面素质教育，327 名干警通过全国司法行政系统统一组织的素质教育考试。

开展争创人民满意司法行政单位（干警）活动。全系统有洮南市司法局等 12 个单位、王绍林等 15 名干警获“人民满意司法行政单位（干警）”称号。

（陈文秀）

【表彰“三五”法制宣传教育先进单位和先进个人】 10月19日，市委、市政府决定对在“三五”法制宣传教育工作中作出贡献的洮北区委宣传部等 61 个先进单位，孙志勇等 60 名先进个人予以表彰。

先进单位（61 个）：洮北区委宣传部、机关党委、教育局、卫生局、长庆街道办事处、新华街道办事处、青山镇政府、金祥乡政府、城南街道办事处八委、林海镇交通村；大安市工商局、公安交警大队、大赉乡政府、大赉乡城南村、第五中学、临江街道办事处、安广镇政府、国税局、石油钻探机械有限责任公司、两家子镇司法所；镇赉县建平乡政府、五棵树镇政府、教育局、建设局、烟草公司、水利局机井队、农业银行、审计局、保民乡四家子村、铁道部镇赉木材防腐厂；洮南市永康街道办事处、大通乡政府、土地局、城建局、广播电视局、地税局、民政局、林业局、关工委、盐务局；通榆县委组织部、通榆县教委、工商局、技术监督局、财政局、审计局、第四中学、人民银行、兴隆山镇政府、羊井乡黎明村；白城市地税局、中级人民法院办公室、中级人民法院行政审判庭、司法局、第一职业高中、计生委、档案局、广播电视局、白城师范高等专科学校、吉林省地方病第一防治研究所、白城检验检疫局。

先进个人（60 人）：洮北区委副书记孙志勇、洮北区司法局副局长张立国、瑞光街司法助理江宏艳、平安镇司法助理魏文学、区委政法委常务副书记丁义、东风乡党委书记刘文彬、教育局法制办主任范淑萍、林海镇副镇长郝宏军、原畜牧局党委副书记李华、明仁街党委书记孙东权；大安市委副书记孙洪霞、市直机关党工委书记张立新、两家子镇镇长徐晶辉、市委宣传部副部长郭长友、司法局副局长李永海、国税局副局长李岩、土地环保局副局长孙立杰、工商局法规科科长李万良、教委执法监督办主任康慨、龙沼乡司法助理王振山；镇赉县常务副县长朱力学、大屯镇党委书记周建伟、公安局局长刘忠山、林业局局长纪忠臣、司法局局长王征祥、水利局党委副书记敖海春、交通局党委委员牛春香、东屏镇白音河村书记栾德义、镇赉镇司法所所长郝淑萍、东力村调委会主任李凤武；洮南市永康街党委书记陈永章、大通乡党委书记石文博、土地局局长陈凤岗、城建局局长彭孝臣、广播电视局副局长张玉宝、地税局局长张洪义、民政局局长王彦、林业局科员吴国军、技术监督局局长李恩华、公安局政委史向奎；通榆县常务副县长高显波、司法局副局长陈俊杰、教委主任李长友、财政局局长王荣武、公安局局长邓安华、工商银行通榆分理处主任王继胜、地税局局长李少明、文体局党委书记王育富、土地局科长王佐义、技术监督局局长石春山；白城市委组织部副部长孙佳学、宣传部副部长杨超、市土地局副局长于显峰、市直机关党工委副书记王桂芝、教委督学办公室主任朱彦良、财政局法制科科长赵崇志、白城师专党委副书记黄国满、白城供电公司宣传部干事姜涛、工商局法制科科长张建民、普法办公室科员王昌剑。

（陈玉明）

【白城市公证处简介】 白城市公证处建于1993年4月，称白城地区公证处，1996年改为现名。隶属白城市司法局。位于白城市文化西路34号。职员7人。其中，大学本科4人，专科3人；取得公证员资格4人：三级公证员1人，四级公证员 3 人。公证处主任田洪印。

2001年，办理各类国内民事、经济、涉外公证业务。1993年至2001年，办理公证6 952件。其中，国内经济895件，国内民事3 083件，涉外公证2 974件，收费54.34万元。

公证处配置电脑、复印机、传真机、汽车等设备。2001年，增加土地《租赁合同》、动迁房屋《证据保全》、《汽车贷款合同》、《个人住房借款合同》、《声明书》公证等业务。公证处在工作中采取预约、定点、上门、双休日不休息、延长工作时间等方式，为当事人提供高效、优质的法律服务。

2000年、2001年，省政法委和省司法厅连续授予白城市公证处为“人民满意公证处”、“吉林省文明公证处”称号。在2001年全市公证质量互检中，白城市公证处被评为“质量先进单位”。

（陈文秀 李大治）

【白城市劳动教养管理所简介】 白城市劳动教养管理所建于1981年11月24日，为副处级单位。位于白城市区南七公里处。隶属市司法局。编制146人。设政治处、办公室、财务科、生产科、管理科、教育科、警戒科和生活卫生科，一、二、三大队，农业队和养殖场。有人民警察137人，职工25人。具有大专以上文化程度的92人。在教人员430人。所长盛万春。

全所固定资产545.6万元，土地476.3公顷。其中，农田376公顷，速生丰产林43公顷。办公楼建筑面积2 060平方米，劳教人员宿舍(含教室、文化活动室)建筑面积3 600平方米。

2001年，白城市劳教所不断加强干警队伍的教育培训和管理工作，组织干警集中开展劳教人民警察基本素质教育和推行公务员工作。业务理论考试合格率100%；加强学历教育，具有大专以上学历的干警比2000年增长8.9%，干警政治、业务素质有了显著提高。全方位、多角度地做好监管工作，认真落实安全防范措施，全年实现无逃跑、无非正常死亡、无重大所内恶性案件、无重大生产事故。认真落实教育、感化、挽救的劳教方针，加强劳教人员教育工作。全年累计授课555课时，劳教人员的政治、文化、技术教育考试合格率分别达到95%、90%和70%。通过个别谈心、心理矫治、社会帮教等一系列有针对性的教育转化手段，使难改造人员的转化率达 80%以上，社会帮教覆盖率达 70%以上。为确保劳教人员身心健康和生活水平的不断改善，投入大量财力物力，全年医疗费 4 万余元，诊治患病劳教人员 2 000 余人次，治愈率达 90%以上。全年劳教人员伙食费达 29 万元，加强副食基地建设，解决劳教人员肉、蛋、蔬菜需要，储存各种蔬菜 8 万公斤，腌制各种菜 50 缸，使劳教人员吃饱、吃好、吃得卫生。生产经营工作取得较好经济效益，全年总收入 397 万元。

（陈文秀 张海征）

政府法制

【基本情况】 2001 年初，白城市人民政府法制局，编制 9 人，设法制科、执法监督科。11 月，市直机关机构改革，易名白城市人民政府法制办公室（简称市法制办），编制 9 人，设法规科、执法监督科、行政复议应诉科。全市有洮北区、镇赉县、通榆县、洮南市、大安市法制部门。编制 16 人。

2001 年，市法制办完成组织起草、修改、审核市政府规范性文件，指导和监督检查行政执法，办理行政复议案件，协调行政执法争议，受市政府委托出庭应诉，培训全市行政执法人员，开展政府法制宣传，指导下级政府法制建设等工作。全年招商引资 800 万元，超额完成市委、市政府下达 50 万元任务，被评为 2001 年度白城市“招商引资先进单位”。

（许新宇）

【规范性文件审核工作】 2001 年，市法制办为市政府审核《白城市城市综合执法实施细则》、《白城市土地储备和土地使用权招标拍卖实施办法》、《白城市出租车经营权有偿使用管理办法》等规范性文件 19 件，占年度计划 211%。为提高规范性文件审核质量，向社会公布一些文件草稿，听取社会各界的意见，提高了制定规范性文件民主化和科学化程度。办理吉林省法制办转来的法规和规章征求意见稿 8 件，有关部门提出相应的修改意见并及时上报省有关部门。

（许新宇）

【加强培训及证件管理】 2001 年，市法制办根据《吉林省行政执法条例》等法规和规章的规定，严把新进入行政执法队伍人员关。举办执法队伍人员业务培训班 10 期，培训 875 人，并统一考试，考试合格者，发给吉林省政府统一印制的行政执法证件，承认其执法资格。通过培训，提高了执法人员业务知识和执法水平。

按照《吉林省行政执法证件管理办法》要求，市法制办开展年度检审工作，年检证件 3 178 个。

（许新宇）

【行政执法监督检查】 2001 年，市法制办先后配合吉林省人大行政执法检查组、省政府行政执法检查组检查全市行政执法情况。通过检查，发现并纠正行政执法中的问题百余件。事后，市法制办深入各行政执法部门具体帮助落实整改措施。

上半年，市法制办代表市政府先后考评了洮南、大安市公安局、教委等执法部门的依法行政工作。重点检查执法责任制及错案追究制的落实情况，促进了行政机关领导观念的转变和依法行政水平的提高。

（许新宇）

【“双清”工作】 2001 年，市法制办开展对涉及“入世”（加入世贸组织）文件和行政审批事项的清理工作。为加强对这两项工作的领导，市政府确定具体工作由市法制办牵头，市监察局、体改委等有关部门配合。清理工作涉及部门 46 个，上报行政审批项目 577 项。清理后，确定保留 295 项，取消 279 项，暂缓执行 3 项。清理出与“入世”规则不相符合文件 3 件。

（许新宇）

【处理行政执法争议】 2001年，市法制办受市政府委托协调办理市城建部门与市水利部门就城市节水计划由谁下达问题的行政执法纠纷、居民因房屋拆迁问题同建设行政主管部门发生的争议等4起较大的行政机关之间及行政机关与群众之间的行政争议。受市政府委托出庭应诉，为成立巴士汽车有限责任公司提供法律依据等。

（许新宇）

2002

经 济

白城年鉴

经济体制改革

【基本情况】 2001年初，白城市经济体制改革委员会（简称市体改委），设人事秘书科、综合规划科、生产体制改革科、流通体制改革科。编制16人，实有10人。11月，市直机关机构改革，编制9人，实有8人。设秘书科、综合调研科、小城镇改革与发展科。

2001年，全市改革了工业、商业、物资产业体制；深化了工商企业改革，国有企业改制面96.1%；推进了城镇职工基本医疗保险制度改革、卫生和疾病预防控制体制改革及药品生产流通体制改革;加快了小城镇综合改革与发展步伐。

（姚士民）

【体制改革】 2001年，继续改革国有工业、商业、物资产业体制。按照国有资本出资人到位，实现国有资本保值增值的要求，完善市直工业交通商贸物资产业国有资本营运决策会议。决策会议代表市政府依法行使出资人职权。成立白城市市直工业国有控股公司，由白城市重工业局（简称市重工局）、白城市轻化工业局（简称市轻工局）组成，负责重工、轻工、医药化工等国有独资、国有控股、国有租赁经营企业的国有资本运营及党务工作。11月，市直机关机构改革，撤销市商业贸易局、物资总会，成立白城市市直国有商贸控股公司（简称市商贸控股公司）将商业贸易局直属企业11户，市物资总会所属15户，市外贸企业10户，市工商局管办分离企业3户，划归市商贸控股公司。市商贸控股公司负责所属企业国有资产运营及党务工作。

全市工业、商贸、物资企业的行业规划、指导职能，由白城市经济贸易委员会（简称市经贸委）承担。市直工业中以自然人或非国有出资人为主体的股份制企业及个体私营企业；市商贸局和市物资总会所属不含国有资产的企业，走向市场、依法经营、照章纳税、自负盈亏，但在社区组织功能不够完善，条件尚不成熟的情况下，暂由市经贸委代管3年。从而形成决策会议—运营机构—企业3个层面的国有资产运营管理监督体制。

（姚士民）

【国企改革】 2月吉林省体改工作会议后，中国共产党白城市委员会（简称市委）、白城市人民政府（简称市政府）制定《2001年白城市经济体制改革工作要点》、《白城市经济体制改革“十五”计划和2015年远景目标规划》。全市深化工商企业改革。到年底，国有企业改制面96.1%。其中，股份有限公司12户，有限责任公司235户，股份合作45户，出售78户，租赁240户，兼并38户，破产重组78户。市本级国有企业改制面79.07%。其中，股份有限公司8户，租赁240户，兼并38户，破产重组78户，有限责任公司15户，出售9户，租赁11户，转让6户，资产经营企业2户，股份合作制、合作制各5户，破产4户，民营、联营、全员买断各1户。全年相继成立市直工业交通商贸物资、城市建设、农林水利、文化教育、外经外贸5个国有资本营运决策会议，并开始运营。国有资本出资人制度的建立，明确了国有资本投资主体，实现了政企分开；落实了国有资本营运责任，实现了国有资产管理与经营分开；加大了国有资本市场化配置力度，为国有经济布局战略性调整创造了体制环境。

（姚士民）

【国有资产体制改革】 2001年，全市推进城镇职工基本医疗保险制度改革。全市5个统筹地区全面启动基本医疗保险。参保单位548个，参保职工8.6万人，其中退休职工20 997人；收缴医疗保险基金899万元，支出779.8万元，收缴率95.4%。市区参保单位258户，参保职工36 250人,其中退休职工12 090人；收缴医疗保险基金602.4万元，支出556.4万元，收缴率98%。

卫生监督和疾病预防控制体制改革。组建白城市疾病预防控制中心、卫生监督所、结核病防治研究所。为全省第三个完成此项改革的地级市。

药品生产流通体制改革。药品集中招标采购试点工作初见成效。到10月底,全市药品招标采购2 301个品种,中标1 596个品种,中标厂251户,中标金额2 281万元。其中,市本级招标采购349个品种,中标286个品种,中标厂73户,中标金额800万元。医疗机构分类管理工作启动。市政府下发《白城市城镇医疗机构分类管理实施意见》、《白城市医疗机构检查验收标准》和《社会医疗机构分类管理工作进程表》。经吉林省卫生厅批准,全市有政府举办的县以上非营利性医疗机构20户,非政府举办的非营利性医疗机构18户,营利性医疗机构215户,取缔不合格医疗机构20户。推进社区卫生服务工作。市政府下发《关于全市发展城市社区卫生服务的实施方案》:市区设置社区服务站9个,大安、洮南市和镇赉、通榆县各4个。年末,市区基本建成布局合理、结构适宜、设施配套的社区卫生服务网络。

全市严厉打击制售假劣药品和医疗器械违法犯罪行为。全年开展药品医疗器械大检查1次,专项检查、监督检查各3次。先后出动检查人员790多人次,检查药品生产企业14户,经营企业475户,医疗单位及诊所137户。受理案件200起,立案调查180起,结案97起。取缔违法经营药品窝点2个,打击游医药贩13起,取缔无证经营企业3户、非法行医6户和坐堂医、变相坐堂医11户。没收药品915批次,医疗器械28件,价值12.3万元,行政罚款30.5万元。推进药品生产企业GMP改造。通过国家GMP认证企业3户。配合吉林省药品监督管理局(简称省药监局),完成19户药品批发企业换证验收工作,占药品批发企业总数82.6%。换证验收药品零售企业470户,占药品零售企业95%。

(姚士民)

【小城镇改革】 2001年,全市先后有10个镇进入全省"百强镇"试点:安广镇、岭下镇、瞻榆镇、坦途镇、万宝镇、黑水镇、平安镇、两家子镇、舍力镇、月亮泡镇。其中省级中心镇有安广镇、岭下镇、瞻榆镇。到年末,与2000年相比:10个试点镇国内生产总值(GDP)17.6亿元,增长14.2%;全口径财政收入9 395万元,增长21.2%;农民人均纯收入2 110元,高于全市平均水平830元。

全年,10个试点镇投入城镇建设资金3.18亿元,建设开发面积16.97万平方米。解决了多年困扰小城镇吃水难、行路难、通信难、用电难、入厕难问题。小城镇面貌焕然一新,城镇居民程控电话和有线电视普及率90%。

10个试点镇利用地域、资源、交通和产业优势,突出产业立镇。调整产业结构,培育主导产业,重点发展蔬菜、西瓜、小尾寒羊、白鹅、粉条、大笤帚、杂粮杂豆等绿色产业、特色产业和环保产业,并初具规模。

10个试点镇依托商品市场,不断拓宽个体私营经济发展领域和渠道,引导职工和农民利用自然资源和中心集镇的优势,大力发展个体私营经济,动员下岗职工创办私营企业。年末,个体私营企业发展到7 164户。成为安置城镇职工就业和吸引农民进镇务工经商的重要载体。

10个试点镇本着"小政府,大服务"的原则改革机构和人事制度,建立精简、高效、务实、开拓的镇政府机构和协调运作的政府管理体制。合并了重叠交叉的七站八所。

根据吉林省公安厅、体改委《关于在全省100个小城镇实行户籍制度改革试点的意见》,白城市实施"低门槛进镇工程"。凡在小城镇具有合法工作、稳定生活来源或合法固定住所的人员,均可免费办理小城镇常住户口。优惠政策吸引了农民进镇落户,10个试点镇累计办理城镇户口15 000人。

10个试点镇加快土地流转制度改革。依托土地资源招商引资。采取出租、出让、招标等办法,加快土地流转,完善经营体制,发挥了土地综合效益。累计转让土地48万平方米,引进资金1.5亿元,开发建设面积18.7万平方米,加快了城镇建设步伐。

10个试点镇先后对国有和集体企业进行改制。年末,改制面100%,盘活存量资产8 720万元,安置职工3 150人,招商引资14 773万元。

安广镇、岭下镇、坦途镇被评为"吉林省改革与发展先进镇"。白城市受表彰的先进镇与试点镇的比率居全省各市、州之首。

(姚士民)

农 业

农业和农村经济概况

【农业自然情况】 2001年，全市农村有乡镇92个，其中镇38个。村917个，农村人口109万人，劳动力47.3万人。幅员3 853.8万亩。其中，耕地777.57万亩，占20.2%，农村人均耕地7.13亩；园地2.57万亩，占0.07%，农村人均0.02亩；林地503.97万亩，占13.1%，农村人均4.62亩，森林覆盖率9.98%；牧草地850.2万亩，占22%，农村人均7.8亩；水域443.2万亩，占11.5%，农村人均4亩；未利用土地816.3万亩，占21.2%，农村人均5亩。

（张建波）

【农村经济概况】 2001年，全市农业和农村经济工作按照市委、市政府部署，以增加农民收入为目的，以结构调整为主线，以万元田（棚）工程、绿色保健食品工程、生态示范区工程建设为载体，突出科技支撑，注重市场开发，实施工业带动，加强农业基础设施建设，战胜了历史上罕见的“白灾”和干旱，农业和农村经济发展水平明显提高。

种植业：立足抗旱夺丰收，加大工作措施，全市粮食总产量129.9万吨，比2000年增长1.9%。

畜牧业：围绕加快发展生态环保效益型畜牧业的目标，突出品种改良，扩大规模饲养和防疫灭病工作。全市牛、羊、猪、禽分别达40万头、295万只、220万头、3 000万只，分别比2000年增长11.0%、2.7%、4.7%和3.4%。

林业：按照“增总量、出精品、上水平”的思路，克服了干旱严重、工程量大、资金短缺的困难，全市造林18.92万亩，建造林绿化精品工程16个，总面积3.4万亩。

水产业：针对近两年干旱少雨，养殖水面缩小的实际情况，加大了名优水产品的饲养，提高养殖效益，水产品产量1.7万吨。

2001年，全市农林牧渔业总产值53.2亿元，农民人均纯收入1 280元，分别比2000年增长9.7%和4.9%。种植业由2000年粮食、经济作物6∶4的二元结构，发展为粮食、经济、饲料作物5∶4.5∶0.5的三元结构。全市开发绿色食品50个，获得绿色食品标志使用权的产品13个。在2001年“中国长春国际农业·食品博览（交易）会”（简称“长春农博会”）上，获金奖77个，居全省各市、州之首。在2001年“中国北京国际农业博览会”（简称“北京农博会”）上，获国家级名牌农产品6个，实现零的突破，居全省第四位。全市农产品获得各种奖牌189个。水产品发展名优品种11个，名优水产业养殖面积36.4万亩。全市与域内外客户签订农产品购销合同415万亩，占全市农作物实际播种面积41.2%。畜牧业签订购销合同400万头（只）。

全市万元田（棚）建设工程，总户数达8.1万户，占全市农村总户数30%，面积占耕地面积13%，纯收入8.3亿元。占农业收入46.09%；水利工程，投资3 136万元，完成江河堤防综合工程量14万立方米；水土保持工程，治理面积25万亩；农田沃土工程，机械深松135万亩，增施农肥14万立方米；农村环保节能工程、生物制气及污水净化装置推广工程，投资800万元；绿色家园工程，绿化村屯106个；湿地生态保护工程，引霍林河水入向海水库工程，投资6 240万元；月亮湖湿地保护工程，完成救护室土建350平方米，护坡土方1 200立方米；绿色保健食品工程，计划开发20种绿色食品，完成了申报、环测工作。

抗灾自救工作。中共十五届六中全会召开之后，针对全市农业连年受灾，灾民生产生活困难的实际，市委、市政府决定成立抗灾自救千人工作队。10月10日，由市委、白城市人民代表大会常务委员会（简称市人大）、市政府、中国人民政治协商会议白城市委员会（简称市政协）领导带队，由市、县1 205

名干部组成的418个工作队，深入到全市1 813个重灾村、屯开展抗灾自救。围绕以农民增收为中心；搞好草原围栏会战，搞好青贮会战；掀起农田水利建设高潮，掀起养牛特别是养奶牛高潮，掀起多种经营抗灾自救高潮。全市农村新建草原围栏43万亩，退耕还林12.6万亩，还草7.5万亩。收贮饲草212万吨。其中，青贮63万吨，黄贮85万吨，微贮64万吨。打抗旱井5 868眼。帮助灾区引进基础母牛730头，奶牛320头。多种经营创收6.3亿元。千人工作队为灾区群众解决口粮2.8万吨，打人畜饮水井2 604眼；捐煤2 000多吨，烧柴6.1万车，越冬蔬菜290.8万公斤，衣被64 766件（套）；捐款54万元，调剂烧柴11万车，帮助1 126名濒临失学和已经辍学的学生解决了应急困难。组织灾民劳务输出30.5万人，劳务输出收入6.5亿元。在全市农村开展围绕“面对长期干旱，白城农业、农村、农民怎么办”的大讨论。进一步明确了工作思路，改进了领导方式，转变了工作作风，推进全市农村工作的健康发展。

（张建波）

种植业

【基本情况】 2001年初，白城市农业局（简称市农业局），编制40人，实有28人。设农业科、农机科、农场科、区划科、能源科、农经科、果树科、教育科、秘书科及党委办公室。11月，市直机关机构改革，编制26人，实有24人。设农业科、农机科、农经科、科教科、农业资源产业化科、办公室、人事科、市场信息科、政策法规科。直属白城市农村集体经济管理站、农业环境保护监测站、农业机械管理总站、农机监理所、农业技术培训班。全市有洮北区、镇赉县、通榆县、洮南市、大安市农业局。编制81人。

2001年初，全市耕地523 957公顷，年末518 383公顷。其中，水田26 050公顷，旱地492 333公顷。总播种面积534 032公顷，比2000年下降0.65%。其中，粮食作物398 361公顷，油料作物88 547公顷，甜菜8 191公顷，蔬菜瓜果26 502公顷。在粮食作物中，水稻28 913公顷，玉米187 129公顷，小麦9 313公顷，谷子9 285公顷，高粱34 343公顷，大豆18 967公顷，绿豆84 744公顷，红小豆4 019公顷，薯类7 578公顷。在油料作物中，花生8 509公顷，芝麻9 900公顷，葵花籽44 000公顷。全年遭受有气象记录以来最严重的旱灾。降水仅207.3毫米,且多为无效降雨。在严重旱灾情况下，仍夺得较好收成。全年粮食总产量129.9万吨，比2000年增长1.90%。其中，谷物总产量113.20万吨，豆类总产量14.71万吨,薯类（折合粮食）1.97万吨。在粮食产量中，水稻20.88万吨，玉米79.31万吨，小麦2.27万吨，谷子1.06万吨，高粱8.33万吨，大豆2.56万吨，绿豆11.15万吨，红小豆0.65万吨。在油料产量中，花生1.42万吨，芝麻1.18万吨，葵花籽3.70万吨。种植业总产值25.28亿元，比2000年增长14.85%。

市农业局被“省农委”评为全省“农业工作先进单位”；被吉林省农民负担监督领导小组评为“农民负担监督管理工作先进单位”；全市开发绿色食品50个，获绿色食品标志使用权的产品13个。农产品获各种奖牌189个。在长春、北京“农博会”综合评比中居吉林省各市、州之首，获最佳组织奖；被吉林省绿色食品领导小组授予“吉林省绿色食品工作先进单位”称号；被市委、市政府授予“优秀县局级领导班子”、“党风廉政建设和反腐败”重点任务协调工作优秀部门、“三清两建一公开”工作先进单位、“文明杯先进单位”、“思想政治工作先进单位”、“科教兴农先进单位”、“发展品牌农业先进单位”、“招商引资先进单位”、“支持农村工作、发展万元田（棚）先进单位”称号。

（曹伯志）

【种植结构调整】 2001年，全市调整种植结构。播种玉米187 129公顷,绿豆84 744公顷,糜子10 100公顷,荞麦3 433公顷,分别比2000年增长10.83%、22.86%、14.77%和49.27%;花生8 509公顷,芝麻9 900公顷,甜菜8 191公顷,分别比2000年增长53.93%、44.69%和65.14%;水稻28 913公顷，葵花籽44 000公顷，与2000年基本持平；蓖麻4 047公顷,比2000年下降55.03%。优化了种植结构，种植业由二元结构向三元结构转化。粮食、经济、饲料作物比例由2000年的6∶4∶0发展到5∶4.5∶0.5。全市重点建设了绿豆、葵花籽、小冰麦、蓖麻、辣椒、烤烟、瓜果、蔬菜、花生和芝麻等10个优质产品基地，总面积26.67万公顷。

（曹伯志）

【订单农业】 2001年初，全市先后派出调查组走访东北三省及内蒙古自治区的32个主要城市和58户农产品加工经销企业，调查和预测农产品市场；召开各县（市、区）分管农业的领导、农业局长和重点乡镇党委书记参加的全市农产品市场信息新闻发布会，并把49条农产品供应信息登记在中国农产品信息网上招商；创办300多个农民专业协会，建立了农产品中介组织，扩大了农村经济人队伍。2月，白城市首次举办农产品购销订单签订会。国内17户农产品经销加工企业和全市180多名县、乡干部参加会议。签订农产品定单23份，订单面积11.4万公顷。全年全市与49户域内外企业签订农产品订单72份，30个品种，订单面积27.7万公顷，比2000年增长10%，占全市农作物实播面积41.2%。

（曹伯志）

【万元田（棚）工程】 2001年是全市实施万元田（棚）工程建设的第三年，按照市委、市政府《关于全市农村实施万元田（棚）工程的决定》，万元田（棚）即1个农户1公顷耕地或1个大棚，年收入1万元。冷棚面积700至800平方米，暖棚300至400平方米，棚内种菜、栽果、养花或搞养殖业，如养兔。

2001年，全市万元田（棚）户8.1万户，占全市农村总户数30%；万元田（棚）面积占耕地面积13%，纯收入8.3亿元，占农业收入46.09%；万元田（棚）户户均收入10 138元。

万元棚（舍）建设实现多样化。各地本着量力而行的原则，在棚（舍）建设上能土则土，能洋则洋，或土洋结合，加快了万元棚（舍）的建设。全市建万元棚7 930个，万元舍8 155个。

万元田（棚）向专业化、规模化发展。各地根据资源、运输、市场及生产水平，将万元田（棚）的种植、养殖相对集中，形成了以洮北区东风乡为中心的蔬菜瓜果开发带；以洮南市福顺乡为中心的辣椒产业开发带；以洮南市黑水镇、大安市安广镇为中心的西瓜开发带；以洮南市瓦房镇为中心的肉牛开发带。

万元田（棚）不断拓宽领域。各地大力引进新项目、开发新品种，拓宽了万元田（棚）领域，形成了万元池、万元场、万元“小企业”。由单纯种植蔬菜和养牛羊向多种经营发展：稻田养蟹，水塘养鱼，大棚种植花卉、蘑菇，养鸽、兔等。并向边远农村辐射。一些边远农村开始建万元棚（舍），效益较好。

（曹伯志）

【农业科技培训与推广】 2001年，市农业局先后举办白城市高效农业实用技术培训班和白城市农业机械化新技术培训班，培训各县（市、区）农业（农机）局长、站长，各乡镇农业（农机）站长100人。举办种子储藏保管员培训班和种子检验员培训班，培训全市各乡（镇）保管员130人，检验员139人。开展深入10个乡镇、辐射100个村屯 、培训1 000名骨干、带动1万个农户的送科技下乡活动。达到市、县、乡层层培训，不留死角，每个农户培训出1名种田明白人。全市举办各种培训班2 772场次，培训农业技术人员、基层干部和农民群众32.2万人次。开展声像教学551期，印发各种科技资料35.2万份。

市农业局与洮北区政府联合建立高效农业试验示范基地，引进美国高油玉米、以色列旱稻、黑宝石小麦、长穗大莞子、特大穗蓖麻、无籽西瓜、五龙白甜瓜、日本南瓜、韩国金塔辣椒及广州飞碟瓜等126个农作物新品种。经试验示范，认定70个品种适合全市种植、大面积推广。同时，引进推广风力提水、水稻筒塑盘育苗抛摆秧技术、稻田养蟹、半地下日光温室、上果下菜、蓖麻打瓜套种和无土栽培等农业新机具和新技术20项。

（曹伯志）

【良种繁育及施肥】 2001年，全市有良种制种田2 600公顷，实播2 520公顷。经苗检、花检，田间合格率100%。9月13日，全省进行制种田区域试验考察。其中，玉米考察141个参试材料，2次试验；高粱考察10个参试材料，2次试验；并进行谷子、杂豆、蓖麻试验，检查合格率均100%。全年繁育良种5 850吨，平均每公顷4 642.8公斤。比2000年分别提高9.3%和9.4%。其中，玉米制种面积1 500公顷，总产3 500吨；高粱120公顷，总产300吨；小麦600公顷，总产1 500吨；谷子100公顷，总产150吨；大豆200公顷，总产400吨。

玉米、水稻作物推广平衡施肥法，推广面积20.4万公顷。全年施农家肥1 845万立方米。施化肥250 507吨，其中推广复合肥61 755吨。

（曹伯志）

【植物保护及检疫】 2001年，全市农作物发生病、虫、草、鼠害77.5万公顷。防治56.9万公顷。使用农药1 110吨。其中，杀菌剂15.12吨，杀虫剂25.5吨，除草剂6.6吨。挽回粮食损失71 585.5吨。其中，玉米螟发生15.18万公顷，防治8.23万公顷，防治效果70%，挽回粮食损失16 243吨；粘虫发生0.07万公顷，防治0.03万公顷，防治效果95%，挽回粮食损失100吨；地下害虫发生5.68万公顷，防治4.58万公顷；苗期害虫发生1.47万公顷，防治1.4万公顷。

对200公顷制种基地执行产地检疫，为100万公斤各类农作物种子签发检疫合格证。对调进的78万公斤种子进行78批次检疫。

（曹伯志）

【生产组织及收益分配】 2001年，全市有54个乡、38个镇、917个村。乡村281 887户，人口1 089 889人。有917个村级合作经济组织，实行家庭联产承包责任制。农村合作经济的收益分配由乡办企业、村集体经济、联产企业和家庭经济4部分组成。家庭经济是收益分配的主体。农村经济总投入293 864万元，总费用153 893万元，农民从集体再分配收入1 943万元，农民所得总额146 515万元，农民人均纯收入1 280元，分别比2000年下降2.24%、1.00%、8.13%和增长4.10%、4.90%。

（曹伯志）

【减轻农民负担】 2001年，市委、市政府加强减轻农民负担监督管理工作，成立由市委副书记沈贵为组长的白城市减轻农民负担领导小组。领导小组办公室设在市农业局。全市先后成立各级减轻农民负担领导小组108个，签订减轻农民负担责任状107份。6月、10月，全市开展农民负担大检查2次。查处加重农民负担案件26起，违法违纪金额153万元，减轻农民不合理负担109万元。采取卸债减员、清退农民不合理负担项目63项。精减超编人员284人。开展农村审计及查处涉农案件等措施，全年减轻农民负担2 529.2万元，人均减轻21.9元。

（曹伯志）

【农村经济管理】 白城市农村集体经济管理站（简称“农经站”），与白城市农村审计站一个部门两块牌子，编制3人，实有7人。全市有镇赉县、通榆县、大安市农村集体资产管理局，洮北区农村集体经济管理局，洮南市农村集体经济管理站。职工150人。92个乡镇均设农村集体经济管理站，职工730人。

2001年，全市开展“三清两建一公开”（清理村级财务、清理“三角债”、清理农民负担；加强以党支部为核心的村级组织建设、建立健全集体经济各项管理制度；财务公开）和“三审计三公开”（审计乡、村、社集体经济及所属企事业单位财务收支、实行财务及时公开；审计农村承包合同的签订、鉴证、履行情况和农民负担，重点是乡统筹，各项收费、集资、罚没款的收取、管理、使用及农民负担的政策法规依据、标准、分摊办法，每年公开一次；审计农村义务工和劳动积累工每年公开一次）活动的888个村，集体债权下降7 131万元，降幅14.34%；集体债务下降4 234万元，降幅8.12%；消减集体高息抬款高息和复利976.7万元。白城市农村集体经济管理站审计各县（市、区）的5个乡（镇）、3个村、9个基层站办所的集体资产管理、财务收支及农民负担。审计金额920.7万元，查出违法违纪金额325.2万元，为集体挽回损失178.1万元。

（曹伯志）

【表彰“三清两建一公开”活动先进集体和先进个人】 9月27日，市委、市政府决定，授予洮南市等21个单位为“三清两建一公开”活动先进单位，为李龙江等39名个人记二等功，为李永安等85名先进个人记三等功。

白城市“三清两建一公开”活动先进县（市、区）：洮南市。

白城市“三清两建一公开”活动先进集体（20 个）：洮南市委农工部，洮南市胡力吐蒙古族乡、瓦房镇、黑水镇；大安市农资局、大岗子镇、乐胜乡、两家子镇；镇赉县建平乡、嘎什根乡、县财政局；通榆县农业局、边昭镇、四井子镇、七井子镇；洮北区青山镇、平台镇、农经局；白城市委农委、市农业局。

白城市“三清两建一公开”先进个人，立二等功（39 名）：洮南市委副书记李龙江、市委农工部部长高桐武、市农业局局长高青山、市政协办公室主任徐德福、那金镇财政所会计张春秀、人事局副局长温清明；大安市委副书记关景海、市监察局副局长于占河、畜牧局副局长于红军、监察局纠风办主任付文、市委农工部部长李文、农资局局长薄振国；镇赉县委副书记孙维、县委农办副主任杜松桓、县统计局副局长孙盛强、农资局副局长段胜、建平乡农经站干部曲召和、文化局工会主席智宝武；通榆县委副书记张海明、县委农工部副部长王革、县农业局副局长张占国、农机局工会主任周宝章、法院副局级干部杨忠林、水稻办公室主任郝凤君；洮北区委副书记高洪贤、区土地局副局长王宝库、区委组织部干事付忠、区农经局局长岳国义、粮食局干部陈志国、区委农工部部长刘景武；白城市供销社党委副书记张德良、水利设计院党总支书记于德春、畜牧局助理调研员何跃庭、人民银行科长王晓波、农业局副科长于梓林、科研所科长尹志忠、农业局农经总站站长徐宝山、市委农委科长韩峰、纪委纠风办公室副主任李国栋。

立三等功（85 名）：洮南市副市长李金庆、市委农工部副部长朱文安、市农业局副局长宋秋海、农资局局长李金武、民政局副局长田风林、财政监督局副局长都本臣、财委副主任张庆荣、法院办公室主任魏广才、农业局副局长戴永奎、农资局科员王书敏、农机推广站站长王铁胜、司法局干部骆青山、抗旱服务中心科长黄东才、永茂乡农资站负责人张权、福顺乡资产管理站会计佟振邦、东升乡农资站会计李凤玲、那金镇财政所专管员王远、安定镇农资站站长王喜军、教委干部吴晓明、市委农工部科员黄福东；大安市副市长张洪敏、市农资局党委副书记于海洋、四棵树乡党委副书记宋彦、司法局局长王荣、农资局科长王丽红、农资局科长白家安、审计局科员汪海峰、太山乡农经站站长张万林、西大洼乡农经站站长张志安、财政局副局长苏大中、人事局原局长辛敏权、安广镇农经站科员陈庆云、农资局副局长郑洪河、四棵树乡农经站科员郑彩莲、扶贫办公室主任周云戈、农资局科长姜艳玲；镇赉县副县长何野平、县委农工部部长杨蓬珠、县农资局科长齐斌、农机总站副站长高大杰、嘎什根乡农经站郑凤友、胜利乡农经站张友、莫莫格蒙古族乡农经站朱国祥、镇长助理张东、乡长助理邢国岩、保民农经站长田福和、黑鱼泡农经站会计谭春双、农资局长唐振友、农业办公室科员刘加辉、资产局农经员吴红岩、大屯镇农经站葛海军；通榆县副县长李永安、县委农工部部长包军、县委组织部副部长刘国胜、县文体局党委副书记高春林、机关党工委副书记刘吉山、农业局党委副书记蔡宝山、党校副校长王杰、法院纪检员冯立忠、农经总站副站长殷洪海、贸易局副局长周顺杰、法院科员李海军、县委农工部科员王哲、卫生学校科长张伟、四井子农经站长田野、农经站会计孙立臣、永青乡会计金淑梅；洮北区副区长宫启宽、农业局副局长陈广安、农机局副局长叶永福、林业局副局长张祥、农经局干部王喆、平安镇农经站会计司融雪、保平乡农经站会计徐秀华、洮东乡农经站会计李晓东、兴建乡农经站会计何永刚、东风乡金宝村会计赵玉金、平安镇新合村会计王成文；白城市水利局水管站副站长于永泉、审计局科员张俊峰、审计局主任科员李剑峰、物价局科中薛英慧、林业局助理调研员任少华、农机总站科员聂魁巍、农业局科长张传林。

（陈玉明）

【抗旱夺丰收】 白城市继 1999 年、2000 年大旱后，2001 年又遭受有气象记录以来最严重的历史上罕见的特大旱灾。全年降水 207.3 毫米，4 至9月平均降雨量仅188毫米,比历年平均减少 50%，全市农田干旱面积 65.6 万公顷。其中成灾 53.3 万公顷，占实播面积97.6%;绝收13.3万公顷，占实播面积 19.6%。

面对严重干旱，白城市广大干部群众，上下齐动员，同心协力，全力以赴进行抗旱。市委、市政府组织抗灾自救千人工作队，由市委、市人大、市政府、市政协领导带队，带领市县两级 1 205 名机关干部，分成 5 个工作组，分别赴受灾严重的镇赉县、洮南市。实行包乡、包村、包户，明确任务，落实责任，保证灾民的基本生活与生产正常进行。

抗旱高峰时，全市每天出动 50 万人，开动水库塘坝 40 座,万亩以上灌区 20 处，机电排灌站 59 处，机电井 54 284 眼，喷灌设备 4 692 套，进行坐水种和农田灌溉。坐水种 51.2 万公顷，灌溉农田 27.59 万公顷，分别占播种面积的 95.88%和 51.67%。抗旱用油 1.1 万吨，用电 251.6 万度，投入抗旱资金 5 720 万元。全市新打抗旱井 5 868 眼，新增节水灌溉面积 1.45 万公顷。大旱之年，夺得农业丰收。粮食总产量 12.99 亿公斤，农民人均纯收入 1 280 元，分别比 2000 年增长 1.9% 和 4.9%。

（曹伯志）

【绿色食品及名牌产品】 全市农产品累计获各种奖牌 189 个。2001 年，获国家绿色食品发展中心认证的绿色食品 13 种：白城市金利源食品有限责任公司《利源》牌 “速冻粘玉米”，年供货能力 30 万穗；通榆榆香食品实业有限公司《瀚海珠》牌“兴隆山绿豆”、“荞麦”、“黑瓜籽”、“红小豆”，年供货能力分别为 3 000 吨、500 吨、3 500 吨、1 000 吨；通榆金谷银杏种品有限公司《向海》牌“小米”，年供货能力 2 000 吨；通榆三家子牛场“草原红牛”，年供货能力 200 吨。镇赉县嫩江湾集团总公司《嫩江湾》牌“大米”、“小米”，《鹤园》牌“大豆”、“花生”，年供货能力分别为 2 万吨、500 吨、2 000 吨、500 吨。白城市洮北区保民农场《洮儿河》牌“花生米”，年供货能力 1 000 吨。白城市裕丰实业有限公司《好雨》牌“大米”，年供货能力 4 万吨。

获“北京农博会”认定的国家级名牌产品 6 种：洮南中宝酒业有限公司《中宝》牌瓶装“九香醇酒”；大安大发实业有限公司《嫩江》牌瓶装“嫩江龙酒”，执行标准 DB22/T221—2000；大安市水产良种场“大安彭泽鲫”、“大安河蟹”；白城市裕丰实业有限公司《好雨》牌袋装“免淘大米”，执行标准 Q/BGSYFGS—2001；吉林省金福酒业有限公司白城洮儿河酒厂《洮儿河》牌瓶装“洮儿河酒”，执行标准 GB/18592—89。

获“长春农博会”名牌产品（金奖）77 种：通榆金谷银杏种品有限公司《向海》牌袋装“奶花芸豆”、“中白芸豆”和“小米”；通榆县龙翔糖业有限公司《通榆》牌袋装“甜菜颗粒粕”；通榆榆香食品实业有限公司《瀚海珠》牌袋装“黑瓜籽”和“葵花仁”、“荞麦”、“蓖麻”、“黑大豆”、“兴隆山绿豆”、“红小豆”；通榆县水稻办公室《向海》牌“通粘 1 号大米”和“通香 1 号大米”；通榆县向海旅游商行“向海鸭蛋”；通榆县供销联合社《鹤鸣》牌袋装“鹤鸣大葵花”；通榆县红牛奶业公司《红牛》牌“豆奶粉”、“奶粉”。洮南市黑水镇西瓜直销公司《黑水镇》牌“西瓜”；洮南市福顺乡辣椒集团公司《福茂》牌“辣椒”；洮南市上原农场“绿豆”；洮南市农业局《A 字鹦哥》牌“大鹦哥绿豆”；洮南市野原绿色食品公司《A 字鹦哥》牌“绿豆”、“科尔沁小米”；洮南市幸福乡人民政府“幸福大米”；洮南市万宝粉业公司《天龙》牌“粉条”、“粉丝”；洮南市向阳乡人民政府“向阳萝卜干”；洮南市永茂乡人民政府“永茂芝麻”；洮南市胡力吐蒙古族乡人民政府“胡力吐豇豆”、“胡力吐红花芸豆”；洮南金豆饲料有限责任公司《金豆》牌“金豆饲料”；洮南市福顺乡人民政府《福茂》牌“大蛇眼高粱”；解放军洮南军马场《金地龙》牌“科尔沁贡米”；浙江省柳林联合收割机有限公司洮南分公司《LIULIN》牌“稻麦联合收割机”；洮南市洮府蓖麻油厂《洮府》牌“蓖麻油”。镇赉县嫩江湾集团总公司《嫩江湾》牌“嫩江湾大米”、“小米”和“荞面”，《鹤园》牌袋装“花生”、“大豆”和《白牡丹》牌“绿色大米”；镇赉县乳品厂《RUIXIN》牌袋装“学生大豆粉”；镇赉县小冰麦生产办公室《北斗》牌“小冰麦”；镇赉县大豆生物工程有限公司《丹顶鹤》牌“青仁青豆粉”。大安市烟叶公司“大安烟叶”；大安市丰收镇人民政府《坨坨寺》牌袋装“坨坨寺小米”；大安市白鹅生产有限责任公司《吉鸿》牌袋装“白条鹅”；大安市舍力镇苹果洋葱生产公司《仙果》牌“苹果元葱”；大安市西大洼乡农产品开发公司《大白》牌袋装“绿色白芝麻”；大安市草原管理站“碱茅”；大安市宏日草业发展有限公司《青青》牌“青青羊草”；大安市红岗子乡瓜果生产办公室“红宝西瓜”；大安市百瑞得制粉有限责任公司《月亮湖》牌袋装“大米”；大安市海坨乡人民政府“海坨粉条”；大安市月亮泡镇畜禽总公司《月亮湖》牌“红黄鸭蛋”；大安市两家笤帚协会《兴发》牌“笤帚”；大安市苇草机械厂《大苇》牌“同步切苇液压捆包机”。白城市马世甘草开发有限责任公司《马世》牌“甘草茶”，袋装“甘草片”、“甘草粉”、“甘草瓜籽”、“甘草条”；白城市洮北区保民农场《洮儿河》牌袋装“精制大米”和“花生米”；白城市裕丰实业有限公司《好雨》牌袋装“免淘大米”；白城市金利源食品有限责任公司《利源》牌袋装“速冻粘玉米”和“速冻粘玉米豆包”；白城市金桥面制品有限公司《百味佳》牌纸袋装“挂面”和《来一把》牌塑袋装“挂面”；洮北区水稻经营公司《白玉》牌“优质大米”；洮北区永胜乡《永胜》牌“白芝麻”；洮北区果树场《洮儿河》牌“南果梨”；洮北区烟叶公司《洮北》牌“烟叶”；洮北区东风乡灵星种鸽养殖场《友谊》牌“美国落地王”；白城市拖车总厂《保平》牌“农用挂车”；洮北区三合乡《三合》牌“花生”、“绿豆”。

（曹伯志）

【白城市农业技术推广总站简介】 白城市农业技术推广总站建于1956年。位于白城市三合路11号。科级事业单位。隶属市农业局。站长战继春。编制20人，实有24人。其中专业技术人员16人：高级农艺师3人（正高1人），农艺师4人，助理农艺师9人。并挂白城市植保植检站、白城市农药监督管理站牌子。

2001年，完成白城市的农业技术推广、病虫害预测预报及防治、植物检疫、农药监督管理等工作。

（曹伯志）

【白城市土壤肥料工作站简介】 白城市土壤肥料工作站建于1980年。位于白城市三合路11号。科级事业单位。隶属市农业局。站长张玉坤。编制18人，实有21人。其中专业技术人员15人：高级农艺师5人，农艺师1人，助理农艺师9人。

2001年，完成全市土壤资源调查与评价、土壤肥力监测，中低产田土壤改良，肥料新技术试验、示范及推广，土壤肥料生产、经营、使用的监督管理工作。

张玉坤被吉林省农委授予2001年度全省“土肥技术推广先进工作者”称号。

（曹伯志）

【白城市农村集体经济管理站简介】 白城市农村集体经济管理站建于1984年。位于白城市文化西路51号。科级事业单位。隶属市农业局。站长徐宝山。与白城市农村审计站合署办公，一套人员两块牌子。编制3人，实有6人。均为专业技术人员：高级经济师2人，经济师1人，助理会计师3人。

2001年，完成全市农村土地承包合同、农民负担、农村集体资产的审计、监督与管理工作。被共青团吉林省委评为2001年度吉林省“青年文明号”单位。

（曹伯志）

【白城市农业环境保护监测站简介】 白城市农业环境保护监测站建于1990年。位于白城市文化西路51号。科级事业单位。隶属市农业局。站长刘卫平。编制7人，实有8人。其中专业技术人员4人：高级工程师2人，工程师1人，助理工程师1人。

2001年，完成全市农村沼气、风能、太阳能等能源开发、利用、推广和农业环境保护、农业水土污染的监测管理工作。

郑志文、金涛被吉林省农委分别评为“吉林省农村能源”、“农业环保”先进个人。

（曹伯志）

【白城市种子管理站简介】 白城市种子管理站建于2000年5月6日。位于白城市三合路11号。科级事业单位。隶属市农业局。站长杨梓元。2001年11月，吕寄望任站长。编制21人，实有11人。其中专业技术人员7人：高级农艺师2人，农艺师3人，助理农艺师2人。

2001年，完成全市域内农作物种子的繁育、制种、生产及域外种子的引进推广和营销监管工作。

（曹伯志）

【吉林省农业广播电视学校白城市分校简介】 吉林省农业广播电视学校白城市分校建于1984年。位于白城市文化西路1号。副处级事业单位。隶属市农业局。校长曲永琴。2001年12月，聂君任校长。编制7人，实有10人。其中专业技术人员8人：高级讲师1人，讲师1人，助理农艺师6人。设综合科、教务科。开设农学、农经、土地、畜牧、计划生育、高效农作、会统审专业。在校生1 038人。其中，本科173人，大专250人，中专615人。

2001年，招生342人。其中，中专43人，大专126人，本科173人。中专毕业171人。绿色证书培训4 400人，跨世纪青年农民科技培训2 000人，实用技术培训2万人次。被吉林省农委授予"科教兴农"先进单位称号。

（曹伯志）

【白城市农业技术培训班简介】 白城市农业技术培训班建于1990年。科级事业单位。隶属市农业局。主任张晓颜（兼农业局培训班招待所所长）。编制8人，其中专业技术人员4人：高级农艺师1人，会计师1人，助理会计师2人。培训班下设招待所，招待所位于白城市文化西路51号。建筑面积2 400平方米，30个房间，设大、中、小会议室及内部餐厅，可接待120人住宿就餐。

（曹伯志）

【白城市种子公司简介】 白城市种子公司建于1958年。位于白城市三合路11号。隶属市农业局。经理赵书和。职工40人，其中专业技术人员31人：高级农艺师2人，农艺师5人，助理农艺师24人。

2001年，完成全市农作物种子生产、经营、销售、引进推广工作。在洮北区岭下镇四家子村落实"玉米白单9"、"玉米四单19"制种田90公顷，收购合格种子19万公斤。全年销售玉米种子44.5万公斤，油料及杂粮种子3万公斤，销售额124.3万元。

（曹伯志）

农业机械化

【基本情况】 2001年，白城市农业局农机科与白城市农业机械管理总站编制13人，实有14人。其中，高级工程师5人（正高1人），技术员3人，工人技师1人。全市有洮北区、镇赉县、通榆县、洮南市、大安市农机局及农机管理站，合署办公，编制104人。乡镇农机管理站92个，编制675人。

2001年，全市农机总动力1 844 361千瓦，比2000年增长6.84%。其中，柴油发动机1 635 192千瓦，汽油发动机21 273千瓦，电动机187 896千瓦。耕作机械：大中型拖拉机5 173台、150 124千瓦，小型拖拉机81 969台、851 851千瓦，机动水稻插秧机76部、446千瓦。大中型拖拉机配套农具8 256部。其中，机引犁1 134台，旋耕机307台，机引耙1 115台，机引播种机560台，灭茬机827台。小型拖拉机配套农具152 082部。农业排灌机械：总动力67 738台、598 266千瓦，农用水泵74 413台，喷灌机械4 692套。收获机械：联合收割机102台、5 374千瓦，割晒机12台，机动脱粒机9 752台，种子精选机4台，种子烘干机1台。畜牧业机械：3 182台、28 750千瓦。其中，饲料粉碎机3 103台，牧草收割机79台。机动喷雾机75台。农产品加工机械：8 645台、85 802千瓦。其中，粮食加工机械6 639台，油料加工机械107台。农用载重汽车368辆、25 835千瓦，其中柴油车107辆、4 984千瓦。农用运输车7 915辆、91 620千瓦。农用机动三轮车6 423辆、64 011千瓦。

（曹伯志）

【农业机械化水平】 2001年，白城市机耕面积192千公顷，其中水稻44千公顷；机播面积221千公顷，其中水稻28千公顷；分别占播种面积35.95%、8.24%、41.38%和5.41%；分别比2000年下降15.79%，增长33.33%，下降2.26%，增长1.20%。机械植保面积81千公顷。机械铺膜面积35.5千公顷。机械收割面积23千公顷，其中小麦6千公顷。机械脱粒粮食125万吨。机械收割牧草46万吨。机械剪羊毛290万只。

（曹伯志）

【农机管理】 2001年白城市农机管理、服务网络齐全。各县（市、区）均设农机管理站、农机推广站、农业机械化学校、农机监理站。形成农机管理、科学研究、技术推广、教学培训、安全监理、维护修理、农机供应等完整的农机管理、服务体系。全年培训农机驾驶员 4 470 人，基本消除非驾驶员驾车现象。全年出动监理车 3 680 台次，印发宣传单 1 万份，检车 4.56 万台次，纠正违章 2 135 起。事故率由 2000 年的 0.02‰降至零。

（曹伯志）

【白城市农业机械管理总站简介】 白城市农业机械管理总站建于 1977 年。位于白城市海明西路 50 号。科级事业单位。隶属市农业局。站长李长玉。编制 11 人，实有 14 人。其中专业技术人员 9 人：高级工程师 5 人（正高 1 人），助理工程师 3 人，工人技师 1 人。

2001 年，完成全市农业机械的选型、配套、更新、检修、维护及管理工作；农业机械的技术标准与规范的拟定与推广工作，农机技术培训、农机信息服务及各县（市、区）农机队伍建设指导工作。

（曹伯志）

【白城市农机监理所简介】 白城市农机监理所建于 1984 年。位于白城市海明西路 50 号。科级事业单位。隶属市农业局。所长华景臣。编制 10 人，实有 15 人。均为专业技术人员：高级工程师 3 人，工程师 3 人，助理工程师 8 人，高级驾师 1 人。

2001 年，完成全市农用拖拉机、农用运输车、联合收割机等农业机械的安全监督管理工作。具体实施驾驶员的考试考核，制发驾驶证，培训各县（市、区）监理人员，查处重大农机事故，督导各县（市、区）农机监理工作。

（曹伯志）

林　　业

【基本情况】 2001 年初，白城市林业局(简称市林业局)，设办公室、资源林政科、营林科、发展计划科。编制 14 人。其中，行政编制 13 人，工勤事业编制 1 人。11 月，市直机关机构改革，设办公室、发展计划科、营林科、资源林政科。编制 15 人。其中，行政编制 14 人，工勤事业编制 1 人。直属白城市林业科学院、林木良种繁育场、森林病虫害防治检疫站、绿化委员会办公室、森林防火指挥部办公室、林业工作总站、林业干部训练班。职工 295 人，其中专业技术人员 96 人：研究员、高级工程师、高级经济师、副研究员 23 人，工程师、会计师、统计师、经济师、助理研究员、讲师 35 人，助理工程师、助理会计师、助理统计师、助教、研究实习员、技术员、会计员 38 人。全市有洮北区、通榆县、镇赉县、洮南市、大安市林业局。职工 6 898 人，其中专业技术人员 581 人：高级工程师 16 人，工程师、会计师、经济师 88 人，助理会计师、技术员 477 人。

2001 年,全市林地面积 335 978 公顷,有林地面积 255 543 公顷，其中，用材林 97 941 公顷，防护林 130 034 公顷，特用林 14 541 公顷，经济林 13 027 公顷，分别比 2000 年增长 3.53%、0.27%，下降 9.78%，增长 8.92%、持平和增长 5.36%。全年造林 12 614.3 公顷,比 2000 年增长 22%。义务植树 362 万株，占全年全市义务植树任务 121%。绿化公路 140.7 公里,绿化江河两岸 38 公里,城市、县城新增绿地 38.21 万平方米,植绿篱 1.41 万延长米,铺草坪 8 万平方米,绿化村屯 106 个。森林病虫害防治检疫、野生动物保护、木材运输管理、林木采伐等森林资源管理取得较好成绩。全市林业总产值 9 473 万元，比 2000 年下降 28.6%。全市连续 23 年无重大森林火灾，市林业局被省政府授予全省连续 20 年无重大森林火灾模范单位。在“三北”（西北、华北、东北）防护林体系（1978—2000 年）建设中，成绩显著，被国家林业局评为“先进集体”。被省林业厅评为 2001 年度全省林业系统“信息报送先进单位”。

（肖凤祥　闫宏）

【林木种类与分布】 林种。2001 年，全市林地面积 335 978 公顷。比 2000 年增长 3.53%。其中，有林地 255 543 公顷，疏林地 18 307 公顷，灌木林 965 公顷，未成林 61 163 公顷，分别比 2000 年增长 0.27%、持平和增长 23.24%、20.88%。在有林地面积中，用材林 97 941 公顷，占 38.3%；防护林 130 034 公顷,占 50.9%；特用林 14 541 公顷,占 5.7%；经济林 13 027 公顷,占 5.1%。

树种。全市林地面积 335 978 公顷。其中，松树 538 公顷，占 0.16%；榆树 49 742 公顷,占 14.81%；

杨树208 500公顷,占62.06%;果树3 250公顷,占0.97%;其它树73 948公顷,占22%。

分布。全市林业用地666 667公顷,占总土地面积25.9%。其中,林地335 978公顷,占林业用地50.4%;宜林地330 689公顷,占林业用地49.6%。全市森林覆盖率9.98%。

(肖凤祥)

2001年白城市林木分布情况表

县市区	总土地面积(百公顷)	林地面积(公顷)						林木蓄积(立方米)	森林覆被率(%)	林地占土地总面积(%)
		合计	同比(±%)	有林地	疏林地	灌木林	未成林			
合计	25 692	335 978	3.53	255 543	18 307	965	61 163	13 199 750	9.98	13.0
镇赉县	5 378	41 048	1.31	38 238	244	292	2 274	2 289 016	7.12	7.6
洮南市	5 103	64 770	0.65	48 860	4 455	325	11 130	2 801 415	9.58	12.6
大安市	4 909	37 226	17.71	20 940	51	—	16 235	1 342 315	4.30	7.6
通榆县	8 464	173 186	2.46	130 423	13 485	317	28 961	5 772 987	15.41	20.4
洮北区	1 838	19 748	2.30	17 082	72	31	2 563	994 017	9.04	10.4

(肖凤祥)

【植树造林】 育苗。2001年,全市育苗473公顷,比2000年增长79%。其中,洮北区70公顷,洮南市80公顷,镇赉县120公顷,大安市100公顷,通榆县103公顷。产成苗7 095万株。其中,杨树苗5 976万株,柳树苗443万株,沙棘苗156万株,枸杞苗140万株,果树苗120万株,花灌木苗115万株,其它苗145万株。

造林。全年造林12 614.3公顷,比2000年增长22%。其中,洮北区719公顷,洮南市941公顷,镇赉县2 212.5公顷,大安市5 746.8公顷,通榆县2 995公顷;按林种分:用材林2 401.7公顷,防护林7 783.9公顷,经济林2 428.7公顷。为完成造林任务,全市出动水车36万台次,新打造林井97眼,建造林绿化精品工程16个,面积2 266.7公顷,建乡级领导以上绿化点150个,造林700公顷。

幼林抚育。为提高造林成活率、保存率和森木生长率,国有林场延长抚育年限。1年生林地铲趟3遍,2年生林地铲趟2遍,3年至第5年生林地铲趟1遍。个人和集体造林,1至3年生林地多为2铲2趟,4至5年生林地多为1铲1趟。全市幼林抚育82 120公顷,作业面积122 000公顷次,分别比2000年增长96 %和95%。

四旁绿化。全市四旁绿化341公顷,比2000年增长86%。其中,洮北区40公顷,洮南市90公顷,镇赉县44公顷,大安市100公顷,通榆县67公顷;按四旁分:宅旁绿化78公顷,屯旁绿化94公顷,路旁绿化154公顷,水旁绿化15公顷。

义务植树。全市参加义务植树103.9万人,占应参加义务植树人数75.2%,义务植树362万株,分别比2000年增长96%和179%。其中,农村义务植树296.5万株,城市义务植树65.5万株。平均成活率92%,比2000年提高3个百分点。新建义务植树基地34个。其中,大型义务植树基地2个,面积188公顷;一般义务植树基地32个,面积88公顷。新建省级领导绿化点2个,植树188公顷;新建市级领导绿化点

1个，植树40公顷；新建县（市、区）级领导绿化点57个，植树330.4公顷;新建乡（镇）级领导绿化点90个，植树141公顷。

（肖凤祥）

【桑蚕开发】 2001年，市委、市政府将桑蚕开发确定为“十五”规划中一项集生态、社会和经济效益于一体的开发项目。项目规划设计由市林业局承担。项目建设目标：建抗寒优良高产桑园2万公顷，养蚕30万张。为拉长产业链,更好地发挥、创造经济效益，配套建设大型缫丝厂、纺纱厂。项目建设期9年，2002年至2010年。其中，“十五”期间，植桑5 600公顷，养蚕8.4万张；“十一五”期间，植桑14 400公顷，养蚕30万张。计划总投资62 720万元。其中，“十五”期间投资7 104万元，“十一五”期间投资55 616万元。项目实施范围：全市4个国家及省定贫困县和洮北区各8个乡（镇、场），共40个乡（镇、场）。增加桑树经济林面积2万公顷，提高森林覆盖率0.84个百分点，有效控制风沙、保护农田、控制水土流失。可扶持5万个农户发展养蚕业，解决20万人脱贫致富。可年养桑蚕30万张，产值2.7亿元。

（闫宏）

【林政】 2001年，市林业局调查1978年以来征占用林地和非法侵占林地情况。全市林地主要流失渠道是在天然次生榆树林中农民开“小片荒”和国有林场职工种“工资田”，全市天然次生林面积呈逐年减少趋势。2001年，严格执行冻结征占用林地政策，全市除国家重点建设项目，经国家林业局和省林业厅批准的征占用林地外，未发生非法征占用林地案件。通过严格执行固定林地使用权50年不变；禁止越权审批征占用林地，严格执行征占用林地补偿制度；积极推行承包造林，拍卖荒山造林，竞价出售林地造林，合作造林，股份造林；竞价出售新植林，及时发给林权证书，保护林权拥有者的合法权益等政策，加强了森林资源管护力度，未发生大的乱砍盗伐案件。

全市历时70多天，开展大规模的清理整顿木材经营加工厂、点工作。全市木材加工厂、点484户，保留180户，取缔304户。

全年林业系统处理群众来信来访248人次，未发生群众集体上访事件。林政案件发案108起，处理108起。没收木材33立方米，罚没款2.6万元，行政处罚116人。

（张精建）

【林木采伐】 2001年，全市林木采伐量64 656立方米，占年度计划57.3 %，比2000年下降23.93%，出材量37 740立方米。其中，主伐采伐量30 825立方米，出材量18 381立方米；抚育采伐面积3 034.91公顷,采伐量21 245立方米，出材量11 459立方米；更新采伐量12 586立方米，出材量7 900立方米。按林权性质分：国有林采伐量35 009立方米，出材量21 367立方米。其中,主伐采伐量20 284立方米，出材量12 582立方米；抚育采伐面积727.38公顷,采伐量6 662立方米，出材量3 733立方米；更新采伐量8 063立方米,出材量5 052立方米。集体林采伐量25 444立方米，出材量14 485立方米。其中，主伐采伐量7 242立方米，出材量4 396立方米；抚育采伐面积2 235.53公顷,采伐量13 857立方米,出材量7 335立方米；更新采伐量4 345立方米，出材量2 754立方米。非林业系统实际采伐量4 203立方米，出材量1 888立方米。其中，主伐采伐量3 299立方米，出材量1 403立方米；抚育采伐面积72.00公顷,采伐量726立方米,出材量391立方米；更新采伐量178立方米，出材量94立方米。

（张仕信　啜志明）

【治理小流域水土流失】 2001年，全市水土流失面积45.72万公顷,治理重点是北部半山区。年平均每平方公里土壤流失量210立方米，25度以上坡耕地年平均每公顷流失肥沃表土36吨，年冲走泥沙40余万吨。虽经多年治理，但日趋严重的水土流失问题依然未得到遏制。各级党委政府加大北部半山区的综合治理力度。采取“包、租、卖、给”等政策和封山育林、造后封山，在规划区域大小山头挖鱼鳞坑、竹节壕等措施。采用生根粉、吸水剂、水瓶扦插造林等林业新技术，造林成活率增长15%。克服干旱少雨、水源枯竭等不利条件，在规划区域内植树造林941公顷，封山育林480公顷。全年治理水土流失面积1 200公顷，比2000年增长25%。其中，挖鱼鳞坑、竹节壕750公顷，植树造林800公顷，封山育林2 000公顷。

（张树乐）

【生态环境建设】 2001年是白城市造林二期工程启动年。市委、市政府在全市实施造绿工程、绿化家园工程和湿地生态保护等十大生态环境建设工程。全市造林12 614.3公顷,义务植树362万株,绿化公路140.7公里,绿化江河两岸38公里,城市、县城新增绿地38.21万平方米,植绿篱1.41万延长米,铺草坪8万平方米,绿化村屯106个。新建乡级以上领导绿化点150个,造林1.05万亩。建造林绿化精品工程16个，面积3.4万亩。在生态环境建设中加大科技含量，采用抗旱、治沙、治盐碱、治理水土流失等先进适用的造林技术，提高了造林绿化成效。在生态环境建设上坚持“管护就是发展，管护就是效益”的思想，强化管护力度，坚持依法治林，确保森林资源的安全。全市查处各种违法案件108起，处罚108人次，挽回经济损失13.4万元。

（张树乐）

【表彰造绿优胜单位、造绿书记（乡、镇、局、场长）、先进个人】 3月22日，市政府决定，对“造绿工程”成绩突出的洮南市人民政府、大安市人民政府分别授予“造绿工程杯”优秀单位荣誉称号，各颁发奖杯一座。授予李龙江、关景海等40人为造绿书记（乡、镇、局、场长）和先进个人荣誉称号。对受表彰的人员颁发证书和资金500元，县级领导1 000元。白城市“造绿工程”先进个人：大安市委副书记关景海、市林业局局长曹秀才、舍力林场场长沈洪文、大岗子镇党委书记刘云华（女）、叉干镇党委书记姜春生、龙沼镇党委书记刘瑞、六合乡乡长关伟卓；通榆县林业局局长佐福林、鸿兴镇党委书记于友、羊井乡乡长李斗、双岗鹿场党委书记王东秀、边昭镇党委书记李树发、兴隆山镇党委书记贾广弟；镇赉县林业局副局长李晓峰、莫莫格蒙古族乡党委书记王国军、胜利乡党委书记王国安、大岗林场场长杨育哲；洮南市委副书记李龙江、市林业局局长徐世奎、胡力吐蒙古族乡党委书记赖福祥、瓦房镇党委书记单亦双、安定镇党委书记邓国林、那金镇党委书记于风义；洮北区林业局副局长姜文举、机械林场场长郑洪杰、岭下镇党委书记翟家林、平台镇党委书记杨晓君；白城市园林处主任赵建军、公路管理处处长李晓东、林业科学研究院副院长王厚德、林木良种场副场长陈玉良、森林病虫害防治检疫站副站长赵凤玺、绿化办公室主任李权龙、林业局营林科科长苗吉春、林业局工程师王清龙和白城日报社编辑沈婷（女）、白城电视台记者吕智强、白城军分区后勤部部长张春喜、中国人民解放军65373部队副部队长赵振和、中国人民解放军63850部队副处长顾卫东。

（陈玉明）

【野生动物资源保护】 1月1日起，实施吉林省人大常委会《禁止猎捕陆生野生动物的决定》(简称《禁猎决定》)和吉林省政府《禁止猎捕陆生野生动物实施办法》(简称《实施办法》)。市林业局下发《关于开展打击滥捕乱猎野生动物的紧急通知》。市林业局、工商行政管理局联合下发《关于立即开展打击滥捕乱猎野生动物及其制品联合行动的通知》及行动方案。全市林业部门按照上级要求，有部署、有检查，有力地推动了禁猎工作健康有序向前发展。

在4月22日至28日“爱鸟周”期间，市林业局和白城日报社联合举办保护野生动物知识竞赛活动。收到全市各地寄来的答卷500余份，选出一、二、三等奖和纪念奖共116名，分别给予奖励并颁发荣誉证书。还在《白城日报》上发表有关保护野生动物的知识、政策、法律、法规等方面的文章20多篇。并印发《禁猎决定》和《实施办法》的布告2万份。同时，加大巡护力度，严厉打击非法狩猎的不法行为。

（张精建）

【白城市森林病虫害防治检疫站简介】 白城市森林病虫害防治检疫站建于1964年5月。科级单位。隶属市林业局。位于白城市长庆北街50号。职工34人，其中专业技术人员17人：高级工程师3人，工程师、会计师2人，助理工程师、助理会计师、技术员12人。站长曹东升。设办公室、防治测报室、检疫室、推广室、开发办。下属单位林木果树医院。固定资产89万元。主要设施设备：捷达轿车1辆，锅炉1台，办公楼500平方米，药库700平方米，试验室、标本室320平方米，电冰箱、恒温箱各1台，电脑2台，显微镜3台。

2001年，完成全市森林病虫害防治、检疫、测报工作。全市森林病虫害防治面积21万亩，检疫苗木4 040万株。

（闫宏）

【白城市林木良种繁育场简介】白城市林木良种繁育场建于1956年，称白城专署果树苗圃，1968年改为现名。科级单位。隶属市林业局。位于洮北区青山镇。职工91人，其中专业技术人员8人：高级工程师2人，工程师2人，助理工程师、助理会计师、技术员4人；技术工人60人。场长陈玉良。设办公室、财会室、营林生产办公室、工会。固定资产250万元。土地5 400亩。其中，可育苗面积1 500亩，林地900亩，樟子松种子园1 320亩。主要设备有链轨拖拉机3台，胶轮车、小型拖拉机、工作车、小客车各1辆，柴油机3台，喷灌设备10套，电机、水泵10台套及其它营林机械。

2001年，投资140万元，建成温室1 000平方米，晾晒场1 000平方米和改造苗地300亩。引进林木良种新品种26个，建设樟子松种子园旅游景区，修路3 000延长米，打灌溉井12眼。

（闫宏）

【白城市林业工作总站简介】白城市林业工作总站建于1984年6月5日。科级单位。隶属市林业局。位于白城市海明西路44附1号。职工17人，其中专业技术人员14人：高级工程师5人，工程师、会计师7人，助理工程师、助理会计师2人。站长葛云峰。

2001年，完成全市造林规划设计，林业新技术推广，营林质量检查验收，指导林木种苗生产和县、乡林业站工作。

（闫宏）

【白城市林业干部训练班简介】白城市林业干部训练班建于1984年11月。科级单位。隶属市林业局。位于白城市海明西路44附1号。职工17人，其中专业技术人员8人：高级工程师1人，工程师2人，助理工程师5人。主任初广武。

2001年，制定并组织实施了全市林业职工教育规划，指导全市林业职工教育工作，开展全市林业系统职工岗位培训、继续教育、应急技术培训，组织协调、指导全市植桑养蚕工作。全年办班10期，培训职工500人。

（闫宏）

【白城市森林防火指挥部办公室简介】 白城市森林防火指挥部办公室建于1989年12月，是白城市森林防火指挥部常设机构，科级单位。隶属市林业局。位于白城市海明西路44附1号。职工8人，其中专业技术人员6人：工程师3人，助理工程师、技术员3人。主任于国锋。固定资产30万元。

2001年，组织、协调、指导各县（市、区）搞好森林火灾的预防和扑救工作，依法查处违法用火案件。全市无重大森林火灾。

（闫宏）

【白城市绿化委员会办公室简介】白城市绿化委员会办公室建于1989年9月，是白城市绿化委员会常设机构，科级单位。隶属市林业局。位于白城市海明西路44附1号。职工7人，其中专业技术人员4人：工程师2人，助理工程师2人。主任林森。

2001年，协调、组织、指导全市城乡绿化工作，组织协调全民义务植树运动，督促检查城乡绿化工作及野生动植物的保护与管理等工作。全市义务植树362万株，城市、县城新增绿地38.21万平方米，绿化公路140.7公里，绿化江河两岸38公里，绿化村屯106个。完成市区百家庭院绿化工作，查干浩特旅游开发区、森林公园义务植树2.7万株。

（闫宏）

畜 牧

【基本情况】 2001年初，白城市畜牧局（简称市畜牧局），设办公室、畜牧兽医科、科技教育科、计划项目科、党委办公室。编制18人。其中，行政编制17人，事业编制1人。11月，市直机关机构改革，设办公室、产业发展科、草原饲料科、畜政科（加挂计划项目科牌子）。编制14人。其中，行政编制12人，事业编制2人。直属白城市畜牧科学研究所、家畜繁育工作指导站、草原工作站、牧草良种站、畜牧兽医工作总站、动物防疫监督检验所、兽药监察所、畜牧兽医教育培训中心。职工217人，其中专业技术人员138人：副研究员、高级畜牧师、高级兽医师22人，助理研究员、畜牧师、兽医师44人，研究实习员、助理畜牧师、助理兽医师、技术员72人。全市有洮北区、大安市、洮南市、镇赉县、通榆县畜牧局。编制171人。

2001年，全市克服了严重雪灾冷害及罕见旱灾，使畜牧业持续稳定发展。全年大牲畜发展到66.2万头（匹），比2000年增长1.3%。其中，牛40万头，羊295万只，猪220万头，禽3 000万只，分别比2000年增长11.0%、2.7%、4.7%和3.4%。猪牛羊肉产量14.1万吨，禽蛋总产量5.5万吨,牛奶总产量2.3万吨,分别比2000年增长1.4%，下降5.2%和增长12.6%。牧业产值23.4亿元，比2000年增长21.7%，占农林牧渔业总产值48.4%。

（刘世才　张春雨）

【抗灾保畜】 2001年，全市遭受40年来最严重的白灾和旱灾，死亡大牲畜7 443头(匹)、羊27.9万只。牧业直接经济损失近5 000万元。为把灾害控制到最低程度，全市投入抗灾保畜资金3 516万元，建牲畜暖棚2万多个；调剂饲草35.6万吨，外购饲草1.1万吨；建设农村节水示范区7处，实施人畜饮水工程193处。粮食部门开仓借保畜粮7 080吨。市、县两级财政部门筹集资金300万元，购入粗饲料加工机械1 740台（套）。开展科技救灾，组织畜牧科技人员2 060人(次)，下发牧业科技资料45万份,举办各类培训班、技术讲座1 200余次，培训农民12 000人（次），对重灾区和养畜大户进行科技包保,取得抗灾保畜全面胜利。

（刘世才　张春雨）

【牧业产业化】 2001年，全市牧业产业化经营迈出了坚实的步伐，一批龙头加工企业迅速崛起，商品基地建设水平提高，牧业向规模集约化方向发展。全市建成大安市白鹅生产有限责任公司、通榆县红牛奶业公司、安广肉羊屠宰加工厂及吉林省洮南市经纬毛织厂、洮南皮革工业集团公司和市外贸加工厂。建牲畜交易市场和肉类批发市场35个，创办各种专业协会248个，培养畜牧经纪人2 800多人。签订购销合同400万头（只）。市委、市政府决定在大安市、通榆县、洮北区新建4个规模较大的畜禽产品销售市场，其中洮北区岭下镇牲畜交易市场及屠宰厂已营业。市、县两级畜牧部门加强市场信息服务工作，建立信息服务中心，配备专职人员，实现微机上网。市政府成立“抓三户，建强乡”（牧业专业户、标准户、模式户；牧业经济强乡）工作领导小组，下发《白城市“抓三户、建强乡”活动实施方案》，并把任务分解落实到10个牧业经济强乡、50个专业大户、800个标准户和8 500个模式户。新发展万元畜禽棚舍户13 200户。建成畜禽专业乡26个，专业村128个，专业屯283个，规模饲养户达4.1万户。建设牧业小区15个。其中，养牛小区6个，养羊小区2个，养猪小区2个，养鸡小区3个，珍禽养殖小区1个，综合饲养小区1个。建成年出栏千头牛户7户，千头猪户5户，千只羊户4户，万只鸡户78户（其中超过5万只蛋鸡户2户），5 000只鹅户2户，5 000只兔户2户。

（刘世才　张春雨）

【科技教育】 2001年，市畜牧局组织专家讲师团，选派技术人员入村入户普及推广塑料暖棚养畜，利用生物技术调制粗饲料，畜禽疫病防治，繁殖改良和牛、羊育肥等15项综合配套技术。采用综合配套技术养猪109万头、牛11.4万头、羊201万头，分别占全市饲养总量49.5%、28.5%和68.1%。开展科技培训活动，继续教育培训中、初级专业技术人员368人。实施《牧业绿色证书》教育培训工程，培训2 000人次，1 400名农牧业“土专家”获得《牧业绿色证书》。开展“百日科技兴牧”、科技大集、科技市场、畜牧科技人员包户等活动。3月，在镇赉县保民乡开展综合配套技术养畜试点。9月，市政府召开现场会，推广试点经验。为适应加入WTO的需要，聘请省内知名专家、学者，举办全市畜牧业加入WTO知识培训班，培训牧业系统干部和科技人员400余人。市、县畜牧局还对畜牧兽医、检疫监督、繁殖改良和草地管理等从业人员，进行职业技能鉴定培训，全市1 028名从业人员获国家农业部颁发的合格证书。

（刘世才 张春雨）

【畜禽良种】 牛。2001年，主要有西门达尔牛、草原红牛、蒙古牛和黑白花奶牛。西门达尔牛为乳肉兼用品种，存栏1 850头，主要分布在洮北区、洮南市和通榆县。草原红牛为乳肉兼用品种，存栏36 500头，主要分布在通榆县和镇赉县。蒙古牛为肉用品种，存栏2 200头，主要分布在大安市。黑白花奶牛为乳用品种，存栏5 400头，主要分布在洮北区、洮南市、镇赉县和通榆县。

马。主要有大安挽马、吉林挽马和苏高血马。大安挽马为役用品种，存栏2 600匹，主要分布在大安市。吉林挽马为役用品种，存栏30匹，主要分布在洮南市。苏高血马为骑乘品种，存栏75匹，主要分布在镇赉县。

驴。主要有山西驴，存栏50头，主要分布在洮南市。

猪。主要有长白猪、约克猪、吉林黑猪、东北民猪和杜洛克猪。长白猪存栏6 000头（种用），主要分布在洮北区、洮南市、通榆县和镇赉县。约克猪存栏250头（种用），主要分布在洮北区、洮南市和镇赉县。吉林黑猪存栏250头（肉用），主要分布在镇赉县。东北民猪存栏5 000头（肉用），主要分布在洮南市。杜洛克猪存栏150头（种用），主要分布在洮北区、洮南市、通榆县和镇赉县。

羊。主要有东北细毛羊、中国美利奴羊、小尾寒羊、山羊和绒山羊。东北细毛羊为毛用品种，存栏100万只，主要分布在大安市、洮南市和通榆县。中国美利奴羊为毛用品种，存栏5万只，主要分布在镇赉县。小尾寒羊为肉用品种，存栏70万只，分布在全市各县（市、区）。山羊（产绒），存栏16.5万只，主要分布在洮南市。绒山羊(绒用)，存栏1 750只，主要分布在洮北区、洮南市和镇赉县。

禽。主要有艾维茵鸡、海兰鸡、罗曼鸡、AA鸡和大安白鹅、本地白鹅以及北京鸭。艾维茵鸡为肉用品种，存栏4万只，分布在洮北区。海兰鸡为蛋用品种，存栏23.2万只，主要分布在洮北区、洮南市。罗曼鸡为蛋用品种，存栏2. 5万只，主要分布在洮北区、洮南市。AA鸡为蛋用品种，存栏5.5万只，主要分布在大安市、洮南市。大安白鹅（肉用），存栏50万只，主要分布在大安市。本地白鹅（肉用），存栏70万只，主要分布在洮南市。北京鸭（蛋用），存栏15万只，主要分布在洮南市和镇赉县。

经济动物。主要有梅花鹿、马鹿、獭兔、长毛兔。梅花鹿（药用），存栏350头；马鹿（药用），存栏100头，均分布在洮南市。獭兔（皮肉兼用），存栏1.6万只，主要分布在洮南市、通榆县和镇赉县。长毛兔（产毛），存栏175只，分布在镇赉县。

（刘世才 张春雨）

【繁育改良】 2001年，全市遭受历史特大旱灾，可繁母牛发情率下降，黄牛“冷配”32 495头。受配率58%，受胎率83%，分别比2000年下降21%和57%。8月，白城市家畜繁育工作指导站引进意大利小型早熟肉牛皮埃蒙特3头，用于改良本地黄牛。皮埃蒙特牛，出肉率高，脂肪含量低，肉质细嫩，生长发育快。引进种公猪1 080头，种公羊1 050只。

（刘世才 张洪泉）

【种公牛站验收合格】 9月，国家农业部牛冷冻精液质量监督检验测试中心，检测白城市家畜繁育工作指导站牛冷冻精液，各项样品指标全部达到国家标准，合格率100%。站内管理、硬件设施等项指标全部合格通过国家验收。

（刘世才 张洪泉）

【市政府发布草原禁牧决定】 鉴于全市草原严重超载过牧，沙化、碱化、退化面积加大，涵水土能力下降的实际，为尽快恢复草原植被，促进生态建设。2001年3月30日，市长刘润璞签发白城市人民政府第6号令《关于在全市实施草原禁牧的决定》。草原禁牧兼顾采草场、放牧场和重点建设草场，不同类别草场采取不同禁牧方式的原则。实行季节性禁牧、重点草场限牧和划区域轮牧。2001年4月15日至6月15日为禁牧时间。禁牧期间所有大牲畜和羊禁止放牧。2002年以后，每年4月1日至9月1日草食畜禽禁止放牧。2002年和2003年所有放牧场在禁牧期禁止放牧；2004年以后实行划区轮牧。

（刘世才）

【畜禽疫病防治】 2001年，全市猪瘟免疫注射1 112 415头，免疫率97.7%。鸡新城疫免疫注射3 449 416只，免疫率93.4%。禽霍乱免疫注射9 211 826只，免疫率96.1%。口蹄疫免疫注射猪1 219 417头，牛255 517头，羊2 359 857只。大牲畜、中家畜（猪、羊）和禽疫病死率分别控制在1%、4%和7%。

（刘世才　李兆乾）

【动物检疫】 2001年，全市检疫活畜禽1 335 439头（匹、只）。其中，马属动物13 050匹，牛11 848头，羊39 717只，猪258 749头，禽1 012 075只。检出病畜329头，全部按规定进行处理。检疫各种肉类21 243.46吨。其中，牛羊肉1 618.16吨，猪肉17 878.19吨，禽肉1 119.17吨，其它肉类627.94吨。检出病害肉22.97吨，全部进行无害化处理。消毒毛、蹄、骨、角495.72吨，皮张76 161张。

市辖区内3处公路消毒站实行24小时全天候上岗，检查过往运载畜禽车辆1 100台（次），累计补检牲畜6 823头（只），检查动物产品482吨，皮张2.9万张。查处运输病害牲畜3起，查处死因不明羊78只，牛8头，猪10头，马8匹，全部进行无害化处理。

（刘世才　李兆乾）

【草原生态建设与保护】 2001年，全市建草原围栏43万亩，比2000年增长232.5%。其中，工程围栏（网围栏）40.4万亩，生物围栏2.6万亩。人工种草50万亩，比2000年增长50%。其中，碱斑草地种碱茅9万亩，在严重碱化光板地建设碱茅种子基地1万亩，沙丘草地种沙打旺5万亩，人工模拟飞播治理沙化草场0.3万亩。

认真贯彻执行《中华人民共和国草原法》、《草原防火条例》和《吉林省草原管理条例》，查处草原违法案件303起，下达行政处罚通知书20份，依法拘留5人。收缴草原补偿费10 633元。依法恢复草原植被8 578亩，恢复率75%。全年草原无重大、特大火灾发生。

（刘世才　孙鹏山）

【饲草与饲料行业管理】 2001年，全市收贮饲草22万吨。粗饲料加工利用160万吨。其中，氨化、盐化饲料79万吨，青贮饲料41万吨，生物制剂40万吨。

根据吉林省人民政府办公厅《关于印发吉林省牧业管理局职能配置内设机构和人员编制规定的通知》和吉林省牧业管理局《关于变更“吉林省饲料工业办公室”职能的通知》，8月起市畜牧局承担全市饲料行业管理职能，增设草原饲料科，成立饲料工作办公室。全市有饲料加工企业9户，生产规模小，技术水平低，产品单一，年生产饲料2 000吨以上的企业2户，其中洮南金豆饲料有限责任公司年产量2 000吨。

（刘世才　徐俊韬）

【苜蓿种子生产基地建设】 2001年，国家农业部投资580万元，在白城市牧草良种站建设6 000亩公农1号、公农2号苜蓿种子生产基地和牧草种子加工厂。项目完成后，固定资产可达800万元，年生产优质苜蓿种子9万公斤。

（刘世才　于福生）

【兽药监察】 3月，市畜牧局开展《兽药管理条例》宣传周活动，接受咨询300人次，发放宣传单2 000份。首次举办兽药经营人员培训班，培训47人，全部取得上岗合格证。

为有效地界定规范兽医从业人员，净化兽药市场，市兽药监察所和市动物防疫监督检验所联合组织各县（市、区）执法人员，清理整顿全市兽医从业人员和兽药市场。审查从业人员资格、兽药经营场所、设备设施，经市畜牧局验收，合格兽医（小动物）诊所426户，合格兽药经营企业109户。2次抽查兽药28个品种、205批次，药品合格率44.4%。查处假劣兽药和无证经营案件135起，销毁假劣兽药价值3.5万元。

（刘世才　吴国林）

【表彰全市畜牧业工作先进单位和先进个人】 1月31日，市政府决定，对2000年度畜牧业工作中做出成绩的镇赉县等23个先进单位、倪士君等42名牧业工作先进个人予以表彰。

2000 年度全市畜牧业工作先进单位：

畜牧业工作先进县为镇赉县人民政府。

畜牧业工作先进局：镇赉县畜牧局为家畜繁殖改良工作先进单位；通榆县畜牧局为草原生态建设先进单位；洮北区畜牧局为动物检疫工作先进单位；大安市畜牧局为动物防疫监督工作先进单位；洮南市畜牧局为科学养羊技术推广先进单位。

牧业试点乡（镇）建设先进单位有镇赉县保民乡、镇赉县建平乡、通榆县兴隆山镇、大安市烧锅镇乡、洮南市瓦房镇、洮北区保平乡。

牧业技术服务先进单位有镇赉县家畜繁殖改良站、通榆县草原工作站、大安市草原工作站、洮北区动物检疫站、洮南市畜牧工作总站。

标准化畜牧站建设先进单位有大安市大岗子镇畜牧工作站、洮北区东风乡畜牧工作站、镇赉县建平乡畜牧工作站、通榆县新发乡畜牧工作站、洮南市大通乡畜牧工作站。

发展特色养殖先进单位为洮北区东风乡友谊村灵星种鸽场。

2000 年度全市畜牧工作先进个人：

镇赉县有倪士君、丁景彬、赵万权、杨志、马兵；通榆县有袁继纯、王品森、刘树和、齐军、朱光哲、姜文；洮北区有刘廷仁、赵春学、魏成赞、付吉清、王文木；大安市有李树生、夏志民、贾长宇、孙长婴、冯修安；洮南市有段跃平、樊宝成、程晓园、秦孝、周维、赵文祥；市直有范维国、李强、张学宽、段淑贤、刘景义、马福田、都基刚、王景权、王清林、李文义、王福寅、张春雨、郝福才、张惠中、刘世才。

（陈玉明）

【吉林省镇南种羊场简介】 吉林省镇南种羊场建于 1952 年 2 月，2000 年 11 月隶属中国农垦（集团）总公司。位于镇赉县城西 12 公里处。场区占地 72 万亩。其中，草原 36.5 万亩，耕地 8.5 万亩。固定资产 1 670 万元。职工 2 419 人，其中专业技术人员 94 人：高级畜牧师、高级兽医师 10 人，畜牧师、兽医师 43 人，助理畜牧师、助理兽医师、技术员 41 人。法人代表张学军。设行政办公室、党委办公室、人事劳资科、计划财务科、农业科、畜牧科、土地科、保卫科。直属田贵分场等 21 个农业生产经营单位，畜牧兽医工作站等 3 个牧业生产经营单位，镇南中学等 9 个文教、卫生、商贸服务单位。

2001 年，吉林省镇南种羊场存栏新吉细毛羊 2 166 只，无角道赛特羊 55 只。销售新吉细毛羊 813 只，为吉林省乃至全国羊改良做出了贡献。

（刘世才）

【白城市家畜繁育工作指导站简介】 白城市家畜繁育工作指导站建于 1974 年，称白城市家畜冷冻精液站，2000 年改为现名。隶属市畜牧局，为财政全额拨款的科级事业单位。位于白城市草原路 24 号。法人代表都基刚。职工 58 人，其中专业技术人员 27 人：高级畜牧师、高级兽医师 4 人，畜牧师、兽医师 10 人，助理畜牧师、助理兽医师、技术员 13 人。设办公室、种牛饲养科、冻精生产科、质量检测科、精氮销售科和繁殖改良科。固定资产 6 000 万元。主要设备有法国产凯苏细管灌封机 0.25 毫升、0.5 毫升各 1 台，伟力彩色精液质量检测系统 1 套，电视显微系统 2 套，各种型号液氮罐 50 个，分析天平 1 台，胚胎冷冻仪 2 套，饲草饲料加工设备 3 台。

2001 年，生产牛冷冻精液 10 万剂，比 2000 年增长 11%，比历史最高水平 1993 年下降 81.13%。销售牛冷冻精液 13 万剂，比 2000 年增长 35.4%，比历史最高水平下降 7.4%。

（刘世才 张洪泉）

【白城市草原工作站简介】 白城市草原工作站建于 1984 年。隶属市畜牧局，为财政全额拨款的科级事业单位。位于白城市草原路 34 号。法人代表刘景义。职工 24 人，其中专业技术人员 17 人：高级畜牧师 3 人，畜牧师 6 人，助理畜牧师、技术员 8 人。设办公室、草原监察科、草原饲料科和草原防火办公室。固定资产 75 万元。

2001 年，查处草原违法案件 303 起，结案率 91%，罚没款 11 100 元。建草原围栏 43 万亩，人工种草 50 万亩，治理沙化草场 3 000 亩，草原灭鼠187万亩。

（刘世才　孙鹏山）

【白城市牧草良种站简介】　白城市牧草良种站建于1973年，称白城市牧草良种繁育场，1991年改为现名。隶属市畜牧局，为财政差额拨款的科级事业单位。位于白城市草原路36号。法人代表马福田。职工34人，其中专业技术人员16人：高级畜牧师2人，畜牧师3人，助理畜牧师、技术员11人。设办公室、生产科、保卫科和财会室。固定资产270万元。

2001年，生产苜蓿草籽2 000公斤，动物颗粒饲料200吨，分别比2000年增长2%、27%。

（刘世才　于福生）

【白城市畜牧兽医工作总站简介】　白城市畜牧兽医工作总站建于1956年，称白城专员公署家畜布氏杆菌病防治站，1993年改为现名。隶属市畜牧局，为财政全额拨款的科级事业单位。位于白城市朝阳路171号。法人代表王景权。职工30人，其中专业技术人员20人：高级畜牧师、高级兽医师6人，畜牧师、兽医师4人，助理畜牧师、助理兽医师、技术员10人。设办公室、防疫科、动检科和站管科。固定资产123万元。主要仪器设备有显微镜、恒温箱及其它化验器材。可检测化验家畜家禽疫病。

2001年，全市遭受历史罕见的“白灾”，未发生牲畜口蹄疫等重大动物疫情。大牲畜（马、牛）、中家畜（猪、羊）和禽疫病死亡率分别控制在1%、4%、7%。国家农业部给予市本级、大安市、通榆县和洮北区无规定动物疫病区建设投资（包括检验设备）312万元。市本级购置防疫专用车1辆，4个县（市、区）新建或改建化验室690平方米，购进化验仪器设备103台（件）。

（刘世才　李兆乾）

【白城市动物防疫监督检验所简介】　白城市动物防疫监督检验所建于1991年，与白城市畜牧兽医工作总站合署办公。一个单位两块牌子。独立于1993年。隶属市畜牧局，为财政全额拨款的科级事业单位。位于白城市朝阳路171号。法人代表张学宽。职工22人，其中专业技术人员17人：高级畜牧师3人，畜牧师2人，助理畜牧师、助理兽医师、技术员12人。设监督一科、监督二科、票证科、办公室、财务科。固定资产285万元，主要设备有电视机、电脑、打印机、复印机、传真机和办公设备20多台（件）。

2001年，没收未经检疫肉类4 836公斤，公开集中销毁病害肉670公斤，死牛19头，死羊258只，死猪15头，死狗138条。

（刘世才　吕田）

【白城市兽药监察所简介】　白城市兽药监察所建于1989年，与白城市畜牧兽医工作总站合署办公。一个单位两块牌子。独立于1999年。隶属市畜牧局，为财政全额拨款的科级事业单位。位于白城市朝阳路171号。法人代表段淑贤。职工13人，其中专业技术人员12人：高级兽医师1人，畜牧师、兽医师4人，助理畜牧师、助理兽医师、技术员7人。设监察科、检验科、办公室。固定资产40万元。主要仪器设备有紫外分光光度计、旋光仪、酸度计、片剂崩解仪、分析天平等常规检验设备20多台（件）。能常规检验兽药81种。

2001年，市兽药监察所、市动物防疫监督检验所，清理整顿全市兽医站（所）和兽药经营单位。合格兽医诊所和兽药经营企业分别为426户和109户；抽查兽药28个品种、205个批次，合格率44.4%。查处伪劣兽药和无证经营案件135起，销毁伪劣兽药价值3.5万元。

（刘世才 吴国林）

【白城市畜牧兽医教育培训中心简介】　白城市畜牧兽医教育培训中心建于1986年10月。隶属市畜牧局，为财政全额拨款的科级事业单位。位于白城市强大路10—8号。法人代表王清林。职工18人，其中专业技术人员11人：畜牧师、兽医师4人，助理畜牧师、助理兽医师、技术员7人。设办公室、财务科和业务科。固定资产80万元。

2001年，培训农民实用技术1.5万人次；农牧民《绿色证书》培训2 000人次，发放《绿色证书》1 400人；继续教育培训中、初级专业技术人员368人。

（刘世才 杜亚欣）

渔 业

【基本情况】 2001年，白城市水利局水产科行政编制3人，均为专业技术人员：中级职务1人，初级职务2人。全市有大安市、洮南市、镇赉县、通榆县、洮北区水产管理部门，编制32人，其中专业技术人员19人：中级职务3人，初级职务16人。

白城市总水域面积 270 033公顷，占全省水域面积42.2%。总水面174 100公顷，占全省总水面面积29.8%。其中，可养殖水面92 000公顷，占全省可养殖水面34.1%；已养水面52 960公顷，占全省已养水面30.1%。全市有国有养殖场14户，水库渔场8户，群众养鱼专业户311户，从业人员3 467人，全年生产水产品1.7万吨，生产总值0.7亿元。

（孙春生）

【渔业资源】 渔业水域。2001年，白城市总水域面积 270 033 公顷。总水面174 100公顷，其中，可捕江河水面22 471公顷，占总水面12.91%；可养殖水面92 000公顷，占总水面52.84%。

江河。境内主要河流有嫩江、洮儿河等。其中，境内嫩江长184公里，洮儿河长285.83公里。2000年12月1日至2001年12月31日，洮儿河洮南水文站至月亮湖间干涸。

湖泊。境内可养鱼湖泊562处，面积69 088公顷。大于1平方公里自然湖泡38处。其中，常年水面大于10平方公里的11处；常年水面大于25平方公里的有新荒泡、哈尔挠泡、郭家店泡、四海泡等7处。全市仅35处湖泡养鱼养苇。

水库。全市有水库8座，可养鱼水面94 037公顷。其中月亮湖水库、向海水库、创业水库为重点产鱼水库。

池塘。境内有各种可养鱼池塘面积1 466.7公顷。

水生动物。全市有鱼类 12 科51种。其中，鲤科35种，鳅科3种，鲶科2种，其它鱼类9科11种。主要经济鱼类有鲫、鲭、鳙、鲂、鲶、黄鳝、乌鳢等。大安市、洮南市分别引进彭泽鲫鱼和大银鱼饲养成功。虾类、贝类各3种。

水生植物。境内江河、湖泊、水库等水面有水生植物31种，主要有芦苇、蒲草、菱角、芡实等。

水生浮游生物。境内江河、湖泊、池塘和沼泽地生长着大量水生浮游动、植物，种类繁多。其中，浮游动物有原生动物、枝角类、挠足类90属；浮游植物有藻类76属。

（孙春生）

【国有渔业】 2001年，白城市国有渔业企事业14户，其中，渔场4户，水产良种场2户，水库渔场8户。从业人员2 935人。已养水面4 264公顷，产渔4 527吨，平均亩产8.14公斤。总产值1 886万元(90年不变价)。生产鱼苗12 500万尾，培育鱼种105.2万公斤。

（孙春生）

【集体渔业】 2001年，全市有兼业渔业乡（镇）53个，专业渔村1个，兼业渔村167个，乡（镇）、村办渔场61个，专业鱼户190户，渔业劳动力180人，渔业人口580人。

（孙春生）

【个体养鱼户】 2001年，全市有个体养鱼户311户，养鱼水面4 196公顷，产鱼1 582吨，亩产25.1公斤，养鱼纯收入219.2万元。

（孙春生）

【捕捞、养殖】 捕捞。2001年，全市从事专业渔业劳动力3 467人，其中国有渔场职工 2 787 人。有簗子2处，冰槽子15处，张网6趟，铁脚网126趟及其它原始钓具、渔具。有渔船559艘。其中，机动渔船67艘，非机动渔船492艘。全年遭受历史罕见的旱灾，大于1平方公里的湖泡干涸77处。水产品产量大减，减到1.7万吨，比2000年下降56.41%。

育种生产。全市共有培育鱼池766.53公顷。其中，培育池741公顷；越冬池185公顷。生产各种鱼苗 12 500 万尾，其中名特优鱼苗6 700万尾。培育鱼种142.9万公斤，投放鱼种 84.8 万公斤，其中春片24.2万公斤。

成鱼放养。全市有养鱼水面52 960公顷。其中，国有养鱼水面34 929公顷，集体养鱼水面13 835公顷，个体养鱼水面4 196公顷。养殖产量8 742吨，平均亩产成鱼11公斤。

池塘精养。全市池塘精养面积

307 公顷，生产成鱼 681 吨，平均亩产成鱼 147.9 公斤。

其它养殖。全市年养殖河蟹 6 480 亩，亩产 3.24 公斤。

（孙春生）

【渔政】 2001 年，白城市及县（市、区）有渔政机构 8 个，渔政人员 130 人，其中渔政执法人员 117 人。从事渔政检查的车辆 9 辆，其中，吉普车 4 辆，摩托车 5 辆。机动渔政船 9 艘。通信工具 28 部。

（孙春生）

芦苇业

【基本情况】 2001 年初，白城市芦苇局（简称市芦苇局），编制 31 人，实有 26 人。设生产基建科、企业经营科、苇政科、人事科、财务科、办公室。11 月，市直机关机构改革，编制 23 人。设生产基建科、企业经营科、苇政监察科、人事秘书科、综合调研科。直属白城市芦苇研究所、苇海服务中心、鑫祺苇业有限责任公司、双岗芦苇科研生产试验示范基地。职工 56 人，其中专业技术人员 18 人：高级农艺师 1 人，农艺师、政工师 4 人，助理农艺师、助理会计师、会计员、核算员、技术员 13 人。全市有镇赉县、通榆县、大安市芦苇局和洮南市芦苇公司、洮北区芦苇管理总站。编制 89 人。芦苇企业 29 户，职工 941 人，其中专业技术人员 62 人：高级工程师、高级农艺师 3 人，经济师、农艺师、工程师、会计师、政工师 17 人，助理工程师、助理农艺师、助理会计师、助理经济师、助理政工师、会计员、核算员、统计员、经济员、技术员 42 人。

2001 年，投资 289 万元，建稳产高产苇田 10 万亩，标准示范区 7 处。至此，全市稳产高产苇田面积达 20 万亩，占苇田面积 9.3%，比 2000 年增长 100%。历史上罕见的大旱，芦苇总产减到 8 万吨，比 2000 年下降 20%。在市巷道工程建设中，市芦苇局被评为“白城市标准街路建设模范单位”。

（秦国芝　李晓娜）

【苇田建设】 全市有芦苇资源面积 214 万亩，居全国第二位。2001 年，投资 289 万元。其中，国家投资 215 万元，自筹 74 万元。修排灌水渠总长 21 公里，动用土石方 60 万立方米，筑堤 26 公里，建节制闸 1 座，桥、涵 9 座，打机井 2 眼。新增苇田 15 万亩，占长苇面积 11.5%；建成稳产高产苇田 10 万亩，比 2000 年增长 100%。通榆县同发苇场自筹资金 15 万元，筑滚水坝 1 条，长 50 米，完善了田间工程。大安市牛心套保苇区西牛引水工程动工，投资 215 万元，修引水渠 21 公里，涵、闸 8 座，输水渠 6 公里。灌溉面积 6 万亩。建设标准示范区 7 处：通榆县同发、鹤乡、青山苇场和大安市牛心套保、洮南市二龙、镇赉县月亮泡苇场及白城市双岗芦苇科研生产试验示范基地。总面积 6.83 万亩。

（秦国芝　李晓娜）

【苇田管理】 烧塘、春灌。2001 年春，全市苇场有组织地进行烧塘，烧掉苇茬和杂草杂物 80 万亩，比 2000 年增长 94%。春季烧塘提高了地温和土壤肥力，并防治病虫害。春季灌溉苇田 80 万亩，比 2000 年增长 94%，苇田春灌提高了芦苇出芽率，保证了芦苇正常生长用水。

翻耙、护塘。全年翻耙退化苇田 10 万亩，比 2000 年增长 50%。翻耙疏松了土壤，切断芦苇地下茎，增加了芦苇密度，恢复退化苇田。全市芦苇部门贯彻执行《吉林省芦苇资源管理办法》。成立行政执法机构。有执法人员 44 人，采取定点定人看护苇田，防止牲畜啃食芦苇、人为割苇等破坏资源行为发生。加强防火工作。坚持以防为主，积极扑救的方针，在防火期内，控制野外用火，确保了芦苇资源安全。

排水、收割。秋季，排除苇田积水面积 130 万亩，比 2000 年增长 100%，秋季苇塘排水增加了芦苇收割高度，提高了芦苇产量。全市有收割捆包机械 600 台，其中新增液压捆包机 20 台。机械收割面积占收割面积 80%。

（秦国芝　李晓娜）

【芦苇收购、销售】 2001 年是白城市历史上大旱年。芦苇产量大减，总产 8 万吨，收购销售芦苇 6 万吨，销售总产值 1 800 万元，利税 650 万元，分别比 2000 年下降 20%、25%、29.6%、32.3%，比历史最高年份 1995 年分别下降 38.5%、50%、46.4%、13.3%。芦苇主要销往吉林省华金纸业有限公司、洮南市建业纸业公司、华伦纸业公司及通榆县苇奇、大安市安广、镇赉县造纸厂和辽宁、内蒙古等造纸厂。

（秦国芝　李晓娜）

【市委书记刘润璞为芦苇局办公楼题词】 8月22日，白城市芦苇局办公楼续接工程开工。自筹资金85万元，将二层楼续建成三层楼，建筑面积816.39平方米，12月3日竣工。办公楼扩建改善了市芦苇局办公环境。市委书记刘润璞为续建芦苇局办公楼题词："吉鹤苇业"，耸立楼顶。

（秦国芝　李晓娜）

【芦苇科技】 2001年，全市芦苇科研机构有白城市芦苇研究所、芦苇科研生产试验示范基地，镇赉县珠山、通榆县同发、大安市牛心套保芦苇试验站。职工19人，其中专业技术人员18人：高级农艺师1人，农艺师、工程师4人，助理农艺师、助理经济师、助理政工师、技术员13人。主要设备有计算机、复印机、光电分析仪、叶绿素测定仪、显微镜、解剖镜、水准仪、经纬仪、光合作用测定仪、土壤取样仪、便携式土地分析仪。

白城市芦苇研究所、双岗芦苇科研生产试验示范基地承担吉林省林业厅下达的《生态草——芦苇抗逆高产品种选育研究》，吉林省林业厅拨付科研经费3万元。全年在双岗基地建工程围栏5公里，保护苇原1 800亩。进行林苇互生规律科研示范。4月，在示范区高岗地带种植果树和其它树种6亩。5月，从盘锦、新疆博斯腾湖引进紫穗苇、日本苇、凤凰苇等10个优质芦苇品种在双岗芦苇资源圃中试种。

（秦国芝　李晓娜）

【表彰2000年度全市芦苇系统先进单位和先进个人】 7月5日，市政府决定，对成绩突出的大安市、镇赉县、通榆县分管芦苇工作的政府领导予以表扬，并发奖金1 000元；对评选出的先进单位大安市芦苇管理局发奖金3 000元，并颁发奖牌；对评选出的通榆县同发苇场、大安市牛心套保苇场、白城市双岗芦苇局生产科研试验示范基地发奖金2 000元，并颁发奖牌；对大安市大赉苇场、通榆县新发苇场耀东管理站、通榆县同发苇场中心管理收购站、镇赉县东屏苇场、镇赉县沿江资源管理站发奖金1 000元，并颁发奖牌；对评选出的市芦苇系统周振荣、李开福等13名先进个人每人发奖金300元，并颁发证书。

白城市2000年度芦苇系统先进单位：

大安市芦苇管理局、牛心套保苇场、大赉苇场；通榆县同发苇场、新发苇场耀东收购站、同发苇场中心管理收购站；镇赉县东屏苇场、沿江资源管理站；白城市直为白城市双岗芦苇科研生产试验示范基地。

白城市2000年度芦苇系统先进个人：

大安市芦苇管理局副局长周振荣、海坨苇场场长乔武、安广苇场场长刘金玉、苇草机械厂厂长李志坚；洮南市为工业总会会长王杰；通榆县芦苇管理局副局长孙占义、青山苇场场长赵连仁、同发苇场场长李开福；镇赉县洋沙泡芦苇造纸原料场场长陈刚、沿江资源管理站站长吴雄飞；白城市芦苇局办公室主任翟金奎、芦苇局苇政科科长杨仁升、双岗芦苇生产试验示范基地主任王迎春。

（陈玉明）

【白城市芦苇研究所简介】 白城市芦苇研究所建于1981年。隶属市芦苇局。位于白城市洮安东路49号。职工9人，均为专业技术人员：高级农艺师1人，农艺师2人，助理农艺师6人。所长刘忠阁。设生态研究室、综合利用研究室。固定资产20万元。主要设备有计算机、复印机、光电分析仪、叶绿素测定仪、显微镜、解剖镜、水准仪、经纬仪等。

2001年，完成自选课题"鹧鸪"在高碱性地区饲养技术的研究。300只鹧鸪成活率90%，取得经济效益3 000元，探索了野生珍贵鸟类在芦苇产区（碱性地区）的生长要素，为芦苇业的多种经营开辟一条新途径。

（秦国芝 李晓娜）

【白城市苇海服务中心简介】 白城市苇海服务中心建于1999年5月，称白城市大楼服务中心，2001年改为现名。隶属市芦苇局。位于白城市洮安东路49号。职工3人，其中会计员1人。经理秦国芝。主要设备有计算机、复印机、传真机。主要职责是负责芦苇局后勤服务、楼房管理、打字、复印。

（秦国芝 李晓娜）

【白城市双岗芦苇科研生产试验示范基地简介】 白城市双岗芦苇科研生产试验示范基地建于1999年9月30日。隶属市芦苇局。位于通榆县双岗镇。占地3 500平方米，建筑面积260 平方米。职工4人，其中专业技术人员3人：农艺师、助理农艺师、技术员各1人。主任王迎春。设苇政科、生产科、办公室。主要机械设备有捆包机2台。固定资产净值 20 万元。固定资产投资10万元。

2001年，生产芦苇300吨，总产值8万元，利税0.5万元。企业重组，招商引资21万元。

（秦国芝 李晓娜）

【白城市鑫祺苇业有限责任公司简介】 白城市鑫祺苇业有限责任公司建于2000年9月，称白城市芦苇车队，2001年改称现名。隶属市芦苇局。位于白城市长庆北街48号。占地6 500平方米，建筑面积1 700平方米。职工40人，其中专业技术人员5人：政工师1人，助理会计师、会计员、核算员4人。经理杨海斌。设财务科、生产科。

2001年，采购芦苇360吨。

（秦国芝 李晓娜）

水 利

【基本情况】 2001年初，白城市水利局(简称市水利局)，设办公室、人事教育科、规划计划科、工程建设管理科、农田水利科、水产科和党委办公室。编制20人。其中，行政编制18人，工勤事业编制2人。11月，市直机关机构改革，机构、编制未变。白城市防汛抗旱指挥部办公室设在市水利局。市水利局直属白城市月亮湖水库管理局、水利勘测设计院、水资源管理办公室、地下水管理站、抗旱服务中心、水利建设工程处、水土保持工作站、水产技术推广站、水政监察支队、渔政管理站、水田开发办公室、水利物资供应站、水利局水泥制品厂、水利局盐铺调度管理站、河道堤防管理站、防汛通信站、农村水利管理分站。职工854人，其中专业技术人员279人：高级职务20人，中级职务62人，初级职务197人。全市有洮北区、镇赉县、通榆县、洮南市、大安市水利局。职工 3 752人，其中专业技术人员657人：高级职务14人，中级职务111人，初级职务532人。

2001年,全市有水库10座。其中，大型水库2座，中型水库6座，小型水库2座。塘坝30座，万亩以上灌区20处。机电排灌站59处。其中，电站54处，机站5处。机电井74 291眼，比2000年增加1 050眼。配套井54 284眼。其中，农田井52 645眼，牧业井368眼，人畜饮水井176眼，防病井913眼，林业井182眼。水利工程设施设计灌溉面积458.24千公顷，有效灌溉面积 376.78 千公顷，实际灌溉面积275.88 千公顷。全市堤防总长 789公里，保护耕地 31.46 万公顷，草原18万公顷，人口47万人。累计治理水土流失面积17.8万公顷，占水土流失面积 39.49%，比 2000 年增长3.37%。全年进行了江河堤防工程建设、抗旱水源工程建设、涝区建设和水库险工维修、水利工程规划设计等。

全年争取并到位水利基本建设资金7 753.7万元。其中，特大抗旱费 590 万元， 江河治理投入资金3 281万元，人畜饮水资金900万元，节水示范区工程建设投入资金 400万元，灌区工程建设投入资金1 800万元，其他水利建设资金 782.7 万元。完成市委、市政府交办的白城市’98抗洪三周年纪念大会的筹备工作和《白城市水利“十五”计划》、《白城市“十五”计划和2010年发展规划》专题报告的编制工作。

（朱春）

【江河堤防和城防工程建设】 嫩江堤防建设。2001年，动用综合工程量61万立方米。其中，土方55万立方米，砼4万立方米，石方2万立方米。投资 3 600 万元。完成嫩江汉书一、二号堤护坡、护顶工程和镇赉监狱0+000至6+225 护坡工程，护坡长4.8公里。

洮儿河堤防建设。完成洮南七管营子、王畔、洮府险段治理，洮北区关山险段治理，镇赉棉西险段治理和土方达标工程。完成土方达标12公里。动用综合工程量19万立方米。其中，土方17万立方米，砼1万立方米，石方1万立方米。投资680 万元。

城防工程建设。完成改建通榆城防工程一号坝工程，动用综合工程量0.4万立方米。投资50万元。

（朱春）

【水库险工维修】 2001年，完成维修群昌水库泄洪闸，维修、除险加固五间房水库十七、十八号坝和团结水库引、泄水渠全面清淤工程。共动用综合工程量10万立方米，投资 120万元。

（朱春）

【抗旱水源工程建设】 4月初至5月底，严重春旱。市水利局下发旱情通报和《关于做好抗旱工作的紧急通知》、《关于做好抗御春旱的安排意见》、《关于做好抗旱保苗工作的紧急通知》。各县（市、区）水利部门，在春耕期间把主要精力投入支农第一线。同时，充分发挥各项水利设施作用，维修抗旱机电井1.3万眼，抗旱水箱6.7万个，柴油机泵2.2万台，水泵2.1万台，变压器80台，输电线路132 公里。新打抗旱机井 7 305 眼，新增抗旱水箱2 710个，柴油机泵3 563台（套）。自筹抗旱资金3 585万元。全市抗旱期间日出动机动车 3.9万辆，畜力车2.58万辆；日开动机电井4.91万眼，使用抗旱水箱 9.3 万个。抗旱播种 731 万亩。 其中，播前灌252.4万亩，坐水种478.7万亩。苗期灌溉面积400万亩。全年农田基本建设投资2 710 万元。 其中，群众自筹 1 883 万元，政府投资 827万元。 累计投入劳动积累工282万个， 累计动用综合工程量695万立方米。全市年度新增节水灌溉面积16万亩。其中，喷灌5 万亩，管灌11万亩。全市建成防病改水、人畜饮水、乡镇供水工程45处，新增饮安全卫生水人口2.7万人，牲畜2.1万头（只），防病改水村屯发展到1 039个，占应解决人畜饮水任务的39%。

（朱春）

【灌涝区建设】 2001年，全市灌区工程建设工程投资1 800万元，主要建设洮儿河、白沙滩两大国管灌区节水续建配套项目。新建渠系建筑物19座，渠道整治26.8公里，渠道衬砌5.55公里，改造和部分维修白沙滩电灌站 3 台机组。共动用综合工程量 53.68 万立方米。新增灌溉面积 1.65 万亩， 改善灌溉面积3.41万亩。重建洮南群昌、幸福灌涝区水毁工程的13座建筑物，并通过验收。

（朱春）

【防汛工作】 7月26 日，市政府召开全市防汛工作会议。贯彻“宁可信其有，不可信其无”的防汛指导思想，全年开展防汛工作：

汛前检查。在主汛期到来前，市水利局组成专门工作组，3 次重点检查县（市、区）江河堤防险段、病险水库，现场办公，落实责任，并跟踪督查，防患未然。

险工段治理。市水利局组织镇赉县、大安市、洮南市对嫩江、洮儿河堤防和团结、兴隆、五间房水库进行应急渡汛工程的阶段性工程会战。为可能发生的大洪水提供工程保障。

物资储备。在主汛期到来前，市水利局检查全市物资储备情况，保证备汛物资充足。

落实防汛责任制。落实了各县（市、区）行政首长防汛责任制，各地建立相应的领导组织；编制了防汛预案，落实了包堤段、包库、包险工责任人制和抢险队伍；举办了防汛、水情拍报技术人员培训班，建立了汛期水情测（拍）报工作人员责任制和值班值宿等工作制度。虽然未发生汛期洪水，但防汛例行工作，做到了经常化、程序化和制度化。

整编水文资料。充实完善了水库水文资料，同时在省水利厅、省防办的支持下，更新改造了市防汛通信电台400兆工程。

（朱春）

【水土保持工作】 2001年，市水利局在《中华人民共和国水土保持法》（简称《水保法》）颁布10周年之际，通过发传单、贴标语、开展咨询、电视讲话方式宣传《水保法》。

全市水土流失面积 45.07 万公顷，治理 17.8 万公顷， 占年计划治理面积125.9%。其中，小流域治理9.3万公顷，面上治理1.57万公顷。动用综合工程量70.8万立方米。修梯田100公顷，修谷坊85座，挖水平截水沟25.8公里，修沟头防护178处，挖鱼鳞坑25.7万个。完成水利系统绿化 4 425 亩，占年计划105.4%。

（朱春）

【水政水资源管理】 2001年，市水资源管理办公室检修了地下水试验站地中渗透计、负压计、气象场设备仪器；整编了全市地下水动态监测资料；编写了全市地下水动态简报；完成了取水许可证年审工作，市本级管理的取水许可证单位 182 个，全部年审，年审率 100%；征收水资源费 220 万元，超额完成财政下达 213 万元的征收指标。

（朱春）

【水利工程规划设计】 2001 年，全市完成水利工程规划设计项目 21 项。其中，嫩江堤防单项工程设计 7 项。主要有镇赉监狱分局嫩江堤防白沙滩电灌站进水闸改扩建初步设计（简称初设）、大安市嫩江堤防汉书三号堤护坡护顶工程设计、镇赉县嫩江堤防穿堤建筑物设计。项目设计投资 6 400 万元。洮儿河堤防单项工程设计 11 项。主要有龙华吐险工初设，七管营子、王畔险段初设，三顶召分洪闸初设，关山险段初设，丰收大弯段险段初设等。设计概算投资 4 561 万元。完成洮儿河堤防除险加固工程的可研报告的编写和初步设计工作。完成洮儿河灌区工程技施设计 3 项和节水续建项目实施方案及胜利、兴隆、团结水库安全鉴定工作及除险加固初设。

设计成果已批复的项目有镇赉监狱分局嫩江堤防 10 公里模袋护坡工程，嫩江汉书三号堤护砌工程，嫩江汉书一号横堤护坡工程，洮儿河堤防王畔大堤护坡工程，洮儿河堤防七管营子及洮儿河堤防镇赉棉西段护坡工程。

（朱春）

【工程质量和验收】 2001 年，经国家水利部松辽委、省水利厅有关领导专家组成的重点工程验收组验收了嫩江堤防的镇赉监狱段排水口堵复工程 2 处和险段 1 处，镇赉段排水口堵复工程 5 处， 大安二、三道岗子堤防工程。单项验收了群昌水库溢洪道，兴隆水库黑山坝，向海水库一、二、三号副坝护坡，通榆县城防工程，引洮盐铺一号闸等 9 项工程，全部合格，其中 5 项为优质工程。

（朱春）

【表彰水利工作先进单位和先进个人】 3 月 22 日，市委、市政府决定，授予洮北区水利工作模范单位荣誉称号，颁发奖牌，奖金 4 万元；授予镇赉县等 38 个单位为全市水利工程先进单位荣誉称号，颁发奖牌；奖励镇赉、通榆、大安、洮南 4 个县（市）奖金各 3 万元；奖励白城市计委、财政局、农业综合开发办公室奖金各 0.5 万元。授予李秋成等 63 人为水利工作先进个人荣誉称号，颁发荣誉证书。

全市水利工作模范单位：洮北区。

全市水利工作先进单位：镇赉县、通榆县、洮南市、大安市；白城市水利局、计划委员会、财政局、农业综合开发办公室、洮儿河灌区建设管理局、月亮湖水库管理局、水利勘测设计院、水资源管理办公室、水政监察支队；洮北区水泥制品厂、水利工作中心站、水利机械钻井队、水利勘测设计队；镇赉县水利施工队、保民乡人民政府、水利局机井队、水利局、灌区管理局、水产技术推广站、渔政渔港监理管理站、国营渔场；通榆县抗旱服务队、兴隆渔场；洮南市水利工程建筑队、四海泡渔场、水土保持工作站、水利局农田科、水利勘测设计队；大安市钻井桩基工程处、安广镇水管站、水利工程建设有限责任公司、五间房水库管理处、水产良种场、渔政渔港监督管理站。

全市水利工作先进个人(63 人)：洮北区有闫洪彬、吴伟利、田丽晖、徐镇、王贵春、赵德发、王淑红；镇赉县有赵海新、朱振祥、庞玉林、赵英开、袁世民、马振陆、张乃峰、宋关军、孟兆祥、尹凯武、靳会学；通榆县有吴贵、逯凤金、路学文、邓国仁、王有春、高明、温庆才、辛全福；洮南市有金保安、李恩祥、杨春书、刘明哲、高新海、王春林、陈江、张万生；大安市有王成祥、于晓青、马瑞华、马永智、纪维存、田连友、刘少华、纪维波、付永军、李永刚、岳为；市直单位有李秋成、朱春、孙春生、冯兆会、李培、魏学君、孟繁臣、李长江、孙建国、闫淑杰、宁国臣、崔凤鸣、王野田、张凤、王守东、李云良、宿孝安、满新。

（陈玉明）

洮儿河灌区建设

【基本情况】 2001 年初，白城市察尔森水库洮儿河灌区建设管理局（简称市洮儿河灌区管理局），编制 35 人。设办公室、总工程师办公室、工程科、供应科、灌溉科、计划财务科、满洲岱管理所、洮北灌溉管理站。11 月，市直机关机构改革，设办公室、行政科、规划计划科、水政科、工程科、灌溉科、总工师办公室、项目办公室。编制35人，实有66人，其中专业技术人员41人：高级工程师、高级政工师6人，工程师、经济师、农艺师、会计师、政工师15人，助理工程师、助理会计师、助理政工师20人。辖白城市团结水库、岭下分灌区、新洮灌溉管理站。职工79人，其中专业技术员6人。

洮儿河灌区是国家大型灌区，是察尔森水库的配套工程，主要控制洮儿河下游水域资源，发展灌溉水田和旱田水浇，是洮儿河冲积平原农业综合开发项目的水源工程，是国家大型灌区续建配套与节水改造项目工程。灌区初设有国哈、龙华吐、满州岱、庆有、范家屯5个拦河枢纽和洮北、岭下、新洮、瓦房、通福5个分灌区。控制面积29.33万公顷，其中耕地8.04万公顷。直接效益面积3.68万公顷。其中，水田3.25万公顷，旱田水浇0.43万公顷。灌区工程有洮北片总干渠1条，分干渠2条，支渠9条，斗渠39条，支渠以上建筑物36座；岭下片主干渠1条，支渠4条，支渠以上建筑物45座；新洮片干渠2条，支渠9条，支渠以上建筑物11座；团结水库引水干渠1条，泄水干渠1条，支渠2条；镇赉片干渠1条，排水干渠1条，白旦召泄水干渠1条，干渠以上建筑物8座。

2001年，市洮儿河灌区管理局完成节水续建配套项目桥、涵、闸、渠道整治工程24项，完善了部分渠系配套工程。

（薛振华）

【灌区补充设计】 11月，在洮儿河灌区原规划的基础上,补充设计规划。市洮儿河灌区管理局委托白城市水利勘测设计院编制的《团结水库除险加固工程初步设计的报告》，12月吉林省水利厅下达《关于团结水库除险加固工程初步设计报告的批复》，核定工程概算总投资2 991万元。其中，国家投资1 500万元，地方配套1 491万元。

（薛振华）

【灌区建设】 7月，市洮儿河灌区管理局按照《吉林省水利厅关于白城市洮儿河灌区2000年度节水续建配套项目实施方案的批复》和《吉林省水利厅关于白城市洮儿河灌区2000年度节水续建配套项目团结引水干渠30+280进水闸设计变更的答复》，兴建节水续建配套工程。4月至11月，由镇赉县水利局机械施工队施工，8月31日建成洮北一分干10+850德顺一支渠分水闸，一分干新建支渠0+750枕梁桥，一分干甜水支渠0+500枕梁桥，一分干甜水支渠1+118枕梁桥，一分干甜水支渠1+500涵管桥，一分干13+400农道桥，一分干13+400德顺三支渠分水闸，一分干渠12+100德顺二支渠分水闸，一分干渠12+100农道桥。投资72.13万元。

由白城市森源实业公司施工，建成洮北一分干14+900退水闸，一分干1+500新建支渠分水闸，一分干三支渠0+050节制闸，一分干5+400甜水支渠分水闸，洮北总干下游8+800水闸枢纽。投资120.19万元。

由大安市第三建筑安装工程公司施工，完成洮儿河灌区渠道整治工程、洮北总干下游5+900溢流堰工程。投资18.38万元。

由白城市第一建筑工程总公司第八分公司施工，建成洮北灌溉调度中心楼基础。投资63.35万元（基础35.45万元，尾工27.9万元）。建成洮北分灌区及配水站，投资22.25万元。

由大安市水利工程建筑有限责任公司施工，建成洮北总干16+000农道桥，投资16.94万元。由白城市农业综合开发办公室建成洮北一分干（4.05km）渠道防渗。由大安市第二建筑安装工程公司建成团结干渠0+540农道桥，洮河一支渠1+600枕梁桥，洮河二支渠0+600枕梁桥。投资52.67万元。由市洮儿河灌区自购量测水设备，投资15.22万元。

洮儿河灌区节水续建配套项目共动用综合工程量26.11万立方米。其中，土方25.46万立方米，石方0.20万立方米，砼0.45万立方米。投资1 001.6万元。其中，国家投资500万元，地方配套501.6万元。2001年洮儿河断流无水源，灌区未发挥灌溉效益。

（薛振华）

【两桥两坝竣工】 两桥，即吉鹤桥、三合桥；两坝，即两条溢流坝。两桥两坝均于6月14日开工，10

月1日竣工。吉鹤桥属双向六道单塔四索面斜拉式公路桥。荷载重量汽20吨，工程投资258万元，全长43.12米，宽20.60米，塔高16米。由吉林省水利科学研究所设计，工程负责人市洮儿河灌区管理局，由镇赉县水利施工队施工，吉林省水电工程监理中心监理。动用综合工程量9.21万立方米。其中，土方84 000立方米，砼7 980立方米，石方120立方米。三合桥属排架式农道桥，长18米，宽7米，荷载重量汽15吨，工程投资50万元。由白城市水利勘测设计院设计，白城市第一建筑工程公司承建。两条溢流坝，投资70万元，1号坝（2+700）长428米，2号坝（4+900）长45米，由白城市水利勘测设计院设计，白城市新达公司承建。

（薛振华）

【白城市团结水库简介】 白城市团结水库建于1976年。隶属市洮儿河灌区管理局。位于白城市洮北区岭下镇岭下村。职工38人，其中专业技术人员4人，均为初级职务。主任马传明。设办公室、工管科、水产科、财务科、渔政检查站、水利建筑公司。固定资产800万元。主要设备有捷达轿车、北京吉普车各1辆，推土机、小型拖拉机、混凝土搅拌机、气压机各1台。2001年初，进行人事制度改革。人员定岗定位，实行岗位工资，多劳多得。全年完成了工程管理与维修、水文、水情观测、汛期防汛、农田灌溉、养鱼、培育苗种、补充白城市地下水及生态旅游、多种经营等工作。捕鱼50吨。灌溉水田1 500亩，旱田10亩。培育种鱼25吨。

（薛振华）

【白城市洮儿河灌区岭下分灌区简介】 白城市洮儿河灌区岭下分灌区建于1998年7月。隶属市洮儿河灌区管理局。位于白城市洮北区岭下镇。职工9人。站长潘福祥。设综合办公室。固定资产15万元。主要设备有闸门6座，起闭机15个。全年完成了维护调节用水工作。

（薛振华）

【新洮灌溉管理站简介】 新洮灌溉管理站建于1973年5月。隶属市洮儿河灌区管理局。位于大安西部洮儿河右岸。职工32人，其中专业技术人员2人，均为工程师。站长高新忠。设综合办公室。固定资产900万元。主要设备有引水闸门2座，6孔拦河闸1座，推土机1台。主要业务是渠道维护，引水灌溉，收缴水费。2000年5月，建庆友枢纽拦河闸，2001年7月竣工。

（薛振华）

国有及国有控股工业

综　述

2001年，白城市国有及国有控股工业企业116户，其中亏损企业45户，分别比2000年下降23.68%和6%。按隶属关系分：中直企业3户，省属企业7户，市直企业24户，县（市、区）属企业82户；其中，大、中、小型企业分别为4户、14户和98户；在大中型企业中，国有大中型企业12户。按行业分：煤炭采选业1户，石油和天然气开采业3户，非金属矿采选业1户，食品加工业14户，食品制造业4户，饮料制造业7户，烟草加工业2户，纺织业6户，服装及其他纤维制品制造业1户，皮革、毛皮、羽绒及其制品业1户，木材加工及竹、藤、棕、草制品业1户，造纸及纸制品业4户，印刷业、记录媒介的复制6户，石油加工及炼焦业1户，化学原料及化学制品制造业8户，医药制造业4户，橡胶制品业3户，塑料制品业1户，非金属矿物制品业12户，黑色金属冶炼及压延加工业1户，普通机械制造业7户，专用设备制造业7户，交通运输设备制造业5户，电气机械及器材制造业2户，电力、蒸气、热水的生产和供应业7户，煤气生产和供应业2户，自来水的生产和供应业5户。年均全部从业人员32 272人。总资产345 641万元，其中固定资产净值201 168万元；负债281 123万元，资产负债率81.33%。

主要产品产量：原煤290 037吨，天然原油9 116吨，发电量34 786万千瓦小时，供电量237 118万千瓦小时，自来水生产量1 708.1万吨，机制糖12 653吨，饮料酒16 562吨，纱10 691吨，布3 599万米，麻袋（混合数）90.6万条，化学原料药234吨，中成药996吨，铁合金40吨，金属切削机床135台，齿轮1 952吨，铸件2 241吨，石油钻采设备6 830吨，摩托车100辆，电力电缆650公里。工业总产值187 305万元，工业销售产值174 717万元，工业增加值57 088万元，分别比2000年下降2.74%、2.91%和5.64%。产品销售收入164 725万元，利税17 609万元，分别比2000年增长5.19%、8.76%。

（戴忠春）

【表彰2000年度工业工作先进单位】 2月10日，市政府决定，对在2000年工业工作中做出突出贡献的先进单位予以表彰和奖励。

洮北区、大安市为2000年度工业工作一等奖，各奖励人民币3万元。通榆县、镇赉县、洮南市为2000年度工业工作二等奖，各奖励人民币2万元。市经贸委、国有控股公司、财政局、社保公司、统计局为2000年度工业工作先进单位，各奖励人民币1万元。

（陈玉明）

煤炭、石油工业

【煤炭采选业】 2001年，吉林省万宝煤矿年均从业人员4 776人，与2000年持平。总资产17 777万元，其中固定资产净值10 830万元；负债12 300万元，资产负债率69.19%。主要产品产量：原煤290 037吨。工业总产值3 937万元，工业销售产值4 292万元，工业增加值53 737万元，分别比2000年下降33.17%、30.95%、39.77%。产品销售收入3 720万元，比2000年下降10.68%。利税-514万元，比2000年增负90万元。

（戴忠春）

【石油和天然气开采业】 2001年白城市石油和天然气开采业3户。总资产2 423万元，其中固定资产净值1 630万元；负债2 213万元，资产负债率91.33%。年产原油9 116吨。工业总产值1 900万元，工业销售值1 900万元，工业增加值970万元，分别比2000年增长56.05%、56.05%和63.60%。产品销售收入1 908万元，比2000年增长63.63%。

（戴忠春）

【中国石油天然气股份有限公司吉林油田分公司英台采油厂简介】 中国石油天然气股份有限公司吉林油田分公司英台采油厂建于1986年3月1日。隶属吉林油田分公司，为国家一级企业。位于吉林省镇赉县大屯镇。占地9万平方米，建筑面积2.6万平方米。厂长尹旭，党委书记毛连义。员工1 123人，其中专业技术人员176人：高级工程师2人，工程师20人，助理工程师154人。设机关部室10个，科级大队2个，基层小队17个。固定资产原值19.96亿元，固定资产净值13.84亿元。内部利润4.95亿元，比2000年增长230%。主要专业设备1 066台（套）。油井797口，水井114眼，集输管网416.77千米。2001年末，预计探明石油地质储量6 000万吨，累计生产原油482.48万吨，累计上缴税金5亿元。1998、1999年，被中国石油天然气股份有限公司评为“全国高效开发油田”、“全国控水稳油典型油田”；2001被市委、市政府授予纳税超千万元企业“白城功臣单位”称号。

（张洪志）

【吉林省四方坨子农场石油开发公司简介】 吉林省四方坨子农场石油开发公司建于1994年6月10日。隶属镇赉县监狱分局，为国有企业。位于镇赉县四方坨子农场。占地21 000平方米，建筑面积1 900平方米。职工28人。其中，高级专业技术职务2人，中级专业技术职务7人，初级专业技术职务19人。法人代表王林祥，经理赵贵斌。设财务科、总务科、技术科、后勤科。

2001年，固定资产原值2 075

万元，原油总产量22 504吨，销售收入2 917万元，税金400万元，分别比2000年增长38.3%、760.2%、520.6%、1 233.3%。

（李晶涛）

食品、饮料加工制造业

【食品加工业】 2001年，白城市食品加工企业14户，其中亏损企业5户；年均从业人员1 574人，分别比2000年下降22.22%、44.44%和11.27%。总资产29 251万元，其中固定资产净值8 266万元；负债29 363万元，资产负债率100.38%。主要产品产量：大米20 876吨，食用植物油658吨。工业总产值12 261万元，工业销售产值11 859万元，工业增加值1 466万元，分别比2000年增长11.83%、20.11%和下降41.50%。产品销售额10 533万元，比2000年增长36.96%。利税330万元（2000年为-557万元）。

（戴忠春）

【食品制造业】 2001年，白城市食品制造企业4户，其中亏损企业2户；年均从业人员215人，分别比2000年下降60.0%、持平和下降56.83%。总资产1 391万元，其中固定资产净值939万元；负债510万元，资产负债率36.66%。主要产品产量：机制糖12 653吨，乳制品456吨。工业总产值419万元，工业销售产值313万元，工业增加值162万元，产品销售收入212万元，分别比2000年下降83.72%、84.12%、78.16%。产品销售收入212万元，比2000年下降79.32%。利税-34万元（2000年为-5万元）。

（戴忠春）

【饮料制造业】 2001年，白城市饮料制造企业7户，其中亏损企业6户；年均从业人员1 882人，分别比2000年下降22.22%，增长33.33%和下降17.46%。总资产18 804万元，其中固定资产净值1 638万元；负债19 222万元，资产负债率102.22%。主要产品产量：饮料酒16 562吨。工业总产值4 518万元，工业销售产值3 916万元，工业增加值1 495万元，分别比2000年下降33.82%、31.03%、29.81%。产品销售收入3 747万元，利税893万元，分别比2000年增长31.2%、35.05%。

（戴忠春）

【吉林省金福酒业有限公司简介】 吉林省金福酒业有限公司建于1924年，称福丰达烧锅，几易其名，1994年改称白城市洮儿河酒厂，1998年10月香港金福集团租赁经营，改称现名。位于白城市洮安东路84号。占地2 760平方米，建筑面积1 320平方米。从业人员330人，其中专业技术人员40人：高级工程师、高级经济师、高级会计师5人，工程师、经济师、会计师、化验师6人，助理工程师、助理会计师、助理经济师、技术员、经济员、会计员29人。法人代表尹滨。金福集团租赁经营后，投入1 000余万元用于改造设备和产品开发。主要产品有9个品种的《洮儿河》牌系列白酒。产量2 030吨。产品中获奖产品有《洮儿河》牌白酒。名优产品有《洮儿河》牌白酒。新产品有52°酒王、38°酒王。

2001年，总资产2 450万元，总负债2 906万元，资产负债率118.6%。总产值1 071万元，比2000年增长53.5%。销售收入2 358万元，税金126万元，分别比2000年下降12.9%、10%。利润-650万元，比2000年减亏20％。

（谢殿卿）

【洮南市馨蜀源制酒厂简介】 洮南市馨蜀源制酒厂（洮南市洮南香酒业有限公司）建于1904年，称“东海湧”烧锅。1946年，改称“鸿源湧”，今为现名。隶属洮南市经贸局。位于洮南市光明北街220号。占地22 692平方米。职工813人。厂长尚红光。设财会科、销售科、供应科、生产技术科、综合科、运输科。固定资产1 400万元。主要设备有灌装机等20余套。

2001年，主要产品有酒、饮料、包装制品、纯净水、食品制造 、禽类6大类100多个品种。企业以酒类为龙头，创出了风格独特的洮南香系列酒，销售到全国各地。

洮南香酒经鉴定，产品质量达到国内先进水平。1963年以来，多次被评为省优、部优产品，在国家轻工部酒类大赛中被评为优质酒，获“银杯奖”；还获“吉林省名牌”、“中国名牌”等名优产品称号30多项。2000年，制酒厂被授予“国家绿色饮品环境质量管理合格单位”称号。

（翟雅萍）

【洮南市宴丰糖业有限公司简介】洮南市宴丰糖业有限公司建于1958年2月，称洮南县制糖厂，2000年2月改为现名。隶属长春宴丰集团。位于洮南市广昌路68号。占地13万平方米。职工1 000人，其中专业技术人员150人：高级职务20人，中级职务50人，初级职务80人。经理陈国范。设运输处、财务处、行政处、生产处、原料处、供销处和两个车间。主产品绵白糖，副产品有颗粒粕、食用酒精等。

2001年，固定资产1.5亿元，总产值1 500万元，税金80万元，利润50万元。所有产品均被省政府评为优秀产品。

（冯连伟）

烟草加工、纺织业

【烟草加工业】 2001年，白城市烟草加工企业2户，年均从业人员391人，分别比2000年增长1倍和下降6.9%。总资产11 852万元，其中固定资产净值2 589万元；负债11 203万元，资产负债率94.52%。工业总产值7 393万元，工业销售产值7 021万元，工业增加值2 952万元，分别比2000年增长44.19%、46.35%和51.79%。产品销售收入6 945万元，利税877万元，分别比2000年增长45.69%和66.36%。

（戴忠春）

【纺织业】 2001年，白城市纺织企业6户，其中亏损企业1户；年均从业人员5 640人，分别比2000年下降14.29%、1倍和19.57%。主要产品产量：各种棉纱10 691吨；布3 599万米，其中，棉布2 942万米，混纺交织布110万米；纯化纤布547万米，呢绒216.9万米；麻袋（混合数）90.6万条；各种规格无纺布5 000吨。名优产品：纯棉40×40府绸和人棉30支纱为省、部优产品，《丰》牌系列麻袋为省优产品。工业总产值41 380万元，工业销售产值34 776万元，工业增加值13 932万元，分别比2000年增长8.16%、4.64%和8.05%。产品销售收入30 250万元，利税1 749万元，分别比2000年增长2.1%和下降50.16%。

（戴忠春）

【白城纺织股份有限责任公司简介】白城纺织股份有限公司建于1967年6月，称白城市棉纺织厂，2001年改为现名。为市直国有控股大型企业，国家二级企业，全国棉纺织重点骨干企业之一。位于白城市棉纺路67号。占地25.4万平方米，建筑面积11.2万平方米。从业人员3 755人，其中专业技术人员110人：高级经济师、高级工程师、高级政工师、高级会计师、高级美术师10人，工程师、经济师、会计师、主治医师、统计师25人，助理工程师、助理会计师、助理经济师、会计员、统计员、技术员75人。法人代表陈国风。主要生产设备有纱锭3万枚，线锭2万枚；织机1 635台，其中无梭织机260台。主要产品有人棉、纯棉、涤棉、化纤长丝4大系列21个品种。其中，棉纱10 691吨，布3 599万米。产品80％以上销往日本、韩国、泰国、香港、中东等国家和地区，是吉林省坯布出口唯一大户。全年出口919万米。其中，全棉坯布733万米，人棉坯布81万米，其它坯布105万米。出口额385.5万美元，占全市出口总额20.3%。产品质量上乘，1995年生产的《绿原》牌人造棉30×30细布，被吉林省政府评为名牌产品；《黄花》牌人造棉30支纱在全国同行业中，首家获得ISO9000质量认证合格证书，并获“全国纺织工业先进企业”称号。1996年、1997年，产品相继通过ISO9000系列质量体系认证，1998年通过ISO9000系列质量体系认证复评。

2001年，固定资产原值22 954万元，固定资产净值17 203万元，资产负债率63.5%。全年销售收入24 580万元，总产值30 666万元，工业增加值11 763万元，分别比2000年增长0.5%、17.4%和13.7%。税金1 222万元，利润301万元，分别比2000年下降40.1%和70.1%。技改投资3 600万元，新上高档装饰面料技改项目一期工程。投产后每年可生产大提花装饰布41万米，新增销售收入2 050万元，利税118万元。被市委、市政府授予纳税超千万元企业“白城功臣单位”称号。

（谢殿卿）

【白城市麻纺织股份有限责任公司简介】 白城市麻纺织股份有限责任公司建于1951年，称白城子麻纺织厂。1958年7月改称白城市麻纺织厂，1998年6月改为现名。位于白城市麻纺路23号。占地16万平方米，建筑面积4万平方米。职工1 200人（其中在职1 000人），其中专业技术人员74人：高级职务11人，中级职务24人。设办公室、财务部、行政管理部、生产技术部、供应部、销售部、劳动人事部、安全保卫部、党群工作部。法人代表修春敏。

主要设备45台（条）。其中，金切设备42台，无纺布生产线2条，麻纺织生产线半套。主要产品产量：各种规格无纺布5 000吨；麻袋、海森袋、麻布、麻纱线等麻产品3 000吨。其中《丰》牌系列麻袋为省优产品。2001年新开发的卫生材料，投资20万元，2002年生产。

2001年末，总资产13 394万元，总负债11 044万元，资产负债率82.5%。产值8 276万元，销售收入3 941万元，税金143万元，分别比2000年增长23.9%、14.3%和54.2%。

（李雅贵）

服装、造纸及纸制品业

【服装及其它纤维制品制造业】 2001年，白城市服装及其他纤维制品制造业1户，年均从业人员180人，分别比2000年下降50%和38.57%。总资产99万元，其中固定资产净值16万元；负债49万元，资产负债率49.49%。主要产品产量：服装151.1万件，其中出口各种规格服装73万件，创汇356万美元，占全市出口总额18.7%。工业总产值1 098万元，工业增加值470万元，产品销售收入810万元，利税35万元，分别比2000年下降0.18%，增长5.74%，下降18.09%和20.45%。

（戴忠春）

【吉林省美达服装股份有限公司简介】 1998年8月，在白城市组建，以白城市服装工业公司为主体，联合吉林省纺织品进出口公司和自然人共同组成。由吉林省纺织国有控股公司控股，市直工业国有控股公司参股，为租赁式股份制企业。位于白城市海明东路25号。占地11 895平方米，建筑面积17 181平方米。职工814人，其中专业技术人员15人：中级职务2人。设综合办公室 、财务部、生产部、业务部、后勤保卫部。法人代表陈虹，总经理贺久元。

主要设备948台（套）。其中缝纫设备687台（套），整熨设备244台（套），多头电子刺花机2台，其它设备15台。主要产品：各种规格茄克衫、长短呢绒大衣、西服、衬衣、水洗服装、休闲服等。主要产量：出口各种规格服装73万件（主要出口日本、欧美等十几个国家和地区），创汇356万美元，占全市出口总额18.7%，比2000年增长100%。

2001年末，总资产1 296万元，总负债634万元，资产负债率38.5%。产值2 316万元，销售收入2 121万元，税金156万元，分别比2000年下降5.4%和增长10.2%、65.4%。

（李雅贵）

【造纸及纸制品业】 2001年，白城市造纸及纸制品企业4户，其中亏损企业2户，年均从业人员1 280人，分别比2000年下降50%、33.33%和48.94%。总资产3 543万元，其中固定资产净值415万元；负债3 334万元，资产负债率94.10%。主要产品产量：纸浆3 670吨，机制纸24 473吨。工业总产值7 360万元，工业销售产值7 125万元，工业增加值1 901万元，分别比2000年下降16.94%、13.40%和19.24%。产品销售收入6 422万元，利税610万元，分别比2000年增长4.06%和59.67%。

（戴忠春）

【吉林省华金纸业有限公司简介】 吉林省华金纸业有限公司建于1951年，称白城县造纸厂，1958年，改称白城市造纸厂，2000年10月，山东华金集团租赁经营，改称现名。位于白城市纸厂街8号。占地35.4万平方米，建筑面积2万平方米。从业人员627人，其中专业技术人员53人：高级工程师、高级经济师、高级会计师8人，工程师、会计师、经济师、政工师36人，助理工程师、助理会计师、技术员9人。法人代表邢力军。注册资本金200万元。主要设备有1760短长网纸机1台，1760长网纸机2台，1575纸机4台。主要产品产量：机制纸5 658吨。名优产品有苇浆板、胶版印刷纸。

2001年末，总资产2 097万元，总负债2 006万元，资产负债率95.66%。总产值5 705万元，销售收入5 254万元,税金287万元，利润-109万元。

（谢殿卿）

化学原料及化学制品医药制造业

【化学原料及化学制品制造业】 2001年，白城市化学原料及化学制品制造企业8户，其中亏损企业2户；年均从业人员513人，分别比2000年增长12.50%、持平和下降14.78%。

总资产7 974万元，其中固定资产净值4 706万元；负债4 235万元，资产负债率53.11%。工业总产值11 740万元，工业销售产值11 272万元，工业增加值1 927万元，分别比2000年增长57.79%、53.26%和52.26%。产品销售收入6 945万元，利税266万元，分别比2000年增长33.49%和51.13%。

（戴忠春）

【医药制造业】 2001年，白城市医药制造企业4户，年均从业人员975人，分别与2000年持平和增长8.92%。总资产10 821万元，其中固定资产净值3 106万元；负债8 276万元，资产负债率76.48%。主要产品产量：化学原料药353吨，中成药827吨。工业总产值12 785万元，工业销售产值11 262万元，工业增加值5 349万元，分别比2000年增长12.02%、6.05%和18.06%。产品销售收入8 352万元，利税1 506万元，分别比2000年增长35.08%和31.87%。

（戴忠春）

【白城市多邦药业有限公司简介】 白城市多邦药业有限公司建于1970年，称白城市中药厂，1997年7月由长春富商商务有限公司租赁，租赁期限为15年，改称现名。为租赁式股份制企业。位于白城市中兴东大路115号。占地10 575平方米，建筑面积5 369平方米。职工460人，其中专业技术人员68人：高级职务4人，中级职务16人，注册药师6人。设财务部、生产部、技术开发部、秘书部、质监部、药物研究所。法人代表徐万禄，总经理孟令政。

主要设备225台（套）。其中，粉碎机组3台，多功能提取罐6台，意大利胶囊填充机2台，搅拌机4台，210合板机2台，打丸机8台，附属设备200台。主要产品：六味地黄丸、六味地黄胶囊、乌鸡白凤丸、多邦利咽片等。主要产量：蜜丸1 200万盒/年，胶囊800万粒/年，片剂5 000万粒。

2001年末，总资产2 638万元。产值4 217万元，销售收入3 692万元，税金204万元，分别比2000年增长5.3%、2.6%和74.36%。

（李雅贵）

【白城市中牧兽药有限公司简介】 白城市中牧兽药有限公司建于1969年3月，称白城地区兽药厂。1993年，改称白城市制药厂，2001年改称现名。股份制企业。位于白城市长利街67—14号。从业人员219人，其中专业技术人员45人：高级工程师、高级经济师、高级政工师14人，工程师、会计师、经济师、政工师8人，助理工程师、助理会计师、助理经济师、技术员、会计员、经济员23人。法人代表孙树忠。设生物制剂、水针制剂、固体制剂、粉针制剂生产车间、辅助车间、中心化验室。生产线5条，生产40多种产品，销往全国28个省、市、自治区。

2001年，总资产2 316万元，总负债1 704万元，资产负债率73.5%。总产值1 200万元，工业增加值460万元，分别比2000年增长47.8%、94.9%，税金10万元，利润11.6万元，分别比2000年增加10万元和63.6万元。主要经济指标完成情况居全省同行业最高水平。

（谢殿卿）

【吉林敖东洮南药业股份有限公司简介】 吉林敖东洮南药业股份有限公司建于1957年，称洮南制药厂。1998年2月6日，改为现名。隶属洮南市经贸局。位于洮南市团结东路16号。占地10万平方米。职工667人。其中专业技术人员83

人：高级职务 8 人，中级职务 16 人，初级职务 59 人。经理刘长胜。设质量保证部、质量控制部、生产部、设备管理部、技术开发部、仓储部、劳动人事部、安全保卫部、财务部、办公室、微机管理办公室。下设 2 个车间。固定资产 2 464 万元。以生产化学药制剂、中成药为主。有 8 大剂型，40 多个品种。采用《敖东城》牌中国驰名商标。其主导产品“心脑舒通胶囊”为纯中药制剂，国内独家生产，是治疗心脑血管疾病的首选药物，被列入国家首批中药保护品种，中国中药名牌产品，吉林省名牌产品，2000 年被列入《国家基本医疗保险药品目录》。

1998 至 2001 年，连续 4 年利税超千万元。进入吉林省制药工业企业利税总额 20 强。1999 年 9 月，被吉林省委、省政府评为“模范单位”，被白城市政府评为“改革明星企业”，被洮南市政府评为“特殊重点保护企业”和“招商引资先进单位”。

（古淑华）

机械、专用设备制造业

【普通机械制造业】 2001 年，白城市普通机械制造企业 7 户，其中亏损企业 6 户；年均从业人员 1 790 人，分别比 2000 年下降 22.22%，增长 16.67%和下降 38.11%。总资产 12 415 万元，其中固定资产净值 5 503 万元；负债 9 749 万元，资产负债率 78.53%。主要产品产量：金属切削机床 135 台，轴承 356 万套，齿轮 1 952 吨。工业总产值 3 056 万元，工业销售产值 2 681 万元，工业增加值 843 万元，分别比 2000 年下降 22.39%、30.67%和 43.04%。产品销售收入 2 459 万元，比 2000 年下降 20.00%。利税-160 万元（2000 年-98 万元）。

（戴忠春）

【白城华陆机械制造有限责任公司简介】 白城华陆机械制造有限责任公司建于 1958 年，称白城市机床厂，1992 年更名白城机床工贸公司，1998 年改制成股份制企业，改称现名。由市直工业国有控股公司控股。位于白城市西青龙路 20 号。占地 75 000 平方米，建筑面积 24 654.7 平方米。职工 333 人，其中在职 198 人。各类专业技术人员 12 人：高级职务 3 人；中级职务 2 人。设综合管理部、财务核算部、党群工作部、技术质量处、生产供应处、市场营销处和白城华陆机床有限责任公司、白城华陆工具有限责任公司。法人代表李世荣。其中华陆工具有限责任公司法人代表李泽祥。华陆机床有限责任公司法人代表李世荣（兼）。

主要设备 346 台（套）。其中，金切设备 141 台（套）。数控设备 1 台，其它设备 204 台（套）。主要产品：各种规格与型号 C6136/850 车床、各种规格刀具、液压阀、专机、华日摩托车等。主要产量：各种型号与规格刀具 2 429 支，专机 9 台，各类液压阀 1 000 块，C6136/850 车床 135 台，华日摩托车 100 台。2001 年，开发新产品 C0630－2 型高速普通车床。获奖产品：各种规格深孔加工刀具 1989 年获全国星火计划银奖，C6136 车床获省科技成果二等奖、优秀机电一体化产品奖。

2001 年末，总资产 2 198 万元。产值 392 万元，销售收入 455 万元，税金 47.4 万元，利润-355.5 万元，分别比 2000 年下降 55.2%、47%和增长 13.9%、21.4%。

（李雅贵）

【白城市金鹏齿轮股份有限责任公司简介】 白城市金鹏齿轮股份责任有限公司建于 1970 年，称白城市齿轮厂。1998 年 6 月，改制成股份制企业，改称现名。位于白城市青年北大街 42 号。占地 96 000 平方米，建筑面积 25 000 平方米。职工 1 110 人，其中在职 1 055 人。专业技术人员 105 人：高级职务 9 人；中级职务 38 人。设综合办公室、财务部、物资采购部、技术开发中心、生产制造部、产品销售部。董事长杨秀增。

主要设备 726 台（套、条）。其中，金切设备 435 台（套），数控设备 168 台（套），精密设备 27 台，变速箱装配线、涂漆烘干线各 1 条，其它设备 96 台（套）。主要产品：各类变速箱总成 12 个品种，各种规格汽车齿轮及农用车齿轮等 。2001 年主要产量：各类变速箱总成 6 414 台。其中，重型变速箱 5 361 台，中型变速箱 1 053 台。各种规格齿轮 100 万件。其中汽车齿轮 99 万件，农机齿轮 1 万件。2001 年开发新产品：重型变速箱总成，新增产值5 245万元。

2001年末，总资产12 179万元，总负债9 738万元，资产负债率75%。产值10 018万元，销售收入6 414万元，利税561万元，分别比2000年下降20.5%和增长3.4%、52.9%。

（李雅贵）

【专用设备制造业】 2001年，白城市专用设备制造企业7户，其中亏损企业2户；年均从业人员2 411人，分别比2000年下降22.22%，增长33.33%和23.50%。总资产23 555万元，其中固定资产净值11 607万元；负债20 244万元，资产负债率85.94%。主要产品产量：石油钻采设备6 830吨，农业运输机械4 088辆。工业总产值17 571万元，工业销售产值16 748万元，工业增加值5 204万元，分别比2000年增长0.67%、0.47%、5.17%。产品销售收入16 074万元，利税1 297万元,分别比2000年下降11.29%和增长16.34%。

（戴忠春）

交通运输设备、电气机械及器材制造业

【交通运输设备制造业】 2001年，白城市交通运输设备制造企业5户，其中亏损企业1户；年均从业人员724人，分别比2000年下降28.57%，增长66.66%和下降56.53%。总资产7 130万元，其中，固定资产净值3 448万元；负债5 508万元，资产负债率77.25%。主要产品产量：《黄花》牌汽车电线束总成、天线总成、高压点火线总成、汽车大线总成10万套；各种规格汽车电器开关13.6万支，玻璃升降器4.8万套；各种型号与规格汽车铰链29.7万套，汽车液压油缸2 924件；各种汽车配件10万辆，各种自卸汽车车厢总成及附件1 500台（套）；各种规格汽车车厢2 007台，刹车盘1 043吨，板簧支架1 370台；1105010各种规格燃油粗滤器10.1万支，汽油滤清器0.9万支，8103062各种规格冷气压缩机支架0.7万支，1012015AXE规格机油滤清器底座0.5万支。工业总产值2 933万元，工业销售产值2 378万元，工业增加值1 152万元，分别比2000年下降59.78%、58.22%和54.18%。产品销售收入6 945万元，利税215万元，分别比2000年增长10.11%和下降47.94%。

（戴忠春）

【白城市汽车电线总厂简介】 白城市汽车电线总厂建于1951年，称白城县麻绳生产合作社，1967年改为现名。是中国汽车零部件总公司、中国第一汽车集团公司、东风汽车集团公司的联营企业。位于白城市民生东路19号。占地6 000平方米，建筑面积5 500平方米。从业人员225人，其中专业技术人员25人：高级会计师、高级经济师2人，工程师、经济师2人，助理工程师、助理会计师、技术员21人。法人代表孙乃彬。主要生产设备有生产电线束设备、工装206台（套）。主要产品有《黄花》牌汽车电线束总成、天线总成、高压点火线总成、汽车大线总成4个系列42个品种。年产电线束总成能力10万套。批量生产技术含量高、生产难度大的奥迪、捷达、红旗轿车线束和平头卡车线束。主要为中国第一汽车集团公司、东风汽车集团公司等主机厂配套，同时为国内几十家汽车配件公司提供产品。企业于1998年、2000年，先后通过中国第一汽车集团公司配套处评审科质量能力的评审。企业的体系审核、过程审核产品审核均达到B级标准。2000年12月末，通过ISO9002认证。

2001年，总资产1 314万元，总负债931万元，资产负债率71%。总产值654万元，工业增加值306万元，产品销售收入463万元，税金38万元，利润1万元，分别比2000年增长94.0%、55.3%、85.9%、171.4%、102.0%。

（谢殿卿）

【吉林汽车工业集团白城市国宏股份有限公司简介】 吉林汽车工业集团白城市国宏股份有限公司建于1954年10月，称白城县钣金薄铁合作社，几经更名，1965年改为白城市汽车配件厂，1998年改称现名，变为股份制企业。位于白城市新华西大路27号。占地35 000平方米，建筑面积15 000平方米。职工600人，其中在职572人。专业技术人员85人：高级职务4人，中级职务13人。设工会办公室、技术质量部、财务部、生产计划部、经营部、管

理部，其中技术质量部下设工艺科、技术发展科、质检科；财务部下设财务科；生产计划部下设设备科、生产计划科；经营部下设供应科、销售科；管理部下设总务科、人事劳动处、办公室、企业管理科。法人代表李增喜。

主要设备420台（套）。其中，金切设备40台，数控设备1台，大型设备6台，其它设备373台。主要产品：汽车干、湿贮气筒；刹车室、弹簧制动缸总成；扶手、支架、托架总成；轿、轻车油标尺总成、各种自卸车箱总成、环保垃圾车厢总成；各种自卸车、环保垃圾车及各种专用车；各种工业气体、医用氧气、工业氧气。产量：各种汽车配件10万辆份。各种自卸汽车车厢总成及附件1 500台（套）。产品中弹簧自动缸被国家经贸委评为1998年度国家级新产品；吉林省名优产品有 3513010－01、3413210－01干、湿贮气筒和 3513010－8E、3513210－8E 干、湿贮气筒。2001年新产品为CA系列10种9－12.5吨自卸车厢总成。新上年产千台城市垃圾处理车项目，总投资 1 200万元，投产后每年可新增销售收入2亿元，利税 2 500万元。

2001年末，总资产5 593万元，总负债 4 363 万元，资产负债率78%。产值 4 000 万元，销售收入3 688 万元，税金 277 万元，分别比2000年下降5.7%，增长0.1%和24.2%。

（李雅贵）

【吉林汽车工业集团白城市红钻股份有限责任公司简介】 吉林汽车工业集团白城市红钻股份有限责任公司建于1969年11月，称白城市汽车开关厂，1986年改为白城市汽车电器总厂。1999年1月，改为股份制企业，改称现名。位于白城市新华西大路2号。占地1.6万平方米，建筑面积 0.8 万平方米。职工898 人，其中在职 548 人。专业技术人员55人：高级职务4人，中级职务14人。设财务科、技术部、生产经营部、质保部、事业部、企业管理部、试验室、销售科。法人代表杨钦修。

主要设备336台（套）。其中，金切设备126台，数控设备32台，精密设备6台，大型设备4台，其它设备168台(套)。主要产品产量：各种规格汽车电器开关13.6万支，汽车继电器 19 万支，保险盒 11.5万支，玻璃升降器 4.8 万套。2001年新产品：6390电动玻璃升降器、蓝德电动玻璃升降器。新上年产30万辆份轿车齿板玻璃升降器，投资5 000万元，投产后每年可新增销售收入3.6亿元，利税5 040万元。

2001年末，总资产4 720万元，总负债 3 604 万元，资产负债率76.4%。产值4 000万元，销售收入2 742万元，税金249万元，分别比2000年增长5.3%、10.1%和39.9%。

（李雅贵）

【白城市盛华汽车零部件股份有限责任公司简介】 白城市盛华汽车零部件股份有限责任公司建于1962年，称白城市汽车修配厂，1998年改为股份制企业，改称现名。位于白城市海明西路 145 号。占地 5.9万平方米，建筑面积3.5万平方米。职工433人，其中在职365人。专业技术人员30人：高级职务3人，中级职务13人。设财务科、检查科、技术科、供应科、企业管理办公室、厂办公室。董事长张盛林。

主要设备110台（套）。其中，金切设备 96 台（套），数控设备 4台（套），其它设备10台（套）。主要产品：各种规格型号汽车铰链、汽车蓬杆、汽车油缸。主要产品产量：各种型号与规格汽车车门铰链29.7万套，汽车液压油缸2 924件，各类汽车蓬杆 140 套。新开发产品有汽车油罐支架、转向柱支架、平头车铰链、油门踏板支架焊接总成、转向柱油罐支架焊接总成、坐椅骨架—左右侧连接板。

2001年末，总资产4 258万元，总负债 2 779 万元，资产负债率65.3%。产值2 771万元，销售收入2 500万元，税金226万元，分别比2000年增长29.4%、16.7%和 2%。

（李雅贵）

【白城市翔达机械股份有限责任公司简介】 白城市翔达机械股份有限责任公司建于1947年3月，称洮安县农具厂，几易其名，1998 年 7月20日，改为股份制企业，改称现名。位于白城市青年南大街25号。占地 78 172 平方米，建筑面积28 760平方米。职工770人，全部在岗。专业技术人员67人：高级职务7人，中级职务22人。设总理经办公室、党群工作部、劳动人事部、保卫部、财务部、技术设计部、产品开发部、质量管理部、生产调度部、供应部、销售部。董事长谷祥。

主要设备358台（套）。其中，金切设备242台（套），数控设备10台，大型设备6台。主要产品：各种规格汽车车箱、刹车盘、板簧支架。主要产品产量：各种规格汽车车箱2 007台，刹车盘1 043吨，板簧支架1 370台。2001年，出口刹车盘569吨，创汇45万美元。新上轿车制动器总成项目，总投资2 000万元，投产后每年可新增销售收入1亿元，利税2 000万元。

2001年，总资产6 761万元，总负债5 526万元，资产负债率81.7%。产值2 091万元，销售收入1 674万元，税金182万元，分别比2000年增长36.8%、31.7%、和42.4%。

（李雅贵）

【白城市汽车压铸件有限责任公司简介】 白城市汽车压铸件有限责任公司建于1953年，称白城县军属被服厂，几易其名，1998年7月，改制成股份制企业，改称现名。位于白城市民生东路21号。占地6 800平方米，建筑面积4 000平方米。职工132人，其中在职102人。专业技术人员15人：高级职务2人；中级职务4人。设总经理办公室、财务部、生产经营采购部、技术质量部、人事部。董事长兼总经理韩纯和。

主要设备65台（套），其中，金切设备35台(套)，压铸机15台，其它设备15台（套）。2001年主要产品产量：1105010各种规格燃油粗滤器10.1万支，1105010各种规格汽油滤清器0.9万支，8103062各种规格冷气压缩机支架0.7万支，1012015AXE规格机油滤清器底座0.5万支。新开发产品：5305410—JC RF扶手骨架总成。

2001年末，总资产751万元，总负债479万元，资产负债率64%。产值650万元，销售收入450万元，税金26万元，分别比2000年增长20.37%、28.57%和下降7.14%。

（李雅贵）

【电气机械及器材制造业】 2001年，白城市电气机械及器材制造企业2户，其中亏损1户；年均从业人员1552人，分别比2000年下降33.33%，持平和下降15.24%。总资产32 444万元，其中，固定资产净值20 079万元；负债26 272万元，资产负债率80.98%。主要产品产量：电力电缆650公里，卧式110KV交联生产线，DFQ—1系列应急标志灯，YJ—1系列应急照明灯。工业总产值16 221万元，工业销售产值16 262万元，工业增加值5 466万元，分别比2000年下降15.54%、12.04%和11.55%。产品销售收入8 208万元，利税633万元，分别比2000年增长6.04%和下降32.52%。

（戴忠春）

【白城市通业集团有限责任公司简介】 白城市通业集团有限责任公司建于1960年，称吉林省电机厂，1993年，改为白城通业集团公司，2001年改称现名。2000年，白城通业集团公司进入国家经贸委批准的债权转股权企业计划。与中国华融资产管理公司、中国长城资产管理公司组建白城通业集团有限责任公司。为国有大二型企业，集产、学、研为一体，跨区域、跨行业、多门类、多层次的企业集团。位于白城市明仁北街30号。占地18万平方米，建筑面积7.3万平方米。直属白城市电缆厂、电工机械厂、精密锻造厂、铸造厂、建材公司、运输公司、华明公司等。从业人员784人。其中，专业技术人员185人，管理人员201人。在专业技术人员中：高级工程师、高级经济师、高级会计师、高级政工师24人，工程师、经济师、会计师、政工师、工艺美术师65人，助理工程师、助理经济师、助理会计师、助理政工师、技术员、统计员、会计员96人。法人代表孟庆龙。

全公司形成以电线电缆、电工机械、精锻件连杆、一二类压力容器、实型铸件、砌块砖及砌块设备为主导的多元化产品结构。其中，电工机械是在消化吸收国外先进技术基础上开发研制的替代进口机电一体化产品，是国内唯一生产220KV立式干法交联生产线厂家；精密锻造以其全套引进德国锻造件，替代进口产品；实型铸造以其先进的消失模铸造技术和国内最大的生产规模，被国家机电部科技司定为全国汽车覆盖件拉伸模具加工件技术定点厂家。全年生产电力电缆650公里，铸件2 241吨。名优产品有0+3干法交联生产线，获奖产品有立式干法交联生产线，新产品有QBM10型混凝土小型砌块生产成套设备，QWM20 型混凝土小型砌块生产成套设备，QWM20A 型混凝土小型砌块生产成套设备，卧式 110KV 交联生产线，DFQ－1 系列应急标志灯，YJ－1 系列应急照明灯，捷达 1.6、1.8 升连杆，沈阳三菱连杆。

2001 年末，总资产 31 686 万元，总负债 26 093 万元，资产负债率 82.3%。总产值 17 075 万元，比 2000 年下降 5.2%。工业增加值 9 647 万元，销售收入 9 543 万元，税金 800 万元，利润 31.7 万元，分别比 2000 年增长 22.8%、22.7%、11.2%、4.2%。全年技改投资 2 000 万元，新上年产 400 万件冷加工连杆项目，预计投产后每年可新增销售收入 4 000 万元，利税 1 000 万元。

（谢殿卿）

电力工业

【基本情况】 白城供电公司是国家大型供电企业。2001 年，设办公室、计划部、劳动人事部、财务部、审计部、安全监察部、城网改造指挥部、生产技术部、科学技术部、信息中心、用电营销部、多种经营管理部、公安保卫部、物资供销处、农电部、创一流办公室、离退休职工管理部、组织部、宣传部、团委、监察室、工会。职工 228 人，其中专业技术人员 162 人：高级经济师、高级工程师、高级会计师 30 人，工程师、经济师、政工师、会计师 63 人，助理工程师、助理经济师、助理会计师 69 人。直属白城电力设计院、基本建设管理办公室、多种经营财务审计管理中心、物业公司、电业综合大厦、电力向海职工培训中心、物资经销公司、白城电力设备总厂、白城电气安装总公司。职工 934 人，其中专业技术人员 114 人：高级工程师、高级经济师、高级政工师 12 人，工程师、经济师、政工师、会计师 45 人，助理工程师、助理经济师、助理会计师、会计员、技术员 57 人。所属松原、城郊、洮南、镇赉、通榆、长岭、大安、扶余、乾安、前郭供电公司和洮北客服中心、试验所、调度通信所、送变电一公司、送变电二公司。职工 3 414 人，其中专业技术人员 970 人：高级工程师、高级经济师、高级会计师 54 人，工程师、经济师、会计师、政工师 237 人，助理工程师、助理经济师、助理会计师、助理政工师、会计员、技术员 679 人。全公司共有员工 4 576 人。其中，供电 1 424 人，农电 2 378 人，供电集体企业在职员工 774 人。

供电系统共有 220 千伏一次变电所 6 座，66 千伏二次变电所（塔）20 座，主变压器 41 台，变电总容量 148.035 万千伏安；配电变压器 1 431 台，总容量 19.45 万千伏安；220 千伏送电线路 12 条，亘长 880.43 千米；66 千伏送电线路 43 条，亘长 1 229.7 千米；10 千伏配电线路 74 条，亘长 530.2 千米。

农电系统共有变电所塔 83 座，变电总容量 38.4 万千伏安；66 千伏线路 54 条，亘长 1 117.05 千米；10 千伏线路 550 条，亘长 15 840.72 千米。

设备容量 1 934 059 千瓦，城市供电量 169 803 千瓦时。其中，城市设备容量达到 451 204 千瓦，居民照明容量 695 344 千瓦，商业用电容量 63 201 千瓦。分别占总设备容量的 23.33%、35.95%、3.27%。市场开发增加容量 2 174 千瓦，增加电量 3 300 千瓦时。

2001 年，白城供电公司完成白城市、松原市 10 个县（市、区）和黑龙江省泰来县、内蒙古自治区兴安盟的部分供电任务。供电辐射面积 4.7 万平方公里。供电客户 119.3 万户，其中农村客户 90.3 万户。售电量 232 789 万千瓦时，比售电量最低的 1990 年增长 42.36%，比售电量最高的 2000 年下降 8.54%。销售收入 81 160.65 万元，税金 3 698.18 万元，利润 60 877.08 万元，分别比 2000 年增长 115.8%、139.7% 和 122.6%。平均电价 387.84 元/千千瓦时，比 2000 年提高 85.89 元/千千瓦时。到 2001 年 12 月 31 日，白城供电公司连续实现 3 个百日安全生产周期。被吉林省电力有限公司(简称省电力公司)评为 2001 年度“安全生产先进单位”，被市委、市政府授予纳税超千万元企业“白城功臣单位”称号。

（丁雪原）

【推行现代企业制度】 2001 年，白城供电公司制定《白城供电公司职工奖惩办法》、《白城供电公司劳动合同管理暂行规定》、《白城供电公司员工考勤管理制度》、《白城供电公司技能工资、岗位工资动态考核管理办法》、《白城供电公司员工教育培训管理办法》、《白城供电公司员工教育培训工作考核细则》等规章制度，强化管理，规范员工行为。根据《国家电力公司一流供电企业标准（试行）》和《供电劳动定员标准》，年末，白城供电公司有主业人员 1 275 人。其中，管理人员 267 人，生产人员 1 008 人。达到一流供电企业标准要求，在系统内、省内、国内均处于用人先进水平。

（丁雪原）

【精神文明建设】 2001 年，白城供电公司按照省电力公司的部署，开展“创一流供电企业”活动。坚持“两手抓，两手都要硬”的方针，深化改革，开拓文明生产。经营管理、设备与生产管理、电力营销与优质服务、节能管理、技术进步与现代化管理、精神文明建设都取得好成绩。各项经济技术指标均创历史最好水平，企业整体素质和实力明显提高。被国家电力公司评为“双文明单位”，被省委、省政府评为“精神文明建设标兵单位”，被中共中央精神文明建设指导委员会评为“精神文明建设标兵单位”。

（丁雪原）

【农村电网新建及改造工程】 2000 年至 2001 年，白城供电公司总投资 24 174.72 万元，建设与改造了通榆、洮南、大安、城郊、镇赉农村电网。

通榆农网建设与改造。在 63 千伏变电工程中，安装 2 000 千伏安主变压器 2 台，1 000 千伏安主变压器 4 台，更换 3 150 千伏安主变压器 1 台；安装 66 千伏避雷器 1 组，隔离开关 1 组，10 千伏真空重合器 9 台，10 千伏电流互感器 9 组。在 10 千伏及 0.4 千伏线路新建与改造工程中，新建 10 千伏线路 32.914 公里，改造 631.836 公里；改造 0.4/0.22 千伏线路 813.45 公里。恢复水毁 10 千伏线路 37.14 公里，0.4 千伏线路 45.9 公里，恢复新增配电变压器 21 台，总容量 910 千伏安。投资 4 606.86 万元。

洮南农网建设与改造。在 63 千伏变电工程中，安装 3 800 千伏安主变压器 2 台，投入 1 000 千伏安利旧主变压器，3 150 千伏安主变压器各 1 台，66 千伏隔离开关 4 组；改造、更换 66 千伏熔断器 7 组，10 千伏真空重合器 5 台，10 千伏隔离开关 16 组，10 千伏电压互感器 2 台，10 千伏电流互感器 14 台，独立避雷针 2 座，控制屏 4 面，六氟化硫断路器 4 台。在 10 千伏配电工程中，改造 10 千伏配电线路 26 条、680 公里，低压台区 527 处；新建及改造 0.4/0.22 千伏低压线路 1 014 公里，恢复水毁 10 千伏线路 20 公里，0.4 千伏线路 20 公里，变压器 25 台。投资 5 031 万元。

大安农网建设与改造。在 63 千伏工程变电工程中，更换 S7－2 000 千伏安主变压器 2 台，66 千伏熔断器 2 组，主配变开关 2 台。在 10 千伏线路新建与改造工程中，新建及改造 10 千伏线路 28 条，615.5 公里。其中，新建 357.8 公里，改造 257.7 公里；更换高能耗配电变压器 772 台/27 445 千伏安，台架 750 台。在台区低压线路改造工程中，改造 0.4/0.22 千伏线路 119 公里，新建 0.4/0.22 千伏线路 1 230 公里，低压台区 551 个；恢复水毁 10 千伏线路 11.28 公里，配电变台 20 台/930 千伏安；新建改造 0.4 千伏线路 35.08 公里。投资 5 210.59 万元。

城郊农网建设与改造。在 66 千伏变电工程中，改造 2 000 千伏安主变压器 2 台；更换 66 千伏隔离开关 2 组，66 千伏避雷器 1 组；改造电流互感器 16 台，电压互感器 1 台，六氟化硫开关 6 台。在 10 千伏及 0.4 千伏线路新建与改造工程中，改造 10 千伏线路 31 条，578 公里。其中，改造 101 公里，新建 477 公里；更新配电变压器 623 台/23 130 千伏安和 600 套台架及其附属材料；改造 0.4/0.22 千伏线路 1 230 公里；新建水毁 10 千伏线路 2.95 公里，低压线路 6 公里，配电变台 8 台/350 千伏安。投资 4 434.81 万元。

镇赉农网建设与改造。在三门昭至白沙滩 63 千伏送电线路改造工程中，更换瓷横亘、铁亘 179 基，LGJ—50 型导线 15 公里。在白沙滩变电所改造工程中，更换 63 千伏刀闸 4 组，熔断器 3 组，避雷器 1 组，10 千伏开关柜 13 面，处理厂房 433 平方米。在到保变电所增容工程中，新增 2 000 千伏安主变 1 台，63 千伏刀闸、熔断器、避雷器各 1 组。在 10 千伏及 0.4K 线路新建与改造工程中，新建及改造 10 千伏线路 31 条，1 497 公里。其中，改造 1 116 公里，新建 381 公里；更新配电变压器 588 台/21 780 千伏安和 654 套台架及其附属材料；改造 0.4/0.22 千伏线路 1 495 公里，654 个台区；恢复水毁 10 千伏线路 118 公里。投资 4 891.46 万元。

农网改造后，农村居民生活用电平均电价由 0.75 元/千瓦时下降到：通榆县、大安市 0.72 元/千瓦时；镇赉县、洮北区城郊 0.65 元/千瓦时；洮南市 0.672 元/千瓦时。

（丁雪原）

【多种经营】 2001 年，白城供电公司多经的主要项目有建筑安装类、加工制造、农业、第三产业；产值 14 300 万元，为年计划的 110.2%，比历史最好水平的 2000 年增长 18%，比历史最低水平的 1978 年增长 3.9 倍。利润 255 万元，为年计划的 107.06%，比历史最好水平的 2000 年下降 8%，比历史最低水平的 1978 年增长 3.3 倍，比全省同行业最高值低 200%；比最低值高 98%。

（丁雪原）

【电力市场整顿和优质服务年】 2001 年，全国电力系统开展“电力市场整顿和优质服务年”(简称“服务年”)活动，白城供电公司在“服务年”活动中，贯彻“人民电业为人民”和“优质、方便、规范、真诚”供电服务方针。制定《白城电力市场整顿和服务年活动实施方案》、《行业作风建设监督奖励办法》，设立投诉举报电话，公开向社会做出 8 项供电承诺。聘请社会各界人士 374 人，做为供电系统优质服务监督员，发放用户征求意见卡 10 470 份，走访用户 3 935 户，有诺必践，严格兑现，真诚服务。加强供电服务窗口建设，在供电营业大厅设置《电价表承诺制度》、《电力法规》、《用户须知》，公开电价标准和服务程序。新建客户服务中心，增改营业收费网点，对孤寡、残疾等特殊用户上门服务，代办用电手续，受到群众好评。

（丁雪原）

【城市供电及电网改造】 1999 年 12 月，国家计委、供电公司批准白城城网建设与改造计划，城网建设与改造工程开工。2001 年，完成白城城网建设项目 19 项，总投资 4 431 万元。其中，220 千伏项目 1 项，70 万元；66 千伏项目 2 项，330 万元；10 千伏及以下项目 9 项，228 万元；通信、继电、自动化项目 3 项，211 万元；防窃电改造项目 2 项，3 548 万元；无功补偿项目 1 项，14 万元；城网评估 1 项，30 万元。

为保证设备安全可靠运行，降低主变压器损耗，提高变电容载比，实现供电“N-1”原则。6 月，在城北二次变电所新增 31.5 兆伏安主变压器 1 台，将 66 千伏运行方式改为内桥结线，新增 10 千伏开关柜 3 面，投资 550 万元。为给城北变电所提供双电源，新建白城一次变电所至城北变电所送电线路 5.012 公里，立塔 31 基，架空地线为 OPGW 复合光缆，导线为 LGJ-240，导线型号为 LGJ-300，投资 31 万元。为提高供电可靠性，更换 220 千伏热白线 316—319 号段导线 2.7 公里，导线型号为 LGJ—300，投资 31 万元。

到 2001 年 11 月末，白城城网建设与改造 101 项工程告竣。累计投资 25 309 万元。为白城市经济发展奠定了坚实基础。

（丁雪原）

【步行街与开发区电力线路建设】 2001 年，按照白城市海明路步行街建设指挥部改造、新建海明路地下电缆的要求，白城供电公司领导多次带领技术人员到现场勘察，设计出最佳方案，组织施工。在白城市最繁华的商业区、电力设施陈旧、线路结构复杂、架空线路密集、多项目工程交叉施工稍有不慎就会发生危险的情况下，白城供电公司采取周密的安全措施，起早贪晚施工，将海明路上的电力线路全部拆除，改成地下电缆，提前完成施工任务，投资 600 万元。被市委、市政府评为 2001 年“城市开发建设管理总体战模范单位”。

白城经济开发区是白城市新兴建设项目，为振兴地方经济，白城供电公司主动争取项目，筹集资金。投资 284 万元，为白城经济开发区建设 10 千伏线路 2 条（开发南线、开发北线），共 4.3 公里，奠定了白城经济开发区能源基础。

（丁雪原）

【白城市洮南热电厂简介】 白城市洮南热电厂（简称洮南热电厂），2001 年 6 月，破产重组。位于洮南市安康东路，是国家能源投资公司通过招标选定的地方节能建设项目，是吉林省“八五”期间重点项目之一，是洮南市工业建设史上投资额最大的项目。职工 577 人，其中专业技术人员 123 人：高级工程师 3 人，工程师 24 人，助理工程师、助理经济师、会计员、技术员 96 人。设生产技术科、安教科、供应科、营业科、保卫科、工会，辖 10 个分厂。经理李学凯。固定资产 2 274 万元。设计总装机容量 3 万千瓦。一期工程装机容量 1.8 万千瓦。其中，1.2 万千瓦双抽式汽轮发电机组、0.6 万千瓦背压式汽轮发电机组各 1 台，75 吨煤粉炉 3 台。

2001 年，洮南热电厂建成 1 号热力站，改造 2 号、5 号、7 号热力站，新铺设供热管线 8 400 延长米，新增供热面积 9.5 万平方米，投资 272 万元。发电量 1.12 亿千瓦时，上网电量 9 457 万千瓦时，工业供汽量 7.8 万吨，供热量 103 万吉焦，供热面积 85 万平方米。工业总产值 6 200 万元，销售收入 4 842 万元，利润 367 万元，税金 506 万元。

2001 年，洮南热电厂被省经贸委评为“全省地方热电厂技术监督优秀单位”；被省社会综合评价委员会评为“省电力、煤气、自来水生产和供应企业销售收入 50 强企业”；被洮南市委、市政府评为“洮南市纳税超 500 万元企业”；被洮南市消防委员会评为“消防工作先进单位”。

（邢波　丁雪原）

【白城热电厂简介】 白城热电厂建于 1939 年，称白城子发电所，1949 年称现名。位于白城市电厂路 56 号，占地 654 730 平方米。职工 506 人，其中专业技术人员 256 人。装机容量 3 万千瓦。其中，1.2 万千瓦凝汽汽轮机 2 台， 6 000 千瓦背压式汽轮发电机 1 台；供热面积 100 万平方米，工业用汽 25 吨/小时。

2001 年，白城发电厂在充分调研基础上，向龙华公司申请改造 10 号锅炉。龙华公司与吉林省万宝煤矿共同向吉林省煤炭局汇报了白城发电厂燃用万宝煤锅炉改造工程的有关情况，并就 10 号锅炉改造规模、操作程序有关问题初步达成共识。配合电力勘测设计院完成锅炉改造工程现场勘察工作。签定了电力设计院与白城发电厂锅炉改造工程技术咨询合同书。全年发电量 15 105 万千瓦时，上网电量 12 496 万千瓦时，供热量 1 553 737 吉焦，分别为年度计划 120.84%、133.75% 和 129.48%，分别比 2000 年增长 10.56%、9.22%和 13.88%。供电标准煤耗 494 克/千瓦时，比 2000 年下降 2 克/千瓦时，比年度计划降低了 1 克/千瓦时。到 2001 年 12 月 31 日，实现安全生产 2 778 天，实现第 9 个安全生产周期，第 7 个安全年，被省电力公司评为“安全生产先进单位”。

（丁雪原）

【洮南市供电公司简介】 洮南市供电公司建于 1946 年，称洮南电业局。1999 年 5 月，改为现名。隶属白城供电公司。位于洮南市光明街 18 号。职工 508 人，其中专业技术人员 83 人：高级职务 5 人，中级职务 19 人，初级职务 59 人。经理艾玉林。设管理部室 5 个，生产班站 4 个，多种经营企业 2 个，供电营业所 23 个。固定资产 1 050 万元。辖 220 千伏 1 次变电所 1 座，容量 6.3 万千伏安；66 千伏 2 次变电所 9 座，主变压器总容量 8.44 万千伏安。66 千伏输电线路 8 条，总长 136.36 千米； 10 千伏配电线路总长 2 156.07 千米；0.4 千伏线路 3 000.1 千米；10 千伏配电变压器 1 221 台，总容量 66 480 千伏安。

2001 年，洮南市供电公司完成了洮南市城乡工农业生产、居民生活和万宝煤矿、内蒙古自治区突泉莲花山铜矿的供电任务。供电辐射面积 5 200 平方公里，供电总户数 132 058 户。累计实现安全生产 3 509 天。售电量 1.12 亿千瓦时。

1996 至 2001 年，连续被省政府授予“精神文明建设先进单位”称号。

（廖荣彬）

【镇赉县供电公司简介】 镇赉县供电公司建于1999年4月。隶属白城供电公司。位于镇赉县站前街。占地92 860平方米，建筑面积32 120平方米。职工231人，其中专业技术人员69人：高级工程师3人，工程师17人，助理工程师49人。总经理吴志伟。设综合、生产、营销、人事、财务部。供电营业所17个，多种经营公司2个。一次变电所1座，容量9万千伏安；二次变电所11座，总容量13.6万千伏安；总送配电线路1 590公里。年售电量8 156千瓦时，固定资产原值4 452.38万元，固定资产净值3 823.29万元，税金68万元，全员劳动生产率12 474.00元，分别比2000年增长3.4%、45.8%、

31.2%、58.1%、14.9%。供电公司连续5年被省委、省政府评为“精神文明建设先进单位”；2001年在镇赉县行风测评中名列第一；被白城供电公司评为“安全生产先进单位”及“双文明单位标兵”。

（刘学军）

热力生产及供应

【基本情况】 2001年，全市有热力生产供应企业5户，从业人员476人，其中白城市区304人。专业技术人员58人：高级工程师、高级政工师2人，工程师、会计师、政工师14人，助理工程师、助理会计师、助理政工师42人。主要设备有锅炉及其附属设备、水泵、水处理设备、电气及热工仪表、变频调整装置、各种阀门、除污器、除砂器和各种工程抢修设备等，共3 800台（套）。固定资产净值7 224.70万元。工业总产值4 935万元，其中白城市区2 628万元，分别比2000年增长110.9%和12.31%。财政补贴139万元。亏损557万元，比2000年增加507万元。

（于长海）

【热力供应】 2001年，全市热力企业供热能力370兆瓦（白城市区75兆瓦），分别比2000年增长10.87%和31.07%。其中，热电厂94兆瓦（白城市区64兆瓦），锅炉276兆瓦（白城市区11兆瓦）。供热总量1 069.64万吉焦（白城市区108万吉焦），分别比2000年增长40.18%和6.48%。其中，热电厂122万吉焦（白城市区92万吉焦），锅炉947.64吉焦（白城市区16万吉焦）。管道长1 333公里，其中白城市区45公里。供热面积979.81万平方米（白城市区584万平方米），其中住宅638.12万平方米（白城市区333万平方米），分别比2000年增长77.06%、65.91%、55.52%和60.87%。其他社会供热单位热水供热能力1 263.7兆瓦，其中白城市区310兆瓦；供热总量1 119万吉焦，其中白城市区442万吉焦，均为锅炉供热。管道长146.1公里，其中白城市区58公里。供热面积686.71万平方米（白城市区445万平方米），其中住宅419.9万平方米（白城市区238万平方米）。

（于长海）

自来水生产及供应

【基本情况】 2001年，全市公共供水企业5户。职工1 257人，其中白城市区320人。专业技术人员35人：高级会计师、高级政工师2人，工程师、会计师、经济师、政工师16人，助理工程师、助理会计师、助理政工师17人。主要设备有取、供水泵22台，高低压开关柜、变压调速器、水表校检台、车库、电焊机、加氯机等。设备总值493万元。固定资产净值3 628万元。资本金875万元。综合生产能力12.20万立方米/日，其中白城市区6.5万立方米/日。皆为地下水。供水管道长484公里，其中白城市区192公里。工业总产值1 838万元，其中白城市区896万元。亏损231.10万元，其中白城市区172万元。

城市自备供水。从业人员82人，综合生产能力7.43万立方米/日，其中白城市区5.6万立方米/日。地下水6.30万立方米，其中白城市区4.20万立方米。供水管道长95公里，其中白城市区80公里。

（于长海）

【自来水供应】 2001年，全市公共供水企业供水总量1 708.1万立方米/年，其中白城市区896万立方米/年；售水量1 331万立方米，其中白城市区430万立方米。用水110 826户（白城市区32 946户），其中家庭用户106 998户（白城市区32 646户）；用水36.20万人，其中白城市区11.50万人。

城市自备供水。供水总量2 496万立方米，其中白城市区1 807万立方米；生产运营用水2 039万立方米，其中白城市区1 471万立方米；公共服务用水116万立方米，其中白城市区114万立方米；居民家庭用水339万立方米，其中白城市区222万立方米。售水量508万立方米，其中白城市区439万立方米。免费供水量15万立方米。用水29 169户，其中家庭用户29 162户（白城市区21 167户）；用水15万人，其中洮北区12.04万人。人均日生活用水量104.03升，其中白城市区117.04升；用水普及率71.54%，其中白城市区87.61%。

（于长海）

城乡建设·环境保护

城市建设

【基本情况】 2001年初，白城市城乡建设委员会，编制26人。其中，行政编制24人，工勤事业编制2人。设城建科、乡建科、建工科、房产科、科技科、计财科、办公室、党委办公室。11月，市直机关机构改革，改称白城市建设委员会（简称市建委），编制未变。实有29人，其中专业技术人员4人：高级工程师2人，工程师2人。设城建科、乡建科、建工科、房产科、科技科、计财科、办公室、党委办公室。直属企事业单位17个，实有职工3 868人，其中专业技术人员731人：高级工程师、高级统计师、高级经济师、高级评估师、高级政工师72人，工程师、会计师、统计师、经济师、评估师、统计师、政工师190人，助理工程师、助理会计师、助理评估师、助理统计师、助理政工师469人。全市有洮北区、镇赉县、通榆县、洮南市、大安市建设局。编制50人。房地产业5户，从业人员270人。建筑企业18户，职工8 552人，其中专业技术人员384人：高级工程师、高级会计师、高级政工师51人，工程师、会计师、统计师、政工师128人，助理工程师、助理会计师、助理统计师、助理政工师205人。

2001年，白城市城乡建设按照市委、市政府关于继续打好城市开发建设管理总体战，坚持“人民城市人民建，公益事业大家办”的方针，全市动员，上下齐动，精心组织，周密部署，广泛调动社会各方面的力量，克服困难，大胆开拓创新，全面实施跨世纪城市总体规划。全市总投资31亿元。其中，市区19.5亿元。分别比2000年增长1.5%和20.2%。建设查干浩特旅游开发区、吉鹤灵苑、聚龙建材城、瑞光商贸城和吉鹤明珠、幸福花园小区和三合、吉鹤桥及其滚水坝，大厦7座，宾馆4座，标准街路5条，铺装巷道20条，新建、拓宽、改造道路19条及其配套设施，改造扩建广场2个，续建了供水、供热工程，绿化了市区。各县（市、区）建设了城市道路、楼房及城市配套设施等。全市加强城市管理，查处一批违章建筑，树立了良好的城市形象。

年末，城市人均拥有城市维护建设资金335.40元，其中白城市区341元。人均日生活用水量104.03升，其中白城市区117.04升。用水普及率71.54%，其中白城市区87.61%。除通榆县外，县（市、区）燃气普及率70.79%，其中白城市区84.31%。白城市城区每万人拥有公共交通车辆1.96标台。人均道路面积8.41平方米，其中白城市区9.02平方米。路网密度1.43公里/平方公里，其中白城市区0.08公里/平方公里。排水管道密度3.27公里/平方公里，其中白城市区4.09公里/平方公里。人均公共绿地面积6.09平方米，其中白城市区5.55平方米。建成区绿地率21.23%。其中白城市区22.69%。建成区绿地覆盖率22.78%，其中白城市区27.69%。白城市区和镇赉县水冲公厕比率1.64%.

城市面积2 088.87平方公里，其中白城市区1 838平方公里。建成区面积85.84平方公里，其中白城市区32平方公里。

（于长海）

【查干浩特旅游开发区工程】 2001年，查干浩特旅游开发区由白城市城镇规划管理局规划。区内团结湖水库常年蓄水面积7.8万平方米。投资300万元，建成大门、栅栏、过渠小桥、赛马场、游泳场、狩猎场、滑草场、露天篝火晚会场、钓鱼平台、码头、休闲渡假园、绿茵园、浴畔园、碧水园、会议中心和蒙古包38个，小木屋7个；别墅7栋，面积2 000平方米；水冲厕所1座，移动厕所2座及供电设施。购置游艇1艘，小船20只。打井2眼。修旅游区主路，种植花草、树木。

（于长海）

【烈士陵园新建工程】 6月3日，新建烈士陵园工程开工，10月24日竣工。由白城市建筑设计研究院设计，白城市第一建筑总公司施工。将白城火车站东侧，辽北路北侧53号的烈士陵园拆除，易地华严寺南200米处重建，改称“吉鹤灵苑”。占地7万平方米，建筑面积3.75万平方米。市政府、洮北区政府投资1 100万元。建成大门、主碑、陈列馆、烈士墓群、无名烈士纪念碑、英雄群体雕塑2尊、五星广场、人工湖等和硬化主干路。

（于长海）

【市区路网建设工程】 2001年，新建、拓宽、改造市区道路19条，全长35.6公里，铺装面积47万平方米。维修路面9.04万平方米。投资12 263万元。其中，新建幸福北街、瑞光北街、朝阳路、公园路、开发区胜利西街 、西外环路，长19 620米，面积273 057平方米；联建文化西路、兽药厂路，长1 008米，面积12 647平方米；拓宽长庆南街、洮安西路、中兴西路、青年北街，长5 872米，面积156 507平方米；改建洮安路人行道标准街、海明路步行街，长2 800米，面积47 980平方米；维修罩面明仁街、中兴路、幸福街、新华路、青年街，长6 200米，面积94 400平方米。

（于长海）

【白城市海明路步行街工程】 4月2日，白城市海明路步行街工程动工，9月26日竣工。步行街位于海明东路，东起青年街，西止金辉街。全长800米，平均宽35米，总面积2.9万平方米。铺装排水管道800延长米。路面铺设小方块彩色广场砖，地下电线电缆。天然石雕塑小品6座，64寸大屏幕彩电2台，串型路灯20基杆、280盏，花灯2基杆、48盏，地灯34盏，果皮箱、花钵各20个，磁卡电话4台，邮箱2个和书报电话亭及街路口钢护栏400延长米。步行街两侧有个体私营企业140户。步行街成为白城市一条亮丽迷人的风景线。工程投资2 100万元。其中社会各界捐资680万元。投21 800人工日，动用土石方71 800立方米。

（于长海）

【标准街路建设工程】 2001年，投资1 689.6万元。建设幸福南大街、爱国街、青年街、文化路、中兴东大路5条标准街路。种花15万株，栽树2 000株，摆放花钵150个；调整路边石12 500米，花池边石7 136米；铺人行步道26 640平方米；粉刷沿街建筑物12万平方米，粉刷路灯166基杆；新增果皮箱、垃圾箱60个。完成内环路内巷道铺装，土路硬化20条街路，全长3 000米，面积17 882平方米。设路牌、路标218块。新建标准公厕20座。

（于长海）

【表彰标准街路建设做出优异成绩的单位】 9月26日，市政府决定，对在标准街路建设中做出贡献的单位予以表彰。授予洮北区人民政府等43个单位为标准街路建设模范单位称号，授予大安市人民政府等41个单位为标准街路建设先进单位称号，对白城市委办公室等46个单位予以通报表扬。

标准街路建设模范单位：洮北区人民政府、镇赉县人民政府、白城市交通局、洮北区交通局、白城市财政局、洮北区财政局、白城市教育委员会、洮北区教育局、白城市民政局、洮北区民政局、白城市财政监督局、洮北区财政监督局、白城市审计局、洮北区审计局、白城市林业局、洮北区林业局、白城市土地局、洮北区土地局、白城市水利局、洮北区水利局、白城市公安局、白城市公安局洮北分局、白城经济开发区、白城市供电公司、白城市通信公司、白城市公路管理处、洮北区养路段、洮北区城管局系统、白城市城管监察支队、白城市委宣传部、白城日报社、白城市广播电视局、白城市烟草局、白城市国税局、白城市劳动局、白城市计划委员会、白城市人事局、洮北区人事局、白城市国有控股公司、白城市芦苇局、白城市中心医院、白城市移动通信分公司、白城市卫生局。

标准街路建设先进单位：大安市人民政府、通榆县人民政府、洮南市人民政府、白城市建设委员会、洮北区委宣传部、白城市交通警察支队、白城市人防办公室、白城市地方税务局、中国人寿保险公司白城分公司、白城市社会保险公司、洮北区劳动局、白城市邮政局、白城市中级人民法院、洮北区人民法院、白城市石油公司、白城市人民检察院、洮北区人民检察院、洮北区卫生局、中国人民银行白城市中心支行、白城市洮儿河灌区管理局、白城市畜牧局、白城市物价局、洮北区畜牧局、洮北区物价局、中国农业银行白城市分行、白城市技术监督局、白城市人工降雨基地、白城市科学技术委员会、中国建设银行白城市中心支行、洮北区委办公室、白城市农业局、洮北区农业局、中国工商银行白城市分行、白城市粮食局、洮北区粮食局、白城市供销社、洮北区供销社、白城市环境保护局、洮北区环境保护局、白城市总工会、吉林省地方病第一防治研究所。

标准街路建设通报表扬单位：白城市委办公室、白城市人民政府办公室、洮北区纪律检查委员会、洮北区人民政府办公室、白城市房产经营公司、白城市医药商厦、白城市工商局、白城市贸易局、中国农业发展银行白城市分行、洮北区烟叶办公室、白城市中医院、白城市地质矿产局、白城市经济技术协作办公室、中国人民解放军65373部队、白城市乡镇企业局、白城市看守所、洮北区老干部局、白城市物资局、白城市计划生育委员会、洮北区农机局、白城市旅游局、白城市外贸局、白城市经济体制改革委员会、白城市工商业联合会、白城市劳动服务公司、白城市粮油公司、白城市委统战部、白城市妇女联合会、长春铁路分局白城地区办事处、白城市信访办公室、洮北区人民武装部、洮北区计划生育局、共青团白城市委员会、白城市农委、白城市宗教局、白城市科学技术协会、吉林省白城市气象局、白城市委政法委员会、洮北区总工会、洮北区计划委员会、中共白城市直属机关工作委员会、白城市安全局、中国农业银行洮北区支行、洮北区水稻办公室、白城市美迪装璜公司、白城市老干部局。

在标准街路建设中，老领导、老干部主动自觉捐款的有苗育全、李忠厚、孔庆丰、王发青、宋恩义、张秀英、石灵芝、王元隆、付杰、潘顺英、张淑芬、朱志峰、隋二龙。市政府给予表扬。

（陈玉明）

【“两桥”、“两坝”建设工程】 2001年，在运河带状公园新建三合、吉鹤桥2座及溢流坝2座。总投资378万元。

三合桥，属排架式农道桥，荷载重量汽15吨，投资50万元。6月开工，10月竣工。由白城市水利勘测设计院设计，白城市第一建筑工程公司施工。

吉鹤桥，属双向六道单塔四索面斜拉式公路桥，荷载重量汽20吨，投资258万元。6月开工，10月竣工。由吉林省水利科学研究所设计，工程负责人市洮儿河灌区管理局，由镇赉县水利施工队施工，吉林省水电工程监理中心监理。

两座钢筋混凝土滚水坝投资70万元。

（于长海）

【两大市场建设工程】 2001年，兴建聚龙建材城和瑞光商贸城。聚龙建材城一期工程2000年8月10日开工，2001年10月竣工。由长春市建筑设计研究院设计，白城市第一建筑总公司第六建筑公司、第四建筑公司，洮北区兴达公司，姜堰市建筑公司施工。占地3万平方米，建筑面积2.93万平方米。香港大润房地产开发公司长春分公司投资2 950万元兴建。

瑞光商贸城工程2001年4月开工，10月竣工。由白城市建筑设计研究院设计，白城市建筑公司施工。建筑面积6.5万平方米。长春新月集团新月山庄与白城市丰盛房地产开发置业有限责任公司投资1亿元兴建。

（于长海）

【开发住宅小区工程】 2001年，吉鹤苑小区建成住宅楼30栋、10万平方米。幸福花园小区建成住宅楼16栋、3.73万平方米。市区内各房地产开发公司建设的商品房、经济适用房及各单位建设的集资房40栋、26万平方米。全市共建住宅41万平方米，总投资4亿元。

（于长海）

【供热供水工程】 2001年，续建白城市西部供热站，投资600万元。建成高压变电所1座，安装10吨热水锅炉4台，铺设供热管道2公里，增加供热能力40万平方米。

白城市第三水厂二期工程。投资2 000万元，新建、改造供水管网。

（于长海）

【七座大厦建设工程】 广电大厦。建筑面积1.4万平方米，16层。投资2 890万元，2000年末，完成地下一层封闭和裙房地基工程。2001年末，完成续建工程，交付使用。

文化大厦。建筑面积1.23万平方米，投资1 500万元。2000年末，完成地基工程。2001年末，完成续建工程，交付使用。

开发大厦。占地0.5万平方米，建筑面积1.62万平方米，20层（含地下一层）。投资3 800万元。2000年末，完成地基工程及地下一层封闭。2001年末，完成主体封闭，施工产值1 400万元。

客运大厦。建筑面积3 500平方米，院内混凝土地面铺装及建大门。2001年开工，年末完成投资1 100万元。

电信大厦。1998年9月兴建，占地1万平方米，建筑面积2.4万平方米，地下1层，地上24层。建设标高89.5米，总高度104.5米。投资1.8亿元。2001年续建内外装修和设备安装，年末完成投资3 460万元。2001年基本竣工。由白城市建筑设计研究院设计，白城市第一建筑总公司施工。

东北商业大厦。建筑面积7 500平方米，投资1 100万元。2000年10月开工，2001年10月1日竣工。

军分区开发大厦。建筑面积2.2万平方米，投资2 200万元。2001年末，完成投资1 500万元。由白城市建筑设计研究院设计，江苏省南通605建设公司施工。

（于长海）

【“四馆”建设工程】 吉鹤宾馆。占地3万平方米，建筑面积8 769平方米，投资1 500万元。2000年末，完成地基和地上一层部分主体工程。2001年末，完成续建工程，交付使用。

白城宾馆。建筑面积19 800平方米，投资2 200万元。2001年开工，年末完成主体封闭，开始内外装修。

鹤城体育馆。建筑面积7 370平方米，投资400万元。2000年末，完成二层框架。2001年，完成续建工程，交付使用。

白城师专文化体育艺术馆。建筑面积6 400平方米，投资1 200万元。2001年开工，年末主体封闭。

（于长海）

【改造、扩建两处广场工程】 吉鹤广场。占地3.7万平方米，投资2 200万元。2000年末，建成环岛广场。2001年，完成地下车库梁板混凝土1 356立方米，花岗岩火烧板安装砌筑900平方米，水暖、通风、电器工程的1/3，一、二号路、汽车库主体、土方工程完工。完成投资790万元。

市民广场。将原文化广场和劳动公园合并。2001年，拆除劳动公园西侧的围墙、南大门及其附属房屋，扩大面积后，取名“市民广场”。面积20万平方米。提高绿化档次，种植近万平方米草坪，绿化东西两侧建筑物周围，形成既有活动空间，又有高层次绿化水准的开放式的市民活动娱乐广场。

（于长海）

【市区绿化及管理】 2001年，森林公园植树16 852株。街路植树3 469株。阳山节制闸植树1 000株。幸福街、和平街、新华路、中兴路、市民广场、抗洪胜利纪念塔和华严寺，街路绿化5.3万平方米。

拆除青年广场雕塑。在和平、新华、中兴广场建立雕塑。市区内征地3 088平方米。拆迁私人房50户928.60平方米，单位房9 215.33平方米，国直房698.38平方米。拆除围墙1 526米，铁栅栏490米，厕所5座，铁商亭53个，朝阳路铁栅栏市场300平方米，电力线杆165基杆，通信线路372基杆。

（于长海）

【县（市）道路建设工程】 2001年，大安市投资4 744万元。完成内环路建设工程。全长7 474米，铺装面积15.50万平方米；铺设排水管线5 575米，给水管线4 162米；安装路灯122基杆，完成4条标准街路建设工程。维修罩面长白街、人民路7.34万平方米，铺设标准街两侧人行步道彩色方砖，维修4条街路灯，疏通排水管线5 019米，制作果皮垃圾箱64个，街路牌42个，花钵36个；完成标准街路的绿化、美化和亮化。铺装步行街长450米，面积9 750平方米。维修大赉街、江城路等主要街路的路面。铺设12条次干道排水管线

3 366 米。

洮南市投资 6 680 万元。完成府城街、松辽街、荣福路、民强路铺装及罩面工程，全长 3 200 米，总面积 2.4 万平方米；泰州街、兴安街、建设路 3 条标准街路建设工程，硬化人行道 6.1 万平方米，铺设排水管线 4 000 米，安装路灯 300 基杆，砌筑路边石 2.5 万延长米，铺装人行街道彩色方砖 1.1 万平方米。完成 3 座排水泵站设备安装和供电外线架设。建成环路及广昌路路灯 446 基杆和 3 个城市出口，植树 5.77 万株，种花卉 14 万株。建成垃圾中转站 2 座，公厕 12 座，购置垃圾清运车 10 辆。环城防护林二期工程，植树 38 万株。改造通信线路 11.5 公里和供电线路 8.4 公里。建供热站 1 座，改造部分供热管网。

镇赉县投资 5 560.09 万元。新建街路 4 条，全长 4 597.1 米，总面积 4.98 万平方米。其中，民康路长 1 283 米，面积 1.18 万平方米，铺排水管道 1 270 米，路边石 2 565.8 延长米；育才路长 764.8 米，面积 0.73 万平方米，铺排水管道 730 米，路边石 1 456.9 延长米；嫩江路长 2 330.5 米，面积 2.77 万平方米。铺排水管道 2 306.51 米，路边石 4 613 延长米，安装铁栅栏 8 043 米；清泉街长 218.8 米，面积 3 060 平方米，铺排水管道 321 米，路边石 437.6 延长米。4 条街路铺装给水管线 1 611.84 米，安装路灯 156 基杆，526 盏灯。铺装巷道 59 条，全长 8 694.2 米，面积 3.52 万平方米。建成永安广场，总面积 14 062 平方米。其中，硬化面积 6 862 平方米，绿化面积 7 200 平方米；种草坪 6 800 平方米，安装路灯 31 基杆、542 盏灯。街路绿化，植树、种花卉；购置浇花水车 1 台，制作垃圾箱 50 个，购置铲车 1 台。改造团结路两侧房屋 3.2 万平方米。铺装人行街道 4.22 万平方米。

通榆县投资 1 600 万元，围绕标准街路建成高标准公厕 20 座；制作垃圾箱 50 个，维修垃圾箱 210 个。安装路灯 56 基杆，广场高标灯 2 基杆，彩色射灯 2 组 4 盏，更换灯具 146 套，维修粉刷路灯 423 基杆。维修雨水井、检查井 271 个，清掏排水明渠 4 万延长米。维修路面 2 000 平方米，铺设人行道彩色砖 3 万平方米。整修土路 8 300 平方米。改造供水管网 1 200 延长米。人行道植树 2 180 株，种花卉 16 个品种 72 万株，种草坪 4.5 万平方米。

（于长海）

【县（市）楼房建设及其它工程】 2001 年，大安市楼房在建工程项目 34 项，总建筑面积 19.24 万平方米，总投资 16 047 万元。其中，2000 年结转工程 8 项，建筑面积 86 805 平方米，投资额 5 715 万元。新建工程 26 项，建筑面积 12.56 万平方米，投资 10 332 万元。

洮南市楼房在建工程 44 项，总面积 23 万平方米，总投资 16 953 万元。其中，完成住宅建设 12 万平方米，投资 8 042 万元，商业及办公用房 11 万平方米，投资 8 911 万元。

通榆县基本建设在建工程 27 项，总建筑面积 15 万平方米，完成投资 1 亿元。

镇赉县完成房屋建设工程 13.5 万平方米，投资 11 475 万元。

大安市的大安北火车站站舍改造工程竣工交付使用。建筑面积 3 200 平方米，总投资 550 万元。市区建成公厕 10 座，维修公厕 74 座，投资 38.5 万元。建成集中供热站 5 座，增加供热能力 30 万平方米，投资 200 万元。完成市区内移动通信接入网建设工程 11.2 公里，投资 400 万元。

镇赉县二水厂续建工程完成设备安装、厂区硬化、办公室装修等。投资 2 040 万元。停车场续建工程完成 0.9 万平方米，投资 150 万元。

（于长海）

【城市交通】 2001 年，全市城市道路总长 371.65 公里（白城市区 56 公里），道路面积 574.09 万平方米（白城市区 246 万平方米），人行道及巷道面积 96.5 万平方米（白城市区 36 万平方米），分别比 2000 年增长 5.70%、6.12%、21.63%、34.43%、18.74%和 2.86%。桥梁 2 座，其中立交桥 1 座。路灯 11 826 盏，其中白城市区 4 324 盏，分别比 2000 年增加 2 397 盏和 276 盏。排水管道长 288.83 公里（白城市区 131 公里），污水管道 83 公里（白城市区 38 公里）。污水排放量 3 172 万立方米（白城市区 1 892 万立方米）。其他单位完成道路建设全长 33 公里（白城市区 14 公里）。道路面积 50.2 万平方米（白城市区 13 万平方米）。人行道及巷道面积 2 万平方米。

2001 年，全市仅白城市区有公共汽车公司，运营客车 126 辆，其中小公共汽车 111 辆，分别比 2000 年增加 54 辆和 20 辆。标准运营车 93 标台。运营线路网长 76 公里，客运总量 600 万人次，其中小公共汽车 460 万人次。

城市个体出租汽车 2 410 辆，其中白城市区 1 700 辆，分别比 2000 年增加 290 辆和 355 辆。

（于长海）

【城市燃气】 2001 年，全市有石油液化气供应企业 8 户，其中白城市区 5 户。从业人员 349 人，其中白城市区 158 人。专业技术人员 46 人，其中高级工程师、高级会计师、高级政工师 3 人，工程师、会计师、政工师 8 人，助理工程师、助理会计师、助理政工师 35 人。液化石油气储气能力 780 吨，其中白城市区 440 吨，分别比 2000 年增长 83.53% 和 78.58%。供气管道仅镇赉县有 6 公里。外购气量 10 715 吨（白城市区 7 200 吨），供气总量 10 515 吨（白城市区 7 000 吨），分别比 2000 年增长 20.17%和 34.62%。用气 129 000 户，其中白城市区 62 000 户。用气 48.80 万人，其中白城市区 23 万人。除通榆县外，燃气普及率 70.79%，其中白城市区 84.38%。总产值 1 259 万元，其中白城市区 800 万元。分别比 2000 年增长 13.02%和 9.2%。税金 6.66 万元，其中白城市区 3.60 万元。利润 154.90 万元，其中白城市区 3 万元。

（于长海）

【城市园林绿化】 2001 年，全市有园林管理处 5 个，其中白城市区 1 个。职工 481 人，其中白城市区 193 人。专业技术人员 24 人。其中，高级工程师、高级畜牧师 2 人，工程师、政工师、畜牧师 10 人，助理工程师、助理政工师、助理畜牧师 12 人。园林苗圃 5 个，其中白城市区 1 个。总面积 233.49 公顷，其中白城市区 4.29 公顷。

全市园林绿化覆盖面积 2 816.4 公顷（白城市区 2 540 公顷），其中建成区 2 679.2 公顷（白城市区 1 230 公顷），分别比 2000 年增长 5.2%、12.19%、18.34% 和 6.99%。园林绿地面积 2 820.9 公顷（白城市区 808 公顷），其中建成区 1 861.8 公顷（白城市区 1 167 公顷），分别比 2000 年增长 35.77%、50.96%、1.47%和 74.96%。公共绿地面积 1 503.4 公顷，其中白城市区 355 公顷。公园 5 个，其中白城市区 2 个。公园面积 289.7 公顷，其中白城市区 53.1 公顷。游人量 28 万人次，其中白城市区 8 万人次。

其他管理单位园林绿化覆盖面积 1 454.6 公顷（白城市区 664 公顷），其中建成区 1 238.7 公顷（白城市区 656 公顷）。园林绿地面积 1 117.5 公顷（白城市区 632 公顷），其中建成区 874.4 公顷（白城市区 559 公顷）。公共绿地面积 192.8 公顷，其中白城市区 131 公顷。

（于长海）

【城市环境卫生】 2001 年，全市有城市环卫管理处 5 个，其中白城市区 1 个。从业人员 1 388 人，其中白城市区 526 人。清运车 95 辆，其中白城市区 27 辆。道路清扫保洁面积 616 万平方米，其中白城市区 307 万平方米。生活垃圾清运量 48.65 万吨，其中白城市区 16.5 万吨；分别比 2000 年增长 19.09%和 3.13%。生活垃圾简易处理能力 857.50 吨，其中白城市区 452 吨/日，处理量 31.15 万吨，其中白城市区 16.5 万吨。粪便清运量 4.90 万吨，其中白城市区 2.6 万吨。公厕 460 座（白城市区 120 座），其中水冲式 3 座（白城市区 2 座）。

（于长海）

村镇建设

【基本情况】 2001 年，全市有建制镇建设管理机构 28 个，职工 112 人。其中，助理员 33 人，管理员 79 人。镇设建设企事业机构 14 个，职工 161 人。房管职工 58 人，水厂职工 85 人，市政职工 24 人，园林职工 31 人，环卫职工 64 人。集镇设建设管理机构 54 个，职工 59 人。其中，助理员 45 人，管理人员 14 人。镇赉、通榆县和洮南、大安市村屯建设管理机构有工程师 5 人。市政府办公室转发市建委制定的《白城市 2001 年城镇（村屯）建设改造工程工作实施方案》。建制镇、集镇、村屯编制了建设总体规划。全年村镇建设总投资30 455万元。其中，建制镇12 561万元，集镇5 732万元，村屯12 162万元。全市农村住宅建设竣工面积29.78万平方米，其中，混合结构8.47万平方米（楼房3.89万平方米），砖木结构21.31万平方米。公共建筑竣工面积4.9万平方米，其中混合结构3.38万平方米。生产性建筑竣工面积6.14万平方米，其中砖混结构4.12万平方米。自来水受益34.23万人，比2000年增长1.10%。同时，修建了道路，绿化了村镇。

（于长海）

【建制镇建设】 住宅建设。2001年，全市建制镇38个。镇区现状用地面积4 027公顷。全年投资4 454万元。竣工面积7.48万平方米，比2000年增加6.11万平方米。其中，混合结构3.49万平方米（楼房3.40万平方米），砖木结构3.99万平方米。建房900户，占总户数1.9%。年末，实有住宅面积325.94万平方米。其中，混合结构63.26万平方米（楼房35.29万平方米），砖木结构148.39万平方米，其他结构114.29万平方米。住宅使用面积276.14万平方米，居住面积215.21万平方米。居住人口17.50万人。人均使用面积15.78平方米，居住面积12.30平方米。

公共建筑。全年投资2 465万元。竣工面积2.44万平方米，其中混合结构2.16万平方米，由于合并了部分乡（镇）、村，分别比2000年减少2.07万平方米、2.35万平方米。年末实有公共建筑面积105.38万平方米，其中混合结构54.16万平方米。

生产性建筑。全年投资4 071万元。竣工面积4.70万平方米，其中混合结构3.6万平方米，分别比2000年增加3.24万平方米、2.44万平方米。年末，实有生产性建筑89.25万平方米，其中混合结构47.30万平方米。

供水建设。全年投资373万元。年末，自来水受益镇27个，水厂24个，日供水能力3 955吨。供水管道长275公里。年供水总量669万吨，比2000年增长1.59%。其中，生产用量572万吨，生活用量97万吨。用水人口7.92万人，比2000年增长1.22%。用水普及率45.31%。人均日生活用水量33.55升。

公用设施建设。全年投资1 198万元。洮南市万宝、那金、黑水镇各建1条标准街路，铺装沥青路面1.8万平方米；修沙石路1.3万平方米，植树1.9万株，修排水沟2 300米。大安市的安广镇完成标准街罩面，龙沼镇建成400米渣油路，新平安镇建成2 000米渣油路，两家子镇建成945米标准街路，舍力镇在主要标准街安装路灯40基杆。全市投资1 162万元，安装农村通信接入网工程249.9公里。年末，建制镇道路长485公里，其中高级、次高级路137公里。道路面积364.48万平方米，其中高级、次高级路118.02万平方米。桥梁11座，防洪堤长187公里，路灯599盏，排水管道长55公里。建制镇均通电。

园林绿化及环境卫生。全年植树8万株。年末，绿地覆盖面积512公顷，园林绿地面积246公顷，公共绿地面积57公顷。公园4个，面积11公顷。人均公共绿地面积3.26平方米。环卫机械12台。公厕180座。

（于长海）

【表彰全市小城镇建设“绿野杯”竞赛活动优胜单位】 3月23日，市政府决定，对2000年全市小城镇建设“绿野杯”竞赛活动中取得优异成绩的单位予以表彰。

大安市舍力镇，奖励5万元。镇赉县坦途镇，奖励4万元。洮南市黑水镇，奖励3万元。洮北区岭下镇，奖励2万元。通榆县瞻榆镇，奖励1万元。

（陈玉明）

【集镇建设】 住宅建设。2001年，全市54个集镇。镇区现状用地面积4 434公顷。全年投资2 224万元。竣工面积4.34万平方米，比2000年增加3.35万平方米。其中，混合结构0.64万平方米（楼房0.49万平方米），砖木结构3.7万平方米。年末，实有住宅面积241.72万平方米。其中，混合结构38.34万平方米（楼房5.55万平方米），砖木结构126.26万平方米，其他结构77.12万平方米。住宅使用面积187.79万平方米，居住面积144.70万平方米。居住人口12.27万人。

人均使用面积 15.30 平方米，居住面积 11.79 平方米。

公共建筑。全年投资 1 262 万元。竣工面积 1.56 万平方米，其中混合结构 0.71 万平方米，分别比 2000 年增长 1.36%和 1.65%。年末，实有公共建筑面积 104.90 万平方米，其中混合结构 65.52 万平方米。

生产性建筑。全年投资 728 万元。竣工面积 0.95 万平方米，其中混合结构 0.52 万平方米，分别比 2000 增长 2.39%、6.38%。年末，实有生产性建筑面积 66.77 万平方米。其中混合结构 16.39 万平方米。

自来水受益集镇 28 个，有供水设施的集镇 21 个，水厂 7 个，日供水能力 300 吨。自备水源日供水能力 2 010 吨，比 2000 年增长 5.23%。供水管道长 89 公里。年供水总量 37 万吨。其中生产用量 19 万吨，生活用量 18 万吨。用水人口 4.32 万人，比 2000 年增长 1.18%。用水普及率 37.18%，人均日生活用水量 11.42 升。

公共设施建设。全年道路建设投资 578 万元。年末，实有道路长 1 066 公里，其中高级、次高级道路 72 公里。道路面积 799 万平方米，其中高级、次高级道路 78 万平方米。桥梁 10 座，防洪堤 124 公里，路灯 75 盏，排水管道 1 公里。集镇均通电。

集镇绿化。全年植树 25 万株。年末，绿化覆盖面积 651 公顷，园林绿地面积 122 公顷，公共绿地面积 51 公顷，人均公共绿地面积 4.39 平方米。公厕 131 座。

（于长海）

【村屯建设】 住宅建设。2001 年，全市村屯 2 923 个。村屯现状用地面积 67 187 公顷。全年投资 9 805 万元。竣工面积 17.96 万平方米，比 2000 年增加 13.06 万平方米。其中，混合结构 4.34 万平方米，砖木结构 13.62 平方米。大安市改造 3 个村屯 277 户，投资 20.5 万元。建住宅 387 间，12 025 平方米。年末，全市村屯实有住宅建筑面积 1 718.98 万平方米。其中，混合结构 73.29 万平方米（楼房 3.20 万平方米），砖木结构 486.03 万平方米，其他结构 1 159.66 万平方米。住宅使用面积 1 310.13 万平方米，住宅居住面积 1 002.45 万平方米。居住人口 106.51 万人。人均使用面积 12.36 平方米，居住面积 9.41 平方米。

公共建筑。全年投资 964 万元。竣工面积 0.9 万平方米，其中混合结构 0.51 万平方米，分别比 2000 年下降 0.95%和增长 12.75%。年末，实有公共建筑 68.66 万平方米，其中混合结构 19.27 万平方米。

生产性建筑。全年投资 454 万元。竣工面积 0.49 万平方米，比 2000 年增长 1.16%。年末，实有生产性建筑面积 27.07 万平方米，均为混合性建筑。

自来水建设。全年投资 400 万元。年末，自来水受益村屯 367 个，有供水设施村屯 189 个，受益人口 22 万人。

公共设施建设。全年道路建设投资 539 万元。年末，实有道路 7 002 公里，其中高级、次高级道路 44 公里。道路面积 5 309.60 万平方米，其中高级、次高级路面积 33.60 万平方米。桥梁 55 座，防洪堤 606 公里，路灯 100 盏。通电村屯 2 923 个。

（于长海）

【表彰 2000 年全市村屯改造、新村建设管理优胜村屯】 3 月 12 日，市政府决定，对 2000 年全市村屯改造、新村建设管理优胜单位予以表彰。并奖励各单位人民币 1 万元。

2000 年白城市村屯改造优胜单位：镇赉县建平乡韩家屯、大安市六合乡庆友屯、通榆县七井子乡和平村、洮北区岭下镇石头井子村、洮南市东升乡东升村。

2000 年白城市新村建设管理优胜村屯：洮北区金祥乡乌兰新村、镇赉县丹岱乡敖包虎屯、洮南市幸福乡长岗新村、大安市两家子镇农业屯、通榆县新华镇后王新村。

（陈玉明）

房 地 产 业

【基本情况】 2001 年，全市房地产业有职工 570 人（白城市区 300 人），其中专业技术人员 44 人：高级房地产评估师、高级会计师 2 人，工程师、统计师、会计师、政工师 23 人，助理工程师、助理经济师、助理统计师、助理会计师、助理政工师 19 人。

全市 5 个县（市、区）实有房屋建筑面积 1 858.71 万平方米。其中，国直房 15.89 万平方米，私房

964.68万平方米。实行物业管理房151.92万平方米。白城市区实有房屋建筑面积805万平方米。其中，国直房10万平方米，私房280万平方米。实行物业管理房140万平方米。

全市实有住宅建筑面积1 332.54万平方米。其中，国直房11.76万平方米，私房947.38万平方米。实行物业管理房136.65万平方米。白城市区实有住宅建筑面积505万平方米，其中，国直房8万平方米，私房268万平方米。实行物业管理房125万平方米。

全市实有住宅使用面积943.74万平方米，其中白城市区451万平方米。实有住宅居住面积720.43万平方米，其中白城市区338.25万平方米。居住人口70.14万人，其中白城市区26.5万人。

全市缺房户3 600户（白城市区1 700户），其中人均居住不足4平方米以下的1 500户（白城市区500户）。2001年解决缺房户1 617户，其中白城市区900户。全年房屋竣工建筑面积100.68万平方米（白城市区57.93万平方米），其中住宅40.52万平方米（白城市区18万平方米）。全年按计划减少房屋建筑面积16.50万平方米，其中住宅11.23万平方米（白城市区8万平方米）。危险住房建筑面积75.12万平方米，其中白城市区67万平方米。房租收入197.82万元。白城市区116万元。

到2001年末，白城市区共建设住宅小区36个。其中，建成30个，在建6个。建成房屋建筑总面积226万平方米。在建成住宅小区中包括铁路住宅小区10个，建筑面积42.2万平方米。

（于长海）

【房地产开发】 2001年，全市登记注册的房地产开发公司15户。其中，国有公司7户，国有独资有限责任公司2户，股份有限责任公司5户，私营公司1户。按资质等级划分：2级企业1户，3级企业4户，4级企业8户，暂定级2户。从业平均人数1 901人，实有1 135人。其中直属开发单位1户，职工300人，其中专业技术人员38人：高级会计师、高级政工师2人，工程师、经济师、统计师、会计师、政工师17人；助理工程师、助理经济师、助理统计师、助理会计师、助理政工师19人。资本金8 589万元（含国家资本1 542万元）。固定资产48 256万元，负债38 439万元，所有者权益9 817万元 。开发商品房建筑面积48.82万平方米 。经营收入19 559万元。其中，土地转让收入100万元，商品房销售收入19 258万元，其他收入201万元。经营成本18 359万元，销售及营业外费用1 457万元，税金及附加952万元，利润804万元。

全市房地产开发投资总额44 015万元。其中 ，商品房30 539万元 ，土地开发1 714万元，旧建筑物购置费3 138万元，土地购置费3 721万元；建设住宅投资24 767万元（安居工程23 117万元），其他建筑投资2 049万元。

全市房地产开发资金来源合计45 205万元。其中，上年结余2 376万元，国内贷款4 323万元，外商直接投资2 000万元，自筹资金13 813万元，其他资金22 693万元。

全市开发土地15.17万平方米，正在开发土地11.67万平方米，待开发土地1.35万平方米，购置土地6.05万平方米。

全市商品房建筑总面积48.82万平方米（含新开工面积35.61万平方米）。其中，住宅34.77万平方米（含新开工26.40万平方米），经济适用房32.36万平方米（含新开工25.39万平方米），新开工办公楼0.50万平方米，商业用房9.72万平方米（含新开工7.56万平方米），其他建筑3.83万平方米（含新开工1.06万平方米）。

全市商品房竣工总面积37.75万平方米。其中，拆迁还建6.41万平方米，公益性建筑3.20万平方米，住宅18.50万平方米、2 146套（经济适用房16.90万平方米、2 050套），办公楼0.50万平方米，商业用房8.08万平方米，其它用房1.06万平方米。商品房竣工总价值37 167万元。其中，住宅18 495万元（含经济适用房16 825万元），办公楼580万元，商业用房16 902万元，其它用房1 190万元。

全市商品房销售总面积19.55万平方米（销售个人7.06万平方米）。其中，住宅15.80万平方米（销售个人6.68万平方米，经济适用房14.71万平方米），办公楼0.50万平方米，商业用房3.12万平方米，其他用房0.13万平方米。预售总面积

9.87万平方米。其中，预售个人住宅8.97万平方米(经济适用房8.35万平方米)，办公楼0.50万平方米，商业用房0.40万平方米。空置总面积17.6万平方米。其中，住宅8.67万平方米，均为经济适用房，办公楼0.50万平方米，商业用房5.54万平方米，其它用房2.89万平方米。在空置房屋面积中一年以下的3.29万平方米，一年以上(含一年)的14.32万平方米。商品房实际销售额21 284万元（含销售个人8 297万元)。其中，住宅13 658万元（销售个人7 487万元，经济适用房12 600万元)，办公楼540万元，商业用房7 013万元，其它用房73万元。

（于长海）

【房屋产权产籍】 2001年，全市房地产市场交易成交面积58.05万平方米,成交金额43 452.66万元，其中白城市区30.4万平方米、28 929.66万元。房屋出租面积8.28万平方米，租金1 123.03万元，其中白城市区0.97万平方米、677.64万元。发放产权证22 729户，其中白城市区10 980户。房屋鉴定灭籍2 298户、35.17万平方米，其中白城市区705户、7.99万平方米。拆迁1 778户、14.88万平方米，其中白城市区679户、7.84万平方米 。危房鉴定2 192户、7.72万平方米，其中白城市区26户、0.15万平方米。新楼登记258栋、78.10万平方米 ,其中白城市区126栋、49.81万平方米 。普查6 050户、40.74万平方米。产籍档案管理建档立卷24 447卷 ，其中白城市区 7 049卷。微机入录24 379卷，其中白城市区15 819卷。查档3 971人次，其中白城市区2 796人次。

（于长海）

【住房改革及管理】 2001年，全市继续实行住房分配货币化。建立职工住房档案，为住房补贴打下了基础。市区有262个单位，职工20 083人参加住房公积金，归集公积金2 800万元,全市集资建房9.2万平方米。其中，市本级3.8万平方米，各县（市）5.4万平方米。

（于长海）

建筑业

【基本情况】 2001年，全市建设系统有建筑企业46户。其中，国有16户，集体28户(含股份制10户)，个体2户；按行业类别分：建筑安装企业40户，其他企业6户；按隶属关系分：中央级企业2户，省级企业3户，地市级企业1户，县级企业40户。按资质等级分：1级1户，2级11户，3级22户，4级8户，暂定级4户。职工24 965人（市直属建筑企业1户，职工1 870人)，其中专业技术人员342人：高级工程师、高级会计师、高级统计师、高级政工师13人，工程师、经济师、会计师、统计师、政工师56人，助理工程师、助理统计师、助理经济师、助理会计师、助理政工师273人。

资本金42 386万元，其中国家资本金16 200万元。年末资产122 010万元。流动资金70 598万元，其中在建工程11 384万元。固定资产原值58 536万元，固定资产净值41 392万元。流动负债63 184万元，长期负债7 818万元。所有者权益38 226万元。总产值141 490万元，比2000年增长144.21%。增加值24 210万元。费用12 538万元，税金177万元 ，利润3 201万元。

（于长海）

【建筑设计】 白城市建筑设计研究院建于1960年，称白城专区建筑公司设计室。几易其名，1993年3月，改为现名。资质等级甲级。设办公室，生产经营室，总工程师办公室，方案室，综合设计一、二室，党务办公室，工会，直属单位有白城市建筑工程地质勘测处、精新建筑工程公司、科发监理公司。职工103人。其中高级职务26人，中级职务23人，初级职务21人。全市有洮南市、大安市、镇赉县、通榆县建筑设计院。职工170人,其中专业技术人员132人：高级职务44人，中级职务37人，初级职务51人。

白城市建筑设计研究院主要设计工具有绘图机4台，微机47台，复印机、电视机各1台，晒图机、照像机各3台，钻机、打印机、经纬仪、水准仪各2台。

2001年，全市完成设计项目108项，其中市直76项；总设计面积38.96万平方米，其中，市直28

万平方米；优秀设计项目8项，其中市直4项，均为省优。

（于长海）

【建筑施工】 2001年，全市施工工程项目548个。其中，新开工项目432个，上年结转项目116个。竣工工程项目478个，其中优良项目144个。总施工面积123 526平方米，其中新开工841 035平方米。投标承包976 852平方米。竣工面积1 020 438平方米，其中优良品468 107 平方米。完成住宅面积655 703 平方米。施工工程价款92 431万元，签定合同452个，合同价款89 983万元，应完成合同4 291个，应完成合同价款112 606万元，已完成合同335个，已完成合同价款112 163万元 。拖欠工程款24 103万元，其中本年新欠款11 641 万元。已完成合同结算款95 102 万元。动用钢筋砼总量109 191 立方米，轻体砌块3 000立方米，空心砖外墙15 197 平方米。

全年建筑企业竣工工程252个，面积1 004 535平方米，造价72 185万元。其中，厂房11个，面积77 617平方米，造价6 090万元；住宅141个，面积709 628平方米，造价51 233万元；文教11个，面积31 246平方米，造价348万元；其它89个，面积186 044平方米，造价14 514万元。钢筋砼结构面积295 630 平方米，造价20 779万元。其中，其它建筑45 260平方米 ，造价3 161万元。其它结构面积338 786 平方米，造价25 643 万元。其中，住宅93 098平方米，造价5 307 万元；其它25 880平方米，造价1 747万元。

（于长海）

【建筑业市场整顿】 2001年，全市强化建筑市场的管理工作。市政府下发《白城市整顿建筑市场工作实施方案》，从源头上预防和治理建筑市场腐败现象，推行招标投标制度，建立公开、公正、公平竞争的建筑市场秩序。全年新开工项目招投标率和公开招投标率均100%。岗前培训全市预算员和继续教育339人，授课60个课时。处罚不具备预算员资格6人。

加强工程质量监督管理，贯彻国家建设部、省建设厅《建设工程质量管理条例》。市建委先后举办《工程建设标准强制性条文》学习班，培训1 200人；质检员、施工员、技术员培训班，培训870人；项目管理培训班，培训450人。同时印发《白城市建设工程质量监督管理工作细则》，明确参建各方主体质量责任，规范各方主体质量行为，实行工程质量终身负责制。

全年新开工的工程项目均实施政府监督。项目经理、施工员、技术员、质检员等关键岗位皆实行持证上岗制度。监理人员实行现场24小时旁站式监理，无监理工程师签字，不得进入下道工序。市建委印发《白城市房屋建筑和市政基础设施工程竣工验收和备案管理办法》，未办理竣工验收和备案的工程项目，不得交付使用。

市建委下发《关于进一步抓好2001年建筑业安全生产工作的通知》、《白城市建设工程现场文明施工管理标准》，对施工机具和施工现场加强了安全管理，保证了全年安全生产。

（于长海）

【通榆县建筑工程总公司简介】 通榆县建筑工程总公司建于1958年，称通榆县建筑工程公司，1991年改为现名。为国家建筑安装二级企业，隶属通榆县城建局。位于通榆县开通镇民主路东。占地9.6万平方米。职工782人，其中专业技术人员152人：高级职务109人。总经理张大林。设党总支、工会、办公室、生产科、安全科、保卫科、财务科。辖土建公司3个、水暖安装公司、水泥制品厂。固定资产5 000万元。有大、中型机械设备235（台）件。2001年总产值3 400万元，增加值614万元，税金114万元，利润61万元，分别比2000年增长13%、20%、10%、14%。全员劳动生产率4.2万元／人。

1991年，通榆县建筑工程总公司在全省“学吉化、振兴吉林”效益竞赛中被评为“先进单位”。1993年，被吉林省建设厅评为“安全生产先进单位”。1994年，被评为省建筑行业“五十强明星企业”。1995至1997年被县、市、省评为“精神文明建设先进单位”。1998年被评为省级“重合同守信用先进单位”。1999年总公司领导班子被吉林省政府和白城市政府评为“模范集体”。

（陈双林）

环境保护

【基本情况】 2001年初，白城市环境保护局（简称市环保局），编制13人。其中，行政编制12人，事业编制1人。设办公室、监督检查科、综合业务科。11月，市直机关机构改革，编制13人，设办公室、污染防治科、自然生态科、综合计划科、白城市环境保护局经济开发区分局。直属白城市环境保护监测站、环境监理处、环境保护宣传中心。事业编制33人，实有35人。其中专业技术人员30人：高级工程师4人，工程师、经济师、会计师10人，助理工程师、技术员16人。全市有洮北区、通榆县、镇赉县、洮南市、大安市环保局，编制31人。县（市、区）均设环境保护监测站、环境监理站。职工244人，其中专业技术人员191人：高级工程师6人，工程师、会计师38人、助理工程师、助理会计师、助理经济师、技术员147人。

2001年，全市环保部门实施了市政府环保目标责任制，完成了各项指标任务。落实市政府下发的《关于综合整治市区大气环境的通告》，集中治理城区内烟尘污染源，控制主要污染物排放总量，排放量大幅削减。检查验收企业污染治理情况，建立验收档案。审批、建设项目环评执行率达到100%，“三同时”（建设项目需要配套建设的环境保护设施必须与主体工程同时设计、同时施工、同时投产），执行率均达95%。“六·五”世界环境日组织青年环保志愿者宣誓活动。完成市政府十大重点工程中的环保节能工程的主要任务。编制《白城生态建设总体规划》中的《环境保护规划》、《有机食品规划》和《环保产业规划》。开展地表水、地下水水源地水质监测及噪声监测、污染源监测，共获监测数据1 167个。

2001年，白城市区大气环境质量，经省环保局考核，环境质量指标的连续5年居全省各市、州之首。

吉林省委、省政府，白城市政府，白城市直属机关党工委分别授予市环保局“精神文明建设先进单位”、“信访工作先进单位”；“先进党总支”称号。

（闫兆玲）

【环境污染状况】 2001年，全市废水排放总量3 991.70万吨，其中，工业1 597.69万吨，排放达标率32.47%。分别比2000年增长1.79%、下降0.62%和增长11.14个百分点。废水中主要污染物化学需氧量（COD）排放总量4.07万吨，其中工业2.27万吨。全市废气中二氧化硫排放量1.00万吨，其中工业0.68万吨，排放达标率7.34%与2000年持平。烟尘排放总量1.10万吨，其中工业0.98万吨，排放达标率60.45%；工业粉尘排放量0.20万吨，与2000年持平。全市工业固体废物产生量25.05万吨，综合利用量20.61万吨，综合利用率82.23%，分别比2000年增长23.4%，下降13.98%和增长0.51个百分点。

（邵立群）

【政府环境保护目标责任制】 2001年是实施市政府（1998—2002）环境保护目标责任制的第四年。市环保局在全面调查研究政府环保目标责任制实施情况的基础上，形成《关于本届政府环境保护目标责任制实施情况的报告》。为进一步落实目标任务，市政府召开全市政府环境保护目标责任制调度会。会后，市政府督查室下发《关于对本届政府环境保护目标责任制任务落实督办的通知》，政府环境保护目标责任制得到顺利实施。年底，吉林省政府检查了全市政府环保目标责任制完成情况。

（邵立群）

【环境监测】 大气监测。2001年，市环保部门监测市区大气环境，监测点位4个，监测项目4项。经监测，市区降水酸度监测值范围在6.8—7.0之间，pH值≥8.5的碱雨发生率0，pH值≤5.6的酸雨发生率亦为0。4月7日，应急监测市区沙尘暴天气的大气污染情况，总悬浮颗粒物的平均监测结果为18.753毫克/立方米，超标62倍。

地表水监测。市环境保护监测站是全国42个地表水水质自动监测站的托管站之一，负责松花江流域嫩江干流白城白沙滩断面水质自动监测站的日常维护与管理工作。全年，完成洮儿河、月亮湖等地表水体丰、平、枯水期6次采样监测工作，监测断面6个。监测结果表明：洮儿河、月亮湖分别为：pH值7.88、8.18，悬浮物18.7、130.5毫克/升，总硬度（德）4.12、5.92，溶解氧9.37、9.61毫克/升，生化需氧量2.57、4.28毫克/升,高锰酸盐指数8.49、7.57毫克/升，氨氮0.415、0.47毫克/升，亚硝酸盐0.013、0.011毫克/升,硝酸盐氮0.099、0.067毫克/升。境内地表水质基本能够满足渔业和农业用水功能要求。

水源地水质监测。监测市区4个水源6次，监测项目14项。监测结果：pH值7.11，高锰酸盐指数0.07毫克/升，硝酸盐氮6.661毫克/升，总硬度116.53毫克/升，氟化物0.435毫克/升，其余9项指标均未检出。水源地的水质均符合国家规定标准，合格率100%。

噪声监测。监测市区道路交通噪声，监测路段总长12300米。监测区域环境噪声，监测网格210个。监测市区功能区噪声4次，监测点位5个。噪声等效声级监测结果：道路交通噪声66.6 dB(A)；区域环境噪声52.7 dB(A)；功能区噪声中居民文教区昼间51.4 dB(A)，夜间49.2 dB(A)；混合区昼间53.0 dB(A)，夜间51.3 dB(A)；工业区昼间49.8 dB(A)，夜间48.2 dB(A)；交通干线两侧昼间63.3 dB(A)，夜间60.5 dB(A)。

全年，白城市环境保护监测站监测了市属废水、废气和噪声污染源。完成了《1996至2000年度白城市环境质量报告书》的编制工作。

（陈吉）

【环境监理】 2001年，市环保部门监督管理区内废水、废气、废渣、噪声、放射性物质等污染源排放情况。检查“限期治理项目”和建设项目“三同时”执行情况，重点污染源25户、151人次。检查污染防治设施运行情况，现场环境监理580人次，污染防治设施运转率100%，达标率100%。为市政府“蓝天工程”的制定，出动监理人员756人次，调查了市属219个机关、企事业单位的锅炉、茶炉、浴池、食堂大灶烟尘排放情况，摸清了污染底数，确保了“蓝天工程”的顺利进行。征收辖区内机关、企事业排污单位的超标排污费和排污水费140多万元，超额完成省环保局下达的排污费征收任务，比2000年增长12%。

（王淑荣）

【环保信访】 2001年，市环保局加大环境信访工作力度，调查处理了污染事故、环境纠纷、环境信访。全年受理环境信访案件26件，处理率100%，结案率96%。并将处理结果及时反馈给上访群众，做到上访群众满意、治理单位满意。调查处理了市人大代表、政协委员提案、议案4件，并按时按规定答复了各位代表和委员，受到表扬。解决群众关心的热点问题。中、高考期间，为给考生创造安静的学习、休息环境，出动现场检查人员160多人次，整顿了建筑施工、街头卡拉OK，歌舞餐厅、文化娱乐等场所，控制了噪声。受到社会和群众好评。

（王淑荣）

【环境污染防治】 2001年，市环保局开展烟尘污染防治工作。解决了市区内10户锅炉，20户茶炉，7户浴池，173户饭店的燃煤烟尘问题。开展噪声、振动防治工作，解决了敏感区域和群众反映强烈的扰民问题。开展固体废物污染防治工作，通过各种有效渠道，提高废物综合利用率，减少固体废物污染。检查全市污染防治和处理设施安全运行情况，查处擅自停用或拆除环保设施企业。对饮用水水源地进行专项安全检查，确保饮水水源水质符合国家标准。核查验收了全市222户企业的污染治理情况，建立验收档案，编制了技术和工作报告。检查“九·五”期间全市主要污染物排放总量控制计划执行情况。开展遏制达标反弹专项检查，防止出现污染反弹，淘汰落后工艺和设备，禁止落后设备转移或重新使用，杜绝“十五小”等污染严重的企业死灰复燃，取缔、关停污染严重的企业13户。对占全市污染负荷95%以上的所有排污单位，特别是对86户重点排污单位开展排污申报登记工作，建立排污申报登记变更管理系统和动态数据库。开展放射源的调查和申报登记工作。对拥有和使用开放型放射源（4个）、密封型放射源（5个）、X线机（132台）等97家企事业单位，依法进行申报登记，建立档案，并排除事故隐患。将放射性废物移送省放射站废物贮存库贮存。

（任宝华）

【嫩江水系污染防治】 2001年，

市环保局将嫩江水系污染防治工作纳入当地国民经济和社会发展规划及年度计划，并将重点工业污染源治理任务列入市、县（市、区）政府环境保护目标责任书。对污染严重，群众反映强烈的污染源、污染流域强化监督管理，督促排污企业治理污染。按照各水域功能的要求，调整产业结构和工业布局，提高工业企业能源和资源的利用率和“三废”（废水、废气、废渣）综合利用率。

（任宝华）

【环保产业】 2001年，编制《白城市环保产业规划》，开展全市环境保护相关产业调查。白城市从事环保产业的企事业单位32户，从业人员1 788人。固定资产10 026.3万元。白城市工贸企业集团生产的新型环保设备DWJ地埋式污水净化槽被评为“2001年吉林省重点环境保护实用技术”，洮南市锅炉厂生产的型煤锅炉通过省级环保产品认定，白城市鹤城沼气建设有限责任公司的秸秆制煤气及副产品深加工技术，获全国第五届环保产业展览会金奖。

（邵立群）

【环保宣传】 2001年，市环保局开展“六·五”世界环境日宣传活动。与洮北区环保局组织青年环保志愿者3 000余名，举行环保宣誓大会。市政府、市人大环境资源委员会、市委宣传部、市环保局、市总工会、团市委及洮北区环保局分管领导参加大会。会上市政府副秘书长王德坤、市环保局副局长陈一华发表讲话。全体青年环保志愿者庄严宣誓。会后，志愿者开展清除白色垃圾活动。

（于海龙）

【环保科技】 2001年，市环保局围绕白城市生态市建设，进行环境科研课题申报、调研，征集、推荐科技论文。全局撰写科技论文3篇，其中华景龙撰写的《加快白城市环保产业发展的思考》，被中国科学技术协会“2001科技学术年会”征用，并获白城市科学技术协会2001年度科技论文特等奖。

（邵立群）

【建设项目管理】 2001年，市环保局成立建设项目审查委员会。公开审批程序，实行建设项目集体审批制，增加透明度和权威性。全年审批建设项目36个，验收21个，建设项目环评和“三同时”执行率分别为100%和95%，加强了建设项目施工期安全检查和竣工验收工作。举办建设项目审批培训班，培训20人，提高了业务人员素质和能力，把好建设项目审批关，防止新污染产生。

（任宝华）

【自然生态保护】 2001年，市环保局加强自然保护区监督管理。对保护区定期开展专项检查。调查和处理了中国石油天然气总公司吉林分公司未经批准在莫莫格国家级自然保护区开发油田问题。向市政府上报《加强莫莫格自然保护区湿地建设的报告》。贯彻《全国生态环境保护纲要》。加大有机食品开发力度。贯彻国务院《关于禁止采集和销售发菜制止滥挖甘草和麻黄草有关问题的通知》，会同市监察局、农委及有关部门组成联合检查组制止滥挖甘草和麻黄草情况，此类现象大为减少。编制《白城生态市建设总体规划》中的《环境保护规划》、《有机食品规划》和《环保产业规划》。组织实施《市政府2001年十大重点工程》中环保节能工程工作。全年推广使用小型污水净化装置150户；秸秆综合利用生物质制气工程投资500万元，生产能力1 500户，供气700户。进一步推动通榆县国家级生态示范县建设工作。制定和完善《生态示范县建设总体规划》，并通过专家论证。开展环境优美乡镇的创建工作，向基层延伸生态示范区建设，促进农村生态环境保护工作。

（任宝华）

【白城市环境保护宣传中心简介】 白城市环境保护宣传中心建于1997年。隶属市环保局。位于白城市中兴西大路41号。主任孙玉洁。职工2人，工程师、助理工程师各1人。设备有日产松下摄像机1台，日产照相机1架。

2001年，组织参加全省环境保护知识接力赛，获得团体第五名；组织参加“箭牌杯全国环保宣传画大赛”，选送作品2幅，均获优秀奖。

（于海龙）

【白城市环境监理处简介】 白城市环境监理处建于1990年。隶属市环保局。位于白城市中兴西大路41号。处长王淑荣。职工15人，其中专业技术人员11人：高级工程师1人，工程师4人，助理工程师6人。固定资产21万元，主要设备有：汽车1辆、微机1台、声级计、林格曼黑度监测仪各1台。

2001年，征收排污费140万元，为省环保局下达年计划的145%，比2000年增长12%。环境现场监督检查580人次，污染防治设施运转率100%；中、高考期间为给考生创造安静学习、休息环境，出动现场检查人员160余人次，整顿了建筑施工、街头卡拉OK、歌舞餐厅、文化娱乐等场所，控制了噪声扰民现象，受到社会和群众好评。为市政府制定"蓝天工程"方案，出动监理人员756人次，调查了市属219个单位锅炉、茶炉、浴池、食堂大灶烟尘排放情况。摸清污染底数，确保"蓝天工程"顺利进行。开展环境监理稽查工作。检查下级政府及其职能部门贯彻环境法律、法规及规章情况，监督检查下级环境监理机构履行"三查二调一收费"（建设项目"三同时"和限期治理项目执行情况的监督检查，排污许可证执行情况的监督检查，污染治理设施运行情况的监督检查；污染事故和污染纠纷的调查；排污收费）。监理职责情况及其它违反排污费征收使用管理情况。

（王淑荣）

【白城市环境保护监测站简介】 白城市环境保护监测站建于1975年。隶属市环保局。位于白城市中兴西大路41号。站长陈吉。职工18人，其中专业技术人员17人：高级工程师3人、工程师、经济师、会计师5人，助理工程师、技术员9人。设总务办公室、质量控制室、综合业务室、大气监测室和水质监测室。

2001年，完成市区大气环境质量监测工作；完成洮儿河、月亮湖和嫩江等地表水体的监测工作，监测结果证明，境内地表水的水质基本能够满足渔业和农业用水功能要求；完成白沙滩水质自动监测站的建设和试运行工作，白城市区地下水和水源地的水质监测工作，市区道路交通噪声、功能区噪声和区域环境噪声的监测工作，废水、废气和噪声污染源的监测任务。编制成《1996至2000年度白城市环境质量报告书》。

（陈吉）

交通·邮电

铁　路

【基本情况】 国家铁道部决定自2000年12月1日起撤销白城铁路分局。同时，在白城地区成立长春铁路分局白城地区办事处(简称白城地区办事处)和党工委。白城地区办事处主要负责向地方政府请示汇报，协调厂(矿)企业关系、路内地区性联劳协作、安全生产、多种经营管理、集体经济协调等工作。

2001年，白城地区办事处设办公室、运输接待组、安全监察组、多种经营管理办公室、集体企业协调组，定员40人。其中专业技术人员10人:工程师4人，助理工程师、技术员6人。直附属机构有长春铁路分局再就业服务中心白城办公室、劳动力市场白城办公室、社会保险事业管理中心白城办公室、离退休管理分处白城办公室、护路联防白城办公室、电子计算所白城电子计算室、长春铁道结算中心白城办事处、白城设计所、白城住房交易中心、白城住房资金管理中心、白城铁路新华会计师事务所、押运办公室白城押运队、土地管理办公室白城分室(对外保留白城铁路土地管理分局牌子)、收入稽查中心白城稽查室、白城党校、白城普通教育委员会(隶属长春铁路分局)、白城创业服务公司、白城集装箱公司、白城防疫站、白城材料厂、白城医疗制度改革办公室、白城基本建设办公室(隶属长春铁路分局建设分处)、审计中心白城办公室、白城经济开发总公司、白城铁路招待所、白城史志编纂小组、白城有线电视台、体育协会白城体育管理中心、白城职工培训部、白城地区办事处办公楼管理组。

白城市境内有平齐、长白、通让、白阿 4 条铁路线，线路总延展长 589.636 公里。其中，正线长 495.852 公里，营业里程 404.372 公里。客货运站 38 个。其中，一等站、二等站各 1 个，三等站 4 个，四等站 18 个，五等站 14 个。客运房屋总使用面积 11 314 平方米；站台风雨棚 3 座，1 350 平方米；旅客地下通道 1 处，150 延长米/3 座；旅客天桥 2 座，13 312 平方米；货物仓库 26 栋，10 416 平方米；货物站台 21 座，33 443 平方米；露天货区 23 处，84 327 平方米；货物装卸线 65 条，可容纳 630 辆。配属内燃机车 119 台。其中，东风 4 型机车 108 台，东风 5 型机车 11 台。配属客车 221 辆。其中，硬座车 113 辆，软座车 1 辆，硬卧车 64 辆，软卧车 16 辆，餐车 16 辆，行李车 11 辆。有桥梁 23 座，1.844 公里。涵渠 189 座，2.841 公里。道口 203 处。其中，有人看守道口 16 处，有人监护道口 6 处。道岔 361 组。电务通信明线线路 495.852 杆公里，通信电缆 495.852 皮长公里。电力贯通线路 495.852 公里。

白城地区办事处党群机构设党工委、纪检组、工会工委、团工委，定员 10 人。

（崔厚臣）

【车站】 白城市境内有车站 38 个。其中，一等站、二等站各 1 个，三等站 4 个，四等站 18 个，五等站 14 个。旅客乘降所 7 个。

白城车站。位于白城市辽北路 60 号，车站中心位于平齐线 352 公里+369 米处。为白阿线起点，长白线终点。按技术作业为区段站，按业务性质为客货运站，按工作量为一等站。

2001 年，白城车站行政系统设站长室、副站长室、总工程师室、行政办公室、人事科、技术科、财务科、安全科、教育科及武装部；党群系统设党委书记室、纪委书记室、党委办公室、工会、团委。辖运转、货运、客运及多经公司和生产班组 24 个。职工 636 人， 其中专业技术人员 19 人：工程师 4 人，助理工程师、技术员 15 人。白城车站承担平齐线下行、白阿线、长白线 3 个方向及平齐线上行部分列车的编解作业和 1 个货场、1 个邻站、4 条段管线、21 家专用线、41 条装卸线的取送任务。日均接发旅客列车 17 对，货物列车 90 列，其中始发旅客列车 8 列。主要设备设施：站场总面积 15.35 万平方米；货场总面积 4.2 万平方米；旅客站台 3 座，852 延长米；旅客地下通道 1 处，150 延长米/3 座；调车机 3 台，到发线 9 条，机走线 1 条，客车到发线 5 条，调车线 13 条，机车整备线 1 条，平面牵出线 2 条，简易驼峰 1 座；电动集中道分岔 85 组，手动道岔 55 组；数控平面调车系统 3 套，对讲机 76 台，生产用微机 44 台；汽车衡 1 台，易燃品、易爆品和其它危险品检查仪 2 台。

全年运输收入 7 124 万元，堵漏收入 15.9 万元，货车办理 3 881 辆，旅客发送 161.4 万人，与 2000 年比分别为 81.07%、135.22%、97.78%、97.89%。货物发送 55.3 万吨，装 9 731 车，货车静载重 55.3 吨，一次作业停时 11.3 小时，中转时间 2.3 小时。货车正点率 99.8%，客车正点率 100%。

春暑运、“五一”、“十一” 收入黄金季节，与大专院校、企事业单位、部队、工商个体户建立营销网络，组织上门送票和办理团体预留票，创收 110 万元； 托运行李 610 件，创收 1.2 万元；增加站台流运售票次数，收入 8 万元。走访企业货主，以诚心征服货主，吸引货源，货运收入超计划 359 万元，提前 25 天完成全年货运收入任务。

全站推行全员等级制。中层干部参加竞聘 46 人，落聘 3 人。竞聘后的干部按 3∶4∶3 比例分为一、二、三级，实行等级和工资挂钩。同时，评定出一级职工 119 人，二级职工 167 人，三级职工 134 人；送分局、车站两级劳动力市场 10 人；待岗 16 人。年末，累计实现安全生产 2 786 天，实现第七个安全年，创历史最好水平。白城车站被沈阳铁路局授予“先进车站”称号；被长春铁路分局评为“安全生产先进单位”。

大安北车站。位于吉林省大安市安北街，车站中心位于长白线218公里+494米、通让线274公里+756米处。按技术作业为区段站，按业务性质为客货运站，按工作量为二等站。

2001年，大安北车站行政系统设站长室、行政办公室、财务室、人事教育室、业务室；党群系统设党委书记室、党委办公室、工会。辖大安站和客运、货运、运转、货检列尾车间及生产班组37个。职工353人，其中专业技术人员19人：工程师5人，助理工程师、技术员14人。主要设备设施：到发线8条，编发线1条，编组线7条，调车场2个，简易驼峰1座，牵出线2条，走行线、机待线、客停线各1条，货物线4条，固定调车机2台，信号楼、驼峰集中楼各1座；客运旅客站台4座，9 688平方米；候车室面积880平方米；货物站台2座，1 392平方米；货物仓库4座，2 196平方米。

运输收入2 271万元，旅客发送58.2万人，货物发送27万吨，与2000年比分别为118.14%、101.37%、107.40%。装4 811车，卸7 291车，货车静载重57.6吨，一次作业停时13.8小时，中转时间2.9小时。货车正点率99.6%，客车正点率100%。

年末，全站累计实现无行车重大事故12 814天，无行车大事故9 049天，无行车险性事故7 523天，无行车一般事故3 292天；无人身死亡事故5 510天，无重伤事故991天，无轻伤事故2 069天；无责任火灾事故。连续实现第九个安全年。

大安车站。位于长白线207公里+395米处。隶属长春铁路分局大安北站。按技术作业为中间站，按业务性质为客货运站，按工作量为三等站。

2001年，大安车站设站长室、副站长室、运转值班室、客运室、货运室。职工41人。年旅客发送量6万人，货物发送量10万吨。年末，累计实现无行车重大、大事故19 085天，无行车险性事故10 002天，无行车一般事故5 233天。

洮南车站。位于平齐线320公里+184米处。隶属长春铁路分局白城车务段。按技术作业为中间站，按业务性质为客货运站，按工作量为三等站。

2001年，洮南车站设站长室、副站长室、党支部书记室、运转值班室、客运室、货运室。职工78人。年旅客发送量31.5万人，货物发送量37.5万吨。年末，累计实现无行车重大、大事故11 043天，无行车险性事故11 043天，无行车一般事故4 850天。

开通车站。位于平齐线252公里+677米处。隶属长春铁路分局白城车务段。按技术作业为中间站，按业务性质为客货运站，按工作量为三等站。

2001年，开通车站设站长室、副站长室、党支部书记室、运转值班室、客运室、货运室。职工60人。年旅客发送量24.4万人，货物发送量13.8万吨。年末，累计实现无行车重大、大事故11 042天，无行车险性事故10 600天，无行车一般事故3 600天。

镇赉车站。位于平齐线390公里+421米处，隶属长春铁路分局白城车务段。按技术作业为中间站，按业务性质为客货运站，按工作量为三等站。

2001年，镇赉车站设站长室、副站长室、党支部书记室、运转值班室、客运室、货运室。职工72人。年旅客发送量33.1万人，货物发送量17.7万吨。年末，累计实现无行车重大、大事故11 316天，无行车险性事故7 551天，无行车一般事故4 834天。

（崔厚臣）

公　　路

【基本情况】 2001年初，白城市交通局（简称市交通局），编制22人。其中，行政编制20人，工勤事业编制2人；实有24人。设办公室、计划财务科、组织人事科、生产技术科、党委办公室。11月，市直机关机构改革，编制20人。其中，行政编制18人，，工勤事业编制2人；实有18人。设办公室、计划统计科（与交通战备办公室合署办公）、财务审计科、人事科、建设科技科、党委办公室。直属白城市公路管理处、运输管理处。编制102人，实有99人，其中专业技术人员82人：高级工程师、高级经济师、高级会计师、高级政工师38人，工程师、经济师、会计师、档案馆员28人，助理工程师、助理会计师、助理经济师、助理馆员、会计员、技术员16人。全市有洮北区、镇赉县、通榆县、洮南市、大安市交通局。编制51人，实有57人。各县（市、区）均设公路管理段和运输管理所。编制2 040人，实有2 774人，其中专业技术人员420人：高级工程师、高级经济师、高级政工师19人，工程师、政工师、会计师、经济师136人，助理工程师、助理会计师、助理政工师、助理统计师、会计员、技术员265人。

2001年，全市公路总里程4 710.6公里。其中晴雨通车3 879.6公里，占公路总里程82.35%，比2000年增长11.2%。全市92个乡镇有89个通油路和水泥路，占乡镇总数96.74%，乡镇通油路率居全省各市、州之首。全市有320个村通油路。全年新建公路451公里，总投资41 098万元，均创历史最高水平。

全市有民用汽车35 210辆(私人13 711辆)，比2000年增长74.60%和47.25%。其中，载客汽车22 598辆（大型365辆，小轿车22 233辆)，普通载货汽车8 921辆，专用载货汽车270辆，其它专用汽车703辆，特种汽车2 718辆。轮胎式拖拉机77 640台（私人77 210台)，摩托车99 713辆（私人99 096辆)，其它机动车19 307辆（私人18 027辆)，分别比2000年增长1.48%、1.19%、6.15%、7.58%、37.22%和63.99%。全年公路货运量420万吨，货运周转量2.38亿吨公里；公路客运量499万人，旅客周转量2.69亿人公里，分别比2000年增长7.7%、24.3%、1.0%和1.5%。

全年美化了所有干线公路，绿化了所有县级公路，共植长青树7 806株，乔木15 431株，灌木123 700株。建成文明样板路258公里。整顿、清理公路客货运输市场秩序，全面审验客货运输车辆，共审验7 084辆，其中410辆技术状况不合格的客货车辆限期维修。清理整顿全市运输市场，共稽查违章车290辆，其中黑车38辆，补缴规费30万元，按规定罚款4万元。积极发展旅游运输市场，安排节假日运输，新增班线5条、大客车4辆，春节、国际劳动节、国庆节期间，共投入客运车辆643台次，客运量98 365人，客运周转量3 562 436人公里。水路运输投放客船5艘，客运量3 000人，客船周转量15 679人公里。

根据市委、市政府要求，市交通局投资15万元完成了洮白一级路公铁立交桥内城市道路标准化建设的绿化美化工作；投资300万元完成了内环路主车道的罩面任务；投资270万元完成了青年北大街至东风乡1.6公里拓宽铺装任务；投资3 000元帮扶洮北区保平乡1农户扩建万元田（棚)；捐款及投资11万元帮扶镇赉县建平乡解决春季抗旱机电井配套设备；捐棉被116套；为5户贫困户解决米面500公斤。市交通局被省委、省政府授予“2000年至2001年度精神文明建设标兵单位”；被市委、市政府授予“创文明机关先进单位”和“2001年城市开发建设管理总体战模范单位”称号。白城市公路管理处、白城市运输管理处被省委、省政府授予“精神文明建设先进单位”称号。

（王宝军）

【企业改革】 1月，白城鹤祥快速客运有限责任公司成立。是洮北区、镇赉县、通榆县、洮南市、大安市客运公司和交通系统的职工共同出资组建的股份公司，是白城市首家符合现代企业制度要求的公路客运企业。2月22日，开通白城至长春快速直达班线，大型豪华公路快客正式运行。

4月，市交通局与市体改委共同进行白城市国有公路客运企业改制工作，制定并实施了国有客运企业改制重组方案。6月，由全市5个县（市、区）国有客运企业入股组建的白城市鹤源公路客运有限责任公司正式注册，全市国有客运企业改制工作全面完成。白城市公路工程处进行公司股份制改造，公路工程处出资4 000万元为法人股，全体职工出资2 500万元为职工个人股，注册资金6 500万元，于7月6日组建白城市公路工程有限责任公司。按照《中华人民共和国公司法》选举产生董事会，实行职工代表大会制，自主经营、自负盈亏，完善了企业管理机制，提高了管理水平，增强了职工的主人翁意识及责任感、危机感，增强了企业施工能力，年施工能力达到5亿元。产值2.12亿元，比2000年增长55.89%。承建的长春至扶余高速公路03标段被全国公路运输工会评为优质工程；白城公路工程有限责任公司被吉林省交通厅、吉林省公路管理局和白城市委、白城市政府授予“施工先进单位”称号。年末，晋升为国家公路工程施工总承包一级企业。

（王宝军）

【公路建设及管理】 2001年，全市公路建设总投资41 098万元，建成公路451公里，分别比2000年增长22.3%和24.65%。新建公路中，国、省干线243.1公里：国道珲春至乌兰浩特（简称珲乌线）线安广至白城一级公路98公里，国道珲乌线白城市区绕行线17.6公里；省道白城至齐齐哈尔线二级公路镇赉至嘎什根127.5公里；县道88.5公里；乡村公路119.4公里。全部工程均于9月下旬竣工。

4月上旬，市政府召开全市公路建设工作会议，落实了公路建设的各项指标和措施，调整充实公路建设领导小组，强化公路建设的组织、指挥、调度、协调、管理等项工作。在公路建设中，市交通局严格执行项目报建、招投标、开工报告、项目施工程序，每月召开一次由各施工单位负责人、监理工程师、技术人员参加的生产调度会，总结施工经验，发现问题，立即解决；下达下月工程任务、质量要求、技术标准，使每个施工环节环环相扣，严密有序。

为使公路建设的工程管理办法逐步与国际接轨，实现规范化施工，从开工之日起就采用“菲迪克条款”管理模式。工程指挥部对每个工程项目部都实行月计划审报制度、工序报验制度和计量支付制度。指挥部深入施工现场巡回检查核实各项工程施工原始记录、配比及质量情况。对不合理工程量和支出予以剔除，不予计量，避免了损失浪费，降低了工程成本。在工程管理中，市交通局进行全面质量管理。按照PDCA循环原则，在计划、实施、分析、总结四个环节上层层把关，每道工序均高于《公路施工质量检验评定标准》的规定指数。同时开展全面质量管理小组活动，以确保工程质量。分项工程质量达到85分即为优良，为提高质量，规定必须达到90分以上，否则推倒重来。同时，严把材料试验关，对马氏试验、石灰钙镁含量试验等，均由市公路工程化验中心完成。施工中的击实试验，由工程指挥部派驻的监理人员亲自操做。为加强质量管理，各工程项目部均设立专职质量自检员，制定自检制度。同时，工程指挥部还对每个项目部派驻2至3名监理工程师，坚持旁站监督。市公路工程质量监督站人员全员监督工程质量，形成政府监督、工程监理、企业自检的质量管理监督体系，保证了工程质量高标准。在质量监控上，实行优质优价办法，工程质量为单项否决指标。凡按月进度计划任务，综合评定总分在90分以上的，奖该项目部当月完成工作量的1.05%；总分在89.9至85分的，不奖不罚；总分在85分以下的，罚该项目部当月完成总工作量的1.05%。同时，全部采用核子密度仪、全站仪、平速度仪及EDTA滴定仪等较先进的检测仪器和设备进行质量检测和监控，发现质量隐患，立即解决，把质量问题消灭在萌芽之中。对出现的质量问题，采取亮“白、黄、红”牌和经济处罚相结合的办法，被亮牌的工程项目部，要分别给予1、2和5万元的经济处罚，有关责任者要承担罚款额2%、5%和10%。

（王宝军）

【交通科技】 2001年，市交通局组织专业技术人员，进行砾石沥青混凝土在高等级公路建设中的应用研究。通过省交通厅组织的项目验收后，在国道珲乌线长白一级公路安广至舍力段推广应用30公里，每公里降低工程造价15万元，共节省工程造价450万元。在国道齐双线二级公路镇赉至嘎什根段推广应用45公里，每公里降低工程造价9.6万元，共节省工程造价432万元。

同时，进行盐渍土公路绿化模式研究，并实地栽培推广。采用丹桧、京桃、柽柳、紫穗槐、多季玫瑰等28个耐碱苗木品种，在国道珲乌线长白一级路栽培60公里，二级路栽培50公里，国道齐双线镇赉至嘎什根段栽培45公里。投资725.3万元，打机电井5眼，换土5.4万立方米，积肥5 700立方米，成活率98%。

（王宝军）

【公路管理】 2001年，白城市公路管理处在推行国路民养的同时，挖掘潜力，抓质量、抓管理、抓效益。公路管理处逐月检查验收各地完成的好路率及工程，严格质量标准，兑现奖罚。各公路管理段和养护站于春节前便进行油路灌缝工作，到5月10日，提前处理完全市油路病害。全市公路专养路线里程1 140.5公里，投入养护资金1 591.7万元。全市专养路线、干线公路好路率分别为70.6%和90.8%，比2000年提高0.6和2个百分点，综合值分别为79.2%和91.3%。建成文明样板路258公里，总计绿化美化公路552.5公里。加固维修县级以上公路危桥险桥3座。

全年公路收取车辆通行费2 816万元，比2000年增长17.3%。全年发生路政案件23起，比2000年上升9.5%。破案率、结案率和路产恢复率均100%。共收取公路赔偿费和公路占用费83万元。

（王宝军）

【运输情况及经营状况】 2001年，全市有公路货运站4个。其中，一级站1个，为市货运枢纽总站，1998年开工建设，总投资1 500万元；三级站3个，分别为洮南、镇赉、通榆货运枢纽站。仓储库房5 000平方米，日均进场车辆281辆，年交易量28万吨。载货汽车保有量7 672辆，其中营运汽车7 259辆。货运量420万吨，货运周转量23 849万吨公里。全市有公路客运营运线路268条，载客汽车营运里程2.89万公里。其中，跨省营运线路20条，营运里程0.61万公里；跨地（市）营运线路24条，营运里程0.49万公里；市内营运线路224条，营运里程1.79万公里。投入营运载客汽车3 431辆，其中交通专业运输企业225辆。载客汽车种类由普通客车向中、高级客车发展，由单一大型客车向大、中、小型客车发展。在营运载客汽车中有卧铺客车8辆，300个铺位；大、中、小型客运班车440辆， 9 916个客位；小型客运出租汽车2 983辆，13 517个客位。全市客运量499万人，旅客周转量2.69亿人公里。全市92个乡镇全部开通客运班车，917个行政村有907个通客运班车，占行政村总数的99%。

1月，白城市鹤祥快速客运有限责任公司成立。以单位和个人集资入股形式筹集资金270万元，购入金龙牌大型高级客车4辆。2月22日开通白城至长春的快速直达客车班线。全年营业额198.1万元，客运量3.4万人次，客运周转量1 166万人公里，利润26.6万元，税金6.5万元。8月，白城市畅达道路运输服务有限责任公司投资120万元，于白城市交通枢纽总站内建汽车运输业综合性能检测中心，11月主体工程完工，建成后可年检测公路运输车辆7 000辆。年末，全市客运出租车发展到2 983辆，成立客运出租车行，入行车辆1 870辆，出租客运正逐步纳入集约经营和集约化管理轨道。全年出租车客运量2 620万人，客运周转量47人公里，收入6 552万元。

（王宝军）

2001年白城市公路运输企业情况表

企业名称	经济性质	职工人数（人）	资产总值（万元）	车辆数（辆）	客（货）运量（万人、万吨）	货（客）运周转量（万吨公里、万人公里）	营业收入（万元）	利润（万元）
白城市客运公司	国有	277	1 245	20	900	1 200	116	7.0
白城市运输公司	国有	69	78	10	680	1 900	10	-8.5
洮南市客运公司	国有	70	130	22	18	1 292	126	-0.2

续表：

企业名称	经济性质	职工人数（人）	资产总值（万元）	车辆数（辆）	客（货）运量（万人、万吨）	货（客）运周转量（万吨公里、万人公里）	营业收入（万元）	利润（万元）
通榆县客运公司	股份制	312	22	41	72	2 299	223	-6.0
大安市客运公司	国有	368	281	43	53	238	31	1.0
大安市运输公司	国有	93	55	15	7	235	111	-10.0
镇赉县客运公司	国有	131	205	57	34	1 554	207	1.1
镇赉县运输公司	股份制	42	230	24	2	231	81	—

（王宝军）

2001 年白城市汽车、摩托车维修企业情况表

项目	计算单位	合计	交通部门			非交通部门		
			小计	国有	私营及个体	小计	国有	私营及个体
企业合计	户	574	8	6	2	566	35	531
一类	户	19	3	2	1	16	11	5
二类	户	165	5	4	1	160	24	136
三类	户	325	—	—	—	325	—	325
摩托车	户	65	—	—	—	65	—	65
从业人员	人	3 196	401	137	264	2 795	370	2 425
技术人员	人	553	59	33	26	494	96	398
主要设备	台	6 354	272	190	82	6 082	1 030	5 052
厂房占地	千平方米	28	4	2	2	24	7	17
修理合计	辆次	81 357	6 685	6 350	335	74 672	14 405	60 267
营业额	万元	6 315	330	250	80	5 985	1 400	4 585
税金	万元	445	39	26	13	406	81	325

续表：

项目	计算单位	合计	交通部门			非交通部门		
			小计	国有	私营及个体	小计	国有	私营及个体
利润	万元	4 365	75	50	25	4 290	900	3 390

（王宝军）

【白城市运输管理处简介】 白城市运输管理处系全民所有制事业单位，副处级建制。隶属市交通局。位于白城市明仁街 6—1 号。2001 年初，编制 33 人，实有 41 人。设办公室、财务科、运输科、培训科、稽查科、维修科、政工法规科。2001 年末，编制 35 人，实有 36 人，其中专业技术人员 26 人：高级工程师、高级政工师 9 人，工程师、政工师、会计师、经济师 9 人，助理工程师、助理会计师、助理经济师、助理馆员 8 人。设办公室、财务科、运输科、培训科、维修科、稽查科、法规科。处长刘文生。辖县（市、区）运输管理所 5 个。

2001 年，完成全市道路运输行业管理工作，培育、发展、协调和管理道路运输市场。1995 年至 2001 年，连续 7 年被省运输管理局评为“文明单位”，1994 年，被国家交通部评为“文明单位”，1995 年，被省交通厅评为“双文明建设第一名”，1996 年至 2001 年，被省委、省政府评为“精神文明建设先进单位”。

（王宝军）

【白城市公路管理处简介】 白城市公路管理处系全民所有制事业单位，副处级建制。隶属市交通局。位于白城市青年北大街 7 号。2001 年初，编制 75 人，实有 79 人。设秘书科、办公室、路政科、人事科、计划科、材料设备科、财务科、审计科、工程科、养护科、乡道科、党委办公室。2001 年末，编制 67 人，实有 63 人，其中专业技术人员 56 人：高级工程师、高级经济师、高级会计师、高级政工师 29 人，工程师、会计师、经济师、政工师、档案馆员 19 人，助理工程师、助理会计师、助理政工师 8 人。设办公室、路政科、人事科、计划科、材料设备科、财务审计科、工程科、养护科、乡道科。处长吕国林。

2001 年，完成全市公路管理工作。1995 年至 1997 年，连续 3 年被省公路管理局评为“一等公路处”；1996 年，被市政府命名为“创一流金杯赛”先进单位；被省委宣传部、省总工会、省经贸委评为全省“职业道德建设先进单位”和全省“思想政治工作优秀企业”；1996 年、1998 年，被市政府命名为“公路建设先进单位”；被全国绿化委员会授予“全国公路绿化四百佳”称号，1998 年，被市政府授予“抗洪抢险先进集体”、“交通建设先进单位”称号；1998 年至 2000 年，被省公路管理局命名为“文明公路处”，1995 年至 2001 年，被省委、省政府命名为“精神文明建设先进单位”。

（王宝军）

水　路

【基本情况】 2001 年，全市有机动运输船 48 艘，驳船 23 艘，渡轮 1 艘，年渡车 640 辆次。全年境内内河货运量 5 万吨，货运周转量 3 056 万吨公里，分别比 2000 年下降 86.84%和 86.07%。

（王宝军）

【大安港及水运企业情况】 2001 年，大安港有木材、煤炭、粮食、散货、外贸、轮渡、化肥 7 个码头，装卸设备有疏港车 12 辆，铲车 2 辆，各种生产线 6 条，机械化装卸作业。导航设施先进、完备。年吞吐能力 100 万吨。固定资产 380 万元。全年经营收入 57.6 万元，税金 1.9 万元，分别比 2000 年下降 7.4%、9.5%。有客运船 4 艘，渡轮、游船各 1 艘，摆渡机动船 36 艘，年客运量 1.4 万人次。

大安航运公司有职工 620 人，长航船队 8 个，货运船 24 艘，9 204 吨位。全年货运量 4.9 万吨，货物周转量 3 056 万吨公里，运输收入 560 万元，税金 18 万元，分别比 2000 年下降 1.5%、1.3%、1.85%和 1.7%。

（王宝军）

电 信

【基本情况】 吉林省通信公司白城市分公司（简称市通信公司），建于2000年8月。由白城市邮电局剥离出来，隶属吉林省通信公司。主要经营国际国内长途电话、本地电话、数据通信、网源出租、电报及国家批准的其它通信业务。设综合办公室、党务工作部、财务部、人力资源部、审计部、工会、保卫部、计划建设部、经营服务部、运行维护部、基建办公室、营业服务中心、客户服务中心、传输设备维护中心、无线市话科、网管监控中心、数据通信部、大客户服务中心、公话管理服务中心、电源空调设备维护中心、线路维护中心、业务支撑中心、180投诉中心、督察办公室。职工307人，其中专业技术人员113人：高级经济师、高级工程师2人，会计师4人，技术员107人。辖大安、洮南、通榆、镇赉电信局。员工515人，其中专业技术人员82人：会计师、经济师、工程师8人，助理经济师、助理工程师、助理政工师、技术员74人。2001年，全市完成固定资产投资8 450万元，其中设备及线路总投资6 750万元。年末，全市农话交换机总容量294 470门，市话总户数175 373户，农话总户数70 358户，分别比2000年增长19.7%、16.1%和16.9%。开通无线市话“小灵通”。电信业务收入（含农话）1.8亿元，为年计划的100.6%，比2000年增长7.4%。长话收入3 591万元，数据通信收入517万元，本地网通信收入13 457万元，分别比2000年增长9.05%、45.63%和13.56%。固定电话普及率12.32部/百人，其中城市普及率19.2部/百人。全员劳动生产率20.68万元/人，税金597万元。

2001年，市通信公司保持了省“精神文明建设先进单位标兵”、“思想政治工作优秀企业”称号；及“2001年度吉林省用户满意服务”和“2001年度吉林省用户满意企业”称号。工会被中华全国总工会授予“模范职工之家”称号，团委被团省委授予“五四”红旗团委称号。

（魏雪峰）

【通信建设】 2001年，吉林省通信公司（简称省通信公司）下达给市通信分公司建设资金8 000万元，包括线路、设备投资，枢纽楼的土建项目及还款项目。全年建成设备工程34项，投资3 490万元。新增市话交换机容量5.8万门，其中，分公司市内模块局1.3万门，枢纽楼1.5万门，通榆局1万门，洮南局2万门。新增农话交换机容量1万门。将PDH农话传输网改造为622SDH环网。改造大安本地网全网及洮南农话交换网。建成线路工程121项，为年计划的151%，投资3 260万元。新增电缆线对3.51万对，电缆345皮长公里，光缆74沟公里。开通了无线市话“小灵通”。电信枢纽大楼土建工程总投资1 700万元，预计2002年10月底交付使用。

通信能力不断增强，本地网运行质量稳步提高。全市长途来话接通率56.8%，网络有效率95.7%，光缆电路全阻率为零，电源安全供电率、电路开通及时率皆100%。为保证通信线路安全和线务员人身安全，整治全市交叉电力线，加电力线保护7 858处，提高了本地网的运行质量。在“小灵通”安装调测中，网管中心在全省每月的网络运行评比中，两次获第一名；年终评比获全省第三名。

（魏雪峰）

【业务发展】 2001年，全市电信业务收入1.8亿元，电话放号37 739户，数据业务18 086户，分别比2000年增长7.4%、54.45%和176.87%。

开拓市场强化经营。全市电信虚拟网发展860户，校园网发展2 331户，商业网发展1 540户。8月15日至9月末，全市开展来电显示业务发展竞赛活动。发展来电显示用户26 152户，实现个人、科室均100%完成任务。增设IC卡销售网点，凡有IC卡电话的地方，就能就近买到IC卡，方便了用户。开展全员售卡活动，拓宽了销售领域。规范了售卡市场，严格管理、定期检查售卡代办点。全市有IC卡话机1 371部，公用电话4 036部。开展“小灵通”百日竞赛活动。“小灵通”作为市话的有效延伸，从无到有，发展壮大，在白城通信领域独树一帜，已成为推动固定电话业务拓宽市场、抢占发展空间的一个新的业务增长点。到12月末，“小灵通”用户10 515户。

加大数据业务发展力度。全年

数据业务发展18 086户，为年计划的120.6%，业务收入606.86万元，比2000年增长82.1%。走访用户206次，培训850人。市工商行、市人民银行均采用光纤做为传输媒介接入数据网，促进了基础业务的发展。全年销售网捷通卡5 596张，收入41万元。11月，宽带工程试运行，12月7日，吉林通信“极速行”宽带业务巡展新闻发布会来白城市做现场演示，受到各界人士欢迎。

（魏雪峰）

【优质服务】 2001年初，全市开展“满意服务达标”活动。实行首问负责制。制定了首问负责制实施方案和通信服务质量问题处理办法、一二级回访制度、障碍处理考核办法等，保证了首问负责制的贯彻落实。全年开展全市性服务大检查4次，随机进行首问负责制考试。

设立用户接待室。“180”工作人员在接待中对各类服务纠纷和争端100%受理、100%核实、100%考核、100%回访用户，充分发挥了“180”的工作职能。全年接待用户投诉咨询6 286件，直接答复2 278件，占36.23%。

成立督察室。监督、检查、考核服务工作。建立内部检查和外部监督机制。检查对外服务窗口4次，返回意见单40份。实行客户回访制度。全年回访装移机客户21 394次。

开展“五个一”（举办一次全员参加的业务培训，进行一次全员参加的业务考试，开展一次服务工作现场交流活动，举办一次全市电信“满意服务达标”知识竞赛活动，进行一次服务模拟演示）活动。提高了职工业务素质，提升了全市电信的服务水准。

完善大客户服务体系，实行项目经理负责制，加强大客户的管理和服务工作。对全市大客户进行全面统计、分类，建立详细的大客户档案，定期进行走访，实行“一站受理，一站服务”的方针。建立大客户“绿色通道”制度，为大客户提供“三优”服务保障体系。全年走访大客户800多次，发问卷51份，调查满意率99%。

（魏雪峰）

【企业管理】 财务管理。2001年，市通信公司加强计划管理，严格控制非生产性投资；加强以成本控制为核心的财务管理，大力压缩可控成本的支出。堵住一切“跑、冒、滴、漏”，严格控制各种不合理的开支。加强报账制度和生产用料及低值易耗品的管理，严格执行请领手续，从源头上堵塞漏洞。制定《车辆管理办法》，生产车辆调动实行派车单制度，定点维修、定点加油、定点保养，车辆的各种费用比2000年下降29%。物业托管。明确了主业、实业双方的责任和利益，提高了办事效率和工作效率。制定《物资供应管理办法》，严把采购物资价格关，择优选用，降低采购成本，有效地控制现金支出。制定《差旅费管理办法》，严格出差审批制度。加强企业内部资金管理。制定《上缴款考核办法》，规定县局每旬缴款1次，分公司营业处每5天划款1次，并纳入效绩考核和奖金考核，加快了资金的周转效率，盘活了存量资金，避免了资金沉淀。清缴欠费。制定《用户欠费考核办法》，将用户欠费分解到每个清欠人员，并与奖金挂钩，加大清缴和奖罚力度，增强了职工清欠责任感和积极性，使清欠工作经常化、制度化、责任化，有效地控制了欠费的增长。制定《固定资产管理办法》，规范固定资产的核算、管理使用和调拨。制定《撤旧材料管理办法》，保证了撤旧材料的再利用。

人力资源管理。按照省通信公司的要求，完成职能及生产机构设置和实业剥离相关工作；评审专业技术职务任职资格工作；举办班组长以上干部参加的电信业务、电信知识、电信条例、首问负责制、满意服务达标等内容的培训班，考试合格率100%，提高管理人员的业务水平和工作能力；实行全员挂牌上岗制度，规范职工行为；制定《考勤管理办法》、《职工奖惩实施细则》、《劳动力管理办法》等。对各部门统一进行定岗定编，编写岗位说明书，规范修改职工信息库，实现职工信息管理微机化。

安全生产管理。每季度分公司组织人力资源、保卫、运维等部门对全市通信机房、生产场地、重点线路、农村支局进行安全生产联合大检查，发现不安全隐患及时下发整改通知书，并对其进行经济处罚。整治全市交叉电力线，加电力线保护7 858处。全年配合公安机关破获盗窃通信电缆案件8起，盗打电话4起，破坏IC卡电话亭6起，保障了通信畅通。

审计管理。全年审计工程151项，审计金额6 051万元，审减金额864万元，审减比例15%；审计电信枢纽楼已竣工程，审计金额2 387万元，审减金额380万元，审减比例15.9%。

（魏雪峰）

【吉林省通信公司白城市分公司简介】 吉林省通信公司白城市分公司建于2000年8月18日。隶属省通信公司。位于中兴东大路123—5号。设综合办公室、党务工作部、财务部、人力资源部、审计部、工会、保卫部、计划建设部、经营服务部、运行维护部、基建办公室、营业服务中心、客户服务中心、传输设备维护中心、无线市话科、网管监控中心、数据通信部、大客户服务中心、公话管理服务中心、电源空调设备维护中心、线路维护中心、业务支撑中心、180投诉中心、督察办公室。职工307人，其中专业技术人员113人：高级经济师、高级工程师2人，会计师4人，技术员107人。法人代表陆作义。

2001年，全市电信业务总量17 900万元，电信业务收入（含农话）1.8亿元，为年计划的100.6%，比2000年增长7.4%；新增市话用户（含“小灵通”用户）37 048户，总户数达175 373户；新增农话用户11 206户，总户数达70 358户；新增市农话交换机容量58 000门，总容量达294 470门；全市固定电话普及率12.32部/百人，固定电话城市普及率19.2部/百人。基本建成一个数字化、大容量、广覆盖、高技术、能基本满足当地经济发展和社会各界对电信通信多层次的需求的现代化通信网络。开办有电报，国际、国内长途电话，本地电话、传真等传统电信业务及数据通信、163、169、宽带多媒体通信，电视电话会议系统，来电显示IC卡、200、300、800、无线市话“小灵通”业务，ISDN和虚拟交换等电信新业务。整个通信网络实现交换、传输数字化，业务功能多元化，网络管理智能化，服务水平优质化。成为促进地方经济发展，推动白城信息化进程的先行官和主力军。

（魏雪峰）

【吉林省通信公司洮南市分公司简介】 洮南市通信分公司建于2001年。隶属吉林省通信公司白城市分公司。位于洮南市富文西路13号。职工144人，其中专业技术人员23人；中级职务4人，初级职务19人。经理刘伟国。设综合办公室、运维部、财务部。辖通信三分局、生产班20个、支局19个。固定资产1.5亿元。

2001年，开展满意服务达标活动，推出差异化、个性化服务。全年电信业务收入2 548万元，市话放号5 435户，新增数据用户3 319户，无线市话“小灵通”发展1 679户。固定电话普及率0.9部/百人。

2001年，被省政府授予“文明单位”称号。分公司工会被省总工会评为“先进职工之家”，二局营业班被团省委授予“青年文明号”称号，被白城市委、市政府评为“先进单位”。

（王元宏）

移动通信

【基本情况】 白城市移动通信分公司（简称市移动通信分公司），隶属中国移动通信集团吉林省移动通信公司。设综合办公室、党群工作部、计划财务部、人力资源部、市场经营部、运行维护部、客户服务中心、营业科、农村营销中心、计费账务处理中心。员工104人，其中专业技术人员48人：高级工程师2人，工程师6人、助理工程师、技术员40人。辖镇赉县、通榆县、洮南市、大安市营业部。员工132人，其中专业技术人员49人：工程师9人，助理工程师、技术员40人。主要经营移动通信和互联网业务。拥有的中国移动全球通数字移动电话网，采用全球最先进的GSM制式，是世界联网区域和覆盖范围最广的移动通信网。139、138、137、136、135是其网络接入号码。其网络在全市基本实现无缝覆盖。

2001年末，固定资产2.2亿元，移动电话交换机总容量20万门，基站149个,网上客户13万户。引入域外资金1.6亿多元，建成80公里城域网，1 200公里接入网。

形成一个覆盖全市的光纤传输网络。业务收入 12 682 万元，比 2000 年增长 36%。上缴地方税金 560 万元。市移动通信分公司除提供“全球通”高档次产品，还推出适合工薪阶层的长白行卡、神州行卡等不同层次的产品。全球通在提供基本通话功能的基础上，还开办了（GSM）主叫号码显示、呼叫转移、呼叫等待、呼叫保持、IP 电话、手机上网、短消息、信息点播等多种新业务。业务种类形成高、中、低档多元化结构。1860、1861 服务热线、话费查询系统为客户提供了方便条件。装修一新的标准化营业厅，为客户提供了舒适的服务环境。2001 年，省委、省政府授予市移动通信分公司“省级文明标兵单位”称号。同时获吉林省“消费者满意单位”称号。计费账务处理中心、开发区营业厅被评为省级“青年文明号”，洮南、镇赉、通榆营业班被评为市级“青年文明号”。

（赵晨星）

【通信建设】 2001 年，市移动通信公司累计引入域外资金 1.6 亿多元。相继完成了 GSM 五扩结转工程、六扩工程，互联网工程、客服计费搬迁工程、传输网工程、通榆和镇赉生产楼工程、洮南辅助楼工程。形成一大批新的通信能力。新建基站 63 个，基站总数达 149 个。GSM 交换机扩容 10 万门，总容量 20 万门。完成 HLR 3 次扩容，总容量达 45 万门。建成城域网 80 公里，接入网 1 200 公里，形成覆盖全区的光纤传输网络。全年工程项目之多、建设规模之大、工程投资之高，在白城移动通信发展史上均属首次。

（赵晨星）

【经营发展】 2001 年，市移动通信公司继“全球通”、“神州行”、“长白行”之后，又推出适合低薪阶层的“长白行”本地通业务。使业务种类形成高、中、低档多元化结构，满足了社会不同层次客户的需求。在丰富话音业务品牌的同时，大力推广移动梦网、IP 电话等多种数据新业务，使企业由单纯的话音服务运营商向多媒体服务运营商迈进了一步。全年业务收入 12 682 万元，纯增客户 60 313 户，分别比 2000 年增长 36.0% 和 200.1%。网上客户 13 万户。

（赵晨星）

【精神文明建设】 2001 年，市移动通信公司不断加强和改进思想政治工作，深入开展创建精神文明单位活动，营造企业争先创优氛围。全面加强营业窗口和客户服务中心建设。制定服务规范和服务考核标准。开展微机操作、模拟实际客户处理问题等练功比赛。完善各种基础制度，实行班长早会制度，坚决实行“一次有理由申告下岗制度”。增加 1860 座席，使 1860 接通率始终保持在 90%左右。1860 已成为对外代表公司、对内代表客户的具有特殊管理职能的窗口。2001 年企业再获省级“文明标兵单位”称号。洮南、大安、通榆、镇赉营业部均为省级“文明单位”。计费账务处理中心、开发区营业厅被评为省级“青年文明号”，洮南、镇赉、通榆营业班被评为市级“青年文明号”。

（赵晨星）

【白城市移动通信分公司洮南营业部简介】 吉林省移动通信公司洮南营业部建于 1999 年 7 月。隶属白城市移动通信分公司。位于洮南市广昌西路。职工 25 人，其中专业技术人员 9 人：中级职务 2 人，初级职务 7 人。经理赵洁军。设综合办公室、市场营销部、设备运行维修部。有移动通信基站 29 个，营业大厅 2 处，业务代办点 16 处。营业部引资 3 500 万元，建成移动通信生产楼、配套设施和通信管道 16 公里，光缆线路 268 公里，基站 15 个，实现境内光缆和省内干线光缆乡乡通。移动信号覆盖境内乡镇政府所在地和 85%的村屯。业务种类形成了全球通、神州行、长白行、本地通多样化。开办了数据、短信息、IP 电话等业务。营业部实行“一站式服务”，建立了“服务经理制”和“首问负责制”，完善了服务体系。分营初期客户 2 833 户，2001 年末网上客户 21 015 户。业务收入 1 460 万元，利税 51 万元。

2000 年，被共青团白城市委授予“青年文明号”称号；被洮南市、白城市消费者协会评为“消费者满意单位”；2001 年，被吉林省委、省政府授予“精神文明建设先进单位”称号。经理赵洁军被评为白城“移动杯”第二届十大杰出青年。

（胡志强）

联合通信

【基本情况】 中国联合通信有限公司白城分公司（简称联通白城分公司）建于2000年3月24日。员工100人，其中专业技术人员16人：高级经济师1人，经济师、工程师5人，助理工程师、助理会计师、技术员、会计员10人。全市有自办营业厅5个，代理代销网点110余个。

2001年，联通白城分公司继2000年率先推出低柜台、即买即通等服务后，又推出银行代缴话费、通过邮寄、传真、电子邮件等方式向用户免费寄送话单等服务举措。还陆续推出了移动电话预付费、移动互联网、移动电话拨打IP、手机银行、WAP业务、GPS业务等各种基于电信新技术的新业务。

（陈雷）

【电信业务】 2001年，联通白城分公司是全市唯一经营全电信业务的综合电信企业。经营的电信业务种类有GSM-130移动通信网络，CDMA-133移动通信网络，市内最大的126/127省内寻呼网和198/199全国寻呼网，以193为网号的长途电话网，以165为网号的国际互联网，以17911/17910为网号的IP电话网及其他增值电信业务，并将陆续开通有线宽带业务及无线宽带业务。

（陈雷）

【网络建设和设施设备】 到2001年，联通白城分公司在全区铺设直埋光缆497.2公里，建设城市管道157.3孔/公里。建设C网基站28个，直放站2个；G网基站总数82个，直放站15个，交换容量达6万门。G网覆盖了全市所有城区、大部分乡镇、主要旅游景点及境内的2条省级公路和1条国家级公路；C网覆盖全市5个市（县、区）城区及部分乡镇、公路、铁路沿线。1252、1001客户服务系统推出的24小时免费咨询业务及完善、全面的客户接待和营业网点，能够随时满足客户提出的咨询、受理、投诉及售后服务问题。同时，在全省率先实行"首问负责制"和建立"联通俱乐部"及"客户代表"等制度，建立了准确详实的用户资料库。

（陈雷）

【经营状况】 2001年，联通白城分公司当年投入运营，当年盈利。收支系数、资产报酬率、百元人工成本创造收入、营业收入增长率、收支差额贡献率、收入市场占有率等综合考核指标在全省9个分公司中名列第一。年末，联通白城分公司有GSM移动用户3.2万户；寻呼用户32 010户，主营及其它业务收入3 311万元。其中，移动业务市场占有率25.1%，当年新增用户市场占有率48.7%。业务收入在白城市电信市场占有率9.79%左右。

（陈雷）

【体制改革】 2001年，联通白城分公司按照建立现代企业制度的要求，打破原有体制界限，坚持把政治思想工作纳入企业管理之中，实现企业与个人利益双增长，经济效益与社会效益双丰收。

改革人事制度，实行全员合同制。改革用工制度，企业人员"能进能出"。改革用人制度，经营者"能上能下"。改革分配制度，员工收入"能增能减"。实行"全员培训"，推行"首问负责制"和"末位诫免及淘汰制"。引入竞争机制，激发职工的内在潜能，促进服务质量的提高。加强内部管理，严肃职工奖惩，规范了员工行为，树立了联通公司的良好形象。年末，实行全员竞聘上岗，聘任59人。其中，部门经理8人，部门副经理6人，主办13人，业务员32人。竞聘后部门负责人和员工责任感、危机感增强，工作效率明显提高。

（陈雷）

邮政

【基本情况】 白城市邮政局（简称市邮政局），为国家二级邮区中心局。职能科室有行政办公室、党委办公室、经营业务部、人力资源部、计划财务部、审计室、工会、安全保卫部。业务科室有集邮公司、函件广告公司、邮购快运公司、联通业务经营公司、移动业务经营公司、邮政速递公司、邮政营业局、邮政储汇局、洮北邮电分局、发行投递局、机要通信局、邮件分拣局、邮件转运局、运输局、信息技术中心、实业公司。职工 384 人，其中专业技术人员 111 人：高级经济师 1 人，经济师、会计师、政工师 24 人，助理会计师、助理经济师、会计员、经济员 86 人。辖镇赉县、洮南市、通榆县、大安市邮政局。全市邮政系统有局所 154 处。其中，农村支局 101 处，电子化邮局 36 处。职工 964 人。固定资产原值 1.6 亿元，固定资产净值 1.3 亿元。

2001 年，市邮政局完成技术改造和固定资产投资 0.8 亿元。有汽车 48 辆。其中,邮运车 37 辆，综合车 11 辆。具有现代化操作水平的大型自动包裹分拣机系统投入运营。营业窗口、储蓄窗口、行政办公、业务管理、指挥调度正逐步实现机械化、自动化、电子化。并形成以市区为中心、遍布城乡、同全国各地和世界绝大多数国家和地区通邮的邮政通信网络。有邮路 16 条，总长 3 928 公里。业务种类由单一的“函、包、汇、发”向综合性、多功能服务方向发展。具备能满足 15 年以上发展需要的邮件处理场地和邮件运输传递能力及网络。邮政综合计算机网络初具规模，开通“185”客户服务中心，县（市）区城市营业网点实现电子化，市内储蓄网点 31 处和 ATM 自动取款机 9 台，均实现全国联网，50%农村支局网点实现电子化。微机 227 台，平均 4 人/台微机，实现人员密集型企业向科技密集型企业转变。全市邮政局为全市近 200 万人口提供邮政通信服务，完成吉林省、内蒙古自治区的 10 个市、盟、旗（县、市、区）的邮件转运工作。全年邮政业务总量 4 615 万元，其中市邮政局 2 369 万元，税金 205 万元。全员劳动生产率 3.8 万元/人，其中市邮政局 4.7 万元/人，分别比 2000 年增长 17.6%、52%、9%、11%和 20%。

（邱志军）

【邮政业务】 2001 年，全市邮政局开办国内和国际邮件寄递业务、国内报刊发行业务、邮政储蓄业务、邮政电子汇兑业务、机要通信业务。邮件按处理时限分为普通邮件和特快专递邮件。普通邮件按性质分为函件和包裹 2 类。函件分为信函、明信片、印刷品和盲人读物。全年邮政业务总量 4 615 万元。函件业务收入 373 万元；邮政储蓄收入 2 344.7 万元；开发《白城市生态旅游纪念册》,集邮业务收入 583 万元；电子汇兑收入 130.7 万元；机要通信收入 11.4 万元；包件业务收入 110 万元；分别比 2000 年增长 17%、26%、24%、10%、12%和 30%。邮政业务收入 3 402 万元，比 2000 年增长 17%。业务收入增长幅度从 1998 年全省倒数第一跃居全省首位，创历史最好水平。

（邱志军）

【企业改革】 2001 年，市邮政局强化管理人员队伍建设，深化企业内部各项改革，调整组织结构，实施专业化经营管理，减员增效等措施，促进了企业管理水平的全面提高。人事制度改革。本着精减高效的原则，调整职能机构 3 个，压缩职能人员 12 人。用工制度改革。储蓄专业实行以所长竞争上岗和所长与营业员之间双向选择、竞争上岗。全局竞争上岗 326 人，其中所长 36 人。调动了职工生产积极性，促进了业务发展。市邮政局发行投递局坚持开展“文明区段活动”，并在全省率先推行“发行投递合一”改革。省邮政局在市邮政局召开现场会，在全省推广市邮政局发行投递局“发行投递合一”的经验。成本管理改革。全市邮政局资金紧张，影响企业正常运转，贷款 450 万元，通过减员增效，定额管理，加强财务核算，盘活固定资产，实行收支差额核算、局长一支笔审批等具体措施，严把资金使用关；通过对财务收支和工程的审计监督，堵塞管理上的跑、冒、滴、漏等漏洞，并清理闲置资产，使资产保值、增值,节约资金近千万元，为企业扭亏增盈提供保证。

（邱志军）

【优质服务】 2001 年，市邮政局贯彻“用户至上，服务第一”,“客户就是上帝”和“不断以优质服务满足所有用邮者的愿望”的工作方针，落实“服务质量第一责任人制”、“接待用户第一环节责任制”、“对外服务承诺制”等制度，实施服务工作一把手工程。通过发征求意见函（300 余封）、走访用户、召开社会义务监督员座谈会等形式，掌握用户对邮政服务工作的建议、意见，解决服务中的热点、难点问题。在吉林省统一组织的纠正行业不正之风、地方民主测评中获得全市第三名，用户满意度保持在 92.5

分左右。6月，市邮政局被评为吉林省“服务质量先进单位”。被市委评为“先进基层党组织”。10月，再次顺利通过 ISO9002 国际质量体系的年度复查审核。白城市、镇赉县、洮南市、通榆县、大安市邮政局均被评为吉林省“精神文明建设先进单位”，成为吉林省文明行业系统。市邮政局继续保持吉林省“精神文明建设标兵单位”、吉林省“邮政规范服务先进集体”，白城市“服务效益工程活动”标兵单位、“思想政治工作先进单位”称号。市邮政局邮件转运站继承和发扬“一壶水”精神，连续16年被国家信息产业部（邮电部）评为“全国文明转运站”，12月，获“全国文明转运站标兵单位”、“吉林省劳动模范集体”称号；转运站党支部获2001年度“吉林省优秀基层党组织”称号。市邮政局车辆管理科在吉林省邮政车辆整治中获第二名。市邮政局青年街支局分别被省、市评为“青年文明号”，4月，被国家信息产业部、共青团中央评为“全国青年文明号”。

（邱志军）

金　融·保　险

中国人民银行白城市中心支行

【基本情况】 2001年，中国人民银行白城市中心支行（简称市中心支行），设办公室、人事教育科、监察室、营业部、工会、保卫科、科技科、国库科、机关党委办公室、会计财务科、货币信贷与统计科、金融机构监管科、合作金融机构监管科、后勤服务中心、外汇管理科、宣传部、团委、内审科、货币金银科、白城市农村金融体制改革领导小组办公室。职工185人，其中专业技术人员168人：高级经济师6人，经济师、会计师、政工师、工程师112人，助理经济师、助理会计师、助理工程师、助理政工师50人。辖中国人民银行通榆县、镇赉县、大安市、洮南市支行。职工218人，其中专业技术人员147人：高级经济师1人，经济师、会计师、工程师61人，助理经济师、助理会计师、助理工程师、助理政工师85人。

2001年，市中心支行超额完成中国人民银行沈阳分行（简称沈阳分行）下达的国有商业银行“抓降”指标，完成不良贷款下降任务261.65%，完成农村信用社5项监管指标10%。由于市中心支行监管工作效果显著，被沈阳分行授予2001年度“完成银行机构抓降监管指标”、“国有独资商业银行抓降监管指标”、“农村信用社监管指标先进单位”称号。

（佟强）

【机构和干部人事制度改革】 2001年，市中心支行系统推行干部人事制度改革，实行中层干部竞聘上岗。通过竞聘，市中心支行机关30人走上中层干部岗位。聘任后平均年龄38岁，比聘任前降5岁，并改善了知识结构、专业结构。各县（市）支行在推行干部人事制度改革的同时，合并内设机构，由40个科（室）并为18个。

（佟强）

【金融运行态势】 2001年，全市金融运行保持健康良好态势。年末，与2000年末相比：全市金融机构各项存款余额79.12亿元，增长13.4%。其中，储蓄存款余额57.91亿元，增长10.2%，新增储蓄存款占新增各项存款56.8%；企事业单位存款余额16.54亿元，增长22.9%，新增企事业存款占新增各项存款32.7%，在新增企事业单位存款中，活期存款增加较多，定期存款下降；委托存款和其他存款略有增加。

贷款增加适度，保持了对经济增长的必要支持力度。年末，全市金融机构各项贷款余额123.18亿元，与2000年末相比增长5.8%。全年，累计发放农业贷款3.50亿元，收回 2.87 亿元，净增加 0.63 亿元，增长 10.7%；累计发放工业贷款 8.93 亿元，收回 8.26 亿元，净增加 0.67 亿元，增长 4.3%；累计发放城市开发建设贷款 3.47 亿元，收回 1.57 亿元，净增加 1.90 亿元，增长 23.5%；累计发放消费贷款 3.71 亿元，收回 1.64 亿元，净增加 2.07 亿元，增长 48.6%。其中，新增住房贷款 1.74 亿元，汽车贷款 130 万元。农业贷款重点支持效益农业、订单农业、特色农业、养殖业、万元田（棚）和农业产业化经营。新增工业贷款重点支持吉林省白城纺织股份有限责任公司、吉林省敖东洮南药业有限责任公司等骨干企业。新增城市开发建设贷款支持房屋开发、公路建设和标准街路建设，使市容、市貌发生了较大变化。规范开展消费信贷业务，支持居民购买住房 3 764 套，汽车 19 辆，扩大了内需，改善了居民的生活环境。

市中心支行加大"窗口指导"力度，组织、支持金融机构加大信贷投放。向沈阳分行申请支农再贷款限额 2.2 亿元，及时下拨 1.84 亿元，分别是 2000 年的 3.14 倍和 2.8 倍，创历史最高水平。满足了全市春种、抗旱、田间管理等合理有效贷款需求。鉴于市中心支行在支持地方经济发展和经济结构调整的突出贡献，白城市委、市政府致函沈阳分行为市中心支行请功。

现金收支量加大，净投放减少。与 2000 年相比：全市金融机构全年现金收入 279.74 亿元，增长 12.3%；现金支出 307.8 亿元，增长 9.8%，收支相抵净投放现金 28.06 亿元，少投放 9.96%。现金投放减少主要是：全市金融机构累计实现商品销售收入现金 30.39 亿元，增加 2.71 亿元，增幅 9.8%，增幅比 2000 年下降 3.6 个百分点，百元现金支出通过商品销售收入回笼 9.87 元，降低 0.01 元；全年储蓄存款现金收入 200.08 亿元，增长 15.8%；储蓄存款现金支出 195.31 亿元，增长 15.1%。储蓄现金收支轧差，净回笼 4.77 亿元，多回笼 1.61 亿元，百元现金支出通过信用回笼 65 元，增加 3.32 元；其它金融机构全年收支轧差，收入现金 0.08 亿元，多收入现金 0.15 亿元；全年汇兑收支轧差，净回笼现金 3.99 亿元,增加 1.4 亿元；全年税款收入现金 1.46 亿元，增长 12.2%；全市工矿及其它产品采购支出现金 1.59 亿元，下降 5%；全市行政企事业管理费支出 17.1 亿元，下降 3.3%。

（佟强）

【金融监管】 2001 年，市中心支行以督促国有商业银行"抓降减亏"和农村信用社综合治理为重点，加大监管力度，提高监管水平，防范和化解金融风险。

年末，全市国有独资商业银行各项贷款余额 509 984 万元。其中，不良贷款余额 290 835 万元，不良贷款比例 57.03%；不良贷款余额比年初减少 60 153 万元，完成不良贷款下降任务 261.65%；不良贷款比例较年初下降 9.02 个百分点，超额完成沈阳分行下达下降 2 到 3 个百分点的任务，高于东北地区平均降幅 4.92 个百分点。在"抓降"的同时，商业银行的经营状况有所改善，全市国有独资商业银行当年亏损 45 215 万元，比 2000 年减亏 3 975 万元，减亏幅度 8.08%。8 月，市中心支行的《白城中支采取切实措施 狠抓不良贷款下降》措施，在沈阳分行主办的《金融监管》、《周报摘编》刊发，分行行长檀景顺在《周报摘编》上作重要批示；9 月，又在中国人民银行等 10 家金融机构主办的《金融时报》刊发。

农村信用社超额完成沈阳分行下达 5 项监管指标：年末，不良贷款余额 47 497 万元，比年初下降 6 749 万元，完成下降任务 225 %；不良贷款比例 67.92%，比年初下降 25.2 个百分点，高于东北三省平均降幅 15.32 个百分点。亏损社 63 户，盈利社 26 户，亏损面 70.8%，低于 81.8%控制指标 11 个百分点；当年亏损 3 512 万元，比 2000 年减亏 1 448 万元，完成减亏任务 193.1%。股金 1 648 万元，比年初增加 384 万元，完成增长任务 153.6%。资不抵债社 85 户，比年初减少 12 户，完成资不抵债社减少任务 120%。8 月，《白城市中心支行提出农村信用社不良贷款"抓降"新措施》在沈阳分行主办的《东北金融信息》刊发。

（佟强）

中国农业发展银行白城市分行

【基本情况】 2001 年，中国农业发展银行白城市分行（简称市农发行），设办公室、计划信贷科、财务会计科、信息电脑科、人事教育科、稽核科、监察室、保卫科。职工 31 人，均为专业技术人员：高级经济师 1 人，经济师、会计师、工程师 26 人，初级职务 4 人。辖大安市、洮南市、镇赉县、通榆县支行和市分行营业部。职工 154 人，其中专业技术人员 134 人：高级经济师 1 人，经济师、会计师、工程师 70 人，初级职务 63 人。

2001 年，全行各项贷款余额 646 218 万元，比年初增加 76 026 万元；各项存款余额 18 381 万元，比年初减少 4 152 万元。分别比 2000 年增长 11.8%，下降 22.6%。全面完成中国农业发展银行吉林省分行（简称省农发行）下达的年度计划。其中，贷款收息率 83.04%，销售货款收贷率 104.41%，不合理贷款下降率 10%，信贷资金运用率 96.57%。全行各项收入 49 688 万元，支出 47 625 万元，收支相抵盈余 2 063 万元。

（赵毅）

【清资核贷】 3 月全国粮食清仓查库工作结束后，市农发行对银行台账库存数量、库存值大于企业统计账面库存数量、库存金额的原因进行逐一分析。按照省农发行要求，全行开展清资核贷工作。全面清理核实全市粮食企业销售粮油发生的应收账款。年末，共清理收回差异数量 16 246 万公斤，金额 12 543 万元，分别占差异的 81.6%和 84.3%。

（赵毅）

【收购资金供应、管理】 2001 年，市农发行全面贯彻落实粮食收购政策，切实加强收购资金供应和管理工作，及时足额按粮食企业收购进度提供收购资金，做到不给农民“打白条”。年末，全市粮食购销企业收购粮食 1 560 180 吨，价款 164 450 万元，收购油脂 1 100 吨，价款 1 223 万元。

（赵毅）

【非保护价粮油贷款管理】 2001 年，市农发行对非保护价粮油收购，按照“以销定贷，以效定贷”的原则和贷款条件提供收购贷款，并建立非保护价粮油风险抵押金制度，保证了非保护价粮油贷款的安全。到年末，收购非保护价粮 40 524 吨，价款 4 184 万元。粮食企业缴存风险抵押金 469 万元。

（赵毅）

【机构和干部人事制度改革】 2001 年，市农发行按照省农发行要求，对市农发行和县（市）支行进行“三定”（定编、定岗、定员）和领导干部交流工作。中层干部竞聘上岗，县（市）支行行长 100%交流。通过“三定”和干部交流，中层干部和县（市）支行领导班子平均年龄分别下降 2 至 3 岁，并改善了知识结构和专业结构。

（赵毅）

【精神文明建设】 2001 年，市农发行深入开展精神文明创建活动。其中市农发行和镇赉县支行被省委、省政府授予“精神文明建设先进单位”。大安市支行、市分行营业部、洮南市支行、通榆县支行被市委、市政府授予“精神文明建设先进单位”。

（赵毅）

中国工商银行白城市分行

【基本情况】 2001 年，中国工商银行白城市分行（简称市工行），设办公室、计财科、会计结算科、出纳科、资金营运科、个人金融业务科、人事教育科、工会、保卫科、信贷科、住房信贷科、稽核科、监察室、科技科、牡丹卡部、核算中心和出纳中心库。辖大安市、洮南市、通榆县、镇赉县、海明、靖安、长庆、白城经济开发区支行和市工行营业部。有基层营业机构和储蓄网点 52 个。职工 1 031 人，其中专业技术人员 554 人：高级经济师 6 人，经济师、会计师、政工师、工程师 198 人，助理经济师、助理会计师、助理政工师、助理工程师 350 人。

2001 年，全行新增存款 25 481 万元，贷款 10 170 万元；不良贷款比例比 2000 年下降 9 个百分点，实收利息 7 622 万元；收息率 67.02%，高于全省平均水平 8.3 个百分点，为中国工商银行吉林省分行（简称省工行）年计划的 104%。全行账面亏损 14 048 万元，比 2000 年减亏 7 089 万元，实现账面减亏 34%；封闭利润亏损 8 495 万元，比 2000 年减亏 8 788 万元，减亏幅度 51%。

（刘洪太）

【机构和干部人事制度改革】 2001年，市工行系统推行干部人事制度改革，实行中层干部竞聘上岗。通过竞聘，市工行机关有 32 人走上中层干部岗位。聘任后平均年龄 40 岁，比聘任前降 3 岁，并改善了知识结构、专业结构。城区支行在机构改革上实行扁平化管理，使内部科室由过去的 4 部 1 室改为 3 部 1 室。

（刘洪太）

【业务拓展】 2001 年，市工行的传统银行业务在市场萎缩的情况下仍然保持一定增长。年末，各项存款余额 241 880 万元。其中，对公存款 95 595 万元，储蓄存款 146 285 万元，分别比 2000 年增长 11.98%和 5.14%，分别为省工行年计划的 366.46%和 102.25%。年末，各项贷款余额 237 541 万元，比 2000 年下降 9.36%。其中新增贷款 10 170 万元。不良贷款下降 31 940 万元，比 2000 年下降 9 个百分点，为省工行年计划的 192%。全年实收利息 7 622 万元，超收 285 万元。收息率 67.02%，比 2000 年提高 19.22 个百分点，为省工行年计划的 104%。

全行投入大量财力、物力，在省工行统一安排下，辖内 11 个营业室和 50 个储蓄网点全部实现大机联网，客户办理加急汇款在 2 小时内到账。全年办理各种结算业务 254 万笔，收付现金 165.7 万多元。

牡丹卡业务。年末，全行牡丹卡发卡量 41 985 张，存款余额 2 651 万元。营业收入 219 万元，利润 102 万元，分别比 2000 年增长 25.86%和 4.4 倍。为了进一步开发牡丹卡市场，发挥牡丹卡的潜在作用，牡丹卡部与白城证券公司合作，开发银证转账业务。全年向股民发放牡丹灵通卡 1 800 余张，累计交易 1.1 亿元。

外汇业务。年末，全行外汇存款余额 94 万美元，其中外汇个人储蓄存款 78 万美元，比 2000 年增长 7%。外汇贷款 22 万美元。国际业务结算 812 万美元，比 2000 年增加 301 万美元，为年计划的 131%。外汇中间业务收入 12.6 万元人民币,为年计划的 105%。全年外汇存款利润 23 万美元，比 2000 年增长 53.3%。

住房贷款。年末，全行住房贷款余额 25 672 万元，比 2000 年增长 62.42%。其中，个人住房贷款 22 401 万元，增长 111.67%。

个人消费贷款和汽车贷款。年末，全行累计发放个人消费贷款 3 900 多万元，其中 2001 年新增 1 628 万元。发放汽车贷款 311 万元，购车 65 辆。

（刘洪太）

【经营管理】 2001 年，市工行坚持搞好稽核检查。按照中国工商银行和省工行的统一部署，紧紧围绕全行中心工作，以加强内部控制为中心，以防范金融风险为重点，以整合“三道防线”为基础，加大了稽核工作的查处力度。全年完成各种专项稽核、重点稽核 11 项，稽核单位 41 个（次），稽核面 100%。发现并纠正各类违规问题 424 笔，金额 12 040 万元。经济处罚 95 人次，罚款 9 750 元。

落实金融风险防范措施。年初，召开全市支行行长会议，部署金融风险防范工作。4 月初，在镇赉县召开金融风险防范现场会，强调金融风险防范工作。并采取明查暗访，定期检查与不定期抽查相结合的方法，督促落实全行的金融风险防范工作。

（刘洪太）

【精神文明建设】 2001 年，市工行开展精神文明创建和优质文明服务活动。树立二线为一线和领导为群众服务的思想，建立大服务格局。全年组织服务检查 4 次，检查基层营业网点 142 个，抽查考试 270 多人次，对全行优质文明服务活动的开展起到了积极的推动作用。镇赉县、洮南市、通榆县、大安市、长庆支行被评为省级“精神文明建设先进单位”，市工行被评为省级“精神文明建设标兵单位”。

（刘洪太）

中国农业银行白城市分行

【基本情况】 2001 年，中国农业银行白城市分行（简称市农行），设办公室、人事部、监察室、信贷管理部、农业信贷部、公司机构业务部、风险资产管理部、财务会计部、资产负债管理部、个人业务部、银行卡部、保卫部、法律事务部、稽核部、总务部、科技部、工会工委。职工100人，其中专业技术人员75人：高级经济师4人，经济师、会计师、政工师、工程师50人，助理经济师、助理会计师、助理工程师、经济员、会计员21人。辖中国农业银行通榆县、镇赉县、大安市、洮南市、洮北区、汇元、城区支行和营业部。职工1 156人，其中专业技术人员734人：高级经济师2人，经济师、会计师128人，助理经济师、助理会计师、经济员、会计员604人。

2001年，市农行超额完成中国农业银行吉林省分行（简称省农行）下达的各项经营计划，各项存款稳步增长。全行常规业务存款余额133 586万元，比年初增长15.16%，为省农行年计划的103.42%。其中，储蓄存款余额118 392万元，比年初增长15.46%，为省农行年计划的101.13%。单位存款余额15 194万元，比年初净增5 447万元，为省农行年计划的108.94%。省农行于四季度发来贺电表示祝贺。贷款形态结构逐步改善。全行各项贷款余额比年初增加15 110万元。其中，优良客户贷款增加11 000万元，占增量的80.45%；消费贷款增加2 431万元，占增量的17.78%。全行各项不良贷款比年初下降5.65个百分点，为省农行年计划的102.9%。盘活资产为省农行年计划的100.65%。保全资产完成省农行年计划的114.53%。

（翟国春）

【机构和干部人事制度改革】 2001年，市农行系统推行干部人事制度改革，实行中层干部竞聘上岗。通过竞聘，市农行机关8人走上中层干部岗位。聘任后平均年龄41.3岁，比聘任前降1.1岁，并改善了知识结构、专业结构。各县（市）支行在推行干部人事制度改革的同时，合并内设机构，由12个科（室）合并为7个部（室）。

（翟国春）

【经营运行态势】 2001年，全市农行经营运行态势明显改善。与2000年相比：自有资金总量增长15%；低成本资金占72.3%，提高3.1个百分点；不良贷款下降5.65个百分点。新增贷款投向、投量结构调整适度，在1.5亿元的贷款增量中，大安至白城一级公路贷款1.1亿元，住房消费贷款2 431万元，支持效益农业、订单农业、特色农业、养殖业、万元田（棚）和农业产业化经营贷款2 100万元，促进了白城地方经济的持续发展。

（翟国春）

【现金收支】 2001年，市农行现金流动量加大，净投放减少，与2000年相比：全市农行现金收入617 781万元，增长24%；现金支出652 303万元，增长20%；收支相抵净投放34 522万元。全年储蓄存款现金收入448 905万元，增长25%；储蓄存款现金支出440 410万元，增长24%；储蓄现金收支轧差，净回笼8 495万元，多回笼6 038万元。全年现金收支轧差，净投放现金34 522万元，减少9 566万元。

（翟国春）

中国建设银行白城市中心支行

【基本情况】 中国建设银行白城市中心支行（简称市建行），设人事教育部、信贷经营部、信贷委办公室、信贷风险部、计划财务部、个人银行部、中间业务部、行政管理部、保卫部、监察室、科技部、培训中心。辖洮南市、大安市、镇赉县、白城铁路、洮北支行和通榆分理处、中心支行营业部7个分支机构及32个储蓄网点。员工772人，其中专业技术人员554人：高级经济师、政工师4人，经济师、会计师、政工师、工程师178人，助理经济师、助理会计师、经济员、会计员、助理政工师372人。

2001年，市建行强化以效益为中心，推进公司业务、个人银行业务、中间业务和房地产信贷业务等支柱业务发展，从严规范经营行为，防范化解金融风险。到年末，各项存款余额达206 101万元，比2000年增加30 658万元。各项贷款余额54 738万元。新增贷款主要投向电力、电信、教育、医药等效益好、发展前景广阔、市场竞争能力强的重点企业和客户。为适应市场发展需求，积极发放小额抵押贷款、个人住房贷款，开办个人消费贷款和汽车消费贷款。积极与优良客户建立银企合作关系，提供网络结算、信贷支持等服务。

开展创建“青年文明号”等各种竞赛活动，丰富广大员工的业余文化生活，激发了广大干部职工的归属感、荣誉感和创造力，全行员工精神面貌焕然一新。中国建设银行吉林省分行（简称省建行）授予市建行城区第十二储蓄所“青年文明号”称号，李海波获“青年岗位能手”称号。市建行被授予“省级精神文明建设标兵单位”称号，洮南市支行被省委、省政府授予“精神文明建设先进单位”称号。市建行被市委. 市政府授予“2001年度标准街道建设先进单位”称号。

（张志明）

【财务管理】 2001年，市建行突出效益，实行综合经营计划管理，建立工作绩效与人力费用挂钩的激励约束机制，加强综合考评，严格控制费用支出，加大收贷收息力度，全行经营状况明显改善。比2000年减亏1 744万元，创历史最好水平，全市建行系统在省建行系统综合考评中，获一级行、二级行各2个。开展不良资产盘活一个行，一个行业，一个项目工程，实施责任收贷，奖励收贷等多种措施，全年压缩不良贷款3 470万元；不良贷款率比2000年下降6.34个百分点，居全省市、州行之首。贷款利息实收率比2000年提高25.14个百分点；同口径营业费用支出比2000年减少132万元。被中国建设银行授予“提高资产质量降低不良贷款先进集体”称号。

（张志明）

【业务拓展】 2001年，市建行开展审价咨询、代理保险、代理福利彩票等中间业务。全年中间业务收入200万元，比2000年增长近1倍，完成省建行核定计划130%，创历史最好水平。发展个人住房贷款业务，年末，个人住房贷款余额20 294万元，信用卡网络已覆盖全市大部分地区，“龙卡”发行量23.5万张，比2000年增加11.4万张，持卡交易额23亿元；办理个人电子汇款1.5万笔，汇款额38.7亿元。强化服务网络建设，窗口业务实现定活一本通（一卡通）的基础上，在全市各家商业银行中率先实现储蓄存款全省范围内的通存通兑。开通综合业务网络并与全省建设银行清算系统和会计综合业务系统直接联网，结算技术达到全省同行业领先水平。

（张志明）

【管理体制改革】 2001年，市建行进一步完善信贷管理体制，加强贷款责任约束，增强对贷款审批、发放和回收全过程的风险控制。加大行务、政务和财务公开力度和范围。稳步推进人事制度改革，实行全系统中层干部定期述职考核制度和竞聘制度。促进人力资源的合理配置。

（张志明）

中国银行白城市分行

【基本情况】 2001年，中国银行白城市分行（简称市中行），设行长办公室、人事教育部、监察室、财务资金部、零售业务部、公司业务部、资产保全部、风险管理部、信息科技部、国际结算部、营业部和分理处6个，储蓄所（柜）7个。在职员工192人，其中专业技术人员132人：高级会计师、高级经济师2人，经济师、会计师、政工师、工程师44人，助理经济师、助理会计师、助理政工师、助理工程师86人。辖中国银行大安支行。在职员工 85 人,其中专业技术人员 48人：经济师、会计师、工程师12人，助理经济师、助理会计师、助理工程师36人。

全年市中行把存款作为主攻方向。年末，人民币各项存款余额71 131万元，外汇存款余额911万美元，分别比2000年增长38.6%、13.9%。调整信贷结构，发展消费信贷业务，新增公司贷款客户主要以电力、交通、信息通信、公益性事业单位等效益好、有发展前景的行业和企事业单位为主，支持地方经济发展，全年累计投放资金3 000万元，用于企业生产和扩大再生产。

（王秀军）

【不良资产处理】 2001年，市中行实行不良贷款绝对额和不良比率双线控制，全年清收不良贷款1 741万元，增加良性贷款3 000万元，核销呆账10 255万元，不良贷款率由2000年的85.9%降至59.62%，下降26.28个百分点，超出省中行确定的年内下降4个百分点的目标。

（王秀军）

【国际结算和银行卡业务】 2001年，市中行国际结算市场份额达95%。年末，进出口结算总额1 971万美元，业务收益54万元人民币，分别比2000年增长105%和112.5%。治理银行卡用卡环境和调整结构。长城卡基础卡发卡量2 350张，长城电子借记卡发卡量5 059张，特约商户112户，直接消费额52.54万元,业务收益3.12万元，分别比2000年增长36.54%、100%、41.77%和下降35.76%、41.68%。

（王秀军）

【电子化建设】 2001年，市中行以业务系统建设为中心，加快电子化建设步伐，全行电子化网点达21个，覆盖率100%。全年装备自动柜员机（ATM）4台。全行所有网点实现微机联网，储蓄业务全省通存通兑。

根据中国银行、省中行的部署和统一安排，推广新一代综合业务处理系统，新装计算机35台（套）。网络基础设施建设得到加强，将23条电话专线改为DDN专线，提高速率和传输质量。全面推广信贷管理系统、统计分析系统、人事管理系统、安全保卫管理系统等辅助决策系统，全年新装计算机16台（套），电子监控设备13套。

（王秀军）

【中国银行大安支行简介】 中国银行大安支行建于1992年。隶属市中行。位于大安市锦华街。员工86人，其中经济师、会计师、政工师12人。行长宁向君。设综合业务部、业务发展部、营业部、保卫部、行长办公室。主要办理人民币、外币存贷款、信用卡、人民币结算、国际结算、国际汇兑、外币兑换、现金收付、个人支票、消费信贷等业务。

2001年末，人民币各项存款17 845万元。其中，储蓄存款17 156万元，企业存款595万元，信用卡存款94万元，分别比2000年增长39.53%、15.76%和下降30.37%。个人外币存款45万美元，比2000年增长55.18%。人民币各项贷款余额1 488万元，比2000年增长0.48%。

（王秀军）

中国人民保险公司白城分公司

【基本情况】 中国人民保险公司白城分公司（简称中国人保白城分公司）为白城市唯一一家国有独资经营财产保险业务的商业保险公司。设党委办公室、总经理办公室、办公室、人事科、工会、纪检监察室、计划财务科、财产保险科、车辆保险科、货物运输保险科、信息技术室。编制22人，其中专业技术人员18人：高级会计师1人，经济师、会计师12人，助理经济师、助理工程师、经济员5人。辖中国人保白城分公司营业部，中国人保白城市洮北区、洮南市、大安市、镇赉县、通榆县支公司。职工112人，其中专业技术人员77人：高级会计师1人，经济师、会计师、工程师、政工师32人，助理经济师、助理工程师、助理会计师、经济员44人。

2001年，中国人保白城分公司开办业务险种有企业财产保险、家庭财产保险、机动车辆保险、个体及私营经济财产保险、货物运输保险、责任保险、保证保险、个人抵押贷款房屋保险等20个主险、22个附加险。保费收入4 560万元，赔款支出2 380万元。财产保险金额704 200万元，赔付率52.2%，分别比2000年增长6.85%和6.85%。税金341万元，利润-174万元，分别比2000年增长8.94%和50.99%。为发展白城经济、稳定白城社会经济生活、为受灾企业恢复生产起到了经济保障作用。

（施鸿成）

【机构改革】 2001年，中国人保白城分公司加快三项制度改革，创新管理机制，增强企业活力。

分配制度改革。取消保底工资，打破过去各项指标考核到科、室的小锅饭，实行万元保费、万元利润工资含量、绩效挂钩的分配办法。

人事制度改革。建立竞争机制，实行干部聘任聘用制、领导干部目标责任制、基层经理试用期制。聘任基层经理6人，试用期1年。在职工队伍内建立激励机制，按业绩考核、选拔、使用干部，能者上、平者让、庸者下。全年选拔聘用16人，落选3人。

用工制度改革。通过统一制定和全员签订岗位责任书细化劳动合同，使合同考核有了量化依据和具体指标。由于改革措施到位，执行的坚决，充分调动和激发了广大员工的积极性和创造性，增强了企业活力和市场竞争力。

（施鸿成）

中国人寿保险公司白城分公司

【基本情况】 2001年，中国人寿保险公司白城分公司（简称市人寿保险公司），员工20人，其中专业技术人员18人：高级经济师、高级政工师3人，经济师、会计师7人，助理经济师、助理会计师8人。设团体业务科、个人业务科、财务处理中心、业务处理中心、客户服务中心、综合管理部。辖中国人寿保险公司洮北、洮南、大安、镇赉、通榆支公司，中国人寿保险白城分公司营业部。职工50人，其中专业技术人员10人：经济师、会计师4人，助理经济师、助理会计师6人。全市乡镇设服务站（所）32个。有代办员、营销员616人。主要经营普通寿险、养老金险、健康险、分红理财型保险等四大类114个险种的人身保险业务。

2001年，全市各级公司面对入世后保险市场激烈竞争的新形势，调整班子结构，加强班子建设；重组讲师团，强化培训工作；转变机关作风，实行机关干部对基层包保责任制，帮助基层发展业务；建立业务定期分析、定期调度、定期通报制度，完善拓展业务激励机制，开展竞赛评比，总结表彰。坚持加强理赔服务工作。向社会做出限时理赔，定期上门给付，现场给付，实行首问责任制承诺；并开展“内求意见，外讲服务”活动，提高服务质量。开发新产品，在全市首次推出分红产品，满足市场需求。全年保费收入9 837万元，为年计划111%，比2000年增长6.4%。给付赔款4 930万元，比2000年增长57%。

（田坤元）

【深化改革】 2001年，改革经营机构。市人寿保险公司机关合并科室，成立5个部，理顺内部关系，并把市区交叉业务经营改为专业经营。改革用人机制。通过严格考试清退不合格人员，并面向社会3次招收专业人才23人，把最优秀人才放到重要岗位。改革分配办法。全面实行经理综合效益年薪制，机关一岗多责工资制，外勤保费工资提成制。

（田坤元）

【建管并举】 2001年，市人寿保险公司本着“高起点、高标准、高效率”的要求，加强财务处理中心，业务处理中心、客户服务中心建设，实行集中管理。把财务管理权上缴，由市公司统管。新契约、核保、保全、理赔业务由市公司统管，实行邮政传递，集中出单，全面启动CBPS7.0版，系统提升管理水平，开办“95519”专线，并于7月25日与全国同日开通，实行“一站式”服务。

（田坤元）

【分红产品新闻发布会】 11月28日，市人寿保险公司在白城市王府酒店召开新闻发布会。《吉林日报》，《白城日报》，白城电视台、电台等媒体记者，副市长曲汉林，市中心支行、市中行、市建行、市工商行、市农行和中国人保白城分公司主要领导40多人参加新闻发布会。会议由刘敬东副总经理主持，王忠权总经理讲话。通过立体化宣传，首次把分红型产品推向白城市市场。

（田坤元）

证　券

【基本情况】 1995年，白城证券营业部（简称白城证券部）成立。隶属东北证券有限责任公司。位于白城市中兴西大路7号。营业厅面积1 400平方米。从业人员19人，其中专业技术人员7人：高级经济师1人，会计师1人，助理经济师、助理会计师5人。设财务部、电脑部、综合部、交易部。白城营业部洮南证券服务部已初具规模。通榆县、镇赉县网上交易服务站业务正式开通，从业人员3人。

2001年，白城证券部交易量10.3亿元人民币，比2000年下降5.8％。

（马燕）

【证券交易】 白城证券交易大厅分上下两层。一楼为散户大厅；二楼为大、中客户室，环境优雅，设备齐全。有专门管理人员和专业投资咨询人员为客户提供方便、周到、快捷的优质服务。交易大厅配备大屏幕超精细电子点阵显示屏，清晰展示大盘及个股行情走势，滚动传送股市动态信息。交易厅设智能化、集成化、模块化千兆网络系统；沪（上海）深（深圳）单双向卫星传送系统；电话委托专线——96884999。客户网上交易迅速、准确、安全。资金磁卡自助委托，现场刷卡，迅捷报单。市工商行银证转账，资金划转安全、便捷。

白城证券部证券交易品种有沪、深交易所的A股、B股、投资基金、国债、企业债券。2001年末总开户人数7 870人，保证金余额7 550万元，全年交易量10.3亿元人民币，上缴营业税金及附加30.3万元，所得税72.9万元，利润127.4万元，分别比2000年下降5.8%、31.4%、3.6%和增长2.9%。市工行牡丹卡部与白城证券部合作，开发银证转账业务。全年向股民发放牡丹灵通卡800余张，累计实现交易额1.1亿元。

（马燕）

国内贸易·旅游业

国有商业

【基本情况】 2001年初，白城市贸易局（简称市贸易局）设党委办公室、办公室、业务科、市场科、综合科、三产办公室、饮服行业管理办公室、财务审计科。编制24人。11月，市直机关机构改革，撤销市贸易局、物资总会，成立白城市市直国有商贸控股公司（简称市商贸控股公司），设办公室、党委办公室、财务审计部、资产运营部、信息调研部、物业经营部、安全保卫部。编制20人。将市贸易局直属企业11户，市物资总会所属企业15户，市外贸企业10户，市医药企业10户，市工商局管办分离企业3户划归市商贸控股公司。市商贸控股公司所属企业49户，职工35 301人。总资产19 863万元，总负债36 419万元，负债率183%。

2001年，全市有国有商业企业172户，职工2 925人，总资产31 429万元，总负债29 493万元，其中流动资产负债22 833万元。各种历史经济挂账及潜亏17 251万元；全系统银行贷款总规模8 874万元。其中，市直属国有商贸企业10户，职工417人，总资产6 607万元（固定资产3 761万元），总负债9 884万元。

全市国有商贸系统商品总销售额23 500万元（含在国营商场内其它经济成分经营额），比2000年下降8.6%，全部企业盈亏相抵后亏损240万元，比2000年减亏40万元；税金496万元，比2000年增加11万元。

市直属物资商业15户，职工350人，总资产5 858万元，总负债9 152万元，资产负债率156.2%。主要经营钢材、水泥、木材、煤炭、机电产品、平板玻璃、旧机动车、布电线等商品。全年商品总购进额3 620万元，总销售额3 030万元，分别比2000年增长14%和6%。税金56万元。

（王利）

【企业改制】 2001年，全市国有商贸企业实行股份制18户，出售企业25户，租赁经营58户，兼并5户，破产24户，转为民营7户，承包经营15户。市直16户国有商贸企业出售6户。全市国有商贸企业改制面88%。在国有企业改制中，推行多元化所有制结构；完善企业法人治理结构；调整企业内部组织结构；优化企业融资结构。商贸行政管理部门实行由只管国有商业向统管社会商业转变；由直接管理向间接管理转变；由业务管理向法治管理转变；由行政管理向中介管理转变。

物资系统15户企业，经过企业改制退出国有序列12户；领取辞职补偿金、退出国有职工身份

890 人，占职工总数 68%；离退休职工 370 人，养老金实行社会化发放。

（王利）

【定点屠宰】 2001 年，全市有定点屠宰厂（点）46 个，比 2000 年减少 3 个。其中，城区 29 个，乡（镇）17 个。在屠宰厂（点）中，年进点屠宰生猪 28.7 万头，大牲畜 20 万头，禽类 85 万只，税金 520 万元。全市生猪进点屠宰率 100%，畜禽进点屠宰率 90%。

7 月，全市对肉品市场进行大检查，取缔不符合标准的屠宰厂（点）3 个，处理病痘猪 120 头。

（王利）

【蔬菜产销】 2001 年，全市蔬菜种植 32 万亩，比 2000 年增长 28.7%，其中保护地面积 1 万亩。全市近中远郊菜田面积比例为 2∶1∶1。在开展万元田（棚）建设中，全市投资 820 万元，新建温室 630 栋，面积 21 万平方米，新增蔬菜产量 350 万公斤；新建高新技术示范推广基地 10 250 亩，新增产值 1 000 万元；推广、引进彩椒、独行菜、苔菜、羽衣甘兰等新品种 37 个，引用立体无机营养型无土栽培等新技术 7 项。

全市蔬菜总产量 3.8 亿公斤，比 2000 年增长 11.76%。总产值 2.25 亿元。上市量 2.7 亿公斤。其中，春菜上市 3 500 万公斤，夏菜上市 9 000 万公斤，秋菜上市 1.35 亿公斤。

（王利）

【饮食服务】 2001 年，全市有饮食服务网点 8 734 个，比 2000 年增长 13%。其中，餐饮业 6 349 户，服务业 2 385 户。从业人员 40 820 人。其中，餐饮业 25 600 人，服务业 15 220 人。营业总额 4 亿元，比 2000 年增长 10%。8 月，白城杨麻大饼在吉林省第三届吉菜美食节中，被评为“吉林省名点”。9 月，白城富都娱乐城被吉林省烹饪协会评为“吉菜名店”。10 月，白城杨麻大饼在全国（杭州）第六届烹饪大赛中获金鼎奖。

（王利）

【全市贸易工作会议】 2 月，市政府召开全市贸易工作会议，参加会议的有各县（市、区）长、贸易局长，市工商局、税务局、财政局、水利局、农业局等部门负责人，市直属贸易企业经理。会议由市政府副秘书长王林主持，副市长曲汉林讲话。会议提出：以扩大内需为重点，贯彻落实吉林省人民政府《关于加强农村市场流通网络的意见》，在具有一定规模优势和发展潜力的集镇和行政村（屯），构筑三级农村市场流通网络；积极推进全市国有商贸企业的改革，为全市经济建设服务。会议就中国加入世贸组织通过了《全市国有商贸企业应对措施方案（草案）》。

（王利）

【整顿化学危险物品经营企业】 9 月，市贸易局通过全市新闻媒体公布《关于化学危险物品经营企业重新登记、审查、核发经营许可证的通告》，公布爆炸品、压缩气体及液化气体、易燃液体、易燃固体、自燃物品和遇湿易燃物品、氧化剂和有机过氧化物，毒害品和腐蚀品七大类化学危险物品目录。市商贸、公安、工商部门联合对全市化学危险物品市场进行“拉网式”清理整顿，重新登记、审查核发经营化学危险物品企业《许可证》137 户，取缔、查封违规经营化学危险物品经营企业 19 户。

（王利）

【聚鑫宾馆简介】 镇赉县聚鑫宾馆建于2000年4月，属私人股份制企业，二星级宾馆。位于镇赉县正阳南街。占地4 700平方米，建筑面积3 500平方米。从业人员43人。董事长洪德，总经理王善军。设游泳池、儿童游泳池各1个，有桑拿浴、光波浴、蒸汽浴、冲浪浴、针刺浴、站沐浴、坐沐浴等十几种洗浴方式。有豪华洗浴单间、休息大厅、休息包厅、豪华套房、标房、普房和中央空调。温度适宜，全天供应热水，是休闲娱乐的好去处。

2001年，固定资产1 200万元，营业收入95万元，税金4.64万元。

（张洪志）

烟 草

【基本情况】 白城市烟草专卖局（简称市烟草局）与吉林省烟草公司白城分公司，一套机构两块牌子。是具有行政管理职能，政企合一的国有中型企业。为《中华人民共和国烟草专卖法》(简称《烟草专卖法》)主体执法单位。设办公室、人事政工科、专卖科、业务科、审计监察科、安全保卫科,直属批发部9个。编制61人。辖洮南市、大安市、镇赉县、通榆县烟草专卖局(公司),27个自营卷烟批发部。编制219人。

2001年,全市销售卷烟65 649箱,其中省产烟46 793箱。销售额30 923万元,利润1 922万元,税金500万元,分别比2000年增长28.2%、113.08%和5.04%。费用率5.77%,比计划下降1.19个百分点,比2000年下降1.64个百分点;市场占有率100%。

市政府同四平卷烟厂合作生产《吉鹤》、《鹤城》系列6个品牌卷烟;同延吉卷烟厂合作生产《月亮湖》牌卷烟。全年销售地方品牌卷烟7 220箱。其中,金、银、绿《吉鹤》牌分别为28、30、229箱;硬、绿、简《鹤城》牌分别为133、626、5 569箱;《月亮湖》牌605箱。

(吴文良)

【专卖管理】 2001年,市烟草局强化专卖管理工作。全年查处违法经营案件922起,查获各类卷烟517件,烟叶15吨,罚没款43.5万元。

在"三一五"国际消费者权益活动日,市烟草局组织烧假烟活动,焚烧假烟44件,价值4万元。同时,以"绿色消费"为主题,在市区繁华地段举办识别假冒卷烟展览。与白城电视台联合制作专题片《打假纪实》,在《社会聚焦》栏目播放。6月29日,《烟草专卖法》颁布10周年,市政府领导在白城电台、电视台发表讲话;吉林电视台、白城电视台联合制作专题片《清理整顿卷烟市场纪实》,在全省播放,有效地推动了全市依法治烟工作。

专卖管理实现由治标向治本的转化,在全市烟草系统内全面启动"户籍化"管理。城市商户入网销售率100%,农村95%左右,实现专卖市场由市专卖局调控、管理、规范运作的新格局。市烟草局在吉林省烟草专卖局召开的专项斗争总结表彰大会上,被评为"全省专项斗争先进单位"。

(吴文良)

【精神文明建设】 2001年,按照吉林省烟草专卖局要求,全市烟草系统开展"以德治企"教育和抓"五好班子建设","争做五好职工、五好家庭","创文明机关、文明单位(企业)、文明系统"精神文明创建活动,并取得丰硕成果。市烟草局被省委、省政府授予"精神文明建设先进单位"称号。被省烟草局授予"全省烟草系统专卖管理、卷烟销售先进单位"、"五好班子"称号。

(吴文良)

【吉林省烟草公司白城分公司简介】 吉林省烟草公司白城分公司(简称白城分公司)建于1984年,与白城市烟草专卖局一套机构两块牌子。是具有行政管理职能的国有中型企业,为《中华人民共和国烟草专卖法》主体执法单位。主要经营卷烟、雪茄烟。

白城分公司实行经理负责制,法人代表张凤武。设办公室、人事政工科、专卖科、业务科、审计监察科、安全保卫科。直属批发部9个。职工61人。辖大安市、洮南市、镇赉县、通榆县烟草专卖局(公司)及27个自营卷烟批发部。职工219人。

白城分公司经营的重点品牌以吉林省产烟为主。其中,白城分公司与四平卷烟厂联合生产的金、银、绿《吉鹤》牌、《吉鹤王》牌及红、绿、简《鹤城》牌卷烟;白城分公司、延吉卷烟厂联合生产的硬、软《月亮湖》牌卷烟;长春产的"黄人参"系列品牌为主导品牌。并与云南、贵州、安徽、上海等18个卷烟生产厂家建立巩固的购销关系,全国36种高级名牌卷烟的经营规模逐渐扩大。

2001年,各种卷烟经营量由1998年4万余箱增至6.5万余箱,销售额30 923万元,利润1 922万元,税金500万元,分别比2000年增长16.5%、28.2%、113.08%和5.04%。

企业有形资产和无形资产均创历史最好水平。1998年,白城分公司被市消费者协会命名为"最佳信誉单位"。2000年,被市委、市政府命名为"精神文明建设单位",被国家烟草专卖局命名为"全国烟草行业先进集体"。2001年被省委、省政府授予"精神文明建设先进单位"称号,被吉林省烟草专卖局分别授予“五好班子”、“全省烟草系统专卖管理、卷烟销售先进单位”称号。

（吴文良）

石 油

【基本情况】 2001年，中国石油天然气股份有限公司吉林白城销售分公司（简称白城石油公司），职工289人。设经理办公室、党委办公室、财务资产科、清欠办公室、行政管理科、审计科、人事劳资科、油管安全科、业务综合科。直属白城油库、销售公司、润滑油厂、运输公司。下设镇赉、洮南、通榆、大安石油经营处。职工747人，其中专业技术人员145人：高级工程师、高级经济师9人，工程师、会计师、经济师、政工师34人，助理工程师、助理经济师、技术员102人。

2001年，全市有加油站92座，油库6座，润滑油库1座。其中，市本级加油站26座，油库1座。固定资产原值4 796万元，净值3 506万元。主要设备原值1 500万元，净值930万元。购进成品油136 614吨，其中，汽油50 717吨（市本级20 966吨），柴油85 897吨（市本级29 117吨）；购入润滑油1 114吨（市本级412吨），比2000年分别下降0.22 %、3.60%，增长1.89%，下降0.77%，增长109.69%、53.15%、301.87%，下降35%。销售成品油132 570吨，其中，汽油49 527吨，柴油83 043吨；销售润滑油1 252吨；市本级销售成品油48 000吨，其中，汽油20 384吨，柴油27 616吨；销售润滑油642吨，比2000年分别增长1%，下降1.72%，增长2.91%，下降0.95%和增长16%、5.34%、24.90%，下降58%。销售总额37 653万元，利润40万元，税金613万元；其中，市本级销售额13 558万元，利润10万元，税金167万元，比2000年分别增长11.40%、22.41%、20.12%和17.26%、36.7%、48.91%。

（闫云波）

【优质服务】 2001年，白城石油公司为占有市场，完成省公司下达的各项工作任务，各站以加强经营管理为切入点，以“优质服务”系统工程为主线，结合工作实际分别开展以“爱企业、做主人、争先进、比贡献、创优质、促销售”为主题的“大干百天”活动和“转观念、找差距、严管理、增效益”活动。提高了员工素质和石油公司整体形象。

（闫云波）

【中国石油吉林白城销售分公司通榆经营处简介】 中国石油吉林白城销售分公司通榆经营处建于1978年10月，称通榆县石油公司，几易其名，2001年10月改为现名。隶属白城石油公司。位于通榆县开通镇兴华南街88号。职工118人，其中专业技术人员21人：高级职务1人，中级职务1人，初级职务19人。经理张德明。辖油库1座，占地约6万平方米。加油站18座，营业面积4 510.53平方米。固定资产原值1 111万元，固定资产净值811万元。经营汽油、煤油、柴油、润滑油和其它石油产品。

2001年，购进各类成品油21 140吨，购进总值6 371万元；销售各类成品油22 502吨，销售总值7 441万元；分别比2000年增长4.6%、7.1%、13.1%和13.9%。人均劳动效率36.8万元/人，税金75万元，分别比2000年增长35%和2.7%。通榆经营处被吉林省石油总公司授予“先进单位”称号，被省物价局授予“明码标价示范单位”称号，被白城市人民政府评为“依法纳税信得过企业”，被通榆县人民政府评为“质量计量信得过单位”。

（张国德）

【中国石油吉林白城销售分公司洮南经营处简介】 中国石油吉林白城销售分公司洮南经营处建于1979年。位于洮南市通达路6号。职工99人。经理张志华。设业务科、财会科、油管科、办公室。辖油库2个。其中，洮南油库占地40 517平方米，铁路专用线1条380延长米和配套接卸设施，库容量5 000立方米，年出库量20 000吨；镇西油库占地24 000平方米，铁路专用线1条150延长米和配套接卸设施，储存能力1 650立方米，年出库量10 000吨。加油站18座，占地29 988平方米。润滑油库、运输公司各1个，10吨、8吨油槽车各1辆，5吨油槽车9辆，总运输能力63吨。2001年，固定资产1 200万元，销售成品油27 902吨，商品销售总额7 671万元，上缴税金69万元。

1987至2001年，连续被白城市委、市政府评为“精神文明建设先进单位”。1998年，被洮南市委、市政府评为“先进集体”。所属17个加油站被洮南市委、市政府评为“精神文明建设先进单位”；市区4个加油站被洮南市政府评为“十佳文明窗口”。

（张敏辉）

粮　食

【基本情况】 2001年初，白城市粮食局（简称市粮食局），设办公室、粮政科、财会科、行业指导科。编制37人。其中，行政编制25人，事业编制12人。11月，市直机关机构改革，编制33人。设办公室、调控科、综合科、仓储基建科。直属吉林白城国家粮食储备库、白平国家粮食储备库和白城市平台粮库、第四粮库、第五粮库、向阳粮库、纯阳粮库、面粉厂、龙原植物油有限公司、军粮供应管理站、粮油质量监测站、粮油批发市场。职工2 531人，其中专业技术人员315人：高级经济师、高级会计师、高级政工师、高级工程师16人，经济师、会计师、政工师、工程师108人，助理经济师、助理会计师、助理工程师、技术员191人。全市有大安市、洮南市、洮北区、通榆县、镇赉县粮食局。实有145人。全系统有独立核算企业89户。其中，收储企业76户，粮油加工企业3户，粮油供应企业10户。职工17 100人。其中，收储企业15 379人，粮油加工企业456人，粮油供应企业1 265人。其中专业技术人员　1 385人：高级经济师、高级会计师、高级政工师、高级工程师20人，经济师、统计师、会计师、政工师、工程师268人，助理经济师、政工师、会计师、工程师、技术员1 097人。

2001年，全市国有粮食企业改革初见成效，完成粮食收购、烘晒和安全保粮任务，促销泻库成果喜人，仓场建设跨上新台阶，企业管理水平显著提高，职工队伍稳定，企业经济效益稳步增长，安全生产得到加强，党建工作和行风建设成效显著。粮食部门按保护价把农民手中余粮全部收购入库；粮食收储企业亏损8 342万元，比2000年下降20%，市直粮食收储企业在保证职工开满资的基础上，实现不亏损；全面完成省政府下达的粮食销售任务；全年招商引资5 000万元，其中市直1 183万元；新建和扩建仓容项目全部投入使用；清理欠款5 327万元，清回率10%，其中市直清回率25%。白城市委、吉林省委分别授予白城白平国家粮食储备库“先进基层党组织标兵”、“先进基层党组织”称号。

（刘安君）

【粮食调控】 2001年，全市粮食生产在遭受严重干旱的情况下，仍夺得较好收成，粮食总产量129.87万吨，比2000年增长1.9%。全市入库粮食96.5万吨，其中，玉米51.4万吨，水稻41.7万吨，分别比2000年下降59.5%、39.5%和增长13 .0%。市直新粮入库26.3万吨，其中，玉米12.8万吨，水稻13.2万吨，分别比2000年增长12.8%、10.7%、43.4%。全市及市直粮食收购量双超历史最高水平。全市粮食库存总量354万吨，超储4万吨。其中市直库存总量69万吨。全市灾区110万人受灾缺粮，需救灾粮9.7万吨。按照市委、市政府的部署，到年末，全市为灾民解决缺粮2.5万吨，确保灾区人民的生产生活。全市销售粮食68万吨，其中市直销售14.7万吨，分别比2000年增长1.09%、1.06%，创历史同期最好水平，并全部实现顺价销售。

（刘安君）

【行业管理】 2001年，市粮食局直属企（事）业单位12户，职工2 483人。其中，全民所有制职工2 047人,集体所有制职工436人。市粮食局与直属企业签订目标责任书,建立和完善粮食销售、资材购置、基建项目招标等审批制度。对直属12户企事业实行会计委派制。对职工实行岗前培训，在岗培训与脱产培训相结合，全年举办市直企事业领导干部培训班、新职工岗前培训班、全市财会报表微机软件培训班、化验员培训班、统计员培训班，培训1 200人。企业内部实行经营承包制，人事管理形成能上能下机制，实行末位职工淘汰制，企业按经营量定编、定岗、定员，提高了工作效率。

（刘安君）

【企业经营】 2001年，全市粮食企业面对粮源少、费用多、补贴低、陈化粮差价无补贴等困难，主动走出去寻找粮源，争取超储补贴收入，扩大经营收入；认真执行顺价销售政策，增加毛利收入；坚持资金封闭运行，杜绝发生新的挤占挪用；严格核算利息，堵塞支出漏洞；严格加强费用管理，降低费用。到年末，与2000年相比：全市粮食企业亏损8 342万元，减亏2 744万元。其中，收储企业亏损6 698万元，减亏3 459万元；市本级收储企业亏损240万元，减亏53万元。全市收储企业基本完成扣除政策性影响因素不发生新的经营性亏损的战略任务。全市加大清理欠款工作力度，市粮食局与企业签定清欠目标责任书，并制定奖惩措施。各单位组成清欠队伍，并借助于法律走出去登门清欠。全年清回欠款5 327万元，为清欠任务的118%。其中市直企业清回欠款1 183万元。

（刘安君）

【仓储与基建】 2001年，全市有粮库74个。其中，市直7个，洮北区6个，镇赉县16个，通榆县16个，洮南市17个，大安市12个。仓库占地660万平方米。4月初，各粮库提前一个月完成50多万吨高水份粮的烘晒任务，其中市直完成烘晒任务17万吨。烘后玉米保等率98%，晒后玉米保等率96%，粮食损耗低于国家规定的8%。全市粮食仓储总投资4 060万元，2000年启动的4户国储库扩建项目于2001年11月通过验收，增加仓容66万吨，开始压仓装粮。全市收储能力350万吨，比2000年增长8.5%。全市实现4个省级“一符四无”（库存账目与实物相符，无鼠雀、无虫害、无霉变、无事故）县，5个国储库达到省级示范库标准，71.6%的粮库达到省级“一符四无”粮库标准。其中，市直属吉林白城国家粮食储备库达到省级示范库标准，吉林白城白平国家粮食储备库和白城市平台粮库、第四粮库、第五粮库、纯阳粮库、向阳粮库达到省级“一符四无”粮库标准。

全年争取到国家储备库建设项目3个，投资4 060万元，增加仓容7 000万公斤。其中，市直企业争取到位资金1 959万元，超额完成市政府下达1 200万元招商引资任务；白城市平台粮库招商引资项目列入市政府重点项目之一，经国家粮食局专家组考核，确定新建仓容4万吨，总投资2 550万元。10月进行招投标。

（刘安君）

【粮油加工】 2001年，全市有粮油加工企业3户。从业人员427人，其中专业技术人员79人：高级工程师3人，经济师、会计师、政工师、统计师25人，助理经济师、助理工程师、助理政工师、技术员51人。占地21 407平方米，建筑面积7 283平方米，机械设备97台套。主要产品产量：小麦粉1.9万吨。其中，高筋粉2 040吨，特优粉7 440吨，特一粉1 560吨，营养粉960吨和标准粉。食用油1.95万吨。其中，大豆油4 500吨，色拉油1.5万吨。在主要产品中，标准粉获“部”省优产品”称号；特一粉获吉林省优产品”称号；高筋粉、特优粉、特一粉、营养粉获“白城市吉鹤名牌产品”称号。《拾月》牌大豆油、色拉油获“吉林省质量万里行信誉产品”、“白城市那达慕吉鹤名牌产品”称号。新产品有营养粉、全麦粉。固定资产原值2 738万元，固定资产净值2 572万元。总产值 2 249万元，税金232万元，利润22.3万元，分别比2000年增长11.4%、9.1%、12.8%。

（刘安君）

【白城市面粉厂简介】 白城市面粉厂建于1974年。位于白城市白平公路37号。隶属市粮食局。职工82人，其中专业技术人员14人：高级工程师2人，工程师、经济师、会计师4人，助理经济师、助理工程师、助理会计师、技术员8人。厂长陆平。设科（车间、公司）4个，生产组织机构为技术科。占地2万平方米，建筑面积4 170平方米，主要机械设备有磨粉机12台，高方筛10台，电机89台。固定资产原值1 072万元，固定资产净值710万元。

2001年，企业内部改革不断深入，建立现代企业制度，实行末位职工淘汰制。将旧的生产工艺改造为5B、8M、2T的先进制粉工艺。

主要产品产量 17 000 吨（高筋粉 2 040 吨，特优粉 7 440 吨，特一粉 1 560 吨，营养粉 960 吨和标准粉）。其中，标准粉获“部优产品”称号，特一粉获吉林省“省优产品”称号，高筋粉、特优粉、特一粉、营养粉获“白城市吉鹤名牌产品”称号。新产品主要有营养粉、全麦粉。总产值 1 992 万元，税金 229 万元，利润 8.3 万元，全员劳动效率 243 吨。

（刘安君）

【白城市龙原植物油有限公司简介】 白城市龙原植物油有限公司建于 2000 年。位于白城市明仁北街 33 号。隶属市粮食局。占地 3.5 万平方米。职工 139 人，其中专业技术人员 48 人：工程师、经济师、政工师、统计师 16 人，助理会计师、助理经济师、助理工程师、技术员 32 人。董事长兼总经理丛树龙。设部（室）10 个，生产机构有油车间、变电所，下属单位第二、第三销售门市部。主要机械设备有压胚机、浸出器、蒸脱机、冷凝器、五节锅。固定资产原值 1 238 万元，固定资产净值 862 万元。

2001 年，企业内部实行独立承包核算制，人事管理实行职工上下班打卡制。改造油车间蒸发器、蒸发管路，固定资产投资 55 万元。主要产品产量：大豆油 4 500 吨，色拉油 1.5 万吨，豆粕 2.4 万吨，分别比 2000 年增长 17.5%、24.3%、9.6% 。总产值 257 万元，税金 3 万元，利润 14 万元，分别比 2000 年下降 89.1%、30.7%、11.4%。《拾月》牌大豆油、色拉油获“吉林省质量万里行信誉产品”、“白城市那达慕吉鹤名牌产品”称号。

（刘安君）

【吉林白城国家粮食储备库简介】 吉林白城国家粮食储备库建于 1954 年，称白城县第一粮库，1992 年改为现名。1996 年被国家贸易部定为国有商业大型二档企业。位于白城市青年北大街 12 号。隶属市粮食局。职工 617 人，其中专业技术人员 67 人：高级政工师 2 人，经济师、会计师、工程师 17 人，助理经济师、助理会计师、助理工程师、技术员 48 人。主任杨成墨。设职能科（室）15 个。占地 17.1 万平方米，经营面积 13 万平方米，仓储面积 13 万平方米，经营量 21.8 万吨，销售量 1.1 万吨。主要设施：浅圆仓 5 座，平房仓 10 栋，总仓容 10.21 万吨，铁路专用线 1 323 延长米；烘干机 2 台，日烘干能力 800 吨，各类粮仓机械设备 82 台（套），运输车 24 辆，微机 19 台。消防安全设施完善。库区全部硬化、绿化。24 小时实行电视监控。固定资产原值 7 832 万元，固定资产净值 6 765 万元，自有资金 215 万元。形成购、销、调、存、加为一体的粮食商业企业。争取到 2.17 万吨国家专储粮指标，建成白城民营发展区分库。

2001 年，改革人事制度，实行末位职工淘汰制，培训岗位 101 个，职工 268 人。粮食购进总额 8 284 万元，销售总额 1 390 万元，税金 10 万元，劳动生产效率 404 吨，分别比 2000 年下降 53%，增长 53%、11%和下降 62%。新粮收购 5 万吨，销售 1 万多吨，销售毛利 93 万元。发展以养殖业为主的多种经营，创利润 3 万多元。为灾民及特困职工捐款捐物折合人民币 1.5 万多元。被吉林省粮食局授予“一符四无”粮食示范库称号。

（刘安君）

【吉林白城白平国家粮食储备库简介】 吉林白城白平国家粮食储备库建于 1974 年，称白城市面粉厂（第二粮库）。1997 年改为现名。位于白城市白平公路 37 号。隶属市粮食局。是国家大型二档粮食收储企业。职工 1 146 人，其中专业技术人员 98 人：高级政工师、高级工程师 4 人，经济师、工程师、会计师、政工师 25 人，助理工程师、助理会计师、助理经济师、技术员 69 人。主任王子彬。设科（室、车间）20 个。占地 16 万平方米，经营面积 9 万平方米，仓储面积 5 万平方米，经营量 30 万吨，销售量 3.5 万吨。基础设施有浅圆仓 3 座，立筒仓 2 座，自动中转系统 1 个，高大彩板排架平房仓 6 栋，钢板仓、砖立筒仓各 1 栋，总仓容 13.7 万吨。有铁路专用线 1 080 延长米，现代化烘干机 2 台，日烘干能力 800 吨。各类粮仓机械设备 183 台（套），各种运输车 10 辆，微机 27 台。消防安全设施完善。库区全部硬化绿化，环境幽雅。固定资产原值 10 226 万元，固定资产净值 9 028 万元，自有资金 2 322 万元。

2001 年，经营玉米、水稻、饲料、杂粮、杂豆等。年均收购量 10

万吨，年均库存量 15 万吨，中转量 22 万吨。在洮南市杂粮市场、大连港口、广东、福建、安徽等地设经销网络。商品购进总额 8 744 万元，商品销售总额 3 779 万元，税金 10 万元，人均劳动效率 563 吨，分别比 2000 年增长 78.8%、10.4%，下降 78%和增长 10.3%。2001 年吉林省委，白城市委分别授予吉林白城白平国家粮食储备库“先进基层党组织”、“先进基层党组织标兵”称号；省粮食局授予省级“一符四无”先进单位、“安全防火先进单位”称号。

（刘安君）

【白城市平台粮库简介】 白城市平台粮库建于 1997 年。位于白城市平台镇白平公路西侧。隶属市粮食局。职工 88 人，其中专业技术人员 19 人：高级政工师 1 人，政工师、会计师、工程师、经济师 8 人，助理会计师、助理经济师、助理政工师、技术员 10 人。主任王会民。设科（室）14 个。占地 9.7 万平方米，仓储能力 5.9 万吨，年经营量 12 万吨，年销售量 2 万吨。基础设施：砖圆仓 10 座，日烘干能力 300 吨烘干塔 1 座。粮仓机械设备 52 台（套），运输车 12 辆，微机 10 台。库区硬化 2.5 万平方米。固定资产原值 2 800 万元，固定资产净值 394 万元。

2001 年，经营玉米、水稻、杂粮。商品购进总额 3 273 万元，商品销售总额 2 457 万元。税金 2 万元，人均劳动效率 911 吨，分别比 2000 年增长 4.5%、32%、18%、8%。全年争取到国家 100 亿公斤建仓项目，总仓容 4.4 万吨。铺铁路专用线 430 延长米，建铁路罩棚 8 300 平方米，专用机械罩棚 800 平方米，总投资 2 550 万元。企业被省粮食局授予“一符四无”先进单位称号。

（刘安君）

【白城市第四粮库简介】 白城市第四粮库建于 1997 年。位于白城市纯阳路图乌公路 894 公里处。隶属市粮食局。职工 153 人，其中专业技术人员 17 人：高级政工师 3 人，政工师、会计师 9 人，助理政工师、技术员 5 人。主任周忠山。设科（室）12 个。占地 8.4 万平方米，仓储面积 7 万平方米。有浅圆仓 6 座，总仓容 8.9 万吨。现代化烘干机 1 台，日烘干能力 300 吨。粮仓机械设备 32 台（套），运输车 9 辆，微机 8 台，消防安全设施齐全。经营量 15 万吨，销售量 3 万吨。固定资产原值 650 万元，固定资产净值 550 万元，自有资金（实有资本）100 万元。

2001 年，主要经营玉米、水稻。商品购进总额 5 318 万元，商品销售总额 3 488 万元，税金 6 万元，人均劳动效率 891 吨，分别比 2000 年增长 14.97%、4.5%、6%、33%。被省粮食局授予“一符四无”先进单位、“安全防火先进单位”称号。

（刘安君）

【白城市第五粮库简介】 白城市第五粮库建于 1996 年。位于白城市保平乡于家村。隶属市粮食局。职工 90 人，其中专业技术人员 19 人：政工师、会计师、经济师、工程师 13 人，助理会计师、助理经济师、技术员 6 人。主任李振明。设科（室）8 个。占地 3 万平方米，经营面积 3 万平方米，仓储面积 2 万平方米。基础设施有总仓容 5.5 万吨，日烘干能力 300 吨的现代化烘干机 1 台，粮仓机械设备 16 台（套），运输车 2 辆，微机 3 台，消防安全设施完善齐备。固定资产原值 494 万元，固定资产净值 406 万元，自有资金 180 万元。

2001 年，主要经营玉米、水稻。经营量 9.9 万吨，销售量 2.6 万吨。商品购进总额 4 485 万元，商品销售总额 3 296 万元，人均劳动效率 1 520 吨，分别比 2000 年增长 1.04%、21.8%、12.1%。被省粮食局授予“一符四无”先进单位称号。

（刘安君）

【白城市向阳粮库简介】 白城市向阳粮库建于 1996 年。企业办事机构驻地位于白城市洮安东路 51 号，粮库所在地洮南市向阳乡朝阳村。隶属市粮食局。职工 49 人，其中专业技术人员 13 人：政工师、经济师、工程师、会计师 5 人，助理会计师、助理经济师、助理工程师、技术员 8 人。主任符乃杰。设科（室）10 个。占地 8.6 万平方米，经营面积 7.6 万平方米，仓储面积 7 万平方米。基础设施有总仓容 6.5 万吨，现代化烘干机 1 台，日烘干能力 300 吨。粮仓机械设备 11 台（套），运输车 9 辆，微机 3 台，消防安全设施完善齐备。年经营量 1.5 万吨。固定资产原值 988 万元，固定资产净值891万元，自有资金224万元。

2001年，主要经营玉米、水稻、杂粮。商品购进总额3 615万元，商品销售总额2 028万元，税金4万元，人均劳动效率1 229吨，分别比2000年增长134%、53%、50%、102%。被省粮食局授予“一符四无”先进单位称号。

（刘安君）

【白城市纯阳粮库简介】 白城市纯阳粮库建于2000年。位于白城市洮北区保平乡纯阳村5—6号。隶属市粮食局。职工103人，其中专业技术人员9人：高级工程师1人，会计师、政工师4人，助理工程师、技术员4人。主任高成国。设科（室）7个。占地5.9万平方米。基础设施有房式仓2栋，总仓容3 500吨；现代化烘干机1台，日烘干能力300吨。粮仓机械设备15台（套），运输车6辆，消防安全设施完善齐备。经营面积5.9万平方米，仓储面积5.6万平方米。经营量7.5万吨，销售量1.3万吨。固定资产原值647万元，固定资产净值618万元，实有资本30万元。

2001年，主要经营玉米、水稻、杂粮。商品购进总额3 444万元，商品销售总额1 602万元，税金3.3万元，人均劳动效率755吨，分别比2000年增长3.2%、2.5%、75.4%、66.3%。被省粮食局授予“一符四无”先进单位称号。

（刘安君）

【白城市军粮供应管理站简介】 白城市军粮供应管理站建于2001年。位于白城市洮安东路25—18号。隶属市粮食局。职工9人，均为专业技术人员：高级政工师3人，会计师、经济师6人。站长魏洪祥。设科（室）5个，直属城区粮店、平台军供粮店。固定资产60万元。

2001年，完成军粮筹措及供应工作。

（刘安君）

【白城市粮油质量监测站简介】 白城市粮油质量监测站建于1985年。位于白城市青年北大街12号。隶属市粮食局。编制12人，实有19人，其中专业技术人员10人：高级政工师、高级工程师3人，会计师、经济师、工程师4人，助理会计师、助理经济师、助理工程师3人。站长李雁军。设科（室）3个。固定资产32万元。主要设备有气相色谱仪、电子天平、高速磨粉机、电烘箱、显微镜、罗维朋比色计、阿贝折射仪、分光光度计等。

2001年，完成粮油产品质量监督检验，产品质量检验与鉴定；产品生产许可检验；承担社会送样检验；按照计量认证合格证书规定的148个粮油品种、160个项目检验工作。在全国范围内开展地清仓查库工作中，有461份被检样品送达内蒙古自治区检验，完成清仓查库工作任务。全市有450名检验人员参加业务技术培训，全市完成50台电子容重器计量检定工作。继续实行封闭式验粮法，检验人员持证上岗，挂牌服务，保证质检工作的科学性、准确性和公正性。做到“六公开”、“三保证”，即：收购政策、价格、等级、标准、入库检斤、服务措施公开；保证验质验斤公平合理，保证入库粮油数量、等级、账实相符，保证服务措施落实到位。

（刘安君）

【白城市粮油批发市场简介】 白城市粮油批发市场建于1996年。位于白城市文化东路17号。隶属市粮食局。编制15人，实有12人，其中专业技术人员8人：政工师、会计师、经济师6人，助理会计师、助理政工师、助理经济师2人。主任王东江。设科（室）3个。固定资产5万元。设备有微机、传真机各1台。

秋粮收购期间，与公安、工商等部门配合整顿粮食收购市场，为农民卖粮、粮库收粮起到保驾护航作用。配合工商部门清理整顿白城市收储企业和粮食批发企业，对符合国家条件的予以保留，不符合条件依法办理变更登记或注销登记。强化了粮食市场管理，促进了公平竞争，保证了正常的粮食流通秩序，保护了粮食生产者、经营者和消费者的合法权益。搞活了流通，促进了生产，满足了消费。

（刘安君）

旅　游　业

【基本情况】 2001年，白城市旅游局（简称市旅游局）、白城市人民政府外事办公室、白城市人民政府侨务办公室合署办公，一套机构三个名称。设旅游科、外事科、侨务科。编制9人。全市有洮北区、镇赉县、通榆县、洮南市、大安市旅游局。编制27人。

2001年，市旅游局紧密围绕市委、市政府关于中国·白城百日生态旅游节活动，做好在北京、长春、白城举办的中国·白城百日生态旅游节新闻发布会的开幕式的准备工作，做好查干浩特旅游开发区揭牌仪式筹备工作。全市接待国内外游客49万人次，旅游收入1.68亿元，分别比2000年增长63.0%和40.0%。为宣传白城、推介白城、发展白城做出了贡献。

（李宝君）

【中国·白城百日生态旅游节新闻发布会】 6月25日，市政府在北京国际饭店举行2001年中国·白城百日生态旅游节新闻发布会。会议由常务副市长杨亚杰主持。市长刘润璞介绍了白城丰富的资源，特别是先天的旅游资源，后发的旅游优势。市政府确定2001年7月为白城生态旅游节，并从7月1日至10月10日开展中国·白城百日生态旅游活动。会上，向与会人员发布了2001年中国·白城百日生态旅游节活动内容，赠送了《仙鹤迷恋的土地》、《天南地北鹤乡人》、《城市之光》等宣传白城的书籍和画册，播放了《相约白城》录像片。国家劳动和社会保障部副部长刘雅芝、体委原副主任刘吉、旅游协会秘书长李玉莺及国家旅游局、北京旅游局官员，驻京各大旅行社负责人，中央和北京37家新闻单位的记者，外国驻华使（领）馆文化官员，共100多人参加北京新闻发布会。

6月27日，市政府在长春长白山宾馆举行2001年中国·白城百日生态旅游节新闻发布会。会议由常务副市长杨亚杰主持。市长刘润璞介绍了白城市丰富资源，特别是先天旅游资源和后发的旅游优势。原省级老领导谷长春、高文，省政协副主席常万海、孙耀庭，省人大常委会秘书长郑玉春，省政协秘书长刘国枢，省人大常委许洪林，省直有关部门负责人，部分在白城工作过的老领导，省及长春市各大旅行社负责人，中直、省直、长春市新闻单位和记者，共120多人参加了长春新闻发布会。

6月30日，市政府在白城举行2001年中国·白城百日生态旅游节新闻发布会，常务副市长杨亚杰就如何加强白城生态旅游宣传发表讲话。介绍了白城生态旅游节活动安排。吉林日报社白城记者站、吉林人民广播电台白城记者站、市直各新闻单位记者，市区各大旅行社、星级宾馆、旅游定点单位负责人，共50人参加新闻发布会。

（李宝君）

【生态旅游节开幕式】 7月1日，庆祝中国共产党建党80周年暨中国·白城百日生态旅游节开幕式在市民广场举行。市领导刘润璞、刘宝泉、岳清友、关德伟、沈贵、李树文、李殿发、任凤春、杨亚杰、吕克梁等参加了开幕式。常务副市长杨亚杰宣布中国·白城百日生态旅游活动内容。刘润璞宣布中国·白城百日生态游活动开始。市委、市政府决定7月1日至10月10日为中国·白城百日生态旅游节。参加活动的社会各界人士约万人。

（李宝君）

【查干浩特旅游开发区揭牌仪式】 7月2日，由省委书记王云坤题名，投资1 000余万元建成的查干浩特旅游开发区正式揭牌开业。参加揭牌仪式的有市领导刘润璞、刘宝泉、岳清友、沈贵、李殿发、任凤春、杨亚杰、梁秉常、李守田、曲汉林、罗家风及白城军分区、驻白城市63850部队首长，省旅游局领导，市直各部门、中省直单位、洮北区主要负责人，全市各大旅行社、旅游定点单位、星级饭店负责人等共3 000人。刘润璞、刘宝泉等领导为旅游开发区揭牌。常务副市长杨亚杰在揭牌仪式上讲话。

（李宝君）

【向海游览区简介】 向海游览区位于科尔沁草原东部的吉林省通榆县城西北部70公里处，距白城市区90公里。面积1 054平方公里。为世界上较大的鹤类观赏区之一。向海国家级自然保护区1986年被国务院批准为国家级自然保护区。1992年1月被列入《国际重要湿地名录》，1992年2月被世界野生生物基金会评审为“具有国际意义的A级自然保护区”。区内有植物300余种，野生动物300多种，其中鸟类273种。国家一、二类重点保护动物有大鸨、东方白鹳、丹顶鹤、白头鹤、白鹤、蓑羽鹤、金雕、白尾海雕、虎头海雕、白肩雕、大天鹅、秃鹫等。

向海“美在自然，贵在原始”。沙丘、草原、沼泽、湖泊星罗棋布，纵横交错，形成了沙丘榆林、湖泊水域、蒲草苇荡、羊草草原四大景观。有仙鹤岛、自然博物馆、千鸟巢、观景台、观鸟陵、蒙古黄榆林、杏树林、白沙滩浴场、冬季捕鱼、风力发电厂、钓鱼台、香海寺、乌兰塔拉遗址等景点。

向海既有原始古朴的自然风貌，又展现出新世纪现代文明。淳真的自然风光使人回归自然，多样的湿地环境让人留连忘返。向海具有现代化的旅游接待条件，有向海电力度假村，农行、粮食、税务、保护区宾馆，香岛木屋等。交通便捷，食宿方便，每年都有大量国内外旅客到向海旅游、观光、考察。“河水炖河鱼”、“手把羊肉”等具有特色的美食让人回味。

（李宝君）

【查干浩特旅游风景区简介】 查干浩特旅游风景区位于白城市西北部，距白城市城区 45 公里，是一个以草原风光、蒙族风情为特点的集旅游、观光、休闲、度假、娱乐于一体的风景区。附近有清代修建的葛根庙、名扬世界的平台“兵器城”。

查干浩特旅游风景区是满足人们回归自然、返璞归真的旅游胜地。区内面积 171 平方公里。可乘艇游湖，可在湖中游泳，可在湖畔垂钓。团结湖暮色降临时，可在篝火晚会上一展歌喉，尽情跳舞。建筑面积 2 980 平方米的七栋欧式别墅可同时接待几百人开会、娱乐、住宿、就餐；蒙古包群座落在湖畔绿草之间，可供商贸洽谈、休闲娱乐、餐饮聚会。有赛马场、狩猎场供游客娱乐。

（李宝君）

【莫莫格游览区简介】 莫莫格游览区位于镇赉县东部，距县城 45 公里。面积 1 440 平方公里。区内泡泽星罗棋布，江水滔滔，草原茫茫，饵料丰富，温度湿度适宜，鸭啼雁鸣鹤舞，成为多种鸟类的繁殖地，水禽迁徙的中转站。莫莫格自然保护区 1997 年 12 月被国务院批准为国家级自然保护区。

莫莫格自然保护区环境优美，有鸟类 193 种，列入国家一、二类重点保护的鸟类，尤以白鹤和白鹳居多。白鹤最大种群达 425 只，白鹳最大种群达 800 只，保护区有鹤苑、鸨舍、鸟馆、标本室、实验室、鸳鸯楼、观鹤亭、钓鱼台等，素有“百鸟乐园”之称。每年都吸引着众多的海内外游客到此观鸟考察。

莫莫格游览区，向游人展现的是一幅“天苍苍、野茫茫、风吹草低见牛羊”的草原景色；密集的鸟群同时腾空的壮观场面；以及莫莫格蒙古族的民俗风情，令旅游者回味无穷。

莫莫格自然游览区，交通十分便利，平齐铁路从县内通过，公路四通八达，住宿、饮食等基础设施齐全，是观光旅游的好去处。

（李宝君）

【月亮湖旅游风景区简介】 素有“草原明珠”之称的月亮湖位于吉林省大安市东北部与镇赉县交界处，距大安市区 37 公里。水域面积 200 多平方公里。

月亮湖的形成有着悠久的历史和动人的传说，据辽史记载：辽圣宗太平五年（1025）三月，长春河（今洮儿河）鱼儿泺（月亮泡），其水一夕有声如雷，越沙冈四十里为陂（即发生地震），形成碧水相连的弯形湖泊，因两地形似弯月，蒙古语称“撒兰纳池”，汉语译为日月池，俗称“月亮泡”。辽代的皇帝从圣宗耶律隆绪至耶律延禧都到过月亮湖进行“春捺钵”。即每年春天，皇帝率文武百官到“鱼儿泺”巡幸狩猎，皇帝率先“凿冰取鱼”，将捕得之鱼设“头鱼宴”宴请群臣，共享太平盛世。

今日的月亮湖风光迷人。春天，杨柳争翠，珍禽和鸣，各种野花竞相开放；夏秋时节，看日出与夕阳，天地水溶为一体，仿佛置身海边；冬季，白雪皑皑，冰上捕鱼场面，蔚为壮观。

月亮湖的鱼香风味小吃，别具一番特色，“生拌鱼”、馏鱼片等可称美味佳肴，月亮湖是划船、垂钓、游泳、避暑的好地方。

（李宝君）

【大安市嫩江旅游度假村简介】 大安市嫩江旅游度假村位于大安市嫩江右岸，距市中心 3 公里，占地 5.28 公顷。公路、水路、铁路畅通，是一处良好的旅游胜地。

度假村南端，山脚下，设有东

北最大的国防教育基地。位于嫩江右岸边有长达10公里的沙滩浴场，服务设施齐全，可供游人游泳、划船、摄影、娱乐等。

度假村中心有一座独具特色的五层望江楼，设有餐厅、快餐厅、水资源展览厅、歌舞厅。舞厅内配有高级音响，音乐优美，菜肴品种齐全，风味独特。在望江楼中层，珍藏着数百种鱼类标本，游人可领略大安市“渔米之乡”的风采。度假村内建有欧式、罗式、中式现代化别墅3座，建筑面积2 000平方米，高中档客房一应俱全，适宜各阶层游客度假、开会、食宿。还有江畔公园、天然沙浴场、人工游泳池、江畔木屋等景观、景点。

为满足广大游客的需求，度假村开通大安港至月亮湖、大安港至衍福寺水上航线，游人既可浏览两岸风光，又可在船上就餐、娱乐。

（李宝君）

【五间房水岛乐园简介】 五间房水岛乐园位于大安市西北部，距大安市区85公里，距白城市区40公里，距图乌公路2.5公里，交通便利。水域面积20万亩，自然岛屿32个，环岛四周环境优美，绿树成荫，栖息着多种鸟类，是人们观赏自然景观及水中游乐的好去处。

水岛乐园内林荫下小木屋错落有致；排球场、网球场、单双杠、台球、软梯、秋千等体育场地和设施齐全；树上吊床、石桌、石凳等休闲设备也有多处；小吃部、烧烤店、冷饮部、电子游戏厅、练歌房、电话亭等为游客提供服务。岛上容纳百人的歌舞餐厅可供游人轻歌曼舞；独特风味的鱼宴、羊汤、“手把羊肉”能使游客一饱口福。岛上还有钓鱼、射箭、游泳、划船等旅游项目。

（李宝君）

【森林公园简介】 森林公园位于白城市区南部2公里处。园区118公顷，由风景区、休闲区、林果区组成。风景区周长22公里，形似金鱼的“人工湖”碧波荡漾；湖的西面是“土山”，山顶矗立着五层高的“泽雷塔”；湖上一座“拱桥”横跨南北，拱桥北的湖面上有一座叠翠的“湖心小岛”；公园东北部是博妍园，博妍园南侧是仙鹤苑，园内有动物32种，139头（只），国家重点保护动物有狮子、大鸨、丹顶鹤、熊、鹿、孔雀等；景区周围是大片林果园地，有树木42种，33 000余株。

（李宝君）

【华严寺简介】 华严寺俗称关帝庙，原座落在白城市民生小学校院内。建于民国初年，因佛教中有华严宗、华严经而得名。华严寺在“文化大革命”中被破坏，殿堂几近倒塌。1985年9月，因危及安全而拆除。1998年有关部门正式批准重建华严寺。

新建的华严寺位于白城市区东南部2公里处。和抗洪胜利纪念塔、森林公园毗邻。占地2万平方米，建筑面积4 000平方米，属坐北朝南子午向建筑。在中轴线上建有山门、大雄宝殿、藏经楼，与中轴线对称的偏殿有观音殿、地藏殿。山门上方高悬由中国佛教协会会长赵朴初题写的“华严寺”额匾。大雄宝殿内雕梁画栋、流光溢彩。大殿正中供奉释迦牟尼、阿弥陀佛、药师佛。大雄宝殿面积700平方米，可容纳千人进行佛事活动。

华严寺的重建，不仅满足了白城市佛门信众进香拜佛的需要，还吸引来内蒙古自治区、黑龙江省等地的善男信女到此进行佛事活动。

（李宝君）

储备物资二三七处

【基本情况】 2001年，吉林储备物资管理局二三七处（简称二三七处），设党委办公室、处长办公室、财务与基本建设科、劳动人事科、行政科、多种经营科、物资管理科、保卫安全科、离退休人员管理科。直属企业有白城储丰物资贸易公司、白城市储兴玉米加工厂、白城市二三七处货场。编制170人。库区面积120万平方米。有标准库房11栋，面积3.08万平方米。库区自有铁路专用线2条，总长8.39千米。标准站台3座，可同时装卸几十辆车。备有16吨龙门吊3台，16吨汽吊1台，3至10吨叉车7台，以及相应的计量器具。

2001年，二三七处坚持“以储为主，多种经营”的储备工作方针，紧紧围绕吉林储备物资管理局下达的年度国储物资保管保养和出入库任务开展工作，物资管理达到了保质、保量、保安全、保急需的要求，安全保卫工作达到了无重大案件、无等级事故、无火灾、无职工犯罪的要求，被吉林储备物资管理局评为2001年度“仓库管理先进单位”。

（邹国栋）

外经外贸

【基本情况】 2001年初，白城市对外贸易经济合作局(简称市外经贸局)，编制31人。设办公室、对外经济科、对外贸易科、财务科、招商综合计划科、招商项目信息科。11月，市直机关机构改革，编制22人。设办公室、对外经济科、对外贸易科、公平贸易科、世贸组织科。全市有外商投资企业44户,其中新批外商投资企业3户。外派劳务经营权企业1户。进出口经营权企业61户,其中新批进出口经营权企业2户。在有进出口经营权企业中,外贸流通企业5户,生产企业12户,外商投资企业44户。

2001年，全市有出口业绩的企业13户。出口商品4大类21个品种，销往美国、英国、日本等21个国家和地区。全年出口额1 900万美元，进口总额1 426万美元，实际利用外资497万美元，分别比2000年增长16%、39.4%和33.2%。

（岳凤库）

【出口情况】 2001年，全市外贸出口总额1 900万美元。出口商品4大类21个品种。在出口商品总额中，农副土特产品715.3万美元，占37.7%；轻工工艺品2.6万美元，占0.1%；纺织品、服装760万美元，占40%；机电产品422.1万美元，占22.2%。分别比2000年下降18.3%、59.4%和增长22.2%。

在出口商品总额中，外贸流通企业出口50.5万美元，占2.66%。其中，白城市对外经济贸易公司出口47.9万美元，占2.52%；镇赉县对外经济贸易公司出口2.6万美元，占0.14%,分别比2000年下降70.1和增长100%。

生产企业出口760万美元，占40%。其中，吉林省白城纺织股份有限责任公司出口385.5万美元，占20.29%；白城市美达（服装）有限责任公司出口356万美元，占18.73%；洮南市纺织服装工业有限公司出口18.5万美元，占0.98%，分别比2000年下降22.5%和增长100%、100%。

外商投资企业出口1 089.5万美元，占57.34%。其中，白城德尔福派克电气有限公司出口422.1万美元，占22.21%；通榆新域农产品经贸有限公司出口553.5万美元，占29.13%；通榆榆香食品实业有限公司出口27.6万美元，占1.46%；白城金湖国际实业有限公司出口58.3万美元，占3.07%；白城世纪农业发展有限公司出口7.2万美元，占0.37%；白城东吉农副土特产品加工有限公司出口18.2万美元，占0.96%；大安宏亚草业有限公司出口1.8万美元，占0.10%；白城东亚农林牧业综合开发有限公司出口0.8万美元，占0.04%，分别比2000年增长62.6%、61.0%，下降63.9%、9.7%，增长100%、130.4%、1 700%和下降70.4%。

（岳凤库）

【进口情况】 2001年，全市进口总额1 426万美元。进口5大类13个品种。在进口商品总额中，化工产品186.3万美元，占13.06%；工业用纺织制品4.1万美元，占0.29%；金属材料及制品574.9万美元，占40.32%；机电产品659.8万美元，占46.27%；其它商品0.9万美元，占0.06%，分别比2000年增长39.4%、96.9%、100%、43.2%、32.3%和下降96.3%。

进口企业均为外商投资企业。其中，白城德尔福派克电气有限公司进口1 333.8万美元，白城吉鸿电工电缆有限公司进口66.9万美元，通榆先进农业开发有限公司进口25.1万美元，白城东亚农林牧业综合开发有限公司进口0.2万美元。

（岳凤库）

【利用外资】 2001年，全市新批外商投资企业3户。总投资48.5万美元，合同利用外资37.7万美元。其中，丹东市金林贸易商社同台湾环震股份有限公司合资兴办的国环饲料有限公司，项目总投资14.4万美元，合同利用外资3.6万美元；台湾黄兆棠先生独资兴办的白城兆源工农综合开发有限责任公司，项目总投资6.1万美元，合同利用外资6.1万美元；韩国汉城金果株式会社独资兴办通榆先进农业开发有限公司，项目总投资28万美元，合同利用外资28万美元。全年实际到位外资497万美元。

（岳凤库）

【表彰2000年度出口创汇先进企业和先进个人】 2月27日，市政府决定，对2000年度出口创汇先进企业及企业法定代表人（经营者）给予表彰和奖励。对获得优胜企业领导班子奖励3万元，对获得先进企业的领导班子奖励2万元。

2000年度出口创汇优胜企业：白城纺织股份有限责任公司、通榆新域农产品经贸有限公司。

2000年度出口创汇先进企业：洮南市对外经济贸易公司、白城市对外经济贸易公司、白城金湖国际实业有限公司。

2000年度出口创汇先进个人：陈国风、郭文、刘文郁、郭长庚、邴延龙。

（陈玉明）

2001年白城市进口商品总值表

金额单位：万美元

商品名称	数量单位	数量	金额	占进口总额（%）	2000年进口（金额）	比2000年（±%）
总计			1 426.0	100.00	1 023.0	39.4
一、农副土特产品		—	—	—	4.3	−100.8
绿豆	吨	—	—	—	4.2	—
荞麦	吨	—	—	—	0.1	—
二、化工产品		1 029.0	186.3	13.06	94.6	96.9
塑料及其制品	吨	995.0	157.4	—	94.6	—
橡胶及其制品	吨	17.0	23.7	—	—	—
其它	吨	17.0	5.2	—	—	—
三、工业用纺织制品	吨	4.0	4.1	0.29	—	100.0
四、金属材料及制品	吨	4 110.4	574.9	40.32	401.3	43.2
钢材及其制品	吨	1 242.0	66.9	—	32.6	—
铜材	吨	2 868.0	506.5	—	368.7	—
锡箔制品	吨	0.2	0.8	—	—	—
贱金属手工工具	吨	0.2	0.7	—	—	—
五、机电产品		—	659.8	46.27	498.5	32.3
农用机械设备、零件		—	56.8	—	—	—
电气设备、零件		—	592.4	—	152.9	—
生产用车辆	辆	3.0	8.2	—	—	—
精密仪器及零件		—	2.4	—	32.0	—
其它		—	—	—	313.6	—
六、其它商品		—	0.9	0.06	24.3	−96.3

（马静莹）

2001年白城市出口商品总值表

金额单位：万美元

商品名称	数量单位	2001年出口		占出口总额（%）	2000年出口（金额）	比2000年（±%）
		数量	金额			
总　计			1 900.0	100.00	1 638.0	16.0
一、农副土特产品	吨	14 230	715.3	37.70	874.4	-18.3
1、豆　类	吨	12 003	650.6	34.20	755.2	-14.0
绿　豆	吨	10 348	604.5	31.80	707.1	-14.5
芸　豆	吨	404	11.9	—	19.8	—
黑　豆	吨	1 125	29.4	—	28.3	—
黑大豆	吨	126	3.8	—	—	—
2、谷　物	吨	1 562	27.6	1.50	42.8	-37.8
荞　麦	吨	1 500	26.0	—	38.3	—
荞麦仁	吨	62	1.6	—	4.5	—
3、干果制品	吨	425	27.6	1.5	61.2	-54.9
葵花仁	吨	425	27.6	—	60.9	-54.7
白瓜子	吨	—	—	—	0.3	—
4、饲　料	吨	111	1.8	0.09	15.2	-88.1
草秸饲料	吨	111	1.8	—	—	—
糟　粕	吨	—	—	—	15.2	-100.0
5、蔬　菜	吨	20	0.8	0.04	—	—
辣　椒	吨	20	0.8	0.04	—	—
6、未列名植物产品	吨	109	7.9	0.40	—	100.0
二、轻工工艺制品		—	2.6	0.10	6.4	-59.4
1、木制品		—	—	—	6.4	-100.0
细木工板	立方米	—	—	—	2.5	—
漆木家俱	件	—	—	—	1.2	—
地板块	吨	—	—	—	2.7	—
2、柳编制品	吨	13	2.6	0.10	—	100.0
三、纺织品			760.0	40.00	497.6	-18.8
1、坯　布	万米	919	385.5	20.30	436.4	-11.7
全棉坯布	万米	733	321.6	—	244.1	—
人棉坯布	万米	81	27.3	—	192.3	—
其它坯布	万米	105	36.6	—	—	—
2、服　装	万件	—	374.5	19.70	—	100.0
3、其　它		—	—	—	61.2	-100.0
四、机电产品	吨	657	422.1	22.20	259.6	62.6
汽车用电线	吨	555	183.3	—	71.2	—
汽车用电缆	吨	102	238.8	—	188.4	—

（马静莹）

2001年白城市进出口商品分国别汇总表

金额单位：万美元

国别（地区）	进出口总值		其中：出　口		其中：进　口	
	金额	比2000年（±%）	金额	比2000年（±%）	金额	比2000年（±%）
总　计	3 326.0	24.0	1 900.0	16.0	1 426.0	39.4
亚洲	2 155.5	49.0	1 617.4	52.4	538.1	42.9
香　港	305.2	36.7	305.1	36.8	0.1	-78.3
印　度	22.0	100.0	22.0	100.0	—	—
印　尼	183.3	146.1	183.3	146.1	—	—
日　本	986.8	96.8	986.3	95.1	0.5	103.2
新加坡	5.4	-86.6	—	-100.0	5.4	82.7
韩　国	548.0	45.9	15.9	133.4	532.1	44.3
泰　国	58.9	-62.8	58.9	-62.8	—	—
台　湾	45.9	-26.5	45.9	-26.5	—	—
欧洲	870.6	28.4	188.2	-33.7	682.4	73.2
比利时	11.2	3.5	11.2	7.7	—	-100.0
丹　麦	4.3	96.5	4.3	96.5	—	—
英　国	25.0	-68.6	23.0	-70.9	2.0	335.7
德　国	665.2	58.6	18.9	-56.1	646.3	71.8
法　国	15.8	295.7	12.9	283.0	2.9	362.5
爱尔兰	0.4	93.7	—	—	0.4	100.0
意大利	2.0	-51.3	0.7	-82.2	1.3	614.9
荷　兰	117.4	-17.2	117.2	-17.3	0.2	100.0
西班牙	8.6	830.7	—	—	8.6	830.6
奥地利	5.6	-51.8	—	—	5.5	-51.8
匈牙利	1.7	-98.0	—	—	1.7	100.0
瑞　士	13.4	393.7	—	—	13.4	393.7
拉美洲	7.1	124.8	7.0	339.4	0.1	-96.4
智　利	1.0	100.0	1.0	100.0	—	—
哥伦比亚	6.0	100.0	6.0	100.0	—	—
墨西哥	0.1	-48.3	—	—	0.1	-48.3
北美洲	292.8	-45.7	87.4	-69.7	205.4	-18.2
加拿大	2.4	-94.6	2.0	-93.5	0.4	-97.0
美　国	290.4	-41.2	85.4	-66.8	205.0	-13.3

（马静莹）

开 发 区 建 设

白城经济开发区

【基本情况】 白城经济开发区（简称开发区）是吉林省人民政府批准设立的省级开发区。位于白城市区西南城乡结合部。地处洮白一级公路、图乌公路、平齐铁路交汇处。规划面积4平方公里，其中起步区面积0.9平方公里。根据地理位置和资源状况，开发区划分为工业区180万平方米，商贸区182万平方米，生活区168万平方米。区内常驻人口1.2万人。

2001年，开发区机关有职工46人。设中共白城经济开发区工作委员会（简称开发区党工委）和白城经济开发区管理委员会（简称开发区管委会），分别为市委、市政府派出机构。开发区党工委设办公室。开发区管委会设办公室、经贸局、招商局、财政局、建设局、土地局、计划发展局、审计局。直属白城经济开发区房地产开发有限责任公司（简称开发区房地产公司）、白城经济开发区开发建设有限公司（简称开发区建设公司）、白城经济开发区保胜农工商总公司（简称农工商公司）。

至2001年，开发区累计实现国内生产总值3.86亿元，工业总产值5.13亿元，固定资产投资6.73亿元，土地开发94.4万平方米，招商引资到位资金4.47亿元，第三产业总收入1.7亿元。如期实现"三年打基础，五年具规模，十年大发展"的第一阶段目标。4年建设各类项目60个。其中，基础设施类项目31项，主要有西部供热站、胜利路、花园路、砖厂路、光明街、开发区排污泵站、吉鹤广场、吉鹤苑高档住宅小区、幸福花园、客货运输枢纽站、电信大厦、广电中心、开发大厦；建成投入使用21项。起步区达到了"七通一平"（道路、供电、供水、供热、排水、排污、通信和平整场地）。工贸项目29项，主要有美国德尔福派克工业园和道君药业GMP、国宏汽车改装车厢、金鹏齿轮变速箱、专用钻头钻床、裕丰精制稻米、醇酿沙棘酒厂房及富都娱乐城、鹤城旅游街 、聚龙建材城、批发大世界、吉鹤宾馆、移动通信白城分公司、白城联通分公司等，投入运营26项。

工业经济以白城市金鹏齿轮股份有限责任公司，吉林省白城国宏汽车工业股份公司，白城市裕丰实业有限公司、四方钻具厂、华光建筑材料厂、新型建材制品厂、三合阿姆斯生物技术公司等18户工业企业为主体。其中,食品加工业、金属制品业各4户，行走机械零部件加工业2户，化学及生物制品业3户，建筑材料业5户。初步形成行走机械零部件加工、农特产品深加工两大支柱产业。主要工业产品有《裕丰》免淘米、《圣元》沙棘酒、《绿源》精制大米、水晶粉条、变速箱、CA141系列线束、阿姆斯生物肥、系列改装车、专用车厢刹车室总成、复合钻头、钻床、刹车片、轻体保温空心砖等。全区工业总产值2亿元，比2000年增长43.2%。农村经济以保胜农工商公司（保胜村）为主体。全年生产总值838.3 万元。其中，农业总产值650万元，工业总产值58.3万元，建筑业、运输业等其它产业产值130万元。所办企业有圣元沙棘酒厂、绿源食品公司、花卉基地、珍禽养殖基地、农业试验园。人均收入3 600元。第三产业初步形成5个主导行业：以批发大世界、聚龙建材城为代表的商贸流通业；以鹤城旅游街、富都娱乐城为代表的餐饮娱乐业；以客货运输枢纽站为代表的交通运输业；以广电中心为主体的广播电视业；以白城邮政局开发区支局、移动通信白城分公司、白城通信分公司和白城联通分公司为代表的邮电通信业。商贸企业及个体工商业户200户，从业人员1 800人。全年总收入9 700万元，比2000年增长140.9%。

（张立恒）

【开发建设】 2001年，开发区国内生产总值15 260万元，比2000年增长33.1%。其中，第一产业增加值390万元，第二产业增加值11 960万元，第三产业增加值2 910万元，比2000年分别增长19.3%、20.5%和140.9%。工业总产值2亿元，第三产业总收入9 700万元，固定资产投资23 477万元，招商引资到位资金1.6亿元，财政收入600万元，比2000年分别增长43.2%、140.9%、34.3%、18.5%和50%。

全年，建设各类项目29项，总投资9.4亿元，年末，完成投资23 477万元，占市政府下达指标118.6%，比2000年增长34%。其中，续建项目10项，完成工作量9 226万元；新开工项目19项，完成工作量14 251万元。

工业类。全年开发区建设工业项目7项（2000年结转项目3项），计划总投资13 205万元，年末完成投资2 735万元。其中较大项目有：

派克工业园一期工程。占地5万平方米，建筑面积2万平方米，计划总投资9 500万元。厂房及配套基础设施由市政府和开发区投资建设，建成后租赁给美国德尔福派克电气公司。主要生产汽车高压线束。5月6日动工，10月，完成轻钢结构厂房主体及其配套基础设施建设，完成投资2 000万元。

道君药业GMP厂房。由白城道君药业公司投资建设。占地1万平方米，建筑面积5 100平方米，计划总投资3 000万元。主要生产六味地黄胶囊、风湿关节炎片、关节镇痛片等。8月15日开工，年末，完成轻钢结构厂房主体建设，完成投资430万元。

齿轮变速箱生产厂房。2000年结转项目。由白城市金鹏齿轮有限责任公司投资建设。建筑面积3 075平方米。其中，厂房2 500平方米，成品库575平方米。计划总投资955万元（包括购置设备）。主要生产大吨位汽车变速箱。2001年，完成投资115万元，累计完成投资420万元，开始安装设备。

节能器材公司生产厂房。2000年结转项目。由白城市节能器材公司投资建设。占地3 248平方米，建筑面积2 246平方米，计划总投资300万元。主要生产外装饰构件及外墙涂料。8月竣工。

商贸类。全年开发区建设商贸项目3项，计划总投资6 150 万元，年末，完成投资770万元。较大项目有：

聚龙建材城一期工程。2000年结转项目。由香港大润房地产公司开发建设。占地3万平方米，建筑面积2.9万平方米，计划总投资2 950万元。2001年末，主体封闭。完成投资510万元，累计完成投资2 010万元。

鹤城旅游街。2000年结转项目。由开发区建设公司开发建设。占地1.8万平方米，建筑面积16 084平方米，建有140个单元楼，计划总投资2 800 万元。2001年，完善中央街道、两侧巷道、牌楼及排污、排水、供水等配套基础设施建设。

方圆汽车维修站。计划总投资400万元，年末，完成投资260万元，轻钢主体框架已竣工，展厅部分封闭。

基础设施类。全年，开发区建设基础设施类项目12 个，计划总投资56 049 万元。年末，完成投资11 646万元。主要项目有吉鹤苑高档住宅、西部供热站一期续建工程、吉鹤广场建设工程、幸福花园完善工程、利用亚洲开发银行（简称亚行）贷款修筑道路工程、开发区排污泵站工程等。其中较大项目有：

吉鹤苑高档住宅。由开发区房地产公司建设。规划占地82.5万平方米，建筑面积80万平方米，容纳住户8 000户。分4个组团建设。第一组团规划面积22.8万平方米，建筑面积22万平方米，容纳住户2 200户，计划总投资28 655万元。7月1日，第一组团一期工程动工，年末，建成16栋楼（包括单体、联体别墅），3.7万平方米，完成投资3 200万元。

西部供热站一期续建工程。1998年结转项目。由开发区房地产公司建设，是利用国债资金项目，计划总投资17 300万元。2001年，投资600万元，安装10吨热水锅炉4台，铺设部分供热管网，建成配套高压变电所1座。供热站锅炉6台，供热管线全长达6 000延长米，供热能力80万平方米，实际供热面积30万平方米。

吉鹤广场。由开发区管委会投资建设。占地3.7万平方米。其中，广场圆形区1万平方米，扇形区2.7万平方米，地下停车场7 500平方米。计划总投资2 200万元。2001年，完成投资790万元，完成广场主体建设。

幸福花园完善工程。由开发区房地产公司建设。2001年，完成投资3 992万元，建设住宅楼10栋，建筑面积4.81万平方米，12月15日全部竣工。幸福花园累计开发面积15万平方米。

利用亚行贷款修筑开发区道路工程。由开发区管委会投资建设。计划总投资440万美元。5月20日，胜利西路延伸工程开工，全长900米，宽45米，9月竣工。完成投资510万元（人民币）。到年末，利用亚行贷款资金，开发区共建设道路6条，铺装路面12万平方米。

开发区排污泵站工程。由开发区管委会投资建设。占地3 300平方米，建筑面积110平方米，计划总投资260万元。5月6日开工，10月份竣工。完成投资160万元。4台排污泵排污能力300立方米/分钟。

公共设施类。全年，开发区共建设公共设施类项目7个，计划总投资27 328万元。年末，完成投资8 326万元。主要项目有：

开发大厦。2000年结转项目。由开发区和白城市财政局共同投资建设。占地5 000平方米，建筑面积16 239平方米，主体20层，地下一层，框架结构。计划总投资3 800万元。2001年，完成投资2 177万元，累计完成投资2 677万元，主体封闭。

电信大厦。2000年结转项目。由白城市通信分公司投资建设。建筑面积2.4万平方米，主体24层，地下1层，框架结构。计划总投资1.8亿元（包括移动电话、数字交换中心及附属设施）。2001年，完成投资3 460万元，累计完成投资7 370万元，完成外装修，开始内装修。

广电中心。2000年结转项目。由白城市广播电视局投资建设。占地1万平方米，建筑面积1.2万平方米，主体16层，框架结构，总投资2 890万元。2001年，完成投资899万元，累计完成投资1 568万元。年末，主体封闭。

吉鹤宾馆。2000年结转项目。占地面积3万平方米，建筑面积8 769平方米，主体6层，砖混结构，计划总投资1 500万元。2001年，完成投资700万元，累计完成投资770万元，年末，土建完工。

国税局办公楼。由白城市国家税务局投资建设。占地8 229平方米，建筑面积4 812平方米，计划总投资700万元。7月开工，10月竣工。

白城市红十字中心血站办公楼。由白城市中心血站投资建设。占地6 000平方米，建筑面积3 600平方米，计划总投资528万元。2001年，完成投资260万元。年末，主体封闭。

（张立恒）

【软环境建设】 按照省政府《关于进一步加快开发区建设的若干规定》，市政府《开发区优惠政策原则意见》和开发区制定的《白城经济开发区优惠政策实施细则》、《白城经济开发区关于加快发展民营工业的意见》，开发区企业享受土地、税收、封闭管理等一系列优惠政策。2001年6月27日，省政府下发《关于进一步加快开发区建设率先实现跨越式发展的若干规定》，赋予开发区相应的省级经济管理权限、优惠政策和开发区所在市、州人民政府相应的经济管理权限。

年初，开发区借鉴沈阳经济开发区经验，实施“一站式”审批、一个窗口“捆绑式”收费和“一个综合部门”执法工程。下半年，推行“直接办理制、窗口服务制、全程服务制、社会服务承诺制”。

（张立恒）

【土地管理】 2001年，开发区土地管理工作遵照市政府《关于深化土地使用制度改革加强土地资产管理的规定》、《关于对〈关于深化土地使用制度改革加强土地资产管理的规定〉的补充规定》、《关于公布城区基准地价和土地使用权出让最低限价标准的通知》。全年征用土地29.7万平方米，出让土地13.7万平方米。4年累计，征用土地95万平方米，出让土地24.7万平方米。

（张立恒）

【招商引资】 开发区采取会议招商、敲门招商、网上招商、代理招商等方式，先后赴香港、哈尔滨、沈阳、京津鲁、苏浙沪、粤陕闽等地组织招商活动60多次。其中，重点招商活动7次：随市组团参加“广交会”、“港洽会”、“西交会”、“厦交会”和与绍兴开发区联合举办书法交流大会，在白城市召开科技成果对接会；与市药品监督管理局在白城市联合举办全市医药厂家投资说明会。

全年，到开发区洽谈的客商600余人次；与美、德、法、意、日、加、挪等7个国家使领馆和驻华机构建立联系；签订14个投资合同，合同引进资金31 182万元，招商引资到位资金16 000万元，比2000年增长17.9%；签订协议15个，协议资金1.5亿元；达成投资意向9个。

（张立恒）

【计划发展】 2001年，开发区各项经济指标计划为：国内生产总值13 950万元（其中，第一产业增加值360万元，第二产业增加值12 100万元，第三产业增加值1 490万元），工业总产值17 160万元，第三产业总收入4 970万元，招商引资到位资金14 000万元，投资额21 180万元，财政收入600万元，分别比2000年计划增长21.5%、23%、23%、4%、21%和50%。

2001年完成：国内生产总值15 260万元，比计划增长9.4%（其中，第一产业增加值为390万元，第二产业增加值为11 960万元，第三产业增加值为2 910万元，分别占年初计划的108.3%、98.8%和195.3%），工业总产值2亿元，第三产业总收入9 700万元，招商引资到位资金16 000万元，投资额23 477万元，分别比2001年计划增长16.6%、95.2%、14.3%和11%；财政收入600万元，与计划持平。

（张立恒）

【建区三周年暨2001年度工作会议】 2月27日，开发区在白城宾馆四楼会议室，召开建区三周年暨2001年度工作会议。开发区机关干部、直属公司领导班子成员及部分职工、派驻机构领导、驻区企业负责人、开发区领导小组成员部门的领导参加会议。市长刘润璞、市委副书记关德伟、常务副市长蔡玉和到会。省开发办公室副主任张东辉应邀参加会议。开发区管委会主任李来华做题为《开拓创新、扎实工作，推进白城经济开发区跨越式发展》工作报告。市长刘润璞、常务副市长蔡玉和、省开发办公室副主任张东辉分别讲话。

（张立恒）

大安经济开发区

【基本情况】 大安经济开发区（简称大安开发区）建于1992年8月，是吉林省人民政府批准设立的省级经济开发区。开发区设党工委和管委会。编制42人。党工委设党工委办公室。管委会设管委会办公室、经济发展局、招商局、财税局、土地环保局、建设局。派驻机构：大安经济开发区工商局、大安经济开发区公安分局。

开发区区域范围：南起育才路至自来水公司与图乌公路交汇处，西沿图乌公路至安北公路道班经安北砖厂，北至前连家泡，沿殡仪馆至嫩江。面积160平方公里，规划面积13.5平方公里，起步区面积5.23平方公里。对大赉乡、静山乡、安北街、临江街部分实行统一管理。区内总人口43 285人。工商企业121户。其中，国有企业26户，集体企业89户，私营企业6户。

区内交通发达。是长（长春）白（白城）铁路、通（通辽）让（让湖路）铁路、图（图们）乌（乌兰浩特）公路交汇点。大安港为吉林省最大的内河港口。从大安港逆流而上，可达黑龙江省嫩江港；顺流而下，可通哈尔滨、佳木斯、直抵俄罗斯5个开放港口，是吉林省联贯世界的水上桥梁，被誉为“黄金水道”。有低水位码头7个，年吞吐能力100万吨，是吉黑两省，嫩江、松花江、黑龙江水系上最现代化的港口。

区内工业有石油机械、明胶、采油三个支柱企业。大安石油机械股份有限公司是国家唯一一家定点生产节能抽油机的厂家。年产抽油机100台（套），总产值2 850万元，工业增加值150万元。明胶有限责任公司年产明胶1 500吨，产值4 500万元，工业增加值1 500万元，利税500万元。中国石油天然气股份有限公司吉林油田分公司新大采油厂，年产原油3 000吨，总产值420万元，工业增加值70万元，利税71万元。

区内有大安白鹅生产基地，大安市白鹅生产有限责任公司生产的大安特产《吉鸿》牌袋装白条鹅为国家“AAA”级绿色食品，获“长春农博会”名牌产品称号。年产白鹅250万只，远销国内外。

2001年，国内生产总值2.74亿元，工业总产值1.91亿元，财政收入0.34亿元，总收入2.84亿元，基本建设投资2.23亿元，分别比2000年增长37.0%、15.0%、13.33%、18.33%和20.0%。7月，吉林省政府经济开发办公室对全省23个国家级和省级开发区进行排序，大安开发区国内生产总值排序第13位；出口总额排序第12位；合同利用外资排序13位；外商直接投资实际额排序第6位；财政收入排序第9位；域外实际引资排序第13位。

（仲崇玉）

【经贸招商】 2001年，大安开发区国内生产总值2.74亿元。其中，第一产业增加值14 500万元，第二产业增加值为11 900万元，第三产业增加值1 000万元，分别比2000年增长9.2%、9.1%、和7.5%。到年末，累计实际利用外资2.1亿元，基础设施1.59亿元，分别比2000年增长9%和8.1%。完成招商引资16项。协议利用外资1.8亿元，实际到位资金2.1亿元。

（仲崇玉）

【开发建设】 大安经济开发区的中谷集团钢板仓续建项目，在2000年完成投资3 500万元的基础上，2001年投资2 850万元并已交付使用。松原兴源建筑工程公司投资1 300万元承建的大安开发区兴源小区开发建设项目，建筑面积11 200平方米。引进吉林省琛通公司资金1 280万元，兴建“大安花园小区”建设项目，建筑面积1.6万平方米。大安明胶有限责任公司二期扩建项目，投资1 200万元。建设安北铁路住宅楼建设项目，投资400万元，建筑面积4 500平方米。建设安北铁路焊割器厂项目，投资500万元。

（仲崇玉）

白城市民营经济发展区

【基本情况】 白城市民营经济发展区（简称民营区）建于2001年8月，是以发展民营经济为主的开发区。民营区设党工委和管委会。党工委设办公室（与管委会办公室合署办公），一个机构两块牌子。管委会设计划发展局、招商局（与经济技术协作办公室合署办公）、财政审计局、建设局、土地管理局、经济贸易局（与对外经贸局合署办公）、农业经济发展局。编制34人。派驻机构：白城市工商行政管理局民营经济发展区分局、环境保护局民营经济发展区分局、国家税务局民营经济发展区分局、地方税务局民营经济发展区分局、公安局民营经济发展区分局和工商银行白城市民营经济发展区分行。

民营区位于白城市区西南部。初步规划区北起洮白公铁立交桥，南至洮儿河一号桥，洮白一级公路两侧，西至平齐铁路，东至距公路1 000米处的区域，面积80平方公里，规划面积39.7平方公里。辖洮北区德顺蒙古族乡向阳村、河北村（八仙新村）、丰产村，总人口4 500人。

2001年，民营区内有工商企业6户。其中，国有企业2户，个体私营企业4户。总产值237万元，利税32万元。

民营区坚持以发展民营经济为主，以招商引资为主，以资源性产业为主，以生态建设为主的办区方针。先后组团到香港、广州、辽宁等经济发达地区进行招商活动。与大连华禾饲草有限公司合资成立白城市吉鹤草业公司，年加工稻草能力1万吨以上，已投产。与台商合资，总投资5 000万元，组建白城市福丰生态科技开发有限责任公司，生产植物秸秆饲料，签订了投资意向合同，正在进行厂区选址。吉林双飙薪玉米研究所与白城市金利源食品有限公司合作生产粘玉米系列食品，处于项目可行性论证阶段。

（于永超）

【园区规划】 2001年，根据民营区的地理特点和地貌特征，初步规划为工业生态园区、农业生态园区和商贸旅游生态园区。工业生态园区，以向阳村为中心，占地8.7平方公里，重点发展资源型加工业、高新技术和环保产业；农业生态园区，以洮白一级公路为轴线，沿路开发，占地15.7平方公里，重点发展生态农业、观光农业和创汇农业；商贸旅游生态园区，以河北村（八仙新村）为中心，占地15.3平方公里，重点发展商贸、旅游等第三产业。

民营区坚持“一年打基础、三年具规模、五年大发展”的发展战略。一年实现起步园区重点部分基础设施通路、通水、通电、通信和平整土地，提高基础设施对项目的承载能力，然后根据项目的摆放情况逐步扩张；三年初具现代城区的雏形；五年建成经济发达、人民富裕、设施完善、生态环保的现代化新城区，成为连接白城市区与洮南市的经济隆起带。

（于永超）

非国有经济

个体私营经济

【基本情况】 2001年，全市个体工商户51 499户（城镇35 139户，农村16 360户），从业人员75 600人（城镇48 126人，农村27 474人），注册资金36 596万元（城镇25 331万元，农村11 265万元），总产值17 592万元（城镇9 577万元，农村8 015万元），总营业额132 930万元（城镇101 202万元，农村31 728万元），分别比2000年增长5.9%、8.9%、28.7%、6.2%、4.1%。全市有私营企业656户，从业人员9 543人，注册资金29 737万元，总产值13 815万元（城镇9 041万元，农村4 774万元），总营业额18 819万元（城镇16 576万元，农村2 243万元），分别比2000年增长12.7%、10.3%、37.5%、2.1%、1.8%。全市有个体商业27 687户。其中，批零贸易业17 760户，餐饮业7 115户，旅店业320户，日用修理业1 705户，娱乐业787户。从业人员43 263人，营业额1 934万元。全市有私营商业343户。其中，批零贸易业268户，餐饮业66户，旅店业2户，日用修理业3户，娱乐业4户。从业人员4 344人，营业额15 755万元。

（崔凯）

【建立领导联系户制度】 2001年，市委、市政府对个体和私营经济实行领导联系户制度。市委、市人大、市政府、市政协、市纪检委21名领导联系42户个体和私营企业，为个体私营企业排忧解难。为了推动全市个体、私营经济的发展，6月20日，市政府在洮南市召开个体私营经济发展工作现场会，市委副书记岳清友在会上讲话。洮南市工商局从行政管理、加强服务职能、帮扶企业发展等7个方面介绍了经验。通过现场经验交流会，推动了全市个体私营经济地发展。

（崔凯）

【监督管理】 2001年，白城市工商局依据国家卫生部《关于城镇医疗机构分类管理实施意见》，登记注册个人诊所，普查、登记发照取得营利性《医疗机构执业许可证》的个人诊所152户。登记发照改制后由个人经营的医药商店90多户。

2001年，市工商局检查食品加工企业及个体工商户81户。其中，立案调查19户，打掉无照加工食品窝点9户，扣押面粉173袋，白糖3袋，豆油3桶，价值1万元，罚没款3万元。市工商局大厦分局在市疾病预防控制中心配合下，查出非保健品20条（盒），过期果冻10余公斤，全部没收并销毁。

市工商局会同市邮政局、通信分公司、文化局、公安局检查市区网吧88户，责令停业整改13户，依法扣留违章的7个营业场所的8件物品。其中，外制调节器4个，电脑3台，接线盒1个。依法取缔2户，立案查处无证照经营的1户。

检查全市企业和个体工商户9 364户，清理无照经营695户，取缔54户，补发营业执照188户，限期补办营业执照 453 户，罚款 5 730 元，追缴管理费 96 322 元。

市工商局组成联合检查组，检查市工商局各直属分局业户 1 186 户，清理无照经营 52 户，补发营业执照 30 户，限期补办营业执照 22 户。

（崔凯）

民营经济 乡镇企业

【基本情况】 2001 年初，白城市乡镇企业管理局（简称市乡企局），编制 20 人，实有 13 人。设生产计划科、科技教育科、经营管理科、对外经济贸易科、办公室。12 月，市直机关机构改革，组建白城市民营经济发展局（简称市民营局）挂白城市乡镇企业管理局牌子。设发展规划财务科、管理政策法规科、科技外贸科、办公室。编制 11 人。全市有洮北区、镇赉县、通榆县、洮南市、大安市民营经济发展局（乡镇企业管理局）。编制 49 人。

2001 年，全市民营经济、乡镇企业 62 242 户，从业人员 126 719 人，分别比 2000 年增长 5%和 1.3%。固定资产投资 15 000 万元。总产值 484 483 万元，增加值 118 229 万元，税金 9 371 万元，利润 19 126 万元，分别比 2000 年增长 12.0%、12.9%、11.0%和 7.5%。

（李海军）

【乡镇企业改革】 2001 年，继续深化乡镇企业改革。重新审核和规范 2000 年改为股份制、股份合作制、租赁制的乡镇集体企业 458 户。完善了审批手续、企业内部组织机构，建立健全规章制度，解决了内部机制弱化、经营不善、管理粗放等问题，提高了管理水平，促使企业尽快适应市场机制并步入健康发展轨道。

采取公开招标和招商引资、企业兼并等形式，改革了承包未到期和待售的未改制企业 31 户。其中，产权出售 8 户，股份制 4 户，租赁经营 19 户。为发挥乡镇企业的规模效益，增强市场竞争能力，对具备条件的洮北区东风乡工农村的村办企业和白城市马世甘草开发有限责任公司进行组建。完成了企业清产核资、资产评估、产权认证、股权划分、验资等工作。到年底，全市组建社区型企业集团 4 户。

（李海军）

【农业企业】 2001 年，全市有乡村集体和私营企业 135 户，从业人员 6 169 人，营业收入 10 065 万元，税金 213 万元，分别比 2000 年增长 1%、2%、3%、1.2%。

种植业。全市有乡村农场 21 户。其中，乡办农场 15 户，村办农场 6 户。产值 4 675 万元，税金 20 万元。规模较大的白城市林海镇第一农场，有农户 110 户，各类机械 95 台（件），固定资产 180 万元，年产水稻 5 000 吨，营业收入 650 万元，税金 5 万元。林场 20 户。其中，乡办 7 户，村办 13 户。收入 525 万元，税金 10 万元。果园 5 户。其中，乡办 3 户，村办 2 户。收入 155 万元，税金 2 万元。

养殖业。全市有牧场 25 户。其中，乡办 16 户，村办 9 户。营业收入 1 099 万元，税金 33 万元。规模较大的通榆县向海蒙古族乡个体育肥牛场，育肥牛 1 000 头，羊 3 000 只，营业收入 350 万元，税金 5 万元。通榆县开通镇养牛协会养殖奶牛 800 头，产值 1 000 万元，税金 5 万元。养禽场 4 户。洮南市洮府乡永胜村兴胜畜禽有限公司养肉食鸡 60 万只，销售收入 200 万元。带动村民及下岗职工 400 户养鸡，户均收入万元。通榆县兴龙达养殖场，养鸭、鹅、鸡 100 万只，产值 1 000 万元，税金 20 万元。白城市昌华畜禽养殖场饲养蛋鸡 6 万只，日产鲜蛋近 4 000 公斤，产值 260 万元，利润 20 万元，税金 2 万元。养 50 头以上的猪场 20 户，销售收入 1 500 万元。规模较大的通榆县华安养猪场，养种猪、商品猪 200 头，营业收入 110 万元，税金 2 万元。规模较大的养兔场 2 户：通榆县吉龙农牧业公司，在苏公坨乡养獭兔 10 万只，有 300 多农户养獭兔，产值 260 万元，税金 6 万元；永青乡长毛兔养殖基地，养长毛兔 5 000 只，总产值 30 万元，税金 1 万元。

（李海军）

【工业企业】 2001 年，全市有民营经济、乡镇工业企业 5 909 户，从业人员 22 590 人，营业收入 87 052 万元，税金 2 128 万元，分别比 2000 年增长 6%、1.6%、12% 和 9%。其中，乡镇集体、私营工业企业292户，从业人员12 136人，营业收入49 500万元，税金1 505万元。个体工业5 617户，从业人员10 454人，营业收入37 552万元，税金623万元。

粮食加工业。全市城乡有粮食加工企业565户，年加工粮食30万吨，营业收入65 300万元，税金1 306万元。规模较大的白城市裕丰实业有限公司，是以加工免淘米及米制品为主的综合型民营企业。占地1 728平方米，职工148人，固定资产5 407万元。引进先进的瑞士布勒自动化碾米设备，年加工稻米5万吨。有原料生产"绿色基地"18 000亩，选用日本和国内优良稻种，无污染监控种植全程。生产的《好雨》牌大米获国家农业部绿色食品发展中心A级绿色食品认证；《祥发》牌精制米被吉林省质量万里行促进会评为"重点保护产品"，在2001年"长春农博会"上被评为名优重点产品。2001年销售收入2 180万元，税金15万元。

饮料业。全市城乡有酒厂2 015户，年产白酒7 545吨，销售收入3 018万元，利税181万元。规模较大的有通榆县鹤乡村酒业有限责任公司、大安市永昌酒厂、镇赉县嘎什根酒厂。通榆县鹤乡村酒业有限责任公司生产的《鹤乡村》酒，2001年获"长春农博会"名牌产品称号。

葵花仁加工业。全市城乡有葵花仁加工企业6户，年加工能力4 000吨，销售收入3 000万元。规模较大的通榆县中吉贸易公司，有固定资产300万元，流动资金1 000万元，产值1 000万元，税金20万元。

油料加工业。全市城乡有大豆油、葵花籽油、蓖麻油加工企业54户，从业人员625人，产油3 881吨，产值4 762万元，利税74万元。规模较大的洮南市兴吉化工有限责任公司产值2 764万元，利税96万元。

粉条加工业。全市乡镇有粉条加工户254户，生产粉条5 850吨，产值2 352万元。

食品加工业。全市城乡有食品加工企业615户，从业人员4 210人，产值12 630万元，利税378万元。规模较大的有白城市金桥面制品有限公司、天源农贸食品有限公司、金利源食品有限责任公司。金利源食品有限责任公司，生产粘玉米豆包、汤圆、水饺、金丝面、猫耳面等速冻食品。年加工、仓储能力500吨，产品与大连、上海、深圳、北京等10多户超市、批发商签订长期供货合同。金桥面制品有限公司生产的《百味佳》、口宝面、荞麦面、富钙面等系列产品，获2001年"长春农博会"金奖、中国质量万里行《信誉产品证书》。

烤烟加工业。全市有7 000多农户种植黄烟4 451公顷，个体烤烟坊6 500多户。生产烤烟4 000吨。销售收入8 000多万元，户均收入万元。

饲料加工业。全市城乡有饲料加工企业56户，销售收入5 800万元，利润174万元。规模较大的希望集团洮南金豆饲料有限责任公司，有固定资产670万元。生产8大类40多种猪、鸡、鸭、牛、羊饲料2 000吨，产值1 385万元。

甘草加工业。白城市马世甘草开发有限责任公司，有固定资产2 000万元，种植甘草500多公顷，建成年加工能力200吨的甘草茶加工生产线。生产《马世》牌甘草条、甘草茶、甘草片、甘草粉、甘草瓜籽5个系列产品。产值400万元，税金3万元，利润25万元。

笤帚加工业。洮北区林海镇、大安市两家子镇、通榆县苏公坨乡分别成立笤帚制品有限责任公司。这3户企业与有一定加工规模和能力的农户签订合同，形成风险共担、利益均沾、互利互惠的利益共同体、产供销一体化的龙型经济体系。有笤帚加工户616户，年加工笤帚1 000多万把，产值1 500万元，户均收入3 000多元。

木材加工业。全市城乡有木材加工户141户，主要以加工杨木为主。产值4 800万元。规模较大的通榆县建华木业有限责任公司，有固定资产1 050万元，生产细木工板，年产100万张，产值1 500万元，税金30万元。

建筑材料业。全市城乡有建材生产企业194户，从业人员8 483人，产值22 200万元，工业增加值5 665万元，税金610万元，比2000年分别增长2%、3%、12%、13%、7%。

水泥业。全市城乡有水泥生产企业5户，年产水泥4万吨，产值1 200万元。

水泥制品业。全市城乡有较大水泥制品企业8户，年产水泥制品

5.3 万立方米，产值 1 378 万元。

制砖业。全市城乡有砖厂 67 户，年产红砖 6.9 亿块，产值 10 350 万元。其中效益较好的洮北区青山镇砖厂，年产红砖 4 000 万块，产值 610 万元，税金 17 万元。

砂石业。全市城乡有砂石厂 62 户，年采砂 30 000 立方米，产值 2 300 万元。

彩板门窗业。全市城乡有彩板门窗、铝合金门窗企业 47 户，年产门窗 7 000 平方米，产值 730 万元。

水暖器材业。镇赉县镇赉镇福利铸造厂，年产暖气片 4 万片，产值 220 万元，利润 15 万元。

地面砖、空心砖业。全市城乡有地面砖、空心砖企业 35 户，年产地面砖、空心砖 50 万平方米，产值 2 300 万元。

机械加工业。全市城乡有机械加工企业 88 户，从业人员 640 人，产值 3 255 万元，工业增加值 781 万元，税金 64 万元，分别比 2000 年增长 1%、1.5%、9%、8%和 5%。

中小农具制造业。全市有生产维修中小农具企业 86 户，生产中小农具 11.8 万件，产值 1 105 万元。

机械制造业。洮北区保平乡工贸企业集团被国家农业部评为二级企业。从业人员 160 人，有固定资产 1 200 万元，年产农用拖车 1 000 台，塔吊 80 台，污水净化槽 40 台。销售收入 2 000 万元，税金 25 万元。大安市大赉乡汽车刹车盘厂，年产刹车盘 100 吨，产值 150 万元，税金 12 万元。

化学工业。镇赉县大屯炭黑厂，年产炭黑 1 000 吨，产值 360 万元，税金 28 万元。洮北区保平化工厂，生产各种胶合建筑模板，产值 300 万元，税金 11 万元。洮南市春丰生物有机菌肥有限责任公司，年产生物有机肥 4 000 吨，销售收入 500 万元，利润 20 万元。大安市江城化工厂，有固定资产 512 万元，年产塑料制品 120 万米，产值 300 万元，税金 10 万元。镇赉县英大石油开发公司，有固定资产 610 万元，年产原油 2 400 吨，产值 270 万元，税金 4 万元，利润 9 万元。洮南市兴吉化工有限责任公司，有固定资产 670 万元，年产癸二酸 2 000 吨，产值 2 740 万元，利税 96 万元。

缝纫业。全市城乡有服装加工户 170 户，产值 3 340 万元。规模较大的洮南市服装有限责任公司，年加工服装 17 万件，产值 1 000 万元，税金 20 万元。

工艺美术及编织制品。全市城乡有加工奖镜、锦旗、壁画、牌匾、人造大理石标牌等个体加工户 75 户，年收入 1 850 万元。镇赉县有销售收入百万元以上的柳编企业 6 户，从业人员 3 000 多人，年收入 800 多万元，利税 50 万元。

（李海军）

【建筑业】 2001 年，全市乡镇有建筑企业 284 户，从业人员 5 534 人，产值 15 610 万元，税金 342 万元，比 2000 年分别增长 1%、2%、11%、6%。其中，集体企业 13 户，从业人员 1 989 人，产值 9 190 万元，税金 181 万元；私营 20 户，从业人员 1 113 人，产值 3 037 万元，税金 112 万元；个体 251 户，从业人员 2 432 人，产值 3 383 万元，税金 49 万元。企业资质：二级建筑企业 1 户，四级建筑企业 7 户，等外一级建筑企业 15 户。其中白城市第三建筑公司为二级建筑企业。有 6 个施工队，职工 650 人。其中，技术管理人员 45 人，项目经理 17 人。有固定资产 3 592 万元，流动资金 1 087 万元，注册资金 2 016 万元。建筑机械设备 530 台（套），其中大型建筑机械设备 160 台（套）。2001 年，建筑竣工面积 37 600 平方米，产值 2 260 万元，税金 60 万元。

（李海军）

【交通运输业】 2001 年，全市城乡有交通运输业户 2 179 户，从业人员 3 423 人。营运收入 20 674 万元，税金 326 万元。比 2000 年分别增长 1%、1.2%、9%、4%。规模较大的白城市万康轿车出租有限责任公司，有固定资产 1 000 万元，出租车 183 辆，税费 84 万元，其中税金 37 万元。被国家交通部授予“2000—2001 年度全国出租汽车客运文明企业”称号。

（李海军）

【批发零售贸易业】 2001 年，全市城乡有批发零售贸易业 17 446 户，其中集体、私营 78 户。营业收入 125 383 万元，税金 3 224 万元。私营企业大户白城市金百合股份有限责任公司，主营食品、百货、日杂、烟酒等日用品。有固定资产

300万元，流动资金800万元。销售收入1 000万元，税金20万元。洮南市物资粮油贸易有限责任公司，有固定资产400万元，主营杂粮杂豆，产品多出口东南亚和欧洲一些国家。销售收入2 000万元，税金55万元。

（李海军）

【旅游饮食服务业】 2001年，全市有旅游饮食服务业12 394户。其中，集体私营19户，个体工商户12 375户。营业收入56 948万元，税金1 488万元。较大的企业王府酒家，有固定资产800万元，营业收入350万元，税金5万元。

（李海军）

【出口创汇企业】 2001年，全市有民营经济、乡镇出口创汇企业19户。主要出口创汇企业和产品有：镇赉县柳编厂的各种柳编产品；洮南市粮油贸易公司的杂粮杂豆；洮南市福顺乡的红干椒；镇赉县糠醛厂的糠醛；洮南纺织服装工业有限公司的服装；民营经济发展区的稻草；大安市的羊草；通榆县中吉贸易公司的葵花仁和杂粮杂豆等12种。其中，农副土特产品出口额715.3万美元，占全市出口额37.7%；柳编制品2.6万美元，占全市出口额0.10%。

（李海军）

【白城市第三建筑工程公司简介】 白城市第三建筑工程公司建于1983年5月。隶属洮北区民营经济发展局（洮北区乡镇企业管理局）。为集体企业，企业资质为二级。位于白城市公园东路39—3号。占地400平方米，建筑面积480平方米。职工650人，其中专业技术人员45人：高级工程师2人，工程师、经济师6人，助理工程师、助理经济师、技术员37人。设财务科、技术质量科、生产经营科、材料设备科、办公室、微机室、资料档案室。辖施工队6个。总经理张殿龙。固定资产3 592万元，流动资金1 087万元，注册资金2 016万元。有各种建筑机械设备530台（套）。其中，大型建筑机械设备160台(套)，小型建筑系列设备俱全。年完成工程建筑面积能力7至10万平方米。

2001年，竣工面积37 600平方米，产值2 260万元，增加值200万元，税金60万元，利润2万元，全员劳动生产率3.5万元/人。1995年至2001年，创省优工程3项、市优工程20项。1998年，被评为白城市“重合同守信用”单位；1999年，被评为吉林省“重合同守信用”单位、“精神文明建设先进单位”。总经理张殿龙被评为吉林省“十佳优秀经理”和“省劳动模范”。

（李海军）

【洮南市物资粮油贸易有限责任公司简介】 洮南市物资粮油贸易有限责任公司建于1998年10月。民营企业。位于洮南市建设东路59号。从业人员200人。法人代表马金来。经营面积2 600平方米，仓储面积1 600平方米。固定资产净值200万元，自有资金400万元。经营品种为杂粮杂豆，多销往东南亚各国。

2001年，商品购进总额1 700万元，商品销售总额2 000万元，税金55万元，利润30万元，劳动生产率1万元/人。2000年，被评为“吉林省百强私营企业”。

（李海军）

【白城市马世甘草开发有限责任公司简介】 白城市马世甘草开发有限责任公司建于1996年5月。是国内较大的人工栽培甘草开发基地和甘草产品加工专业企业。是白城市民营经济发展区集农、工、商、贸于一体的大型民营企业。位于白城市青山路25－7号。设策划部、生产技术部、营销部、财务部、总经理办公室。员工43人，其中专业技术人员7人：高级经济师1人，工程师、经济师3人，技术员3人。董事长马守山、总经理马英。固定资产2 000万元，专用加工设备25台（套），机动车9辆。下设良种、育苗、栽培基地，甘草开发研究所、产品加工厂、招待所。

2001年，种植甘草1 000公顷。培育良种基地50公顷，育苗基地100公顷。公司依靠科学技术，独立研制开发新产品，生产设备达到国内先进水平，甘草开发项目被列入国家级星火计划，获省科技致富工程奖，同时被国家科技部列为甘草无公害规范化示范基地，达到GAP标准。主要产品有《马世》牌甘草茶、甘草条、甘草片、甘草粉、甘草瓜籽5个系列产品。产值400万元，税金3万元，利润25万元。

生产的系列产品被国家绿色食品监测机构检验鉴定为纯天然绿色食品，并颁发证书。2000 年，获“长春农博会”金奖。

（李海军）

【通榆县鹤乡村酒业有限责任公司简介】 通榆县鹤乡村酒业有限责任公司建于 1991 年。私营企业。位于通榆县通乾公路零公里处。占地 30 000 平方米，建筑面积 5 000 平方米。职工 50 人，其中专业技术人员 11 人：高级工程师 1 人，工程师、经济师 2 人，技术员 8 人。总经理宋世民。设董事会、监事会、工会。生产组织机构为经理负责制。下设批发部、罐装生产线、酿酒厂。主要机械设备有生产流水线、运输车等。固定资产原值 300 万元，固定资产净值 280 万元。鹤乡村酒业公司以“质量信誉”为本，以发展才是硬道理为宗旨。加强质量管理，强化品牌意识，建立可靠的质量保证体系。生产的营养型《鹤乡村》白酒系选用优质红高粱为原料，采用四川优质浓香型调味酒工艺和名贵的桂圆、枸杞、肉桂、人参等泡制，勾兑而成。酒体微黄透明，窖香浓郁，绵甜爽口，口味悠长。居国内同类白酒领先水平。

2001 年，生产酒 350 吨，总产值 400 万元，增加值 120 万元，税金 8 万元，利润 5 万元。2000 年 8 月在“长春农博会”上，《鹤乡村》酒以其窖香醇厚入口绵甜获金奖，2001 年，获中国“长春农博会”名牌产品称号。

（李海军）

【白城市工贸企业集团简介】 白城市工贸企业集团建于 1958 年，称白城市保平乡铁木联合厂，1981 年改为白城市拖车厂，1992 年改称现名。隶属洮北区保平乡，为乡办集体企业。2000 年企业改制为民营企业。位于白城市白洮公路 5 公里处。占地 13.8 万平方米，建筑面积 2.6 万平方米。职工 160 人，其中专业技术人员 25 人：高级工程师 2 人，经济师、工程师 8 人，助理工程师、技术员 15 人。设技术科、生产科、财务科、工艺科、质检办公室、企业管理办公室。总经理张亚斌。骨干企业有白城市保平建筑机械厂、白城市新型环保设备厂、白城市拖车厂、白城市阳山铸造厂。固定资产原值 1 200 万元，固定资产净值 700 万元。

1991 年，被国家农业部评为国家二级企业。现已形成集科研、生产经营、开发为一体的综合性企业集团。技术力量雄厚，引进国内外先进技术设备，产品质量保证体系健全。以质量可靠、优质服务赢得了东北、河北、山西、内蒙古自治区等地广大用户的信赖，成为建筑机械、环保产业、农机市场较为活跃的企业集团。生产的 7C2 型拖车 1988 年被评为“部优产品”。

2001 年，生产 2 吨、4 吨、10 吨拖车 350 台，产值 2 000 万元，税金 25 万元，利润 50 万元。2000 年，总经理张亚斌被白城市政府授予“质量管理十佳厂长（经理）”称号，被洮北区政府授予“先进厂长”称号。白城市工贸企业集团获“先进企业”称号。

（李海军）

【镇赉县变压器厂简介】 镇赉县变压器厂建于1970年。位于镇赉县团结西路。为私营企业。占地3.2万平方米，建筑面积1.2万平方米。职工142人，其中专业技术人员42人：高级工程师5人，工程师27人，助理工程师10人。企业法人代表王喜权。设供应科、销售科、秘书科、财务科、检查科。主要机械设备有硅钢片自动流水线、静电喷漆生产线、真空干燥炉等。有固定资产2 000万元，产值1 050万元，分别比2000年增长437.6%、2.94%。2001年，研制开发成功箱式变电站、全封闭变压器新产品，获吉林省“省优产品”称号。企业被省委、省政府评为“精神文明单位”，被市委、市政府授予“先进私营企业”称号，被县委、县政府授予“改制明星企业”称号。

（刘广志）

【大安市东兴锅炉制造有限责任公司简介】 大安市东兴锅炉有限责任公司建于 1987 年。位于大安市长白路南段。占地面积 11 250 平方米。是国家劳动部定点生产锅炉、压力容器的私营企业。主要从事锅炉、压力容器的制造、安装、维修等业务。董事长曲学文。注册资本138万元。职工52人，其中，高级工程师3人，工程师6人。从吉林省设计院、吉林工业大学聘请3名教授为常年顾问。主要产品有五大系列、三十多个品种，同时生产燃油、燃气锅炉和Ⅰ、Ⅱ类压力容器。锅炉产品具有出力足、升温快、效率高、煤种适应性广、烟尘排放符合环保各项要求等特点。产品造型美观，售前、售中、售后服务体系健全。产品不仅畅销东北三省，且远销河北等地。公司对用户郑重承诺：售出产品实行三年定期维修，终身售后服务，对产品质量负责到底。用户对新产品操作有困难，公司免费代培锅炉工，客户可保留20%的质保金。公司同时生产锅炉辅机、辅件，解决用户换件难的问题。多年来公司与高等院校紧密合作，不断提高产品的科技含量，巩固在市场上的领先地位。2001年，产值400万元，利税66万元，职工年均收入6 500元左右。1999、2000年连续被吉林省消费者协会分别评为产品信誉企业和诚信单位；2000年被白城市工商行政管理局评为“重合同、守信用单位”；连续多年被白城市政府、大安市政府评为“先进私营企业”。

（王 粤）

【洮南恒和药业有限公司简介】 洮南恒和药业有限公司建于2000年4月。隶属恒和集团，为省属民营制药企业。位于洮南市团结东路14号。占地3万平方米。职工400人，其中专业技术人员31人：高级职务3人，中级职务10人，初级职务18人。经理张力。设生产部、销售部、财务部、后勤部、质检室，针剂、片剂、栓剂、中药提取车间。拥有国内外先进的生产、检测设备及全套符合GMP要求的生产管理规程。

2001年，生产针剂、片剂、胶囊、冲剂、栓剂5个剂型百余个品种。其中，维肝福泰片、愈咳、小儿消炎灵、肝乐宁、坤净栓等产品畅销全国二十几个省、市、自治区。营销网络和销售通路不断发展扩大，为企业发展成为全国性的医药连锁公司奠定了坚实的基础。

（崔向阳）

供销合作

【基本情况】 2001年，白城市供销合作社（简称市供销社）,职工27人。其中专业技术人员15人：经济师、会计师、工程师8人，助理经济师、助理会计师7人。设理事会、监事会；下设行政办公室、综合业务科、基层工作科、储运保卫科、财务会计科、审计科、人事劳资科。直属干部学校1所。直属企业13户，其中批发11户，零售2户。职工1 378人，其中专业技术人员249人：高级经济师3人，经济师、会计师、审计师、统计师72人，助理经济师、助理会计师、助理统计师、助理馆员、经济员、会计员、统计员174人。全市有洮北区、镇赉县、通榆县、洮南市、大安市供销合作联社，经营网点662个。其中，县以上批发零售企业96户，基层供销社86个，分销店128个，社办工业2户。职工11 652人，其中专业技术人员384人：经济师、会计师、审计师、统计师、农艺师60人，助理经济师、助理会计师、助理工程师、助理农艺师、助理统计师、助理馆员324人。全市供销合作企业自有资金5 512万元，社员股金236万元，固定资产5 470万元，资产负债率101%，分别比2000年下降3.7%、25%、3.3%和2个百分点。商品购进总额27 800万元，商品销售总额30 000万元，税金84万元，利润65万元，分别比2000年增长5.3%、7.4%、53%和490%。

（胡洪洲）

【企业改革】 2001年，市供销社进一步贯彻落实国务院《关于深化供销合作社改革的决定》,制定《白城市供销合作社深化供销企业改革实施方案》。采取宜破则破，宜股则股，宜租则租，宜并则并，宜联则联的方式深化企业改革。年末，股份合作制企业25户，兼并企业4户，租赁经营企业74户，联合企业7户，出售企业3户，资产经营企业4户。改革后，县以上独立核算企业64户。盈利企业4户，保零60户，亏损0户，分别比2000年增长18%、25%、0%、-25%。

（胡洪洲）

【农业生产资料】 2001年，全市供销合作社系统有县以上经营农业生产资料企业法人机构6个，零售网点23个，从业人员1 000人，营业面积 8 000 平方米，仓储面积 70 000 平方米。

农业生产资料企业继续贯彻国务院《关于深化化肥流通体制改革的通知》，扩大企业经营自主权。从单一经营型向服务经营型转变。全市供销合作社系统农业生产资料商业，经营 16 大类上千个品种。销售化肥 188 752 标吨，销售农药 400 吨，农膜 300 吨，中小农具 10 万件，分别比 2000 年增长 59.65%、10%、50%、1.5%。商品购进总额 11 879 万元，商品销售总额 12 855 万元。税金 38 万元，利润 32 万元，分别比 2000 年增长 3.2%、4.3%。

（胡洪洲）

【土副产品】 2001 年，全市供销合作社系统有县以上经营土副产品企业法人机构 40 个，其中市直 9 个；经营网点 75 个，其中市直 9 个；从业人员 1 200 人，其中市直 100 人；经营面积 6 000 平方米，其中市直 1 000 平方米。

土副产品购销实行以销定购。全年收购絮棉 100 吨，蜂蜜 70 吨，黑瓜籽 50 吨，白瓜籽 40 吨，西瓜 200 吨，蓖麻籽 1 000 吨，玉米 13 000 吨，大豆 200 吨，绿豆 1 500 吨，葵花籽 3 000 吨，稻草 3 000 吨，辣椒 50 吨，羊草 4 000 吨，羊毛 200 吨，笤帚糜子 3 000 吨，分别比 2000 年增长 11.11%、1.44%、25%、5.26%、17.64%、13.63%、402.3%、11.7%、8.69%、13.21%、7.14%、42.85%、15.94%、25%、17.64%。收购总额 5 886 万元，销售总额 6 470 万元，分别比 2000 年增长 102.7%、102.8%。回收有色金属 500 吨，废钢铁 2 000 吨，总值 610 万元，分别比 2000 年增长 11.11%、17.64%、12.75%。

（胡洪洲）

【企业管理】 2001 年吉林省供销合作社扭亏增盈工作会议后，市供销社召开县（市、区）供销社主任、财务科长工作会议进行传达部署，制定了《企业财务管理制度》、《经营管理制度》，进一步加大企业监管力度。

加强企业财务管理。监控资产管理，防止资产流失；实行会计审核，一把手审批制度，严控费用支出。全年费用支出 1 070 万元，比 2000 年下降 30%。

加强企业经营管理。在商品购销、资金使用、商品保管、安全生产等各环节严格把关，落实谁主管谁负责的责任制。全年未发生经营性资金流失等事故。

（胡洪洲）

【农业产业化】 2001 年，市供销社积极参与和推进农业产业化工作，加强农村中介服务组织建设。年末，全市兴办各类专业合作社 183 个，村级综合服务站 132 个，农产品基地 16 个。订单农业 30 万亩，建设各类市场 14 处，发展龙头企业 16 个。收购、销售农产品 10 万吨，收购额 2 000 万元，销售额 2 200 万元，分别比 2000 年增长 11.1%、10.1%、11.5%；为农民增收 6 000 万元，获利 400 万元，分别比 2000 年增长 20%、25%。

市供销社将农村中介服务组织汇编成《农村中介服务组织汇编》，市委书记刘润璞为此书作序。中华全国供销合作总社表彰的 100 个“示范专业生产合作社”中有通榆县新华农产品专业生产合作社和大安市两家笤帚糜子专业生产合作社。表彰的 100 个“示范村级综合服务站”中有洮北区德顺蒙古族乡城四家子村级综合服务站和大安市月亮泡镇汉书村级综合服务站。吉林省供销合作社授予白城市供销合作社“参与和推进农业产业化先进单位”称号。

（胡洪洲）

2001 年白城市供销合作社直属企业情况表

单位：万元

	始建年份	占地面积（万平方米）	职工人数（人）	固定资产	流动资产	资产负债率（%）	商品购进总额	同比+－（%）	商品销售总额	同比+－（%）	税金	利润
白城市土产果品站	1969	7.00	33	—	586	26	5	2.1	6	3.4	—	—
白城市人民商场	1973	0.30	129	463	289	62	400	16.7	500	19.8	—	—

续表：

	始建年份	占地面积（万平方米）	职工人数（人）	固定资产	流动资产	资产负债率（%）	商品购进总额	同比+－（%）	商品销售总额	同比+－（%）	税金	利润
白城市供销批发公司	1985	0.08	69	—	70	73	2	20.0	3	25.0	—	—
白城市果品公司	1985	0.10	56	—	89	102	4	30.0	5	37.0	—	—
白城市废旧物资股份公司	1985	1.50	79	—	5	180	10	4.5	20	8.3	—	—
白城市日杂公司	1985	2.00	85	80	186	50	166	56.6	157	14.2	44	26.5
白城市华联大厦	1987	0.03	273	—	313	100	160	11.7	200	3.4	—	—
白城市农业生产资料公司	1987	5.00	278	—	1 853	98	3 360	15.2	3 890	21.2	—	—
白城市畜产站	1990	0.08	25	—	274	19	—	—	—	—	—	—
白城市供销草业经销站	1993	0.10	47	73	149	150	45	65.0	50	49.0	—	—
白城市丰华实业有限公司	1993	0.05	21	—	—	—	—	—	—	—	—	—
白城市供销蔬菜站	1992	0.45	98	219	59	122	16	40.0	18	37.0	—	—
白城市供销储运站	1997	—	185	—	700	49	10	37.0	12	29.0	—	—

（胡洪洲）

【通榆县新华农产品专业生产合作社简介】 通榆县新华农产品专业生产合作社建于 1997 年。隶属通榆县新华村供销社。位于通榆县新华镇。农民社员 120 人。主任宛春艳。

2001 年，联系农户 120 户，种植各类农产品 2 200 公顷，总产量 2 200 吨，农民增收 10 万元，专业社创经济效益 8 万元。

（胡洪洲）

【大安市两家笤帚糜子专业生产合作社简介】 大安市两家笤帚糜子专业生产合作社建于 1996 年。隶属大安市两家子供销社。位于大安市两家子镇。农民社员 3 000 人。主任姜明武。

2001 年，联系农户 3 000 户，种植笤帚糜子 2 000 公顷，总产量 350 万公斤，加工笤帚 250 万把，为农民增收 700 万元，专业社创经济效益 20 万元。

（胡洪洲）

经 济 管 理

计 划

【基本情况】 2001 年初，白城市计划委员会编制 37 人。其中，行政编制 21 人，事业编制 15 人，工勤编制 1 人。设办公室（人秘科）、国民经济综合计划科（社会发展办公室）、工业科、农村经济科、固定资产投资科（投资许可证办公室）、财贸科、扶贫工作办公室、经济信息中心、国土办公室。11 月，市直机关机构改革，易名白城市发展计划委员会（简称市计委）。白城市重点建设项目领导小组办公室、生态建设领导小组办公室与市计委合署办公。编制38人。其中，行政编制21人，事业编制15人，工勤编制2人。设办公室、国民经济综合科、经贸流通科、固定资产投资科、农村经济发展科、交通能源科、工业科技发展科、社会事业发展科、扶贫开发工作办公室、机关党总支、区域经济发展办公室、经济信息中心。直属白城市散装水泥办公室、墙体材料改革办公室。

2001年，市计委较好地完成了全市国民经济和社会发展的各项宏观调控任务。重大规划如期编制完成。修改和完善了《白城市国民经济和社会发展第十个五年计划纲要》(简称《"十五"计划》)，提交市二届人大三次会议讨论通过，并付诸实施；编制了《白城市生态市建设规划（30年)》，经省专家论证会通过；完成《白城市2010年小城镇建设规划（草案)》和《白城市2015年"一水五地"(水利，林地、草地、湿地、保护地、耕地）总体建设规划（草案)》。重点项目申报、立项及资金落实等工作均到位。上报"十五"期间重大项目80项，总投资248.51亿元；申报2001年国家和省预算内投资项目143项，总投资16.34亿元；申报2001年国债建设项目17项，总投资11.33亿元；申报城市基础设施建设利用日元贷款项目4项，总投资4.90亿元。列入全省"十五"期间百项重点工程5项，列入全省2001年重大项目（3 000万元以上）前期指导计划项目16项，列入省2001年重点建设项目4项。共争取到国家、省投资43 524万元。其中，国家预算内投资11 804万元，省预算内投资1 540万元，国债资金8 964万元，贷款21 216万元。市计委被市委、市政府评为"党风廉政建设和反腐败重点任务协调工作优秀部门"、"城市开发建设管理总体战先进单位"、"帮扶万元田（棚）工程建设先进单位"、"招商引资先进单位"。

（孙振海）

【计划执行情况】 2001年，全市国民经济和社会事业取得显著成效，实现了"十五"计划的良好开局。国内生产总值83.3亿元，为年计划的100.4%，比2000年增长13.5%，高于全省平均增长4.2个百分点，增幅居全省各市、州第二位。其中，第一产业增加值29.5亿元，第二产业增加值26.1亿元，第三产业增加值27.7亿元，分别为年计划的92.2%、109.7%和101.8%，分别比2000年增长8.0%、19.9%和14.0%。一、二、三产业比重为35.4∶31.3∶33.3。

农业。农业经济在大灾之年稳步发展。农业增加值29.5亿元，粮食产量12.99亿公斤，分别为年计划的92.2%和65%，分别比2000年增长8.0%和1.9%。普通玉米面积由2000年的168 838公顷增至187 129公顷，增长10.83%。"订单"面积415万亩，占农作物播种面积41.2%。粮食、经济、饲料作物比例5∶4.5∶0.5。万元田（棚）总户数8.1万户，占全市农村总户数30.0%。全市有13种产品获绿色食品标志使用权，有77种被评为"吉林名牌"产品。牧业产值23.4亿元，比2000年增长21.7%。牛、羊、猪、禽饲养量分别达40万头、295万只、220万头和3 000万只，分别比2000年增长11%、2.7%、4.7%和3.4%。全年植树造林12 614公顷，水产品产量1.7万吨，分别为年计划的37.7%和57.0%，分别比2000年下降78.6%和56.4%。抗灾自救取得明显成效，战胜了有记录以来最严重的冬季白灾和春夏连旱。全市投入抗旱资金5 720万元，抗灾保畜资金3 516万元。建设农村节水示范区7处，实施农村人畜饮水工程193处。市委、市政府组织抗灾自救千人工作队，近40万人参加抗灾自救活动。组织劳务输出30.5万人，劳务收入6.5亿元。

工业。工业生产持续高效增长。全口径工业总产值57.9亿元，规模以上工业产值28.86亿元，分别为年计划的91%和93%，分别比2000年增长11.8%和4%。非国有工业产值19.39亿元，占规模以上工业产值的67.2%。纺织、汽配两大支柱产业产值占规模以上工业产值47.6%，工业产品销售率94.8%，分别比2000年提高5.8个、1.3个百分点。经济效益创历史最好水平。规模以上工业累计利税4.12亿元，其中，利润1.83亿元，地方工业利润1.42亿元，分别比2000年增长37.6%、73.6%和133%。工业总资产贡献率9.06%，工业成本费用利用率7.25%，均由2000年的全省第四位升至第三位；工业流动资金周转次数1.07次，居全省第五位，比2000年提升一位。技术改造有新进展。实施技术改造项目58项，投资4.26亿元，为年计划的105%，比2000年增长23.0%。30项重点技术改造项目全部开工，其中建成9项。开发新产品156种，新产品产值率17.1%。企业改革进一步深化。列入计划的147户国有企业进行各种形式的改革。具备条件的24户大中型国有企业已有20户完成公司制改造或与域外大公司、大集团进行重组。基本完成国有企业阶段性改制任务，基本消灭停产半停产企业，基本消除亏损大户。

第三产业。第三产业日趋活跃。社会消费品零售总额45.1亿元，出口总额1 900万美元，分别为年计划的102.5%和104.3%，分别比2000年增长11.5%和16.0%。实际利用外资497万美元，比2000年增长33.2%。居民消费价格指数99.5%，比2000年提高2.1个百分点。交通通信稳步发展。公路客运量499万人次，公路货运量420万吨；铁路客运量477.6万人次，铁路货运量313.9万吨；电信业务总量1.8亿元，邮政业务总量0.4亿元，分别比2000年增长1.0%、7.7%、4.2%、3.1%、7.4%和17.6%。旅游开发建设步伐加快。查干浩特旅游度假区基础设施建设投资0.11亿元，完成初期建设任务，7月初向游人开放。向海、莫莫格等旅游景点吸引了大批中外游客前来观光旅游。全市接待游客49万人次，旅游收入1.68亿元，分别比2000年增长63.0%和40.0%。围绕区域商贸中心城的建设，全面实施市场开拓工程。全市投入市场建设资金1.2亿元，新建瑞光商贸城、北方红干椒市场等较大市场15处，均投入运营。

固定资产投资。固定资产投资快速增长。全市固定资产投资28.2亿元，为年计划的123%，比2000年增长41.3%，增幅居全省各市、州之首，比全省平均增幅高25.5个百分点。其中，国有经济投资22.0亿元，集体经济投资0.6亿元，分别比2000年增长41.0%和10.9%。投资结构进一步改善。基本建设投资12.2亿元，更新改造投资5.5亿元，房地产开发投资3.6亿元，分别比2000年增长16.4%、84.8%和71.4%。城市开发建设成效显著。全市投资31亿元，比2000年增长15.0%。其中，市区19.5亿元，各县（市）11.5亿元。计划建设吉鹤灵苑、市区路网等10项工程均按期完成。全市建成住宅85万平方米，其中市区41万平方米。公路建设有新进展。总投资4.1亿元，建成公路451公里。农村电网一期改造工程告竣，总投资2.23亿元。

财政金融。财政收入增幅较高。全市一般预算全口径财政收入6.15亿元，为省下达计划的112.9%，按可比口径比2000年增长18.9%，其中市本级2.62亿元，增长22.2%。财政收入占全省的份额上升0.22个百分点。金融业务运行平稳。金融机构年末各项存款余额79.12亿元，各项贷款余额123.18亿元，分别比2000年增长13.4%和5.8%。

招商引资。招商引资成果斐然。先后参加中国广州商品进出口交易会（简称广交会）、中国东西部合作与投资贸易洽谈会（简称西交会）等大型经贸交流活动7次，市政府在香港成功举办"港洽会"。全市完成经贸合作与招商引资项目502项，实际到位资金24.9亿元，为年计划的108%，比2000年增长18.9%。镇赉县新兴玻璃公司等企业启动恢复生产项目、吉林省敖东洮南药业股份有限责任公司GMP改造项目、北京中汇石油公司买断镇赉县石油开发公司等招商引资项目相继投产见效，对白城市经济发展起到重要作用。

生态市规划全面启动。围绕生态市建设，组织实施生态环境"八大工程"建设，全年投资2亿多元。退耕还林12.6万亩，退耕还草7.5万亩，植生态草10.7万亩，保护草场面积700万亩，围栏草场150万亩，休牧期间保护草场585万亩；中低产田改造30万亩，治理水土流失面积25万亩，新增节水灌溉面积16万亩；嫩江堤防、洮儿河堤防、引霍林河水入向海水库、白沙滩灌区和洮儿河灌区重点水利工程建设进展顺利，投资6 240万元，湿地保护和农田防旱功能明显增强。

社会事业。科技创新不断推进。全年取得科技成果36项。全年财政投入科技三项费用395万元，比2000年增长146.7%。教育事业进展顺利。高考入学率明显提高。全市高考本科生3 047人，占考生总数48%。工业污染防治和环境综合治理取得明显成效。广播影视、文化、卫生、体育、新闻等各项社会事业全面发展。人口自然增长率4.83‰。

人民生活水平稳步提高。城镇居民最低生活保障覆盖率50%，比2000年提高1个百分点；参加省级统筹保险职工11.6万人。城镇居民人均可支配收入4 309元，农民人均纯收入1 280元，分别为年计划的94.3%和71.1%，分别比2000年增长3.7%和4.9%。城镇失业下岗人员有2.9万人实现就业和再就业。城镇登记失业率3.8%，在计划控制目标以内。

（孙振海）

经　贸

【基本情况】 2001年初，白城市经济贸易委员会（简称市经贸委），编制41人，设党委办公室、办公室、运行办公室、技改办公室、企管科、科技科、资源科、质量科、交通科。11月，市直机关机构改革，将白城市贸易局承担的行政职能、原白城市体改委承担的指导全市工商企业改革改组职能、原白城市劳动局承担的工商企业安全生产监管职能、原白城市电力局承担的电力工业行政管理职能、原白城市轻化工业局、重工业局、医药工业管理局、市贸易局（商贸委）承担的行政管理职能划入市经贸委。并将工业产品质量管理、工业机电产品进出口管理、部分企业留守处管理分别划到相关业务局。同时将地质矿产局成建制划出。市经贸委设党委办公室、办公室、运行办公室、技改办公室、综合科、企改科、企监科、科技科、产业科、医药科、资源科、电力科、安全科、贸易科及交通科。编制48人。其中，行政编制43人，工勤编制5人。

2001年，市经贸委围绕市政府中心工作，结合全市工业企业现状积极开展综合服务与协调工作。从总体形势看，工业形势呈现出“三个基本、一个突破”的良好态势。即：基本完成了国有企业的改制工作，中小企业放开率达到95.7%，国有企业退出率达到79.4%；基本消灭了停产半停产企业；基本消灭了亏损大户企业；整体经济效益继续取得突破。规模以上工业盈亏相抵后，实现利润比2000年增盈90%，增幅居全省各市、州之首。

（李雅贵）

【企业改革】 2001年，全市工业企业初步建立起现代企业制度框架。国有大中型企业基本完成公司制改造；一批中小企业完成有限责任公司和股份合作公司改造；一批小企业通过产权出售实现民有民营。白城市金鹏齿轮股份有限责任公司、白城纺织股份有限责任公司、吉林敖东洮南药业股份有限公司、吉林马应龙洮南制药有限公司等一批骨干企业形成了多元投资主体。公司制企业法人治理结构逐步得到完善。

企业改制。全市列入改制计划的国有企业147户，改制132户，改制面89.8%。其中，股份有限公司11户，有限责任公司27户，股份合作公司7户，出售32户，破产26户，租赁经营18户，兼（合）并9户，其他形式2户。

大中型企业公司制改造。全市地方所属大中型企业共24户，改组为公司制企业20户。其中，股份有限公司10户，有限责任公司10户。

企业破产。洮南制糖厂列入国家计划内兼并破产项目，结转到2002年进行。白城造纸厂、白城水泥厂、洮儿河酒厂、洮南时代服装厂、通榆锅炉厂、大安淀粉厂等国有企业进入依法破产程序。

国有企业债转股。白城通业集团进入国家经贸委批准的601户债权转股权企业计划，批准转股总额度的17 734万元。经中国华融资产管理公司审定，债转股总额10 925万元。债转股基本框架为总股本14 950万元。其中，中国华融资产管理公司8 100万元，占股本54.18%；中国长城资产管理公司2 825万元，占总股本18.90%；白城市直国有工业控股公司4 025万元，占总股本26.92%。债转股后新公司名称为白城通业集团有限责任公司，于2001年底正式注册运营。

完善法人治理结构。公司制企业法人治理结构初步建立，并逐步规范完善，企业内部经营机制得到转换。市委、市政府下发《关于进一步规范完善公司制企业法人治理结构的指导意见》，规范完善法人结构；规范公司制企业换届工作，多数企业董事长与总经理分设，解决了董事会成员与经理层成员高度重合的问题；建立和引入了独立董事制度，两户股份公司聘请了独立董事，有效加强了公司内部的制衡；积极推进企业经营者向职业化、市场化迈进。同时下发《关于公开招聘企业高级管理人才的指导意见》，为全市企业引进了高级管理人才。

全市列入国家脱困计划的国有及国有控股大中型企业共16户。通过股份制改造、债权转股权、资产重组等办法，扭亏为盈14户，脱困率87.5%。

（李雅贵 孙晓东）

【技术改造情况】 2001年，全市工业加大技术改造和科技开发力度，企业技术装备水平明显提高，汽车、纺织两个支柱产业得到巩固发展，医药、食品、造纸等优势行业有所加强，企业技术结构、产品结构得到有效调整，企业整体实力进一步增强。

技改投入。全年技改投资4.26亿元，比2000年增长25.1%,分别为“八五”、“九五”期间年均投资额的2.4倍和2.04倍。投资主体多元化格局基本形成，全市技改投资总额的结构：企业自筹、社会融资、购并重组各占20%，招商引资占40%；推进了项目管理体制改革，取消了技术改造项目审批制，实行了项目备案制。按照国际通行标准初步完成了全市工业企业项目库建设。

重点技术改造项目。全市确定重点技改项目30个，全部开工建设。技术改造投资3.3亿元，占全市技改投资总额77.46%。其中，白城纺织股份有限责任公司引进喷气织机项目；白城市麻纺织股份有限责任公司总投资2 988万元，引进无纺布设备项目；通榆风电厂总投资2亿元的二期改造工程；白城制药厂、吉林敖东洮南药业股份有限公司、吉林马应龙洮南制药有限公司GMP改造工程；大安白鹅集团白鹅深加工；镇赉新兴玻璃公司窑炉改造等9个项目建成投产。预计2002年可新增销售收入4.4亿元，利税1.7亿元。

（李雅贵 孙晓东）

【招商引资】 2001年，招商引资完成经贸合作项目502项，总投资43.5亿元，合同利用外资23.7亿元。组织工业企业参加较大规模的招商引资活动5次：中国东西部合作与投资贸易洽谈会、广州经贸展洽会、香港白城经贸项目新闻发布会、两市一省（北京、天津、山东）经贸洽谈活动，赴美汽车零部件企业招商引资活动。组织赴国外、境外（美国、香港）招商引资活动2次。签约招商引资工业项目124个，合同利用域外资金17.9亿元人民币，实际到位资金7.36亿元。美国德尔福公司在白城经济开发区建设白城派克工业园区的出口线束项目，吉粮集团整体收购洮南市第四毛纺织厂、建设粮食储备库及深加工项目，北京中汇石油公司买断镇赉县石油开发公司等招商引资项目相继投产见效，对全市工业实现较快发展和经济结构调整起到了重要作用。

（李雅贵 孙晓东）

农业开发

【基本情况】 2001年初，白城市农业开发办公室（简称市农业开发办），由市财政局代管。编制25人。设综合科、国内项目科、国际项目科、外债管理服务中心。11月，市直机关机构改革，编制未变，设综合科、国际科、国内科、外债管理服务中心。

2001年，市农业开发办完成了农业生态项目建设，争取了新项目，加强了债务管理，合理利用资金，为白城市的经济发展作出了贡献。

（李洪海）

【洮北一支渠续建工程】 2001年初，市农业开发办按照市委、市政府关于做好洮北一支渠续建工程的总体部署，2次进京，4次赴省，争取项目建设资金747万元。其中，无偿资金567万元，有偿资金180万元。续建工程经招标、公平竞争，从12个投标单位中筛选出8个具有良好信誉和相当资质的施工队。4月11日，洮北一支渠续建工程动工，8月31日竣工。建成长4 050米、底口宽20米、上口宽28米的高标准输水干渠1条；农道桥2座，节制闸1座，分水闸5座，水泥护坡4.08公里。共动用土方15万立方米，混凝土浇筑4 000立方米，垫层砂砾石15 000立方米。投资567万元。被评为优良工程。受到副省长杨庆才高度评价，称其为“吉林第一渠”，省财政厅领导和省农业开发办公室领导赞其为“精品工程”。

（李洪海）

【农业生态项目建设】 2001年，市农业开发办为改善白城生态环境，治理荒漠化和盐碱化，控制水土流失，促进农业可持续发展，加快农民脱贫致富奔小康的步伐，加大了农业综合开发对土地治理项目的投资力度，重点实施4个生态农业项目建设：

白城市林业科学研究院生态苗木基地建设项目。培育长白松1万株，新品种杨树20万株，小×黑500万株，云杉10万株，柳树100万株。建保护围栏1 200延长米。项目投资168万元。项目建成后，能满足全市植树造林、绿化美化环境对优质苗木的需要。

洮南市荒漠化治理项目。重点在洮南林场和四海林场栽植3年生杨树44万株，治理荒漠化土地2万亩，可使周边12万亩农田免遭荒漠化侵袭。

大安市碱茅种子基地项目建设。在大安市大岗子镇投资272万元，建碱茅种子基地1万亩，每年可产碱茅种子15万公斤，碱茅草250万公斤，产值400万元，每年还可为40万亩盐碱地提供碱茅种子。2001年8月6日，吉林省省长洪虎来白城市检查工作时，视察了大安市碱茅种子基地，充分肯定了项目取得的成就。

草场改良项目。在全市5个县（市、区）的6个乡（镇）共投资1 637万元，改良草场16.5万亩，每年可产优质干草3 300万公斤。项目有明显的生态效益，为今后发展舍饲畜牧业创造了有利条件。省长洪虎、市委书记刘润璞等省市领导对全市2001年的生态农业项目建设非常满意，充分肯定了所取得的成绩，并要求市农业开发办继续扶持和建设好农业生态项目，为白城市农村经济的可持续发展创造良好的生态条件。

（李洪海）

【特色效益型农业开发项目】 2001年，市农业开发办结合农业结构调整，开发特色农业项目和效益型农业项目。投入国际农发基金项目资金50万元，在5个县（市、区）各确定1个乡（镇），选择共青团员参项农户275户，养殖“美国落地王鸽”2 000对，建多种经营大棚40个，种花生80公顷，烤烟30公顷，辣椒100公顷。5个项目当年建设，当年投产，当年收入407万元，纯收入240万元，参项农户户均纯收入8 700元。为发展特色农业和效益农业起到了示范作用。

投入农业综合开发多种经营项目资金，扶持龙头企业发展产业化经营项目。为白城市裕丰实业有限责任公司投资150万元，扩建精制大米加工项目，每年可多生产精制大米1万吨，增加产值4 500万元，新增利税394万元。为通榆榆香食品有限责任公司投资100万元，扩建葵花仁加工项目，每年可增产值2 540万元，新增利税527万元。上述两个项目产品均获国家农业部颁发的《绿色食品证书》，并成为吉林省参加“广交会”和“农博会”名牌产品，受到中外客商的青睐。

（李洪海）

【有偿资金回收】 2001年，全市共回收农业综合开发有偿资金2 343万元，5个县（市、区）在全省率先完成有偿资金上缴任务。

（李洪海）

【万元田（棚）工程建设】 2001年初，市政府下达给市农业开发办万元田（棚）工程建设任务15户。经过调查、考察论证、筛选，确定在洮北区三合乡凤城、金家村共选择15户农户种植脱毒种薯和烤烟。其中，脱毒种薯8户，烤烟7户。为参项农户解决10万元项目资金，并进行技术指导，帮助解决了生产中遇到的困难。生产脱毒种薯28.5万公斤，户均纯收入10 250元；生产烤烟16 800公斤，户均纯收入11 008元，实现了万元田（棚）发展目标。

（李洪海）

【政府主权外债管理】 2001年，白城市政府主权外债除国际农发基金贷款外，还有亚洲开发银行（简称亚行）贷款和世界银行（简称世行）贷款。市农业开发办本着“对上负责，对下认真”的原则，由专人负责项目的报账提款，严格各项报账手续，认真履行提款程序，加大监督力度，发现偏差，立即纠正，保证了项目资金的专款专用，使建设项目按计划顺利实施。到12月10日，2001年度亚行贷款共组织报账18次，回补金额9 767万元。对

2001年实施的世行贷款“粮食流通”和第九个卫生发展项目——妇幼项目的报账提款，采取边报边查的方法，严格各项报账手续，加强监管力度，及时堵塞漏洞，保证了项目的顺利实施。到12月10日，2001年度世行贷款共组织报账8次，回补金额1 418万元。对原来的世行“松辽平原项目”和第三个基础教育项目逐一落实了债务，制定了还款计划。在加强新项目管理的同时，加强了对老项目规避风险的工作。市农业开发办与大安市配合，在吉林省外债中心和世行办的支持下，对已停产的大安市“明胶项目”加大扶持力度，注入启动资金400万元，恢复了“明胶项目”生产，并获得可观经济效益。

（李洪海）

【招商引资】 2001年，市政府给市农业开发办下达900万元的招商引资任务，市农业开发办组织有关人员进京赴省，反复汇报，争取国家和省资金1 100万元。其中，有偿资金920万元，无偿资金180万元。超额完成招商引资任务。

（李洪海）

【编制国内农业综合开发项目计划】 2001年，市农业开发办按照省农业综合开发办“十五”规划的总体要求，组织有关人员科学地编制了《白城市2002年农业综合开发项目计划》。2002年全市农业综合开发计划总投资10 879万元。其中，土地治理项目计划投资6 662万元，多种经营项目计划投资4 217万元。计划改造中低产田6万亩，改良草场16万亩，建优质粮基地3万亩，节水灌溉示范田2万亩，建设养殖项目8个，加工项目3个。上述计划经省农业综合开发办公室批准，正式上报国家农业综合开发办公室审批。

（李洪海）

工业国有控股

【基本情况】 白城市市直工业国有控股公司（简称市直工业控股公司），组建于1999年7月。2001年初，设资产管理部、财物审计部、托管工作部、集体工作部和总经理办公室。职工18人。11月，市直机关机构改革，设资产部、托管部、财审部、集体工作部、信息调研部、组织人事部、总经理办公室。职工人数未变。直属白城纺织股份有限责任公司、白城市通业集团有限责任公司、吉林省金福酒业有限公司、吉林省华金纸业有限公司、白城市第一塑料厂、白城市帆布厂、大连棒棰岛白城啤酒厂、白城市双华水泥厂、白城市建达机床配件厂、白城市中牧兽药有限公司、白城市陶瓷股份有限责任公司、白城市美达（服装）股份有限责任公司、白城市保温材料厂、白城市汽车电线厂、白城市多邦药业有限责任公司、白城市宇王股份有限责任公司、白城市友谊制药厂。按企业规模分，国有大、中、小型企业各4户、9户、4户。有汽车零部件、机械、纺织、服装、医药、食品酿造、造纸及纸制品、塑料、陶瓷8个行业。

2001年，市直工业控股公司直属企业从业人员12 412人，其中专业技术人员592人：高级工程师、高级经济师、高级政工师、高级会计师86人，工程师、经济师、会计师、政工师、统计师186人，助理工程师、助理经济师、助理政工师、助理会计师、助理工艺美术师、技术员、经济员、会计员320人。企业总资产109 441万元，比2000年末增长5.7%。其中，固定资产原值75 118万元，固定资产净值56 148万元。总负债85 784万元，资产负债率78.4%。主要产品产量：棉纱10 691吨，布3 599万米，汽车发动机连杆188万件，服装73万件，机制纸5 658吨，电力电缆650公里，汽车电线束总成10万套，实型铸件2 241吨。汽车零部件、《洮儿河》牌系列白酒、电工机械、兽药等产品均在省内占有重要地位。产品销售收入57 152万元，产值64 621万元，税金4 817万元，分别比2000年增长29%、9.3%、7.7%。

（谢殿卿）

【体制改革】 按照1999年7月《白城市人民政府关于建立市直工业国有资产出资人机构及调整市直工业管理体制的决定》，依据政企分开原则和市场经济条件下政府管理工业的要求，市政府撤销市工业局、重工业局及原轻工业国有资产经营公司，组建白城市市直工业国有控股公司。市直工业国有控股公司依据国有资产管理条例，制定公司的股权管理办法，管理控股企业重大投资意向报告，编制公司中远期和年度发展规划；负责参、控股企业的生产经营工作，受理企业的财务报告，编制公司的年度财务计划等；负责管理企业留守处和托管企业工作；拟定实施资产处置方案；负责参、控股公司国有股权代表、董事人选、监事人选的推荐工作；负责再就业中心的组织管理、党风党建工作、纪检、监察、信访、老干部工作、人事劳资、武装保卫、共青团、妇联以及综合治理工作。

（谢殿卿）

财　政

【基本情况】 2001年初，白城市财政局（简称市财政局），编制80人。设办公室、人事教育科、党委办公室、预算科、农财科、综合科、基建科、社保科、商财科、文财科、法制科、工财科、控制社会集团购买力办公室、会管科、罚没办公室。11月，市直机关机构改革，编制70人。设办公室、会计站、综合科、法制科、预算科、国库科、行政政法科、教科文科、经济建设科、农业科、社保科、粮贸科、企业一科、企业二科、外债金融科、政府采购办公室、罚没办公室、人事科、党委办公室。代管白城市农业开发办公室。编制25人。直属白城市财政监督局、国有资产管理局、会计管理办公室、收费管理局、清产核资办公室、投资管理公司、基建审核中心、工资统发管理办公室、财政科学研究所、产权所和吉林省会计函授学校白城分校及白城市财政信息中心、珠算协会、财政干部培训中心。编制135人。辖洮北区、白城经济开发区、大安市、洮南市、通榆县、镇赉县财政局。编制319人。

2001年，全市各级财政部门锐意改革，开拓进取，求实创新，扎实工作，克服了年初预算缺口大、预算执行中增支减收因素多等不利因素，超额完成预算收入任务；国家出台的调整机关事业单位职工工资、增加离退休人员离退休费和年终发放一次性奖金的政策全部兑现；为经济建设、社会发展筹措、拨付了大量资金；实现全年保工资、保重点、保正常运行的财政工作目标；实现全市财政收支平衡和县县平衡。

（李洪海）

【全市预算执行情况】 2001年，全市预算执行情况与2000年相比：全市一般预算全口径财政收入61 470万元，剔除农业税灾歉减免后（下同），为预算的112.9%，增长18.9%。其中，上划中央“两税”（增值税75%，消费税100%）收入24 841万元，为预算的112.6%，增长27.1%；地方级一般预算收入36 629万元，为预算的113.1%，增长13.8%。地方级一般预算主要收入情况：增值税收入（地方级分享25%部分）8 187万元，为预算的112%，增长26.5%；营业税收入7 494万元，为预算的113.1%，增长22.7%；农业税收入269万元；企业所得税收入2 790万元，为预算的520.5%，增长660.2%；行政性收费等收入7 140万元，为预算的107.3%，持平。

全市一般预算收入总计157 131万元。其中，体制收入36 629万元；省补助收入105 709万元，国债转贷收入3 500万元，上年结余收入8 657万元，调入资金2 636万元。全年全市一般预算支出142 863万元，加上上解省支出3 332万元、国债转贷支出3 500万元，调出资金22万元和结转下年支出7 397万元后，一般预算支出总计157 114万元，收支相抵，结余17万元。做到全市收支平衡，县县收支平衡。

生产建设性支出8 385万元，为预算的177.6%，增长32.8%。其中，企业挖潜改造资金2 614万元，为预算的622.7%，增长165.9%；科技三项费395万元，为预算的101.2%，增长146.7%；支农支出2 476万元，为预算的102.5%，增长1.8%；农业综合开发支出2 877万元，为预算的102%，增长6%。

行政事业费支出122 517万元，为预算的139.2%，增长35.8%。其中，教育事业费29 630万元，为预算的129.2%，增长32.1%；科学事业费767万元，为预算的100%，持平；卫生经费7 039万元，为预算的131.3%，增长26.4%；抚恤和社会福利救济费5 445万元，为预算的105.3%，增长25.3%；离退休经费14 535万元，为预算的149.9%，增长55.6%；社会保障补助支出20 050万元，为预算的

131.5%，增长 56.1%；公检法司支出 8 433 万元，为预算的 157.9%，增长 33.2%。

政策性补贴支出 527 万元，为预算的 50.5%，下降 11.3%。

（李洪海）

【市本级预算执行情况】 市本级预算执行情况与 2000 年相比：一般预算全口径财政收入 26 261 万元，为预算的 116.2%，增长 22.2%。其中，上划中央“两税”收入 8 688 万元，为预算的 100.8%，增长 10.9%；地方级一般预算收入 17 573 万元，为预算的 121.9%，增长 28.4%。地方级一般预算主要收入情况：增值税收入（地方级分享 25% 部分）2 889 万元，为预算的 101.2%，增长 11.2%；营业税收入 4 377 万元，为预算的 123.9%，增长 40.4%；农业税收入 70 万元；企业所得税收入 2 279 万元，为预算 692.7%，增长 10.3 倍；行政性收费等收入 3 798 万元，为预算的 118.4%，增长 6.7%。

在 26 261 万元收入中，市直 20 117 万元，为预算的 114.3%，增长 27.7%；洮北区 5 602 万元，为预算的 116.8%，增长 0.9%；白城经济开发区 542 万元，为预算的 258.1%，增长 188.3%。

一般预算支出 53 256 万元，为预算的 138.7%，增长 30.5%。主要支出情况：支援农村生产支出 924 万元，为预算的 101.2%；教育事业费 7 676 万元，为预算的 122.1%；社会保障支出 6 608 万元，为预算的 182.2%；行政管理费支出 6 240 万元，为预算的 116.2%；公检法司支出 3 881 万元，为预算的 108.1%；抚恤和社会救济支出 1 809 万元，为预算的 100.1%；政策性补贴支出 173 万元，为预算的 31.4%。

市本级一般预算当年收入总计 58 573 万元。其中，体制收入 17 573 万元，省各项补助收入 35 108 万元（其中中央“两税”返还收入 5 416 万元），国债转贷 3 500 万元，调入集中预算外资金 1 100 万元，上年结余 1 292 万元。市本级一般预算支出 53 256 万元，加上上解省支出、结转下年支出等，支出总计 58 557 万元，收支相抵，净结余 16 万元。

此外，基金预算的执行情况较好。全年，主要由土地有偿使用收入构成的基金预算收入总额 3 100 万元，其中市本级 1 558 万元。上述基金收入当年全部按有关规定安排支出。

（李洪海）

【实行均衡缴库责任制】 2001 年，在组织收入的工作中，全面实行收入目标责任制及奖罚措施和考核办法，建立有效的制衡和激励机制，增强了各级财税部门组织收入的积极性，超额完成全年收入任务。

（李洪海）

【实行积极财政政策】 2001 年，全市各级财政部门，实施积极的财政政策，努力支持经济建设和社会事业发展。筹集、拨付粮食风险基金 26 300 万元，拨付农业综合开发资金 822 万元；在省财政厅的支持下，安排生产性支出 16 617 万元，非生产性支出 24 115 万元；市本级为派克工业园注入流动资金 500 万元，为城市开发、基础设施建设、旅游开发等各项事业发展注入资金 3 664 万元。

（李洪海）

【保障重点支出】 2001 年，市财政局保证了工资的及时足额发放。两次调整机关事业单位职工工资、增加离退休人员离退休费和年终发放一次性奖金的政策全部兑现。强化了社会保障工作。全市累计到位下岗再就业资金 10 967 万元。其中，省补助 8 596 万元，市县两级财政配套 2 371 万元。确保了下岗职工基本生活费的及时足额发放；为探索就业新渠道提供了资金支持，市本级在站下岗职工出站 4 020 人，解除了 4 250 人的劳动关系。

（李洪海）

【深化财政改革】 2001 年，市财政局积极推行部门预算。市本级在教育、公安、广播等 11 个部门实行部门预算，提高了财政资金的使用效益。积极推进工资统一发放工作。市本级纳入工资统发范围的全额拨款事业单位 134 个，工资统发 2 528 人。探索会计管理改革，实行会计委派制，首批 29 名会计分别委派到 35 个系统和单位。对节省经费支出，提高会计信息质量起到了重要作用。进一步完善政府采购程序，扩大采购品种。

（李洪海）

【争取补助资金】 2001 年，全市各级财政部门加大向上争取资金的工作力度。共争取到省各种补助资金103 869万元。其中，一次性专项补助40 732万元，过渡期转移支付补助8 077万元，中小学教师工资转移支付补助1 814万元，两次调资和年终一次性奖金补助12 900万元，下岗再就业资金8 596万元，粮食风险基金26 300万元，农业综合开发无偿资金5 450万元。为缓解全市财政支出压力，弥补预算缺口起到重要作用。

（李洪海）

【财政监督与管理】 2001年，白城市财政监督局开展不同形式的检查工作。共抽调和聘用社会中介机构检查人员75人，组成检查组14个，检查237户，查出违纪235户，违纪面99.2%，违纪金额16 361万元；应缴违纪金额2 502万元，已入库167万元，占应缴违纪金额的6.7%。

检查卫生医疗机构票据使用管理情况。重点检查全市91个医疗机构及乡镇卫生院1996年以来领取、使用、保管财政票据和1999年至2001年5月末《中华人民共和国会计法》(简称《会计法》)执行情况。重点检查面86%，查出违纪金额3 340万元；应缴违纪款及罚金521万元，已缴42万元。

检查"收支两条线"情况。检查行政事业单位"收支两条线"工作落实情况。聘用18人，组成检查组6个，检查53户，查出违纪金额2 272万元；应缴违纪金额481万元，已缴15万元。

检查《会计法》执行情况和会计信息质量。重点抽查和检查全市80个单位会计信息质量及《会计法》执行情况，查出违纪金额9 870万元；应缴违纪金额1 031万元，已收缴62万元。

处理群众举报。全年受理市水产站等13个单位群众举报案件，查出违纪金额879万元；应缴违纪金额469万元，已缴48万元；行政撤销职务处分1人。受省财政监督检查局的委托，市财政监督局抽调6人次，检查省级收入单位42个，查出违纪金额33 573万元，涉及省级财政收入6 014万元。重点检查省直事业单位《会计法》执行情况，检查单位17个，查出违纪金额2 020万元。

2001年，省财政厅考核、综合评比，市财政监督局被评为全省"财政监督检查工作先进单位"。

（李洪海）

【国有资产评估管理】 2001年，白城市国有资产管理局加强国有资本金管理和产权变动监管，服务于结构调整，参与和支持国有企业改革与攻坚。参与4户国有企业出售及4户国有企业产权交易和3户企业的破产清算工作。参与白城通业集团有限责任公司等企业的债转股试点。完成2000年度企业国有资产产权登记年检和换发新证工作。登记年检企业265户，登记资产总额783 533.8万元，负债总额801 647.3万元，国有资产总额－18 104.5万元。其中，市直企业59户，资产总额302 591万元，负债总额257 438万元，国有资产总额 51 153万元。

（李洪海）

【会计管理】 2001年，白城市会计管理办公室贯彻落实《会计法》、《企业会计制度》，规范会计工作秩序，推进企业会计制度改革；推行会计委派制，探索强化会计管理机制的有效途径；实行专业资格考试、注册会计师考试，优化会计人员结构，提高会计人员素质，较好地完成了全年工作任务。

会计委派制。贯彻《白城市关于2001年度推行会计委派制工作实施意见》，本着任人唯贤、优中选优的原则，严把选人、用人关，会同白城市人事局、监察局深入到被委派单位，全面考核现职的财务科长、副科长和主管会计的德、勤、能、绩，选调19名具备资格、业务和工作能力过硬的人员。又通过公开考试招聘的方式，在党政机关和财政全额拨款的事业单位择优录取10名优秀会计人员。6月21日，白城市政府召开白城市会计管理办公室挂牌暨委派会计大会，为首批29名会计人员颁发会计委派证书，分别委派到市直35个系统和单位，拉开了全市会计委派制试点工作的帷幕。

会计培训。全市培训会计人员8 464人次。其中，市直1 786人次，洮南市1 580人次，大安市1 498人次，镇赉县1 500人次，通榆县1 100人次，洮北区1 000人次。主要进行新《会计制度》、新《企业会计准则》和理财警示教育。同时结合会计人员资格证书换发工作，对市直会计人员进行会计电算化培训，培训1 500多人次。组织会计人员从业资格报名、培训和考试工作。全市报名考试1 051人，全部参加考前培训，全省统考，综合及格率90.5%。

（李洪海）

【政府采购】 2001年，白城市政府采购中心按照政府办公室《2001年度推行政府采购制度实施意见的通知》，侧重于由大到小，先易后难，分步实施，逐步推开，稳中求快的思路，积极探索，大胆实践，成效明显，政府集中采购优越性初步显现。白城市政府采购办公室先后对大宗商品、公务用车、取暖煤、现代化办公设备、专用设备、专用材料等实施集中采购769次，采购额4 398.61万元，节约资金548.37万元，与2000年相比，采购额增加2 252.04万元。其中，市直政府采购额2 544.75万元，增加820.72万元，节支304.9万元；洮北区政府采购额259.72万元，节支38.57万元；洮南市政府采购额157.20万元，节支12.94万元，；通榆县政府采购额362.2万元，节支43.10万元；镇赉县政府采购额233.24万元，节支22.94万元；大安市政府采购额841.5万元，节支125.92万元。

（李洪海）

【工资统发】 2001年，为有效控制、监督、管理财政供养人员工资政策的落实，市财政局于2001年3月6日成立白城市工资统一发放管理办公室，负责办理对行政事业及全额拨款事业单位在职职工和离退休人员工资专户管理。

白城市直财政统发工资工作从5月份分三批纳入统发工资范围的134个单位（在职统发单位57个，离退休统发单位77个），纳入财政工资统发人员共计2 528人。其中，在职1 415人，离退休1 113人， 工资统发累计金额1 562万元。其中，在职工资995万元（含补发增资100万元），离退休工资567万元（含补发增资31万元）。同时，停发5个单位8个停薪留职人员工资，年节约开支7万元，从源头上控制了吃财政空饷的发生；停发了个别单位自行制定的75人内部行业补贴，年节支5万元，制止滥发补贴现象。到12月末，已代扣个人所得税2.3万元，代扣住房公积金10万元，代扣各种扣款20万元，增加了国家税收，提高了工作效率，同时也推进了财政改革步伐，实现了工资管理科学化、制度化、规范化。工资统发工作多次受到省工资统发办公室表扬。

（李洪海）

【白城市投资管理公司简介】 白城市投资管理公司建于1986年。隶属市财政局。位于白城市中兴东大路6号。职工5人。其中，高级工程师1人，工程师、会计师3人，技师1人。法人代表邱志光。设会计室、技改科、新产品开发科和办公室。

2001年，完成全市财政投资管理工作，审查、管理和代吉林省投资公司管理工业企业技术改造项目。全年经多方筹措资金，累计投放信贷资金2 050万元，主要为吉林省华金纸业有限公司、白城市双华水泥厂投入流动资金贷款70万元。为白城经济开发区派克工业园厂房建设投入资金1 520万元，使厂房如期竣工。全年回收信贷资金492.8万元。其中，回收省专项贷款441.8万元，本级贷款51万元。筹措建设资金5万元，建设市区标准街路。引入域外资金300万元，完成了市政府下达的招商引资任务。

（李洪海）

【白城市收费管理局简介】 白城市收费管理局系依照公务员管理的事业单位。建于1996年5月16日。隶属市财政局。位于白城市中兴东大路6号。职工10人。局长赵岩。设办公室、征管科、计财科、稽查科。

2001年，征缴预算外资金8 000万元，实现财政分成725万元，比年初计划分成超收25万元。

（李洪海）

【白城市基建审核中心简介】 白城市基建审核中心建于1999年3月12日。隶属市财政局。位于白城市中兴东大路6号。职工5人。其中，高级工程师1人，会计师1人。法人代表崔茂林。

2001年，完成审核基建项目10项，概、预、结、决算总提报值8 439万元，审减资金731万元，综合审减率9.5%。通过审核，有效地防止了工程建设过程中的高估冒算，减少了损失浪费，降低了工程成本，维护了建设单位和施工企业的正当权益，节约了大量财政性资金。

（李洪海）

【白城市清产核资办公室简介】 白城市清产核资办公室是全额拨款事业单位。建于1996年3月29日。隶属市财政局。位于白城市中兴东大路6号。职工5人。其中，高级会计师1人，会计师1人。主任纪宝平。

2001年，建立会计（决算）数据档案库。开展企业绩效评价试点工作，整体综合性评估了白城通业集团有限责任公司、吉林省白城纺织股份有限责任公司、白城市中牧兽药有限公司、白城市陶冶耐火材料有限责任公司，综合得分分别为84.5、64.6、62.8、45.4，并上报省财政厅。对白城通业集团债权转股权开展清产核资。并对其二级报账制的7个基层单位，逐一进行财产清查，资金核实。通过清产核资梳理了企业资产，为企业在市场经济中较好地竞争创造了条件。

（李洪海）

【白城产权交易事务所简介】 白城产权交易事务所建于1996年6月，为科级事业单位。隶属市财政局。位于白城市中兴东大路6号。职工3人。所长丁吉和。

2001年，贯彻执行《吉林省企业产权管理暂行办法》，开展国有资产登记、清算、出售、租赁、调剂等各项业务，及时为产权转让提供场所，提供信息和咨询服务，发布产权转让公告，准确、真实地向市财政局和有关部门报告产权转让情况。在国有企业改革过程中，先后为白城市东方五交化公司等40户大、中、小型国有企业办理13.2亿元资产产权转让业务，避免国有资产流失近1亿元，确保了国有资产的保值增值，为积极推动和促进国有企业改革做出了贡献。

（李洪海）

【白城市财政科学研究所简介】 白城市财政科学研究所是全额拨款事业单位。建于1986年8月，称白城地区财政科学研究所。1993年8月改为现名。隶属市财政局。位于白城市中兴东大路6号。职工7人，其中会计师2人。所长党玉兰。设办公室、调研室、编辑部、档案室。

2001年，开展财政经济理论及各项税收和工商农等财政财务方面的政策理论研究。召开“兴工富市与跨越式发展”、“粮食财务管理体制改革”两次大型专题理论研讨会，共收到论文70篇。完成“乡镇财政赤字与负债问题与对策”（全国联合）等5大课题，并上报省财政科学研究所。出版《白城财政》6期（正刊4期，增刊2期），发行6 200册。刊登在《吉林财税》等刊物上各类文章194篇。向省财政部门上报科研优秀成果30项，在全省财政学会第五次成果奖评选中获奖19项。其中，一等奖2项，二等奖7项，三等奖10项。在全省县域经济突破优秀论文评奖中获奖6项。其中，二等奖1项，三等奖5项。市财政科研所被评为“2001年度白城市社会科学界先进集体”，被省财政科学研究所评为“全省财政科研先进单位”、“全省期刊征订发行先进单位”、“全省先进期刊编辑出版先进科研所”。

（李洪海）

【吉林省会计函授学校白城分校简介】 吉林省会计函授学校白城分校，为成人中等专业学校。建于1987年1月，称吉林省会计函授学校白城函授辅导站，1989年改称现名。隶属市财政局。位于白城市中兴东大路6号。职工4人，其中专业技术人员3人。校长金玉杰。课程设置执行国家中华会计函授学校统一教学计划，教学方式实行电教、辅导、面授三结合。2001年，在校学生130人。

（李洪海）

【白城市财政信息中心简介】 白城市财政信息中心建于1989年4月12日，与白城市科通公司合署办公。隶属市财政局。位于白城市文化东路21号。法人代表于龙国。主要经营微机、微机软件、四通打字机、复印机等现代化办公设备，兼营文化、体育用品。定期举办微机操作员、会计电算化培训班。

2001年，财政信息中心实行经营目标责任制改革，制定了全年最低销售额和毛利额指标，并将全体人员分成两个小组，把公司整体当中适宜发展的独立核算小组从母体中分离，实行分立分流，自负盈亏。调动了全体员工的主观能动性。全年营业额145万元，上缴利税3.4

万元。

（李洪海）

【白城市珠算协会简介】 白城市珠算协会为从事珠算科研的学术性群众团体。建于1984年7月20日。隶属市财政局。位于白城市中兴东大路6号。职工2人，其中会计师1人。秘书长张晓东。理事10人，会员50人。

2001年，全市普及珠、心算19 025人；举办师资培训班，培训教师130人；举办白城市第六届珠算技术比赛；征集珠、心算论文34篇。被市白城市科学技术协会评为“先进学会”，被吉林省珠算协会评为“先进珠算协会”。

（李洪海）

【白城市财政干部培训中心简介】 白城市财政干部培训中心系全额拨款事业单位。建于1997年7月9日。隶属市财政局。位于白城市中兴东大路6号。职工5人。主任赵长顺。

2001年，举办两期培训班，培训1 000人次。培训主要内容：WTO与财政改革。通过培训，使全市广大财政干部掌握了WTO规则，更新了财政知识。为应对入世挑战，进一步做好财政工作做出了一定贡献。

（李洪海）

审 计

【基本情况】 2001年初，白城市审计局（简称市审计局），编制46人。其中，行政编制35人，事业编制8人，工勤事业编制3人。设办公室、审计业务综合指导科、财政审计科、金融审计科、行政事业单位审计科、基本建设投资审计科、农林水审计科、商贸审计科、工业交通审计科、审计管理科、党总支办公室。11月，市直机关机构改革，编制46人。其中，行政编制32人，事业编制11人，工勤事业编制3人。设办公室、财政审计科、金融审计科、社会保障审计科、法制科、经济责任审计科、行政事业单位审计科、固定资产投资审计科、农林水审计科、经贸及外资运用审计科。直属白城市经济责任审计所（自收自支），职工28人。全市有洮北区、洮南市、镇赉县、通榆县、大安市审计局。编制81人。

2001年，市县两级审计机关共审计单位（项目）301个，查出违规行为金额28 199万元，分别比2000年下降27.5%，增长36.7%。其中,决定处理处罚8 829万元，指明要求纠正19 370万元。应缴财政1 012万元,应减少财政拨款或补贴金额35万元，应归还原渠道资金3 225万元。年末，上缴财政464万元。其中，税金158万元，罚款238万元。

（袁娟）

【审计工作】 2001年，市县两级审计机关，主要审计工作有：

财政审计。审计财政、地税、国库及预算执行单位76个，查出违规行为金额14 904万元，分别比2000年增长105.4%和51.2%。决定处理处罚4 316万元，指明要求纠正10 588万元。应缴财政396万元，归还原渠道资金82万元。年末，上缴财政178万元。其中，税金46万元，罚款70万元。

固定资产投资审计。审计项目11个，查出违规行为金额4 818万元，分别比2000年下降57.7%，增长835.5%。决定处理处罚96万元，指明要求纠正4 722万元。应缴财政96万元。年末，上缴财政71万元。其中，税金65万元，罚款6万元。

企业审计。审计项目57个，查出违规行为金额2 068万元，分别比2000年下降38.3%和39.0%，决定处理处罚324万元，指明要求纠正1 744万元。应缴财政263万元，应减少财政拨款或补贴35万元，归还原渠道资金40万元。年末，上缴财政118万元。其中，税金26万元，罚款92万元。

行政事业审计。审计项目153个，查出违规行为金额2 299万元，分别比2000年下降28.5%和29.6%，决定处理处罚857万元，指明要求纠正1 442万元。应缴财政188万元，归还原渠道资金118万元。年末，上缴财政64万元。其中，税金21万元，罚款37万元。

农业专项资金审计。审计项目4个，查出违规行为金额4 110万元，分别比2000年下降90.0%，增长50.2%。决定处理处罚3 236万元，指明要求纠正874万元。应缴财政69万元，归还原渠道资金2 985万元。年末，上缴财政33万元，罚款33万元。

内部审计及乡镇审计。调查内部审计机构和内部审计人员基本情况；制定《白城市审计局关于组织内部审计人员培训的方案》，为内部审计人员培训做相应准备工作；按吉林省内部审计协会要求，做好评选内部审计先进单位和优秀内部审计人员工作。

乡镇审计。通榆县审计局在开展乡镇审计工作方面取得了显著成效，其工作经验在全省总结推广。洮南市改变乡镇审计室体制，将乡镇审计室变为审计局直属机构，并经公开考试选拔合格审计人员，既精简了机构，又便于审计部门合理有效地履行审计监督职能。

（袁娟）

【审计技术基础建设】 2001 年，市县两级审计机关培训审计人员。改造更新了局域网。将计算机辅助审计软件逐步应用于审计实践。各县（市、区）审计局均配备了计算机和扫描仪等设备。

（袁娟）

【市政府交办工作】 2001 年，市审计局完成政府交办审计项目有：审计洮南市、通榆县、大安市、镇赉县2000年度以工代赈、财政扶贫、小型农田水利建设工程和特大抗旱打井及节水灌溉的水利专项资金，审计总额为专项资金总额 45.2%，查出违纪违规资金占省下达专项资金总额 27.9%。审计白城市卫生防疫站、洮北区卫生防疫站、白城市结核病防治所、洮北区结核病防治所资产负债情况，摸清了 4 个单位的资产状况，为进行卫生医疗体制改革，提供了可靠依据。配合纪检部门审计查证洮南市重点街路工程项目；审计大安市财产保险公司、大安舍力粮库等单位。调查审计白城市农牧机械化研究院、交通局及所属单位财务收支情况。

完成市政府交办文化东路青年南街至金辉南街路段标准街建设任务，铺装人行道 3 769 平方米，栽种鲜花 3 500 株。投资 300 360 元。

（袁娟）

【白城市经济责任审计所简介】 白城市经济责任审计所建于 1998 年。隶属市审计局，为自收自支事业单位。位于白城市长庆北街 2—2 号。行政事业编制 3 人，实有 28 人。其中，审计师、会计师各 1 人，助理审计师、助理会计师、助理工程师 13 人、审计员 15 人。所长何进忠。

2001 年，全市开展任期经济责任审计 123 个单位。其中，党政领导干部 110 个，企业领导干部 13 个。市本级开展党政领导干部任期经济责任审计 28 个单位，企业领导干部 1 个。县（市、区）开展党政领导干部经济责任审计 82 个单位，企业领导干部审计 12 个。共查出违纪违规金额 1 390 万元，其中市本级查出违纪违规金额 865 万元。根据审计结果，全市晋升 6 人，平调 57 人，降职 1 人。

建立健全全市经济责任领导机构和专门机构。经市委批准，成立领导干部任期经济责任审计工作领导小组，由市长任组长，分管干部工作的副书记、检委书记、组织部长、分管审计工作的副市长为副组长，组织、人事、经贸、财政、监察、审计部门负责人为成员。

（袁娟）

劳动和社会保障

【基本情况】 2001 年初，白城市劳动局编制 29 人，设办公室、劳动监察科、计划工资科、保险福利科、劳动力管理科、职业安全卫生监察科、锅炉压力容器安全监察科、职业技能开发科、劳动争议仲裁科和城市扶困领导小组办公室。11 月，市直机关机构改革,白城市劳动局更名为白城市劳动和社会保障局（简称市劳动保障局），将职业安全卫生监察科整体划入白城市经贸委，锅炉压力容器安全监察科、白城市锅炉压力容器技术检验所和职业安全卫生检测站划入白城市质量技术监督局，社会保险公司的医疗保险、市卫生局的公费医疗等业务移交给市劳动保障局，并成立医疗保险经办中心。市劳动保障局编制 27 人，设党委办公室、人事教育科、办公室、劳动工资科、医疗保险科、培训科、就业科、法制与监察科、养老保险科、失业保险科、劳动争议仲裁办公室和城市扶困领导小组办公室。辖白城市就业服务局、工业技术学校、医疗保险经办中心和锅炉制造安装公司。职工 171 人，其中专业技术人员 99 人：高级职务 12 人，中级职务 52 人，初级职务 35 人。全市有洮北区、洮南市、大安市、通榆县、镇赉县劳动和社会保障局，编制54人。

2001年，全市各级劳动保障部门继续巩固和推动确保下岗职工基本生活、确保离退休人员养老金按时足额发放工作，全面组织实施再就业工程，落实再就业的各项优惠政策，培育和发展劳动力市场，加强职业技能培训，做好职业介绍，广开就业门路，城镇登记失业率3.8%。医疗改革全面启动。劳动关系调整由行政管理向依法管理转变。加强劳动监察工作，查处和纠正了一批劳动违法案件，有效地维护了劳动关系双方的合法权益。妥善处理劳动争议，化解了各类矛盾，维护了社会稳定。

（关剑明　倪金富）

【职工工资分配】 2001年，全市普遍建立工资指导线制度。企业职工工资水平可依据本企业经济效益合理增长，根据职工劳动技能、强度、条件和实际贡献，决定工资、奖金分配档次，自主决定晋薪增薪办法，形成了自主分配的新格局。市县两级劳动保障部门指导企业深化内部分配制度改革，基本建立起与现代企业制度相适应的企业工资分配制度。为保障职工合法权益，指导企业主管部门抓好拖欠工资的困难企业在岗职工工资的发放工作，保证了职工队伍的稳定。全市在岗职工平均工资6 387元，比2000年增长16.2 %。各行业平均工资收入水平：农林牧渔业国有企业4 159元，集体企业 3 667 元；采掘业国有企业 4 775 元；制造业国有企业4 774元，集体企业3 757元，其他4 568元；电力、煤气及水的生产和供应业国有企业 7 675 元，其他1 393元；建筑业国有企业4 684元，集体企业5 531元，其他4 800元；地质勘查业、水利管理业国有企业5 716元，集体企业5 083元，其他3 364元；交通运输、仓储及邮电通信业国有企业 6 847 元，集体企业3 260元，其他7 700元；批发和零售贸易餐饮业国有企业5 560元，集体企业 3 351 元，其他4 069元；金融保险业国有企业13 057元，集体企业7 698元，其他6 926元；房地产业国有企业 8 315 元，集体企业 4 000元，其他8 399元；社会服务业国有企业 6 780 元，集体企业2 919元，其他5 273元；卫生、体育和社会福利业国有企业 8 312元，集体企业 6 069 元；教育、文化艺术广播电影电视业国有企业9 139元；科学研究和综合技术服务业国有企业 8 691 元；国家机关、党政机关和社会团体国有企业8 990元，集体企业7 778元；其他行业国有企业 7 817 元，集体企业10 063元，其他10 167元。

（关剑明　倪金富）

【劳动力市场建设及城镇就业】 2001年，按照国家劳动和社会保障部、省劳动和社会保障厅提出的劳动力市场建设“科学化、规范化、现代化”的目标要求，市县两级劳动保障部门加快培育和发展劳动力市场。全市有劳动力市场19个。其中，劳动保障部门 6 个，非劳动保障部门13个。全年能为2万人提供职业介绍服务，比 2000 年增长33.3%。劳动力市场场所面积增加1 500平方米，比2000年扩大90%。改善了劳动力市场服务条件，配备了微机、传真机和复印机，白城市、通榆县劳动力市场还配备了大屏幕显示屏。

市县两级劳动保障部门贯彻“劳动者自主择业、市场调节就业、政府促进就业”的方针，以非公有制经济特别是社区服务业为重点，积极开辟就业渠道，强化就业服务功能，大力促进就业。全市从业人员27.4万人，比2000年增加1.2万人。

（关剑明　倪金富）

【国有企业下岗职工基本生活保障和再就业】 2001 年，全市有国有企业800户，职工11.7万人。12月底，有下岗职工5.33万人，占国有企业职工总数45%，其中进站签协议发基本生活费的40 058人，占下岗职工 75%。进站下岗职工中，市直5 619人，洮北区2 482人，洮南市9 622人，大安市7 035人，通榆县6 500人，镇赉县8 800人。全市发放基本生活保障金11 058万元。其中，市县两级财政配备 2 400 万元，企业和社会筹集 300 万元，省财政补助 8 358 万元。除通榆县欠发 441 万元外，其他（市、区）县均不欠发。同时，把促进再就业作为解决职工下岗问题的根本措施，立足经济发展，大力促进下岗职工再就业。全年，新从事社区服务业的下岗失业人员 1 709 人，比2000年增长23%。在城市开发建设管理总体战中，为 2 523 名下岗职工失业人员找到临时性或阶段性就业岗位。在国有企业改革中，仅吉林省华金纸业有限公司和镇赉新兴玻璃公司就有 1 093 名下岗职工重新走上生产岗位。从实际出发，制定下岗职工出站再就业的优惠政策。采取稳住老的、逼出小的和扶持自主择业的措施，市直有 255 名下岗职工进入“一条街”就业，共节省生活费 66.5 万元。全年有 16 092 名下岗职工通过各种途径实现再就业，再就业率 40.2%。全市劳务输出 30.5 万人，其中城镇下岗失业人员 1 万人。

（关剑明　倪金富）

【劳动保障监察】 2001 年，劳动保障监察工作以劳动合同签订、贯彻《招用技术工种从业人员规定》和督促欠费企业补缴养老保险金等为重点，开展专项执法检查。全市劳动保障监察部门检查各类用人单位 2 565 户，涉及劳动者 143 443 人，查处纠正 2 户用人单位的违法违纪行为。受理群众举报案件 44 件，结案率 100%。年检用人单位 1 259 户，比 2000 年增长 8%，查出不合格用人单位 19 户，及时纠正，有效地预防了劳动纠纷的发生。取缔非法中介组织 40 户，使劳动保障监察工作步入正规化、法制化轨道，加大了依法行政力度。

（关剑明　倪金富）

【职业技能培训】 2001 年，市县两级劳动保障部门坚持“培训为就业服务、培训与就业紧密结合”的原则，动员社会各方面力量，引导技工学校、就业训练中心及社会办学机构和工会、妇联、共青团等组织广泛开展再就业培训。按照全国第二期“三年千万”再就业培训计划通知的要求，全年培训下岗失业人员 12 451 人，培训后就业率 44%。全市技工学校录取新生 445 人，比 2000 年增长 18%。严把社会力量办学审批关，清理和停办不具备办学条件的社会培训机构 20 个。全市核发职业资格证书 4 076 个，比 2000 年增长 15%。

（关剑明　倪金富）

【劳动关系调整】 2001 年，按照省劳动和社会保障厅部署，全市安排解除劳动关系试点企业 29 户。在这部分企业中有下岗职工 4 266 人。其中，进站的下岗职工 2 698 人，站外 1 568 人。12 月底，有 2 911 名下岗职工与企业解除劳动关系，占试点企业下岗职工总数 68%。筹集到用于试点资金 1 233 万元。其中，省拨 770 万元，自筹 291 万元，地方财政和社会筹集 172 万元。支付 1 195 万元。其中，经济补偿金 327 万元，生活费、养老保险金和失业保险金 868 万元。人均经济补偿金或生活费 2 308 元。

（关剑明　倪金富）

【医疗保险改革】 2001 年，省政府给白城市确定的目标是参加基本医疗保险 7 万人，洮北区、洮南市、大安市、通榆县、镇赉县 5 个统筹地区全面启动，基本医疗保险费收缴率 95%。按照省劳动和社会保障厅稳步扩面要求，重点吸纳中省直单位以及较大企业参保。对参保单位实行催办参保、基数核定、申报、征缴一条龙服务，保证了收缴率的稳步提高。加强医疗监管、规范运作制度，与定点医院签定协议书，明确双方的责任义务，确保基本医疗保险制度平稳运行。全市 5 个统筹地区全部建立专门医疗保险经办中心，有参保单位 548 个。参保职工 8.6 万人，其中退休职工 23 591 人。收缴医疗保险费基金 988.2 万元，收缴率 95.4%，支出 879.2 万元（含个人账户支出）。在参保单位中白城市区 264 户，参保职工 37 102 人，其中退休职工 14 186 人；收缴医疗保险基金 653.4 万元，收缴率 100%，支出 597.4 万元，超额完成与省政府签订的工作目标任务。

（关剑明　倪金富）

【保险福利及信访、仲裁】 2001 年，全市退休退职 5 035 人。其中，退休 4 116 人，支付退休金 37 100 万元；退职 919 人，支付退职金 712 万元。全市企业离休人员调整待遇 1 785 人，支付增加养老金 321 万元。

市县两级劳动保障部门接待信访 37 件，涉及职工 641 人，分别比 2000 年增长 9%和 15%；接待来访 704 件，涉及职工 16 448 人，分别比 2000 年增长 55%和 63%；受理劳动争议案 120 件，涉及职工 1 655 人，分别比 2000 年增长 18%和 20%。

（关剑明　倪金富）

【城市扶困】 2001 年，全市 26 名市级领导走访特困职工 58 户，发放救济金 2.9 万元；处级领导干部联系特困户 1 886 人，元旦、春节期间发放救济金 18.3 万元，大米 12 500 公斤，面粉 36 500 公斤，猪肉 1 148 公斤及衣物、豆油等。全市核发《特困职工证》 7 044 个，比 2000 年增长 9%，其中市本级核发 1 445 个。

（关剑明 倪金富）

【全市社会保障工作会议】 4 月 6 日，市政府召开全市社会保障工作会议。各县（市、区）分管劳动保障工作的副县（市、区）长和劳动保障局局长，驻白城市中省直单位、市直较大企业、市直有关部门负责人共 110 人参加会议。会议由市政府副秘书长陈越主持，并传达全国和全省社会保障工作会议精神，副市长曲汉林到会讲话。会议要求，要全面完成省政府与白城市政府签订的工作目标，努力开创社会保障工作的新局面。

（关剑明 倪金富）

【白城市就业服务局简介】 白城市就业服务局建于 1990 年 3 月。隶属市劳动保障局。位于白城市洮安东路 3 号。职工 19 人，其中专业技术人员 13 人：中级职务 7 人，初级职务 6 人。局长刘有。设办公室、劳动力市场管理科、劳务输出科、失业职工管理科和转岗转业训练科。

2001 年，安置城镇失业人员 13 100 人，实现城乡劳务输出 30.5 万人，取得历史性突破，劳务收入 6.5 亿元。实施“六大工程”（218 工程、410 工程、全面启动工程、市场开拓工程、劳务输出工程和社区建设工程），广开就业再就业门路，落实 4 万个就业岗位。

（关剑明 倪金富）

【白城市锅炉制造安装公司简介】 白城市锅炉制造安装公司建于 1977 年 5 月。隶属市劳动保障局。位于白城市海明西路 72 号。职工 40 人，其中专业技术人员 3 人：中级职务 1 人，初级职务 2 人。经理吴东文。设财务科、技术科、质量检查科、销售科和供应科，下设物资经销处。固定资产 240 万元。以制造、安装锅炉为主，并承揽锅炉大修改造工程。

2001 年，致力于环保型产品的开发，研制出符合环保要求的焦碳锅炉和型煤锅炉，经市区环保部门监测，烟尘排放指标达到国家规定的一类地区排放标准，被许多单位和个人采用，收到良好经济效益和社会效益。

（关剑明 倪金富）

【白城市工业技术学校简介】 白城市工业技术学校建于 1979 年 7 月。隶属市劳动保障局。位于白城市曙光西路 13 号。职工 94 人，其中专业技术人员 69 人：高级职务 11 人，中级职务 40 人，初级职务 18 人。校长靳光辉。设办公室、党委办公室、学生科、教务科、财务科、招生办公室、信息科、伙食科和总务科。固定资产 962 万元。主要培养高、中、初级技术工人。

2001 年，组织教师开展业务进修，努力提高师资水平。开展面向市场办学，眼睛向外找出路，效果显著。全年两年制以上招生 445 人，比 2000 年增长 18%。加强生产实习教学，强化操作技能训练，毕业生“双证”（毕业证、技术等级证）率 100%，受到用人单位好评。

（关剑明 倪金富）

【白城市医疗保险经办中心简介】 白城市医疗保险经办中心建于 2001 年 11 月。隶属市劳动保障局。位于白城市中兴东大路 6 号。职工 18 人，其中专业技术人员 14 人：高级职务 1 人，中级职务 4 人，初级职务 9 人。主任陈桂荣。设计划财务科、综合信息科、基金征缴科、医疗审核科、监督管理科和特种医疗科。固定资产 15 万元。

2001 年，建立健全了基本医疗保险制度，参保人员由零扩大到 3.71 万人，超额完成省劳动和社会保障厅下达 3 万人指标任务，并做到收支平衡，运行平稳，略有节余，社会效益明显，解决了职工医疗后顾之忧，维护了社会安定团结大局。

（关剑明 倪金富）

物 价

【基本情况】 2001 年初，白城市物价局（简称市物价局），编制 13 人。其中，行政编制 12 人，工勤事业编制 1 人。设办公室、价格管理科、收费管理科。11 月，市直机关机构改革，编制 12 人。其中，行政编制 11 人，工勤事业编制 1 人。设办公室、价格管理科、收费管理科、机关党总支。直属白城市物价检查所、白城市价格信息中心、白城市价格事务所、白城市价格学会，白城市人民政府副食品价格调节基金办公室设在市物价局。编制32人。全市有洮北区、大安市、洮南市、通榆县、镇赉县物价局。编制176人。

2001年，市物价局围绕市委、市政府的中心工作，按照省物价局的要求，积极开展价格宣传、价格监督检查工作，纠正和查处了各种乱收费、乱涨价等价格违法行为。较好地完成市委、市政府及省物价局交办的各项工作任务。

（董伟明）

【物价管理】 价格监测。2001年，市物价局按照吉林省政府《价格监测规定》，监测主要农副产品、耐用消费品、居民生活用粮油、重要生产资料价格，分析市场价格走势，每周向省物价局、市政府报送价格变动信息，主动为领导决策提供服务。

副食品价格调节基金征管。按照《白城市副食品价格调节基金征收暂行办法》，全年征收价格调节基金101.74万元。使用38.5万元。其中，用于春节期间平抑副食品价格3万元；扶持万元田（棚）建设1万元；发展畜牧业、引进种畜投入20万元；抗灾自救，为平台镇民生村、大岭村打电机井2眼4万元；为建设果品批发市场投入10万元；市场监测费0.5万元。

电价测算。根据国家发展计划委员会《关于调整东北三省电网电价有关问题的通知》，市物价局清理取消和减免电力收费项目，调查测算和审批了农电价格，农电价格由0.65元/千瓦时下调到0.61元/千瓦时，低于国家调整涨幅近10个百分点，每年减轻农民负担近500万元。

涉农价格管理。市物价局调查测算化肥、玉米种子的经营成本。下发《关于玉米杂交种子销售价格的通知》，制定玉米杂交种子价格。市政府下发《关于加强农业生产资料市场管理的紧急通知》，全市化肥实行最高限价管理。美国产二铵2 250元/吨，国产二铵2 100元/吨，尿素1 200元/吨。

价格评估鉴证。市、县（市、区）物价局开展民事、经济、刑事案件的评估鉴证工作。3月20日，市物价局开展交通事故车辆的评估鉴证。全年评估各类案件600件，其中交通事故评估案件516件。

在全市开展“五个一工程”（明码标价一条街、一家商店、一个市场、一个电信企业和一家医院）的“价格信得过”活动，吉林省通信公司白城市分公司、金百合超市、新世纪购物广场等13户商业企业被省物价检查所命名为“明码标价示范单位”。

（董伟明）

【收费管理】 2001年，市物价局全面审核市直及驻白城市中省直106个行政事业单位的收费情况，重新换发《收费许可证》，取消收费项目2项，作废不按规定时间换发新证的《收费许可证》22个。按照市委、市政府部署，调查、检查涉农收费、农村中小学收费和整治经济发展软环境等有关收费情况，有针对性地开展整治工作。

5月，结合医药体制改革，抽调52人，监督检查全市二甲以上医疗卫生单位的药品价格及医疗服务收费情况，纠正了超国家规定价格和推迟降价时间的药品价格24种，降低和取缔国家规定标准收费和自立项目乱收费的违法行为9项，查出违法案件10件，违法金额203万元，收缴罚没款42.73万元。

开展农用生产资料价格、房地产价格、土地收费、农民建房收费、农村中小学收费、城建收费、公安收费、药品价格及医疗服务收费等专项检查。全年查处各类价格违法案件40件，查出违法所得金额474.16万元，经济制裁总金额93.60万元。其中，没收违法所得84.87万元，退还用户7.50万元，罚款1.23万元。上缴财政86.10万元。4月，开通价格举报电话“12358”，全年受理群众举报38件，查处22件，查处违法金额29万元，退还消费者10.2万元，上缴财政11.7万元。

（董伟明）

【白城市物价检查所简介】 白城市物价检查所建于1984年4月，称白城地区物价检查所，1993年8月改称现名。隶属市物价局。位于白城市文化西路43号。编制32人，实有14人。所长苗永光。设综合科、案件审理科、生产资料检查科、生活资料检查科、收费检查科。

2001年，根据《中华人民共和国价格法》和有关法律法规及规章，开展全市价格监督检查，依法查处价格违法案件40件。受理、承办不服县(市、区)政府价格主管部门处罚，申请复议的案件和申诉案件。开展全市价格社会监督和受理价格举报工作。加强规范了价格行为的法制建设。指导了县(市、区)价格监督检查工作。

（董伟明）

【白城市人民政府副食品价格调节基金办公室简介】 白城市人民政府副食品价格调节基金办公室建于1994年。隶属市政府。位于白城市文化西路43号。职工4人（编制和人员从检查所调剂）。主任孟宪威。

2001年，征收价格调节基金101.74万元，使用38.5万元；指导了县(市、区)价格调节基金征管工作。

（董伟明）

【白城市价格信息中心简介】 白城市价格信息中心建于1988年，称白城地区价格信息中心，1993年8月改称现名。隶属市物价局。位于白城市文化西路43号。职工3人(编制和人员从检查所调剂)。主任魏庆东。

2001年，跟踪、监测价格总水平及其结构变动的趋势，进行市场价格预警、预测，提出价格调控建议，上报有关商品和服务价格变动情况。

（董伟明）

【白城市价格事务所简介】 白城市价格事务所建于1992年，称白城地区价格事务所，1993年8月改称现名。隶属市物价局。位于白城市文化西路43号。职工3人（编制和人员从检查所调剂)。所长孙海江。

2001年，评估、鉴证民事、经济、刑事案件和交通事故车辆案件600件，其中交通事故评估案件516件。指导了各县(市、区)价格事务工作。

（董伟明）

【白城市价格学会简介】 白城市价格学会建于1996年。隶属市物价局。职工2人（编制和人员从检查所调剂)。负责人张锐。

2001年，完成负责全市价格理论与实践的研讨工作。

（董伟明）

国土管理

【基本情况】 2001年初，白城市土地管理局有职工63人，设用地科、规划科、监察科。11月，市直机关机构改革，易名白城市国土资源局（简称市国土局)，并将白城市地质矿产局（简称市地矿局）职能划入市国土局。编制22人。其中，行政编制18人，事业、工勤编制4人。设土地利用规划科、建设用地管理科、地籍管理科、法规监察科和办公室。辖白城市国土资源局城区分局、国土资源监察支队、地租征收处、土地估价所、土地信息中心。职工63人，均为专业技术人员：高级工程师2人，工程师18人，助理工程师、助理经济师、助理会计师、技术员43人。全市有洮北区、镇赉县、通榆县、洮南市、大安市国土资源局，乡镇设土地管理所102个。职工743人，其中专业技术人员349人：高级工程师11人，工程师167人，助理工程师、助理经济师、助理会计师、技术员171人。

2001年，市国土局实施市、县、乡三级土地利用总体规划和《白城市关于盘活显化变现土地资产，促进国有企业改革和发展若干政策的规定》、《白城市土地收购储备和土地使用权招标拍卖实施办法》，对一切经营性用地，一律实行招标拍卖，12月28日，成功的举行了首次国有土地使用权招标拍卖会。推行土地租赁制，扩大了国有土地使用范围。开展矿产资源管理工作，取缔无证开采矿山企业。加强了信息化管理，实现了矿产资源管理信息化。

市国土局被中共吉林省委、省政府授予“精神文明建设标兵单位”称号，被中共中央宣传部、国家司法部授予“全国‘三五’普法宣传先进单位”称号，被白城市委、市政府授予2001年“城市开发建设管理总体战模范单位”称号，被吉林省国土资源厅授予“全省土地管理系统政务公开先进单位”称号。

（陶立群 江其田）

【土地执法监察】 2001年，市国土局加大土地执法监察力度，下发《土地案件审理制度》、《土地违法案件查处程序》。全市发生土地违法案件172件，涉及土地面积12.1公顷，比2000年下降15.8%。立案124件，结案113件，结案率91%。接待群众信访133件，受理行政复议、行政应诉各2起，无败诉。

（柳宝明 江其田）

【土地利用规划与耕地保护】2001年，《白城市市、县、乡三级土地利用总体规划》，经省、市政府批准正式实施。

1997至2010年，白城市土地利用主要指标是：耕地保有量746 364公顷。其中，大安市121 032公顷，洮南市173 758公顷，镇赉县113 103公顷，通榆县232 324公顷，洮北区106 624公顷。基本农田保护面积641 900公顷，保护率85.95%。其中，大安市102 854公顷，保护率84.98%；洮南市147 390公顷，保护率84.8%；镇赉县97 270公顷，保护率86%；通榆县203 200公顷，保护率87.46%；洮北区91 201公顷，保护率85.3%。全市控制耕地减少量24 533公顷，其中建设占用1 200公顷。

2001年，全市耕地保有量74.05万公顷，基本农田面积64.19万公顷，保护率86.69%。

（吕俊林 江其田）

【地籍管理】 2001年，全市统一开展土地证年检工作，年检土地证书5 410宗，完成年检任务98%。解决土地纠纷6起。

（闫莉 江其田）

【土地使用制度改革】 2001年，市国土局制定《白城市关于盘活显化变现土地资产，促进国有企业改革和发展的若干政策规定》，促进了企业改制，保证了国有土地资产不流失。市本级处置企业土地资产36户，面积100.68万平方米，显化土地资产1.24亿元。在办理用地审批件中，除按法律法规规定划拨用地外，一切经营性用地全部实行有偿使用。凡是纳入有偿使用不在租赁范围内，全部按一次性出让，收缴土地出让金。全市收缴土地出让金1 575.6万元；征收地租597.3万元。

（王欣 江其田）

【土地市场】 2001年，市政府下发《白城市土地收购储备和土地使用权招标拍卖实施办法》，深化供地制度改革，为盘活土地资产提供政策保证。通过实施，储备土地14宗。12月28日，成功拍卖一幅国有土地使用权，土地纯收益400万元。按照吉林省国土资源局《关于建立土地有形市场规范土地使用权交易的意见（试行）》，市、县（市、区）均建立有形土地市场，配备专职人员，设立“一站式”办公窗口，受理土地交易、地产评估等项业务。

（李光彦 江其田）

【矿产资源管理】 7月至9月，市地矿局按照吉林省地矿厅矿业秩序治理整顿目标的要求，重点检查大安市、通榆县矿山企业35户，取缔无证开采矿山企业4户，补发采矿许可证15户，追缴矿产资源补偿费3.15万元。10月，集中治理整顿吉林省万宝煤矿采区和洮儿河冲击扇砂砾石矿采区。检查万宝乡的集体、个体小煤矿8户，均不合格，全部炸毁。关闭万宝煤矿矿办小井1眼。各县（市、区）矿山企业年检率99%。

市地矿局继续监测动态地下水水位、水质、水温等。年检了大连棒棰岛白城市啤酒厂生产使用的矿泉水，监测其水源地及开发利用情况，提出整改措施。

1999年至2001年6月，全市采矿权登记换发国家新版采矿许可证，换发新证106户，位居全省第二位。做到“年检”工作和换发采矿许可证，同步进行。对更换法人、越界开采、乱挖滥采、浪费资源、不缴或少缴矿产资源补偿费等现象，通过“年检”换证工作一并解决。实现全市矿产资源管理秩序的根本好转。

市地矿局完成新办矿山企业矿产资源储量检测评审认定和矿产资源储量年度审核工作，完成省国土资源厅编制《吉林省矿产资源总体规划》所需基础资料收集工作及矿产资源储量套改总结验收工作。同时，完善全市采矿权信息管理系统，实现矿产资源管理信息化。

（张洪全 江其田）

【矿产资源补偿费征收】 2001年，白城市有矿山企业106户，其中绝大部分为砖厂、砂石矿山企业。全市征收矿产资源费50余万元，其中市直征收10万元，分别比2000年增长8.5%和6.5%。同时严格控制经费开支，杜绝了坐支挪用矿产资源补偿费问题发生。

（杨国昌 刘鹏）

【地质环境管理】 2001年，市地

矿局加强地勘项目的监督管理，多次到项目单位了解情况进行督查。与洮南市地质环境总站白城分站调查内蒙古自治区突泉县闹牛山铜矿是否越界开采问题，报省国土资源厅勘计处；争取白城市矿泉水普查项目，落实矿产资源补偿费项目资金8万元。12月末，上报2002年地质勘查项目4个。加强地质环境的动态监测和矿泉水的开发监督与管理工作，完成全市矿泉水普查工作。定期“年检”已开发的矿泉水，防止污染。寻找新的地质勘查项目有洮南市安定镇硅藻土、矿泉水开发项目等，为开发利用好矿产资源、促进白城市经济发展提供了资源基础。

（杨国昌 江其田）

【科技与信息化建设】 2001年，白城市土地科技与信息化建设工作成果显著。围绕土地资源和资产管理、土地招标拍卖、耕地保护、土地租金征收、土地执法监察和地籍管理等中心工作，组织全市土地科技工作者，进行理论研究，共撰写土地理论研究论文32篇，分别被《中国国土资源报》、《吉林国土资源》等报刊采用。有5篇土地科技论文分别获白城市第十二届科技论文一、二、三等奖；有3篇论文获白城市社会科学论文一、二等奖。

在信息化建设上，开通了局域网，与吉林省国土资源厅和大安市、洮南市、镇赉县、通榆县、洮北区国土局实现互联网。市国土局投资近百万元，购置微机23台及大型扫描仪和绘图仪。土地登记发证、土地测量、绘图等，均实现计算机管理。

（陶立群 江其田）

【白城市国土局城区分局简介】 白城市国土局城区分局建于1993年11月。隶属市国土局。位于白城市中兴西大路40号。职工22人，其中专业技术人员14人：高级工程师1人，工程师3人，助理工程师10人。分局局长李志强。设档案资料管理科、发证科、私产登记科、土地资产管理科、综合科、楼房土地资产登记科、测量队、收费大队。固定资产31.7万元。主要设备有微机5台，打印机4台，复印机、全站仪、绘图仪各1台。桑塔那2000型轿车1辆。

2001年，按照《白城市土地储备和土地使用权招标拍卖实施办法》，清查了城区42.5平方公里可储备地块，储备了14宗国有土地。12月28日，敲响了国有土地使用权招标拍卖第一槌，收取土地出让金400万元。全年收缴7 359户临时用地管理费20.44万元，补交土地出让金148万元，比2000年增长10.5%。完成楼房发证265栋，2 870宗地，其中单位46栋，1 602个宗地。注销登记1 100个宗地。土地登记公开查询500多人（次）。查阅卷宗1 200余卷。补发土地证书55个。办理企业改制手续1户，面积5.52万平方米。为政府收回国有土地3.2万平方米，显化价值120多万元。办理交易手续421件，面积4.87万平方米。办理抵押登记手续5件，面积1.96万平方米。发放土地证书年检通知9 789份，其中已办理土地登记手续70%。居民用地申请212户，转移及复查872户。测绘房改房、楼房面积33万平方米。发放国有土地使用证3 904个，集体土地使用证201个。档案室存放地籍档案20 358卷，因城市建设动迁等原因，灭失地籍档案741卷。整理土地内部档案资料4 119份。

（李志强 江其田）

【白城市国土局监察支队简介】 白城市国土局监察支队建于1997年6月。隶属市国土局。位于白城市中兴西大路40号。职工8人，其中专业技术人员5人：经济师2人，助理工程师3人。支队队长梁云彬。设监察一、二大队。固定资产30万元，主要设备有微机1台，捷达轿车1辆。

2001年，查处了中国石油天然气股份有限公司吉林油田分公司英台采油厂、镇赉县建平乡砖厂、沈阳市聚金宾馆等单位土地违法案件33起，收缴罚没款43.8万元。根据国家国土资源部、省国土资源厅《关于清理整顿土地市场》及《关于深化土地使用制度改革，加强土地资产管理的通知》，清理整顿白城市区内非法出让、出租等土地市场。查处了大连市东吉公司购买洮北区东风乡长利村土地，白城市第二粮库、白城市第五粮库私自出租土地案等。清理违法占地面积1万平方米，收缴罚没款7万元。

（梁云彬 江其田）

【白城市地租征收处简介】 白城

市地租征收处建于1998年8月。隶属市国土局。位于白城市中兴西大路40号。职工12人，其中专业技术人员6人：经济师3人，助理经济师3人。主任徐占春。主要设备有微机1台，奥迪轿车1辆。

2001年，推行土地年租制，逐步建立以租赁为主、租赁与出让相结合的土地有偿使用体系。对白城市区内的生产经营性用地一律实行年租制。由用地单位或个人，与地租征收处签订国有土地租赁合同，并到公证处公证。逐年缴纳土地租金，增加了财政收入，增强了地方财政实力。全年征收土地租金201万元，比2000年增长25%。

（徐占春　江其田）

【白城市土地管理工作站简介】 白城市土地管理工作站建于1987年。隶属市国土局。位于白城市中兴西大路40号。职工10人，其中专业技术人员5人：高级工程师1人，助理工程师3人，技术员1人。站长李光彦。设办公室、测绘队。固定资产60万元。主要设备有全站仪、全自动绘图扫描仪各1台，微机3台。

2001年，办理征地包干件16件，测绘面积8.6平方公里；完成白城市区建设工程项目测绘件72个，测绘面积5.6平方公里；完成洮南建设工程项目测绘件30个，测绘面积1.8平方公里；完成镇赉县建设工程项目测绘件27个，测绘面积1.6平方公里。全年经济收入163万元。

（李光彦　江其田）

【白城市土地估价所简介】 白城市土地估价所建于1994年6月。隶属市国土局。位于白城市中兴西大路40号。职工5人，其中专业技术人员3人：高级工程师1人，工程师2人。所长王晔。固定资产44万元，主要设备有微机、打字机各1台。

2001年，完成国有土地资产评估报告123宗地，评估总面积502万平方米，显化资产总额540万元，累计入账收入28.6万元。超全年经济指标20%，比2000年增长7.8%。在评估宗地中，公共事业建设项目评估104件，占评估总件数82%。其中，土地登记件65宗，出让件21宗，企业改制件9宗，土地抵押件5宗。4月，先后与吉林省吉港公司等单位联合评估3次，涉及全市5个县（市），评估了中国联通公司上市涉及的土地资产宗地37幅，为企业改制提供了优质、高效服务。

（王晔　江其田）

【白城市土地信息服务中心简介】 白城市土地信息服务中心建于1998年8月。隶属市国土局。位于白城市中兴西大路40号。职工18人，其中专业技术人员8人：助理会计师1人，技术员7人。主任王德金。

2001年，信息服务中心负责市国土局物业管理，主要维护市国土局办公大楼，管理市国土局住宅小区的楼房等。筹资49万元，完成标准街路建设任务。承担白城市金宝沙坑项目建设任务，投资480万元，建成温室塑料大棚28个，日光大棚4个，全自动化五联体日光大棚1个。经济效益50余万元。

（王德金　江其田）

统　计

【基本情况】 2001年初，白城市统计局（简称市统计局），编制29人。设办公室、综合科、工业科、农业科、法规科、微机科、党总支。11月，市直机关机构改革，编制22人，其中，行政编制20人，工勤编制2人。设办公室、综合统计科、工业统计科、农业统计科、法规信息科（社会科技统计科）、党总支、总统计师、总工程师。代管国家统计局白城市企业调查队、白城市城市社会经济调查队。全市有洮北区、镇赉县、通榆县、洮南市、大安市统计局，编制46人。

2001年，全市各级统计机构贯彻落实全国、全省统计工作会议精神，紧紧围绕市委、市政府的中心工作，定期实施对国民经济和社会发展情况的统计调查，不断拓宽信息咨询领域，加大服务工作力度，统计工作上了一个新台阶。

（蔡云华）

【统计内容与统计调查】 2001年，全市各级统计机构依据《中华人民共和国统计法》（简称《统计法》）和《吉林省统计管理条例》，每月对农林牧渔业，采掘业，制造业，电力、煤气及水的生产和供应业，建筑业，地质勘查和水利管理业，交通运输、仓储及邮电通信业，批发和零售贸易、餐饮业，金融、保险业，房地产业，社会服务业，卫生、体育和社会福利业，教育、文化艺术及广播电视业，科学研究和综合技术服务业，党政机关和社会团体，及其他行业等共 11 000 余个大、中、小行业类型中的统计调查单位，定期实施统计调查。二、三产业单位调查统计规模以上或限额以上单位，其余单位进行抽样统计调查。对统计调查获得的数据，进行严格查询和评估，认定准确无误后，编辑《白城市国民经济统计月报》，为市委、市政府和政府经济管理部门科学决策提供依据。

（黄秀东）

【人口普查工作取得阶段性成果】 国务院决定，从 2000 年开始利用 3 年时间进行第五次全国人口普查。2001 年，白城市第五次全国人口普查工作，按照国家统一部署，进行了普查数据处理、数据质量评估、查缺补漏和普查资料开发应用等项工作，高质量地完成了任务。白城市第五次全国人口普查办公室获“国家级先进单位”称号。

（黄秀东）

【统计建设】 2001 年，市统计局加强法制建设，推进统计活动规范化进程。5 月，全市各级统计机构按照全国、全省统计工作会议部署，开展《统计法》“宣传月”活动，广泛深入地宣传《统计法》，7 至 9 月,会同司法、监察等部门，有计划、有步骤、有重点地开展统计执法大检查，全年共检查单位 325 个，查处统计违法案件 30 件。

加强统计信息自动化建设。全市统计部门有微机 45 台（套)。全年利用微机处理数据总工作量 45 万笔。提高了工作质量。市统计局开通局域网，机关科（室）实现微机互联网，受到省统计局表扬。

加强统计队伍建设。实行“一岗双责”制；加强统计人员职业道德教育和业务培训。全年培训统计人员 178 人次，提高了统计队伍的政治素质和业务素质。年末，市统计局年报和各项定期统计报表工作在全省统计系统评比中受到表彰和奖励。

（黄秀东）

【统计成果】 2001 年，全市各级统计部门扩大统计容量，千方百计提高统计数据质量。在汇总、审核等环节中，实行质量目标管理责任制和三级核算制，取得明显效果。白城市工业、交通、能源统计专业在 2001 年全省评比中获优秀奖；1% 人口抽样调查工作在全省评比中被评为先进单位；综合统计、农业统计和科技服务业统计专业受到省统计局表扬。随着统计数据质量的提高，统计服务功能不断增强，市和县（市、区）统计局，全年为市、县级党代会、人代会，围绕产业结构调整，研讨经济发展战略等，向 100 多个部门和单位提供数据资料 2 万余笔。通过深加工、精加工，使统计产品更加多样化、系列化。各级统计部门定期公布统计公报、快报、预报；编辑印发《白城统计年鉴》、《国民经济统计月报》；市统计局撰写统计分析资料 12 篇，投报“短、平、快”统计信息 35 条，受到市委、市政府和社会各界的好评。

扩大舆论宣传，提高统计知名度，推动统计信息社会化的进程。全市统计部门紧跟形势，通过新闻媒体报道现实经济情况，及时提供准确、适用的统计信息 40 条，采用率 80%。

瞄准需要，及时提供，发挥参与决策作用。全市统计系统提供的各类统计资料 150 多篇。其中，市统计局的资料被市委、市政府主要领导批示 2 篇，被市委、市政府办公室主办的《白城信息快报》、《白城信息》采用 55 条，在市政府上报省政府的资料中，采用 5 条。

（黄秀东）

质量技术监督

【基本情况】 2001 年初，白城市质量技术监督局（简称市质监局），编制 24 人。设办公室、计量科、标准化科、质量科和综合科。11 月，市直机关机构改革，将白城市劳动局锅炉压力容器安全监察科、锅炉压力容器技术检验所、职业安全卫生检测站成建制划归市质监局。市质监局设办公室、计量科、标准化科、质量科、综合科、锅炉压力容器安全监察科。编制 26 人。直属白城市质量技术监督稽查支队、计量检定测试所、产品质量监督检验所、锅炉压力容器技术检验所、职业安全卫生检测站。编制 102 人，其中专业技术人员32人：高级工程师6人，工程师、会计师13人，助理工程师、技术员13人。行政执法人员21人。辖洮北区、镇赉县、通榆县、洮南市、大安市质监局。编制287人。其中，行政执法人员107人;专业技术人员124人：高级工程师1人,工程师8人,助理工程师、技术员115人。

2001年，市质监局整顿、规范市场经济秩序，严厉打击制售假冒伪劣商品违法活动。与市工商局、公安局等部门联合执法10余次，全年出动执法人员14 000多人次，查处制售假冒伪劣商品总标值1 116.3万元。定期监督检查产品质量，为企业备案产品标准。查处各类计量违法案件400余起,涉案金额60余万元。强化生产许可证管理，办理了白酒、塑钢窗、复混肥和食品等企业生产许可证、准产证。

（马奎文）

【打假情况】 2001年，按照省、市开展整顿和规范市场经济秩序的要求，市质监局围绕重点产品、重点市场、重点区域、大要案，集中时间，集中力量，开展打击制售假冒伪劣农资、食品、棉絮、汽车配件和建材等专项打假斗争。农资打假。查处制售企业98户，查获假冒伪劣农资产品总标值540万元。其中，不合格化肥2 100吨，货值300万元；不合格农用四轮车30辆，货值21万元。食品专项打假。查获不合格小麦粉130吨,食用植物油108吨，酱油258箱，食醋126箱，货值52万元。棉絮打假。查获“黑心”棉被1 800余条，货值15万元。建材打假。查获不合格红砖650万块，水泥87吨,钢材26吨,暖气片1 200片，货值78万元。全年打假出动执法人员14 000多人次。检查专业市场45个，专业街34条，商店9 809户次，商品121类，1 470个品种。查办制售假冒伪劣商品违法案件2 014件。其中，立案查处813件，查处总标值1 116.3万元。受理投诉案件425件，结案417件，结案率98%。查办生产经销不合格小麦粉、食用植物油涉案20万元大案3起。

（马奎文）

【质量认证及监督】 2001年，全市通过质量认证企业有白城市汽车线束厂、白城电器总公司、白城市裕丰实业有限公司。全市累计通过质量体系认证企业25户，通过产品认证企业2户。占全省通过质量认证企业5%。

全市定期监督检查企业1 080户，产品16种1 690批次,批次合格率79%，比2000年增长2.3%。省监督抽查38户企业的3类产品，抽检样品42批次,抽样合格率71.3%。国家专项监督抽查小麦粉、大米、食用植物油、酱油、食醋5类产品，抽查企业61户，抽检样品61批次，抽样合格率42.6%。其中，小麦粉12批次，合格率41.7%；大米10批次，合格率100%；食用植物油5批次，合格率20%；酱油28批次,合格率25%;食醋6批次,合格率50%。

（马奎文）

【标准化及计量工作】 2001年，市质监局把制定农产品质量标准、安全标准和生态农业标准做为标准化工作的重点。调查通榆草原红牛、《瀚海珠》牌葵花仁、马世甘草、大安白鹅、镇赉小冰麦、洮南天龙粉条等产品的开发和质量情况，并与农业、畜牧部门共同研究产品标准的制定问题。草原红牛列为国家标准项目；白鹅系列、小冰麦标准已备案；马世甘草、《瀚海珠》牌葵花仁等产品地方标准正在制定。为白城市参加省“农展会”的农业产品制定企业产品标准40个，保证了全市农产品及时赴省参展。全年，质量技术监督系统为企业备案产品标准71个。完成通榆乳品厂等3户企业产品采标标志工作。

专项监督检查加油机、锅炉压力表、水表和电表等强检计量器具；食品、化妆品和洗涤剂等定量包装商品净含量；汽油、柴油、液化气、电能、热能计量。全市检测强检计量器具10 516台（件）。其中，市直6 500台（件），周检率95%。检查定量包装生产、经销企业289户，净含量合格率85%。查处各类计量违法案件400余起，其中涉案20万元的电能、热能克扣大案2起。

（马奎文）

【生产许可证管理及发放】 2001年，全市办理企业生产许可证23户，其中，白酒企业10户，塑钢窗企业11户，新建复混肥厂2户。办理食品企业准产证15户。按照国家质量技术监督局、工商局、物价局、财政部和商业部联合下发的《关于在全国范围内查处生产和销售无生产许可证的通知》，查处无证生产企业27户，货值106万元。

（马奎文）

工商行政管理

【基本情况】 2001年，白城市工商行政管理局（简称市工商局），编制283人，实有342人。设办公室、人事教育科、财会审计科、企业登记管理科、商标广告监督管理科、个体私营经济监督管理科、市场监督管理科、公平交易科。派出机构：白城市市场管理分局、个体私营经济监督管理分局、经济违法稽查分局、车辆管理分局、工商大厦管理分局，白城经济开发区分局。直属白城市洮北分局、干部培训班、法规调查研究处、工商学会。全市有大安市、洮南市、镇赉县、通榆县工商局。编制612人。

全年，市工商局紧紧围绕市委、市政府的中心工作，加强对集市贸易和个体私营经济管理，整顿和规范市场经济秩序，认真贯彻执行《中华人民共和国商标法》（简称《商标法》），开展打假活动，维护消费者的合法权益，较好地完成了各项工作任务。

（吕杰夫）

【市场建设和监督管理】 市场建设。2001年，全市有市场121处。其中，新建8处：煤炭市场6处，水产品市场、农贸市场各1处。占地44 061平方米。投资1.8亿元。在市场建设上坚持谁投资谁所有、谁受益的原则，调动各方面的积极性，使市场建设主体向多元化发展。入市经营的不仅有本地的，还有外省（市）的，青年街批发市场有浙江省业户29户。

市场监督管理。年初对设施齐全的较大有形市场检查验收后，发放市场登记证15个，年检市场84处，占登记市场90%。清理整顿全市租赁行业，清理租赁柜台700户，无证经营24户，限期办证63户。审查外省来白城市展销资格3户。保护了消费者和经营者利益，使展销工作走上正轨。

加强对经纪人、经纪组织的监督管理。全年培训经纪人44户，经过考试全部领取《经纪人资格证书》。

清理粮食加工企业352户，个体粮店431户，个体私营企业63户。查扣非法收购粮食132吨，金额22万元。配合有关部门监督检查全市药品、文化市场，没收假冒伪劣药品113件，收缴色情、格调低下音像制品350盒，书刊200余本，赌博机3台，打击了丑恶现象，净化了社会风气。

开展星级文明市场评比创建活动。坚持高标准、严要求、本着宁缺毋滥的原则，使各类市场的服务档次、管理水平、队伍素质有所提高。工商大厦被评为“四星级”文明市场。

（周丽）

【企业登记管理】 2001年，全市有各类工商企业2 300户。其中，国有企业1 008户，集体企业453户，联营企业2户，股份合作制企业35户，有限责任公司802户，分别比2000年增加223户、66户、22户、1户、4户和130户。变更企业345户，注销企业87户。

登记注册。市工商局在依法登记注册上，坚持“四严两清”（严把市场准入的条件和标准，严格执行法定前置审批制度，严格履行法定程序，严格监督企业生产经营活动；清理企业登记原始档案，清理非法律、法规规定的前置审批）制度。通过“两清”工作，清理出自动废业和多年未参加年检的“死档”795户和部门或地方制定的前置审批11次。

支持国有企业改革，推行经济结构战略性调整。认真贯彻执行中共中央、国务院《关于党政机关以及军队、武警、政法机关与所办企业彻底脱钩的决定》，办理变更隶属关系的6户，注销登记的8户。支持科研机构脱钩改制及其他中介机构由事业法人改为企业法人的4户。支持国有小型企业以联合、兼并、租赁、承包经营股份合作、出资等形式进行改组改制4户。

（于凤琴）

【企业年检】 2月至4月末，全市开展企业年检工作。到年底，有各类工商企业2 077户，参检企业2 030户，年检率97.7%。其中，国有企业942户，集体企业431户，联营企业1户，股份合作制企业31户，有限责任公司672户。年检中被定为B级企业5户，免检企业4

户。

清理企业档案，补办前置审批手续。年检期间，从清理档案入手，复查、完善企业前置审批手续，通过年检，补办前置审批手续14户，办理变更登记27户；清理出名为国有、集体，实为个体的“靠挂”企业11户，“三无”企业3户。分别办理变更登记和注销登记。

开展安全生产和经营集中专项整治工作。市工商局按照省工商局和市政府的部署，集中专项检查、整顿涉及安全生产的民用爆破器材和烟花爆竹、交通运输安全、化学危险品储运和公众聚集场所的消防安全企业。通过整顿，限期改进的2户，注销1户。

（于凤琴）

【合同监管】 合同鉴证。2001年，全市各级工商局对建筑施工合同实行强制鉴证，认真审查合同主体资格，合同鉴证率100%。全市合同鉴证147份，比2000年增长10%，合同总金额47 888万元。检查合同272份，比2000年下降6%。检查合同金额15 988万元。

动产抵押。全市各级工商局认真履行《中华人民共和国担保法》，完善登记程序，健全登记档案，严把登记审查关，防止重复和错误抵押。全年办理企业动产抵押物登记26份，抵押值42 092万元，主债权32 426万元。

开展“重合同守信用”活动。全市各级工商局总结开展“重合同守信用”活动的工作经验，把“重合同守信用”活动纳入社会信用体系建设的总体框架。大力宣传“重合同守信用单位”。全市有2户企业被评为国家级“重合同守信用单位”，提高了全市“诚信工程”建设规格和档次。

（宫秀茹）

【《商标法》贯彻实施】 开展“两证”（年检验证、商标验证）验证工作。2001年，市工商局根据省工商局商标验证工作通知要求，逐个企业进行“两证”验证工作。全市13户商标印制企业全部参加年检验证。全市应验证注册商标225件，实际验证112件，占50%，比2000年下降8个百分点。注册商标验证率逐年降低，主要原因是近几年国有和集体企业关停并转以及改制、破产，造成大量注册商标废弃、失效或无能力支付微量的验证费而拒不参加验证。洮北分局逐户通知、走访、动员区内20多个注册商标单位参加验证，效果较好。

开展学习、宣传《商标法》活动。市工商局举办《商标法》和办案业务培训班3期，培养本系统人员120人次。向社会宣传《商标法》及相关法规。市工商局组织10户著名商标单位，在《白城日报》和白城电台利用广告形式进行大力宣传。还组织著名商标企业和注册商标企业，参加吉林省商标协会，宣传自己的商标，树立企业形象。在市工商局的努力下，5个著名商标单位成为省商标协会理事，其中洮儿河酒厂成为常务理事单位。在吉林省商标协会成立大会上，《洮儿河》酒王和《洮南香》酒受到全省及外省区人员的好评。

强化商标监管工作力度。全市查处商标违法案件29件，罚款45 050元。其中，商标侵权案10件，罚款金额31 000元。全市整顿“专卖店”168户，其中36户未经授权擅自使用他人注册商标作为企业字号。通过整顿，限期补办手续28户，责令取消营业招牌或“企业名称”6户，罚款2户。

专项治理商标印制行业。全市检查印刷企业32户。其中，有《印制商标许可证》企业9户，无印制商标业务20户，非法印制商标企业3户。重点打击假冒注册商标和侵犯注册商标专用权的违法行为。处罚注册商标侵权案1起。

（杨景香）

【广告管理】 广告经营单位的年检工作。2001年，市工商局按照吉林省《广告经营资格检查办法》，全市年检广告经营单位47户，年检率100%，其中市直属企业33户。对不认真执行广告管理制度，违反国家有关规定的企业进行批评和警告，处罚问题突出企业。

开展广告监管方式试点工作。按照省工商局的部署，市工商局在通榆县广告监管所进行广告监管试点工作。通榆县广告监管所与市工商局完成了对电视台广告部和邮政广告公司的年检换证工作，整治了印刷品广告市场，查处了擅自发布印刷品广告企业5户，收缴印刷品广告1万多份。与城建部门配合，逐户清理城区内所有户外广告、店堂广告，取缔违章违法户外广告3

处，改变店堂广告5户。开展专项治理整顿活动。在药品监督部门的配合下，治理药品广告，查处发布含有不科学的表示功效的断言和保证的药品广告案件3起、性病广告1起，规范了保健食品市场。查处宣传增强和改善性功能保健食品广告5起。

开展以“反误导打虚假”广告为主的专项治理整顿工作。各县（市）工商局以办案为切入点，强化监管力度，努力实现职能到位，全年办案44起，罚款3.97万元。

整治印刷品广告市场。查处滥发印刷品广告的违法行为。检查药店165户，禁止擅自发布印刷品广告行为2 000多起，没收非法印刷品广告40多万张，罚款0.3万元。市工商局邀请白城电视台，参加药品广告市场整顿活动，曝光了违法单位和个人，增加了透明度和震慑力。

重点监管医疗、药品和保健品广告。抽查主要媒体单位，重点查处举报的违法行为。全市工商局责令市、县（市）电视台停播医疗和药品违法广告4条。

突击检查擅自发布药品经销商雇用他人散发药品印刷广告，告诫与药品广告相关的药店5户。全市销毁违法药品广告10万多张，对违法经销商罚款2 000多元。

规范户外广告。市工商局查处了邵臻酒行违反《广告法》和《酒类广告管理办法》的行为。责令其拆除户外广告，予以告诫。洮北分局清理辖区内40多处墙壁广告，取缔违法广告30多条。

开展广告扶贫和公益广告活动。按照省工商局的部署，市工商局开展广告扶贫和公益广告活动。全市各广告经营单位为国有或乡镇企业优惠或免费发布扶贫广告25条，减免广告费4万多元；发布公益广告60多条。其中，电视公益广告24条，报纸公益广告11条，广播公益广告5条，其他公益广告20多条。白城日报社广告部发布的《沙尘暴来了》的公益广告，获吉林省报刊和吉林省环保局共同举办的大赛奖；《家乡的月亮湖》广告，获全省报业广告二等奖。

（杨景香）

【公平交易】 2001年，市工商局根据《国务院整顿和规范市场经济秩序的决定》及吉林省工商局《整顿和规范市场经济秩序工作实施方案》，开展整顿和规范市场经济秩序工作。全市出动执法人员9 618人次，执法车辆2 128台次，查处各类经济违法违章案件467件，结案300件，案值1 034万元，罚没款230万元，与2000年相比，案件数上升108.5%，罚没款增长243.3%。其中，大案要案12件，结案9件；移送司法机关案件1件，罚没金额94万元，挽回经济损失199.35万元，收缴各类非法物品折合人民币148.74万元，销毁各类非法物品折合人民币5.16万元，取缔各类非法窝(摊)点108个，吊销营业执照(许可证)50个。规范食品加工和零售网点683个，打掉无照加工食品窝点9个，查扣面粉、白糖、豆油4 800公斤，调味品90余袋（瓶），没收劣质食品780袋。

整顿农资市场。销毁过期农药6个品种2 900瓶（袋）；查扣劣质高粱、玉米种子62吨，不合格化肥14.6吨；立案查处非法倒卖化肥1 800吨，其中二氨17吨。

整顿粮食市场。立案查处非法收购倒卖粮食案件22起，查扣粮食620吨，没收玉米26.3吨。

整顿成品油市场。查处倒卖劣质柴油案6起，查扣、没收劣质柴油9.3吨；端掉并取缔非法炼油点33个，查扣原油1.5吨，没收油罐33个及全部附属设备。

整顿卷烟市场。收缴非法外进烟10多个品种，100余条。

（李晓明）

【打假行动】 2001年，市工商局根据吉林省工商局《关于贯彻国家局〈关于认真贯彻落实全国打假联合行动电视电话会议精神的紧急通知〉的通知》，全市开展“打假”联合行动。立案查处案件9件，案值20.8万元，端掉窝（摊）点16个，罚没款7万元。查获假冒北京万康酱油厂白城分厂腐乳2 535瓶及部分假冒《老虎》牌商标标识；查扣冒牌摩托车5辆，假《小糊涂仙酒》10瓶，“三无”皮鞋80双，盗版光碟370盘；没收假烟1 771条。在集贸和消费品市场整顿中，共销毁假冒伪劣、过期变质啤酒130箱，食品200公斤，饮料38箱。没收和销毁假烟1 500余条，烟丝和烟叶3 000公斤。查处非法生产假冒矿泉水成品600余箱，半成品100余箱。

（李晓明）

【白城市工商局干部培训班简介】 白城市工商局干部培训班建于1984年。位于白城市青年北大街181－2号。科级事业单位。隶属市工商局。主任孙振生。编制10人。

（吕杰夫）

【白城市工商局法规调查研究处简介】 白城市工商局法规调查研究处建于1989年。科级事业单位。隶属市工商局。主任张建民。编制3人。

（吕杰夫）

【白城市工商局工商学会简介】 白城市工商行政管理局工商学会建于1988年。科级单位。隶属市工商局。秘书长肖宏章。编制2人。2001年，上报白城市社会科学学会联合会参评社会科学优秀成果奖12篇。其中，获二等奖1篇，其余均获三等奖。

（吕杰夫）

药品监督管理

【基本情况】 2001年12月，白城市药品监督管理局（简称市药监局），上划吉林省药品监督管理局，为吉林省药品监督管理局直属机构。具体负责对辖区内药品的研究、生产、流通、使用实施行政监督和技术监督。设办公室、人事教育科、安全监管和注册科、市场监督科和医疗器械科。编制32人，其中专业技术人员26人：副主任医师1人，主管药师、经济师、会计师、政工师19人，药师、助理会计师4人，高级工2人。直属白城市药品检验所，编制40人，其中专业技术人员33人：主任药师、副主任药师、高级工程师、高级会计师11人，主管药师12人，药师9人，工人技师1人。辖大安市、洮南市、通榆县、镇赉县药监局。编制48人。

2001年，完成14户制药工业企业的《药品生产许可证》换发工作，换证率100 %。全面开展药品零售企业许可证换发工作，验收药品零售企业470户。完成19户药品批发企业和13家医疗机构制剂室许可证换证工作。吉林马应龙洮南药业有限公司粉针车间和白城制药厂大容量注射剂车间通过GMP认证。重新审核使用麻醉药品、一类精神药品的医疗机构66户，换发了《麻醉药品、一类精神药品购用印鉴卡》。招商引资959.6万元，超额完成市委、市政府下达300万元的任务，被评为“2001年度白城市招商引资先进单位”。

（刘莉莉）

【市场监督】 2001年，开展全市医药市场大检查和计划生育药具、中药饮片、医疗器械和麻醉药品、精神药品、医疗用毒性药品4次专项检查及处方药与非处方药分类管理工作检查2次。打掉非法经营药品黑窝点2户，取缔坐堂医和变相坐堂医11户，无证经营6户。没收假劣药品、医疗器械915批次，价值12.3万元。受理案件265起，立案查处217起，行政罚款30.5万元。12月14日，统一销毁假劣药品和过期失效药品，价值1 553.3万元。认真纠正医药购销中不正之风，开展医疗机构药品集中招标采购和评选“放心药店”、“群众用药放心医院”工作。全市组织药品集中招标采购9次，成交额4 000万元，减轻群众用药费用负担400万元，评选出“放心药店”15户。

（刘莉莉）

【技术监督】 2001年，市药监局抽检药品1 641批，全检率79.7%，发现假药22个品种，148批，全部立案查处，保证了全市人民群众用药安全有效。

（刘莉莉）

【法规宣传】 2001年，市药监局举办机关干部法规培训班2期，系统学习《中华人民共和国药品管理法》（简称《药品管理法》）、《医疗器械监督管理条例》、《处方药与非处方药分类管理办法》、《中华人民共和国行政诉讼法》、《中华人民共和国行政处罚法》、《中华人民共和国行政复议法》等相关法律法规。举办药品经营企业负责人、质检员培训班3期，系统学习法律法规、如何识别假劣药、中药调剂等知识，提高了药品从业人员的管理水平和业务素质。

5月31日至6月3日，开展中国药师周和《药品管理法》宣传活动，发宣传单、宣传折页近万份，设宣传咨询台18个，悬挂横幅、条幅40条。12月，结合《药品管理法》的正式实施，开展《药品管理法》宣传月活动。

（刘莉莉）

【表彰全市纠正医药购销中不正之风工作先进单位】 5月10日，市政府决定，授予大安市政府，镇赉县政府“全市纠正医药购销中不正之风工作先进单位”称号，并予以表彰。

（陈玉明）

【白城市药品检验所简介】 白城市药品检验所（简称市药检所），建于1975年，称吉林省白城地区药品检验所，几经撤并易名，1995年称现名。隶属市药监局。位于白城市海明西路43号。职工40人，其中专业技术人员33人：高级职务12人，中级职务12人，初级职务9人。所长解德俊。设中药检验室、化学检验室、生物及抗生素检验室、业务管理室、办公室、财会室。各科室实行计算机联网化管理。检验及办公楼建筑面积1 500平方米。主要设备有紫外分光光度仪、红外分光光度仪、气相色谱仪、液相色谱仪等大型分析仪器12台。2001年，市药检所自筹资金4万多元，增添自动电位滴定液、尘埃粒子计数器等11件仪器。基本具备2000年版《中国药典》所载药品的检验能力。图书资料室和中药标本室收藏各类药品专业图书2 000余册，中药标本 1 400份。

2001年，完成全市5个县（市、区）药品生产企业、经营企业及医疗单位的药品质量抽验和技术监督任务。检验药品1 641批，全检率79.7%，发现假药22个品种，148批，及时上报市药监局立案查处。市药品监督执法支队，加强全市医药市场监管。抽验药品1 120件，受理案件265起，罚款30.5万元，收取检验费65万元，没收假劣药品及医疗器械价值12.3万元，净化了全市医药市场。

全年，举办基层化验员培训班2期，培训化验员30人，推进了企业GMP改造进程。

市药检所参加国家、省药监局举办的学习班各5人，参加全国药学学术会议2人，发表国家级学术论文2篇，各级学术论文4篇。解德俊撰写的论文《木香顺气颗粒剂治疗胃脘痛的实验研究 》在中国药学会2001年学术年会上发表，并收入学术论文集。孔元春撰写的《少棘蜈蚣抗菌活性物质的初步研究》在全国临床药理学术研讨会论文集上发表。市药检所承担了吉林省重大科研项目《中药饮片现代化、标准化、规范化科研课题》中的甘草、龙胆草的研究项目。完成省内5个地区50余份中药标本的采集任务和省药检所下达的中药室、生测室、化学室3个药品品种的会检任务。

市药检所已成为具备承担国家重大科研课题能力的全市药品检验和科研中心。在吉林省药检系统中居中上游水平，是吉林省西部地区的药品检验中心。1990年，被国家卫生部评为“先进单位”。1995年被吉林省卫生厅评为“全省卫生系统先进单位”。

（马新民）

信息产业

【基本情况】 2001年，白城市无线电管理处（简称市无线电管理处），为省无线电管理委员会办公室派出机构。编制5人，其中事业编制3人。设无线电监测站，事业编制3人。全市有各类无线电设备1 500部，比2000年增长21%。寻呼用户7万户，蜂窝移动电话用户16万户，分别比2000年增长21%、49%。

全年，市无线电管理处认真贯彻落实《吉林省无线电管理条例》，加大无线电监测、检测力度，加强无线电台站管理，积极完成市委、市政府交办的各项工作任务，取得了较好成绩。

（李莹洁）

【无线电管理】 2001年，市无线电管理处加强无线电台站管理，搞好设备检测工作。3月中旬，发出检测全市无线电台站的通知，然后组织专人检测寻呼台4家，基站100个，依法关闭功率大、超标准设备。改善了区域内电磁环境，消除了有害干扰，维护了空中电波安全。

加强无线电频率管理。本着科学规划频率使用，规范设台审批手续，积极为用户着想的原则，突出重点、靠前服务、及时审批。全年审批超短波电台24个，PHS无线介入基站502个。联通2.4G无线接入系统基站3个，对促进全市经济发展起到了积极作用。

加强无线电台站设备核查。全年抽查国信等5家寻呼台站。校正了违规寻呼台的运行技术指标，完善了各类台站的技术资料，并将其输入计算机数据库。无线电管理处与公安部门配合，清查全市5个县（市、区）大功率无绳电话。拆除大功率无绳电话23部，净化了区域内的电磁环境。春节前通榆县向海蒙古族乡群众反映电视效果不好，收不到中央电视台节目。市无线电管理处立即派人调查，查清干扰源来自某寻呼发射机。责令停止使用，恢复了当地电视节目的正常收看。在台站核查的基础上，引导规模小，使用率不高，设备差的寻呼企业，联合或兼并，有2户走上了集约化发展之路，减少了频率资源的浪费。

（李莹洁）

国家税务

【基本情况】 2001年初，白城市国家税务局（简称市国税局），编制935人。其中，行政编制875人，事业编制60人。实有923人。市局机关设办公室、人事科、监察室、基层科、机关党委办公室、计划财务科、税收政策管理科、征收管理一科、征收管理二科、法制科、计算机中心、发票所、税务案件检查室。编制84人。直属白城市国家税务局直属分局、洮北分局、稽查局。编制270人。下辖洮南市、大安市、镇赉县、通榆县国税局。编制569人。8月至9月，全面实施人事、征管、机构三项改革。改革后，全市国税系统编制790人，实有834人。市国税局设办公室、人事科、教育科、监察室、征收管理科、计划财务科、政策法规科、流转税管理科、所得税管理科和机关服务中心、信息中心、税务学会、发票管理所。编制69人。直属白城市国家税务局征收分局、洮北管理分局、开发区管理分局、稽查局。编制271人。辖洮南市、大安市、镇赉县、通榆县国税局。编制494人。负责全市16 700户企业及个体工商户的税收征收工作。

2001年初，市国税局机关公文处理实现“双轨”运行，并于4月1日推广到全市国税系统；4月，全市国税系统开展以“税收与公民”为主题的税收宣传月工作；5月，深入开展打击出口骗税和专项检查商贸企业增值税专用发票的活动；7月，“金税工程”4个子系统开通并正式运行。全年完成全口径税收收入36 659万元，其中“两税”收入33 175万元，比年税收计划分别增长11.50%和8.20%,创财税体制改革以来收入额度最高、收入进度最快、收入质量最好的纪录。市国税局和所属4个县（市）局均被省委、省政府授予“精神文明建设先进单位”称号；市国税局被市直机关党工委命名为市直机关“文明杯”创建活动优胜单位，被市政府记集体二等功。

（鄂文明）

【人事、征管、机构改革】 8月20日至9月30日，全市国税系统全面实施人事、征管、机构“三项改革”。调整机构及其职能。市局机关设9个行政科室，3个事业单位，将“征、管、查”全职能的征管机构逐步转变为专职管理机构。市本级设征收分局、稽查局各1个和城区管理分局2个；4个县（市）局在城区各设征收分局、管理分局、稽查局各1个；边远乡镇等收缩机构、集中管理，全市设包括征收、管理等全职能的税务分局（所）12个。精简人员。通过定岗前退休、离岗和定岗后分流，全市国税系统机关行政科室的在编人员由242人精简到183人，精简24.4%。其中，市局机关在编人员由62人精减到45人，精简27.4%。全市国税系统全面实施科级和股级领导职务竞争上岗。9名副科（分局）长参加市局机关科长职位竞选，30人参加副科长职位竞选，178名干部参加股长和副股长竞选。有3名副科（分局）长走上科长岗位，6名副主任科员和8名科员走上副科长领导岗位，59名干部走上股级领导岗位，2名科长、副科长改任非领导职务，25名退出股级领导岗位。推进岗位交流。通过民主测评补充4名主任科员和8名副主任科员。采取双向选择的办法确定非领导职位。有479人交流了工作岗位，交流面57.5%；其中市局机关15人交流了工作岗位，交流面33.3%。

（鄂文明）

【税收收入】 2001年，全市国税系统在消化吸收以前年度可操作的虚收余额4 309万元并在没有发生任何一笔新的虚收的前提下，共组织入库全口径税收收入 36 659 万元，其中“两税”收入完成 33 175 万元，完成省国税局下达年度计划的 115%、108.2%，分别比 2000 年增长 127.6%、127.1%。创 1994 年财税体制改革以来收入额度最高、进度最快、质量最好的佳绩。

（鄂文明）

【税收征管】 2001 年初，全市国税系统征管工作确立了夯实基础目标。实行征管资料统一样式、统一印制、统一发放、统一使用方法，规范了税收征管档案；制定了《白城市国家税务局办税服务厅规范化建设标准》；与市经贸委、质量技术监督局配合，完成了税控加油机安装设置，有效控制了加油站税收流失，提高了税收征管工作的科技含量；加强了纳税申报管理、发票管理和欠税管理。全年，收缴欠税 2 587 万元，比 2000 年增长 15%。

3 月至 5 月，与地税部门联合进行税务登记年检，年检各类纳税人 14 481 户。其中，企业 2 823 户，个体工商户 11 658 户。加强停复业管理和监督，完善审批程序，建立登记台账，控制假停业现象的发生。全市实行个体户划片管理，定责任人，明确管理范围和权限，采取多种方式清查漏征漏管户，效果较好。

8 月至 9 月,通过“征管、人事、机构”三项改革，建立了集中征收、划片管理、重点稽查的新征管模式，为实现在信息化支持下的税收征管专业化管理目标奠定了基础。

（鄂文明）

【税务稽查】 2001 年，全市国税系统各级稽查部门检查工商业户 2 067 户（次），其中有问题 438 户（次），占被检查户数 21%。查补税款和加收滞纳金及罚款 846 万元，组织入库 755 万元，综合入库率和处罚率分别为 89%和 10%；分别比 2000 年下降 35%和 41%。其中，市本级 425 户（次），有问题 160 户（次），查补税款和加征滞纳金及罚款 466 万元，入库 480 万元（含前期欠税）。全年受理举报案件 36 起，查处 34 起，为国家挽回经济损失 125 万元，发举报案件奖金近万元。稽查局金税工程子系统收到受托协查函 8 件，涉及发票 35 份，价税 46.84 万元；接到纸质协查函件 8 件，涉及发票 11 份，价税 105 万元。所有协查函在国家税务局规定时间内保质保量回复，回复率 100%。制作标准化协查卷宗，形成档案化管理。

根据全国治理整顿经济秩序的总体战略，开展商贸企业增值税专项检查工作。为有史以来第一次全国范围内部署的大规模专项检查。全市检查防伪税控商贸企业 76 户，其中市本级 26 户；检查面 100%，有问题 24 户，其中市本级 14 户；查补税款 71.3 万元，其中市本级 50 万元；课征滞纳金 16.4 万元，罚款 22.3 万元。按照《吉林省国家税务局 2001 年上半年税收专项检查实施方案》，开展所得税专项检查工作，稽查 114 户企业，查补增值税 32 万元，查补所得税 129 万元。

（鄂文明）

【电子化建设】 2001 年，全市国税系统稳步推进税收征管信息化建设工作。7 月 1 日，正式开通“金税网络”。

硬件配置。全市国税系统有计算机 334 台，扣除“金税工程”等各类专用机 73 台外，全系统人机比例 3.2∶1。其中，IBM 小型机 1 台，PⅡ机型 223 台，586 机型 50 台，486 以下（含 486）机型 60 台。各类打印机 199 台。其中，滚筒打印式 79 台，平推打印机 64 台，喷墨打印机 8 台，激光打印机 48 台。扫描仪 32 台。

软件开发。国家税务总局、省国税局先后下发 15 个应用软件。其中，国家税务局 8 个，省国税局 7 个。自行开发《个体税收管理软件》及《发票管理软件》。

网络建设。全市国税系统有广域网络 8 个，局域网络 6 个，工作站 185 个。市局机关与各基层单位实现计算机广域网互联，全市税源信息数据共享，加快了信息的传递速度，实现了全局各类信息的集中、统一管理。

专业人才。全市国税系统有计算机操作人员 212 人，计算机技术人员 22 人，分别占全系统人员总数 25%和 2.5%。各基层单位干部计算机知识普及率 50%左右，能够上机简单操作的占人员总数 25%。

（鄂文明）

【整顿和规范税收秩序】 5 月，开始开展整顿和规范税收秩序工作。打击出口骗税专项斗争和专项检查商贸企业增值税专用发票，清理整顿漏征漏管户和税收执法中的深层次问题。清查 790 户，清缴欠税 1 394 万元。

（鄂文明）

地方税务

【基本情况】 2001 年，白城市地方税务局（简称市地税局），编制 696 人。设办公室、人事教育科、计划财务科、征收管理科、流转税科、所得税科、地方税科、农业税科、政策法规科、监察科、税务案件检查科、机关党委办公室。直属白城市地方税务局稽查局、直属分局、开发区分局、洮北区分局。辖洮南市、大安市、镇赉县、通榆县地方税务局。

2001 年，市地税局组织全口径税收收入 20 650 万元。其中，省级收入 1 327 万元，市、县级收入 19 323 万元，分别完成年度计划的 105%、90.8%和 106.1%，分别比 2000 年增长 5.4%，下降 6.7%和增长 6.3%。在城市开发建设管理总体战中市地税局被市委、市政府评为“先进单位”。

（王德平）

【税收征管】 2001 年，市地税局开展税务登记年度审验工作。全市办理验证 20 124 户，注册登记 407 户，主动上门办理登记 358 户，变更登记 125 户，注销登记 1 152 户；清理漏征漏管 57 户，处罚 35 户，罚款 12 500 元。规范征管档案。划分行业、划分区域、划分类型、建立台账、逐户登记、分类管理。

开展征管质量考核工作。考核 4 个县（市）地税局及 4 个市属分局的征管质量。按照《白城市地方税务局征管质量考核方案》评比打分排名，通报全系统。通过检查考核，县（市）地税局和市属分局的税务登记率、纳税申报率、税款入库率等均达到或超过吉林省地方税务局下达的指标。

开展清理越权减免税收政策工作。全市清理各级地方政府擅自制定的税收优惠政策文件 5 份，清理税收 918 万元。

开展税收计划包保责任制工作。将 2001 年税收计划层层分解，目标、责任、措施、任务、奖惩落实到征收分局、所、征收小组、专管员及重点税源大户。层层签订税收任务目标责任书，保证了税收任务的完成。

组织税收均衡入库。各县（市）地税局及市属各征收分局采取定时限、定数量、定百分点的办法组织入库，按时完成了阶段性收入任务。

（王德平）

【税源潜力挖掘】 2001 年，市地税局加强个人所得税征管工作。年初，对高收入行业重新核定；对达到起征点业户登记入册；对餐饮业实行典型调查征收，调高了定额；对中奖所得、承包所得采取查实征收，并做好代扣代缴工作。全市征收个人所得税 2 334 万元，完成年度计划 113.9%，比 2000 年增长 18.9%，首次突破 2 000 万元大关。

加强企业所得税汇算清缴工作。组织企业所得税汇算清缴，汇算检查重点企业 980 户，占全市企业总户数 30%，查补净增所得额 396 万元，净增企业所得税 119 万元，比 2000 年增长 429%。

加强契税征收管理工作。自新契税条例实施后，按照新办法对全市契税进行全面清查，逐户清查房地产开发企业。全年征收契税 661 万元，比 2000 年增长 55.9%，首次突破 500 万元大关。

（王德平）

【农村税费改革】 3 月 14 日，市地税局召开全市农业税收工作会议，按照全省农业税收工作会议精神要求，调查了全市农村税费改革前的情况。撰写了《关于白城市农村税费改革面临问题的报告》，于 8 月上报市政府。

（王德平）

【公开办税情况】 2001 年，市地税局实行税收政策公开、办税程序公开、纳税定额公开、税收减免公开、税务违章案件处理公开、税务工作职责范围公开、服务标准公开、工作纪律公开、纳税人权利公开、行政管理权公开。公开办税的形式实用化、具体化、多样化。市、县（市）地税局有的安装了大屏幕、触摸屏；有的登录到因特网；有的定期在电视台公告；有的建立纳税一条街。能公开的内容、该公开的内容全部公开。加强公开办税载体建设。改造和完善了各级办税服务大厅，普遍设立“六板”（工作职责板、办税程序板、税收政策公告板、税务违章处罚公告板、税务收费公告板、纳税人权利公告板）和“两牌”（桌牌、门牌）及“三部电话”（违法案件举报电话，税务人员违法违纪举报电话，税收政策咨询电话），实现计算机开票、计算机查询等。制定了政务公开考核方案、实施细则及违纪责任追究办法；建立“一站式”（所有涉税事宜均在办税服务厅一次完成）服务和“三项制度”（局长接待制、首问负责制、科长值班制），并聘请政务公开监督员等。

（王德平）

进出口商品检验

【基本情况】 2001年，中华人民共和国白城出入境检验检疫局（简称白城检验检疫局），编制22人。设办公室、综合业务科、植物检验检疫科、动物食品卫生检验检疫科、轻纺机电化矿检验检疫科。

全年，完成白城市、松原市所属县（市、区）行政区域内出入境检验检疫、鉴定、认证(部分产品)、监督管理和行政执法工作。检验检疫出入境货物6 708批，总货值7 327.90万美元，分别比2000年下降25.64%和增长3.84%。其中，检验检疫出境货物6 520批，货值6 158.90万美元，分别比2000年下降29.29%、13.71%；检验检疫入境货物188批，货值1 169万美元，分别比2000年增长283.67%、189.71%。检验检疫进出口品种48个，签发各类单证 5 237份。白城检验检疫局被评为市直机关“文明杯”先进单位。

（佟伟军）

【“入世”应对】 2001年入世后，白城检验检疫局的检验检疫工作面临着严峻挑战，采取了相应的对策。应对思想观念的挑战，习惯行政管理的检验检疫活动与WTO规则差距较大，存在着政事不分，透明度不高，公开性不够，法制体系不健全等问题。应对这一挑战，白城检验检疫局工作人员转变了思想观念，尽快适应WTO游戏规则，由关税壁垒、非关税壁垒转到技术壁垒，不断增强透明度和公开性，健全和完善法制体系，加强检验检疫执法职能。

应对传统方式的挑战。白城检验检疫局长期实行批批检验下的自验、共验和认可检验，与WTO所确定的国民待遇、不对贸易构成障碍和透明度原则的某些规定不尽一致，明显不适应外贸形势的变化和加快进出口通关的要求。应对这一挑战，将传统的以批批检验为主改为安全、卫生、环保、健康和反欺诈为主，与国际通行规则相适应。2001年，筹建了白城国际旅游卫生保健中心，年底，完成了房屋改造、仪器设备安装、医务人员聘用等工作，2002年即可开展出入境人员健康体检。做到“忠于职守，勇于负责，严格把关，保国安民”。

应对技术壁垒的挑战。现行检验检疫标准大大低于国际水平，保护我国长线出口产品的相关措施及科技手段严重不足，制约了进口、扩大出口的力度和能力。应对这一挑战，制定、学习和借鉴国际先进标准，采取技术手段及相关措施，既限制某些产品进口，又不能影响产品出口，严把市场准入关，推动检验检疫事业更快发展。

应对实验室检验市场放开的挑战。入世后检验市场的逐步放开对管理这个开放性领域的能力和水平提出了严峻挑战。应对这一挑战，白城检验检疫局加快了实验室的改革和检验检疫机构的有机联合，不断发展壮大自己。7月，国家质检总局东北大区实验室注册考核小组，考核通过了白城检验检疫局综合实验室注册工作。同时，要加快对WTO规则的研究和学习，培养锻炼一批人才，适应加入WTO的需要，提高执法把关的能力和水平。

（佟伟军）

【监督管理】 2001年初，白城检验检疫局，调查了2000年产新入库玉米质量。全市粮库入库新玉米27.74万吨。一、二等玉米占80%左右，其余为三等玉米。新入库玉米的水分21—23%，杂质1%左右,不完善粒总量4—6%，容重700—712克。这些玉米经晾晒或烘干后稍加整理，既可达到出口标准。

白城市食品卫生注册登记企业只有白城市天福食品有限公司1户，白城检验检疫局对这个公司进行了出口食品卫生注册前的预检指导工作，并配合吉林检验检疫局对公司存在的问题提出指导性意见，为2002年俄罗斯来这个公司检查验收打下良好基础。

白城检验检疫局配合吉林检验检疫局考核认证了白城市 2 户出口运输包装企业，并监督管理了 4 户认证企业。

（佟伟军）

【出口商品质量情况】 2001 年，白城市出口玉米 1 598 批，95 880 吨。分别比 2000 年下降 80.94%和 81.43%。玉米是全市出口的大宗商品，经检验的出口玉米均为烘干玉米，外观质量较好。水分 13—14%，不完善粒 0.5%左右,杂质平均 0.5%以下，合格率 100%。

绿豆是全市出口的较大品种之一，深受国外客户青睐。主要出口日本、美国、欧洲及东南亚一些国家和地区。出口的绿豆多为手选豆，水分 10%左右，杂质 0.1—0.2%，发芽率 96—98%，粒重 62—75 克/1000 粒。全年出口绿豆 180 批，11 452 吨，分别比 2000 年增长 148.61%和 172.08%。未发生退货和索赔现象。

全市有出口服装生产企业 6 户，生产的服装多出口到日本、欧洲。服装品种以呢绒为主。全年检验出口服装 264 批，84 万件（套），货值 742 万美元，分别比 2000 年下降 25.00%、36.63%和 14.51%。合格率 100%，未发生退货索赔现象。

（佟伟军）

经协招商

【基本情况】 2001 年，白城市经济协作办公室（简称市经协办），编制 10 人。设招商科、经联科、综合科。11 月，市直机关机构改革，将白城市招商局并入市经协办，对外保留白城市招商局牌子。

2001 年，全市完成经济协作项目 392 项，总投资 31.8 亿元，其中利用域外资金 17.9 亿元，比 2000 年增长 15%。全市完成信息交流 1 200 条，人才交流 400 人次。招商引资项目 502 项，实际利用外资 497 万美元，实际到位 24.9 亿元，比 2000 年增长 18.9%。

（马建平）

【经济技术协作】 4 月，吉林省政府组织全省各市、州参加“西洽会”，白城市组成以副市长王锐为团长 50 多人代表团。会上散发项目资料 1 000 多份，产品资料 12 000 份，共签订经济技术协作项目 19 项，合同利用资金额 6.2 亿元，其中域外资金 3.5 亿元。签约项目有产权转让、农副产品销售，对全市盘活闲置资产、搞活企业、扩展农副产品销售市场起到推动作用。10 月 28 日至 11 月 7 日，由市经协办、经贸委、计委、科委、外经局、旅游局、粮食局、乡企局、工业控股公司、农业局和市委宣传部共 38 人组团，参加全省统一组织的赴北京、天津和山东省的经贸合作交流活动。在京津鲁三地共签约项目 24 项，总金额 9.4 亿元。 其中，投资类项目 8.1 亿元，贸易类项目 1.3 亿元。

（马建平）

【招商引资】 4 月中旬，白城市组成以市长刘润璞为团长的经贸洽谈团，参加第 89 届春季广州商品交易会。刘润璞以特邀嘉宾身份参加“广交会”的开幕式和酒会；参观考察了广州市十几户企业；在“广交会”展馆内成功地召开中国・白城’2001（广州）投资经贸说明会，在白云宾馆举行中国・白城’2001（广州）经贸展洽会。在“广交会”上，全市签定合同、协议 41 项，成交额 6 亿元；签订经济技术合作项目 48 项，利用域外资金 14.7 亿元，其中境外资金 13 亿元。

9 月 1 日至 9 月 5 日，市委书记刘润璞、代市长岳清友率白城市经贸洽谈团 95 人，在香港召开中国・白城’2001（香港）投资贸易洽谈会。这是白城市第一次赴境外举办大型经贸洽谈活动。会议期间，签订经济技术合作项目 34 项，总投资额 4.3 亿美元，利用外资 3 亿美元；签订外贸出口项目 23 项，总成交额 8 000 万美元。

（马建平）

【博览会参展】 7 月，白城市组成以副市长曹宇光为团长 30 人代表团，参加在广州召开的 2001 年广州博览（交易）会，展出产品 127 种，签定协议 7 项，总投资额 10 亿元。8 月 15 日，组团参加“长春农博会”，签约 34 项，总投资 2.19 亿元。11 月 6 日至 12 日，组团参加中国北京国际农业博览会，展出 53 类 65 种产品，签约 7 项，签约额 1.24 亿元。

（马建平）

盐 务

【基本情况】 2001年，白城市盐务管理局（简称市盐务局），设人事劳资科、办公室、财务科、食用盐检测站、盐政价格科、白城市盐政稽查支队。事业编制22人，实有20人。下属白城、镇西食盐批发部。职工132人，其中专业技术人员10人：政工师5人，助理经济师、助理政工师2人，会计员3人。辖洮南市、大安市、镇赉县、通榆县盐务管理局，职工520人。

2001年，完成全市盐务管理及本级的食用盐、其它行业用盐的供应和食用加碘盐工作；加强了市场稽查管理，确保全市居民吃上放心合格的碘盐；生产加工小包装食用加碘盐，供应白城市区城镇居民。全年，吉林省盐务管理局下达销售盐年度计划4 850吨，实际销售5 029吨，利润95万元。被吉林省盐务管理局授予全省全员“素质教育活动先进单位”、“全省盐务市场管理先进单位”称号，有28人被评为“先进个人”。市政府授予大安盐务管理局“精神文明建设先进单位”称号，镇赉县政府授予镇赉县盐业公司“精神文明建设先进单位”、“花园式单位”、“卫生甲级单位”称号。

（刘安君）

【盐务管理】 2001年，全市盐务实行统一管理，统一计划，统一组织供应，统一结算，统一上缴碘盐基金管理办法。食盐的批发、零售价格均由国家定价。盐业市场管理由盐政稽查支队具体执法。与公安、工商等部门配合，强化市场盐务管理力度，严控私盐和非加碘食用盐流入市场，打击不法经营商贩。全年查处贩卖私盐案件65起，收缴私盐238.3吨，罚款1.9万元。保证了城镇居民吃上放心合格的加碘食用盐。严格食用盐管理，凡经销的商店都必须领取《食盐零售许可证》，到当地食盐批发企业进货。白城市区领取食盐销售许可证的店（铺）1 000多户。

（刘安君）

【食盐检测】 2001年，全市盐务管理部门设盐政管理员和专（兼）职检验员66人，其中专职检验员13人。对内从食盐调入、入库、分袋、出库均按国家食盐标准GB5462-2000全定量检测。出库食用碘盐粒度、白度、水份、杂质、氯化钠含量等合格率100%。对外，配合卫生、防疫等职能监督部门，不定期抽样检测，确保食盐含碘比例在1/2万。

（刘安君）

白城市招商局

白城市经济协作办公室

1998年以来，全市开展大规模招商引资活动。市招商局充分发挥部门职能作用，采取全方位出击，宽领域作战，大跨度协作；敲门招商，会议招商，代理招商，以商招商等形式，把开展大型招商引资活动作为招商引资工作重点。精心组织，科学筹划，周密安排，使之起到了重要载体作用。几年来相继组织参加了"浙苏沪"、"闽粤深"、"京津鲁"、"西洽会"、"青洽会"、"乌洽会"、"港洽会"、"广交会"等大型经贸活动，招商引资工作取得了可喜成果。真正达到了宣传白城，广交朋友，互通信息，交流经验的目的。到2001年底，全市引进域外资金71.65亿元，其中，1998年实现到位资金10.9亿元，1999年实现到位资金15亿元，2000年实现到位资金20.9亿元，2001年实现到位资金24.85亿元。

地址：白城市文化东路1号
电话：0436　3227009
邮编：137000

①市委书记刘润璞在中国白城经贸项目发布会上接受新闻媒体采访
②市长岳清友（右一）就招商引资工作接受香港大公报记者采访
③市委市政府主要领导及市招商局与国内外客商在签约仪式上
④领导班子成员

白城市财政局

1999年以来，白城市财政局在白城市委、市政府的领导下，在省财政厅亲切关怀和指导下，紧紧围绕白城经济跨越式发展和社会全面进步这个主旋律，积极开拓创新，以改革总揽财政工作的全局，努力实施积极的财政政策，成效十分显著。1999年，财政收入首次突破5亿元大关，按可比口径计算，比1998年增长8.5%。2000年，财政收入实现51 719万元，比1999年增长4.6%。2001年，财政工作呈撤地设市以来最好水平，财政收入跃上了6亿元的新台阶，实现61 470万元，比2000增长18.9%。财政支出三年累计达358 772万元，年均增长15.2%。特别是2001年，一般预算支出实现142 863万元，比2000年增长31.9%。当年由预算列支和通过财政列支的资金近20亿元。当年国家两次调资政策在白城市全部兑现。1999年至2001年，年年实现“保稳定、保重点、保正常运行”的财政工作目标；年年为经济建设和事业发展注入可观的资金；年年实现财政收支平衡。1999年，被市委、市政府授予先进单位；2000年，被授予集体二等功；2001年被授予先进单位，并获得党风廉政建设、城市开发建设管理总体战、标准街路建设、招商引资、下岗再就业、民族团结进步、爱心献功臣等多项、单项先进荣誉称号。

地址：白城市幸福南大街9号
电话：0436 3322048
邮编：137000

①局长曹海林
②领导班子成员
③办公楼
④财政局领导同镇赉县、建平乡领导研究对小敖尔吉社的扶贫问题
⑤财政局扶贫点镇赉县建平乡后六家子村小敖尔吉社为财政局赠送锦旗

白城市

白城市国家税务局，现有职工843人。辖大安市、洮南市、镇赉县、通榆县4个县（市）局和征收分局、洮北管理分局、开发区管理分局、稽查分局，负责全市 2 700 余户企业和近13 000 户个体工商业户的税收征管工作。2002 年，组织全口径税收收入53 383 万元，收入规模首次突破5亿元。

几年来，国税局按照“1+3”的工作思路，坚持税收经济观，以依法治税为核心，以从严治队为主题，以科技加管理为手段。对外努力贯彻“依法治税、应收尽收”的原则，对内认真落实“领导加指导、管理加服务的”要求，内强素质，外树形象，突出工作重点，提升整体位次，各项工作都有了新突破，打开了新局面。尤其是近两年来，在杜绝了新的虚收并全部消化了以前年度虚收余额，有效解决包税等深层次问题的基础上，税收收入连创新高，为促进地方经济和社会各项事业的发展做出了应有的贡献。同时，以征管改革、机构改革、人事制度改革“三项改革”为契机，狠抓机关作风建设和干部素质提高，使全系统形成了人心畅、政令通的良好氛围，树立良好的国税形象，受到了广大纳税人和社会各界的好评，也得到了市委、市政府领导和有关部门的认可。先后被吉林省人民政府评为“精神文明建设先进单位”，被省妇联评为省级“巾帼文明建设先进单位”。2001年被白城市人民政府记集体二等功。从1994年起连续9年被市直机关党工委评为“先进党委”等荣誉称号。从1997年起在全市行风测评中连续4年取得第一名。

①局长、党组书记王勇
②吉林省国家税务局局长、党组书记赵晓明（右一）到白城市国税局调研、走访
③领导班子成员
④党组成员、领导班子成员深入学习“十六大”精神
⑤现代化办税服务厅
⑥信息中心
⑦办公楼

地址：白城市胜利西路227号
电话：0436　3678007
邮编：137000

局长　张海明

领导班子成员

白城市物价局是市政府主管全市物价工作的行政机构。主要职责是：负责政府指导价、政府定价的商品价格和收费管理，制定、调整省授权的政府指导价、政府定价的商品价格、服务价格和收费标准，进行市场价格监测、工农产品成本调查和价格认证，征收价格调节基金并有效管理和使用，组织开展全市价格监督检查工作，依法查处价格违法行为。

近年来，市物价局始终坚持为人民服务、为企业服务、为经济发展服务的指导思想，大力加强物价部门队伍建设，不断提高价格执法水平，充分发挥职能作用，为促进经济发展，维护社会稳定做出了积极贡献，得到了市政府和省物价局的肯定和好评。2002年被市委、市政府评为全市“依法行政工作先进单位”，全市“政务公开先进单位”，全市“党风廉政建设和反腐败领导体制优秀参加部门”，市直机关“先进党总支”，全省“价格工作先进单位”，被国家发展和改革委员会授予“全国价格监测先进单位”。

白城市物价局

地址：白城市文化西路43号

电话：0436　3333601

邮编：137000

二00二年度价格监测工作

先进单位

吉林省物价局

办公楼

白城市工商行政管理局

2001年，市工商局紧紧围绕市委、市政府的中心工作，深入整顿和规范市场经济秩序，大力推进市场监管方式改革，全面加强队伍建设，提高行政执法水平，各项工作都取得了新的成绩。

全市各级工商行政管理机关共查处各类经济违法案件467件，结案300件，罚没金额230万元。移送司法机关案件1件，金额94.3万元，挽回经济损失199.35万元，收缴各类非法物品折合人民币148.74万元。核准各类工商企业2 732户，其中：国有企业1 008户，集体企业453户，联合企业2户，股份合作制企业35户，有限责任公司802户。变更企业345户，注销企业87户。个体工商户发展达51 499户，从业人员75 600人。受理投诉380件，为消费者挽回经济损失50多万元。命名6户企业为“产品信誉企业”，办理企业动产抵押物登记26份，抵押值42 092万元。有2户企业被评为国家级“重合同、守信用”单位，提高了全市“诚信工程”建设规格和档次。

近几年来，市工商局注重内抓素质，外树形象，受到了省工商局和社会的认可。白城市海明路步行街被省局命名为“打假维权消费者满意街”；全系统有6个单位被市委、市政府授予“精神文明建设先进单位”；5人被省有关部门授予“人民满意公务员”称号；2人被省有关部门授予“优秀青年卫士”称号。

①全市工商行政管理工作会议
②开展3·15“国际消费者权宜日”宣传活动
③消毁假冒伪劣商品现场
④现场检查假玉米种子
⑤工商大厦

地址：白城市海明东路92号
电话：0436　3235972
邮编：137000

白城市审计局

地址:白城市长庆北街2-2号
电话:0436 3325016
邮编:137000

①领导班子成员研究审计工作
②审计人员在被审计单位就地审计
③市审计局与省审计厅及五个县(市、区)审计局开通了远程通讯网络

2001年,全市审计机关共审计单位(项目)301个,查出违规行为金额28 199万元,分别比2000年减少27.5%,增加36.7%。其中,决定处理处罚8 829万元,指明要求纠正19 376万元。应交财政1 012万元,应减少财政拨款或补贴金额35万元,应归还原渠道资金3 225万元。年末,上缴财政464万元。其中,税金158万元,罚款238万元。

领导干部任期经济责任审计工作取得突破性进展。市审计局制定了《领导干部任期经济责任审计协调组工作方案》,市委办公室、市政府办公室以文件形式下发。制定和完善了《审计项目质量控制办法》、《审计项目质量考核办法》、《要求被审计单位纠正和整改违反财务收支行为的暂行规定(试行)》等13项规章制度,并印发各县(市、区)。为促进全市领导干部任期经济审计制度化、规范化、科学化建立了一套比较完整的法规体系。

完成政府交办标准路建设。承建文化东路青年南街至金辉南街路段,铺装人行道3 769平方米,栽种鲜花3 500株,工程总投资300 360元。

白城市药品监督管理局

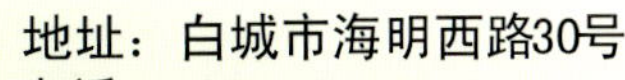

地址：白城市海明西路30号
电话：0436 3334965
邮编：137000

①局长郝彧禾(右二)同班子成员研究工作
②药品执法检查
③假劣药品展览
④上街宣传《药品管理法》
⑤焚烧假劣药品

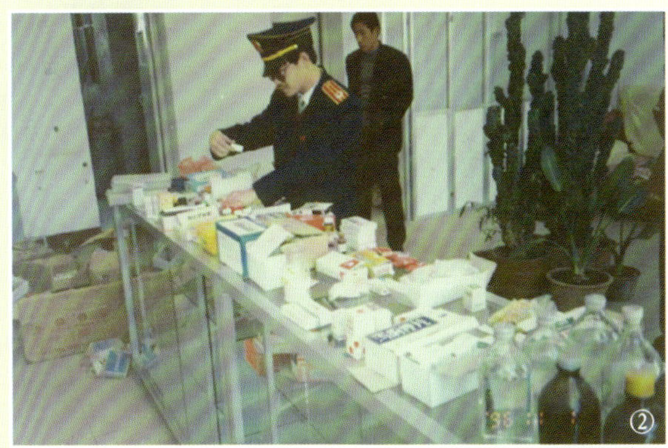

2001年，市药监局全面开展了药品生产、经营企业和医疗机构制剂室的换证验收工作。全市共完成14户药品生产企业、19户药品批发企业、470户药品零售企业和13户医疗机构制剂室的《许可证》换发工作。开展了全市医药市场大检查和计划生育药具、中药饮片、医疗器械和麻醉药品、精神药品、医疗用毒性药品4次专项检查及处方药与非处方药分类管理工作检查2次。打掉非法经营药品黑窝点2户，取缔坐堂医和变相坐堂医11户，无证经营6户，没收假劣药品、医疗器械915批次，价值12.3万元。统一销毁假劣药品和过期失效药品，价值1 553.3万元。5月31日至6月3日，开展中国药师周和《药品管理法》宣传活动，发放传单近万份，设宣传咨询台18个，挂横幅、条幅40条。

白城市发展计划委员会

市发展计划委员会是市政府负责研究并提出全市国民经济和社会发展战略规划、总量平衡、结构调整、综合协调的工作部门。几年来，在市委、市政府的领导下，较好的发挥了综合部门职能作用。编制全市国民经济和社会发展中、长期规划，年度计划和各类专项规划；负责编报和审批各类基本建设计划并协调资金，年均争取和协调国家、省项目资金5亿元左右。2002年达到6.1亿元，创历史最好水平，为全市经济和社会发展做出了贡献。

连续四年被市委、市政府授于全市“招商引资先进单位”，“城市开发建设管理总体战先进单位”，1999年被市政府授予“扶持工业企业突出贡献单位”，被省委保密委员会评为“全省保密工作先进单位”。2000年被市委、市政府授予“民族团结进步先进集体”、“农村经济工作贡献奖”。2001年被市委、市政府评为“建设项目协调工作优秀单位”。2002年被市委、市政府授予“水利工作先进单位”，“科学技术进步工作先进单位”，被省计委评为国债项目管理一等奖，并奖励项目建设资金650万元。

①主任隋喜

②领导班子成员

地址：白城市文化东路1号

电话：0436　3229826-8064

邮编：137000

白城市建设委员会

①

1998年至2001年,在市连续四年实施城市开发建设管理总体战取得了城市道路、住宅、给排水、环境卫生、商业设施、公益事业、生态旅游建设等方面的辉煌成就。四年全市投入城市建设资金98.53亿元，实施工程建设864项，完成新建、改造、拓宽、维修道路152条，总长135公里，铺装面积310万平方米；新建、维修广场18座，面积30万平方米；新建、扩建自来水厂4座，新增日供水能力6.3万吨，铺设给水管线85公里；新建、维修排水泵站23座；植树造林420公顷，栽花种草300万平方米；新建、维修公厕205座，新增环卫车35辆，新增环卫设施840个；新建楼房434栋，面积211万平方米；兴建了一大批公益事业项目。

②

③

仅白城市区四年总体战总投入资金达63.83亿元，是1993年撤地设市到1997年底城建投资总和的53.9倍。实施工程建设510项，新建、拓宽、改造、维修道路44条，长69公里，铺装面积150万平方米，是建国以来道路建设总和的三倍。建成了火车站、站前广场、公路客运总站、森林公园、抗洪胜利纪念塔、市民广场、电信枢纽大厦、广电大厦、区域供热锅炉房和第三水厂等一大批城市基础设施项目，使白城市的城市面貌发生了历史性的变化。

地址：白城市文化东路95-6号
电话：0436　3236427
邮编：137000

①主任冷有春
②办公楼
③领导班子成员

几年来，白城市交通局紧紧围绕全市经济发展这个中心，以加快白城交通事业发展为主题，坚持加大交通事业改革和创新力度；坚持公路建设、养护管理经营与道路运输管理并重；坚持以质量、成本和安全为重点，实现以质量和效益为中心的交通生产力的不断跃升；坚持科技兴路，注意依靠科技进步，促进公路建设；坚持以人为本，两个文明一起抓，不断提高职工队伍素质；坚持抓好党的建设，促进交通工作的整体升位，使白城市交通事业进入了全面快速发展的新阶段。1998年至2001年，全市共完成公路建设总投资12.58亿元，新修公路1 495.14公里，其中一级公路133公里，实现了历史上的突破。公路建设拉动了全市经济的快速增长。1998年至2001年白城市交通局先后被省委、省政府命名为“精神文明建设标兵单位”，全省交通建设文明县市一等奖和公路建设一等奖。1999年被林业部、民政部授予“全国绿化先进单位”和“爱心献功臣先进单位”称号。交通局所属公路管理处、运输管理处被省委、省政府命名为“精神文明建设先进单位”，公路管理处被全国绿化委员会命名为“全国绿化400佳单位”，公路工程处承建的长吉高速公路标段被评为国家金质奖。

交　通　局

①局长王国权(左一)与施工单位签定施工合同
②省交通厅厅长刘克志(左一)到施工现场检查质量
③长白一级公路安广至白城段建成通车
④新修的安白一级公路养护作业
⑤机械化养护作业
⑥新建的到保收费站
⑦新建的白城市客货运输枢纽站
⑧白齐二级公路

地址：白城市幸福南大街84号
电话：0436　3672968
邮编：137000

中共白城市委农村工作委员会
白城市农村经济委员会

中共白城市委农村工作委员会、白城市农村经济委员会，是研究有关农业、农村、农民工作的市委工作部门。全市万元田（棚）工程建设办公室、农村税费改革办公室、退耕还林还草办公室、农村小康建设办公室、“三清两建一公开”办公室和抗灾自救千人工作队办公室等非常设机构设在农办。2001年市委农办紧紧围绕市委、市政府的中心工作，充分发挥部门的职能作用，求真务实，开拓创新，圆满地完成了各项工作任务。

地址：白城市文化东路1号

电话：0436 3223712-6091

邮编：137000

①全体工作人员

②白鹅放养

③蔬菜大棚

④红辣椒

⑤人工养蘑

⑥引进西红柿

白城市农业局

①副市长曲汉林陪同加拿大燕麦专家布罗斯在白城燕麦科研基地考察
②蔬菜大棚
③福顺椒农采椒忙
④白城市农业科学院玉米所培育的白早2
⑤黑水西瓜
⑥白城市农业科学院米麦研究所培育的城玉五号
⑦通榆榆香食品实业有限公司《瀚海珠》牌“兴隆山绿豆”
⑧通榆榆香食品实业有限公司《瀚海珠》牌“红小豆”
⑨白城市农牧机械研究院研制的风力提水机

地址：白城市文化东路1号
电话：0436 3225852
邮编：137000

白城市林业局

地址:白城市海明西路44号
电话:0436　3322210
邮编:137000

局长　章承仁

建国50多年来，白城市各族人民在党和政府的领导下，坚持不懈的植树造林。特别是1978年国家实施“三北”防护林建设和1988年全省开展“十年绿化吉林大地”活动以来，全市各族人民在党和政府的带领下，同风沙干旱展开了艰苦卓绝的斗争，造林绿化事业得到了长足的发展。现有林地面积255 543公顷，森林覆被率由建国初期的2.4%上升到12.25%，林业生态体系框架初具雏形，生态环境有了很大改观，结束了过去白城“三刮四种，沙进人退”的历史，基本顶住了风沙。全市原有的活动沙地600多万亩，由于林业的发展，大部分得到了固定，杜绝了毁种现象，农田得到了庇护。全市1 000万亩农田，有近90%以上的农田实现了林网化，改善了气候。据观测，全市年均风速比“三北”防护林建设前下降0.35米/秒，无霜期延长了12.5天。全市现有立木蓄积1 200万立方米，总价值18亿元，按生长率7%计算，仅立木蓄积每年可增值1.26亿元，相当于全市农村人口每人每年储蓄100元。

在“三北”防护林体系建设中，白城市林业局被国家林业部评为“先进集体”。1996年至1998年省政府表彰白城市林业局“森林防火先进单位”，全市有3个单位，27人受到表彰。1998年白城市林业局被省政府授予“全省连续20年无重大森林火灾模范单位”。

镇赉大岗林场沙棘林基地

退耕还林还草项目之一

造绿工程

速生丰产林基地

办公楼

局长 黄波

地址：白城市中兴西大路40号
电话：0436 3352167
邮编：137000

领导班子成员

白城市国土资源局

2001年，在市直机关机构改革中，土地管理局与地质矿产局合并,组建了白城市国土资源局。建局以来，局党组确定了强化资源与资产并重管理，在国土资产管理方面，全面推行了收购、储备、招标、拍卖和挂牌出让国有土地使用权、采矿权、新资源有偿使用制度。2002年，共收购储备土地使用权12宗，面积61.22公顷；红线储备土地使用权136宗，面积115.61公顷；招标、拍卖和挂牌出让土地使用权58宗，面积19.13公顷，实现土地收益3 087.2万元；储备采矿权30户，邀标出让1户，实现收益1万元。还开展了农民集体所有建设用地使用权流转试点工作。在国土资源管理方面，开展了“主动服务、超常规服务、超职能服务”，实施“一站式”、“一条龙”服务，为540个建设项目用地提供土地保障；积极进行土地复垦，共复垦新增耕地3 700公顷。严肃查处国土资源违法案件，处理违法案件68件，矿产开采违法案件18件。在抓案件预防方面，加大宣传力度，在白城人民广播电台举办“国土资源政策法规宣传专题节目”，设立政策法规、以案说法、政务公开、依法行政和领导专访等栏目，效果较好。

白城市国土资源局被全国普法办评为“全国普法先进单位”，省委、省政府授予“全省精神文明建设标兵单位”，省纠风办授予“全省行风建设先进单位”，市政府授予“全市政务公开优秀单位”，市委、市政府授予“全市招商引资先进单位”、“全市城市开发建设管理总体战模范单位”，市党工委授予“市直机关党建工作先进单位”。

白城市水利局

地址:白城市幸福南大街26号
电话:0436　3322840
邮编:137000

①局长李殿林
②水利部领导来白城市检查水利工作
③省水利厅领导在市水利勘测设计院检查工作
④水利局建的查干浩特旅游区大棚滴灌井房
⑤月亮湖一号坝工程
⑥人畜饮水工程
⑦喜饮幸福水
⑧办公楼

几年来，白城市水利局先后对嫩江、洮儿河、蛟流河、二龙涛河等河流及向海水库、团结水库、创业水库进行了水毁修复，堤防达标，险工险段治理和加固维修等建设。投资2.5亿元，完成综合工程量1 890万立方米。“九五”以来，全市投入抗旱资金4亿多元，新打农田井7.2万眼，是前45年的总和。全市节水灌溉面积增加到330多万亩，有大中小灌溉设备1万多套。全市五个县(市、区)均被列入国家节水增产重点县。先后投资近亿元，对洮儿河灌区、白沙滩灌区等4个灌区进行续建配套和更新改造，新增和改善灌溉面积29万多亩。同时对全市涝区进行了综合治理。全市投入资金6 000万元，解决1 450个村屯，45万农村人口，55万头牲畜饮水问题。全市完成水土流失治理面积174.32万亩，完成水保绿化面积2.2万亩。

白城市水利局圆满地完成了各项水利工作，先后受到国家水利部、国家防讯总指挥部表彰5次，吉林省委、省政府表彰3次，省水利厅表彰3次，连续6年受到白城市委、市政府的表彰，特别是在人畜饮水工作中，白城市被国家命名为50个全国人畜饮水先进单位之一，为白城经济和社会的跨越式发展做出了重大贡献。

洮儿河灌区管理局

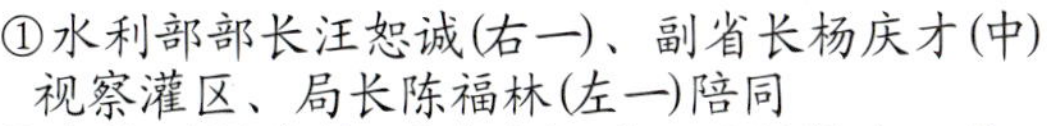

①水利部部长汪恕诚(右一)、副省长杨庆才(中)视察灌区、局长陈福林(左一)陪同
②市长刘润璞(左一)在水坝施工现场检查工作
③局长张建国
④满州岱2号泄洪闸

洮儿河灌区位于吉林省白城市洮儿河中下游流域，是国家大型灌区，是洮儿河上游察尔森水库的配套工程，是洮儿河冲积平原农业综合开发项目的水源工程，也是白城市改变生态环境和脱贫致富的希望工程。

洮儿河灌区肩负着洮南、洮北、镇赉、大安和省直洮儿河农场、镇南种羊场6个县（市、区、场）的供水任务。下设岭下、瓦房、洮北、通福、新洮5个分灌区和国哈、龙华吐、满州岱、庆友、范家屯5个渠首枢纽。控制灌溉面积29.33万公顷，其中耕地8.04万公顷。直接效益面积3.68万公顷，其中：水田3.25万公顷，旱田水浇0.43万公顷。洮儿河灌区自1993年开工以来，灌区建设已初具规模，现已完成重点建设项目有国哈渠首枢纽建设、龙华吐渠首枢纽建设、满州岱枢纽工程建设、庆友枢纽工程建设、洮北分灌区骨干工程建设及部分田间配套工程建设，累计完成投资13 683万元。几年来，洮儿河灌区取得了可喜的成绩并多次受到市委、市政府的表彰。1999年被市委、市政府评为“全市招商引资先进单位”。2000年12月被市委、市政府评为“农村经济贡献奖”，“全市招商引资工作优胜单位”。2001年9月被市政府评为“标准街路建设先进单位”。2002年4月被市委、市政府评为“帮扶万元田(棚)工程建设先进单位”。

地址：白城市海明西路28号　电话：0436　3350002　邮编：137000

白城市粮食局

几年来，白城市粮食局解放思想，抢抓机遇，开拓创新，与时俱进，在改革中求生存，在竞争中谋发展。坚持“抓党建、促发展，抓学习、转观念，抓创新、求突破，抓重点、带全局”的工作思路，队伍建设、粮食销售和经营管理等项工作都取得了较好的成绩。

2001年，局领导班子坚持做到思想工作与经济工作同步进行。局党委对企事业中层以上党员干部进行了集中轮训，重点学习了党章、党史、邓小平理论和“三个代表”重要思想，组织收看了党风党纪教育录像片，努力提高党员干部的政治素质。局党委向社会做出“六公开”、“三保证”承诺，即：收购政策、价格、等级、标准、入库检斤、服务措施公开；保证验质验斤公平合理，保证入库粮油数量、等级、账实相符，保证服务措施落实到位，切实维护卖粮农民利益。市局与基层单位签定了目标责任状，市直各粮食收储企业连续多年实现了不发生新的亏损，保证职工开满资。2001年共销售粮食68万吨，创历史最好水平。通过开展多种经营，实现内部承包制，使大部分富余人员得到了安置，做到转岗不下岗。

在广大干部职工的共同努力下，全局的各项工作都已步入了先进行列。局领导班子测评连续多年晋升优秀档次；粮食局先后被市委、市政府授予“98抗洪抢险先进单位”，“招商引资先进单位”，“救灾扶贫先进单位”荣誉称号。

①局长罗志新
②领导班子成员
③国家粮食储备库

地址：白城市文化东路17号
电话：0436　　3225474
邮编：137000

白城市畜牧局

地址:白城市朝阳路171号
电话:0436　3236236
邮编:137000

2001年，全市牧业经济克服了严重雪灾冷害及罕见旱灾的不利影响，得到了持续快速发展。全市大牲畜发展到66.2万头（匹），比2000年增长13%，其中牛发展到40万头，比2000年增长4.2%。羊发展到295万只，猪发展到220万头，禽发展到3 000万只，比2000年分别增长0.53%、4.2%和9.04%。肉类总产量18.9万吨，禽蛋类产量5.5万吨，牛奶产量23万吨，比2000年分别增长6.6%、10.5%和12.6%。牧业产值实现15.25亿元，比2000年增长21.7%。农民牧业人均收入达到692元，比2000年增长19.3%。

牧业产业化经营迈出坚实步伐。全市建成大安白鹅公司、通榆红牛奶粉厂、安广肉羊屠宰加工厂、洮南皮革加工厂和外贸加工厂，畜产品加工量占生产量的35%以上。全市建牲畜交易市场和肉类批发市场35个。牧业经济强乡落实10个、养畜专业大户50个、标准户800个和模式户8 500个。新发展万元畜禽棚舍1.32万户，建成畜禽专业乡26个，专业村128个，建设牧业小区40个。大力发展草业经济和加强草原建设与保护，全市草原禁牧面积585万亩，人工种草面积50万亩，实施草原围栏43万亩，退耕还草7.8万亩，草业经济发展取得了显著成效。

①局长孙维
②领导班子成员
③草原红牛
④西门塔尔牛
⑤皮埃蒙特牛
⑥科尔沁草原牧羊

吉林省白城水文水资源勘测局

地址：白城市中兴西大路38-3号
电话：0436　3346019
邮编：137000

吉林省白城水文水资源勘测局，吉林省水环境勘测中心白城分中心（同一机构）隶属吉林省水文水资源局。有职工58人，其中专业技术人员33人。下设水文水资源勘测队（站）3个、水文站13个、雨量站17个、水资源监测站16个，土壤墒情监测站6个。分布在嫩江、洮儿河、蛟流河、霍林河、二龙涛河等江河上。承担水位、流量、降水量、蒸发量、水温、气温、水质化验、测绘等16项测验任务，每年累积专业数据10余万字组；负责五大江河上水文站、大型水库的洪水预警预报；担负向国家防汛总指挥部、省市防汛指挥部、俄罗斯等13处收报单位的报汛任务；每年拍发水情电报1万多份。

几年来，为社会提供地表水、饮用水及水资源、工业废水、大气降水等方面的水质监测、水环境质量评价成果。随着吉林生态省建设的启动，加大了硬件投入与软环境管理，力争为吉林西部的水环境及水资源的规划和保护做出更大的贡献。1992年，吉林省水环境监测中心白城分中心被水利部授予质量控制“全优分析室”称号。1994年通过国家级计量认证。1998年在抗御特大暴雨洪水中，受到水利部，省、市、县政府的表彰。

①水文工作人员在测洪
②办公楼
③水情信息传输处理实现网络化
④水环境监测分中心常规分析室

白城市水资源管理办公室

地址：白城市棉纺路11号
电话：0436　3331418
邮编：137000

①党支部成员
②机关全体工作人员会议

白城市水资源管理办公室成立于1986年。现有职工54人。主要职责：负责全市水资源的统一管理；宣传贯彻执行水资源开发利用、保护和节约用水等法律法规；编制水资源开发利用、保护规划和水长期供求计划，拟定全市水量分配方案；负责全市取水许可制度的组织实施；对用水户下达用水计划；负责征收水资源费和超计划用水加价水资源费及水资源补偿费；对涉及取水的建设项目进行水资源论证、评价；负责全市地下水动态监测；对水污染防治实施监督管理；研究并推广新型节水技术和节水工艺、设备和产品；发布水资源公报。

几年来，共完成各类专业规划和科研报告50余份。2001年被白城市委、市政府评为“水利工作先进单位”和“先进基层党组织”。主任李培是享受国务院政府特殊津贴的专家，多次受到国家水利部及白城市委、市政府的表彰；共有30余篇学术论文在国内外刊物上发表，其中10多篇被评为优秀论文；有四项科研项目获省部级科技进步三等奖，有一项科研项目获地区级科技进步二等奖，在实际运用中创造了良好的经济效益和社会效益。

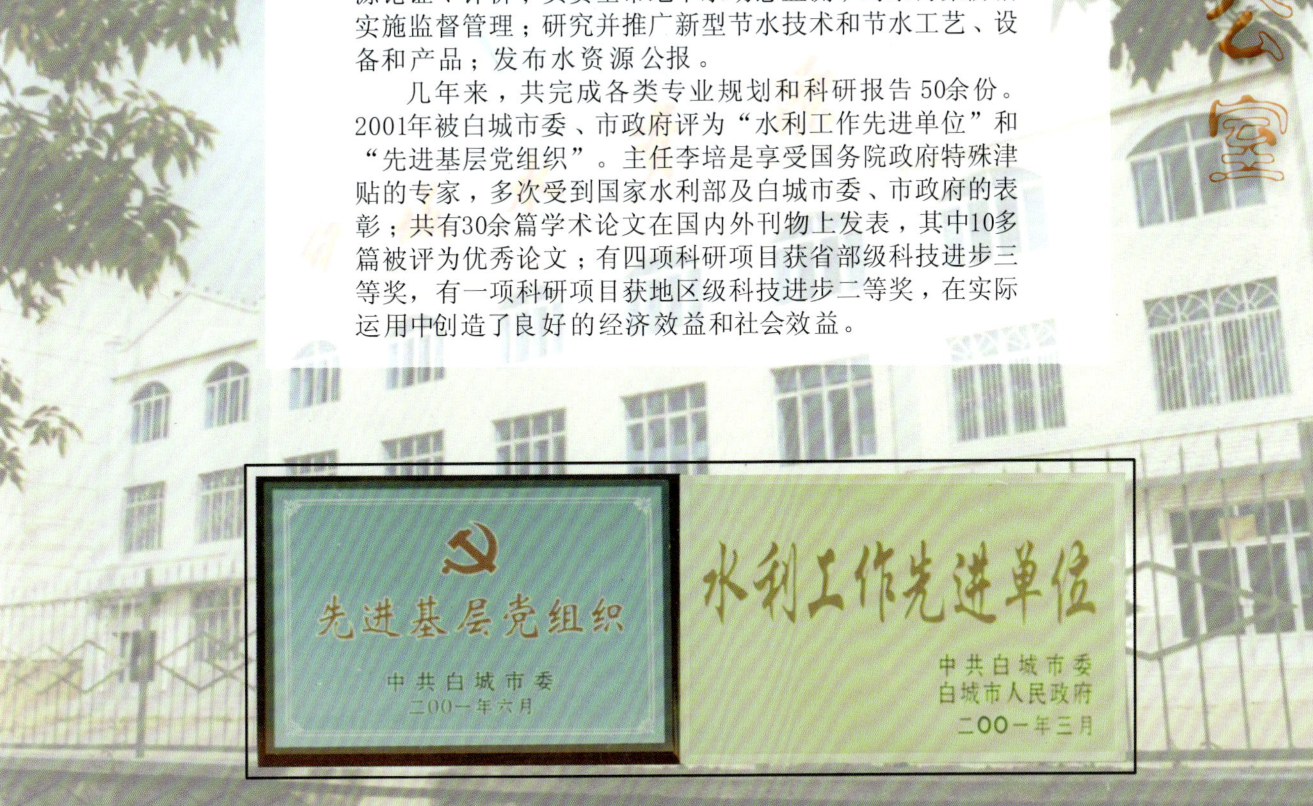

白城市无线电管理处

无线电管理是一项政府部门的行政职能，管理重点是科学配置频谱资源，维护空中电波秩序，为经济建设、国防建设和人民生活服务。为更好履行这一职责，无线电管理部门强化自身职能，充实加强工作机构；强化管理机制，实施台站标准化建设；强化技术手段，购置了先进仪器设备，使无线电管理不断规范，促进了无线电事业的迅猛发展。

经过近几年的建设，全市无线电应用领域不断扩大，由过去只是应用于管理部门、军事部门，近年来迅速向旅游、餐饮、娱乐、家庭等民用方面发展。目前全市铺设光缆近4 000公里；拥有移动通信（G网、C网）基站230座，移动用户23万户；卫星地球站9座；新增PHS系统基站502座，2.8万户；新增ETS无线接入基站5个，9 000户；新增2.4G无线接入基站3个，终端用户19个，形成了覆盖全市的光纤传输网、微波传输网、数字数据通信网，为全市经济和人民生活提供有效的无线电通信和网络服务。

地址：白城市文化东路1号
电话：0436　3224009
邮编：137000

①处长赵景祥
②监测室

吉林省通信公司白城市分公司

随着企业改革的不断深入，围绕“一切从客户需要出发，一切落实到企业效益”的经营理念，抓发展、抢市场、强管理、树形象，向社会展示着新网通、新服务、新形象的风采，以超常规的速度向前推进，使白城通信事业达到了前所未有的水平。交换机总容量43.6万门，电话实装28.6万门，两年间净增用户7.7万户，电话普及率由三年前的9%提高到12.87%，建成并开通了宽带互联网，发展数据通信用户30 422户。投资6 000万元建设并开通了深受用户喜爱的无线市话“小灵通”，仅两年多时间放号3万余户。形成了一个以白城市为中心，辐射各县（市），基本符合白城市经济发展战略需要的通信支撑网络。公司固定资产98 729万元。

企业精神文明建设也取得丰硕成果，连续7年保持了省级“精神文明标兵单位”和全省“思想政治工作优秀企业”称号。在全省开展的纠正行业不正之风活动中，连续三年在市直系统中名列前茅。2002年又荣获全省“职工职业道德建设十佳单位”及“吉林省质量管理先进企业”称号。

地址：白城市幸福南大街
电话：0436　3666606
邮编：137000

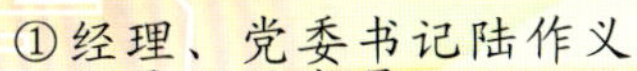

①经理、党委书记陆作义
②领导班子成员
③公司首届八次职工暨会员代表大会
④公司开展诚信服务活动暨增量增收综合竞赛动员大会
⑤程控机房
⑥电信枢纽大楼

白城市邮政局

领导班子成员

地址：白城市新华西大路18号
电话：0436　3657577
邮编：137000

白城市邮政局是1998年邮电分营后设立的独立运营、自负盈亏的国有企业。下辖镇赉、洮南、通榆、大安4个县（市）邮政局。全市现有邮政员工964人，邮政服务局所154处，其中农村局所101处，电子化邮局36处，邮路16条，邮路总长3 928公里。房屋建筑面积33 070平方米。固定资产1.99亿元，其中市局0.8亿元。为全市199万人口提供邮政通信服务的同时，还承担着吉林、内蒙古两省区、10个市、盟、旗县（市）区的邮件转运任务。

2001年，白城市邮政局本着向管理要效益的总要求，强化管理人员队伍建设，深化企业内部改革，坚持以发展为动力，以增收节支为根本的工作思路。通过完善生产经营机制，调整组织结构，实施专业化经营管理，实行减员增效等措施，促进了企业管理水平的全面提高。到2001年底，已实现邮政业务总收入4 075万元，比2000年增长17%，业务收入增长幅度在分营头一年为全省倒数第一的情况下，跃居为全省首位，创全省最好水平。全市五个县（市）局均被评为省“精神文明建设先进单位”，其中市局进入省“精神文明建设标兵单位”行列。

青年文明号

信息产业部
共青团中央
二〇〇一年四月

质量体系认证证书

吉林省白城市邮政局

GB/T 19002-94-ISO9002:94标准

文明转运站
标兵单位
全国干线邮路文明竞赛委员会

先进基层党组织
中共白城市委
二〇〇一年六月

吉林省服务质量
先进单位
吉林省质量技术监督局
二〇〇一年六月

白城市移动通信分公司，是在原白城市电信局移动通信资产整体剥离的基础上新组建的国有大型通信运营企业，于1999年7月组建完毕。隶属中国移动通信集团吉林省移动通信公司，系中直企业。公司辖4个县（市）营业部。主要经营移动话音、数据、IP电话和多媒体业务。具有计算机互联网络国际联网单位经营权。公司运营的网络在全市实现了无缝覆盖，网络通达世界五大洲。2001年底，企业固定资产总额2.2亿元，移动电话交换机总容量20万门，网上客户突破13万户，实现业务收入1.2亿多元，比2000年增长36%。上缴地方税金560万元。2001年公司继续保持“省级文明单位标兵”称号，同时又荣获吉林省“消费者满意单位”称号。计费帐务处理中心、开发区营业厅被评为省级“青年文明号”，洮南、镇赉、通榆营业班被评为市级“青年文明号”。洮南营业部经理赵洁军被授予“白城市十大杰出青年”称号。

白城市移动通信分公司

①市委副书记李树文（右一）、副市长蔡跃玲（左一）到公司检查工作，公司经理刘永胜（中）陪同
②移动通信工程建设会议，副市长王锐主持并讲话
③移动通信分公司召开客户座谈会，公司领导征求客户意见和建议

地址：白城市保胜路2号
电话：0436 3674003
邮编：137000

中国人民银行白城市中心支行

中国人民银行白城市中心支行作为中国人民银行的派出机构，根据上级的授权，承担着执行货币政策，负责辖区的金融监督管理、外汇管理，管理人民币流通，经理国库，维护支付、清算系统的正常运行，负责金融业的统计、调查、分析和预测等职能。

几年来，中国人民银行白城市中心支行在执行货币政策、加强金融监管、改进金融服务等方面表现突出，在地方党委、政府和上级行组织的考核评比中获得了优异成绩。2001年被沈阳分行评为银行机构抓降指标、国有独资商业银行抓降指标、农村信用社监管指标完成情况先进单位，被白城市委、市政府评为“帮扶万元田（棚）建设先进单位”、“标准街路建设先进单位”，同年中共白城市委、市政府向沈阳分行为白城市中心支行请功。2002年被白城市委、市政府授予“白城市功臣单位”荣誉称号。

①中国人民银行白城市中心支行工会工作委员会成立大会
②办公楼
③白城市中心支行专业技术竞赛
④营业大厅

地址：白城市中兴西大路46号

电话：0436　3350823

邮编：137000

中国农业发展银行白城市分行

中国农业发展银行白城市分行于1996年10月成立。六年多来，以支持和保护农业与农村经济发展为己任。特别是1998年以来，认真贯彻落实粮食流通体制改革的各项政策，以收购资金封闭管理为中心，不断完善收购资金封闭管理制度，从严管理，改进服务，有效地防范和化解了信贷风险，使收购资金封闭管理保持了良好的发展态势。按照政策保证了粮油收购资金需要，做到了不给农民“打白条”；积极改进金融服务，支持企业扩大顺价销售，收贷收息保持在较高水平；信贷资金营运水平进一步提高；非保护价粮油收购坚持“以销定贷，以效定贷”原则；不良贷款总量和占比均有所下降；财务收支状况进一步改善。白城市分行积极推进内部改革，加强教育培训，在完善管理体制和经营机制方面进行了有益的探索。全面加强了党的建设和思想政治工作，营造了良好的工作氛围，调动了干部职工的工作积极性和创造性。

①行长李长顺
②领导班子成员
③中国农业发展银行党委副书记、副行长孟宪斌（左三）与卖粮农民交谈
④收粮
⑤办公楼

地址：白城市新华西大路52号-1
电话：0436 3660950
邮编：137000

白城供电公司

总经理 李明

领导班子成员

白城供电公司，是国家大型供电企业。有职工1 373人。担负白城、松原两市及黑龙江省泰赉县、内蒙古自治区扎赉特旗的部分供电任务，供电辐射面积达4.7万平方千米，供电客户119.3万户。2001年过网电量2.24亿千瓦时，售电量23.28亿千瓦时。66-220千伏变电所26座，主变压器容量148万千伏安，66-220千伏线路55条，全长2 110千米。固定资产原值12.05亿元，净值6.99亿元。

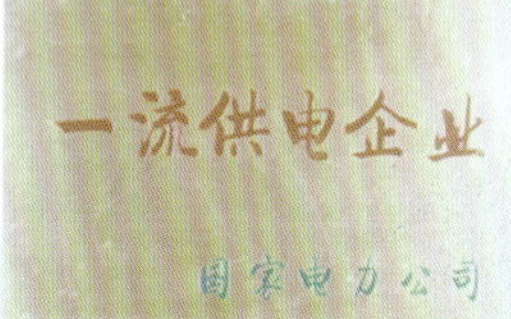

办公楼

公司按照“改革创新，稳定提高，转变作风，求实发展”的总体工作思路，不断完善创新管理机制，使企业的整体管理工作迈向规范化、制度化、科学化。公司始终奉行“安全第一，预防为主”的方针。贯彻“保人身、保电网、保设备”的原则。坚持安全生产常抓不懈，坚持模拟电力市场经营承包管理模式，以承包利润为目标，以降低线损为重点，认真履行兑现经营承包合同，狠抓成本控制、线损管理和电费回收三个环节，使企业效益逐年提高。出色地完成了省公司下达的城乡电网建设与改造工作任务，累计完成投资10亿余元。改造后的城乡电网网架结构合理，安全经济可靠，为地方经济的发展奠定了坚实基础。

几年来，公司先后荣获全国“精神文明建设先进单位”、“全国模范职工之家”、“国电公司双文明标兵单位”、“省思想政治工作优秀企业”、“省精神文明建设标兵单位”、“省公司双文明建设标兵单位”、“省公司安全生产先进单位”等荣誉称号。

电业综合大厦

地址：白城市长庆北街1号
电话：0436 3254073
邮编：137000

城网改造工程施工作业

主变压器检修试验作业

白城220伏一次变电所全景

公司承担的吉林省电力有限公司防洪重点工程

白城市通业（集团）有限责任公司

白城通业集团公司建于1960年。占地面积18.8万平方米，建筑面积为9.4万平方米。有职工1 462人，其中各类专业技术人员296人，管理及销售人员137人，分别占职工总数的20%和9%。公司设10个部室，有7个成员企业。

建厂四十年来，企业历经四次创业，在科技兴厂、质量立厂、管理治厂、效益富厂战略思想指引下，实现了产品结构战略性调整，形成了电工机械、精密锻造、建材机械、实型铸造、电线电缆、装饰装潢六大产品，发展成为集产、学、研、科、工、贸为一体的企业集团，被国务院发展中心评定为吉林省一百家最大工业企业和最佳经济效益企业之一，是吉林省省级技术中心，高新技术企业。

1997年企业通过了ISO9001、ISO9002质量体系认证，所覆盖的电力电缆、电缆成套设备、精密连杆锻件同时取得了出口商品生产企业注册证书，产品有了进入国际市场的通行证。

近几年，企业以科技创新，质量改进为先导，企业自主开发能力不断增强，大幅度提升了产品的科技含量和产品档次。电工机械整体工艺水平及质量，连杆精锻件质量、规模和技术水平，实型铸造空冷钢技术均居全国同行之首。在企业技术创新和质量改进历程中，先后有五项技术获得国家专利，18项产品分别荣获国家、省、部级优秀新产品奖，科技进步奖。先后有60多名科技人才受到国家、省、部、市的奖励，3名被列为国家和省级专家。

2000年，企业确立了进一步向高科技领域进军的“十五”规划。用新思维、新创造迎接新知识经济的挑战，完成与国际市场的接轨，在“十五”期末，形成精密锻件、电工机械、建材机械、建材、电子五个亿元板块的核心能力，把企业推向更加辉煌的未来。

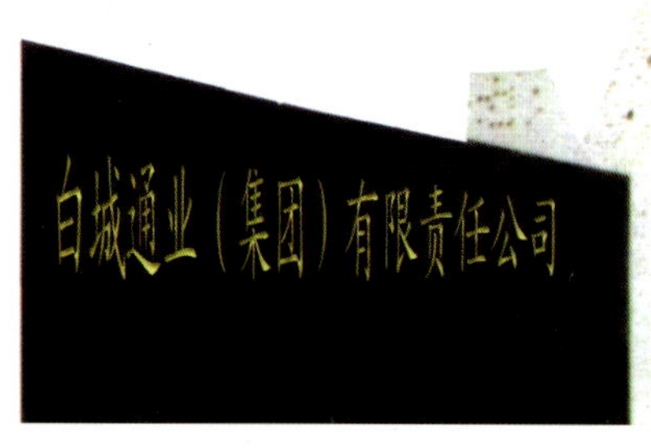

①国家电子工业部劳动模范、吉林省劳动模范、国务院政府特殊津贴获得者、白城市优秀企业家、公司党委书记、总经理孟庆龙

②全国政协副主席洪学智来公司视察，市领导陪同

③吉林省委书记王云坤来公司视察

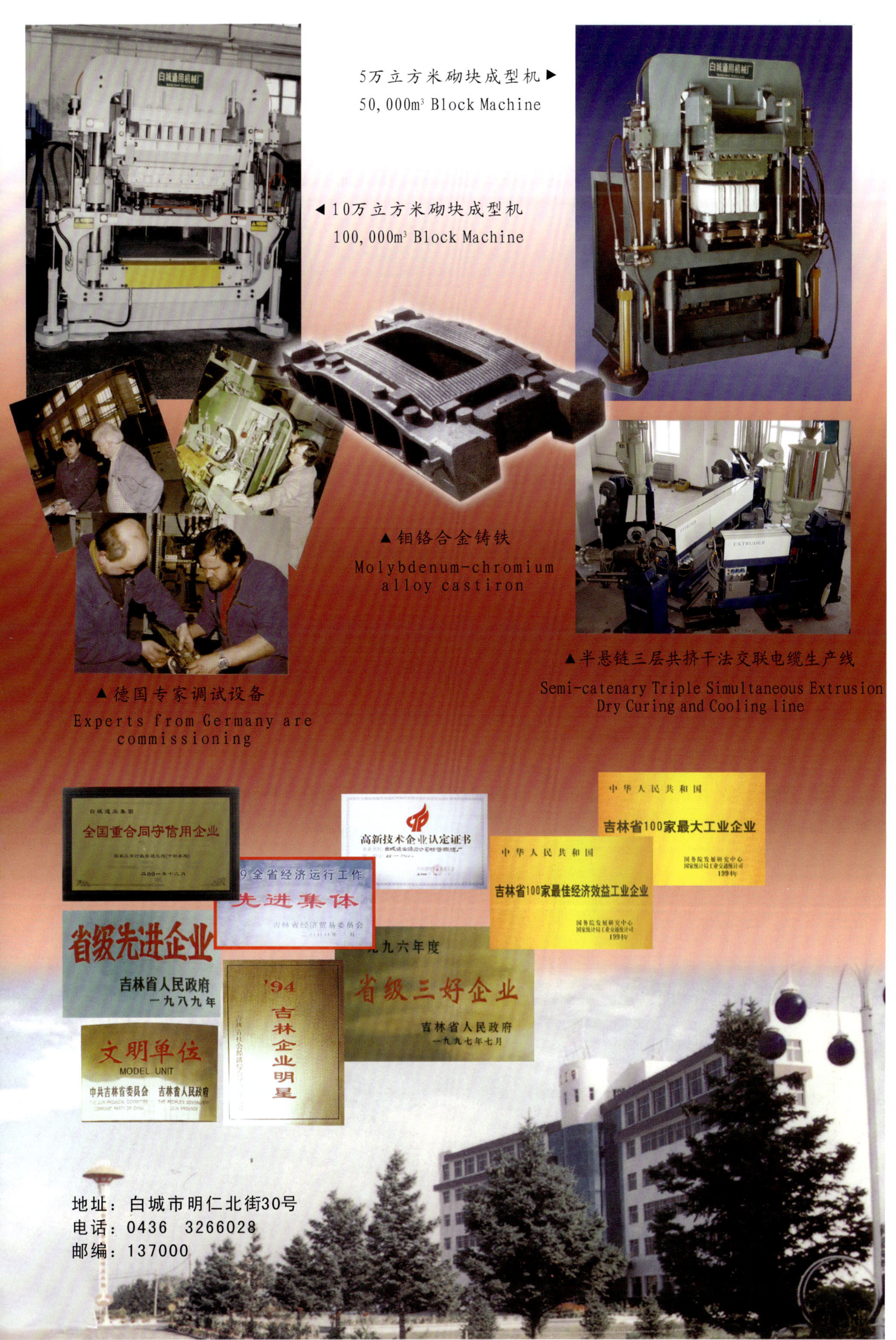

5万立方米砌块成型机▶
50,000m³ Block Machine

◀10万立方米砌块成型机
100,000m³ Block Machine

▲钼铬合金铸铁
Molybdenum-chromium alloy castiron

▲半悬链三层共挤干法交联电缆生产线
Semi-catenary Triple Simultaneous Extrusion Dry Curing and Cooling line

▲德国专家调试设备
Experts from Germany are commissioning

地址：白城市明仁北街30号
电话：0436 3266028
邮编：137000

吉林汽车工业集团
白城红钻股份有限公司

董事长、总经理　杨钦修

省委书记王云坤到公司视察
市委书记刘润璞、市长岳清友陪同

红钻股份有限公司建于1969年，它的前身是白城市汽车电器总厂。占地面积1.6万平方米，职工996人，总资产5 900万元。设备336台(套)。5条生产线，年生产能力为30万辆(份)。设机加、模具、电镀、塑料、总装等10个生产车间及两所一室（科研所、变电所、中心实验室）和两个全资子公司。主导产品有汽车开关、继电器、保险器、警报器、闪光器、玻璃升降器等6大类80余种，适用于奥迪、捷达、小红旗、富康等类型车和“解放”系列、“东风”系列卡车，形成了中、轻、重轿车产品的配套格局，整个生产过程自成体系。产品除了向一汽、一汽大众公司、二汽、神龙公司、青岛汽车厂等主机厂配套外，还为全国各地的汽车配件公司提供社会维修配件，产品覆盖全国29个省、市、自治区，市场占有率36%。公司不断进行技术创新及新产品开发，增强了市场竞争力，企业效益不断提高，成为具有综合实力的集团公司。

“红钻”将以一流的技术，一流的管理，一流的产品，一流的服务，真诚地欢迎中外客商前来投资、订货，共创美好未来。

地址：白城市新华西大路2号　　电话：0436　3320774　　邮编：137000

办公楼

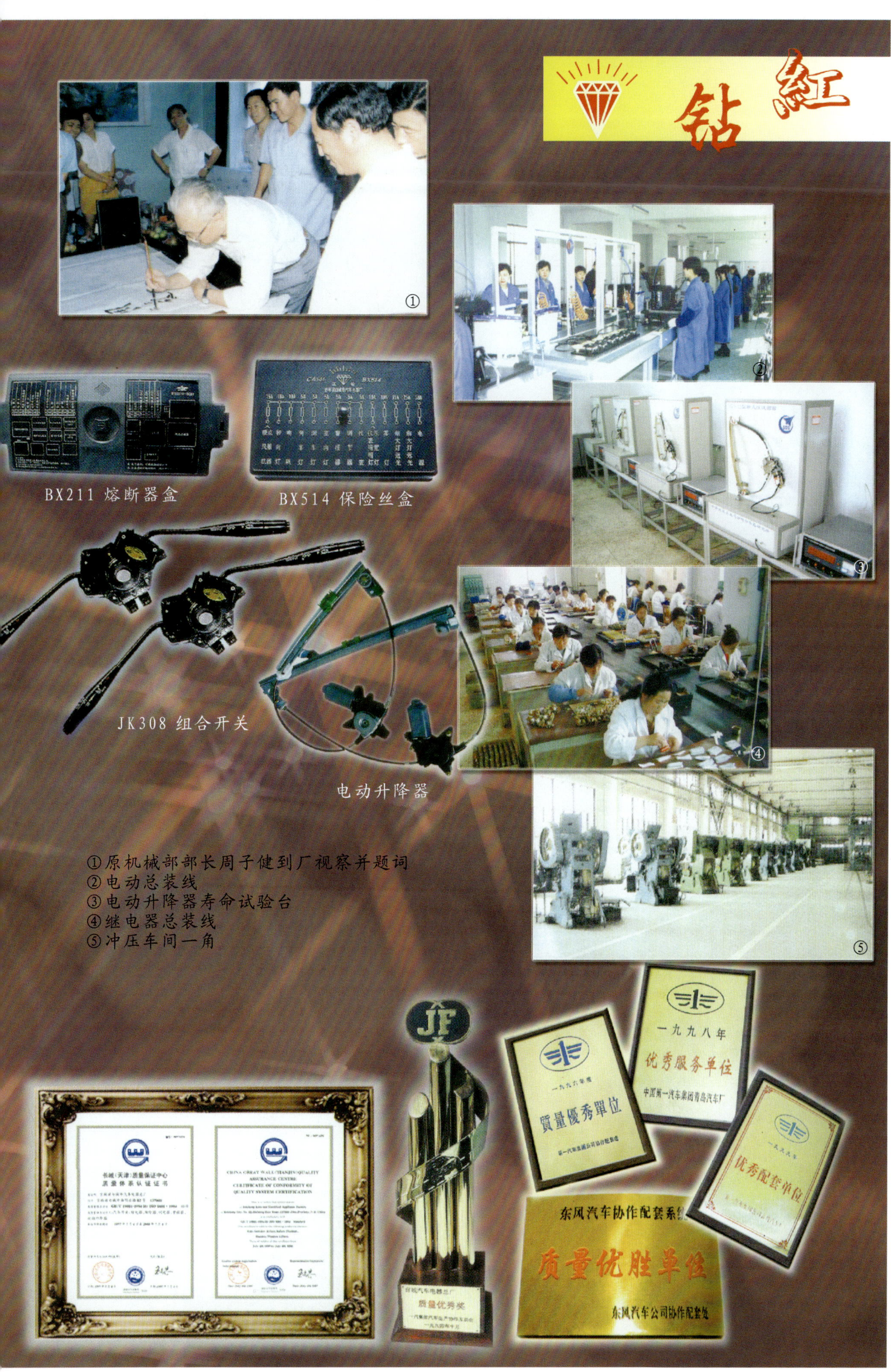

BX211 熔断器盒
BX514 保险丝盒
JK308 组合开关
电动升降器
①原机械部部长周子健到厂视察并题词
②电动总装线
③电动升降器寿命试验台
④继电器总装线
⑤冲压车间一角
一九九八年
优秀服务单位
中国第一汽车集团青岛汽车厂
質量優秀單位
优秀配套单位
东风汽车协作配套系统
质量优胜单位
东风汽车公司协作配套处

白城市金鹏齿轮股份有限公司

①董事长、总经理杨秀增
②省委书记王云坤到公司视察
③丰富多采的文体活动
④技术开发中心
⑤国内先进水平连续渗碳自动线
⑥国内先进水平变速箱装配线及主要产品

地址：白城市青年北街42号
电话：0436　3266380
传真：0436　3226131
邮编：137000

白城市金鹏齿轮股份有限公司于1998年6月由原国有大型二档企业白城市齿轮总厂改制而成，总资产1.28亿元，一汽集团成员。

公司占地面积10万平方米，建筑面积2.6万平方米。有员工1 300人。设省级技术开发中心、10个生产车间和一个全资子公司。有生产检测设备近千台，具有国内领先水平的汽车变速箱总成装配线一条。公司的两大系列主导产品汽车齿轮及汽车变速箱总成、农机齿轮及农用车变速箱总成，畅销全国29个省市，现已形成年产10万台变速箱和300万件齿轮花键轴的生产能力。

经过连续的技术改造和机制体制的不断创新，白城金鹏齿轮股份有限公司焕发了生机与活力，已成为产品有优势、效益争一流的现代企业，先后获省“模范集体”、“省级三好企业”、省“优秀企业”、省“思想政治工作优秀企业”、省“精神文明建设先进单位”等称号。

③

④

⑤

白城市自来水公司

白城市自来水公司成立于1964年。占地面积52 574平方米。有职工446人，其中专业技术人员61人（高级职务2人，中级职务15人，初级职务44人）。设人事科、财务科、材料科、基建科、综合科、生产科、保卫科、稽查科、党委办公室。一、二、三水厂，一、二、三收费所，给水营业大厅，维修队、工程队。直属单位有白城市给水工程安装公司，给水建材经营公司，自来水多种经营公司，给水挖掘运输公司。

日供水能力6.5万吨，年供水总量407万吨，比2000年增加8万吨。用水户32 646户，用水人口10.6万人。主要设备有存取供水泵22台，高、低压开关柜，变频调速柜，水表校验台，车床，电焊机，加氯机等，设备总值493万元，资本金875万元。固定资产原值4 413万元，净值3 638万元，全员劳动生产率22 116元/人。

2001年公司被吉林省建设厅授予“精神文明建设先进单位”。维修队被吉林省精神文明建设领导小组授予“吉林省青年文明号”。给水营业大厅被白城市计经委和白城市总工会授予“全市双十佳文明班组”。

①经理赵明
②领导班子成员
③办公楼

地址：白城市民生东路61号
电话：0436 3224461
邮编：137000

白城市热力公司

地址：白城市文化东路95-5号
电话：0436 3223071
邮编：137000

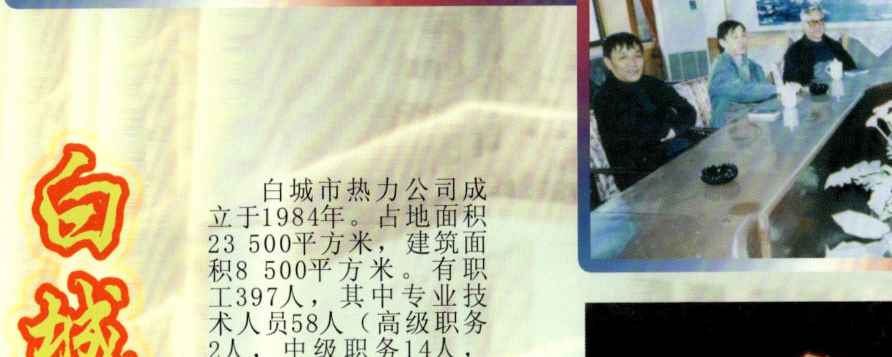

①经理史万启
②领导班子成员
③办公楼夜景

白城市热力公司成立于1984年。占地面积23 500平方米，建筑面积8 500平方米。有职工397人，其中专业技术人员58人（高级职务2人，中级职务14人，初级职务42人）。设企保处、行政处、计财处、人教处、生产技术处、供暖处、党委办公室、团委、档案室。直属单位有供暖一处、二处、仪表监测处、收费处、安装公司、物贸公司、汽车修配厂。主要设备有AⅡ型20热水炉6台及其配装设备，机械仪器、仪表、水泵、水处理设备、电器设备、变频调整装置、各种阀门、除污、除砂器，各种工程抢修设备3 500台（套）。设备总值3 385.5万元。固定资产原值1.11亿元，净值6 225万元。总产值2 545万元，增加值338万元，税金173万元，全员劳动生产率99 025元/人。

年供热总量110.3万吉焦。全市供热面积445万平方米，其中住宅供热面积238万平方米。

白城市建设房地产评估有限公司

白城市建设房地产评估有限公司成立于2000年11月，属股份制企业。有职工18人，其中评估师5人，评估员11人。设综合部、财务部、评估部。业务范围主要是对房地产价格进行评估。固定资产原值99万元，固定资产净值89万元，利润49.76万元。

①经理孟庆忠
②领导班子成员

地址：白城市菜市胡同1-6号
电话：0436 3243484
邮编：137000

白城市房地产产权市场管理处

主任 寇振国

领导班子成员

白城市房地产产权市场管理处成立于1989年。建筑面积3 400平方米，其中办公楼1 300平方米，房地产交易中心大楼2 100平方米。有职工68人，其中专业技术人员13人（中级职务7人，初级职务6人）。设公产科、私产科、产籍科、租赁科、抵押科、发证科、乡镇科、计财科、测绘一队、测绘二队、交易所、行政办公室、党务办公室。

设备有微机27台，复印机3台，测绘机、摄像机及汽车各1台。固定资产1 000万元。

2001年,发放房屋产权证11 885户；房屋鉴定灭籍24个单位，拆迁面积7万平方米；危房鉴定26户，面积1 501平方米；房产交易3 774户；租赁登记400户；完成公产增加159栋，私产增加248户，面积43.11万平方米；公产减少4栋，私产减少104户，面积7 688平方米；装订档案8 670卷，微机录入15 815卷，查档3 059卷，新编索引25个街坊。实现收入4 385万元。

管理处提高了服务质量，推行“四制”（全程服务制、直接办理制、窗口服务制、社会服务承诺制）工作制度，设10个服务窗口，集中办理，流水作业，形成公正、高效、优质、便捷的“一站式”办公和“一条龙”服务体系。

地址：白城市文化东路87号　电话：0436　3220966　邮编：137000

白城市第一建筑工程总公司

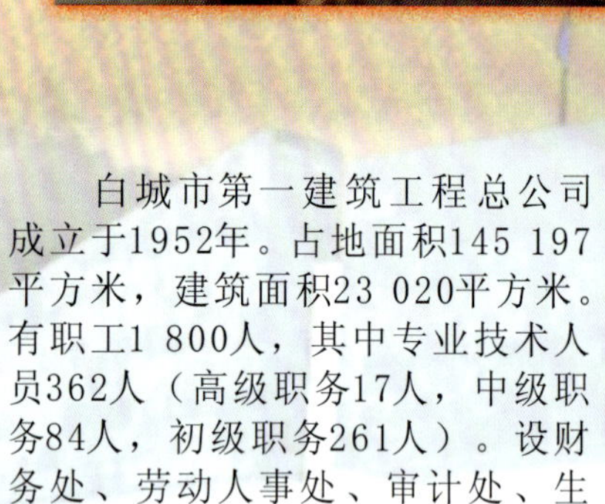

白城市第一建筑工程总公司成立于1952年。占地面积145 197平方米，建筑面积23 020平方米。有职工1 800人，其中专业技术人员362人（高级职务17人，中级职务84人，初级职务261人）。设财务处、劳动人事处、审计处、生产计划统计处、安全监督处、材料设备处、技术质量处、预算处、保卫处、监察处、清欠部、离退休部、综合部、项目部，党政办公室、计划生育办公室、信访办公室，组织部、宣传部、机关党总支、团委、纪检委、工会。

直属单位有第一、二、三、四、五、六、七、八建筑公司，安装、机械化施工租赁、东泰建筑、多企建筑、物业、装潢、教育、国际合作公司，项目部设备队，水泥制品厂，第一、二、三、四项目部，建设医院，长春、珲春分公司。

主要设备有50吨汽车起重机、8吨汽车起重机、履带式起重机、塔式起重机、升降机、配料机、钢模板修复机、破碎机、锥螺纹套丝机、混凝土输送泵、打桩机、装载机、推土机、挖掘机、自卸汽车、挖拌运输车、载重汽车、搅拌机、卷扬机、车床、铣床等62台，功率14 231千瓦。

固定资产原值7 446万元，现值5 819万元。总产值1.43亿元，增加值4 286万元，税金486万元，利润11.39万元，全员劳动生产率79 372元/人。

2001年被国家建设部评为全国安全生产先进单位。

地址：白城市中兴东大路15号
电话：0436　3222551
邮编：137000

①总经理王永山
②领导班子成员
③办公楼

主任 刘利群

白城市建设工程质量检测中心

白城市建设工程质量检测中心成立于1956年。占地面积386平方米。有职工13人，其中专业技术人员11人（中级职务3人，初级职务8人）。主要负责白城市所辖县（市、区）及外地建筑工程材料的化验检测工作。设备有微机、万能试验机、取芯机等。固定资产原值3.21万元，固定资产净值19.11万元。

地址：白城市青年大街9号
电话：0436 3225624
邮编：137000

白城市城郊供电公司

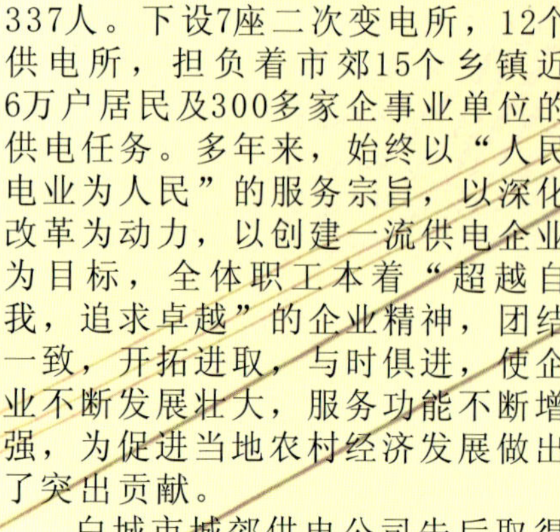

白城市城郊供电公司，有职工337人。下设7座二次变电所，12个供电所，担负着市郊15个乡镇近6万户居民及300多家企事业单位的供电任务。多年来，始终以“人民电业为人民”的服务宗旨，以深化改革为动力，以创建一流供电企业为目标，全体职工本着“超越自我，追求卓越”的企业精神，团结一致，开拓进取，与时俱进，使企业不断发展壮大，服务功能不断增强，为促进当地农村经济发展做出了突出贡献。

白城市城郊供电公司先后取得了部级“三为服务”达标单位，全国农村电气化省、县级“文明单位”等荣誉称号。特别是近几年来，率先在全省完成了第一期农网建设与改造工程，降低电价，每年减轻农民负担近500万元，创造了洮北农电史上新的辉煌。2000年被评为全国农网建设与改造“先进集体”，农电体制改革工作受到了国家发展计划委员会和国家电力总公司领导的充分肯定和高度评价。2001年又获得了全国电力市场整顿和优质服务年活动“先进集体”的殊荣。

①

②

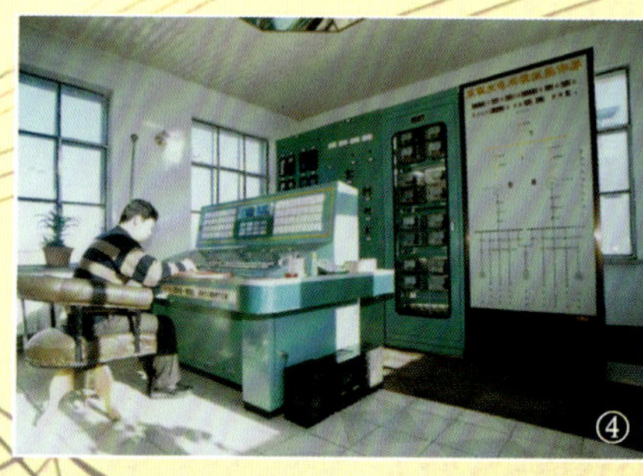
④

③

地址：白城市瑞光北街61号
电话：0436 3325223
邮编：137000

①党委书记蔡彪
②领导班子成员
③农村电网改造施工现场
④二次变电所控制室
⑤基层供电所面貌焕然一新

⑤

白城市房地產經營總公司

经理　王桂兰

白城市房地产经营总公司成立于1989年10月。业务范围：负责市区国有直管房、产权、产籍、起租等管理工作；国有直管房日常养护和大、中、小维修工作；国有直管房租金收缴工作；国有直管房改造、开发建设和出售工作；直管房居民小区物业管理工作。有职工412人，其中专业技术人员61人（高级职务4人，中级职务21人，初级职务36人）。设财务科、产籍科、房管科、工程科、技术科、人事科、动迁科、售楼处、办公室、党委办公室、工会。

直属单位有物业公司、平房物业公司、置换中介公司、砖厂、材料经销处、装潢公司、基建维修队。

主要设备有粘土砖生产线，塑钢生产加工机械，吸污车，运输车等。固定资产414万元。

地址:白城市海明东路48号
电话:0436　3223946
邮编:137000

领导班子成员

吉林白城国家粮食储备库

吉林白城国家粮食储备库(原白城市第一粮库)建于1954年,是国有非工业大型二等企业。库区总面积17万平方米,仓容10.42万吨，储存量和经营量列白城之首。固定资产总额7 832万元。现有职工804人。库内有铁路专用线和铁路罩棚，可全天候作业，同时可办理整列火车的到发业务，有粮食烘干机二座，大米加工车间一个，能对外承揽加工，是集购、销、调、存、加为一体的综合性粮食企业。

进入市场经济以来，粮库紧紧围绕“兴工富市”战略，以“深化企业内部改革，强化优质服务”为主线，严格管理，建立健全各项岗位责任制，完善便民优质服务体系，形成了上下一心抓管理，同心同德树形象，千方百计增效益的新局面。连续三年被吉林省政府评为吉林省“一符四无”粮仓建设示范库，并先后获吉林省“送温暖工程”先进单位，白城市“精神文明建设标兵单位”等荣誉称号。

粮库经1998年投资建设，现拥有设计先进的浅圆仓储粮设施和优良的检化验仪器，以及计算机网络系统，是一个条件优越，前景广阔，潜力巨大的现代化粮食储备库。

粮库秉承“团结奋斗，求实进取”的企业精神，信奉“诚实、守信”的原则，热忱欢迎白城市各界同仁莅临指导，共图发展，并与之一道为白城跨越式发展贡献力量。

2000-2001年度精神文明建设
标兵单位
MODEL UNIT
中共白城市委 白城市人民政府

送温暖工程
先进单位
吉林省总工会
2002年7月

地址:白城市青年北大街12号
电话:0436 3237214
邮编:137000

①主任杨成墨
②领导班子成员
③粮食储备库

白城市广播电视中心

白城市广播电视大厦是2000年和2001年全市城市开发建设管理总体战和全市十项重点建设项目之一。建筑面积1.8万平方米，大厦主体高71.7米，总投资4 500万元。

白城广电大厦是集办公、广播电视节目制作、播出发射、有线电视安装维护和多功能开发为一体的综合性建筑。内设400平方米电视演播厅1个、100平方米和50平方米演播室各1个；电台有50平方米演播室2个；200平方米双向电视电话会议室1个。楼内设有电梯两部，取暖采用地热中央空调，整个建筑明快典雅，外观大气，成为白城市具有时代特点和现代气息的标志性建筑之一。

白城市广播电视中心，实现了自办广播节目2套，自办电视节目3套，并传送中央、省及外地多套广播、电视节目以及信息网络中心平台的服务功能，这对于落实中央要求，提高边远地区广播电视覆盖率，发挥广播电视辐射作用，保持团结稳定大局，促进白城广播电视事业的大发展具有深远的意义。

地址：白城市幸福南大街广电大厦
电话：0436　3677779
邮编：137000

①广电大厦全景
②广电大厦主入口大厅
③400平方米演播厅
④50平方米演播室
⑤100平方米演播室
⑥贵宾休息室
⑦广电大厦西入口大厅

白城市文化局

白城市文化局是主管全市文化艺术事业和全市新闻出版(版权)事业的政府职能部门。全市文化工作、新闻出版（版权）工作在市委、市政府及上级主管部门的领导、指导下，按照“三个代表”重要思想的要求，坚持文艺的“二为”方向、“双百”方针，解放思想，与时俱进，围绕中心办活动,根据市场谋发展，以促进全市文化工作整体升位为目标，以区域大文化建设为主线，积极探索市场经济条件下文化艺术事业的新规律、新途径，为全市两个文明建设营造了良好的人文环境。多年来，全市各项文化工作曾多次受到国家、省有关部门的表彰及市委、市政府的肯定和嘉奖。

2001年，全市的专业艺术工作继续保持良好发展势头，群众文化生活日益丰富多彩，文化市场在净化中实现繁荣，文化活动中心工程建设主体完工，各项工作圆满完成。

①局长欧阳光

②省市领导参加中国·白城第三届生态旅游节暨首届文化节

③领导班子成员

④市领导在市博物馆参观第89届广交会预展

⑤中国·白城第三届生态旅游节暨首届文化节开幕式

⑥白城文化活动中心

地址:白城市文化东路1号

电话:0436　3225527

邮编:137000

白城市体育局

近几年来，群众体育蓬勃发展，促进了竞技体育、群众体育和体育产业协调发展，推动了全市体育事业健康快速发展。

1999年至2002年，全市连续4年组队参加了北京国际马拉松比赛。运动员获金牌7枚、银牌8枚、铜牌9枚，共获得奖杯31座，为国家、省和白城人民争了光，市政府为市体育局记集体三等功一次。

2001年，在全国九运会上，输送到省曲棍球队4名为主力队员的曲棍球队获金牌，女子马拉松赛第3名，3千米障碍赛第4名。

白城市组团参加全省第十四届运动会，共获金牌35枚、银牌19枚、铜牌23枚。其中田径赛获金牌18枚，金牌总数列全省第二位，并获“体育道德风尚奖”。

群众体育发展较快，全市体育人口已达60%，共有晨练站（点）300多个，全民健身活动已深入到社区、街道和农村，推动全民健身活动不断向广度和深度发展。1999年以来，白城市体育局等20几个单位被国家体育总局、省体育局评为先进单位。在促进民族团结工作中，市体育局被市政府授予“促进民族团结进步奖”。

全市先后成立了6个体育俱乐部和2个先进体育社区，获国家和省捐赠的全民健身器材折合人民币近200万元。

①局长郑鹏翔
②领导班子成员
③市长刘润璞（左）副市长姜凤国（右）与在北京参加国际马拉松赛获金牌的运动员李贺（中）合影
④市领导及体育局班子成员与在北京参加国际马拉松赛取得名次的运动员合影
⑤市领导与在北京参加国际马拉松赛取得名次的运动员亲切交谈

地址：白城市文化东路1号
电话：0436　3224790
邮编：137000

白城市科学技术局

1998年以来，全市共取得科技成果134项，有23项获省科技进步奖；一批发明创造被国家知识产权局授予专利权。几年来，共组织实施国家、省、市各类科技发展计划项目90余项。通过科技计划项目的支持，增强了白城市自主创新能力，提高了产品的科技含量，解决了一批生产中的关键技术问题。高新技术企业从无到有，现已有吉林敖东洮南药业股份有限公司、通业集团精密锻造厂和洮南马应龙制药股份有限公司三户省级高新技术企业，成为经济增长中的亮点。生态农业、效益农业取得了长足发展，有一批农业科技产业化项目付诸实施。向日葵、玉米、杂粮杂豆育种的新品种已大面积推广，取得了显著的经济效益。人才支撑体系基本形成。全市有各类专业技术人员72 060人，其中高中级专业技术人员20 829人。先后有47位科技人员获得政府特殊津贴，拥有国家、省级有突出贡献专家22人、吉林省跨世纪学术和技术带头人12人，一批中青年科技骨干正在茁壮成长。国际科技合作与交流进一步活跃，白城市农科院与塞尔维亚大田作物研究所联合成立了中·塞向日葵育种研究所，拓展了白城市科技交流与合作的空间。“招贤引智”不断向纵深发展。通过“招贤引智”等形式，使全市各县（市、区）以及70%以上的工业企业和省内外大专院校、科研单位、大中型企业建立了不同形式的科技与经济协作关系，增强了企业的技术开发能力，拓展了产品销售领域。

局长　王荣文

领导班子成员

地址：白城市文化东路1号
电话：0436　3223712-8141
邮编：137000

几年来，白城市计划生育委员会“苦练内功、外塑形象”，努力抓好人口与计划生育工作，为全市经济和社会发展创造了良好人口环境。特别是1998年以来，全市计划生育工作一年迈出一大步，年年跃上新台阶，实现了整体位次前移的目标，现已由1997年的全省末位跃居全省前列。在2001年全省“计生线”、“党政线”两线考核中，全市五个县（市、区）全部跨入全省一类县行列。全市计划生育工作实现历史性跨越。1999年以来，连续三年被评为市级精神文明单位、优秀局级班子，机关党支部连续三年被评为先进党支部，工会被评为“先进职工之家”。在全市开展的“创建文明机关，争当人民公仆”活动中，被市委、市政府评为“全市十佳文明机关”，并被国家人事部、计划生育委员会评为“全国计生系统先进集体”。

①主任孙志文
②领导班子成员
③全体工作人员

地址：白城市文化东路1号
电话：0436 3224490
邮编：137000

白城市计划生育委员会

白城市教育系统

市教育局党委书记、局长　范朝东

白城市教育局第三次代表大会

2001年，白城市教育系统在全体人员的共同努力下，勇于开拓，整体推进，使教育事业取得了令人瞩目的成绩。

“两基”（基础及九年义务教育、基本扫除青壮年文盲）工作进一步巩固提高。1998年提前两年实现“两基”目标；市县两级都启动了“两基”年检年审制度，建立了有效的监控机制。全市一类一级中小学213所，占中小学总数的20%；中小学入学率、普及率均达到国家规定标准。素质教育全面展开，教学质量取得新突破。1998年以来，全市高考进入本科录取线13 438人，其中有35人考入清华和北大。职教加大资源和联合办学力度，办学能力大大增强。2000年两校一院实施合并组建了白城师院分院；2001年把农机校一分为二，分别并入牧校和四中；依托工交职大和卫校创办了吉大白城学院和吉大白城医学院。教育改革稳步推进，发展活力不断增强。经过几年的努力，以“四制”（校长负责制、教职工责任制、岗位责任制、等级工资制）、“四定”（定规模、定编制、定岗位、定工作量）为核心的学校内部管理机制改革已全面实施。办学体制改革继续推进，国有民办、民办公助、名校办分校等多元办学体制正逐步形成。教师队伍建设进一步加强，整体素质明显提高。全市中小学教师学历全都达标，小学和初中教师具有专科和本科学历分别占30%和27%，高中教师具有研究生学历的达10%。教育投入不断增长，办学条件大大改观。2001年全市教育经费支出达4.76亿元，比上年增长20.8%，新建中小学校舍49 771平方米，改造危房22 827平方米，新建教职工住宅31 000平方米，“新三室”（微机室、电教室、语音室）达384个。

2001年，市教育局被评为市级“精神文明建设先进单位”，在“文明杯”活动中被评为“文明杯先进单位”。

白城市教育局领导班子

洮北区教育局领导班子

大安市教育局领导班子

洮南市教育局领导班子

通榆县教育局领导班子

镇赉县教育局领导班子

白城市教育系统

①白城市体育中学专业训练课
②白城市特殊教育学校语言康复训练班
③白城市第八中学2001年高考进入本科线114人
④白城市第四中学主楼
⑤白城市第二职业高中专业实习车间
⑥白城市第一职业高中餐饮专业实习课
⑦白城市第一中学

①吉林省畜牧业学校专业指导课
②吉林大学白城学院专业指导课
③白城医学院专业指导课
④白城师院分院幼教专业形体训练课
⑤白城广播电视大学主楼

白城师范学院

地址：白城市中兴东大路9号
电话：0436 3224812
邮编：137000

①党委书记任兴(左四)、校长车元路(左二)与有关人员研究制定学院发展规划
②白城师范学院成立揭幕剪彩
③白城师范学院文体馆

白城师范学院建于1958年，是经教育部批准的隶属吉林省普通高等学校。校园占地面积52.21万平方米，建筑面积16.3万平方米。现有在校本、专科生4 735人，函授生1 800人。

学院设11个系，25个专业，4个部，3个研究所和5个中心。有专职教师346人，其中，教授11人，副教授121人，在省内外高校聘请兼职教授13人，具有研究生学历的教师90人，形成了合理的人才梯队。

学院固定资产总值11 994.2万元，教学仪器设备总值1 925.5万元。图书馆藏书35万册、期刊1 200余种、光盘期刊120种，并配备现代化电子阅览室。学院现有各类实验室83个，计算机800余台；有多媒体教学设计和制作训练室、多功能报告厅、教师基本功训练室、微机教学实验室、电视演播室；建有有线电视校园网、校内有线台，校内外语教学电台和计算机校园网。建筑面积8 100平方米的文体馆于2002年7月投入使用。

学院办有《白城师院学报》和《白城师院报》，为师生进行学术交流、文化交流、信息交流提供了阵地。建校以来，学院培养普通本、专科毕业生13 000多人，多数已成为吉林省基础教育战线和其它各条战线的骨干力量。

新世纪的到来，为白城师范学院的历史又掀开了新的一页，展望未来，任重道远，全院师生员工正以昂扬的斗志，全面推进和强化教学改革，进一步提高办学效益和办学质量，增强办学实力，加速学院的发展，努力把学院创办成为全省乃至全国先进院校而不懈努力。

书记　唐克杰

院长　陈福林

白城师范学院分院

白城师范学院分院于1999年12月由吉林省政府批准成立。是由白城教育学院、通榆师范和白城艺术幼儿师范合并而成的专科院校。隶属白城市人民政府，是全市唯一的专科层次小学教师培养培训基地。占地面积12.7万平方米，建筑面积4.7万平方米。有教职工259人，其中教授、副教授53人，讲师98人，助理讲师42人。有教学班26个，在校生1 300人。开设普师、幼师、音乐、美术、体育、英语、计算机7个专科，还举办了小教专科实验班和三年制幼师班，进一步提高了办学水平，逐步形成了自己的办学风格与特色。

建校以来，不断深化教育教学改革，强化素质教育，加强专业设置建设，注重对学生的创新精神和实践能力的培养，突出办学特色和风格，教育教学等各个方面均取得了显著的成效。1999年被省教委评为“精神文明建设示范校”，1999年至2000年连续两次被省委、省政府评为“精神文明建设先进单位”。2001年被市政府评为“精神文明建设先进单位”，市教育系统“目标责任验收先进单位”，2002年，院校团委被团省委评为“‘五·四’红旗团委标兵”院校被市政府评为“花园式学校”并被推荐为省百所“花园式学校”。

地址：白城市白平公路50-34号
电话：0436　3328709
邮编：137000

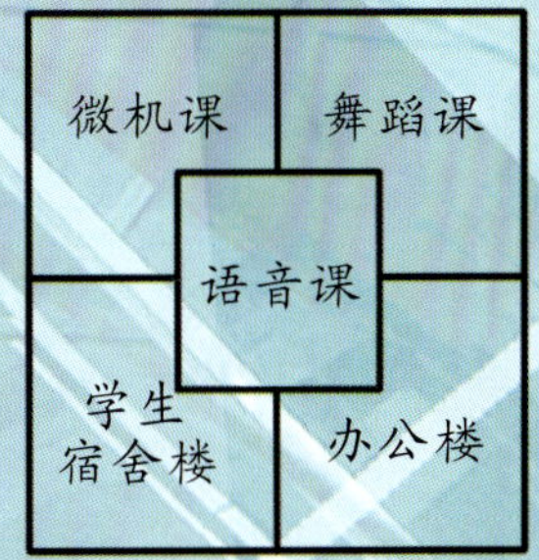

吉林大学白城医学院

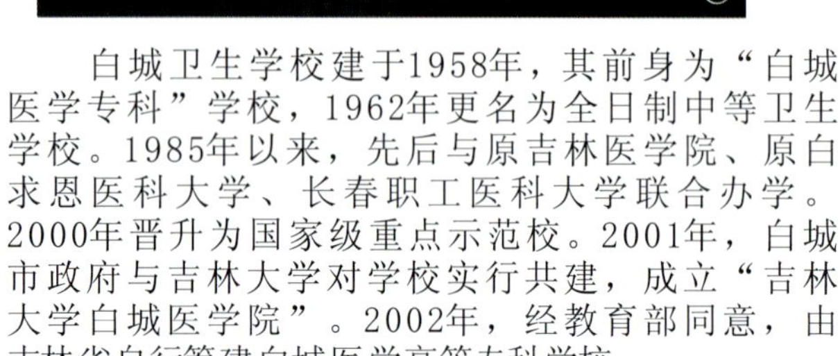

白城卫生学校建于1958年，其前身为“白城医学专科”学校，1962年更名为全日制中等卫生学校。1985年以来，先后与原吉林医学院、原白求恩医科大学、长春职工医科大学联合办学。2000年晋升为国家级重点示范校。2001年，白城市政府与吉林大学对学校实行共建，成立“吉林大学白城医学院”。2002年，经教育部同意，由吉林省自行筹建白城医学高等专科学校。

学校占地面积45.5万平方米，建筑面积6.9万平方米。有教职工353人，其中专职教师168人。在校学生3 051人。设护理、五官、妇幼医士、医学影像诊断、医学影像技术、计生、美容、社区医士等14个专业，实验中心5个，实验室37个，标准化微机室、语音室、多媒体教室。教学设备总值2 100万元。电化教学覆盖率100%。校园内建有“三园一湖”，环境幽雅，被誉为花园式学校。学校采取多渠道、多层次、多形式联合办学，形成了既有中专、专科、本科教育，又有研究生教育；既有全日制普通教育，又有成人教育的办学新格局。

现在，学校已经发展成为吉林省西部医学教育、医学研究与临床实践中心，并以崭新的姿态，迎接新的机遇与挑战，全体教职员工正满怀信心，把一个充满生机、充满活力的现代医学院建设得更加美好。

①党委书记于洪光
②院长岳金华
③办公楼
④学生公寓
⑤校门
⑥教学楼

地址：白城市棉纺路27号
电话：0436 3311049
邮编：137000

吉林省广播电视大学白城分校

党委书记、校长 邓 耀

领导班子在学习、研究工作

白城广播电视大学建于1979年2月，隶属白城市人民政府。是一所采用广播、电视、通讯、文字材料、计算机课件、网络系统等多种媒体进行现代远程开放教育的新型高等学校。是白城市唯一一所国民教育系列，国家承认学历并批准直接开办远程开放教育本科的综合性大学。

电大招生类别有开放教育大学本、专科；成人高考本、专科；普通专科、中专；各类非学历教育培训、考试。设法律、金融、计算机、小学教育、汉语言文学、会计、公共管理、水利水电、工商管理、机械自动化、土木工程、保险等20多个专业。此外还可根据行业、系统实际增开新专业。在籍学生6 000余人。

白城电大2002年首批通过了国家教育部组织实施的“人才培养模式改革和远程开放教育试点”评估，为今后办学提高了一个档次。白城电大有会计模拟实验室、语音室、网络阅览室、计算机教室、多媒体教室、视听阅览室、电子阅览室、电子图书馆、闭路监控室、VBI接收设备、IP接收装置、电大在线教学平台等。校园对等局域网通过百兆宽带接入互联网并24小时开机，学生用机近百台。电大教学方式灵活，特点突出，手段先进，制度齐全，管理规范，效果显著。是各行各业，各界人士参加学历教育、继续教育、终身教育、增长知识、提高水平的最理想的学校。

地址：白城市海明西路锅炉厂胡同4号
电话：0436　3322132
邮编：137000

闭路监控室	教师在阅读室查阅资料	学员上语音课 学员上微机课	办公楼

吉林省畜牧业学校

吉林省白城地区农业学校建于1956年9月。1992年4月29日更名为吉林省畜牧业学校，隶属白城市教育局。2001年10月原白城农机校解体，其专业课教师和专业设备并入该校，使该校师资队伍扩大，办学实力增强。校园占地面积8.86万平方米，实习基地有耕地123公顷。有教职工277人，其中教师135人。有全日制中专在校生486人，乡村干部正规化本、专科生244人，大专函授生130人。设牧医、卫检、加工、农园、机电、水利工程、会统7个专业学科，每个学科均开设对应的专业和相关的专业。现代化设施设备有：电视卫星接收站、多媒体教室、微机室、电化教室、语音室、电视校园网。有配套的图书馆、实验室和实训基地。学校实行承诺安置就业的优惠招生政策，实行年内两次开学，强化了招生工作。建校以来，共培养出各级各类农牧业人才15 000多名。学校发挥人才、技术和资源优势，以多种形式为农业、农村和农民服务，为经济建设服务，为振兴白城经济和吉林省西部农牧业的发展做出了历史性贡献。

地址:白城市三合路15号
电话:0436　3321745
邮编:137000

①校长王喜赋
②学生上实验课
③军训
④第九届学生文化艺术节文艺演出
⑤学校运动会
⑥办公楼

白城工业技术学校

地址:白城市曙光西路13号
电话:0436 3339697
邮编:137000

①校长靳光辉
②寻呼专业
③校园
④校训
⑤教学楼

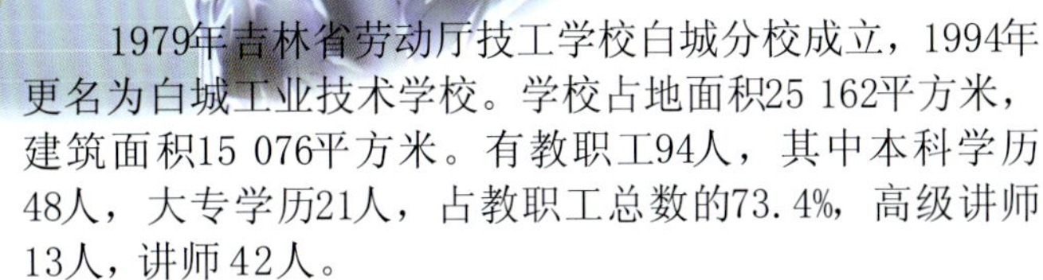

1979年吉林省劳动厅技工学校白城分校成立，1994年更名为白城工业技术学校。学校占地面积25 162平方米，建筑面积15 076平方米。有教职工94人，其中本科学历48人，大专学历21人，占教职工总数的73.4%，高级讲师13人，讲师42人。

学校有车工实习车间、钳工实习车间、服装制作车间、服装裁剪车间、摩托车维修实习车间，有多媒体电教室、物理实验室、化学实验室、微机室、制图室、电器维修实验室、电工电子实验室、数控加工编程实验室、电力拖动实验室、资料室、图书室、阅览室、文体活动室。

教学设备完善，教学手段先进，生活服务设施配套，环境优美，秩序优良，在省内具有一定办学规模和影响的初具现代化模式的技工学校。学校凭借雄厚的办学实力被市政府确定为培养中、高级技术工人基地。现开设机械加工、电子、微机、汽配、棉纺、制药、模具设计与制造、物业管理、花卉园艺等专业。20多年来，向用人单位输送各类专业人才1万多人。

1991年被吉林省劳动厅、人事厅、财政厅、教委、计经委授予“职业教育工作成绩突出”荣誉。1993年被吉林省劳动厅命名为省厅级重点技工学校。1997年被吉林省教委、人事厅、劳动厅授予职业教育先进集体称号。1998年被省劳动厅命名为教学管理优秀学校并被省政府命名为省部级重点技工学校。1999年学校党委被市委命名为“先进基层党组织”。2002年又通过全国重点技工学校评估，被国家劳动和社会保障部命名为国家级重点技工学校。

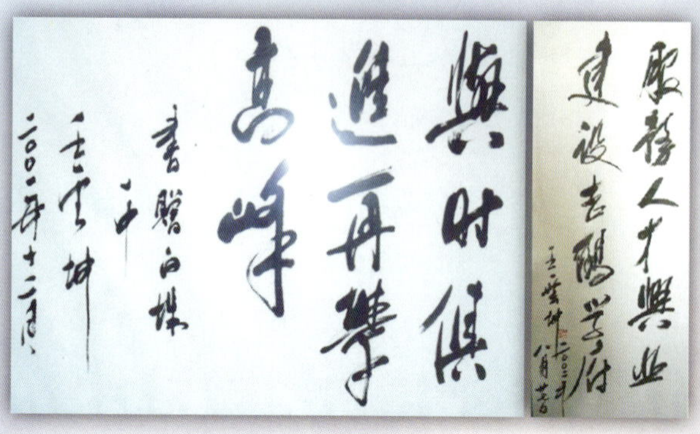

白城市一中建于1954年9月。占地面积10万平方米。1998年创办分校（高中部），2002年投资1 000万元建第二分校（初中部），开发区学校正在筹建中。学校有教职工152人，其中专业技术人员143人(中学高级教师45人，一级教师64人，二级教师34人)。有3个年级30个教学班，学生1 920人。教学设备有物理实验室、化学实验室、生物实验室、宽带多媒体教学网、信息主控室、微机室及8 000平方米的鹤城体育馆和5 000平方米的国际标准塑胶跑道运动场。固定资产8 000万元。

①省委书记王云坤来校视察，市委书记刘润璞、市长岳清友陪同
②副省长李锦斌来校视察，市长岳清友、副市长杨亚杰、姜凤国陪同
③省委副书记林炎志为校长盖雁颁发全国五一劳动奖章
④副市长姜凤国来校参加外语冬令营开营仪式
⑤学生在鹤城体育馆上体育课
⑥塑胶运动场
⑦全校体育运动大会
⑧白城市一中体育馆

第一中学

地址：白城市民生西路30号

电话：0436　3333012　3333013-2407

邮编：137000

③

多年来，学校突破“国有独立普通高中”的办学体制，实现了多体制、集团化、“一条龙”的办学方针，面向全市招生，并招收国外、省外学生200余人，其中外国学生35人。与外国合作国际教育在进一步发展。五年来，向上级院校输送本科学生5 000余名。近三年，有18名学生考入清华大学和北京大学，高考综合指标在省内名列前茅。

④

学校先后被省委、省政府和有关部门评为省首批办好重点高中办学水平A等校、省模范集体、省精神文明建设先进单位、省教育科研示范基地，省首批绿色学校、省国防教育工作先进单位、省“五四”团委标兵。

⑦

⑧

白城市

校长 孙向东

宽带多媒体双向教学系统主控室

阅览室

美术教室

主题班会

地址：白城市白平公路38号
电话：0436 3327361 3323194 3327345转8693
邮编：137000
E-mail：bcs32512@mail.jl.cn

学生曹健2002年
以优异成绩考入清华大学

语 音 室

原省教委主任现国家督学
陈谟开（中）来校视察

学生上实验课

外教上课

多媒体电教室

白城市第四中学建于1964年，是一所普通高中，位于白城市北郊。2001年经省教育厅评估后晋升为省级重点高中。现有教职工192人，教学班30个，学生1 921人。建校以来，为上级院校输送了大批本、专科生，为当地培养了数万名高素质人才。

学校坚持全面贯彻党的教育方针，全面实施素质教育，逐步形成了“科学施教、高效管理、全面育人”的办学特色和“团结、勤奋、求实、创新”的校风，“严谨、精深、善诱、爱生”的教风及“自强、好学、勤奋、争先”的学风。

学校环境优雅，办学条件优越，教学设施标准化，教学条件现代化，学校师资力量雄厚，教学质量高。学校实行全封闭管理，生活设施配套，收费标准低，住宿公寓化，伙食社会化，安全保卫全程化。

白城四中全体教职工在校领导班子带领下，经过艰辛的努力已兑现了“让家长放心、学生称心、社会满意”的庄严承诺，被吉林省教委命名为科研学校示范校，被白城市教育科学研究所命名为电化教育实验校，连续多年被白城市政府评为市级先进单位。

班车接送学生

白城市第一职业高中

①

白城市第一职业高中是市教育局直属白城市唯一一所国家级重点职业高级中学，占地面积2.7万平方米，建筑面积1.6万平方米。学校实行职高与普高并举，升学与就业兼顾的办学模式。多年来，在推动地方经济的发展中发挥着龙头校、示范校的作用。

学校设计算机应用与维护、广告与装潢、旅游与酒店管理、物业管理、舞蹈表演、音乐、艺术设计、机电一体化、中医药、汽车驾驶维修等10个专业及综合高中班，现有教职工137人，其中高级职务26人，中级职务58人。

学校完成了现代教育装备工程，建设了五大系统，即计算机网络系统、多媒体制作与应用系统、卫星闭路电视系统、程控通讯和自动监控系统，组建了校园网和多媒体教室。有与专业相配套的语音室、微机室、形体室、美术画室、音乐琴房、汽车驾驶模拟室、模拟客房等实习场所。为培养实用型人才奠定了坚实基础。

学校始终坚持瞄准市场、灵活办学，以改革保生存促发展，积极与企事业单位及各大专院校广泛联办、横向联合，是全省唯一一所与吉林大学联合办学的职业高中。建校二十余年，先后为社会输送6 000余名初中级技术人才，有600名学生考取了各类专业性强的大专院校，毕业生遍布于吉林、辽宁、北京、海南等十几个省市、自治区、直辖市。学校的办学、德育、教学及思想政治工作等方面的经验多次在省市有关会议上介绍或交流。相继获吉林省“精神文明建设先进单位”、“职业教育先进单位”、白城市“思想政治工作先进单位”。2002年学校被市政府评为“教育重点工作目标管理先进单位”。

地址:白城市幸福南大街50号
电话:0436　3343935
邮编:137000

①校长、党委书记杨红勇
②语音课
③计算机专业
④汽驾专业
⑤领导班子成员
⑥吉林大学、白城一职联合办学签字仪式
⑦餐饮专业
⑧舞蹈专业

中等职业学校(职高)
国家级重点
中华人民共和国教育部

国家教育部"九五"重点课题
中华民族传统美德教育研究
实验学校

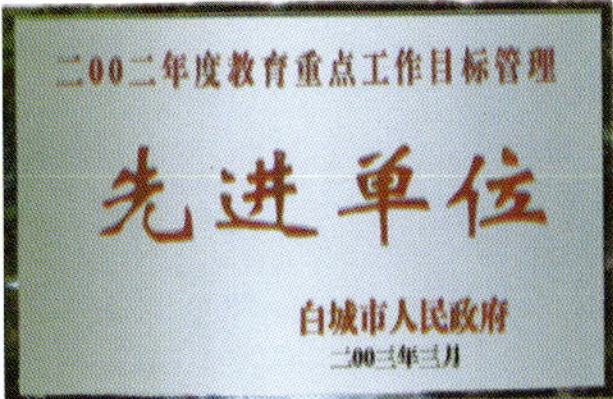

白城市中心医院

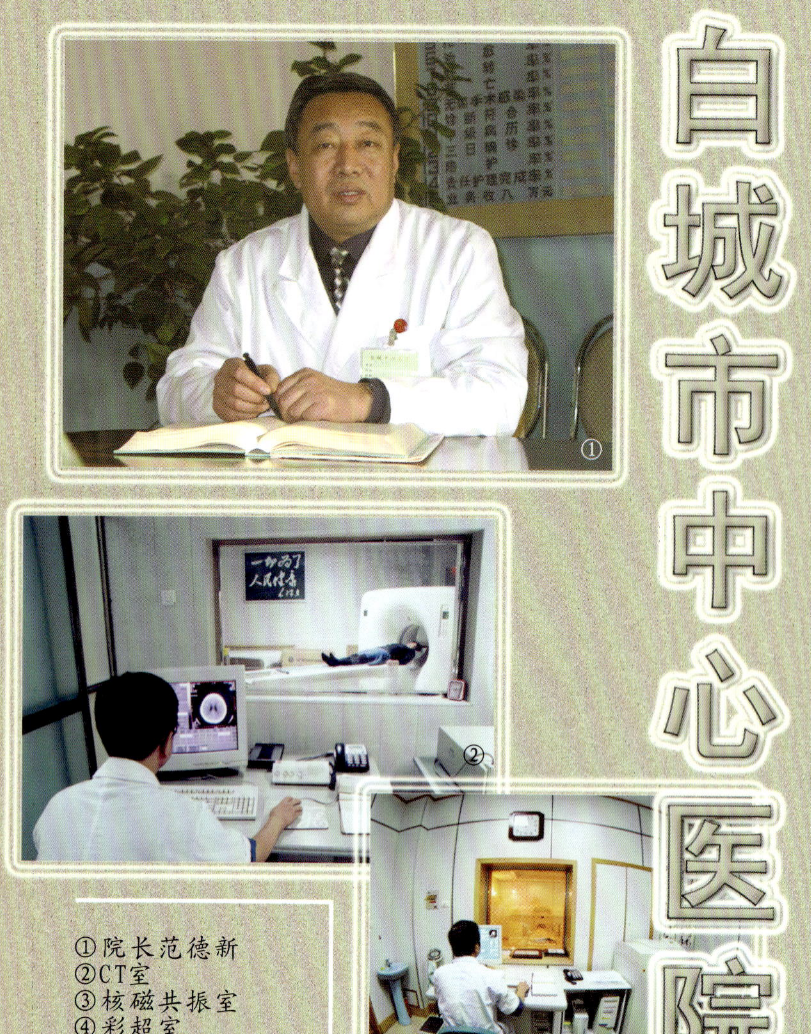

白城市中心医院建于1972年，原名白城地区医院。1993年，被省卫生厅评审批准为二级甲等医院，同时更名为白城市中心医院。占地面积21 870平方米，建筑面积30 604平方米。现有职工740人，其中专业技术人员819人（高级职务58人，中级职务196人）。床位510张。设置科室57个，其中，25个临床科室，13个医技科室，19个行政后勤科室，形成了完整的医疗服务体系。是吉林省西北部地区及外省周边县市的医疗、教学、科研、急救中心。吉林省“十佳”医院。固定资产总值4 000多万元。

医院现有万元以上大型医疗设备115台（件），价值1 800万元。其中核磁共振扫描机、螺旋CT、彩超、颈颅彩超、超生乳化仪、高压注射器、全自动生化分析仪、心电工作站、碎石机、胃镜、肠镜等一应俱全，使用率高。1995年改革妇产科住院制度，建成了符合国际评估标准的爱婴医院。1997年实施与国际接轨的整体护理模式，提高了医疗工作的质量和效率。近年来，医院简化看病手续，优化诊疗环境，拓宽服务范围，改革了不适应病人需要的规章制度，从多方面为病人提供方便、快捷、优质、高效、低耗的服务，高间病房、特需病房、儿童乐园的设立和装饰一新的干部疗区，满足了不同层次病人的多样化需求。年平均门诊量保持20万人次，出院病人1万余人次。自1999年以来，业务收入超过3 000万元。

几年来，医院多次被吉林省委、省政府，省卫生厅、财政厅、省总工会、妇联，白城市委、市政府，共青团市委等组织授予“精神文明建设先进单位”、“经济管理先进单位”、“职业道德建设最佳单位”、“十佳医院”、“吉林省先进基层党组织”、“白城市先进党组织标兵”、“模范职工之家”、“三八红旗集体”、“先进团委”等荣誉称号。

①院长范德新
②CT室
③核磁共振室
④彩超室
⑤医院大楼

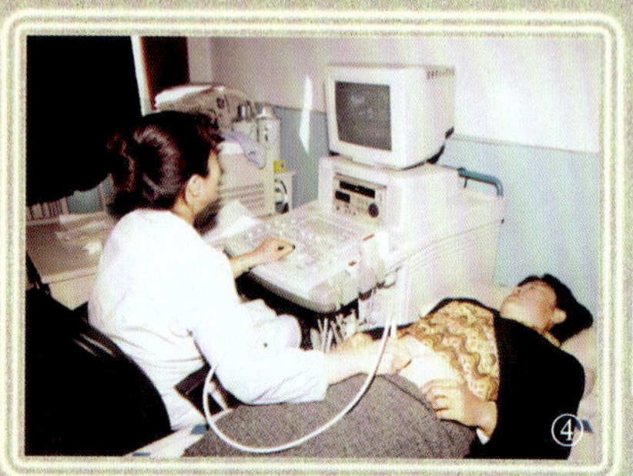

地址：白城市海明东路32号
电话：0436 3222012-3069
邮编：137000

白城市中医院

白城市中医院建于1952年，称白城县人民中医院，1993年改为现名。占地面积22 000平方米，建筑面积14 857平方米。职工426人，其中卫生专业技术人员338人。设普通诊室22个，医技科室6个，专家门诊9个，中医专病诊室10个，疗区9个。形成比较完整的以中医为特色的医疗服务体系。2001年，投资345.5万元，购入CT机、洗片机、心电监护仪、微波治疗机等万元以上的仪器51台。病床333张。固定资产1 100万元。

2001年，诊量14.5万人次，住院病人5 500人次，年收入2 000万元。投资180万元，修缮病房，改善住院环境，设120急救中心、糖尿病防治中心、肿瘤治疗中心。被市司法局、公安局确定为白城市损伤定点司法医院。首批进入国家二级甲等中医院。

地址：白城市青年南大街16号
电话：0436　3224263—8004
邮编：137000

①院长孙志杰
②领导班子成员
③周丽英大夫为患者治病
④120急救中心
⑤医院自制的消渴胶囊
⑥医院大楼

白城市第三人民医院

院长、党委书记　葛树立

地址:洮南市永康西路43号
电话:0436　6325140
邮编:137100

白城市第三人民医院建于1950年，它的前身是白城市洮南神经精神病医院，2002年12月改为现名。占地面积15万平方米，建筑面积12 000平方米。医院有省内知名专家，及一批学历高、专业性强的业务骨干。在原有精神科、神经科基础上，开设了骨外科、普外科、综合内科（循环、呼吸、消化、泌尿）、介入治疗科、中医科、妇科、皮肤科、眼科、五官科、激光治疗科、肛肠科、糖尿病科、心理测试、心理咨询等科室。主要设备有日本岛津全身CT、日本岛津800MAX光机、心理CT、脑彩超、脑电地形图、B超、心电工作站、光量子治疗仪、全自动生化仪等大型先进设备，为临床诊断提供了科学保障。

近两年，投资400万元，修建了2 300平方米病房楼，修缮了3 200平方米的门诊办公楼，院容院貌焕然一新。一所环境优美、设备先进、服务优质、技术精湛的现代化医院竭诚为患者服务。

院区环境

住院部

门诊、急诊部

白城市红十字会

白城地区行署红十字会于1988年1月成立。1993年8月撤地设市，地区行署红十字会更名为白城市红十字会。当年，吉林省红十字会捐赠白城市面粉40吨、棉大衣752件，市红十字会将这批物资全部分发到五个县(市、区)灾民手中。1994年秋，市红十字会开展募捐赈灾活动，共募集资金34万元，全部上交省红十字会，受到省红十字会通报表扬。

1998年，白城市遭受百年不遇的特大洪灾，在这场自然灾害面前，市红十字会及各县(市、区)红十字会发挥积极作用，为灾民募集国内、国际援助物资和资金2 000多万元，为政府安置救济灾民工作做出了重大贡献。在灾后重建工作中，市红十字会与国内、国际红十字会组织取得联系，利用外援资金建灾民新村3个，使460户无家可归的灾民住上了新居。

市红十字会本着弘扬人道主义精神的原则，救死扶伤，扶危济困，被社会称之为人类和平的使者。

①副会长李德厚
②副市长姜凤国到灾区检查灾情
③省红十字会会长韩丽娟来白城市检查工作
④2001年白城市红十字会在洮南市光明街开展宣传活动
⑤市红十字医疗队在灾区为灾民义诊
⑥市红十字会领导为灾民赠送物品

地址：白城市文化东路1号
电话：3223712－8051
邮编：137000

白城市农业科学院

白城市农业科学研究院始建于1958年，是吉林省西部半干旱特殊生态区唯一的农业综合性科研单位，是全国向日葵研究中心，是中·塞向日葵育种合作研究中心、全国高技术农业产业化（白城）中试基地、国家引进国外智力成果示范推广基地（燕麦引进与繁育）、吉林省燕麦工程技术研究中心，是白城世纪绿豆研究所、白城市烟草研究所的依托单位。全院下设向日葵、玉米、米麦、作物育种、植物保护、土肥耕作、水利、农产品深加工、水稻、蔬菜花卉、烟草和科技情报等12个研究所，一个农业综合化验中心和科技开发处、仓储管理中心、专用复合肥中试厂和良种繁育场等四个经济实体。

全院现有职工315人，其中专业技术人员139人(高级职务42人，中级职务48人，初级职务49人)。有试验地140公顷。研究学科涉及农作物育种、土肥耕作栽培、植物保护、旱田节水灌溉和农产品深加工等领域。“八五”科研体制改革以来，该院共取得各类农业科研成果162项，其中有103项获国家、省、市各级部门奖励。该院向日葵育种技术、生物技术和燕麦育种技术研究在全国处于领先地位，玉米、蓖麻、杂粮杂豆的育种技术研究在全省占有重要位置，农作物系列专用复合肥、农作物秸秆混菌发酵剂、农田节水灌溉技术和杂粮杂豆病虫害防治技术等研究成果为区域经济发展起到了重要作用。通过科技成果转化，累计创经济效益3 000多万元，取得社会效益40多亿元。

2000年至2003年，该院有24个农作物新品种通过吉林省农作物品种审定委员会审定，有24项科研项目通过国家、省、市有关部门鉴定、验收，研制开发出10余项新产品。获吉林省科技进步三等奖1项，白城市科技进步一等奖6项、二等奖6项、三等奖5项。

地址：白城市三合路17号
电话：0436 3325412
邮编：137000

①院长、党委书记金喜双

②科研人员在向日葵实验田调查

③加拿大专家来农科院考察

④⑤科研人员在田间调查

白城市林业科学研究院

白城市林业科学院建于1972年。院内设杨树、林木栽培技术、经济林、花卉、病虫害防治、湿地6个研究中心和桑蚕研究所共7个科研机构。有职工65人，其中高、中级专业技术人员38人。有抗逆生理、组织培养及土壤化验3个具有国内先进水平的实验室。试验基地1处，面积250公顷。2001年被吉林省农业发展办公室确定为吉林省西部生态苗木基地，年产苗木300万株。

建院以来，取得科研成果54项，获国家级奖励4项，获省、部级奖励9项，其中：白城杨二号选育获全国科学大会重大科技成果奖，白城小黑杨选育获国家发明二等奖，白林一号杨选育、白林二号杨选育获国家科技进步二等奖。这些成果在吉林省西部地区林业生态建设中被广泛推广使用。特别是在杨树良种选育方面成绩尤为突出，目前选出的品种达20余个，已形成速生、抗逆、城乡绿化3大系列，推广辐射“三北”10个省（区），经济效益达50多亿元。2002年9月白城市政府把白城杨定为白城市“市树”。林科院现承担国家、省、市3级课题25项，10余项已接近尾声，不久将有一批新成果问世。

2002年，又有20个林木良种通过了吉林省林木良种审定委员会的审定，占全省通过审定的44个林木良种的46%。

①市长岳清友到林科院桑树试验园考察
②比利时大使馆一秘兰勃先生（右二）、北京林业大学副校长尹伟伦（右一）到林科院苗木基地考察，院长陈庆、副院长张健秋陪同
③白林二号杨
④蒙古黄榆
⑤向海湿地
⑥欧李一号
⑦宁杞一号枸杞
⑧巨人沙棘

地址：白城市海明西路44号
电话：0436 3322443
邮编：137000

白城市农牧业机械化研究院

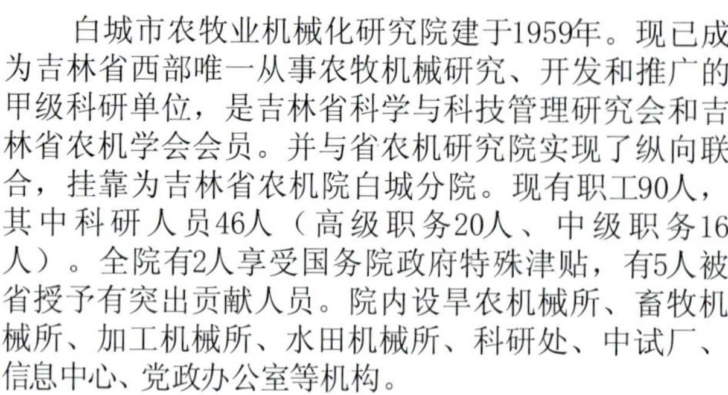

白城市农牧业机械化研究院建于1959年。现已成为吉林省西部唯一从事农牧机械研究、开发和推广的甲级科研单位，是吉林省科学与科技管理研究会和吉林省农机学会会员。并与省农机研究院实现了纵向联合，挂靠为吉林省农机院白城分院。现有职工90人，其中科研人员46人（高级职务20人、中级职务16人）。全院有2人享受国务院政府特殊津贴，有5人被省授予有突出贡献人员。院内设旱农机械所、畜牧机械所、加工机械所、水田机械所、科研处、中试厂、信息中心、党政办公室等机构。

建院以来，累计承担并完成国家、省、市有关部门的科研攻关课题170多项，研制的各类农机具大多取得了较大的经济效益和良好的社会效果。其中“BZ—6型综合播种机”获国家三等发明奖，“4YW—3型玉米收获机”获省重大科技成果奖，有34项科研成果分别获省市科技进步二、三等奖。

党的十一届三中全会以来，先后研究、制造、开发了符合家庭生产规模的小型配套农机具，为小型拖拉机配套的三行犁，使用推广了近十万台，实现了每台中小型拖拉机悬挂一台三铧犁的标准。近几年来，重点研究了“机械深栽插干造林技术及钻孔机械”、“甘草生产机械化综合增产技术及配套机械”、“豆类精分机”、“多功能深松施肥复式作业机”、“节能型风力提水机组及配套节水灌溉设备试验”、“多功能行走式节水灌溉机”、“地膜覆盖机”等项科研新课题。通过试制、试验、示范，反映良好，一些项目已通过专家鉴定验收，填补了国内空白。

地址：白城市海明西路50号
电话：0436　3322527-8008
邮编：137000

①院长刁国孚
②领导班子听取专家介绍农机新机具设计图
③小麦施肥播种机
④风力提水机组
⑤草原深松施肥机
⑥大型深松犁
⑦中耕施肥机
⑧小型中耕机
⑨植树钻孔机
⑩蓖麻剥壳机
⑪地膜覆盖机

白城市科学技术研究所是以科技信息服务为主的综合性、公益性科研机构。从事科技信息的收集、加工、传播；为科技立项、技术鉴定和申请专利提供技术查新；组织技术及管理专家为企业技术创新、经营管理开展技术咨询服务；引进农业新品种、推广新技术；开展专利事务咨询、推广专利技术。内设科技情报研究所、生产力促进中心、专利事务咨询服务中心以及农业技术与产业化项目办公室、工业高新技术及产业化项目办公室。

该所技术力量雄厚，有高、中级技术人员14人。主要设备有电子计算机、复印机、传真机、扫描仪、摄影机等现代化办公设备和图书电子阅览系统，与中国信息网等6个网络系统实现友好连接，可满足社会各界的科技信息需求。

在进行科技信息服务的同时，还开展科学技术研究活动，几年来，共承担省级项目5个、市级项目17个、自选项目8个。取得科技成果10项，获科技进步奖6项。

①所长刘凤祥
②科研成果展览室
③网上交流科技信息

地址：白城市幸福南大街44号
电话：0436　3324121
邮编：137000

白城市科学技术研究所

白城市建筑设计研究院

白城市建筑设计研究院成立于1972年。业务范围：建筑工程勘察、设计、研究、咨询、工程总承包。有职工107人，其中专业技术人员75人（高级职务35人，中级职务21人，初级职务19人）。设总工程师办公室、生产经营室、方案室、资料室、办公室，一、二、三设计院，水电室。直属单位:建筑工程地质勘测处。

主要设备:计算机56台，晒图仪1台，绘图仪2台，复印机1台。固定资产150万元。

2001年被吉林省建设厅授予“精神文明建设先进单位”、“全省建筑技术创新工作先进单位”。有一项勘察设计获吉林省优秀设计三等奖，三项设计获吉林省建设厅优秀设计二等奖。

①院长李晓峰

②领导班子成员

地址:白城市胜利西路269号
电话:0436　6182605　6182606
邮编:137000

白城市规划勘测设计院

地址:白城市民生东路73号
电话:0436 3231077
邮编:137000

白城市规划勘测设计院成立于1995年，当时与白城市城市规划管理处合属办公。2002年白城市规划勘测设计院整体分离，成为具有独立法人资格的事业单位。业务范围：贯彻执行国家、省、市有关城市规划方面的法律、法规和规范性文件；负责全市城乡规划的编制、研究工作；负责全市道路、交通、给排水、电力、电讯、燃气、供热等市政基础设施的规划和工程设计工作；负责全市城市基础测绘、工程测量、拨地定桩、地基测绘、房产测绘；承办上级部门交办的其他事项。有职工29人，其中专业技术人员21人（高级职务5人，中级职务4人、初级职务12人）。设总工程师办公室、生产经营室、规划设计室、市政设计室、测量队档案资料室、微机室、党政综合办公室、财务室。固定资产122万元。

主要设备有微机19台，绘图机2台，打字机、复印机、工程复印机、扫描仪、晒图机、数字化仪各1台，全站仪3台，经纬仪7台，自动安平水准仪4台，平板仪5台。

2001年完成查干浩特旅游开发区和白城市城市热源总体战的规划设计，面积36万平方公里。完成吉鹤明珠居住区、吉鹤苑、吉鹤商都、吉鹤广场、吉鹤灵苑等详细规划设计34项，面积1 445公顷。完成瑞光街、中兴西大路、长庆南街、青年北大街、洮安西路、海明路步行街等城市开发建设管理总体战的道路、排水、路灯工程设计15项，道路长13.16公里。完成修测1:1000地形图75平方公里，增补综合管网图16幅，道路工程带状图27.3公里，定位放线100余处，各单位选址图80余处，面积约4.57平方公里。

白城市民政系统

①

②

③

④

白城市民政系统有市、县区两级民政局机关6个，80人；所辖事业单位36个，564人；民政直属福利企业10户，423人；共有职工1 067人。负责全市的基层组织建设、行政区划、地名勘界、婚姻登记、殡葬管理、救灾救济、优抚安置、拥军优属、评残批烈、烈士褒扬、福利彩票发行、社会福利企业、收容遣送、社会最低生活保障、社区建设与社区服务、社会团体与民办非企业登记等工作。多年来，全市民政系统职工齐心协力,民政事业取得了丰硕成果。在1998年抗洪斗争中，白城市民政局和洮南市民政局被国家民政部评为“抗洪救灾模范集体”。白城市被评为省级“双拥模范城”。洮南市被评为国家级“双拥模范城”。白城市军休所被省委、省政府评为“拥军优属先进单位”、“精神文明建设先进集体”、“军休先进集体”。白城市洮北区汽车附件厂被评为全国扶残助残先进集体、吉林省“明星福利企业”、吉林省“精神文明建设先进单位”。洮南市民政局局长王彦被民政部授予全国民政系统最高荣誉奖“孺子牛奖”。2001年白城市有四项民政工作被省民政厅评为“一流工作”(白城市社会化救灾工作；白城市实行城镇退伍兵安置证制度，严格控制非农征集比例工作；白城市行政区域界线管理工作；洮南市双拥工作)。白城民政的业绩展示了白城民政工作风貌，也给党和人民的事业注入了辉煌。

①1998年抗洪期间国务院副总理李岚清在省长王云坤陪同下视察镇赉县帐篷小学
②省长洪虎于2001年12月走访洮北区抵保对象
③副省长魏敏学在市委书记刘润璞、市长岳清友陪同下，深入洮南市贫困户家中了解受灾情况
④通榆县民政局老年公寓
⑤市民政局举办的募捐活动
⑥白城市收容遣送站业务会议
⑦白城市社会精神病院工作人员参加义务劳动
⑧白城市军供站接待过往部队
⑨洮南市民政干部发放救灾物资
⑩白城市军休所特禽养殖基地
⑪大安市军民共建活动
⑫洮北区民政局吉鹤灵苑
⑬殡葬管理处处长王臣

白城市社会

①

②

白城市社会福利院成立于1952年，坐落在洮南市中心，占地面积近27 000平方米。是吉林省建院最早，规模最大的一所综合性社会福利收养机构。有职工90人，现有收养床位372张，承担着白城市区优抚、孤老残幼、痴呆傻人员的收养任务。

近年来，白城市社会福利院始终按照“提供收养服务、弘扬救助精神”的办院宗旨，全心全意为收养人员服务，为社会分忧解困，注意加强窗口行风道德建设，严格执行管理制度，内强职工素质，外塑行风形象，受到国家民政部、省民政厅、市民政局的好评。从2000年开始，连续三年五次引来瑞典“希望之星”机构的捐助。

1999年至2001年三次被省委、省政府、省军区授予“军民共建双拥工作先进单位”。为了适应社会福利事业的发展，改善收养办院条件，2001年7月，克服资金不足的困难，自筹资金兴建了11 885平方米的老年公寓、儿童福利综合楼，7 600平方米的职工住宅楼。扩大自费收养规模，走社会化办院道路，极大的改善了办院条件和职工的居住条件，彻底改变了福利院的面貌。

③ ④ ⑤

福 利 院

地址:洮南市荣福路1号
电话:0436　6222719
邮编:137100

①院长、党总支书记卢成利
②卢院长与优抚对象交谈
③医护人员为收养人员治病
④职工的精神面貌
⑤新建成的老年公寓
⑥市民政局局长王文新、院领导班子成员同瑞典“希望之星”友好人士、国家、省、市慈善总会领导合影
⑦卢院长接待瑞典“希望之星”友好人士
⑧瑞典“希望之星”组织来院搞捐赠活动
⑨瑞典国际慈善友人在关爱儿童
⑩瑞典“希望之星”慈善机构总裁莱纳特爱克森和“希望之星”国际部负责人孺纳托恩克维斯来福利院考察儿童捐赠项目
⑪医务人员为收养人员检查身体
⑫卢院长与收养人员进行娱乐活动

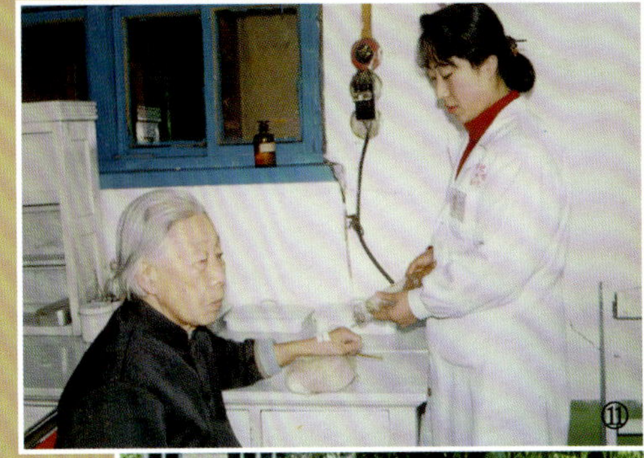

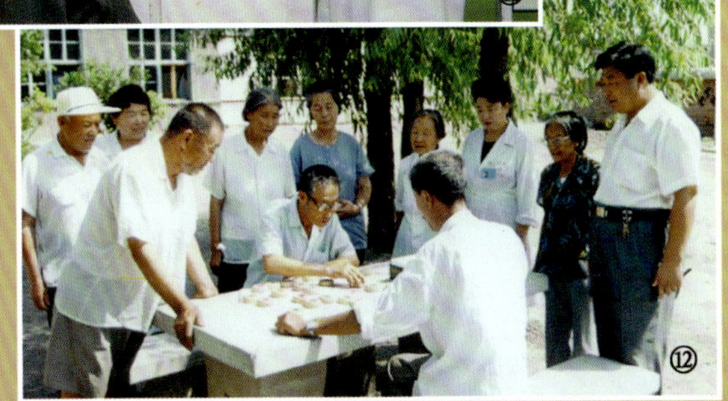

白城市气象局

局长 裴福军

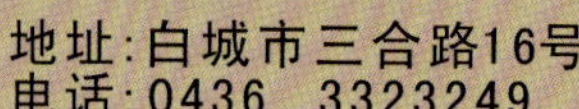
地址:白城市三合路16号
电话:0436 3323249
邮编:137000

领导班子成员

雷达检测工程人员整装待发

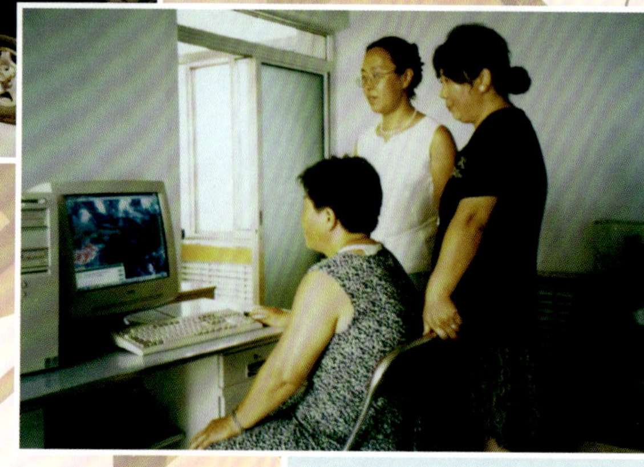
预报工作人员分析卫星云图

地面气象观测人员观测天气

科研人员在试验地工作

白城人工降雨基地

⑤

①

白城人工降雨基地组建于1991年，是吉林省西部地区人工降雨基地，是全国唯一的经国家、省、市投资建设，由地方政府管理的全额拨款事业单位。编制16人，其中高级工程师8人，工程师5人。主要职能:组织、协调实施飞机人工增雨和火箭高炮增雨防雹工作，开展大气物理试验研究，提高抗灾减灾能力；进行飞机播撒草、树种，灭虫、施肥、护林防火，水（火）灾情监测等；并对各县（市、区）的地面人工增雨防雹工作实行业务管理。多年来，国家、省、市对白城人工降雨基地建设十分重视，投资3 000多万元。建设专用飞机场2.47平方公里，混凝土飞机跑道长800米、宽27米，航管楼1 100平方米，增雨防雹综合楼1 560平方米；购置“Y-12”、“Y-5”飞机各一架，对空塔台车、油槽车、火箭运载车各2辆，气象云图接收系统、气象卫星接收系统各一套，火箭发射装置2部，以及通讯导航设备、自动化办公设备等。10年来，组织飞机人工增雨300余架（次），为农业生产创造经济效益近10亿元。

③

白城人工降雨基地现已组建了白城通用航空公司，并争取进行降雨基地二期工程建设。白城人工降雨基地将在人工影响天气事业和通用航空事业方面迈出新的步伐，为白城经济和社会发展做出更大的贡献。

④

⑥

①主任袁树山
②办公楼
③召开人工降雨工作会议
④机场航管楼
⑤人工增雨飞机
⑥领导班子成员研究人工影响天气工作

地址：白城市中兴西大路39号
电话：0436 3323106
邮编：137000

白城市地震局

局长张柏德

副局长李翠萍和地震台台长岳广海到测震台检查工作

地址：白城市文化东路1号
电话：0436　3224317
邮编：137000

近几年来，地震监测建成了地下水、地电和二氧化碳观测网，二氧化碳观测网在东北三省是第一家；震害防御开展了抗震设防要求管理，进入规划“一站式”办公；在全省第一个取得地震安全性评价资质，并开展了“安评”工作，取得了显著的管理效益、社会效益和经济效益；地震应急工作《预案》完备，演练有素，处置地震突发事件胸有成竹。

2000年至2002年地震局连续3年获吉林省防震减灾一等奖。连续两次获全省每两年评选一次的“精神文明建设先进单位”。2001年至2002年地震趋势研究报告连续2年获全省第一名。

白城市人民防空办公室

地址:白城市明仁北街31-1号
电话:0436 3224881
邮编:137000

①主任、党组书记刘忠仁
②班子成员在研究防空工作
③全省人防机关准军事化建设座谈会
④人防指挥中心一角
⑤人防防化专业队训练
⑥防空警报台
⑦防空地下室

白城市人民防空办公室是市国防动员委员会的常设办事机构，也是市政府人民防空工作主管部门。具有战时防空，平时防灾的双重职能。

几年来，人民防空工作认真贯彻《中华人民共和国人民防空法》、中共中央《关于加强人民防空工作的决定》，坚持“长期准备、重点建设、平战结合”人防工作方针。紧紧围绕军事斗争准备和经济建设这个中心，大力开展“人防二次创业”，人防机关“准军事化”建设活动，努力推进人民防空事业的健康发展。

1998年以来，市人防办连续5年被省人防办评为“人防工作目标管理先进单位”。1998年被市委、市政府授予“ '98抗洪抢险先进单位”，档案工作由省2级晋升为省1级。2000年被市政府评为“招商引资先进单位”。2001年被市政府评为“标准街路建设先进单位”，2002年被国家人防办确定为“全国人防机关‘准军事化’建设经验交流现场会”介绍经验单位。

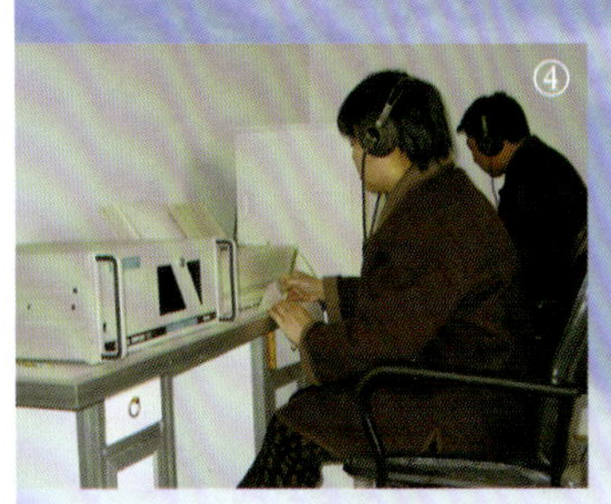

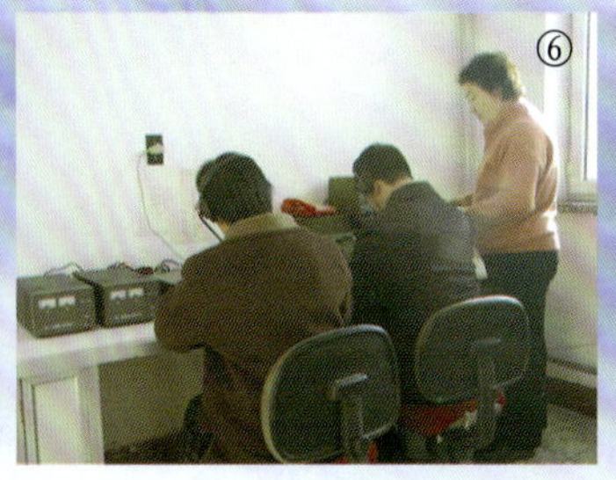

白城市劳动和社会保障局

地址：白城市洮安东路3号
电话：0436 3244087
邮编：137000

白城市劳动和社会保障局以“十五大”精神为指导，以“两个确保”为重点，紧紧围绕市委、市政府的中心工作，团结奋进，努力拼搏，创造性地开展工作，各项工作取得了长足发展，为全市改革、发展、稳定做出了积极贡献。

几年来，全市实施了再就业工程，把下岗职工再就业和失业人员就业工作摆在突出位置，强化工作措施，加大就业岗位开发力度。通过上新项目、盘活老企业、发展个体私营经济、发展社区服务、城市基础设施建设、发展旅游业、发展养殖业、发展万元田（棚）、发展非正规就业和发展劳务经济10条就业渠道，开发就业岗位。取得了较好成效。

1998年至2001年，全市城镇共安置失业人员就业40 000人，下岗职工出站实现再就业 30 000人，培训后就业28 000人。

几年来，局党委在工作中始终坚持突出重点，攻克难点，统筹兼顾，全面推进的工作方法，以扎实的工作作风赢得了社会的普遍赞誉，并采取得力措施，全面完成了市委、市政府交给的各项工作任务。

①省长洪虎（右）视察白城市社区，市委书记刘润璞（左）、市长岳清友（中）陪同
②省劳动和社会保障厅副厅长申奉澈（中）来白城市检查指导工作
③白城市就业和社会保障工作会议现场
④局长张文学
⑤劳动就业大厅

白城市民族事务委员会 白城市宗教事务局

白城市民族事务委员会(白城市宗教事务局)是主管全市民族、宗教事务的政府组成部门。负责宣传贯彻落实党的民族、宗教政策及法律法规，依法管理民族、宗教事务，是党和政府联系少数民族和宗教界人士与信教群众的桥梁和纽带。

白城市是一个少数民族散杂居地区，全市有蒙古族、满族、回族、锡伯族、白族等少数民族29个，蒙古族乡9个，少数民族村35个。人口13.8万人，占全市人口的7.18%。少数民族干部3 003人，占全市干部总数的4.1%。

几年来，经过市民委（市宗教局）全体人员的共同努力，党的民族、宗教政策深入人心；民族乡、村的经济和各项事业得到了长足发展；民族、宗教领域保持基本稳定。市民委（市宗教局）1998年至2001年连续四年被省民委（省宗教局）评为“全省民委（宗教）系列先进单位”。1998年至2002年连续五年被市委、市政府评为“招商引资先进单位”。2002年被评为“八省区蒙古语文协作工作先进集体”，机关党支部被市直机关党工委评为“先进党支部”。

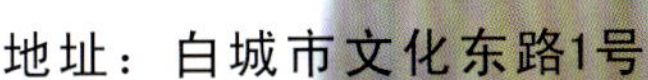
地址：白城市文化东路1号
电话：0436　3224237
邮编：137000

①主任（局长）王凤岚
②领导班子成员
③洮北区德顺蒙古族乡成立大会
④向海乡举办蒙古族民俗文化节
⑤镇赉县蒙古族中学校长姜登和
⑥镇赉县蒙古族中学微机室
⑦镇赉县莫莫格蒙古族乡“蒙泉”天然矿泉饮品有限公司

白城市信访办

全市信访工作在市委、市政府的领导下，在省主管部门的大力支持下，经过各级党政领导和广大信访干部的共同努力，较好地完成了各项信访工作任务，为促进改革开放和经济发展做出了贡献。

认真接待群众来访。从1996年至2000年的五年时间里，全市县以上信访部门共接待单人来访8 287次，接待集体来访4 223批12.78万人次，对群众来访反映的问题，及时协调有关部门予以解决。对重大疑难信访问题，报请市信访工作领导小组例会研究解决。经过大量工作，群众上访问题基本都在当地得到解决，越级去省集体上访只占全市已发生集体上访的1%。

积极办理信访案件。近五年来，各级信访部门共办理群众来信4 377件(次)。对群众来信反映的重大问题，报请市委、市政府主管领导签批意见后，由信访部门立案500余起，到期结案率达100%。

及时上报信访信息。信访部门准确反映重大社情民意，确保信访渠道畅通。五年来，共收集整理重要信访信息202条，上报市委、市政府102条，上报省信访办100条，为领导科学决策提供了依据。同时向上级领导和有关部门报送专题报告20份，撰写调研文章20篇。其中，市信访部门撰写的《试论信访临界理论的价值评估和实际应用》一文，在1999年5月召开的第二届全国信访工作理论研究会上被评为三等奖，这是吉林省唯一的获奖论文。

①主任孙军
②领导班子成员
③信访办领导接待上访人员

地址:白城市文化东路1号
电话:0436　3223602
邮编:137000

2002 文化

白城年鉴

教 育

综 述

2001年初，白城市教育委员会（简称市教委），编制29人，实有25人。设行政办公室、党委办公室（加挂纪检、监察室牌子）、人事科、计划财务科、基础教育科、民族体育卫生教育科、职业教育科、成人教育科（加挂社会力量办学办公室牌子）。11月，市直机关机构改革，编制25人。设办公室、人事科、纪检监察法制科、发展规划科、基础教育科（加挂普通中学考试办公室牌子）、成人与职业教育科、体育卫生艺术教育科、党委办公室、白城市人民政府教育督导室、会计工作站。附属机构有白城市自学考试办公室、校外教育办公室、学校生产教育管理中心，职工34人。12月，市教委改称白城市教育局（简称市教育局）。全市有洮北区、洮南市、镇赉县、通榆县、大安市教育局及乡（镇）教育助理92人。普通高等学校1所，在校学生3 090人，教职工687人，其中专任教师337人。在专任教师中，教授11人，副教授121人。成人高等学校2所，在校学生581人，教职工121人，其中专任教师51人：教授2人、副教授4人，讲师31人，助教14人。普通中等专业学校4所，在校学生6 191人，教职工703人，其中专任教师379人。在专任教师中，高级讲师90人，讲师186人。普通中学146所，在校学生99 068人，教职工9 067人，其中专任教师6 747人。在普通中学中，普通高中22所，在校学生20 677人，教职工1 758人，其中专任教师1 400人，在专任教师中，中学高级教师203人，一级以下教师562人；普通初中124所，在校学生78 391人，教职工7 299人，其中专任教师5 347人，在专任教师中，中学高级教师137人，一级以下教师1 242人。普通小学933所，在校学生164 264人，教职工14 439人，其中专任教师12 672人。在专任教师中，中学高级教师23人，小学高级教师2 543人，小学一级教师7 181人。幼儿园147所，在园儿童18 578人，教职工798人，其中专任教师488人。特殊教育学校5所，在校学生248人，教师102人，其中专任教师58人。

2001年，全市教育行政机关贯彻落实《白城市“十五”期间改造薄弱校规划》，改造薄弱校25所。开展“爱心奉献，扶困助学”活动，扶持入学贫困生7 000余人。市县两级建立“两基”（基本普及九年义务教育，基本扫除青壮年文盲）年检年审制度，中小学入学率、普及率分别为99.01%和96.12%，分别比2000年增长0.17%和0.62%。全市一类一级中小学213所，占中小学总数20%，分别比2000年增长23%和31%。

职业技术教育办学模式改革取得新成绩。洮南市将农业职业中心与黑水镇中学合并；通榆县将农民中专、职业高中、电大分校、技工学校合并，成立职业教育中心；洮北区组建职业技术培训中心。各职业教育中心通过开展学历教育、技术培训、技术咨询服务、送科技下乡等活动，扩大了教育功能，办学的主动性、适应性进一步增强。

教育结构调整有新进展，资源重组取得初步成效。完成吉林省畜牧业学校、白城市农业机械化学校、白城市第四中学的资源重组，第四中学整体迁入新校址，办学条件基本达到省重点高中标准。依托白城市财经学校成立白城经济开发区中学。创办吉林大学白城学院和吉林大学白城医学院。白城师范高等专科学校升格为白城师范学院顺利通过国家验收。普通高中继续扩大招生，招收7 733人，比2000年扩招760人。共撤销初中7

所，合并小学 9 所，撤销教学点 62 个。

素质教育取得新突破。德育首要地位得到加强；课程改革、课堂教学模式改革工作稳步推进，素质教育科研成果得到推广、运用；各级素质教育实验区、实验校工作取得初步成效；督导评估机制有效运作，促进了学校依法办学，规范了办学行为；学生负担过重问题得到初步扼制，实施素质教育的良好局面正在逐步形成。

教育改革稳步推进。学校内部管理体制改革全面实施“四制、四定”(校长负责制、岗位工资制、教职工聘任制、等级工资制；定规模、定编制、定工作量、定岗位)，教育内部竞争机制初步建立并开始运作，国有民办、民办公助、名校办分校等多元化办学体制逐步形成。

中学教师队伍建设得到加强，教师素质明显提高。小学和初中教师中，具有专科和本科学历的分别占 30%和 27%，高中教师具有研究生学历的达到 10%。中小学校长队伍建设得到加强，骨干教师和骨干校长培训工作成效明显。

教育投入增长，办学条件得到改善。全年教育经费支出 4.76 亿元，比 2000 年增长 20.8%。投资 7 743.8 万元，建中小学校舍 49 771 平方米，教职工住宅 31 000 平方米，改造中小学危房 22 827 平方米。

（王涛）

基础教育

【素质教育】 2001 年，市教委加强薄弱校改造工作。下发《白城市“十五”期间改造薄弱校规划》和《白城市“十五”期间初中薄弱校改造规划》。全市改造薄弱初中 7 所，城镇小学 1 所，农村小学 17 所，改造后的学校达到同类学校的上游水平。

加强教科研工作。3 月，召开白城市教育科研工作会议，部署全年教科研工作，下发《白城市教育科研“十五”发展规划》、《白城市“十五”规划课题指南》和《白城市教育科研规划课题管理办法》，规范了全市教育科研工作。4 月，检查鉴定验收全市“九五”教育科研规划课题。白城市第一中学的《写作学习方法的指导研究》等 5 项国家级课题(包括子课题)，通榆县第七中学的《中华民族传统美德教育研究》等 13 项省级课题(包括子课题)，洮南市的《发展小学生主体性研究》等 42 项市级课题通过鉴定。大安市第一中学的《学科实施素质教育》课题通过省级验收。6 月，在镇赉县实验小学召开白城市实验小学协作研究会暨白城市小学素质教育实验校第五届年会，交流推广实验校的经验。

加强教育教学管理。优化课堂教学过程。组织第四届教学成果“五项奖励”活动，评出中、小学“十佳”青年教师奖，优秀教学管理奖，优秀教研组奖各 10 名，优秀课堂教学成果奖 30 项，素质教育优秀完成奖 31 项。通过这项活动，促使教师更新教学观念，自觉地运用素质教育理论，优化课堂教学，提高教学效率。举办白城市重点高中首届教学大奖赛，参赛教师 30 人，进行教育理论和计算机操作考试。注重考核教师在课堂教学中实施素质教育，改革教法，充分体现学生的主体地位问题，达到了互相学习、互相交流、共同提高素质教育的目的。

加强督导工作。8 月，全市教育行政部门专项督导检查中小学教学计划执行情况、教师配备、教学器材配备、教师教学、学生学习质量。中小学均开全学科、开足课时、开好各科课程。小学、初中、高中教师学历达标率分别为 96%、89%和 72%，分别比 2000 年提高 4 个、5 个和 2 个百分点。专业对口率 99%。

加强“减负”工作。按照国家教育部和吉林省教育厅发布的《减负十不准》，把学生过重的课业负担、心理负担、经济负担减下来。

加强现代教育信息化建设。市教委实施《中小学现代教育技术“十五”发展规划》。全市城镇初中 43 所，设信息技术课 38 所，开课率 88.3%。全市骨干教师接受信息培训 1 564 人，占骨干教师总数 79%； 非骨干教师接受培训 14 221 人，占非骨干教师总数 70.4%。

为庆祝中国共产党建党 80 周

年，市教委下发《关于举办中小学艺术节的通知》，全市中小学开展以“党在我心中”为主题的艺术节活动。与中共白城市委宣传部（简称市委宣传部）、共青团白城市委员会（简称团市委）和洮北区教育局共同举办“白城市中小学庆祝建党80周年文艺演唱会”，促进学生全面发展。贯彻落实《吉林省人民政府办公厅转发省教育厅制定的吉林省中小学豆奶计划试点方案的通知》，从2000年10月15日开始在全市中小学开展学生“豆奶实施”工程，促进学生身体素质的提高。同时，在初中毕业生中，进行体育加试，提高了学生身体素质。

（王涛）

【幼儿教育】 2001年，全市有幼儿园147所，比2000年下降57.4%。其中，国办园28所，社会力量办园119所。教职工798人（专任教师488人），比2000年下降55.4%。其中，国办503人（专任教师402人），社会力量办295人（专任教师86人）。招生16 782人，比2000年下降27.13%。其中，国办15 683人，社会力量办1 099人。在园儿童18 578人，比2000年下降49.2%。其中，国办11 969人，社会力量办6 609人。

2001年，市教委开展各类幼儿园（班）优质课评比活动，评出优质课27节。通榆县幼儿园被评为省级“示范幼儿园”。至此，全市被评为省级“示范幼儿园”5所。

（王涛）

【小学教育】 2001年，全市有普通小学933所，教职工14 439人，其中专任教师12 672人，招生22 516人，在校学生164 264人，毕业32 741人，分别比2000年增长0.76%，下降2.01%、4.28%和增长2.35%，下降7.11%，增长1.86%。

根据《吉林省普通学校办学水平督导评估实施方案》，2001年，全市达到市一类一级小学标准17所，到年末，有市一类一级小学321所，占小学总数34.4%。

按照省教育厅《关于积极推进小学开设英语课程的指导意见》，市教委制定了《全市推进小学英语课程的实施意见》，秋季开始全市县城35%的小学设英语课。

（王涛）

【中学教育】 2001年，全市有普通中学146所，其中，普通高中22所，普通初中124所，分别比2000年增加1所，减少1所和增加2所。教职工9 067人，比2000年增加44人。专任教师6 747人，其中，普通高中1 400人，普通初中5 347人，分别比2000年增长4.73%、1.72%和2.83%。招生35 932人，其中，普通高中7 658人，普通初中28 274人，分别比2000年增长0.36%、7.53%和下降1.42%。在校学生99 068人，其中，普通高中20 677人，普通初中78 391人，分别比2000年增长2.94%、10.82%和1.64%。毕业29 967人，其中，普通高中5 750人，普通初中24 217人，分别比2000年下降0.62%，增长24.30%和下降5.14%。

全市专题抽查中小学流失情况，每个县（市、区）抽查3个乡（镇）作为年终对各县（市、区）的评价依据。经验收检查初中学校达到市级一类一级初中6所：洮北区岭下镇中学；大安市第四中学、乐胜乡中学；镇赉县蒙古族中学；通榆县第七中学、兴隆山镇中学。到年末，全市一类一级33所，占初中学校总数26.6%。

全市确立“两教并举”（普通教育和职业教育根据培养目标同时进行，同等对待）、“双向培养”（学生升学或就业的愿望都能得以实现）办学模式，使农村初中真正成为为上级学校输送合格新生和为农村培养实用人才的基地。

全市录取普通高中新生7 733人，录取率72.33%。其中，白城市直录取2 898人，录取率89.99%。在高考中，有13人考入清华大学、北京大学等校。本科进线率：文科重点进线率11%，与省平均水平持平；理科进线率17%，接近全省平均水平；文科一般本科进线率35%，高出全省平均水平4个百分点，理科一般本科进线率52%，高出全省平均水平3个百分点。

（王涛）

【中小学改革】 8月，全市均开始第二轮聘任工作，参加竞聘教职工 24 174 人。其中聘任上岗 21 922 人。未上岗 2 252 人。其中，待聘 89 人，校内安置 230 人，分流 377 人，社会安置 20 人，辞退、辞职 13 人，病退或提前退休 673 人，退养 850 人。清退乡镇自用民办（代课）教师 320 人。镇赉县第二实验小学、大安市临江第二小学、洮南市实验小学、洮南市第一小学、白城市特殊教育学校等推行等级工资制。

（王涛）

【中小学校办工业、农业】 白城市学校生产教育管理中心，负责全市勤工俭学改革发展、规划、协调、指导、服务和监督。编制 24 人，设行政管理科、勤工俭学管理科、第三产业科。

2001 年，全市有校办农、林、牧、渔基地 1 017 个，耕地 3 657 公顷，校办企业 43 户，第三产业 176 户。校办产业从业人员 1 496 人。勤工俭学普及率 100%，中小学生参加劳动教育普及率 98%。勤工俭学总收益 2 023 万元。其中，校办农副业纯收入 922 万元，校办工业利润 491 万元，校办第三产业收入 610 万元。用于补充教育经费 665 万元，生均收入 71.78 元。

白城市勤工俭学研究会被吉林省勤工俭学研究会评为“先进研究会”。在吉林省勤工俭学研究会刊《吉林勤工俭学会刊》刊登论文 4 篇。

（王涛）

【整治中小学乱收费】 2001 年，市教委下发《关于规范中小学收费行为的若干规定》，继续实行收费登记制度，收费监督检查、处罚制度，实行“四统一”（统一使用财政部门制发的专用发票，统一使用省统一监制的收费卡，统一由市、县教委（局）分管领导审批必须订购的书籍、学习资料，各项收费统一由学校财会室收取、管理）、“十不准”（不准越权审批收费项目，不准擅自增加收费项目，不准提高收费标准，不准以任何名目对学生进行经济处罚，不准向学生乱摊派、乱集资，不准向学生强行推销各类商品或规定以外的书刊、资料等，不准代收由教育部门规定之外的费用，不准设账外账，不准公款私存，不准坐收坐支）规定，一票否决制度和收费呈报备案制度。在教育系统内部，市、县、校层层建立责任制和责任追究制，把各学校党政一把手作为治理中小学乱收费的第一责任人，并把治理中小学乱收费工作列入年度政绩考核的主要内容和评优的重要条件，出现乱收费问题直接追究第一责任人的责任。

实行收费公示公开，增强透明度。通过公示板、墙报、黑板报、学生大会、收费卡、家长座谈会、《收费通知单》和在电视、报纸上公布收费项目、标准等多种形式，把所有收费向家长、学生全面公示，让全体学生周知。在新闻媒体上公开监督、举报电话，主动倾听群众呼声，方便群众咨询、举报。

5 月，市教委、市监察局、市物价局组成联合检查小组，集中检查全市 52 所学校。其中，小学 21 所，初中 16 所，高中 11 所，大、中专学校 4 所。检查后下发《情况通报》，对发现的问题提出整改意见，集中整治乱收费学校 2 所，清退乱收费总额 3 700 元。

全市反映学校乱收费方面的信访件 44 件。立案 4 件，清退 3.11 万元，行政记大过处分 2 人，通报批评 2 人。8 月下旬，在市委、市政府召开的全市党风廉政建设和反腐败工作会议上，市教委的《加强领导，强化措施，积极有效地治理中小学乱收费》经验做了书面发言。

（王涛）

【白城市人民政府机关幼儿园简介】 白城市人民政府机关幼儿园（简称市机关幼儿园）建于 1954 年。位于白城市文化东路 15 号。隶属白城市人民政府办公室。建筑面积 3 000 多平方米。教职工 60 人。其中，小学超高级教师 3 人，小学高级教师 15 人，小学一级教师 17 人。教师均为国家幼师专业毕业。开设学前、大、中、小班级 10 个。每个班级有活动室、寝室、卫生间。室内外大型玩具 10 余种，在园幼儿 300 余人。园长王艳娟。开设健康、社会、语言、科学、数学、音乐、美术课，并加开幼儿英语、幼儿形体、幼儿声乐等特色课。以科研为切入点，先后与清华大学语音培训中心、东北师范大学学前教育中心联合开展科研实验，全面实施素质教育。同时发挥示范园的辐射作用，为中国白城兵器试验中心幼儿园、镇赉县幼儿园看课、参观访问提供条件，为幼儿教育事业的改革做出贡献。

2001年5月，在"吉林省第八届少年儿童书画作品大赛"中，市机关幼儿园被评为"先进单位"，教师获特等辅导奖2人、一等辅导奖1人；参赛幼儿获金奖6人，银奖8人，铜奖10人。8月，在"2001年郑州·巴黎第六届世界和平书画展"中，获国际青少年儿童书画组织"先进集体二等"奖；教师获"优秀园丁"奖3人。参赛幼儿获特金奖2人，金奖9人，银奖14人，铜奖15人，优秀奖15人。获省级优秀教师1人，市、区级优秀教师6人，巾帼岗位明星3人。发表及获奖论文90篇。其中，国家级论文4篇，出版发行1篇，省级论文85篇。市机关幼儿园多次被省妇联、团省委、省教育厅幼教处、白城市人民政府（简称市政府）评为"省巾帼文明岗"、"省青年文明号"、"省示范幼儿园"、"先进集体"。

（白茹　王艳娟）

【白城市洮北区长庆小学简介】 白城市洮北区长庆小学建于1950年。位于白城市长庆南街民生东路14号。隶属洮北区教育局。1998年正式挂牌为"白城市一类一级小学"。占地4 092平方米，建筑面积4 860平方米。职工73人。其中，小学超高级教师1人，小学高级教师35人，小学一级教师27人，小学二级教师10人。校长梁海军。设语音室、微机室、实验室、图书室、音乐室。有教学班22个，在校生950人。按国家《教学大纲》规定开设文化课的同时，一、二、三年级分别进行"珠算式脑算"，"韵语识字，提前读写"改革实验及低年级小班教学改革实验。学校有《韵语识字，提早阅读，循序作文》（移植）国家级教育科研课题1个，《引导学生主动参与，培养数学学习兴趣》、《发散—聚合式课堂教学结构》市（区）级科研课题2个。

2001年，在洮北区举办"教师下水文"大赛中，学校获集体优秀奖，获奖教师5人，其中，一等奖1人，二等奖、三等奖各2人；在"教师基本功五项全能"比赛中，获奖2人；在"青年教师优质课"评比中，获奖2人；在"课堂教学实施素质教育"评比中，学校获优秀奖，获课堂模式优秀奖1人；在"小学自然实验技能"竞赛中，获奖教师1人；在"五项奖励"大赛中，获十佳青年教师奖1人，获优秀课堂教学成果奖2人，获素质教育研究成果奖2人，获优秀管理奖1人，获优秀教研组奖1个。在全市举办"教案设计"赛中，获优秀教案奖3人。在"全国第七届华罗庚杯数学竞赛"中，学生获二等奖、三等奖各1人。发表并获奖论文14篇，其中，国家级13篇，市级1篇。

（梁海军　石玉华）

【白城市洮北区瑞光小学简介】 白城市洮北区瑞光小学建于1962年。位于白城市长庆北街庆学西路23号。隶属白城市洮北区教育局。占地25 021平方米，建筑面积6 370平方米。教职工76人。其中，小学超高级教师2人，小学高级教师41人，小学一级教师21人，小学二级教师12人。教学班27个，学生1 300人。设语音室、舞蹈室、多媒体教室和微机室2个。校长韩伟。学校深化教育改革，推进素质教育，以教育科研为先导，承担国家级"十五"重点科研课题2项：《小学生能力发展与培养》、《中华民族传统美德教育》。开展忠心献给祖国、爱心献给社会、关心献给他人、孝心献给长辈、信心留给自己教育活动，由学校教育延伸到社会和家庭，形成三位一体的教育网络，中华民族传统美德教育成为瑞光小学办学的一大特色。

2001年，在全国中小学生电脑制作竞赛中，获一等奖3人，二等奖6人；在"全国第七届华罗庚杯数学竞赛"中，获二等奖4人；在"全国小学生英语竞赛"中，获国家级一等奖1人，二等奖2人，三等奖5人；在自制教具活动中，教具"识调板"获国家级二等奖，省级一等奖；在国家级"十五"重点科研课题《小学生能力发展与培养》优质课评选中，获国家级优质课2人。学校被洮北区教育局、洮北区教育协会评为"科研科普先进单位"；在洮北区教育局、文体局开展的中小学春季环城赛中，获小学组团体第一名；在洮北区第八届中小学田径运动会上，获小学组团体总分第一名和体育道德风尚奖；在洮北区首届中小学生艺术节活动中，获组织奖；被洮北区教育局、洮北区人事局评为2001年度“先进单位”；被吉林省关心下一代工作委员会评为“关心下一代工作先进集体”。

（杨丽萍）

【洮南市实验小学简介】 洮南市实验小学建于1949年。位于洮南市富文西路46号。隶属洮南市教育局。占地9 362平方米。教职工56人，均为专业技术人员：高级职务1人，中级职务25人，初级职务30人。校长孙宏云。设教导处、教务处、大队部。2001年，筹资12万元购置收录机、刻录机、计算机、大屏幕等现代化教育设施，为教育教学提供了有利条件。

2001年，被吉林省教育厅评为“吉林省创新教育研究实验校”，“吉林省教师基本功达标优秀校”；被洮南市教育局评为“洮南市教育工作先进校”。

（田桂霞）

【白城市第八中学简介】 白城市第八中学建于1956年9月。位于洮北区岭下镇。隶属市教育局。占地67 370平方米。建筑面积9 076平方米。其中，教学及附属用房1 881平方米，行政办公用房1 015平方米，生活用房3 738平方米，其他用房2 442平方米。体育运动面积20 000平方米，有标准足球、篮球场地。编制72人，实有68人，其中专业技术人员65人：中学高级教师10人，中学一级教师28人，中学二级教师26人，中学三级教师1人。有省级骨干教师2人，市级教学新秀6人。校长兼党支部书记章宝珍。设教导处、总务处、办公室、团委。有教学班15个。学生796人。固定资产602万元，主要设备有轻型解放汽车1辆，计算机59台，幻灯机3台，标准语音室、理化生实验室各1个，学生食堂装有微机管理售饭系统。

2001年，毕业生188人。其中，考入重点院校11人，考入本科114人。承担“十五”期间教育科研课题8项：市级课题5项，省级2项，国家级1项。

（王涛）

【白城市第四中学简介】 白城市第四中学建于1964年。隶属市教育局。位于白城市区北部。占地10万平方米。校舍2.5万平方米。职工192人，其中专业技术人员143人：中学高级教师18人，中学一级教师60人，中学二级教师65人。校长孙向东。设校长办公室、教务处、政教处、总务处、人事处、教育科学研究室、电化信息中心、图书馆、保卫处、舍务处、团委。有教学班24个，学生1 556人。固定资产1 878万元。主要设施有教学楼、综合实验楼、图书馆和学生公寓楼、学生食堂、理科实验室、语音室、微机室、电教室、音乐美术劳技教室、阶梯教室及校园信息网站和多媒体双向教学系统。

2001年，参加高考433人，考入重点大学34人，本科232人。录取率61%，比2000年高出16个百分点。获省级奖励论文5篇，市级奖励论文8篇，受市人事局表彰25人，学校经省教育厅评估后晋升为重点高中。被白城市委评为市级“精神文明建设先进单位”。

（王涛）

【白城市第一中学简介】 白城市第一中学建于1954年9月。隶属市教育局。位于白城市民生西路30号。职工152人，其中专业技术人员143人：中学高级教师45人，中学一级教师64人，中学二级教师34人。校长盖雁。设校长办公室、党委办公室、政教处、团委、教务处、教育科研室、保卫科、总务处、工会、电教室等。有3个年级30个教学班，学生1 920人。固定资产8 000万元。主要教学设施设备有化学实验室、物理实验室、生物实验室、信息主控室和微机302台及5 000平方米国际标准塑胶跑道运动场。

2001年，投资1 200万元动迁扩校，使教学面积和建筑面积增至10万平方米和4.89万平方米；投资2 700万元，兴建8 000平方米的鹤城体育馆，装备宽带多媒体教学网，建成环保、旅游、实践为一体的实践基地——吉鹤春城和白城一中第二分校（初中部）。并与其他 9 个单位倡导出资开发查干浩特旅游开发区。年度高考校本部升学率 98.63%，重点大学录取 366 人，其中考入清华大学、北京大学 6 人；文理科平均分优秀率全市第一；文理 8 个单科 7 个第一；文理总分 600 分以上人数比全市其他各校总和还多近 20 人；分校首次高考，进入清华大学 2 人，考入重点大学 61 人，本科进线率 87%。学校承担省教育科学“九五”规划重点课题的成果取得新进展。《既要竞争，也要合作》的经验在全国学校管理体制改革专业委员会上交流，并在 2001 年的《中小学管理》第 1 期上发表；学校承担的全国教育科学“九五”规划项目二级子课题《写作学习方法的指导》通过会议鉴定、验收。学校被授予国家“九五”规划课题先进实验学校称号，盖雁被授予“科研兴校模范校长”称号。全校发表教研论文 60 余篇。受国家级表彰 1 人，省级表彰 2 人，市人事局和有关学术部门嘉奖近 30 人次。其中，袁昌云被评为全国优秀教师，省优秀共产党员，市优秀党员标兵；盖雁获吉林省“五一”劳动奖章。

（王涛）

【白城市第一中学分校简介】 白城市第一中学分校建于 1998 年 7 月。位于白城民生西路 30 号。隶属白城市第一中学。职工 87 人。其中专业技术人员 76 人：中学高级教师 25 人，中学一级教师 23 人，中学二级教师 20 人，中学三级教师 8 人。分校实行董事会领导下的校长分工责任制。白城市第一中学校长、党委书记盖雁任董事长， 分校校长王志臣。设综合办公室。有 3 个年级、20 个教学班，学生 1 240 人。固定资产 506 万元。主要设施有教学楼，其它设备和设施与主校共享。

2001 届毕业生在高考中考入重点大学 61 人。其中，清华大学 2 人，国防科大 1 人。统招本科 102 人，二级学院 121 人。在全市 22 所高中中名列第六。

（王涛）

【白城市树人学校简介】 2000 年 12 月 19 日，白城市教委批准，白城市树人学校成立， 2001 年 8 月 20 日开学。隶属吉林省畜牧业学校。位于白城市三合路 15 号。学校实行国有民办的办学体制和九年一贯制义务教育。设小学教学班 2 个，初中教学班 4 个，学生 202 人。学生实行住宿制。

学校实行董事会指导下的校长负责制。校长孙树青。教师实行聘任制，面向社会招聘教师，竞争上岗。工资待遇较高。共聘用教师 33 人，均为大专以上学历。中青年教师占 91%，其中有 9 人曾被评为市（县）级以上优秀教师。学校实行代理家长制和导师制。每个学生宿舍都有一名任课教师与学生同吃同住，做学生的代理家长。负责学生的思想、学习和生活管理。学校为学习比较优秀和学习基础较差的学生指定教师做其“导师”，进行指导和帮助。

学校在全市率先实行小班化教学，每班定员 36 人。同时进行“分层教学、走班上课”的教改实验。教学质量明显提高。2001 年期末考试，数学、英语成绩均列洮北区城乡中学前三名。

（王涛）

【白城市行知中学简介】 白城市行知中学建于 1995 年 9 月。隶属白城艺术幼儿师范学校（即白城市师范高等专科学校分校）。位于洮北区白平公路 50—34 号。职工 46 人，均为专业技术人员：中学高级教师 13 人，中学一级教师 20 人，中学二级教师 13 人。校长关桂娟。设教务处。有 3 个年级 11 个教学班，学生 516 人。主要设备设施有图书室、微机室、语音室、理化生实验室、音乐室等。

2001 年 6 月，在“全国第七届华罗庚杯数学竞赛”中，白城市行知中学获中学组第一名，学生刘求索获铜牌。

（王涛）

【白城市体育中学简介】 白城市体育中学建于 1990 年。隶属市教育局。位于白城市 913 路 6—5 号。占地 3.5 万平方米，建筑面积 0.78 万平方米。职工 58 人，其中专业技术人员 56 人：中学高级教师 8 人，中学一级教师 13 人，中学二级教师 13 人，小学教师 22 人。校长奚洪彬。设办公室、教务处、学生处、总务处、团委、招生办公室、训练处、小教部。有田径、篮球、排球、速滑、乒乓球、台球、自行车、射击、健美操、武术、举重等专业，学生526人。固定资产439万元。主要设备有图书室、微机室、语音室、多媒体教室、浴池、乒乓球训练馆、健美操馆、武术馆各1个，综合实验室、学生食堂、综合训练馆各2个。体育训练场地有排球场、足球场、羽毛球场各1个，田径场、篮球场各2个。

2001年与吉林体育学院联合办学，加快了白城体育事业发展的步伐。高考升学率61.3%，毕业生就业遍布省内外，就业安置率100%。学校被吉林省教育厅、吉林省体育局授予吉林省"少儿训练体教结合优秀学校"称号。

（王涛）

职业教育

【普通中专】 2001年，全市有普通中专4所，教职工703人，分别比2000年减少3所，304人。其中专任教师379人，比2000年减少74人。招生723人，在校学生6 191人，毕业3 441人，分别比2000年下降93.36%、48.96%和26.95%。

（王涛）

【农业职业学校】 2001年，全市有农业职业中学30所，教职工1 581人，分别与2000年持平，减少87人。其中专任教师1 107人，比2000年减少80人。招生5 234人，在校学生11 852人，毕业4 486人，分别比2000年增长23.33%、3.47%和下降12.80%。

（王涛）

【吉林省白城卫生学校简介】 吉林省白城卫生学校建于1958年，称白城医学专科学校，1962年改为现名。2001年，白城市政府与吉林大学对学校实行共建，成立吉林大学白城医学院，并于12月挂牌。隶属市教育局。位于白城市棉纺路27号。占地14.4万平方米，建筑面积5.2万平方米。职工244人，其中专业技术人员132人：高级讲师44人，讲师74人，助理讲师14人。校长于洪光。设校长办公室、党委办公室、工会、团委、学生处、教务处、总务处、保卫处、图书馆、成教处、马列教研室、体育教研室、普通课教研室、微生物教研室、中医教研室、内科教研室、外科教研室、妇科教研室、儿科教研室、护理教研室、五官教研室、病理教研室、药理教研室、生物教研室、生化教研室、放射线教研室、解剖教研室、会计工作站。有护理、五官、妇幼医士、医学影像诊断、计生、美容等专业14个，教学班31个，学生3 606人。固定资产5 300万元。主要设施、设备有实验中心5个，实验室32个，华夏基金会无偿资助的日本岛津500MA智能X线系统、阿洛卡B型超声机等教学仪器设备，总价值近千万元。

2001年，招生705人，毕业632人，在应届毕业生中，考取吉林大学、长春职业大学174人，被市委、市政府评为"军（警）民共建先进单位"、"精神文明建设先进单位"。

（王涛）

【吉林省白城粮食学校简介】 吉林省白城粮食学校建于1974年。隶属市教育局。位于白城市棉纺路29号。职工115人，其中专业技术人员80人：高级讲师32人，讲师35人，助理讲师8人，其他系列专业技术人员5人。校长张利军。设办公室、党委办公室、工会、纪委、总务科、保卫科、会计工作站、餐饮管理中心、物业管理中心、绿化办公室、教务处、学生科、团委、专业课教研室、文化课教研室、经贸法律教研室、政治教研室、体育教研室、招生与就业指导办公室。有财务会计、电算会计、经济信息管理（商务微机应用）、经济法律事务、市场营销、注册会计师、公关文秘、经贸英语、审计、保安等10个热门专业。各专业课程设置精良，实行带薪实习制、工学交替弹性学制。学校建有清华大学远程教学站、长春税务学院成人教学站，是长春金融专科学校"3+2"联合校，也是白城市国防教育培训基地、职业技能鉴定基地。固定资产1 700万元。主要设施、设备有摄录采编室、微机、多媒体、现代办公设备、电算会计、语音、形体训练等10个实验室，计算机300台，图书馆藏书10万册。各教室均配有彩电；学生宿舍实行半公寓管理，均设有直拨电话；食堂实行社会化服务。

2001年，招生191人，毕业118人。学校工会被白城市教育工会、市教育局授予“先进基层工会”称号。

（王涛）

【吉林省畜牧业学校简介】 吉林省畜牧业学校建于1956年9月，称白城地区农业学校，1992年4月29日改为现名。隶属市教育局。位于白城市三合路15号。占地8.86万平方米。职工277人，其中专业技术人员136人：高级讲师53人，讲师52人，助理讲师31人。校长王喜赋。设校长办公室、党委办公室、人事监察科、保卫科、工会、妇委会、学生工作处、招生办公室、纪律检查委员会、开发办公室、团委、科研科、教务处、电教中心、财会科、就业安置处、教改办公室、机电学科、会统学科、水利学科、基础学科、政治学科、体育学科、农园学科、动物科学学科（含兽医院）、卫检学科、加工学科、图书馆、物资供应科、校园管理科、农牧场、基建办公室、总务科、伙食科。教学班22个，在校生605人。固定资产442.6万元。现代化教学设施设备有电视卫星接收站、多媒体教室（新建）、微机室、电化教室、语音室、电视校园网、计算机校园网（新建）。各职能管理部门均实行现代化办公。校办产业有瀚海农技中心、益民绿科饲料公司、宏大石油公司（加油站）等。

2001年，招生46人，毕业513人，升入上一级学校19人。其中，本科14人，专科5人。学校推荐安置就业52人。学校团委获全省大中专学生暑期“三下乡”活动先进团委和优秀“三个代表”实践服务团称号。

（王涛）

【白城市第一职业高中简介】 白城市第一职业高中建于1982年。隶属市教育局。位于白城市幸福南大街49号。占地27 000平方米，校舍建筑面积16 600平方米。职工131人，其中专业技术人员122人：中学高级教师26人，中学一级教师58人，中学三级教师38人。校长牟敏华。设办公室、教务科、学生科、总务科、团委、工会。有8个专业和综合高中班。固定资产1 300万元。主要设备有高标准电教室、语音室、实验室、美术画室、微机室、琴房、师生阅览室、教练车和练车场、学生食堂及宿舍，校内外有稳定的实习基地，办学实力雄厚。

学校在联合办学上有新发展，除汽驾、中医药、旅服等专业分别与吉林大学、吉林省中医药专修学院、辽宁师范大学联合办学外，2001年与白城师范高等专科学校联办的五年制高职班新增4个专业：音乐、艺术设计、英语和计算机专业；与大庆北方舞蹈学校联办舞蹈专业，专业课由来自中央芭蕾舞团、中央民族学院等国家级专业教师讲授和指导。

2001年，学校被省委、省政府评为“精神文明建设先进单位”，被市委、市政府评为“政治思想工作先进单位”，被市教育局评为“目标管理先进单位”。

（王涛）

【白城市第二职业高中简介】 白城市第二职业高中建于1982年，称白城市工读学校，1984年改为现名。隶属市教育局。位于白城市913路6—5号。职工36人，其中专业技术人员32人：中学高级教师8人，中学一级教师12人，中学三级教师12人。校长管继杰。设办公室、教务科、招生办公室、团委、总务科。有教学班8个，学生156人。设服装设计与工艺、服装表演、装潢设计、旅游服务、餐饮服务等专业。主要设施设备有微机13台，电机实习生产车间2个，裁断车间1个。固定资产57万元。

2001年，学校毕业生47人，就业率和升学率均为100%。

（王涛）

成人教育

【成人高等教育】 2001年，全市有成人高等学校2所，教职工121人，专任教师51人，与2000年相比均持平。招生275人，在校学生581人，毕业330人，分别比2000年增加75人，减少55人和增加221人。

（王涛）

【成人中等教育】 2001年，全市有成人中等教育学校245所，教职工124人，分别比2000年减少695所，1 143人。其中专任教师99人，比2000年增加8人。招生75 150人，在校学生75 250人，毕业71 580人，分别比2000年下降61.14%、60.92%和62.73%。

（王涛）

【白城市职工大学简介】 白城市职工大学建于1984年。隶属市教育局。位于白城市纯阳路18号。占地5.75万平方米，建筑面积3万平方米。有3 500平方米的教学楼，8 000平方米学生公寓楼，4 000平方米的实验、图书综合楼，1 770平方米的学生食堂，7 000平方米的教职工住宅楼。职工167人，其中专业技术人员103人：教授、副教授、高级讲师24人，讲师61人，助理讲师18人。校长裴锡铁。设教务处、学生科、培训处、党委办公室、纪检委、校长办公室、工会、团委、财务科、人事科、保卫科、总务处、伙食科、校企公司。教学班13个，学生603人。白城市职工大学、白城工业交通学校及白城职业大学、白城工业交通干部学校、吉林大学白城分校、白城市经济技术开发推广中心等5个学校1个中心，1个领导，1套编制，1本财务账。固定资产4 500万元。主要设备有语音室（60座位）、会计电算化实验室、天平室、化学实验室、汽车实验室、电视宣教中心、汽车实验基地各1个，微机室3个，工民建实验室、制图室、物理实验室、电教室各2个。学校图书馆图书室、资料室、阅览室等7个，藏书6.2万余册。

职工大学设审计（兼招二学历）、会计与统计电算化（兼招二学历）、工业与民用建筑（兼招二学历）专业。白城工业交通学校设工商行政管理、会计与统计电算化、计算机应用、企业管理、机械制造、化工分析、工业与民用建筑、汽车运用与维修、电子商务与网络技术、公共事业管理、道路交通管理专业。吉林大学函授设会计电算化（本科）专业。

2月，市政府与吉林大学续签合作办学协议，创办“吉林大学白城学院”，12月18日，举行揭牌仪式。9月，与白城市自来水公司合作办学，委托为该公司15名在职职工开设机电应用技术专业中专班；与白城市建委合作办学，开设工业与民用建筑、供热通风与空调大专班。受市委、市政府委托，承办首期34人参加的全市企业高级管理人员培训班，开设MBA有关课程，聘请吉林大学专家、教授授课，效果良好。

（王涛）

【吉林省广播电视大学白城分校简介】 吉林省广播电视大学白城分校建于1979年。隶属市政府。位于白城市海明西路锅炉厂胡同4号。职工52人，其中专业技术人员42人：高级职务4人，中级职务24人，初级职务14人。校长吴长青（2001年10月前任）、邓耀（2001年10月后任）。设办公室、教研部、培训部、学生管理处、中专部、教务处、团委、工会、总务处、图书馆、保卫处。有理工、经济、农学、师范5类，英语、农学、美术等37个专业。设全日制大专班、全日制普通中专班、成人教育大专班、注册视听生大专班。主要设备有地面卫星接收装置，闭路电视教学系统，微机实验室、语音实验室和提供宽带上网服务的电子阅览室、会计模拟实验室、打印室、图书室等。教学班31个，学生1 274人。

2001年，招生448人，毕业242人。与内蒙古自治区乌兰浩特市委党校、科右前旗教师进修学校、突泉县教师进修学校联合办学，招生323人。

（王涛）

高等教育

【基本情况】 白城师范高等专科学校（简称白城师专）是经教育部批准的省属普通高等学校。校园占地52.21万平方米，建筑面积16.3万平方米。学校设11个系，25个专业，4个部，3个研究所和5个中心。教职工687人。其中，专任教师337人，有教授11人，副教授121人，聘请省内外高校兼职教授13人，具有研究生学历的教师90人。在校学生3 090人。固定资产11 994.2万元。教学仪器设备总值1 925.5万元。图书馆藏书35万册，期刊1 200余种，光盘期刊120种，并配备现代化电子阅览室，实验室83个，计算机800余台及多媒体教学设计和训练室、多功能报告厅、教师基本功训练室、微机教学实验室、电视演播室、有线电视校园网、校内有线台、校内外语教学电台和计算机校园网。

（刘凤冰）

【围绕升格开展工作】 2001年，白城师专将升格发展为师范学院作为中心工作。4月20日，召开教职工大会，宣布白城师专与中华人民共和国林业部白城林业学校合并工作实施方案，并提出“以人为本，面向地方，以特色创优势，以创新求发展”的办学思路。为实现升格目标，学校筹集2 500万元。其中，国债500万元，银行贷款2 000万元。并吸引社会力量投资建设学生公寓。建成学生公寓5 100平方米，学生食堂2 078平方米，立项在建体育馆8 100平方米，艺术教学楼5 400平方米和学生公寓7 000平方米。投资500万元建设学校西区供热中心和维修改造校区基础设施，投入400万元购置教学仪器设备，基本达到本科院校设置的标准。7月，全国高校设置评议委员会专家组来校考察，肯定了学校各方面建设。

（刘凤冰）

【各项改革】 教学改革。2001年，白城师专确定22门课程作为示范课，确定了重点学科专业，改造了职教专业。经吉林省教育厅批准，汉语言文学教育专业为省级高职高专教学改革试点专业。全年立项省级科研课题12项，重点科研课题2项，省级一般课题4项，省“十五”规划教研课题12项，校级重点教研课题10项，一般教研课题10项。

人事制度改革。压缩行政工勤人员，增加教师编制，提高拔尖人才、学术带头人、高学历教师和优秀中、青年骨干教师待遇。

后勤社会化改革。制定《2001年度后勤社会化改革实施方案》，与省政府签订《2001年度后勤社会化改革工作目标管理责任书》。组建后勤服务实体，后勤人员，相关资源，成建制地从学校行政管理系统中有序剥离，实行企业化或模拟化管理。9月初，组建后勤服务总公司，建立合同制约的甲乙方关系。

（刘凤冰）

【同“法轮功”邪教斗争】 2001年，白城师专组织师生同“法轮功”邪教进行斗争，对青年学生进行辩证唯物主义、历史唯物主义和反对迷信活动教育，教育转化和监控“法轮功”练习者。2月28日，校团委、学生会举行“校园拒绝邪教，反对迷信，崇尚科学”的3 000名学生签名活动，维护了学校的政治稳定。

（刘凤冰）

【白城师范高等专科学校分校简介】 白城师范高等专科学校分校建于1999年12月。隶属市教育局。位于洮北区白平公路50—34号。占地12.7万平方米，建筑面积5.7万平方米。职工242人，其中专业技术人员191人：教授1人，副教授57人，讲师98人，助理讲师34人，教员1人。校长唐克杰。设校长办公室、人事处、教务处、学生处、教研处、图书馆、保卫处、总务处、伙食处、技术处、教研部、培训部、装备处、教科所、党委办公室、工会、团委、会计工作站。分幼师、普师、专科三个办学层次，有教学班35个，学生1 639人。设普师小教专科和音乐、美术、体育、英语、计算机小教专科专业，举办小教专科实验班。固定资产1 564万元。

2001年，招收专科生237人；毕业550人；对口升学62人，均升入大学本科院校。学校获吉林省“精神文明建设先进单位”、团省委“五四”红旗团委标兵、白城市“精神文明建设先进单位”、白城市“先进团委”、白城市教育系统“目标责任验收先进单位”称号。

（王涛）

特殊教育

【基本情况】 2001年，全市有特殊教育学校5所，随班就读点203个，比2000年下降19.4%。教师102人，其中专任教师58人。全市有适龄残疾儿童439人，入学就读418人，入学率95.2%。年末，实有学生411人。其中，弱智学生318人，盲童9人，聋哑学生112人。保留率98.3%。

全市贯彻落实《中华人民共和国教育法》和《中华人民共和国残疾人保障法》，切实保障残疾儿童接受教育的权利，满足残疾少年儿童就学需要，初步形成以随班就读和特教班为主体，特教学校为骨干的特殊教育格局。白城市特殊教育学校整体搬迁，市教委投资10万元，更新教学设备和设施。推进素质教育，在原有的"课堂教学评价标准"的基础上，制定《白城市特殊教育学校课堂教学评价标准》，开展《无助听设备聋童的口语康复训练研究》教育科研实验，接受实验的学生发音率100%，汉语拼音字母发音准确率85—90%，清晰率70%。

（王涛）

【白城市特殊教育学校简介】 白城市特殊教育学校建于1959年，称白城市盲哑学校，1976年改称白城市聋哑学校，2000年改为现名。隶属市教育局。位于白城市中兴东大路3号。职工56人，均为专业技术人员：中学高级教师3人，中学一级教师23人，中学二级教师30人。校长韩明。设教导处、办公室、大队部、学生课余管理部、伙食管理部、工会。有7个年级，10个教学班，学生71人。固定资产269.74万元。主要有律动教学设备、语言训练设备、现代信息技术教育设备、音像设备、体育设备。

2001年，依据《聋校课程计划》，对全市5个县（市、区）的适龄盲童实施义务教育。"对无助听设备聋童进行语言康复训练"的科学研究。

（王涛）

科学技术

综述

2001年初，白城市科学技术委员会（简称市科委），编制18人。设人秘综合科、科技计划科、科技管理科、星火办公室。11月，市直机关机构改革，改称白城市科学技术局（简称市科技局），编制13人。设办公室（加挂发展计划科牌子）、高新技术及产业化科、农村科技计划科。直属白城市科学技术研究所，代管白城市知识产权局。全市有镇赉县、通榆县、大安市、洮南市、洮北区科技局。职工54人。

2001年，全市事业企业单位有各类专业技术人员50 662人，其中事业单位46 815人：高级职务1 883人，中级职务11 735人，初级职务27 763人。全市县以上独立科研机构7个。其中，省属2个，市属5个。专业技术人员397人。其中，高级职务107人，中级职务163人，初级职务127人。共立科研课题37项。取得市级以上科技成果36项。其中，应用技术成果34项，软科学成果2项；全市专利申请量15件，专利授权量12件，分别比2000年增长10.00%和15.00%。一批科研成果转化为现实生产力，社会效益和经济效益显著，带动了全市经济发展和社会进步。

（温超）

科技队伍

【基本情况】 2001年，全市事业企业单位有各类专业技术人员50 662人，占人口总数2.53%。其中，高级职务2 088人，中级职务13 405人，初级职务33 238人。有省级跨世纪学术技术带头人12人，国家级有突出贡献优秀专家3人，省级有突出贡献优秀专家19人，享受国务院政府特殊津贴专家47人（在职18人）。

（温超）

2001年白城市事业企业单位各类专业技术人员表

单位：人

项　　目	总　计	高级职务		中级职务	初级职务	未聘任专业技术职务
			正高级职务			
总数	50 662	2 088	84	13 405	33 238	1 931
工程技术人员	5 093	347	—	1 277	3 314	155
农业技术人员	2 869	142	1	651	1 794	282
科学研究人员	548	78	25	137	308	25
卫生技术人员	6 576	375	43	1 390	4 623	188
教学人员	26 607	928	3	7 824	16 934	921
经济人员	2 716	44	—	575	2 033	64
会计人员	3 338	39	—	458	2 659	182
统计人员	521	—	—	69	451	1
翻译人员	7	—	—	1	4	2
图书档案文博人员	412	22	3	142	231	17
新闻出版人员	192	17	4	66	90	19
律师公证人员	87	4	—	30	38	15
播音人员	28	2	—	7	17	2
工艺美术人员	24	1	—	11	12	—
体育人员	53	11	—	22	16	4
艺术人员	297	24	5	114	105	54
政工人员	1 294	54	—	631	609	—

（温超）

科研机构

【白城市农业科学院】 白城市农业科学院建于1958年，称白城地区农业科学研究所，1998年改为现名。是白城市农业综合性研究单位，兼为吉林省向日葵研究所、全国向日葵研究中心，“全国高技术农业产业化（白城）中试基地”技术依托单位。是以应用研究为主的处级事业单位。隶属白城市政府。位于白城市三合路17号。职工315人。其中专业技术人员124人：研究员4人，副研究员31人，助理研究员41人，实习研究员48人。党委书记、院长李占先。2001年10月后金喜双任院长。设总务处、院长办公室、保卫处、科研处、纪委、党委办公室、工青妇老干部处、财务处、人事处、开发处和玉米、向日葵、土肥耕作、作物育种、米麦、农产品深加工、水利水稻、植保、情报9个研究所和化验中心及复合肥中试厂、良种繁殖场、技术开发中心3个经营实体。固定资产1 059万元。万元以上仪器设备42台（件），总价值419.1万元。固定网棚3个，总面积650平方米。温室2个，总面积500平方米。组织培养室和接菌培养室面积160平方米，实验室2个，150平方米，晾晒棚和活动钢架棚3个，3 372平方米。化验中心楼，使用面积1 100平方米。试验耕地40公顷。在海南省建南繁基地22 160平方米。有价值27万元的烘干设备。

向日葵育种技术、生物技术研究在全国处于领先地位。玉米、蓖麻、杂粮杂豆的育种研究在全省乃至全国占重要位置。农作物系列专用复合肥和农田节水灌溉及旱作农业等先进技术的研究成果为区域农业经济发展起到了重要作用。

2001年，在国家农业部，省、市科委，省农业厅，省农业开发办公室和省外国专家局等部门争取到科研课题23项，课题费71万元，是历年来运行课题最多的一年。经吉林省农作物品种鉴定委员会审定通过的科技成果有《玉米白旱2号》、《玉米白旱3号》、《玉米杂交种城玉5号》、《向日葵白葵6号》，《绿豆大鹦哥绿935》、《小麦白春5号》。

白城市农业科学院初步形成科研、开发、生产、经营一体化的格局。逐步由科技事业型向科技经营型转变，走农业产业化的道路。

（孙孟君）

【白城市农牧机械化研究院】 白城市农牧机械研究院建于1959年，称白城地区农业机械化研究所，1998年改为现名。是吉林省西部地区唯一从事农牧机械研究、试制、推广的处级事业单位。隶属白城市农业局。位于白城市海明西路50号。职工54人，其中专业技术人员31人：研究员4人（享受国务院政府特殊津贴2人），副研究员4人，助理研究员14人，实习研究员9人。院长盛霖（2001年11月离任），许广山11月任院长。设党务办公室、行政办公室、科研处、水田机械所、旱农机械所、畜牧机械所、加工机械所、机械产品中试厂。办公楼800平方米。实验厂、饮料厂、试验间、锅炉房、车库，办公和生产面积1 500平方米。办公设备有微机9台，复印机、晒图机、绘图机各1台。生产设备有车床3台，空气锤、电焊机、钻床、铣床、刨床各1台。

2001年，通过省、市科委鉴定成果有《4GKJ-1.1型根块茎收获机》、《2BF -11型小冰麦施肥播种机》、《5TT-85型通用脱粒机》、《6B-50型蓖麻剥壳机》。

白城市农牧机械研究院结合吉林省西部半干旱区农业特点和风力资源条件及时调整科研开发方向，先后研究开发出抗旱型播种机和风力提水、风力发电机。

（孙孟君）

【白城市林业科学研究院】 白城市林业科学研究院建于1972年12月，称白城地区林业科学研究所，1998年11月改为现名。处级单位。隶属白城市林业局。位于白城市海明西路44号。职工61人，其中专业技术人员39人：研究员、副研究员、高级工程师、高级经济师12人，工程师、助理研究员、会计师、经济师17人，助理工程师、研究实习员、助理会计师10人。院长陈庆。设行政办公室、科研处、经济林研究中心、病虫害研究中心、栽培研究中心、花卉研究中心、湿地研究中心、杨树研究中心、生态试验林场。固定资产333万元。主要设施设备:办公楼2 200平方米，试验林地200公顷，锅炉1台，轿车1辆，电脑6台，复印机1台，拖拉机2台，温室100平方米。市林科院实行职工聘用制、定岗定员、自由组合、竞争上岗、双向选择。

2001年，完成林木种苗新品种培育及开发，多林种及高效速生丰产林技术研究，开展国土绿化及生态环境技术研究工作。主要科技成果有：张建秋、王凤林、毕庆玲、王彦的《抗寒桃优良类型选择及栽培技术研究》；张申、李振洲、冷志巍的《沙棘良种繁育基地建设及不同立地类型栽培试验》分别获白城市科技进步一、二等奖。通过鉴定课题14项。

（闫宏）

【白城市畜牧科学研究所】 白

城市畜牧科学研究所建于1960年。1964年称通榆畜牧试验站，1993年8月改为现名。隶属白城市畜牧局。为财政全额拨款的副处级事业单位。位于白城市草原路12号。法人代表李强。职工52人，其中专业技术人员34人：副研究员、高级畜牧师5人，助理研究员、畜牧师14人，研究实习员、助理畜牧师、助理兽医师、技术员15人。设办公室、草原研究室、畜牧研究室和开发科。固定资产150万元。主要仪器设备有分光光度计、能量仪等检测设备，可检测化验土壤和饲料常规成分。

2001年6月，市畜牧科学研究所独立完成市科委下达的由李强主持，范广伟等9人参加的《提高小尾寒羊生产性能技术研究》科研项目通过验收，被评为白城市科技进步一等奖。由王喜春主持，赖宪明等6人参加的《吉林省中西部地区种植业"三元结构"生产模式研究》和由李强主持，高健生等7人参加的《高档肥牛肉技术研究与开发》科研项目，于年末结束，待验收。由王海瑛主持，何建国等4人参加的《白鹅良种繁育基地》；由李强主持，何建国等3人参加的《紫花苜蓿良种引育扩繁基地》；由张文主持，解德俊等6人参加的《吉林省西部地区野生药用植物引进栽培及资源开发利用技术研究》；由郭艳琴主持，刘波等3人参加的《生物活性羔羊代乳补充饲料研究》；由赖宪明主持，李强等5人参加的《提高苜蓿草地生产力技术研究》和由李强主持，吴树林等6人参加的《提高苜蓿草地产量应用技术研究》科研项目正在运行中。

（刘世才　郭艳琴）

【白城市科学技术研究所】　白城市科学技术研究所、白城市科学技术信息研究所为一套机构，两块牌子。成立于1986年11月17日。隶属白城市政府，由白城市科技局主管。位于白城市幸福南大街44号。职工18人，其中专业技术人员15人：高级职务6人，中级职务4人，初级职务5人。副所长刘凤祥（主持工作）。设科技情报所、生产力促进中心、专利事务所，是集综合性、公益性，以科技信息服务为主的科研单位。固定资产124.8万元，有科技资料及图书4 000册，电子图书300册。

（温超）

【吉林省地方病第一防治研究所】　吉林省地方病第一防治研究所成立于1949年9月，称吉林省防疫站。以后，几易其名，1978年10月改为现名（简称省所）。隶属吉林省卫生厅。位于白城市海明西路85号。职工167人，其中专业技术人员110人：高级职务38人，中级职务53人，初级职务19人。所长江森林。设鼠疫微生物研究室、鼠疫流行病研究室、布氏菌病研究室、地方性氟中毒研究室、情报资料室、《中国地方病防治》杂志编辑部、所长办公室、党委办公室、人事科、财务供应科、总务科、保卫科、老干部科、技术开发科、附属医院。固定资产800万元。主要设备有原子吸收分光光度计、电泳光密度扫描仪、高速离心机、超高速低温离心机、荧光显微镜、血液自动分析仪、二氧化碳孵箱、PCR扩增仪、凝胶成像分析仪、脉冲场电泳仪、层析柜等科研仪器。

2001年，省所完成了全省鼠疫、布氏菌病、地方性氟中毒、地方性砷中毒的防治、监测技术指导及有关科学研究工作。研究的《中国鼠疫耶尔森氏菌核糖体分型的研究》，获吉林省科技进步三等奖；《改水预防地方性氟中毒的流行病学、临床放射学及生化改变的研究》，获白城市科技进步三等奖。

（温超）

科技计划与科技活动

【科技计划】　2001年，市政府制定《白城市科技发展"十五"计划纲要》：全面落实科技是第一生产力思想，坚持以全面实施"科教兴市"战略为中心；以技术创新、高新技术成果引进及推广、深化科研体制改革为重点；启动实施科技创新体系建设工程、高新技术成果引进推广工程、农业科技示范园区建设工程、中药现代化科技示范基地建设工程、科技创新人才引进及培养工程。集中力量抓好科技成果引进推广的突破和跨越，进一步提高科技创新能力和水平，提高科技工作的显示度，为全市经济结构调整、产业升级和经济持续快速健康发展提供强大动力。

全市列入吉林省科技发展计划项目 5 项。争取无偿资金 166 万元。组织实施以信息技术、交通建设、高新技术引进、智力开发引进、生态建设等为重点的市级科技攻关项目 8 项，投资 55 万元。确定重点科技成果推广计划项目 6 项，推广后农业可增收 400 万元，工业实现利税 66 万元。新列国家级星火计划项目 4 项，省级星火计划项目 4 项，计划投资 10 237.5 万元，达产后可新增产值 18 385 万元，新增利税 6 408.4 万元，创汇 450 万美元。新列省科技兴边富民项目 2 项，达产后可使少数民族地区年新增产值 752 万元，新增利税 160 万元。吉林敖东洮南药业股份有限公司承担的《注射用蒺藜皂苷(冻干)粉针》项目被确定为 2001 年度国家第一批科技型中小企业技术创新基金项目(吉林省第一批仅有 6 个项目获得资助)，国家无偿投资 75 万元。争取到国家、省重点新产品计划 5 项，补贴资金 20 万元。

（温超）

【科技活动】 4 月 3 日至 20 日，市科委组织市直各科研单位负责人赴西安、广东等地考察科研体制改革，为白城市的科研体制改革工作吸取有益经验。参加在西安举办的 2001 年中国东西部合作与投资贸易洽谈会，收集精选《摆杆式游梁抽油机》等高新技术项目 25 项，编入《白城市招商引资重点项目册》，在会上广泛交流，扩大了白城市的知名度。

10 月 12 日至 17 日，市科委、外经局、经济开发区等单位的主要负责人参加了在深圳举办的高新技术成果交易会。市科委向中外人士宣传收集到的参展项目 17 项，展现了白城市独特的资源优势。考察了生物工程，农副产品精、深加工等项目 15 个，并与有关单位进行咨询和洽谈。组织人员深入到市直及各县（市、区）30 多户企业，收集企业产品开发、产业升级、技术改造等方面存在的关键、重大技术难题和技术关键、人才需求等关系到企业自身发展的重大需求项目 600 多项，赴长春与吉林大学等 32 所高校和科研单位进行项目对接。各大专院校和科研单位向白城市推荐技术顾问 100 多人（正高级职务 80 人，副高级职务 20 多人），解决技术难题 10 项，提供科技项目信息 100 多项。

（温超）

【科技示范】 2001 年，市科委在继续开展国家、省各级、各类科技示范园区建设的基础上，重点建设洮北区东风乡万元田（棚）科技示范工程。本着“发展万元田（棚）坚持连片开发、规模化生产、集约化经营”的原则，促进经济结构、产业结构调整，带动产业升级，选择了高起点、高效益、高科技含量的保护地葡萄栽培项目。为洮北区东风乡培育高品质的葡萄苗木 7 万株。帮助引进京亚、无核白鸡心、京秀、理查马特、美国红提、黑提等高技术含量、高附加值的优良葡萄新品种。积极帮助培训农民技术员，传授保护地葡萄反季栽培技术、葡萄果实无核化处理技术和高产栽培、病虫害防治技术。在洮北区东风乡长发村建葡萄示范棚（室）5 栋，3 500 平方米，每棚葡萄产 1 500 公斤，创收 1.8 万元，纯收入 1.2 万元。洮北区和东风乡把长发村列为发展大棚葡萄专业村。在全省农业科技大会上，白城市发展万元田（棚）工作，在大会上做典型经验介绍。

白城市马世甘草开发有限责任公司的规范化甘草种植示范基地被省科技厅确定为全省 11 个中草药规范种植基地之一。

（温超）

科技成果

【获奖科技成果】 2001 年，全市登记获奖科技成果 21 项。白城市农牧机械化研究院许广山、阮春光、姜明芝等人的《水稻机械化综合增产技术及其配套机械的试验研究》和吉林省地方病第一防治研究所、中国预防医学院流行病学微生物学研究所从显斌、万马、戴绘等人的《中国鼠疫耶尔森氏菌核糖体分型的研究》，均获吉林省科技进步三等奖。白城市农业科学院程金芝、王新颖、吕晓光等人的《籽粒苋引种与饲喂利用研究》；白城市林业科学研究院张建秋、王凤林、毕庆玲、王彦等人的《抗寒桃优良类型选择及栽培技术研究》；白城市畜牧科学研究所由李强主持，范广伟等9人参加的《提高小尾寒羊生产性能技术研究》；白城市医院、白城市铁路医院刘文光、王桂芬、田晓梅、陈晓红等人的《高血压性脑出血介入治疗的临床应用研究》；白城市交通局、白城市公路处何玉林、林树丰、车延吉、王秀霞等人的《盐渍土地区公路绿化模式研究》；白城市农业科学院任长忠、邓路光、沙莉等人的《吉林省优质小麦综合栽培技术规程》；白城市发展计划委员会隋喜、王钧、高学忠等人的《白城市国民经济与社会发展“十五”计划研究》，均获白城市科技进步一等奖。白城市农牧机械化研究院阮春光、许广山、谢静洁等人的《1GXLZ－75型旋耕机》；白城市林业科学研究院张申、李振洲等人的《沙棘良种繁育基地建设及不同立地类型栽培试验》；白城市农业科学院薛丽静、于海燕、沙洪林等人的《吉林省向日葵新引资源及新选系主要病虫草害抗性鉴定利用研究》；白城市中心医院王淑艳、姜玉芝、林淑琴等人的《医用氧气自动计时器的研究与应用》；白城市中心医院战英、姜彬、杨波等人的《硝酸甘油对门脉压力影响的实验研究及临床应用》；吉林大学白城医学院、解放军321医院郭英杰、张爱君、暴金生等人的《甲亢放疗后的眼部并发症及防治》；白城市中心医院孙鹏、赵书彦、高宇等人的《多功能布朗氏架的研制及临床应用》；白城市疾病预防控制中心冯忠彬、黄长青、徐茂林等人的《洪涝灾区生活饮用水水体污染的研究》；白城市医院李玉霞、段卫平、李振荣等人的《无痛人工流产应用技术研究》；白城市医院李铁成、王雅楠、黄维林等人的《经尿道膀胱镜下接触式膀胱内疾病电汽化治疗》，均获白城市科技进步二等奖。白城市林业科学研究院毕庆玲、张志、张玉玲等人的《野生经济林树种欧李优良类型选择及栽培技术研究》；白城市林业科学研究院王福祥、胡连秋、张玉起等人的《绿化树种“垂榆”优良类型选择与应用研究》；白城市农业科学院冷廷瑞、毕洪涛、孙海权等人的《玉米丝黑穗病抗源及药剂筛选研究》；白城市农业科学院陈淑君、赵吉春、于艳红等人的《特用型玉米外引种质资源研究与利用》；白城市药品检验所杨华、郭晶、邢淑艳等人的《鼠疫实验诊断系统研究及其药盒开发》；白城市医院盛黎明、闫凤英、盛新城等人的《应用尼莫地平及置换脑脊液治疗蛛网膜下腔出血的研究》；吉林省地方病第一防治研究所黄长青、冯忠彬、张文超等人的《改水预防地方性氟中毒的流行病学、临床放射学及生化改变的研究》；白城市中心医院严伟、韩慧敏、孙晓菊等人的《超声引导下硬化治疗甲状腺结节技术研究》；洮南市卫生防疫站韩昌、罗继、梁小平等人的《洮南市氟病区第三系水开发与利用研究》，均获白城市科技进步三等奖。

（温超）

【通过鉴定的农机、农业科技成果】 1月5日，白城市农牧机械化研究院项目负责人赵维光，研制人员赵维光、李雪英、阮春光、许广山、窦军、王建国、赵佩军、高原、麻静峰、高喜国研制的《4GKJ-1.1型根块茎收获机》；白城市农牧机械化研究院项目负责人赵佩军，研制人员阮春光、王建国、齐殿阁、高原、郭树和、赵峰、吕倩殊、赫平、隋向辉研制的《5TT-85型通用脱粒机》，均经白城市科学技术委员会审定通过。

4月12日，吉林省向日葵研究所张义主持，梁秀丽、牛庆杰、刘锋、孙敏、李伟、李慧英、刘壮、宋宝军、孔繁甲、于学鹏、王铁瑞参加的《向日葵白葵6号》；白城市农业科学院米麦研究所李淑华、王龢、闫慧明、孙彤、沙莉、邓路光、魏黎明、郭来春主持的《玉米杂交种城玉5号》；白城市农业科学院玉米研究所孙晶主持，赵吉春、冷廷瑞、齐伟杰、马春祥、毕洪涛、赵建风、孙海权、于艳红、陈淑君、于勇、苏波、赵铁生、郑中标参加选育（引入）的《玉米白早2号》；白城市农业科学院玉米研究所孙晶主持，赵吉春、冷廷瑞、齐伟杰、马春祥、毕洪涛、赵建风、孙海权、于艳红、陈淑君、于勇、苏波、赵铁生、郑中标参加选育（引入）的《玉米白早3号》；白城市农业科学院米麦研究所任长忠主持，邓路光、沙莉、魏黎明、郭来春、王丽萍、何中国、孔繁甲、王瑛霞、王鼐、刘涛、闫慧明、孙彤参加选育（引入）的《小麦白春5号》；白城市农业科学院作物育种研究所尹凤祥主持，李建波、顾广霞、王辉、张云万、杨付军、张敏、梁杰、张太俊、金锐、刘伟、石伟参加选育（引入）的《绿豆品种大鹦哥绿935号》；均经吉林省农作物品种审定委员会鉴定，准予从2001年起推广。12月11日，白城市农牧机械化研究院项目负责人赵佩军，研制人员赵佩军、谢静洁、阮春光、赵维光、边敬武、吕明东、王建国、麻静峰、高原、邢丹研制的《2BF-11型小冰麦施肥播种机》；白城市农牧机械化研究院项目负责人赵维光，研制人员赵维光、赵佩军、吕明东、谢静洁、麻静峰、秦宏、石伟、赵晓明、吕倩姝、卢丽华研制的《6B-50型蓖麻剥壳机》，均经白城市科学技术委员会审定通过。

（孙孟君）

【林业科技成果】 白城市林业科学研究院金志明、金培林、金晓红、张连才的《松树杂交育种》达到国际先进水平；金志明、金培林、金晓红、叶亚玲的《西+加杨引种》；张建秋、毕庆玲、张玉玲、王彦的《耐盐碱柳树品种选育》；叶亚玲、奚爱中的《枸杞良种选育》；曹东升、于国辉、吴纪峰的《高含量嘧磺隆可溶性粉剂的研制及其在森林防火线上配套应用》，均达到国内领先水平。同时，白城市林业科学研究院贾志民、罗新凯、王志远的《转基因杨树新品种选育》；张建秋、王国柱、张玉玲、王彦的《盐碱地主要造林树种选择及推广》；王厚德、王国柱、房文龙、奚爱中的《白刺盐碱地造林技术》；张建秋、毕庆玲、张玉玲、王凤林、王国柱的《吉林省西部生态环境恢复、保护及综合整治示范区建设》等14个科技攻关项目均取得阶段性成果。

（温超 孙孟君 张树乐）

【科技专利】 2001年，全市专利申请量15件，比2000年增长10.0%，其中发明专利5项。专利授权量12件，比2000年增长15.0%。

（温超）

科技普及与技术市场

【科技普及】 2001年，市科协在农村开展以科技培训为目的的“科技之冬”活动。全市组织380名科技人员参加农业技术培训工作，举办各类科技培训班1 665场次，培训种植业新技术89项，养殖业新技术42项，农产品加工技术24项，特产业新技术12项。培训10万人次。1月1日至3月30日，市科协邀请中国科协农业专家一行8人，深入到5个县（市、区）、67个乡镇、278个村屯，宣讲中国农业今后发展趋势，生态效益农业，高新技术知识。授课327场，777课时，培训3.18万人。建立高科技复合肥“促丰宝”示范户820户，示范面积893公顷。市科协与市委组织部举办农村党员和村干部实用技术、经营管理培训班36次，培训村干部1 130人，培训农村党员166场次、1.29万人次。

为实施省科协提出的“办千场科普大集，送千项信息”活动，市、县（市、区）科协组织科技人员204人到乡（镇）、场（站）举办科普大集67场，观众21.82万人次。发放科资料36种4.17万份。展示农业技术和反对封建迷信科普挂图9种，观众9.47万人。展销农牧业新品种83种，提供新技术85项，专家解答技术难题2 300项次。

市科协与市委宣传部、市教委、市文化局联合组织观看科教片《宇宙与人》、《巫师的骗术》，观众20万人次；与宣传部、文化局等单位在海明路步行街举办《崇尚文明、反对邪教》大型科普图片展览。用科学揭露“法轮功”邪教本质。展出4天，观众10万人次。

全市科协系统在35个企业的工程技术人员中开展“讲理想、比贡献”竞赛活动。完成“讲、比”项目172项，创经济效益785万元；在大专院校、科研单位与企业之间开展铺架技术供需桥梁的“金桥工程”活动，建立科企协作关系19项，联合开发新产品和科研成果转化14项。

市科协与市委宣传部、市教委举办“白城市第二届青少年科技艺术大赛”活动。参赛作品有书法（硬笔和软笔）、绘画、小制作、摄影等，参赛中小学生近3万人。共征集作品3 500多件，上报市作品709件。获市三等奖以上的作品341件。其中，特等奖9件，一等奖83件，二等奖97件，三等奖152件。表彰先进集体24个，优秀组织者9人，优秀辅导员72人。参加“吉林省第九届青少年科技艺术大赛”作品223件，获特等奖14件，一等奖15件，二等奖60件，三等奖134件。获省“优秀组织单位”1个，“先进组织单位”5个，“优秀组织工作者”5人，“优秀辅导员”23人。组织中小学生参加“吉林省第六届青少年生物和环境科学实践活动”。获一等奖1项，二等奖4项，三等奖2项，优秀活动奖1项。获省“优秀组织单位”1个。为提高全市青少年科技辅导员的水平，市科协组织11名中小学教师参加省青少年活动科技辅导员培训班。

市、县（市、区）科协深入实施省科协“科技致富工程”工作，帮助科普示范乡、村引进科技成果和致富项目。洮北区三合乡大面积引进辣椒新品种“益都红”，种植170公顷；镇赉县胜利乡太平村引进“苹果圆葱”等蔬菜新品种；大安市西大洼乡双榆树村推广猪三元杂交技术，提高生猪质量和养殖效益；通榆县科协帮助七井子乡和平村引进经济作物和杂豆新品种，优化种植业结构。同时进行了示范点的乡村干部和后备干部的学历教育，农户科技当家人培训和农民技术职称评定工作，通过科技培训，各科普示范基地村级干部和后备干部人均已达到中专文化水平，每户的科技当家人都掌握2至3项科技实用新技术。

科技推广。针对全市风沙干旱严重，造林立地条件差的实际，建立采用固体水抗旱造林技术、沙地杨树钻孔插干造林技术、高效吸水树脂抗旱造林技术示范点，面积20公顷，为大面积推广抗旱造林技术起到了科技示范作用。全市推广实用林业新技术13项，建各类林业科技示范点5处，举办各种类型林业技术培训班12期，培训人员395人。

（马晶莹　张树乐）

【技术市场】 2001年，全市有技术贸易机构35个。从业人员310人。其中，科技人员189人；专职人员274人，兼职人员36人。全年签定各类技术合同60份，合同金额455.6万元，分别比2000年增长13.2%、10.7%。筹建白城市常设技术市场。建筑面积520平方米，从业人员26人，并与中国信息网、生产力网、中国技术市场网、中国农友网联网。农村技术市场试点工作发展迅速。洮南市中心市场，建筑面积180平方米，从业人员4人，配备了微机等必要设备。建立了黑水西瓜市场、福顺辣椒市场、洮府乡蔬菜批发市场等3个专业分市场，从业人员30人，技术经济人200人左右，市场交易额1亿元左右。

（温超）

地震工作

【基本情况】 2001年初，白城市地震局（简称市地震局），编制10人，设办公室、监测预报科、震害防御科。11月，市直机关机构改革，编制9人，其中专业技术人员7人：高级工程师2人，工程师5人。设办公室、监测预报科、震害防御科。吉林省地震局、市地震局双重领导的白城地震台，事业编制6人，均为专业技术人员：工程师3人，助理工程师2人，技术员1人。直属白城水化观测站，编制2人。群众业余测报点6个，分布在大安市安广第二中学，洮南市种畜场、大通乡，通榆县瞻榆镇，镇赉县建平乡和莫莫格蒙古族乡。宏观点4个，分布在白城市市民广场（原劳动公园），镇赉县五棵树镇、建平乡和洮南市呼和车力蒙古族乡马场。市地震局与吉林省地震局网络中心INTERNET网联通。数据资料可在网上获得，通过FTP下载各种地震前兆数据和全国地震目录，通过电子信箱传递。

2001年，市地震局开展地震监测和防震减灾工作。白ZK6井、市地震台地电、水汞，在吉林省地震局质量评比中，分别获优秀第一名、优秀和优秀。市地震局撰写的《年度地震趋势研究报告》，在全省各市、州地震局评比中名列榜首。

（李风起）

【地震活动】 12月14日18时29分31秒，镇赉县坦途镇东北，东经122度38分至123度54分，北纬45度51分至46度47分发生M_L3.6级地震。震源深度8公里。地震有感范围，长轴120公里，短轴75公里。有感面积7 100平方公里。在吉林省、黑龙江省、内蒙古自治区三省（区）交界处。北起黑龙江省泰来县，南至镇赉县城，西起内蒙古自治区兴安盟跃进马场，东至镇赉县丹岱乡。地震波及吉林省白城市、黑龙江省齐齐哈尔市和内蒙古自治区兴安盟的3个县（旗）、20个乡镇。震区未造成人畜伤亡和财产损失。

（李风起）

【地震监测】 地下水动态观测。2001年，水化观测站白ZK6为深井，井深124.7米；白ZK6—1井为浅井，井深9米。深井和浅井同在一个井房（相距40厘米），使用SW40—1型水位自记仪观测。大安市安广镇中学井，井深154米。洮南市呼和车力蒙古族乡、通榆县瞻榆镇浅井，手测水位观测。

断层气CO_2观测。根据全市地质构造条件，在洮南市大通乡，镇赉县建平乡、莫莫格蒙古族乡，通榆县瞻榆镇，大安市安广中学和白城地震台建立6个CO_2观测点，组成白城市断层气CO_2观测网。使用测试管观测。

水汞观测。白城地震台使用XC-4型数字测汞仪观测。

地电观测。白城地震台使用ZD8AB型数字地电仪观测2个测道。大安市安广中学垂直向井、白ZK6井垂直向井使用电流表观测。

测震观测。白城地震台建观测室60平方米，安装CD—2型地震仪测震，拾震器放在出露花岗岩石上，放大30万倍。子台设在洮南市永茂林场。测震仪器老化，全年维修7次，测震工作正常运行。

（李风起）

【防震减灾】 开展防震减灾宣传教育。2001年3月1日，《中华人民共和国防震减灾法》（简称《防震减灾法》实施3周年，《白城日报》发表题为《认真抓好〈防震减灾条例〉的落实》文章。宣传防御与减轻地震灾害的重要意义。3月25日，市地震局局长张柏德就《吉林省防震减灾条例》（简称《防震减灾条例》）内容、宗旨、目的、意义结合白城市防震减灾工作实际，在白城电视台发表电视讲话。7月28日，唐山大地震25周年，市地震局印制、悬挂过街横幅，宣传《防震减灾法》和《防震减灾条例》。市地震局局长张柏德在《白城日报》发表署名文章《抓住机遇，讲求实效，依法推进全市防震减灾工作》。市地震局将中国地震局出版的宣传画册在各县（市、区）巡回展出，扩大宣传效果。

加强法制建设。3月22日，市地震局在《白城日报》发表《抗震设防管理通知》。8月27日，市政府印发《关于将地震安全性评价工作纳入基本建设管理程序的通知》。11月20日，市地震局、市城乡建设委员会、市发展计划委员会印发《关于进一步加强白城市工程建设场地地震安全性评价管理工作的通知》。全年市地震局向建设单位下发抗震设防标准审核通知12份，总建筑面积23万平方米。

编制《预案》及配备通信工具。10月，市地震局编制《白城市震后早期趋势快速判定工作预案》（初稿）上报吉林省地震局审评。之后，根据市有关部门领导变动，调整了市防震减灾领导小组成员，并修订了应急预案，使之至上而下，左右衔接，互相协调。市地震局67%的职工自备手机，33%的职工备有BP机；洮南市、大安市、镇赉县、通榆县主管地震工作的科委主任和部分地震工作人员均配备应急通信工具。

（李风起）

气象工作

【基本情况】 2001年初，吉林省白城市气象局（简称市气象局），设办公室、人事监察科、业务科。直属气象台、白城农业气象试验站、白城国家基准气候站、气象科技应用中心。12月，机构改革，设办公室、政策法规科、业务科技科。直属气象台、防雷中心、科技应用中心、白城农业气象试验站、白城国家基准气候站。辖吉林省洮北区、镇赉县、通榆县、洮南市、大安市气象局。县（市、区）局设国家基本气候站、农业气象基本站各1个，国家一般气候站、农业气象一般站各3个，气象台4个。全市气象局职工93人。其中，干部84人，工人9人；本科毕业生7人，大专毕业生29人；高级工程师3人，工程师30人。

2001年，市气象局开展地面气象观测、农业气象试验、天气预报、雷电防护等工作。进行《中华人民共和国气象法》宣传活动。增加121天气预报自动答询系统服务内容，增设旅游景点天气预报、气象与健康、交通天气预报、气象知识、天干地支、气象与生活、农业气象和专家热线等服务栏目。完成花园式台站建设工程。省委、省政府授予市气象局“精神文明建设先进单位”称号。市委、市政府授予镇赉县、洮南市、大安市气象局“精神文明建设先进单位”称号。

（尹立武）

【气象观测】 2001年，全市气象观测实施地面大气定时观测，各站点采用虹吸式雨量计、量雪器、日照计、蒸发器、气压计、干湿球温度表、风向风速计等仪器观测记录天气要素，编制气象报文发往国家气象中心。白城国家基准气候站，进行全天24小时正点观测发报。通榆县国家基本气候站，进行2时、8时、14时、20时4次观测发报。镇赉县、洮南市、大安市国家一般气候站，进行8时、14时、20时3次观测发报。各站同时承担航空危险报的发报任务。全市地面气象观测错情率0.3‰，达到吉林省气象局确定的气象观测优秀指标。

（尹立武）

【天气预报】 2001年，全市天气预报应用气象卫星综合应用业务系统，利用各种天气预报模式方法制作天气预报。天气预报分短期（24小时、48小时）、中期（旬）和长期（月、季、年）预报。准确预报了全年关键性、转折性、灾害性天气，及时准确地提供了旱情预报。通过《白城日报》，白城电视台、广播电台每天向全市发布短期天气预报。通过微机终端网络向政府机关传递重要天气预报信息。通过121天气预报自动答询系统向社会各界提供气象信息。

（尹立武）

【农业气象】 2001年，全市农业气象应用农林小气候仪、中子仪等仪器设备开展农业气象观测试验，为农业生产提供适时的农业气象预报、情报和气候分析资料。全市各气象局农业气象部门为市、县（市、区）政府农业管理部门提供土壤湿度及旱情分析，小麦、水稻、大田播种期预报及农业气候分析等农业气象预报、情报70余份，为市、县（市、区）政府和农业部门指挥农业生产提供科学依据。

（尹立武）

【雷电防护及科技进步】 雷电防护。2001年，全市气象局开展防雷监审和防雷检测工作，检测了全市党政机关和企事业单位的防雷装置。

科技进步。市气象局信息通信网络实现业务和管理微机化。由位于市气象局院内的气象台、气象科技应用中心、白城国家基准气候站、白城农业气象试验站、办公室、业务科技科、政策法规科等科室通过局域网互联成10M以太网。该网同时通过分组交换网(CHINAPAC)与省及各市、州气象局局域网互联；通过拨号网络(PSTN)与所属各县气象局、专业服务用户互联；通过气象卫星综合应用业务系统(即9210工程)与中国气象局计算机网互联。

2001年，市气象局完成《寒地棉花生态与气象条件关系》、《北方寒地植桑养蚕气象生态环境试验研究》、《甘草生态与气象条件的关系》科研课题。

（尹立武）

【吉林省洮北区气象局简介】 吉林省洮北区气象局建于2000年7月。隶属吉林省气象局。位于白城市三合路16号。职工4人，其中工程师、助理工程师各2人。局长陶忠臣。2001年，开展洮北区农业气象服务和人工增雨防雹工作。为全区各乡镇提供农业气象服务，为全区风能发电建设进行测风实验，提供选址报告。

（尹立武）

【吉林省镇赉县气象局简介】 吉林省镇赉县气象局建于1959年7月。隶属吉林省气象局。位于镇赉县城西郊。职工7人。其中，工程师3人，助理工程师2人，技术员1人。局长于树瀛。2001年，开展全县地面观测、天气预报、农业气象、雷电防护工作。通过媒体发布天气预报，向县政府和农业部门提供农时气象信息；通过121天气预报自动答询系统向社会各界提供气象信息。检测了全县党政机关、企事业单位的防雷装置。完成农村气象科技服务网、粮食储备系统服务网、人工防雹网建设。吉林省气象局命名镇赉县气象局为“气象部门规范化服务示范单位”，白城市委、市政府授予镇赉县气象局“精神文明建设先进单位”称号，市气象局授予镇赉县气象局“目标管理先进单位”称号，镇赉县委、县政府授予镇赉县气象局“支持农村经济发展先进单位”称号。

（尹立武）

【吉林省通榆县气象局简介】 吉林省通榆县气象局建于1955年1月。隶属吉林省气象局。位于通榆县铁西街。职工11人。其中，工程师3人，助理工程师7人，技术员1人。局长李文平。2001年，开展全县地面观测、天气预报、农业气象、雷电防护工作。通过媒体发布天气预报，向县政府和农业部门提供农时气象信息；通过121天气预报自动答询系统向社会各界提供气象信息。检测了全县党政机关、企事业单位的防雷装置。

（尹立武）

【吉林省洮南市气象局简介】 吉林省洮南市气象局建于1960年1月。隶属吉林省气象局。位于洮南市民强西路79号。职工8人。其中，工程师1人，助理工程师5人，技术员1人。局长张金山。2001年，开展全市地面观测、天气预报、农业气象、雷电防护工作。通过媒体发布天气预报，向市政府和农业部门提供农时气象信息；通过121天气预报自动答询系统向社会各界提供气象信息。检测了全市党政机关、企事业单位的防雷装置。白城市委、市政府授予洮南市气象局“精神文明建设先进单位”称号。

（尹立武）

【吉林省大安市气象局简介】 吉林省大安市气象局建于1959年1月。隶属吉林省气象局。位于大安市城西郊。职工10人。其中，工程师4人，助理工程师3人，技术员2人。局长李晶。2001年，开展全市地面观测、天气预报、农业气象、雷电防护工作。通过媒体发布天气预报，向市政府和农业部门提供农时气象信息；通过121天气预报自动答询系统向社会各界提供气象信息。检测了全市党政机关、企事业单位的防雷装置。白城市委、市政府授予大安市气象局“精神文明建设先进单位”称号。

（尹立武）

人工降雨

【基本情况】 2001年初，白城市人工降雨基地（简称市降雨基地），编制18人，实有21人。设人秘科、云雾物理科、大气探测科和通信导航科。11月，市直机关机构改革，编制16人，其中专业技术人员12人：高级工程师2人，高级农艺师4人，工程师4人，会计师、助理工程师各1人。市降雨基地有1 562平方米降雨防雹综合指挥楼、1 000平方米航管候机楼各1座，“运5”飞机1架，白城大青山机场有混凝土飞机跑道1条，长800米，宽27米。主要设备有500W中波归航机1台，PCVSAT气象数据卫星接收站1座，A200超短波对空电台1部，电瓶车1辆，油槽车、火箭车2辆，火箭发射器2部及火箭弹57枚。全市有降雨防雹“三七”高炮43门。其中，洮北区7门，镇赉县15门，通榆县3门，洮南市8门，大安市10门。防雹点53个。2001年，市人工降雨基地完成飞机人工降雨和高炮、火箭防雹工作。招商引资112万元，超额完成市委、市政府下达的50万元任务。

（张立友）

【增雨、防雹】 增雨。6月前，境内云层薄，云中含水量少，基本没出现有效降雨天气，增雨效果不明显。6月，市降雨基地购置火箭发射器2部，弥补了对流性天气降雨飞机无法升空的不足。在强对流天气来临前，组织7次增雨作业，发射火箭弹23枚，平均增雨量20%左右。全年实施飞机人工增雨作业8次，播撒干冰800公斤。

防雹。6至9月，全市防雹作业25炮次，发射防雹炮弹820发，耗资7万元，减少雹灾损失近千万元。

（张立友）

水文工作

【基本情况】 2001年，吉林省白城水文水资源勘测局与吉林省水环境监测中心白城分中心，一个机构两块牌子。隶属吉林省水文水资源局。设党总支办公室、行政办公室、人事科、水质监测科、测验科、水情科。职工58人，其中专业技术人员33人：高级工程师3人，工程师5人，助理工程师25人。下设勘测队（站）3个。白城水文水资源勘测队辖洮北区的镇西（洮儿河）水文站；洮南市的宝泉、务本（蛟流河）水文站；镇赉县的黑帝庙（洮儿河）水文站和白沙滩（嫩江）水位站；洮南市的胡力吐、永德、农业、万宝、那金雨量观测站；镇赉县的五棵树、坦途、岔台雨量观测站。洮南水文水资源勘测队辖洮南市的洮南、三顶召（洮儿河）水文站；通榆县的双岗、胡家店、同发（霍林河）水文站；通榆县的兴隆山、瞻榆、张家窝堡、八面山昭、包拉温都雨量观测站。大赉水文站辖大安市的大赉（嫩江）、龙沼、四家子（霍林河）水文站；大安市的前进、三家子、安广、平安雨量观测站。主要仪器有流速仪、水准仪、经纬仪、自记雨量计。设备有测船，手推式、机动式测流车。

2001年，水文水资源勘测局自行开发《白城市主要江河（水库）水情报表打印系统》、《白城市场次雨情报表打印系统》、《白城市场次雨量系统》。为白城市汛防抗旱部门和政府决策提供实时雨情水情准确信息。汛期（6至9月）共发转各类水情电报1 069份，收区内及外省水情情报3 748份。提供实时雨量水情信息表格300份。为白城市委、市政府、市防汛抗旱指挥部提供《雨水情专讯》4期、《雨水情快讯》2期。吉林省水环境监测中心白城分中心，为白城市水资源评价、水文分析计算、水质、水量监测、水资源可持续利用和发展及生态示范省建设做出了贡献。

（吴志敏）

【水文观测】 水位观测。2001年，观测境内江河，测次配置是：每日8时定时观测，视水位变化1至24小时观测。

水温观测。江河畅流期每日8时观测1次，稳定封冻期停止观测。

冰厚及冰情观测。冰厚观测时间：每月1、6、11、16、21、26日8时各观测1次；冰情观测在基本水尺断面及其上下游可见范围内进行，观测时间：每日8时观测1次，冰情发生变化时，适当增加观测次数。

降水观测。水文站在汛期每日2、8、14、20时各观测1次，非汛期每日8、20时各观测1次；委托雨量站汛期每日8、20时各观测1次，非汛期每日8时观测1次。

蒸发观测。每日8时观测1次。

流量测验。江河流量测验使用

68型、78型、25-1型和25-3型流速仪测验江河流量。测次配置以满足能准确推算出流量为准。通常封冻期测次少，洪水期测次多，各站全年测次在50至80次。

沙量测验。2001年，境内开展泥沙测验的监测站有洮儿河镇西、洮南，嫩江大赉3处。镇西、洮南2处监测站1至3月、11至12月停止测验，沙量按0处理。大赉监测站1至3月、12月停止测验，沙量按0处理。镇西、大赉水文站全年各施测输沙率21次，洮南三顶召水文站由于洮儿河发生断流施测3次。含沙量的水样处理，采用过滤法，用分析天平仪称重。

水质分析。境内有大赉、洮南水质分析站，镇西、白沙滩辅助分析站，月亮泡水库专业站。

（吴志敏）

【水文情报预报】 水文情报。2001年汛期，全市提供水文情报的有镇西、洮南、黑帝庙、三顶召、大赉、务本、双岗、胡家店、宝泉水文站；白沙滩水位站；向海、月亮湖、胜利、兴隆山、创业、群昌、团结水库专用站；平安、安广、三家子、那金、万宝、坦途、五棵树、瞻榆、八面山昭雨量站和各类报汛站26处。

拍报项目和标准。全市水文站、水位站、雨量站、水库站提供降水、水位、流量、库容、入出库流量、洪峰、封开河等资料。拍报标准为汛期每日8时定时发报。特殊水情随时发报。2小时降水量达30毫米加报。

水文预报。1999至2001年，与吉林省水文水资源局会商，发布嫩江、洮儿河、霍林河、蛟流河等境内江河短期洪水预报和中期洪水展望及土壤墒情预报。

（吴志敏）

文学艺术

【基本情况】 2001年初，白城市文化局（简称市文化局），设办公室、文化科、艺术科、新闻出版科。编制13人。11月，市直机关机构改革，编制未变，增设党委办公室。直属白城市图书馆、博物馆、群众艺术馆、文物保护管理所、吉剧团、艺术团、艺术研究所、戏剧创作室、大众剧场、电影公司。编制363人，实有352人，其中专业技术人员227人：高级职务30人，中级职务83人，初级职务114人。全市有镇赉县、通榆县、洮南市、大安市、洮北区文体局。编制54人。

2001年，全市有文艺创作机构6个，与2000年持平。文艺表演团体7个，演职员406人，其中专业技术人员97人：一级演员5人，二级演员13人，三级演员79人。公共图书馆6个，藏书32.9万册。文化（艺术）馆9个，博物馆2个，与2000年持平。电影发行放映管理机构6个，从业人员122人。影剧院9个，从业人员130人。乡（镇）电影放映队41个，年放映700场次，观众15万人次。新华书店5个，年经销图书202万册，零售额3 030万元。歌厅、“网吧”及其他娱乐场所599户。

全市在省级以上刊物发表的文艺作品有：小说2篇，报告文学2篇，均获奖；散文1篇，获奖；戏剧3部，均获奖；书法作品4幅，均获奖；摄影作品7幅，均获奖；歌曲3首，其中获奖1首；创作剧本25部；电视剧20集；生产剧目11台；刊发《鹤苑》4期，《文物报》3期。仅“五一”国际劳动节、“十一”国庆节和新年期间就举办各类群众性文化活动20余次，参与单位130余个，观众8万余人次。开展“扫黄、打非”活动，整顿规范了文化市场。

全市文化系统固定资产3 156万元，其中市直文化系统固定资产479万元。筹资5 000元扶持洮北区东风乡“万元田（棚）”建设1户，完成100平方米标准街路建设工作。到12月31日，白城市文化中心完成主体工程。

（武扬　李东平）

【文学艺术创作】　2001年，全市在省级以上刊物发表的文学作品4部（篇），获省级以上奖励作品27幅（件）。

小说。白城市通信分公司李彦华的短篇小说集《爱在冬季》，由吉林人民出版社出版。长春铁路分局白城站陈久泉（笔名冰夫）的小说集《关东雪》，由远方出版社出版。

报告文学。通榆县张水田的《鹤乡腾起的雄鹰》获第七届全国“大地之光”征文二等奖。通榆县开通镇李永志的《志在粮海写人生》和《风雨如歌路》获二等奖。

散文。通榆县张水田的散文《广播情》获吉林广播电台、吉林电视台和《吉林日报》社举办的建台50周年征文优秀奖。

诗歌。白城市文学艺术界联合会(简称市文联)夏永奇的诗集《江山如画》由中国文联出版社出版。白城市财政局孙英的对联作品分获迎春跨世北京申奥“大宝杯”征联活动二等奖和“申奥有我”全国征文活动优秀奖。

民间工艺。白城市大众剧场姜淑艳的布贴画5件，做为白城市赴香港贸易博览会礼品赠给香港友人。

戏剧。白城市戏剧创作室刘甲新创作的大型戏曲《亲情泪》获首届全国戏剧文学创作奖。通榆县创作室李瑞生的独幕话剧《要账》获“中国曹禺戏剧奖”小品、小戏三等奖。白城市戏剧创作室武扬的小戏《有话直说》获黑龙江《剧作家》杂志社全国有奖征文一等奖。白城市群众艺术馆周立新的论文《戏曲表演动作系统化的心理机制》获吉林省群众文化论文大赛三等奖。

电影剧本。市文联一级编剧张国庆的《道是无情》，由长影列入拍摄计划。

音乐。大安市戏剧创作室孙思源的《关东人喜欢关东味》收录吉林电视台、海南电视台联合举办的“绿雪春歌”——2001年春节联欢专题节目；《梦中的卓玛》经国家文化部审定，作为中央代表团、艺术团庆祝西藏和平解放50周年慰问演出节目之一，并在中央电视台“综艺频道”音乐擂台节目反复播放；《爱心播洒满人间》获全国“天三奇”健康救助爱心征文活动优秀奖。白城市群众艺术馆张志坚、李敏，白城师范高等专科学校音乐系郇宜敏、白城市艺术团刘景山，均获吉林省“新苗杯”系列音乐大赛辅导一等奖。

舞蹈。白城市群众艺术馆李敏的《中华剑》，周立新的《草原小牧民》、《团结湖》均获吉林省“新苗杯”艺术系列大赛创作一等奖。

绘画。通榆县文化馆马丛瑞的国画《期盼》获吉林省中国画展三等奖。白城铁路二中石永恒的连环画多幅作品发表在《中国连环画报》上。

书法。在吉林省纪念建党80周年书法展览会上，市文联曹伯铭书法作品获金奖；中国人民银行白城支行杜尚臣、大安市安广中学吴敬民、洮南日报社康玉刚的书法作品分获铜奖。

摄影。市文联高玉田的《七彩科尔沁》获全国第八届“乐凯”摄影比赛优秀奖，《十月的联欢会》获“富士杯”全国反转片摄影大赛银奖。白城市防疫站丛喜太的《花期》获《摄影世界》月赛优秀奖。通榆县谷学忠的《鹤鸣》获《大众摄影》月赛三等奖，《鹤乡朝晖》获《摄影之友》杂志月赛佳作奖。白城移动通信分公司王国才的《爆竹声声》获“摄影与摄像”月赛优秀奖。洮南市人寿保险公司李哲的《绿海银珠》获吉林省“寿险杯”摄影比赛金奖。

（罗雁鸣）

【艺术研究】　白城市艺术研究所建于1988年5月14日，称白城市工艺美术研究所，1990年10月改称现名。隶属市文化局。位于白城市中兴东大路93号。事业编制16人，其中专业技术人员12人：高级工艺美术师、二级编剧4人，工艺美术师、三级编剧3人，助理工艺美术师、四级编剧5人。所长梁铁英。设业务调研室、行政办公室、三产办公室。辖白城市新时代广告装潢设计制作中心。固定资产6.17万元。主要设备有彩扩机、照像机等。

2001年，白城市艺术研究所

参与市委、市政府举办的白城市2001年春节团拜会演出、白城市暨洮北区纪念建党80周年《光辉岁月》文艺晚会、纪念白城市'98抗洪胜利三周年《白城明天更美好》文艺晚会的节目策划，承担白城市"小仙鹤艺术团"建团4周年暨庆祝"六一"国际儿童节文艺演出和与市委宣传部举办的"联通杯"可爱的白城歌曲电视大奖赛的舞美设计、制作及装台工作。刊发《白城艺术信息》4期，260份。补文创收1.27万元。

（陈学艳）

【戏剧】 2001年，全市有戏剧表演团体7个：白城市、镇赉县吉剧团，白城市艺术团和洮北区、通榆县、洮南市、大安市评剧团。共有演职人员406人。其中，舞台美术25人，演员261人，伴奏员105人。在演职人员中，一级演员5人，二级演员13人，三级演员79人，四级演员125人。全市有戏剧创作机构6个，全年共创作剧目25个，电视剧20集。演出主要剧目有《纯洁的校园》、《送戏》，共演出150余场。获国家级奖项2个，获省级奖项3个。

白城市吉剧团设办公室、政工科、演员队、乐队、舞美队。编制76人，其中专业技术人员50人：一级演员2人，二级演员2人，三级演员19人，四级演员27人。

2001年，白城市吉剧团筹资6万元，购置演出设备。创作演出法制校园戏《纯洁的校园》。这部以批判"法轮功"邪教、教育青少年崇尚科学的宣传剧在市区、农村中小学演出计80余场。参加市委、市政府举办的白城市暨洮北区纪念建党80周年《光辉岁月》大型文艺晚会和纪念白城市'98抗洪胜利三周年《白城明天更美好》文艺晚会及《草原之夏》广场演出。全年演出110场。在市委举行的大型文艺汇演中，获表演奖、伴奏奖、音响奖、灯光奖15人。杨庆宝在全国文艺群星奖评比活动中，获群星金奖；勾丽华被吉林省文化厅授予"文化系统先进个人"称号。

（李淳生）

【电影】 2001年，白城市电影发行放映公司设电影经营部、办公室和财务科。编制50人，实有30人。其中专业技术人员9人。全市有镇赉县、通榆县、洮南市、大安市、洮北区电影发行放映公司。编制122人，其中专业技术人员35人。全市共有电影院及剧场9个，从业人员130人。

2001年，白城市电影发行放映公司放映电影35场，放映收入25.8万元。由于电视发展等原因，电影观众日益减少，电影业日渐萧条，入不抵出，处于瘫痪状态，职工停薪放假。

（周正）

【群众文化】 2001年，白城市群众艺术馆职工36人，其中专业技术人员31人：高级职务4人，中级职务11人，初级职务16人。设文艺部、美术部、调研部、创作部、资料室、办公室和艺术学校。全市有镇赉县、通榆县、洮南市、大安市、洮北区文化馆和乡镇文化站（馆）92个。

音乐、歌舞。2001年，各县（市、区）分别举办较大规模的演唱会。白城市群众艺术馆参与市委、市政府主办的白城市2001年春节团拜会的策划、组织、排练等演出活动。举办"草原之夜"系列文化活动，演出3场：《瑞光商贸城之夜》、《建设之声》专场文艺演出和《社区是我家》歌曲演唱会。在建党80周年之际，参与市委、市政府举办的白城市暨洮北区纪念建党80周年《光辉岁月》文艺晚会、"2001年白城生态旅游年"、2001年吉林省"长白之夏"广场文化活动暨白城市第八届《草原之夏》系列文化活动为一体的大型广场合唱艺术节暨万人合唱比赛。组织产业工人、机关干部、离退休干部、学生、驻军官兵等14支合唱队。市委书记刘润璞和市5个班子领导参加演唱活动。参与市委宣传部、市文化局主办的纪念白城市'98抗洪胜利三周年《白城明天更美好》文艺晚会。

全市有歌舞娱乐场所383户，其中，歌厅378户，舞厅5户。

秧歌。春节至元宵节，城镇农村均办秧歌队。节后，秧歌成为城市居民日常的健身活动。每天早晨、傍晚，公园、广场均为自发的老年人秧歌队扭秧歌。

花灯、焰火。全市各县（市、

区）于元宵节均组织花灯和焰火晚会。

绘画。白城市群众艺术馆征集少儿书画作品120件，参加吉林省少儿书画大赛，获金奖7项，银奖15项，铜奖20项。

艺术比赛。白城市群众艺术馆组织吉林省第9届“新苗杯”艺术系列大赛—白城赛区的比赛，参赛选手370人，获一等奖80人。

学术成果。白城市群众艺术馆兰橙的论文《略论城市新型广场文、贸比值效应—白城市建立文化广场的启示》，入选中国群众文化学会主办的全国群众文化论文评奖大赛，获优秀奖。

（兰橙　来秀英）

【图书】 2001年，全市有白城市、镇赉县、通榆县、洮南市、大安市公共图书馆和洮北区少儿图书馆。职工136人，其中专业技术人员117人：副研究馆员6人，馆员35人，助理馆员75人。藏书32.9万册，报纸167种（份），期刊263种（份），年借阅图书9.2万人次，图书流通14万册次。

图书网点。全市有基层图书馆（室）55个，藏书22万册。年图书阅览5.1万人次，图书流通8.5万册次。

发行网点。全市图书发行形成以国有、集体、个体互为补充的发行网络。法人机构5个，网点76个，其中市直25个。从业人员403人。

图书经销。全市经销图书202万册，零售额3 030万元。其中，市直经销图书71万册，零售额1 061万元。

（马广瑞）

【文化市场管理】 2001年，白城市、县（市、区）文化市场管理委员会（简称文管会），由市、县（市、区）委宣传部和文化局、工商局、公安局、卫生局、税务局、司法局、广播电视局、建委的主要领导人组成。主任分别由副市、县（市、区）长兼任。市、县（市、区）文管会办公室设在文化局。

2001年，白城市文管会办公室集中开展“扫黄、打非”活动6次。重点查处淫秽、色情、盗版、封建迷信、非法政治性出版物。收缴非法音像制品2.15万盘(张)，取缔违法经营场所5个。整顿文化市场，重新审核登记“网吧”，并对通过重新审核的113户“网吧”安装电脑游戏管理软件。有效遏制了利用互联网传播不健康内容的电脑游戏活动。

（赵宇）

【重点文物保护单位】 2001年，全市有文物点528处，其中重点文物保护单位88处：国家级1处，省级9处，县（市）级78处。

汉书遗址。位于大安市月亮泡镇汉书村屯东北1公里的月亮湖（原月亮泡）南岸台地上。遗物分布范围，东西约500米，南北约400米。1974年5月，吉林省博物馆文物工作队和吉林大学历史系考古专业人员组成联合考古工作队，科学发掘遗址。开探方15个，面积700余平方米。发掘出居住址、灰坑、窖穴遗迹及大量鱼、兽骨骼，陶器、青铜器、刀、环、扣、羊牌饰等遗物。被学术界定名为“汉书文化”，为中国北方青铜文化代表性遗址之一。根据文化层及出土文物区分为汉书一期文化（相当于西周至春秋时期）和汉书二期文化（相当于战国至西汉时期）。汉书一期有代表性的文化为泥质红褐陶和青铜器。陶器器形为筒形深腹罐，罐上饰有复合篦齿纹图案。青铜器有青铜扣、铜环、铜刀、铜针及动物形铜牌饰。其年代为青铜时代，相当于中原的西周时期，其族属秽貊族。汉书二期文化有房址和窖穴。在发掘8座房屋中，除1座为圆形半地穴式外，均为方形半地穴式。出土文物有陶器、骨角器、青铜器及少量铁器。陶器颇具特点，既有生活用具，又有生产用具。其年代下限相当于西汉，其族属松嫩平原的夫余族。2001年7月中旬至10月中旬，吉林省考古所再次清理发掘汉书遗址。开探方20个，面积2 000平方米，发现房址12座，墓葬7座和窖藏、灰坑等遗迹，出土了完整可修复的陶壶、陶鬲，骨针、青铜刀等遗物1 000多件。在汉书二期文化上部距地表60厘米处，还发现一处鲜卑文化遗存，出土了精美鎏金铜碗和桦树皮箭囊。1987年，汉书遗址被省政府定为吉林省重点文物保护单位；2001年6月，被国务院定为国家级文物保护单位。

敖包山遗址。位于通榆县兴隆山镇西北约1.5公里的敖包山上。敖包山略呈西南东北走向，东西约450米，南北约250米，高约10米。为新石器时期遗址，是吉林省西部草原上的一处重要遗址。遗物分布范围较广，有半地穴式房址13处，灰坑2处。文物主要有陶器残片、石器（细石器为主）。典型器物为石镞、刮削器、打制石斧、敲砸器及沉积岩、青石板加工的石刀残段和磨制石钻、石矛、石凿、石犁、鹤嘴锄、石磨盘、石磨棒、玉石饰件、蚌壳饰件和兔、鸟、鱼类骨骼及圆柱形陶人头部、丁字形陶人头部。陶器多饰有细绳纹，并有一定数量的之字纹存在；石器主要是凿制石器和打制大形石斧、敲砸器。还有一定数量的辽代早期遗物：陶片和铜、铁器残段及饰件等。这里的居民分早晚两个时期，早期以打制石器为主，过着以狩猎、捕捞为主的生活；晚期磨制石器增多，除狩猎、捕捞外，农业生产已经在生活中占有显著地位。敖包山遗址的历史年代，其上限距今6千年左右，下限从磨制石斧、石凿、石犁、石磨盘、鹤嘴锄等器物特点看，距今3千年左右。一定数量契丹早期遗物的存在，而新石器时期遗址又没受到大面积地破坏，说明在距今1千年前后，曾有契丹族人在这里有过短期逗留，并没有长期居住。1981年，被省政府定为吉林省重点文物保护单位。

后套木嘎遗址。位于大安市红岗乡永合村后套木嘎屯前的漫岗中段。南距前套木嘎遗址约1公里，南北长约1 000米，东西宽约200米。地面散见蚌壳、鱼骨、兽骨、人骨和多种颜色的细石器。石器有石镞、小长石叶、圆头刮削器等。地表见有乳白、淡黄、赭色、酱色釉的瓷片及器物口沿等残部，纹饰有附加堆纹、压印纹和连点纹。还有陶网坠和铁器残片等遗物。这是一处较大的新石器时期人类生活遗址，1957年被发现，1958年吉林省文物工作者来此调查，定名为永合屯细石器遗址。1999年，被省政府定为吉林省重点文物保护单位。

双塔遗址。位于白城市洮北区德顺蒙古族乡双塔屯北的漫岗上。东西长1 200米，南北宽300米，呈不规则长条状。遗址上散布着大量的细石器、陶片。细石器多为石镞、长形石片。采（征）集的石器有打制或磨制的石犁、石斧、石锛、石锄、石矛等生产工具和刮削器骨柄。还发现用绿松石磨制的装饰品和一件用蚌壳磨制的蚌刀。系新石器时代遗址。1981年，省政府定为吉林省重点文物保护单位。

向阳南岗遗址。位于镇赉县坦途镇向阳村南2公里许东西走向的大沙岗上。地表散见大量的蚌壳、鱼、禽、兽骨和黄褐色夹砂陶片、红衣陶片、细石器、石匕、石斧等；还有墓葬和居住址遗迹。是新石器晚期人类文化遗址。1987年，被省政府定为吉林省重点文物保护单位。

二井子遗址。位于镇赉县胜利乡二井子屯。分南、西、北3个区域。地表遗物颇多，有黄褐色、黑褐色细泥质或细泥夹蚌壳粉陶片和制作精美的石镞、刮削器、石核、石钻等细石器。是较为典型的新石器晚期人类生活遗址，距今4 000年左右，对研究草原细石器文化有重要价值。1987年，被省政府定为吉林省重点文物保护单位。

城四家子古城。位于白城市洮北区德顺蒙古族乡境内，是辽金泰州古城，周长5 748米。城墙除西墙被洮儿河冲去大半，残留483米外，其余三面均保存较好。东墙长1 340米，南墙长1 175米，北墙长1 135米。墙现高约为5米，顶宽1.5至2米，墙基底宽约20至27米。城内出土有青砖、石臼、灰瓦、鸱吻、勾滴、花缘板瓦、石夯、陶片、瓷器残片、鸡腿坛、铜钱、铁铧、犁镜、车辖、马镫、四棱或扁平式铁镞、铁蒺藜等。1961年，被省政府定为吉林省重点文物保护单位。

双塔。位于洮北区德顺蒙古族乡双塔村境内。西南距城四家子古城1.5公里。建于清初。双塔东西并峙，间距23.8米。为覆钵式，砖结构，南向。两塔的建筑形式、装饰图案大致相同。全塔除基台以外均被梵文经咒和各式砖雕、彩绘图案装饰，通体以白色为基础色调。双塔由塔刹、塔身、塔基三部分组成，通高12.03米。塔刹（复制品）为青铜制造，由宝珠及日、仰月和莲瓣伞（亦称华盖）构成，华盖底部悬挂风铃 4 个（原物 1 个在 1937 年被雷暴击落，被日本人盗取；1 个在 1969 年春被盗）。刹顶下接呈渐增大的实心刹干，上有相同的梵文字带环绕的白色相轮十三重，刹干下接塔身。塔身分作覆钵形上身和阶梯台座两部分。覆钵部白色，每座塔肩处，有带角兽头浮雕 8 个。于南面开券状龛门，边饰图案花纹。覆钵下接有梵文的阶梯台座。东塔台座圆形，三级。上有梵文连续文字多组；西塔台座方型，四级，四面梵文已模糊不清。塔基由基座和基台两部分构成。基座方形，须弥座式。四角有方形角柱。两角柱之间为硕大砖雕彩绘图案：正中是 3 颗燃着火焰的宝珠，两侧塑侍狮对立，狮身后饰花朵向两端蔓延。基座下边皆为素面方形基台，不加雕绘，用大砖，由下而上呈阶梯状内收。这两座佛塔，结构精巧，造型古朴，溶合藏、蒙、汉民族风格于一体，是较为典型的藏传喇嘛教（黄教）寺塔建筑。1981 年，被省政府定为吉林省重点文物保护单位。

镇国公家族墓地。位于大安市新艾里蒙古族乡政府所在地东南约 1.5 公里处的山坳里。由 7 个大小不等的陵园组成，大者面积约 150 平方米，小者约 100 平方米，每个陵园四周均由青砖砌成花墙，共占地约 15 万平方米。乾隆十九年（公元 1754 年），镇国公喇嘛札布始葬于此。其后第五至第十二代札萨克镇国公的陵墓均葬在这里，成为科尔沁右翼后旗札萨克镇国公的家族墓地，当地民众亦称“公爷陵”或“陵界”。1985 年，被大安市政府定为大安市重点文物保护单位。

天恩地局。位于洮南市兴隆街中段北侧。为两进坐北朝南砖瓦建筑。院落南北长 100 米，东西宽 66.7 米。中门上方曾悬挂清光绪皇帝赐的“天恩地局”金匾 1 块，中门后有“兴安万丛山”巨大屏风遮掩正堂。现存中门及正堂。庭院为四合式，四面各有硬山大脊青砖瓦房 5 间，设内回廊，正堂东西各有角门通向后花园。为科尔沁右翼前旗第十二代札萨克乌泰所建。是王府驻洮南府负责荒务及征收地租的场所。1904 年动工，1905 年竣工。现为洮南市科技馆。1987 年 11 月，被洮南市政府定为洮南市重点文物保护单位。

万福麟宅邸。位于白城市文化东路 1 号（白城市政府院内）。俗称“老万大楼”，为带有廊庑的四合院式仿木结构砖混古建筑，是黑龙江省督军万福麟于 1926 年修建的私人宅邸。宅邸建筑由正房、东西厢房、垂花门、地下室、天井、花墙、凉亭、回廊组成。占地面积近 2 000 平方米，现存建筑面积 1 520 平方米，有房间 30 间。正房下有地下室多间。正房坐北朝南，长 18 米，宽 12 米；东西厢房均长 18 米，宽 8 米。均为庑殿顶，上扣灰色筒瓦，瓦当有兽面纹饰，脊端有忍冬纹脊饰，飞檐翘角。正、厢房檐下回廊各有明柱 6 根，房屋均建筑在 1.6 米高的台基上，台榭回廊，曲径通幽。垂花门居主体布局中轴线上，以青砖花墙分割院内外厢房。1998 年，被洮北区政府定为洮北区重点文物保护单位。

张善人桥碑。位于洮南市洮府乡河南村蛟流河原“张善人桥”头。建于 1927 年（中华民国十六年）。为青石雕刻，由首、身、座三部分组成，碑身通高 170 厘米，宽 70 厘米，厚 19 厘米。张善人名张桂林，生于清光绪五年（1879 年），辽阳千山人。幼年双亲去世，27 岁时逃荒到洮南，与蛟流河牤头渡口的李玺交好，便吃住在李家。张桂林看见来往行人过蛟流河均要涉水。早春初冬，水寒刺骨，常有不测，深以为苦。他便背人过河，从不接受酬谢。冬天他进洮南城打工挣钱，省吃俭用，后来造一只渡船，摆渡行人。闲时做工。数年后，倾其全部积蓄，建起蛟流河第一座木桥。张桂林怕行人踏坏桥头农田的禾苗，使农家受损，又出资买下河边地，辟为道路。人称他为张善人，久之，他的真名反倒被人忘记了。1927 年 2 月 25 日，张桂林病逝于牤头渡口李玺家。闻讯，人们纷纷赶来送葬。李玺聚集四方捐款，修坟墓，造石碑，刻“张善人桥碑记”立于墓前，以志纪念。1987 年，被洮南市政府定为洮南市重点文物保护单位。

（杨俊贤 王仙波）

【白城市图书馆简介】 白城市图书馆建于 1946 年 1 月，称洮安县民众教育馆，几易其名，1993 年 8

月，改称现名。隶属市文化局。位于白城市中兴东大路51号。馆舍面积1 158平方米，藏书14万册，报纸42种(份),期刊137种(份)。年借阅图书20 785人次，图书流通33 000册次。职工31人，其中专业技术人员25人：副研究馆员3人，馆员9人，助理馆员9人，管理员4人。馆长刘明江。设采编部、阅览部、外借部、辅导部、科技参考部、办公室。固定资产60.38万元。主要设备有书架3 035延长米,打印机、复印机、电视机、收录机、电脑、打字机各2台，投影机、VCD、照相机各1台。白城市图书馆为全市图书馆馆藏资料、信息中心、业务指导中心。馆内设社会科学阅览室、自然科学阅览室、资料查阅咨询室、开架外借室、白城地方作者作品欣赏室，全年对外开放，接待读者。

2001年,搜集地方文献20种，开展各种读者活动19次，取得生产科研服务成果8项，为党政领导决策服务编印下发《信息集萃》6期720份。完成了图书馆馆舍出售和搬迁工作。

（马广瑞）

【白城市文物保护管理所简介】 白城市文物保护管理所建于1978年9月,称白城地区文物保护管理所，1993年8月，改称现名。隶属市文化局。位于白城市中兴东大路8号。编制7人，均为专业技术人员：研究馆员、副研究馆员2人，馆员2人，助理馆员3人。所长吴喜才。设办公室、文保技术科、文保理论研究科。固定资产8万元。全市有洮南市、大安市、通榆县、镇赉县、洮北区文物保护管理所。编制13人，实有18人，其中专业技术人员9人：副研究馆员1人，馆员6人，助理馆员2人。收存文物2万件。

2001年6月25日，大安市汉书遗址被国务院批准为第五批国家级重点文物保护单位，为全市第一个国家级重点文物保护单位。配合吉林省文物考古研究所发掘汉书遗址，出土文物1 000余件，其中三级以上珍贵文物300余件。在吉林省第五届考古学会上，白城市文物考古工作者向大会提交论文12篇，被评为一等奖1篇，二等奖4篇，三等奖7篇。杨俊贤的2篇论文，被国家知识工程活动领导小组评为一等奖。

（杨俊贤）

【白城市艺术团简介】 白城市艺术团成立于1989年4月6日。隶属市文化局。位于白城市青年北大街6号。编制75人，实有83人，其中专业技术人员60人：一、二级演员4人，三级演员21人，四级演员35人。团长兼党支部书记卢凤吉。设演员队、舞蹈队、乐队、政工科、财会科、业务科。固定资产38万元。

2001年，生产剧目3台，歌舞节目、宣传法制节目、消防节目各1台。全年演出150场，收入6万元。其中深入各单位辅导演出30场。集中排演了白城市2001年春节团拜会、白城市暨洮北区纪念建党80周年《光辉岁月》文艺晚会、纪念白城市’98抗洪胜利三周年《白城明天更美好》文艺晚会等，全团获单项奖20余人。白城市艺术团被市委宣传部授予优秀组织奖。

（卢凤吉　栾红光）

【白城市博物馆简介】 白城市博物馆建于1978年，称白城地区博物馆，1993年8月改称现名。隶属市文化局。位于白城市中兴东大路8号。建筑面积1 535平方米，馆藏文物18类9 270件，文物资料10万件。辖翠玉斋文物店、金马文化开发中心。职工32人，其中专业技术人员29人：研究馆员、副研究馆员4人，馆员10人，助理馆员15人。馆长宋德辉。设陈列部、保管部、群工部、历史考古部、保卫科、办公室。固定资产105.5万元。

2001年，自办、联办、承办各类展览19个，观众12万余人次，创博物馆年举办展览和观众人次的新记录。分别为举办《白城市参加第89届广州进出口商品交易会预展》、《白城市赴香港商贸博览会预展》、《白城市书法、美术作品展》、《白城市工艺美术作品展》、《春风行动—摄影作品展》、《白城市旅游商品展》、《光辉的历程—纪念中国共产党建党80周年图片展览》、《白城市党的建设成果展》、《世纪之春—白城师专分校教师书法美术作品展》、《纪念“九一八”事变70周年书法、美术作品笔会》、《纪念毛泽东诞辰108周年书法作品展览》、《弘扬科学文明，反对愚昧迷信》巡回展览、《破除迷信，警钟长鸣》漫画展、《中国古典仿真名画展览》、《迎新春情满鹤乡书法作品展览》、《白城·绍兴书法作品展》、《张禹海赴省书法篆刻作品预展》、《庆祝中华人民共和国成立52周年白城少儿书画作品展》。

全年在国家、省、市级理论刊物发表学术文章14篇。其中，参加全省学术研讨会3篇，参加全省论文评奖7篇，分别获一、二、三等奖。出资近万元，征集文物30余件。在全市开展20世纪名人名作书法、美术作品征集活动，征集作品200余件。白城市博物馆被省委、省政府授予“精神文明建设先进单位”称号；被国家文化部评为“全国文化工作先进集体”。是新中国成立以来白城市文化基层单位首次获得此项荣誉。

（李大莹）

传播媒体

白城日报

【基本情况】 2001年，白城日报社设总编办公室、要闻编辑部、经济编辑部、政文编辑部、专刊编辑部、百姓生活编辑部、要闻记者部、政文记者部、农村记者部、城市记者部、摄影部、广告部、新闻研究室、经理部、党委办公室、发行公司、印刷厂。编制68人，其中专业技术人员56人：高级编辑、高级记者、主任编辑、主任记者、高级政工师14人，编辑、记者、会计师、政工师24人，助理编辑、助理记者、助理工程师、助理经济师、助理政工师18人。

2001年，《白城日报》在新闻活动中，坚持以正面宣传为主，坚持正确的舆论导向，坚持弘扬主旋律，为全市经济和社会跨越式发展营造良好的舆论氛围。由于境内连续3年遭受旱灾，《白城日报》发行1.7万份，比2000年下降8.8%。

（姜瑞清）

【版面设置】 2001年，《白城日报》为4开4版。一版为要闻版。设《现场短新闻》、《新闻故事》、《瀚海论坛》、《管见篇》、《专题调查》、《加强和改进思想政治工作》、《积极稳妥地推进机构改革》、《扩大对外开放，大力招商引资》、《面对长期干旱农业、农村、农民怎么办》、《大力整顿和规范市场经济秩序》、《严厉打击刑事犯罪，确保社会长治久安》、《实践“三个代表”加强作风建设》、《贯彻十五届六中全会精神，努力践行“三个代表”重要思想》、《千人工作队深入灾区抗灾自救扶贫济困》、《落实十五届六中全会精神，做好农村当前各项工作》等栏目。二版为经济版。辟有《城市经济》、《农村经济》、《市场消费》、《综合》等专版，设《经济杂谈》、《政策信息》、《农家之声》、《经济博览》、《外埠动态》、《读者来信》、《农科之窗》、《农村市场》、《他山之石》、《致富经》、《农村信息》、《工作研究》、《新鲜事》、《市场信息》、《有话就说》、《识假有术》、《打假维权》、《规矩方圆》、《市场经》、《给您提个醒》、《消费预警》、《消费心语》、《消费即景》、《消费纵横》等栏目。三版为政文版。辟有《文化娱乐》、《文化卫生》、《教育科学》、《理论》、《综合》、《党建》、《法治与道德》等专版，设《文化遗产》、《理论动态》、《理论随笔》、《书刊评介》、《论点摘登》、《思想纵横》、《学习江泽民“七一”讲话笔谈》、《学习贯彻十五届六中全会精神》、《青年农民学习邓小平理论凡人新事》、《谈教学》、《园丁颂》、《公仆风采》、《先锋谱》、《党建之声》、《白城烽火》、《文明花香》、《侦破通讯》、《婚姻与法》、《计生之星》、《闪光的青春》、《校长风采》、《绿野新风》、《新风赞》、《灯谜》、《组字画》、《补联续对》、《巧思妙语》、《含谜故事》、《节日菜谱》、《字谜》、《诗谜》、《谜宫》等栏目。四版为时事版。设《国内新闻》、《国际新闻》、《体坛风云》、《文化广场》、《体坛短波》、《社会广角》、《社会万象》、《国内时事要览》、《国际时事快递》、《社会经纬》、《体坛信息》、《国际博览》、《神州各地》等栏目。

此外，每周一期《白城周末》，为4开4版，一版为综合新闻版，二版为特写版，三版为文体版，四版为健康消费版。主要栏目有《周末谈》、《驿路随笔》、《你知道吗》、《街头闲话》、《街头人语》、《教你一招》等。

（姜瑞清）

【新闻宣传】 2001年，常规新闻宣传紧跟市委、市政府的中心工作，弘扬主旋律，突出经济工作在新闻宣传中的主角地位，以全市经济和社会实现跨越式发展为主题，报道面覆盖了全市经济建设各个领域。年初，重点宣传工农业生产。开辟《认真贯彻市委二届三次会议精神，迈好“十五”(〈白城市国民经济和社会发展第十个五年计划纲要〉简称“十五”)跨越式发展第一步》专栏，报道各行各业的“十五”蓝图。开辟《蛇年春来早，瀚海备耕忙》、《春到瀚海乡村行》等专栏，报道全市在连续干旱的现实中备春耕生产。市委二届三次全会闭幕后，刊发评论员文章6篇，从实现全市经济和社会跨越式发展的必要性、可行性及如何实现跨越式发展等一系列群众关心、疑惑的问题入手，在理论上阐难释疑，增强了全市各界实现跨越式发展的信心和勇气。同时，刊发《加速发展城市经济的战略思考》、《转变观念研究发展新对策，共谋大计拓宽致富新思路》、《努力学习WTO知识积极应对入世挑战》等专栏，集中反映市委、市政府的经济工作重点，突出了经济工作的宣传重点和中心。第四季度开展“兴工富市”、“建设行走机械配套城”、“建设生态环保旅游城”、“建设区域商贸中心城”等主题宣传，报道洮北区农业三年大旱三年夺丰收的《天不下雨、天又刮风、天上有太阳》、全市万元田（棚）的《万元田（棚）大旱之年显神威》、全市绿色食品开发的《大野芳菲绿为魂》、城市开发建设管理总体战及拉动建材行业发展的《大风起兮云飞扬》等长篇通讯和综评性新闻。大事要事报道波澜迭起、高潮不断。报道了“严打”和整治经济发展软环境、“六条标准街路建设”、“庆祝建党80周年”、“中国申奥成功”、“中国加入WTO”、“APEC领导人会议在中国成功举行”等省、市及全国性的重大事件。开辟《严厉打击犯罪，确保长治久安》、《建设新白城，为党添光彩》、《光辉的历程》、《为有牺牲多壮志，敢教日月换新天》、《草原播火种，瀚海党旗红》、《中国人民英勇奋斗八十年》、《悠悠岁月沧桑变，嘹亮新歌代旧颜》等专栏专版。突出宣传全市干部群众学习邓小平理论和江泽民“三个代表”重要思想的动态及学习、践行“三个代表”的经验，先后辟有《党在我心中》、《深入学习江泽民“七一”讲话，努力践行“三个代表”思想》、《开展“三个代表”教育，切实转变工作作风》、《实践“三个代表”思想，加强作风建设》等栏目，并在上半年推出理论专版24块，发表理论文章100多篇。

（姜瑞清）

【获奖作品】 2001年，在第15届中国地市报新闻奖评选中，宫玉堂、倪晓玲获编辑奖；倪晓玲、沈婷获好版面奖；刘长志的《经济效益与生态效益的最佳结合》一文获言论一等奖。在吉林省报纸理论宣传研究作品评选中，纪方文的论文《“三个代表”与理论创新》、《党性原则是党报的灵魂》，朱万春的论文《政治家办报的核心是把握正确的舆论导向》、《在强化权威性中寻求党报卖点》，均获一等奖；田军的论文《打铁先得本身硬》、《新的认识新的飞跃》，均获二等奖。在第10届吉林新闻奖评选中，郭力的《狂风刮倒路边柳，路人哄抢雷击木》，获一等奖；李振刚的《维护稳定得人心》，卢丽桃的《救救遇害少女张英吧！》，均获二等奖；刘长志、倪晓玲、沈婷均获好版面奖；张炳清的论文《关于报纸公益广告的若干思考》，获首届中国报业优秀论文三等奖；广告作品《环保——生命的绿洲》，获吉林省报业同题公益广告创意大赛一等奖；广告作品《家乡的月亮湖》，获吉林省报业广告创意二等奖。

（姜瑞清）

【百姓生活报】 《百姓生活》报为《白城日报》的子报，由《白城日报》社主办，设专职编辑记者7人。《百姓生活》为周刊。每周出一刊，每刊4开16版,主要版面有《热点聚焦》、《时事纵横》、《新闻集萃》、《警法传真》、《课堂内外》、《百姓故事》、《百姓与法》、《消费广场》、《医疗服务》、《健康指南》、《文化娱乐》、《家庭生活》、《中老年乐园》、《纪实连载》、《特稿选登》等,重点栏目有《现场直击》、《养生之道》、《婚恋百味》、《妈咪宝贝》、《主妇手记》、《当家理财》及《家庭医生》等。2001年，《百姓生活》发行5 500份， 其中零售1 780份,分别比2000年增长48%和250%。

（姜瑞清）

广播电视

【基本情况】 2001年初，白城市广播电视局（简称市广电局），编制23人，其中专业技术人员8人：高级职务2人，中级职务3人，初级职务3人。设行政办公室、经营管理办公室、宣传科、科技科、党委办公室。11月，市直机关机构改革，编制17人，撤消宣传科，增设总编办公室。辖白城人民广播电台（简称白城电台）、白城电视台、白城广电信息传输公司、吉林微波总站白城分站。编制340人，实有580人，其中专业技术人员200人：高级编辑2人,主任编辑（记者）14人；编辑（记者）78人；助理编辑（记者）106人。全市有镇赉县、通榆县、洮南市、大安市广播电视局。编制466人,其中专业技术人员205人：主任编辑（记者）6人，编辑（记者）45人,助理编辑（记者）154人。

2001年，市广电局坚持正确舆论导向,贯彻“党委喉舌、政府纽带、群众心声、经济桥梁”的宣传方针，紧紧围绕市委、市政府的中心工作,集中力量宣传报道了全市政治思想工作，“三讲”活动,江泽民“三个代表”重要思想和经济工作。白城电台、电视台节目，获国家级奖4项，其中，二等奖1项，三等奖2项，优秀报道奖1项；省级奖28项，其中，一、二等奖各8项，三等奖12项。在省电视台播出稿件连续5年获全省第一名，实现了市委、市政府要求的“五连冠”目标。全市有线电视县乡联网率、“村村通”覆盖率、各项技术指标合格率均100%，有效的促进了全市经济社会跨越式发展。

（马焉）

【栏目设置】 2001年，白城电台设6个节目1个频道：《新闻总汇》节目,设《本市新闻》、《外埠信息》、《记者观察》、《社会广角》栏目，每天7时至7时20分播出；《生活关注》节目，每次10分钟，每天重播2次；《希望的田野》节目,设《农业信息》、《饲养天地》、《农业大学》、《种植技术》、《教你一招》栏目,每天1次,每次30分钟；《农村俱乐部》节目,设《曲苑茶座》、《乡土乡音》、《名段欣赏》、《田野剧场》、《乡情点歌台》、《生财有道》栏目，每天10时至10时50分播出；《生活调色板》节目,设《真情驿站》、《谈心亭》、《开心宝典》、《知识沙龙》、《巧妇课堂》栏目,周一至周五8时10分至8时50分播出；《法制时空》节目,设《以案说法》、《1323回答你》、《教你打官司》、《司法传真》栏目，周一至周日7时50分至8时10分播出。《交通文艺频道》， 设《晓风晨语》、《都市传真》、《相约共此时》、《心动百分百》4个版块，每天播出17小时5分钟。

白城电视台设《白城新闻》栏目，为当日新闻，每天播出15分钟：本地新闻10至12分钟，外埠新闻3至5分钟；《社会聚焦》栏目，为贯通性新闻类访谈节目，周一、三、五首播，二、四、六重播，每期10分钟；《本周话题》栏目，为新闻类谈话节目,每2周1期，隔周重播，每期20分钟；《这方水土》栏目，为版块式对农节目，每2周1期,隔周重播，每期30分钟；《与法同行》栏目，设《警事追踪》、《执法前线》、《警钟长鸣》等7个子栏目，每2周1期,隔周重播,每期20分钟;《可爱的白城》栏目,为组合式专题节目，每2周1期，隔周重播，每期20分钟;《周末有约》栏目,设《文化立交桥》、《文化生活》、《老戏欣赏》、《轻松节拍》等7个子栏目，每2周1期，隔周重播，每期50分钟;《经济报道》栏目,每周1期，每期10分钟;《走进生活》栏目,为生活服务类节目,每周1期，每期10分钟;《洮北报道》栏目,为洮北区时政、经济、文化、社会、新闻类节目，每周3档,每期10分钟。

（马焉）

【政治思想工作宣传】 2001年,白城电台、电视台在“三八”国际妇女节期间，进行《女杰风采录》系列报道；“五一”国际劳动节期间，进行全市“十大能工巧匠”评选活动系列报道；“五四”青年节期间,进行全市“十大杰出青年农民”评选系列报道；“七一”中国共产党成立纪念日期间，进行《建设新白城，为党旗添光彩》连续报道;“十一”国庆节期间，进行《瀚海廉政潮》系列报道及全市市民喜迎新世纪等大型活动报道。播发稿件360条，2万余字。其中，白城电视台的新闻《春到向海》、《聆听历史、接受教育、发奋图强、报效国家》获吉林省电视台新闻中心“五一”报道和“七一”报道优秀节目奖。宣传了先进人物的先进事迹，报道了全国、全省、全市重大活动,发挥了媒体的导向作用。

（马焉）

【“三讲”、“三个代表”重要思想宣传】 2001年，在全市开展“三讲”活动、“三个代表”重要思想教育中，白城电台、电视台强化主旋律,大力发挥广播电视的职能作用,先后开办《开展“三个代表”思想教育促进农村社会全面进步》、《加强和改进党的作风建设》、《学习讲话,跨越发展》等专栏,播发稿件280条，1.5万余字，全面系统报道全市开展“三讲”活动,大力宣传“三个代表”重要思想教育中出现的先进人物、先进单位和先进经验。及时全面报道了全市各界干部群众收听收看学习江泽民“七一”讲话情况,促进了全市“三讲”活动的深入进行和“三个代表”重要思想教育的广泛开展。

（马焉）

【经济工作宣传】 2001年，市广电局注重宣传白城市经济发展的新经验、新成就，白城人民的创业精神、开拓精神、奉献精神和走向全国的进取精神。白城电台、电视台先后开办《天南地北鹤乡人》、《科技兴农》等专栏,播发稿件380条，3万余字。进行《南下京城话绿色》、《异军突起的烟草业》、《赴辽鲁考察谋农村经济新发展》、《獭兔走进千万家》等系列报道。宣传报道了全市工、农、林、牧业等方面取得的成就。

（马焉）

【市委、市政府中心工作宣传】 2001年初，白城电台、电视台通过开辟专栏、专题、专访等报道形式,宣传市委、市政府的中心工作。在春耕季节，开辟《瀚海备耕忙》、《全力以赴抗旱保苗》专栏，促进春耕播种。在城市开发建设管理总体战中，开辟《建设标准街路，塑造城市形象》专栏，系列报道城市开发建设管理总体战新情况、新方法、新经验,为其助威。在加入世界贸易组织讨论中，开辟《深入开展市民入世教育》连续报道，《把握机遇应对入世挑战》连续报道，宣传了WTO知识，提高了广大群众的入世认识。在严打整治活动中,开辟《严打整治维护社会稳定》专栏,配合全市司法系统为严打造声势，提高了对犯罪分子的威慑力。

（马焉）

【对外宣传】 2001年,白城电台向中央人民广播电台传稿8条,向吉林人民广播电台传稿60条，向新华社传稿13条,与全国76家广播电台交流稿件2 800条。对外交流新闻类、社教类、文艺类节目349条。

白城电视台的《白城各界盛装歌舞迎国庆》等5条电视新闻被中央电视台《新闻联播》采用；电视新闻《白城大力发展绿色食品》等

11 条消息被中央电视台七套节目播出；《科尔沁草原明珠——白城》50 分钟电视系列专题片在中央电视台十套节目《城市平台》栏目中播出；《猎手老盖的故事》、《足迹》等 6 个专题节目被中央电视台一套、四套节日播出；电视艺术片《仙鹤迷恋的土地》在香港播出；《光辉历程》、《走进科尔沁》等 322 条新闻、专题、艺术片在吉林电视台播出。在吉林电视台新闻上稿量名列首位。

（马焉）

【获奖节目与论文】 2001 年，白城电台、电视台节目获国家级奖 4 项：王占顺主创的论文《地方台有线电视宣传定位及其走向的实践与思考》，被中国广播电视学会评为二等奖；张宏宇等人主创的电视新闻《到保村里新鲜事，村民推荐村支书》，被中国广播电视学会评为三等奖；鲍长山主创的论文《优化资源配置，走整合发展之路》，被全国广播电视论文评比委员会评为三等奖；白城电视台新闻部电视体育新闻报道，获国家体育总局优秀报道奖。

白城电台、电视台节目获省级一等奖 8 项：张宏宇等人主创的电视新闻《到保村里新鲜事，村民推荐村支书》；施鹤轩等人主创的《债主上门》，均获吉林省广播电视新闻奖；张宏宇主创的电视新闻《庄园治沙，人进沙退》，获全省电视新闻异地采访奖；潘嵩等人主创的电视专题《猎手老盖的故事》，获全省新闻社教类节目评比奖；李忠武等人主创的电视专题《一个猎手的自白》，获全省社教异地采访奖；杜天宇等人主创的电视艺术片《走进科尔沁》，获全省电视文艺“丹顶鹤”奖；付晓红播出的“一组新闻”，获吉林省播音与主持作品评比一等奖；喜春主创的广播文学《走进科尔沁》，获吉林省播音与主持作品奖。

白城电台、电视台节目，获省级二等奖 8 项：张宏宇等人主创的电视新闻《到保村里新鲜事，村民推荐村支书》，潘嵩等人主创的电视专题《猎手老盖的故事》，均获吉林新闻奖；张文贵等人主创的电视专题《不老的“老虎”》，获全省第三届彩虹奖；陈述主创的《电视节目主持》，张霓等人主创的广播专题《群众风采》，均获吉林省播音与主持作品评比奖；技术部、播出部分别主创的《技术维护竞赛》，均获全省技术维护管理评比奖；王昌海主创的《技术能手竞赛》，获全省技术能手评比奖。

白城电台、电视台节目获省级三等奖 12 项：张晓光等人主创的电视新闻《驴打滚、利滚利，在洮南滚到了头》，王晓光等人主创的广播新闻《群众参与党支部选举受欢迎》，赵兰英等人主创的广播新闻《一首唱不够的歌》，均获吉林省广播电视新闻奖；韩大勇等人主创的电视专题《掘得朽木化神奇》，获吉林省新闻社教类节目评比奖；段卫东等人主创的电视艺术片《大沁塔拉有座美丽的城》，宁丽波等人主创的电视艺术片《仙鹤迷恋的地方》、《光辉的历程》均获吉林省电视文艺“丹顶鹤”奖；连亚辉主创的《电视节目主持》，获吉林省播音与主持作品评比奖；张学志等人主创的《发射机前端固态化改造》，朱先等人主创的《发射机逻辑控制部台改造》，均获全省技术能手评比奖；崔宏伟等人主创的广播社教类节目《希望的田野》，获吉林省广播电视社教评比奖；王华等人主创的广播文艺《撒落心灵旷野上的一片心声》，获吉林省广播文艺评比奖。

（崔宏伟　王敬堂）

【白城市广播电视局简介】 白城市广播电视局建于 1974 年 2 月，称白城地区广播事业局，几易其名，1993 年 8 月改为现名。隶属白城市政府。位于白城市纯阳路 18 号。编制 23 人，其中专业技术人员 8 人：高级职务 2 人，中级职务 3 人，初级职务 3 人。局长杜春峄。设行政办公室、党委办公室、科技科、宣传管理科、总编委员会、技术委员会、广播电视学会。辖白城电台、白城电视台、白城广电信息传输公司、吉林微波总站白城分站。编制 340 人，实有 580 人。其中专业技术人员 200 人：高级编辑主任编辑（记者）16 人，编辑(记者)78 人，助理编辑(记者)106 人。

2001 年，全市广播覆盖率

88.97%，电视覆盖率 97.80%，有线电视县乡联网率、“村村通”覆盖率、各项技术指标合格率均 100%，在省广播电视局“创新立业”活动中，白城市广播电视局被评为“先进广播电视局”。

（马焉）

【白城电台简介】 白城电台建于 1958 年 12 月 10 日，隶属市广电局。位于白城市纯阳路 18 号。编制 100 人，实有 109 人。其中专业技术人员 53 人：主任编辑（记者）8 人，编辑（记者）25 人，助理编辑（记者）20 人。设办公室、总编办公室、新闻部、文艺部、社教部、广告部、交通文艺频道、播出部、纯阳发射台。台长于云。白城电台发射功率 10 千瓦，中波 1323 千赫，交通文艺频道为调频 96.5 兆赫。电台全天播音总量31 小时40 分钟。播出方式是转播、录播与直播相结合。设 6 个节目，1 个频道。

2001 年，白城电台坚持正确舆论导向，紧紧围绕市委、市政府中心工作，宣传“三讲”、“三个代表”重要思想和政治思想工作、经济工作，促进了白城市经济社会发展。全年，电台节目获省级奖 12 项，“村村通”覆盖率和各项技术指标合格率均 100%。在全省安全优质播出竞赛中获优质播出二等奖。

（崔宏伟）

【白城电视台简介】 白城电视台筹建于 1977 年，称白城电视转播台，1985 年 5 月 20 日改为现名。隶属市广电局。位于白城市中兴东大路 6 号。职工 176 人，其中专业技术人员 67 人:主任编辑(记者)8 人，编辑（记者）34 人，助理编辑（记者）25 人。副台长鲍长山（主持工作）。设办公室、总编办公室、总工办公室、新闻部、社教部、文艺部、新闻评论部、播出部、技术部、经济生活频道、视听导报社。白城电视台有 5 个频道:一套为新闻综合频道，二套为经济生活频道，三套为洮北报道与农业科技频道，四套为影视娱乐频道，五套为老年、妇女、少儿频道。

2001 年，白城电视台坚持正确舆论导向，宣传了全市政治思想工作，“三讲”活动、“三个代表”重要思想和经济工作，促进了全市经济社会发展。全年电视节目获奖 26 项。其中，国家级 2 项，省级 24 项。全市电视县乡联网率和各项技术指标合格率均 100%。连续五年获全省市级台在省台上稿第一名,市委、市政府为白城电视台记集体二等功。

（王敬堂）

【白城广电信息传输有限责任公司简介】 白城广电信息传输有限责任公司建于 1994 年，称白城有线电视台，2001 年 3 月 5 日改为现名。隶属市广电局。位于白城市洮安东路浴池胡同 6 号。职工 109 人，其中专业技术人员 33 人：高级工程师 1 人，工程师 14 人，助理工程师 18 人。经理于云。设办公室、财务部、工程队、稽查大队、多功能开发部、维护部、收费部、技术部、农村部。

2001 年，发展有线电视用户 6 180 户，改造用户分配网 5 000 户，总收入 783.4 万元，比 2000 年分别增长 51.4%、58.5% 和 5.75%。年末，有线电视用户 49 496 户，城区有线电视入户率 80%，农村有线电视用户 5 000 户，“村村通”覆盖率 100%，有线传输干支线网络总长 318 公里。其中，光缆 58 公里，电缆 260 公里。传输节目 30 套,数据广播 1 套。白城广电信息传输有限责任公司贯彻落实“加大投入、加速改造、加强管理、保持先进”的维护方针，将中央电视台十套科技频道入网转播，播出及转播节目达 30 套，并做到全年安全优质播出无事故。在 2001 年吉林省广播电视技术维护管理评比竞赛中获一等奖，在首届全省广播电视“创新立业”活动中被评为先进单位。

（王立鹏）

卫　　生

综　　述

2001年初，白城市卫生局（简称市卫生局），设秘书科、党委办公室、计划财务科、防保监督科、医教科、地方病办公室和爱国卫生运动委员会办公室。编制17人，其中卫生专业技术人员3人：副主任医师2人，主管医师1人。11月，市直机关机构改革，设办公室、党委办公室、人事科、医政科、疾病控制卫生监督科、基层防保服务科（爱国卫生）和财务会计工作站。编制未变。直属白城市中心医院、白城市中医院、白城市第三人民医院、白城市疾病预防控制中心、白城市卫生局卫生监督所、白城市传染病医院、白城市结核病防治研究所、白城市红十字中心血站、白城市妇幼保健院、白城市卫生职工中等专业学校。职工2 000人，其中卫生专业技术人员1 520人：主任医（技）师、副主任医（技、药、护）师124人，主治（管）医（技、护、药）师449人，医（技、护、药）师（士）947人。全市有镇赉县、通榆县、洮南市、大安市、洮北区卫生局。编制96人，其中卫生专业技术人员28人：主任医师、副主任医师3人，主治（管）医师4人，医（技、护、药）师（士）21人。

2001年，全市有卫生机构172个，比2000年减少5个。其中，医院45个，卫生院97个，门诊部6个。个体诊所247个。全市有床位6 548张，比2000年增加81张。其中，医院4 567张，卫生院1 587张。职工11 424人，比2000年减少307人。卫生专业技术人员9 164人，比2000年减少196人。其中，主任医（技）师、副主任医（技、药、护）师370人，主治（管）医（技、药、护）师1 448人，医（技、药、护）师（士）5 360人。

全市改革了卫生监督和疾病控制体制；医院实行收支两条线管理，推行医疗药品集中招标采购，办公用品由政府统一采购，加强了财务管理，设立财会工作站；全面加强医疗机构的分类管理，开展卫生防疫、妇幼保健和城市社区卫生服务的试点工作。医疗卫生机构内部建设成果显著。到2001年，全市卫生系统共招商引资1 065万元，引进设备、基本建设资金5 189万元。各医疗单位为满足广大群众日益增长的卫生需求，引进核磁共振仪、螺旋CT、全身CT、彩超、全自动生化分析仪等比较先进的医疗设备，诊治各种疑难病症和复杂手术的医疗技术水平迈上一个新台阶。

在深化医疗卫生体制改革的同时，改变了以往的就医模式，全市各医疗单位通过不同形式开展了方便患者就医的“120”急救绿色通道。市、县（市、区）制定了突发事件（疫情）处理预案。继续关注、加强农村卫生工作。由于地方财力等原因，城镇职工医疗保险尚未实施。2001年，市卫生局扶贫工作受到市政府表彰，同时被市政府授予“帮扶万元田（棚）先进单位”、“标准街路建设模范单位”称号。

（孙发堂）

【通榆县卫生局简介】 通榆县卫生局建于1948年11月，称开通县卫生科，1973年5月改称现名。位于通榆县民主路11号。职工17人。局长李永胜。设人秘科、医政科、防保科、计财科、爱卫地病科、药政科。全县卫生系统职工1 856人，其中卫生专业技术人员1 499人：高级职务49人，中级职务150人，初级职务1 300人。床位801张。全县卫生系统投资235万元。购置CT、彩超、胃镜等设备10件（台、套）；基本建设投资190万元，其中乡（镇）卫生院投资100万元。

2001年，通榆县卫生系统发

表国家级论文 2 篇：《低镁性手足搐搦症 1 例报告》、《牙胶尖改别加碘仿充填上前牙根管临床观察》，分别刊登在《中华实用医学理论与实践》10 期与 29 期上。

（叶晓　孙发堂）

【洮北区卫生局简介】 洮北区卫生局建于 1948 年 5 月，称白城县卫生科，1958 年 5 月，称白城市卫生局。1993 年 3 月改称现名。位于白城市青年南大街 14 号。职工 19 人。局长顾宝玉。设综合科、医政科、药政科、防疫监督科、党委办公室、财会科。全区卫生系统职工 1 316 人，其中卫生专业技术人员 1 101 人：高级职务 56 人，中级职务 222 人，初级职务 823 人。床位 706 张。全区卫生系统固定资产投资 660 万元。其中，购置仪器设备投资 400 万元，购置生化分析仪、监护仪、X 光机等 30 件（台、套）；基本建设投资 260 万元，其中乡（镇）卫生院投资 100 万元。建筑竣工面积 1 200 平方米。

2001 年，全区卫生系统获科研成果 3 项。其中，白城市医院《CT 导引下脑出血治疗》，被省评为科技进步三等奖。发表国家级论文 4 篇，其中《鲁米那肌注过浅局部脂肪硬化》、《会喉切除、发音重建会咽再造术 2 例》，分别刊登在《实用护理学杂志》、《中国现代医学》。

（刘开宇　孙发堂）

医疗卫生改革

【体制改革】 4 月，市卫生局按照市政府《关于白城市城镇医疗卫生体制改革实施意见》，坚持依法行政、政事分开和精减、效能、统一的原则，改革卫生监督和疾病控制体制。撤销市及县（市、区）公共卫生监督所、卫生防疫站、结核病防治所等功能相近的机构。分别组建市及县（市）两级卫生局卫生监督所、卫生监测检验中心、疾病预防控制中心。

撤销白城市卫生局公共卫生监督所、洮北区公共卫生监督所，组建白城市卫生局卫生监督所；撤销白城市卫生防疫站、洮北区卫生防疫站，组建白城市疾病预防控制中心（内含白城市卫生监测检验中心、白城市预防医学科学研究所）；撤销白城市结核病防治所、洮北区结核病防治所，组建白城市结核病防治研究所。解决了市区内卫生监督机构重叠，影响经济发展的软环境问题。

（孙发堂）

【医政改革】 2001 年，全市推行医院药品收支两条线管理。核定公立非营利性医疗机构 20 户，营利性医疗机构 215 户，非营利性医疗机构占主导地位。医院实行收支两条线管理。药品收入占医院业务收入比例 30%以下的医院不执行收支两条线管理。

实行办公用品政府统一采购。市直各医疗卫生单位购买 1 000 元以上办公用品时，申办批件后，方可在认可的商店采购。

建立财务工作站。由市财政局选派的专职财务管理干部任财务工作站站长。市直属单位的科级单位撤销财务科（室），只设 1 名财务记帐员。县（局）级单位直接派驻专职财务管理干部，加强和强化了基层单位的财务管理，减少了财务支出的随意性、随机性。

（孙发堂）

防　疫

【基本情况】 2001 年，白城市疾病预防控制中心（简称市疾控中心）、白城市卫生监测检验中心、白城市预防医学科学研究所，一套机构三块牌子。占地 8 000 平方米，建筑面积 1 800 平方米。职工 141 人，其中卫生专业技术人员 107 人：副主任医（技）师 11 人，主管医师 34 人，医（技、药、护）师（士）62 人。设职能、业务科室 16 个。主要仪器设备有酶标仪、洗板机、原子吸收仪、气相色谱仪、电子天平、752 紫外分光光度计、离心机、冷库等近 20 余件（套）。

全市有镇赉县、通榆县、洮南市、大安市卫生局卫生监督所、疾控中心（内含卫生监测检验中心），一套机构两块牌子。职工 573 人，其中卫生专业技术人员 344 人：副主任医（技）师 8 人，主管医（技）

师50人，医（技、护、药）师（士）286人。主要仪器设备有酶标仪、洗板机、原子吸收仪、倒置显微镜、紫外分光光度计、电子天平、低温冰箱等。

2001年，全市卫生监督和疾病控制系统，完成传染病监测，疫情统计、报告，疫区处理技术指导工作；实施市区儿童计划免疫接种、计划免疫督导；地方病、慢性非传染性疾病以及寄生虫病的防治；精神与心理卫生障碍健康咨询；性病、艾滋病（HIV感染者初筛）预防和对采供血机构的监管；职业卫生、环境卫生、学校卫生监测管理、职业病定诊、农药、化学药品引发的急性中毒事件处理；新发疾病、群体性不明疾病的联合诊断；各行业从业人员健康体检、卫生知识培训等工作。

（孙发堂）

【传染病防治】 2001年，全市发生报告的传染病2 846例，发病率142.26/10万，比2000年增长29.86%。

呼吸系统传染病1 256例，比2000年增长87.02%。其中，麻疹113例，百日咳6例，流脑3例，猩红热4例，肺结核1 130例。6月，洮南市发生麻疹疫情，局部暴发流行，发病71例，采取应急措施，控制了疫情。肺结核占呼吸系统传染病报告的89.97%，发病率56.48/10万，居传染病发病率第二位，比2000年增长72.58%。

消化系统疾病356例，比2000年增长28.06%。其中，甲肝55例，戊肝6例，未分型肝炎11例，痢疾279例，伤寒、副伤寒5例。

血源及性传播疾病1 233例，比2000年增长0.57%。其中，乙肝1 136例，丙肝43例，艾滋病2例（HIV感染者3例），淋病20例，梅毒32例。丙肝发病率2.15%，比2000年增长42.51%。全市首次发生报告艾滋病，均为男性，死亡1例，与HIV感染者系同1人。

自然疫源性疾病1例，为钩体病，患者为15岁女学生。

（孙发堂）

【地方病防治】 2001年，全市继续开展地方病防治工作。预防鼠疫。全市继续开展扑灭黄鼠活动。捕获黄鼠36.57万只，其中幼鼠3.15万只。剖检黄鼠1.038万只，皆为阴性。

布鲁氏菌病（简称布病）防治。全市2001年流行病学调查和检诊690人，血清检测221人，发现阳性2人，确诊为隐性感染。调查全市职业人群布病发生情况，发现布病血清阳性8人，确诊布病新患3人，隐性感染5人。全市免疫牛84 437头，免疫率95.82%；检疫羊302 602只。加强入境牲畜检、免疫工作。洮南市对购入的3 000只羊、300头黄牛，镇赉县对购入的282头黄牛，通榆县对购入的2 000只小尾寒羊进行检、免疫工作，未发现布病。

地方性氟中毒防治。《吉林省地氟病监测方案》将大安、洮南市定为监测区，分别选择一重病区、轻病区为监测点。洮南市检测村小学1眼37米深手压井，水氟含量8.5毫克/升，超标7.5倍；检测粮食、蔬菜的氟含量正常；检测8至12岁儿童尿样50份，平均尿氟含量1.84毫克/升；检测氟骨症尿样19份，平均尿氟含量3.58毫克/升。调查8至12岁儿童50人，患氟斑牙38人，患病率76%；调查16岁以上人群410人，患氟骨症病32人，患病率7.8%。大安市检测105米深防氟井1眼，氟含量0.9毫克/升，正常。检测土盐、粮食、蔬菜氟含量分别为2.28毫克/千克、0.46毫克/千克和0.78毫克/千克；检测8至12岁儿童尿氟含量均为4毫克/升。全市检测防氟井135眼。其中，水氟含量正常96眼，占71.1%；水氟含量1.0毫克/升以上39眼。继续由吉林省地方病第一防治研究所提供药物（芬必得）治疗洮南市呼和车力马场29例地氟病人，有效率100%。

地方性砷中毒防治。市疾控中心调查洮南市向阳乡35个自然屯、3 378户、11 439人。采水样214份，超标率7.9%；尿样、发样检测，未发现超标；采土样35份、玉米样5份，超标率12.5%，发病原因在调研中。

碘缺乏病防治。市、县疾控中心检测全市8户盐业部门的碘精盐、碘洗盐各64批次，样品704份，碘含量均为20至50毫克/千克，合格率100%。经监测，零售商店碘盐含碘量均达标。检测住户居民盐样921份，合格率99.57%，符合GB—2000规定标准。

8月，市疾控中心配合吉林省地方病第一防治研究所调查通榆县四井子镇甲亢发病情况，在全镇11 600人中，筛查出甲亢病人19人。

（孙发堂）

【卫生监督】 2001年，白城市卫生局卫生监督所占地8 000平方米，建筑面积2 100平方米。职工150人，其中卫生专业技术人员131人：副主任医（技）师8人，主管医（技）师36人，医（技、护）师（士）87人。设职能、业务科室15个。

食品卫生监督。全市有食品生产经营业户5 219户，从业人员9 628人，体检合格率99.9%。检出“五病”（肺结核、痢疾、伤寒、肝炎、皮肤病）95人，全部调离。全市发生食物中毒3起，142人。其中，白城市民生中学在校学生因集餐引起139名学生中毒，无死亡。全市卫生监督所在监督执法、依法行政过程中，销毁变质、不合格食品136.9公斤，查封非法生产春卷3 000箱，罚款3 620元。

公共场所卫生监督。全市有公共场所1 240户，从业人员3 856人。体检合格率99.9%。依法处罚116户，罚款1 120元。换发公共场所经营业户卫生许可证1 154户，发放健康证3 224人。检出“五病”17人，全部调离。

劳动与职业卫生监督。全市县以上国有、集体企业接触有毒有害作业场所职工5 287人。其中,接触粉尘职工3 380人，接触毒物338人，接触物理因素作业职工1 569人。有毒有害作业点1 019个。乡镇企业接触有毒有害作业职工967人，有毒有害作业点119个。

放射卫生监督。全市使用放射线企事业97户。其中医用X线机83户，112台，工业用X线探伤机7户，7台。使用放射性同位素的8户，其中停用2户。接触放射线工作人员均建立放射卫生档案。对建筑材料、装璜材料等项目开展放射卫生监测。

水质卫生监督。监测全市水厂28户，采水样204件，合格率59.3%；体检配水人员151人，未检出“五病”。全市二次供水企业134户。其中，城市99户，采水样233件，合格率89.27%；农村35户，采水样19件，合格率47.37%。体检制、管水人员124人，未检出“五病”。全市自备水源企业75户。其中，城市52户、农村23户，合格率分别为96.3%和20%；体检制、管水人员71人，未检出“五病”。白城市区水厂3户，水检合格率93.45%；二次供水企业49户，自备水源企业32户，水检合格率均为100%；分散式供水47 450户，水检合格率87.29%；体检配水人员34人，未检出“五病”。经监测，全市食品加工用水合格率、饭店用水合格率、浴池用水合格率分别为96%、85%和82%。

学校卫生监督。学生常见病患病情况为：中小学生视力不良率26.67%，龋齿患病率12.50%，营养不良率14.50%，学生肥胖率3.87%。在“5.20”宣传日活动中，全市发各类宣传单23 000张，出板报7期，举办卫生知识讲座28次，受教育覆盖率90%。加强对中小学食堂餐具消毒情况的监测监督工作，采集餐具743件，合格473件，合格率63.6%。完成大中专入学新生的乙肝检测工作，阳性率5.3%，与2000年持平。

（孙发堂）

【爱国卫生】 2001年，白城市爱国卫生运动委员会围绕市委、市政府提出的建设生态环保旅游城、区域商贸中心城、行走机械配套城和建设森林公园、运河带状公园、环城林果园，开展创建卫生文明城活动。市区成立街路建设指挥部，整治标准街路9条，投资995万元，修标准步行街1条。同市疾控中心等部门加大农村卫生防病改水投入，调查现有135眼防氟井水氟含量，防氟井水达标率71.1%。

推广普及卫生厕所。全市有标准厕所120个，比2000年减少3个。提高粪便无害化处理能力，方便群众的生产和生活。

全市继续坚持搞好以灭鼠为重点的城乡“除害灭病”工作。年末，30%乡（镇）村达到规定的无鼠（蟑）害标准。坚持突击消杀和经常消杀相结合。鼠的密度由2000年0.26%增到0.31%。

（孙发堂）

【白城市疾病预防控制中心简介】 白城市疾病预防控制中心（简称市疾控中心）建于1961年9月，称白城地区卫生防疫站，1993年8月，改称白城市卫生防疫站，2001年4月改为现名。隶属市卫生局。位于白城市辽北路141号。占地5 000平方米，建筑面积1 800平方米。职工141人，其中卫生专业技术人员116人：副主任医（技）师11人，主管医（技、护）师36人，医（技、护、药）师（士）69人。主任李荣福。设办公室、质量管理科、行政管理科、流行病防治科、地方病（鼠疫）防治科、计划免疫科、社区服务一科、社区服务二科、慢性病防治所、性病艾滋病与卫生科、学生疾病防治科、医学虫媒科、卫生监测科、微生物与理化检验科、健康教育科、健康体检（门诊）科、生物制品供应科等科室18个。固定资产300万元。主要设施设备有原子吸收仪、气相色谱仪、721分光光度计、1/万电子天平、酶标仪、洗板机、低温冰柜、冷库等。

2001年，市疾控中心集监测检验、预防医学科学研究于一体。开展地方病（鼠疫）监测，剖检黄鼠10 387只，无阳性。健康体检入校2 500名大中专新生，查出乙肝病132人，阳性率5.3%，与2000年持平。全市发现并确诊3例HIV（+）者，其中死亡1例，AIDS病人2例。检验食品12类，6 160份，其中有食物中毒样17份；检验生活饮用水477份，其中阳性92份；检验性病97份，其中阳性3份；检测社区麻疹抗体19份其中，阳性4份。参加白城市洮北区民生中学在校学生因集餐引起139名学生食物中毒检测工作。冯忠彬等人撰写的《洪涝灾区生活饮用水水体污染研究》，获白城市科技进步二等奖。

（孙发堂）

【白城市卫生局卫生监督所简介】 白城市卫生局卫生监督所建于2001年4月。由白城市、白城市洮北区两级卫生防疫站撤销后重新组建。隶属市卫生局。位于辽北路139号。占地8 000平方米，建筑面积2 100平方米。职工150人，其中卫生专业技术人员131人：副主任医（技）师8人，主管医（技）师36人，医（技、护）师（士）87人。所长夏志忠。设食品卫生监督一、二科，公共卫生监督一、二科，劳动与放射卫生监督科，环境与学校卫生监督科，传染防治监督科，卫生监督稽查科，卫生监督审批科和职能科室（办公室、行政管理科、法制科、综合质检科）等科室15个。

2001年，依法监督全市食品、公共场所、环境、化妆品、水质、学校、劳动与放射、传染病防治等的运行状况，保障入口食品安全，保障生活、学习、工作环境、场所卫生安全和诊疗场所不重复交叉感染；监督指导全市卫生执法工作；组织开展卫生监督执法大检查，纠正卫生违法行为，参与行政复议、诉讼、赔偿等法律活动。按照国务院、省卫生厅《关于整顿和规范市场经济秩序》的要求，与有关部门一道，开展打假活动，同时，在白城市区进行卫生设施整顿达标活动。印发《关于对食品生产经营单位及公共场所进行卫生整改达标的通告》10万份，出动宣传车7台次，设宣传点6个，受教育群众4万人次。在打假活动中，销毁伪劣食品300余公斤，罚金500元。

9月6日白城市洮北区民生中学发生139名学生食物中毒事件后，依法对学校食堂监督检查，并实施行政控制，至9月11日最后1名学生出院。

（孙发堂）

【白城市红十字中心血站简介】 白城市红十字中心血站建于1988年1月，称白城地区中心血站，1993年改为现名。是全市唯一一户不以营利为目的的公益性采供血机构，为医疗卫生急救性质的事业单位。隶属市卫生局。位于白城市金辉南街47号。办公楼使用面积812平方米。职工37人，其中卫生专业技术人员28人：主任检验技师、副主任医师3人，主治（管）医（技、护）师9人，医（检、护）师（士）16人。站长李春学。固定资产70万元。主要设备有储血冰箱，低温、超低温冰箱，血小板保存箱，进口酶标仪，洗板机，半自动生化分析仪，离心机等20余件（套）。

2001年，争取到国家建设资

金和设备装备款501万元。8月，投资350万元在白城经济开发区胜利路南建6层办公楼，占地6 040平方米，建筑面积3 600平方米，预计2002年7月竣工。完成了宣传、组织动员公民义务献血和市区内临床医院的医疗用血的筹集提供和输血科研任务；检查指导了全市输血业务等工作。全年公民义务献血受检4 429人，献血2 305人，分别比2000年增长4%和2%。

（孙发堂）

【大安市疾病预防控制中心简介】 大安市疾病预防控制中心与大安市卫生局卫生监督所合署办公，一个机构两块牌子。建于1948年，称大赉县防疫队，几易其名，2001年改为现名。隶属大安市卫生局。位于大安市慧阳街新明路18号。占地4 250平方米，建筑面积2 890平方米。职工157人，其中卫生专业技术人员129人：副主任医师1人，主管医（技）师19人，医（技、护）师（士）109人。主任（站长）李树森。设地方病、计划免疫、防疫、宣教、鼠防、体检、检验等行政管理科室25个。辖安广卫生监督所。固定资产200万元。主要仪器有酶标仪、水质分析仪、电子天平、荧光显微镜、X线机、粉尘采样器、双光速分光光度计和微机等。

2001年，完成辖区内疾病控制与卫生监督工作。

（孙发堂）

【大安市结核病防治所简介】 大安市结核病防治所建于1989年。隶属大安市卫生局。位于大安市慧阳街新明路18号。建筑面积541平方米。职工30人，其中卫生专业技术人员27人：副主任医师1人，主治医师4人，医（技、护）师（士）22人。所长高玉升。设办公室、财会室、门诊室、注射室、检验室、卡介苗室、药房、住院处、执法监督等科室10个。病床8张。固定资产20万元。主要仪器有200mAX线机、冰箱、微机等。

2001年，完成辖区内结核病防治工作。门诊量4 000人次。是大安市结核病预防、治疗、监测和科研技术指导中心。

（孙发堂）

【镇赉县疾病预防控制中心简介】 镇赉县疾病预防控制中心与镇赉县卫生局卫生监督所合署办公，一个机构两块牌子。建于1953年，称镇赉县防疫站，几易其名，2001年改为现名。隶属镇赉县卫生局。位于镇赉县新兴街凌云东路23号。占地面积7 200平方米，建筑面积2 080平方米。职工130人，其中卫生专业技术人员104人：副主任医师5人，主管医（技）师17人，医（技、护）师（士）82人。主任（所长）孙立仁。设办公室、财会科、流行病科、地方病科、消杀科、结核科、疫苗科、检验科、食品加工科、食品批发科、饮食一科、饮食二科、乡镇监督科、市场科、环境卫生科、化妆品科、学校卫生科、审批办公室、稽查科、劳动放射卫生科等科室22个。固定资产300万元。主要仪器有紫外分光光度计、731分光光度计、电子天平、显微镜、恒温箱、干燥箱、电冰箱、电冰柜、酶标仪等。

2001年，发生法定传染病216例，发病率67.29/10万，全年无死亡病例。开展卫生监督、监测工作，未发生食物中毒事件，行业基础设施得到改善和提高，全县卫生许可证持有率99%，从业人员健康体检率98%。

（孙发堂）

医　　疗

【基本情况】 2001年，全市有医疗机构148个，比2000年增长7.25%。医院45个，其中，市本级4个，县（市、区）30个，工矿企业、军队11个；西医院40个（专业医院4所），中医院5个。卫生院97个，门诊部6个。个体诊所247个，比2000年增长1.7%。病床6 154张，比2000年增长1.25%。其中，医院4 567张，卫生院1 587张。职工10 333人（市直2 000人），比2000年增长8.1%。其中卫生专业技术人员8 638人（市直1 520人）：主任医师、副主任医（技、药、护）师279人，主治（管）医（技、药、护）师1 120人，医（技、药、护）师（士）7 047人。比2000年增长10.1%。主要设备有核磁共振仪、全身半身CT机、彩色超声诊断仪、全自动生化分析仪、大功率X线机、半自动生化分析仪、尿分析仪、三用204荧光显微镜、心电工作站、动态心电监护仪、超低温水箱、血小板保存箱、酶标仪、洗板机、高速离心机、体外干式震波碎石机、病理图像显像仪和床头监护仪等。

白城市中心医院在诊治疑难危重病症方面，走在全省同级医院的前列。治疗的胰头癌、胆管下段癌的胰、十二指肠切除术为代表的体内占位性病变的切除、修补心脏贯通伤、断腕、断指再植等达到一定水平。

2001年，全市门诊量95万人次，比2000年增长4.8%。住院治愈率71%，好转率81%，死亡率3.72‰，其中传染病死亡率0.05/10万，分别比2000年提高4%、5.8%，下降0.2‰和持平。

（孙发堂）

【社区卫生服务站试点】 按照吉林省人民政府办公厅转发省卫生厅《关于推进全省城市社区卫生服务工作意见的通知》，市卫生局把发展社区卫生服务纳入社区综合建设规划和社会主义精神文明建设规划，统筹安排、协调发展、切实加强领导、抓好落实。10月，由市政府牵头，卫生、计划、财政、物价、劳动和社会保障、公安、民政、人事、教育、建设、药品监督和中医药等部门召开首次协调会，并确定在市区新华街道办事处工人街住宅区抓先行试点工作。会后，由市卫生局牵头，进驻工人街住宅区，进行便民服务，解答社区卫生服务涉及相关事项，下发《筹建社区卫生服务站的实施意见》（征求意见稿）。

（孙发堂）

【白城市中心医院简介】 白城市中心医院建于1976年，称白城地区医院。开诊于1977年3月30日。1993年8月改为现名。隶属市卫生局。位于白城市海明东路32号。占地21 870平方米，建筑面积30 604平方米。职工739人，其中卫生专业技术人员569人：主任、副主任医（技、护）师58人，主治医（技、药、护）师179人，医（技、药、护）师（士）332人。院长范德新。设临床科室25个、医技科室13个、行政后勤科室19个和门类齐全的住院病房。固定资产4 000多万元。2001年，投资624万元，购入手术显微镜、眼科超声乳化仪、病理图像显像仪、显微镜、动态心电监护仪、心电工作站、B型超声诊断仪、彩色超声诊断仪、床边监护仪、核磁共振仪和电脑等。有万元以上仪器115台（件、套），价值1 800万元。病床510张。

在诊治疑难危重病症方面，走在全省同级医院的前列。治疗的胰头癌、胆管下段癌的胰、十二指肠切除术为代表的体内占位性病变的切除、修补、心脏贯通伤、断腕、断指再植等达到一定水平。特别是甲状腺病的手术治疗技术，在省内外享有很高的声誉。

2001年，门诊量20万人次，比2000年增长5%。出院病人10 000人次以上，1999年至2001年，年业务收入超过3 000万元。获奖科研项目38项。其中，省级11项，市级27项。已成为专业科室齐全、技术力量雄厚、设备精良、内外环境和谐顺畅的现代化医院。

（孙发堂）

【白城市中医院简介】 白城市中医院建于1952年，称白城县人民中医院，1993年改为现名。隶属市卫生局。位于白城市青年南大街16号。占地22 000平方米，建筑面积14 857平方米。职工426人，其中卫生专业技术人员338人：副主任医师21人（副主任中医师11人），主治（管）医（技、护、药）师101人（主治中医师41人），医（技、护、药）师（士）216人。院长孙志杰。设普通诊室22个，医技科室6个，专家门诊9个，中医专病诊室10个，疗区9个。形成比较完整的以中医为特色的医疗服务体系。固定资产1 100万元。2001年，投资345.5万元，购入CT机、洗片机、心电监护仪、微波治疗机等。主要设备有万元以上的仪器51台（套），病床333张。

2001年，门诊量14.5万人次，与2000年持平。住院病人5 500人次，年收入2 000万元。投资180万元，修缮病房、改善住院环境，设120急救中心、糖尿病防治中心、肿瘤治疗中心。被市司法局、公安局确定为白城市损伤定点司法医院。首批进入国家二甲中医院。

（孙发堂）

【白城市第三人民医院简介】 白城市第三人民医院建于1950年，称中国人民解放军后勤卫生部第39后方医院，1993年改称白城市洮南神经精神病医院，2001年1月加挂白城市第三人民医院牌子。隶属市卫生局。位于洮南市永康西路43号。占地15万平方米，建筑面积1.2万平方米。职工217人，其中卫生专业技术人员183人：副主任医师5人，主治（管）医（技、药、护）师41人，医（技、药、护）师（士）137人。院长葛树立。设行政、临床、医技、后勤科室28个，疗区5个。主要仪器有全身半身CT机、彩色头部多普勒仪、800mAX线机、半自动生化分析仪、电解质分析仪、心电工作站、三用204荧光显微镜、脑电地型图仪、2450洗片机、麻醉机、多参数监护仪、血疗仪、库尔特血球仪等。价值344万元。病床260张。

2001年，住院病人2 117人次，治疗病人1.48万人次。投资400多万元，修建门诊楼、病房楼。为方便城乡患者就诊需要，建立扶困基金帐户，下岗职工优惠就医等便民措施。

（孙发堂）

【大安市第一人民医院简介】 大安市第一人民医院建于1939年，称大赉县立医院，几易其名，1988年改称现名。隶属大安市卫生局，为二级甲等医院。位于大安市长白路西。占地2万平方米，建筑面积1.5万平方米。职工392人，其中卫生专业技术人员321人：主任、副主任医（技、护）师24人，主治（管）医（技、护）师64人，医（技、护、药）师（士）233人。院长王正路。设业务科室29个，疗区8个，专业组27个。床位307张。固定资产1 600万元。主要仪器设备价值690万元。有日本东芝全身CT机、B超、美国GE彩超、电视胃镜系统、彩色颈颅多普勒、500mAX线机、动态心电监护仪、心电工作站等万元以上大型医疗设备60余台（件）。

2001年，投资300万元，新建门诊楼、办公楼，并重新装修住院病房楼。医院环境大为改观。在医、教、研和规模、功能等综合实力方面，成为大安市卫生系统的龙头。门诊量7.1万人次，与2000年持平。

（孙发堂）

【大安市第二人民医院简介】 大安市第二人民医院建于1949年，称安广县医院，1993年改为现名。隶属大安市卫生局。位于大安市安广镇文化街。占地16 773.2平方米，建筑面积6 484.6平方米。职工229人，其中卫生专业技术人员187人：副主任医师7人，主治（管）医（技、护、药）师30人，医（技、护、药）师（士）150人。院长曲延忠。设临床科室34个及内、外、妇、儿科和传染病疗区5个。床位210张。仪器设备价值177.4万元。主要有全身CT、心电、B超、生化分析仪、酶标仪、膀胱镜、呼吸麻醉机、心电监护仪、牙科综合治疗椅、500mAX线机等30多台（件）。

2001年，门诊量47 255人次，住院病人1 076人次。手术治疗300多例，收入386万元。

（孙发堂）

【大安市创伤医院简介】 大安市创伤医院建于1958年（又称大安市第三人民医院）。隶属大安市卫生局。位于大安市江城中路。占地5 000平方米，建筑面积4 000平方米。职工150人，其中卫生专业技术人员140人：主任、副主任医师9人，主治（管）医（药、护）师30人，医（技、护、药）师（士）101人。院长刘忠智。设临床、医疗科室32个。床位110张。固定资产530万元。主要仪器设备价值151万元。有全身CT机、酶标仪、500mAX线机、电视透视遥控系统、汽化电切镜、动态心电监测仪等20多台（件）。

大安市创伤医院负责大安市刑事、治安、交通案件中全部受伤人员的抢救、治疗和鉴定工作，并由大安市公安局法医专家出诊。

2001年，门诊量3.2万人次，比2000年增长14%。年出院病人1 200人次，年手术900多例。

（孙发堂）

【大安市中医院简介】 大安市中医院建于1949年，称大赉县立中药房，几易其名，1988年改为现名。隶属大安市卫生局。位于大安市锦华街。占地8 622平方米，建筑面积4 254平方米。职工212人，其中卫生专业技术人员163人：副主任医（药）师11人（副主任中医师8人），主治（管）医（技、药、护）师36人（主治中医师12人），医（技、检、护）师（士）116人。院长王永春。设临床、医技、行政等科室24个。病床160张。固定资产800万元。仪器设备造价336万元。主要有CT机、彩超、B超、血凝仪、尿自动分析仪、多功能麻醉机、心电综合分析系统等。

2001年，筹资80万元，购血流变仪、洗板机、400mAX线机、X线电视系统、微波治疗仪等。门诊量4.04万人次。大安市中医院坚持"突出中医特色、走中西医结合"的办院方针，普外科研究的《梅花伞式无张力充填塞治疗复发病》，获白城市科技进步奖。

（孙发堂）

【洮南市中医院简介】 洮南市中医院建于1953年，称洮南县中医院，几易其名，1987年改为现名。隶属洮南市卫生局。位于洮南市光明南街70号，占地14 300平方米，建筑面积8 000平方米。职工170人，其中卫生专业技术人员140人：主任、副主任医（护）师10人，主治（管）医（护）师51人，医（技、护、药）师（士）79人。院长刘海军。设内科、外科、妇科、儿科、五官科、急诊科、骨伤科、针灸科、肛肠科、皮肤科等。病床80张。固定资产600万元。仪器设备价值388万元。大中型设备106台（件）。主要有全身CT机、东芝彩超、500mAX线机、12导联心电图仪、脑电地型图仪、中药自动包装机等。

2001年，门诊量66 600人次，住院病人2 800人次,收入660万元。

（孙发堂）

【通榆县中医院简介】 通榆县中医院建于1958年。隶属通榆县卫生局。位于通榆县开通大路50号。占地4 050平方米，建筑面积5 050平方米。职工220人，其中卫生专业技术人员152人：副主任医师6人，主治（管）医（技、护、药）师36人，医（技、护、药）师（士）110人。院长孟广明。设内科、外科、妇科、儿科、眼科、口腔科、耳鼻喉科、皮肤科等科室24个，疗区3个。病床101张。固定资产400万元。仪器设备价值240万元，主要有500mAX线机、CT机、彩超、心电、生命监护仪、呼吸机、生化分析仪、裂隙灯、直肠镜、电子痔疮治疗仪、激光治疗机、血流变分析仪、多功能腰椎牵引床等40多台（件）。

2001年，门诊量42 260人次，住院病人584人次。

（孙发堂）

【白城铁路医院简介】 白城铁路医院建于1947年。隶属长春铁路分局。位于白城市青年南大街31号。占地19 000平方米，建筑面积17 580平方米。职工409人，其中卫生专业技术人员275人：副主任医师10人，主治（管）医（技、护、药）师51人，医（技、护、药）师（士）214人。院长桑建国。设综合办公室、党委办公室、劳动人事室、财务室、医疗办公室，护理部、门诊部，呼吸、消化、循环、神经、肿瘤内科，泌尿、普通外科，妇产科、传染科、儿科等科室34个。辖白城铁路医院太平川分院，镇赉、开通、洮南、乌兰浩特、索伦、阿尔山、平安镇、道东卫生所。床位310张。固定资产3 000万元。主要设备有气化手术床、骨科牵引器、上腹部牵开器、彩色心电监护仪、除颤机、耳科手术显微镜、前列腺治疗机、多功能牵引床、心电图机、胎儿监护仪、婴儿氧仓、CT机、酶标仪、X线机、洗板机、血气分析仪、彩超、B超、软包装快冷灭菌器等大型仪器设备150余件（套），价值1 500万元。

2001年，门诊量541 262人次，住院3 430人次。路外收入216万元。开展股骨干粉碎性骨折自锁髓内钉内固定术、胸腹联合入路、胸口椎体切除、植骨、钢板内固定术，小儿气管插管静脉复合麻醉术等。

（孙发堂）

【镇赉镇卫生院简介】 镇赉镇卫生院建于1958年，称镇赉镇公社卫生院，几易其名，1980年改为现名。隶属镇赉县卫生局。位于镇赉县正阳街永安东路11号。占地256平方米，建筑面积1 030平方米。职工258人，其中卫生专业技术人员40人：副主任医师1人，主治（管）医（技、护）师5人，医（技、护、药）师（士）34人。院长刘炳学。设院长办公室、财会科、综合门诊、眼科、妇科、变态反应科、电疗针灸科、针灸减肥科、医疗美容科、防保科、放射科、微量元素测定科、检验科等科室18个。病床20张。固定资产110万元。主要仪器设备有200mAX线机、尿自动分析仪、721分光光度计、电脑治疗仪、心电、B超等20余台（件），价值18万元。

2001年，门诊量50 000人次，儿童计划免疫接种60 000人次。收入90万元。

（孙发堂）

妇幼保健

【基本情况】 2001年，全市有妇幼保健院6所，与2000年持平。其中，市直1所，县（市、区）5所。职工407人（市直38人），比2000年增长1%。其中专业技术人员182人（市直32人）：主任医师、副主任医师17人（市直2人），主治（管）医（技、护）师76人（市直12人），医（技、药、护）师（士）89人（市直18人）。主要设备有激光治疗机、显微镜、乳腺检查仪、新生儿抢救台、早产儿培养箱、X线机、肿瘤测定仪、净化工作台、心电监测仪、呼吸机、尿10项分析仪、半自动生化分析仪、产床等。全市有病床79张。

2001年，全市妇幼保健院开展妇幼保健工作，进行保育员健康检查、城区婚检和妇女儿童常见病、多发病的治疗工作。全年门诊量3万人次，比2000年增长2%。

（孙发堂）

【妇女保健】 2001年，全市妇幼保健工作继续坚持面向基层、面向农村，对辖区内妇女进行系统化管理。全市孕产妇保健率85%，保健合格率98%；系统管理率85%，住院分娩率84%，新法接生100%，产包达标率100%；高危孕妇管理有方案，并实行登记，筛查率15%，住院分娩率100%。

为做好妇女保健工作，全市设婚检生理卫生知识宣传室6个，对8 000名婚检青年进行生理卫生、优生优育、计划生育等方面知识的宣传教育。

（孙发堂）

【儿童保健】 2001年，全市儿童106 503人。其中0岁儿童22 360人。白城市区继续实施对6岁以下3 163名儿童的常见病、多发病防治，定期体检，按免疫程序预防接种的系统管理，管理率79%。

脊髓灰质炎疫苗强化免疫。1月5日、12月15日，全市继续开展对0至4岁儿童第9次18轮脊髓灰质炎疫苗强化免疫活动。召开督导会议9次，培训810人次，出宣传车5台次，电视宣传13次，发放宣传单1.5万张，设咨询宣传点9处。登记适龄儿童35 588人，两轮应服71 830人次，服苗率97.9%。

AFP、麻疹、新生儿破伤风监测系统监测。全年监测AFP、麻疹180次，监测率100%，上报及时率98.9%。全年发生AFP5例，疑似麻疹126例，新生儿破伤风零例。

麻疹疫苗强化免疫。全市培训专业人员738人次，电视、报刊宣传12次，设标语、板报、咨询点148处，发宣传单4.7万张。应查漏补种儿童53 922人，实补种儿童23 463人，镇赉县、通榆县、洮南市、洮北区补种率81.2%；大安市补种率22.7%。

“五苗”接种。全市“五苗”（卡介苗、脊髓灰质炎疫苗（糖丸）、麻疹疫苗、乙肝疫苗、百白破三联疫苗）接种率分别为99.13%、97.90%、97.65%、89.21%和97.65%；分别比2000年增长0.43%、0.83%、2.58%、6.65%和下降8.29%。

（孙发堂）

【白城市妇幼保健院简介】 白城市妇幼保健院建于1990年4月，称白城地区妇幼保健院，1993年改为现名。隶属市卫生局。位于白城市民生西路 24 号。占地 1 206.4 平方米，建筑面积 1 135.5 平方米。职工 38 人，其中卫生专业技术人员 32 人：副主任医师 2 人，主治医师 12 人，医师、医士 18 人。院长刘颖。设妇保、儿保、妇科、儿科、检验科、放射科、计划生育门诊等 13 个科室。固定资产 400 万元。主要仪器设备有激光治疗机、显微镜、乳腺检查仪、新生儿抢救台、早产儿培养箱、X 线机、肿瘤测定仪、呼吸机、牙科治疗机、净化工作台、心电监护仪、气囊助产仪等。

2001 年，完成对全市妇幼保健工作技术指导及市直单位的妇女病普查和对托幼机构的管理工作。

（孙发堂）

【大安市妇幼保健院简介】 大安市妇幼保健院建于 1956 年，称大赉县妇幼保健站，1988 年改为现名。隶属大安市卫生局。位于大安市大十字街。占地 480 平方米，建筑面积 1 530 平方米。职工 53 人，其中卫生专业技术人员 48 人：副主任医师 1 人，主治医师 8 人，医（技、护）师（士）39 人。院长刘春枫。设妇保科、儿保科、妇产科、儿科、电诊科、化验科、X 线科、护理科、药技科、婚前检查科和行政管理科等科室 14 个。病床 20 张。固定资产 100 万元。2001 年新增仪器有 200mAX 线机、打印 310 型 B 超、酶标仪、洗板机、打印机、新生儿抢救台、脑心监护仪、麻醉机等。

2001 年，门诊量 1 300 人次。儿童系统管理率 85%；住院分娩率 80%，新法接生 100%；妇女病普查率 80%，治疗率 95%。

（孙发堂）

【洮南市妇幼保健院简介】 洮南市妇幼保健院建于 1952 年，称洮南县联合保健站。几易其名，1987 年改为现名。隶属洮南市卫生局。位于洮南市光明北街 88 号。占地 2 156 平方米，建筑面积 2 658 平方米。职工 120 人，其中卫生专业技术人员 92 人：主任、副主任医师 7 人，主治（管）医（技、护）师 17 人，医（技、护）师（士）68 人。院长陈洪力。设办公室、医务科、医生办公室、护士办公室、门诊、妇保、儿保、宣教、化验、B 超、药局、防保一科、防保二科、计免科、婚检科、总务科等科室 17 个。病床 27 张。固定资产 300 万元。主要仪器有生化分析仪、心电机、乳腺治疗仪、荧光显微镜、激光治疗仪、人流机、万能床、麻醉机、早产婴儿培养箱、B 超等。

2001 年，门诊量 1.5 万人次。

（孙发堂）

体　　育

【基本情况】 2001 年初，白城市体育运动委员会（简称市体委），设人事秘书科、群众体育科、竞赛训练科，编制 11 人。11 月，市直机关机构改革，易名白城市体育局（简称市体育局），设办公室、业务科，编制 8 人。辖白城市体工队、少年儿童业余体校、人民体育场和白城航空运动学校。全市有洮北区、大安市、镇赉县、通榆县文化体育局（皆设体育科）和洮南市体育运动中心。编制 17 人。业余体校 6 所，专职教练员 51 人。

2001 年，市体育局备战吉林省第十四届运动会和全国第十届冬运会，落实《全民健身计划纲要》，发展体育产业，促进竞技体育和群众体育协调发展。竞技体育成绩显著。11 月，北京国际马拉松赛设奖杯 80 个，白城市夺得 12 个；在全国第九届运动会速度滑冰比赛中获银牌和全能第 5 名，列吉林省参赛所有运动员前茅；以白城市运动员为主力的吉林省曲棍球队，在曲棍球赛中夺冠。学校体育工作实施面 100%，全市中小学生《国家体育锻炼标准》达标率 96.62%，与2000持平。群众体育蓬勃发展，全民健身人数增多。在第7个全民健身活动月期间，经常参加锻炼的60万人，占全市总人口30.03%。老年人体育活动丰富多样，跳迪斯科、扭大秧歌、打门球等。白城市老年门球队在全国老年门球赛夺冠。市体育局被国家体育总局授予“全国国民体质监测先进单位”称号；全市各县（市、区）有3个单位被授予“群众体育先进单位”称号。

（李泰丰）

【体育培训】 专业培训。2001年，白城市体工队有专业运动员9人，10月至翌年2月进行上冰训练，主要进行心理素质、耐力、速度、节奏、技术、战术、灵活性、暴发力等方面训练。陆地训练采取轮滑、滚动台、综合器械、自行车、长跑等基本技术与专项能力相结合训练方法。

4月，经吉林省体育局检查验收，国家体育总局和吉林省体育局批准白城市、大安市、洮南市、通榆县、镇赉县少年儿童业余体校（简称业余体校）皆成立青少年体育俱乐部。并提供跑步机、乒乓球台、篮球架、跳高架、综合训练器材等200多台件，价值64万元。

6月13日至14日，吉林省体育局、教育厅联合检查评估全市业余体校体教结合工作情况。白城市、大安市、洮南市、通榆县少年体校被评为优秀单位，镇赉县业余体校为合格单位。

全市业余体校向省级以上单位输送优秀运动员18人，参加全省年度比赛共获金牌15枚、银牌42枚、铜牌19枚。

（李泰丰）

【学校体育】 2001年，全市中、小学贯彻国家教育委员会制定的《体育教学大纲》每周2节体育课，每天1节课外活动。体育课有理论、实践课，以实践课为主，主要有队列、田径、体操、球类、竞技性和活动性游戏等。

课间操。中、小学推行国家体委编发的第七套广播体操和第七套儿童广播体操。开展升国旗活动。每周一早操时间，学生着校服，系红领巾，排成纵队，在国歌声中升国旗。每天上午第2节课前作眼保健操。

课外体育。学生课外体育活动有田径、球类、棋类、武术、跳绳、踢毽等。

传统项目学校。全市有体育传统项目学校94所：中学37所，小学57所。其中，省级21所，市级14所，县级59所。项目有田径、球类、中长跑等。在校学生2 210人。

体育达标。2001年，全市有各级各类学校1 514所，推行《国家体育锻炼标准》实施面100%，应参加达标人数、实际参加达标人数278 082人。达标率96.62%，良好率35.60%，优秀率19.55%。

11月，在全国第九届运动会上，通榆县第一小学被国家体育总局授予“全国群众体育先进单位”称号。

（李泰丰）

【城乡体育及其他社会体育】 职工体育。2001年，白城市有职工25万余人，经常参加体育活动的9万余人，占职工总数的31%；有专兼职体育干部300人，与2000年持平。全市千人以上的企业全部建立体育组织。

农民体育。加强乡镇体育组织建设，开展争创体育先进乡镇活动，组织小型多样的群众性体育活动，增加农村体育人口。11月，通榆县包拉温都蒙古族乡、洮南市瓦房镇被国家体育总局授予“群众体育先进单位”称号。

老年人体育。白城市老年人体育活跃。全市有室外活动场地205个，室内活动室390个，晨练点（站）213个，辅导员（骨干）366人。全市老年体协组织966个，专职工作人员80人，兼职工作人员3 315人。洮北区有47个居委会、62个村，建立老年体协组织。全市举办门球、保龄球、乒乓球、太极拳、扇子舞、大秧歌、体育舞蹈、健身操（球）、中老年迪斯科、交谊舞、棋类等18个项目、153次比赛，参赛23 500人。洮北区老年体协举办门球赛，月月小赛、季季中赛、半年大赛。全市有各种健身活动28项，常年参加活动老年人3.5万人，零散锻炼1.7万人，老年人体育人口占全市老年人口35%。

（李泰丰）

【社区体育】 2001年，全市28个街道办事处均建立体育组织。有7个体育先进社区：白城市洮北区明仁街道办事处、幸福街道办事处、新华街道办事处，洮南市光明街道办事处和永康街道办事处，通榆县开通镇街道办事处，大安市长虹街道办事处。均接受了国家体育彩票管理中心捐赠的室内外体育健身器材：室外器材有双杠、单杠等；室内器材有跑步机、训练自行车、乒乓球台、杠铃等共200多台（件）。价值60万元。

（李泰丰）

【白城市老年门球队获全国冠军】 2001年，白城市老年门球队参加吉林省老年门球赛获第一名。9月20日至23日，代表吉林省老年门球队参加在宁夏回族自治区银川市举办的“欧姆龙健康杯”全国老年门球赛，夺冠。9月27日，吉林省老年人体协给白城市老年体育协会发来贺信，为白城市老年门球队获全国冠军，为吉林省和全省老年人，争得殊荣表示最热烈祝贺，并奖励白城市老年门球队2 000元，以资鼓励。10月15日，白城市委书记刘润璞批示：“我市老年门球队，获全国大赛冠军，这是全市人民的光荣，是全市老年干部的光荣，可喜可贺，希望今后继续组织广大离退休老同志参加各类体育活动，增强体质，提高生活质量，并带动全社会群众性体育活动的进一步发展。体育事关民族素质，事关人心风气，事关两个文明建设。各级党委和政府要高度重视，真正做到两手抓，两手硬。为表彰老同志为我市的贡献，应召开座谈表彰会，奖励2 000元，以资鼓励”。11月，全国第九届运动会授予白城市老年人体育协会“群众体育先进单位”称号。

（李泰丰）

【全民健身】 2001年，市体委贯彻《全民健身计划纲要》。在第7个全民健身活动月期间，通过新闻媒体，宣传全民健身活动，并积极组织各项活动。

全市经常参加体育锻炼的60万人，占全市总人口的30.03%。有晨练点（站）89个，锻炼项目主要有武术、气功、棋类、球类、秧歌等。

群众体育群众办。洮北区老年门球活动，常年由白城市马世甘草开发有限责任公司提供赞助。大安市私营企业家孔令海捐助3 000元，解决老年门球比赛费用。私营企业家、白城市老年大秧歌协会主席王淑芬，自费给老年秧歌队做秧歌服60套。

依靠社会力量，兴办体育事业，推进体育社会化。洮北区新华街道办事处与白城铁路分局协商，出资280万元建成2 200平方米老年体育活动中心。依靠社会力量，市体委举办了足球、乒乓球、篮球、排球、棋类、游泳、交谊舞等大型体育活动。4月22日，举办白城市“富都杯”公路越野赛。7月20日至27日，市体委与白城老虎商城，联合举办第三届“老虎杯”足球赛。

市体委被吉林省体育局授予“城市体育先进奖”。

（李泰丰）

【国民体质监测】 市体委按照国家体育总局的部署，制定《白城市国民体质监测方案》。成立由市体委、科委、教委、卫生局、总工会组成的白城市国民体质监测工作领导小组，于2000年5月至9月，对通榆县和大安、洮南市，首次开展全市性的国民体质监测工作，随机抽样，监测了幼儿、成年人、老年人共72个年龄组，每个年龄组监测30人，计2 160人，完成监测任务。2001年11月，在全国第九届运动会上，国家体育总局授予市体委“全国国民体质监测先进单位”称号。

（李泰丰）

【体育竞赛及体育馆建设】 4月，市体委举办“富都杯”超长距离越野赛，得到白城市东方广告公司、白城市马世甘草开发有限责任公司和富都娱乐城等商家赞助。参赛运动员210人。全年5个县（市、区）均举办全县（市、区）中小学生田径运动会。参赛5 050人。

全市组队参加省级以上比赛17次，获奖牌42枚，其中金牌19枚。市体委组队参加全省射击、田径、自行车、举重年度比赛，获金牌16枚、银牌13枚、铜牌18枚。

组队参加在北京举办的国际马拉松赛。梁娜获女子5公里金牌，赵亚旭获银牌，姜海、董志远分别获男子5公里第五、八名，郭宁获女子10公里银牌，郑媛婷、孟凡静、赵磊分别获女子10公里第六、七、九名，马立军获男子10公里银牌，范平顺获男子10公里第七名。北京国际马拉松大赛有男女4个项目，共设80个奖杯，白城市运动员夺得12个。

7月，市体委组团参加在吉林市举办的吉林省第三届少数民族体育运动会，36人参加赛马、武术、摔跤项目的比赛，获金牌1枚、银牌2枚。白城市体育代表团，获体育道德风尚奖。

8月28日至31日，市体委、农业局联合组团参加在梅河口市举办的吉林省第三届农民运动会，组团46人，参加5个大项目、35个小项的比赛。获武术比赛第一名，田径男子总分第三名。

9月22日至23日，在哈尔滨举行的全国速度滑冰系列赛，王明坤获3 000米第六名、1 500米第八名。

10月18日至21日，在哈尔滨举行的全国第九届运动会速度滑冰比赛，王明坤获女子全能第五名。

11月，在全国第九届运动会上，张淑晶获女子马拉松第五名，郭健获3 000米障碍第四名。以白城市输送到吉林省专业队运动员丁红萍、吴静、王久艳、郭莉、李爽为主力队员的吉林省曲棍球队，在曲棍球比赛中获金牌2枚。

白城市第一中学“鹤城体育馆”、白城市第二中学体育馆落成。

（李泰丰）

【体育彩票】 3月18日至19日，国家体育彩票管理中心、吉林省体育彩票管理中心技术人员来白城市，培训电脑体育彩票销售员。3月25日，发售电脑体育彩票，全市共设74个投注站。全年发售电脑体育彩票310万元，获得公益金21万元，为开展全民健身活动和参加国内大型比赛提供了资金。

（李泰丰）

【白城市体工队简介】 白城市体工队为专业体育机构。始建于1979年12月，称白城地区体训班。几易其名，1993年改为现名。隶属市体育局。位于白城市明仁南街175号。职工20人，其中运动员9人：健将4人，一级运动员5人。高级教练员2人。队长梁爱群。主要设施有训练、生活基地为一体的四层楼1座，建筑面积1 125平方米，内设训练房，有综合训练器、电动滚台、杠铃、固定自行车等。轮滑场1处，水磨石地面，供速滑运动员在无冰季节训练用。

2001年9月，参加全国速度滑冰系列赛和全国速度滑冰冠军赛，获女子全能和单项第四、五、六、七、八名。

（李泰丰）

【白城市少年儿童业余体校简介】 白城市少年儿童业余体校成立于1959年。隶属市体育局。位于白城市海明西路113号。设田径、自行车、射击、乒乓球、举重、摔跤、柔道、武术、游泳等7个项目。教职工17人。其中，高级教练员2人，教练员3人，助理教练员4人。党支部副书记韩学习（主持工作）。在校学生170人。每天早5点和午后学校2节课之后进行训练。主要设施有人体体质测试器、FIS—2电子反映测仪器、平角站立测试仪、人体纵跳测试板、台级测试器、综合训练器、杠铃等。

2001年，参加全省年度比赛共获金牌5枚、银牌26枚、铜牌12枚。

（李泰丰）

【白城市人民体育场简介】 白城市人民体育场建于1976年。隶属市体育局。位于白城市海明西路113号。职工13人。副场长荣景春（主持工作）。占地8万平方米，封闭式体育设施有标准400米跑道8条，10级简易看台可容纳2万名观众的体育场；体育馆建筑面积1 081平方米，馆内设1 080个玻璃钢座位，18平方米的电子显示屏1个。射击场占地面积1万平方米，设小口径手枪靶位9个、步枪靶位40个。射击馆建筑面积2 400平方米，设气步枪靶位8个。游泳池占地面积6 600平方米，池面1 250平方米，设泳道10条，分深水区、中水区和浅水区，一次可容纳400人同时游泳。每年夏季6月中旬至8月中下旬开池。灯光篮球场占地660平方米，围墙高4.9米，10步台级，可容纳观众500人。标准门球场6个，占地面积3 240平方米。篮球场、铺塑胶网球场各1个。

市人民体育场的场馆池等体育设施向社会开放，为广大人民群众提供了良好的健身活动场所，不断满足人民日益增长的文化物质生活需要，收到良好的社会效益。

（李泰丰）

2002 社会生活

白城年鉴

人　民　生　活

生 活 状 况

2001年，白城市城市社会经济调查队抽样调查，全年城镇居民人均可支配收入4 309元，比2000年增长3.7%，比2000年全省城镇居民人均可支配收入5 212.48元，低15.9%。城镇居民人均消费性支出3 236元，比2000年下降12.4%，比2000年全省城市居民人均消费性支出4 020.84元，低19.5%。

全年农民人均纯收入1 280元，比2000年增长4.9%，比2000年全省农民人均纯收入2 022.5元，低41.1%。洮南市农民人均生活消费支出1 635元，通榆县农民人均生活消费支出1 131元，分别比2000年增长9.1%和14.1%。大安市农民人均生活消费支出988元，比2000年下降6.4%。

（黄秀东）

计 划 生 育

【基本情况】 2001年初，白城市计划生育委员会（简称市计生委），编制15人，实有14人。设办公室、计划统计科、科学技术科。11月，市直机关机构改革，编制14人，实有11人。设办公室、宣传教育科、计划统计科（加挂法规信访科牌子）、科学技术科。辖白城市计划生育避孕药具管理站、宣传站、技术指导站、人口考核站。编制17人，实有15人。其中专业技术人员8人：副主任医师1人，主治中医师、编辑、统计师、骨科医师4人，医士、会计员3人。全市有洮北区、镇赉县、通榆县、洮南市、大安市计划生育局，均辖药具站、宣传站、技术指导站、人口考核站。编制239人，其中专业技术人员111人：副主任医师6人，主治医师、主管药剂师、主管护师、工艺美术师、会计师23人，助理编辑、医士、会计员、统计员82人。各乡（镇、街）设计划生育办公室，村设计生员，屯设计划生育中心户长。

2001年，全市贯彻中共中央、国务院《关于加强人口与计划生育工作稳定低生育水平的决定》（简称《决定》），抓基层，打基础，以“三为主”（宣传教育为主，避孕为主，经常性工作为主）为重点，完成年初制定的各项工作目标。全市出生17 071人，其中计划内15 945人。计划生育率91.88%，人口出生率8.55‰，自然增长率4.83‰，比2000年分别下降2.68和1.49个千分点，全省系统内整体排名第2位。5个县（市、区）均跨入省一类行列，实现历史性跨越。市计生委被市委、市政府评为市直“十佳文明”机关。国家计划生育委员会授予“全国计划生育系统先进集体”称号。

（郑晓志　石洪亮）

【基层基础建设】 2001年，全市开展县、乡、村三级计生干部素质培训工作，提高了村以上基层计生人员业务素质。全市有4个县级服务站、84个乡级服务站达到甲级站标准，创甲率87%，位居全省前列。“三大工程”（避孕节育“知情选择”工程、出生缺陷干预工程、生殖道感染干预工程）全面启动，初步建立起市、县、乡三级出生缺陷干预网络。

（郑晓志　石洪亮）

【计划生育宣传】 2001年，全市开展宣传《决定》、《计划生育技术服务管理条例》和婚育新风进万家活动。出动宣传车60余台次，组织秧歌队70支，拉过街横幅30幅，发放宣传单70余万份。投资10余万元，建永久性宣传标语牌、灯箱计生宣传广告等。市计生委协调白城电视台常年在黄金时段播放《人口与健康》计生专题节目。全市各级党委理论中心组、党校将人口与计划生育理论列入各级领导干部培训内容，提高其人口理论水平。

（焦雅芹　石洪亮）

【计划生育服务与科技】 2001年，全市启动“三大工程”。药物干预出生缺陷达到出生人口40%。落实避孕节育知情选择率85%，已婚育龄妇女生殖保健服务80%。

（范洪戈　石洪亮）

【人口计划生育统计】 2001年，全市各县（市、区）、乡（镇）、村（委）均设人口统计专职人员，形成独立的四级统计网络。年末，市、县两级实现与省计算机联网，人口专业统计与人口信息管理实现自动化。全市初婚和计划内出生统计准确率均96%，早婚上报和计划外出生上报准确率100%。

（赵铁慧　石洪亮）

【白城市计划生育工作会议】 2月22日，市委、市政府召开白城市计划生育工作会议，县（市、区）党政主要领导、分管领导、计生委（局）领导班子成员、市直各相关部门及计生领导小组、驻白城市部队、中省直单位负责人及专（兼）职计划生育工作人员130人参加会议，市委、市人大、政府、政协、纪检委主要领导出席会议。副市长姜凤国作工作报告，市政府秘书长翟占奇通报全市人口计划执行情况，市委书记王宪林做重要讲话。会议由市委副书记关德伟主持，市长刘润璞、市计生委主任孙志文分别代表市政府、市计生委与各相关部门签订《计划生育工作目标责任书》。

（郑晓志　石洪亮）

2001年白城市节育情况表

单位：人（次）

		2001年	比2000年（+−）			2001年	比2000年（+−）
育龄妇女人数		550 100	−35 096	采取节育措施人数	其他	213	66
已婚育龄妇女人数		461 056	−329		节育率（%）	91.88	0.11
采取节育措施人数	男扎	4	−2	年内施术例数	男扎	——	——
	女扎	113 846	−6 148		女扎	899	−183
	皮埋	3 475	131		放置宫内器	14 128	−310
	放置宫内器	274 253	4 299		皮埋	474	154
	口服或注射避孕药	14 605	1 363		取出宫内器	2 780	304
	避孕套	16 859	621		人工流产	2 601	108
	外用药	371	−149				

（石洪亮）

2001年白城市人口自然增长情况表

单位：人

	2001年	比2000年（+−）		2001年	比2000年（+−）
年末总人口数	1 997 738	5 993	死亡率（‰）	3.72	−1.19
出生人数	17 071	−5 289	自然增长	9 648	−2 934
出生率（‰）	8.55	−2.68	自然增长率（‰）	4.83	−1.49
死亡人数	7 423	−2 355			

（石洪亮）

关心下一代工作

【基本情况】 2001年，白城市关心下一代工作委员会（简称市关工委），驻会工作班子6人。设办公室，编制3人。全市有洮北区、大安市、洮南市、镇赉县、通榆县关工委。编制6人。有从事关心下一代工作的老干部1.5万人。

2001年，市关工委深入贯彻落实中共吉林省委《关于进一步加强关工委工作的决定》和中共白城市委《关于进一步加强关心下一代工作的决定》。开展以理想信念为核心的系列教育活动，提高了青年农民政治理论素质。

（吴澍）

【白城市关工委第八次全体会议暨青年农民邓小平理论学习小组经验交流会】 1月10日，市关工委召开第八次全体会议暨青年农民邓小平理论学习小组经验交流会。参加全会的有市关工委名誉主任、全体委员。各县（市、区）关工委分管农村工作的副主任、市直和大中专学校关工委常务副主任列席了会议。会议由市关工委常务副主任陈万禄主持，并传达了中共吉林省《委关于进一步加强关工委工作的决定》、《省委书记王云坤同志在省关工委第八次全体（扩大）会议暨全省关心下一代表彰大会上的讲话》、《白城市委常委会纪要》。市关工委主任刘井泉代表市关工委驻会工作班子作《认真贯彻落实省市委指示精神，为新世纪关工委工作开好局起好步》工作报告。市委书记王宪林、副书记岳清友分别作重要讲话。会议交流了洮北区岭下镇红石岭村等9个邓小平理论学习小组经验。市关工委常务副主任朱凤海就青年农民学习邓小平理论问题作总结发言。

（吴澍）

【开展青年农民以理想信念为核心的系列教育活动】 3月，市委、市政府办公室批转市关工委《关于青年农民理想信念的调查与建议》。市关工委针对调查发现的青年农民在理想信念方面存在的突出问题，协调市直有关部门，编印了《农村青年理想信念教育辅导材料》，约3.5万字，包括《树立科学的理想信念，为农村社会主义现代化建设做出积极贡献》、《全面正确地看待人生和幸福，树立为人民服务的人生观》、《坚定建设社会主义新农村的发展目标，为全市整体脱贫实现小康贡献力量》、《立足跨越式发展，投身“三争做”活动，努力把自己塑造成为新世纪“四有”青年》、《崇尚科学文明，破除迷信》、《正确看待形势，坚定惩腐信心》6个专题。发至行政村、市直机关和大中专学校关工委。

7月中旬，市关工委召开各县（市、区）关工委主任座谈会，汇报交流青年农民理想信念教育的试点情况和经验。

11月末，市关工委深入到各县（市、区），每个县（市、区）调查了解2个乡（镇）、2个村的进展情况。

12月25日，召开各县（市、区）关工委主任会议，讨论了市关工委提出的《关于今冬明春深入开展青年农民理想信念系列教育的意见》，并以文件形式发给各县（市、区）关工委，对这项教育活动的全面铺开进行部署。

（吴澍）

【白城市关心下一代工作表彰大会】 10月12日，市委、市政府召开全市关心下一代工作表彰大会。市委、市人大、市政府、市政协主要领导，市关工委名誉主任，驻会主任、副主任、秘书长，各县（市、区）委分管书记，关工委主任、秘书长、先进单位、优秀工作者代表，市直机关，大中专院校、白城地区铁路办事处领导120人参加会议。会议由市委副书记沈贵主持，市委副书记、代市长岳清友宣读《市委、市政府关于表彰全市关心下一代工作先进集体、优秀工作者和荣誉奖获得者的通报》，表彰先进集体59个，优秀工作者90人，荣誉奖获得者23人，颁发了奖牌、奖章、证书。市关工委被市委、市政府授予“全市关心下一代工作先进集体”的称号。市委书记刘润璞、吉林省关工委主任张李明分别作重要讲话，市关工委主任刘井泉代表驻会工作班子作题为《以“三个代表”重要思想为指导，努力开创关心下一代工作新局面》工作报告，会议交流了白城铁路机务段关工委等13个典型经验。

全市关心下一代先进集体：

洮南市关工委、黑水镇党委、安定镇党委、那金镇关工委、教育局关工委、公安局关工委、粮食局关工委、团结街道办事处关工委、实验小学关工委、第二小学关工委、安定镇远望村关工委。

洮北区关工委、岭下镇党委、长庆街道办事处党委、教育局党委、青山镇关工委、三合乡关工委、幸福街道办事处关工委、岭下镇红石岭村关工委、平台镇民乐村关工委、实验小学关工委、瑞光小学关工委。

通榆县关工委、苏公坨乡党委、工商局党委、第四中学关工委、羊井子乡关工委、农机局关工委、教委关工委、耀东乡关工委、新兴乡关工委。

大安市关工委、教委关工委、交通局关工委、建设局关工委、第五中学关工委、锦华街道办事处关工委、慧阳街道办事处关工委、安广镇关工委、古城乡党委、大赉乡党委、乐胜乡党委。

镇赉县关工委、黑鱼泡乡关工委、建平乡关工委、保民乡关工委、到保镇关工委、教育局关工委、文体局关工委、粮食局关工委、嘎什根乡党委。

白城市关工委、教委关工委、白城师专党委、白城日报社、广播电视局。

白城铁路系统有机务段关工委、车务段关工委、列车段关工委。

全市关心下一代优秀工作者：

洮北区苗育全、曹玉林、韩裕恒、纪英林、郭顺义、王顺德、马占元、杨广林、赵玉春、包捷、刘玉琴、王长林、乔玉珂、吴秀坤、葛仁杰。

通榆县王维志、计凤鸣、刘启明、张国生、岳瑞生、安建国、马维良、宁凤臣、包长明、陈金友、张庆山、张东兴、舒守谦。

洮南市谭海宽、胡仁元、周晓松、杨宝安、陈玉峰、隋青田、关树奎、史殿恒、于宝权、秦成午、杨健、王继亭、赵世凡、李庆江、宋登岭、崔凤琴。

大安市赵祯祥、张文实、孙有忠、雷明太、张宏义、王承文、马富、张广普、孙伶生、隋廷第、刘显勤、何庆先、李永贵、周世清。

镇赉县宋国恩、杜春林、马钧凯、孙学新、刘淑珍、王文友、王庆安、郭忠义、李淑琴、李树栋、郭万山、袁志、王秀印。

市直单位刘忠、宫成福、杨中华、高连仲、李春发、许兆文、隋勤、陈国忠、张凤生、王雨田、段淑芳、于德江、方启兴、赵锡元。

白城铁路系统邹作林、安继达、刘景珍、赵越、栾长山。

关心下一代荣誉奖获得者：

陈世兴、遇炳臣、叶维新、吕鹏超、哈斯巴根、赵国友、王德新、崔殿革、张怀先、纪成和、范朝东、王曜午、任克军、王守志、孙佳学、刘殿芳、姜维延、周骏、曹海林、张岱英、王延军、高新文、吴翔。

（陈玉明 吴澍）

社 会 保 障

社会保险

【基本情况】 2001年初，白城市社会保险公司（简称市社保公司），编制64人。其中专业技术人员39人：高级经济师、高级政工师 11人，会计师、经济师、政工师 11人，会计员、经济员、助理会计师17人。设办公室、人事教育部、养老一部、养老二部（稽征二部）、财务部、计审部、稽征一部、稽征三部、计算机中心。全市有洮南市、大安市、镇赉县、通榆县社会保险公司。编制122人，其中专业技术人员70人：高级经济师、高级政工师12人，经济师、政工师24人，助理会计师、经济员、会计员 34人。

2001年，市社保公司以确保养老金、失业金发放为工作重点，以各项基金收缴为工作主线，超额完成收缴省级统筹基金8 192.7万元任务；发放省级统筹养老金24 050万元，发放率100%。

（马长江）

【养老保险】 2001年，市社保公司继续开展全民所有制企业职工养老保险，实行省级统筹。统筹项目有离退休费生活补贴、退休费补贴、粮煤补贴、副食价格补贴、冬季取暖补贴、煤电补贴、护理费、丧葬补贴费、一次性抚恤费和救济费。统筹基金按参加单位在职职工标准工资总额与退休费用总额之和的25%提取，在职职工个人按核定的缴费工资基数6%缴纳基本养老金。全市应收省级统筹基金8 192.7万元，实收11 000万元，为计划的134.4%,比2000年增长3%;发放省级统筹养老基金24 050万元,发放率100%,比2000年增长32%。市本级应收省级统筹养老基金3 858.9万元,实收51 000万元，为计划的132.1%，比2000年增长7%。发放省级统筹养老基金10 850万元，发放率100%，比2000年增长22%。

城镇集体所有制企业职工养老保险，又称城镇集体所有制企业职工退休费用统筹。统筹项目有离退休人员生活补贴、退休费补贴、粮煤补贴，副食品价格补贴、冬季取暖补贴。提取统筹养老基金标准是根据企业退休人员和在职职工所占的比例确定。分四个档次，由单位缴纳的养老基金是企业本月实际发放工资总额与离退休费用总额之和的31%、26%、20%、16%，个人缴纳工资总额的6%。全市收缴集体企业养老保险费1 255万元，其中市本级487万元；发放集体养老金1 490万元，其中市本级487万元。市本级为下岗职工、失业职工和停产、半停产企业职工办理个人续保459人，收保费89.5万元。个体工商户参加养老保险117人，收养老保险金25万元。

（马长江）

【失业保险】 2001年，全市参加失业保险的有全民企业、集体企业职工和事业单位工作人员。失业保险金的提取比例是：企业全部职工、事业单位工作人员工资总额的2%，个人按工资总额的1%提取失业保险金。全市参加失业保险151 493人，收失业保险金925万元，其中市本级567万元，分别比2000年增长56%和12%。发放失业金665万元，其中市本级374万元，分别比2000年增长73%和59%。

（马长江）

【社保基金管理】 2001年初，市社保公司认真贯彻执行吉林省社保公司《关于清理不符合国家规定纳入养老保险省级统筹工作方案的通知》。组成4个组，审查全市企业离退休职工情况。主要审查假年龄、假工龄、假身份、假工种、假鉴定、假人头、假缴费基数、假缴费年限。发现不符合离退休条件人员497人，及时纠正，遏止了养老基金不合理支出；通过对养老保险基金缴拨基数的稽核，防止和减少缴费人数流失；纠正和查处瞒报工资总额的问题，堵塞偷逃缴费的漏洞。全市清回企业欠费2 248万元，其中市本级987万元。为使养老基金及时缴拨，市社保公司建立月调度、月通报制度。按调度情况，及时通报重点催缴催拨单位名单及责任人。确保养老基金足额上缴、足额发放。

（马长江）

福利救济

【社会福利事业】 2001年，全市有国家办福利事业单位4个，职工206人。收养638人。其中，优抚对象133人，80岁以上老人14人，婴幼儿12人，精神病患者316人，其他70人，自费入院者93人。白城市社会福利院新建、扩建老年公寓、儿童福利院、病房楼、职工住宅等基础设施27 816.9平方米，预计2002年末投入使用。该院被评为省级“文明共建先进单位”。

（许宪友　付群）

【社会福利企业】 2001年，全市有社会福利企业25户，职工841人。其中民政局办10户，职工423人。福利企业中共安置残疾人391人，其中民政局办福利企业安置残疾人208人。全市福利企业总产值3 985万元，销售额3 713万元，利税282.5万元，分别比2000年增长13%、持平和增长17%。

（许宪友　付群）

【福利彩票】 2001年，全市有电脑福利彩票销售点80个。全年销售福利彩票1 307万元，比2000年增长98.6%，是有史以来全市福利彩票发行最好的一年。其中，电脑彩票1 153万元，中华风采电视彩票24万元，即开型彩票130万元。

（付群　许宪友）

【城镇居民最低生活保障】 2001年，全市最低生活保障对象3.97万人（含临时救济）。为完成吉林省政府下达给白城市低保扩面任务，市政府与各县（市、区）政府签定目标责任状。市民政局召开调度会4次，加强督促检查工作。总结推广了洮北区低保工作经验，加强了全市低保工作的制度化、规范化建设。各县（市、区）克服资金紧张的困难，将低保资金纳入地方财政预算，确保经费及时到位。全市支付低保资金1 118万元。其中，国家拨临时救济款625万元，地方财政兑现493万元。为全年任务94.4%。

（付群　许宪友）

【五保敬老工作】 2001年，全市有敬老院99所，集中供养五保户、社会老人1 902人，分散供养五保户1 417户，1 661人。每年乡统筹资金281.4万元，国家补助资金122.2万元。提高五保老人供养标准，集中和分散供养人均统筹标准分别为2 121元和1 127.5元。改造敬老院27所，基本消除危房和土坯房，改善了集中供养五保老人的生活条件。敬老院院办经济，总产值577万元，院均纯收入2.4万元，因遭受严重旱灾，比年初计划3万元减少0.6万元。全市有10所敬老院被评为省级“模范院”，16所敬老院被评为市级“模范院”。

（付群　许宪友）

【婚姻登记工作】 2001年，全市有婚姻登记机关118个，办理婚姻登记12 269对。其中，结婚登记11 309对，离婚登记960对。早婚率控制在5%以内，婚姻登记率95%，合格率100%。全年查处违法婚姻93对，处罚64人，罚金5.8万元。

（付群　许宪友）

【殡葬改革】 2001年，市民政局全面贯彻《白城市殡葬管理办法》。清明节期间，全市开展殡葬法规宣传月活动。全年平毁坟头4 383座。火化尸体9 580具，比2000年增加994具。平均火化率90%以上。各地都加强了对殡葬设施的改造，洮南市投资300多万元改造殡仪馆，建立公墓；大安市投资40万元改建安广镇殡仪馆；通榆县易地改建殡仪馆，新建瞻榆镇第二火化场；镇赉县建骨灰公墓；白城市殡葬管理处更新了接尸车，改造了部分设施。全市殡葬部门开展政务公开和创建文明窗口活动，加强职工职业道德教育，严格各项规章制度，提高优质服务，树立行业新风。

（付群　许宪友）

【农村救济】 2001年冬，全市农村因受灾缺粮82.5万人，占农业人口68.8%，缺粮7.664万吨。通过互助互济解决2.7万吨；生产自救解决2.2万吨；粮食部门开仓借粮解决1.2万吨；城市捐粮0.3万吨。灾区群众没有因缺口粮而外流和上访的。新年、春节期间，全市开展“百乡、千村、万户”走访慰问活动，走访救助灾民8.56万户，市政府发放面粉、猪肉、蔬菜折合人民币80.9万元，下拨慰问金189.5万元，使灾区人民过了一个祥和的春节。春夏荒期间，灾区62.3万人缺粮8.72万吨。通过生产自救解决3.5万吨；政府担保“春借秋还”解决0.2万吨；互助救济解决4.5万吨；国家下拨救济款658万元，解决0.5万吨，保证了灾民基本生活。

实施农村最低生活保障制度。全年有农村低保对象2 232户，6 510人。按照动态管理原则，在原7 298人的基数上退出1 052人，新增294人，占农业人口5%，人均低保标准500元，年保障金额331.4万元。其中，保障金差额补助总额123.58万元，人均差额补助200元。

（付群　许宪友）

【收容遣送工作】 白城市收容遣送站是全市中心站，省二级站，全国对口接收站。2001年遣送267人次，比2000年增加13人次。其中接收“110”、“120”、公安派出所等联动单位及社会各界群众送交156人次；外站遣回82人次，办理中转29人次。收遣弃婴儿及流浪儿童10人次，救助被拐骗(卖)妇女、儿童5人次，处理死亡流乞人员1人，开过往票的38人，亲属直接领回的15人次，处理信函46封，电话查询88人次。

（付群 许宪友）

【慈善捐赠工作】 2001年，市民政局制定《白城市建立慈善总会的工作方案》。下发《关爱孤儿，助学成材实施方案》。接收各界人士捐款20.7万元。制定全市《关爱孤儿，助学成材专项基金使用管理意见》。为53名上中专、高中和34名上大专、大学的贫困学生捐资助学；为41名唇腭裂贫困儿童和47名肢残人员实施康复治疗。

（付群 许宪友）

【民办非企业单位复查登记】 5月14日，市民政局下发《关于抓紧做好民办非企业单位复查登记的通知》。8月1日，市政府召开复查登记工作会议。11月末，基本完成复查登记工作。全市各类民办非企业单位216个，主要分布在教育、劳动、民政、文化、体育等部门。已登记发证97个，其中市本级12个。

（付群 许宪友）

扶贫工作

2001年，市计委评估论证以工代赈项目159个，共争取扶贫资金14 534万元。其中，以工代赈扶贫资金6 194万元，新增财政扶贫资金4 805万元，扶贫贷款3 535万元。重点建设人畜饮水、村级道路、中低产田改造、造林种果、建设草场、发展养殖业等项扶贫工程。全年农村有5.75万贫困人口脱贫。

根据全国扶贫工作会议精神和省计委统一部署，全市计划部门逐村逐户的调查贫困村及贫困人口状况，全市有人均收入低于625元的贫困人口27.2万人，人均收入低于625元的贫困村199个。通过对贫困状况调查，为确定扶贫工作重点，制定扶贫工作规划提供了可靠依据。镇赉县、通榆县、大安市被国家重新批准为国家重点扶持的贫困县。

市计委在镇赉县、通榆县、大安市开展扶贫到户试点工作。落实55户，为每户解决资金3 000元，协助贫困户选择了开发项目，并跟踪指导生产全过程。

（孙振海）

老龄工作

【基本情况】 2001年初，白城市老龄工作委员会(简称市老龄委)，编制6人。设调研科、办公室。11月，市直机关机构改革，设综合秘书科、宣传调研科。编制6人。全市有大安市、洮南市、洮北区、通榆县、镇赉县老龄委。编制23人，实有24人。乡(镇、街道)兼职老龄工作者274人。全市老年协会1 014个。其中，农村720个，城镇294个。全市60周岁以上老年人口186 210人，比2000年增长0.08%，占总人口9.34%。

2001年，全市各级老龄委贯彻落实《中共中央国务院关于加强老龄工作的决定》和全省老龄工作会议精神，检查、监督《中华人民共和国老年人权益保障法》(简称《老年法》）等法律法规执行情况，依法维护老年人合法权益；开展调查研究，总结推广老龄工作先进经验；组织协调与老龄工作有关的社会活动。

（王海）

【调研工作】 5月，市老龄委组成调查组，调查研究大安市、洮北区、洮南市老龄工作情况。总结大安市政府高度重视老龄工作；洮北区老龄委积极发挥部门主观能动性；洮南市富文街道办事处积极开展社区为老便民活动；洮北区岭下镇创建敬老文明乡（镇）等经验。10月，专项调查全市957名特困老年人基本生活状况。提出白城市作为经济欠发达地区如何作好老龄工作的意见和建议，上报市政府和吉林省老龄委。

（王海）

【养老保障】 2001年，全市参加社会职工养老统筹保险51 333人，国有企业职工99%参加养老保险。城镇享受最低生活保障待遇的老年人7 740人。农村社会救济和五保供养制度，保证了五保户及孤寡老人的基本生活。全市15户县以上医疗机构均设老年病科或老年人病房，有床位100余张；并实行老年人优先挂号就诊，保障了老年人医疗保健。

（王海）

【维护老年人合法权益】 2001年，市、县（市、区）老龄委在市、县（市）广播电台、电视台，开办《老年法》知识讲座节目，播放老年人赡养、住房、再婚等围绕老年人合法权益方面内容。

9月“国际老人节”前夕，组织志愿者到老年活动站（点）发放维护老年人合法权益宣传材料 1.2 万份。市老龄委与白城市广播电视局合作，录制、播放了以宣传贯彻《老年法》为主要内容的三集系列片《跨世纪老年人》。

10月，市老龄委组成检查组，检查全市《老年法》执行情况。各县（市、区）基层法院、法庭对老年人诉讼案件基本做到认真调解、优先立案、快速审案。镇赉县人民法院受理涉老侵权案件 18 起，维护了老年人合法权益。全市接待老年人上访 180 余人次；通过与有关部门、单位协调，调处老年人来信来访案件 300 余件。做到件件有记录，事事有回音。

（王海）

【开展活动】 2001 年 3 月，市老龄委举办全市老年人舞蹈大赛。

4 月 15 日，举办全市老年人门球赛。

为庆祝建党 80 周年，6 月 14 日，市老龄委同市老年书画协会举办全市老年人书法展，选出 26 幅作品参加吉林省举办的老年人书法大赛。洮北区老龄委组织老年人秧歌比赛。镇赉县老龄委组织老年人太极拳武术表演。

8 月 15 日至 10 月 1 日，全市开展奉献爱心救助特困老人活动，共向特困老年人捐款捐物折合人民币 50 余万元，为老年人维修房屋 700 余间，拆洗被褥 800 多件，治病 1 500 余人次，受益老年人 7 000 余人。

9 月 26 日，市老龄委举办 200 多名老人参加的庆祝“国际老人节”文艺联欢会。

（王海）

2002 人物

白城年鉴

2001年现任白城市处级以上干部简介

白城市委领导人

白城市委书记
王宪林

王宪林，1949年12月生于辽宁省辽阳县。1982年2月毕业于辽宁财经学院。1972年3月参加工作。1976年6月加入中国共产党。现任中国共产党白城市委员会（简称白城市委）书记（2001年8月免）。

1972年3月至1978年3月，任辽阳市灯塔县张台子公社广播站编辑、公社宣传干事、党委委员、党委秘书。1978年3月至1982年2月，在辽宁财经学院商经专业读书，任学生会主席。1982年2月至1982年5月，任辽宁省委党校青干班学员、党支部委员。1982年5月至1984年1月，任辽阳县供销社副主任、主任、党委书记。1984年1月至1985年4月，任辽阳县委副书记、县长。1985年4月至1987年5月，任辽阳市委常委、常务副市长兼市委政法委员会（简称政法委）副书记。1987年7月至1993年4月，任辽宁省铁岭市副市长。1993年4月至1999年2月，任辽宁省供销社（集团总公司）副主任（副总经理）、党组副书记，主任（总经理）、党组书记。

（陈玉明）

白城市委书记
刘润璞

刘润璞，1951年5月生于吉林省长春市。1968年参加工作。1986年6月毕业于吉林大学农村经济管理系，1996年9月取得北京大学法学硕士学位。1970年1月加入中国共产党。现任白城市委书记（2001年8月任）。

1970年1月至1975年7月，任吉林省兽药厂团委书记，吉林市农牧业局团委书记、农业科长。1975年7月至1986年4月，任吉林市农牧业局党委常委、副局长，吉林市农业机械化研究所副所长，吉林市农村政策研究室副主任，吉林市乡镇企业局副局长。1986年4月至1990年2月，任吉林省乡镇企业局生产技术处长、科学技术处长、生产许可证办公室主任。1990年2月至1997年10月，任吉林省乡镇企业局副局长，省计划委员会副主任、机关党工委书记。1997年10月至1998年1月，任白城市委副书记，白城市人民政府（简称市政府）副市长、代市长，1998年1月在白城市第一届人代会第五次会议上当选市长。1998年10月至1999年3月，主持白城市委工作。2000年3月至2001年3月，在中共中央党校（简称中央党校）带职学习。2001年3月至2001年8月，主持白城市委、市政府工作。

刘润璞先后被聘为吉林农业大学研究员；上海社会科学院、中国区域经济研究所、吉林社会科学院客座研究员（特邀研究员）；吉林农业大学、吉林工学院客座教授。其名字和成果，载入江泽民总书记题词的《中国当代高级科技人员大辞典》。

（季景伟）

白城市委副书记　副市长　代市长
岳清友

岳清友，1949年6月生于吉林省通榆县。1993年毕业于中共吉林省委党校（简称吉林省委党校）党政

管理专业，大学本科。1965年8月参加工作。1971年2月加入中国共产党。现任白城市委副书记，副市长、代市长。

1965年8月至1966年8月，在中共吉林省委（简称省委）办公厅干训班学习。1966年9月至1972年12月，任中国共产党镇赉县委员会（简称镇赉县委）办公室、中国共产党白城地区委员会（简称白城地委）机要室机要员。1973年1月至1976年9月，任中国共产主义青年团白城地区委员会（简称共青团白城地委）常务委员、副书记。1976年9月至1985年4月，任共青团白城地委书记（1982年12月至1985年11月，当选为团中央委员）。1985年4月至1992年9月，任中国共产党洮安县委员会副书记（正县级），中国共产党洮南市委员会（简称洮南市委）副书记、书记。1992年9月至1993年8月，任白城地委秘书长。1993年8月至1997年10月，任白城市委常委、市委秘书长。1997年10月至2001年9月，任白城市委副书记〔1998年2月至2001年12月，兼市委政法委书记；2000年11月至2001年8月，兼中共白城市委党校（简称市委党校）第一校长〕。

（孙宏剑）

白城市委副书记
关德伟

关德伟（女），1954年7月生于吉林省长岭县。1976年7月毕业于东北师范大学。1973年3月参加工作。1975年7月加入中国共产党。现任白城市委副书记。

1973年3月至1988年8月，任长岭县师范学校教师、校团委书记，团县委副书记、书记，县广播电视局局长，县人大常委会副主任。1988年8月至1992年11月，任大安市人民政府（简称大安市政府）副市长，中国共产党大安市委员会（简称大安市委）副书记、大安市市长，市委书记。1992年11月至1997年10月，任白城地区行政公署（简称白城行署）副专员、白城市副市长。

（王立武　付贵刚）

白城市委副书记
沈　贵

沈贵，1944年10月生于吉林省扶余县。1993年3月毕业于吉林省委党校党政管理专业，大学本科。1965年9月参加工作。1972年6月加入中国共产党。现任白城市委副书记。

1965年9月至1981年5月，任西藏阿里地区畜牧总站副站长，改则县农牧局局长，阿里地区农机局、农牧局副局长。1981年6月至1991年6月，任白城地区畜牧科学研究所副所长、白城行署畜牧草原处处长、白城行署副秘书长、地委农村工作部部长。1991年7月至1995年8月，任通榆县委书记。1995年9月至2000年4月，任白城市副市长。

（孙乃玉　付贵刚）

白城市委副书记　市纪委书记
刘德翔

刘德翔，1955年4月生于吉林省农安县。1981年11月毕业于四平师范学院政治系，1999年3月毕业于吉林大学东北亚研究院人口社会学专业。1981年12月参加工作。1974年11月加入中国共产党。现任白城市委副书记、中共白城市纪律检查委员会（简称市纪委）书记。

1981年12月至1988年7月，任吉林省计划生育委员会（简称省计生委）科员，省计生委宣教所科长、副所长。1988年8月至1994年11月，任省计生委宣教处副处长、处长，办公室主任。1994年12月至1999年7月，任省计生委助理巡视员、副主任。1999年8月，任白城市委常委、市纪委书记。

（李虹卫）

白城市委副书记
李树文

李树文，1955年10月生于吉林省大安县（今大安市）。1981年12月毕业于吉林大学中文系。1974年12月参加工作。1976年3月加入中国共产党。现任白城市委副书记。

1981年12月至1986年11月，任吉林省纪委信访处干事、副处级检查员，怀德县、公主岭市纪委副书记，公主岭市委副书记。1986年11月至1995年8月，任吉林省纪委一室副主任，海南省监察厅调研处处长，吉林省人事厅政策法规处工作人员（正处级）、副处长（正处级）、处长。1995年8月至1997年8月，任吉林省司法厅政治部主任、党组成员。1997年8月至2001年12月，任白城市委常委、组织部部长。

（陈景祥）

白城市委常委　常务副市长
蔡玉和

蔡玉和，1951年5月生于吉林省白城市。1993年毕业于吉林省委党校党政专业，大学本科。1970年10月参加工作。1972年10月加入中国共产党。现任白城市委常委、常务副市长（2001年4月免）。

1970年10月至1972年10月，任白城市（今洮北区）革委会机要通讯员。1972年10月至1982年6月，任共青团白城市（今洮北区）委副书记、书记，白城市（今洮北区）委常委。1982年6月至1983年8月，任白城市（今洮北区）委常委、农工部部长。1983年8月至1985年7月，在白城师范高等专科学校学习，任学生会主席。1985年7月至1989年4月，任白城市（今洮北区）委常委、副市长，市委副书记。1989年4月至1995年7月，任镇赉县县长、县委书记。1995年7月至1997年5月，任白城市委常委、宣传部部长。1997年5月至1999年3月，任白城市副市长。

（陈玉明）

白城市委常委　秘书长
李殿发

李殿发，1951年8月生于吉林省通榆县。1985年8月毕业于吉林农业大学农经系。1990年8月毕业于吉林省委党校党政管理专业，大学本科。1971年2月参加工作。1972年3月加入中国共产党。现任白城市委常委、市委秘书长兼市直机关党工委书记。

1971年2月至1986年5月，任通榆县农业生产资料公司物价员、业务组副组长、团支部副书记，通榆县委组织部干事、组长、副部长。1986年5月至1992年4月，任通榆县副县长、县委副书记。1992年4月至1999年3月，任通榆县委副书记、通榆县县长，县委书记。

（刘玉卓）

白城市委常委　宣传部部长
任凤春

任凤春，1954年12月生于吉林省通榆县鸿兴镇。1977年11月毕业于中国科技大学物理系发光专业。1973年7月参加工作。1974年7月加入中国共产党。现任白城市委常委、宣传部部长。

1973年7月至1974年11月，任通榆县农村工作队队员。1974年11月至1977年11月，在中国科技大学物理系发光专业学习。1977年11月至1989年7月，任白城地区科委科员、白城地委宣传部干事、组织部副科长、科长。1989年7月至1997年8月，任白城地（市）委组织员、市委组织部副部长。1997年8月至1999年3月，任中国共产党白城市洮北区委员会（简称洮北区委）书记。

（张玉文　李大伟）

白城市委常委　常务副市长
杨亚杰

杨亚杰，1956年1月生于吉林省梨树县。1982年毕业于四平师范学院。1975年12月，毕业于吉林大学技术经济专业，硕士学位。1976年10月参加工作。1985年6月加入中国共产党。现任白城市委常委、常务副市长。

1976年10月至1978年3月，任梨树县薄铁制品厂工会干事。1978年3月至1982年2月，在四平师范学院中文系读书。1982年2月至1990年5月，任梨树县政府办公室秘书，共青团吉林省委宣传部干事、主任科员、研究室副主任，吉林省土地局经研处副处长。1990年5月至1997年4月，任吉林省土地局经研处处长兼《中国土地报》吉林记者站站长，政策法规监察处处长，乾安县委副书记。1997年4月至2001年4月，任吉林省经济体制改革委员会副主任、党组成员，吉林省委政策研究室副主任。

（孙宏剑）

白城市委常委　白城军分区政委
吕克梁

吕克梁，1951年10月生于黑龙江省哈尔滨市。1968年2月参加工作。1969年11月加入中国共产党。1997年12月毕业于中央党校经济管理专业。现任白城市委常委，市双拥领导小组副组长，白城军分区政治委员（简称政委）、吉林省军区党委委员，大校军衔。

1968年2月至1977年4月，任中国人民解放军通信二团训练队战士、班长、代理区队长、区队长、副政治指导员，沈阳军区第二通信总站无线连政治指导员、党支部书记。1977年4月至1990年4月，任沈阳军区司令部直属工作部组织处干事、副处长，沈阳军区司令部直属工作部秘书处处长。1990年4月至1998年12月，任沈阳军区第四通信总站政委、党委书记，沈阳军区司令部直属党委委员，65373部队政委、党委书记，65301部队党委委员。1998年12月至2001年4月，任白城军分区政委、党委书记，吉林省军区党委委员。

（古艳阳）

白城市委常委　组织部部长
曹宇光

曹宇光，1964年11月生于吉林省公主岭市。1985年8月毕业于吉林农业大学，同年参加工作。1984年6月加入

中国共产党。现任白城市委常委、组织部部长。

1985年8月至1995年10月，任浑江市花山乡党委宣传委员、党委副书记，浑江市苇沙河乡党委书记，共青团浑江市委副书记、书记。1995年10月至2001年4月，任白山市八道江区委副书记、区长，区委书记。2001年4月至2001年12月，任白城市副市长。

（李克宇）

白城市委常委　政法委书记
李　祥

李祥，1959年4月生于吉林省伊通县（今伊通满族自治县）。1977年8月参加工作。1984年1月加入中国共产党。2000年5月毕业于吉林大学行政管理研究生班。现任白城市委常委、政法委书记。

1977年8月至1979年2月，任伊通县伊丹公社小学教师。1979年2月至1980年7月，在伊通师范学校读书。1980年7月至1994年11月，任伊通县教育局干事、股长，公主岭市教育局教育科副科长，伊通满族自治县委办公室综合科科长、副科级巡视员，县委宣传部部长，县教委副主任（正科级）、主任、党委书记。1994年11月至2001年8月，任四平市教委副主任兼教育学院党委书记（正处级），教委党委副书记、教委主任、党委书记。

（李冬梅）

白城市委副秘书长
白城经济开发区党工委书记
石　勇

石勇，1949年2月生于吉林省洮南县（今洮南市）。

1992年毕业于吉林省委党校党政管理专业，大学学历。1968年11月参加工作。1974年3月加入中国共产党。现任白城市委副秘书长、白城经济开发区党工委书记。

1968年11月至1971年3月，洮安县（今洮南市）岭下公社新建大队知识青年，任集体户长。1971年3月至1971年9月，任安广师范学校团支部委员。1971年9月至1999年2月，任洮安县文化馆、文化局团总支书记，县委组织部干事，大通公社党委副书记，县委组织部副部长，洮南市委常委、组织部部长，常务副市长，市委副书记。

（李文中）

白城市委副秘书长　办公室主任
高学忠

高学忠，1950年9月生于吉林省洮南县。1985年7月毕业于省高等教育自学考试。1970年12月参加工作。1973年4月加入中国共产党。现任白城市委副秘书长、办公室主任、办公室机关党委书记。

1970年12月至1975年4月，任铁道兵三师十五团十一连战士、文书。1975年4月至1982年8月，任洮安县胡力吐蒙古族公社供销社统计员，胡力吐蒙古族乡助理员、武装部副部长。1982年8月至1991年2月，任白城市（今洮北区）城建局党委宣传委员，市委工交部干事，组织部干事、副科长、科长，宣传部副部长，服装鞋帽公司第一副经理、党委书记。1991年2月至1999年7月，任中共白城地（市）委政策研究室（简称市委政研室）科长、副主任。1999年12月至2001年9月，任白城市计划委员会（简称市计委）副主任、党组成员。

（刘兵）

白城市委副秘书长　政策研究室主任
陈中信

陈中信，1954年5月生于吉林省通榆县。1993年毕业于吉林省委党校党政管理专业。1999年考入吉林省委党校领导干部研究生班，攻读经济管理专业。1973年1月参加工作。1976年7月加入中国共产党。现任白城市委副秘书长兼政策研究室主任。

1973年1月至1976年8月，通榆县十花道公社知识青年、教师。1976年8月至1990年4月，任白城地区第二建筑公司工会干事、白城地区计经委副科级巡视员。1990年4月至1994年6月，任白城行署办公室、市政府办公室副科长、科长。1994年6月至1999年2月，任白城市政府办公室副处级巡视员、白城市委农村工作办公室副主任。1999年2月至2001年9月，任白城市体改委主任、党组书记。

（蔡晓玉）

白城市委副秘书长　办公室副主任
马若麟

马若麟，1955年11月生于吉林省白城市。1985年9月毕业于吉林省广播电视大学。1979年9月加入中国共产党。1974年6月参加工作。现任白城市委副秘书长、办公室副主任。

1974年至1976年，洮安县知识青年。1976年至1980年12月，任中国人民解放军战士。1980年12月至1994年7月，任白城市（今洮北区）广播局编辑，市委宣传部干事、秘书科长、“五四三”办公室主任，白城市（今洮北区）政府办公室副主任（1992年3月至1994年6月，挂职到白城市制氧机配件厂任厂长）。1994年7月至2001年9月，任白城市委办公室干事、综合科长、副主任。

（刘玉卓）

白城市委工作部门及直属单位负责人

白城市委办公室主任
高学忠

（高学忠简历与照片见本书353页）

白城市委组织部部长
曹宇光

（曹宇光简历与照片见本书352至353页）

白城市委宣传部部长
任凤春

（任凤春简历与照片见本书352页）

白城市委宣传部副部长
市精神文明建设指导委员会办公室主任
杨　超

杨超，1957年3月生于吉林省乾安县。1981年12月加入中国共产党。1995年7月毕业于中央党校经济管理专业，大学本科。1975年7月参加工作。现任白城市委宣传部副部长、市精神文明建设指导委员会办公室主任。

1975年7月至1978年，乾安县占字公社结字大队知识青年。1978年至1980年，在白城师范专科学校中文系读书。1980年至1990年，任乾安县第四中学教师，乾安县文教党委干事，乾安县委宣传部干事、科长、副部长。1990年至1993年，任白城日报发行公司党支部书记，经理兼党支部书记，白城日报社政文部主任。1993年至1996年，任白城市政协文史委员会副主任，白城市文联副主席。1997年至2001年1月，任白城市委宣传部副部长。2001年1月至2001年10月，任白城市委宣传部副部长、市文联党组书记。

（张玉文）

白城市委政法委书记
李 祥

（李祥简历与照片见本书353页）

白城市委政法委副书记　610办公室主任
段学志

段学志，1954年3月生于吉林省长岭县。1980年9月参加工作。1984年7月加入中国共产党。1980年7月毕业于白城师范专科学校政治系，1997年毕业于中国政法大学法律系，法学学士学位。现任白城市委政法委副书记、610办公室主任、市维护稳定工作领导小组办公室主任。

1980年9月至1984年1月，任白城地区司法局、白城地区中级法院科员（1983年9月至1984年1月在中央政法干校学习）。1984年1月至1988年3月，任白城地区司法局办公室主任（1986年抽调地委整党办公室工作一年）。1988年3月至1992年3月，任白城地区司法处法制宣传科科长、地区普法办公室副主任、地区法学会秘书长（1990年在地委党校青干班学习，1991年下派镇赉县嘎什根乡锻炼一年。1992年全国统考取得律师资格）。1992年3月至2001年9月，任白城地区（市）司法局副局长（1993年9月至1994年1月，在中央政法管理干部学院学习），副局长、党委副书记。

（陈玉明）

白城市委统战部部长
王文成

（王文成简历与照片见本书403页）

白城市委政研室主任
陈中信

（陈中信简历与照片见本书354页）

白城市委农村工作领导小组办公室主任
张凤林

张凤林，1949年生于吉林省白城县。1968年11月参加工作。1974年加入中国共产党。1991年毕业于吉林省委党校哲学系。现任白城市委农村工作领导小组办公室主任、白城市农村经济委员会主任。

1968年11月至1970年6月，镇赉县五棵树公社下乡知识青年。1970年6月至1980年9月，任镇赉县副食品公司工人，镇赉县商业局、镇赉县委组织部干部。1980年9月至1986年12月，任镇赉县人大常委会办公室副主任、镇赉县商业局副局长。1986年12月至1990年1月，任镇赉县委办公室主任。1990年1月至1990年12月，任镇赉县副县长。1990年12月至2001年9月，任大安市副市长，市委常委、常务副市长，市委副书记。

2001年，张凤林被评为吉林省“精神文明建设先进个人”，被市委、市政府评为“劳务输出工作先进个人”。

（张建波）

白城市委老干部局局长
姜维延

姜维延，1947年3月生于吉林省扶余县。1986年毕业于吉林省委党校党政管理专业。1966年1月参加工作。1965年12月加入中国共产党。现任白城市委老

干部局局长。

1966年1月至1967年12月，任扶余县新城局公社秘书。1968年1月至1983年5月，任白城军分区白城市中队班长、政治部干事、教导队教导员。1983年6月至1991年7月，任大安县人民武装部（简称大安县人武部）副政委兼预备役炮兵团政委，白城预备役师科长。1991年8月至1998年3月，任白城市直属机关纪工委书记，白城市委统战部副部长、对台办公室主任。

2001年，老干部局机关党支部被市直机关党工委评为优胜党支部。姜维延被市委、市政府评为“招商引资先进个人”。

（褚集阜）

白城市直属机关党工委常务副书记
白景武

白景武，1953年1月生于吉林省扶余县。1972年6月加入中国共产党。1975年7月毕业于白城农业学校，同年7月参加工作。现任白城市直机关党工委常务副书记。

1975年7月至1975年10月，任共青团白城农业学校副书记。1975年10月至1983年11月，任共青团白城地委干事、宣传部长。1983年11月至1991年7月，任白城地委组织部组织员，组织员办公室副主任、主任。1991年7月至1999年2月，任镇赉县副县长、县委副书记。

（王玉廷）

白城市委党校校长
王青海

王青海，1947年3月生于吉林省洮南县。1975年毕业于吉林师范大学。1969年10月参加工作。1973年加入中国共产党。现任白城市委党校校长、党委书记、教授。

1969年10月至1972年，任洮安县福顺中学、福顺公社东胜小学教员，县文教局科员。1972年4月至1975年1月，在吉林师范大学学习，任学生会主席。1975年1月至1992年2月，任白城地区通榆师范学校政治组组长，白城师范高等专科学校教员，白城地委党校教员，教研室副主任、主任。1992年2月至1998年4月，任白城地（市）委党校教育长、副校长、教授。

2001年，市委党校招商引资290万元，超额完成市委、市政府下达50万元任务，王青海被市委、市政府评为2001年度“招商引资先进个人”。

（唐永久）

白城市委党史研究室主任
陈继辉

陈继辉，1955年10月生于吉林省镇赉县镇赉镇。1975年7月参加工作。1977年8月加入中国共产党。1997年1月毕业于吉林省教育学院汉语言文学专业。现任白城市委党史研究室主任、高级政工师。

1975年7月至1978年9月，镇赉县坦途马场知识青年，任集体户长、团总支书记。1978年9月至1980年8月，在白城师范专科学校读书。1980年8月至1982年10月，任扶余县善友公社团委书记。1982年10月至1993年5月，任白城地委宣传部干事、副科长、科长。1993年5月至2000年6月，任白城日报社党委副书记。2000年6月至2001年11月，任白城市委党史研究室副主任。

2001年6月，在“白城市纪念建党80周年理论研讨会”上，陈继辉与张弘撰写 的《“三个代表”思想 对马克思主义建党学说的继承和发展》一文，被白城市纪念建党80周年论文评审委员会评为一等奖。同时，获吉林省“中国共产党与中国革命和建设”学术研讨会二等奖。

（崔彧仙）

白城市档案局局长
于秀芬

于秀芬（女），1949年7月生于吉林省白城市。1993年3月毕业于吉林省委党校党政管理专业函授班。1968年11月参加工作。1970年1月加入中国共产党。现任白城市档案局局长、党组书记。

1968年11月至1970年8月，白城市（今洮北区）保平公社知识青年。1970年9月至1976年3月，任白城市（今洮北区）羊毛衫厂工人、车间副指导员、市总工会副主席。1976年4月至1998年4月，任吉林省总工会白城地区办事处副主任、白城市总工会副主席。

1996年2月，当选为白城市一届三次政协常委。

2001年，市档案局被市委、市政府评为全市“思想政治工作先进单位”、“三五”普法先进单位。于秀芬撰写的《试论新形势下档案事业面临的挑战及对策》论文，获吉林省“十五”期间档案事业发展与改革创新研讨会优秀论文一等奖；撰写的《强化观念创新推动全市档案工作整体升位》论文，获吉林省档案学会优秀论文一等奖。

（邢惠勤）

白城日报社社长
高　营

高营，1949年10月生于吉林省通榆县开通镇。1968年11月参加工作。1969年10月加入中国共产党。1987年7月毕业于吉林省委党校函授学院。现任白城日报社社长。

1968年11月至1968年12月，通榆县鸿兴公社知识青年。1968年12月至1974年5月，任空军3636部队班长。1974年5月至1983年12月，任大安县农电局科员、县委办公室秘书。1983年12月至1989年11月，任大安县委政研室副主任、主任，县（市）委办公室副主任、主任。1989年11月至1999年2月，任大安市委常委、办公室主任，镇赉县副县长，白城市委政研室副主任、主任。

（姜瑞清）

白城日报社总编辑
宫玉堂

宫玉堂，1943年12月生于吉林省洮南县。1963年8月毕业于白城师范学校，同年参加工作。1973年12月加入中国共产党。现任白城日报社总编辑、高级编辑。

1963年8月至1964年8月，任白城市（今洮北区）文化小学教师。1964年8月至1972年8月，任白城人民广播电台播音员（1970年12月至1972年8月，在洮安县永茂公社插队落户，任公社“五七”办公室负责人、公社团委书记）。1972年8月至1981年3月，任白城地区革委会政治部宣传组、地委宣传部、地委对台宣传办公室、地委宣传部干事。1981年3月至1987年6月，任白城日报社科技文艺部副主任、要闻部主任、总编办公室主任。1987年6月至1995年12月，任白城日报社副总编辑、社长兼党委书记。

2001年，在城市开发建设管理总体战中，立三等功。

（姜瑞清）

白城市人大常委会领导人

白城市人大常委会主任
李增福

李增福，1938年9月生于河北省滦县。1961年9月毕业于吉林电气化专科学校，同年参加工作。1972年3月加入中国共产党。现任白城市人民代表大会常务委员会（简称白城市人大常委会）主任、党组书记。

1961年10月至1964年10月，任郑州铝业公司技术员。1964年10月至1967年5月，任白城市农电办公室技术员。1967年5月至1982年5月，任白城市棉纺织厂技术员、工段长、车间主任、科长、厂办公室主任、副厂长。1982年5月至1983年9月，任白城市麻纺织厂厂长。1983年9月至1992年6月，任白城行署副专员、地委委员。1992年6月至1999年3月，任白城地（市）委副书记、中国人民政治协商会议白城市第一届委员会（简称白城市政协）主席。1999月3月，当选为白城市二届人大常委会主任，任党组书记。

（李秋田）

白城市人大常委会副主任
梁秉常

梁秉常，1942年2月生于山东省蓬莱市。1962年8月毕业于北京大学。1968年9月参加工作。1980年7月加入中国共产党。现任白城市人大常委会副主任、党组副书记。

1968年9月至1970年4月，在中国人民解放军3009部队工作。1970年4月至1975年2月，任洮安县东方红造纸厂化验员。1975年2月至1983年10月，任洮安县委、县革委会办公室工交组干事，县人民政府办公室干事、副主任、五一造纸厂党总支书记。1983年10月至1993年8月，任洮安县副县长，县委副书记、县长，洮南市委副书记、市长，白城市（今洮北区）委副书记、市长，市委书记。1993年8月至1999年3月，任白城市副市长兼市委政法委副书记。1999年3月，当选白城市二届人大常委会副主任，任党组副书记。

（李秋田）

白城市人大常委会副主任
宇　梁

宇梁，1941年1月生于辽宁省沈阳市。1965年8月毕业于沈阳机电学院，同年参加工作。无党派人士。现任白城市人大常委会副主任。

1965年9月至1979年6月，任青海第二机床厂三车间、装配车间实习生，工艺科见习技术员，二车间车工、计划员、工艺科技术员，通榆县七二一大学教师。1979年6月至1983年10月，任通榆县工业研究所副所长、工业局副局长。1983年10月至1991年10月，任通榆县副县长、政协副主席。1991年10月至1997年3月，任吉林省政协白城地区办事处副主任、白城市政协第一届委员会副主席。

（李秋田）

白城市人大常委会副主任
栾士贤

栾士贤，1945年5月生于吉林省扶余县。1964年7月毕业于白城农业学校，同年参加工作。1967年8月加入中国共产党。现任白城市人大常委会副主任。

1964年8月至1990年6月，任白城地区农业学校团委干事，白城军分区战士，政治部宣传科干事、副科长、副主任，党委常委、后勤部部长。1990年7月至1994年12月，任白城地（市）委宣传部副部长。1994年12月，任白城市人大常委会秘书长、副主任。

（李秋田）

白城市人大常委会副主任
葛泽峰

葛泽峰，1943年6月生于吉林省镇赉县。1963年7月毕业于白城师范学校，同年参加工作。1973年10月加入中国共产党。现任白城市人大常委会副主任。

1963年7月至1976年6月，任白城市明仁小学、白城市第四中学教员。1976年6月至1977年3月，任白城市（今洮北区）教师进修学院党支部副书记、革委会副主任。1977年3月至1993年11月，任白城市（今洮北区）委办公室秘书、副主任、主任，市政府副秘书长兼办公室主任，市委常委、组织部长，市委副书记、市长，洮北区委副书记、白城市洮北区人民政府（简称洮北区政府）区长。1993年11月至1999年4月，任白城市农业局局长、党委书记、市委常委。

（李秋田）

白城市人大常委会副主任
苗长凤

苗长凤（女），1949年2月出生于山东省章丘县。1965年参加工作。1994年7月毕业于吉林省委党校。1971年12月加入中国共产党。现任白城市人大常委会副主任。

1965年8月至1969年1月，任镇赉县农业中学教员、镇赉镇广播站值机员。1969年1月至1972年6月，任镇赉县革委会组织组、妇工组干事。1972年6月至1973年7月，任县妇联副主任。1973年7月至1979年1月，任县委宣传部副部长（主持工作）。1979年1月至1981年10月，任县妇联主任。1981年10月至1997年8月，任镇赉县副县长，县委副书记、县长，县委书记。

（李秋田）

白城市人大常委会秘书长
于洪飞

于洪飞，1947年3月生于吉林省农安县。1964年8月参加工作。1973年8月毕业于吉林工业大学。1966年8月加入中国共产党。现任白城市人大常委会秘书长。

1964年8月至1970年8月，任沈阳军区坦克乘员第二教导团、陆军190师军人。1970年8月至1973年8月，在吉林工业大学读书。1973年8月至1976年6月，任白城市（今洮北区）重工业局、白城地区工业交通办公室干部。1976年6月至1983年5月，任白城地区乌兰浩特柴油机厂、白城地区第二轻工业局科长。1983年5月至1985年

10 月，任白城地区工交办公室政治部副主任、白城地区科学技术处（简称地区科技处）副处长。1985 年 10 月至 1987 年 12 月，在吉林工业大学研究生部读书。1987 年 12 月至 1992 年 10 月，任白城地区工交职工大学党委书记、校长。1992 年 10 月至 1997 年 8 月，任白城市（今洮北区）委副书记，洮北区委副书记、区长。1997 年 8 月至 2000 年 2 月，任白城市政府副秘书长、白城市科学技术委员会（简称市科委）主任。

（李秋田）

白城市人大副秘书长 财政经济委员会主任委员
何煦华

何煦华，1942 年 8 月生于河北省乐亭县。1966 年 7 月毕业于吉林农业大学，同年参加工作。1974 年 6 月加入中国共产党。现任白城市人大常委会副秘书长、财政经济委员会主任委员。

1966 年 7 月至 1968 年 2 月，任吉林农业大学农机系教师。1968 年 2 月至 1980 年 5 月，任白城市第一拖拉机配件厂股长。1980 年 5 月至 1986 年 4 月，任白城市（今洮北区）委农工部秘书、农机局副局长、青山乡党委书记、白城市（今洮北区）委秘书长。1986 年 4 月至 1993 年 11 月，任白城地区人大办事处一处副处长、处长。1993 年 11 月至 1996 年 2 月，任白城市人大常委会办公室主任。

（李秋田）

白城市人大常委会工作部门负责人

白城市人大常委会办公室主任
郭印德

郭印德，1954 年 1 月生于吉林省长岭县。1972年10月毕业于吉林农业大学牧医系，同年参加工作。1974 年 6 月加入中国共产党。现任白城市人大常委会办公室主任。

1972 年 10 月至 1975 年 4 月，任吉林农业大学牧医系党总支干事、团总支书记。1975 年 4 月至 1984 年 2 月，任吉林农业大学、白城农学院、白城农业学校政工处干事，地区农业局科员，白城地委组织部干事。1984 年 2 月至 1989 年 5 月，任白城地区农业局人事科副科长、科长。1989 年 5 月至 1993 年 10 月，任白城地区农业广播电视学校校长。1993 年 10 月，任白城市人大常委会办公室副主任。

（李秋田）

白城市人大内务司法委员会主任委员
邓志安

邓志安，1953 年 10 月生于吉林省通榆县。1971 年 2 月参加工作。1985 年 9 月毕业于吉林省广播电视大学。1985 年 2 月加入中国共产党。现任白城市人大内务司法委员会主任委员。

1971 年 2 月至 1976 年 3 月，通榆县四井子乡知识青年。1976 年 3 月至 1986 年 8 月，任白城地区农业科学研究所工人、会计（1982 年 9 月至 1985 年 9 月，在吉林省广播电视大学中文专业学习）。1986 年 8 月至 1993 年 11 月，任白城地区人大办事处科员，副科级、正科级秘书，科长。1993 年 11 月至 2000 年 2 月，任白城市人大常委会办公室副主任、法制工作委员会主任委员。

（李秋田）

白城市人大农业与农村委员会主任委员
袁鸿雁

袁鸿雁，1953 年 9 月生于吉林省大安县。1973 年 8 月毕业于吉林省农业机械化学校，同年参加工作。1976 年 6 月加入中国共产党。现任白城市人大农业与农村委员会主任委员。

1973 年 8 月至 1982 年 6 月，任吉林省察尔森水库指挥部机修厂工人，劳动科、宣传科、组织科科员。1982 年 6 月至 1986 年 8 月，任白城地区农业机械化研究所办公室负责人、办公室副主任。1986 年 8 月至 1993 年 10 月，任白城地区人大办事处一处副科级秘书、正科级秘书、办公室副主任。1993 年 10 月至 1994 年 3 月，任白城市人大常委会办公室副主任，农村经济工作委员会副主任委员、主任委员。

（李秋田）

白城市人大环境与资源保护委员会主任委员
刘宪武

刘宪武，1949 年 1 月生于吉林省通榆县。1965 年 11 月参加工作。1987 年 7 月毕业于吉林省委党校（函授）经济管理专业 。1973 年 6 月加入中国共产党。现任白城市人大环境与资源保护委员会主任委员。

1965 年 11 月至 1969 年 9 月，任通榆县化工厂工人。1969 年 9 月至 1975 年 1 月，任白城地区革委会财贸组干事、白城地区商业局副科长。1975 年 1 月至 1985 年 10 月，任白城市（今洮北区）委常委、市革委会副主任，保平公社革委会副主任，市供销社主任、党委书记，商业局局长、党委书记。1985 年 10 月至 1998 年 4 月，任白城地区外贸处副处长，白城地区对外经济贸易公司总经理（正处级），白城地区（市）对外经济贸易委员会（对外贸易经济合作局）副主任、主任（局长）、党委书记。1998 年 4 月至 2000 年 3 月，任白城市人大人事代表选举委员会主任委员。

2001 年，白城市人大环经境与资源保护委员会在吉林省人大开展“白山松水世纪行”活动中，被评为“先进单位”。

（李秋田）

白城市人大教育科学文化卫生委员会主任委员
徐治和

徐治和，1942 年 10 月生于吉林省蛟河县。1962 年 7 月毕业于长春水利电力学校，同年参加工作。1967 年 5 月加入中国共产党。现任白城市人大教育科学文化卫生委员会主任委员。

1962 年 8 月至 1976 年 8 月，任白城地区水文分站测量组、水情组组长。1976 年 8 月至 1993 年 11 月，任白城地区地震办公室人秘组负责人、副主任。

（李秋田）

白城市人大民族侨务外事委员会主任委员
吕晨霞

吕晨霞（女），1951 年 1 月生于吉林省洮南县。1968 年 11 月参加工作。1985 年 7 月毕业于吉林省委党校党政管理专业。1972 年 12 月加入中国共产党。现任白城市人大民族侨务外事委员会主任委员。

1968 年 11 月至 1970 年 5 月，白城市（今洮北区）

光明公社知识青年。1970年5月至1975年3月，任白城市棉纺织厂学员，团委干事、团委书记。1975年3月至1987年4月，任白城市（今洮北区）明仁区委副书记、革命委员会副主任，长庆街道办事处党委副书记，市妇联副主任。1987年4月至1994年12月，任白城地委（市）精神文明建设指导委员会办公室秘书、副主任。1994年12月至1998年4月，任白城市人大民族侨务外事委员会副主任委员。

（李秋田）

白城市人大人事代表选举委员会主任委员 李 力

李力，1955年4月生于吉林省大安县。1973年8月参加工作。1983年7月毕业于四平师范学院中文系。1976年12月加入中国共产党。现任白城市人大人事代表选举委员会主任委员。

1973年8月至1983年7月，任大安县地方病办公室科员，大安县第一医院医生、革委会副主任。1983年7月至1987年3月，任白城地区工业交通职工大学语文教研室教师、白城地委政研室副科级研究员。1987年3月至1993年12月，任白城地区人大办事处副科级、正科级秘书，秘书科长，办公室副主任。1994年1月至2000年2月，任白城市人大人事代表选举委员会副主任委员。

（李秋田）

白城市政府领导人

白城市副市长 代市长 岳清友

（岳清友简历与照片见本书349页）

白城市常务副市长 蔡玉和

（蔡玉和简历与照片见本书351页）

白城市常务副市长 杨亚杰

（杨亚杰简历与照片见本书352页）

白城市副市长 李守田

李守田，1949年7月生于吉林省公主岭市。1985年毕业于四平师范学院，1993年毕业于吉林省委党校行政管理专业。1968年10月参加工作。1973年6月加入中国共产党。现任白城市副市长。

1968年10月至1970年10月，任公主岭市范家屯镇办事员。1970年10月至1975年3月，任范家屯制糖厂值班长、工程长、分厂副厂长、厂团委书记。1975年3月至1983年8月，任共青团四平地委副书记。1983年8月至1994年3月，任公主岭市（地级）、四平市总工会主席，梨树县委副书记，四平市铁东区委书记。1994年3月至1998年6月，任四平市委常委、纪委书记。1998年6月至1999年8月，任四平市委常委、常务副市长。

（孙宏剑）

白城市副市长 曲汉林

曲汉林，1947年10月生于吉林省大安县。1975年7月毕业于东北师范大学中文专业，1993年3月毕业于吉林省委党校党政管理专业，大学本科。1968年11月参加工作。1974年8月加入中国共产党。现任白城市副市长。

1968年11月至1970年10月，大安县丰收公社新

乐大队知识青年。1970年10月至1974年11月，任大安县丰收公社学校教员，大安县革委会政治部干事，大安县文教局、文化局科员。1974年11月至1983年11月，任大安县革委会办公室秘书、秘书组组长，大安县委办公室秘书组组长，两家子公社党委副书记、书记，大安县水利局局长。1983年11月至1990年10月，任大安县副县长，县委常委、常务副县长，大安市委副书记。1990年10月至1999年3月，任白城行署办公室主任，白城行署副秘书长兼办公室主任，秘书长兼办公室主任、党组成员，白城市政府秘书长、党组成员。

（孙宏剑）

白城市副市长 王锐

王锐，1952年11月生于吉林省扶余县。1975年12月毕业于吉林工业大学机械系。1968年11月参加工作。1976年9月加入中国共产党。现任白城市副市长。

1968年11月至1970年5月，吉林省扶余县新城局公社知识青年。1970年5月至1972年5月，在吉林省扶余县三岔河二机厂工作。1972年5月至1975年12月，在吉林工业大学机械一系读书。1976年1月至1988年7月，任吉林省扶余县通用机械厂技术员，扶余县委工交部干事，扶余县二轻工业局副局长，局长、党委书记。1988年7月至1989年7月，任扶余市市长助理。1989年7月至1993年11月，任白城市（今洮北区）副市长、市委常委。1993年11月至1995年10月，任白城市轻化工业局局长、党委书记。1995年10月至1999年3月，任洮南市委副书记、副市长、代市长，市长，市委书记。

（孙宏剑）

白城市副市长 姜凤国

姜凤国，1954年1月生于吉林省舒兰县。

1996毕业于吉林大学新闻系，硕士研究生。1971年10月参加工作。1973年6月加入中国共产党。现任白城市副市长。

1971年10月至1973年8月，任舒兰县革委会政治部宣传组干事。1973年8月至1974年9月，任省委党校理论班学员。1974年9月至1979年5月，任舒兰县委宣传部理论组干事、吉林省广电事业局市台编辑部编辑。1979年5月至1984年11月，任长春广播电台编辑部政教组组长、社教部主任。1984年11月至1992年9月，任长春市广播电视局副局长。1992年9月至1999年5月，任吉林省委宣传部新闻出版处处长。1999年5月至2001年5月，任白城市副市长。2001年5月至2001年11月，任国家开发银行评审局副局长（上派锻炼）。

（孙宏剑）

白城市副市长 蔡跃玲

蔡跃玲（女，满族），

1958年6月生于吉林省长春市。1982年8月毕业于吉林财贸学院会计系，同年参加工作。1985年12月加入中国共产党。现任白城市副市长。

1982年8月至1988年1月，任吉林省统计局科员、副主任科员。1988年1月至1989年9月，任

《中国统计信息报》吉林记者站见习副站长。1989年9月至1995年3月，任吉林省统计局副处级巡视员、政策法规处处长。1995年3月至1996年3月，任长春市朝阳区委组织部副部长。1996年3月至1999年5月，任吉林省统计局综合处处长。1999年5月至2001年7月，任吉林省统计局助理巡视员（1999年10月至2001年1月赴美国学习；2001年5月至2001年11月，在全国人大常委会挂职锻炼，任财经委办公室副主任）。

（孙宏剑）

白城市市长助理
孙柳星

孙柳星，1941年2月生于吉林省柳河县孤山镇。1965年毕业于吉林农业大学农机系，同年参加工作。1983年7月加入中国共产党。现任白城市市长助理（2001年11月免）。

1965年8月至1980年4月，任白城地区芦苇管理处职员。1980年4月至1982年9月，任白城地区芦苇研究所副所长。1982年10月至1985年4月，任白城地区企业整顿办公室干事、科长。1985年5月至1985年11月，任白城地区计经委副主任。1985年11月至1986年11月，上派省计经委综合处任副处长。1986年11月至1993年10月，任白城行署副秘书长。1993年11月至1998年1月，任白城市计经委主任。

（孙宏剑）

白城市政府秘书长
翟占奇

翟占奇，1943年5月生于吉林省永吉县。1986年7月毕业于吉林大学。1962年8月参加工作。1986年12月加入中国共产党。现任市政府秘书长（2001年9月免）、白城医学院调研员。

1962年8月至1964年1月，在大安渔场劳动。1964年1月至1969年10月，任白城地区水产站技术员。1969年10月至1973年3月，任白城地区生产指挥部财贸组、白城地区商业局科员。1973年3月至1985年3月，任白城地区供销社副科长。1985年3月至1995年11月，任白城地区（市）经济体制改革委员会（简称市体改委）科长、副主任、主任。1995年11月至1999年3月，任白城市政府副秘书长。

（孙宏剑）

白城市政府秘书长
陈　越

陈越，1954年5月生于吉林省扶余县。1985年毕业于吉林省广播电视大学汉语言文学专业。1970年11月参加工作。1976年6月加入中国共产党。现任白城市政府秘书长兼办公室主任、机关党委书记。

1970年11月至1979年10月，任沈阳军区守备三师战士、班长、组织干事（正连职）。1979年10月至1986年3月，任白城军分区宣传干事、常委秘书（副营职）、干部科副科长。1986年3月至1991年8月，任白城市预备役师二团政治处主任（副团职）。1991年8月至1998年4月，任白城地区（市）政府办公室副主任。1998年4月至2001年10月，任白城市政府副秘书长兼办公室主任、机关党委书记（1999年2月至2000年5月，任洮北区委副书记）。

2001年，陈越在城市开发建设管理总体战中，立二等功。

（孙宏剑）

白城市政府副秘书长　市国家安全局局长
王春田

王春田，1949年11月生于吉林省扶余县蔡家沟镇。1986年7月毕业于吉林省政法干部管理学院。1968年11月参加工作。1973年8月加入中国共产党。现任白城市政府副秘书长、市国家安全局局长、党委书记。

1968年11月至1970年5月，白城市（今洮北区）东风公社知识青年。1970年5月至1976年5月，任白城市（今洮北区）公安局科员。1976年5月至1984年9月，任白城地区公安局科员、副科长。1984年9月至1986年7月，在吉林省政法干部管理学院学习。1986年7月至1988年6月，任白城地区公安局副科长、科长。1988年6月至1995年11月，任白城地区（市）公安局副局长。

（乔玉良）

白城市政府副秘书长
王文奇

王文奇，1949年11月生于吉林省白城市。1993年毕业于吉林省委党校党政管理专业。1968年参加工作。1983年加入中国共产党。现任白城市政府副秘书长。

1978年11月至1986年11月，任白城市棉纺织厂计划科副科长，白城市（今洮北区）经济委员会副科长，白城行署工业交通办公室科员、副科长，白城行署计划经济委员会科长。1986年11月至1991年6月，任白城行署乡镇企业管理处副处长。1991年6月至1995年11月，任白城地区（市）乡镇企业管理局局长。1995年11月至1998年11月，任白城市体改委主任。

2001年，王文奇在城市开发建设管理总体战中，立二等功。

（孙宏剑）

白城市政府副秘书长
孙延春

孙延春，1948年8月生于吉林省镇赉县。1993年毕业于吉林省委党校党政管理专业。1968年7月参加工作。1969年10月加入中国共产党。现任白城市政府副秘书长。

1968年7月至1973年10月，下乡知识青年。1973年10月至1975年5月，任镇赉县胜利公社党委副书记。1975年5月至1981年1月，任镇赉县委副书记。1981年1月至1989年4月，任镇赉县英华乡党委书记，镇赉县种子公司经理、农业局副局长、建平乡党委书记。1989年4月至1992年10月，任白城地区月亮泡水库党委书记、局长。1992年10月至1998年4月，任白城地区（市）林业科学研究所所长，白城市物资局党委书记。1998年4月至2001年9月，任白城市土地局局长、党组书记。

2001年，孙延春在城市开发建设管理总体战中，立二等功。

（孙宏剑）

白城市政府副秘书长
王　林

王林，1954年10月生于吉林省梨树县。1985年7月毕业于东北师范大学政治系干部专修科。1972年12月参加工作。1974年11月加入中国共产党。现任白城市政府副秘书长。

1972年12月至1980年3月，任镇赉县教师进修学校教研员，县教育局文书、教委科员，县人事局科员。

1980年3月至1983年7月，任镇赉县坦途公社党委委员、管委会副主任，共青团镇赉县委书记。1983年7月至1985年7月，在东北师范大学政治系干部专修科学习。1985年7月至1987年1月，任镇赉县纪委副书记。1987年1月至1989年10月，任镇赉县副县长。1989年10月至1991年6月，任洮南市委常委、纪委书记。1991年6月至1999年3月，任通榆县委常委、常务副县长，县委副书记兼县委党校校长，县委副书记兼县政协主席。

2001年，王林在城市开发建设管理总体战中，立二等功。

（孙宏剑）

白城市政府副秘书长
黄真久

黄真久，1953年12月生于吉林省洮南县。1985年7月毕业于吉林农业大学干部专修科（农学）。1973年1月参加工作。1973年7月加入中国共产党。现任白城市政府副秘书长。

1973年1月至1975年9月，洮安县东升公社古树大队知识青年。1975年9月至1983年9月，任洮安县黑水公社革委会副主任，党委副书记、书记。1983年9月至1985年7月，在吉林农业大学干部专修科学习。1985年7月至1990年1月，任洮安县整党工作队队员、洮南市科学技术协会主席、洮南市交通银行行长。1990年1月至2001年10月，任洮南市副市长，市委常委、常务副市长。

（孙宏剑）

白城市政府副秘书长
黄雪娥

黄雪娥（女），1951年2月生于山东省寿光县。1994年12月毕业于中央党校函授学院，大学本科。1967年6月参加工作。1981年12月加入中国共产党。现任白城市政府副秘书长。

1967年6月至1971年1月，在白城市公共汽车公司、棉纺织厂、印刷厂工作。1971年1月至1986年3月，任白城市（今洮北区）一轻局、计经委、体改委科长。1986年3月至1995年10月，任白城地区（市）经贸委（计经委）副科长、科长（1992年8月至1994年12月，中央党校函授学院本科毕业）。1995年10月至2001年9月，任白城市经贸委（计经委）副主任。

（孙宏剑）

白城市政府副秘书长
王　钧

王钧，1955年5月生于吉林省大安县。1978年8月毕业于吉林工业大学金相专业。1973年1月参加工作。1975年5月加入中国共产党。现任白城市政府副秘书长。

1973年1月至1974年1月，大安县新荒公社知识青年。1974年1月至1975年8月，任大安县基本路线教育工作队队员。1975年8月至1978年8月，在吉林工业大学金相专业读书。1978月至1983年4月，任吉林省农机学院教师年8。1983年4月至1996年2月，任大安市计划委员会（简称计委）、城建局、二轻局、招商局、计划与经济委员会（简称计经委）副主任、局长、主任。1996年3月至1998年1月，任大安市委常委、大安市市长助理。1998年1月至2001年9月，任白城市计委副主任、白城经济开发区管委会副主任。

（孙宏剑）

白城市政府副秘书长　信访办公室主任
任陶海

任陶海，1957年9月生于吉林省长岭县。1980年7月毕业于长春外国语学校，1995年7月获法学专业函授本科学历，正在攻读吉林省委党校经管专业研究生。1975年7月参加工作。1988年7月加入中国共产党。现任白城市政府副秘书长，市委、市政府信访办公室主任、党组书记。

1975年7月至1977年7月，长岭县八十八公社知识青年，任集体户长。1977年7月至1980年7月，在长春外国语学校读书，任学生会主席。1980年8月至1983年8月，任白城师范高等专科学校教师。1983年9月至1999年2月，任白城地区（市）司法局秘书、副科长、办公室主任、副局长。1999年3月，任白城市委、市政府信访办公室主任、党组书记。

（刘爽）

白城市政府副秘书长
白城经济开发区管委会主任
季　委

季委，1957年12月生于吉林省大安县。2001年9月毕业于吉林大学国民经济管理专业研究生班。1975年7月参加工作。1982年11月加入中国共产党。现任白城市政府副秘书长，白城经济开发区管委会主任、党工委副书记。

1975年7月至1978年3月，任大安县烧锅镇公社富强大队革委会副主任。1978年3月至1979年8月，在白城师范专科学校政史系读书。1979年8月至1996年2月，任镇赉县第三中学教师，县委宣传部宣传科科长，团县委书记，胜利乡党委书记兼企委主任，黑鱼泡乡党委书记兼人大主席（1994年12月至1995年12月，任白城市重工业局局长助理）。1996年2月至2001年9月，任镇赉县副县长。

（张立恒）

白城市政府工作部门负责人

白城市政府办公室主任
陈　越

（陈越简历与照片见本书364页）

白城市发展计划委员会主任
隋　喜

隋喜，1955年10月生于吉林省镇赉县。1984年10月加入中国共产党。1978年8月毕业于吉林工业大学，硕士学位，同年9月参加工作。现任白城市发展计划委员会（简称白城市计委）主任、党组书记。

1978年9月至1981年10月，任白城市无线电厂技术员。1981年10月至1987年8月，任白城地区计经委科员、副科长、科长。1987年8月至1989年12月，在吉林工业大学现代管理研究生班学习。1990年1月至1992年6月，任白城地区计经委科长。1992年6月至1999年2月，任白城地区（市）计经委副主任。1995年4月兼任白城市工业项目办公室主任（正处级）。

1999年，隋喜当选为白城市委第二届委员。

2001年，白城市计委被市委、市政府评为全市落实“党风廉政建设和反腐败”重点任务协调组优秀参加部门、“城市开发建设管理总体战先进单位”、“帮扶万元田（棚）工程建设先进单位”、“招商引资先进单位”。隋喜被市委、市政府评为2001年度白城市“招商引资先进个人”，在城市开发建设管理总体战中，立二等功。

（孙振海）

白城市计委副主任　重点建设项目办公室主任
孙永祥

孙永祥，1957年9月生于吉林省白城市。1977年7月参加工作。1983年6月加入中国共产党。1979年毕业于白城师范专科学校。现任白城市计委副主任、重点建设项目办公室主任。

1977年7月至1979年9月，白城市（今洮北区）青山公社八家大队知识青年。1979年9月至1983年3月，任白城市第六中学、第一中学教师，团委书记，白城市（今洮北区）教育系统团委书记。1983年3月至1992年6月，任白城地委组织部干事、巡视员、科长。1992年6月至1998年3月，任镇赉县委常委、组织部部长。1998年3月至2001年9月，任通榆县委副书记、吉林向海国家级自然保护区管理局局长、向海经济旅游开发区党工委书记。

（孙振海）

白城市计委副主任　生态建设办公室主任
齐学森

齐学森（满族）1951年1月生于吉林省白城市。1968年10月参加工作。1976年10月加入中国共产党。1986年毕业于吉林省广播电视大学党政干部专修科。

现任白城市计委副主任、生态建设办公室主任。

1968年10月至1970年8月，白城市（今洮北区）光明公社前进大队知识青年。1970年8月至1988年10月，任白城市机床配件厂车工、团委书记，白城市（今洮北区）轧钢会战办公室副主任，重工业局科员，经委副科长、科长，白城地区经济贸易委员会（简称经贸委）副科长、调研室主任。1988年11月至1990年12月，任白城地区行署办公室秘书、调研室科长，白城市通业集团公司副总经理。1991年1月至1999年7月，任白城地区（市）重工业局副局长，局长、党委书记。1999年8月至2001年10月，任白城市经济技术协作办公室主任、党组书记。

（孙振海）

白城市经济贸易委员会主任
陈金生

陈金生（满族），1950年2月生于吉林省洮南县。1977年9月毕业于吉林工业大学汽车系汽运专业。1968年参加工作。1971年1月加入中国共产党。现任白城市经济贸易委员会（简称白城市经贸委）主任、党工委书记。

1968年至1993年12月，任中国人民解放军战士、工人、科员、副科长、科长、主任。1993年12月至1994年7月，任白城市政府副秘书长（正处级）。1994年7月至1998年2月，任白城市计委主任兼经贸委党委副书记、副主任。

（李雅贵）

白城市经贸委副主任
安全生产委员会办公室主任
孟庆光

孟庆光，1950年2月生于吉林省洮南县。1968年3月参加工作。1970年10月加入中国共产党。1992年毕业于吉林大学国民经济管理专业（本科）。现任白城市经贸委副主任、安全生产委员会办公室主任。

1968年3月至1973年2月，任中国人民解放军1355部队战士、班长。1973年3月至1983年9月，任白城地区无线电厂工人、白城地直工交党委专职委员、地委工交部干事。1983年10月至1985年7月，在吉林工学院管理工程系企业管理专业（专科）学习。1985年7月至1989年1月，任白城地区计经委副科长、科长。1989年2月至1995年11月，任白城地区科协副主席、通榆县副县长、洮南市副市长。1995年11月至2001年11月，任白城市交通局副局长、经贸委副主任。

（李雅贵）

白城市经贸委副主任　商贸办公室主任
王　奇

王奇，1949年5月生于吉林省大安县。1968年11月参加工作。1974年3月加入中国共产党。1987年8月毕业于吉林省委党校党政干部专修科。现任白城市经贸委副主任、商贸办公室主任。

1968年11月至1970年11月，大安县月亮泡公社知识青年。1970年11月至1979年6月，任中国人民解放军铁道兵三师十二团排长、政治处干事。1979年6月至1996年2月，任白城市（今洮北区）城建局人事科负责人，市委组织部组织科科长，体改委副主任，主任、党组书记，财委主任、党组书记，洮北区财委主任、党组书记。1996年2月至1999年7月、任白城市体改委副主任。1999年7月至2001年11月，任白城市经贸委党工委副书记、经贸委副主任。

（李雅贵）

白城市教育局局长
范朝东

范朝东，1950年1月生于吉林省白城市。1993年1月毕业于吉林省委党校。1967年7月参加工作。1974年1月加入中国共产党。现任白城市教育局局长、党委书记，白城市委第二届委员会委员。

1967年7月至1979年12月，任白城市（今洮北区）糕点厂工人、干部，公安局刑警队队员、不法人员学习班辅导员，第一拖拉机配件厂工人、团委书记，重工业局组织员、审干办公室负责人。1979年12月至1989年9月，任白城市（今洮北区）委办公室常委秘书、秘书科长，青山镇党委书记，白城市（今洮北区）委农工部部长、农委主任，政策研究室主任，市委办公室主任。1989年9月至1993年10月，任白城市（今洮北区）委常委、副市长，白城地（市）委农工部副部长、农委副主任。1993年10月至1995年10月，任白城市委农工部部长、农委主任。1995年10月至2001年11月，任通榆县委副书记、县长，县委书记，白城市教委主任、党委副书记。

（王涛）

白城市科学技术局局长
李岭平

李岭平，1955年7月生于吉林省大安县。1993年

10月毕业于吉林省委党校党政管理专业。1973年2月参加工作。1976年4月加入中国共产党。现任白城市科学技术局局长、党组书记。

1973年2月至1976年5月，大安县联合公社知识青年。1976年5月至1989年4月，任白城地委组织部干事、副科级巡视员、副科长、科长。1989年4月至2001年10月，任白城地区（市）科委副主任、党组成员（主持工作）。

（温超）

白城市民族事务委员会主任
王凤岚

王凤岚（女，蒙古族），1949年3月生于吉林省镇赉县丹岱乡。1970年1月加入中国共产党。1986年8月毕业于中央民族大学。1970年10月参加工作。现任白城市民族事务委员会主任、宗教事务局局长。

1970年10月至1973年3月，任镇赉县丹岱公社妇联主任、县革委会政治部组织组干事。1973年3月至1977年2月，任镇赉县莫莫格蒙古族公社党委副书记、书记。1977年2月至1978年6月，任白城地区妇女联合会副主任。1978年6月至1984年9月，任镇赉县计划生育委员会副主任、县妇女联合会主任。1984年9月至1986年8月，在中央民族大学学习。1987年4月至1998年4月，任白城地区（市）民族事务委员会副主任、宗教事务局副局长。

1998年，在市政协二届一次会议上当选为白城市政协常委。

2001年，市民委引进域外资金147万元，超额完成市委、市政府下达50万元任务，王凤岚被评为2001年度白城市“招商引资先进个人”。市民委被省民委评为全省“民族宗教工作先进集体”。

（李志贤）

白城市公安局局长
储　鹏

储鹏，1952年8月生于吉林省辽源市。1984年毕业于辽宁大学（函授）。1968年11月参加工作。1974年6月加入中国共产党。现任白城市公安局局长、党委书记。

1968年11月至1970年12月，伊通县新兴公社知识青年。1970年12月至1972年12月，任辽源市重型机械厂工人。1972年12月至1976年3月，任中国人民解放军81628部队战士。1976年3月至1984年3月，任辽源市西宁派出所民警，吉林省公安厅、辽源市公安局科员，辽源市委组织部干事。1984年3月至2000年10月，任辽源市公安局政治部副主任、副局长，司法局副局长，市国家安全局局长，公安局副局长（正局级）。

2001年，市委授予市公安局党委“先进基层党组织”称号，在城市开发建设管理总体战中，市委、市政府为储鹏记二等功。

（张明秋）

白城市监察局局长
李秀识

李秀识，1955年7月生于吉林省大安县。1986年6月毕业于东北师范大学函授专修科。1973年11月参加工作。1974年4月加入中国共产党。现任白城市纪委副书记兼白

城市监察局局长。

1973年11月至1974年11月，任大安县基本路线教育工作队队员、大岗子公社太平庄大队党支部副书记。1974年11月至1980年11月，任大安县大岗子公社革委会副主任、共青团大安县委副书记。1980年11月至1988年8月，任共青团白城地委干事、组织部长、副书记、书记。1988年8月至1995年11月，任扶余市委副书记、白城地区（市）劳动局副局长。1995年11月至1999年3月，任白城市纪委副书记。1999年3月，兼任白城市监察局局长。曾先后当选白城市政协第一、二届常委。

2001年，白城市监察局被省政府评为“减轻农民负担先进单位”，李秀识被评为“减轻农民负担先进个人”。在城市开发建设管理总体战中，立三等功。

（李虹卫）

白城市民政局局长
王文新

王文新，1952年7月生于吉林省白城市。1969年12月参加工作。1975年1月毕业于四平师范学院。1980年10月加入中国共产党。现任白城市民政局局长、党委书记。

1969年12月至1984年11月，任洮安县教师进修学校教研员、县教育局科员、县委党校教员、县委整党办公室干事、县委办公室副主任。1984年11月至1991年8月，任白城地委组织部科长。1991年8月至1998年4月，任白城地（市）委办公室副主任、市委副秘书长。2001年，在白城市城市开发建设管理总体战中，白城市民政局被市委、市政府评为“先进单位”。王文新被市委、市政府评为“先进个人”，立二等功。

（孙洪河）

白城市司法局局长
王德坤

王德坤（女），1954年2月生于吉林省洮南县。1993年毕业于吉林省委党校经济管理专业（本科），正在攻读吉林省委党校经济管理专业研究生。1972年12月参加工作。1974年1月加入中国共产党。现任白城市司法局局长、党委书记。

1972年12月至1976年8月，洮安县岭下乡知识青年，任红石岭大队党支部副书记。1976年8月至1983年12月，任洮安县岭下公社、东升公社、岭下镇党委副书记。1983年12月至1999年7月，任洮安县委常委、共青团洮安县委书记，洮南市副市长，常务副市长、洮南市委副书记。1999年7月至2001年10月，任白城市政府副秘书长。

2001年，在城市开发建设管理总体战中，市委、市政府为王德坤记二等功。

（陈文秀）

白城市财政局局长
曹海林

曹海林，1954年12月生于内蒙古自治区突泉县。1974年8月加入中国共产党。1985年毕业于吉林省财贸干部管理学院财政专业，研究生学历。1976年12月参加工作。现任白城市财政局局长、党委书记。

1976年12月至1988年8月，任白城地区财政局科员、副科长、科长。1988年9月至1999年3月，任白城地区（市）财政局副局长。

2001年，全市财政收入首次突破6亿元。在城市开发建设管理总体战中，市委、市政府为曹海林记二等功。

（李洪海）

白城市农业开发办公室主任
申江发

申江发，1949年9月生于吉林省通榆县。1968年参加工作。1969年7月加入中国共产党。1975年12月毕业于中国人民解放军陆军学院军事指挥专业（大专）。现任白城市农业开发办公室主任、党组书记。

1968年3月至1994年8月，任中国人民解放军班长、排长、副连长、科长、团长、师后勤部部长。1994年8月至2000年1月，任白城市财政局副局长、党委委员。

（孙凌文）

白城市人事局局长
白铁城

白铁城（满族），1954年1月生于吉林省洮南县。2000年12月结业于吉林大学哲学社会学专业社会学研究生班。1976年12月加入中国共产党。1970年12月参加工作。现任白城市人事局局长、党组书记、市机构编制委员会办公室（简称市编委办公室）主任（2001年9月免去市编委办公室主任职务）。

1970年12月至1976年10月，任白城地区万宝煤矿团委干事。1976年10月至1988年9月，任白城地区编委办公室科员、副科长、科长。1988年9月至1998年4月，任白城地区（市）编委办公室副主任、人事局副局长、编委办公室常务副主任。

1993年至2001年，白铁城先后当选为中共白城市第二次代表大会代表，白城市委第二届委员。

（杨贵民）

白城市机构编制委员会办公室主任
赵全来

赵全来，1953年9月生于河北省安新县。1993年毕业于吉林省委党校党政管理专业（函授本科）。1976年10月加入中国共产党。1974年7月参加工作。现任白城市机构编制委员会办公室主任（2001年9月任）。

1974年7月至1981年3月，任大安渔场工长、团委副书记，大安县农林党委干事，大安县种马场、大安渔场革委会副主任，县委农工部干事。1981年3月至1992年11月，任大安县红岗子乡党委副书记、乡长，大安县大榆树乡、两家子镇、安广镇党委书记。1992年11月至1999年3月，任大安市委常委、安广镇党委书记、大安市委组织部部长。1999年3月至2001年9月，任白城市人事局副局长、党组副书记、机构编制委员会办公室副主任。

1993年至2001年，赵全来先后当选为中共白城市第一、二次代表大会代表，白城市纪委第二、三届委员。

（杨贵民）

白城市劳动和社会保障局局长
张文学

张文学，1949年12月生于吉林省大安县舍力镇。1985年8月毕业于白城师范高等专科学校干部专修班。1968年12月参加工作。1975年10月加入中国共产党。现任白城市劳动和社会保障局局长、党委书记。

1968年12月至1976年6月，任大安县舍力镇民富

大队小学教师、县教育局科员、县委办公室秘书。1976年6月至1983年9月，任白城地委办公室干事、副科长。1983年9月至1985年8月，在白城师范高等专科学校干部专修班学习。1985年8月至1991年9月，任白城地委办公室副主任、主任。1991年9月至1993年10月，任白城市（今洮北区）委副书记。1993年10月至1998年4月，任白城市政协秘书长。

（关剑明 倪金富）

白城市国土资源局局长
黄 波

黄波，1949年1月生于吉林省大安县。1991年8月毕业于吉林省委党校党政专业。1968年10月参加工作。1977年1月加入中国共产党。现任白城市国土资源局局长、党组书记（2001年9月任）。

1968年10月至1973年8月，大安县大赉镇知识青年、县农机厂工人。1973年8月至1977年2月，在吉林工业大学读书。1977年3月至1983年12月，任大安县农机局工程师、县纪委秘书、县委政策研究室研究员。1983年12月至1991年8月，任白城地区纪委办公室副主任、主任、纪委委员。1991年8月至1999年4月，任白城市（今洮北区）副市长，洮北区委常委、常务副区长，区委副书记。1999年4月至2001年9月，任洮南市委副书记、代市长，市长。

（陶立群）

白城市建设委员会主任
赵桂春

赵桂春，1943年2月生于辽宁省北票县。1976年

8月加入中国共产党1967年7月毕业于哈尔滨建筑工程学院，同年7月参加工作。现任白城市建设委员会主任、党委书记（2001年9月免）。

1967年7月至1983年12月，任吉林省第五建筑工程公司工长、工程处主任。1983年12月至1985年4月，任白城地区建筑工程公司副经理、党委书记。

2001年，白城市建设委员会被市委、市政府评为2001年度城市开发建设管理总体战“模范单位”，赵桂春立二等功。

（于长海）

白城市建设委员会主任
冷有春

冷有春，1953年2月生于吉林省大安县。1995年10月加入中国共产党。1978年8月毕业于哈尔滨建筑工程学院。1970年12月参加工作。现任白城市建设委员会主任、党委书记。

1970年12月至1974年8月，任大安县食品公司工人、大安县建设局干部。1974年8月至1978年8月，在哈尔滨建筑工程学院学习。1978年8月至1996年9月，任白城地区建筑设计院副院长、白城市建设开发公司总经理。1996年9月至1999年9月，任白城市建设银行工会主席、白城经济开发区管委会副主任。1999年9月至2001年9月，任白城市政府副秘书长。

2001年，冷有春被国家建设部评为“全国建设信息工作先进个人”。在城市开发建设管理总体战中，立二等功。

（于长海）

白城市交通局局长
王国权

王国权，1954年3月生于吉林省洮南县。1993年3月毕业于吉林省委党校党政管理专业（函授本科）。1974年7月加入中国共产党。1971年12月参加工作。现任白城市交通局局长、党委书记。

1971年12月至1986年1月，任白城地委办公室机要译电员、文书、常委秘书、副科长、科长。1986年1月至1988年8月，任白城地委办公室副主任。1988年8月至1992年10月，任洮南市委副书记。1992年10月至1995年10月，任洮南市委副书记、市长。

1993年至2001年，王国权先后当选白城市委第一届候补委员、委员，白城市委第二届委员。白城市第一届、第二届人大代表。吉林省第六次、第八次党代会代表。

（王宝军）

白城市农业局局长
高新文

高新文，1953年10月生于吉林省洮南县。1973年7月参加工作。1976年12月加入中国共产党。1996年3月毕业于吉林省委党校经济管理专业。现任白城市农业局局长、党委书记。

1973年7月至1982年3月，任白城地区农机局科员、副科长兼农机总站副站长。1982年3月至1992年10月，任白城地委组织部干事、白城地区农机局副科长兼农机总站副站长、科长兼农机总站站长。1992年10月至1998年4月，任白城地区（市）农机局、农业局副局长兼党委副书记。1998年4月至1999年3月，任白城市农业局副局长、党委书记。

2001年，市农业局被省农委评为全省“农业工作先进单位”；被省农民负担监督领导小组评为“农民负担监督管理工作先进单位”；在中国广州、长春、北京“农博会”综合评比中列吉林省各市、州第一名，获最佳组织奖。被市委、市政府授予“文明杯先进单位”、“思想政治工作先进单位”、“优秀县局级领导班子”、“招商引资”、“支持农村工作、发展万元田（棚）”先进单位。高新文被市委、市政府授予“招商引资先进个人”称号。记二等功。在市直机关开展的“创建文明机关，当好人民公仆”活动中获优秀组织奖。

（孙孟君）

白城市水利局局长
李殿林

李殿林，1948年12月生于大安县太山乡。1967年6月参加工作。1969年11月加入中国共产党。1994年毕业于吉林省委党校党政管理专业（本科学历）。现任白城市水利局局长、党委书记。

1967年6月至1970年12月，在大安北铁路工务段工作。1970年12月至1975年1月，任大安县太山公社团委书记、党委副书记、革委会副主任。1975年1月至1991年10月，任大安县红岗子公社党委书记、革委会主任，西大洼公社党委副书记、管委会主任，红岗子公社、烧锅镇公社党委书记，安广镇党委副书记、镇长，党委书记。1991年10月至1995年12月，任白城地区（市）月亮泡水库管理局副局长兼纪委书记，局长、党委书记。1995年12月至2001年11月，任白城市供销合作社理事会主任、党委书记。

（辛劲）

白城市林业局局长
高　林

高林，1946年1月生于吉林省镇赉县。1968年7月毕业于大连水产学院养殖系（专科），同年参加工作。1972年10月加入中国共产党。现任白城市林业局局长、党委书记（2001年11月离岗）。

1968年8月至1970年3月，在中国人民解放军3010部队锻炼。1970年4月至1976年3月，任镇赉县政工组组长。1976年4月至1983年10月，任镇赉县坦途公社组织委员、管委会副主任、党委书记。1983年10月至1985年4月，任镇赉县委副书记。1985年4月至1992年7月，任通榆县委副书记、政协主席。1992年7月至1995年11月，任白城地区农机局局长、党委书记，白城市畜牧局局长、党委书记。1995年11月至2001年11月，任白城市林业局局长、党委书记。

（闫宏）

白城市林业局局长
章承仁

章承仁（满族），1951年4月生于吉林省通榆县。1971年11月 加入中国共产党。1986年7 月毕业于白城师范高等专科学校。1971年10月参加工作。现任白城市林业局局长、党委书记。

1971年10月至1989年5月，任通榆县十花道公社革委会副主任、党委副书记，乌兰花公社革委会主任、党委副书记，羊井公社党委书记，乌兰花乡 、新华乡党委书记。1989年5月至1999年6 月 ，任通榆县副县长，县委常委、常务副县长，县委副书记。1999年6月至2001年9月，任白城市农委主任。

（张仕信）

白城市畜牧局局长
王永凯

王永凯，1945年7月生于吉林省长岭县腰坨子乡。1987年 8月毕业于吉林省委党校党政理论专业。1969年10月参加工作。1966年12 月加入中国共产党。现任白城市畜牧局局长、党委书记（2001年11月离岗）。

1969年10月至1974年12月，任白城地区革委会办公室干事、共青团白城地委常委、部长。1975 年 1 月至 1978 年 12 月，任白城地区民政局副局长。1979年1月至1989年2月，任白城地区落实政策办公室干事，种子公司副科长，农业局副科长、科长。1989 年2月至 1999 年 8 月，任白城地区农业科学研究所副所长、白城市农业科学院院长。

2001 年，白城市畜牧局被省牧业管理局评为“牧业工作先进单位”。

（刘世才）

白城市畜牧局局长
孙　维

孙维，1955年5月生于吉林省大安县。1996年8月毕业于吉林省委党校经济管理专业。1972年12月参加工作。1987年12月加入中国共产党。现任白城市畜牧局局长、党委书记（2001年11月任）。

1972年12月至1978年4月，大安县海坨公社知识青年。1978年4月至1979年11月，在白城财贸学校读书。1979年11月至1987年4月，任大安县财政局企财科科员、股长。1987年4月至1992年7月，任白城地区财政局科员、副科长、科长，下派镇赉县嘎什根乡创业村任党支部副书记。1992年8月至2001年9月，任镇赉县副县长，县委常委、常务副县长，县委副书记。

2001年，在农村税费改革中，市委、市政府为孙维记二等功。

（刘世才）

白城市贸易局局长 孟宪武

孟宪武，1946年6月生于吉林省白城市。1972年3月加入中国共产党。1993年毕业于吉林省委党校党政管理专业，大专学历。1970年5月参加工作。现任白城市贸易局党委书记、局长、市政府蔬菜办公室主任、市商贸委员会负责人。

1970年5月至1983年12月，任白城地区医药站工人队长、科长、副经理。1983年12月至1992年9月，任白城地区医药管理局党委书记、局长。1992年9月至1994年7月，任吉林省医药药材公司党委书记，白城市商业局副局长兼白城市百货站党委书记、总经理。1994年7月至2000年6月，任白城市贸易局党委副书记、副局长。

（王利）

白城市粮食局局长 罗志新

罗志新，1948年11月生于吉林省白城市。1968年11月参加工作。1986年8月毕业于吉林省财贸干部管理学院。1971年加入中国共产党。现任白城市粮食局局长、党委书记。

1968年11月至1970年12月，镇赉县大屯公社知识青年、农机大修厂工人。1971年1月至1974年5月，任中国人民解放军大安中队班长。1974年6月至1983年4月，任白城地区财贸党委团委书记、地区财贸办公室科员、地委财贸部科长。1983年5月至1984年7月，任白城地委组织部一科负责人。1984年8月至1986年12月，在吉林省财贸干部管理学院学习。1986年12月至1996年8月，任大安市副市长、常务副市长，洮北区委副书记，洮北区委副书记兼政协主席。

2001年，市粮食局直属企业招商引资1 959万元，超额完成市政府下达的1 200万元任务。罗志新被评为2001年度白城市“招商引资先进个人”。

（刘安君）

白城市对外贸易经济合作局局长 刘跃义

刘跃义，1964年11月生于辽宁省盘锦市。1989年参加工作。1986年11月加入中国共产党。1987年7月毕业于东北大学采矿系，1989年7月毕业于东北大学管理系外贸专业。现任白城市对外贸易经济合作局局长、党委书记。

1989年7月至1995年3月，任辽宁省五金矿产进出口公司钢铁部经理。1995年3月至1998年3月，任辽宁省招商进出口公司副经理。1998年3月至2001年12月，任新加坡琴亚公司驻大连代表处代表。

（岳凤库）

白城市文化局局长
欧阳光

欧阳光，1951年7月生于吉林省白城市。1968年11月参加工作。1970年10月加入中国共产党。1973年9月毕业于华南理工大学。现任白城市文化局局长、党委书记。

1968年11月至1975年4月，任中国人民解放军战士、无线电技师。1975年4月至1986年7月,任白城地区交通局办公室主任、副局长、客运公司副经理,白城地委组织部科长。1986年7月至1995年10月，任白城地区（市）交通局副局长。1995年10月至2001年9月，任白城市政府外事办公室、侨务办公室主任。

（武扬　李东平）

白城市卫生局局长
王竹石

王竹石，1954年10月生于吉林省白城市。1973年8月参加工作。1986年4月加入中国共产党。2001年3月毕业于吉林省委党校经济管理专业。现任白城市卫生局党委书记、局长、副主任医师。

1973年8月至1993年4月，任白城市洮南神经精神病医院科主任、副院长、党委委员。1993年5月至1999年2月，任白城市洮南神经精神病医院院长、党委书记。1999年3月至2000年12月，任白城市卫生局党委副书记、副局长。

2001年，市卫生局被白城市政府授予“帮扶万元田（棚）先进单位”、“标准街路建设模范单位”称号。

（孙发堂）

白城市广播电视局局长
杜春峄

杜春峄，1949年8月生于吉林省前郭尔罗斯蒙古族自治县（简称前郭县）。1966年10月参加工作。1970年6月加入中国共产党。1985年7月毕业于东北师范大学政治系。现任白城市广播电视局局长、党委书记。

1966年10月至1986年2月，任前郭县八郎中学教员、校长，县委宣传部干事。1986年2月至1991年10月，任白城地委宣传部副科长、科长。1991年10月至1999年2月，任白城地（市）委宣传部副部长、文联党组书记。

2001年，白城市广播电视局在省广播电影电视局“创新立业”工程活动中，获“先进广播电视管理局”称号，杜春峄被评为“先进局长”。在城市开发建设管理总体战中，立二等功；被市委、市政府评为2001年度“招商引资先进个人”。

（马焉）

白城市体育局局长
郑鹏翔

郑鹏翔，1953年7月生于辽宁省沈阳市。1976年9月毕业于东北师范大学。1969年4月参加工作。1982年12月加入中国共产党。现任白城市体育局局长、党组书记。

1969年4月至1973年，通榆县苏公坨公社知识青年。1973年至1976年9月，在东北师范大学读书。1976年9月至1981年1月，任通榆县体育学校教练员。1981年1月至1983年9月，任通榆县体委副主任。1983 年 9 月至 1994 年 12 月，任白城地区文化体育处副处长、白城市体委副主任、党组成员。

2001 年，白城市体育局被国家体育总局授予“全国国民体质监测先进单位”称号。郑鹏翔被市委、市政府评为 2001 年度“招商引资先进个人”。

（李泰丰）

白城市计划生育委员会主任
孙志文

孙志文，1950 年 10 月生于吉林省白城县三合乡。1966 年 11 月参加工作。1971 年 7 月加入中国共产党。1994 年毕业于中央党校函授学院。现任白城市计划生育委员会主任、国家计生委人口管理培训交流中心客座教授。

1966 年 11 月至 1968 年 3 月，任白城市砂石厂工人。1968 年 3 月至 1973 年 3 月，任中国人民解放军战士、班长。1973 年 3 月至 1975 年 5 月，任白城机砖厂车间党支部书记、党委办公室主任。1975 年 5 月至 1984 年 9 月，任白城市（今洮北区）委组织部干事、组织员办公室主任。1984 年 9 月至 1998 年 4 月，任白城地（市）委组织部组织员办公室正科级组织员、副主任，办公室主任、副处级巡视员、副部长。

2001 年，白城市计生委被评为“全国计划生育系统先进单位”。孙志文被市委、市政府评为 2001 年度“招商引资先进个人”，市计生委获“公仆杯”优秀组织奖。

（郑晓志　石洪亮）

白城市审计局局长
王　峥

王峥，1949 年 4 月生于吉林省镇赉县坦途镇。1968 年 3 月参加工作。1969 年 7 月加入中国共产党。1985 年 7 月毕业于吉林工学院管理工程系工业经济工程专业。现任白城市审计局局长、党组书记。

1968 年 3 月至 1973 年，任中国人民解放军 3137 部队战士、班长。1973 年至 1983 年，任白城地区工交办公室科员，轻工业局、第一轻工业局副科长。1983 年至 1988 年，任白城地区轻化工业处（局）科长、秘书。1988 年至 1994 年，任白城地区（市）经济体制改革委员会副主任。1994 年至 1997 年，任大安市委副书记、大安市常务副市长。

2001 年，市审计局被市政府评为标准街路建设模范单位。王峥在城市开发建设管理总体战中，立三等功。

（袁娟）

白城市环境保护局局长
刘永宏

刘永宏（女），1956 年 2 月生于吉林省白城市。1980 年 7 月毕业于北京大学地理系环保专业，同年 8 月参加工作。1984 年 9 月加入中国共产党。现任白城市环境保护局局长。

1980 年 8 月至 1987 年 7 月，任白城地区环境保护办公室（处）科员、副科长、科长。1987 年 8 月至 1998 年 4 月，任白城地区（市）环境保护局副局长。

2001 年，白城市区环境质量指标考核成绩连续 5 年名列全省榜首。市环护境保局被省委、省政府授予“精神文明建设先进单位”称号；被市政府、市直机关党工委分别授予“信访工作先进单位”和“先进党总支”称号。刘永宏被市委、市政府评为 2001 年度“招商引资先进个人”；在城市开发建设管理总体战中，立三等功。

（闫兆玲）

白城市统计局局长
王佐新

王佐新，1943年7月生于吉林省扶余县。1962年毕业于吉林省地质学校，同年参加工作。1979年加入中国共产党。现任白城市统计局局长、党组书记（2001年11月离岗）。

1962年8月至1963年8月，任白城地区医药站科员。1963年8月至1983年9月，任白城地区食品公司科员、副科长，糖业烟酒公司科长，信托贸易公司副经理，商业处副科长。1983年9月至1988年4月，任白城地区统计处副处长。

2001年，市统计局的工业、农业、固定资产投资、建筑业、贸易餐饮业、劳动工资等专业的年报和各项定期统计报表工作在全省统计系统评比中受到表彰和奖励。1%人口抽样调查工作在全省评比中被评为“先进单位”。白城市第五次全国人口普查办公室被评为国家级“先进单位”。

（蔡云华）

白城市统计局局长
李亚芹

李亚芹（女），1954年6月生于吉林省扶余县。1980年2月毕业于吉林大学。1971年3月参加工作。1973年7月加入中国共产党。现任白城市统计局局长（2001年11月任）。

1971年3月至1973年4月，任扶余县长春岭镇下岱吉粮库业务员。1973年4月至1977年3月，任扶余县粮食局团委副书记、白城地区财贸办公室科员。1977年3月至1980年2月，在吉林大学读书。1980年2月至1982年5月，任吉林省统计局物资处科员。1982年5月至1995年11月，任白城地区（市）统计局科员、副科长、科长、副局长。

2001年，白城市统计局的工业、农业、固定资产投资、建筑业、贸易餐饮业、劳动工资等专业的年报和各项定期统计报表工作在全省统计系统评比中受到表彰和奖励。1%人口抽样调查工作在全省评比中被评为“先进单位”。积极参与组织和领导了全市第五次全国人口普查工作，白城市第五次全国人口普查办公室被评为国家级“先进单位”，李亚芹被评为吉林省“第五次人口普查工作先进个人”。

（蔡云华）

白城市政府外事　侨务办公室主任
常时光

常时光，1959年11月生于吉林省大安县。2001年8月毕业于南开大学经济管理系（研究生）。1982年7月参加工作。1984年6月加入中国共产党。现任白城市政府外事、侨务办公室主任，白城市旅游局局长。

1982年7月至1988年5月，任共青团白城地委宣传部干事、宣传部长。1988年5月至1996年2月，任共青团白城地委（市）副书记、书记。1996年2月至2001年10月，任镇赉县委副书记（正处级）。

（李宝君）

白城市经济体制改革办公室主任
孙玉山

孙玉山，1952年5月生于吉林省乾安县。1968年10月参加工作。1975年3月毕业于东北师范大学历史

系。1979年12月加入中国共产党。现任白城市经济体制改革办公室（简称体改办公室）主任。

1968年10月至1970年8月，乾安县安唱公社知识青年。1970年8月至1972年5月，任乾安县百货一商店营业组长。1972年5月至1975年3月，在东北师范大学历史系读书。1975年3月至1984年2月，任乾安县教师进修学校教师，农村工作队办公室、教育局科员，县委宣传部干事、副组长（副科级）。1984年2月至1994年12 月，任白城地区行署（市政府）办公室副科长、科长。1994年12月至1999年2月，任白城市经济体制改革委员会副主任。1999年2月至2001年9月，任白城市委政研室主任。

（姚士民）

白城市物价局局长
王景春

王景春，1945年10月生于吉林省通榆县。1968年12月毕业于中国人民解放军兽医大学。1970年加入中国共产党。1968年12月参加工作。现任白城市物价局局长（2001年9月免）、党组书记（2001年11月离岗）。

1968年12月至1974年10月，任黑龙江省军区独立二师指导员。1974年10月至1983年10月，任白城市（今洮北区）一轻局科员，白城地委组织部科员、检查员。1983年10月至1991年6月，任白城地区纪委委员、副书记。1991年6月至1998年4月，任白城行署（市政府）副秘书长、办公室主任。

2001年，市物价局被市委、市政府评为全市落实“党风廉政建设和反腐败”重点任务协调组优秀参加部门。

（董伟明）

白城市物价局局长
张海明

张海明，1950年7月生于吉林省洮南县。1990年8月毕业于吉林省委党校哲学系。1970年加入中国共产党。1973年12月参加工作。现任白城市物价局局长（2001年9月任）、党组书记（2001年11月任）。

1973年12月至1983年9月，任洮安县那金公社企业办公室会计、革委会副主任、党委副书记、革委会主任、党委书记。1983年9月至1986年8月，在吉林省农业干部管理学院、吉林省委党校党政培训班学习。1986年8月至1992年7月，任洮安县、洮南市工商局局长、党委书记。1992年7月至2001年9月，任通榆县委常委、纪委书记，县委常委、常务副县长，县委副书记。

2001年，张海明任通榆县委副书记分管农业，通榆县被白城市委、市政府授予“绿色食品开发先进县”称号。

（董伟明）

白城市民营经济发展局局长
杨志军

杨志军，1950年6月生于吉林省白城市。1986年7月毕业于吉林省财贸管理干部学院贸易经济专业。1968年11月参加工作。1969年4月加入中国共产党。现任白城市民营经济发展局（白城市乡镇企业管理局）局长。

1968年至1972年，参加中国人民解放军。1972年3月至1976年11月，任白城地区商业局科员、副科长。1976年11月至1995年12月，任白城地区（市）商业局副局长。1996年，任吉林省乡镇企业协会常务理事。

（李海军）

白城经济开发区党工委书记 石 勇

（石勇简历与照片见本书353页）

白城经济开发区管委会主任 季 委

（季委简历与照片见本书367页）

白城市民营经济发展区党工委书记 管委会主任 邱明义

邱明义，1958年3月生于吉林省梨树县。1976年7月参加工作。1983年7月毕业于白城师范高等专科学校中文系，研究生学历。1985年6月加入中国共产党。现任洮北区委常委、白城市民营经济发展区党工委书记、管委会主任。

1976年7月至1981年8月，任国营梨树县农场化工厂团委书记。1981年9月至1983年7月，在白城师范高等专科学校中文系读书，任团支部书记。1983年8月至1996年2月，任镇赉县第三中学教师，白城地区（市）工交办公室、轻化工业局科员，白城市委组织部干事、副科级巡视员、副科长、科长。1996年3月至2001年8月，任洮北区委常委、宣传部部长、组织部部长。

2001年，邱明义在洮北区委组织部工作期间，建议区委对干部任免实行全委会票决制，开创全省先河，在《中国纪检监察报》头版刊载。

（于永超）

白城市洮儿河灌区建设管理局党总支书记 包金龙

包金龙（蒙古族），1947年12月生于吉林省大安县。1968年11月毕业于大安县第一中学。1970年12月参加工作。1970年1月加入中国共产党。现任白城市察尔森水库洮儿河灌区建设管理局（简称白城市洮儿河灌区建设管理局）党总支书记。

1970年12月至1976年9月，任大安县叉干公社团委书记，大安县叉干、月亮泡公社党委副书记、书记。1976年9月至1980年10月，任大安县委常委兼平安公社党委书记。1980年10月至1999年1月，任大安县、通榆县副县长，白城市水利局副局长、党委副书记，白城市洮河灌区建设管理局局长、党总支书记。

（薛振华）

白城市洮儿河灌区建设管理局局长 陈福林

陈福林，1948年2月生于吉林省大安市大岗子乡。1968年7月毕业于大安县第一中学。1968年8月参加工作。1973年12月加入中国共产党。现任白城市洮儿河灌区建设管理局局长。

1968年8月至1993年5月，任大安县大岗子中学教师、校长，大安县东沟林场政工干部，大安市两家子镇革委副主任，联合乡乡长、党委书记，白城地区石油开发总公司、水利局科长。1993年5月至1999年

1月，任白城市洮儿河灌区建设管理局副局长。

（薛振华）

白城市芦苇局局长
杨　友

杨友，1950年1月生于吉林省长岭县。1993年12月毕业于中央党校函授学院。1967年9月参加工作。1972年6月加入中国共产党。现任白城市芦苇局局长、党组书记。

1967年9月至1992年9月，任白城地区万宝煤矿机修厂工人、车间主任、党支部书记、厂团总支书记、革委会副主任、矿选修科副科长，白城地区建筑公司副科长、机械化工程处副主任，白城地委组织部干事、副科级巡视员、地委组织员办公室正科级组织员、副主任（主持工作）。1992年9月至1995年10月，任白城地区（市）经济技术协作办公室副主任。1995年10月至1999年2月，任白城市经济技术协作办公室主任、党组书记。

2001年，白城市芦苇局被评为“白城市标准街路建设模范单位”。

（秦国芝　李晓娜）

白城市市直工业国有控股公司董事长
孙家刚

孙家刚，1951年2月生于吉林省乾安县。1968年11月参加工作。1976年5月加入中国共产党。1985年8月毕业于吉林工学院工业企业管理系（本科）。现任白城市市直工业国有控股公司董事长、党委书记。

1968年11月至1970年9月，乾安县大师公社大师大队知识青年。1970年9月，吉林省前郭炼油厂工人。1971年3月至1983年10月，白城地区工业物资供应站以工代干，轻工业局干部，一轻局干部、副科长。1983年10月至1985年8月，在吉林工学院工业企业管理系读书。1985年8月至1986年11月，任白城地区轻化工业处科长。1986年11月至1992年8月，任通榆县副县长。1992年8月至1999年11月，任白城地区调研室副主任，白城市重工业局副局长、党委副书记，白城市轻工业局局长、党委书记。

（季荣）

白城市市直工业国有控股公司总经理
田永福

田永福，1952年9月生于吉林省镇赉县。1970年1月参加工作。1977年8月毕业于吉林工业大学农机系农机制造专业（专科）。1977年8月加入中国共产党。现任白城市市直工业国有控股公司总经理。

1970年1月至1974年10月，洮安县保民公社新发大队、白城市（今洮北区）光明公社东五大队知识青年。1974年10月至1977年8月，在吉林工业大学农机系农机设计制造专业读书。1977年8月至1993年11月，任白城地区工交办公室重工科科员，重工业局科员、科长、副处级巡视员、纪检组长。1993年11月至1995年11月，任白城市工业局党委副书记、纪委书记。1995年11月至1999年7月，任白城市重工局副局长。1999年7月至2001年11月，任白城市市直工业国有控股公司副总经理。

（季荣）

白城市供销合作社理事会主任
付海祥

付海祥，1955年4月生于辽宁省阜新市。1975年

1 月参加工作。1976 年 11 月加入中国共产党。2001 年 10 月结业于吉林大学国民经济管理研究生班。现任白城市供销合作社理事会主任、党委书记。

1975 年 1 月至 1976 年 11 月，任通榆县边昭镇干部、县基本路线教育工作队队员、县委组织部干事。1976 年 12 月至 1992 年 11 月，任中共白城地委办公室干事 、白城行署办公室科员、副科级秘书、科长。1992 年 12 月至 1995 年 11 月，任白城地区（市）对外经济贸易委员会副主任。1995 年 12 月至 2001 年 11 月，任白城市对外贸易经济合作局副局长、党委副书记，局长、党委书记。1999 年 7 月至 2001 年 11 月，兼任白城市招商局局长。

（胡洪洲）

白城市市直国有商贸控股公司董事长
韩福玉

韩福玉，1952 年 9 月生于吉林省长岭县。1970 年 3 月加入中国共产党。1992 年毕业于中央党校党政专业，大专学历。1974 年 1 月参加工作。现任白城市市直国有商贸控股公司董事长、党委书记。

1974 年 1 月至 1992 年 5 月，任长岭县新安镇二里堡大队生产队政治队长、大队党支部书记，镇办企业负责人、镇农机修造厂厂长，腰坨子公社党委副书记、革委会副主任，长岭县国营牧场党总支书记、厂长，新安镇镇长、党委书记。1992 年 6 月至 1993 年 1 月，任白城地区农业局副局长、洮南市副市长。1993 年 1 月至 1998 年 4 月，任白城地区（市）粮食局副局长，物资局局长。1998 年 4 月至 2001 年 10 月，任物资总会会长、党委书记。

（王利）

白城市委　市政府信访办公室主任
任陶海

（任陶海简历与照片见本书 367 页）

白城市地方志办公室主任
邢国明

邢国明，1944 年 2 月生于吉林省白城市。1962 年毕业于中国人民解放军机要学校，1997 年毕业于吉林省委党校经济管理专业（函授本科）。1961 年 8 月参加工作。1966 年 4 月加入中国共产党。现任白城市地方志办公室主任（2001 年 11 月离岗）。

1961 年 8 月至 1962 年 7 月，在中国人民解放军机要学校学习。1962 年 7 月至 1969 年 12 月，任洮安县委办公室、扶余县委办公室机要员。1969 年 12 月至 1972 年 5 月，任扶余县伯都公社“五七”战士、武装部干事。1972 年 6 月至 1986 年 7 月，任白城地区革委会办公室文书、档案科副科长，白城地委保密委员会办公室秘书、副主任。1986 年 8 月至 1991 年 7 月，任白城行署国家保密工作处（局）副处（局）长。1991 年 8 月至 1992 年 7 月，任通榆县委副书记（下派）。1992 年 8 月至 1998 年 2 月，任通榆县委副书记、向海经济旅游开发区党工委书记、吉林向海国家级自然保护区管理局局长。1998 年 3 月至 1999 年 2 月，任白城市档案局副局长（正局级）、党组成员。

2001 年，邢国明任责任主编的《白城市志》（1986－1995），在全省新编地方志优秀成果评比中，被评为全省一等奖。

（张富 刘宁）

白城市地方志办公室副主任
张建和

张建和，1956 年 2 月生于吉林省白城市。1974 年 6 月参加工作。1981 年 12 月加入中国共产党。现任白

城市地方志办公室副主任（主持工作）。

1974年6月至1978年3月，洮安县三合公社方家大队知识青年。1978年3月至1979年8月，在白城师范学院（筹备处）中文系学习。1979年8月至1983年12月，任白城农业学校教师、团委书记。1983年12月至1995年11月，任白城地（市）委组织部青干科副科级巡视员、正科级巡视员，党总支副书记，白城地委整党办公室综合组副组长、党总支副书记。1995年11月至2001年11月，任白城市计划生育委员会副主任。

（张富）

白城市政府法制办公室主任
张志国

张志国，1950年8月生于吉林省大安县。1991年8月毕业于中国人民大学研究生院民法研究生班。1968年3月参加工作。1969年加入中国共产党。现任白城市政府法制办公室主任。

1968年3月至1971年3月，任中国人民解放军军士。1971年3月至1973年9月，任白城地区直属机关党委干事。1973年9月至1978年12月，任吉林省察尔森水库工程指挥部干事，大坝工区副主任、党委副书记。1979年1月至1984年8月，任白城地区中级人民法院审判员、副庭长。1984年8月至1986年8月，在吉林省政法管理干部学院离职学习。1986年8月至1988年6月，任白城地区中级人民法院办公室主任。1988年6月至 1998年5月,任白城地区（市）中级人民法院副院长。1998年5月至2001年12月，任白城市政府法制局局长。

2001年，张志国被市委、市政府评为2001年度“招商引资先进个人”。

（许新宇）

白城市经济技术协作办公室主任
吴长青

吴长青，1955年2月生于吉林省通榆县。1986年毕业于吉林省委党校。1970年2月参加工作。1973年2月加入中国共产党。现任白城市经济技术协作办公室主任、招商局局长。

1970年2月至1975年，任通榆县电信局报务员、团委副书记。1975年至1986年，任通榆县兴隆山公社党委副书记、通榆县羊井乡乡长。1986年至1998年，任白城地（市）委党校处长、工会主席、副校长。1998年至2001年，任吉林省广播电视大学白城分校党委书记、校长。

（马建平）

白城市人民防空办公室主任
刘忠仁

刘忠仁，1950年3月生于吉林省大安县大赉镇。1968年11月参加工作。1997年毕业于吉林省委党校经济管理专业，大学本科。1983年9月加入中国共产党。现任白城市人民防空办公室主任、党组书记。

1968年11月至1970年4月，大安县大赉镇林业大队知识青年。1970年5月至1985年12月，任白城地区建筑工程公司干事、团总支书记、劳资科副科长、工程处副主任。1986年1月至1995年10月，任白城地区城乡建设处、白城市建设委员会办公室副主任、主任，党委办公室主任。1995年11月至1999年3月，任白城市人民防空办公室副主任（主持工作）。

2001年，白城市人民防空办公室被市政府评为“标准街路建设先进单位”。

（靳瑞祥）

白城市无线电管理处处长
赵景祥

赵景祥，1950年2月生于吉林省公主岭市。1984年毕业于吉林大学。1968年3月参加工作。1969年10月加入中国共产党。现任白城市无线电管理处处长。

1968年3月至1979年10月，任海军37001部队战士、班长、排长、副连长、连长、助理员。1979年10月至1991年6月，任大安县卫生局股长，大安县委、白城市（今洮北区）委组织部科长、白城地委组织部科长。1991年6月至1999年3月，任白城行署（市）政府办公室副主任、市政府副秘书长。1999年3月至1999年7月，任白城市经济技术协作办公室主任。

（李莹洁）

白城市地震局局长
张柏德

张柏德，1952年10月生于吉林省通榆县。1972年10月毕业于长春地质学校物探专业，同年参加工作。1981年12月加入中国共产党。现任白城市地震局局长、高级工程师。

1972年10月至1978年12月，任白城地区综合地质大队物探观测员、吉林省化工地质三区队物探组组长。1978年12月至1995年11月，任白城地区（市）地震办公室科员、秘书（副科级）、科长、工程师。1995年11月至1999年3月，任白城市地震局副局长、高级工程师。

2001年，白城市地震局防震减灾工作被吉林省地震局评为一等奖，白城市地震局撰写的《白城地震趋势研究报告》在全省地震局评比中被评为第一名。白城市地震局获吉林省地震局丙级安全性评价资质，为全省惟一在市、州级发给的资质。

（李风起）

白城市中心医院院长
范德新

范德新，1949年1月生于吉林省榆树市。1968年12月参加工作。1983年4月加入中国共产党。1973年8月毕业于白求恩医科大学医疗系。现任白城市中心医院院长、党委书记，白城市急救中心主任，主任医师。受聘为《吉林医学》杂志编委，吉林省康复医学会副主任委员，吉林省心理卫生学会、吉林省肿瘤学会、现代医院管理全国理事会理事。

1968年12月至1994年8月，任医士、医师、科主任。1994年8月，任白城市中心医院副院长。

2001年，范德新当选为白城市科协副主席、吉林省科技大会代表。

（刘淑贤　孙发堂）

白城市第三人民医院院长
葛树立

葛树立，1962年11月生于吉林省大安县。1982年8月参加工作。1986年6月加入中国共产党。1984年8月毕业于吉林医学院。现任白城市第三人民医院（白城市洮南神经精神病医院）院长、副主任医师。

1982年8月至1987年8月，任助理讲师。1987

年8月至1997年12月，任白城地区卫生局人秘科科长，白城地（市）委组织部主任科员。1997年12月至2000年1月，任白城卫生学校副校长、白城市青年联合会常委。

（陈清波 陶平 孙发堂）

省属单位负责人

白城市国家安全局局长
王春田

（王春田简历与照片见本书365页）

白城市工商行政管理局局长
蒋 才

蒋才，1945年10月生于吉林省洮南县。1987年毕业于吉林省委党校党政基础理论专业。1963年9月参加工作。1966年3月加入中国共产党。现任白城市工商行政管理局局长（2001年11月免）、党组书记。

1963年9月至1973年10月，任洮安县合作副食品管理站团支部书记、食品公司团总支书记、团县委副书记。1973年11月至1983年12月，任白城地委组织部干事、副科长，审干办公室副主任、主任。1983年12月至1992年2月，任白城地委审干办公室副主任、整党办公室副主任，白城地区劳动人事处副处长、劳动局副局长。

（吕杰夫）

白城市工商行政管理局局长
黄文平

黄文平，1951年2月生于吉林省镇赉县。1975年8月毕业于白城地区农业学校，同年参加工作。1973年12月加入中国共产党。现任白城市工商行政管理局局长（2001年11月任）。

1975年8月至1980年10月，任白城地区农业学校教员，系团总支书记，校团委副书记、书记。1980年10月至1989年3月，任白城地委农工部干事，组织部干事、副科级巡视员、科长。1989年3月至1989年11月，任通榆县委组织部副部长。1989年12月至1992年11月，任白城地委组织部科长、副处级巡视员。1992年11月至2001年11月，任白城地区（市）工商行政管理局副局长。

（吕杰夫）

白城市质量技术监督局局长
周 骏

周骏，1953年10月生于吉林省长岭县。1974年5月毕业于白城师范学校中文科，同年参加工作。1974年7月加入中国共产党。现任白城市质量技术监督局局长、党组书记。

1974年5月至1981年10月，任白城地区教育学院教研员、教育局科员。1981年10月至1989年5月，任白城地区教育局副科长，地委办公室副科长、科长、副处级巡视员。1989年5月至1991年6月，任白城地区教委副主任。1991年6月至1997年10月，任白城行署、市政府副秘书长。1997年10月至1999年2月，任白城市广播电视局局长、党委书记、总编。1999年2月至2001年10月，任白城市教委主任、党委书记。

1999年当选为白城市委第二届委员。

（王丹）

白城市药品监督管理局局长
郝彧禾

郝彧禾，1954年1月生于吉林省大安县烧锅镇乡。1975年3月参加工作。1980年1月毕业于白求恩医科大学医疗专业。1974年加入中国共产党。现任白城市药品监督管理局局长、党组书记、副主任医师。

1975年3月至1980年2月，任大安县烧锅镇乡四一大队赤脚医生、生产队长、党支部书记、革委会副主任。1980年2月至1981年10月，任白城地区卫生局科员。1981年11月至1987年6月，任白城地区防疫站副站长、结核病防治所副所长。1987年7月至1995年10月，任白城地区（市）卫生学校副校长、地方病防治办公室主任、卫生局副局长。1995年11月至1999年3月，任白城市卫生局副局长，中心医院院长、党委书记。1999年3月，任白城市医药化工局局长。

2001年，白城市药品监督管理局被市委、市政府评为2001年度白城市“招商引资工作先进单位”，郝彧禾被评为2001年度白城市“招商引资先进个人”。

（刘莉莉）

吉林省白城市气象局局长
裴福军

裴福军，1957年6月生于内蒙古自治区突泉县。1976年8月参加工作。1988年6月加入中国共产党。1989年7月毕业于南京气象学院。现任吉林省白城市气象局局长 、党组书记 、高级工程师。

1976年8月至1993年，任白城地区农业气象观测站观测员、站长。1993年至1998年，任吉林省白城地区农业气象技术研究所所长、气象科技应用中心主任。1998年至2000年10月，任吉林省白城市气象局副局长。

2001年，省委、省政府授予吉林省白城市气象局“精神文明建设先进单位”称号。

（尹立武）

吉林省白城水文水资源勘测局局长
刘利民

刘利民，1954年5月生于内蒙古自治区突泉县。1977年9月毕业于吉林省水利电力学校，同年参加工作。1987年12月加入中国共产党。现任吉林省白城水文水资源勘测局局长、党总支书记。

1977年9月至1996年1月，任长春水文分站松花江水文站技术员、德惠县水利局科长、长春水文水资源勘测局德惠水文勘测队队长。1996年1月至2001年1月，任长春水文水资源勘测局副局长、吉林省水文水资源局科长。

（吴志敏）

中华人民共和国白城出入境检验检疫局局长
吕昭生

吕昭生，1950年2月生于黑龙江省宁安市。1968年3月参加工作。1970年8月加入中国共产党。1994年7月毕业于中央党校函授学院。现任中华人民共和国白城出入境检验检疫局（简称白城检验检疫局）局长。

1968年3月至1973年6月，任中国人民解放军23军69师无线电连报务员。1973年6月至1983年10月，任图们轧钢厂团总支书记、图们市委办公室秘书、团市委副书记、市人大办公室副主任。1983年10月至1990年7月，任图们市委组织部副部长、部长。1990年8月至2000年6月，任图们商检局副局长、局长，检验检疫局局长。

（佟伟军）

白城市烟草专卖局局长
张凤武

张凤武，1952年6月生于吉林省白城市。1968年10月参加工作。1972年7月加入中国共产党。1993年7月毕业于中央党校经济管理专业。现任白城市烟草专卖局局长、吉林省烟草公司白城分公司经理、党组书记、经济师。

1968年10月至1970年12月，白城市（今洮北区）青山公社到保农场知识青年。1970年12月至1975年1月，任中国人民解放军铁三师十二团文书。1975年1月至1992年5月，任镇赉县劳改总队科员、县医药公司商店副主任、商业职工学校副校长、商业局党委组织委员、财贸办公室科员、坦途镇经委副主任、财贸办公室副主任。1992年5月至1998年9月，任镇赉县烟草专卖局局长、烟草公司经理。1998年9月至1999年7月，任白城市烟草专卖局副局长、烟草公司副经理、党组成员。

2001年，白城市烟草专卖局被省委、省政府命名为“精神文明建设先进单位”。

（吴文良）

白城市国家税务局局长
王　勇

王勇，1957年5月生于吉林省梨树县。1974年7月参加工作。1984年7月毕业于延边大学。1983年加入中国共产党，现任白城市国家税务局局长、党组书记。

1974年7月至1980年9月，任延边朝鲜族自治州龙井县果树场工人。1980年9月至1984年7月，在延边大学读书。1984年7月至1990年10月，任延边大学宣传部干事、组织部组织员。1990年10月至1993年2月，任吉林省税务局基层处主任科员。1993年2月至1994年10月，任《吉林税务》杂志社副社长。1994年10月至1995年8月，任吉林省国家税务局办公室副主任。1995年8月至1997年3月，任《吉林税务》杂志社社长。1997年3月至2000年12月，任吉林省税务学校校长。

2001年，白城市国家税务局和4个县（市）局均被省委、省政府授予“文明单位”称号。在城市开发建设管理总体战中，市国家税务局被市委、市政府评为“先进单位”，王勇立二等功。为表彰市国税局在税收工作中做出的突出贡献，市政府决定，为市国税局记集体二等功，并为王勇记二等功。

（鄂文明）

白城市地方税务局局长
王桂林

王桂林，1952年12月生于前郭县。1970年12月参加工作，同年12月加入中国共产党。1993年3月毕业于吉林省委党校经济管理专业，大学本科。现任白城市地方税务局局长。

1970年12月至1975年3月，任辽宁省开原县1400部队车长。1975年4月至1988年10月，任白城地区财政局科员、副科长、科长。1988年10月至1994年8月，任白城地区财政局副局长、吉林省财政厅副处长(上派)、白城地区(市)财政局副局长。1994年8月至2001年1月，任白城市地方税务局副局长。

2001年，在城市开发建设管理总体战中，市地方税务局被市委、市政府评为“先进单位”，王桂林立二等功。

（王德平）

白城地震台台长
岳广海

岳广海，1952年8月生于吉林省白城市。1972年10月毕业于长春地质学校，同年10月参加工作。1984年6月加入中国共产党。现任白城地震台台长、工程师。

1972年10月至1979年8月，任白城地区综合地质大队物探技术员。1979年8月至1990年3月，任白城市（今洮北区）齿轮厂干部、机砖厂科长。1990年3月至1998年4月，任白城地震台工程师。1998年4月至2000年12月，任白城地震台副台长(主持工作)。

2001年，白城地震台在吉林省地震局地电、水汞观测质量评比中，均获优秀奖。

（李风起）

白城供电公司总经理
李　明

李明，1965年1月生于黑龙江省富锦县。1988年7月毕业于华北电力大学继电保护自动远动专业，硕士研究生，同年参加工作。1988年5月加入中国共产党。现任白城供电公司总经理、高级工程师。

1988年7月至1991年10月，在长春电业局一次变工区工作。1991年11月至1992年10月，任长春电业局500KV合心变电所专责工程师。1992年10月至1998年1月，任长春电业局信息中心副主任、生产技术处处长、局长助理。1998年1月至1998年12月，任长春电业局副局长、吉林省电力有限公司（简称省电力公司）营销部副主任。

2001年，白城供电公司连续实现3个百日安全生产周期，被省电力公司评为2001年度“安全生产先进单位”。被市委、市政府授予纳税超千万元企业“白城功臣单位”称号。

（丁雪原）

白城供电公司党委书记
王志宏

王志宏，1960年6月生于吉林省辽源市。1982年毕业于东北电力学院电力系统继电保护与自动化专业，同年参加工作。1986年6月加入中国共产党。现任白城供电公司党委书记、高级工程师。

1982年至1983年10月，任东北电力学院电力系教研室教师、四平电业局调试所调试员。1983年10月至1998年11月，任辽源电业局调试所副所长、所长，辽源电业局送变电工区主任、工程师兼生产部主任、总工程师，副局长兼总工程师。

2001年，白城供电公司连续实现3个百日安全生产周期，被省电力公司评为2001年度“安全生产先进单位”。被市委、市政府授予纳税超千万元企业“白城功臣单位”称号。

（丁雪原）

白城市邮政局局长
司永江

司永江，1955年6月生于广西省南宁市。1970年

7 月参加工作。1982 年毕业于长春邮电学院高等函授通信工程专业，2001 年毕业于吉林大学研究生学院经济管理专业研究生进修班。1984 年加入中国共产党。现任白城市邮政局局长、党委书记、高级经济师。

1970 年 7 月至 1976 年 5 月，任内蒙古自治区突泉县邮电局无线报务员。1976 年 5 月至 1998 年 9 月，任白城地区（市）邮电局报务员，农村支局检查员，描图员，综合统计员，行政秘书，办公室副主任、主任，档案科长，副局长。

（邱志军）

吉林省通信公司白城市分公司经理
陆作义

陆作义，1949 年 6 月生于吉林省公主岭市。1993 年毕业于中央党校函授学院政治专业（大学本科）。1970 年 9 月加入中国共产党。1968 年 3 月参加工作。现任吉林省通信公司白城市分公司经理、党委书记、高级经济师。

1968 年 3 月至 1971 年 3 月，任中国人民解放军某部战士。1971 年 3 月至 1994 年 7 月，任怀德县邮电局机务员、站长、宣传干事，公主岭邮电局科长。1994 年 7 月至 1998 年 2 月，任靖宇县邮电局局长。1998 年 2 月至 2000 年 8 月，任公主岭邮电局党委副书记、局长、党委书记。

2001 年，陆作义当选为白城市二届政协委员；获 2001 年度吉林省“五一”劳动奖章；被省总工会评为“全心全意依靠职工办企业优秀经营者”，为全市惟一获得此殊荣者。

（魏雪峰）

中国联合通信有限公司白城分公司总经理
冷廷显

冷廷显，1957 年 5 月生于吉林省白城市。1980 年 6 月加入中国共产党。1976 年 12 月参加工作。1980 年 6 月毕业于长春邮电学院载波通信专业，1993 年 7 月毕业于吉林省委党校经济管理专业。现任中国联合通信有限公司白城分公司总经理、高级经济师。

1976 年 12 月至 1995 年 1 月，任吉林省军区军士。1995 年 1 月至 1998 年 10 月，任白城市邮电局无线通信科科长。1998 年 10 月，任吉林国信寻呼有限责任公司白城分公司总经理。

2001 年，中国联合通信有限公司白城分公司收支系数、资产报酬率、百元人工成本创造收入、营业收入增长率、收支差额贡献率、收入市场占有率等项综合考评指标名列全省 9 个分公司第一名。

（陈雷）

吉林省移动通信公司白城市分公司经理
刘永胜

刘永胜，1964 年 11 月生于吉林省前郭县吉拉吐公社。1986 年 7 月毕业于吉林省邮电学校，同年参加工作。1994 年 12 月加入中国共产党。现任白城市移动通信分公司经理、党委书记。

1986 年 7 月至 1999 年 7 月，任松原市邮电局机务员、程控班长、网管中心主任、交换科科长。1999 年 7 月至 2001 年 4 月，任松原市移动通信分公司副经理。

2001 年，白城市移动通信分公司获省级“文明标兵单位”称号。

（赵晨星）

中国人民银行白城市中心支行行长
李桂林

李桂林，1963年12月生于吉林省榆树县。1990年毕业于东北师范大学中文系中国现代文学专业（研究生）。1986年3月加入中国共产党。1990年参加工作。现任中国人民银行白城市中心支行党委书记、行长，国家外汇管理局白城市中心支局局长。

1990年7月至1993年3月，任中国人民银行长春市分行秘书。1993年3月至1994年，任长春市金融研究所负责人（主持工作）、副所长。1995年12月至1998年，任中国人民银行长春分行调统处副处长、计划资金处副处长（主持工作）。1999年至2001年3月，任中国人民银行沈阳分行货币信贷处副处长。

2001年，中国人民银行白城市中心支行被中国人民银行沈阳分行授予完成"银行机构抓降指标"、"国有独资商业银行抓降指标"、"农村信用社综合监管指标"先进单位。李桂林被中国人民银行沈阳分行评为"金融监管工作先进个人"。

（李建强）

中国农业发展银行白城市分行副行长
李长顺

李长顺，1948年4月生于吉林省白城市。1970年5月参加工作。1980年9月毕业于白城师范专科学校中文系，大专学历。1970年加入中国共产党。现任中国农业发展银行白城市分行副行长（正处级）、党委书记、高级经济师。

1970年5月至1975年5月，任内蒙古生产建设兵团第六师修配厂文书。1975年5月至1978年9月，任白城市（今洮北区）房产处文书、明仁区秘书。1978年9月至1980年9月，在白城师范专科学校中文系读书，任班长。1980年9月至1996年10月，任中国农业银行白城地区（市）中心支行计划科科员、科长，工会主席（副处级），副行长。1996年10月至1999年5月，任中国农业发展银行白城市分行副行长（正处级）、党委副书记，党委书记。

（赵毅）

中国工商银行白城市分行副行长
黄树文

黄树文，1953年9月生于吉林省长岭县。1986年7月毕业于陕西财经学院。1977年8月参加工作。1986年11月加入中国共产党。现任中国工商银行白城市分行（简称市工商银行）副行长、党委书记、高级经济师。

1977年8月至1980年4月，任长岭县永升中学教师。1980年4月至1996年5月，任白城地区（市）工商银行干校教员，工业信贷科科员、副科长、科长，大安市工商支行副行长（挂职锻炼）。1996年6月至1997年8月，任市工商银行营业部主任。1997年8月至2001年12月，任市工商银行副行长。

（刘洪太）

中国农业银行白城市分行副行长
吴长河

吴长河，1962年1月生于吉林省乾安县。1983年8月参加工作。1998年毕业于东北师范大学政治经济学专业（研究生）。1988年加入中国共产党。现任中国农业银行白城市分行（简称农行白城市分行）副行长、高级会计师。

1983年8月至1992年12月，任农行乾安县支行

会计科综合员、计财科科长。1993年1月至1997年11月，任农行乾安县支行副行长、行长。1997年11至2001年12月，任农行白城市分行副行长、党委副书记（主持工作）。

2001年，农行白城市分行团委被中国农业银行团委授予“青年文明号”称号；农行白城市分行被吉林省农行评为“先进单位”。吴长河被中国农业银行授予“职工贴心人”称号；被吉林省农行评为“优秀党员”。

（刘宏宇）

中国建设银行白城市中心支行行长
董志坚

董志坚，1954年1月生于内蒙古自治区乌兰浩特市。1972年10月参加工作。1996年毕业于吉林大学商学院。1974年12月，加入中国共产党。现任中国建设银行白城市中心支行（简称市建行）行长、党委书记、高级经济师。

1972年10月至1973年1月，任中国人民银行白城专区中心支行科员。1973年1月至1979年7月，任中国人民建设银行白城专区中心支行（简称建设银行）科员、副科长、科长。1979年7月至1982年7月，任建设银行察尔森办事处副主任。1982年8月至1999年8月，任白城地区（市）建行副科长、科长、主任、副行长。

2001年，市建行压缩不良贷款3 470万元，不良贷款率比2000年下降6.34个百分点，居全省市、州建行之首。中国人民建设银行授予市建行“提高资产质量降低不良贷款先进集体”称号；省委、省政府授予“思想政治工作先进企业”称号。市建行党委被市委组织部评为“先进基层党组织”。

（张志明）

中国银行白城市分行副行长
于连平

于连平，1950年12月生于吉林省柳河县柳河镇。1970年6月参加工作。1971年10月加入中国共产党。1999年7月毕业于吉林大学（函授）。现任中国银行白城市分行副行长（主持工作）、党委书记。

1970年6月至1974年4月，任柳河县化肥厂车间主任、党支部书记。1974年4月至1994年10月,任柳河县委组织部组织员，三源卜镇郊公社、环城公社党委副书记，化肥会战指挥部主任，县建行副行长、行长。1994年11月至1996年8月，任中国银行集安支行副行长。1996年9月至1998年11月，任中国银行辉南支行行长。1998年12月至2000年5月，任中国银行吉林省分行副处长。

（王秀军）

中国人民保险公司白城分公司总经理
张奇志

张奇志，1950年10月生于吉林省乾安县。1968年10月参加工作。1971年7月加入中国共产党。1985年7月毕业于白城师范高等专科学校。现任中国人民保险公司白城分公司总经理、高级经济师、白城市人大财经委员会委员。

1968年10月至12月，乾安县余城公社迎新大队知识青年。1968年12月至1979年10月，任广州军区空军后勤部战士、班长、技术员、测绘队长、干事。1979年10月至1986年10月，任乾安县委农林党委、工交党委、农村工作部干事，组织部干事、科长。1986年10月至1992年1月，任乾安县人民保险公司副经理、党组成员。1992年1月至1995年12月，任前郭县人民保险公司经理、党组书记。1995年12月至2000年12月，任松原市人民保险公司副总经理、党组成员、纪委书记。

（闫振华）

中国人寿保险公司白城分公司总经理
王忠权

王忠权，1957年7月生于吉林省大安县。1986年12月毕业于吉林省广播电视大学商业企业管理系。1974年参加工作。1985年7月加入中国共产党。现任中国人寿保险公司白城分公司（简称市人寿保险公司）总经理、党委书记、高级经济师。

1974年至1975年12月，大安县海坨公社知识青年。1975年12月至1985年8月，任大安县供销社科员、副科长。1985年8月至1988年2月，任大安市人民保险公司办公室副主任。1988年2月至1996年4月，任中国人民保险公司白城中心公司办公室副主任、中国人民保险公司洮南支公司经理。1996年4月至2000年1月，任市人寿保险公司副总经理。

2001年，市人寿保险公司，被省人寿保险公司评为“标准新单业务标兵单位”；被白城市评为“精神文明建设先进单位”。王忠权被评为全省人寿保险系统“优秀高级管理干部”。

（田坤元）

白城市社会保险公司总经理
李忠林

李忠林,1950年5月生于吉林省扶余县。1970年

10月参加工作。1973年7月加入中国共产党。1988年毕业于吉林财贸学院。现任白城市社会保险公司总经理、党组书记。

1970年10月至1982年9月，任扶余县石桥供销社营业员、扶余县供销社科长、扶余县委财贸部干事。1982年9月至1984年7月，在吉林财贸学院进修。1984年7月至1986年8月，任扶余县委研究室副主任，三岔河镇镇长、镇委副书记。1986年8月至1988年7月，在吉林财贸学院研究生班进修。1988年7月至2001年3月，任前扶开发区政策处干事，商贸局副局长，松原市社保公司副经理，总经理、党组书记。

（马长江）

中国石油天然气股份有限公司吉林白城销售分公司经理
黄荣君

黄荣君，1951年3月生于吉林省镇赉县。1993年12月毕业于中央党校函授学院。1969年1月参加工作。1970年加入中国共产党。现任中国石油天然气股份有限公司吉林白城销售分公司经理、党委书记、高级经济师。

1969年1月至1978年，任空军四总队军士、排长、副连长、连长。1981年10月至1984年1月，任洮安县食品厂股长、商业局科员。1984年1月至1996年6月，任洮南石油公司油库主任，石油公司副经理、经理。1996年6月至1998年8月，任白城石油公司副经理。

2001年，黄荣君被中国石油天然气股份有限公司

吉林销售公司授予2001年度“劳动模范”称号。

（闫云波）

吉林储备物资管理局二三七处处长
姜永昌

姜永昌，1957年8月生于吉林省通化市。1982年11月加入中国共产党。1983年7月毕业于吉林农业大学农业经济系，同年参加工作。现任吉林储备物资管理局二三七处处长。

1983年7月至1991年4月，任吉林农业大学农业经济系政治辅导员、团总支书记 、党总支副书记。1991年4月至1994年12月，任吉林农业大学校长办公室副主任 、计划财务处处长。1994年12月至 1999年8月，任吉林储备物资管理局劳动人事处处长。

二三七处被吉林储备物资管理局评为2001年度“仓库管理先进单位”，姜永昌被吉林储备物资管理局评为2001年度“优秀处级干部”。

（邹国栋）

白城师范高等专科学校党委书记
任 兴

任兴，1941年6月生于吉林省德惠县。1965年6月加入中国共产党。1966年7月毕业于吉林师范大学中文系。1966年9月参加工作。现任白城师范高等专科学校党委书记。

1966年9月至1974年8月，任长岭县第五中学教员、县文教局科员、县委宣传部报道组长。1974年8月至1980年10月，任白城地委宣传部干事、副科长。1980年10月至1990年11月，任长春光机学院院长办公室秘书、副主任、主任、院党委委员。

1998年，任兴当选为白城市第二次党代会代表、吉林省第七次党代会代表。

（刘凤冰）

白城师范高等专科学校校长
车元路

车元路，1943年1月生于吉林省梨树县。1965年8月毕业于吉林师范大学中文系，同年参加工作。1974年12月加入中国共产党。现任白城师范高等专科学校校长。

1965年8月至1979年1月，任白城地区教师进修学院教师，白城地区革委会政治部干事，白城地委宣传部干事、副科长。1979年1月至1984年1月，任白城师范高等专科学校党委办公室负责人。1984年1月至1997年5月，任白城师范高等专科学校党委副书记。

1998年，车元路兼任市人大常委会教科文委员会副主任委员。

（刘凤冰）

吉林省地方病第一防治研究所所长
高崇华

高崇华，1956年1月生于吉林省大安县。1973年1月参加工作。1984年9月加入中国共产党。1987年7月毕业于哈尔滨医科大学卫生管理专业。现任吉林省地方病第一防治研究所所长（2001年4月免）、主任医师。

1973年1月至1978年10月，任大安县舍力公社“五七”服务队砖厂厂长，舍力供销社驾驶员。1978年10月至1981年8月，在白城市卫生学校学习。1981年8月至1995年9月，任吉林省地方病第一防治研究所医师，所长办公室副主任、主任，副所长。

2001年，吉林省地方病第一防治研究所被评为吉林省“精神文明建设先进单位”、“军民共建先进单位”；被白城市委评为“三五”普法先进单位。

（祁桂华）

吉林省地方病第一防治研究所所长
江森林

江森林（满族），1963年4月生于吉林省白城市。1987年6月毕业于吉林省农业科学院动物遗传专业，硕士学位，同年参加工作。1997年7月加入中国共产党。现任吉林省地方病第一防治研究所所长（2001年4月任）、研究员、中国疾病预防控制中心全国鼠疫布氏菌病控制基地常务副主任。

1987年6月至1990年2月，任吉林省农业科学院畜牧研究所科员。1990年2月至2001年8月，任吉林省地方病第一防治研究所科员、所长办公室副主任，宣传科长兼所长办公室主任，副所长。

2001年，吉林省地方病第一防治研究所被评为吉林省“精神文明建设先进单位”、“军民共建先进单位”；被白城市委评为“三五”普法先进单位。

（祁桂华）

吉林省地方病第一防治研究所党委书记
贾　文

贾文，1949年9月生于吉林省大安县。1969年8月加入中国共产党。1968年2月参加工作。1983年7

月毕业于中国人民解放军宣化炮兵学院政治系。现任吉林省地方病第一防治研究所、中国疾病预防控制中心全国鼠疫布氏菌病控制基地党委书记。

1968年2月至1981年2月，任中国人民解放军陆军第119师战士、排长、副政治指导员、政治指导员。1981年2月至1985年9月，任中国人民解放军第119师炮兵团4营、榴炮2营、356团1营政治教导员。1985年9月至1989年9月，任吉林省地方病第一防治研究所总务科副科长、科长兼工会主席。1989年9月至1995年9月，任吉林省地方病第一防治研究所纪委书记、党委副书记兼纪委书记。

2001年，吉林省地方病第一防治研究所被评为吉林省“精神文明建设先进单位”和“军民共建先进单位”；被市委评为“三五”普法先进单位和“基层先进党委”。贾文被评为吉林省“统战工作先进个人”。

（祁桂华）

白城热电厂厂长
郭子健

郭子健，1951年10月生于吉林省双阳县。1975年8月毕业于长春电力工业学校热能动力装置专业，1998年毕业于吉林省委党校经济管理专业，大学本科。1968年3月参加工作。1971年12月加入中国共产党。现任白城热电厂厂长、党委书记，高级经济师。

1968年3月至1973年9月，任中国人民解放军海军4113部队1大队2中队工作员。1973年9月至1975年8月，在长春电力工业学校热能动力装置专业学习。

1975年9月至1998年4月，任长山热电厂办公室科员、主任，汽车分场党支部书记，服务公司党总支书记、经理，行政管理处、劳动人事处处长，长山热电厂副厂长。

2001年，吉林龙华热电股份有限公司白城热电厂被吉林省电力工会授予“群众性经济技术先进单位”称号，被中华全国总工会授予“模范职工之家”称号，被白城市评为“精神文明建设先进单位”，被吉林省委、省政府授予“军民共建先进单位”称号，被吉林省电力公司授予“双文明建设先进单位”称号。郭子健被吉林省电力公司授予“双文明建设先进个人”称号。

（任宏伟）

白城市科研单位及大、中专院校负责人

白城市农业科学院院长 李占先

李占先，1947年1月生于吉林省扶余县。1965年8月参加工作。1979年8月毕业于白城师范专科学校。1984年6月加入中国共产党。现任白城市农业科学院院长（2001年9月免）、党委书记。

1965年8月至1978年4月，任扶余县榆树沟中学教员。1978年4月至1979年7月，在白城师范专科学校物理系读书。1979年7月至1984年8月，任白城地区农业学校教员。1984年4月至1990年12月，任白城地区农业学校副校长。1990年12月至1999年8月，任白城地区（市）农业开发项目办公室副主任、主任。

（孙孟君）

白城市农业科学院院长 金喜双

金喜双，1967年2月生于吉林省大安县。1988年7月毕业于吉林农业大学，同年参加工作。1992年6月加入中国共产党。现任白城市农业科学院院长（2001年9月任）、党委副书记。

1988年7月至1989年6月，任大安市农业技术推广中心科员、植保站站长。1989年6月至2000年10月，任大安市政府办公室副主任。2000年10月至2001年1月，任大安市新荒乡党委书记。2001年1月至2001年9月，任大安市市长助理。

（李莉）

白城市林业科学研究院院长 陈庆

陈庆，1956年7月生于吉林省扶余县。1983年2月加入中国共产党。1980年8月毕业于白城师范专科学校。1976年3月参加工作。现任白城市林业科学研究院院长、党总支书记。

1980年7月至1984年2月，任共青团镇赉县委宣传部部长。1984年2月至1989年7月，任镇赉县人事局干部科科长。1985年2月至1999年7月，任镇赉县保民乡党委副书记、乡长，党委书记。1999年7月至2000年5月，任镇赉县委常委、办公室主任。

（费建伟）

白城市农牧机械化研究院院长 盛霖

盛霖，1944年10月生于吉林省德惠市。1970年8

月毕业于东北师范大学中文系，同年参加工作。1971年8月加入中国共产党。现任白城市农牧机械化研究院院长、高级工程师(2001年11月离岗)。

1970年8月至1976年6月，任扶余县北陶公社中学教师，北陶公社团委书记，县革委会政治部、组织部干事，团县委常委，榆树沟公社党委副书记、革委会副主任。1976年6月至1986年1月，任白城地委组织部干事、科长。1986年1月至1995年9月，任白城地区（市）农牧机械化研究所（院）副所长、副院长。

（孙孟君）

白城市农牧机械化研究院院长
许广山

许广山，1960年11月生于吉林省前郭县。1982年8月毕业于吉林农业大学。1983年7月参加工作。1984年12月加入中国共产党。现任白城市农牧机械化研究院院长(2001年11月任)、研究员。

1983年7月至1989年10月，任白城市农机研究所助理工程师。1989年10月至2001年10月，任白城地区农牧机械化研究所副所长、高级工程师，白城市农牧机械化研究院副院长、研究员。

（孙孟君）

吉林省广播电视大学白城分校校长
邓　耀

邓耀，1954年2月生于吉林省长岭县。1973年8月参加工作。1976年6月加入中国共产党。1978年5月毕业于吉林省委党校。现任吉林省广播电视大学白城分校校长、党委书记、高级讲师。

1973年8月至1986年8月，任吉林省白城卫生学校教师、教研室主任，附属医院院长，教务科长（党支部书记、党委委员）。1986年8月至1993年5月，任吉林省白城卫生学校党委副书记、副校长、纪委书记、工会主席。1993年5月至2001年11月，任白城市计划生育委员会副主任兼党总支书记。

（高崇信）

白城市职工大学党委书记
王甲生

王甲生，1944年3月生于吉林省大安县。1964年8月参加工作。1966年3月加入中国共产党。1993年3月毕业于吉林省委党校党政管理专业。现任白城市职工大学党委书记、高级讲师。

1964年8月至1980年7月，任白城农业学校教务干事，团委干事、团委副书记、书记，农学系党总支书记，政治处主任。1980年7月至1988年9月，任白城农业学校党委副书记、书记。

（张颖娜）

白城市职工大学校长
裴锡铁

裴锡铁，1949年12月生于吉林省大安县安广镇。1968年11月参加工作。1971年4月加入中国共产党。1990年7月毕业于吉林大学国民经济管理专业。现任白城市职工大学校长。

1968年11月至1969年11月，大安县古城公社知

识青年。1969年11月至1975年3月，任中国人民解放军3145部队卫生队班长、代理军医。1975年3月至1981年3月，任白城地区制氧机配件厂团委书记。1981年3月至1992年12月，任白城市职工大学教师、教务处主任、副校长。

（牟荣康）

白城市农业机械化学校党委书记
丁光辉

丁光辉（回族），1947年10月生于吉林省大安县。1968年9月参加工作。1973年5月加入中国共产党。1975年1月毕业于东北师范大学数学系。现任白城市农业机械化学校党委书记、高级讲师。

1968年9月至1975年1月，大安县大赉镇回民生产队社员。1975年1月至1976年10月，任白城地区农业学校教师、林园系干事。1976年10月至1992年8月，任白城地区农业机械化学校教师、教务科负责人，党委副书记、纪委书记、工会主席。

（张颖娜）

白城市农业机械化学校校长
赵　平

赵平，1943年12月生于辽宁省彰武县。1967年7月毕业于吉林工业大学农机设计制造专业。1968年9月参加工作。1984年6月加入中国共产党。现任白城市农业机械化学校校长、高级讲师。

1968年9月至1979年6月，任陕西省山阳农业机械厂、吉林省前郭县新庙农机厂技术员。1979年6月至1992年6月，任白城地区农业机械化学校教师、教务处副主任、副校长。

（张颖娜）

白求恩医科大学白城医学院党委书记
丁子军

丁子军，1944年10月生于黑龙江省双城县。1965年7月参加工作。1973年3月加入中国共产党。1970年7月毕业于白求恩医科大学临床医学专业。现任白求恩医科大学白城医学院、吉林省白城卫生学校党委书记（2001年11月免）。

1970年8月至1983年3月，任通榆县医院副院长。1983年3月至1984年11月，任白城地区卫生防疫站站长。1984年11月至2000年5月，任白城地区计划生育处副处长，白城市卫生局副局长，局长、党委书记。

（姜丽玲）

白求恩医科大学白城医学院党委书记
王文双

王文双，1955年1月生于吉林省前郭县。1973年8月参加工作。1984年6月加入中国共产党。1989年7月毕业于吉林省委党校。现任白求恩医科大学白城医学院党委书记（2001年11月任）、高级讲师。

1973年8月至2001年11月，任吉林省白城卫生学校教师、党委办公室干事（副科级）、教务科副科长兼教研室主任、副校长。

2001年，白求恩医科大学白城医学院被吉林省委、省政府评为“精神文明建设先进单位”。

（姜丽玲）

白求恩医科大学白城医学院院长
于洪光

于洪光，1953年6月生于吉林省大安县。1970年3月参加工作。1976年6月加入中国共产党。1975年1月毕业于东北师范大学体育系。现任白求恩医科大学白城医学院院长、吉林省白城卫生学校校长、高级讲师。

1970年3月至1972年4月，大安县来福公社知识青年。1972年4月至1975年1月，在东北师范大学读书。1975年1月至1990年12月，任白城地区农业学校教师，教研室主任、党支部书记，党委办公室干事、负责人、主任，党委委员、工会主席。1990年12月至1997年10月，任吉林省白城卫生学校副校长。

2001年，白求恩医科大学白城医学院被吉林省委、省政府评为“精神文明建设先进单位”。

（姜丽玲）

白城财经学校党委书记
王雨田

王雨田，1942年10月生于吉林省白城市。1963年7月参加工作。1969年9月加入中国共产党。1993年8月毕业于吉林省委党校党政管理专业。现任白城财经学校党委书记、高级讲师。

1963年7月至1966年2月，任白城市文化小学教师。1966年2月至1976年5月，任白城市（今洮北区）人事监察局、市文化局科员，市委宣传部、人武部干事。1976年5月至1981年2月，任白城军分区政治部副营级干事。1981年2月至1984年1月，任大安市人武部科长、白城军分区政治部干事。1984年1月至1991年10月，任白城地委对台湾工作办公室主任、社会科学学会联合会副主席、宣传部副部长。1991年10月至1998年4月，任白城财经学校党委书记、校长。

（张颖娜）

白城师范高等专科学校分校党委书记
袁万祥

袁万祥，1945年8月生于吉林省白城市。1969年7月毕业于东北师范大学物理系，同年参加工作。1979年6月加入中国共产党。现任白城师范高等专科学校分校党委书记。

1969年8月至1984年7月，任白城市保平中学、第八中学教师，第三中学教导主任，第十三中学副校长，第二中学校长。1984年8月至1987年3月，任白城行署机关党委委员、宣传部部长。1987年4月至2000年1月，任白城市纪委副处级巡视员、副书记兼监察局局长。

（朱玉萍）

白城师范高等专科学校分校校长
唐克杰

唐克杰，1949年11月生于大安县舍力镇。1968年9月参加工作。1975年1月毕业于东北师范大学物理系，同年加入中国共产党。现任白城师范高等专科学校分校校长。

1968年9月至1969年7月，大安县舍力公社知识青年。1969年7月至1972年1月，任大安县舍力镇教

师。1972年1月至1975年1月，在东北师范大学学习。1975年1月至1979年8月，任白城市第二中学教师，白城市（今洮北区）教育局干事。1979年8月至1986年6月，任白城市特殊教育学校党支部副书记，白城市（今洮北区）教育党委组织委员、党委办公室主任，市委宣传部科长，文化局副局长。1986年6月至1991年3月，任白城地区教育委员会人秘科科长。1991年3月至1999年7月，任白城（艺术）幼儿师范学校校长、党委书记。1999年7月至2000年2月，任白城初等师范学院负责人。

（朱玉萍）

吉林省白城粮食学校校长
张利军

张利军，1954年9月生于辽宁省海城县。1978年8月参加工作。1986年1月加入中国共产党。1996年3月毕业于吉林省委党校。现任吉林省白城粮食学校校长、高级讲师。

1978年8月至1981年1月，任白城师范专科学校教师。1981年1月至1999年7月，任吉林省白城粮食学校教师、学生科副科长、科长、纪委书记、党委副书记。

（姜丽玲）

吉林省白城粮食学校党委书记
崔丽霞

崔丽霞（女），1956年11月生于吉林省前郭县。1980年1月参加工作。1985年4月加入中国共产党。1987年11月毕业于吉林省教育学院。现任吉林省白城粮食学校党委书记、高级讲师。

1980年1月至1986年5月，任吉林省前郭县第三中学教师。1986年5月至1997年7月，任吉林省白城粮食学校教师、教务科副科长、科长、党委委员、校长助理、副校长。

（姜丽玲）

吉林省畜牧业学校校长
王喜赋

王喜赋，1948年2月生于吉林省大安县。1968年8月参加工作。1975年10月加入中国共产党。1990年7月毕业于吉林省委党校党政管理专业。现任吉林省畜牧业学校校长、高级讲师。

1968年8月至1975年10月，任大安县六合公社生产队长、教师。1975年10月至1983年9月，任大安县委宣传部干事，大安县委办公室秘书、秘书组副组长。1983年9月至1985年9月，在白城师范高等专科学校干部专修科学习。1985年9月至1991年11月，任大安县（市）委办公室副主任、主任。1991年11月至1997年9月，任吉林省畜牧业学校副校长。

（王立文）

吉林省畜牧业学校党委书记
顾奎发

顾奎发，1950年3月生于吉林省洮南县。1969年5月参加工作。1982年10月加入中国共产党。1986年7月毕业于吉林农业大学畜牧专业。现任吉林省畜牧业学校党委书记。

1969年5月至1973年10月，洮安县德顺公社丰

产大队社员、丰产小学教师。1973 年 10 月至 1976 年 10 月，在吉林省农业大学学习。1976年10月至1992年4月，任白城地区农业学院教师，白城地区农业学校教师、教务处干事、副主任、团委书记、科长。1992 年 4 月至 1997 年 9 月，任吉林省畜牧业学校科长、副校长。

（王立文）

白城市政协领导人

白城市政协主席
刘宝泉

刘宝泉（额尔德尼宝勒格），蒙古族,1944 年 1 月生于吉林省前郭县。1970 年 8 月毕业于吉林农业大学土化系土化专业。1970 年 8 月参加工作。1979 年 6 月加入中国共产党。现任白城市政协第二届委员会主席、党组书记。

1970 年 8 月至 1976 年 7 月，任前郭县深井子林场干部。1976 年 7 月至 1981 年 4 月，任前郭县林业局、县科委科员。1981 年 4 月至 1983 年 9 月，任前郭县洪泉公社党委副书记、书记（1982 年 4 月至 9 月，在白城地委党校青干班学习）。1983 年 9 月至 1991 年 7 月，任前郭县副县长、县委副书记、县长（1986 年 12 月至 1987 年 5 月，在浙江省金华县挂职学习，任县长助理）。1991 年 7 月至 1992 年 6 月，任前郭县委书记。1992 年 6 月至 1993 年 8 月，任白城地区行署副专员。1993 年 8 月至 1999 年 3 月，任白城市委副书记（1998 年 12 月，省委常委讨论提名为白城市政协二届委员会主席）。

（郜宇）

白城市政协副主席
马传海

马传海，1947 年 10 月生于吉林省大安县。1968 年 8 月毕业于吉林省商校大安分校，同年参加工作。1963 年 9 月加入中国共产党。现任白城市政协第二届委员会副主席、党组副书记。

1968 年 8 月至 1969 年 10 月，任大安县药材商店主任。1969 年 11 月至 1974 年 12 月，任大安县委组织部、团县委干事。1975 年 1 月至 1980 年 10 月，任海坨、龙沼、新荒公社党委书记。1980 年 11 月至 1982 年 7 月，任大安县委财贸部部长（1981 年 3 月，任大安县委常委）。1982 年 7 月至 1988 年 6 月，任大安县委副书记。1988 年 6 月至 1992 年 6 月，任大安市委书记。1992 年 6 月至 1996 年 2 月，任洮南市委书记。1996 年 2 月至 1997 年 8 月，任白城市政协第一届委员会副主席（不驻会）兼市委统战部部长。1997 年 8 月至 1999 年 3 月，任白城市政协第一届委员会副主席。

（郜宇）

白城市政协副主席
赵洪瑞

赵洪瑞，1943 年 1 月生于吉林省扶余县。1968 年 8 月毕业于吉林农业大学农学系植物保护专业，同年 9 月参加工作。无党派人士。现任白城市政协第二届委员会副主席。

1968 年 9 月至 1970

年3月，在黑龙江绥棱3033部队农场锻炼。1970年4月至1978年3月，任大安县大洼公社、六合公社农业站技术员。1978年4月至1984年1月，任大安县农业总站副站长、农艺师。1984年1月至1987年1月，任大安县科委副主任、县人大副主任（不驻会）。1987年1月至1999年3月，任大安县副县长、大安市副市长，白城市政协第一届委员会副主席（不驻会）。

（郜宇）

白城市政协副主席 张守信

张守信，1951年9月生于朝鲜民主主义人民共和国平壤市。1967年回国。无党派人士。1968年12月参加工作。1978年9月毕业于哈尔滨工业大学。现任白城市归国华侨联合会（简称侨联）主席、白城市政协第二届委员会副主席、吉林省侨联副主席、全国政协委员、吉林省政协常委、中国侨联名誉委员。

1968年12月至1970年9月，通榆县十花道公社知识青年。1970年10月至1975年8月，通榆县通用机械厂工人。1975年9月至1978年9月，哈尔滨工业大学学生。1978年10月至1982年6月，任白城无线电厂技术员。1982年7月至1984年5月，任白城市（今洮北区）侨联秘书长、副主席。1984年6月至1988年12月，任白城地区华侨贸易公司经理。1989年1月至1992年6月，任白城地区侨联副主任。1992年7月至1996年12月，任白城地区侨联主任、白城市侨联主席（1996年1月，任吉林省侨联副主席）。

2001年，白城市侨联在省侨联开展的“组织起来，活跃起来”活动中，被评为“先进单位”。张守信撰写的《关于“三个代表”重要思想的理论思考》论文，获吉林省侨联“新时期侨务工作有奖征文”优秀作品奖。

（李久真）

白城市政协副主席 罗家风

罗家风，1944年11月生于吉林省大安县。1969年8月毕业于吉林工业大学汽车系汽车专业，同年参加工作。1981年8月加入中国共产党。现任白城市政协第二届委员会副主席。

1969年8月至1971年8月，任白城地区革命委员会生产指挥部干部。1971年8月至1976年2月，任白城地区战备汽车队技术员、白城地区客运站技术员。1976年2月至1984年1月，任白城市（今洮北区）客运公司生产股长、副经理，交通局副局长。1984年1月至1986年1月，任白城地区工交办公室科长、计经委经济协作办公室主任。1986年1月至1992年4月，任镇赉县副县长、县委常委。1992年4月至1997年8月，任镇赉县委副书记、代理县长、县长，县委书记。1997年8月至1999年3月，任白城市委统战部部长。1999年3月至2000年2月，任白城市政协第二届委员会副主席（不驻会）兼市委统战部部长。

（郜宇）

白城市政协副主席 邢金普

邢金普，1949年6月生于吉林省镇赉县。1975年毕业于吉林工业大学。1968年12月参加工作。1994年11月，加入中国民主建国会。现任白城市政协第二届委员会副主席、白城市质量技术监督局副局长、中国民主建国会白城市第一届委员会主任委员、中国民主建国会吉林省第五届委员会常务委员。

1975年至1992年，任白城市齿轮厂技术员，白城地区标准计量处科员、科长。1992年8月至2001年12月，任白城市质量技术监督局副局长。1993年，当选白城市政协一届委员会常务委员。1996年6月，任中国民主建国会白城市委员会筹备组副组长。1997年11月，任第一届民建白城市委员会主任委员。

（王焕芝）

白城市政协副主席
王文成

王文成（蒙古族），1949年2月生于吉林省洮南县。1972年4月加入中国共产党。1969年6月毕业于洮南县手工业中等技术学校，同年6月参加工作。现任白城市委统战部部长，白城市政协第二届委员会副主席。

1969年6月至1974年12月，任中国人民解放军总后勤部呼和军马场学校教员。1974年12月至1975年5月，任洮安县农机具制造厂政工干事。1975年5月至1989年6月，任洮安县委组织部干事、副组长、部长、县委常委。1989年6月至1997年12月，任白城地区（市）民族事务委员会主任、宗教局局长。1997年12月至2000年2月，任白城市人大常委会副秘书长、秘书长。

王文成先后当选为吉林省第八届政协委员，白城市委第一届委员，市政协第一、二届常委。

（刘代春）

白城市政协副主席
杨　枫

杨枫，1945年8月生于吉林省通榆县。1970年8月毕业于吉林医科大学医疗系，同年参加工作。1988年1月加入中国农工民主党。现任白城市政协第二届委员会副主席，白城市医院骨科主任、主任医师，中国农工民主党吉林省委员会常务委员，中国农工民主党白城市委员会主任委员，吉林省康复医学会脊柱脊髓损伤专业委员会委员。

1970年8月至1983年6月，任乾安县医院外科医师。1983年7月至1988年1月，任白城市医院外科医师、主治医师、副主任医师、骨科主任、副院长。

（邢铭建）

白城市政协秘书长
张　洪

张洪，1946年11月生于吉林省乾安县。1987年8月毕业于吉林省委党校党政管理专业。1968年9月参加工作。1972年12月加入中国共产党。现任白城市政协秘书长、党组成员、调研员（2001年12月离岗）。

1968年9月至1970年6月，白城市（今洮北区）保平公社三跃大队知识青年，任集体户户长。1970年6月至1972年12月，任白城地区土产采购供应站工人、政工组干事、团支部书记。1972年12月至1977年8月，任白城地区商业局政工组干事。1974年4月至1977年8月，任白城地区供销社副科长、党总支副书记、白城地区财贸办公室干部、地委财贸部基层科副科长。1983年9月至1988年4月，任白城地区行署办公室秘书、副科长、副主任、党组成员。1988年4月至1993年11月，任白城地区（市）供销社副主任、党委副书记。1993年11月至1996年6月，任白城市政协筹备组办公室负责人、白城市政协办公室主任。1996年6月至1999年2月，任白城市政协办公室主任、党组成员，副秘书长、办公室主任、党组成员。

（郜宇）

白城市政协副秘书长
邢爱民

邢爱民，1955年1月生于吉林省扶余县。1986年7月毕业于吉林农业大学农学专业。1976年9月参加工作。1975年2月加入中国共产党。现任白城市政协副秘书长、党组成员。

1976年9月至1976年12月，任扶余县弓棚子公社团委书记。1977年1月至1984年8月，任白城地区农业局科员、副科长。1984年9月至1986年6月，在吉林农业大学学习。1986年7月至1990年11月，任白城地区农业局科长。1990年12月至1995年10月，任白城地区（市）农业局副局长、党委副书记。1995年11月至1998年3月，任白城市国际农业项目开发办公室主任。1998年4月至1999年6月，任白城市畜牧局局长、党委书记。1999年7月至2001年9月，任白城市政府副秘书长。

2001年，邢爱民在城市开发建设管理总体战中，立二等功。

（郜宇）

白城市政协副秘书长　办公室主任
李春棠

李春棠，1960年2月生于吉林省白城市。1982年7月毕业于白城师范高等专科学校物理系。1982年8月参加工作。1985年6月加入中国共产党。现任白城市政协副秘书长、办公室主任。

1982年8月至1983年6月，任白城市无线电厂技术员。1983年6月至1987年2月，任白城市（今洮北区）供销社干事、政府办公室秘书。1987年2月至1993年11月，任白城地区行署（市政府）办公室秘书、副科长、科长。1993年11月至1999年2月，任白城市政协办公室副主任。

（郜宇）

白城市政协工作部门负责人

白城市政协经济科技委员会主任
张义振

张义振，1948年3月生于吉林省扶余县。1984年7月毕业于北京大学国际政治系政治学专业干部专修班。1968年11月参加工作。1970年2月加入中国共产党。现任白城市政协经济科技委员会主任。

1968年11月至1970年10月，扶余县新城局公社腰七号大队知识青年。1970年10月至1974年10月，任扶余县保卫部（公安局）治安组、刑侦组、秘书组科员。1974年10月至1982年9月，任扶余县委办公室政策研究员、调研组副组长、常委秘书、秘书组组长。1982年9月至1984年7月，在北京大学国际政治系干部专修班学习。1984年7月至11月，被白城地委组织部借调。1984年11月至1992年7月，任白城市（今洮北区）副市长。1992年8月至1993年11月，任白城地区（市）财政局副局长。

（郜宇）

白城市政协提案委员会主任
张鹤良

张鹤良，1946年3月生于吉林省大安县。1985年7月毕业于吉林大学党政理论专业（函授）。1964年3月参加工作。1969年12月加入中国共产党。现任白城市政协提案委员会主任。

1964年3月至1968年8月，任大安县大赉镇第五小学、第三小学、第六小学教员。1968年9月至1980年9月，任大安县大赉镇第六小学、第七小学、第九小学革委会副主任、主任、党支部书记，第二小学、第三小学校长。1980年10月至1986年9月，任大安县委办公室、统战部秘书。1986年10月至1993年10月，任吉林省政协白城地区办事处副科级、正科级秘书。1993年11月至1999年1月，任白城市政协学习文教委员会副主任。

（郜宇）

白城市政协社会法制委员会主任
艾鹏举

艾鹏举，1955年7月生于吉林省扶余县。1980年1月毕业于东北师范大学数学系。1974年6月参加工作。1976年12月加入中国共产党。现任白城市政协社会法制委员会主任。

1974年6月至1977年2月，扶余县风华公社知识青年、小学教员。1977年3月至1980年1月，在东北师范大学数学系读书。1980年1月至1982年7月，任白城师范专科学校数学系教员。1982年7月至1984年12月，任白城地区中级人民法院书记员。1984年12月至1995年10月，任白城地区行署（市政府）办公室科员、秘书、副科长、科长（1993年经统考考取律师资格）。1995年11月至2000年5月，任白城市政府法制局局长、白城市司法局副局长。

（郜宇）

白城市政协学习文教委员会主任
张　健

张健，1955年12月生于吉林省白城市。1979年9月毕业于白城师范专科学校中文系。1974年7月参加工作。1976年2月加入中国共产党。现任白城市政协学习文教委员会主任。

1974年7月至1976年10月，洮安县瓦房公社马站知识青年。1976年10月至1978年4月，白城地区建筑公司工人。1978年4月至1979年9月，在白城师范专科学校中文系读书。1979年9月至1986年5月，任白城市（今洮北区）第十二中学教员、市文化局创作室创作员、市政府办公室秘书。1986年5月至1995年11月，任吉林省政协白城地区办事处、白城市政协办公室副科级秘书、科长。1995年11月至2000年6月，任白城市政协社会法制委员会副主任。

（郜宇）

白城市政协文史资料委员会主任
刘庆余

刘庆余，1949年6月生于吉林省大安县。1985年8月毕业于吉林化工学院企业管理专业。1968年9月参加工作。1975年1月加入中国共产党。现任白城市政协文史资料委员会主任。

1968年9月至1970年5月，大安县烧锅镇公社知识青年。1970年5月至1983年4月，任白城地区建筑公司二处党总支副书记。1983年4月至1986年10月，任白城地区计经委副科级巡视员。1986年10月至1988年4月，任白城地区行署办公室秘书。1988年4月至1991年10月，任白城地区计经委国土办公室主任。1991年10月至1993年10月，任白城地区（市）二轻工业局副局长。1993 年 10 月至 1999 年 3 月，任白城市轻工业局副局长、党委副书记。

（郜宇）

白城市政协台港澳侨联络委员会主任
张秀云

张秀云（女），1952 年 1 月生于吉林省通榆县。1985 年 7 月毕业于白城师范高等专科学校历史专业（函授）。1968 年 10 月参加工作。1974 年 7 月加入中国共产党。现任白城市政协台港澳侨联络委员会主任。

1968 年 10 月至 1970 年 9 月，通榆县八面公社阳光大队知识青年。1970 年 9 月至 1973 年 8 月，任白城地区革委会招待所服务员。1973 年 8 月至 1978 年 12 月，任白城地委办公室政工科、行政科干事（1975 年 11 月至 1977 年 11 月，任大安县联合公社、长岭县前七号公社基本路线教育工作队队员、工作组组长）。1978 年 12 月至 1986 年 9 月，任白城地委统战部干事、副科长。1986 年 9 月至 1994 年 12 月，任吉林省政协白城地区办事处副科级、正科级秘书。1994 年 12 月至 2000 年 6 月，任白城市政协台港澳侨联络委员会副主任。

（郜宇）

白城市纪委领导人

白城市纪委书记
刘德翔

（刘德翔简历与照片见本书 350 页）

白城市纪委副书记　监察局局长
李秀识

（李秀识简历与照片见本书 370 页）

白城市纪委副书记
刘春荣

刘春荣（女），1955 年 5 月生于吉林省农安县。1993 年 3 月毕业于吉林省委党校（函授）党政专业。1972 年 12 月参加工作。1974 年 7 月加入中国共产党。现任白城市纪委副书记。

1972 年 12 月至 1973 年 6 月，吉林省长岭县巨宝山公社知识青年。1973 年 6 月至 1976 年 3 月，任长岭县巨宝山公社妇联主任。1976 年 3 月至 1976 年 7 月，任长岭县妇联干事。1976 年 7 月至 1995 年 11 月，任白城地区（市）妇联干事、宣传部部长、副主席、主席。

刘春荣先后当选为白城市委第一届委员，市人大第一、二届常委。

（李虹卫）

白城市纪委副书记
刘广辉

刘广辉，1955 年 10 月生于吉林省洮南县。1986 年 7 月毕业于吉林省广播电视大学经济系工业企业管理专业。1974 年 10 月参加工作。1977 年 7 月加入中国共产党。现任白城市纪委副书记。

1974 年 10 月至 1980 年 8 月，任白城地区万宝煤矿红旗二井工人、运输班长、保卫股干事、股长。1980 年 8 月至 1984 年 3 月，任白城地区万宝煤矿保卫科股长、组织部干事。1984 年 4 月至 1993 年 8 月，任白城地区纪委科员，副科级、正科级检查员，办公室副主任、主任。1993 年 8 月至 1993 年 11 月，任白城市纪委常委、办公室主任。1993 年 11 月至 1999 年 4 月，任白城市纪委常委、秘书长兼办公室主任。

2001年，刘广辉被评为《中国纪检监察报》“优秀通讯站站长”。

（李虹卫）

白城军分区领导人

白城军分区司令员
王　开

王开，1952年生于辽宁省黑山县。1996年12月毕业中央党校。1968年1月参加工作。1973年6月加入中国共产党。现任白城军分区司令员，大校军衔。

1970年12月至1985年9月，任中国人民解放军战士、排长、参谋、营长。1985年9月至1990年6月，任团副参谋长、副团长。1990年6月至1993年7月，任副旅长。1993年7月至1995年9月，任集团军炮兵指挥部副主任。1995年9月至1997年9月，任师参谋长。1997年9月至2000年11月，任副师职研究员。

（军分区编写组）

白城军分区政委
吕克梁

（吕克梁简历与照片见本书352页）

白城军分区副司令员
周贵喜

周贵喜，1951年10月生于吉林省榆树县。1991年8月毕业于解放军测绘学院。1968年10月参加工作。1969年11月加入中国共产党。现任白城军分区副司令员，大校军衔。

1968年10月至1985年11月，任中国人民解放军战士、技术员、参谋、副队长、沈阳军区司令部作战部参谋。1985年11月至1987年12月，任副处长。1987年12月至1988年3月，任处长。1988年3月至1988年11月，任处长兼沈阳军区司令部清原图库主任。1988年11月至1994年7月，任处长。1994年7月至1998年9月，任白城军分区参谋长。

（军分区编写组）

白城军分区副政委
张怀先

张怀先，1949年9月生于四川省苍溪县。1980年7月毕业于徐州工程兵工程指挥学院，1997年7月毕业于解放军总政治部西安政治学院。1969年1月参加工作。1969年12月加入中国共产党。现任白城军分区副政委，大校军衔，白城市双拥领导小组副组长，白城市政协第二届委员会常务委员。

1969年1月至1986年12月，任中国人民解放军战士、干事、股长、团政治处副主任。1986年12月至1989年4月，任团政治处主任。1989年4月至1995年5月，任团政委。1995年5月至2000年3月，任白城军分区政治部主任。

（军分区编写组）

白城军分区参谋长
张庆洁

张庆洁，1951年10月生于辽宁省盖县。1997年7月毕业于大连陆军学院。1968年2月参加工作。1969年12月加入中国共产党。现任白城军分区参谋长，大

校军衔。

1968年2月至1983年6月，任中国人民解放军战士、排长、参谋、副营职参谋。1983年6月至1984年12月，任副科长。1984年12月至1987年9月，任县人民武装部（简称县人武部）副部长。1987年9月至1990年9月，任科长。1990年9月至1996年8月，任团长。1996年8月至1998年9月，任师参谋长。

（军分区编写组）

白城军分区政治部主任
王 杰

王杰，1958年3月生于黑龙江省肇东县。1998年7月毕业于南京陆军指挥学院。1976年12月参加工作。1979年4月加入中国共产党。现任白城军分区政治部主任，大校军衔。

1976年12月至1993年2月，任中国人民解放军战士、排长、学员、参谋、股长、政治教导员。1993年2月至1995年2月，任团政治处主任。1995年2月至1998年9月，任团政委。1998年9月至2000年3月，任旅政治部主任。

（军分区编写组）

白城军分区后勤部部长
张春喜

张春喜，1956年生于吉林省镇赉县。1997年2月毕业于吉林省委党校。1975年6月参加工作。1978年10月加入中国共产党。现任白城军分区后勤部部长，上校军衔。

1975年6月至1976年12月，知识青年。1976年

12月至1995年4月，任中国人民解放军战士、副政治指导员、政治指导员、副营职助理员、营长。1995年4月至1997年10月，任副团职助理员。1997年10月至1998年1月，任科长。

（军分区编写组）

白城市武警各支队负责人

武警吉林省总队白城市支队政委
尹卓慧

尹卓慧，1962年8月生于黑龙江省勃利县。1980年11月参加工作。1983年3月加入中国共产党。大学本科学历，中校警衔。现任武警吉林省总队白城市支队政委。

1980年11月至1990年5月，任武警吉林省总队第二支队战士、副政治指导员、政治处组织股干事。1990年5月至1995年7月，任武警吉林省总队第三支队政治指导员、副政治教导员、宣传股股长。1995年7月至1998年4月，任武警吉林省总队政治部宣传处干事、副处长。1998年4月至1999年12月，任武警吉林省总队第五支队政治处主任、副政委。

（王全贺）

武警吉林省总队白城市支队支队长
刘以林

刘以林，1957年8月生于湖北省松滋市。1976年

2 月参加工作。1979 年 12 月加入中国共产党。大学本科学历。现任武警吉林省总队白城市支队支队长，上校警衔。

1976 年 2 月至 1984 年 9 月，任吉林省军区独立三团战士、排长。1984 年 9 月至 1991 年 5 月，任武警吉林省总队三支队中队长、作训股股长。1991 年 5 月至 1998 年 12 月，任武警吉林省总队司令部训练处副处长、处长。

（王全贺）

武警吉林省总队第二支队支队长
王立军

王立军，1963 年 12 月生于黑龙江省勃利县。1980 年 11 月参加工作。1984 年 6 月加入中国共产党。1995 年毕业于武警专科学校，本科学历。现任武警吉林省总队第二支队支队长（2001 年 12 月任），中校警衔。

1980 年 11 月至 1999 年 2 月，任武警战士、班长、排长、副政治指导员、中队长、政治指导员、副政治教导员、警务股长、支队副参谋长。1999 年 3 月至 2001 年 12 月，任武警吉林省总队第二支队参谋长、副支队长。

（王振忠）

武警吉林省总队第二支队支队长
谷成才

谷成才（满族），1959 年 5 月生于辽宁省兴城市。1978 年 3 月参加工作。1981 年毕业于大连陆军学院。1980 年 10 月加入中国共产党。现任武警吉林省总队第二支队支队长（2001 年 12 月免），上校警衔。

1978 年 3 月至 1990 年 11 月，任武警吉林省总队二支队战士、排长、中队长、参谋、作训股长。1994 年 5 月至 1995 年 6 月，任武警吉林省总队第二支队参谋长。

（王振忠）

武警吉林省总队第二支队政委
杜应亮

杜应亮，1957 年生于湖北省松滋县。1976 年 2 月参加工作。1987 年毕业于武警专科学校。1978 年 12 月加入中国共产党。现任武警吉林省总队第二支队政委，上校警衔。

1976 年 2 月至 1992 年 4 月，任武警班长、排长、副指导员、指导员、警务股长、大队教导员、武警吉林省总队组织处干事。1992 年 4 月至 1998 年 12 月，任武警吉林省总队第三支队政治处主任、副支队长、副政委。

2001 年，武警吉林省总队第二支队实施“五小”（即小课堂、小讨论、小活动、小讲评、小考核）教育方法，促进了支队政治教育的“四落实”。“五小”教育经验，先后在中央电视台、《人民武警报》、吉林电视台等新闻媒体上播放和刊载，并被国家武警总队、武警吉林省总队转发和推广。

（王振忠）

白城市消防支队政委
王立忠

王立忠，1957 年 10 月生于吉林省桦甸县。2000 年 2 月毕业于中国公安大学。1976 年 2 月参加工作。1980 年 9 月加入中国共产党。现任白城市消防支队党委书记、政委，上校警衔。

1976年2月至1988年3月，任白城地区消防大队参谋、白城市（今洮北区）消防中队参谋、副队长、消防科副科长、科长。1988年3月至1993年6月，任白城地区消防支队防火科长、副参谋长。1993年7月至1995年12月，任白城市消防支队参谋长。1996年1月至1997年4月，任白城市消防支队副支队长。1997年5月至1998年5月，任白城市消防支队支队长。

2001年，全市连续8年无重、特大火灾事故。白城市消防支队被国家公安部评为全省消防部队唯一的“学天津消防，加强部队全面建设三年规划”先进支队，被省、市政府评为“警民共建先进单位”和“双拥工作先进集体”，支队党委被省消防总队党委评为“优秀党委班子”。

（王忠民）

白城市消防支队支队长
赵子魁

赵子魁，1960年2月生于吉林省前郭县。1987年7月毕业于吉林电大大专班。1978年3月参加工作。1982年3月加入中国共产党。现任白城市消防支队支队长，上校警衔。

1978年3月至1988年11月，任四平市消防支队双辽县防火科参谋。1988年12月至1995年2月，任白城地区消防支队大安市防火科技术员、松原市消防支队前郭县大队副大队长。1995年2月至1997年4月，任松原市消防支队业务处副处长。1997年5月至2001年2月，任松原市消防支队副支队长。

2001年，全市连续8年无重、特大火灾事故。白城市消防支队被国家公安部评为全省消防部队唯一的“学天津消防，加强部队全面建设三年规划”先进支队，被省、市政府评为“警民共建先进单位”和“双拥工作先进集体”，支队党委被省消防总队党委评为“优秀党委班子”。

（王忠民）

白城市法院领导人

白城市中级人民法院院长
卢炳建

卢炳建，1953年2月生于吉林省通化市。1993年12月毕业于中央党校党政专业。1970年1月参加工作。1972年8月加入中国共产党。现任白城市中级人民法院（简称白城市法院）院长、党组书记。

1970年1月至1971年2月，柳河县和平公社四清大队知识青年。1971年3月至1977年1月，任柳河县和平公社公安助理、公社革委会副主任兼保卫组长。1977年2月至1984年1月，任通化地区公安处预审员，吉林省检察院通化分院助检员（副科级）、检察员（正科级）、科长。1984年2月至1990年3月，任吉林省人民检察院通化分院、通化市人民检察院副检察长（副处级）。1990年4月至1992年10月，任通化市人民检察院检察长(副厅级)。1992年11月至1993年12月，任吉林省人民检察院白城分院检察长（副厅级）。1993年12月至1999年3月，白城市人民检察院（简称白城市检察院）检察长（副厅级）。

2001年，白城市中级法院被市委、市政府授予“精神文明建设先进单位”称号。

（赵树杰）

白城市法院副院长
高　平

高平（蒙古族），1955年10月生于吉林省白城市。1979年8月毕业于白城师范专科学校，1992年10月毕业于吉林大学法学院法律专业函授，本科学历。1974年6月参加工作。1976年11月加入中国共产党。现任白城市法院副院长。

1974年6月至1989年10月，任白城地区中级人民法院刑事审判一庭书记员、助理审判员，办公室副主任，刑事审判一庭审判员、副庭长。1989年10月至1992年5月，任白城地区中级人民法院刑事审判一庭庭长（副处级）。1992年5月至2001年12月任白城地区（市）法院副院长（正处级）。

（赵树杰）

白城市法院副院长
陈晓非

陈晓非，1949年3月生于吉林省大安县。1968年10月毕业于镇赉县第一中学，1987年7月毕业于白城师范高等专科学校，大专学历。1968年11月参加工作。1973年2月加入中国共产党。现任白城市法院副院长。

1968年11月至1987年10月，任镇赉县渔场文书，镇赉县农业局政工股副股长，镇赉县委办公室秘书组组长、综合科科长，县委农工部副部长。1987年10月至1992年2月，任白城地区纪委检查员、办公室副主任、主任。1992年2月至1998年4月，任白城地（市）委办公室副主任、市委副秘书长。1998年4月至2001年10月，任白城市委副秘书长、办公室主任。

（赵树杰）

白城市检察院领导人

白城市人民检察院检察长
王绍哲

王绍哲，1949年11月生于吉林省洮南县。1992年8月毕业于中央党校，大学本科学历。1968年12月参加工作。1970年5月加入中国共产党。现任白城市人民检察院检察长、党组书记。

1968年12月至1973年2月，任中国人民解放军1336部队文书、代书记。1973年3月至1974年11月，任白城地区万宝煤矿红旗二井团书记、政工组长。1974年12月至1986年7月，任白城地委组织部干事、副科级巡视员、副科长、科长。1986年7月至1992年2月，任白城地委组织部副部长。1992年2月至1994年4月，任白城地（市）委组织部副部长兼地区（市）人事局局长。1994年4月至1999年4月，任白城市中级法院院长、党组书记。

2001年，白城市检察院被市委、市政府评为2001年“城市开发建设管理总体战先进单位”。

（岳佳驹）

白城市检察院副检察长
于显荣

于显荣，1952年12月生于吉林省镇赉县。1993年7月毕业于吉林省委党校，大学本科学历。1970年12月参加工作。1972年7月加入中国共产党。现任白城市检察院副检察长。

1970年12月至1975年3月，任中国人民解放军3004部队文书。1975年4月至1976年12月，任大安

红岗子油矿工人。1976年12月至1977年1月，任镇赉县胜利公社革委会副主任。1977年1月至1981年10月，任白城地区公安局科员。1981年10月至1988年4月，任白城地委政法委科长。1988年4月至1989年6月，任白城地区司法处副处长。1989年6月至1993年9月，任白城地（市）委政法委副书记。

（岳佳驹）

白城市检察院副检察长 王晓明

王晓明，1955年6月生于吉林省大安县。1980年1月毕业于吉林师范大学政治系，大学本科。1974年7月参加工作。1984年6月加入中国共产党。现任白城市检察院副检察长。

1974年7月至1977年3月，大安县两家子公社知识青年。1977年3月至1980年1月，吉林师范大学学员。1980年1月至1992年8月，任白城市（今洮北区）检察院书记员、助理检察员、检察员，副科长，科长，副检察长。1992年8月至1995年1月，任洮南市检察院检察长。

（岳佳驹）

洮北区负责人

洮北区委书记 纪成和

纪成和，1949年10月生于吉林省大安县。1968年7月参加工作。1972年10月加入中国共产党。1995年12月毕业于吉林大学。现任洮北区委书记。

1968年7月至1976年12月，任大安县大赉镇一大队团总支副书记、第七小学教师，大安县革委会政治部干事，共青团大安县委常委。1976年12月至1988年9月，任大安县丰收公社党委副书记、管委会主任，大赉镇镇长、党委书记。1988年9月至1999年4月，任大安市委常委、组织部长兼大赉镇党委书记，大安市委副书记，洮北区委副书记兼政协主席、政协党组书记，代区长、区长。

2001年，纪成和被市委、市政府评为2001年度“招商引资先进个人”；在2001年城市开发建设管理总体战中，立二等功。

（夏德富）

洮北区委副书记 区长 衣尚平

衣尚平，1953年2月生于吉林省大安县。1978年4月毕业于吉林农业大学，同年参加工作。1985年2月加入中国共产党。现任洮北区委副书记、区长。

1978年4月至1981年5月，任白城市（今洮北区）奶牛场副队长、白城地区畜牧局科员。1981年5月至1986年8月，任白城地区畜牧局副科长、畜牧总站站长。1986年8月至1999年4月，任白城地区（市）畜牧局副局长，局长、党委书记，白城市政府副秘书长。

（夏德富）

洮北区委副书记
孙志勇

孙志勇，1955年11月生于吉林省白城市 。1974年6月参加工作。1975年12月加入中国共产党。1979年8月毕业于白城师范专科学校。现任洮北区委副书记。

1974年6月至1986年3月，洮安县洮东公社、平安镇公社知识青年，平安镇信用社信贷员，白城地区卫生学校教师、宣传干事，白城地委讲师团教师。1986年3月至1991年9月，任白城地委宣传部副科长、科长。1991年9月至1999年6月，任白城地区（市）社会科学学会联合会常务副主席、白城市委宣传部副部长、大安市委副书记。

（夏德富）

洮北区委副书记
鄂文波

鄂文波，1945年6月生于辽宁省昌图县。1964年7月参加工作。1975年1月加入中国共产党。1987年7月毕业于白城师范高等专科学校。现任洮北区委副书记。

1964年7月至1989年9月，任白城市（今洮北区）手工业局职工学校教师、水泥厂化验室负责人、政府办公室秘书。1989年9月至1997年9月，任白城市（今洮北区）政府办公室副主任、主任，洮北区委常委、组织部部长。

（夏德富）

洮北区委副书记
高洪贤

高洪贤，1954年7月生于吉林省白城市。1974年7月毕业于科尔沁右翼前旗哈拉黑师范学校，同年参加工作。1976年4月加入中国共产党。现任洮北区委副书记。

1974年7月至1989年7月，任内蒙古自治区科尔沁右翼前旗太平站公社学校教师，太平站公社（乡）教育组会计、组长，文教助理，党委宣传委员、组织委员，白城市（今洮北区）委组织部干事、副科长、科长。1989年7月至1999年7月，任白城市（今洮北区）委组织部副部长兼组织员办公室主任，洮北区委常委、区委办公室主任，纪委书记。

（夏德富）

洮北区委常委　纪委书记
温贵君

温贵君，1951年10月生于吉林省白城市。1975年7月毕业于四平师范学院，同年参加工作。1978年11月加入中国共产党。现任洮北区委常委、纪委书记（2001年9月免）。

1975年7月至1989年8月，任白城市第八中学教师，白城市（今洮北区）宣传部干事、副科长、副部长，市委办公室副主任。1989年8月至1999年1月，任白城市（今洮北区）、洮北区政府办公室主任，区长助理、副区长。

（夏德富）

洮北区委副书记　纪委书记
梁振民

梁振民，1956年7月生于吉林省长岭县。1974年9月参加工作。1976年9月加入中国共产党。1981年12月毕业于东北师范大学。现任洮北区委副书记、纪

委书记。

1974年9月至1984年6月，任长岭县三团公社中学教师，白城市教育学院教研员、师训部副主任，白城地委组织部干事。1984年6月至2001年9月，任白城地（市）委组织部副科级、正科级巡视员，科长，助理调研员。

（夏德富）

1975年10月至1986年9月，任白城地区农业机械化学校教师、白城行署办公室管理员。1986年9月至1995年11月，任白城行署办公室劳动服务公司副经理，白城市政府办公室党总支负责人、行政科长、人事科长。1995年11月至2001年9月，任白城市政府办公室党委副书记兼纪委书记。

（夏德富）

洮北区委常委　常务副区长
赵志国

赵志国，1954年9月生于吉林省洮南县野马乡。1975年6月参加工作。1978年6月加入中国共产党。2001年7月毕业于吉林大学经济管理学院。现任洮北区委常委、常务副区长。

1975年6月至1982年12月，任白城市（今洮北区）平安镇中学教师、镇政府助理员、镇团委书记。1982年12月至1995年12月，任白城市（今洮北区）大岭乡副乡长，平安镇党委副书记，大岭乡乡长、党委书记，洮北区供销社主任、党委书记。

2001年，赵志国在城市开发建设管理总体战中，立二等功。

（夏德富）

洮北区委常委　宣传部部长
蔡　泉

蔡泉，1950年2月生于吉林省通榆县。1968年9月参加工作。1983年6月加入中国共产党。1983年9月毕业于吉林省委党校。现任洮北区委常委、宣传部部长。

1968年9月至1983年9月，任通榆县八面公社知识青年、中心校教师，通榆县四中教师。1983年9月至1989年2月，任白城市（今洮北区）供销社副科长，市委组织部干事、副科长、科长。1989年2月至2001年10月，任白城市（今洮北区）委、洮北区委组织部副部长兼人事局局长，区长助理、副区长。

（夏德富）

洮北区委常委　组织部部长
王占明

王占明，1951年6月生于吉林省镇赉县。1975年10月参加工作。1985年8月加入中国共产党。1987年7月毕业于吉林省委党校。现任洮北区委常委、组织部部长。

洮北区委常委　人武部部长
伯文彦

伯文彦，1955年8月生于吉林省扶余县。1974年12月参加工作。1976年10月加入中国共产党。1987年7月毕业于白城师范高等专科学校。现任洮北区委常委、人武部部长。

1974年12月至1993年9月，任白城军分区后勤部战士、助理员，白城预备役师助理员、参谋、干事。1993年9月至1999年1月，任白城预备役师科长。

（熊志伟）

年2月，任长岭县北正镇公社中心校教师，解放军测绘大队学员、战士，沈阳军区司令部作战部技术员。1977年2月至1990年9月，任白城军分区副营职参谋，通榆县人武部副部长，白城市（今洮北区）人武部政委、党委副书记。1990年9月至2001年9月，任白城市（今洮北区）委常委、人武部政委，洮北区委常委、纪委书记、区委副书记。

（夏德富）

洮北区委常委　办公室主任
戚连臣

戚连臣，1959年9月生于吉林省白城市。1976年9月参加工作。1981年12月毕业于中国矿业学院。1986年11月加入中国共产党。现任洮北区委常委、区委办公室主任。

1976年9月至1992年8月，任白城市（今洮北区）东风公社绿水小学教师，内蒙古自治区霍林河矿区工程师，中国矿业学院讲师，洮北区委办公室科员、副科长、科长。1992年8月至2001年9月，任洮北区委办公室副科级巡视员，三轻局副局长，洮北区委办公室副主任、主任。

（夏德富）

洮北区人大常委会党组书记
张柏林

张柏林，1947年6月生于吉林省长岭县。1965年3月参加工作。1969年12月加入中国共产党。1993年3月毕业于吉林省委党校。现任洮北区人大常委会党组书记。

1965年3月至1977

洮北区人大常委会副主任
张国治

张国治，1944年7月生于内蒙古自治区乌兰浩特市。1969年8月毕业于北京邮电学院，同年参加工作。1973年8月加入中国共产党。现任洮北区人大常委会副主任。

1969年8月至1983年6月，任白城市粮油加工厂干部，白城市（今洮北区）革委会干事，共青团白城市（今洮北区）委干事，白城市（今洮北区）委宣传部干事、组长、秘书。1983年6月至1999年8月，任白城市（今洮北区）委宣传部、组织部副部长，市委常委、宣传部部长，洮北区委常委、副区长。

（夏德富）

洮北区人大常委会副主任
张久生

张久生，1946年1月生于吉林省白城市。1964年8月参加工作。1966年7月加入中国共产党。1994年6月毕业于中央党校函授学院经济管理专业。现任洮北区人大常委会副主任。

1964年8月至1978年10月，任中国人民解放军192师坦克团战士、政治处干事、政治部干事。1978年10月至1986年8月，任中国人民解放军坦克4师13团政治处副主任、主任，后勤部政工科长。1986年8月至1996年3月，任镇赉县委常委、人武部部长，洮北区委常委、人武部部长。

（夏德富）

洮北区人大常委会副主任
朱殿文

朱殿文，1945年1月生于吉林省九台县。1968年7月毕业于吉林财贸学院，同年参加工作。1974年9月加入中国共产党。现任洮北区人大常委会副主任。

1968年7月至1985年3月，任白城市（今洮北区）计委科员、副科长、科长、副主任、主任。1985年3月至1992年8月，任白城市（今洮北区）体改委主任、财贸委主任。

（夏德富）

洮北区人大常委会副主任
贾东辉

贾东辉，1942年11月生于吉林省大安县。1966年7月毕业于吉林省农业机械化学校，同年参加工作。无党派人士。现任洮北区人大常委会副主任。

1966年7月至1995年1月，任吉林省农机二厂会计，白城市（今洮北区）财政局科员、副科长、科长、副局长。1995年1月至1997年3月，任洮北区政协副主席。

（夏德富）

洮北区区长
衣尚平

（衣尚平简历与照片见本书412页）

洮北区常务副区长
赵志国

（赵志国简历与照片见本书414页）

洮北区副区长
周连志

周连志，1954年2月生于吉林省长岭县新安镇。1978年8月毕业于鞍山钢铁学院，同年参加工作。1973年12月加入中国共产党。现任洮北区副区长。

1978年8月至1989年8月，任内蒙古自治区乌兰浩特钢铁厂、白城无线电厂技术员，白城市（今洮北区）工业交通办公室科员，白城地委政研室干事。1989年8月至1997年12月，任白城地委政研室副科长、巡视员、科长，白城市计经委技改办公室主任，工业项目办公室副主任。1997年12月至2001年8月，任白城经济开发区管委会副主任。

（夏德富）

洮北区副区长
宫启宽

宫启宽，1955年9月生于吉林省洮南县。1974年6月参加工作，同年加入中国共产党。1996年7月毕业于吉林省委党校函授学院。现任洮北区副区长。

1974年6月至1997年10月，任洮安县那金公社团委书记、革委会副主任、党委副书记、管委会主任（乡长），洮南市大通乡、东升乡党委书记。1997年10月至1999年6月，任洮南市副市长。

（夏德富）

洮北区副区长
马万龙

马万龙，1959年2月生于吉林省白城市大岭乡。1977年7月毕业于洮安县师范学校，同年参加工作。1982年11月加入中国共产党。1986年7月毕业于白城市广播电视大学。现任洮北区副区长。

1977年7月至1986年9月，任白城市（今洮北区）大岭公社中学教师，大岭乡干警、武装部部长、经委副主任。1986年9月至1999年6月，任白城市（今洮北区）侯家乡副乡长、三合乡乡长、侯家乡党委书记，洮北区计划生育局局长、财政局局长。

（夏德富）

洮北区副区长
陈景义

陈景义，1954年2月生于吉林省白城市。1976年10月参加工作。1975年2月加入中国共产党。1984年7月毕业于白城地区教育学院。现任洮北区副区长。

1976年10月至1983年6月，任白城市（今洮北区）太本站公社、大岭公社革委会副主任，白城市（今洮北区）纪委检查员。1983年6月至2000年6月，任白城市（今洮北区）纪委科长，水利局副局长，农机局副局长、局长，水利局局长。2000年6月至2001年10月，任洮北区委常委、宣传部部长。

（夏德富）

洮北区副区长
沈雪松

沈雪松，1971年1月生于吉林省扶余县。1991年7月毕业于吉林大学，同年参加工作。1993年12月加入中国共产党。现任洮北区副区长。

1991年7月至1995年7月，任白城地区（市）农机局、农业局科员。1995年7月至2000年11月，任白城市农业局副科长、科长。2000年11月至2001年9月，任洮北区区长助理。

（夏德富）

洮北区副区长
张晓波

张晓波，1965年1月生于吉林省乾安县乾安镇。1985年7月毕业于吉林大学，同年参加工作。1993年4月加入中国共产党。现任洮北区副区长。

1985年7月至2001年10月，任白城地区（市）计经委科员、科长。

（夏德富）

洮北区政协主席
张柏林

张柏林，1945年12月生于辽宁省新宾县。1964年7月参加工作。1980年12月加入中国共产党。1983年7月毕业于白城地区教育学院。现任洮北区政协主席。

1964年7月至1983年6月，任白城市（今洮北区）教师进修学校教研员、教育局视导员、市委办公室干事。1983年6月至1984年1月，任白城市

（今洮北区）委办公室科长、秘书。1984年1月至1997年12月，任白城市（今洮北区）委办公室副主任，市委常委、组织部部长，洮北区委常委、组织部部长、区委副书记。

（夏德富）

洮北区政协党组书记
马建义

马建义，1949年7月生于吉林省通榆县。1965年7月毕业于通榆县园艺学校，同年参加工作。1974年9月加入中国共产党。现任洮北区政协副主席、党组书记。

1965年12月至1984年1月，任白城市（今洮北区）房产处科员、副科长、科长、党总支副书记，白城市液化气公司党支部书记，白城市建筑公司党委书记。1984年1月至2001年9月，任白城市（今洮北区）城建局副局长、局长，建委副主任、党委副书记，洮北区副区长兼城管局局长。

（夏德富）

洮北区政协副主席
马靖然

马靖然，1957年1月生于吉林省长岭县。1980年2月毕业于长春中医学院，同年参加工作。1997年10月加入中国农工民主党。现任洮北区政协副主席、白城市医院院长。

1980年2月至1991年7月，任白城地区卫生学校教师。1991年7月至1999年8月，任白城市中医院院长、洮北区卫生局副局长。

2001年，白城市医院被评为市级“消费者满意单位”、“思想政治工作先进单位”，“吉林省精神文明建设先进单位”。马靖然被评为全省“先进工作者”。

（夏德富）

洮北区人武部政委
魏景荣

魏景荣，1959年10月生于黑龙江省伊春市。1978年12月参加工作。1983年5月加入中国共产党。1987年7月毕业于石家庄装甲兵指挥学院。现任洮北区人武部政委。

1978年12月至1988年4月，任中国人民解放军坦克4师13团战士、副班长、文书、排长、副指导员、政治处代理干事、特务连代理指导员。1988年4月至1999年12月，任白城预备役师3团副连长、政治处干事，白城军分区政治部干事、科长。

（熊志伟）

洮北区法院院长
呼志臣

呼志臣，1958年1月生于辽宁省昌图县。1976年10月参加工作。1983年1月加入中国共产党。2000年9月毕业于吉林大学法学院民商法研究生班。现任洮北区法院院长。

1976年10月至1992年9月，任通榆县鸿兴中心校、四井子中心校、龙山学校教师，通榆县法院书记员，通榆县检察院副检察长，法院书记员、助理审判员、负责人，通榆县开通法庭副庭长。1992年9月至1997年11月，任通榆县法院副院长、司法局副局长、检察院副检察长、司法局局长。1997年11月至2001年9月，任通榆县法院副院长。

（夏德富）

洮北区检察院检察长
张瑞莹

张瑞莹，1950年1月生于河北省乐亭县。1971年3月加入中国共产党。1979年10月参加工作。1987年7月毕业于吉林省广播电视大学。现任洮北区检察院检察长。

1979年10月至1984年6月，任洮安县第一制酒厂干事，检察院书记员、助检员、检察员、科长。1984年6月至2000年6月，任洮安县、洮南市检察院副检察长，通榆县法院院长。

2001年，张瑞莹被评为2001年度全省“五好检察官”。

（夏德富）

镇赉县负责人

镇赉县委书记
王守志

王守志（蒙古族），1950年4月生于吉林省洮南县。1968年3月参加工作。1971年7月加入中国共产党。1987年毕业于吉林工业大学研究生部。现任镇赉县委书记。

1968年3月至1983年12月，任辽宁省义县3145部队96分队、内蒙古自治区昭乌达盟1451部队战士，洮安县城建局房产管理员，农机修配厂技术员，农业机械化办公室、科委主任，县委办公室政策研究组研究员。1983年12月至1997年8月，任洮安县副县长，镇赉县副县长、县委副书记、县政协主席。1997年8月至1999年12月，任镇赉县委副书记、代县长、县长。

（梁英利）

镇赉县委副书记　副县长 代县长
李江山

李江山，1954年1月生于吉林省洮南县。1973年3月毕业于洮安县师范学校，同年参加工作。1974年7月加入中国共产党。现任镇赉县委副书记、副县长、代县长。

1973年3月至1992年12月，任洮安县万宝公社干部、复胜小学教师、教育组干事，洮安县第六中学副校长，县教育局副局长、党委副书记，团县委副书记、书记，岭下公社党委书记， 洮南市建设局局长、党委书记。1992年12月至1994年7月，任洮南市委常委，市建设局局长、党委书记。1994年7月至2001年10月，任洮南市副市长，市委常委、常务副市长，市委副书记。

（张洪志）

镇赉县委副书记
王　辉

王辉，1954年12月生于内蒙古自治区奈曼旗。1973年8月参加工作。1976年4月加入中国共产党。1996年毕业于吉林大学文学院。现任镇赉县委副书记。

1973年8月至1987年8月，任吉林省察尔森水库

工程指挥部发电厂工人、察尔森水库工程指挥部团委干部、团委副书记、发电厂副厂长，白城地委宣传部干事、副科长、科长。1987年8月至2001年9月，任白城地委宣传部巡视员，通榆县边昭镇党委副书记，白城地区广播电视局副局长兼白城电视台台长，白城市文化局党委书记兼局长。

（梁英利）

镇赉县委副书记
张建国

张建国，1951年9月生于吉林省白城市。1968年11月参加工作。1976年4月加入中国共产党。1986年7月毕业于吉林省委党校。现任镇赉县委副书记。

1968年11月至1975年6月，镇赉县丹岱公社知识青年、渔场工人、供销社营业员、公社武装部干事、供销社工会副主席。1975年6月至1983年12月，任镇赉县供销社科员、科长，县委财贸工作部纪检员。1983年12月至1990年1月，任镇赉县委组织部秘书、县政府办公室副主任、县委组织部副部长。1990年1月至1997年10月，任镇赉县检察院检察长，县委常委、县纪委书记。

（梁英利）

镇赉县委副书记　纪委书记
王荣文

王荣文，1950年8月生于吉林省通榆县。1970年9月参加工作。1974年12月加入中国共产党。1993年7月毕业于中央党校函授学院。现任镇赉县委副书记、纪委书记。

1970年9月至1992年6月，任通榆县财税局科员，财政局会计、科长，新华公社组织、监察委员，县财政局副局长，物价委员会办公室副主任、主任，物价局副局长、局长。1992年6月至2001年10月，任通榆县副县长，县委常委、常务副县长。

（梁英利）

镇赉县委常委　常务副县长
何野平

何野平（满族），1962年5月生于吉林省镇赉县。1983年7月参加工作。1984年12月加入中国共产党。2001年9月毕业于吉林大学国民经济管理专业研究生班。现任镇赉县委常委、常务副县长。

1983年7月至1996年1月，任镇赉县第三中学教师、校团委书记，团县委宣传部部长，县政府办公室秘书、副科长，团县委书记，英华乡党委书记。1996年1月至1996年7月，任白城市贸易局局长助理。1996年7月至1997年12月，任吉林省高级人民法院政治部主任助理。1997年12月至2001年10月，任镇赉县委常委、县委办公室主任、副县长。

（张洪志）

镇赉县委常委　宣传部部长
叶静波

叶静波（女），1965年12月生于吉林省大安县。1985年7月毕业于东北师范大学，同年参加工作。1986年9月加入中国共产党。现任镇赉县委常委、宣传部部长。

1985年7月至1999年10月，任白城地区卫生学校团委副书记、书记，白城地区青联办事处主任、共青团白城市委学校部部长。1999年10月至2001年9月，任共青团白城市委助理调研员。

（梁英利）

镇赉县委常委 组织部部长

刁国孚

刁国孚，1959年1月生于吉林省长岭县。1982年1月毕业于吉林农业大学，同年参加工作。1988年12月加入中国共产党。现任镇赉县委常委、组织部部长。

1982年1月至2000年5月，任吉林省白城牧场中学教师、校长，白城牧场农机修配厂厂长，白城市农机局科员，白城市政府办公室秘书，白城市委宣传部干事、副科长、科长。2000年5月至2001年9月，任镇赉县委常委、宣传部部长。

（梁英利）

镇赉县委常委 人武部政委

王国友

王国友，1960年8月生于吉林省前郭县。1978年12月参加工作。1982年6月加入中国共产党。1999年7月毕业于北京大学法律系。现任镇赉县委常委、县人武部政委。

1978年12月至1997年10月，任中国人民解放军坦克4师15团1营3连战士、排长，团政治处干事，装甲步兵连指导员，政治部正连职干事、股长，白城陆军预备役步兵师3团2营副营长、营长。1997年10月至2000年1月，任白城军分区政治部科长。

（梁英利）

镇赉县委常委 办公室主任

王守臣

王守臣，1956年10月生于河南省滑县。1982年8月毕业于延边农业学院。1976年4月参加工作。1986年7月加入中国共产党。现任镇赉县委常委、办公室主任。

1976年4月至2001年9月，任镇赉县镇南中学教师，通榆县、镇赉县农民中等专业学校教师，镇赉县畜牧中心站技术干部，县畜牧局科员、副股长，县委办公室干事、副科级调研员、科长、副主任兼督查室主任，县政府办公室、县委办公室主任。

（梁英利）

镇赉县委常委 政法委书记

刘福彪

刘福彪，1969年8月生于吉林省大安县。1989年7月参加工作。1992年5月加入中国共产党。2001年9月毕业于吉林大学国民经济管理专业研究生班。现任镇赉县委常委、政法委书记。

1989年7月至2000年9月，任大安市档案局科员，共青团大安市委部长、副科级巡视员，大安市依法治

市办公室副主任，共青团大安市委副书记、书记。2000年9月至2001年9月，任大安市新平安镇党委书记、镇人大主任。

（梁英利）

镇赉县人大常委会主任
佟国庆

佟国庆（蒙古族），1950年11月生于吉林省镇赉县大屯镇英台村。1968年10月参加工作。1972年3月加入中国共产党。1993年7月毕业于吉林省委党校经济管理专业。现任镇赉县人大常委会主任。

1968年10月至1987年2月，任镇赉县莫莫格蒙古族公社林业员、团委副书记，党委宣传委员、管委会副主任、党委副书记。1987年2月至1989年6月，任镇赉县委常委、哈吐气蒙古族乡党委书记。1989年6月至2000年12月，任镇赉县副县长，县委常委、常务副县长。

（李万成）

镇赉县人大常委会副主任
张景山

张景山，1949年7月生于吉林省镇赉县五棵树镇。1976年9月参加工作。1971年8月加入中国共产党。1987年7月毕业于吉林省委党校政工理论专业。现任镇赉县人大常委会副主任、党组书记。

1976年9月至1992年6月，任镇赉县委组织部干事、副组长、组长、副部长，县土地管理局局长，县委政研室主任，县委办公室主任。1992年7月至2000年7月，任镇赉县委常委、宣传部部长。

（李万成）

镇赉县人大常委会副主任
连永安

连永安，1949年8月生于吉林省洮南县。1968年8月参加工作。1973年10月加入中国共产党。1986年7月毕业于白城地委党校经济管理专业。现任镇赉县人大常委会副主任。

1968年8月至1990年7月，任镇赉县农业机械厂厂长，变压器厂副厂长，工业局副局长，磷肥厂、玻璃厂、玻璃总厂厂长。1990年7月至1998年1月，任镇赉县副县长、镇赉县人大常委会党组成员。

（李万成）

镇赉县人大常委会副主任
赵桂舫

赵桂舫（女），1958年1月生于吉林省镇赉县。1976年7月参加工作。1985年1月加入中国共产党。1993年7月毕业于中央党校政治专业。现任镇赉县人大常委会副主任。

1976年7月至2001年10月，任吉林省镇南种羊场打字员、团委干事、副书记，共青团镇赉县委干事、副部长、青运史办公室副主任、副书记，镇赉县总工会副主任，镇赉县妇联主席。

（李万成）

镇赉县人大常委会副主任
张景辉

张景辉，1946年11月生于吉林省镇赉县。1970年4月参加工作。1973年10月加入中国共产党。1987

年7月毕业于吉林省委党校党政专业。现任镇赉县人大常委会副主任（2001年10月离岗）。

1970年4月至1998年1月，任镇赉县建平公社农发大队学校教师，镇赉县委组织部外调员、干事、科长、审干办公室副主任、副部长兼组织员办公室主任，镇赉县人事局局长，机构编制委员会办公室主任。

（李万成）

镇赉县人大常委会副主任
宋广生

宋广生，1941年3月生于吉林省长春市。1962年8月参加工作。1962年7月毕业于吉林省建筑学校。现任镇赉县人大常委会副主任（2001年10月离岗）。

1962年8月至1992年11月，任白城地区医药站、食品站物价员，镇赉县食品公司物价员，糖酒公司科员、副经理，镇赉县物价局副局长。

（李万成）

镇赉县副县长 代县长
李江山

（李江山简历与照片见本书419页）

镇赉县常务副县长
何野平

（何野平简历与照片见本书420页）

镇赉县副县长
高　克

高克，1952年9月生于黑龙江省克山县。1972年1月参加工作。1984年6月加入中国共产党。1994年10月毕业于中央党校函授学院，大学本科。现任镇赉县副县长。

1972年1月至1989年12月，任白城市（今洮北区）水泥瓦厂、白城市半导体器件厂干部，科技局科员、科长，科研所副所长，白城地区科委科员，白城地区科技处科员、科长。1989年12月至1997年7月，任白城地区（市）科委星火办公室主任、科长、副处级巡视员。1997年7月至2001年10月，任通榆县副县长。

（张洪志）

镇赉县副县长
朱　怀

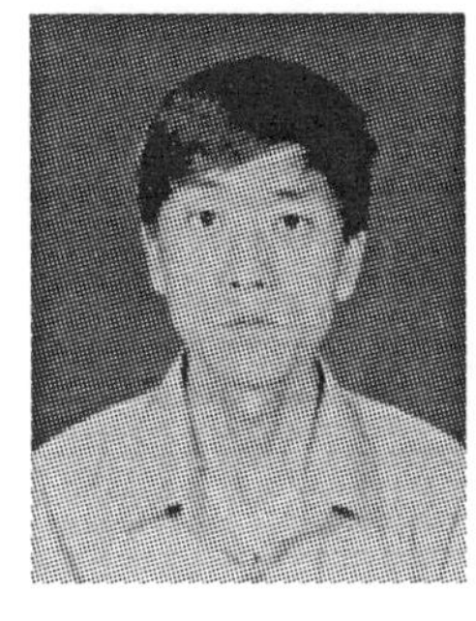

朱怀，1964年2月生于吉林省镇赉县胜利公社。1986年7月毕业于吉林农业大学。无党派人士。1986年8月参加工作。现任镇赉县副县长。

1986年7月至1997年10月，任镇赉县计经委科员、副科长、副主任。

（张洪志）

镇赉县副县长
李万江

李万江（满族），1956年2月生于吉林省四平市。1974年7月参加工作。1976年12月加入中国共产党。1992年3月毕业于吉林省委党校函授学院。现任镇赉县副县长。

1974年7月至1983年2月，任四平市山门镇靠山大队党支部副书记，大安县农业局生产股科员。1983

年2月至2001年10月，任大安县海坨公社（乡）管委会副主任、副乡长，县林业局副局长，大安市锦华街党委副书记，太山乡党委副书记、乡长，大岗子镇党委书记，舍力镇党委书记、镇长，安广镇党委书记，大安市副市长。

（张洪志）

镇赉县副县长
孙伟光

孙伟光，1951年7月生于吉林省镇赉县。1974年7月加入中国共产党。1976年7月参加工作。1992年7月毕业于中央党校政工专业。现任镇赉县副县长。

1976年7月至1998年4月，任镇赉县委组织部干事，县委办公室干事、科长、县委常委秘书，县纪委常委、办公室主任、副书记，县政府办公室主任。1998年4月至2001年10月，任镇赉县县长助理（副处级）。

（张洪志）

镇赉县政协主席
李德海

李德海，1944年10月生于吉林省镇赉县。1966年6月毕业于四平师范学院，同年参加工作。1972年6月加入中国共产党。现任镇赉县政协主席（2001年10月离岗）。

1966年6月至1986年11月，任吉林省镇南种羊场教师、文教干事、政治处主任、党委常委秘书、副场长、党委副书记，镇赉县财贸办公室主任，商业局局长。1986年11月至1997年8月，任镇赉县副县长，县委常委、常务副县长。

（韩凤林）

镇赉县政协党组书记
朱力学

朱力学，1948年4月生于河北省滦县。1967年8月毕业于镇赉县第一中学。1968年10月参加工作。1980年2月加入中国共产党。现任镇赉县政协党组书记（2001年10月任）。

1968年10月至1981年10月，任镇赉县莫莫格蒙古族公社知识青年、县粮库工人、粮食局人事股科员、县委财贸部干事。1981年10月至1997年7月，任镇赉县工商局副局长、财贸办公室主任、体改委主任、政研室主任、县委办公室主任。1997年7月至2001年9月，任镇赉县副县长，县委常委、常务副县长。

（韩凤林）

镇赉县政协副主席
付鹏飞

付鹏飞，1947年12月生于吉林省镇赉县。1963年7月毕业于黑龙江省讷河县太和公社新安小学。1966年9月参加工作。1971年加入中国共产党。现任镇赉县政协副主席、党组副书记。

1966年9月至1975年1月，任黑龙江省讷河县太和公社新安小学教师、镇赉县委组织部干事。1975 年 1 月至 1992 年 8 月，任镇赉县坦途公社革委会副主任、党委副书记、党委书记，嘎什根乡党委书记，县物资局局长，公安局党委书记、政委、局长。1992 年 9 月至 2001 年 11 月，任镇赉县检察院检察长、党组书记，法院院长、党组书记。

（韩凤林）

镇赉县政协副主席
周德祯

周德祯（蒙古族），1942 年 11 月生于吉林省镇赉县。1968 年 7 月毕业于内蒙古工学院，同年参加工作。无党派人士。现任镇赉县政协副主席。

1968 年 7 月至 1992 年 12 月，任内蒙古自治区赤峰市化肥厂、镇赉县化肥厂、镇赉县化工厂技术员，镇赉县环保局副局长。

（韩凤林）

镇赉县政协副主席
常振亚

常振亚，1942 年 10 月生于吉林省吉林市。1965 年 8 月毕业于吉林农业大学园艺专业。1965 年参加工作。无党派人士。现任镇赉县政协副主席、高级农艺师。

1965 年至 1997 年，任镇赉县林业科技术员，坦途税务所四方坨子税务专管员，镇赉县政府农业助理员，镇赉县农技总站站长，农业中心站站长、副主任。

（韩凤林）

镇赉县政协副主席
邹占江

邹占江，1942 年 12 月生于吉林省镇赉县。1967 年 1 月毕业于吉林工学院，同年参加工作。1965 年 12 月加入中国共产党。现任镇赉县政协副主席（2001 年 10 月离岗）。

1967 年 1 月至 1992 年 12 月，任中国人民解放军 3009 部队农场干部，吉林铁路分局技术员，镇赉县商业局科员、副股长，镇赉县委组织部干事、副股长、审干办公室副主任、副部长。1988 年 12 月至 1992 年 12 月，任镇赉县委常委、组织部部长。

（韩凤林）

镇赉县政协副主席
姜树良

姜树良，1946 年 7 月生于吉林省扶余县。1966 年 9 月毕业于扶余师范学校，同年参加工作。1969 年 12 月加入中国共产党。现任镇赉县政协副主席（2001 年 10 月离岗）。

1966 年 9 月至 1997 年 10 月，任镇赉县劳改总队十一队管教、技术员，县革委会办公室秘书、科长，镇赉县水利指挥部党委副书记、副指挥，政府办公室科长，民政局副局长、局长，东屏镇党委书记，县委整党办公室常务副主任，县科技干部局局长，总工会主席、党组书记。

（韩凤林）

镇赉县人武部部长
郑春华

郑春华，1959 年 12 月生于吉林省扶余县。1998

年毕业于吉林省委党校经济管理专业，大学本科。1976年2月参加工作。1981年1月加入中国共产党。现任镇赉县人武部部长。

1976年2月至1985年10月，任中国人民解放军坦克5师17团6连战士、车长、排长、连长。1985年11月至2001年2月，任白城军分区教导队教员、司令部参谋、军务动员科科长。

（张洪志）

镇赉县法院院长

张彦君

张彦君（女），1955年12月生于吉林省洮安县。1979年7月参加工作。1987年8月加入中国共产党。1979年7月毕业于洮安县师范学校。现任镇赉县法院院长。

1979年7月至2001年11月，任洮安县城郊中心校教师、洮南市职工教育办公室科员、洮南市法院刑事审判庭庭长、洮南市人大常委会法制办公室主任、洮南市法院副院长。

（刘学军）

镇赉县检察院检察长

谢青春

谢青春，1954年3月生于吉林省镇赉县东屏镇。1974年3月参加工作。1973年12月加入中国共产党。1986年7月毕业于吉林大学法律系。现任镇赉县检察院检察长、党组书记。

1974年3月至1988年12月，任镇赉县到保公社车力大队革委会副主任、岔台公社革委会副主任、吉林省农林办公室干事、镇赉县水利工程指挥部副指挥、

共青团镇赉县委副书记、镇赉县保民公社党委副书记、镇赉县法院办公室主任、镇赉县人大常委会法制办公室主任。1989年1月至2000年2月，任镇赉县检察院副检察长、党组副书记。

（李晶涛）

通榆县负责人

通榆县委书记

张宝田

张宝田，1956年5月生于吉林省白城市。1975年6月加入中国共产党。1975年10月参加工作。1993年3月毕业于吉林省委党校函授学院。现任通榆县委书记。

1975年10月至1983年10月，任白城市青山公社复兴大队社员、大队党总支书记，青山公社党委副书记、管委会主任。1983年10月至2001年9月，任白城市（今洮北区）副市长，浙江省永康县副县长，白城地区监察局副局长、纪委副书记，通榆县委副书记、代县长、县长。

2001年，张宝田被市委、市政府评为“招商引资先进个人”。

（曹世伟）

通榆县委副书记 副县长 代县长

刘俊道

刘俊道，1962年4月生于吉林省长岭县。1984年

1月参加工作。1991年1月加入中国共产党。2001年5月毕业于吉林省委党校经济学研究生班。现任通榆县委副书记、副县长、代县长、高级工程师。

1984年1月至1991年8月，任长岭县人事局、白城地区水文站、白城地区水利局干部。1991年8月至1995年11月,任洮南市幸福乡经委副主任，白城市水利局水利建筑工程处处长、党支部书记。1995年11月至2001年9月，任白城市水利局副局长，白城市月亮湖水库管理局局长、党委书记。

（潘淑坤　赵洪亮）

通榆县委副书记
王　琦

王琦（女），1953年4月生于吉林省通榆县。1970年7月参加工作。1973年6月加入中国共产党。1993年3月毕业于吉林省委党校函授学院。现任通榆县委副书记。

1970年7月至1976年4月，任黑龙江省泰来县东风机械厂铣工、统计员、现金员，通榆县人民银行会计员、团支部书记。1976年4月至1989年10月，任通榆县新华公社党委副书记，通榆县妇联副主任、主任。1989年10月至1996年2月，任通榆县委常委、县妇联主任，县委常委、宣传部部长。

（曹世伟）

通榆县委副书记　纪委书记
赵明德

赵明德，1957年10月生于吉林省大安县。1975年7月参加工作。1977年2月加入中国共产党。1985年8月毕业于东北师范大学中文系。现任通榆县委副书记、纪委书记。

1975年7月至1984年7月，大安市两家子镇同享大队知识青年、大安县第四中学教师，大安县委宣传部干事、县委办公室科员。1984年7月至1995年12月，任大安县（市）委办公室副科长、科长、副主任（兼保密局局长）、主任，白城市工商局局长助理。1995年12月至1997年11月，任大安市委常委、办公室主任，市委常委、宣传部部长。

（曹世伟）

通榆县委副书记
肖金友

肖金友，1957年12月生于吉林省乾安县。1976年1月参加工作。1985年5月加入中国共产党。2001年9月毕业于吉林大学国民经济管理专业研究生班。现任通榆县委副书记。

1976年1月至1998年2月，任中国人民解放军81164部队战士，乾安县机井队工人，长岭县巨宝山乡教育助理，长岭县委宣传部干事，白城市委组织部干事、科长。1998年2月至2001年9月，任镇赉县委常委、组织部部长。

2001年，肖金友被白城市委、市政府评为“劳务输出工作先进个人”。

（曹世伟）

通榆县委常委　常务副县长
高显波

高显波，1961年12月生于吉林省通榆县。1981年8月参加工作。1989年9月加入中国共产党。2001年9月毕业于吉林大学国民经济管理专业研究生班。

现任通榆县委常委、常务副县长。

1981年8月至1996年2月，任通榆县农业中等专业学校团支部书记，乡镇企业局科员、股长，县委办公室科长。1996年2月至1999年8月，任通榆县委办公室副主任，县委常委、办公室主任。

2001年，高显波被白城市委、市政府授予1996至2000年度“全市普法先进个人”称号。

（潘淑坤 赵洪亮）

通榆县委常委 组织部部长
王明洲

王明洲，1955年10月生于吉林省乾安县。1973年1月参加工作。1974年12月加入中国共产党。1991年8月毕业于中央党校函授学院。现任通榆县委常委、组织部部长。

1973年1月至1988年4月，任乾安县余成公社（今余字乡）马场农工、会计、场站总会计，白城地区水文总站技术员，白城地委审干办公室、地委组织部干事。1988年4月至1999年7月，任白城地（市）委组织部副科级、正科级巡视员、科长。

（汤文 刘晓林）

通榆县委常委 政法委书记
邓桂侠

邓桂侠（女），1955年7月生于通榆县边昭镇边昭村。1974年6月参加工作。1982年1月毕业于东北师范大学。1986年6月加入中国共产党。现任通榆县委常委、政法委书记。

1974年6月至1989年9月，任通榆县边昭公社边昭六队团支部书记，巨良小学、通榆县第一中学教师。1989年9月至1997年7月，任通榆县委学习室副主任、主任，县委宣传部副部长，县委常委、宣传部部长。

（孙万春）

通榆县委常委 人武部政委
王文晶

王文晶，1956年8月生于内蒙古自治区突泉县。1974年6月毕业于突泉县第一中学。1975年11月加入中国共产党 。1976年2月参加工作。现任通榆县委常委、县人武部政委，上校军衔。

1976年2月至1997年12月，任中国人民解放军81632部队战士、文书、班长、排长、副指导员、政治指导员、政治处宣传股股长，内蒙古自治区赤峰守备区正营职、副团职干事，81629部队政治部副主任。1997年12月至2001年3月，任洮南市人武部政委。

（朱劲松）

通榆县委常委 办公室主任
张庸林

张庸林（蒙古族），1959年2月生于吉林省通榆县。1982年1月毕业于东北师范大学中文系，同年参加工作。1988年5月加入中国共产党。现任通榆县委常委、办公室主任。

1982年1月至1996年9月，任白城地区通榆师范学校中文组组长，通榆县委党校讲师，通榆县政协秘书、科长、办公室副主任、主任。1996年9月至1999年7月，任通榆县委办公室副主任。

（曹世伟）

通榆县委宣传部部长
赵彦峰

赵彦峰（蒙古族），1972年7月生于吉林省镇赉县。1994年7月毕业于吉林师范大学中文系，学士学位。同年参加工作。1999年7月加入中国共产党。现任通榆县委宣传部部长。

1994年7月至2001年9月，任白城市职工大学校办公室秘书、基础教研室助教，白城市政府办公室科员、副科长、主任科员。

（邹毅勇）

通榆县人大常委会主任
赵锡钧

赵锡钧，1942年11月生于吉林省乾安县。1968年7月毕业于吉林农业大学，同年参加工作。1975年10月加入中国共产党。现任通榆县人大常委会主任（2001年9月免）、县委调研员（2001年9月任，11月离岗）。

1968年7月至1970年3月，任中国人民解放军3016部队战士。1970年4月至1980年8月，任通榆县农业局农业总站技术员、副站长。1980年9月至1983年11月，任通榆县委组织部干事。1983年12月至1989年7月，任通榆县羊井乡乡长、党委书记。1989年8月至1991年1月，任通榆县委常委、纪委书记，县委副书记。

（曹世伟）

通榆县人大常委会党组书记
张占文

张占文，1950年8月生于吉林省通榆县。1968年10月参加工作。1975年12月加入中国共产党。1993年毕业于吉林省委党校党政管理专业。现任通榆县人大常委会党组书记（2001年11月任）。

1968年10月至1984年1月，任通榆县农机修造厂团总支副书记，农机三厂干部，水电物资公司副主任，农机局、人事局科员，通榆县委办公室秘书。1984年1月至1992年10月，任通榆县委办公室副主任、组织部副部长。1992年10月至2001年10月，任通榆县委常委、组织部部长，县委副书记。

（李春玉）

通榆县人大常委会副主任
孟宪庚

孟宪庚，1945年11月生于吉林省扶余县。1963年8月参加工作。1964年11月加入中国共产党。1993年毕业于吉林省委党校（大专）。现任通榆县人大常委会副主任、党组副书记。

1963年8月至1979年1月，任中国人民解放军总参谋部独立师639团2连战士，吉林省军区独立1师3团4连班长、排长，吉林省军区守备16团政治处干事，沈阳军区守备16

团政治处干事、2营教导员。1979年1月至1986年4月，任沈阳军区守备6师科长、坦克团政委。1986年4月至1996年3月，任通榆县人武部政委、县委常委。

（李春玉）

通榆县人大常委会副主任
孟繁义

孟繁义，1949年12月生于吉林省长春市。1968年10月参加工作。1974年4月加入中国共产党。1993年3月毕业于吉林省委党校党政管理专业。现任通榆县人大常委会副主任。

1968年10月至1980年2月，任通榆苇场干部、通榆县委办公室秘书。1980年2月至1996年2月，任共青团通榆县委副书记，县体改委副主任、主任，计经委主任。1996年2月至1997年10月，任通榆县委宣传部部长、县委常委。

（李春玉）

通榆县人大常委会副主任
李瑞芳

李瑞芳，1949年11月生于吉林省通榆县。1968年3月参加工作。1969年6月加入中国共产党。1980年12月毕业于中国人民解放军宣化炮兵学院。现任通榆县人大常委会副主任。

1968年3月至1986年4月，任中国人民解放军陆军第118师独立高炮营战士、班长、排长，陆军第118师司令部参谋（副、正营职）、营长。1986年4月至1997年10月，任通榆县人武部科长、部长。

（李春玉）

通榆县人大常委会副主任
赵德全

赵德全，1947年2月生于吉林省通榆县。1962年9月参加工作，同年加入中国共产党。1996年3月毕业于吉林省干部管理学院。现任通榆县人大常委会副主任。

1962年9月至1983年12月，任开通镇园世学校教师、校长，通榆县第四中学教师、团委干部，通榆县委组织部干部组组长。1983年12月至1987年12月，任通榆县审干办公室科员、主任。1987年12月至1997年10月，任通榆县检察院检察长。

（李春玉）

通榆县委副书记 副县长 代县长
刘俊道

（刘俊道简历与照片见本书426页）

通榆县委常委　常务副县长
高显波

（高显波简历与照片见本书427页）

通榆县副县长
杜晓军

杜晓军（女），1949年12月生于吉林省长春市。1968年11月参加工作。1971年10月加入中国共产党。1996年9月毕业于中央党校函授学院。现任通榆县副县长。

1968年11月至1973年5月，通榆县兴隆山公社知识青年、通榆县食品商店营业员。1973年

5月至1996年2月，任通榆县总工会副主任、团结公社党委副书记、边昭公社党委书记、通榆县供销社副主任、粮食局局长。

（潘淑坤 赵洪亮）

通榆县副县长
陈敬德

陈敬德，1956年3月生于吉林省通榆县。1974年6月参加工作。无党派人士。1995年7月毕业于东北师范大学。现任通榆县副县长。

1974年6月至1983年12月，任通榆县八面公社教师、通榆县体校教练。1983年12月至1997年12月，任通榆县文化体育局副局长，体委副主任、主任，文化体育局局长，通榆县政协副主席。

（潘淑坤 赵洪亮）

通榆县副县长
李永安

李永安，1953年1月生于吉林省通榆县边昭镇。1972年12月参加工作。1975年10月加入中国共产党。1992年6月毕业于吉林省委党校函授学院。现任通榆县副县长。

1972年12月至1985年8月，任白城地区通榆师范学校教工组组长，通榆县“五七”大学革委会副主任，通榆县第一中学团委书记，县委宣传部干事、人秘科长。1985年8月至1999年6月，任通榆县精神文明建设办公室副主任、县委办公室副主任、民政局局长、粮食局局长兼县长助理。

（潘淑坤 赵洪亮）

通榆县副县长
杜显文

杜显文，1948年7月生于吉林省长岭县。1971年7月参加工作。1975年3月加入中国产党。1986年7月毕业于吉林省委党校。现任通榆县副县长兼吉林向海国家级自然保护区管理局局长。

1971年7月至1988年2月，任通榆县苏公坨公社林业驻在员、通榆县林业总站副站长、新华林场场长。1988年2月至2000年3月，任通榆县边昭镇党委书记、通榆县林业局局长、吉林向海国家级自然保护区管理局副局长。

（潘淑坤 赵洪亮）

通榆县副县长
翟明华

翟明华，1960年2月生于吉林省通榆县。1978年5月参加工作。1982年5月加入中国共产党。1986年2月毕业于吉林省委党校函授学院。现任通榆县副县长。

1978年5月至1986年5月，任通榆县二轻局团委书记、人秘股副股长,共青团通榆县委组织部长。1986年5月至1996年8月,任共青团通榆县委副书记、书记，二轻局局长、党委书记，轻工业总公司总经理，白城市轻工业局局长助理。1996年8月至2001年9月，任通榆县县长助理兼通榆酒厂厂长，粮食局党委委员，白城市洮儿河酒厂厂长，白城市市直工业国有控股公司资产部部长，白城市中小企业信用担保公司董事长、总经理。

（潘淑坤 赵洪亮）

通榆县县长助理
夏 光

夏光，1967年生于吉林省大安县。1989年8月参加工作。1994年7月加入中国共产党。1995年毕业于吉林省财会专科学校。现任通榆县县长助理。

1989年8月至1996年6月，任白城地区粮油贸易公司团支部书记、白城市粮食局团委副书记。1996年6月至2000年12月，任白城市纪委主任科员、常委秘书、办公室副主任。

（潘淑坤　赵洪亮）

通榆县政协主席
白长祯

白长祯（蒙古族），1948年2月生于吉林省通榆县。1972年2月加入中国共产党。1973年12月参加工作。1986年毕业于吉林省委党校。现任通榆县政协主席。

1973年12月至1980年9月，任通榆县向海蒙古族公社党委副书记、革委会副主任，包拉温都蒙古族公社党委书记、革委会主任。1980年9月至1999年3月，任通榆县副县长，县人大常委会副主任、党组副书记，县政协副主席、党组副书记。

（吴爱民）

通榆县政协副主席
王选禄

王选禄，1949年11月生于黑龙江省齐齐哈尔市。1965年12月参加工作。无党派人士。1989年毕业于中国食品函授大学。现任通榆县政协副主席。

1965年12月至1992年7月，任通榆县制酒厂工人、车间主任、技术科长、工会副主席、副厂长、厂长。1992年7月至1997年12月，任通榆县副县长。

（吴爱民）

通榆县政协副主席
蔡大刚

蔡大刚，1943年1月生于北京市。1964年7月参加工作。无党派人士。1961年7月毕业于上海市松江第一中学。现任通榆县政协副主席。

1964年7月至1997年11月，任通榆县乌兰花公社中心校教师、教导主任、副校长，县教委科员，进修学校副校长。

（吴爱民）

通榆县政协副主席
赵淑荣

赵淑荣（女，蒙古族），1955年2月生于吉林省通榆县。1976年7月加入中国共产党。1976年12月参加工作。1994年12月毕业于中央党校函授学院。现任通榆县委统战部部长、政协副主席。

1976年12月至1989年6月，任通榆县乌兰花公社妇联主任、党委委员，城郊公社妇联主任，县农业系统党委宣传委员兼统战委员，县妇联部长。1989 年 6 月至 2001 年 3 月，任通榆县妇联副主任、主任、主席。

（吴爱民）

通榆县政协副主席
李锐士

李锐士，1955 年 9 月生于吉林省通榆县。1972 年 12 月参加工作。1976 年 10 月加入中国共产党。1987 年 8 月毕业于吉林省教育学院中文系。现任通榆县政协副主席。

1972 年 12 月至 2000 年 9 月，通榆县苏公坨公社知识青年、民办教师、团委书记，白城地区通榆师范学校教师、团委书记、校党委委员、党委办公室主任、工会主席，白城市民间文艺家协会副主席。

（吴爱民）

通榆县人武部部长
任尚浩

任尚浩，1959 年 5 月生于山东省平阴县。1978 年 2 月参加工作。1979 年 3 月加入中国共产党。现任通榆县人武部部长，上校军衔。

1978 年 2 月至 1998 年 11 月，任中国人民解放军 81219 部队 92 分队战士、班长、排长，73 分队副连长、政治指导员、连长、副营长，团政治处组织股长、营长、参谋长。1998 年 11 月至 2001 年 2 月，任中国人民解放军 81211 部队炮兵指挥部主任。

（朱劲松）

通榆县法院院长
黄国双

黄国双，1954 年 6 月生于辽宁省法库县。1978 年 8 月毕业于吉林工业大学，同年参加工作。1974 年 4 月加入中国共产党。现任通榆县法院院长。

1978 年 8 月至 1983 年 11 月，任镇赉县大修厂技术员，法院书记员、助理审判员、审判员。1983 年 12 月至 2001 年 10 月，任镇赉县法院副院长。

（李宝山）

通榆县检察院检察长
张绍福

张绍福，1954 年 3 月生于吉林省白城市。1970 年 12 月参加工作。1976 年 12 月加入中国共产党。1994 年 7 月毕业于吉林大学。现任通榆县检察院检察长。

1970 年 12 月至 1991 年 1 月，任白城地区电信局报务员，洮安县东方红造纸厂股长、工会主席，洮南市检察院检察员，市人大常委会干事，市检察院科长。1991 年 1 月至 2000 年 6 月，任洮南市检察院副检察长。

（马弘真）

洮南市负责人

洮南市委书记
王曜午

王曜午，1956 年 8 月生于吉林省前郭县。1998 年

11月毕业于中国社会科学院研究生院。1974年6月参加工作。1977年4月加入中国共产党。现任洮南市委书记。

1974年6月至1985年12月，任前郭县八郎公社黎明大队党总支副书记，前郭县知识青年办公室干部，县委组织部干事、科长。1985年12月至1996年3月，任白城地（市）委组织部副科长、科长、副部长，洮南市委副书记。1996年3月至1996年4月，任洮南市委副书记、副市长、代市长，市委副书记、市长。

2001年，王曜午被白城市委、市政府评为2001年度“招商引资先进个人”。

（孙立峰）

洮南市委副书记　市长
黄　波

（黄波简历与照片见本书373页）

洮南市委副书记　副市长　代市长
岳景君

岳景君，1957年1月生于吉林省镇赉县。1978年7月毕业于东北师范大学政治系，大学本科。1972年12月参加工作。1976年2月加入中国共产党。现任洮南市委副书记、副市长、代市长(2001年9月任)。

1972年12月至1986年7月，任镇赉县保民中学管理员、保民公社通信员、东北师范大学政治系学员、镇赉县第四中学教师 。1986年7月至2001年1月，任共青团镇赉县委书记，镇赉县委常委、县委宣传部部长，镇赉县副县长、县委副书记。

（毛春峰）

洮南市委副书记
李龙江

李龙江，1952年11月生于吉林省洮南县。1988年7月毕业于东北师范大学历史系，大学本科。1973年12月参加工作。1972年12月加入中国共产党。现任洮南市委副书记。

1973年12月至1992年12月，任洮安县岭下镇、永茂公社党委副书记、革委会副主任，幸福公社党委副书记、革委会副主任、党委书记，城郊公社党委副书记、管委会主任，安定公社党委书记，洮南市乡企局局长，计经委主任。1992年12月至1996年6月，任洮南市副市长，市委常委、纪委书记，市委常委、组织部部长。

2001年11月，在“三清两建一公开”活动中，被省委、省政府评为“优秀工作队员”。

（华勇智）

洮南市委副书记
王延军

王延军，1964年9月生于吉林省大安县。1987年7月毕业于东北师范大学，同年参加工作。1984年9月加入中国共产党。现任洮南市委副书记。

1987年7月至1991年9月，任白城师范高等专科学校团委干事。1991年9月至1997年6月，任白城师范高等专科学校学生处副处长、党委办公室主任，白城市政府办公室助理调研员，共青团白城市委副书记、书记。

（张文明）

洮南市委副书记　纪委书记
王宝利

王宝利，1953年11月生于吉林省通榆县。1993年8月毕业于吉林省委党校。1970年9月参加工作。1975年10月加入中国共产党。现任洮南市委副书记、纪委书记。

1970年9月至1996年2月，任通榆县机砖厂干部，共青团通榆县委常委，县人大常委会秘书，县纪委常委、办公室副主任、主任，纪委副书记，卫生局党委书记、局长。1996年2月至2001年10月，任通榆县委常委、纪委书记。

（吴井峰）

洮南市委常委　常务副市长
王广忠

王广忠，1955年3月生于吉林省洮南县。1983年8月毕业于东北师范大学中文系，大学本科。1980年7月参加工作。1986年4月加入中国共产党。现任洮南市委常委、常务副市长。

1980年7月至1987年3月，任洮安县第十中学教师，洮安县教育局、政府办公室科员。1987年4月至1995年8月，任洮南市政府办公室科级巡视员、科长，大通乡乡长、党委书记，洮南市委办公室副主任。1995年8月至2001年10月，任洮南市委办公室主任、市委常委。

（李鹏宇）

洮南市委常委　组织部部长
孙文彬

孙文彬，1954年3月生于吉林省通榆县。1992年8月毕业于吉林省委党校哲学系。1972年12月参加工作。1974年6月加入中国共产党。现任洮南市委常委、组织部部长。

1972年12月至1993年1月，任通榆县苏公坨公社知识青年、生产队副队长、公社团委书记、公社革委会副主任，共青团通榆县委书记，西艾力蒙古族乡党委书记，通榆县委农工部副部长，人事局局长。1993年1月至1999年7月，任通榆县委常委、农工部部长。

（李晓琨）

洮南市委常委　人武部部长
王晓奇

王晓奇，1957年3月生于吉林省白城市。1982年2月毕业于中国人民解放军石家庄装甲兵指挥学院。1975年1月参加工作。1978年3月加入中国共产党。现任洮南市委常委、人武部部长。

1975年1月至1998年2月，任中国人民解放军战士、排长、副政治指导员、连长、副营职干事、营长、作训科长、军务科长，洮南市人武部政委。

2001年，吉林省军区为王晓奇记三等功。

（吕　厚）

洮南市委常委　办公室主任
潘广明

潘广明，1963年12月生于吉林省通榆县。1986年8月毕业于四平师范学院地理系。1979年12月参加工作。1985年12月加入中国共产党。现任洮南市委常委、办公室主任。

1979年12月至1988年3月，任通榆县第一中学

教师。1988年3月至2001年9月，任白城幼儿师范学校团委书记、党委办公室主任，白城行署、白城市政府办公室秘书。

2001年，洮南市委办公室信息工作受到省委的表彰，被省委授予“信息系统标兵单位”称号。

（刘宏坤）

洮南市委常委 政法委书记

马维民

马维民，1966年7月生于吉林省镇赉县。1989年8月毕业于吉林省经济管理干部学院。1984年12月参加工作。1991年4月加入中国共产党。现任洮南市委常委、政法委书记。

1984年12月至1987年8月，任镇赉县政府办公室科员。1987年8月至1989年7月，在吉林省经济管理干部学院进修。1989年7月至2001年9月，任镇赉县政府办公室秘书、东屏镇副镇长、英华乡乡长、丹岱乡党委书记。

（王振山）

洮南市委常委 宣传部部长

夏 赫

夏赫（女），1969年8月生于吉林省大安县。1994年毕业于吉林省委党校经济管理专业，大学本科。1991年7月参加工作。1995年6月加入中国共产党。现任洮南市委常委、宣传部部长。

1991年7月至2001年9月，任白城市农委科员、副科长、科长。

（刘德民）

洮南市人大常委会主任

苏 臣

苏臣，1948年7月生于吉林省洮南县。1992年8月毕业于吉林省委党校。1965年9月参加工作。1972年8月加入中国共产党。现任洮南市人大常委会主任、党组书记。

1965年9月至1986年5月，任洮安县永茂公社小学教师，县革委会政治部宣传组干事，县人武部战士、班长、参谋，白城军分区政治部干事，洮安县人武部副科长，通榆县人武部副科长、科长。1986年5月至1997年12月，任通榆县人武部部长，洮南市人武部政委、市委常委，市人大副主任、党组副书记。

（洮南市人大办公室）

洮南市人大常委会副主任

刘 仁

刘仁，1954年6月生于吉林省通榆县。1998年8月毕业于吉林省委党校经济管理专业，大学本科。1972年12月参加工作。1974年2月加入中国共产党。现任洮南市人大常委会副主任、党组副书记。

1972年12月至1988年4月，任白城军分区战士、文书，乾安县人武部参谋、秘书，扶余县、洮安县人武部科长，白城军分区司令部正营职参谋。1988年4月至2001年9月，任白城预备役师炮兵团政治处主任、步兵3团团长，洮南市委副书记。

（洮南市人大办公室）

洮南市人大常委会副主任
李葆森

李葆森，1949年9月生于吉林省洮南县。1993年8月毕业于吉林省委党校。1965年8月参加工作。1970年10月加入中国共产党。现任洮南市人大常委会副主任。

1965年8月至1978年7月，任吉林省委办公厅干训队学员，洮安县委办公室、保卫部、团县委、县委组织部干事。1978年7月至1992年3月，任洮安县、洮南市纪委干事、纪检员、专职委员、副书记。1992年3月至1997年11月，任洮南市委组织部副部长，纪委书记、市委常委。

（洮南市人大办公室）

洮南市人大常委会副主任
王云堂

王云堂，1948年10月生于吉林省洮南县。1985年8月毕业于白城师范高等专科学校。1973年12月参加工作。1969年12月加入中国共产党。现任洮南市人大常委会副主任、党组副书记。

1973年12月至1997年12月，任洮安县黑水公社党委副书记、革委会副主任，向阳公社党委副书记、革委会副主任、党委书记，洮南市水利局副局长，监察局副局长，纪委副书记，监察局局长。

（洮南市人大办公室）

洮南市人大常委会副主任
桂煜勤

桂煜勤（女），1948年7月生于吉林省洮南县。1992年8月毕业于吉林省委党校政治基础理论系，大学本科。1965年7月参加工作。1971年5月加入中国共产党。现任洮南市人大常委会副主任。

1965年7月至1997年12月，任扶余县社教工作队员，洮安县安定乡、洮东乡妇联主任，洮安县、洮南市妇联副主任，副食品公司、五金公司党总支书记，富文街道办事处副主任、主任，党委书记。

（洮南市人大办公室）

洮南市市长
黄　波

（黄波简历与照片见本书373页）

洮南市副市长、代市长
岳景君

（岳景君简历与照片见本书434页）

洮南市常务副市长
王广忠

（王广忠简历与照片见本书435页）

洮南市副市长
滕喜臣

滕喜臣，1955年7月生于吉林省大安县。1997年8月毕业于吉林省委党校经济管理专业，大学本科。1974年12月参加工作。1977年5月加入中国共产党。现任洮南市副市长、高级经济师。

1974年12月至1996年2月，任中国人民解放军海军北海舰队战士，大安市石油钻采公司总经理、党委书记，市经贸委副主任。1996年2月至1997年10月，任大安市市长助理。1997年10月至2001年10月，任大安市副市长。

（王洪铎）

洮南市副市长
包维国

包维国，1963年2月生于吉林省洮安县。2001年9月毕业于吉林大学国民经济管理专业研究生班。1984年8月参加工作。无党派人士。现任洮南市副市长。

1984年8月至1997年4月，任洮安县、洮南市农业局科员、副科长、副局长。1997年4月至1998年3月，任洮南市市长助理。

（李铁志）

洮南市副市长
李金庆

李金庆，1952年5月生于吉林省白城市。1977年毕业于吉林师范大学。1970年12月参加工作。1984年7月加入中国共产党。现任洮南市副市长。

1970年12月至1984年6月，任中国人民解放军战士、教员。1984年7月至1992年10月，任白城市第五中学校长。1992年11月至1998年2月，任洮北区林海乡党委书记。1998年2月至1999年7月，任洮北区区长助理。

2001年，李金庆被白城市委、市政府评为“畜牧业工作先进个人”。

（程晓源）

洮南市副市长
朱万和

朱万和（满族），1960年4月生于吉林省扶余县。1999年5月毕业于吉林大学国际经济与贸易专业，大学本科。1977年6月参加工作。1985年9月加入中国共产党。现任洮南市副市长。

1977年6月至1989年3月，任扶余县石桥公社北家小学、白城地区安广师范学校教师，白城地区教育局科员，白城市教育局副科长、科长。1989年3月至12月，任白城日报社记者。1989年12月至1999年7月，任白城地（市）委组织部副科长、科长（兼通榆县新华镇党委副书记）。

（魏宝军）

洮南市副市长
马素丽

马素丽（女，蒙古族），1954年10月生于吉林省洮南县。1993年毕业于中央党校（本科）。1972年12月参加工作。1975年2月加入中国共产党。现任洮南市副市长、高级编辑。

1972年12月至2001年10月，任洮安县安定公社知识青年，共青团洮南县委干事、副书记，县妇联副主任，洮南市广播电视局副局长、局长。

（周元斌）

洮南市政协主席
张利民

张利民，1948年4月生于吉林省洮南县。1985年7月毕业于东北师范大学政治系。1965年10月参加工作。1980年4月加入中国共产党。现任洮南市政协主席、党组书记。

1965年10月至1973年12月，任洮安县大通公社中心小学教员、林发中心校双余分校校长、公社教育组辅导员。1973年12月至1989年12月，任洮安县委宣传部干事，县广播电视局编辑，县委办公室研究员，东北师范大学政治系学员，县委整党办公室组长、副主任，农委副书记，洮南市委宣传部副部长。1989年12月至1997年11月，任洮南市委常委、宣传部部长，市委常委、纪委书记。

（洮南市政协办公室）

洮南市政协副主席
陈喜田

陈喜田，1949年6月生于吉林省洮南县。1994年8月毕业于吉林省委党校中文系，大学本科。1968年3月参加工作。1969年3月加入中国共产党。现任洮南市政协副主席、党组副书记。

1968年3月至1996年6月，任中国人民解放军战士，洮安县、洮南市畜牧局、供销社干事，政府办公室科员、副主任，财贸办公室主任，财政局局长。1996年6月至2001年10月，任洮南市副市长。

（洮南市政协办公室）

洮南市政协副主席
敖秉权

敖秉权（蒙古族），1954年8月生于吉林省洮南县。1992年5月毕业于白城地区教育学院。1973年7月参加工作。无党派人士。现任洮南市政协副主席。

1973年7月至1996年1月，任洮安县德顺公社中学教师，县统计局科员、调查队队长，洮南市政协科员、办公室副主任，市监察局副局长。

（洮南市政协办公室）

洮南市政协副主席
杨建芬

杨建芬（女），1951年11月生于吉林省洮南县。1987年7月毕业于吉林省委党校党政管理专业。1969年12月参加工作。1971年6月加入中国共产党。现任洮南市政协副主席、市委统战部部长。

1969年12月至1984年11月，任洮安县平安镇知识青年、县林机厂劳资员、团委书记，县委组织部落实政策办公室工作人员、人事股科员，县人事局文书、档案员。1984年11月至1997年11月，任洮安县、洮南市编制委员会秘书，洮南市妇联副主任、主任、主席。

（洮南市政协办公室）

洮南市人武部政委
陈　刚

陈刚，1957年6月生于吉林省长春市。1981年毕业于中国人民解放军第二炮兵学院。1976年12月参加

工作。1976年12月加入中国共产党。现任洮南市人武部政委、市人大常委会常委。

1976年12月至1993年2月，任中国人民解放军战士、副指导员、指导员、协理员、教导员。1993年2月至2001年2月，任副团职干事、团政委。

（吕　厚）

洮南市法院院长
刘助江

刘助江，1953年1月生于吉林省大安县。1996年8月毕业于吉林省党校经济管理专业。1971年11月参加工作。1978年12月加入中国共产党。现任洮南市法院院长。

1971年11月至1976年4月，任白城市（今洮北区）法院法警、技术员。1976年4月至1984年10月，任白城市（今洮北区）法院书记员、助理审判员、审判员、副庭长。1984年10月至1996年9月，任白城市（洮北区）法院副院长。

（侯治家）

洮南市检察院检察长
马洪彬

马洪彬，1950年1月生于吉林省洮南县。1993年毕业于吉林省委党校。1970年7月参加工作。1975年5月加入中国共产党。现任洮南市检察院检察长。

1970年7月至1995年4月，任洮安县万宝镇食品厂负责人，万宝镇商业办事处政工组副组长，县委组织部干事，洮南市纪委副科级纪检员、副书记。

2001年，洮南市检察院被吉林省检察院评为“追逃”专项斗争先进集体；被白城市委、市政府评为“精神文明建设先进集体”。

（王忠明）

大安市负责人

大安市委书记
任克军

任克军，1954年11月生于吉林省扶余县。1969年8月参加工作。1972年2月加入中国共产党。1975年7月毕业于吉林农业大学。现任大安市委书记。

1969年8月至1972年4月，扶余县五家子公社知识青年、公社通讯员。1972年4月至1975年7月，在吉林农业大学读书。1975年8月至1999年4月，任白城地区农业科学研究所育种室课题主持人、党委委员、副主任，白城地区农业处、吉林省农业厅农业处副处长，白城地区农业局副局长，白城地区（市）国际农业开发项目办公室主任、党组书记，白城市政府副秘书长，大安市委副书记、市长。

2001年，大安市委被白城市委、市政府评为2001年度“招商引资先进单位”，任克军被评为“招商引资先进个人”。

（李兴会）

大安市委副书记　市长
刘继武

刘继武，1955年12月生于吉林省前郭县。1973年10月参加工作。1982年4月加入中国共产党。1983年8

月毕业于吉林大学哲学系；1987年毕业于中央党校，硕士研究生。现任大安市委副书记、市长。

1973年10月至1992年10月，任前郭县蒙古族中学教员，白城地委党校教员、副教育长，白城地委宣传部讲师团副主任。1992年10月至1999年4月，任大安市委常委、宣传部部长，大安市委副书记。

2001年，大安市政府被白城市委、市政府评为2001年度“招商引资先进单位”、“城市开发建设管理总体战模范单位”，刘继武立二等功；“万元田（棚）工程建设达标县”、“劳务输出工作达标县”，刘继武被评为“劳务输出工作先进个人”。

（王福泉）

大安市委副书记
关景海

关景海（满族），1954年8月生于内蒙古自治区突泉县。1976年12月参加工作。1976年7月加入中国共产党。1986年6月毕业于吉林农业大学。现任大安市委副书记。

1976年12月至1992年9月，任白城地区林业局科员，白城地委农村工作部干事，地委办公室秘书，地委政研室、白城行署农业办公室副科级研究员，白城地委农村工作部科长。1992年10月至1999年7月，任白城地（市）委农村工作部副部长，白城市委农村工作委员会、白城市农村经济委员会主任，国家水利部农水司灌溉处副处长，白城市委农村工作委员会主任。

（车庆林）

大安市委副书记
孙洪君

孙洪君，1964年2月生于吉林省长岭县。1981年7月毕业于吉林省东北水利水电学校，同年参加工作。1983年8月加入中国共产党。现任大安市委副书记。

1981年8月至1995年10月，任长岭县流水乡团委书记，共青团长岭县委办公室主任，共青团白城地委干事、副部长、部长。1995年10月至2001年10月，任共青团白城市委副书记，大安市委常委、组织部部长。

（杨忠民）

大安市委副书记　纪委书记
孙　军

孙军，1954年5月生于吉林省镇赉县。1980年12月参加工作。1975年10月加入中国共产党。1996年3月毕业于吉林省委党校。现任大安市委副书记、纪委书记。

1980年12月至1993年8月，任镇赉县英华公社民政助理，沿江公社管委会副主任，丹岱乡、五棵树镇经委主任，东屏镇党委书记，镇赉县监察局局长。1993年8月至2001年10月，任镇赉县纪委副书记、监察局长，镇赉县委常委、纪委书记。

（杨忠民）

大安市委常委　常务副市长
蒋士元

蒋士元，1950年2月生于河北省乐亭县。1968年11月参加工作。1975年3月加入中国共产党。1984年毕业

于吉林省委党校经济管理专业。现任大安市委常委、常务副市长。

1968年11月至1983年12月,任大安县四棵树公社知识青年,县粮食局科员、副局长,大洼公社党委副书记、革委会主任,县轻工业原料办公室副主任,工业局副局长,经济委员会财务科长。1984年1月至1994年5月,任大安市粮食局、审计局副局长,工商局、粮食局局长、党委书记。1994年6月至1999年7月,任大安市副市长、市委常委。

(董海波)

大安市委常委 大安经济开发区党工委书记
周金河

周金河,1953年8月生于河北省安新县。1973年12月参加工作。1974年12月加入中国共产党。1987年7月毕业于吉林省委党校。现任大安市委常委、大安经济开发区党工委书记。

1973年12月至1994年12月,任大安县乐胜公社工作队副队长,大岗子公社(乡)革委会副主任、党委副书记、乡长、党委书记,丰收乡、两家子镇党委书记。1994年12月至1998年1月,任白城市政府驻长春办事处主任。

(樊立光)

大安市委常委 人武部政委
郎大华

郎大华,1957年12月生于吉林省大安县。1976年2月参加工作。1978年1月加入中国共产党。1998年3月毕业于吉林省委党校党政管理专业(本科)。现任大安市委常委、人武部政委。

1976年2月至1994年4月,任中国人民解放军23军69师班长、书记、连长、参谋,白城军分区营长、干事。1994年4月至1997年10月,任白城陆军预备役师团政治处主任、师政治部科长,白城军分区政治部副主任。

(王粤)

大安市委常委 纪委书记
苗吉昌

苗吉昌,1946年12月生于河北省乐亭县。1964年10月参加工作。1969年8月加入中国共产党。1990年7月毕业于吉林省委党校。现任大安市委常委、纪委书记(2001年9月离岗)。

1964年10月至1988年11月,任大安县粮食局人事股副股长、股长,粮食加工厂厂长,粮食局粮油议价公司经理,县委组织部干事、科长。1988年11月至1997年11月,任大安市委办公室副主任,水利局、卫生局局长,政府办公室主任。1997年11月至1999年7月,任大安市委常委、市委办公室主任。

(杨忠民)

大安市委常委 办公室主任
王喜彬

王喜彬,1950年8月生于吉林省大安县。1969年1月参加工作,同年加入中国共产党。1990年9月毕业于吉林省广播电视大学。现任大安市委常委、办公室主任。

1969年1月至1984年12月,任大安县大岗子公社文化站站长,大安县委组织部干事,大岗子乡党委组

织委员，联合乡党委副书记、乡长，平安乡党委书记。1984年12月至1999年7月，任大安县(市)人大经济办公室副主任、人事代表办公室主任，人大常委会常委、党组成员、办公室主任，农业局局长，农业办公室党委书记、主任，乡企局局长，农工部部长，大安市市长助理。

（王欣来）

大安市委常委 组织部部长
杨立忠

杨立忠，1961年1月生于河北省武安县。1981年7月毕业于白城师范专科学校，同年参加工作。1983年5月加入中国共产党。现任大安市委常委、组织部部长。

1981年8月至2001年10月，任镇赉县英华公社团委书记，白城地委组织部干事，副科级、正科级巡视员，副科长、科长。

（刘维国）

大安市委常委 宣传部部长
张 伟

张伟，1969年4月生于吉林省梨树县。1990年9月参加工作。1995年7月加入中国共产党。2001年9月毕业于吉林大学经济管理学院研究生班。现任大安市委常委、宣传部部长。

1990年9月至1996年6月，任白城地区（市）贸易局科员。1996年6月至2001年10月，任白城市贸易局办公室副主任、主任。

（李玮娜）

大安市委常委 政法委书记
刘云华

刘云华（女），1959年2月生于吉林省大安县。1982年1月参加工作，同年加入中国共产党。1990年7月毕业于吉林省委党校经济管理专业。现任大安市委常委、政法委书记。

1982年1月至1997年12月，任大安县（市）静山公社团委副书记、妇联主任、副乡长、党委副书记。1998年1月至2001年10月，任大安市大岗子镇镇长、党委书记。

2001年，被评为全省“造绿工程先进工作者”。

（李军红）

大安市人大常委会主任
仲吉祥

仲吉祥，1942年2月生于吉林省大安县。1961年8月毕业于白城地区安广师范学校。1961年8月参加工作。1964年12月加入中国共产党。现任大安市人大常委会主任、党组书记（党组书记2001年9月免）。

1961年8月至1981年5月，任吉林省军区政治部干事，内蒙古自治区突泉县人武部副科长、洮安县人武部科长。1981年5月至1992年12月，任大安市人武部副政委、政委、部长。1992年12月至1997年12月，任大安市政协常务副主席。

（刘尧）

大安市人大常委会党组书记
姜　文

姜文，1947年3月生于吉林省大安县。1968年10月参加工作。1973年10月加入中国共产党。1983年毕业于东北师范大学。现任大安市人大常委会党组书记。

1968年10月至1992年1月，任大安县四棵树公社知识青年、头段小学教师、四棵树中学教师，大赉镇三小学教师，大安县第七中学团委书记、革委会副主任，大安县教育局招生办公室副主任，县委组织部副组长，大安市委办公室副主任，组织部副部长、部长。1992年2月至2001年9月，任大安市委常委、组织部部长，市委副书记。

（刘尧）

大安市人大常委会党组副书记
孙洪霞

孙洪霞（女），1949年4月生于吉林省前郭县。1968年8月参加工作。1971年5月加入中国共产党。1993年3月毕业于吉林省委党校。现任大安市人大常委会党组副书记。

1968年8月至1992年9月，任大安县联合公社知识青年、联合供销社营业员、联合公社妇女主任，大安县妇联干事、副主任，大安市委组织部副部长，市人大常委会副主任。1992年9月至2001年9月，大安市委常委、纪委书记，市委副书记。

（刘尧）

大安市人大常委会副主任
李清祥

李清祥，1946年5月生于吉林省大安县。1968年10月参加工作。1970年1月加入中国共产党。1985年毕业于吉林省委党校。现任大安市人大常委会副主任。

1968年10月至1996年2月，任大安县海坨公社、月亮泡镇知识青年，月亮泡中学革委会副主任，月亮泡镇武装部干事，西大洼公社党委副书记、武装部长，四棵树乡党委副书记、武装部长、党委书记，大安市农业局局长，市委组织部副部长。1996年2月至1997年9月，任大安市委常委、宣传部部长。1997年10月至1997年12月，任大安市人大常委会党组副书记。

（刘尧）

大安市人大常委会副主任
肖德贵

肖德贵，1943年7月生于吉林省大安县。1958年4月参加工作。1973年3月加入中国共产党。1985年毕业于吉林省委党校。现任大安市人大常委会副主任。

1958年4月至1975年6月，任大安县四棵树公社前阳家抽水站工人、大洼公社农机站车队队长、太山公社农机站出纳员、大安县农机局出纳员、县生产指挥部秘书、县水利指挥部办公室主任。1975年6月至1996年3月，任大安县水利局副局长、县委办公室调研组组长、县农机局局长、县委农工部部长、大安市委政研室主任。

（刘尧）

大安市人大常委会副主任
沙允光

沙允光（回族），1955年6月生于吉林省大安县。1972年12月参加工作。1978年10月加入中国共产党。1992年8月毕业于东北师范大学。现任大安市人大常委会副主任。

1972年12月至1986年4月，任大安县四棵树公社治安大队知识青年，中国人民解放军陆军136师工兵营舟桥连战士、文书、班长、排长、营部书记，工兵营机械连副指导员、政治指导员，副营职干事。1986年4月至1996年3月，任大安市人武部副科长、科长，部长、党委副书记。

（刘尧）

大安市人大常委会副主任
郑洪韬

郑洪韬，1946年12月生于吉林省大安县。1968年3月参加工作。1968年8月加入中国共产党。1987年9月毕业于吉林大学法律函授班。现任大安市人大常委会副主任。

1968年3月至1984年1月，任中国人民解放军3149部队82分队文书、代理排长、排长、代理副指导员，81213部队82分队副指导员、指导员，大安县检察院书记员、检察员，大安县政法办公室干事、副主任。1984年1月至1997年12月，任大安县司法局副局长、局长，大安市法院副院长、院长。

（刘尧）

大安市人大常委会副主任
刘金才

刘金才，1943年5月生于吉林省大安县。1959年10月参加工作。1969年9月加入中国共产党。1987年9月毕业于吉林大学法律函授班。现任大安市人大常委会副主任。

1959年10月至1975年3月，任大安县联合公社小学教师、联合公社革委会副主任。1975年3月至1999年5月，任大安县太山公社、四棵树公社党委副书记，烧锅镇公社党委书记，舍力公社革委会主任、党委副书记，月亮泡镇党委书记，大安市检察院检察长。

（刘尧）

大安市市长
刘继武

（刘继武简历与照片见本书440页）

大安市常务副市长
蒋士元

（蒋士元简历与照片见本书441页）

大安市副市长
陈家彬

陈家彬，1958年5月生于吉林省白城市。1977年7月参加工作。1989年10月加入中国共产党。1982年7月毕业于辽源农业机械化学校。现任大安市副市长（2001年10月任）。

1977年7月至2001年10月，任白城市青山公社知识青年，白城地区万宝煤矿红旗二井技术员，白城市重工业局副科长、科长、助理调研员，白城经济开发区规划建设部主任，开发建设有限公司总经理，白城市市直工业国有控股公司党工委副书记、纪工委书记。

（乔安）

大安市副市长
郝少军

郝少军，1960年6月生于吉林省大安县。1979年1月参加工作。1992年11月加入中国共产党。1996年2月毕业于吉林省委党校。现任大安市副市长。

1979年1月至1997年10月，任大安县委办公室勤杂员，大安市四棵树乡宣传委员、副乡长，新荒乡党委副书记，红岗子乡乡长，丰收镇党委书记。

（冯国春）

大安市副市长
肖金荣

肖金荣（女），1954年4月生于吉林省大安县。1971年1月参加工作。1975年2月加入中国共产党。1993年3月毕业于吉林省委党校。现任大安市副市长。

1971年1月至1997年12月，任大安县五金公司二商店营业员，共青团大安市委常委、宣传部长、副书记、书记，技术监督局局长。1997年12月至1999年7月，任大安市人大常委会副主任。

（李永明）

大安市副市长
张洪敏

张洪敏，1959年2月生于吉林省大安县。1977年7月参加工作。1985年5月加入中国共产党。1987年毕业于吉林省经济管理干部学院。现任大安市副市长、高级经济师。

1977年7月至1999年7月，任大安县运输公司助理工程师，交通局科员，运输公司副经理，大安市红岗子乡乡企委主任、副乡长，联合乡党委副书记，大安市烟叶公司副经理、经理，大安市市长助理兼烟叶公司经理。

（刘春城）

大安市副市长
孟兆臣

孟兆臣，1960年3月生于吉林省镇赉县。1976年8月参加工作。1987年10月加入中国共产党。1996年9月毕业于中央党校函授学院。现任大安市副市长。

1976年8月至2001年10月，任镇赉县沿江公社中心校教师，沿江镇政府助理员，镇赉县黑鱼泡乡企委副主任、副乡长、乡长、党委书记，到保镇党委书记。

（王粤）

大安市政协主席
耿继民

耿继民，1949年10月生于吉林省大安县。1970年4月参加工作。1968年8月加入中国共产党。1996年2月毕业于吉林省委党校。现任大安市政协主席。

1970年4月至1987年7月，任大安县六合、叉干、平安、太山公社党委副书记，舍力乡党委副书记、书记。1987年7月至1989年12月，任大安县县长助理、商贸委主任。1989年12月至1997年12月，任大安市副市长。

（任林友）

大安市政协副主席 王国石

王国石（回族），1941年2月生于吉林省大安县。1964年8月参加工作。无党派人士。1996年2月毕业于吉林省委党校。现任大安市政协副主席。

1964年8月至1982年6月，任国家冶金部西安勘查设计院技术员、大安县机井队助理工程师。1982年6月至1992年12月，任大安（县）市水利局副局长。

（刘春林）

大安市政协副主席 姚庆福

姚庆福，1938年8月生于吉林省长春市。1955年7月参加工作。无党派人士。1955年7月毕业于长春师范学校。现任大安市政协副主席。

1955年7月至1984年1月，任大安县第一中学教员、大安县体委副主任。1984年1月至1998年7月，任大安县（市）文化局副局长、体委副主任、文化体育局局长。

（任林友）

大安市政协副主席 仲维林

仲维林，1946年11月生于吉林省大安县。1966年6月参加工作。1970年1月加入中国共产党。1987年9月毕业于吉林省委党校。现任大安市政协副主席兼市委统战部部长（2001年12月离岗）。

1966年6月至1983年1月，任大安县人事局科员。1983年1月至1992年7月，任大安县(市)老干部局副局长、局长。

（任林友）

大安市政协副主席 张晓东

张晓东，1953年2月生于吉林省大安县。1968年8月参加工作。1976年3月加入中国共产党。1993年12月毕业于中央党校函授学院。现任大安市政协副主席兼市委统战部部长。

1968年8月至1995年8月，任大安县龙沼公社知识青年，吉林省输油局工人，大安县工交系统团委书记，航运公司副经理，计经委科长，大安市造纸厂党委书记、厂长，工业局科长，市委政研室、计经委副主任，工业办公室副书记、副主任，经济贸易局副主任（正科级）。1995年8月至2001年10月，任大安市二轻工业局局长、政研体改办公室主任、经贸委主任。

（任林友）

大安市政协副主席
陈桂侠

陈桂侠（女），1962年11月生于吉林省大安县。1979年10月参加工作。无党派人士。1993年7月毕业于吉林省广播电视大学。现任大安市政协副主席。

1979年10月至2000年12月，任大安县（市）审计师事务所科长、会计、副所长、所长，审计局副局长。

（任林友）

大安市人武部部长
鞠树声

鞠树声，1958年5月生于内蒙古自治区科尔沁右翼前旗。1976年2月参加工作。1977年12月加入中国共产党。1998年3月毕业于吉林省委党校党政管理专业，大学本科。现任大安市人武部部长。

1976年2月至1994年10月，任中国人民解放军81636部队排长、连长、参谋、团副参谋长、政治处副主任。1994年10月至2000年1月，任白城军分区作训科科长。

（王粤）

大安市法院院长
华景仁

华景仁，1950年11月生于吉林省大安县。1968年8月参加工作。1972年7月加入中国共产党。1975年9月毕业于吉林师范大学。现任大安市法院院长、党组书记。

1968年8月至1997年10月，任大安县文教局团委书记，共青团大安县委组织部部长，月亮泡乡党委副书记、乡长，大安市委组织部科长，统战部副部长，长虹街党委书记、主任，劳动局党委书记、局长，大安市委组织部副部长。

（孙守航）

大安市检察院检察长
冯万林

冯万林，1953年7月生于吉林省镇赉县。1970年12月参加工作。1974年4月加入中国产党。1993年4月毕业于吉林省委党校函授学院。现任大安市检察院检察长。

1970年12月至1991年11月，任镇赉县化工厂团支部书记、政工组长，镇赉县委宣传部干事，镇赉县到保公社革委会副主任、党委副书记、革委会主任，到保乡乡长，到保镇镇长、党委书记。1991年11月至1999年7月，任镇赉县法院副院长，院长、党组书记。

（姜勇）

白城市民主党派·工商联领导人

中国国民党革命委员会
白城市总支委员会主任委员
白长明

白长明（蒙古族），1940年11月生于吉林省前郭

县。1965年7月毕业于吉林省师范专科学校政治系，同年8月参加工作。1987年10月加入中国国民党革命委员会。现任中国国民党革命委员会白城市总支委员会主任委员。

1965年8月至1971年11月，任白城师范学校教师。1971年12月至1978年6月，任前郭县第一中学教师。1978年7月至2000年12月，任白城师范高等专科学校政治系副教授、哲学教研室主任。

（白丽娟）

中国民主建国会白城市委员会主任委员
邢金普

（邢金普简历与照片见本书402页）

中国农工民主党白城市委员会主任委员
杨　枫

（杨枫简历与照片见本书403页）

白城市工商业联合会（商会）党组书记
王小平

王小平（女，满族）。1952年12月生于黑龙江省玉泉县。1975年4月加入中国共产党。1978年毕业于东北师范大学。1969年9月参加工作。现任白城市委统战部副部长、白城市工商业联合会（商会）党组书记。

1969年9月至1983年10月，任白城市（今洮北区）保平公社长青大队八队妇女主任、团支部书记，大队革委会副主任、团总支书记，白城市第十三中学教师、第二中学团委书记。1983年10月至1989年6月，任白城市（今洮北区）委常委、团市委书记。1989年6月至1993年3月，任白城市计生委副主任。

（刘代春）

白城市工商业联合会（商会）会长
桑玉生

桑玉生，1957年6月生于吉林省大安县烧锅镇乡。1982年3月毕业于大连工学院，同年参加工作。无党派人士。现任白城市工商业联合会（商会）会长。

1982年3月至1991年10月，任白城市（今洮北区）计委科员、副科长。1991年11月至1995年3月，任白城市东风乡科技副乡长。1995年4月至1997年4月，任洮北区计划与经济委员会科长、副主任。1997年11月，任洮北区政协副主席。

2001年，桑玉生被评为2001年度白城市“招商引资先进个人”。

（金燕）

白城市社会团体负责人

白城市总工会主席
王明理

王明理，1945年1月生于吉林省扶余县。1987年7月毕业于白城地区教育学院函授大专班。1965年8月参加工作。1966年7月加入中国共产党。现任白城市总工会主席（2001年11月离岗）。

1965年8月至1972年5月，任扶余县三井子公社团委书记、扶余县革命委员会政治部干事。1972 年 5 月至 1985 年 12 月，任白城地委组织部干事、组织员、副科长、组织员办公室主任。1986 年 1 月至 1993 年 8 月，任吉林省总工会白城地区办事处副主任、主任。

1993 年至 1999 年，王明理先后当选为中华全国总工会第十二次、第十三次代表大会代表，吉林省总工会第九届、第十届委员，白城市委第一届、第二届委员，白城市人大常委会第一届、第二届委员。

（李先臣）

白城市总工会副主席
臧玉明

臧玉明，1948 年 12 月生于内蒙古自治区通辽市。1993 年 7 月毕业于吉林省委党校函授大学。1968 年 10 月参加工作。1973 年 4 月加入中国共产党。现任白城市总工会副主席（正处级），2001 年 11 月主持白城市总工会工作。

1968 年 10 月至 1970 年 7 月，内蒙古自治区科右前旗索伦镇知识青年。1970 年 7 月至 1986 年 6 月，任乌兰浩特钢铁厂工人、车间副主任、分厂副厂长，白城地区劳动局科员，白城地区劳动人事处副科长、科长。1986 年 6 月至 1993 年 11 月，任省政协白城地区办事处秘书、副处级巡视员、办公室副主任。1993 年 11 月至 1998 年 4 月，任白城市政协社会法制委员会主任（正处级）、白城市工商业联合会（商会）副会长（正处级）。

1993 年至 1999 年，臧玉明先后当选为白城市政协第一届委员、第二届常委会委员。

（李先臣）

共青团白城市委书记
徐建成

徐建成，1966 年 2 月生于黑龙江省哈尔滨市。1988 年 7 月毕业于山东大学哲学系。1988 年 8 月参加工作。

1986 年 3 月加入中国共产党。现任共青团白城市委书记。

1988 年 8 月至 1991 年 1 月，任白城市（今洮北区）委宣传部干事。1991 年 1 月至 1998 年 4 月，任共青团白城地委学校部负责人、副部长，组织部长。1998 年 4 月至 2001 年 11 月，任共青团白城市委副书记。

2000 年 2 月，徐建成当选为政协白城市第二届委员会常务委员。

（孙伟光）

白城市妇女联合会主席
张岱英

张岱英（女），1951 年 10 月生于吉林省白城市。1993 年毕业于吉林省委党校党政管理专业。1973 年 12 月参加工作。1970 年 1 月加入中国共产党。现任白城市妇女联合会主席。

1973 年 12 月至 1992 年 11 月，任白城市（今洮北区）保平公社党委副书记、革委会副主任，白城市（今洮北区）蔬菜良种繁殖场副场长，农林系统党委宣传委员、工会主席，市妇联主任。1992 年 12 月至 1997 年 11 月，任洮北区政协副主席、区委统战部部长。1997 年 11 月至 2000 年 6 月，任洮北区委常委、宣传部部长。

2001 年，张岱英被市委、市政府评为 2001 年度白城市“招商引资先进个人”。

（任洪娜）

白城市科学技术协会主席
张泽义

张泽义，1949 年 2 月生于吉林省洮南县万宝乡。

1970年3月参加工作。1970年8月加入中国共产党。1974年1月毕业于北京大学无线电电子学系雷达专业。现任白城市科学技术协会主席、党组书记。

1970年3月至8月，在洮安县革委会参政。1970年8月至1974年1月，在北京大学读书。1974年1月至1986年7月，任白城无线电厂技术干部，白城地区科学技术局、科学技术委员会科员，白城无线电厂副主任、主任、党支部书记，厂电子办公室副主任（正科级），白城行署科学技术处科长。1986年8月至2000年5月，任白城行署（地区、市）科学技术处（委员会）副处长（副主任）、党组成员。1990年5月至1991年3月，上派吉林省科学技术委员会锻炼，任省科学技术委员会农医处副处长。1998年4月至2000年5月，兼任白城市科学技术研究所所长（正处级）。

2001年1月，增补为省科协第五届委员会委员。6月，当选为中国科协第六次全国代表大会代表。12月，当选省科协第六次代表大会代表、省科协第六届委员会委员。

（马晶莹）

白城市文学艺术界联合会党组书记
刘殿芳

刘殿芳，1954年10月生于吉林省通榆县鸿兴镇。1978年8月加入中国共产党。1996年7月毕业于省委党校党政管理专业，大学本科。1972年7月参加工作。现任白城市委宣传部副部长、市文学艺术界联合会党组书记、主任编辑。

1972年7月至1976年4月，任通榆县鸿兴公社文牛村小学教师、鸿兴公社教育组干部。1976年5月至1981年2月，任通榆县第三中学团委书记。1981年3月至1989年5月，任通榆县委宣传部干事、宣传科长，白城日报记者。1989年6月至1995年10月，任白城地委组织部干事、白城市委组织部电化教育中心主任。1995年11月至1999年2月，任白城市广播电视局副局长、副局长兼白城人民广播电台台长。1999年3月至2001年11月，任白城市委宣传部副部长。

2001年，在城市开发建设管理总体战中，立二等功。

（张玉文）

白城市文学艺术界联合会主席
宋亚峰

宋亚峰，1955年3月生于吉林省白城市。1974年6月参加工作。1986年毕业于吉林省教育学院。1975年5月加入中国共产党。现任白城市文学艺术界联合会主席、《绿野》编辑部主编、编审。

1974年6月至1976年10月，洮安县林海公社（今洮北区林海镇）知识青年、公社团委书记。1976年11月至1987年8月，任洮安县委组织部干事，洮安县工商局党委副书记、纪检组长。1987年8月至1999年12月，任白城地委讲师团教育长、白城市委宣传部助理调研员。2000年1月，任白城市社会科学学会联合会副主席。

（范书华）

白城市残疾人联合会理事长
韩凤翔

韩凤翔，1945年9月生于吉林省白城市。1964年10月参加工作。1970年2月加入中国共产党。1984年10月毕业于中国社会函授大学。现任白城市残疾人联合会理事长（2001年11月离岗）。

1964年10月至1965年12月，任白城市民生小学教师。1965年12月至1974年11月，任中国人民解放军

测绘大队学员、作业员、技术员。1974年11月至1991年11月，任白城地区民政局科员、副主任科员、副科长、科长。1991年11月至2000年1月，任白城市残疾人联合会理事长（副处级）。

（于黎明）

白城市残疾人联合会理事长
瞿学源

瞿学源，1954年10月生于甘肃省兰州市。1972年10月参加工作。1974年4月加入中国共产党。1991年7月毕业于齐齐哈尔市轻工学院。现任白城市残疾人联合会理事长（2001年12月任）。

1972年10月至1981年10月，任中国人民解放军00451部队战士、排长、军需助理员。1981年10月至1988年10月，任白城地区工商局科员、副科长。1988年10月至1992年4月，任白城地区审计局办公室主任。1992年4月至1998年4月，任白城市审计局副处级巡视员、副局长。1998年4月至2001年12月，任白城市供销社副主任。

（于黎明）

2001年白城市模范、先进人物

全国、全省优秀共产党员、优秀党务工作者、先进工作者

洮北区岭下镇关工委常务副主任
纪英林

纪英林，1931年12月生于辽宁省盘山县。1955年12月加入中国共产党。现任洮北区岭下镇关工委常务副主任，老龄委副主任，老年体协主席、党支部书记。

1950年至1955年，任岭下乡红石岭村团支部书记、互助组组长。1955年至1959年，任岭下乡红石岭村青年"老虎"队队长。1959年至1975年，任岭下公社红石岭大队党支部书记，洮安县委委员、常委（1968年至1975年，任岭下乡党委副书记）。1977年8月至1982年9月，任中共中央候补委员。1983年至1988年，任中共吉林省委委员。1989年至1994年，任岭下乡乡企办主任、党支部书记。1997年3月至1999年10月，任岭下乡关工委常务副主任。

1959年、1964年、1975年，纪英林当选第二、三、四届全国人大代表。1977年8月、1982年9月，当选为中共十一大、十二大代表。1977年，当选为中国共产党十一届中央委员会候补委员。1955年，参加吉林省农业、水利劳动模范大会，获奖章1枚。1957年，出席省爱社丰产积极分子代表会，获奖章1枚。1958年，出席全省青年社会主义建设积极分子代表大会，获奖章1枚，被评为"全省青年社会主义建设积极分子"，被团省委授予"老虎"称号；参加全国第二次青年社会主义建设积极分子代表大会，获奖章1枚；出席全国农业先进集体和先进个人代表大会，获奖章1枚。1959年，出席吉林省农业群英会，获奖章1枚。1960年，被团省委授予"全省青年标兵"称号，参加

省农业劳动模范会议，获奖章1枚。1960年10月1日，参加国庆观礼。1961年，参加吉林省代表团赴苏联参加访问。1963年，出席省五届团代会。1964年，出席省学习毛主席著作积极分子代表大会。1976年2月，参加第二次全国农业学大寨会议。1977年2月，参加吉林省农业学大寨会议，红石岭被评为“农业学大寨先进单位”；9月29日，参加庆祝中华人民共和国成立28周年焰火晚会；12月26日，出席纪念毛主席诞辰84周年会议。1979年9月29日，参加庆祝中华人民共和国成立30周年文艺晚会；12月，参加全国劳动模范大会，被国务院命名为“全国劳动模范”称号。1980年2月，被白城地委评为“劳动模范”。红石岭大队被评为“红旗单位”。1981年7月1日，纪英林被白城地委授予“优秀共产党员” 称号。1983年5月，当选为省委委员；12月，被省委、省政府授予“特等劳动模范”称号。1984年，省委、省政府授予红石岭村“文明单位”和“先进文明村”称号。1985年2月，纪英林被省委授予“模范共产党员”称号；被白城行署评为“城乡建设先进工作者”。1986年3月，纪英林被列入白城地区农业合作化先进人物专辑，题为《艰苦创业建设社会主义新农村好带头人》。1988年12月，被白城地委授予“优秀共产党员”称号。1989年2月，被白城行署评为“乡镇企业先进个人”；9月26日，出席吉林省劳动模范表彰大会。1990年、1991年，连续被白城地委授予“优秀共产党员”称号。1994年7月，被洮北区委授予“优秀共产党员”称号。1997年9月，被评为“全省关工委优秀宣传员”。1998年6月，被评为“全省关心下一代先进个人”；8月、12月，被洮北区委、区政府，白城市委、市政府授予“抗洪抢险先进个人”。2000年1月，载入《中国人物大典》；6月，被洮北区委评为“优秀共产党员”标兵；12月，被评为“全省关心下一代优秀工作者”。

纪英林参加中央召开的会议共30次，其中，8次见到毛泽东主席，9次见到周恩来总理及刘少奇、朱德、宋庆龄、邓小平、李先念、胡耀邦、华国锋等党和国家领导人。1978年8月26日，中共中央副主席李先念和李德生、陈永贵、余秋里、钱正英等党和国家领导人到红石岭视察。1982年8月29日，中共中央总书记胡耀邦来白城市视察，接见纪英林并合影留念。

纪英林事迹先后被全国和地方报纸报道。1977年6月20日，《吉林日报》刊登题目为《拼命大干社会主义的“老虎”》—记全国劳动模范纪英林；8月27日《人民日报》刊登题目为《为社会主义创业、为共产主义奠基》—记全国劳动模范纪英林。1978年10月，《吉林日报》刊登题目为《虎跃新征途》—记全国劳动模范，红石岭党支部书记纪英林。1998年8月《吉林省老年晨报》刊登题目为《踏遍青山人未老》。2001年6月，《白城日报》刊登题目为《夕阳红似火，黄花晚节香》。

（戴忠春）

白城电视台台长
鲍长山

鲍长山，1963年11月生于吉林省洮南市。1987年7月毕业于白城师范高等专科学校，同年参加工作。1996年12月加入中国共产党。现任白城电视台台长。

1987年7月至1998年3月，任洮南市第十中学教师， 白城人民广播电台编辑，白城电视台新闻部记者、副主任、主任。1998年3月至2001年12月，任白城电视台副台长。

2001年，撰写论文《优化资源配置、走整合发展之路—白城两台合并及频道整合的实践与思考》，获“新世纪广播电视改革与发展全国研讨会”论文三等奖。被市委、省委授予市“优秀党员”称号；被省广播电视局授予“先进台长”称号。

（王敬堂）

白城市第一中学高级教师
袁昌云

袁昌云（女），1961年12月生于吉林省通榆县。

1984年7月毕业于四平师范学院政治系，哲学学士学位。1995年10月加入中国共产党。现任白城市第一中学政治教研组组长、中学高级教师。

1984年以来，袁昌云一直工作在教学第一线。1996年，承担的《改革课堂教学方法，培养学生辩证思想能力》教研课题，获白城市优秀教改成果二等奖，成果论文被收入吉林省中学骨干教师论文集。1997年，被省教委评为吉林省青年政治教师"教学十佳"。1998年，负责承担的《转变教学思路，优化课堂教学结构》课题被评为白城市教改成果一等奖，并获吉林省基础教育优秀教学成果三等奖，成果论文8月在《东北师范大学学报》上发表；同年6月，参加编纂《学科微格教学教程》，任副主编。1999年，参加编纂《班主任工作技能训练教程》，被评为省学科带头人，被录取为国家教育部骨干教师培训班学员。2000年6月，获校教学百花奖一等奖；9月，获省教育科研成果二等奖。2001年，被评为白城市"优秀共产党员标兵"、省"优秀共产党员"、"全国优秀教师"。

（王涛）

白城市直机关党工委副书记
张子杰

张子杰，1958年2月生于吉林省洮南县。1988年6月加入中国共产党。2001年9月毕业于吉林大学经济管理学院研究生班。1976年7月参加工作。现任白城市直机关党工委副书记、机关纪工委书记。

1976年7月至1989年11月，任洮安县安定公社兴旺八队知识青年，白城市第三中学政治教员、教研组长。1989年11月至2001年11月，任白城行署机关党委干事、白城地直机关党工委副科级组织员、白城市直机关党工委宣传部部长、组织部部长。

1991年至1994年，分别被评为地直机关"优秀共产党员"、市直机关"优秀党务工作者"。1995年至2000年，连续被评为市直机关"先进工作者"。2001年，被评为吉林省"优秀党务工作者"。

（王玉廷）

白城市第三中学一级教师
张超颖

张超颖（女），1965年1月生于吉林省白城市。1986年7月毕业于白城师范高等专科学校政治专业，同年参加工作。现任白城市第三中学一级教师。

张超颖参加工作以来，一直担任政治学科教学及班主任工作，治学严谨，注重培训学生创新意识，增强学生抗挫折能力和实践能力，在全面提高学生素质上下功夫。几年来，张超颖担任班主任的班级学生中考升入重点高中人数始终名列全市前茅，受到学生的爱戴，学生家长的信赖，教师的好评，社会的赞誉。1999年、2001年，张超颖被洮北区政府授予"优秀教师"称号，2000年，被白城市政府授予"德育先进工作者"、"优秀教师"称号。2001年，被白城市总工会、吉林省总工会、中华全国总工会授予"先进女职工"称号。

（李先臣）

白城纺织股份有限公司总经理
陈国风

陈国风（回族），1952年2月生于河北省固安县。1996年3月毕业于吉林省委党校函授大专班。1968年12月参加工作。1975年9月加入中国共产党。现任白城纺织股份有限公司总经理、党委书记、高级经济师。

历任白城市纺织厂工人、车间副主任、党支部书记兼主任、生产计划科长、生产副厂长、常务副厂长、厂长兼党委书记。

陈国风积极组织企业产品结构调整，主动开辟国际市场，直接对外营销，不断加大企业内部技术改造。1996年至2001年，企业固定资产增加5 000万元，经济效益始终居全省纺织行业之首。1998年，获吉林省总工会颁发的吉林省“五一”劳动奖章；1999年被市政府、省政府授予白城市、吉林省“特等劳动模范”称号；2000年，被国家纺织局授予“全国纺织系统劳动模范”称号；2001年，被吉林省总工会命名为“全省最佳经营者”。

（李先臣）

白城市地方志办公室副主任
赵长明

赵长明，1952年9月生于辽宁省昌图县。1970年12月参加工作。1986年毕业于白城地区教育学院。1974年12月加入中国共产党。现任白城市地方志办公室副主任兼《白城年鉴》副主编。

1970年12月至1977年3月，任中国人民解放军81572部队战士、班长。1977年4月至1984年5月，任白城电影机械厂团委书记、政工负责人。1984年5月至1992年10月，任白城地区国家保密处科员，副科级、正科级保密检查员，科长。1992年10月至1995年11月，任白城地区国家保密局副处级巡视员、中共白城市委保密委员会办公室副主任。1995年11月至2001年11月，任白城市国家保密局局长、中共白城市委保密委员会办公室主任。

2001年，赵长明被中共中央保密委员会办公室、国家保密局授予“全国三五保密法制宣传教育先进工作者”荣誉称号。

（董恩礼）

洮南市中医院院长
刘海军

刘海军，1952年12月生于吉林省洮南县。1988年7月毕业于长春中医学院中医系。1969年12月参加工作。1974年8月加入中国共产党。现任洮安县中医院院长、党支部书记、副主任医师。历任洮安县中医院革委会副主任，洮南市卫生局科长、中医院副院长。1995年，被选为白城市中医药学会常务理事，1998年，被选为吉林省中医药学会理事。

刘海军坚持以病人为中心、以质量为核心、以百姓满意为标准的办院宗旨。提出“加快专科专病建设，突出中医特色，提高竞争力”的发展战略。走“有名医、建名科、制名药、创名院”之路。使洮南市中医院成为以骨科、肛肠科为龙头的皮肤病、不孕症、肾病的治疗中心，疗效享誉城乡。1991年至2001年，医院的经济效益增到666万元；固定资产增到680万元；医疗设备总值增到370万元。1993年至2001年，连续9年被省委、省政府命名为“精神文明建设先进单位”。1998年，刘海军被吉林省中医药管理局评为“农村医药人才培养工作先进个人”； 2001年，被白城市总工会、吉林省总工会授予市、省职工“职业道德建设十佳标兵”称号。

（李先臣）

吉林省“五一”劳动奖章获得者

吉林汽车工业集团
白城市红钻股份有限公司董事长
杨钦修

杨钦修，1945年7月生于吉林省双辽县。1993年

5 月毕业于中央党校党政专业。1968 年 12 月参加工作。1971 年 11 月加入中国共产党。现任吉林汽车工业集团白城市红钻股份有限公司董事长、总经理、高级经济师。历任白城市机床厂工人、车间主任、党支部书记，白城市（今洮北区）教育局副局长，白城市齿轮厂、机床大修厂、汽车电器厂厂长、党委书记等职。

为适应中国加入 WTO 的需要，在杨钦修主持下，公司投资 500 万元，扩建厂房 4 550 平方米，引进生产线 3 条，提高年生产能力 30%。贯彻新标准与国际接轨，适应主机厂全球采购策略。公司在已经获得 ISO9001 质量保证体系认证的基础上，投资 80 万元，贯彻汽车及汽车零部件制造的 VDA6.1/QS9000 国际标准，通过瑞士 SGS 公司的审核。新开发的带防夹手功能电动玻璃升降器，属世界顶尖科技成果。公司由改制前一年亏损 270 万元发展为 2001 年盈利 240 万元。2001 年，杨钦修获吉林省总工会颁发的吉林省“五一”劳动奖章。

（李先臣）

白城市第一中学校长
盖　雁

盖雁，1954 年 12 月生于吉林省长春市。1972 年 1 月参加工作。1996 年 8 月加入中国共产党。1992 年 7 月毕业于北京大学，理学硕士学位。现任吉林省首批办好重点高中白城市第一中学校长、党委书记，白城市第一中学第一分校（高中部）、第二分校（初中部）、北京“求博园”学校董事长，兼任中国教育学会普教评价专业委员会理事，吉林省教育学会理事，中国教育实验研究会会员，全国学校管理体制改革专业委员会会员，吉林省中学数学研究会常务理事，吉林省生物数学学会理事，白城市数学学会副理事长。

1993 年以来，盖雁出版专著 5 部、发表论文近 30 篇。其中，《教学评价调控功能在管理中的运用与思考》载入《吉林教育科学·普教研究》2000 年 2 期，并获吉林省第三届教育科学优秀成果评选论文一等奖，全国普教评价专业委员会三等奖；2000 年 10 月，《既要竞争，也要合作》一文，获全国学校管理体制改革专业委员会优秀学术论文三等奖，并载入《中小学管理》2001 年 1 期；《普通中学课堂教学效益评价理论与实践课题研究报告》载入《吉林教育科学·普教研究》2001 年 2 期；《课堂教学效益评价中的质与量》载入《中小学管理》2000 年 7 至 8 期。

1993 年，盖雁被评为白城地区“优秀教师”；1994 年被评为“全省优秀教研员”；1997 年，获国家教委颁发曾宪梓教育基金奖；2000 年，被评为白城市“模范职工之友”、“市教育先进工作者”、“省模范工会积极分子”；2001 年，被全国语文科学专业委员会授予“科研兴校模范校长”称号，获吉林省“五一”劳动奖章。

（王涛）

吉林省“三八红旗手”称号获得者

白城市妇女联合会权益部部长
吴　冬

吴冬（女），1966 年12月生于吉林省白城市。1987 年 9 月参加工作。2001 年毕业于吉林大学法律专业（自考），大学本科。1995 年 7 月加入中国共产党。现任白城市妇联权益部部长。

吴冬在市妇联工作期间，深入基层，加大协调力度，共争取项目资金100多万元，以工代赈资金360多万元。经吴冬联系有200多名失、辍学儿童得到救助，其中2名“春蕾女童”被省妇联评为“优秀春蕾女童”。吴冬注重政策研究与实践相结合，撰写的《关于我市下岗女工再就业问题的调查与思考》在1999年《吉林妇运》第2期发表；《推进我市家政服务业的思考》在《白城日报》2001年11月20日第2版发表；《花儿会记住你的关怀》在2000年11月22日《白城日报》周末版头条发表。2000年5月，在全国新时期人文科学优秀成果评选活动中，撰写的《加强少年儿童思想道德教育的思考》获二等奖。2000、2001年，连续被评为市直机关优秀党员。2001年，被省妇联评为“全省妇联系统优秀干部”，同时授予“三八”红旗手称号。

（任洪娜）

白城市第一届优秀科技工作者

白城市农业科学院副院长
任长忠

任长忠，1964年4月生于吉林省大安县。1988年7月毕业于吉林农业大学农学专业，同年参加工作。1987年4月加入中国共产党。现任白城市农业科学院副院长。

任长忠参加工作以来，一直在白城市农科院工作。先后育成《小麦白春4号》和《小麦白春5号》。2001年，主持实施的《加拿大燕麦引进及综合利用研究》被列为国家农业部“948”重点支持项目。由任长忠主持研究并主笔编写的《吉林省优质小麦栽培技术规程》，获2001年白城市科技进步一等奖。被市委、市政府授予白城市第一届“优秀科技工作者”称号。

（孙孟君）

洮北区农业技术推广总站站长
屈承治

屈承治，1944年5月生于吉林省白城市。1968年7月毕业于吉林农业大学园艺系，同年参加工作。无党派人士。现任洮北区农业技术推广站站长、高级农艺师。

1968年7月至1978年2月，任中国人民解放军3016农场工人、白城市（今洮北区）果树场技术员、畜牧局科员，白城市（今洮北区）委农工部干事。1978年2月至1989年2月，任白城市（今洮北区）农业局副局长，洮北区农业技术推广总站副站长、站长。

2001年，屈承治在农业技术推广工作中，通过组织开展科技培训、落实项目等手段，向农民推广农业实用新技术、新成果20余项，为农民增收近千万元。被市委、市政府授予白城市第一届“优秀科技工作者”称号。

（夏德富）

白城市农业科学院副院长
张　义

张义，1957年6月生于吉林省洮南县。1978年10月毕业于吉林农业大学农学专业。1979年12月参加工作。现任吉林省向日葵研究所所长、白城市农业科学院副院长、研究员。

2001年，主持农业部重点项目育成的向日葵食用品种，《白葵6号》通过吉林省农作物品种审定委员会审定，准予推广。主持完成的《向日葵幼胚营养土培养研究》项目。通过了白城市科委验收。

1998年，被省人事厅批准为吉林省跨世纪学术和技术带头人。2001 年，吉林省人民政府授予“九五”期间“农业科技先进工作者”称号；被市委、市政府授予白城市第一届“优秀科技工作者“称号。

（孙孟君）

白城市畜牧局副局长
张　超

张超，1954 年 2 月生于吉林省通榆县。1978 年 5 月毕业于吉林农业大学牧医专业，同年参加工作。1984 年 7 月加入中国共产党。现任白城市畜牧局副局长、高级畜牧师。

1978 年 5 月至 1989 年 9 月，任白城地区农业学校教师、农牧场场长。1989 年 9 月至 1992 年 3 月，任白城市牧草良种站副站长。1992 年 3 月至 1997 年 7 月，任白城地区（市）家畜冷冻精液站站长。1997 年 7 月，任白城市畜牧局副局长。

2001 年，张超被市委、市政府授予白城市第一届“优秀科技工作者”称号。

（刘世才）

洮南市畜牧局副局长
张雅臣

张雅臣，1951 年 7 月生于内蒙古自治区乌兰浩特市。1975 年 12 月毕业于吉林农业大学牧医专业。1968 年 3 月参加工作。1982 年 7 月加入中国共产党。现任洮南市畜牧局副局长、高级兽医师。

1968 年 3 月至 1971 年 3 月，任中国人民解放军 3137 部队战士、班长。1971 年 3 月至 1972 年 5 月，任洮安县万宝公社复盛小学教师。1972 年 5 月至 1975 年 12 月，在吉林农业大学牧医专业读书。1975 年 12 月至 1983 年 12 月，任洮安县畜牧兽医工作总站科员、副站长。1983 年 12 月，任洮安县畜牧局副局长。

2001 年，张雅臣参加吉林省农业科学院《特种美利奴羊选育》科研课题，获吉林省科技进步二等奖。被市委、市政府授予白城市第一届“优秀科技工作者”称号。

（刘世才）

白城市家畜繁育工作指导站总畜牧师
李凤来

李凤来，1944 年 4 月生于吉林省大安县安广镇。1966 年 8 月毕业于白城地区农业学校牧医专业，同年参加工作。1969 年 9 月加入中国共产党。现任白城市家畜繁育工作指导站总畜牧师、研究员。

1966 年 8 月至 1984 年 5 月，任中国人民解放军呼和军马场科员、副科长。1984 年 5 月至 1986 年 6 月，任白城市草原工作站科员。1986 年 6 月，任白城市家畜繁育工作站副站长、站长、总畜牧师。

2001 年，李凤来参加吉林省农业科学院《特种美利奴羊选育》科研课题获吉林省科技进步二等奖。被市委、市政府授予白城市第一届“优秀科技工作者”称号。

（刘世才）

白城市交通局高级工程师
陶永久

陶永久，1964 年 5 月生于吉林省长岭县。1985 年 7 月加入中国共产党。现任白城市交通局建设科技科科长，白城市公路学会理事、秘书长，高级工程师。

陶永久先后主持和主要参加完成了科技项目近 20 项，其中获省、市科技进步奖 16 项；发表论文 30 多篇。1996 年，被省公路学会评为“优秀青年科技工作

者"，获全国科技兴路青年奖；1998 年，获省第 5 届青年科技奖；1999 年，立三等功；2001 年，被评为省科协系统"先进个人"，被市委、市政府授予白城市第一届"优秀科技工作者"称号。

（王宝军）

市科技进步三等奖 4 项。发表论文 20 多篇；获国家实用新型专利 5 项。被评为吉林省有突出贡献的中青年专业技术人才。2001 年，被市委、市政府授予白城市第一届"优秀科技工作者"称号。

（孙孟君）

白城市农牧机械化研究院院长助理
何春平

何春平，1953 年 5 月生于辽宁省本溪市。1977 年 11 月毕业于吉林工业大学。1987 年 11 月加入中国共产党。现任白城市农牧机械化研究院院长助理兼院水田机械所所长、研究员。

何春平先后主持完成了省、市科委等有关部门委托的科技攻关项目 11 项，其中获奖 9 项：省科技进步三等奖 2 项，四等奖 1 项；市科技进步三等奖 4 项；省机械厅科技成果二等奖 1 项，省优秀新产品二等奖 1 项。发表论文多篇；获国家实用新型专利权 5 项。2001 年，被市委、市政府评为授予白城市第一届"优秀科技工作者"称号。

（孙孟君）

白城市农牧机械化研究院加工机械所所长
赵维光

赵维光，1957 年 2 月生于吉林省通榆县。1982 年 8 月毕业于吉林农业大学。1997 年 4 月加入中国国民党革命委员会。现任白城市农牧机械化研究院加工机械所所长、研究员。

赵维光主持和参加省市科技项目 20 项，其中获奖 9 项：吉林省科技进步二等奖 3 项，三等奖 2 项；白城

白城市农牧机械化研究院副研究员
张俊鹏

张俊鹏，1954 年 3 月生于内蒙古自治区科右前旗。1977 年 3 月毕业于吉林工业大学。1977 年 3 月加入中国共产党。现任白城市农牧机械化研究院副研究员。

张俊鹏先后主持和参加完成科技项目 9 项，主笔和与他人合作发表论文 5 篇。主持完成的《WX—无卡轴旋切机》项目获吉林省科技进步二等奖。执笔撰写的《辊栓压尺与旋切对单板精度的影响》研究论文在《杠机械与设备》2001 年第 4 期上发表。主持研发的《WX—无卡轴旋切机》等经推广后社会效益和经济效益显著。为企业开发了《BB—250 型强力拼板机》、《磨刀机》等新产品，救活了 1 户乡镇企业，增强了企业的竞争能力和研发水平。2001 年，被评为吉林省"九五"期间农业"科技先进工作者"，被市委、市政府授予白城市第一届"优秀科技工作者"称号。

（孙孟君）

吉林省白城市气象局高级工程师
高凤岐

高凤岐，1953 年 1 月生于内蒙古自治区呼和浩

特市。1970年参加工作。1973年加入中国共产党。1975年和1984年分别毕业于内蒙古气象学校和成都气象学院。现任吉林省白城市气象局副局长、高级工程师。

1981年以来，高凤岐先后在《气象》、《吉林气象》及《INTERNATIONAL SYMPOSIUM ON GRASSL AND RESOURCES》（国际草地资源论文集）等学术刊物发表论文14篇，完成科研课题7项，参加省部级以上学术交流5次，获省部级奖励11次。1990年，获中国气象局、中国气象学会“优秀青年气象科技工作者”称号。1996年11月，被评为“吉林省气象局优秀中青年拔尖人才”。

2001年，主持《北方寒地植桑养蚕气象生态环境试验研究》，通过市科委验收。被市委、市政府授予白城市第一届“优秀科技工作者”称号。

（尹立武）

获省以上奖励的科技人员

白城市地方志办公室调研员 张 富

张富，1941年10月生于吉林省大安县。1961年12月肄业于吉林师范大学。1965年12月参加工作。1969年11月加入中国共产党。现任白城市地方志办公室调研员、副编审。

1965年12月至1983年12月，任大安县大赉镇农业助理、党委委员、革委会副主任、党委副书记。1984年1月至2000年11月，任大安县史志办公室副主任（主持工作）、《大安县志》副主编，白城地区史志工作委员会科长、《白城地区志》副总编、助理研究员，白城地区（市）地方志办公室副主任、《白城市志》（1986—1995）责任主编。

1985年至1987年，与汪田、逯献青等人合著《怎样编写新县志》、《新县志篇目设计》两部书，共24万字；与逯献青合著的《大安县志篇目》、《大安县志篇目说明》、被编入《吉林省市县志篇目研讨会专辑》一书。这3部书均参加吉林省第一批优秀修志成果展览。与逯献青撰写的《实行承包、众手修志》，发表在《吉林史志》1986年第5期；《大安县历史沿革考》，发表在《东北史研究》1987年第2期；《浅谈县志编写前的准备工作》，发表在《方志研究》1987年第1期；《略说扶余县志地理志长短》，发表在《扶余县志地理编研究》一书。

1991年、1996年，两次被评为全省修志系统“先进工作者”；1996年、1998年，两次记三等功；1999年受“嘉奖”。

1993年，任副主编，主持、参加编纂的《大安县志》（129万字）、《白城地区志》（192万字），在全省、全国新编地方志优秀成果首次评奖中，分别被评为全省一等奖、全国一等奖。2000年3月，与邢国明、戴忠春合著《我们编纂〈续志〉的作法和体会》、《续志〈索引〉编写初探》两篇论文，发表在《吉林志鉴通讯》2000年第1期；并在2000年吉林省续修志书理论研讨会上，分别评为一等奖、二等奖；被省地方志编委会编入《续志编修向导》一书。

2001年，任责任主编，主持、参加编纂的《白城市志》（1986—1995），180万字。在全省地方志优秀成果评比中，被评为全省一等奖。省地方志编委会将《白城市人民政府办公室转发市地方志办公室编纂〈白城市志（1986—1995）工作方案〉的通知》、《〈白城市志〉（1986—1995）目录》，编入《续志编修向导》一书。

（戴忠春）

白城市地方志办公室副研究员 戴忠春

戴忠春（满族），1945年2月生于吉林省洮南县。

1962年7月肄业于白城专区艺术学校美术科。1968年参加工作。1973年9月加入中国共产党。现任白城市地方志办公室副研究员，吉林省考古学会、民俗协会会员，白城市辽金契丹女真史研究会、民研协会理事。（2001年11月离岗）。

1968年1月至1970年11月，任洮安县幸福公社福安小学、幸福中学教员。1970年11月至1984年3月，任洮安县文化馆科员，图书馆副馆长、馆长，文工团副团长，洮安县文化党委宣传委员。1984年3月至1984年7月，任洮安县委组织员办公室组织员。1984年7月至1996年4月，任洮安县、洮南市史志办公室副主任、《洮南市志》副主编。1996年4月至2001年11月，任《白城市志》（1986—1995）副主编。

1991年、1996年，两次被评为全省修志系统“先进工作者”。2000年3月，与邢国明、张富合著《我们编纂〈续志〉的作法和体会》和《续志〈索引〉编写初探》两篇论文，登载《吉林志鉴通讯》2000年第1期；并在2000年吉林省续修志书理论研讨会上，分别获一等奖、二等奖；被省地方志编委会编入《续志编修向导》一书。

2001年，戴忠春任副主编的《白城市志》（1986—1995）、《洮南市志》，在全省地方志优秀成果评比中，均被评为全省一等奖。省地方志编委会将《白城市人民政府办公室转发市地方志办公室编纂〈白城市志〉（1986—1995）工作方案的通知》、《〈白城市志〉（1986—1995）目录》编入《续志编修向导》一书。

（张富）

《白城市洮北区志》责任副主编
李　杰

李杰，1933年2月生于吉林省白城市。1946年，肄业于辽北省第二中学。1948年3月参加工作。1976年加入中国共产党。现任《白城市洮北区志》责任副主编、编辑。

1948年3月至1969年9月，任白城县（今洮北区）第三初小勤杂工。第二完小教务员、教员，白城市（今洮北区）教师进修学院小学研究员。1985年11月，任白城市（今洮北区）三代会干事，总工会干事、办公室主任。1985年12月至1993年8月，任白城市（今洮北区）史志办公室副主任、主任、巡视员。1996年4月至1999年12月，受聘任《白城市志》（1986—1995）副主编。

1994年10月，李杰主持编纂的《白城市（今洮北区）志》，在全国首次新编地方志优秀成果评比中获全国二等奖。2001年，任副主编的《白城市志》（1986—1995），在吉林省地方志优秀成果评比中获全省一等奖。

（戴忠春）

立二等功以上人员

白城市劳动争议仲裁委员会办公室主任
孙桂杉

孙桂杉，1950年9月13日生于江苏省常州市。1969年3月参加中国人民解放军。1971年5月加入中国共产党。1971年10月至1979年9月，任81628部队排长、副连长、政治指导员。1979年9月至1984年12月，任白城军分区司令部作训科副营职参谋、教导队队长。1987年12月至2001年，任白城地区劳动人事处科员，白城地区劳动服务公司副经理，白城市劳动局仲裁科科长、劳动争议仲裁委员会办公室主任。

孙桂杉任仲裁办公室主任以来，处理劳动案件351起，结案率100%；接待来访1 149件，涉及职工24 817人；接待各类来信183件，这些信件全部得到答复和处理。

钻研业务知识。孙桂杉利用业余时间系统学习电大法律专业知识。还将各类报纸和刊物发布的法律、法规文章随时剪裁下来，收集整理315万字业务资料，装订成8个合订本，作为在处理劳动争议的参考和依据。

建立健全规章制度。孙桂杉狠抓企业劳动争议调解委员会制度建设。全市企业建立和完善劳动争议调解委员会381个，调解员1 796人。为配合劳动争议仲裁工作，专门制定了"劳动争议仲裁庭程序"等7项制度，效果显著。

突出抓好劳动仲裁工作。孙桂杉用两年时间，在全省提前建成规范化仲裁庭。率先在全省实行劳动仲裁、信访工作目标责任制考核。

重点做好劳动信访工作。孙桂杉总是设身处地为群众着想，为上访人员排忧解难。在接待上访人员过程中，总结出"十心"（接待来信来访热心、解答问题耐心、协调关系尽心、对上访者的困难关心、解决问题诚心、处理问题公心、工作安排细心、接受批评虚心、战胜自己有信心、对待工作倾心）体会。还摸索出一套对初访者、重访者、集体访和纠缠访的接待和对策，为稳定全局作了大量工作。

2001年1月，国家劳动和社会保障部为孙桂杉记"一等功"；6月，被白城市直机关党工委授予"公仆杯"先进个人称号。

（关剑明　倪金富）

白城市建设委员会副主任
王文义

王文义，1950年12月生于辽宁省北票县。1969年10月加入中国共产党。1966年毕业于南京工程学院。1968年1月参加工作。1968年1月至1994年8月，任89870部队后勤部副部长。现任白城市建设委员会副主任。

王文义在1998年抗洪抢险、重建家园中，立三等功。1994年至2000年，连续被国家建设部、吉林省建设厅评为国家及全省"安全生产先进个人"。2001年，在城市开发建设管理总体战中，立二等功。

王文义分管建筑业工作，在城市开发建设管理总体战中，严格执行法律法规，规范建设市场主体行为，使建筑市场与招投标工作走向规范化、法制化、科学化，招投标率、工程项目报建率、单位资质审查率均100%，在全省建筑业工作会议上作了经验交流。

在拆迁工作中，严格执法，加大管理力度，创拆迁面积和拆迁速度的历史记录。

把安全生产工作作为重中之重，经常深入施工一线检查安全生产，及时帮助解决诸多重大问题。2001年8月，白城市代表全省参加国家安全生产大检查，在东北三省受检的6个城市中名列第一名。

（于长海）

白城市建设委员会副主任
寇振国

寇振国，1957年7月生于吉林省白城市。1992年5月加入中国共产党。1980年7月毕业于白城师范专科学校。1975年7月参加工作。现任白城市建设委员会副主任。

1975年7月至1978年9月，白城市（今洮北区）东风公社大青山村知识青年。1978年9月至1980年7月，白城师范专科学校学生。1980年7月至1991年9月，任白城市第八中学、第一职业学校、第三中学教师。1991年9月至2001年11月，任白城市建设委员会党委办公室副主任。

1992年至1997年，寇振国被评为吉林省建设系统

“优秀思想政治工作者”。1994年至1995年，被吉林省建设厅评为全省“创建文明窗口、争当岗位明星”活动优秀组织者。1995年至1997年，被白城市委组织部评为全市“农村基层组织建设优秀工作队员”。1998年，被市政府评为城市开发建设管理总体战“先进个人”。1999年，被国家建设部评为“全国建设系统优秀思想工作者”和“先进工作者”。

2001年，被市委评为“优秀共产党员标兵”，在城市开发建设管理总体战中，立二等功。

（于长海）

白城市建设委员会办公室主任
冯德仁

冯德仁，1957年11月生于吉林省镇赉县。1985年8月加入中国共产党。1980年7月毕业于吉林大学。1975年3月参加工作。现任白城市建设委员会办公室主任、助理调研员。

1975年至1983年，任镇赉县法院干部。1983年至1995年，任镇赉县政府办公室副主任。1996年至2001年，任白城市建设委员会办公室主任。

冯德仁在城市开发建设管理总体战中，积极组织协调各方面关系。圆满完成二环路等多项工程建设任务。起草了总体战实施方案，撰写了宣传报道和简报等多篇文章，高质量地完成了宣传报道工作任务，为统一全市广大干部和人民群众的思想，积极投身到总体战中来，提供了思想保证。

1998年至2001年，连续4年在城市开发建设管理总体战中，立三等功、二等功。

（于长海）

白城电视台新闻部主任
顾　伟

顾伟（女），1967年3月生于吉林省洮安县。1989年7月毕业于东北师范大学，同年参加工作。1994年11月加入中国共产党。现任白城电视台新闻部主任。

1989年7月至2000年4月，任白城人民广播电台编辑，白城电视台新闻部记者、编辑、主任助理，白城电视台经济生活频道主任助理。

2001年，市委、市政府为顾伟记二等功、三等功各1次；并被评为白城市第四届“十佳新闻工作者”。

（马焉）

白城电视台新闻评论部主任
周建新

周建新，1968年1月生于吉林省镇赉县。1992年7月毕业于淮北煤炭师范学院，同年参加工作。1999年12月加入中国共产党。现任白城电视台新闻评论部主任。

1992年7月至2000年4月，任白城电视台新闻部记者、编辑、副主任。

2001年，创办了白城电视台访谈类节目《社会聚焦》和谈话类节目《本周话题》，实现在吉林电视台发片（稿）“五连冠”的目标，市委、市政府为周建新记二等功。

（马焉）

白城电视台新闻部副主任
张宏宇

张宏宇，1971年5月生于吉林省白城市。1991年7月毕业于通榆师范学校，同年参加工作。无党派人士。现任白城电视台新闻部副主任。

1991年7月至2000年4月，任白城地区（市）对

外贸易经济合作局科员，白城电视台新闻部记者、副主任。

2001年，张宏宇向吉林电视台传稿，实现了白城电视台在省电视台上稿连续5年第一的目标，市委、市政府为张宏宇记二等功；主创的作品《庄园治沙，人进沙退》，获全省电视新闻异地采访一等奖；同时被白城电视台评为“先进工作者”。

（马焉）

白城市公安局经济犯罪侦查支队支队长
谢晓东

谢晓东，1954年4月生于吉林省大安县。1990年8月毕业于吉林大学公安专科（函授）。1976年3月参加工作。1974年11月加入中国共产党。历任指导员、干事、科员、副科长。现任白城市公安局经济犯罪侦查支队（简称经侦支队）支队长。

谢晓东带领经侦支队全体干警，从重从快打击经济犯罪活动，成功地侦破了一大批经济犯罪案件，仅近5年来就侦破经济犯罪案件211起，抓捕犯罪嫌疑人151人，挽回经济损失5 000多万元。经侦支队立三等功2次，谢晓东立三等功3次。1998年8月，吉林敖东洮南药业股份有限公司被骗540万元。谢晓东率专案组精心谋划，攻坚克难，于2000年12月破案，将犯罪嫌疑人于舒真抓捕归案，并追回全部赃款。2001年2□月，市政府为谢晓东记二等功。

（刘福安）

镇赉县公安局刑警大队城镇中队队长
朱宏伟

朱宏伟，1965年2月生于吉林省镇赉县。1987年7月毕业于吉林省人民警察学校。1987年8月参加工作。历任镇赉县公安局镇赉镇派出所民警、县刑警大队城镇中队探长。现任镇赉县公安局刑警大队城镇中队队长。

朱宏伟自1996年7月走上刑警岗位以来，爱岗敬业，严格执法，任劳任怨，埋头苦干，在打击刑事犯罪活动中做出了突出贡献。5年间，参与侦破刑事案件500余起，其中重特大案件100余起，抓获犯罪嫌疑人200多人。立三等功1次、受嘉奖5次。1996年至2001年，被评为“先进工作者”。2001年8月15日晚，镇赉县镇赉镇连续发生特大持刀拦路杀人抢劫案2起。案发后，朱宏伟带领侦查员连夜开展侦破工作，经过认真走访调查，获取重要线索，次日凌晨4时20分左右，在白城站附近一家旅店将正欲潜逃的两名犯罪嫌疑人抓捕归案。2001年10月，省公安厅为朱宏伟记二等功。

（刘俊峰）

大安市公安局政委
霍福君

霍福君，1957年8月2日生于吉林省扶余县。1980年7月毕业于吉林省政法干部学校。1980年7月参加工作。1984年7月30日加入中国共产党。历任大安市公安局科长、副局长。现任大安市公安局政委。

霍福君始终战斗在打击刑事犯罪斗争第一线，既是指挥员，又是战斗员，为维护社会治安稳定做出了贡献。2001年，破获各类刑事案件347起。其中，重、特大案件57起，省公安厅督办案件1起，市公安局督办案件5起。打掉犯罪团伙11个，抓获逃犯59人。其中，省公安厅督捕逃犯4人，市公安局督捕逃犯2人。2001年3月9日，大安市乐胜乡后利顺屯发生杀人焚尸案，被省公安厅定为督办案件。霍福君带领侦查员昼夜奋战，经过10天的艰苦工作，在黑龙江省肇源县将犯罪嫌疑人李志强抓捕归案。2001年10月，省公安厅为霍福君记二等功。

（赵国立）

大安市公安局经济犯罪侦查大队队长
金喜平

金喜平，1968年5月生于吉林省大安县。1989年7月毕业于吉林省人民警察学校。1989年7月参加工作。1994年7月加入中国共产党。历任大安市公安局刑警大队中队长。现任大安市公安局经济犯罪侦查大队队长。

金喜平工作认真负责，敢打善打硬仗，被誉为“刑警拼命三郎”。1999年以来，金喜平带领中队民警破获刑事案件1 200余起，其中省公安厅和市公安局督办案件5起。抓获犯罪嫌疑人300多人，其中省公安厅和市公安局督捕逃犯7人。立三等功，被省公安厅评为“人民满意民警”、“全省优秀刑警中队长”。2001年4月30日，两个涉恶团伙20多人手持猎枪和各种凶器火拼，造成多人重伤，社会影响极坏。金喜平接到报案后，果断出击，一举将首犯石彪和牛玉江等犯罪嫌疑人抓获。2001年10月，省公安厅为金喜平记二等功。

（赵国立）

大安市公安局巡逻防暴警察大队队长
单文君

单文君，1959年4月生于吉林省大安县。1979年7月毕业于白城地区安广师范学校，同年7月参加工作。1988年7月加入中国共产党。历任大安市公安局副队长、副科长，派出所指导员、所长。现任大安市公安局巡逻防暴警察大队队长。

2001年，单文君带领巡逻防暴警察大队全体干警，较好完成巡逻执勤任务外，侦破重、特大刑事案件4起。7月27日晚，110报警服务台接老坎子码头一船主报警称，有一台捷达出租车要乘船过江，车上3人无钱付船费，用有血迹的移动电话抵押，行迹可疑。单文君闻讯后果断决定渡江追赶，在黑龙江省肇源县建民乡附近将车截获。经审查，3人在长春市郊区抢劫作案后，又在农安县持刀杀死出租车司机抢车潜逃。2001年10月，省公安厅为单文君记二等功。

（赵国立）

大安市公安局巡逻防暴警察中队队长
郭有权

郭有权，1974年9月生于吉林省大安县。1994年9月毕业于白城地区安广师范学校，同年10月参加工作，历任民警、派出所所长。现任大安市公安局巡逻防暴警察大队中队长。

郭有权热爱本职工作，作风顽强扎实。2001年，出色完成巡逻执勤任务，积极参与侦破刑事案件14起，其中重特大案件3起。6月30日，根据特情反映，郭有权率员在大安市内将正在出售假人民币的两名犯罪嫌疑人当场抓获，缴获假人民币1.8万元。9月6日，根据群众举报，郭有权带领刑警快速出击，将正在大安市百货大楼寻衅滋事的流氓团伙主要成员王福成抓获，顺蔓摸瓜，一举打掉1个流氓团伙。2001年10月，省公安厅为郭有权记二等功。

（赵国立）

大安市公安局巡逻防暴警察中队队长
杨树锋

杨树锋，1972年2月生于吉林省大安县。1994年7月毕业于白城师范高等专科学校，同年9月参加工作。2001年6月加入中国共产党。历任大安市公安局月亮泡镇派出所民警、副所长、所长。现任大安市公安局巡逻防暴警察中队队长。

杨树锋对工作尽职尽责，善打硬仗。2001年，带领中队干警侦破重特大刑事案件4起，抓获犯罪嫌疑人7人。5月30日13时40分左右，镇赉县一个体出租车被盗，向大安市方向逃去。杨树锋接警后带领3名民警堵截，追至大安市静山乡后宝石屯，将犯罪嫌疑人贾宝元抓获。6月2日，大安市内发生一起劫持轮奸妇女案件，杨树锋接到报告后，立即率领民警赶赴现场，将3名犯罪嫌疑人当场抓捕归案。2001年10月，省公安厅为杨树锋记二等功。

（赵国立）

"移动杯"第二届白城十大杰出青年

2001年11月，共青团白城市委、白城市青年联合会、白城日报社、白城人民广播电台、白城电视台联合开展"移动杯"第二届白城十大杰出青年评选活动。在县（市、区）和市直团委自下而上层层推荐、组委会初审、组织考察、群众评选及评委投票选举，12月，评出"移动杯"第二届白城十大杰出青年。

白城经济开发区房地产开发有限责任公司董事长 王学军

王学军，1962年生于天津市宝坻县。中国共产党党员。现任白城经济开发区房地产开发有限责任公司（简称开发区房地产公司）董事长、党支部书记。

自1998年公司组建以来，王学军坚持改革，强化企业管理，以市场为导向，努力打造房地产品牌。2001年，开发区房地产公司累计开发商品住房建筑面积20万平方米，产值2亿元，累计利税1 200万元。把一个名不见经传的小企业发展成为集房地产开发、城市集中供热、房屋拆迁安置等多种经营于一身的综合性开发企业，成功跻身于全市房地产开发企业前列。

2001年，开发区房地产公司被吉林省建设厅授予"全省建设技术创新工作先进单位"称号；被市委、市政府授予"精神文明建设标兵单位"称号；被团市委、白城经济开发区管委会授予"青年文明号"、"先进工作单位"、"先进党组织"称号。共青团吉林省委、省经贸委和白城市委分别授予王学军"吉林省优秀青年企业家"、"开发区优秀党员"称号。立二等功、三等功各1次。2001年12月，获"移动杯"第二届白城十大杰出青年称号。

（张立恒）

白城市第二中学校长 鲍殿国

鲍殿国，1963年9月生于吉林省大安县。中国共产党党员，大学本科学历，1988年被授予理学学士学位。现任白城市第二中学校长兼党支部书记、高级教师。

1994年，鲍殿国主编的《初中数学训练题库》和《基础知识达标检测试卷》，均由国家教委组织评审通过正式出版。在第二届华罗庚数学竞赛中，获优秀辅导教师奖；1990年在白城地区教师教学基本功竞赛中获二等奖；1991年，被评为全市"教育系统先进工作者"；1997年，被评为洮北区"建功立业先进个人"，"教育系统好校长"，并连续两年受嘉奖；1999年、2000年，被连续评为"白城市劳动模范"；2001年，被洮北区委评为"优秀党员"。

鲍殿国担任校长后，投资900万元兴建了现代化教学楼和多功能体育馆6 442平方米，校容校貌大为改观。学生由1998年1 300人增至2 100人，教学班由24个增加到31个，办学规模不断扩大。2001年中考免费进入白城市第一中学45人，比2000年增长37%。学校被评为吉林省电化教育示范校、艺术教育特色校，全省基层先进工会，学校中考成绩名列洮北区第二。2001年12月，鲍殿国获“移动杯”第二届白城十大杰出青年称号。

（张颖娜）

白城市老洮河酒厂厂长
矫　健

矫健，生于1964年。中国共产党党员。现任白城市老洮儿河酒厂厂长、工程师。

1996年，矫健租赁了洮儿河酒厂五分厂，成立了白城市第一家租赁制企业宏达生物酶基地。1999年，注册成立了老洮河酒厂，生产的《百年窖酒》2001年被评为吉林省名酒、宴用酒和吉菜食品唯一指定白酒。企业先后安置下岗职工80人，固定资产增加200多万元。矫健热心社会公益事业，无偿抚养孤儿2人，资助贫困大学生1人。1999年，矫健被白城市委命名为下岗职工再就业名星；2001年，被团省委命名为吉林省青年创业名星。2001年12月，获“移动杯”第二届白城十大杰出青年称号。

（张颖娜）

白城市公安局刑警支队二大队大队长
马　刚

马刚，1963年12月生于吉林省镇赉县。1985年7月毕业于吉林省人民警察学校，同年8月参加工作。1996年6月加入中国共产党。1996年7月至2000年10月，任白城市公安局刑事警察支队二大队副大队长，现任二大队队长。三级警督警衔。

马刚自参加公安工作以来，始终战斗在刑侦工作第一线，对工作高度负责，勇担重担，“急、难、险、重”任务冲在前，在破获多起重、特大刑事案件过程中发挥了重要作用。1995年以来，直接参与侦破重、特大刑事案件120多起，抓获犯罪嫌疑人150多人。立二等功、三等功各1次、受嘉奖6次。二大队被吉林省公安厅评为“先进刑警大队”，马刚被评为“优秀刑警大队长”；连续5年被评为“优秀公务员”和“优秀共产党员”。2001年12月，获“移动杯” 第二届白城十大杰出青年称号。

（张德福）

白城电视台文艺部主任
杜天宇

杜天宇，1971年4月生于吉林省前郭县。1992年7月毕业于白城师范高等专科学校，同年参加工作。1991年10月加入中国共产党。现任白城电视台文艺部主任。

1992年7月至2000年4月，任白城电视台新闻部、广告部记者、编辑，文艺部主任助理。

2001年，被吉林省新闻工作者协会、广播电影电视局，白城市新闻工作者协会评为吉林省首届“优秀新闻工作者”、“电视文艺十佳新闻工作者”和“白城十佳新闻工作者”。立三等功。杜天宇导演、策划的电视散文《走进科尔沁》，获吉林省电视文艺“丹顶鹤”杯评比一等奖；文艺专题《科尔沁草原塑像》获省一等奖、全国三等奖。大型文艺晚会“青春初动”、“光辉历程”受到白城市领导和观众的好评。同时拍摄、制作、播出了“歌唱白城、热爱家乡”电视教唱歌曲12首并制作成MTV。2001年12月，获“移动杯”第二届白城十大杰出青年称号。

（王敬堂）

白城市裕丰实业有限公司董事长
盛　发

盛发，1967年生于吉林省白城市侯家公社。无党派人士。现任白城市裕丰实业有限公司（简称裕丰公

司）董事长兼总经理、白城市政协常委、吉林省企业家协会常务理事、吉林省食品学会常务理事、吉林省大米协会副秘长、吉林省工商联执委、白城市工商业联合会（商会）副会长、白城经济开发区工商业联合会会长。

1996年，盛发创建裕丰公司，建立北方粮油加工厂。2000年，投资1 800万元，引进世界先进水平的瑞士布勒碾米设备，建成稻谷精加工生产线。2001年，深化企业管理，拓展企业规模，开拓市场，裕丰公司资产达5 407万元，成为白城市农业产业化的龙头企业。4月，裕丰公司通过ISO9002国际质量体系认证。年底，生产的精制大米通过国家农业部绿色食品发展中心A级绿色食品认证；被吉林省食品学会和吉林省养生保健协会评为“2001年度推荐产品”，被中国社会经济咨询中心名牌产品市场保护调查所命名为“全国公众推荐名优品牌”，被中国长春和中国北京国际农业博览会评为“名牌产品”，被省政府评为2001年度“吉林名牌”产品。裕丰公司获吉林省“信得过”重点食品安全企业、吉林省“绿色食品2001年度先进企业”、吉林省“质量管理先进单位”和白城市“重合同，守信用”单位称号。市委、市政府授予盛发“劳动模范”称号。被评为“全国农村青年创业致富带头人”。2001年12月，获“移动杯”第二届白城十大杰出青年称号。

（张立恒）

吉林省移动通信公司白城市分公司洮南营业部经理
赵洁军

赵洁军，1964年12月生于吉林省洮安县。1985年7月毕业于吉林省延边技工学校，同年参加工作。1988年在吉林省邮电学校学习市话交换专业。2001年攻读吉林省税务学院经济系硕士研究生。1993年6月加入中国共产党。现任吉林省移动通信公司白城市分公司洮南营业部经理。

1985年至1998年9月，任洮安县、洮南市邮电局

机务员、党委宣传干事、党委宣传委员、团委书记、党委副书记。1998年9月至1999年7月，任洮南市电信局副局长、吉林省移动通信公司白城市分公司洮南营业部经理。

2001年，赵洁军以经营工作为中心，狠抓企业发展，内外兼修，不断提升企业整体竞争实力。2001年末，网上客户 21 015户，业务收入1 460万元，利税51万元。企业继续保持省级“精神文明建设单位”称号，获市级“消费者满意单位”称号，被省物价局评为“明码标价信得过单位”。2001年12月，赵洁军获“移动杯”第二届白城十大杰出青年称号。

（赵晨星）

大安市草原管理站站长
赵云鹏

赵云鹏，生于1962年。中国共产党党员。1986年参加工作。现任大安市草原管理站站长、高级畜牧师。

赵云鹏向国家及省有关部门争取资金1 400多万元，改良姜家甸草场52.6万亩；引进日本东方科技协会盐碱地草场改良援助项目资金200万元，完成人工种草750亩。积极推行草原承包责任制，大安市实现个人承包草原120万亩。主持研究的牧业技术、草原改良等10项科研成果获国家及省、市科技进步奖。

1999年，被农业部评为全国农业技术推广工作先进工作者；2000年，被白城市委、市政府记三等功。2001年12月，获“移动杯”第二届白城十大杰出青年称号。

（张颖娜）

通榆县羊井乡农民
宋世民

宋世民，1969年9月生于通榆县。中共预备党员。通榆县羊井乡农民。

1990年，宋世民和父亲一起投资1万元建起小酒厂，坚持薄利多销，使企业由小到大，效益逐年增加。1999年为提高产品档次，宋世民通过融资、集资、贷款等形式筹集资金80万元，引进国内先进白酒灌装生产线，聘请有经验的管理人员和高级酿酒师，采用先进酿酒工艺，生产出《鹤乡村》牌系列白酒。2000年8月，《鹤乡村》酒荣获长春中国国际农业·食品博览（交易）会金奖。2001年，企业已拥有职工42人，累计上缴税金60多万元。2001年12月，宋世民获“移动杯”第二届白城十大杰出青年称号。

（张颖娜）

镇赉县文体局副局长
李晓春

李晓春，生于1966年。中国共产党党员。现任镇赉县文体局副局长兼文化馆馆长。

李晓春任馆长后，筹资兴建文化大厦3 000平方米，建立了艺术教育基地，青少年德育教育基地，开设文学、书法等专业培训班7个，培训青少年近千人次。李晓春组织文化馆教师深入城乡辅导文艺爱好者，培训文艺骨干1 300多人，为繁荣群众文化做出了贡献。李晓春潜心钻研绘画艺术，在《中国青年报》、《人民武警报》上发表作品7幅。2000年，李晓春被省文化厅授予全省“优秀文化馆长”称号。2001年12月，获“移动杯”第二届白城十大杰出青年称号。

（张颖娜）

白城十大女杰

2001年3月，中共白城市委宣传部、白城市妇女联合会、白城市广播电视局、白城日报社联合举办“白城十大女杰”评选活动，经各县（市、区）市直机关党工委认真组织推荐和群众报票，评出“白城十大女杰”。

白城市国家税务局稽查局科长
李长玉

李长玉，1964年11月生于吉林省乾安县所字公社。1989年毕业于吉林财贸学院财政系税务专业，同年参加工作。1997年8月加入中国共产党。现任白城市国家税务局稽查局稽查一科科长。

几年来，李长玉在稽查岗位检查各类企业600余户次，累计查补税款2 862万元。1993年，被评为省财政、税收、物价大检查“先进工作者”。1994年，受市委、市政府通令嘉奖。1995、1997年，被评为省级“征管能手”。1998年，被评为省级“优秀税务工作者”，李长玉所在的稽查一科被全国城镇妇女巾帼建功领导小组命名为“巾帼文明示范岗”。1999年，李长玉获白城市首届“十大杰出青年”提名奖；被市委授予“优秀共产党员”称号。2001年3月，获白城“十大女杰”称号。

（鄂文明）

63856部队48分队工程师
齐志清

齐志清，生于1966年5月。1990年6月加入中国共产党。现任63856部队48分队工程师，中校军衔。

1995年，齐志清任弹道组副组长、组长，立集体三等功3次。主持完成试验任务20余项，负责完成科研项目8项，获军队科技成果四等奖3项，撰写各种论证报告及学术论文26篇，参加编写4万余字的《常

规兵器试验教材》有关章节。多次被评为“优秀共产党员”和“优秀科技干部”，多次受嘉奖，立三等功1次。2000年，齐志清被63856部队评为“巾帼建功先进个人”。2001年3月，获白城“十大女杰”称号。

（张颖娜）

白城市农业科学院土耕所所长

许翠华

许翠华，1963年9月生于吉林省大安县。1986年7月毕业于吉林农业大学土化系，同年参加工作。2000年6月加入中国共产党。现任白城市农业科学院土耕所所长、副研究员。

许翠华参加工作后，始终从事农业研究及农业技术推广工作。在工作中刻苦钻研，勇于探索。2001年，许翠华主持的《风沙土西瓜专用复合肥研究成果推广》，获白城市科技成果推广三等奖；《吉林省西部低洼易涝盐碱化耕地的分布管理技术研究》在中国土壤学术研讨会上被评为优秀论文；《半干旱地区玉米水分效率与土壤肥力及种植密度的综合效率研究》，获白城市第十一届优秀科技论文特等奖；《向日葵在盐碱化淡黑钙土上的吸肥规律》，获白城市第十一届优秀科技论文一等奖。2001年3月，获白城“十大女杰”称号。

（孙孟君）

白城纺织股份有限责任公司挡车工

韩　云

韩云，1977年生于内蒙古自治区科尔沁右翼前旗大石寨镇。1994年参加工作。现任白城纺织股份有限责任公司后纺车间细纱挡车工。

1994年至2001年，韩云连续8年被评为“先进工作者”。自1996年始，韩云连续4年获厂操作运动会细纱单项、全能冠军，并打破原有记录，被评为厂“先进生产者标兵”、“三八红旗手”。1999年，被评为吉林省“优秀共青团员”。2000年，被评为厂“技术创新能手”。2001年3月，获白城“十大女杰”称号。

（张颖娜）

白城市环境卫生管理处清扫员

付　杰

付杰，1954年3月生于辽宁省营口市。1969年12月初中毕业。1970年5月参加工作。1998年6月加入中国共产党。现任白城市环境卫生管理处清扫员。

付杰是一位普通的清扫女工。18年来默默无闻的工作，“宁可一人脏，换来万人洁”，带病坚持工作，清扫街道垃圾，辛勤劳动获得了人民群众的广泛赞誉。1996年，获吉林省委宣传部、吉林省总工会、吉林省经贸委表彰的省职工“职业道德建设十佳标兵”称号；中共洮北区委、中共白城市委授予“优秀共产党员标兵”称号。1999年，中共吉林省委命名为“优秀共产党员”、白城市人民政府授予“特等劳动模范”、吉林省人民政府授予“劳动模范”称号；2001年，获全国总工会颁发的全国“五一”劳动奖章；3月，获白城“十大女杰”称号。

（李先臣）

白城市医院心内科主任

关　芷

关芷（满族），1954年4月生于黑龙江省绥化县。1972年6月参加工作。1985年4月加入中国共产党。1982年毕业于吉林医学院。现任白城市医院心内科主任、主任医师。

1972年6月至1999年11月，任心内科主任。1999年10月至2001年12月，任白城市洮北区医学会第七届理事会常务理事，内科组组长，白城市心血管研究所副所长。

1989年，考入吉林省卫生厅医药科技骨干研修班，研修2年。对心血管疾病的诊治尤其是急性心梗、心绞痛、心衰、心律失常有成功经验。1996年以来与著名心内科专家尹玉书主任一起率先在白城市开展急性心肌梗塞静脉溶栓治疗，并获成功，使急性心肌梗塞的病死率从23%降到8%左右。其论文《急性心梗单一尿激酶静脉溶栓疗法临床研究》曾参加1999年北京国际心血管疾病新进展及药物治疗研讨会。1999年，被市委、市政府授予“劳动模范”称号；2000年，被省总工会授予吉林省“最佳文明女职工”称号；2001年，获白城市科技进步二等奖。在省级以上刊物上发表医学论文十余篇，多次参加全国学术会议。2001年3月，获白城“十大女杰”称号。

（孙发堂）

镇赉县植保植检站站长
于明香

于明香，1963年3月生于吉林省镇赉县。1985年毕业于白城农业学校，同年7月参加工作。1993年7月加入中国共产党。2001年毕业于省委党校函授学院。

1985年7月至2001年12月，任镇赉县农业技术中心农作物病虫测报员、科长，镇赉县植保植检站副站长、站长。

1997年，被省政府评为“科教兴农先进工作者”；1999年，被国家农业部评为“先进工作者”；1999年至2001年，被吉林省农业委员会评为“农作物病虫测报和植物检疫先进工作者”；2000年和2001年，被全国农业技术推广中心评为全国“农作物病虫测报先进工作者”，并获三等奖；2001年，获省政府农业技术推广二等奖，2001年3月，获白城“十大女杰”称号。

（李晶涛）

洮南市福顺乡农民技术员
徐金萍

徐金萍，1962年8月生于江苏省沭阳县。中国共产党党员。现任洮南市福顺乡农民技术员。

徐金萍创办洮南市第一家辣椒市场，成立洮南市福顺乡辣椒有限责任公司，建起占地45亩日光温室大棚30栋，实行“工厂化”育苗，并成立辣椒粗浅加工厂。引进南韩早光、富强等辣椒新品种8个，带动周边13个乡镇种植辣椒4 000公顷，收入2 800万元。徐金萍率先实行订单农业，几年来与辣农共签订回收合同 3 000份，1 200公顷，使辣农在种前就找到了销路。徐金萍共为辣椒产业投资200万元，获利100万元，就地转化增值28万元。2000年，成立洮南市福顺乡女状元协会，徐金萍当选为会长。1999年，被评为白城市“双学双比”女状元；2000年，被评为吉林省“双学双比”女状元；2001年3月，获白城“十大女杰”称号。

（张颖娜）

通榆县永青乡中心校校长
杨金华

杨金华，1958年8月生于吉林省通榆县。1996年10月加入中国共产党。现任通榆县永青乡中心校校长、小学高级教师。

杨金华先后当选通榆县“劳动模范”、“巾帼建功标兵”；市、省、国家级“优秀教师”。参加工作以来，有16篇论文在县、市、省有关刊物上发表。当班主任20年，送走的每届毕业生及格率和学额巩固率均达100%。杨金华的《尝试教学法》的教改实验被评为市级教学成果二等奖，先后被省、市评为小学数学学科带头人。杨金华主持指导的珠脑速算实验，获白城市团体和个人一等奖、吉林省个人二等奖。任校长仅一年就筹措资金36万元，改建砖瓦校舍25间，建标准化厕所2座，修砖墙450延长米，装备了微机室、语音室和电教室，改善了办学条件，使学校晋升为白城市一类一级小学。2001年3月，获白城"十大女杰"称号。

（方克颖）

大安市四棵树乡养猪协会会长
邵　华

邵华，1953年生于大安县。中国共产党党员。大安市日杂果品公司下岗职工，现任大安市四棵树乡养猪协会会长。

邵华养猪起步于1994年，至2001年发展到年饲养200头，成为远近闻名的养猪能手。在邵华的带动下，周围12个乡镇1 000多农户均依托养猪脱贫致富，农户年均收入3 000元。年末，养猪1.5万头。贩卖生猪年均1.2万头，年纯收入5万元。

2001年，邵华与北京、山东等10几个省市60多个客户建立了稳定业务关系。为实现大安市生猪产业化奠定了基础。3月，获白城"十大女杰"称号。

（张颖娜）

"瑞光杯"首届白城十大杰出青年农民

2001年4月，白城市委宣传部、团市委、市农工委、市农业局、财政局、水利局、畜牧局、林业局联合开展"瑞光杯"首届白城十大杰出青年农民评选活动，经各县（市、区）团委及相关部门自下而上层层推荐、组委会初审、组织考察、群众评选及评审委员会和组委会最终审定，5月5日，评出"瑞光杯"首届白城十大杰出青年农民。

洮北区保平乡新型环保设备制造厂厂长
张亚斌

张亚斌（满族），1969年3月生于吉林省白城市。1992年10月参加工作。1999年8月加入中国共产党。2000年7月毕业于吉林省委党校。现任洮北区保平乡新型环保设备制造厂厂长。

1992年10月至1998年12月，任白城市拖车厂保卫、白城市洮北区新型环保设备制造厂副厂长。

2001年，张亚斌买断白城市洮北区新型环保设备制造厂和白城市拖车总厂，准确产品定位，将地埋式污水净化槽改造成市场看好的玻璃钢化粪池，同时研制开发玻璃钢花盆、水箱等新产品；先后开发出QTE250型、OTE315型、QTE400型3个机型的塔式起重机，进行系列化、规模化生产，全年实现产值1 200万元，利税100万元。2001年5月，张亚斌被评为"瑞光杯"首届白城十大杰出青年农民。

（夏德富）

洮南市兴吉化工有限责任公司总经理
兰国军

兰国军，1964年8月生于吉林省洮安县。1999年7月加入中国共产党。现任洮南市兴吉化工有限责任公司总经理。

1998年，兰国军被聘任为洮南市兴吉化工有限责任公司总经理。他大胆改革，实现了企业由集体所有制向股份制的转变。并建立健全企业管理制度，注重企业领导班子建设，实行干部任期制，以劳定酬，以效定奖，调动了职工的积极性，企业经济效益逐年上升。2000年，企业实现产值7 000万元，利税145万元，3年固定资产连续投入近300万元，企业取得了长足的发展与进步。2001年5月，兰国军被评为“瑞光杯”首届白城十大杰出青年农民。

（张颖娜）

大安市舍力镇敬老院养鸡场场长
高 博

高博，生于1981年，现为大安市舍力镇敬老院养鸡场场长。1998年，高博开办养鸡场，饲养黄金褐蛋鸡4 000只，年收入6.5万元。1999年，投资2.6万元，从外地购买罗曼褐蛋鸡1.3万只，平均产蛋率95%，仅一个周期就收入80万元，获纯利润11万元。高博购买全套饲料加工设备，采用科学的饲养方法，鸡场规模不断扩大。2000年养鸡存栏1.6万只，年产蛋30万公斤，创产值95万元，利润15万元。并利用鸡粪和落地饲料发展养猪，年出栏生猪100多头，增收10万余元。2001年5月，高博被评为“瑞光杯”首届白城十大杰出青年农民。

（张颖娜）

通榆县瞻榆镇东升村农民
顾耀军

顾耀军，1966年3月生于吉林省通榆县瞻榆公社。现为通榆县瞻榆镇东升村一社社员。

1984年，顾耀军同家人承包东升村林场及林场周围140多公顷荒丘，经过几年苦干，共绿化荒丘146公顷，植树49.5万棵。按每棵树5元计算，林木总价值达250万元。经“三北”防护林总指挥部工程师考察鉴定，林地苗木成活率95%，保存率及长势都达到国营林场的标准。顾耀军还利用林间空地养牛80多头，养羊200多只，林牧农年收入100万元。在他的带动下，全乡已有造林大户16户。

1995年，顾耀军被共青团中央、国家科委评为“全国青年星火带头人”。多年来一直被共青团通榆县委授予“通榆县青年农民标兵”称号。2001年5月，顾耀军被评为“瑞光杯”首届白城十大杰出青年农民。

（卢刚）

镇赉县保民乡农民
张少成

张少成，1967年8月生于吉林省镇赉县保民公社四家子大队。1999年加入中国共产党。现为镇赉县保民乡四家子村农民。

1996年，张少成在保民乡创办集修理、榨油于一体的综合加工厂，年收入万元以上。1998年开办养殖场，到2001年末，基础母牛存栏达150头，年出栏育肥牛近1 000头，年收入在30万元左右。2001年5月，张少成被评为“瑞光杯”首届白城十大杰出青年农民。

（刘广志）

洮南市福顺乡农民
宋道海

宋道海，1963年3月生于吉林省洮安县福顺公社。1999年7月加入中国共产党。现为洮南市福顺乡农民。

1998年，宋道海开始从事辣椒经营和生产，每年销售辣椒50万公斤，年收入40多万元。2001年，宋道海兴办的辣椒加工厂和辣椒销售企业，拥有固定资产100多万元。在宋道海的带动下，全乡小型辣椒加工厂已发展到30户。1999年，被评为白城市“农民致富标兵”；2000年，被洮南市委、市政府授予“辣椒营销大王”

称号。2001 年 5 月，被评为“瑞光杯”首届白城十大杰出青年农民。

（张颖娜）

通榆县向海蒙古族乡农民
姜　文

姜文（满族），1965 年 10 月生于通榆县，现为通榆县向海蒙古族乡向海村农民。

1997 至 1999 年，姜文饲养出栏育肥牛 700 余头，纯收入 20 多万元。2000 年，投资 112 万元，扩建养牛场，并建酒厂，日出酒糟 2 500 公斤，作为育肥牛饲料，年生产白酒 5 万公斤。在姜文的带动下，向海乡有 14 名农民开始饲养育肥牛，育肥牛存栏 360 头。2000 年，姜文当选为通榆县草原红牛协会理事，向海蒙古族乡草原红牛协会会长。2001 年 5 月，被评为“瑞光杯”首届白城十大杰出青年农民。

（张颖娜）

大安市舍力镇四通公司经理
蔡玉柱

蔡玉柱，生于 1963 年。中国共产党员。现为大安市舍力镇四通公司经理。

1996 年，蔡玉柱投资 2 万元，建牲畜交易市场 300 平方米，牲畜年交易量千余匹（头）。2000 年，又投资 60 多万元，引进先进的葵花仁生产线，建立蔡胜果仁加工厂，并成立大安市舍力镇四通公司。果仁加工厂有职工 160 人，年产值 500 多万元。产品远销德国、荷兰等国家。同时，还开展农副产品购销业务，每年收购销售农副产品千余吨。蔡玉柱创办的舍力镇四通公司拥有企业 4 户，固定资产 100 多万元，年产值 900 万元，利税 50 万元。2001 年 5 月，蔡玉柱被评为“瑞光杯”首届白城十大杰出青年农民。

（张颖娜）

通榆县兴隆山镇农民
于丽慧

于丽慧（女），1978 年 8 月生于扶余县。现为通榆县兴隆山镇东风河村农民。

1996 年，于丽慧承包沙地 5 公顷，种植“四粒红”花生，当年每亩实现经济效益 800 元，获得成功。几年来，于丽慧依靠科技与勤劳，种植花生的面积不断扩大，效益成倍增长，2000 年，纯收入 6 万元。于丽慧通过深入各家各户和田间地头指导等形式，传授花生种植技术，并积极联系销售。在于丽慧的带动下，2001 年，全镇农民种植花生总面积达 500 公顷。由于于丽慧积极为当地农民服务，深受当地群众的欢迎，为兴隆山镇形成以“四粒红”花生为主导产业的绿色产品基地作出了贡献。2001 年 5 月，于丽慧被评为“瑞光杯”首届白城十大杰出青年农民。

（张颖娜）

白城民营经济发展区农民
崔　占

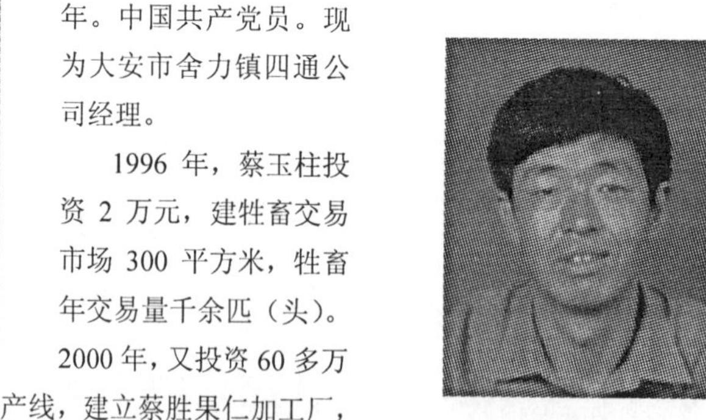

崔占，1965 年 12 月生于洮安县德顺公社。现为白城民营经济发展区丰产村农民。

1998 年崔占率先在洮北区德顺乡丰产村搞水田开发试验，当年成功开发水田 2 公顷。在崔占带动下，全村掀起水田开发的高潮。崔占又带头开发 8 公顷，每年纯收入 5 万元左右。2000 年，崔占进行 1 公顷稻田养蟹试验，纯收入 1.5 万元。靠科学种田和稻田养蟹成为远近闻名的富裕户。2001 年 5 月，崔占被评为“瑞光杯”首届白城十大杰出青年农民。

（夏德富）

2002 大事记

白城年鉴

2001年白城市大事记

1 月

1日至5月19日，白城市文联摄影家协会由高玉田等3人组成“新世纪中华万里采风团”，乘摩托车从海南省三亚市出发，边采风，边宣传白城。

4日至8日，中国共产党白城市委员会（简称市委）、白城市人民代表大会常务委员会（简称市人大）、白城市人民政府（简称市政府）、中国人民政治协商会议白城市委员会（简称市政协）领导分别深入到洮北区、镇赉县、通榆县、洮南市、大安市走访慰问敬老院、特困企业、特困职工、城市低保户和部分在乡老兵。

10日，副市长姜凤国参加洮南神经精神病医院加挂“白城市第三人民医院”牌子仪式。

12日，市委召开全市政法工作会议。

是日，市委下发《关于在全市农村开展“三个代表”重要思想学习教育活动的实施方案》。市委决定从2001年初开始，用两年左右时间，在全市县（市、区）部门、乡镇、村级领导班子和基层干部中，开展“三个代表”重要思想学习教育活动。

是日，市委、市政府举行白城市党政军春节团拜会。市领导及驻白城市各部队首长参加团拜会。

13日，市政府召开全市畜牧工作会议。

15日，市委召开征求《白城市国民经济和社会发展第十个五年计划纲要建议》意见座谈会。向各民主党派、经济界的专家学者通报市委关于制定“十五”计划建议的有关情况，广泛征求对白城市“十五”计划的意见和建议。

15日至16日，省委常委、省委秘书长施殿金率省直有关部门负责人代表省委、省政府来白城市走访慰问驻军及困难企业和贫困户。市领导王宪林、李殿发、王锐陪同走访慰问。

17日，全市各族各界人士迎春茶话会在鹤原宾馆举行。市委、市人大、市政府、市政协领导及民主党派、无党派人士、工商联、市直各人民团体代表参加茶话会。

18日至19日，召开中共白城市委第二届第三次全体会议。

19日，市委、市政府召开全市党风廉政建设和反腐败工作会议。

是日，举行长春铁路分局白城站新站舍建成交接仪式。白城站建筑面积12 244平方米，总投资3 030万元。

20日，市委、市政府在大众剧场举行白城市2001年春节文艺团拜会。市领导及原地级老领导，洮北区党政领导，驻白城市部队官兵，市直各单位及中省直驻白城市各部门负责人参加团拜会。

是日，市领导走访慰问原地级老领导和有病住院老干部。

1月，开展洮北区东风乡工农村村办企业和马世甘草企业组建企业集团工作，分别成立白城工农实业集团和白城市马世甘草开发有限责任公司。

是月，马世甘草开发有限责任公司生产的甘草茶、甘草片等产品被国家农业部绿色食品鉴定中心鉴定为纯天然绿色食品，被评为吉林省名牌产品，获昆明绿色食品博览会金奖和省绿色委员会优秀产品奖。洮南中宝酒业有限公司《中宝》牌瓶装“九香醇酒”，大安大发实业有限公司《嫩江》牌瓶装“嫩江龙酒”，大安市水产良种场“大安彭泽鲫”、“大安河蟹”，白城市裕丰实业有限公司《好雨》牌袋装免淘大米，吉林省金福酒业有限公司白城洮儿河酒厂《洮儿河》牌瓶装“洮儿河”酒等均在“中国北京国际农业博览会”上获奖。

是月，国家劳动和社会保障部为白城市劳动和社会保障局仲裁科长孙桂杉记一等功。

是月，白城鹤祥快速客运有限责任公司成立。为全市首家符合现代企业制度要求的公路客运企业。

1月上旬，全市普降大雪和持

续低温，造成“白灾”。到 2 月 5 日，全市死亡牛 7 443 头，羊 27.99 万只。

（邢惠勤）

2 月

月初，全市 92 个乡（镇）、35 个场站、18 个涉农部门 4 261 名干部参加“学教”（江泽民“三个代表”重要思想学习教育）活动。

2 日，副省长杨庆才到通榆县参加通榆县“三个代表”重要思想学习教育动员大会，对通榆县农村“三个代表”重要思想学习教育活动进行动员和指导。市委副书记岳清友到会并讲话。

9 日，省委常委、省纪委书记吴广才到大安市参加大安市“三个代表”重要思想学习教育动员大会。对大安市农村“三个代表”重要思想学习教育活动进行动员和指导。市委副书记、市长刘润璞到会并讲话。

12 日，市委召开全市组织工作会议。

13 日，全市开展村委会第五次换届选举工作。

14 日 18 时 29 分 31 秒，镇赉县坦途镇东北发生 ML3.6 级地震。未造成人畜伤亡和财产损失。

是日，成立白城市第二届人民代表大会第三次会议临时党委。书记王宪林，副书记刘润璞、李增福、岳清友、关德伟、沈贵。

是日，成立政协白城市第二届委员会第三次会议临时党委。书记刘宝泉（蒙古族），副书记马传海。

16 日，市政府召开全市计划工作会议。

是日，大安市国有资产营运公司与吉林正信集团有限公司举行尼龙－11 项目合同签字仪式。自此，尼龙－11 项目已从试验阶段正式转入工业生产阶段。

19 日至 21 日，政协白城市第二届委员会第三次会议召开。

20 日，白城市金辉律师事务所组成白城市律师代表队参加全国首届律师辩论大赛吉林赛区比赛，获吉林赛区第二名，白城市司法局获全国首届律师辩论大赛优秀团体奖。白城市金辉律师事务所律师刘俊杰、杜立元获最佳知识奖，刘俊杰获最佳风采奖，李金辉获最佳荣誉奖。

20 日至 22 日，白城市第二届人民代表大会第三次会议召开。

22 日，市委、市政府召开全市计划生育工作会议。

24 日和 26 日，美国养牛项目考察团托马斯·佛尼奥一行 4 人到通榆、镇赉县考察，市委副书记沈贵陪同，市委书记王宪林、市长刘润璞分别会见美国养牛项目考察团全体成员，并向客人介绍了白城市自然状况和经济、畜牧业发展情况。

（邢惠勤）

3 月

2 日，市委召开全市宣传思想工作会议。

是日，召开《白城日报》复刊 20 周年庆祝大会（1981 年 3 月 4 日《白城日报》复刊）。王宪林、刘润璞分别为《白城日报》复刊 20 周年题词：“把握舆论导向 唱响时代旋律”、“党委喉舌 政府窗口 市民心声 经济桥梁”。

3 日，全市女领导干部联谊会成立。

4 日至 9 日，白城市组成由岳清友、关德伟、沈贵、蔡玉和、苗长凤、李守田、曲汉林、王锐、邢金普、孙柳星及市直有关部门负责人参加的学习考察团赴长春、吉林、四平学习考察。

5 日，全市村级开展“三清两建一公开”（清理村级财务、清理“三角债”、清理农民负担；加强以党支部为核心的村级组织建设，建立健全村集体经济各项管理制度；村务公开）活动。

6 日，成立白城市工资统一发放管理办公室，为全市工资统一发放之始。

7 日至 8 日，省委常委、省委组织部部长杜学芳到白城市检查指导“三个代表”重要思想学习教育活动。在市委常委、组织部部长李树文陪同下深入到大安市乐胜乡与干部群众座谈并听取了白城市工作情况的汇报。杜学芳充分肯定白城市的“学教”活动，并指出要把“学教”活动作为践行“三个代表”的过程，要在抓学习，找准问题，明确方向上狠下功夫。

13 日，市委、市政府召开赴长

春、吉林、四平考察报告会。常务副市长蔡玉和主持会议，市委副书记岳清友作报告。

20日，市委、市政府召开市、区直机关干部大会，传达九届全国人大四次会议、全国政协九届四次会议精神。

21日，市委召开全市农村“三个代表”重要思想学习教育活动座谈会。刘润璞、岳清友、李树文出席会议。

22日，市委、市政府召开全市水利工作和造绿工作总结表彰大会。

23日，市委、市政府召开全市招商引资总结动员大会。市领导刘润璞、李增福、刘宝泉、岳清友、关德伟、沈贵、李树文、李殿发、曲汉林、孙柳星出席会议，各县(市、区)党政主要领导，市直及洮北区部分机关干部、企事业代表参加会议。动员全市广大干部群众进一步解放思想，抢抓机遇，全面加大招商引资力度。全年招商引资实际到位资金24.85亿元，为加快推进白城市经济和社会跨越式发展，创造了条件。

是日，市委、市政府召开全市维护稳定工作会议。市领导岳清友、李殿发、李守田出席会议。

是日，召开全市社会保障工作会议，市政府与各县（市、区）政府签订了低保工作责任状。会议确定全市城市居民低保对象扩面指标为10 192人，要求至12月底前全部完成低保扩面任务。

25日，市长刘润璞主持召开第一次联席办公会议。市委、市人大、市政府、市政协领导出席会议。研究讨论市区旅游开发总体战、城市建设、招商引资、兴工富市、城管标准街、万元田(棚)发展指挥部工作方案6项议题。

26日，市委理论学习中心组召开(扩大)学习会。学习江泽民在中央思想政治工作会议上提出的“四个如何认识”和现代科技知识。

27日，白城市民政局开始对全市社会团体进行2000年度检查，撤销登记市属不合格的社团组织22个。

29日至4月12日，由人民日报社海外版编印大型宣传画册《中国城市之光·白城》出版发行，共印6 000册。

30日，市委、市政府召开全市城市开发建设管理总体战总结表彰大会。全面回顾近3年全市城市开发建设管理取得的辉煌成就，表彰2000年在全市总体战中的先进单位和个人。重点部署2001年的城市开发建设管理工作。市领导刘润璞、李增福、岳清友、关德伟、沈贵、蔡玉和、李树文、任凤春、宇梁、葛泽峰、王锐、罗家风出席大会。市长刘润璞讲话。

是日，白城市民政局接收2000年冬季退役士兵1 288人。其中,城镇户口962人，占总数74%；农村籍326人，占总数26%。

是日，白城市明仁小学原校长，全国“五一”劳动奖章获得者，吉林省特级教师，吉林省第六届、第七届政协委员赵润逝世。

31日，市委、市政府召开市区标准街路建设动员大会。市领导刘润璞、关德伟、李守田、曲汉林、王锐、姜凤国出席会议。

（邢惠勤）

4　月

2日，市委召开刘保忠同志先进事迹报告会。市级领导和各县（市、区）及全市、各乡（镇）党委书记、乡（镇）长、市直及洮北区部分机关干部1 800人参加会议。

3日至4日，省委常委、省纪委书记吴广才到白城市检查指导农村“三个代表”重要思想学习教育活动。在市领导刘润璞、岳清友的陪同下，深入到大安市乐胜乡、静山乡、安广镇、四棵树乡，分别召开座谈会。了解“学教”活动进展情况。吴广才检查中强调要把学习放在首位，找准问题、明确方向、理清思路，确保“学教”活动取得实效。

5日，联合国教科文组织教育项目官员拉索莎女士、林川真纪女士来大安市考察教育援助项目工作情况。

是日，市民广场扩建工程开工。建成后的市民广场由原来的文化广场和原劳动公园组成一体，占地19.52万平方米。

7日，出现强沙尘暴天气，持续17个小时,扬尘量每平方米18.7克，为全市有气象记录以来最强的一次沙尘暴天气。

11日至14日，应市长刘润璞

邀请，由中国工程院院士王明庥、中国科学院院士唐守政、蒋有绪等18名国内著名林业专家和北京时空通用生物技术有限公司董事长、总经理靳北彪等人组成的考察组来白城市考察速生杨(造纸材)基地建设情况。市领导沈贵、孙柳星陪同考察。

12日，市委召开常委(扩大)会议。就贯彻落实全国全省社会治安工作会议、全国全省整顿和规范市场经济秩序工作会议精神作出部署。

是日，市长刘润璞、副市长李守田会见省武警总队总队长李本少将。

是日，市政府欢送常务副市长蔡玉和赴吉林市供职。

13日，市委召开全市“法轮功”教育转化工作座谈会。市领导关德伟、任凤春出席会议。

是日，白城市第二届人大常委会第十六次会议，任命杨亚杰、曹宇光为白城市人民政府副市长。

是日，洮儿河灌区洮北一支渠续建工程开工，8月31日竣工。

15日，市长刘润璞率白城市代表团共218人赴广州参加“第89届中国广州出口商品交易会”(简称“广交会”)，为白城市首次组团参加“广交会”。

18日，市长刘润璞、副市长曲汉林出席在“广交会”会馆西贵宾厅举办的中国·白城’2001（广州）投资经贸说明会(简称“广贸会”)，参观展馆，视察白城市外贸公司土畜产品展位。

是日，市长刘润璞、副市长曲汉林参加中国·白城’2001（广州）经贸展洽会（简称“广洽会”），举行主要出口商品、贸易、项目和签约仪式。

20日，市政府召开全市春夏荒救济工作会议，全面部署救灾救济工作。春夏荒期间，全市有缺粮人口62.3万人，缺口粮8.7万吨。会议强调各地要采取生产自救，互助互济，春借秋还，国家救济的办法解决灾民口粮，确保灾民生活不出问题。

22日至23日，市直老干部台球代表队赴省参加台球比赛，获第三名。

23日，市长刘润璞主持召开市第二次联席办公会议。市委、市人大、市政府、市政协的领导出席会议。会议传达全省“严打”整治行动动员大会精神和白城市贯彻落实意见，汇报了白城市组团参加“广交会”情况。

是日，市委、市政府召开全市“严打”整治行动部署大会。市领导刘润璞、岳清友、苗长凤、姜凤国、罗家风出席大会。

24日，白城市第二届人大常委会第十七次会议，通过《关于接受蔡玉和辞去白城市人民政府副市长职务请求的决定》。

26日，国家水利部副部长敬正书一行5人在副省长杨庆才、省政府副秘书长包秦、水利厅厅长汪洋湖陪同下来白城市检查防汛抗旱工作，查看了洮儿河堤防工程和满州岱灌区工程，二、三道岗子，月亮湖嫩江汉书堤防以及嫩江堤防镇赉段。市领导王宪林、刘润璞、杨亚杰、曹宇光及白城市水利局负责人陪同检查。

是日，市政府决定，撤销白城市卫生防疫站、洮北区卫生防疫站、洮北区结核所，成立白城市疾病预防控制中心、白城市卫生局公共卫生监督所、白城市结核病防治研究所。

27日，白城市召开纪念“五一”表彰会。表彰了“十大能工巧匠”、“模范职工之友”、“优秀工会干部”和“先进基层工会”。市领导刘润璞、岳清友、葛泽峰、罗家风出席会议。

28日至29日，省委常委、省委政法委书记王儒林来白城市就“严打”整治、社会治安综合治理、政法保障机制等方面情况进行专题调研。市长刘润璞、市委副书记岳清友分别汇报了白城市全面工作和政法工作。李殿发、李守田陪同调研。

29日，市委下发《关于杨亚杰等同志职务任免的通知》。省委决定，杨亚杰、吕克梁任中共白城市委常委。免去蔡玉和、张玉玺的中共白城市委常委、委员职务。

是日，“瑞光杯”首届白城十大杰出青年农民命名表彰大会召开。市委副书记沈贵出席会议。

4月，吉林省政府组织全省各市、州参加在西安召开的中国东西部合作与投资贸易洽谈会（简称“西洽会”），白城市组成以副市长王锐为团长的50多人代表团参加“西洽会”。

（邢惠勤）

5 月

5 日，白城经济开发区派克工业园破土动工。市领导关德伟、王锐、孙柳星为工程主体开工奠基。

9 日至 10 日，副省长杨庆才率省直有关部门负责人来白城市检查指导工作。市领导刘润璞、沈贵、曹宇光陪同检查。

10 日，白城市“世纪之春”—纪念建党 80 周年美术作品展开展。市领导关德伟、任凤春、苗长凤、王文成出席开展仪式。

11 日至 13 日，白城市直老干部门球代表队赴长春市参加吉林省老年门球协会组织的老干部门球比赛，并获全省第一名。

17 日至 6 月 2 日，市长刘润璞率市政府代表团一行 5 人，应美国德尔福汽车系统和所属的派克电气系统两个总部的邀请，访问考察德尔福和派克全球总部及设在美国、墨西哥的一些科研开发机构和企业。

18 日，市委、市政府召开全市调研工作会议。市领导沈贵、李殿发、梁秉常、邢金普出席会议。

30 日，全市优抚安置对象和优抚安置事业单位普查工作结束。经普查全市现有重点优抚对象 10 500 人。

31 日，市委召开全市统战工作会议。市领导关德伟、李殿发、杨亚杰、栾士贤、罗家风、王文成出席会议。

是日，白城经济开发区管委会副主任何绍杰勇斗歹徒光荣负伤。8 月，市委、市政府决定给何绍杰记二等功，奖励 1 000 元，并通报表彰。

5 月，镇赉县委、县政府扒掉院墙、大门，将县委、政府大院改建成百姓休闲的娱乐广场。

是月，洮南市公安局富文派出所，被国家公安部评为“全国人民满意派出所”。

（邢惠勤）

6 月

4 日，通榆县在 2000 年中，新开发 AA 级绿色食品《瀚海珠》牌葵花仁和 A 级绿色食品绿豆、红小豆、荞麦、黑瓜籽、向海小米和草原红牛等 7 个绿色食品，占全市现有绿色食品总量的 50%以上，市委、市政府决定，授予通榆县委、县政府“全市绿色食品开发先进县”荣誉称号。

5 日，《白城日报》载，白城市区大气环境质量经省环保局考核，环保质量指标连续 5 年名列全省各市、州之首。

7 日，市委、市政府召开全市抗旱保苗电视电话会议。市领导沈贵、苗长凤、曹宇光、罗家风出席会议。

11 日至 12 日，省委书记王云坤到白城市检查指导工作。深入到农村、市区、企业、旅游区、开发区。检查了白城市抗旱、经济发展、党建等方面的工作。王云坤强调，各级领导干部要认真研究不断变化的经济形势和政治形势，创造性地开展工作，结合实际，认真解决现实问题。王云坤要求，各级领导必须充分认识政治形势的发展变化，要有敏锐的政治敏感性。要研究当前政治思想工作的新形势和新特点，不能简单说教，不能搞行政命令，政治思想工作必须与解决现实问题相结合，不要回避实际问题，要认真研究加以解决。王云坤为白城题词：“招商引资 发展旅游 振兴白城”、“发展花卉产业 美化人民生活”。市领导刘润璞、岳清友等陪同检查。

14 日，市长刘润璞主持召开第三次联席办公会议。市委、市人大、市政府、市政协领导出席会议。会议就白城市十大工程建设工作进行调度并落实下步工作任务。

18 日，市委、市政府召开全市实行“四制”（直接办理制、窗口服务制、社会服务承诺制、全程服务制）整治经济和社会发展软环境动员大会。

19 日，《光辉的历程》及《白城市党的建设成果》图片展首展，市领导刘润璞、岳清友、关德伟、李树文、任凤春出席首展式。

是日，市长刘润璞为《绿野》杂志题词：“践行三个代表 建设新白城”。发表在《绿野》杂志“庆祝中国共产党建党 80 周年专刊”上。

20 日，白城市举行纪念建党 80 周年《光辉历程》大型文艺晚会。市领导刘润璞、关德伟、刘德翔、李殿发、任凤春、吕克梁、葛泽峰、王文成、孙柳星观看晚会。

21日至24日，副省长魏敏学到白城市检查指导工作。在市领导刘润璞、杨亚杰陪同下，先后检查了通榆县受灾救灾情况，白城市城市建设，查干浩特旅游开发区等，参观31基地轻武器城。在检查中，魏敏学指出：白城要加快发展，就要解放思想，大胆改革，务实工作，勇于创新。要抓住白城市经济发展战略中心，围绕中心谋发展。

21日，市政府为首批29名会计人员颁发会计委派证书，为全市会计委派制之始。

22日，省外贸厅转发国家外经贸部《关于赋予白城市洮北区对外经济贸易进出口有限公司进出口经营权的批复》。

23日，市长刘润璞在中国市长协会第三次市长代表大会上当选常务理事。

25日，大安市汉书遗址被国务院批准为第五批国家重点文物保护单位，为全市第一个国家级重点文物保护单位。

是日，市政府在北京国际饭店举行2001年中国·白城百日生态旅游节新闻发布会。市领导刘润璞、杨亚杰出席新闻发布会。

26日，白城市卫生学校（人、财、物）划归白城市教委管理。

27日，市政府在长春市长白山宾馆举行2001年中国·白城百日生态旅游节新闻发布会，市领导刘润璞、杨亚杰、张守信出席新闻发布会。

是日，市长刘润璞，常务副市长杨亚杰，副市长曲汉林、王锐视察参加2001年中国吉林绿色特色优质农产品展洽会暨广州博览会白城市参展产品。

是日，市领导岳清友、李殿发出席市直机关“创建文明机关、当好人民公仆”活动表彰大会。

29日，市委召开纪念建党80周年暨第八次“创先争优”表彰大会，市委副书记、市长刘润璞作重要讲话。市级领导、原地级老领导、各民主党派负责人和无党派人士出席大会。市直及洮北区部分机关干部参加大会。会上表彰了先进基层党组织80个，优秀共产党员80人，优秀党务工作者30人。

30日至7月1日，市长刘润璞、市委副书记关德伟、副市长曲汉林在查干浩特旅游开发区会见美国新泽西州泽西市副市长黎素贞女士、美国和乐公司总裁李定年一行7人。

是日，白城市“吉鹤灵苑”动工，9月25日竣工。占地7万平方米的建筑群，总投资1 100万元，建筑面积3.75万平方米。省政协副主席常万海及市领导刘润璞、岳清友、李殿发、吕克梁、栾士贤出席“吉鹤灵苑”竣工剪彩仪式。

6月，大安一中在全省教育科研工作会议上，被评为“吉林省教育科研工作先进单位”，受到省教育厅的表彰。是白城市中小学校中唯一获得此殊荣的中学。

是月，洮南市发生麻疹疫情，局部暴发流行，发病71例，采取应急措施，控制了疫情。

是月，调整国家机关事业单位工作人员工资、增加离退休人员离退休费。全市党政机关工作人员月人均增资107.5元，事业单位工作人员月人均增资115.8元，离退休人员月人均增离退休费113元。

是月，通榆县包拉温都蒙古族乡蒙古族村民安玉亭家庭演出的节目安代舞《听党的话，驱走“法轮功”》，获吉林省暨长春市庆“六一”妇女儿童文体活动邀请赛一等奖。

（邢惠勤）

7月

1日,市委、市政府在市民广场举办声势浩大的2001年中国·白城百日生态旅游节开幕式。

是日，市级领导集体收听收看江泽民总书记在庆祝中国共产党成立80周年大会上的讲话。

是日，市委、市政府在市民广场举办庆祝建党80周年干部群众演唱会。刘润璞、岳清友等市级领导参加演出，并观看焰火晚会。

2日，由省委书记王云坤题名，投资1 000余万元建成的查干浩特旅游开发区揭牌开业，市领导刘润璞、刘宝泉、岳清友、沈贵、李殿发、任凤春、杨亚杰、梁秉常、李守田、曲汉林、王锐、罗家风出席揭牌仪式。

4日至5日，副省长杨庆才到白城市通榆县检查农村工作。在市委副书记沈贵陪同下，先后到瞻榆镇、新华镇查看了“学教”活动联系点和扶贫联系点。又深入到七井子、十花道等乡重点检查了节水灌溉、草原红牛繁育和草场改良等工作。杨庆才要求，要切实搞好“三个代表”教育，扎实做好当前农村的各项工作。

10日，白城市与浙江省绍兴市书法作品联展，在市博物馆开幕。白城市与绍兴市各有参展作品 40幅。市委副书记岳清友、关德伟出席开幕式。

12日至16日，副市长曹宇光率由30人组成的经贸团参加2001年广州博览（交易）会。

12日，白城市民政局、卫生局，白城军分区政治部组织三支医疗小分队赴洮北区、洮南市、镇赉县为在乡老兵送医送药。共为 1 200多名在乡老兵诊治疾病，赠送药品价值10 000多元。

15日，省委副书记林炎志在市长刘润璞陪同下，到向海国家级自然保护区和查干浩特旅游开发区，检查生态旅游工作。林炎志对白城市突出特色，创建名牌，发展白城旅游事业工作给予充分肯定。

22日至25日，副省长全哲洙来白城市进行农村基础教育工作调研。在市长刘润璞陪同下，检查部分农村中小学校基础教育工作。全哲洙指出，整个教育改革已进入攻坚阶段，农村基础教育量大面广，基础薄弱，发展难度大，是基础教育的重点、难点，要从基础性工作抓起。24日，在市长刘润璞、常务副市长杨亚杰陪同下，视察查干浩特旅游开发区。25日，在市长刘润璞陪同下，视察白城市区城市建设。

23日，副省长李介车在市长刘润璞、常务副市长杨亚杰陪同下到查干浩特旅游开发区检查指导工作。李介车希望白城市生态旅游业的发展在突出特色，创建名牌的同时，加大宣传力度，让域外了解白城，扩大白城知名度，加速经济和社会跨越式发展。

是日，副市长李守田率市民政部门有关负责人到洮南市北部半山区调查8个乡镇、十几个村屯，走访受灾户，了解春夏荒救济工作和受灾群众的生活。

26日至27日，省委常委、省纪委书记吴广才来白城市检查指导工作。市领导刘润璞、刘德翔陪同检查。吴广才视察了城市建设，向海、莫莫格国家级自然保护区，查干浩特旅游开发区。吴广才充分肯定了白城市经济社会发展、城市建设、党风廉政建设取得的成绩。

27日至28日，日本驻沈阳总领事馆文化领事本保利征先生、首席助理李维国先生在省外事办公室领事处副处长陪同下，来白城市参加日本无偿援助项目—抗旱打井竣工剪彩。常务副市长杨亚杰参加剪彩仪式。

27日至29日，国家外交部纪委书记武东和一行2人，在省外事办公室主任陪同下来白城市作国际形势报告。

27日至30日，市体委、民委联合组队参加在吉林市举办的全省少数民族运动会，并获得一枚金牌（摔跤）。

30日，市委下发通知，省委决定刘德翔任中共白城市委副书记。

31日，召开中共白城市委第二届第四次全体会议。

是日，省政协副主席、省委统战部部长赵家治来白城检查统战工作。对今后如何做好统战工作做出指示。市政协副主席、市委统战部部长王文成陪同检查。

31日至8月4日，省政协副主席伍龙章率省直有关部门负责人就推动全省生态建设及白城生态建设问题进行考察调研。

7月，市残联被评为“全国残疾人按比例就业工作先进单位”。

（邢惠勤）

8　月

1日，市委召开理论学习中心组（扩大）学习会，学习贯彻江泽民在庆祝中国共产党成立 80 周年大会上的讲话。

是日，副省长杨庆才及省有关部门、县市领导一行到大安市视察生态环境建设。实地踏查了碱茅种子基地、姜家甸草场，参观了大岗子镇双岗村和乐胜乡永乐村秸秆舍饲养羊示范区。

1日至2日，省政府在洮南市召开全省西部草原生态建设座谈会。副省长杨庆才，市领导沈贵、曹宇光出席会议。杨庆才指出：要深化认识，科学摆位，切实把西部草原建设放在经济发展的首位。还就草原建设规划实施、新技术新品种推广、禁牧舍饲、草原承包责任落实、生态草原建设、水利保障、建设资金、组织领导8个方面提出具体要求。

2日，副市长王锐率市直有关部门到北京招商引资。

6日至7日，在市长刘润璞陪同下，省长洪虎视察大安市大岗子镇太平庄村碱茅草种子生产基地、姜家甸草场、乐胜乡永乐村草原禁牧舍饲棚舍建设，莫莫格国家级自然保护区博物馆、百鸟园，洮北区青山羊草生产基地、青山草场种牛站、白城市牧草良种站、家畜繁育改良指导站、查干浩特旅游开发区等。洪虎指出，西部地区，要结合实际，因地制宜地发展草业经济，搞好生态建设，加快经济发展。关于生态环境建设问题，洪虎要求：要尊重客观规律，结合实际，坚持少投入，多产出，加快西部经济的发展，必须树立科学的发展观，即全面、协调，以人为本的发展观，以提高经济为中心，走持续发展之路；要因地制宜，引导部分农民、牧民以草为业，发展草业经济。引进新品种，管理多元化，坚持政府、科研单位、企业、群众齐抓共建。要提高科技含量，搞好典型带动；要从实际出发，发展旱作农业和绿色食品有机实体；要把西部地区作为植树造林的重点，东部地区要从人力、技术上加大对西部植树造林的支持，扩大西部植被面积，提高森林覆盖率，改善生态环境；要改变畜牧业生产方式，实行舍饲精养，保护草原；要切实保护好湿地。

8日至10日，以省人大常委会副主任李政文为组长的省人大常委会《中华人民共和国预防未成年人犯罪法》执法检查组来白城市检查工作。市人大副主任苗长凤，副市长李守田陪同检查。

10日，白城旅游产品展销会在市博物馆举行。常务副市长杨亚杰参观展品。

12日，亚洲开发银行松花江防洪贷款项目特别检查团布鲁斯·卡尔德等3名外国专家到白城市对申请亚洲银行贷款项目——向海水库除险加固工程进行先期考察。

是日，香港泰山实业有限公司董事长李玉良一行6人来洮北区，考察瑞光商贸城、冠龙商厦、森林公园水上乐园项目。

13日至9月26日，吉林省文物考古研究所挖掘清理汉书遗址，挖掘20个探方，清理2 000平方米，出土文物1 200余件，经初步鉴定，三级以上珍贵文物300件以上，是吉林省近年来考古挖掘成果最大的工地之一。这一发掘成果引起国内、东北亚乃至全世界考古学界的关注，提高了白城市在全国知名度。

14日，“白城移动通信之夜”大型歌舞晚会在白城市人民体育场举行。市领导刘润璞、关德伟会见了来白城参加演出的主要演职人员：倪萍、程前、殷秀梅、滕格尔、斯琴格日勒及香港演员张明敏、宫雪花。

是日，白城市农产品在“中国长春国际农业·食品博览（交易）会”上，被认证为名牌产品77个，居全省各市、州之首。

15日至9月末，白城通信分公司发展来电显示用户26 152户，为全市来电显示业务之始。

16日，市长刘润璞在“中国长春国际农业·食品博览（交易）会”白城展区接受《人民日报》、《吉林日报》、吉林电视台、吉林人民广播电台、《吉林农民报》等10余家新闻媒体采访。在采访中，刘润璞指出，在省两届“农博会”上，白城市都取得了丰硕的成果。今后，要在保持这种优势的基础上，充分利用白城现有资源优势，加大工作力度，搞好绿色、特色农产品的发展。

18日，全市市县乡三级党政机构改革工作启动，历时4个月，到年底基本结束。改革后，市委工作部门精减幅度11%，市政府工作部门精减幅度17%；市委、市人大、市政府、市政协、群团机关行政编制精简比例分别为20%、20%、30%、20%、25%。全市乡（镇）由103个精减为92个；编制精简比例27.1%。

20日，白城通信分公司正式开通“小灵通”，到年末，用户达万余，为全市无线市话“小灵通”业务之始。

26日，中央电视台10频道“城市平台”栏目播出市长刘润璞作的题为《正在崛起的鹤城》演讲，向全国观众全面介绍白城市的自然资源和经济发展成就。

28日，市委、市政府、白城军分区在鹤城体育馆召开白城市’98抗洪胜利三周年纪念大会。省委副书记林炎志，省人大副主任曾孝箴，省政协副主席常万海、孙耀庭，原省级老领导阿古拉，省军区司令员葛成文少将，省军区原政委闫海鹏少将，省武警总队政委孙培才少将，中国白城兵器试验中心政委王荣耀少将，解放军军需大学校长李德雪少将，参加白城'98 抗洪斗争的几个集团军的有关首长，省直40多个部门的负责人应邀出席大会，市领导李增福、刘宝泉、关德伟、沈贵、刘德翔、李树文、李殿发、杨亚杰、葛泽峰、苗长凤、李守田、曲汉林、王锐、曹宇光、马传海、罗家风、邢金普、王文成、杨枫出席大会。纪念大会由市委副书记岳清友主持，市长刘润璞作题为《发扬伟大抗洪精神，全力推进白城跨越式发展》的重要讲话。省委副书记林炎志、省军区司令员葛成文发表讲话。

是日，白城市海明路步行街建设开工，为全市步行街建设之始。9月25日竣工。

28日至31日，市体委与农业局联合组队参加在梅河口市举办的全省农民运动会。获金牌1枚。

29日，省委副书记林炎志来白城市就如何深入学习贯彻江泽民"七一"重要讲话精神作专场辅导报告。市级领导、原地级离退休老领导，市直各单位及中省直驻白城市各单位副处级以上干部，各县（市、区）副县级以上干部500余人参加报告会。

30日，市委在全省率先制定《中共白城市委关于任免干部实行投票表决制的意见（试行）》。

是日，白城市第二届人大常委会第二十一次会议决定，任命蔡跃玲为白城市人民政府副市长。

8月，市民政局开始检查灾情。2001年全市遭受严重的旱灾，受灾农田65.6万公顷，占实播面积97.6%；成灾53.3万公顷，占实播面积79.3%；其中绝收13.3万公顷，占实播面积19.6%。受灾人口近120万人，占全市农业人口总数98.6%；成灾人口107万人，占全市农业人口88.3%。造成直接经济损失13.6亿元，其中农业直接经济损失10.7亿元。

是月，"白城杨麻大饼"在"吉林省第三届吉菜美食节"中，被评为"吉林省名点"。

是月，白城市人民政府机关幼儿园在"2001年郑州·巴黎第六届世界和平书画展"中，获国际和平书画组织"先进集体"二等奖；教师获"优秀园丁"奖3人，参赛儿童获特金奖2人，金奖9人，银奖14人，铜奖、优秀奖各15人。

是月，白城市境内第一个环境地面水质自动监测站—松花江流域白城白沙滩水质自动监测站在镇赉县境内的嫩江白沙滩建成，并进入调测阶段。

（邢惠勤）

9　月

1日，市领导刘润璞、岳清友、栾士贤、曲汉林率白城市经贸活动洽谈团一行95人抵达香港，举办中国·白城'2001（香港）投资贸易洽谈会（简称"港洽会"）。

1日至3日，中央财经领导小组办公室副主任、中央农村工作领导小组办公室主任、西部大开发办公室副主任段应碧来白城市考察。在省委副秘书长王守臣、市委副书记沈贵陪同下，考察通榆县草原生态、向海国家级自然保护区湿地苇荡、通榆风电厂、"三清两建一公开"活动、洮北区水利化建设和万元田(棚)工作。段应碧指出，白城的退耕还林还草工作、万元田（棚）工程建设等思路正确、科学合理、全面符合中央关于农村工作的指导思想。

6日，白城市民生中学发生由食物污染造成的细菌性食物中毒事故。到11日，中毒的139名学生已痊愈，无死亡。

8日至9日,香港应善良基金会徐先生赴镇赉县、洮南市2所小学投资建校。

13日至14日，白城市、洮北区对台办公室接待林郁进一行6位台商、5位研究人员到白城市马世甘草开发有限责任公司甘草基地考察。

13日至14日，以国家民政部救灾救济司救灾专员柳永生为组长的国家民政部和农业部联合查灾工作组来白城市调查严重干旱造成的灾情及救灾工作。市长刘润璞会见了工作组成员。副市长杨亚杰、李守田陪同调查。柳永生对白城市救灾工作给予充分肯定。2001年国家下拨给白城市救灾救济款1 370万元，全部下拨给各县（市、区）、乡（镇）、村。同时，全市广泛开展社会化救灾工作，在为灾区捐助活动中，社会各界共捐赠现金

503.9万元，衣被689件，蔬菜315.2万公斤，粮食1 882吨，烧柴61 700车，煤2 230.5吨。

15日至16日，全国人大常委会副委员长周光召在省人大副主任李玉堂陪同下，视察了通榆风电厂、同发郁洋淀苇场和向海国家级自然保护区。市长刘润璞向周光召汇报了白城市经济和社会发展情况。市领导岳清友、梁秉常陪同视察。

17日，市委召开全市党员领导干部大会。省委副书记苏荣代表省委宣布对白城市委、市政府领导班子调整的决定。省委决定：王宪林调省直部门工作，刘润璞任中共白城市委书记，岳清友为白城市人民政府市长候选人。

是日，省委副书记苏荣在市领导刘润璞、岳清友陪同下，视察了白城市城市开发建设、旅游产业开发工作和农村灾情。

20日至23日，白城市老年门球队代表吉林省老年门球队参加在宁夏银川举办的“欧姆龙健康杯”全国老年门球赛，夺冠。

21日至23日，省人大常委会原副主任冯锡铭、任俊杰来白城市视察城市建设、旅游业和农牧业工作。市领导刘润璞、岳清友、刘德翔、苗长凤分别陪同视察。

24日，白城市第二届人大常委会第二十二次会议决定接受刘润璞辞去白城市人民政府市长职务的请求。任命岳清友为白城市人民政府副市长；决定岳清友代理白城市人民政府市长。

24日至26日，省政协提案工作座谈会在白城召开。省政协副主席郑龙喆出席会议。市委书记刘润璞代表市委、市政府介绍了白城市经济体制改革和经济社会发展情况。

28日，市委、市政府召开国庆招待会。市级领导、驻白城市部队首长、离退休老领导及各族各界代表150多人出席招待会。招待会由代市长岳清友主持，市委书记刘润璞发表讲话。

是日，市委常委会讨论干部首次采用投票表决制，共调整干部120人，其中提拔47人。

是日，在全省第五届党员电教片观摩评比活动中，市委组织部制作的《跨越》获政论片特别奖，《一个村官的自述》获二等奖。

是日，据《白城日报》9月28日载：“白城市裕丰实业有限公司全面通过ISO9002国际质量体系认证，成为东北三省同行业第一家、白城市民营企业第一家率先在全省通过ISO9002国际质量体系认证的民营企业”。

29日，市委召开全市党员领导干部会议。通报市委对县(市、区)班子和市直部分班子调整情况。市级领导、原副地级以上离退休老领导，各县(市、区)党委、大人、政府、政协主要负责人，市直各部门及中省直驻白城市各单位主要负责人参加会议。

9月，“白城富都娱乐城”被吉林省烹饪协会评为“吉菜名店”。

是月，全市县城35%的小学设英语课，为小学设英语课之始。

9月至10月，白城市普查登记城市贫困人口，全市纳入低保范围的73 895人。国家和省给白城市下拨的一次性补助金625万元，春节前临时救济32 634人。

（邢惠勤）

10　月

5日，6月5日开工的白城市林业局森林防火指挥中心办公大楼竣工，为市政府十大重点工程之一。建筑面积2 249.5平方米，投资198.7万元，由白城市建筑工程公司承建。

10日，白城市组成抗灾自救千人工作队，由市委、市人大、市政府、市政协领导带队深入到重灾区农户，开展抗灾自救工作。

10日至19日，市体委组队参加2001年北京国际马拉松和全国九届冬运会。在北京国际马拉松比赛中，白城市运动员梁娜获女子5公里金牌，并获3枚银牌和12个奖杯。在九届冬运会上，白城市运动员获女子全能第二名和男子全能第五名的好成绩。

13日，白城市书法家代表团由市委副书记关德伟带队一行9人赴浙江省绍兴市，进行两地书法联展。

15日，全市中小学实施学生“豆奶”工程，为全市首次。

15日至16日，白城市洮北区人民政府主办、白城红干椒市场承办首届2001中国白城红干椒贸易招商洽谈会。市委副书记沈贵、副市长曹宇光、市政协副主席王文成及洮北区领导出席洽谈会。共签订经济技术合作项目9个，项目总投资3 213万元，其中利用域外资金3 003万元；签订贸易合同16个，总贸易额12 525.5万元。

19日，据《白城日报》10月19日载："近日，从2000——2001年度全省精神文明建设先进集体、先进工作者表彰大会上传来消息，大安市再次荣获省级精神文明建设先进市称号，这是该市自1984年获得这一殊荣以来，连续18年保持这项荣誉，是我省连续保持这一殊荣最长的县（市）"。

是日，据《白城日报》10月19日载，今年白城市水稻办公室从省农科院，双辽和哈尔滨引进多种优质旱稻品种在白城市进行试验栽培。经过一年来的试验观察，辽育301、辽育302节水旱稻两个品种在白城市栽培成功。通过试验观测，上述品种每公顷产量分别为8 000公斤和8 500公斤，米质达到部颁优质二级标准。与传统水稻相比，每公顷可节水5 000至8 000立方米，节省化肥和农药投入30%，节省柴油107公斤，节省用工8个，每公顷总计可节省投入1 000余元。

20日，市委书记刘润璞主持召开第四次联席办公会议。市委、市人大、市政府、市政协领导出席会议。会议要求推进全市经济和社会发展的整体升位。提出"十五"期间全市经济社会综合实力升位目标。

23日，市委、市政府召开全市法律宣传教育和依法治市工作会议。市领导刘润璞、岳清友、关德伟、刘德翔、宇梁、李守田出席会议。

24日，市委、市政府召开白城市"新三城"建设论证会。会议以如何搞好白城市"行走机械配套城、区域商贸中心城、生态环保旅游城"建设为中心，召集市政府经济技术顾问、专家学者进行专题论证。市领导刘润璞、岳清友、关德伟、沈贵、刘德翔、杨亚杰、曲汉林出席会议。

28日至11月7日，由白城市经协办公室、经贸委、计委等11个单位共38人组团，参加全省统一组织的赴北京、天津和山东省的贸易合作交流活动。在京津鲁共签约项目24项，总金额9.4亿元。

30日，代市长岳清友、副市长曲汉林到国家水利部向副部长陈雷汇报工作，争取帮助和支持。

31日，代市长岳清友、副市长曲汉林到国家计委、国家财政部走访，争取到扶贫资金1 000万元。

10月，白城市交通局被全国双拥领导小组、国家民政部授予全国"爱心献功臣行动"先进单位称号。

是月，"白城杨麻子大饼"在"全国（杭州）第六届烹饪大赛"中获"金鼎奖"。

（邢惠勤）

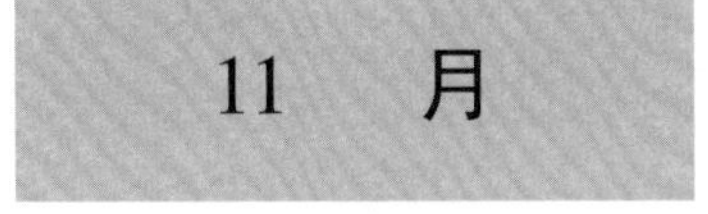

11 月

2日，市委书记刘润璞在参加吉林省党政代表团赴京津鲁开展经贸交流活动时，召集白城市经贸代表团负责人，就如何抓住机遇，走出白城，解放思想，扩大开放，招商引资，加快发展问题发表重要讲话。

是日，据《白城日报》11月2日载："近日，吉林省国际人才技术合作公司与白城市天隆资产评估事务所合作成立了吉林省国际人才技术合作公司白城办事处，成为白城市第一家经工商部门注册的出国留学、劳务、国外发展服务机构"。

6日到12日，市政府组团参加中国北京国际农业博览会。

9日，市委办公室下发《关于认真学习贯彻〈公民道德建设实施纲要〉的意见》（简称《纲要》），为全市贯彻《纲要》之始。

10日至13日，经上级有关部门批准，撤销大安市太山乡、静山乡，设立太山镇；撤销六合乡，将其所辖行政区域划归舍力镇；撤销同建乡，将其所辖行政区域划归两家子镇；撤销新荒乡，将其所辖行政区域划归安广镇。到年末，撤销洮北区大岭乡，将其所辖行政区域划归平台镇；撤销兴建乡，将其所辖行政区域划归德顺蒙古族乡。撤销通榆县永青乡，将其所辖行政区域划归开通镇；撤销瞻榆、耀东乡，将其所辖行政区域划归瞻榆镇。撤销镇赉县岔台、黑鱼泡乡，设立黑鱼泡镇，将黑鱼泡乡行政区域和岔台乡所辖的岔台、包金台、他四海、棉西、大河、哈拉火烧村划归黑鱼泡镇，将岔台乡所辖的少力蒙古族村划归莫莫格蒙古族乡；撤销张家园子乡，将其所辖的东报马台、西报马台、杭乃村划归大屯镇，将张家园子、苏可、七克吐村划归五棵树镇。

14至15日，副省长魏敏学先后深入到洮南市、通榆县的重灾乡镇检查指导救灾救济工作。市领导刘润璞、岳清友、李守田陪同检查。魏敏学指出：要围绕白城长期干旱的现实，深入开展“农业怎么办、农村怎么办、农民怎么办”的大讨论，动员全市广大干部群众进一步解放思想，开拓视野，广辟渠道，进一步加大救灾工作力度，保障灾民的基本生活。

15日至16日，副省长杨庆才带领省直有关部门负责人来白城市检查指导抗灾自救工作，并围绕进一步采取有效措施搞好灾区农民增收和今后发展工作进行调研。市领导刘润璞、岳清友、沈贵陪同检查调研。

16日，吉林海外交流有限责任公司白城分公司在洮北区政府门前举行隆重的揭牌仪式。市委常委、市委秘书长李殿发，副市长王锐，洮北区委书记纪成和，区长衣尚平等领导参加揭牌仪式。

22日，据《白城日报》11月22日载：“洮南市煤窑乡光华村小学，年仅26岁的女教师于晓波将她在湖南卫视‘快乐大本营’中获得大奖20万元，全部捐献给希望工程”。

27日，据《白城日报》11月27日载：“近日，一个集火炮、弹药、轻武器、军用气象仪器和各类军用装备模型，兼兵器知识和国防教育为一体的常规武器装备陈列馆在中国白城兵器试验中心建成”。

28日，市委、市政府召开市直机关机构改革动员大会。市级领导、副地级以上离退休老干部，市直单位及中省直驻白城市各单位干部、洮北区副科级以上干部参加大会。代市长岳清友主持大会，市委书记刘润璞作动员讲话。关德伟、沈贵、刘德翔分别宣读了省委、省政府关于《白城市机构改革方案》的批复及《白城市机构改革方案》、《关于白城市机构改革方案实施意见》、《白城市机构改革人员分流实施办法》。

是日，吉林省白城市公开选拔领导干部工作领导小组办公室，在《白城日报》上发表“白城市面向全国公开选拔对外经济贸易合作局局长、副局长公告。”12月23日，市委从大连、长春市分别选拔出白城市对外经济贸易局局长、副局长各1人，开创了白城市从外省市选拔处级领导干部的先河。

11月，在全国农村残疾人扶贫开发工作会议上，洮南市被评为“全国农村残疾人扶贫工作先进市”。

（邢惠勤）

12 月

1日，代市长岳清友在北京看望陈肇和教授，并向国家水利部副部长陈雷汇报洮儿河灌区续建配套工程建设情况及团结水库的立项和投资问题。

7日，白城市洮北区接收社会捐助服务中心正式成立，为全市社会捐助服务工作之始。在揭牌仪式上接到社会各界捐款5 800元，衣物1 200余件。

11日，由省科技厅、省委宣传部、省科协、省教育厅联合建立的向海自然保护科普基地正式挂牌成立。

12日至13日，省委书记王云坤来白城市视察工作，看望灾民。在市领导刘润璞、岳清友、关德伟、沈贵、李殿发陪同下，深入到灾情最重的洮南市那金镇、万宝镇看望灾民并同乡、村干部及农民座谈。王云坤指出，发展经济，重要的是解决认识问题，也就是与时俱进，进一步解放思想问题。努力适应市场经济的需求。当前的工作要突出重点，抓主要矛盾。农村的主要工作是使农民增收，靠劳务输出转移农村剩余劳动力。要大力搞好种植结构调整，少种精种。不适宜种植业的，要退耕还林还草，恢复生态。面对入世挑战，白城要结合自己实际，扬长避短，抓住机遇，迎接挑战。13日，在代市长岳清友陪同下，王云坤考察城市建设。

16日，省委决定李树文任中共白城市委副书记。

18日，白城市与吉林大学共同创建的吉林大学白城学院、吉林大学白城医学院正式成立。市领导刘润璞、岳清友、关德伟、宇梁、姜凤国、赵洪瑞出席成立大会并参加揭牌仪式。

19 日，市委理论中心组召开 WTO 知识（扩大）学习会。

20 日，召开中共白城市委第二届第五次全体会议。

21 日，组建白城市民营经济发展局，加挂白城市乡镇企业管理局牌子，为主管全市民营经济和乡镇企业的市政府工作部门。

28 日，市委印发《白城市建设“新三城”总体规划构想》绿皮书。

是日，举行白城市国有土地使用权招标拍卖会，为全市首次。代市长岳清友参加拍卖会。

12 月，调整机关事业单位工作人员工资标准和增加离退休人员离退休费。机关工作人员月人均增资 84.5 元，事业单位工作人员月人均增资 89.5 元，离退休人员月人均增资 85.5 元。

是月，从 2001 年起，机关事业单位工作人员发放年终一次性奖金，人均 600 元。

2001 年，全市降水量 207.30 毫米，多为无效降水，较历史年平均值和夏季降水量均少近 5 成，比历年降水量最少的 1995 年的 261.60 毫米少 54.30 毫米。干旱程度为白城市有气象记录以来最严重的一年。

是年，境内嫩江最大水面宽 0.25 公里，年径流量 72.20 亿立方米，最大流量 1 160 立方米/秒，最小流量 27.2 立方米/秒，水深 9.1 米至 0.6 米，流速 0.14 米/秒，均为历史最低年份。

是年，境内洮儿河年径流量 1.6 亿立方米，最大流量 6.80 立方米/秒，最小流量 1.16 立方米/秒，均为历史最低年份。2000 年 12 月 1 日至 2001 年 12 月 31 日，洮儿河洮南水文站以下至月亮湖区间干涸。

是年，全市村党支部实行“三推两考一选”（党员推荐、群众推荐、自我推荐；组织考核、群众考核；党员大会直接选举）方式换届，属全省首创。

是年，市长刘润璞主编的《白城市志》（1986—1995）获全省地方志优秀成果一等奖。

是年，全市公安机关破获“法轮功”违法犯罪案件 147 起，抓获“法轮功”违法犯罪人员 140 人。

是年，通榆县新建有机食品基地 2.8 万亩，绿色食品基地 45 万亩，成为吉林省第一绿色食品品牌大县和绿色（有机）食品基地大县。

是年，白城市农业局在中国吉林绿色特色优质农产品展洽会上，被组委会授予最佳组织奖，居全省各市、州之首。

是年，白城市在“中国北京国际农业博览会”上，获名牌产品 6 个，实现白城市农产品获国家级名牌产品零的突破，居全省第四位。

是年，白城市有 42 种产品获吉林名牌，占全省总数 21%，居全省各市、州之首。

是年，全市累计开发绿色食品 50 个，获得绿色食品标志使用权的产品 19 个。

是年，白城市林业局被省政府授予全省“连续 20 年无重大森林火灾模范单位”称号。

是年，白城市林业局在“三北”防护林体系（1978—2000 年）建设中，成绩显著，被国家林业局评为“先进集体”。

是年，洮北区农田有效灌溉面积 69.66 千公顷，实际灌溉面积 60.39 千公顷，为全省第一个水利化县（区）。

是年，全市重点建筑工程通过国家建筑安全生产检查验收，在抽检的东北三省六个城市中名列首位。

是年，全市固定资产投资 28.2 亿元，比 2000 年增长 41.3%，增幅居全省各市、州之首。

是年，全市工业整体效益创历史新高。工业总产值 57.9 亿元，规模以上工业利税 4.1 亿元，利润 1.83 亿元，其中地方工业利润 1.42 亿元，分别比 2000 年增长 11.8%、37.6%、73.6%和 133%。经济效益提高幅度居全省各市、州之首。

是年，全市 85.0%的国有大中型工业企业完成投资主体多元化公司制改造，95.7%的中小型企业实行开放经营，87.0%的国有大中型企业实现改革脱困目标。全市国有工商企业改制面 96.1%，居全省各市、州之首。

是年，累计完成技术改造投资 4.26 亿元，投资额创历史最好水平。

是年，吉林马应龙制药有限责任公司被认定为省级高新技术企业。

是年，吉林敖东洮南药业股份有限责任公司承担的《注射用蒺藜皂苷（冻干）》项目，被国家科技部批准为 2001 年度第一批科技型中小企业技术创新基金项目。

是年，全市92个乡镇有89个通油路和水泥路，占乡镇总数96.7%，乡镇通油路率居全省各市、州之首。

是年，新建公路451公里，总投资41 098万元，均创历史最高水平。

是年，吉林敖东洮南药业股份有限责任公司、吉林马应龙制药有限责任公司、洮南市热电厂、洮南兴吉化工有限责任公司，进入2001年吉林省同行业产品销售收入50强。

是年，吉粮集团投资3 000万元，在洮南市兴建年可收储玉米10万吨，杂粮杂豆10万吨，加工水稻10万吨的粮食储备库及加工厂。

是年，全市完成第五次全国人口普查任务，白城市人口普查办公室被评为国家级“先进单位”。

是年，白城市洮北区瑞光小学学生在全国中小学生电脑制作竞赛中，获一等奖3人，二等奖6人。

是年，白城市瑞光小学学生在全国第七届华罗庚杯数学竞赛中，获二等奖4人。

是年，白城市瑞光小学学生在全国小学生英语竞赛中，获一等奖1人，二等奖2人，三等奖5人。

是年，在全国华罗庚杯竞赛中，白城市行知中学获中学组第一名，学生刘求索获铜牌。

是年，白城电视台连续五年获全省各市级台在省电视台上稿第一名。

是年，白城市疾病预防控制中心调查洮南市向阳乡35个自然屯，采水样214份，砷含量超标率7.9%；玉米样5份，砷超标率12.5%。

是年，白城市中心血站在全国卫生质量控制检查中，被评为“优秀单位”。

是年，白城市计划生育工作达到全省一类标准。

（邢惠勤）

2002 文献

白城年鉴

立足推进跨越式发展
努力实现“十五”良好开局

——王宪林同志在市委二届三次全会上的报告

（2001年1月18日）

这次市委全会的主要任务是，深入贯彻落实党的十五届五中全会和省委七届五次全会精神，审议《中共白城市委关于制定国民经济和社会发展第十个五年计划的建议（草案）》，总结2000年工作，研究部署今年工作。上午，刘润璞同志代表市委常委就《建议（草案）》作了说明，大家在讨论中提出了许多很好的意见。

下面，我根据市委常委讨论的意见，向全会报告一年的工作，并就今后工作讲三个问题。

过去的一年，我们在省委、省政府的正确领导下，团结、带领全市各级党组织和广大干部群众，把握发展主题，奋力拼搏，开拓进取，克服了种种困难，较好地完成了各项工作任务。预计全市国内生产总值可实现73.4亿元，同比增长5.1%。全社会固定资产投资完成19.9亿元，同比增长178%。全市一般预算全口径财政收入完成51 719万元，按可比口径增长4.6%。在大旱之年农民人均纯收入1 212元，减收幅度低于全省受灾市（州）的平均幅度，并有3个县（市、区）增收。城镇居民人均可支配收入4 150元，同比增长11.7%。主要工作和成果是：

——深入解放思想，发展的理念进一步强化。对照先进地区发展经验，不断查找差距，重新审视自己。摒弃陈旧的思想观念和思维方式，一切服从发展的需要，围绕贯彻兴工富市决定、推进结构调整和改革开放，研究制定了一系列政策和措施，进一步理清了发展思路，强化了全市上下的开拓创新意识。

加快调整经济结构，经济运行质量和效益明显提高。农村经济结构调整是力度最大、成效最好的一年。“特、绿、精”三牌产品和万元田（棚）农户大幅度增加，订单农业已占全市播种面积的31%，兑现率达76%。畜牧业发展势头强劲，多种特色水产品养殖示范推广成功。农田水利建设加强，退耕还林还草规划全面启动实施，加快了整个农村经济结构的优化进程。工业产品结构、企业组织结构及产权结构在加大改革、改组、改造力度的推动下发生了新变化。高科技含量、高附加值产品增多，企业活力和市场竞争力增强。全市工业实现了整体扭亏，各项主要经济指标创近十年来最好水平。旅游、商贸市场、交通运输、房地产、电信等社会服务业也都出现了新的发展势头。

——大力推进各项改革，为经济发展注入了新的动力。加大国企改革攻坚力度，确定了抓“大”、抓“难”、抓“规范”的工作思路和国有企业脱困、公司制改造、资不抵债企业破产重组、先期改制企业完善内部机制等工作目标，并制定了配套的指导性文件，使全市国企改革攻坚有了新的突破。同时，社会保障、医疗卫生制度等方面的改革也在有序进行。

——加大招商引资的力度，为经济发展拓展领域和空间。全方位实施开放带动战略，各级领导带头走出去招商引资，开辟了与闽粤地区合作的新领域。通过海内外新闻媒体加强宣传，进一步扩大了白城的知名度。开发区建设进程加快，全市招商引资项目和到位资金均超额完成了年初计划。

——坚持打好城市开发建设管理总体战，为经济发展、社会进步奠定基础条件。在连续两年开展城市开发建设管理总体战的基础上，抓住国家继续加大基础设施建设投入的机遇，实施了一批城市设施和社会公用设施工程，完成了境内公路改造计划任务，经济发展的硬环境更趋完善。

——狠抓精神文明建设，与经济社会发展和谐同步。着力加强和改进思想政治工作，健全了组织领导体制和工作机制。广泛开展各种精神文明创建活动和群众性文化体育活动，收到了很好的成效。坚持扫黄打丑，加强了文化市场管理，社会风气得到进一步净化。加大教育改革和调整步伐，新的教育体系正在形成，素质教育得到加强。进一步明确了全市科技进步的主攻方向和重点任务，加快推进了技术创新。新闻宣传、医疗卫生、环境保护、计划生育等项工作也都取得了较好的成绩。

——加强民主法制建设，认真解决群众关心的热点和难点问题，为经济社会发展创造了社会稳定的基础条件。进一步加强和改进对人大、政协工作的领导，建立了人大常委会各专门委员会，充分发挥了人民代表、政协委员以及各民主党派、工商联和无党派爱国人士在全市重大事务和重大决策中的积极作用。扩大基层民主，进一步加强了民主选举、民主决策、民主管理和民主监督工作，全面推行了各种公开制度。深入开展普法教育，增强了干部群众的法律意识和法制观念。加强政法队伍建设，提高了整体素质和执法水平。及时排查影响社会稳定的因素，认真解决了群众关注的“两个确保”、下岗职工再就业、减轻农民负担等方面的实际问题。进一步加强了信访工作，及时化解社会矛盾。深入开展严打斗争，侦破了一批重点案件，打掉了带有黑社会性质的犯罪团伙。坚持把处理“法轮功”问题作为一件大事来抓，有效地防止了反弹。对其它邪教组织也集中进行了打击。

——深入开展“三讲”和“三个代表”思想教育，进一步加强了党的建设，为经济发展提供了强有力的领导保障。在县（市、区）和市直局级领导班子、领导干部中认真开展了“三讲”教育，重点解决了经济发展太慢、经济发展软环境差、宗旨观念不强等问题，根据查摆的问题对部分班子进行了组织调整。中央检查组对此给予了很高评价。深入开展“三个代表”重要思想的学习教育，并以此为指导全面加强了党的建设。按照加快实现领导班子年轻化的要求，调整充实了各级后备干部队伍，通过考试考核和公开选拔，一批优秀年轻干部走上了各级领导岗位。在部分非公有制经济组织建立了党的基层组织。对村党支部换届进行了“三推、两考、一选”试点并取得了成功经验。认真解决了乡镇领导干部“走读”问题。建立并落实了“一把手”负总责的党风廉政建设责任制和责任追究制，得到了中纪委、省纪委的充分肯定。认真抓了经济发展软环境治理和纠风专项治理，及时查办了各类典型案件。狠刹了党员干部借婚丧事和子女升学之机敛财的不正之风，取消了村级小食堂和伙食点，收到了很好的社会反响。

综上所述，2000 年的工作已为全面落实“九五”计划的发展目标画上了一个比较圆满的句号。现在，全市经济社会发展正处于蓄势待发的阶段，为我们更好地谋划“十五”发展奠定了良好的基础。但市委常委也清醒地认识到，目前无论是在经济、社会发展上，还是在我们的具体工作中，都存在许多不能令人满意的地方，特别是经济发展中的一些深层次矛盾还没有从根本上得到解决，仍然是今后发展的制约因素。对此，必须在今后的工作中作为重点来攻坚，进而推进我市经济社会在“十五”期间的跨越式发展。

一、牢牢把握发展主题，努力推进和实践我市“十五”期间经济跨越式发展

党的十五届五中全会及其通过的《建议》是我们在新世纪经济和社会发展的行动纲领。五中全会一个鲜明的特点，就是突出了发展这个主题。发展是直接关系到白城人民前途命运的重大问题。我们对此必须有强烈的危机感、紧迫感和责任感。为了谋划好白城市“十五”期间的发展，近几个月来我们从各方面做了大量工作。这次全会要深入研究审议《中共白城市委关于制定国民经济和社会发展第十个五年计划的建议(草案)》。当前，摆在我们面前的重大课题，就是按照党的十五届五中全会和省委七届五次全会精神，紧密结合白城实际，审时度势，努力推进和实践白城“十五”期间经济跨越式发展。

第一，必须紧紧把握发展这个主题，树立新的发展理念。

发展是决定一切的主题。伴随着新世纪的到来，世界经济竞争愈演愈烈，无论西方发达国家，还是广大发展中国家，都在全力谋求加快发展，借以在新一

轮竞争中保持领先地位或赢得主动地位。反映在我们国内，已经形成先发优势的东部发达地区在现有基础上，纷纷制定更高的发展目标，正在为率先实现现代化而奋斗。西部各省区正在借助国家实施西部大开发战略的历史契机，竞相动作，很快将形成后发优势。处在东西夹击之中的中部各省份，也都在各施谋略，奋力赶超。我们白城是全省最贫困的地区，多年来，与自己比确实有很大的发展和变化。但横向比较，市场化程度、非公有制经济发育水平、对外开放水平和科技水平都还很低。全市经济总量太小、结构太差、效益太低、财政收入太少、人民群众整体生活水平太低，整个地区目前还在脱贫与返贫的阶段徘徊。面对新的发展趋势和中央、省委提出的跨越式发展要求，我们更要紧紧把握发展这个主题，加快步伐，奋起直追。

加快白城发展，要求我们必须有一个全新的发展理念，树立新的发展观，强化跨越式发展的观念。所谓跨越式发展，有两个互相联系的层面：一是利用最新文明成果直接进入比较先进的领域，跳过传统的发展程序，缩短发展进程，这种跨越是进程式跨越。二是通过发展提速，实现对先进地区的超越，这种跨越是位次性跨越。我们所追求的跨越，应是以前者为本，以后者为标。作为一个经济发展的落后地区，能不能实现我们所追求的目标?通过分析不难看到，随着国家间、地区间的交往扩大，随着贸易自由化、经济全球化、生产销售国际化进程的加快，跨越式发展越来越成为一种历史趋势和普遍规律。落后地区可以通过开放直接吸收并利用发达地区的最新文明成果，直接指向和进入最先进的领域，达到位次前移。这就是所谓“后发优势”，是“历史落伍者的特权”。在这方面，许多原本欠发达的国家和贫困落后地区都为我们提供了成功的范例。我市虽然经济基础比较薄弱，制约因素较多，但落后到发达，中间跨度大，基数小、潜力也大，特别是面临的机遇和有利条件很多。我们具有先天的资源环境优势、发展中后劲增强的产业优势和地理区位上的相对优势。经过改革开放20年的探索和建设，已经积累了一定的发展经验和物质基础，培育了一批正在成长着的经济增长“靓点”，实干求进，加快发展，已成为全市人民的热切盼望。从我们面临的外部条件看，随着经济全球化、新技术革命和结构大调整进程的明显加快，以及我国入世在即，在给我们带来诸多挑战的同时，也给我们扩大对外开放、推进科技进步、优化经济结构、培育后发优势带来难得的机遇。同时国家将在较长一个时期内坚持扩大内需的战略方针，继续实施积极的财政政策和对贫困落后地区的扶持政策。这些都为我们跨越式发展提供了现实和可能。对此，我们应该充满希望，坚定信心。

基于上述客观实际，市委初步确定“十五”期间推进跨越式发展的目标是：**全市整体脱贫，基本实现小康，部分地方和产业力争接近或达到全省先进水平。按照可持续发展的要求，建立起生态环保型效益经济的基本框架，加快推进兴工富市进程，使全市经济运行质量和效益提高到一个新的水平。在此基础上，再经过五年或更长一段时间的努力，争取使白城实现由欠发达地区到较发达地区的历史跨越**。确定这样一个目标，既充分考虑了国际国内新一轮竞争的大趋势，又充分考虑了我市的基础、优势和潜力；既比较实事求是地划定了我市“十五”跨越式发展的独特内涵，又比较充分地体现了提高人民生活水平这个根本出发点，是符合中央和省委精神的，也是符合我市现阶段生产力水平和长远发展要求的。而要实现这一目标，“十五”期间必须把发展重心放在打好基础、提高水平、增强实力、蓄势后发上，使全市经济有一个较大的投入、较快的增长速度、较高的增长质量和较强的发展后劲。对这一发展重心和基本要求，我们务必有一个清醒的认识和正确的把握。

第二，必须紧紧扭住结构调整这条主线，明确经济发展的主要任务。

经济结构决定一个地区经济的整体素质和发展水平。白城经济要在“十五”期间实现跨越式发展，必须把优化结构作为主要任务。“九五”期末，全市GDP的三次产业为37∶29∶34，这个比例本身就说明我市是一个典型的经济落后地区，“十五”期间必须改变这个比例，其中第二产业所占的比例要达到35%左右，进入工业化的初始阶段，并向中期推进。要加快把工业做大、农业做强、服务业做活，进而把全市经济推上高效益、广就业、可持续发展的新轨道。

工业是国民经济的主导产业，加快白城经济发展，必须加快把工业做大。工业总量上去了，全市GDP的总量才能扩大，位次才能前移。白城历史上贫困落后，主要落后在工业上；与发达地区的发展差距，也主要差在工业上；全市未来经济发展的快慢、地方财力的强弱、人民收入水平的高低，方方面面的兴衰成败，也都维系在工业上。因此对市委二届二次全会作出的兴工富市决定，必须牢牢把握、长期坚持不动摇。不然我们就会被更远地抛在时代的后面，就会延误全市摆脱贫困、走向富庶的进程。“十五”期间要按照增总量、扩规模、上水平的要求，把握两个重点，培养一个兴奋点。两个重点：一个是大力发展特色资源加工业，另一个是加快把纺织、汽配、医药、造纸、食品等传统产业搞大。既要重视抓好中小企业群体的发展，更要抓好大中型骨干企业的发展。对基础好、实力强的骨干企业，要通过多种途径创造条件，争取尽快上市发展。特别是要着力抓好一批大项目，增强对全市经济发展的支撑带动能力。一个兴奋点是积极推进信息化，逐步用信息化带动工业化。特别是要想方设法培育和发展高新技术产业。现在高新技术产业无论是总量的迅速扩张，还是效益的超级获利，都是传统产业所不能比拟的。我市在这方面必须研究零的突破。可以寻求结合白城优势发展高新技术的路子，如生化制药、甘草系列的开发研制应用、玉米淀粉的下游产品开发等，把我们经济发展的兴奋点培育到高新技术产业上来。

实现白城经济的有效发展，还必须把农业做强。我们说提高工业经济所占的比例，并不是降低农村经济的总量，农村经济从绝对量上讲，仍然还要扩大。这种绝对量的扩大，必须首先从做强着手。我市是农业大市，但却是农业弱市。而作为“大”市，首先应该是“强”市。在农业发展上，我市最具资源优势和发展潜力。当前和今后一个时期，我市经济的“大头”和基础还在农业、在农村。农村经济不强，实现跨越式发展就无从谈起。面对新的形势任务和发展要求，做强我市农业必须立足抗灾夺丰收，继续加强以水利化为重点的基础设施建设，必须用工业化的思维谋划农业的发展，加快提高农业产业化、科技化水平，从整体上推进农村城镇化、农村经济工业化的进程。

在市场化程度越来越高的新形势下，谋划白城经济的发展，还必须把服务业搞活。“十五”期间，要坚决改变服务业的从属地位和自由发展状态，把服务业摆上“主产业”的位置来抓。重点是加快发展商贸流通业和交通运输业。建起一批有较强辐射能力的区域性商品集散市场和专业批发市场，搞好客货运枢纽服务中心建设，使白城成为三省（区）交界处的商品集散地和经济交流中心。同时加快发展房地产业，同步发展社区服务业和市政服务业。充分利用特有的生态环境，大力发展旅游业。还要加快培育信息服务等新兴行业，带动全市服务业整体水平的提高。

在抓好上述三项主要任务的同时，还要认真搞好所有制结构和城乡结构的调整。加快发展个体私营经济以及其他各种形式的民营经济和混合型经济。争取“十五”期末使非公有制经济有一个较大的发展。结合调整产业结构和市场布局，建设一批具有一定规模和较强带动功能的小城镇，充分发挥其联结城乡、繁荣经济的作用，并以此促进县域突破，加快农村城市化进程。

从白城生态环境较差的实际出发，要坚持可持续发展战略。主要是合理开发利用水资源，按规划实行退耕还林还草，采取切实有效措施防治干旱化、遏制荒漠化，积极探索开发利用盐碱地和沙丘地的新途径，配套搞好基础工程建设，尽快改善生态环境、提高抗灾能力。

改善收入结构，提高人民的生活质量。目前我市城乡人民收入水平大大低于全省平均水平。就其现在的收入水平分析，城乡收入的“二元”结构仍十分突出，城乡居民的收入水平和生活质量较低，而农村则更低。“十五”期间，要努力提高全市人民的生活水平，不断增加城乡居民，特别是农民和城市低收入者的收入。完善社会保障制度，努力扩大就业。加强城镇基础设施建设和村屯改造。发展医疗、卫生、体育事业，改善人民的生活条件。重视精神产品的生产，满足人民群众的精神消费需求，使全市人民生活水平总体上脱贫，基本实现小康。

第三，着力抓好关键环节，明确发展途径。

改革滞后、动力不足、资金匮乏、人才短缺，发展空间狭小，科技水平落后，是制约我市经济发展的主要因素，这一不可回避的现实，要求我们必须坚定不移地走深化改革、扩大开放和科技进步之路，为全市经济发展的跨越提供强大的动力。

增强我市的发展动力，必须继续深化改革。企业要以深化产权制度改革为重点，加快资产重组步伐。国有中小企业要在近一二年内全部退出国有，国有大中型企业要坚决放开产权，实行多元化改造，改变独资状况，并要积极创造条件，争取及早上市。所有企业都要按照建立现代企业制度的要求，加快转换内部经营管理机制，把搞好搞活企业的激励、约束机制规范完善起来。在重点抓好企业产权制度改革的同时，要抓住机遇，切实有效地抓好农村税费改革，市、县、乡机构改革，以及其他各项综合配套改革，从各方面扫除影响和制约经济发展的体制性和机制性障碍。

“十五”期间乃至今后更长一个时期，要把扩大开放、招商引资作为一项基本市策，借助外力、增强内力、壮大实力，不断拓宽发展开放型经济的新空间和新领域。与此相适应，要以更加开放的思想，站在更高的起点上来抓对外开放和招商引资，努力提高招商引资水平，学会按照国际惯例招商引资，按照优化资源配置的市场规则招商引资，形成整体合力招商引资，创造宽松环境保证招商引资。在主导思想上和实际工作中，要坚持既重数量，更重质量；既重规模，更重水平；既重引资，更重引智；既重当前发展，更重长远后劲。这样，我们对外开放、招商引资就会路子越走越宽，全市经济发展的空间就会越来越大。

“十五”期间，必须大力推进科技进步。主要是结合调整农村产业结构，重点抓好农业实用科学技术的推广应用，积极吸收、采用现代农业科学技术，加快改变传统、落后的生产方式，提高农业的科技水平和效益水平。结合招商引资，重点搞好传统产业的技术改造，增强企业的技术创新能力，争取在发展高新技术产业方面尽快实现突破。与此相适应。一方面要坚持把“兴科”与“兴教”有机结合起来，突出抓好人才引进和培养。另一方面，要树立新的“人才”观。“他山之石，可以攻玉”，“他城之人，可以攻关”。对人才，也要“不求所有，但求所用”，只要有项目，放眼全省、全国、甚至世界，用灵活的政策，求其“智力”为我所用，不求“人身”为我所有，一事一议、一项一用。

“十五”期间，还必须遵循非均衡发展规律，推进重点产业、重点区域、重点部位的率先突破。在市场条件下，经济发展本来就有快有慢、有先有后，特别是追求跨越式这种超常规的发展，更不可能齐头并进，这已经在20多年改革开放的实践中得到证明。我们白城要加快推进跨越式发展，必须遵循这种规律，通过推进重点产业、重点区域、重点部位的率先突破，带动全市经济总量的扩大和发展水平的提高。按照我市目前的发展基础，在重点产业上，工业要主攻难点提升传统产业，上规模、上水平；农业要抓住“靓点”创名牌，提高增收创汇能力；服务业要兴热点开发旅游资源，培育新的经济增长点。在重点区域上，依托大安、白城、洮南现有的工业基础，借助白大、白洮一级公路和白乌公路的交通优势，加快小城镇建设步伐，努力构筑白洮、白大、白乌经济隆起带。在重点部位上，要突出建设好白城、大安两个经济开发区和民营经济区，用特殊政策、特殊管理促进特速发展。

二、振奋精神，全面完成今年各项工作任务

今年是21世纪的伊始年，又是实施“十五”计划的起步年。努力做好今年的各项工作，把握新的转机，蓄势后发，对推进和实现全市经济和社会的跨越式发展，具有十分重要的历史意义。今年工作的总体要求是：**认真贯彻落实党的十五届五中全会和省委七届五次全会精神，坚持以加快发展为主题，以搞好结构调整为主线，以推进改革开放和科技进步为动力，以提高人民生活水平为根本出发点，深入解放思想，积极扩大开放，全力推进技术创新。围绕速度和效益、总量和质量的同步快速提高，推进工业化进程，发展生态效益农业，培育新兴服务产业。切实加强党的建设、精神文明建设和民主法制建设。促进经济持续快速健康发展和社会全面进步，为实现“十五”计划的目标和任务创造良好的开端。**

今年经济工作的主要目标是：国内生产总值增长13.1%；财政收入增长11%；全社会固定资产投资增长15%；社会消费品零售总额增长8.1%；城乡居民生活水平有较大提高。

市委的工作重点是：

（一）按照兴工富市的总体要求，加快推进工业化进程。

要把落实市委兴工富市决定，尽快构筑起切合白城实际、适应市场竞争、有利于推进工业化进程的工业体系框架，作为今年经济工作的首要任务。一是采用新技术对传统工业产业进行换型改造。突出抓住企业设备老化、工艺落后、效益低下等共性问题，围绕增加品种、改善质量、节能降耗、提高劳动生产率，进行换型改造，把传统工业尽快提升起来。二是依托项目支撑，加快壮大骨干支柱企业。现有的优势行业、骨干企业、名牌产品，仍然是今年发展的重点。要抓住入世带来的新机遇，重点武装纺织服装、汽车零部件两个支柱产业，抓好现有优势产品的扩张和高新技术项目的开发储备。发挥劳动力成本较低的优势，引导中小企业围绕“精、新、特”产品，大力发展劳动密集型加工产业。贴紧国家的产业政策，创造积极条件，努力争取在能源、环保等产业上项目。三是突出资源优势提高农村工业化程度。我市经济增长的“靓点”多存在于资源优势的开发之中，抓住“靓点”把蛋糕做大，最终要靠延伸加工来完成。因此，要认真抓好现有农畜产品加工业的定型改造，尽快向精深加工的方向发展。对资源共有、优势共存的相关联产业，按照市场法则有计划地发展一批龙型经济企业集团。对规模不大，产品雷同，优势分散，长不大的小企业群体，要积极引进域外大企业、大投资商来收购、兼并，依靠外力把优势集中。同时要引导农村剩余劳动力，大搞不同规模、不同层次的农产品加工增值，逐步形成一批中小型的农畜产品加工企业。四是加快抓好国企改革脱困工作。充分利用国家核呆、债转股、技改贴息、国有股配售等政策，促进企业深化改革，摆脱困境，努力保持和发展工业经济的良好局面。

（二）以提高农民收入水平为核心，大力发展生态效益农业。

前不久召开的全市农村工作会议，对今年农业经济发展已经进行了安排部署，要全面抓好落实。在具体工作中要突出强调“一调、两保、三创”。“一调”就是进一步调整农业和农村经济结构。兼顾生产条件和市场环境两个因素合理确定农业生产区域布局，安排好粮、豆、麻、烟、草、杂等作物种植的指导性计划，发展订单农业。在坚持农林牧副渔全面发展的基础上，加快培育壮大畜牧业和水产业，努力增加定型品种的饲养量，大力开发和推广特色水产品养殖，不断培育新的支柱产业。“两保”，一是保护生态资源，保证可持续发展。重点抓好农田水利建设，全面完成好节水灌溉、江河堤防、灌区开发等水利工程建设任务。继续实行退耕还林还草，围绕盐碱地、沙丘地的改造和开发利用，加快生态示范区建设步伐。二是保护农民的切身利益，调动农民的生产积极性。认真贯彻党在农村的各项政策，切实减轻农民负担。积极争取国家的支持，持之以恒地抓好扶贫攻坚。严格加强各项支农专用资金的管理、使用和审计监督，绝不允许挤占挪用。加强涉农行业和部门的治理整顿，严肃查处各种坑农、害农事件。“三创”，一是创牌。创牌是打牌的前提，只有品牌创的多、创的靓，才能打得顺、打得赢。要紧紧抓住入世前后这段关键时期，突出“特、绿、精”三个主攻方向，积极创造和申报品牌，并要加大宣传力度，抢夺市场入场证。二是创汇。发展创汇农业是我市农业的一个重要增长点。要按照国际贸易规则，适应出口创汇的要求，大力开发创汇产品。扩大上网推销的领域，拓宽对外贸易的渠道，在更大的范围内争取出口创汇权，提高我市农产品的出口创汇份额。三是创规模。没有规模就没有优势，就没有效益。加快推进绿色农副产品、优质畜产品和名优水产品三大基地的建设，以万元田（棚）工程为载体，培育一批产业大户，通过大户带动，尽快形成一批产业乡镇和专业村屯。

（三）进一步搞活流通，大力培育新兴服务产业。

服务业的发展反映了一个地区的经济发展水平，也是左右一个地区经济发展的重要因素。从今年开始，一定要转变观念，下功夫抓好服务业。要进一步把流通搞活。对现有的城乡市场，要在不断完善设施，加强管理，提高经营水平的基础上，分类作出规划，逐步培育一批具有本地特色的专业批发市场。继续发展各类经纪人队伍，引导更多的人参与流通、介入流通。努力完成既定的公路改造任务，带动交通运输业的发展。鼓励长途贩运，抓好地产品推销。政府、企业及各类经济组织都要高度重视经济信息的收集和传播，不断加强信息网络建设，大力推广和使用现代营销方式，推动物产的快速流转。发展社区服务是振兴服务业的潜力所在。要进一步强化社区组织的管理服务功能，运用市场机制鼓励机构改革中分流的干部、下岗职工、农村剩余劳动力和个体、私营经济开展各种社区服务，使之成为我市一个新兴的经济增长点。要紧紧抓住旅游消费加速增长的势头，依托我们原始的自然风光，发挥整体优势，以向海为龙头，拉长旅游线路，形成覆盖全市的多项目的旅游网络。并要大力开发旅游产品，加强旅游景点设施和服务体系建设，提高接待水平，使旅游业在我市尽快形成气候。服务领域一些新兴行业，往往是和城市规模密切相关的。因此，要在继续搞好市、县中心城市开发建设的同时，大力抓好小城镇建设，已经确定的10个重点城镇，要集中力量加快建设。要进一步放宽户籍政策，搞活物业管理，引导先富起来的农民和农村剩余劳动力进镇入城，投资开发，创办经济实体。

（四）全方位扩大开放，加大招商引资的工作力度。

按照目前的筹划，今年市、县两级都要广泛组团走出去开展招商活动。在瞄准京、津和沿海发达地区的同时，还要把触角伸向西部，伸向全国各地，只要有商可招、有资可引，都要主动上门，积极争取。结合招商引资积极宣传白城，开展对外营销，使我们的产品更多地走出市门，进入全国和世界市场。要充分发挥企业的招商引资主体作用，加大企业自身的招商引资力度。特别是基础较好的企业更要首当其冲。同时要调动民营企业招商引资的积极性，组织民营企业参与招商引资活动。要注意研究和掌握国际惯例，跟踪资本流动趋势，学习现代招商方式，不断提高招商水平。要切实治理和改善发展软环境，强化政府的权威，凡是政府制定的优惠政策，必须坚定不移地执行，凡是在招商引资中作出的承诺，必须不折不扣地兑现。要进一步加快开发区建设，真正实行封闭式管理，把对外开放的窗口做大，把招商引资的载体做强。

（五）继续加大所有制结构调整的力度，在体制创新和发展非公有制经济上求得新的突破。

非公有制经济是我市经济发展中最活跃和最具潜力的增长因素，一定要作为重点经济工作来抓。国有企业要在保证国有资产不流失的前提下，今年能够退出的都要退出国有。打破传统的行业垄断，鼓励域内外民营企业大户及其它经济成份进入，广泛参与竞争。兼并、购买国有企业，不能全部购买的，允许购买某些整体部位或部分股权。坚持实行领导干部联系民营企业的制度，主动为他们的发展排忧解难。努力创造平等竞争的市场环境，采取有针对性的措施，解决好非公有制经济贷款难、上项目难等具体问题。制定和完善有利于非公有制经济健康发展的有关政策，在市场准入、税费减免、公平交易等方面创造更加宽松的条件。本着谁投资谁受益的原则，引导并支持民营经济创办社会公益事业，促进非公有制经济在更大的领域加快发展。

（六）千方百计搞好科技与人才的开发利用，在推进技术创新中挖掘增长潜力。

在新技术革命迅猛发展的创新时代，解决我市科技水平低的问题已经迫在眉睫。当前一个时期要重点抓好四个方面的工作。一是抓好农业适用新技术、新成果的推广和应用。改变落后的生产方式，提高产品的科技含量，把特色做优。二是抓好传统产业技术水平的提升。采取适宜对策更新老化设备，改进落后工艺，开发定型产品，逐步解决“大路货”、“原字号”等问题。三是建立自主知识产权。围绕纺织、制造、食品、中草药等产业，通过引进、消化、吸收，广泛摄取外部的科技营养，开发具有知识产权的高新技术项目。四是抓好科技人才的引进、开发和利用。坚持引人与引智并举，以引智为主，加强同省内外大专院校及科研单位的联系，引进科研成果，提供实验基地，实行互利互惠。同时重视并发挥本地现有科技人才的作用，大力营造尊重知识、尊重人才的社会氛围。积极探索科研体制改革的有效途径，引导科研单位向企业靠拢，逐步向企业化经营的方向迈进。鼓励兴办民营科技企业，从更宽的领域，更深的层次实现经济科技化和科技经济化的互动统一。

（七）加快发展各项社会事业，努力改善城乡人民生活。

坚持面向现代化、面向世界、面向未来的指导方针，加快我市办学体制和投资体制的转变，以普及基础教育、扩大职业教育、推进素质教育为主要目标，全面培养人才。今年，要围绕全市经济和社会发展的要求，进一步重组教育资源，合并优势专业，发挥规模效益。扩大普通高中阶段教育，搞好中等职业学校结构调整，努力为我市的经济建设培养更多的适用人才。抓好文化艺术和广播电视、新闻宣传工作。进一步改革文化管理体制，完成文化中心建设任务，发展文化产业，活跃群众的文化生活。新闻媒体要坚持正确的政治方向，注意把握大局，发挥党和政府的宣传工具和喉舌作用。合理配置卫生资源，改善医疗服务设施。大力开展全民健身运动，提高竞技体育水平，增强人民体质。进一步做好计划生育工作，稳定低生育水平，提高人口素质。重视人口老龄化问题，积极发展老龄事业。继续抓好城市开发、建设和管理，完善城市配套设施，提高道路交通和供水供热能力。加强城市绿化、净化、亮化工作。大力推行和规范物业管理，改善居民居住条件。正确引导居民消费，拓宽消费领域，提高消费水平。积极稳妥地推进社会保障制度改革。继续贯彻“劳动者自主择业，市场调节就业，政府推进就业”的方针。千方百计增加就业门路，确保离退休人员基本养老金和国有企业下岗职工基本生活费按时足额发放。继续落实好扶贫开发任务，注重从根本上改善贫困地区的基本生产、生活条件。

（八）深入开展社会主义精神文明创建活动。

深入开展文明城市、文明社区、文明村镇、文明家庭以及文明行业创建活动，全面加强和改进思想政治工作，增强城乡居民文明意识，养成健康、文明、科学的生活方式，创造温馨和谐、团结友爱、济困救难的人际关系和社会氛围。大力普及科学文化知识，破除封建迷信等陈规陋习。要十分重视关心下一代工作，抓好青少年教育，全面提高他们的思想道德素质。加强基层思想文化阵地建设。提高全民国防意识，加强民兵、预备役部队建设，深入开展“双拥共建”活动，进一步增强军政军民团结。

（九）加强社会主义民主和法制建设。

发挥各级人民代表大会及其常委会在民主法制建设中的作用，密切人大代表同人民群众的联系，推进党委、政府决策科学化、民主化，保障人民当家作主。发挥各级政协组织的政治协商、民主监督和参政议政职能作用。抓好政务、厂务和村务公开工作，不断扩大和完善基层民主。认真贯彻党的民族宗教政策，增强民族团结。加强和改进党对工会、共青团、妇联等群众团体的领导，充分发挥他们联系人民群众的桥梁和纽带作用。加强社会主义法制建设，坚持依法治市。深入普法宣传，提高全民首先是各级领导干部的法律意识和法制观念。按照省委的统一部署，认真搞好政法干部队伍整顿，严惩司法腐败。支持与保证司法机关独立行使审判权，保证司法公正。深入开展与“法轮功”邪教组织的斗争，进一步巩固和扩大工作成果。加强社会治安综合治理工作，继续开展扫黄打非和打黑除恶斗争，坚决打击各种犯罪活动。正确处理新时期人民内部矛盾，认真做好群众来信来访工作，及时化解影响社会稳定的各种因素。

三、切实改进和加强党的领导，全面营造加快白城发展的浓厚氛围

实现我市“十五”跨越式发展目标和今年工作良好开局，要靠全市各级党组织和广大干部群众的共同努力，需要上上下下，方方面面横下一条心，使圆一股劲，一切服从于发展，一切服务于发展，一切致力于发展，真正使加快发展成为白城的硬道理。为此，各级党组织必须从自身做起，牢固坚持以经济建设为中心的指导思想，并通过卓有成效的工作，全面营造加快发展的浓厚氛围。从各方面为加快发展提供保证。

第一，强化思想保证，着力把干部群众的认识统一好。白城实现经济发展上的跨越，必须首先实现思想上的跨越，在解放思想，转换观念，着眼全局，促进发展，坚定信心，克难攻坚上形成共识。近几年我

们虽然做了许多工作，但目前看这个问题还没有真正解决好。反映在领导层当中，研究解决一些重大问题和深层次矛盾，往往思想放不开，胆量、气魄不够大，偏于保守，求稳怕乱。反映在部门当中，还存在中心意识、大局观念和整体合力不强的问题，个别部门和少数人员“中梗阻”、“下梗阻”问题在某些方面表现得还比较突出。有的甚至有令不行、有禁不止。反映在基层干部群众当中，还存在消极畏难情绪、妄自菲薄心理和发展信心不足的问题。工作满足过得去，生活不求高质量。有的仍在怨天尤人，不思进取，甘于苦熬，懒于苦干。同时在思想解放、发展意识和精神状态上，反映在各层面之间的差距也比较大。这一现实要求我们，当前还要把解决思想障碍问题作为一项重要任务。结合研究制定“十五”计划，部署落实今年任务，要分层次、有重点、有针对性地抓好三个教育：一是在各级领导干部中深入抓好解放思想的教育。每个领导干部都要对照先进地区的经验，深入查找在解放思想方面存在的差距和问题，认真总结经验教训。面对加快发展的要求，敢于冲破各种旧思想、旧观念和旧体制、旧框框的束缚，用创新的思维去研究解决加快发展的问题。只要符合“三个有利于标准”，有利于发展白城经济、富庶地方百姓的事情，就要大胆去干，不能顾忌太多、自缚手脚。二是在各级部门中深入抓好服务中心、促进发展的教育。无论是经济部门还是非经济部门，无论是“块块”管理部门，还是“条条”管理部门，都要对近几年的思想和工作认真进行一次回顾检查，看看以经济建设为中心的指导思想树立起来没有?自觉服从、服务于经济发展的责任尽到了没有?党委、政府促进发展的相关政策措施和任务要求在本部门落实了没有?通过教育使每个部门和每个公职人员认清，部门工作必须自觉围绕经济建设这个中心来转，紧扣发展这个主题去干。偏离了经济建设这个中心，丢掉了发展这个主题，就会阻碍全市的大局，损害人民群众的利益，也就不会有部门的局部利益和自身的长远利益。如果还不能自觉主动、尽职尽责地做到这一点，就要被严厉整肃、淘汰出局。三是在全市人民群众中深入扎实地开展好以“白城本世纪落后了、新世纪怎么办”为主题的形势任务教育。通过教育要使大家认清：新世纪是不同情弱者的世纪；跨越式发展是非均衡的发展。安于贫困可悲，甘于落后可耻。只有齐声合力唱响加快发展的主旋律，才能共同赢得小康社会新生活。进而把摆脱贫困的立足点转到依靠自身的努力上来，把全部热情、干劲聚集和投入到建设白城、发展白城上来。

第二，强化领导保证，着力把各级领导班子建设好。解决白城问题的关键靠发展，促进发展的关键在领导、在各级领导班子。搞好领导班子建设，今年和今后一个时期要着力解决好五个问题：一是优化班子结构问题。要以机构改革和县（市）、乡（镇）换届为契机，全面抓好领导班子的考察和调整。大力选拔符合“四化”标准和德才兼备要求，熟悉宏观经济管理、市场经济和法律法规、有发展潜力和开拓创新能力，群众拥护信任的优秀干部进班子，特别要选好配强“一把手”，加快优化各级领导班子的年龄结构、知识结构和专业结构。同时要进一步抓好培养优秀年轻干部工作，努力造就一支素质优良、数量充足、门类齐全、结构合理的后备干部队伍。二是加强学习问题。各级党委理论学习中心组，要紧密结合研究解决本地经济和社会发展的重大问题，认真抓好集中学习和专题研讨。各级党校要紧密结合新的形势、任务，有规划、有重点地抓好领导干部的专题培训。各级领导干部都要面向新世纪的发展要求，结合本职岗位，深入学好邓小平理论和江总书记“三个代表”重要思想，自觉加强社会主义市场经济理论和现代科技、管理、金融、法律等方面知识的学习，努力使自己成为知识面比较宽、专业知识比较精，适应形势发展要求，能够把握大局、管好本行的优秀领导干部。三是用人导向问题。这是一个与班子战斗力强弱、与白城发展快慢密切相关的大问题。要下决心加大干部工作的改革力度和奖惩力度。一方面，要研究制定切实可行的措施，旗帜鲜明地支持、保护、重用干事的干部。另一方面，要坚持无功即过的原则，制定干部不称职的认定标准和调整不胜任领导干部的具体办法，真正解决好干部能下的问题。跨入新世纪的门槛之后，在我们白城，不能再把宝贵的时间再耗在谁是谁非，谁高谁低议论之上了，不能再使干事的干部灰心、寒心，要让他们越干越有劲，努力营造一个良好的干事氛围。四是善于开拓创新问题。创新是民族的灵魂，是发展的原动力。要把开拓思想体现在工作的每一个环节，把创新精神贯穿于落实的全过程。要增强工作的主动性和创造性，大胆打破常规，敢于承担风险，勇于在实践中总结新经验，探索新规律，开创新局面。五是强化领导责任问题。现在，“十五”发展目标和今年工作任务已经确定，各级领导班子和领导干部都必须咬定目标，真抓实干。尤其是要克服形式主义和官僚主义，转变作风，狠抓落实。把主要精力和功夫下在深入基层、深入实际、深入群众、扎扎实实地解决具体问题上。要建立严格的责任制度和督查制度。确定每一件事情，部署每一项工作，都要逐级明确领导责任和时限要求。对事关全局的重点工作和难点问题，要定期调度，跟踪督查，一抓到底，落实、解决不好的，要严格实行责任追究制。检查、总结工作，不能只表扬，不批评，只讲成绩，不讲问题，要敢于开展批评，敢于触及矛盾，做到既给动力，又给压力，促进各项工作快节奏运转，高效率落实。

第三，强化组织保证，着力把基层党组织的作用发挥好。基层党组织是我们团结、带领群众加快白城发展的基础。为了更好地夯实这一基础，要认真按照中央和省委的统一部署，分期、分批地抓紧抓好县（市、区）部门、乡（镇）、村领导班子和基层干部“三个代表”重要思想的学习教育活动。各级党委要切实把这次学习教育活动摆上重要位置，当作全面加强农村基层组织建设，增强农村基层党组织凝聚力和战斗力，促进我市农村经济和各项事业加快发展的一件大事来抓。县(市、区)党委要担负起首要责任，对学习教育活动坚持高标准、严要求，保证做到安排部署到位，工作指导到位，督促检查到位，落实任务要求到位。市级班子领导也都要分工负责，认真抓好联系点工作，保证这次学习教育活动的质量。结合这次学习教育活动，推广好“三推两考一选”的经验，全面抓好村党支部的换届工作，并要把群众评议党员工作由村延伸到乡镇。在企业，要结合深化改革和建立现代企业制度进一步探索好坚持党管干部原则与改进管理办法的新途径。对改制、改组企业，要适时调整好党组织的设置和归属，配齐配强专职党务干部，加快把非公有制企业和社会团体中的党组织建立健全起来，同时要抓好新企业的筹建工会工作。机关、学校、各类事业单位和城市社区党组织，也都要结合各自的实际，进一步抓好党的建设。适应加强党员队伍建设，提高党员队伍质量的要求，从今年开始，要在全市推行发展党员“公示制”，把好党员入口关，并要坚持开展好各种形式和内容的“创争”活动。通过这些方面的工作，全面激发基层党组织和党员队伍的活力，使基层党组织和党员队伍在促进白城发展中更好地发挥战斗堡垒作用和先锋模范作用。

第四，强化纪律保证，着力把从严治党的方针落实好。“治国必先治党，治党务必从严”。治理好我们这个贫困落后地区，更要严肃党的纪律。各级党员领导干部要严格遵守廉洁自律的有关规定，正确运用党和人民赋予的权力，严格规范自己的行为，自觉抵制个人主义、拜金主义、享乐主义等资产阶级腐朽思想的侵蚀，切实过好名位关、权力关、金钱关、交友关、美色关。各级纪检监察机关要继续坚持党风廉政建设和反腐败三项任务格局，在各级领导干部中坚持抓好经常性的廉洁自律警示教育，加大查处大案要案的力度，坚决有力地纠正部门和行业不正之风。对有令不行、有禁不止，依然我行我素的，要从严查处，切实保证党委、政府的政令畅通和工作畅通，促进全市经济发展软环境的不断改善。同时要进一步加强制度建设，从源头上预防和治理腐败。各级党委要坚持实行党风廉政建设责任制和责任追究制，一级抓一级，一级对一级负责，全面落实好从严治党的各项任务，保证全市经济的健康发展。

同志们，我们已经跨入了充满希望、机遇和挑战的新世纪，肩负的任务非常艰巨，责任十分重大。我们一定要紧密团结在以江泽民同志为核心的党中央周围，全面落实中央和省委的各项部署，振奋精神，坚定信心，团结和带领全市广大干部群众，开拓创新，扎实工作，为赢得“十五”期间的良好开局，推进白城经济的跨越式发展而努力奋斗！

中共白城市委关于制定国民经济和社会发展第十个五年计划的建议

（2001年1月19日中国共产党白城市第二届委员会第三次全体会议通过）

“十五”时期(2001至2005年)是我市经济和社会发展承前启后的关键时期，推进和实现跨越式发展的目标是：**全市整体脱贫，基本实现小康，部分地方和产业力争接近或达到全省先进水平。按照可持续发展的要求，建立起生态环保型效益经济的基本框架，加快推进兴工富市进程，使全市经济运行质量和效益提高到一个新的水平。在此基础上，再经过五年或更长一段时间的努力，争取使白城实现由欠发达地区到较发达地区的历史跨越。**

经过二十多年的改革开放尤其是“九五”时期的艰苦努力，我市国民经济和社会发展取得了很大成就。国企改革取得重大进展，多元化产权体制基本形成；国民经济持续快速健康发展，经济综合实力进一步增强；结构调整取得明显成效，经济运行质量和效益进一步提高；基础设施建设取得突破性进展，城乡面貌发生显著变化；各项社会事业全面发展，人民物质和文化生活明显改善。这是我市“十五”时期加快发展的良好基础。但我市经济社会发展中存在的经济总量小、经济结构差、经济效益低、城乡居民特别是农民收入增长缓慢以及就业压力较大等主要矛盾和问题仍然比较突出。横向比较，发展水平明显滞后，距人均国内生产总值800美元的小康水平差距较大。长期以来，制约我市经济发展的主要因素是，生态环境脆弱，各种自然灾害特别是旱灾频繁发生；市场化程度低，非公有制经济发育水平低，对外开放水平低，科技水平低；资金、技术、人才相对匮乏；思想解放、观念转变比较滞后。谋划“十五”发展，我们必须正视这个基础薄弱、起点偏低的现实，切实增强忧患意识和加快发展的责任感、紧迫感。

21世纪初，经济全球化趋势增强，科技革命迅猛发展，产业结构调整步伐加快，国际竞争将更加激烈，特别是我国加入WTO后，既会给我们带来新的发展机遇，也会带来新的严峻挑战。我国将进入全面建设小康社会，加快推进社会主义现代化的新的发展阶段。在新的机遇与挑战面前，我市客观上存在着推进和实现跨越式发展的潜在优势和有利条件。其一是，白城市地处三省(区)交汇处，区位优势比较明显，开拓周边市场的空间较大，加之我市劳动力成本较低，有利于我们进一步扩大开放，更好地实施开放带动战略。其二是，自然资源特别是农业自然资源优势和独特的农副产品优势比较明显，增产增收的潜力很大，有利于我们进一步做好发展特色经济和资源转换这篇大文章。其三是，地方工业门类比较齐全、基础较好，已经形成的汽配、纺织两大支柱产业和食品、医药、造纸三大优势产业初具规模，特色资源精深加工业正在兴起，有利于我们依托现有企业加快改组改造和产业升级步伐，把工业经济做大。其四是，有向海、莫莫格等国家级的自然保护区，有别具一格的草原风光和民族风情，有利于我们发展生态旅游业，使其成为新的重要的经济增长点。其五是，国家和省将继续给予贫困地区一定的倾斜政策；广大干部群众改变后进面貌、推进和实现跨越式发展的积极性很高，有利于我们统一思想，协调行动，举全市之力加快发展步伐。

面对新世纪、新形势、新任务，作为经济落后地区，我们必须紧紧把握发展这个主题，树立起新的发展理念，把思想统一到省委提出的“发挥后发优势，推进和实现跨越式发展”的总要求上来。要深刻理解跨越式发展的内涵，充分认清落后地区实现跨越式发展的可能性，积极探索推进和实现跨越式发展的领域、途径和方式，牢固树立励精图治、推进和实现跨越式发展的决心和信心。

基于对市情和客观环境的分析，我市“十五”发展的总体思路是，坚定不移地突出发展这个主题，按照省委提出的“发挥后发优势，推进和实现跨越式发展”的总要求，以提高经济增长质量和效益为中心，以调整和优化经济结构为主线，以改革开放和科技进步为动力，以推进兴工富市进程为重点，全面实施开放带动、科教兴市、县域突破战略，坚持走高效益、广就业、可持续发展之路，充分发挥资源和产业优势，突出发展特色经济、非公有制经济、城镇经济，加快市场化、工业化、城镇化进程，促进国民经济快速发展和社会全面进步，为实现第三步战略目标奠定坚实基础。

在制定和实施“十五”计划中，全市必须着力研究和解决好以下重大问题：

一、调整和优化结构，加快把农业做强

进一步巩固和加强农业的基础地位。坚持以农业增效、农民增收、财力增强和生态环境效益提高为目标，用工业化思维谋划农业发展，继续实施县域突破战略，推进农村经济全面发展，加快把农业做强。

农业和农村经济结构的调整，要按照“适应市场、因地制宜、突出特色、发挥优势”的原则，认真实施“特、绿、精”三牌战略和万元田（棚）工程，紧紧依靠科技进步和劳动者素质的提高，切实转变农业和农村经济增长方式。

依托资源优势，大力抓好特色农副产品、优质畜产品和名优水产品等三大基地建设。建设特色农副产品基地，要积极发展具有地方特色的农副产品，开发绿色产品，培育名牌产品，巩固和提高杂粮杂豆及油料的出口基地地位。建设优质畜牧业基地，要着眼于粮食、饲料的转化增值，发挥草原牧业和农区牧业双重优势，把发展畜牧业摆在农业的主体位置上，积极选育和推广优良品种，并形成一定的规模优势，努力把我市建设成为省内外具有一定影响的优质畜产品基地。建设名优水产品基地，要利用我市江河湖泊较多、发展水产业基础较好的有利条件，依靠政策、科技，加大投入力度，改善经营管理，加快名优特水产品发展步伐，努力把我市建设成为吉林西部三省(区)交汇处最大的名优特水产品生产基地。

推进农业产业化经营，促进农村二、三产业加快发展。要大力推进和完善公司加基地、基地连农户的经营模式，促进龙头企业与农民建立稳定的购销关系和合理的利益联结机制。建设和完善农业信息网络。培育壮大具有区域特色的农产品批发市场。积极发展农村各类购销组织和农民经纪人队伍。引导乡镇企业推进结构调整、技术进步和体制创新，实现健康发展。积极发展乡镇工贸小区，提高粮畜产品加工深度和转化率，发展农产品销售、储运、保险等产业。支持有条件的农民到小城镇从事二、三产业。

加强农业基础设施和生态环境建设。“十五”期间，要以水利化建设为重点，加强农业基础设施建设，突出抓好抗旱水源工程建设，进一步改善农业生产条件。以造绿为重点，全面实施生态示范区建设工程，合理地搞好农业综合开发，注重经济效益、生态效益和社会效益的统一。

进一步深化农村改革。认真贯彻执行党在农村的各项基本政策。强化社会化服务体系建设。切实减轻农民负担。继续抓好开发式扶贫工作。

二、贯彻兴工富市决定，加快把工业做大

我市经济落后主要症结在工业，改变落后面貌主攻方向在工业。“十五”期间，要以扩大总量、优化结构、提高效益为目标，更加积极地贯彻执行兴工富市决定，树立新的工业发展观，坚持存量调整与增量调整相结合，在盘活存量的同时大力吸引增量，动员全社会力量办工业，改造提高现有支柱和优势产业，重点发展特色资源精深加工产业，加快培育高新技术产业，争取及早上一批新项目、大项目，加快把工业做大。

壮大支柱产业和优势产业。十五期间，要依靠招商引资和资本运营，瞄准市场需求变化趋势，促进现有支柱和优势产业上水平，上规模。重点抓好汽车零部件、纺织服装、造纸、食品、医药等行业的重大技改项目。行走机械工业，以发展汽配行业为重点，广辟国内、国际两大市场，走为大企业配套，发展专、

精、特、新产品的路子，努力实现技术装备现代化，产品部件化、总成化、系列化，企业规模化，成为省内外较大的汽车配套产品生产基地。纺织服装工业，以现有的棉纺、麻纺、毛纺企业为基础，以装备、技术的更新带动产品的更新，在产品精深加工和拉长产业链上取得突破，实现产品高支纱、面料化，纺织、印染、整理、成衣配套成龙，产品系列化，企业集团化，争取成为省内最大的纺织服装出口产品生产基地。医药工业，以现有医药企业为主体，以植化药和生化药为主导产品，重点围绕中药现代化加快进行技术改造和新产品开发，形成系列产品和名牌产品，扩大市场覆盖面，建成吉林省西部重要的医药工业基地。造纸工业，依托芦苇等草类资源优势，大力提高草浆制浆能力，重点开发中高档机制纸等新产品。食品工业，进一步实施名牌战略，抓好市场开发与产品开发，大力发展特色、绿色食品，形成规模经营。建材工业，以水泥生产和开发新型墙体材料为主攻方向，坚持墙体材料与装潢材料开发相结合，逐步形成以水泥、承重砌块和高、中、低档装饰装潢材料为主体的新型建材产品结构。

大力发展特色资源精深加工产业。我市特色资源比较丰富，发展特色资源精深加工大有可为。“十五”期间，要根据市场需求，依靠先进技术，突出特色和绿色，做好精深加工这篇大文章，拉长产业链，使小产品变为大产业。每个县(市、区)都要抓好 2—3 个特色资源精深加工项目，形成具有地方特色的农副产品精深加工基地。

加快培育高新技术产业。采取引进与创新并举的办法，加快推进开发高新技术产品、创办高新技术企业、形成高新技术产业的进程。要运用以信息技术为代表的高新技术和先进适用技术，改造、提升传统产业，促使一批具有一定基础和优势的中小企业，发展成为“专、精、特、新”型的小巨人企业。

三、加快把服务业做活

以拓宽领域、增加项目、提高水平为目标，加快发展服务业，大力提高服务业增加值占国内生产总值的比重和从业人员占全社会从业人员的比重。

培育和发展现代服务业，重点发展信息、金融、会计、咨询、法律服务等行业，以及社区服务业，带动服务业整体水平的提高。改组改造传统服务业，重点发展商贸流通、交通运输、市政服务等行业，推行连锁经营、物流配送、多式联运、网上销售等组织形式和服务方式，提高服务质量和经营效益。着力办好具有地方特色的专业批发市场。

发展服务业要面向城乡居民消费。发展以经济适用住房为重点的房地产业，推广和规范物业管理。加快发展社区服务业，提供便民利民服务。引导文化娱乐、教育培训、体育健身、卫生保健等产业发展，满足服务性消费需求。要特别注重发展农村服务业。

加快服务业市场化、社会化步伐。企事业、机关单位要逐步实现后勤服务社会化，中介机构要与行政部门脱钩和改制。积极推进流通体制改革，增强流通企业活力。

积极发展生态旅游业。发挥全市生态旅游资源比较丰富的整体优势，按照统一规划加快旅游基础设施建设，建立和完善现代旅游服务体系。以向海为龙头，以莫莫格等其它旅游景区为支点，构建多条生态旅游线路，重点发展草原风情、观鸟、湿地水禽等生态、特色旅游项目，逐步形成旅游网络，提高人流、物流的集聚效应。提倡和鼓励社会力量兴办旅游业。

四、进一步强化基础设施建设

基础设施建设是国民经济发展的重要基础和保障。要抓住国家实行积极的财政政策、支持中西部地区基础设施建设的良好机遇，以增强发展和开放功能、方便人民生活为目标，继续抓好以水利、交通为重点的基础设施建设。

水利工程建设以治理和利用江河为重点。继续建设嫩江和洮儿河堤防工程，使嫩江堤防工程防御能力达到 50 年一遇标准，洮儿河堤防的防御能力达到 30 年一遇标准。继续抓好洮儿河灌区、白沙滩灌区续建配套工程，抓好向海、月亮湖、创业、团结等大中型水库除险加固工程，以及引霍入向、引洮入向工程建设。

交通以公路建设为重点，不断完善交通网络，提高运输能力。公路：进一步加强新建和改建，提高干线等级；在实现乡乡通油路的基础上，积极启动并逐步实施村村通油路工程。铁路：对“平齐线”、“长白线”进行复线和提速改造。

继续加强粮食仓储工程建设。加快推进风力发电工程建设。进一步搞好城乡电网的建设与改造。

五、积极稳妥地推进城镇化

为了加快工业化、市场化和城乡经济一体化进程，要按照科学规划、突出重点、适度超前的原则，加快城镇建设步伐，建设由“区域中心城市——县城——小城镇”组成的分布合理、规模适度、梯次发展、各具特色的城镇体系。“十五”期末，城镇化水平提高到50%左右。

搞好区域中心城市建设。白城作为三省(区)交汇处的区域性中心城市，要按大城市的规模进行规划和建设，并搞好城市的发展定位。“十五”期间，进一步搞好城市交通、邮电、供水、供热、供气、绿化、环保等基础设施建设。同时，以建设文明卫生城为目标，全面加强城市管理并提高管理水平。

继续加强县城建设。大安、洮南、通榆、镇赉四个县城建设，要提高品位，突出特色，逐步向基础设施配套、功能比较完善、有主导产业支撑的方向发展，形成吸纳大中城市生产要素和农村剩余劳动力、带动县域经济发展的二级区域发展中心。

积极推进小城镇建设。按照“合理布局、科学规划、扩张为主、新建为辅、政府推动、市场运作”的方针，加快发展小城镇。“十五”期间，各县(市、区)要在普遍推进小城镇建设的同时，对辐射带动作用较大的建制镇给予重点扶持。小城镇建设要把服务、旅游、商贸、特色产业作为主要发展方向。引导乡镇企业向小城镇集聚，把繁荣城镇经济、调整农村经济结构、保护生态环境与促进小城镇的发展结合起来。引导中小城市的二、三产业向小城镇延伸和扩散，以产业为链条，构筑白洮、白大、白乌经济隆起带。

加强政府对城镇规划和建设的宏观管理。加快修编全市城镇体系规划。加强城镇土地管理，按照规划合理利用。努力营造良好的政策环境，鼓励民间和域外资金投入小城镇的建设和发展。在重点扶持发展的小城镇，率先进行户籍管理制度改革，为人口向城镇集中营造体制环境。

六、进一步深化改革，完善市场经济体制

坚持以建立现代企业制度为目标继续深化企业改革，全面推进各项配套改革，建立起比较完善的社会主义市场经济体制和政府宏观经济管理体系。

以建立现代企业制度为目标，加速推进国有企业的公司制改造，规范和完善现有股份制企业，健全法人治理结构，转换经营机制。继续放开放活中小企业，并加强指导和服务。支持和鼓励优势企业收购、兼并、租赁中小企业。继续调整和完善所有制结构，鼓励不同所有制企业之间的投资、融资、参股，积极发展混合所有制企业。进一步建立和完善国有资本出资人机构和国有资产管理、监督和营运体系。

加快商品市场和要素市场体系建设，逐步形成统一开放、公平竞争、规范有序的市场体系。培育和发展要素市场，促进生产要素合理流动。适应金融体制改革要求，拓宽融资渠道，提高企业直接融资比重，有条件的企业要积极争取及早上市。建立和完善市场规则，规范市场行为。维护公平竞争秩序，保护消费者利益。按照管理社会化、投资多元化、机构法人化的要求，培育发展市场中介组织，充分发挥其在市场中的服务沟通、公证监督和仲裁的作用。

积极推进行政管理体制和政府机构改革。要按照发展社会主义市场经济的要求，进一步转变政府职能，依法行政、依法管理经济和社会。减少政府对经济事务的行政性审批，实行政务公开，建立廉洁高效、运转协调、行为规范的行政管理体制。积极推进事业单位的改革，促进事业单位增添生机和活力。

七、全面扩大开放，发展开放型经济

适应加入WTO的新形势和经济全球化的大趋势，积极实施开放带动战略，把扩大开放，招商引资作为一项基本市策，以更加主动和务实的态度，坚定地走借助外力发展自己之路，进一步提高对外开放的质量和水平，大力发展开放型经济。

面对国内国际，加大招商引资力度。进一步改善投资软硬环境，认真兑现招商引资的各项优惠政策。调动全社会招商引资积极性，特别要发挥好企业招商引资主体作用。进一步加强招商引资项目的基础工作和前期工作，推出一批市场前景好、有吸引力的较大项目。采取形式多样的招商方式，大力发展合资合作企业和外商独资企业。有条件的企业，要积极参与省内外、国内外大工程、大项目的招标和承包。

坚持以质取胜和市场多元化战略，优化出口商品结构，努力扩大出口。加快出口商品基地建设，重点抓好杂粮杂豆、纺织服装、汽车配件、油脂化工、医药化工、土畜产品等六大出口商品基地，逐步实现由出口初级产品向出口精深加工产品转变，由出口低附加值产品向出口高附加值产品转变，由间接出口向直接出口转变。在努力扩大出口的同时，积极发展同我国东、西部地区间的经贸合作。支持与鼓励劳务输出。

继续加快白城、大安经济开发区和洮北民营经济发展区建设。白城经济开发区要按照“三年打基础，五年成规模，十年大发展”的总体构想，以开放开发为动力，以增强综合经济实力，培育新的经济增长点为目标，实施特色兴区战略，逐步形成产业布局合理、特色突出，具有高成长性的经济新区，并逐步建设和发展成为新城区。

八、大力发展非公有制经济

非公有制经济是社会主义市场经济的重要组成部分，也是经济发展中最活跃和最具潜力的增长因素。要把大力发展非公有制经济、提高非公有制经济在国民经济中的比重，作为调整所有制结构、增育新的经济增长点的主攻方向。

按照“有进有退，以退为主”的原则，继续深化国有企业的产权制度改革，把现有的国有企业改造成为非公有制或混合型所有制企业。今后不再创办产权单一的国有企业。

坚持和完善鼓励非公有制经济加快发展的各项优惠政策，并狠抓落实，进一步营造有利于非公有制经济发展的舆论环境、体制环境、政策环境、服务环境。引导非公有制经济上规模、上水平，变粗放经营为集约经营，由产权单一型的门户经济向产权混合型的规模经济发展。引导发展民营文化、教育、卫生、旅游、信息服务等新兴产业。扶持发展民营科技企业、社区企业和加工业、建筑业。积极培育民营企业大户。

站在推进农村工业化、市场化和城镇化进程高度，制定更加宽松的政策，并通过信息服务、科技服务、典型示范等办法，积极支持农村个体私营经济的发展。

九、促进科技进步和创新

促进科技进步和创新，加快科技与经济的结合，是形成和发挥后发优势、推进和实现跨越式发展的关键。“十五”期间，要以促进科技与经济密切结合、加速科技成果向现实生产力转化为主要任务，深化科技体制改革，形成以企业为主体，引进、消化、吸收国内外先进技术为主导，社会化科技服务体系为支撑，能够有效推动全市经济发展的技术创新体系；工农业应用新技术能力大幅度提高，开发和引进一批高新技术成果，一些生产领域的关键技术接近或达到国内先进水平。

加快推进农业新技术应用。继续大力开展“科教兴农”活动，抓好农业关键技术的创新和产业化，围绕制约农业和农村经济发展的技术难点问题，组织科技人员开展技术攻关。重点引进、开发和应用优质、高产、低耗、抗逆的植物新品种，绿、优、特、精农产品生产及加工技术，改善生态环境的综合配套技术，名优特水产品良种普及技术，畜牧业优良品种引进及优质畜产品深加工技术等。

加强工业领域的技术创新。加快以企业为主体的技术创新体系建设，大力实施科技型中小企业技术创新工程。建立、健全大中型企业的技术开发机构。抓好重大技术难题的科技攻关，集中力量抓好我市支柱产业和优势产业的科技创新。

努力培植和发展高新技术企业。以引进智力、引进人才、引进技术、引进设备为主要手段，建设市场前景好的高新技术项目。积极促进现有的高新技术产品、高新技术企业向系列化、专业化方向发展。抓好高新技术开发小区的筹备和建设工作。积极扶持民营科技企业的成长。

把推进国民经济和社会信息化放在优先发展的位置。“十五”期间积极引导和组织科技人员引进开发信息获取与处理技术，以及信息网络应用技术等，积极推进信息技术的广泛应用。

加强科普工作，普及科学知识，传播科学思想和科学方法。

十、加快教育事业发展，加强人才队伍建设

加快经济发展和社会进步，教育是基础，人才是关键。必须坚持把教育摆在优先发展的战略地位，面向现代化、面向世界、面向未来，走改革和创新之路。必须把培养、吸引和用好人才，加强人才队伍建设，作为一项重大战略任务切实抓好。

深化教育管理体制和办学体制改革，建立完善以政府为主、社会参与的办学新机制。优化教育结构，合理调整和配置现有教育资源，加强教师队伍建设，加快教育现代化进程，提高教育质量和办学效益，努力形成与经济和社会发展相适应的各类教育协调发展的现代化教育体系。

大力推进素质教育，构建终身教育体系。重视抓好幼儿教育，巩固“两基”成果，提高“两基”水平。加快发展包括普通教育和职业教育在内的高中阶段教育。推进普通高等学校上规模、上水平。积极发展各类职业教育和培训。建立完善的成人岗位培训和继续教育制度。积极推进教育信息化和教育技术手段现代化，为不同年龄和职业的受教育者提供多样化、社会化的教育机会。高度重视发展农村教育事业。继续加大对教育的投入力度。

加强人才队伍建设。营造培养人才、吸引人才、用好人才的良好环境。建立健全平等竞争机制，及时发现选拔人才；建立健全激励机制，切实留住人才、用好人才；建立健全鼓励机制，引进域外高层次人才；调整优化人才结构，促进人才合理流动。

努力培养和造就一支有较高政治理论素质和开拓创新精神，掌握现代科学文化和管理知识，并经过实践锻炼的各级各类高素质的领导人才队伍。重视年轻干部的培养和使用。加强对企业经营者后备干部的选拔、培养和使用工作。

十一、加强人口和资源管理，坚持可持续发展

坚持可持续发展，利在当代，功在千秋。必须把控制人口增长、节约资源和保护环境工作摆到重要位置，抓紧抓好。

坚持计划生育基本国策，合理控制人口增长，努力提高人口素质。加强计划生育宣传教育和法制建设，严格落实领导责任制，重点抓好农村、城镇个体户和流动人口的计划生育工作，稳定低生育水平，实行优生优育。

合理使用、节约和保护资源，提高资源利用率。依法做好水、土地、矿产等资源的保护与开发，建立健全资源有偿使用制度。严格执行基本农田保护制度，切实保护耕地。加强对现有自然保护区的依法保护和建设。

建设优质生态环境，遏制生态恶化。加大生态环境治理力度，继续按照规划抓好白城生态示范区建设工程，加大退耕还林还草力度，控制土地盐碱化、荒漠化，积极探索开发利用盐碱地和沙丘地的新途径。加强对草原、湿地保护力度和苇田建设。探索粮草轮作及休耕制度，提高土地肥力，建设生态农业。坚持不懈地狠抓植树造林，依法保护林业资源。继续按照有关法规搞好野生动物的保护。

积极开展环保教育，强化全民环保意识，提高环保的管理、监测和执法水平。突出抓好防治水和大气污染，集中整治污染源和环境恶化地域，提高城镇生活污水处理率，加强工业“三废”的达标治理，抓好固体废弃物的综合利用和有效处理，推进清洁生产工艺，使环境质量得到明显改善。加强环保技术的研究

开发，大力发展环保产业。

十二、不断提高城乡人民生活水平

提高城乡人民生活水平是发展经济的根本出发点。贯彻“劳动者自主择业，市场调节就业，政府促进就业”的方针，健全劳动服务体系，发育和规范劳动中介组织和劳动力市场，引导下岗职工和失业人员，转变就业观念，通过多种形式再就业。加快城镇化和发展劳动密集型产业和企业，努力拓展就业空间，扩大就业岗位，开辟增加城乡居民收入的新领域、新途径。坚持“按劳分配为主，多种分配方式共存”的分配制度，保护合法收入。搞好农村扶贫和城市帮困工作，落实扶贫帮困责任制，最大限度地减少农村贫困人口，保障城市特困家庭的基本生活需要。进一步改善消费环境，拓宽消费领域，优化消费结构，提高城乡居民消费水平。大力发展文教、卫生、体育事业，提高城乡居民健康水平。重视安全生产，加强劳动保护。建立多元化、市场化的社会保障基金筹资渠道，进一步扩大社会保障制度的覆盖面，建立并完善基金统筹和个人账户相结合的医疗保险制度，加快相关配套改革。完善失业保险制度，并覆盖到城镇所有从业人员。逐步把下岗职工纳入失业保险统一管理。完善城市居民最低生活保障制度。积极发展农村社会福利事业。加强社区福利服务工作，切实保障妇女、儿童、老年人、残疾人的合法权益，推进特殊福利事业的社会化。

十三、加强社会主义精神文明和民主法制建设

加强社会主义精神文明和民主法制建设，是社会主义现代化建设的重要内容和有力保证。必须坚持“两手抓，两手都要硬”，切实做好精神文明和民主法制建设的各项工作。

深入进行党的基本理论和基本路线教育，大力弘扬爱国主义、集体主义、社会主义精神，在全社会形成共同理想和精神支柱。引导全市人民进一步解放思想，更新观念，求真务实，开拓创新。努力在全社会建立起适应社会主义市场经济发展的思想道德体系，大力倡导遵纪守法、诚实守信，热爱公益事业的道德风尚。加强社会公德、职业道德、家庭美德教育，特别是青少年的思想政治和道德品质教育。坚持以创建文明城市为龙头，推进群众性精神文明创建活动上新水平，净化社会环境，树立文明新风。坚持正确的舆论导向，大力发展新闻出版、广播电视等各项事业。坚持“双百”方针，繁荣文学艺术创作。深化文化体制改革，建立新的管理体制和文化产品生产经营机制。

适应经济体制改革和现代化建设的要求，加快民主法制建设步伐。充分发挥人大的法律监督和政协的民主监督作用，推进决策的科学化与民主化。保护人民的民主权利，加强基层民主建设。实施依法治市，依法施政，加强执法监督，确保严格执法、公正司法，切实维护群众合法权益。大力加强法制宣传教育，搞好社会治安综合治理，依法严厉打击危害社会治安的刑事犯罪和各种恶势力，坚决取缔邪教，扫除黄赌毒等社会丑恶现象，建立有效的社会安全网络，维护正常的社会秩序和稳定。

加强党的建设和党的领导，是实现我市“十五”计划目标的根本保证。全市各级党组织要按照江泽民同志提出的“三个代表”的要求，讲学习，讲政治，讲正气，从严治党，全面加强党的建设，充分发挥党的领导核心作用，不断提高党的执政水平，特别是提高驾驭经济和社会发展的能力。坚持群众路线，发挥好、引导好、保护好人民群众的积极性和创造性。大力加强领导班子和干部队伍建设，进一步加强党的基层组织和党员队伍建设，不断提高基层党组织的凝聚力和战斗力，充分发挥广大共产党员的先锋模范作用。正确处理改革、发展、稳定的关系，认真研究社会稳定面临的新情况、新问题。切实转变工作作风，改进工作方法，注重调查研究，坚决防止和克服主观主义、形式主义、官僚主义。高度重视党风廉政建设，深入进行反腐败斗争，建立健全监督和管理制度，坚决遏制腐败现象的滋生蔓延。

全市各级党组织和广大党员干部，要在以江泽民同志为核心的党中央领导下，高举邓小平理论伟大旗帜，团结带领全市人民，解放思想，振奋精神，开拓

创新，扎实工作，为全面完成“十五”计划各项任务而努力奋斗。

政 府 工 作 报 告

——在白城市第二届人民代表大会第三次会议上

市长 刘润璞

（2001年2月20日）

各位代表：

从2001年至2005年是我市经济社会发展第十个五年计划时期。根据《中共白城市委关于制定国民经济和社会发展第十个五年计划的建议》，白城市人民政府制订了《白城市国民经济和社会发展第十个五年计划纲要》（草案），已经提交大会。现在，我代表市人民政府，向大会作政府工作报告，请同“十五”计划纲要（草案）一并予以审议，并请市政协各位委员提出意见。

一、关于“九五”期间的工作回顾

“九五”时期特别是党的十五大之后，是白城发展史上不平凡的时期，是全面进行大开发、大建设、大发展的时期。近几年，我们经受了亚洲金融风波的侵袭，遭受了历史罕见的'98特大洪灾和连续两年的大旱。面对严重的困难和巨大的压力，在省委、省政府和市委的领导下，在市人大的依法监督和市政协的民主监督下，我们带领全市广大干部群众，高举邓小平理论伟大旗帜，深入贯彻党的十五大精神，进一步解放思想，抢抓机遇，迎难而上，开拓进取，全市各项事业不断取得新成绩，白城面貌发生了历史性变化。2000年全市国内生产总值完成73.4亿元，比“八五”期末增长50.8%，年均增长8.5%，完成“九五”计划的69.2%。其中第一产业增加值完成27.3亿元，比“八五”期末增长16.8%，年均增长3.2%，完成“九五”计划的65.3%；第二产业增加值完成21.2亿元，比“八五”期末增长93%，年均增长14%，完成“九五”计划的69.1%；第三产业增加值完成24.9亿元，比“八五”期末增长58.5%，年均增长9.8%，完成“九五”计划的71.6%。全社会固定资产投资完成19.9亿元，比“八五”期末增长222%，年均增长26.3%，完成“九五”计划的66.7%。财政收入完成5.17亿元，比“八五”期末增长51.6%，年均增长8.8%，完成“九五”计划的76%。农民人均纯收入1 212元，比“八五”期末增长48.9%，年均增长8.3%，完成“九五”计划的101%。城镇居民家庭人均可支配收入4 154元，比“八五”期末增长46%，年均增长7.9%，完成“九五”计划的128%。

——思想观念发生重大转变，加快发展意识明显增强。我们始终把解放思想作为加快白城发展的根本举措。先后召开了各类解放思想报告会20多次。组织开展了“如何面向二十一世纪”、“解放思想加快白城发展”大讨论。引导广大干部群众，克服因循守旧、“唯书唯上”思想，增强了求实务实、勇于创新意识；克服求稳怕乱、等待观望思想，增强了敢于突破，开拓进取意识；克服消极埋怨、苦熬苦等思想，增强了迎难而上、扎实苦干意识，坚定了开发白城、建设白城的信心，形成了加快发展的共识，为白城经济社会大发展奠定了思想基础，提供了强大的精神动力。

——**国民经济持续快速发展，经济运行质量显著好转。**党的十五大以后，我们重新确定了全市经济社会发展的总体思路、发展战略，动员全市上下齐心协力推动经济加快发展。

工业运行质量和效益明显提高，已由恢复性增长转向稳定健康发展。“九五”期间，工业总产值年均增长11.9%，比“八五”高3个百分点。完成技改投资10亿元，比“八五”增长15.7%，纺织、汽配等支柱产业及优势行业的实力进一步壮大。经济效益逐年回升，全市工业扭转了亏损局面，去年工业效益创撤地设市以来最好水平。

农业增长方式发生较大转变，结构调整取得明显成效。粮经比例由“八五”期末的8.5:1.5调整为6:4。组织实施了万元田（棚）工程，全市已发展到4.38万户，用5.7%的耕地，创造了24%的农民纯收入。大力发展畜牧业、乡镇企业和水产业，产值年均分别增长14.1%、14%和2.5%。积极争取并实施了国家级生态示范区建设，八大工程已开始启动。“九五”期间，全市完成造林275万亩，森林覆盖率由“八五”期末的9.5%上升为12.5%；完成退耕还林还草47万亩。新打农田井7万眼，是前45年打井总数的3.5倍，新发展节水灌溉能力320万亩。对江河堤防和病险水库进行了除险加固，抗灾能力明显提高。积极发展订单农业，三分之一耕种面积的农作物签订了订单，新发展农民专业协会253个。

消费需求逐步转旺，流通领域日益活跃。“九五”期间，全市社会消费品零售总额年均增长4.7%,外贸出口额年均增长4.9%。个体工商户年均增长18.5%，私营企业年均增长11.7%。建成各类市场116处。开发生产了吉鹤、鹤城、月亮湖品牌系列香烟。粮食销售连年超额完成省下达计划。物资工作提高了适应市场的能力。

大力开发税源，努力增加财政收入，严格执行预算，保证了重点支出。强化审计工作，维护了财经秩序。金融系统各项存款和贷款余额分别年均增长26.45%和21.5%。加强技术质量监督，保护了消费者利益。

——**改革开放取得重大突破，市场经济体制初步形成。**我们把改革作为加快发展的动力，全面推进企业产权制度改革，大胆放开搞活企业，全市有95.6%的国有工商企业实现了改制，具备条件的国有大中型企业完成了公司制改造，三分之二以上的中小企业退出国有，一大批困难企业通过招租重组恢复了活力，完成了国有企业三年脱困目标。积极进行了乡镇企业和国有农林牧渔场改革，实施了小城镇综合改革，进一步深化了住房制度和社会保障、财税、金融、计划、投资、价格、粮食流通体制改革。

坚持走出白城解放思想,走出白城认识白城,走出白城宣传白城,走出白城发展白城，不断扩大开放，大搞招商引资。五年全市实际到位域外资金54.85亿元。

建立了白城经济开发区，三年完成固定资产投资3.3亿元，实施项目41个,引进资金2.86亿元,成为我市新的重要经济增长点。

精心谋划，大力培育旅游产业。新建了一大批旅游景点，开辟了5条旅游风景线和8项特色旅游项目。

——**基础设施建设成就斐然，城乡面貌发生巨大变化。**我们抓住国家实行积极的财政政策，扩大内需的机遇，加大了基础设施建设投入。连续三年开展了城市开发建设管理总体战，全市总投资达32亿元，实施了780项工程建设。市区总投入达23.85亿元，是1993年撤地设市到1997年底城市建设投资总和的31.8倍，共实施了460项工程建设，新建了二环路、火车站、站前广场、“三园”、西部供热站、三水厂等一大批基础设施项目。新建住宅130万平方米。新增园林绿化面积155万平方米。公路、通讯、电力设施建设取得新成绩，建成了洮白一级公路，基本实现了乡乡通油路；形成了程控电话、无线寻呼、移动通信相结合的现代通讯网络；对城乡电网进行了改造。小城镇建设取得了较大进展。环境质量指标列全省地级市榜首。经过近几年的开发建设和强化管理，城乡面貌有较大改观，白城以崭新的姿态跨入了21世纪。

——**城乡居民收入稳步增长，生活条件获得新的改善。**城乡居民人均储蓄存款年均增长12.3%。农村有29.8万贫困人口实现脱贫。城市、农村人均居住面积分别比1995年增加4.2平方米和5.7平方米。1998年战胜历史罕见的特大洪灾后，在上级的支持和社会各界的援助下，我们全力组织重建家园，12.6 万户灾民喜迁新居，新建房基本实现了砖瓦化。人民生活正在向小康迈进。

——各项社会事业全面发展，精神文明建设得到加强。“九五”期间，全市取得科技成果 177 项，科技进步对经济增长的贡献率提高了 5 个百分点。教育结构进一步优化，中小学内部管理体制改革整体推进。高等教育发展取得较大突破，新建了三所大专院校。广泛开展了爱国卫生运动，医疗卫生条件不断改善。完成了人口控制目标，计生工作实现了整体升位。广播电视节目质量明显提高，群众文化体育活动丰富多彩。积极开展双拥工作，我市已被命名为省级双拥模范城。民族团结进步事业不断发展，宗教、侨务、人防、地震监测、档案、地方志、老龄、妇女儿童、残疾人等事业都有了新发展。

——民主法制建设日趋强化，依法行政水平不断提高。认真执行了人大的各项决议，定期向人大常委会报告工作，保持同人民政协及各民主党派的联系，邀请人大代表、政协委员视察重点工作进展情况。积极办理人大代表建议、政协提案，五年共承办建议 173 件、提案 362 件，全部办理完毕。重视发挥法律顾问和专家学者的作用，提高政府决策的民主化、法制化、科学化水平。深入开展普法教育，增强了干部群众的法律意识和依法办事的自觉性。进一步完善了行政执法监督机制，执法人员素质和依法行政水平不断提高。严厉打击了各种刑事犯罪，加大了扫黄打非、打黑除恶力度，与“法轮功”和其他邪教组织做坚决斗争，维护了社会稳定。

——政府机关建设不断加强，工作作风有了很大转变。适应市场经济发展需要，努力转变观念、转变会风、转变文风、转变作风、转变职能，加强学习、加强团结、加强纪律、加强税收意识、加强廉政建设。全面开展了市、县、乡政务公开，设立了市长公开电话，完善了政府领导班子工作规则、政府工作制度。实行了打捆开会，夜间办公，着力解决经济社会发展的重大问题。市政府和政府各部门的领导班子、领导干部，认真开展“三讲”教育，增强了班子凝聚力和战斗力。加强政府机关廉政建设，纠正部门和行业不正之风，整治经济发展软环境，一些窗口单位实行了“一条龙”、“一站式”优质服务，办事效率明显提高。

“九五”期间，我们为推动全市经济和社会发展做了大量工作，前几年的工作已向人民代表大会分别做了报告，下面重点报告 2000 年市政府的主要工作。

2000 年全市国内生产总值比上年增长 5.1%,完成计划的 94%。其中第一产业增加值比上年下降 9.2%，完成计划的 84.3%;第二产业增加值比上年增长 14.7%,完成计划的 100.5%;第三产业增加值比上年增长 12%，100%完成计划。全社会固定资产投资比上年增长 17.3%，完成计划的 103.6%。财政收入比上年增长 4.6%，完成计划的 95.8%。农民人均纯收入比上年下降 19.4%，完成计划的 60.6%。城镇居民家庭人均可支配收入比上年增长 11.7%，完成计划的 102%。主要做了六项工作：

（一）围绕难点问题，全面深化各项改革。进一步深化企业改革，列入省现代企业制度试点的白城通业集团、纺织厂、造纸厂和洮南敖东药业公司 4 户国有大中型企业的改革重组取得显著成效。制定了规范公司法人治理结构、调整企业股本结构、实行股份期权等配套的指导性文件，对已改制企业进行了规范。积极争取国家扶持企业政策，全市工业剥离不良资产 12.07 亿元，实现债转股 1.8 亿元，核呆 2.2 亿元。推进了商业、供销、外贸、粮食、乡镇企业和国有农林牧渔场改革。全面启动了城镇职工基本医疗保险制度改革、医疗卫生体制改革和药品流通体制改革。积极稳妥地进行了处理国有企业下岗职工劳动关系试点工作。实施了小城镇综合改革，新增加 4 个省级综合改革试点镇。

（二）坚持面向市场，调整优化经济结构。在产业结构调整上，突出发展第二产业，尤其是把工业作为发展重点。加大了技改和科技开发力度，调整企业技术结构和产品结构，全市完成技改投资 3.4 亿元，开发新产品 133 种。大力推进企业合资合作，调整企业组织结构，合同利用外资 5.6 亿元。去年工业增长速度为 13.3%，实现利税增长 80%。在农业结构调整上，继续调减粮食作物面积，玉米种植面积比 1999 年减少 36%。积极开发生产绿色食品、特色产品和精品。万元田（棚）工程超额完成了当年发展计划。全市30.9%的农作物面积签订了订单，已有70%的订单得到兑现。发展“十小企业”1 027户，产业化经营有了新进展。在所有制结构调整上，重点发展民营企业，个体工商户和私营企业分别比上年增长20%和30%。在市场结构调整上，重点建设了农副产品批发市场、汽车配件市场、建材和装潢材料市场，完善了一批专业市场。全市新建市场18个，新增营业面积6.3万平方米。以调整经济结构为主线，认真编制“十五”计划纲要。积极争取资金，去年国家和省计委下达给我市项目投资计划53 834万元。

（三）积极开辟渠道，广泛开展招商引资。市级领导先后8次组团赴东南沿海招商，参加了各种形式的博览会、交易会、洽谈会，去年到位域外资金20.9亿元，比上年增长39.3%。白城经济开发区实施项目22个，重点建设的八大工程进展顺利，固定资产投资比上年增长65%。国内生产总值比上年增长19%。组织开展了生态旅游年活动，全年共接待国内外游客近30万人，提高了白城的知名度。

（四）克服各种困难，精心组织城市总体战。全市城市建设总投资12.03亿元，比上年增长45%。市区10项重点工程完成了年计划。二环路已全线通车，站前广场、住宅建设、交警指挥中心、白城师专分校教学楼、西部供热站已交付使用，“三园”完善工程、市区绿化任务都已完成，广电中心、鹤原宾馆换建工程已完成了当年的工程量。同时还开工建设了4项争取工程，建成了2项计划外工程。各县（市）也完成了重点工程建设任务。公路建设取得新成绩，安白一级公路已建成30.4公里，镇白二级公路改造已经完成，道宝大桥已竣工通车。

（五）努力化解矛盾，维护社会政治稳定。认真接待来信来访，群众反映的问题基本得到妥善解决。加强了“两个确保”工作，全市有近9 000名下岗职工出站实现再就业，参加省级统筹的企业面已达到98%。动员社会力量开展救灾救济，保证了灾区群众生产生活的基本需要，落实了城镇最低生活保障对象和保障金。加大了社会治安综合治理力度，侦破了一批影响较大的省、市级重点案件，打掉了带有黑社会性质的犯罪团伙，维护了政治安定和社会稳定。

（六）采取综合措施，整治经济发展软环境。对政策、措施落实情况进行了全面检查。对各项地方性法规、政策规章、规范性文件进行了认真清理。对执收单位的收费情况进行了全面审核，取消收费项目18项，降低收费标准24项。对罚没项目进行了清理整顿，取消4项，降低标准12项。对收费、处罚单位进行了重新审查，取消31个单位的收费资格。对政府审批项目进行了清理和审定，取消35项，合并63项。严肃查处了典型案件，共立案55件，已结案32件。

在过去的五年里，我市的各项工作取得了很大成绩。这些成绩是来之不易的，是全市各级干部、广大人民群众克服许多困难，付出了艰苦努力的结果。我代表市政府，向为白城经济和社会发展做出积极贡献的广大工人、农民、知识分子、干部及各界人士，向对我们工作给予大力支持和配合的中国人民解放军、武警驻白部队官兵和公安干警及电力、铁路、邮电、金融、保险、税务、工商、检验检疫、技术监督、气象、水文、石油、烟草、大中专院校、科研院所等中省直驻白单位，向对我们的工作给予关心和帮助的离退休老领导、老同志表示衷心的感谢和崇高的敬意！

回顾过去的五年，我市经济社会有了很大发展，但是把白城放在全国、全省的大环境下分析，我们仍有较大差距，尚属欠发达地区。主要是：干部群众思想解放不够，安于现状、怕担风险、留恋国有体制等观念还不同程度存在。经济总量小，国内生产总值仅占全省的4.2%。产业结构不合理，三次产业的比重是37:29:34，城市化、市场化、工业化水平低。科技水平不高，缺少高科技项目，高科技产品仅占1%。财政收入少，收支矛盾突出，收入仅占支出的43.9%，主要靠国家补贴过日子。城市基础设施还有欠账，市区和各县城一些道路还没有硬化，全市还没有污水和垃圾处理设施。各种社会矛盾仍然很多，下岗职工再就业任务繁重，两个确保工作还有难度，稳定的问题不可忽视。人民生活水平和质量低，还没有达到小康标准，全市人均国内生产总值与小康标准相差44%，比全省平均水平低55.5%，城镇居民家庭人均可支配收入比全省平均水平低17%，农民人均纯收入比全省平均水平低 52.3%。这些问题，我们一定要高度重视，并采取得力措施认真加以解决。

二、关于“十五”计划的总体思路和主要任务

“十五”时期是白城发展承前启后、继往开来的关键时期。我们正站在新世纪的起点上，肩负着开创更加美好未来的历史重任。目前，世界经济全球化趋势增强，科技革命迅猛发展，经济结构调整步伐加快，国际竞争更加激烈。我国加入 WTO，将在更大的范围和更深的程度上参与国际经济合作和竞争。党的十五届五中全会描绘了未来五到十年的发展蓝图，在全国再一次掀起了竞相加快发展的热潮。国内外形势的变化，为我市加快发展提供了难得的历史机遇；20 多年来改革开放取得的巨大成就，为加快发展奠定了一定的物质基础；我市资源的相对优势和主要产业的广阔市场前景，使加快发展具备许多有利条件。只要全市人民团结一心，抢抓机遇，努力奋斗，就一定能够推进全市经济和社会快速健康发展。

按照市委二届三次会议精神，“十五”期间全市经济社会发展的总体思路是：**坚定不移地突出发展这个主题，按照发挥后发优势，推进和实现跨越式发展的总要求，以提高经济增长质量和效益为中心，以调整和优化经济结构为主线，以改革开放和科技进步为动力，以推进兴工富市进程为重点，全面实施开放带动、科教兴市、县域突破战略，坚持走高效益、广就业、可持续发展之路，充分发挥资源和产业优势，突出发展特色经济、非公有制经济、城镇经济，加快市场化、工业化、城镇化进程，促进国民经济快速发展和社会全面进步，为实现第三步战略目标奠定坚实基础。**

“十五”时期经济社会发展的主要目标是：全市整体脱贫，基本实现小康；部分地方和产业力争接近或达到全省先进水平。这个目标的基本内涵是，摘掉贫困县帽子；农村贫困人口比例占农村总人口 5%以下；全市人均 GDP 接近 800 美元；部分地方和产业在全省位次明显前移。

为了实现今后五年的发展目标，我们要更新观念争上游，负重前进找差距，改革创新加压力，跨越发展升位次。在工作中要把握好以下几个重大问题：

（一）坚持发展是硬道理毫不动摇，实现经济快速高效增长。以发展为主题是十五届五中全会《建议》的一个极其重要的指导思想。我市属于欠发达地区，面对 21 世纪国际国内经济结构大调整、生产力大发展的咄咄逼人趋势，我们必须发展，而且要加快发展，不发展会落后，发展慢了也要落后。“十五”期间，全市 GDP 年均增长速度必须达到 13%以上，高于“九五”时期年均增长速度 4.5 个百分点。只有保持这样的增长速度，我市才能基本实现小康，才能缩小与先进地区的差距。因此，我们要牢固树立发展是硬道理的思想，紧紧扭住经济建设这个中心不放。各级政府和领导干部要以发展为最大的政治、最重要的责任，不辱使命，亲力亲为，团结带领全市人民加快发展。各个部门要以发展为大局，大力支持，密切配合。全市干部群众要以发展为己任，满腔热情地投入发展大潮。总之，全市上下必须坚持以发展为主题，进一步解放思想，抢抓机遇，乘势而上，齐心协力推动我市经济社会实现跨越式发展，尽快振兴白城，改变家乡面貌。

（二）坚持搞好经济结构战略调整，推动产业结构优化升级。目前，国际国内以信息化为重点的经济结构调整正在加紧进行，我们必须紧紧跟上，否则就难以在新世纪的竞争中立足。根据白城实际，我市经济结构调整的核心任务是调整优化产业结构，重点发展第二产业，积极发挥二产反哺一产、带动三产的作用，使一、二、三产业协调发展，同时要抓好各产业内部的结构调整，实现产业逐步升级。

继续全面实施“兴工富市”战略，加快把工业做大，加速全市工业化进程。树立新的工业发展观，多种渠道、多种成份、多种形式办工业。瞄准市场需求变化趋势，改造提高汽车零部件、纺织服装支柱产业和造纸、食品、医药等优势行业，促其尽快上水平、上规模。加快用高新技术改造传统产业，促进中小企业发展成为小巨人。大力发展资源精深加工产业，千方百计上一批新项目、大项目，增加工业总量，提高工业质量。

用工业化思维谋划农业发展，加快把农业做强，加速农业集约化、市场化、工业化和农村城镇化进程。

以发展特色农业、绿色农业、精品农业为重点，认真实施万元田（棚）工程，切实转变经济增长方式。依托资源优势，大力抓好特色农副产品、优质畜产品和名优水产品等三大基地建设。推进和完善公司加基地、基地连农户的贸工农、产加销一体化的经营模式。大力发展农产品加工业，进一步发展和完善订单农业，不断壮大各类购销组织和农民经纪人队伍，推进产业化经营。以水利工程为重点，加强农业基础设施建设，继续抓好抗旱水源工程、洮儿河、嫩江堤防治理和灌区建设，进一步改善农业生产条件，提高抗灾能力；以造绿为重点，全面实施生态建设工程，坚持搞好农业综合开发，使农业发展走上生态效益型轨道。

以拓宽领域、增加项目、提高水平为目标，把服务业搞活。积极培育信息、咨询、法律等现代服务业，大力改组改造商贸流通、交通运输、市政服务等传统服务业，加快服务业市场化、社会化步伐。

追踪国际国内经济主流和热点，努力把新兴产业搞旺。大力发展高新技术产业，重点发展汽车配套新技术、能源环保新技术、电子信息技术、新材料技术、光机电一体化技术。应用现代生物技术改造传统制药工业，提高竞争力和市场份额。积极发展生态旅游业，大力开拓旅游市场，提高组织化程度和服务质量，逐步把生态旅游业建成我市的重点产业。

（三）坚持重点抓好城市经济发展，大力推动城市化进程。白城经济落后的一个重要原因是城市经济不发达。要实现跨越式发展，必须运用非均衡发展模式，集中有限的资金和资源重点发展城市经济，走一**城崛起，卫星争辉，县域突破**的路子。以白城市区为中心，突出抓好**行走机械配套城、区域商贸中心城、生态环保旅游城**建设，增加经济总量，扩大规模，提高城市化、现代化水平，形成迅速崛起的、具有较强辐射带动功能的中心城市；以通榆、镇赉、大安、洮南4个县（市）的县城为重点，因地制宜，发挥优势，加快发展，形成各具特色、繁荣文明的卫星城市；加快县域经济的发展，合理布局、有重点、分步骤地推进小城镇建设，促进全市经济的发展。

（四）坚持全面深化改革扩大开放，促进经济管理体制创新。加快国有企业公司制改造，抓紧建立现代企业制度。大力发展混合所有制经济，鼓励和扶持非公有制经济发展。加快商品市场和要素市场体系建设，培育发展市场中介组织。积极争取企业上市，提高直接融资比重。进一步转变政府职能，建立廉洁高效、运转协调、行为规范的行政管理体制。搞好公用事业改革，按市场规则进行管理。

进一步扩大开放，在产业结构、管理体制、投资环境等方面构建开放型经济的格局。继续广泛开展招商引资，大规模地吸引国内外资金和项目，并注重引进先进的市场理念、管理方式，推动主要产业和重点企业提高开放程度和水平，尽可能地利用外资来实现发展。努力扩大对外出口，抓好出口商品基地建设，鼓励、支持和帮助各类企业直接进入国际市场。加快开发区建设，白城经济开发区要全面实施特色兴区战略，逐步形成新城区。大安经济开发区和洮北民营经济发展区也要加快建设步伐，使开发区充分发挥全市对外开放的龙头和窗口作用。

（五）坚持科教兴市和可持续发展，增强经济社会发展后劲。21世纪的竞争是科技、人才和环境的竞争。我市要实现跨越式发展，必须拥有先进的技术、众多的人才和良好的环境。深化科技体制改革，大力推进科技进步和创新，加快农业新技术推广，集中力量抓好我市支柱产业和优势产业的重大技术难题的科技攻关，把经济发展建立在科技进步的基础之上。

加快发展教育事业，继续推进教育管理体制和办学体制改革，调整中小学布局，大力实施素质教育，搞好职业和成人教育，优化教育结构，建立与经济和社会发展相适应的教育体系。努力营造培养人才、吸引人才、留住人才、用好人才的良好环境和有效机制，搞好各类人才队伍建设。

坚持可持续发展战略。认真贯彻计划生育基本国策，合理控制人口增长，努力提高人口素质。依法保护和开发水、土地、矿产、森林、草原等国土资源。加快实施白城生态示范区建设工程，综合治理生态环境，积极建立生态环保型效益经济框架。大力搞好退耕还林、退耕还草、退牧还草，畜禽饲养推行舍饲半舍饲，实行季节禁牧，积极发展草业经济。有效利用地表水，合理开发地下水，发展节水农业、节水工业、节水服务业。加强湿地保护，控制土地沙化、盐碱化。坚决治理工业污染，推行清洁生产工艺和技术，发展环保工业，扶持新型环保产业，努力提高环境质量。

（六）坚持关心广大群众切身利益，努力提高人民生活水平。提高城乡人民生活水平是加快经济发展、推进社会进步的根本出发点。认真贯彻“劳动者自主择业，市场调节就业，政府促进就业”的方针，引导下岗职工和失业人员，转变就业观念，实现多种形式就业。努力拓展就业空间，扩大就业岗位，开辟增加城乡居民收入的新领域、新途径。采取综合措施，努力在消费层次、住宅条件、交通设施、医疗保健、文化体育、社会安全等方面，切实提高人民群众的生活质量。搞好农村扶贫和城市扶困工作，最大限度地减少农村贫困人口，保障城市特困家庭的基本生活需要。加强社区建设，切实保障妇女、儿童、老年人、残疾人的合法权益，推进特殊福利事业的社会化。

三、关于今年的主要工作

2001 年是实施“十五”计划的起步年。做好今年的工作，对“十五”计划开好局，推进跨越式发展具有重要意义。我们要认真贯彻落实党的十五届五中全会、省委七届五次全会和市委二届三次全会精神，努力做好政府工作，为完成“十五”计划奠定坚实的基础。

今年工作主要目标是：国内生产总值完成 83 亿元，比上年增长 13.1%。全社会固定资产投资 22.9 亿元，比上年增长 15%。社会消费品零售总额 44 亿元，比上年增长 8.1%。城镇居民家庭人均可支配收入 4 569 元，比上年增长 10%。农民人均纯收入 1 800 元，比上年增长 48.5%。财政收入 57 408 万元以上，比上年增长 11% 以上。人口自然增长率控制在 6.5‰以内。

全面完成今年的发展目标和任务，我们要重点抓好以下十项工作：

（一）进一步解放思想，树立新的发展理念。面对新的形势和任务，我们要在思想理念上有一个更大的转变和跨越。重点在创造性工作上解放思想，敢于探索，敢于突破；在敢于否定自己上解放思想，树立对工作、对事业永不满足的进取精神；在发挥优势上解放思想，大胆开拓，实行多元化投资开发、多渠道嫁接改造；在多领域多层次实施改革上解放思想，敢于触及深层次矛盾，用改革的办法解决发展中的问题；在借助外力发展上解放思想，全力开展招商引资，为投资和开发者提供最优惠的政策、最优质的服务、最优越的环境；在科技创新上解放思想，全面推进科技进步，提高创新能力；在加快城市建设上解放思想，把城市作为一个产业来经营，进一步搞好城市开发建设；在正视新事物上解放思想，用联系的、全面的、发展的观点，用改革、开放、搞活的眼光，正视新事物，研究新问题，在创新和加快发展上做文章。

（二）搞活存量扩大增量，加快工业发展步伐。今年全市工业增长速度要达到 12%，工业利润要增长 10%。加大企业的改制重组力度，把企业做大做强，把具备条件的企业培育成企业集团，扶持中小企业向专精特新方向发展。加快发展高新技术产业和改造传统产业的步伐，重点抓好白城德尔福派克股份公司电线束、高压线，白城麻纺织股份有限公司特种工业用布，白城纺织股份有限公司喷气织机，洮北甘草深加工、新型节能散热器，大安白鹅深加工、尼龙 11，洮南敖东、北宝药业、金蛙 10 万辆农用车扩能改造，镇赉玻璃厂恢复生产，通榆风力发电工程等重大的技改项目。今年全市技术改造投资要完成 4 亿元，比上年增长 17.6%。围绕支柱产业和优势产业的发展，开发 150 种新产品，促进产品升级换代。强化企业领导班子和经营管理者队伍建设，促进各类人才向企业合理流动。深入开展学邯钢、学许继、学亚星、学傅万才活动，加强经营管理，提高经济效益。

（三）以农民增收为核心，加快发展效益农业。要面向市场，调整结构，提高效益，争取农业总收入、农业增加值、农民人均纯收入、农业税收等农村经济主要指标创历史最好水平。按规划继续抓好万元田（棚）工程建设，今年实施万元田（棚）的农户要占全市农户总数的 35%。围绕发展特色、绿色、精品农业，重点抓好绿豆、葵花、蓖麻、小冰麦、辣椒、烤烟、瓜果、南果梨、花生、芝麻等 10 个特色农业生产基地建设；重点抓好月亮湖、向海水库等名特优水产品生产基地建设，新增绿色食品 20 种；重点抓好通榆、洮南、大安的牛、羊、鹅生产基地建设，扩大6个名牌产品的生产；继续抓好马氏甘草茶、绿豆、白鹅、沙棘、稻米、辣椒、烤烟等12个重点产业化项目，尽快形成贸工农一体化，产供销一条龙的格局。今年乡镇企业总产值要增长10%。努力把现有农业品牌做大，拓宽市场、形成规模。进一步扩大订单农业的范围，全市种植业订单面积要达到 40%以上；养殖业订单达到畜禽产品总量的20%以上。加大对农业的服务力度，重点搞好市场信息服务、科教兴农服务、物资供应服务和行政执法服务。

（四）积极发展民营经济，培育新的经济增长点。我们要把发展非公有制经济作为调整结构、培育新的经济增长点的主攻方向。切实把全市人民发动起来，大办私营个体企业。今年全市个体工商户要增长20%以上，私营企业要增长30%以上。加大宣传力度，在广大干部群众中，树立投资创业、发财致富光荣的观念，形成良好的发展氛围。加快国有企业退出步伐，尽快实行民营化。鼓励机关干部、大学毕业生、转业干部、复员退伍军人以及下岗职工进入私营个体经济领域。利用优惠政策，广泛吸引域外投资者来我市创办民营企业。降低私营个体经济准入门槛，消除市场准入障碍，在投资立项、外贸经营、土地使用、税收、信贷政策等方面给予平等待遇，努力使非公有制经济成为我市跨越式发展的生力军。

（五）全面实施各项改革，加快体制创新步伐。要进一步深化企业改革，按照建立现代企业制度目标，加大国有企业公司制改革步伐，切实放开搞活国有中小企业，继续抓好国有企业脱困。今年要基本完成国有大中型企业公司制改造和中小企业退出国有，初步建立起现代公司制企业的法人治理结构和经营机制。积极做好企业上市工作，突出抓好洮南敖东药业、白纺、通业等重点企业运作上市的策划和前期准备工作，争取实现白城上市公司“零”的突破。积极探索国有资产营运管理新体制，组建工交、建筑、商贸等国有资本营运决策机构，建立比较完善的国有资本出资人制度和国有企业经营者管理体制。健全和完善社会保障体制，推进城镇基本医疗保险制度、医药卫生体制和药品流通体制改革。搞好财政税收体制改革和农村税费改革。按照省的部署和要求，认真做好市、县、乡政府机构改革，确保机构改革任务的圆满完成。

（六）扩大利用外资领域，多渠道吸引资金技术。继续大搞招商引资，重点引进项目，尤其是工业项目、高新技术项目，使招商引资成果进一步体现在工业规模的扩大和效益的提升上，体现在财政实力增强上。既注重引资，更注重引智，坚持不求所有、但求所用的原则，积极引进各类人才。今年全市招商引资实际到位域外资金要达到23亿元，比上年增长10%。组织好参加广交会和厦交会的各项工作，力争多签约、多交朋友、多出口创汇。今年出口创汇总额要达到1 821万美元，比上年增长10%。进一步建设好经济开发区，不断完善职能，实行封闭运行。白城经济开发区要重点抓好大吨位变速箱总装线、德尔福派克等十大项目，建设好民营工业园和现代农业示范园。引导新项目在开发区建设，促进城区老企业向开发区转移。要大力发展生态旅游业，重点建设好向海、团结湖等风景区，建立和完善优质高效的服务体系，为游客创造安全、舒适、文明的旅游环境。

（七）继续打好总体战，提高城市建设管理水平。今年我们要抓住国家继续实行积极财政政策，加大基础设施投入的机遇，积极争取资金和项目，动员各方面力量，实行多元投入，在全市范围内全面开展城市开发建设管理总体战。全市城市开发建设计划总投资17.79亿元，比上年增长47.9%。其中市区计划投资9.61亿元，比上年增长29.2%；各县(市)计划投资8.18亿元，比上年增长78.2%。市区要办好10项大事(50件实事)：开发团结湖旅游区；兴建烈士陵园；市区路网建设（新建拓宽改造14条道路，建设6条标准街，设立路牌和标牌，硬化巷道，修建公厕）；建设运河“两桥”、“两坝”；建设两个大市场（聚龙城、瑞光商贸城）；改造扩建两个广场(市民广场、开发广场)；重点开发建设两个小区(吉鹤明珠、幸福花园)；建设供热供水工程（西部供热站、三水厂三期工程）；建成9个大厦(广电大厦、文化大厦、开发大厦、电信大厦、客运大厦、检验检疫大厦、卫生防疫大厦、东北商场大厦、军分区综合大厦)；建设四馆(鹤原宾馆、白城宾馆、鹤城体育馆、师范文化体育艺术馆)。此外还要重点抓好平台粮库扩仓工程，市区绿化、森林公园、环城林果园完善工程，八仙新村续建和森林防火指挥中心工程。争取建设污水、垃圾处理、污水管网排放工程。各县(市)抓好34件实事，主要是：大安市完成水毁道路二期改造等项工程，洮南市完成通信和供电线路改造等项工程，通榆县完成部分道路拓宽改造等项工程，镇赉县完成二水厂续建等项工程。加强工程管理,确保建设质量。坚持建管并重，搞好城市设施维护，加大环境整治力度,推动城市开发建设管理再上新台阶。

（八）抓好精神文明建设，促进社会全面进步。大力开展创建文明城镇、文明单位、文明社区、文明街道、文明村屯、文明户活动。加快建立以企业为主体的技术创新机制，在较大企业建立技术开发中心，加强与国内外技术研发机构的合作，积极鼓励和支持发展民营科技企业。继续搞好教育结构调整，加快学校后勤管理社会化步伐。鼓励和支持社会各界以各种形式办学，使办学主体和投资主体多元化。全面开展爱国卫生运动，坚持不懈做好计划生育工作，广泛开展丰富多彩的群众性文化体育活动，努力提高广播电视的宣传质量，支持少数民族和民族地区经济发展，依法加强宗教事业管理，积极发展其他社会事业。加强国防教育，进一步密切军政、军民关系。

（九）认真解决难点问题，保护人民群众利益。积极做好“两个确保”工作,发展劳动密集型产业和社区服务业，大力开发就业岗位。扩大社会保险覆盖范围，提高保险费收缴率，保证下岗进站职工基本生活费和离退休人员养老金及时发放。完善城镇居民最低生活保障制度，确保各项资金及时到位。搞好“三清两建一公开”，减轻农民负担，保护农民合法权益。坚持开发式扶贫，努力解决农村贫困人口的温饱问题。引导农民转变传统消费观念，不断提高农村住房的砖瓦化率。严格税收征管，加强预算管理，保工资、保稳定、保大局。依法处理信访工作，努力化解社会矛盾。加强社会治安综合治理，坚决打击犯罪活动。深入开展与“法轮功”等邪教组织的斗争。做好安全生产、安全防火工作，防止各类事故的发生。进一步做好人民防空、防震减灾、社会救济、残疾人和红十字会等工作，为改革开放和经济建设创造稳定的社会环境。

（十）切实转变政府职能，提高机关工作质量。认真贯彻“为民执政、科学理政、依法行政、从严治政”的施政方针，加快政府职能从微观管理、直接管理为主向宏观管理、间接管理为主转变，改进工作方式和工作作风。深入进行审批制度改革，对政府管理的公共资源和稀缺资源，实行公开招标、拍卖等市场经济的办法进行配置。推行直接办理制、窗口服务制、社会承诺制，实行政府办公自动化，社会管理数字化，提高办事效率和服务水平。

加强民主法制建设，推进依法治市进程。自觉接受人大的依法监督和工作监督，认真执行人民代表大会及其常委会的决议、决定，定期报告工作。积极支持人民政协履行职能，自觉接受民主监督。认真办理人民代表建议和政协委员提案。完善政务公开、厂务公开、村务公开，引导人民群众积极参政议政。深入开展普法教育，增强各级干部和广大群众的法律意识，提高依法办事的自觉性。建立和完善行政执法责任制，严格规范行政执法行为。

认真落实党风廉政建设责任制和责任追究制，加大反腐倡廉工作力度，继续纠正部门和行业不正之风。加强政风建设，规范政府工作人员的从政行为。

各位代表，今后五年，是白城经济社会实现跨越式发展的关键时期。让我们高举邓小平理论伟大旗帜，在省委、省政府和市委的领导下，更新观念争上游，开拓创新升位次，为实现白城经济社会跨越式发展而奋斗。

转变作风 深入基层
推进白城跨越式发展

——刘润璞同志在市委二届四次全会上的讲话

（2001年7月31日）

这次市委全会的主题是，转变作风，深入基层，推进白城跨越式发展。7月15日，市委常委班子围绕这个主题，在广泛征求各方面意见的基础上，召开民主生活会，每名常委都紧密结合个人思想工作实际和白城经济社会发展实际，认真查摆剖析问题，深刻反思存在不足，有针对性地提出了今后的整改措施和努力方向。7月19日，省委书记王云坤同志在省委常委班子民主生活会上作了重要发言，强调班子建设的突出矛盾是作风建设，切实抓好班子作风建设，是当前加强班子建设的首要任务。中央将在今年9月召开十五届六中全会，专题研究作风建设。年底前，我们还要召开市委二届五次全会，深入研究部署这个问题。

我们召开这次市委全会，就是要认真总结十五大以来这方面的工作，肯定成绩，正视问题，面向新形势、新任务的要求，统一思想认识，狠抓作风转变，振奋精神，开拓进取，努力开创全市经济社会发展的新局面。同时要求各县(市、区)党委和市直各部门党委(党组)，从现在开始，要把加强领导班子作风建设提到重要日程上来，给予更大的关注，拿出更多的精力去抓。在近段时间内，要深入搞好调查研究，全面摸清情况，找准存在问题，认真研究解决问题、加强班子作风建设的对策措施，为开好下一次市委全会做好准备。下面，根据市委常委的意见，我讲三个问题。

一、统一思想认识，把加强领导班子作风建设作为一件大事来抓

加强领导班子作风建设，既是一个直接关系到党的作风建设的大问题，也是一个直接关系到经济、社会发展全局和广大人民群众根本利益的大问题。党的十一届三中全会以来，我国的国民经济所以能够持续快速健康发展，人民生活水平所以能够迅速提高，综合国力所以能够显著增强，改革开放和建设有中国特色社会主义现代化事业所以能够取得举世瞩目的巨大成就，关键在于以邓小平同志为核心的第二代中央领导集体和以江泽民同志为核心的第三代中央领导集体，重新恢复了我们党实事求是的思想路线，大力弘扬了我们党的理论联系实际、密切联系群众和批评与自我批评的优良作风，坚持从我国处在社会主义初级阶段这一最大的国情出发，牢固坚持发展是硬道理的指导思想和“三个有利于”的工作标准，正确制定并坚持实施了一系列符合广大人民群众根本利益的方针、政策。特别是江泽民总书记明确提出了“三个代表”的重要思想，全面、深刻地回答了在新的历史条件下，建设一个什么样的党和怎样建设党这一加强党的建设的首要问题。省委七届二次全会以来，吉林省的改革开放所以能够不断闯出新的天地，经济社会发展所以能够不断打开新的局面，关键在于省委班子正确审时度势，坚持求真务实，敢于否定自己、否定过去，深入解放思想，立足开拓创新，明确提出了把扩大总量、优化结构、提高效益作为全省经济工作的基本任务，坚持实施了科教兴省、开放带动和县域突破三大战略。党的十五大以来，我们白城市的国民经济所以能够持续快速发展，改革开放所以能够取得重大突破，基础设施建设所以能够快速推进，城乡面貌所以能够发生巨大变化，人民群众生活条件所以能够获得新的改善，各项社会事业所以能够全面发展，全市所以能够克服重重困难和连续的严重灾害，进入全面进行大开发、大建设、大发展的新时期。在此基础上，

今年全市经济运行质量所以能够显著提高，各项重点工作所以能够赢得全面推进、快速起步的强劲势头，最重要、最关键的一条，也在于我们始终注重并切实加强了领导班子的作风建设，通过带头转变班子的思想作风、工作作风和领导作风，带头践行“三讲”和“三个代表”要求，带领全市干部群众增强了改变白城贫困落后面貌的信心，聚集了搞好白城建设、加快白城发展的合力。

十五大以来，我们始终注重转变班子的思想作风，坚持实事求是，带动全市干部群众形成了加快白城发展的强烈共识。坚持从白城经济欠发达的实际出发，把落实小平同志发展是硬道理的指导思想作为班子的首要职责。全面深入剖析市情，重新制定了全市经济、社会发展的总体思路和发展战略，明确提出了抓好六个结构调整，处理好五个关系，培育六个经济增长点；连续三年开展了“如何面向21世纪、解放思想加快发展大讨论”，廓清了调整优化经济结构的主攻方向，确定了重点发展城市经济、特色经济、非公有制经济，突出抓好“新三城”建设，走一城崛起、卫星争辉、县域突破的路子。同时明确提出了“创三城、建三园”和“兴工富市”方针。坚持从白城的实际出发，把解放思想作为加快白城发展的根本举措。不断学习传播先进发达地区的发展经验，引导广大干部群众克服因循守旧、唯书唯上思想，增强求实务实、勇于创新意识；克服求稳怕乱、等待观望思想，增强敢于突破、开拓进取意识；克服消极埋怨、苦熬苦等思想，增强迎难而上、扎实苦干意识。坚持从白城改革开放起步晚和资金人才匮乏、发展空间狭小的实际出发，把推进经济体制创新和发展模式创新，作为增强全市经济活力的根本途径，把扩大开放、“双招双引”作为推进白城发展的基本市策，确定并带头坚持实施了“四个走出去”的发展策略。现在，所有这些都已成为全市广大干部群众的共识，为推进白城经济社会大发展奠定了坚实的思想基础，提供了强大的精神动力。十五大以来，我们始终注重转变班子的工作作风，坚持务实干事，带动全市干部群众营造了加快白城发展的浓厚氛围。在谋划和组织全市经济、社会发展中，坚持把握三个工作准则：一是坚持把握重点，克难攻坚，着力解决制约经济发展的主要矛盾和关键问题。农业重点抓好万元田（棚）工程、水利工程和造绿工程，全面进行生态示范区建设，大力实施品牌战略，推进产业化经营，加快了转变增长方式、改善生态环境、提高抗灾能力、发展特色农业和效益农业的进程。工业重点抓好“兴工富市”发展方针，通过“两改一加强”，进行大规模的产权制度改革，完成了国有企业三年脱困目标，实现了由恢复性增长转向稳定健康发展，效益创撤地设市以来最好水平并跃升到全省前列。商贸重点抓好建设市场和发展民营经济，新建了一批辐射带动功能较强的大市场，促进了第三产业的繁荣活跃。同时加快培育生态旅游业，新建了查干浩特等一批发展势头看好的旅游景区。城市工作重点抓好开发建设管理总体战，连续干了四年，完成了一大批基础设施项目，城镇面貌大为改观，综合服务功能显著增强。整个经济工作坚持以开放带动为“龙头”，重点抓好大型经贸活动、开发区建设和推行“四制”工作，使全市招商引资规模不断扩大，发展软环境明显改善。二是坚持两手并重，同步运作，推进两个文明建设协调发展。立足加快科教兴市和发展社会文化事业的进程，全面加大了推进科技进步、优化教育结构和各项公益事业的投入。深入组织开展多种形式和内容的群众性精神文明创建活动，促进了市民整体素质和城市文明程度的提高。三是坚持自我加压、抢抓机遇，力争多办大事、多干实事。正视白城欠发达的现实，面对群起的跨越式发展，带头发扬负重奋进的开拓进取精神，牢固坚持超常规发展的主导思想。不把量力而行当作办不了事的托词，作为干不成事的借口，对事关全市经济、社会发展全局和长远发展后劲的大事，竭尽全力而为，千方百计促成。积极疏通渠道，抓住各方面的机遇，在扶贫开发、生态示范区建设、基础设施建设和重点建设项目等方面，争得了国家和省的大力支持和重点倾斜。在此影响和带动下，全市广大干部群众借助各方关系，挖掘各自潜力，积极找信息、融资金、跑项目，踊跃为城市开发建设捐资投劳，全面掀起了加快推进白城发展的新热潮。

十五大以来，我们始终注重转变班子的领导作风，坚持把群众呼声作为第一信号，带动全市干部群众强化了加快白城发展的整体合力。坚持带头强化党的宗旨观念和领导就是服务的公仆意识，始终以白城人民满意不满意、高兴不高兴、答应不答应，作为履行领导班子职责和检验领导干部工作的根本标准。坚持抓好经济工作、党建工作、基层思想政治工作和扶贫解困工作联系点，密切同基层干部群众的联系，注重抓好各方面的典型，指导和推动面上的工作。实行了市级领导接待群众信访制度，设立了市长公开电话，积极帮助人民群众排忧解难，按照人民群众的意愿和要求，切实改进和加强自身工作。坚持党要管党、从严治党的方针，身体力行，廉政勤政，强化了各级领导班子加强党风廉政建设和反腐败的责任，加强了对县（局）级领导干部任期经济责任审计监督和业余活动情况考察监督。不断完善班子工作规则，全面加强了制度建设。坚持民主集中制原则，决定重大问题广泛听取各方面的意见，努力做到科学决策、民主决策。带头转变领导作风，坚持打捆开会、夜间办公，深入基层、现场办公，关注难题热点、专题办公，着力研究解决经济、社会发展的重大问题。同时着力转变市直机关作风，明确提出了“八要八不要”的严格要求。立足实现“十五”的良好开局和快速起步，成立10个领导小组抓10大工程，建立6个指挥部抓各项大事，市级领导每人“一岗双责三户”。充分发挥人大、政协的作用，实行四个班子联席办公会议制度，协调各方面力量，齐抓共管。充分发挥群团组织的作用，调动一切积极因素办好白城的事情，促成了万众一心，合力拼搏、不断开拓的喜人局面。

十五大以来我市的发展变化历程和无可争辩的生动事实，有力地证明了这一点：改变白城贫困落后面貌，加快白城跨越发展进程，关键在于建设一支思想作风正、工作作风实、领导作风硬，特别能攻关、特别能苦干、特别能拼搏、特别能开拓的领导班子。做到了这一点，党就会信任我们，满意我们，人民就会拥护我们，支持我们，白城就有生机、就有活力、就有希望、就有前途。

加强领导班子作风建设，是一个永无止境的过程和一项永不竣工的工程。我们必须十分清醒地看到，跨入新世纪后，国际、国内形势发生了许多重大变化。日、美经济开始下滑，我国加入WTO指日可待，多数省、市在整体实现小康的基础上，正在加足马力推进跨越式发展，新一轮竞相赶超的发展热潮已在全国范围内蓬勃掀起，千帆竞发，慢进则退。相形之下，我市经济总量小、结构差、效益低、人民生活水平不高、发展后劲不足的问题还没有得到真正解决。所有这些都给我们带来巨大压力，构成严峻挑战，同时也对我们全面加强领导班子作风建设，提出了新的、更高的要求。因此，我们必须防止和注意克服松劲情绪和自满情绪，十分珍惜并切实巩固已经取得的工作成果；必须面向推进白城跨越式发展的总任务，按照践行“三个代表”的总要求，把加强领导班子作风建设摆到更加重要的位置；必须进一步增强责任感、紧迫感和使命感，把搞好作风建设当作加强班子建设的首要任务来抓。

二、严于解剖自我，正视当前领导班子作风建设存在的主要问题

尽管十五大以来我们在加强各级领导班子作风建设上取得了比较明显的成效，但是作为彻底的唯物主义者的共产党人，我们必须坚持实事求是的“两点论”，勇于承认、从严揭示自身存在的问题。不仅市级班子要这样，各县（市、区)和市直部门班子也都要这样。唯此，才能够发扬成绩，克服不足，把我们各级领导班子的作风建设不断推向新起点和新高度。

根据市委班子的查摆剖析和征求到的意见，目前在各级领导班子作风建设上存在的问题主要表现在以下几个方面：

（一）在思想作风方面，主要是学习不够深入和认真，理论联系实际不紧密，缺乏对重大问题的深入研讨。

一是学习理论联系实际不够。对加强学习缺乏自觉性和紧迫感，往往满足于以干代学，浅尝辄止，不同程度地存在学习计划性差，不深入、不系统、不能持之以恒和忙于应酬日常事务，挤掉自身学习时间的问题，在运用理论联系实际研究解决复杂多变的现实问题方面，做得也不够。对一些重大问题缺乏宏观思考、超前思考和深层次上的思考。比如，江总书记“三个代表”思想提出后，虽然认真组织了学习讨论，领会了基本精神，但联系党的建设面临的新情况、新问题，深入研究、思考不够。特别是增强党的阶级基础、扩大党的群众基础问题，实践中早已提出来了，在学习“三个代表”思想过程中也意识到了，但没有去深入地研究，总感到这个问题比较敏感，最好是中央有个说法之后再去研究，没有作进一步的考虑。这说明我们的认识还比较肤浅，也缺乏理论创新的勇气。

二是思想解放观念更新程度不够。教条主义、经验主义、本本主义和保守意识在各级班子中还不同程度地存在。头脑中旧体制和旧观念的影响、束缚还没有彻底清除，解决复杂棘手问题的胆子、勇气和魄力还不够大，敢为人先、革故创新的精神还不够强。尤其是在研究新情况、解决新问题、总结新经验、探索新规律上，与中央、省委的要求和广大干部群众的期望还有较大的差距。

三是把握大局研究宏观形势不够。对经济和社会发展缺乏宏观上的把握。面对扩大开放的新情况和国际形势的新变化，江总书记一再强调，要有世界眼光，要把握天下大势。这方面，我们做得还不够，不能经常地、自觉地从国际国内形势发展变化中去思考问题，去谋划发展。比如，我国即将加入WTO，这究竟会对白城的发展带来什么样的冲击，世界经济形势的变化会对我市带来什么样的影响，国家经济政策取向及相应调整将给我们带来哪些挑战和机遇，我们必须采取哪些应对措施。对此，应该说我们想到了、强调了，也要求下面去做了，但还缺少总体性研究，缺乏指导性意见，缺少综合性对策，也缺乏应有的紧迫感。

（二）在工作作风方面，主要是深入基层具体指导不够，对下鞭打快牛、疏于罚懒，严格要求和惩戒力度不大。

反映在市级班子中，对全市工作存在宏观指导多、深入基层具体指导少的问题，分布工作精力也不够科学，根据各地不同特点、区分不同情况，分区分类指导有时不到位，致使一些重点工作没有收到预期效果。对部门和干部，存在鞭打快牛的问题，能力越强越能干的，越给加任务压担子，而对“懒牛、滑牛”缺乏严格的管理机制和硬性的约束措施，据实鞭策不够，惩戒力度也不够，在一些方面还是干好干坏一个样、干多干少一个样、干与不干一个样，致使少数部门和干部缺乏事业心和责任感的问题仍然比较突出：

一是工作跑粗，心中无数。一些部门和干部对所负责的工作缺乏全面深入研究和翔实具体规划，有的甚至思路搞不明、情况搞不清、信息搞不畅、数字搞不准，致使分管工作抓不到点子上，解决问题抓不到要害处。还有一些部门和干部安于做“传声筒”、当“二传手”，对上级的重要精神和领导的工作要求只是满足于及时机械地传下去，原汁原味地灌下去，不能认真负责地结合实际，进一步做好深化、细化、具体化的工作。

二是推诿扯皮，不敢碰硬。这一点在涉及部门职能相关、业务交叉的许多工作和事情上表现得尤为突出。有的该牵头的不积极主动牵头；有的该拿“大头、重头”的不拿“大头、重头”；有的不愿贪事管事干事，遇事能躲就躲，能推就推，部门之间缺少主动配合，通力合作。还有的甚至上推下卸，接任务往下面派，有矛盾往上级交，自己安于在中间做旁观者、当“自由人”。反映在处理棘手问题和解决难点、热点问题上，一些部门和干部不是迎难而上，想方设法克难攻坚，而是见硬就躲，甚至以种种托词和借口回避矛盾和问题，怕担责任、怕冒风险、怕给自己留后遗症，致使一些本该适时、适度解决的矛盾和问题没有得到应有的解决。

三是节奏缓慢，效率不高。一些部门和干部严重缺乏时效观念和责任意识，抓工作仍是按部就班、不温不火，推着干、悠着干、抻着干，办事情仍是循规蹈矩、拖拖拉拉，不能做到急事急办、特事特办。有的甚至对工作降格以求，只求过得去，不求过得硬。

（三）在领导作风方面，主要是存在官僚主义、形式主义现象，抓落实的力度不够。

一是文山会海多，调查研究不够。尽管这几年我们始终坚持打捆开会，始终强调压缩文件，但目前会议和发文过多过滥的问题仍然没有得到很好解决。会议所以过多过滥，除了一些客观原因外，主要是领导把关不严，致使一些可开可不开、可不必年年开、事事开、各部门都开，乃至可不必提高规格、扩大规模开的会议也开了起来。而且有些会议组织也不科学，陪会领导求全过多，有时几个领导一起讲，重复的话多，官话多，效果并不好。发文所以过多过滥，主要原因大体也是这样。而且相当一些文件是上级文件的翻版，缺乏针对性、指导性和操作性，实际作用并不大。过多的会议和文件不但耗费了上上下下的大量精力，也使各级领导干部没有更多的时间走下去搞调查研究。

二是浮在上面多，深入基层不够。一些地方和部门仍在自觉不自觉地沿袭陈旧的工作方式，布置工作靠开会，指导工作靠发文，推动工作在很大程度上沿用计划经济体制下形成的老套路。一些干部身子懒、屁股沉、“坐功”硬，常年浮在上面，蹲在机关，很少从机关大院走出去，把身子沉下去，即使下基层，也往往是蜻蜓点水，走马观花，满足于一般性地了解情况，很少深入研究解决实际问题。

三是表扬肯定多，揭示矛盾不够。有些领导班子和领导干部总结工作，讲成绩多，讲问题少，怕揭示矛盾、暴露问题影响自己的形象和政绩；检查指导下边工作，说表扬话多，说批评话少，怕批评下属、点破问题，影响上下级的感情和关系。常此以往，使自己不能正视不足，不愿听逆耳之言，使基层即使存在不足，也自我感觉良好。

四是安排部署多，督查落实不够。近几年我们对全市经济、社会发展工作全面进行了新的调整和部署，并且不断提出新的工作目标。但是在推动实施上用的功夫不够，督促检查、跟踪问效力度不大，致使一些重点工作落得不是很实，效果也不够理想。比如，在实施开放带动战略上，抓招商引资下的力气较大，而对抓招贤引智下的功夫相对不够，特别是对如何发挥企业的“双招双引”主体作用想得办法不多，取得突破不大。又比如，在落实“兴工富市”方针上，投放的精力还不够大，对培育壮大支柱产业、重点企业的扶持力度也不够，同时存在重速度、轻质量，重发展、轻管理的问题，目前全市还没有一家上市公司，在市场上叫得硬、知名度高的企业和品牌也很少。再比如，在推进产业化上，对重点项目的规划、龙头企业和区域优势的培育抓得不够，缺少具体的组织和推动。还有，在治理软环境上，虽然不间断地做了大量工作，但是一些方面的督查整治还缺乏力度，权力部门化、利益化，吃拿卡报要的现象和“中梗阻”、“下梗阻”的问题仍没有从根本上得到解决。

同时，在加强党风廉政建设方面还存在一些薄弱环节，个别领导干部自律意识不强，为政不廉、以权谋私、生活腐化等现象时有发生。对此，我们要求的多，惩治的少，存在教育警示不够，监督约束不严，责任追究不力等问题。在解决下岗职工再就业、基本生活保障和减轻农民负担等群众关注的难点、热点问题上，有些工作还没有抓实、抓到位。

对于上述种种问题，我们各级领导班子和领导干部都要有一个清醒的认识和端正的态度，真正在思想上引起足够重视，并要在今后的工作中认真克服和解决。

三、加大整改力度，用加强领导班子作风建设的实际行动推进白城的跨越式发展

针对市、县两级班子都已开过专题民主生活会的实际，市委的初步考虑和安排是，从现在开始到下次市委全会期间，市、县两级领导班子和市直各部门领导班子，都要把加强班子作风建设问题纳入重要议事日程，加大整改力度，积极主动地做好工作。

要深入学习贯彻江泽民总书记的“七一”重要讲话精神，进一步增强践行“三个代表”要求的责任意识。这是我们全面加强班子思想作风、工作作风和领导作风建设的迫切要求和根本所在。各级领导班子都要通过加强学习，切实把握江总书记重要讲话的精神实质，全面把握“三个代表”重要思想的深刻内涵。各级领导干部都要牢固树立强烈的事业心和使命感，都要严格按照“三个代表”的要求，深刻反思自己是否为加快提高白城的生产力水平和发展白城的事业多做了贡献，是否为满足人民群众的需求、维护人民群众的利益尽到了职责。尤其是市级班子的领导干部，更要为谋划和推进白城的发展，殚精竭虑、寝食不安。在思想深处都要十分明确：供职白城，置身贫困落后

地区，必须要矢志不渝地艰苦奋斗，加倍努力地开拓进取，努力使自己的工作上对得起省委，下对得起白城的父老乡亲。通过加深学习和反思，各级领导干部要真正使自己在思想上受到触动，精神上受到撼动，切实把“三个代表”要求转化为自己的实际行动，带头发扬“五种精神”、争做“四个表率”。即带头发扬勇于开拓，敢为人先的精神；发奋图强，勇争一流的精神；坚持原则，抑恶扬善的精神；艰苦奋斗，无私奉献的精神；知难而进，苦干实干的精神。争做锐意进取，勇于创新的表率；脚踏实地，求真务实的表率；淡泊名利，廉政勤政的表率；心系群众，造福于民的表率。

要紧密结合各自实际，积极主动地进行班子作风整改。各级班子主要领导要把这项工作紧紧抓在手上，带头搞好专题调研，带头落实整改措施，带头解决存在问题，并要对近期作风整改工作做出认真安排，提出明确要求，落实具体责任。每个分管领导也都要认真负责地抓好分管部门的作风整改，保证不流于形式，不走过场。进行作风整改要紧密联系班子和个人的实际，增强针对性，着力解决突出问题。

要深入基层，认真研究解决实际问题。这既是目前我们各级领导班子转变作风必须首先抓好的一个突出问题，也是基层干部群众对我们一个最基本的要求。近期各级领导干部都要结合各自分管的工作，带着基层干部群众反映的意愿和要求解决的问题走下去，尽可能多地蹲下来，充分发挥主观能动性和创造性，想方设法帮助基层办实事、解决实际问题，让基层干部群众亲身感受到我们不讲空话，切实在改了，真的在变了。在此基础上，进一步加强转变作风的制度建设，对领导干部每年深入基层调查研究的时间和工作要求，作出硬性规定。市委督查室要认真抓好这项工作的督查。各级组织部门要把这一条的落实情况作为考核班子和干部的一项重要内容，务必抓出实效。

加强班子作风建设，目的在于抓好当前工作，推进跨越发展。关于下半年全市经济、社会发展工作，市政府已经召开第十次全体会议，进行了全面部署。在组织实施中，要突出重点，统筹兼顾，抓好五个关键环节：一要抓好欠产停产大户企业的补产复产和重点骨干企业的增产增盈，确保全市工业生产提速增效。二要抓好农村连年遭受重灾地方的生产自救，切实安排好受灾农民的生活，千方百计增加农民收入。三要抓好项目工作，确保已经实施项目尽快达产见效，近期规划项目尽快启动实施。四要抓好财政收入，全面强化税收征管和财税监督，确保均衡缴库、应收尽收。五要抓好领导责任落实，市级四个班子领导要全面抓好“一岗双责三户”落实，10 个领导小组和 6 个指挥部要跟踪抓好 10 大工程和各项大事、实事落实，各县（市、区）和市直各部门领导都要集中主要精力，尽职尽责地抓好各项重点工作落实。按照年初计划，今年全市国内生产总值要增长 13.1%，而上半年只增长 10.3%，下半年压力很大，各县（市、区）计划的增长指标比市里要高一些，压力更大。因此，各级领导都要自我加压，再鼓干劲，奋力拼搏，特别是要下大力气切实抓好薄弱地方、薄弱方面和薄弱环节的工作，确保完成全年计划增长指标和各项工作任务。

开创白城跨越式发展的新局面，是一项繁重而艰巨的任务。为此，全市各级领导班子都要不辱使命，励精图治。尤其是市、县两级班子要切实把握好大局、统揽好全局。在组织领导上，着力抓好五个方面的工作：

（一）增强发展意识，深入解放思想。发展是硬道理，任何时候都必须坚持。白城最主要的矛盾，还是落后的经济水平同人民群众需求间的矛盾。因此，市、县两级班子和领导干部必须进一步增强加快发展意识，弃旧图新，着力实现跨越式发展。这就要求我们必须紧紧跟上时代的潮流，注重培养“三种能力”，即审时度势、把握全局的能力，驾驭市场、统领经济的能力，凝聚人心、稳定一方的能力。当前，要努力在创造性工作、敢于否定自己、发挥优势、深化改革、借助外力发展、科技创新、经营城市、正视新事物、新的就业观等 12 个方面深入解放思想，全面树立起与推进白城跨越式发展相适应的新的发展理念，带领全市干部群众以只争朝夕的精神，开拓进取，加快建设，推进发展。

（二）发扬创新精神，深化各项改革。白城的当务之急是用跨越式发展实现赶超。跨越式发展的内涵不是亦步亦趋，而是富于创造。白城计划经济的痕迹重，全面改革开放的时间短，人们缺乏创新精神，打破传统的旧体制、旧模式，必须通过深化各项改革来实现。这就要求我们市、县两级班子和领导干部要率先垂范，大胆创新，敢为人先，将各项改革推向深入，加速建立起能够与现代经济发展相适应的各项体制。要加快深化国有企业改革，把大中型企业改造为现代公司。同步全面放开国有中小企业，大刀阔斧地进行产权结构重组，以股份制和股份合作制为主要形式，大力发展混合型经济，实现产权主体多元化。要用工业化思维发展农业，加快提高农业组织化程度，强化产业化经营，扩大规模化生产，实施好品牌战略。同时要加快政府机构和政府审批制度改革，理顺政府与企业的关系，政府与市场的关系，政府与社会的关系。

（三）突出发展重点，优化经济结构。近几年对经济结构调整的力度虽然较大，但我市的结构性矛盾依然非常突出，做强一产，壮大二产，充分搞活三产是当前和今后一个时期的重要任务。在发展的途径上，要大胆打破原有的模式，实行非均衡发展，重点抓好城市经济的发展，走一城崛起、卫星争辉、县域突破的路子。要以白城市区为中心，以四个县城为重点，构造城市经济发展载体。在坚持“兴工富市”的前提下，建设行走机械配套城；在大力发展第三产业的前提下，建设区域商贸中心城；在发展生态环保效益型经济的前提下，建设生态环保旅游城，以此达到优化经济结构，实现重点突破的目标。前段时间市里组织有关部门就如何搞好“新三城”建设进行了专题调研和考察。8月中旬还要聘请我市经济顾问和省里有关方面的专家学者，召开专题论证会，全面、深入、系统地搞好建设“新三城”的论证工作。通过加快建设“新三城”，实现城市经济的跨越式发展，辐射、带动全市经济实现跨越式发展。

（四）带头走出市门，搞好“双招双引”。要把实施开放带动战略，作为推进白城跨越式发展的首要战略。各级领导要继续坚持走出白城解放思想，走出白城认识白城，走出白城宣传白城，走出白城发展白城。抓开放带动，要落实在资金拉动、人才推动和项目带动上。与此相适应，要宽领域、多层次、大跨度地扩大对外开放，全方位招商引资、招贤引智，多渠道做好引进项目工作，加快拓宽、走好借助外力、增强内力、壮大实力的发展路子。注重引导招商引资从数量型增长向质量型增长转变，重点引进高科技含量、高效益项目、工业大项目、农产品深加工项目、生态旅游项目、商贸项目，抓好大型招商引资活动，扩大招商引资规模。对于已签约的项目，要抓好合同履约工作，提高资金到位率。大搞“招贤引智”活动。要进一步完善吸引人才的优惠政策，不拘形式，多渠道引进。采取调入、特聘、借用、返聘、兼职、项目招聘、媒体招聘、网上招聘等多种形式，敞开大门，吸引人才智力为我市经济建设服务。

（五）坚持两手并重，强化保证作用。市、县两级党委班子在指导思想上，要自觉坚持两手抓，两手都要硬。在工作摆布上，对两个文明建设要做到五个同步：就是同步研究制定规划、同步落实目标任务、同步抓好典型示范、同步推进开拓创新、同步搞好工作考核。在履行职责上，要坚持首先抓好党的建设，不断加强和改进党的领导，面向加快推进全市两个文明建设，实现跨越式发展的要求，强化四个保证，着力做到“四好”：就是强化思想保证，着力把干部群众的认识统一好；强化领导保证，着力把各级领导班子建设好；强化组织保证，着力把基层党组织的作用发挥好；强化纪律保证，着力把从严治党的方针落实好。在组织实施中，充分发挥人大、政协的职能作用，围绕全市各项重点工作，搞好工作视察和专题调查，主动听取人大代表、政协委员的意见和建议，适时改进和加强工作。同时积极发挥工会、共青团、妇联、科协等群团组织和中、省直及驻军各单位的作用，调动各方面的积极性，聚集各方面的力量，共同办好白城的事情，不断强化搞好白城建设、加快白城发展的整体合力。

同志们，我们已经赢得了十五大以来的加速发展和实施“十五”计划第一年的良好开局。在此基础上，我们要抢抓机遇、乘势而上，在省委、省政府的领导下，高举邓小平理论伟大旗帜，全面贯彻“三个代表”的要求，切实转变作风，狠抓工作落实，坚决完成今年各项目标任务，带领全市人民为建设环境优美、经济繁荣、社会文明、人民富裕的新白城而努力奋斗。

把握大局 抢抓机遇 迎接挑战 加快推进白城经济跨越式发展

——刘润璞同志在市委二届五次全体（扩大）会议上的讲话

（2001年12月20日）

这次市委全会的主要任务是：深入贯彻党的十五届六中全会、中央经济工作会议和省委七届六次全会精神，回顾总结2001年的工作，研究部署全市加强党的作风建设和明年的经济工作，审议通过《中共白城市委关于落实加强和改进党的作风建设主要任务的实施意见》和《召开中国共产党白城市第三次代表大会的决议》。

下面，根据市委常委会讨论的意见，我向大会报告工作。

2001年，在省委正确领导下，我们坚持以加快发展为主题，以搞好结构调整为主线，以推动改革开放和科技进步为动力，以提高人民生活水平为根本出发点，团结带领全市人民抢抓机遇，开拓进取，实现了“十五”计划的良好开局。预计全市国内生产总值可完成83.3亿元，同比增长13.5%。其中，一产可完成29.5亿元，同比增长8%，二产可完成26亿元，同比增长22.6%，三产可完成27.8亿元，同比增长14.8%。全市固定资产投资可完成28亿元，同比增长32.7%；全口径财政收入可完成57 962万元，同比增长12.1%。

——突出跨越式发展主题，着力落实新时期工作方针，确立整体升位的工作目标。立足白城实际，深入解放思想，树立了欠发达地区可以发挥后发优势，实现跨越式发展的新理念。适应白城新世纪推进跨越式发展的需要，确立了**更新观念争上游，负重前进加压力，改革创新找差距，跨越发展升位次**的工作新方针。提出了“十五”期间实现白城经济社会发展在全省9个市（州）排序五年升三位的工作目标，逐级落实了工作任务和领导责任。实施非均衡发展战略，制定了**一城崛起、卫星争辉、县域突破**的发展思路，重点发展城市经济、特色经济、非公有制经济，加快建设**行走机械配套城、区域商贸中心城、生态环保旅游城**。广大干部群众进一步增强了加快推进白城跨越式发展的责任感和紧迫感，在全市形成了上下齐心谋跨越、各方合力促升位的浓厚发展氛围。

——突出工业主导地位，着力提高工业经济运行质量，“兴工富市”进程明显加快。我们把工业放在带动区域经济发展的龙头位置，努力加快把工业做大做强，领导力量向工业倾斜，发展环境不断优化，改革政策措施日臻完善，招商引资重点抓工业项目，技术改造突出保工业项目，努力搞活存量，积极扩大增量。全市工业在去年实现整体扭亏为盈、效益创撤地设市以来最好水平的基础上，今年又持续高效增长。预计今年全市工业增加值可完成17.5亿元，同比增长13%；规模以上工业可实现利润1.55亿元，同比增盈47.4%。并且实现了“三个基本”，即基本完成了全市国有企业改制的阶段性任务、基本消灭了停产半停产企业、基本消除了亏损大户企业。

——突出农民增收问题，着力推进农业增长方式转变，在大灾之年取得可喜成果。我们坚持以增加农民收入为根本目标，大力推进农业结构调整和集约经营，重点抓好万元田（棚）工程和抗旱水源工程建设，加快发展订单农业、品牌农业、绿色农业、效益农业。

全面推进退耕还林还草还牧。尽管今年遭受了建国以来最严重的旱灾，但由于我们以市场为导向狠抓了农业结构的调整，积极推进农业增长方式转变，最大限度地降低了灾害造成的损失。预计全市农业总产值可实现 31.4 亿元,同比增长 9.4%;农民人均纯收入可达到 1 267 元，同比增长 3.7%。

——突出区位资源优势，着力加快基础建设，新兴服务业活力明显增强。我们为加快把服务业做活，积极培育旅游、休闲、娱乐等新兴服务业，全面启动了区域商贸中心城和生态环保旅游城建设规划，重点实施市场开拓工程和旅游景区基础设施建设。新建 15 个具有较强辐射带动功能的较大专业市场。新规划建设了查干浩特旅游开发区和通榆县郁洋淀旅游新村、洮南市十八岛风景区、镇赉县伊赫昭民俗村、大安市姜家甸生态草景观区等一批新的旅游景区。预计今年全市可接待域外游客 49 万人，旅游业创收 1.68 亿元，分别比上年增长 63%和 40%。

——突出借助外力理念，着力实施“双招双引”基本市策，引进大项目和劳务输出取得了新突破。我们坚持加快白城发展必须借助外力、增强内力、壮大实力的思想，围绕加快培育白城后发优势，全面加大了争取外力带动、资金启动、项目拉动的工作力度。结合抓好农村抗灾自救，加快农民脱贫致富，突出加大了推动农民走出去、发展劳务经济的工作力度。今年是我市开展大型经贸洽谈招商引资活动最多、引进较大项目最多、利用外资最多、实际到位资金最多、农民劳务输出最多的一年。全市今年实际到位资金 24.85 亿元，同比增长 18.9%。其中 1 000 万元以上项目 47 个，3 000 万元以上项目 11 个，5 000 万元以上项目 2 个。利用外资 497 万美元，同比增长 33.2%。全市已有 28.7 万农民走出去开展劳务输出，占农村劳动力总数的 60.9%，预计到年末可创收 4 亿元。

——突出中心城市建设，着力增强城市服务功能，城市开发建设管理总体战成果显著。我们立足把白城建成中心城市，把县城建成卫星城市，树立改革开放新形象，营造良好投资环境，紧紧抓住国家继续实行积极的财政政策的机遇，充分运用市场机制争取资金和项目，连续第四年全面开展了城市开发建设管理总体战。全市城市建设共完成投资 31 亿元，其中市区 19.5 亿元，比上年增长 20.2%。标准街路建设、小区开发、供热、供水、公路、电信等基础设施建设和道路新建拓宽改造、园林广场建设改造全面实现了新突破，并且在建设品位、档次和标准上都比历年上了一个新台阶。广播电视、教育、文化、卫生、体育等项事业的硬件建设得到全面加强。

——突出维护稳定大局，着力解决群众关注的热点难点问题，社会治安得到进一步巩固和发展。我们坚持正确处理改革、发展、稳定的关系，把帮助群众排忧解难、保护群众根本利益作为重要职责。重点抓好城市下岗职工再就业和基本生活保障工作、农村抗灾自救工作。全市城镇失业人员有 1.1 万人实现了再就业，基本保障了下岗职工基本生活保障金的发放。农村灾区群众的生产生活都得到了较好安置。强化了各级领导信访接待制度，群众信访总量比去年明显下降。落实了社会治安综合治理配套措施，社会治安形势进一步好转。深入开展同“法轮功”邪教组织的斗争，全市“法轮功”练习者转化率达到 97%。保持了社会稳定、政治安定。

——突出转变领导作风，着力密切党群干群关系，党的建设得到进一步加强。我们坚持把增强宗旨意识和群众观念作为加强党的建设，特别是各级领导班子建设的首要任务。市级领导带头严格自律，转变作风。积极组织千人工作队深入灾区，帮助受灾群众解决好“粮、水、柴、菜、衣、学、劳”七个方面的困难和问题，以亲民为民的实际行动赢得了群众的信赖。在较短的时间内，集中进行了县（市、区）班子调整和市直机关机构改革。在深化干部人事制度改革特别是在扩大民主上迈出了较大步伐，把对干部的初选权交给基层、交给群众，坚持以德才论优劣，以政绩论高低，以群众公认程度论取舍，常委会任免干部实行了票决制。市委坚持党管干部原则，把握正确用人导向，两次共调整了 489 名县处级领导干部，得到了干部群众的普遍认可。我们对村党支部换届实行“三推两考一选”、纪检监察机关集中下访解决社会矛盾、干部下乡实行派饭制等做法，都得到了上级肯定和群众拥护。切实加强了精神文明建设和基层思想政治工作，促进了创建文明城市活动，军民共建活动和群众性文化体育活动整体水平的提高。

虽然今年我们赢得了实施“十五”计划的良好开局，但也必须清醒地看到，目前我市经济社会发展中还存在许多矛盾和问题：农村连年受灾，有些群众的生产生活面临严重困难；工业经济主要依靠少数优势企业支撑的局面还没有明显改变；经济发展启动资金不足、缺少大项目支撑带动和发展后劲不足的局面还没有实现大的改变；经济社会生活中的一些深层次矛盾还未破解，各种影响稳定的因素仍然存在，实施社会保障的压力还比较大；党的建设方面还有一些薄弱环节和群众不够满意之处，等等。对于这些问题我们要高度重视，采取有效措施认真加以解决。

现在，我国已经正式加入了世贸组织，开始全面融入世界经济大潮，进入加速推进改革开放和市场经济发展的新的历史时期。面对挑战和机遇，我们要按照中央和省委的总体部署，紧密结合白城实际，开创性地做好各项工作，争取入世第一年再创我市经济社会发展的新佳绩。

一、正确分析形势，统一思想认识，坚定积极迎接入世挑战的信心

当前世界经济呈现了投资贸易自由化、国内外市场趋同化、资源配置全球化、区域经济一体化、高新技术竞争激烈化、跨国公司主导化的趋势。我们所面临的国际形势复杂多变，跌宕起伏，“9.11”事件使美、日、欧经济更加困难，对我国的影响不可低估，许多滞后效应将逐步体现。以江泽民同志为首的党中央，经受了国内外政治、经济各种重大事件的考验，积累了应对各种困难局面的斗争经验，这是我们坚定信心，迎难而上的坚定基础。我们要在党中央和省委的领导下，解放思想，振奋精神，认真接轨，以积极向上的心态迎接入世挑战。

入世是继党的十一届三中全会和邓小平同志南巡讲话之后，我国改革开放的第三次大潮。面对入世大潮，目前我们存在着八个不适应：一是对入世冲击缺乏紧迫感，思想观念不适应。相当一些地方、部门、企业和许多干部群众对入世带来的冲击认识不够，准备不足，抱有影响不大或车到山前必有路的思想。二是发展阶段滞后，整体水平不适应。我市目前尚处在工业化初级阶段，处在以传统农业、工业、服务业为主体的欠发达阶段。农业比重大，抗灾能力弱，生产力水平低；工业比重小，支撑带动能力弱，多数企业效益水平低；三产发育慢，金融信贷能力弱、商品流通跨度小、对外贸易水平低。教育科技水平不高，科技落后，人才匮乏；城市化水平不高，非公有制经济发育不足，特别是信息化进程明显滞后。三是企业机制落后，管理水平不适应。多数企业尚未完善规范的法人治理结构，内部三项制度改革不到位,经营管理方式手段落后,企业运行机制与现代企业制度要求有较大差距。四是企业规模小、实力差，融资能力不适应。大中型企业仅占11.7%,缺少竞争力较强的核心企业，上市企业尚未实现零的突破。五是产品质量差，产品结构不适应。工业名优产品、终端产品、高技术、高附加值产品和市场份额大、占有率高的产品少，特色农产品、畜产品基地规模还较小，多数产品品质与国际标准和市场要求还有较大差距。六是技术装备水平低，科技开发能力不适应。多数企业缺少高新技术装备，缺乏自我进行科技开发和产品开发能力。七是市场开拓能力弱、营销机制不适应。多数企业销售方式陈旧、手段落后，市场网络窄、覆盖面小，销售队伍力量薄弱、素质不高。八是政府职能转变慢，与国际接轨不适应。目前仍在不同程度地沿袭行政手段干预市场、直接管理经济，在许多方面不符合按照国际规则办事和发展市场经济的要求。我们必须正视这一严峻现实，把困难估计得更多一点，把预案准备得更充分一点。

面对入世，我市经济发展的机遇也明显增多。总的有利条件是：入世有利于我们充分利用国际国内两种资源、两个市场、两方资金谋求新的发展，使我市对外开放、“双招双引”空间扩大；深化改革、完善市场经济体制动力加大；调整结构、开拓市场潜力增大。反映在第一产业上，入世后我市农业发挥比较优势开拓国际市场的潜力较大，形成后发优势的前景看好。近几年我们加快了农业结构调整，目前玉米种植面积已经调减到只占种植面积的25%，而在国内外市场竞争力较强的杂粮杂豆、葵花、蓖麻、辣椒、烤烟等特色、绿色农产品和高效经济作物的种植面积，已经调升到种植面积的45%。特别是我市畜牧业基础较好，畜产品在国际市场有明显比价优势。同时我市农业资源比较丰富，面对国际市场需求变化适时进行应对性调整的回旋余地较大。反映在第二产业上，入世使我市工业产品出口的国际市场空间扩大，开拓国际市场机会增加；劳动密集型产品、特色加工产品进一步发挥比较优势；国外环保严格限制的产品会成为我们新的发展机遇；为制造业、纺织服装、化工企业参与国外大集团并购重组提供了机会。反映在第三产业上，入世对我市第三产业的活跃和繁荣较为有利。我市有发展区域商贸经济的明显区位优势，迫切需要国内外金融业、分销业、旅游业以及其它新兴服务业的及早进入。反映在所有制结构调整上，入世有利于我市加快民营企业和各种非公有制经济发展。

综合分析，入世虽然不可避免地要给我市经济发展带来诸多冲击和短期阵痛，但总体上给我市带来的机遇大于挑战，动力大于压力。因此，我们必须统一思想认识，增强积极入世把握机遇加快发展的信心。

适应迎接入世挑战的要求，市委决定在全市集中开展一次“市民入世”教育活动，在全市迅速形成上上下下、方方面面抓紧学习WTO知识、熟悉WTO规则的浓厚氛围。要从五处着眼，确立五个思想，即着眼全球经济一体化大趋势，确立重新谋划区域经济发展战略的思想；着眼发挥比较优势，确立在国际经济大调整中找准市场定位和主攻方向的思想；着眼创新发展模式，确立与入世规则尽快接轨的思想；着眼全方位扩大开放，确立借助外力发展自己的思想；着眼世界经济发展不稳定因素增多的现实，确立趋利避害迎接挑战求发展的思想。同时，深入搞好调研，抓紧做好应对策略准备和各项工作准备，争取明年经济工作的主动权。

二、适应入世要求，明确发展思路，争取实现明年经济工作新突破

面对入世的新形势、新情况和新要求，我们要按照党中央的部署，全面落实统一思想、坚定信心、沉着应对、趋利避害、转变作风、扎实工作的方针。明年全市经济工作的总体思路是：**全面贯彻“三个代表”的重要思想，正确把握跌宕起伏的国际政治经济形势，沉着应对，趋利避害。坚持实施“三大战略”，走高效益、广就业、可持续发展道路。贯彻更新观念争上游，负重前进加压力，改革创新找差距，跨越发展升位次的方针，努力推进跨越式发展进程。充分发挥比较优势，积极应对入世挑战，加快建设行走机械配套城、区域商贸中心城、生态环保旅游城。切实加强党的作风建设，转变政府职能，改善投资环境，促进国民经济持续快速健康发展和社会全面进步。**

明年经济工作的主要目标是：全市国内生产总值计划安排95亿元，比上年增长14%，全社会固定资产投资31.4亿元，比上年增长12%，全口径财政收入61 818万元，比上年增长8%。全市规模以上工业总产值实现32亿元，比上年增长13.5%，城镇居民人均可支配收入4 688元，比上年增长10%，农村人均收入计划1 800元，比上年增长42%，实际利用域外资金32亿元，比上年增长35%。

按照上述总体思路和工作目标，要重点抓好以下六项工作：

（一）加快调整优化经济结构，增强入世竞争力。我国入世后，全球性的经济结构调整进程将进一步加快，我们必须乘势跟进，否则在国际国内两个市场更加激烈的竞争中将更加困难。根据白城实际，明年结构调整的着力点仍然要放在搞好产业结构调整上，立足抢抓机遇，加快把工业做大、把农业做强、把服务业做活，全面增强入世后产业、产品的市场竞争力。

明年全市农业工作的总体要求是：着眼实现“三增一稳”，深入搞好“三农”大讨论，转变农业增长方式，发展“应世”农业和生态效益农业。重点是加快推进“八个转变”和“五个新突破”，即：加大投入，由靠天农业向水利农业转变；改变对农业的指导，由计划农业向市场农业转变；加大科普力度，由传统农业向科技农业转变；完善流通体制，由自给农业向贸易农业转变；实施资源转化，由原料农业向产业化农业转变；大力发展精品畜牧业，由粮食农业向肉食农业转变；调整结构，由自然农业向品牌农业转变；加快城镇化进程，由低效农业向高效农业转变。实现万元田（棚）建设的新突破；实现股份制牧业经济的新突破；实现劳务经济的新突破；实现生态环境建设的新突破；实现水源工程建设的新突破。

明年全市工业工作的总体要求是：把握趋势，改善环境，转变职能，强化服务，培育主体，迎接挑战。紧紧抓住入世后域外大企业集团实施低成本扩张、国际化分工带来产业转移等方面的机遇，积极实施挂靠和吸引策略，推进我市优势骨干企业加快搞好资产重组，走靠大壮大，附强图强的发展道路。广泛吸引域外转移产业进入，扩大我市的加工制造业规模，促进支柱产业的壮大。在提高企业技术装备水平上取得新的进展；在开发引进工业大项目上取得新的进展；在吸引国内外大企业并购重组，培育壮大核心企业上取得新的进展；在创建工业园区上取得新的进展；在扩大市场覆盖面、提高市场占有率上取得新的进展。

明年全市服务业工作的总体要求是，壮大规模，拓宽领域，完善功能，提高水平。坚持培育发展现代服务业与改组改造传统服务业并重的方针，积极发展信息、旅游、房地产、金融、保险以及社区服务、会展、家政等新兴服务业。主要抓好“四个吸引、激活四个市场”，即大力吸引国外金融企业和其他资本进入，加快激活资金市场；大力吸引国内外大型商贸企业、分销业和名店、名品进入，加快激活商贸市场；大力吸引国内外中介机构进入，加快激活地产品营销市场；大力吸引国内外有信誉、有影响的旅游社团进入，加快激活旅游市场。白城市区要形成以“一区、一线、一环、两街”为主体的，集休闲、购物、旅游、观光为一体的旅游热点景区。

（二）加快推进体制创新，促进与国际经济体制接轨。入世必须接轨，接轨必须加快抓好企业制度和政府管理体制的接轨。要加快推进已改制企业建立现代企业制度，彻底转换企业经营机制，健全完善规范的法人治理结构和运作机制。采取多种形式放开搞活国有中小企业。工业企业全部退出国有。实施民营经济无门槛政策。培育发展一批竞争能力较强的纺织服装（集团）龙头企业、行走机械（集团）龙头企业、旅游开发（集团）龙头企业、民营经济（集团）龙头企业，走出国门参与世界经济大循环。要遵循“规范、统一、精简、透明、服务、效能”的原则，加快转变政府职能，切实解决政府职能错位、缺位和不到位问题。各级政府职能，要由过去的直接管理向宏观指导转变，由过去的微观服务向政策协调转变，由过去的直接办理向依法进行监督、执法，保证公平竞争，维持社会秩序上转变，由过去的组织生产向侧重抓好公益事业、社会事业以及组织协调好扶贫、救灾、发展农村经济、搞好生态建设等项工作转变。要建立起符合 WTO 要求的以市场调节机制为基础的高效廉洁、运转协调、行为规范的政府管理体系。

（三）加快推进全方位开放，促进外向型经济加快发展。入世的新形势要求我们，必须真正把扩大开放提升到促进我市经济发展融入世界经济大潮的战略性高度来认识，使对外开放向更大规模、更深层次发展。坚持以大开放推动大引进，以大引进带动大调整，以大调整促进大发展，加快建立起开放型经济体系。加快培育外向型企业、发展外向型产品、建立外向型经济基地。全市要继续开展“四个走出去”活动，发挥各级领导的带头作用和企业招商引资主体作用，重点在引进工业大项目，农业产业化项目和高新技术项目上取得突破性进展。要继续引导和鼓励广大农民树立“跳出农业发展农业，跳出农村发展农村，跳出农民致富农民”的发展理念，大力搞好劳务输出，发展劳务经济，并要加快做好组织引导广大下岗职工和待业青年走出去求发展的工作。

（四）加快推进科技进步，促进经济增长方式转变。科学技术是第一生产力。我们必须抓住入世机遇，积极引进和运用高新技术改造传统产业，促进经济增长方式转变和经济运行质量的提高。要深化科技体制改革，加快建立科技创新体系，放开搞活现有科研单位，充分发挥科技人员作用。开发区要筹建高新技术产业园，各地要发展农业科技示范园区。骨干企业要建立技术开发中心，与科研院所和高校搞挂靠联合，建立多层次、多形式的产学研联合体。要以产品创新为核心，重点围绕支柱产业和优势产业，着力于新技术、新材料、新工艺的推广和应用。坚决压缩、淘汰已经落后的产品和设备，重点培育发展产业关联度高，对结构优化有重要带动作用的主导产品和高新技术产品。要加快信息化建设步伐，推动信息技术在全市经济和社会发展各个领域的广泛应用，用信息化带动工业化。要加快科技和教育事业的发展，在充分发挥现有人才作用的同时，坚持不求所有、只求所用的原则，吸引各类人才为我所用。

（五）加快改善投资环境，营造良好发展条件。改善投资环境，是入世后扩大开放吸引外资的硬任务。因此，明年必须要在改善投资环境上下更大的功夫，取得更大的成效。要继续抓住国家实施积极的财政政策、支持基础设施建设的机遇，坚持打好城市开发建设管理总体战，做到投资规模不减，发展速度不减。重点抓好城市绿化美化、路网建设、标准街路建设、小区开发和公益设施建设，努力使城市面貌有更大的改变，服务功能有更大的提高。加强精神文明建设，搞好军民共建。同时要全面抓好“四制”落实，突出解决好招商、安商、稳商问题，把白城建成域外投资者的乐园。各级纪检监察机关要跟踪监督检查重点部门落实“四制”的情况，发现典型案例向社会公开曝光，及时严肃查处。

（六）正确处理改革发展稳定的关系，切实维护好人民群众的根本利益。入世后，我们更要注意正确把握好发展的速度、改革的力度和群众的承受程度。并要切实加强广大干部群众的思想政治工作，积极稳妥地化解各种矛盾和不安定因素。努力为群众办实事，解决群众来信来访、社会治安等热点难点问题。特别是要做好完善社会保障体系、拓宽就业门路和减轻农民负担工作。民营经济是我市经济发展的重要组成部分，也是解决社会就业问题的重要载体，要加大扶持力度，促进其提高质量、扩大规模、加快发展。要重点抓好扶贫开发工作，加快改善贫困人口和弱势群体的生产生活状况。坚持在保持稳定前提下推进改革和发展，在推进改革发展中促进社会稳定。

三、切实加强领导，努力改进作风，确保明年各项任务的顺利完成

应对入世挑战，完成明年异常繁重艰巨的经济工作任务，是对党的领导水平和作风建设的严峻考验。全市各级党组织要认真按照中央和省委的要求，切实加强和改善党对经济工作的领导，切实加强和改进党的作风建设，从而为推进白城经济跨越式发展提供坚强的保证。

（一）紧紧围绕推进白城经济跨越式发展这个主题，突出加强和改进党的作风建设。结合我市实际，要全面搞好“五风”建设，解决五个突出问题：一要端正思想作风，坚持高举邓小平理论伟大旗帜，树立开拓创新意识，突出解决因循守旧、怕担风险问题；二要营造良好学风，坚持加强学习，大兴调查研究之风，突出解决理论与实际脱节、缺乏对重大问题深入研讨，眼界不宽、站位不高问题；三要夯实工作作风，坚持密切联系群众，脚踏实地地开展工作，突出解决宗旨观念淡薄和文山会海问题；四要转变领导作风，坚持认真执行民主集中制原则，突出解决党内民主不够、组织纪律涣散问题；五要严格整肃干部生活作风，坚持发扬廉洁奉公、艰苦奋斗精神，进一步加大党风廉政建设和反腐败斗争力度，突出解决以权谋私、奢侈享乐问题。按照中央《决定》和省委《意见》，市委围绕落实加强党的作风建设八项主要任务，研究制定了三十条实施意见，这个实施意见一经全会审议通过，全市上下必须认真贯彻执行。要坚持标本兼治，深入抓好增强党员干部宗旨观念和公仆意识教育，健全完善加强作风建设的各项制度，全面强化管理监督机制，逐级实行责任追究制度。同时要抓住当前的各种有利契机，全面抓好党的基层组织和党员队伍建设，充分发挥基层党组织和广大党员在推进白城经济跨越式发展中的战斗堡垒作用和先锋模范作用。

（二）要适应做好入世后经济工作的新要求，加快转变各级党委的思维方式和领导方式。在转变思维方式上，要加快实现由狭隘的区域思维，转向广阔的全球思维；由保守的封闭思维，转向广角的开放思维；由守旧的传统思维，转向创新的现代思维；由惯性的经验思维，转向理性的现代思维；由微观的战术思维，转向宏观的战略思维。在转变经济工作领导方式上，要立足于白城十年九旱、灾害频发的实际，坚持按照

自然规律指导经济工作；要立足于经济体制加速转轨的实际，坚持按照现代市场经济规律指导经济工作；要立足于世界经济发展不确定因素增多的实际，坚持按照趋利避害扬长避短的原则指导经济工作，切实提高入世后驾驭市场经济的能力。

（三）要充分发挥各级党委总揽全局，协调各方的领导核心作用，全面增强做好明年经济工作、加快推进白城经济社会发展的整体合力。市委要继续坚持四个班子联席办公会议制度，研究重要工作、决策重大事情，充分征求人大、政府、政协和人民团体的意见。对明年各项重点工作，继续实行四个班子混合编队，市级领导统筹分工、“一岗双责”制度。各地、各部门要在市委的集中统一领导下，认真贯彻落实市委的工作部署，坚决防止和纠正本位主义、分散主义和自由主义的倾向。各级人大、政府、政协和人民团体以及其他机构中的党组织和党员干部，都要强化党的领导意识，维护党的领导权威，充分发挥党组织的职能作用，创造性地开展工作。实行垂直领导的经济管理职能部门，要主动把系统主管部门的要求与白城的发展实际结合起来，把部门工作置于全市跨越式发展的大局之中，在地方党委的领导下，在政府的指导下积极工作，努力为完成明年经济工作任务多做贡献。全市上上下下、方方面面，都要紧紧围绕推进跨越式发展这个大局，主动加压，合力拚搏，努力使明年各项工作实现新的突破。

同志们，入世后的新形势对加强党的作风建设和做好明年经济工作提出了新的更高的要求。我们要认真贯彻党中央的战略部署和省委的工作安排，坚持以经济建设为中心，抢抓机遇，振奋精神，迎接挑战，咬定目标，开拓进取，为全面完成明年各项任务而努力奋斗，用我们的实际行动和丰硕成果迎接党的十六大和省第八次党代会的召开。

岳清友同志在市委二届五次全体（扩大）会议上的讲话

（2001年12月20日）

同志们：

刚才，润璞书记按照“三个代表”的要求，站在全局的战略高度，对今年的工作进行了实事求是、全面详尽的总结，对入世后的形势作了清晰透彻、科学明了的分析，对今后工作提出了切实可行、催人奋进的思路目标，对加强和改进党的作风建设进行了深刻阐述，提出了新的更高的要求。我们要认真贯彻落实市委的部署，与时俱进，团结奋斗，扎实工作，推进全市经济社会实现跨越式发展。

最近，中央召开了经济工作会议，全面总结了今年经济工作，对当前和今后一个时期国际国内形势特别是经济发展趋势做出了分析，提出了明年经济工作总体要求及目标任务，为我们在新形势下，研究制定经济发展计划指明了方向。省委召开会议传达贯彻了中央经济工作会议精神，王云坤书记就深入贯彻落实中央经济工作会议和做好当前各项工作，提出了明确要求。我们要正确把握中央确定的明年经济工作总体要求和主要任务，着眼于深化改革，加快调整，促进发展，搞好明年工作安排。要结合实际，深入研究事关全市改革发展稳定的一些重大问题，进一步解放思想，抓住经济工作的主要矛盾，认真研究入世后的对策，以积极向上的精神状态，高度负责地做好当前各项工作，努力开创工作的新局面。

今年以来，我们坚持更新观念争上游，负重前进加压力，改革创新找差距，跨越发展升位次的工作方针，明确任务，落实责任，强化措施，推进了经济社会的全面发展。预计全市国内生产总值可完成 83.3 亿元，同比增长 13.5%。其中，一产可完成 29.5 亿元，同比增长 8%；二产可完成 26 亿元，同比增长 22.6%；三产可完成 27.8 亿元，同比增长 14.8%。全市固定资产投资可完成 28 亿元，同比增长 32.7%；全口径财政收入可完成 57 962 万元，同比增长 12.1%。

工业经济持续高效增长。围绕加快兴工富市，出台了《白城市工业企业改革实施方案》、《白城市关于进一步规范公司制法人结构指导意见》等文件，明确了改革目标、任务和操作方法。白城通业集团和洮南第一毛纺织厂等企业基本完成了公司制改造；白城造纸厂、镇赉玻璃厂、大安骨素明胶厂等一批陷入困境多年的“老大难”企业，通过招租重组已经恢复生产。相继成立了市直工业交通商贸物资等五个国有资本营运决策会议，并开始运营。以结构调整为重点，着力进行技术改造和新产品开发。到年末，可累计完成技改投资 4.2 亿元，同比增长 23%；完成新产品开发 156 种，同比增长 15%；新产品产值率可达 17.1%。着力抓了重点企业“增产增效”工作，对全市增量、增盈大户分别确定了工作方案，并在资金、用电、改造等方面给予重点扶持。加大了包保力度，市级领导分别联系一户重点企业、一个重点项目，经常深入企业现场办公，帮助解决改革和发展中的问题，推动工业经济发展。到年末，全市工业增加值可完成 17.5 亿元，同比增长 13%；规模以上工业可实现利润 1.55 亿元，同比增长 47.4%。

农业结构调整步伐加快。围绕发展生态效益农业，在调整农业结构、实行集约化规模生产、推进产业化经营和培育绿色名牌食品等方面，进一步加大了工作力度和配套措施。今年全市农业总产值可实现 31.4 亿元，同比增长 9.4%；农村人均纯收入可达 1 267 元，同比增长 3.7%。狠抓万元田（棚）工程。全市万元田（棚）户已发展到 8.1 万户，占农村总户数的 30%，全年可收入 8.2 亿元。加快种植业结构调整，已实现了三元结构，粮、经、饲比例达到 5∶4.5∶0.5。大力发展品牌农业。现已获各种奖牌 189 个，其中“吉林名牌”农产品 49 个；在长春农博会上获金奖 77 个，居全省第 1 位。努力发展绿色产业。目前全市已开发绿色食品 50 种，有 19 种产品获得绿色食品标志使用权。积极发展订单农业。今年种植业签订供销合同 415 万亩，占农作物播种面积的 41.2%，比上年增长 10.2 个百分点。精心组织，全面推进生态示范区建设，水利、造绿、湿地保护等八大工程都完成了全年的目标任务。加快发展社会化服务组织，全市专业合作社、村级综合服务站和各类协会已达 393 个。

今年入春以来，我市遭受了建国以来最严重的春夏秋连旱，市委、市政府带领全市人民奋起抗灾，全市苗期灌溉面积达 450 万亩。入秋后，大力开展了围绕“一个中心”、搞好“两个会战”、掀起“三个高潮”的抗灾自救工作。目前，多种经营收入已实现 6 亿多元。精心组织劳务输出，全市农民走出去开展劳务输出已达 28.7 万人，预计到年末可创收 4 亿元。组建了由市县两级 1 205 名干部组成的抗灾自救工作队，市级领导带队深入灾区，全力帮助受灾群众解决生产生活中的实际困难和问题，保证了灾区群众有饭吃、有水喝、有衣穿，生产生活秩序井然，社会稳定。

内外贸易工作有了新进展。我们坚持“四个走出去”的指导思想，先后组织参加了 “广交会”，“港交会”、“西交会”、“天交会”、“厦交会”、“高交会” 和全省赴京津鲁经贸交流等大型招商引资活动，收到了明显成效。全市现已完成招商引资项目 502 个，实际到位资金 24.85 亿元，同比增长 18.9%。外贸出口和利用外资呈现出稳定增长的良好局面。实际利用外资可达 497 万美元，同比增长 33.2%；外贸出口 1 900 万美元，同比增长 15.1%。围绕区域商贸中心城建设，积极实施市场开拓工程。全市投入市场建设资金 11 780 万元，新建 15 个大型市场，扩大发展了一批专业批发市场。建立了民营经济发展区。全市社会商品零售总额可完成 45.1 亿元，同比增长 11.5%。个体工商户和私营企业同比分别增长 20%和 29.7%。

在开发区建设上，加大招商引资力度，积极引进项目、资金和人才；加快基础设施建设，完善开发区功能；加强软环境治理，实行封闭管理，充分发挥开发区在对外开放、招商引资中的窗口作用。白城经济开发区预计全年完成国内生产总值 15 260 万元，固定资产投资完成 23 500 万元，财政收入实现 600 万元，同比分别增长 33.1%、34%和 50%。

基础设施建设成效显著。坚持抓住国家实行积极财政政策，加大基础设施投入的机遇，大力开展了城市开发建设管理总体战。全市城市开发建设总投资达31亿元，其中市区投资19.5亿元，比上年增长20.2%。市区新建、拓宽、改造道路19条，高质量地建成了海明路步行街等6条标准街路，硬化巷路20条，道路建设标准有了新提高；完成住宅建设41万平方米，居住环境明显改善；客运大厦的建成，在充分发挥站前广场功能作用的同时，极大地方便了旅客的出行；市民广场的扩建改造、吉鹤广场初具规模，为市民提供了良好的休闲娱乐场所。各县（市）也按计划保质保量地完成了城市开发建设管理任务。我市重点建设工程顺利通过国家建筑安全生产检查验收，在抽检的东北三省六个城市中名列第一，为我省在东北三省排名第一做出了贡献。同时，加强了城市管理，市区卫生、交通秩序、市容市貌又发生了新变化。

生态旅游开发快速推进。组织开展了旅游开发建设总体战，全市旅游开发建设投入达3 500万元。查干浩特旅游开发区投资1 500万元，建成了有38个蒙古包的民俗村、7栋别墅、跑马场、狩猎场、钓鱼台、游泳场、码头等一批重点设施，6月底已正式向游人开放，成为我市旅游观光的热点景区。同时，加强了向海和莫莫格自然保护区、五间房水岛乐园、森林公园、运河带状公园、环城林果园等景点设施的建设和完善。开辟了一日游、二日游、三日游项目，开通了20多条旅游线路。完善服务设施，提高了服务质量。到年末，来我市观光的域外游客可达49万人，旅游业创收可达1.68亿元，同比分别增长63%和40%。

各项社会事业长足发展。制定了《白城市科研体制改革方案》，推进了科研体制改革，加大了高新技术及产业化工作力度，高新技术产品创产值比上年提高4.8个百分点。积极稳妥地进行教育管理体制改革，完成了市属中等专业学校管理体制调整工作。吉林大学白城学院、吉林大学白城医学院正式挂牌运作。全市298所中小学实行了“四定”、“四制”。全面启动了城镇职工基本医疗保险制度和医药、卫生体制改革，加强了疾病控制、预防保健和血液管理工作，市中心血站在全国质量控制检查中被评为优秀单位。成功举办了庆祝建党80周年、纪念’98抗洪胜利三周年、“草原之夏”等一系列大型文化活动。积极组织参加北京国际马拉松赛、全国九运会、全国和省老年门球赛等大型体育比赛，我市运动员共获21枚金牌、26枚银牌，31枚铜牌。白城电视台在省台上稿率实现了“五连冠”。计划生育“三率”各项指标均好于去年，在省内排名有望再次前移。完成了人口普查任务，我市被国家评为先进单位。

社会稳定局面得到巩固。加大信访工作力度，认真接待来信来访，群众反映的问题基本得到妥善解决。加强了社会保障工作，全市参加省级基本养老保险统筹的企业在职职工达116 485人，全市城镇失业人员有11 087人实现了再就业。大力开展整顿和规范市场经济秩序工作，重点打击制售假冒伪劣商品行为，打破地方保护主义和地区封锁，创造了良好的市场环境。深入开展同“法轮功”邪教组织的斗争。严厉打击各种刑事犯罪活动，强化社会治安综合治理，维护了社会稳定。

按照省委、省政府的统一部署，积极稳妥推进了市县乡机构改革。目前，各项改革工作正紧张有序进行。

一年来，经过全市上下的不懈努力，各项事业都取得了新成绩，但是我们也清醒地看到，在经济社会发展中还存在一些亟待解决的问题，需要在今后的工作中认真加以研究和解决。

面对新的形势和任务，市委确定明年全市经济工作的总体思路是：**全面贯彻“三个代表”重要思想，正确把握跌宕起伏的国际政治经济形势，沉着应对，趋利避害。坚持实施“三大战略”，走高效益、广就业、可持续发展道路。贯彻更新观念争上游，负重前进加压力，改革创新找差距，跨越发展升位次的方针，努力推进跨越式发展进程。充分发挥比较优势，积极应对入世挑战，加快建设行走机械配套城、区域商贸中心城、生态环保旅游城。切实加强党的作风建设，转变政府职能，改善投资环境，促进国民经济持续快速健康发展和社会全面进步。**

2002年全市经济工作的主要目标是：全市国内生产总值计划安排95亿元，比上年增长14%，全社会固定资产投资31.4亿元，比上年增长12%，全口径财政收入 61 818 万元，比上年增长 8%。全市规模以上工业总产值实现 32 亿元，比上年增长 13.5%，城镇居民人均可支配收入 4 688 元，比上年增长 10%，农村人均收入计划 1 800 元，比上年增长 42%，实际利用域外资金到位 32 亿元，比上年增长 35%。

按照市委的部署，重点完成以下九项任务：

一、继续实施兴工富市战略，加快工业经济发展步伐。要把握趋势，改善环境，转变职能，强化服务，培育主体，迎接挑战。一要加大项目建设力度。重点抓好纺织厂引进无梭织机、通业集团连杆扩能等 30 项投资在千万元以上的项目，确保重点项目开工率达到 80%。围绕重点项目建设，抓好吉林敖东洮南药业、金鹏齿轮等 20 户重点企业的改造。以提升汽车配套产业整体水平为目标，重点抓好 400 万件精锻连杆扩能改造和连杆精加工改造、20 万辆份轿车线束等 10 个较大技改工程项目，提高汽车配套骨干企业的国际竞争力；以调整产品结构，提升产品层次和竞争能力为重点，抓好 100 万米高档面料、2 000 吨无纺布深加工、20 万米阿卡尼绒等 7 个较大项目，提高我市纺织工业的整体水平。二要加大入世竞争力度。汽车配套工业是我市入世受冲击的重点行业，根据入世后我国汽车工业发展趋势和我市配套企业的实际，抓好 22 户汽车配套企业的 100 多个配套产品种类、1 000 多个配套产品品种的市场定位，确定新的发展战略。总体上，大力发展劳动密集型产品，以中、重型卡车为重点，设计、生产一批技术含量高的关键部件和基础部件。积极开展与国外先进企业的合资合作，充实企业资本，缓解资金压力，引进先进的管理方法，提高企业竞争力。同时对其它行业的企业，也要根据入世后的新变化，搞好发展战略的调整，完善应对措施，增强发展能力。三要加大市场开发力度。积极引导企业研究市场，搞好市场预测分析。定期向企业发布重点产品市场需求信息，为企业开发市场提供服务。组织企业走出去，参加各级各类经贸洽谈活动，搞好产需衔接，努力开拓市场。四要加大增产增效力度。市纺织厂等 10 户经济增量大户增产幅度达到 20%以上，白城派克电气公司等 10 个增盈大户增盈幅度达到 10%以上，白城啤酒厂等 10 个控亏大户减亏幅度达到 20%以上。通过重点带动，确保全年工业经济高质量运行。

二、用工业化思维谋划农业，推动农村经济快速发展。要促进实现“三增一稳”转变农业增长方式，发展“应世”农业和生态效益农业。围绕“三农”大讨论，牢固树立农村工作的新理念。继续抓好“面对长期干旱，白城农业、农村、农民怎么办”大讨论，引导农村干部群众进一步解放思想，转变生产经营观念，树立市场意识、竞争意识、效益意识，彻底摒弃广种薄收的传统粗放经营方式，向少种多收、少种精种、少种多养上转变。围绕发展万元田（棚），调整优化农村产业结构。在巩固万元田（棚）发展成果的基础上，有计划地由条件好的富裕地区向条件差的灾区、贫困地区延伸。大力发展井旁万元田（棚）。明年全市万元田（棚）户发展到 10.9 万户，占农村总户数的 40%。加大农业结构调整力度。在产品生产结构调整上，大幅度调减玉米，稳定水稻、绿豆、烤烟，扩大蓖麻、葵花、辣椒、小冰麦、芸豆等特色绿色产品，发展苹果元葱、蚕桑等新产品；在产品品质结构调整上，大力引进培育新的优良品种，淘汰传统落后老品种，加快品种的更新换代；在产品营销结构调整上，继续打造好江、河、湖、海、吉鹤品牌。围绕可持续发展战略，抓好生态示范区工程建设。在水源工程建设上，要开发利用风能、热能，在有水源提取条件的地方搞风力提水和太阳能提水，先建示范区，逐步进行推广。同时要加快十个灌区建设，抓好严重缺水的地方水源工程建设。加大植树造林、退耕还林还草还湖泡工作力度。明年春季造林 40 万亩，秋季造林 20 万亩，同时人工种草 10 万亩，草原围栏 60 万亩。争取在一、二年内把改做其它用途的近百个泡沼重新恢复起来。继续抓好绿色家园、湿地保护、农田沃土、小流域治理、绿色食品和环保节能等工程建设，确保完成全年工作任务。围绕畜牧业资源转化增值，大力发展股份合作经济。依托资源，培育建设畜牧基地和畜产品加工龙头企业，推进产业化经营。走城乡联动、工农联盟、劳资合作、股份经营的发展路子，建立起劳动与资金相结合，并以股份合作的形式运作经营，实现风险共担、利益共享的牧业发展模式。市、县两级领导干部和机关干部要带头投股，每个部门都要搞一户。

计划明年全市发展5 000户股份制畜牧业户，实现产值1亿元。重点发展奶牛、优质肉牛等，推进资源优势向产业优势、经济优势转变。围绕劳务输出，努力增加农民收入。有组织、大规模地推进劳务输出工作，坚持常抓不懈。明年全市农村常年输出劳务要发展到20万人，季节性输出劳务要达到10万人，全市劳务收入力争突破10亿元。认真贯彻落实中央和省减轻农民负担的各项政策，严厉禁止各种形式的乱收费、乱集资、乱罚款、乱摊派，切实减轻农民负担。

三、利用区位优势搞活流通，提高第三产业发展水平。要树立以引入三产搞活三产、引入市场激活市场、引入流通繁荣流通的发展理念。立足完善提高，加快市场建设。目前，我市的各类市场比较齐全，具有一定的规模和水平。明年要在完善设施，搞好服务，增强辐射功能上下功夫，逐步形成布局合理、功能齐全、设施配套、专业性强的市场体系。重点是完善以新世纪广场、吉鹤商都和工商大厦为主的购物中心服务体系；以长青、乘风等市场为主的蔬菜果品销售服务体系；以开发区大世界和青年街市场为主的商品批发服务体系；以聚龙城和中兴家居城为主的建筑建材服务体系。同时，大力培育开发金融、劳务、技术、信息、房地产、证券等生产要素市场，扩大辐射面。立足搞活流通，拓展内外贸易。在国内贸易上，扩大特色产品、绿色食品和地产品的销售，加强粮食外销，达到辐射周边的目的。明年全市社会商品零售总额达到48.7亿元，比上年增长8%。在外贸出口上，巩固和发展杂粮杂豆、纺织品等老品种的出口份额；扩大汽配、医药、化工和轻工工艺等新品种的出口。全市外贸出口达到2 090万美元，比上年增长10%。努力开拓国际市场，在巩固亚洲、北美等传统出口市场的基础上，有针对性地开发欧洲、南美和非洲市场。立足网络建设，变革营销方式。瞄准国际国内市场，加快营销方式的变革。对外不断开辟展洽、文化、广告、网络等营销渠道，大力推行代理、连锁、配送等现代营销方式；对内发展仓储式批零超市、便民利民连锁店、专卖店，不断满足人民群众生活需求，提高生活质量。创造条件到省外、国外经商办店。加速推广电子计算机及其它先进适用技术，充分利用网络资源，大力发展电子商务，抢占网上市场。积极培育信息、科技、销售等方面的经纪人队伍，大力吸引国内外经纪人进入，充分发挥他们在产需衔接，搞活流通中的重要作用。立足增收节支，加强税收征管。认真落实税收包保责任制，强化措施，加大征管力度，保证税收及时、均衡、足额入库。发扬勤俭建国精神，树立过紧日子思想，控制财政支出，压缩一切应节减的开支。严肃财经纪律，防止利用年终岁尾和机构改革之机，突击花钱，铺张浪费。加强审计工作，严厉查处违纪行为，维护财经秩序。

四、实施多领域深层次改革，积极推进体制机制创新。加快国有经济布局的战略性调整，着力培育和发展一批核心能力较强的纺织服装（集团）公司、行走机械（集团）公司、旅游开发（集团）公司、民营经济（集团）公司，以适应加入WTO的竞争和挑战。对国有企业实行战略性改组，要在粮食、外贸、物资、商贸、农业等领域的企业改革与脱困方面取得重大突破。按照现代企业制度的要求，推进国有大中型企业实行规范的公司制改革。同时，成立上市公司筹备领导小组，协助企业做好上市申报工作，争取实现上市公司零的突破。继续采取改组、联合、兼并、破产、承包经营、租赁经营、股份合作制、出售、转让等多种形式，放开搞活国有中小企业。完善五个国有资本营运决策会议职责和运行办法，组建市直国有商贸控股公司，筹建市国有资本营运决策会议秘书处，构筑起国有资本营运决策会议、国有资产管理公司、企业三个层次的国有资产管理、监督、运作新体制。积极推进城镇职工基本医疗保险制度和医药、卫生体制改革。要深化小城镇综合改革，对进入省“百强镇”的试点镇，重点抓好户籍制度、社会保障制度、财政体制、土地流转制度、投融资体制、政府管理方式等改革，从中积累经验，加强指导，推进全市小城镇改革和建设。

五、以加入世贸组织为契机，深入开展“双招双引”工作。继续坚持“四个走出去”的方针，广泛招商引资，重点引进项目，尤其是有规模的工业项目、高新技术项目、高附加值项目。积极组织参加好西洽会、厦洽会以及其它大型招商引资活动，扩大招商引资成果。坚持不求所有、但求所用的原则，大力招贤引智，积极引进各类人才，注重引进和培养一支精通国际经济、法律和先进管理的人才队伍。建立健全“双招双引”责任制，强化目标管理，逐级分解落实，责任到人，工作到位，确保“双招双引”工作收到实效。

加快开发区建设步伐。白城经济开发区要科学合理地搞好工业区、商贸区和生活区“三区”规划，突出抓好派克企业园、民营工业园、生物医药园、环保产业园、生态农业园“五园”建设。大安经济开发区、民营经济发展区要按总体规划，加快建设，使其尽快成为我市新的经济增长点。

大力发展生态旅游业。按照建设生态环保旅游城的总体布局，全面实施“发展大旅游，拓展大市场，形成大产业，融入大文化”的旅游发展战略，进一步完善以查干浩特旅游开发区、向海和莫莫格自然保护区、月亮湖旅游区等为重点的景区景点建设，打通和包装环城旅游精品线路，围绕集生态、环保、科技、工农业观光为一体的旅游风景线，继续规划和组织开展好生态旅游活动，通过大力发展旅游业，提高白城的知名度，促进我市对外开放工作向纵深方向发展。

六、加大开发建设管理力度，着力提高城市整体功能。明年继续在全市范围内开展城市开发建设管理总体战，做到投资规模加大，发展速度不减。着力抓好四个方面的重点：一是以吉鹤苑为重点的小区开发建设；二是以道路为重点的市区路网建设；三是以造绿为重点的城市美化建设；四是以城市管理为重点的文明卫生城建设。市区集中办好10项大事，（87件实事），即：路网建设工程；三水厂续建工程；住宅建设工程；市区绿化工程；大气环境治理工程；南部供热站建设工程；拆除影响市容市貌的裙房工程；门前三包，实施硬化、绿化、净化、美化工程；社会事业建设工程；重点企业厂房新建扩建工程。各县(市、区)抓好52件实事。对这些工程建设要加强工程质量监督管理和安全生产管理，杜绝重大质量事故和责任事故的发生。坚持建设与管理并举的原则，加强综合治理，搞好市政设施维护，提高市民的整体素质和文明程度，使城市开发建设管理提高到一个新水平。

七、努力推进精神文明建设，全面发展社会各项事业。坚持两个文明一起抓，切实加强《公民道德建设实施纲要》的学习、教育和宣传，在全社会大力倡导“爱国守法、明礼诚信、团结友善、勤俭自强、敬业奉献”的基本道德规范，努力提高公民道德素质。深入搞好国防教育，增强公民国防观念，进一步搞好军民共建，巩固发展双拥模范城成果。继续深化科技体制改革，加快科技园区建设，发展民营科技企业，提高科技对经济发展的贡献率。加快教育结构调整，推进素质教育，积极发展面向新兴产业和现代服务业的职业教育。合理配置教育资源，创造条件发展高等教育。鼓励和提倡各种形式的社会办学，使办学主体和投资主体多元化。组织开展好“白城—可爱的家乡”歌曲电视比赛等系列大型文化活动。做好参加全省第十四届运动会和全国第十届冬运会的各项准备工作，力争取得优异成绩。全面开展爱国卫生运动，进一步强化社区卫生服务。坚持不懈地抓好计划生育工作，确保完成年度人口计划任务。充分发挥广播电视宣传窗口作用，实施精品战略，提高宣传质量和档次。

八、加大综合治理工作力度，切实维护社会稳定局面。稳定是发展的基础，是加快白城跨越式发展的保障。要高度重视，采取有力措施，抓好维护稳定工作。一要加强信访工作。进一步落实领导责任制，严肃信访工作责任追究制度。增强政治责任感，对群众上访要认真接待，及时解决问题，严格控制越级上访。深入做好超前排查和化解矛盾工作，变上访为下访，对带有苗头性、倾向性的信访问题，要提前介入，主动把矛盾解决在萌芽状态。二要做好社会保障工作。努力探索多种就业方式，拓宽就业领域，促进非规范就业、弹性就业、阶段性就业，开辟新的就业空间。积极稳妥地开展好解除下岗职工劳动关系工作，加强劳动就业中介服务，发展就业培训和职业教育。加快社会保障体制改革，完善社会保障体系，抓好“两个确保”，扩大社会保险覆盖面。做好城市扶困和农村救灾救济工作，确保城市和农村贫困人口的基本生活。三要大力整顿和规范市场经济秩序。按照集中打击与日常监督相结合、重点打击与综合治理相结合、市场监督与企业自律相结合、打假治劣与扶优扶强相结合的原则，逐步建立和完善管理监督机制，做到打防结合，标本兼治，务求实效，努力营造良好的市场环境。四要深入开展严打整治斗争。依法严厉打击严重危害社会治安的各种刑事犯罪活动，努力遏制案件多发势头。针对社会治安的突出问题和薄弱环节，强化治安防范机制。严厉打击“法轮功”邪教组织的各种破坏活动，维护好社会秩序。五要抓好安全生产和安全防火工作。组织开展好大检查，及时发现和整改事故隐患，遏制重大事故发生。从严整治交通秩序，确保交通安全。

九、努力转变机关工作作风，不断提高依法行政水平。新的形势和任务要求我们必须以崭新的风貌、旺盛的斗志、扎实的作风做好各项工作。要加强世贸知识学习。对世贸规则的熟悉程度，将决定我们能否抓住这一历史性机遇。要从经济全球化潮流中获益，就必须学习吃透 WTO 规则，按规则参与竞争。各级干部特别是领导干部，要抓紧时间深入钻研 WTO 的法律、法规和规定协议，做到学懂弄通，灵活运用。积极研究应对措施，努力做到应有预案，对有良策。要切实转变政府职能。认真贯彻“为民执政、科学理政、依法行政、从严治政”的施政方针，加速政府职能从微观管理、直接管理向宏观管理、间接管理转变，改进工作方式和工作作风。改革行政审批制度，对不符合政企分开和政事分开原则、妨碍市场开放和公平竞争以及实际上难以发挥有效作用的行政审批，坚决予以取消；可以用市场机制代替的行政审批，通过市场机制运作；对于需要保留的行政审批，要建立健全监督约束机制，逐步探索一条“小政府大服务”的路子。要抓好工作落实。各级领导要深入基层，深入实际，体察民情民意，扎扎实实解决好热点难点问题。建立严格的责任制度和督查制度，对于部署的重点工作，要逐级明确领导责任和时限要求，定期调度，跟踪督查，确保各项工作落到实处。

同志们，新的一年即将到来，任务繁重而艰巨。我们要在市委领导下，振奋精神，与时俱进，同心协力，真抓实干，推进全市经济社会实现跨越式发展。

2002

附 录

白城年鉴

2001年白城市领导干部名录

中国共产党白城市委员会

书　　记　王宪林（8月免）
　　　　　刘润璞（8月任）
副 书 记　岳清友　关德伟（女）　沈　贵
　　　　　刘德翔（7月任）　李树文（12月任）
常　　委　蔡玉和（4月免）　李殿发　任凤春
　　　　　杨亚杰（4月任）　吕克梁（4月任）
　　　　　张玉玺（4月免）　曹宇光（12月任）
　　　　　李　祥（12月任）
秘 书 长　李殿发（兼）
副秘书长　陈晓非（9月免）　石　勇　高学忠（9月任）　陈中信（9月任）　马若麟（9月任）

市委工作部门及所属单位

市委办公室
　主　　任　陈晓非（9月免）　高学忠（9月任，兼）
　副 主 任　沙金华（11月免）　程守基　马若麟
　　　　　　马　壮（11任）　杨立诚（11月任）
　副 书 记
　纪委书记　夏远菊（女）
保 密 局
　局　　长　赵长明（11月免）
　　　　　　杨立诚（11月任，兼）
机 要 局
　局　　长　耿金增
组 织 部
　部　　长　李树文（12月免）　曹宇光（12月任）
　副 部 长　孙佳学　刘　啸（9月任）　鞠万义
组织员办公室
　主　　任　李国君
宣 传 部
　部　　长　任凤春
　副 部 长　杨　超　刘殿芳　奚　杰（女，满族，11月任）　张会峰（11月任）
精神文明建设指导委员会办公室
　主　　任　杨　超（兼）
　副 主 任　吴　祥（11月免）　奚 杰（女，满族，11月任）　耿继发
讲 师 团
　副 主 任　马　加
统 战 部
　部　　长　王文成
　副 部 长　王小平（女，蒙古族）　周广义
台湾工作办公室（市政府台湾事务办公室）
　主　　任　崔淑贤（女）
政法委员会
　书　　记　岳清友（12月免）　李　祥（12月任）
　副 书 记　段学志（9月任）　徐玉学
610办公室
　主　　任　段学志（9月任，兼）
　副 主 任　韩彦华（9月任）
政策研究室
　主　　任　陈中信
　副 主 任　袁树山（11月免）　刘福成
　　　　　　郭宝玉（11月任）
市委老干部局
　局　　长　姜维延
　副 局 长　王　会（女，11月免）　白士泉
　　　　　　王　环（女，11月任）　张春雨（11月任）

关 工 委

秘 书 长　吴　澍（蒙古族，11 月任）

党史研究室

主　　任　陈继辉（11 月任）

副 主 任　李宝印（11 月免）　陈继辉（11 月免）

农村工作委员会

主　　任　张凤林（9 月任）

章承仁（满族，9 月免）

副 主 任　冯文田（11 月免）　张洪波

符　文（11 月任）

市直机关党工委

书　　记　李殿发（兼）

副 书 记　白景武（常务）　袁鸿江（11 月免）

王桂芝（女）　黄新成（11 月任）

张子杰（11 月任）

纪 工 委

书　　记　黄新成（11 月免）　张子杰（11 月任）

市委党校

第一校长　岳清友（兼）

校　　长　王青海

副 校 长　宋　平　沙金华（11 月任）　尹志明

副 书 记

纪委书记　刘雅琴（女）

白城日报社

社　　长

党委书记　高　营

总　　编　宫玉堂

副 总 编　纪方文　朱万春（满族）

副 社 长　李晓峰（11 月免）　李振刚（11 月任）

廉　方

副 书 记

纪委书记　杜启顺

记协主席　廉　方（兼）

社长助理　葛延秀（11 月任）

白城市人民代表大会常务委员会

主　　任　李增福

副 主 任　梁秉常（12 月免）　宇　梁

栾士贤　葛泽峰　苗长凤（女）

秘 书 长　于洪飞

副秘书长　郏全义（12 月免）　何煦华（12 月免）

办公室

主　　任　郭印德

副 主 任　李秋田（11 月任）

人事代表选举委员会

主任委员　李　力

副主任委员　杨　超（兼）

民族侨务外事委员会

主任委员　吕晨霞（女）

副主任委员　白长明（兼）

环境与资源保护委员会

主任委员　刘宪武

副主任委员　石　勇（兼）

农业与农村委员会

主任委员　袁鸿雁

副主任委员　李春山（兼）

内务司法委员会

主任委员　邓志安

副主任委员　刘春荣（女，兼）

李兴建（11 月任）

教育科学文化卫生委员会

主任委员　徐治和（11 月免）

副主任委员　车元路（兼）

财政经济委员会

主任委员　何煦华（12 月免）

副主任委员　熊德山（11 月任）　宫玉堂（兼）

人大常委会委员（按姓氏笔画为序）

于　伟　王　开　王雅芳（女）

邓志安　白长明　吕晨霞（女）

刘春荣（女）　刘宪武

孙佳学　李　力　李春山

张岱英（女）　陈国风（回族）

杨　超　周学礼　姚丽娟（女）

徐建成　袁鸿雁　郭印德

董百春

白城市人民政府

市　　长　刘润璞（9月免）
代 市 长　岳清友（9月任）
副 市 长　蔡玉和（4月免）　杨亚杰（4月任）
　　　　　李守田　曲汉林　王　锐　姜凤国
　　　　　曹宇光（4月任，12月免）
　　　　　蔡跃玲（女，满族，8月任）
市长助理　孙柳星（11月免）
秘 书 长　翟占奇（9月免）　陈　越（9月任）
副秘书长　王春田　王文奇　孙延春
　　　　　王　林　邢爱民（9月免）
　　　　　王德坤（女，9月免）
　　　　　冷有春（9月免）　黄真久（9月任）
　　　　　黄雪娥（女，9月任）　王　钧（9月任）
　　　　　任陶海（11月任）　季　委（11月任）

市政府工作部门及所属单位

市政府办公室
主　　任　陈　越（兼）
副 主 任　高源林　王俊峰　孟令平（11月免）
　　　　　温贵君（11月任）　李　众
　　　　　孙秀国（11月任）

法 制 局
局　　长　张志国
副 局 长　张兆军（11月任）

无线电管理处
处　　长　赵景祥
副 处 长　刘振兴（11月任）　冯建华（11月任）

经济体制改革办公室
主　　任　孙玉山
副 主 任　吴　祥（11月任）　衣尚民

经济技术协作办公室
主　　任　齐学森（满族，11月免）
　　　　　吴长青（11月任）
副 主 任　刘志林　程　冰（女）
　　　　　朱宝魁（11月任）

人 事 局
局　　长　白铁城　（满族）
副 局 长　赵全来　陈玉民
　　　　　王雪梅（女，11月免）
　　　　　高　权（11月任）
纪检组长　高　权（11月免）　孙国新（11月任）

机构编制委员会办公室
主　　任　赵全来

白城市暨白城市洮北区人才交流中心
主　　任　李洪武

劳动和社会保障局
局　　长　张文学
副 局 长　汪广宇（11月免）　孙立营（11月免）
　　　　　李文光（11月任）　陈桂荣（女，11月任）　杨喜军（11月任）
副 书 记
纪委书记　张伟华

监 察 局
局　　长　李秀识（兼）
副 局 长　贲宏勋（11月免）　刘大伟
　　　　　孟令平（11月任）　夏远大（11月任）

信访办公室
主　　任　任陶海
副 主 任　马继超（11月免）　王家敏
　　　　　刘清林（11月任）
　　　　　陈宏伟（女，11月任）

地方志办公室
主　　任　邢国明(11月免)
副 主 任　张　富（11月免）　张建和（11月任）
　　　　　赵长明（11月任）

档 案 局
局　　长　于秀芬（女）
副 局 长　王玉芝（女，11月免）　李学广
　　　　　任笑东

外事、侨务办公室

主　　任　欧阳光（9月免）　常时光（9月任）

副 主 任　温贵君（9月任，11月免）

　　　　　孙海胜（11月免）　赵庆先　马福林

　　　　　刘国强（12月任）

经济贸易委员会

主　　任　陈金生（满族）

副 主 任　徐建军（满族，9月任）

　　　　　孙忠福（11月免）　孟庆光

　　　　　王　奇（11月任）

副 书 记

纪委书记　王　奇（11月免）　何玉成（11月任）

安全生产办公室

主　　任　孟庆光（11月任）

商贸办公室

主　　任　王　奇（11月任）

副 主 任　刘守礼（11月任）

发展计划委员会

主　　任　隋　喜

副 主 任　王　钧（9月免）　高学忠（9月免）

　　　　　孙永祥（9月任）　罗惠峰（11月任）

　　　　　齐学森（满族，11月任）

重点项目建设办公室

主　　任　隋　喜（11月免）　孙永祥（11月任）

副 主 任　刘忠元（11月任）

生态建设办公室

主　　任　齐学森（满族，11月任）

副 主 任　王　秋（11月任）

白城经济开发区党工委、管理委员会

书　　记　石　勇

主　　任　李来华（4月免）　季　委（9月任）

副 主 任　何绍杰（满族）　刘恩国（11月任）

　　　　　李子成（11月任）

纪 工 委

书　　记　何绍杰（满族，兼）

建设委员会

主　　任　赵桂春（9月免）　冷有春（9月任）

副 主 任　孙国范（11月免）　王文义

副 主 任　陈忠轶（11月任）　张艳秋（女）

　　　　　寇振国（11月任）

副 书 记

纪委书记　张稼农（11月免）　杜海潮（11月任）

总工程师　张宗华（11月免）

人防办公室

主　　任　刘忠仁

副 主 任　靳瑞祥　刘世发

科学技术局

局　　长　李岭平（11月任）

副 局 长　李岭平（11月免）　何建民（蒙古族）

　　　　　王彦彬

交通局

局　　长　王国权

副 局 长　邢振友（蒙古族，11月免）

　　　　　李　学（11月免）　李晓东（11月任）

　　　　　李金卓　丁洪民（11月任）

副 书 记

纪委书记　赵文海（11月免）

市直国有商贸控股公司

董 事 长　韩福玉

副 经 理　王玉祯（11月免）　崔洪学

副 书 记

纪委书记　郭永明

市直工业国有控股公司

董 事 长　孙家刚

总 经 理　田永福（11月任）

副总经理　崔贵彬　田永福（11月免）

　　　　　王登科（11月任）

副 书 记

纪委书记　贾丽萍（女，11月任）

环 保 局

局　　长　刘永宏

副 局 长　赵庆珂（11月免）　陈一华（11月免）

　　　　　汪　毅（11月任）　夏万军（11月任）

芦 苇 局

局　　长　杨　友

副 局 长　赵允良（11月任）　刘子成（11月任）

统 计 局
局　　长　王佐新（11月免）
　　　　　李亚芹（女，11月任）
副 局 长　薛景昌（11月免）　李亚芹（11月免）
　　　　　周大成　李正道（11月任）
　　　　　张　颀（11月任）
贸 易 局
局　　长　孟宪武（11月免）
副 局 长　胡长河（11月免）
副 书 记
纪委书记　李景瑞（11月免）
对外贸易经济合作局
局　　长　付海祥（11月免）　刘跃义（12月任）
副 局 长　赵书滇（11月免）　孙彦群
　　　　　王常德（12月任）
副 书 记　邢国安（11月任）
招 商 局
局　　长　付海祥（11月免）
副 局 长　邢国安（11月免）
财 政 局
局　　长　曹海林
副 局 长　申江发（11月免）　高少迁
　　　　　温学卿（11月任）　胡　德
副 书 记　李　冰（女，11月免）
　　　　　黄柏林（11月任）
财政监督局
局　　长　李长权
国有资产局（会计管理办公室）
局　　长
主　　任　徐国祥
粮 食 局
局　　长　罗志新
副 局 长　宋恩生（11月免）　李银富　李兆东
　　　　　李忠林
副 书 记
纪委书记　王斌斌
供 销 社
主　　任　李殿林（11月免）　付海祥（11月任）
副 主 任　李玉明（11月免）　瞿学源（11月免）
　　　　　顾洪军（11月任）　李焕臣（11月任）
副 书 记
监 事 会
主　　任　李玉明（11月任）
副 书 记
纪委书记　张德良
审 计 局
局　　长　王　峥
副 局 长　李金胜（11月免）　丛德升（11月免）
　　　　　温学卿（11月免）　李晓峰（11月任）
　　　　　李彦丰（11月任）　康书君（女，11月任）
纪检组长　康书君（女，11月免）
　　　　　陈一华（11月任）
物 价 局
局　　长　王景春（9月免）　张海明（9月任）
副 局 长　李作斌　刘志汉（11月任）　张一松
农 业 局
局　　长　高新文
副 局 长　张福臣（11月免）　徐　彪（9月任）
　　　　　聂　君（11月免）　林　华（11月免）
　　　　　韩　友（11月任）　尹永凯（11月任）
副 书 记
纪委书记　顾洪君（11月免）　赵俊华（11月任）
林 业 局
党委书记　高　林（11月免）
　　　　　章承仁（满族，11月任）
局　　长　高　林（9月免）
　　　　　章承仁（满族，9月任）
副 局 长　于世录（11月免）　陈跃武　杜晓东
　　　　　徐世奎（11月任）
副 书 记
纪委书记　肖凤祥（满族，11月任）
畜 牧 局
党委书记　王永凯（11月免）　孙　维（11月任）
局　　长　王永凯（9月免）　孙　维（9月任）
副 局 长　于在海（11月免）　张　超　范维国

副书记
纪委书记 魏国勤（女，蒙古族）

国土资源局
局　长 孙延春（9月免） 黄　波（9月任）
副局长 腾玉龙（11月免） 马耀东 于显峰
赵宏亮（11月任）
纪检组长 王永江（11月任）

水利局
局　长 刘长远（6月免） 李殿林（11月任）
副局长 高贵林（11月免） 张士博 魏　国
陈立羽（11月任）
副书记
纪委书记 张云武（11月免） 张　力（11月任）

民营经济发展（乡企）局
局　长 杨志军
副局长 石守礼（11月免） 胡秀芳（女）
王明军（11月任）

农业开发办公室
主　任 申江发
副主任 李清林 刘仁明（11月免）

教育局
局　长 周　骏（9月免） 范朝东（9月任）
副局长 曹前迈（11月免） 孙家海 杨大伟
毕　荣（11月任）
副书记
纪委书记 宋福国

教育督导室
督　学 王英明（11月免） 李庆文（11月任）
艾光洁（女，满族，11月任）

文化局
局　长 王　辉（9月免） 欧阳光（9月任）
副局长 艾有义 节　义
副书记
纪委书记 张淑兰（女）

体育局
局　长 郑鹏翔
副局长 陈长海 张旭晨（11月任）

卫生局
局　长 王竹石
副局长 鲍德彰（蒙古族，11月免）
刘桂樟（11月免）
岳金华（11月任） 李　印（11月任）
聂凯林（11月任）
副书记
纪委书记 岳金华（11月免）
姜彩霞（女，11月任）

广播电视局
局　长 杜春峄
副局长 杜云龙 冯万林 杜宝森
王占顺（11月任）
副书记
纪委书记 高　笕（女）

白城电台
台　长 于　云
副台长 李少达

白城电视台
台　长 冯万林（11月免）
副台长 邢鸿声

白城有线电视台
台　长 王占顺（11月免）

计划生育委员会
主　任 孙志文
副主任 邓　耀（11月免） 张建和（11月免）
王凤霞（女，11月任） 刘洪来
赵敦杰（蒙古族，11月任）

民政局
局　长 王文新
副局长 李文光（11月免） 程显龙
孙立营（11月任） 徐　杰
副书记
纪委书记 郑常玺（11月免） 鲍殿奎（11月任）

民族事务委员会、宗教事务局
主　任
局　长 王凤岚（女，蒙古族）
副主任
副局长 陶有林 高　勇

老龄工作委员会办公室
常　　务
副 主 任　张淑芳（女，11月免）
郑常玺（11月任）

地 震 局
局　　长　张柏德
副 局 长　张凤楼（11月免）
李翠萍（女，11月任）

司 法 局
局　　长　王德坤（女，9月任）
副 局 长　韩东明　林树良（11月任）
李晓平（11月任）
副 书 记
纪委书记　李晓平（11月免）　孙万良（11月任）

公 安 局
局　　长　储　鹏
副 局 长　闵文林（11月免）
那　铎（满族，11月免）
刘东柏（11月任）　杨玉武
张　馨（7月任）　刘胜利（11月任）
副 书 记
纪委书记　解德魁

交警支队
支 队 长　刘东柏（11月免）
政　　委　吕迪彰

劳动就业服务局
局　　长　刘　友

洮儿河灌区管理局
总支书记　包金龙（蒙古族）
局　　长　陈福林
副 局 长　庞　财　陈立羽（11月免）
黄丽娜（女）　熊立安（6月任）

月亮湖水库管理局
副 局 长　马传才　刘子成（11月免）
陈少杰（11月任）
刘金凤（女，11月任）
副 书 记
纪委书记　王金玉（11月免）
工会主席　莫长海

监　　狱
监 狱 长　于海江（蒙古族）
副监狱长　曹　祯（6月任）　刘伟峰（6月任）
陈金峰　常立军
纪委书记　徐延孝（6月任）
副 政 委　韩东明（3月任，兼）

劳 教 所
所　　长　盛万春

科学技术研究所
副 所 长　梁洪林（11月免）　刘凤祥（11月任）

白城市农业科学院
党委书记　李占先（9月任）
院　　长　李占先（9月免）　金喜双（9月任）
副 院 长　张汉武（11月免）　张晓明（11月免）
任长忠　张　义（11月任）
孔繁甲（11月任）
副 书 记
纪委书记　姜少烈（女，11月免）
张晓明（11月任）

林业科学研究院
院　　长　陈　庆（9月任）
副 院 长　王厚德（11月免）　赵允良（11月免）
张健秋（11月任）

畜牧研究所
所　　长　李　强

农牧机械化研究院
院　　长　盛　霖（9月免）　许广山（9月任）
副 院 长　林　华（11月任）

广播电视大学
校　　长　吴长青（11月免）　邓　耀（11月任）
副 校 长　张润民　王景权
副 书 记
纪委书记　陈　富

职工大学、白城工业交通学校
党委书记　王甲生
校　　长　裴锡铁
副 校 长　宋立国　张学山　邹立夫

副书记　李贵才
工会主席　黄作兰（女）

农业机械化学校
党委书记　丁光辉（11月免）
校　　长　赵　平（11月免）
副校长　侯　军（11月免）　王　权（11月免）
副书记　马　荣（11月免）

农业广播电视学校
校　　长　曲永勤（11月免）　聂　君（11月任）

白求恩医科大学白城医学院、白城卫生学校
党委书记　丁子军（11月免）　王文双（11月任）
院　　长　于洪光
副院长　王文双（11月免）　邢福祥　张正顺　魏凤辉（11月任）
副书记
纪委书记　王凤霞（女，11月免）　杨俊华（女11月任）
教务长　魏凤辉

白城财经学校
党委书记　王雨田（11月免）
副校长　王俊清　朱光明　于勇学
副书记
纪委书记　梁子平（11月任）

白城师专分校
党委书记　袁万祥
校　　长　唐克杰
副校长　邹士生　王荣富　刘桐强　杨天茁　许孟虎（11月任）
副书记
纪委书记　于俊哲
工会主席　许孟虎

白城粮食学校
党委书记　崔丽霞（女）
校　　长　张利军
副校长　杨洪波　毛成星
纪委书记
工会主席　田秀兰（女）

吉林省畜牧业学校
党委书记　顾奎发
校　　长　王喜赋
副校长　侯　军（11月任）　梁子平（11月免）　于晓光（11月任）　许长禄（11月任）

电影公司
经　　理　马健民（11月免）

白城市中心医院
院　　长　范德新
副院长　于　一（11月任）　宗淑英（女）　杨喜春　丛财旺　黄继军
副书记
纪委书记　李景升（11月任）
工会主席　李敬才

白城市急救中心
主　　任　范德新（兼）
副主任　孙志杰（11月任）

白城市传染病医院
副院长　李书圣（11月任）　高玉江　薛　荣

洮南神经精神病医院
院　　长　葛树立
副院长　孙秀萍（女）　王祥元（11月免）　李书圣（11月免）
副书记
纪委书记　赵世辉
工会主席　王祥元（11月任）

人工降雨基地、人工降雨防雹办公室
主　　任　李德甫（11月免）　袁树山（11月任）
副主任　杨万林　张慕智（11月免）　张　林

水利勘测设计院
院　　长　李春山
支部书记　于德春

建筑设计研究院
院　　长　李晓峰

市城镇规划管理局
局　　长　陈忠铁（11月免）　刘岩民（11月任）

公路管理处
处　　长　李晓东（11月免）　吕国林（11月任）
党委书记　吕国林（11月免）　李文峰（11月任）

运输管理处
处　　长　刘文生（回族）
政　　委　殷忠超
市政府宾馆
经　　理　王俊峰
鹤原宾馆
总 经 理　程守基
镇赉县灌溉排涝区党工委
书　　记　张乃峰

中国人民政治协商会议吉林省白城市委员会

主　　席　刘宝泉（蒙古族）
副 主 席　马传海　赵洪瑞　张守信　罗家风
　　　　　邢金普　王文成（蒙古族）　杨　枫
秘 书 长　张　洪（9月免）
副秘书长　邢爱民（9月任）　李春棠
常务委员（按姓氏笔画为序）
　　　　　刘仁利　刘庆余　刘桂萍（女）
　　　　　刘殿芳　孙春生　杨洪卿　李庆文
　　　　　李秀识　张　义　张义振　张文喜
　　　　　张庆仁　张怀先　张国忠　张鹤良
　　　　　陈玉明　周德祯　赵维光　姜艳林
　　　　　敖炳权　郭英杰　桑玉生　曹靖安
　　　　　盛　发　常振亚　蔡大刚　徐建成
　　　　　鞠万义　王敬华（女）　杨学志
　　　　　张立新　张艳秋（女）
　　　　　奚　杰（女，满族）　臧玉明　马靖然
　　　　　王　郢　王国石　王凤岚（女，蒙古族）
　　　　　王选禄　卢广林　巩伟光
办 公 室
主　　任　李春棠（兼）
副 主 任　张宝才
提案委员会
主　　任　张鹤良（11月免）
副 主 任　孙习贵（11月任）
经济科技委员会
主　　任　张义振
社会法制委员会
主　　任　艾鹏举
学习文教委员会
主　　任　张　健
副 主 任　王　环（女，11月免）
　　　　　胡晓明（11月任）
文史资料委员会
主　　任　刘庆余
台港澳侨联络委员会
主　　任　张秀云（女）

中国共产党白城市纪律检查委员会

书　　记　刘德翔
副 书 记　李秀识　刘春荣（女）　刘广辉
常　　委　贲宏勋（11月免）　刘大伟　周　涛
　　　　　汪　毅（11月免）　白铁良（蒙古族）
　　　　　孟令平（11月任）　夏远大（11月任）
秘 书 长　汪　毅（11月免）
　　　　　白铁良（蒙古族，11月任）
办 公 室
主　　任　白铁良（蒙古族，11月免）
　　　　　阚艳秋（11月任）
纪检监察一室
主　　任　周　涛
纪检监察二室
主　　任　韩振林
纪检监察综合室
主　　任　夏远大
执法监察室
主　　任　韩金生（11月免）
　　　　　张卫国（11月任）
信 访 室
主　　任　黄柏林（11月免）

韩金生（11月任）

党风廉政建设室

主　　任　蔺敏杰（11月免）张振国（11月任）

干部室

主　　任　蔺敏杰（11月任）

审理室

主　　任　张　力（11月免）　李国栋（11月任）

纠风室

主　　任　侯国强（11月任）

教研室

主　　任　李福春（11月任）

总支书记　杜海潮

民主党派

中国国民党革命委员会白城市总支委员会

主任委员　白长明（蒙古族）

副主任委员　李庆文

秘书长　白丽娟（女）

中国民主建国会白城市委员会

主任委员　邢金普

副主任委员　周学礼　张庆仁

中国农工民主党白城市委员会

主任委员　杨　枫

副主任委员　马靖然　崔丽萍（女）

社会团体

白城市总工会

主　　席　王明理（11月免）

副主席　臧玉明　邓长坤　王文波（11月任）

中国共产主义青年团白城市委员会

书　　记　王延军（9月免）　徐建成（11月任）

副书记　徐建成（11月免）　黄秀清

常立新（11月任）

白城市妇女联合会

主　　席　张岱英（女）

副主席　奚　杰（女，11月免）　胡玉华（女）

白城市文学艺术界联合会

党组书记　杨　超（11月免）　刘殿芳（11月任）

主　　席　宋亚峰

副主席　高玉田（11月任）　夏永奇（11月任）

白城市工商联合会（商会）

党组书记　王小平（女）

会　　长　桑玉生

副会长　张万友（11月任）　黄文平（兼）

冯宝友（11月任）

白城市归国华侨联合会

主　　席　张守信

副主席　李秀云（女，11月任）

白城市科学技术协会

主　　席　张泽义（女）

副主席　窦会英（女，11月免）

姜彩霞（女，11月任）

张守业（11月任）　段颖越（11月任）

白城市残疾人联合会

理事长　韩凤翔（11月免）　瞿学源（11月任）

副理事长　李永昌

白城市红十字会

副会长　李德厚（11月任）

白城市中级人民法院

院　　长　卢炳建

副院长　高　平（蒙古族）　陈晓非（9月任）

刘旭阳　赵晋江

纪检组长　左义成

政治部

主　　任　包柏青（女，蒙古族）

白城市人民检察院

检察长 王绍哲
副检察长 于显荣 王晓明 刘兴文
副书记
纪检组长 张贵良
政治部
主 任 包宏伟（女，蒙古族）

省属单位

白城师范高等专科学校
党委书记 任 兴
校 长 车元路
副书记 黄国满
副校长 纪德荣（4月任） 刘晓春
纪委书记 丁跃文（2月免） 亢平信（4月任）
白城市国家安全局
局 长 王春田
白城市质量技术监督局
局 长 林相国（11月免） 周 骏（11月任）
副局长 邢金普 李德辉 刘志汉（11月免）
韩晓东（12月任）
纪检组长 浦生玉（11月任）
白城市药品监督管理局
局 长 郝彧禾
副局长 薛长江（12月免） 谢万全（12月免）
田振海 孙尚维（12月任）
纪检组长 薛长江（12月任）
吉林省白城市气象局
局 长 李德甫（10月免） 裴福军（10月任）
副局长 高凤岐 曲长波（10月任）
纪检组长 陆海涛
吉林省白城市水文水资源勘测局
局 长 刘利民
副局长 管延海 谭 英 胥铭兴
白城市工商行政管理局
局 长 蒋 才（3月免） 黄文平（3月任）
副局长 田运明（3月免） 韩世昌（3月免）
郑学良（3月免） 李兴国（3月任）
李嘉兴（3月任） 杨成军（3月任）
纪检组长 李震天（3月任）
白城出入境检验检疫局
局 长 吕昭生
副局长 朴春锡（11月任） 尚宪进
白城市烟草专卖局
局 长 张凤武
副局长 张大明（12月免）
孟祥荣（女，1月任） 范国臣（4月任）
白城市国家税务局
局 长 王 勇
副局长 赵佳新（11月任） 陈喜江 刘忠涛
刘国民
纪检组长 都永华（10月任）
白城市地方税务局
局 长 王桂林
副局长 高鹏飞 袁万祯 郑秀林
吉林省监狱管理局镇赉分局
局 长
党委书记 崔国文（3月免） 王林祥（3月任）
副局长 陈凤春 邢冠山 王长进 刘玉杰
纪委书记 于显武
吉林省通信公司白城市分公司
经 理
党委书记 陆作义
副经理 郑春生 郭 英
副书记 俞向东
中国联通公司白城分公司
经 理 冷廷显
白城市移动通信分公司
经 理 刘永胜
白城市邮政局

局　　长　司永江
副 局 长　杨宝琛　田振刚　孙学山
白城供电公司
总 经 理　程喜清（2 月免）　李　明（2 月任）
党委书记　王志宏（2 月任）
副总经理　李　伟　陈兴良（2 月任）
副 书 记　魏福会
中国人民银行白城市中心支行
行　　长　李桂林
副 行 长　刘晓佳　孙守华　姬铁军
　　　　　许少勋（4 月任）
纪委书记　刘宗运（4 月免）　张晓文（4 月任）
工会主席　周宪庆（4 月免）　张景勋（4 月任）
中国银行白城市分行
副 行 长　于连平　张立仙
　　　　　包红光（女，蒙古族）
纪委书记　李占军
中国建设银行白城市中心支行
行　　长　董志坚
副 行 长　苗子瑜　曲延军（4 月任）
中国农业银行白城市分行
行　　长　孙万臣
副 行 长　李文华　柳英俊　魏广富　吴长河
中国农业发展银行白城市分行
副 行 长　李长顺　黄立宪
中国工商银行白城市分行
副 行 长　刘文祥　黄树文　梁延凯　李云海
纪委书记　杨士信
白城市社会保险公司
总 经 理　高庆余（3 月免）　李忠林（3 月任）
副总经理　王成武　李春潮　夏景武　罗　平
中国人民保险公司白城分公司
总 经 理　张奇志
副总经理　张海龙　李宇生　曲宏杰
中国人寿保险公司白城分公司
总 经 理　王忠权
副总经理　刘敬东　彭万隆
长春铁路分局白城地区办事处
主　　任
党 工 委
书　　记　高凤山
副 主 任　于清河　王继有
副 书 记　张志明
纪检组长　宋振国
工会工委
主　　任　刘桂琴（女）
吉林物资储备管理局二三七处
处　　长　姜永昌
党委书记　田庆森
副 处 长　孙东升　于　义
纪委书记　崔　富
工会主席　田　印
吉林省地方病第一防治研究所
所　　长　高崇华（4 月免）　江森林（4 月任）
党委书记　贾　文
副 所 长　谢景琦
纪委书记　杨佩忠
铁道部镇赉木材防腐厂
厂　　长　杨成章
副 厂 长　于希正　党　斌
副 书 记　吕　臣
工会主席　王春森
白城热电厂
厂　　长　郭子健
副 厂 长　李雨泽　冯海军　夏　秋　王建文
纪委书记　王贺亭
工会主席　赵成国
中国石油天然气股分有限公司吉林白城销售公司
经　　理　黄荣君
副 经 理　马俊江　翟占芳　周吉林　孙金鳌
吉林省镇南种羊场
场　　长　李　波
党委书记　韩广维
副 场 长　张学军　寿永昌
纪委书记　马俊宝（满族，6 月免）
　　　　　鹿钦志（6 月任）

工会主席 戴启明

2001年白城市社区、村名录

全市总计：乡54个　其中民族乡9个　镇38个　城市街道办事处20个　村民委员会917个　社区居委会144个

洮　北　区

街道办事处 镇　　　乡	社区居委会　　村民委员会 名　　称	数　量
新华街道办事处	工人街社区　站前社区　和平社区　建设社区　民主社区　东兴安社区　东新兴社区　西新兴社区　西兴安社区　北胜利社区　南胜利社区　长青南社区　长青北社区	13
明仁街道办事处	明繁社区　明仁社区　文化社区　明盛社区　乘风社区　通业社区　兴业社区	7
新立街道办事处	长富社区　长平社区　铁西社区　长利社区　长胜社区　长发社区	6
长庆街道办事处	白鹤1号社区　白鹤2号社区　新云社区　祥瑞社区　福临社区　庆华社区　教育社区　跃辉社区	8
海明街道办事处	民生社区　民福社区　海南社区　丹顶鹤社区　海东社区　洮北社区	6
幸福街道办事处	幸福花园社区　通宝社区　福兴社区　体育社区　军民社区　绿园社区　光明社区　灯塔社区　纺织社区	9
城南街道办事处	草原社区　友谊社区　海线社区　园林社区　东盛社区　东发社区	6
瑞光街道办事处	瑞普社区　瑞天社区　瑞同社区　瑞庆社区　瑞光社区　瑞源社区	6
铁东街道办事处	明珠社区　曙光社区　新兴社区　纸厂社区	4
岭　下　镇	岭西村　兴隆村　岭河村　新平村　红石岭村　四家子村　石头井子村　建新村　建政村　吉庆村　胜利村	11
平　安　镇	辉煌村　中兴村　红光村　安全村　永平村　新合村　新胜村　一心村　三甲村　平安村	10

续表：

街道办事处 镇　　　乡	社区居委会　　　村民委员会 名　　称	数量
青山镇	四发村 八家子村 生产村 新兴村 红星村 勤劳村 黎明村 光荣村 永红村 富裕村 利民村 德胜村 复兴村 永胜村	14
林海镇	四合村 孟家村 龙湾村 大兴村 敖宝村 铁岭村 朱家村 交通村 甜水村	9
平台镇	前进村 光明村 西五村 东五村 侯家村 民乐村 永丰村 永乐村 民生村 发家村 勤俭村 大岭村 红旗村 红塔村	14
洮河镇	关帝庙村 榆树村 连城村 楚伦布和村 两家子村 高产村 阿尼哈村 新发村 庆生村 大六家子村 拉先村	11
保平乡	于家村 代家村 纯阳村 朝阳村 长青村 东兴村 保平村 保胜村 乘风村 向阳村 三跃村 二龙村	12
东风乡	长发村 长利村 大青山村 友谊村 工农村 青山村 致富村 绿水村 金宝村	9
三合乡	西宝山村 凤城村 方家村 宝山村 八青村 夏家村 三合村 金家村 大房村	9
洮东乡	庆东村 和平村 晓光村 心合村 奋战村 永合村 三好村 杨树村 有利村 三合村	10
金祥乡	保安村 富强村 晓华村 新华村 青龙村 跃进村 新建村 东风村 卫东村 立新村 金祥村 乌兰村 平顶村 林场	14
永胜乡	红升村 仁和村 东方红村 河东村 红日村 长胜村 日升村 三胜村 利民村 光辉村 春光村	11
德顺蒙古族乡	全宝村 丰产村 兴建村 德顺昭村 西十家子村 白吉村 河北村 庆丰村 胡里村 明山村 保民太村 城四家子村 洮河村 双塔村 古城村 先进村 曙光村 木头村 乌兰图嘎村 敖包村 哈尔呼基村	21

全区合计：乡7个　其中民族乡1个　镇6个　城市街道办事处9个　村民委员会155个　社区居委会65个

（许宪友）

镇　赉　县

镇　　　乡	社区居委会　　　村民委员会 名　　称	数量 社区/村
镇赉镇	新华社区 华城社区 庆余社区 民康社区 庆生社区 正阳社区 庆铁北社区 庆安社区 广通社区 团结社区 街北村 长安村 南岗子村	10/3
坦途镇	坦途村 特力村 双山子村 红岗村 向阳村 西明嘎村 双宝岱村 新风村 哈拉甘吐村	9

续表：

镇　乡	社区居委会　村民委员会 名　称	数　量 社区/村
东屏镇	公和勒村　致祥村　沙洋村　查干村　乌木村　白音河村　西力吐村 格力吐村　前进村　东升村　大龙村　蒙古索口村	12
大屯镇	大屯村　小二龙村　五家子村　东报马台村　西报马台村　大茨勒营子村 代头村　腰杭乃村　前杭乃村　西五家子村　大官营子村　英台村　杭乃村 榆树岗子村　谢台岗子村	15
到保镇	到保村　高平村　车力村　双龙村　复兴村　太平村　一棵树村	7
沿江镇	东二龙村　东莫村　苇海村　前少力村　后少力村　西二龙村　南莫村	7
五棵树镇	五棵树村　树北村　前英台村　后英台村　助木村　徐家村　铁力村 七克吐村　小荷村　八家子村　张家园子村　三昭村　苏可村	13
黑鱼泡镇	黑鱼泡村　腰围子村　大围子村　索龙村　前嘎海村　哈拉本召村　来明村 报马吐村　三家子村　胡立台村　岔台村　他四海村　二龙梭口村　棉西村 包金台村　大河村　哈拉火烧村	17
丹岱乡	丹岱村　立新村　大乌兰吐村　十家子村　新荒户村　乌鸦山村　团结村	7
哈吐气蒙古族乡	哈吐气村　宝山村　张海村　硬焕昭村　呼兰昭村	5
胜利乡	太平山村　架其营子村　满汉营子村　郭家村　八格歹村　乌拉村　麻子村 二井子村　西艾力村	9
莫莫格蒙古族乡	莫莫格村　哈拉塔村　巴喜昭村　代珠村　才力村　双青山村　包力村 元宝吐村　乌兰昭村　苏克马村　米太村　少力村　卧卜特海村	13
保民乡	保民村　大呼拉村　永庆村　四家村　大龙波村	5
建平乡	洋营子村　新立村　二龙村　后长发村　莲泡村　六合村　平保村 金山堡村　后六家子村	9
嘎什根乡	嘎什根村　那林村　望海村　长发村　创业村　二力把村　于家围子村 后围子村	8
英华乡	英华村　平安村　民生村　双庙村　民治村　民主村　大岗村　三合村	8

全县合计：乡8个　其中民族乡2个　镇8个　村民委员会　147个　社区居委会10个

（许宪友）

通 榆 县

镇 乡	社区居委会 村民委员会 名 称	数 量 社区/村
开通镇	育才社区 开通社区 富强社区 铁西社区 铁北社区 兴华社区 团结社区 繁荣社区 新苑社区 永青村 东郊村 迎新村 西郊村 永合村 红旗村	9/6
瞻榆镇	东关村 西关村 东胜村 民胜村 蔬菜村 卫国村 兴隆村 大宁村 四明村 四合村 丰盛村 昌盛村 向阳村 东升村 繁荣村 前进村 新胜村 新立村 耀东村 前锋村	20
双岗镇	太平山村 林海村 双岗村 绿海村 长青村	5
兴隆山镇	东风河村 长胜村 兴盛村 粮丰村 长发村 三宝村 林茂村 爱国村 交格庙村 连环泡村	10
边昭镇	宝龙岱村 五井子村 边昭村 靠山村 西战村 铁西村 哈拉道堡村 腰围子村 佟家店村 天宝村	10
鸿兴镇	鸿兴村 东风村 乌努各尺村 前程村 聚富村 明月村 兴东村 绿化村 花园村 大青山村	10
四井子镇	金星村 四井子村 哈拉毛头村 大房村 富国村 龙井村、复兴村 回民村	8
新华镇	大有村 保安村 强胜村 新农村 新丰村 育材村 新林村 桑树村 新华村 新民村 朝阳村 农丰村 农林村 金山村	14
乌兰花镇	东木四台村 乌兰花村 沙力村 双龙村 林水村 冷家店村 星火村 西木四台村 西新立村 春阳村 太平村 万宝村 迷仁甸子村 陆家窝堡村	14
羊井乡	跃进村 黎明村 羊井村 榆林村 五一村 晓光村 路杨村 裕民村	8
新发乡	六合村 乌兰图嘎村 新发村 联合村 永胜村 德胜村	6
新兴乡	新兴村 东太村 新茂村 宏源村 西太村 东兴隆村	6
西艾力蒙古族乡	西艾力村 梧赫村 查嘎歹村 七台庙村	4
向海蒙古族乡	向海村 创业村 利民村 乌兰塔拉村	4
包拉温都蒙古族乡	糜子荒村 半拉格森村 五道营子村 富民村	4

续表：

镇　　乡	社区居委会　村民委员会　名　称	数量 社区/村
团结乡	幸福村　团结村　建设村　民主村　新春村　胜利村　解放村　前屈村　北河村	9
十花道乡	襄平村　光辉村　振江村　青海村　四海村　岭上村　海金村　新富村　曙光村　春锋村	10
八面乡	八面村　四家村　新建村　前坐坦昭村　阳光村　农大村　明兴村　荣华村	8
苏公坨乡	苏公坨村　华安村　两家子村　五家子村　农牧村　乔家围子村　聚宝山村　七撮村　天利泰村	9
七井子乡	和平村　富强村　向荣村　光明村　永丰村　五兴村　胡家店村	7

全县合计：乡 11 个　其中民族乡 3 个　镇 9 个　村民委员会 172 个　社区居委会 9 个　（许宪友）

洮　南　市

街道办事处 镇　　乡	社区居委会　村民委员会　名　称	数量 社区/村
光明街道办事处	光大社区　光华社区　光耀社区　光照社区	4
团结街道办事处	安静社区　安乐社区　安泰社区　安逸社区　安抚社区	5
富文街道办事处	富强社区　富裕社区　富兴社区	3
兴隆街道办事处	隆新社区　隆华社区　隆德社区	3
通达街道办事处	通庆社区　通畅社区　通途社区　通富社区　通裕社区	5
永康街道办事处	永电社区　永信社区　永国社区　永军社区	4
万宝镇	红旗社区　青年社区　万宝社区　永红村　煤窑村	3/2
瓦房镇	瓦房村　荣华村　长山村　白塔村　福顺村　共和村　靠山村　兴盛村　振林村　三友村　崇德村　怀德村　互助村　悦来村　春阳村　林海村　道岭村	17

续表：

街道办事处 镇 乡	社区居委会 村民委员会 名 称	数 量 社区/村
黑水镇	黑水村 五一村 繁荣村 丰满村 东安村 旭日村 新生村 友好村	8
那金镇	那金村 兴顺村 互利村 宝合村 新立村 富文村 群昌村 富泉村 好田村 巴海村 益泉村 新农村 林茂村 太安村 郝关村 里仁村 向阳山村	17
安定镇	万宝山村 太平村 兴旺村 新兴村 友谊村 新光村 明星村 远望村 四海泡村	9
胡力吐蒙古族乡	育林村 晋隆村 长青村 水泉村 新起村 双庙村 炭窑村 双发村 胡力吐村 满兴村	10
万宝乡	新民村 团结村 马鞍村 复盛村 复茂村 民主村 三义村 东立村 三立村 四立村	10
聚宝乡	龙泉村 宝泉村 长兴村 丁家村 四平村 黑顶村 金蟾村 长久村	8
煤窑乡	二龙锁口村 新丰村 德发村 共同村 光华村 宏山村 碱土村 永久村 北太平沟村 红旗村 河南村 三发村 兴仁村 前进村 西太平村	15
东升乡	东升村 永德村 福民村 桂林村 富强村 兴泉村 东平村 国光村 古树村 兴安村 进步村	11
野马乡	双合村 德惠村 新明村 平原村 新安村 金山村 东山村 永安村 野马图村 安山村 苇塘村	11
永茂乡	二段村 引蛟村 头段村 九家子村 永丰村 茂好村 三段村 永兴村 四段村 兴德村 新胜村 五棵树村	12
兴业乡	大榆树村 袁家村 五家子村 翟家村 富源村 如意村 创新村 春华村	8
蛟流河乡	昌盛村 龙山村 先锋村 山河村 蛟河村 双兴村 光荣村 志强村 五烈村 姚炎村	10
大通乡	惠清村 爱国村 德信村 林发村 双余村 申家村 长安村 赵民村 富乐村 湖沧村 三富村 黄花村 丰收村 四海村	14
福顺乡	庆茂村 庆平村 庆太村 富裕村 翻身村 振兴村 东胜村 建国村 红星村 中心村 德胜村	11
幸福乡	六家子村 幸福村 草房村 福安村 粉房村 金生村 温保村 新德村 吉安村 长岗村	10
向阳乡	朝阳村 凤凰山村 玉成村 联合村 金光村 建业村 青松树 文化村 新村村 兴隆山村 安乐村	11
二龙乡	保民村 二龙山村 仁义村 兴义村 建民村 新政村 立志村 民治村 光明村 王家店村	10
呼和车力蒙古族乡	立业村 车力村 创业村 宏图村 榆林村 兴发村	6

续表：

街道办事处 镇 乡	社区居委会 村民委员会 名 称	数 量 社区/村
洮府乡	北郊村 南郊村 西郊村 东郊村 桥南村 万福村 永胜村 福胜村 长龙村 增胜村	10

全市合计：乡16个 其中民族乡2个 镇5个 城市街道办事处6个 村民委员会220个 社区居委会27个

（许宪友）

大 安 市

街道办事处 镇 乡	社区居委会 村民委员会 名 称	数 量 社区/村
慧阳街道办事处	新明社区 德胜社区 兴华社区 南湖社区 城南社区	5
临江街道办事处	永兴社区 正通社区 人和社区 育才社区 嫩江社区	5
长虹街道办事处	人民社区 康平社区 长虹社区 江城社区 铁西社区	5
锦华街道办事处	祥安社区 锦秀社区 锦华社区 祥和社区 康宁社区	5
安北街道办事处	站前社区 街北社区 中心社区 街南社区 老坎子社区	5
安广镇	光明社区 光华社区 龙泉社区 龙腾社区 安平社区 安和社区 文化社区 文明社区 爱国村 胜利村 向前村 新荒村 永丰村 永庆村 永兴村 永强村 永富村	8/9
月亮泡镇	汉书村 岔古敖村 王家泡子村 辛店村 殿元村 先进村 志发村 焕新村 东山头村 高阳窝棚村	10
新平安镇	平安村 长进村 长胜村 长征村 东南岗子村 于家洼子村 长建村 长明村 长富村 长和村 长兴村	11
两家子镇	同兴村 同庆村 同乐村 同发村 同享村 同胜村 同权村 后两家子村 同强村 同安村 同合村 同富村 殿生村 来福村 同丰村 三家子村 同建村 同德村 同顺村 同心村	20
舍力镇	新华村 民强村 民富村 民和村 民众村 东升村 庆功村 庆华村 庆丰村 庆新村 庆生村 庆有村 庆和村 庆民村 民主村 民权村 民发村 民有村 洮东村 民新村	20
大岗子镇	大岗子村 前大岗子村 靠山村 双岗子村 杏树川村 欧力村 五盛堂村	7
叉干镇	庆发村 光明村 先锋村 庆安村 庆平村 庆学村 六合堂村 民乐村 长城村 建国村 三八村	11

续表：

街道办事处 镇 乡	社区居委会 村民委员会 名 称	数量 社区/村
龙沼镇	太平岭村 前程村 西三湾村 龙沼村 兴胜村 红光村 长春岭村 兴学村 后榆树村 兴俭村 新风村 八方村	12
太山镇	解放村 山湾村 张家店村 东风村 跃进村 聚宝村 幸福村 宝石村 地窝棚村 双全村 进步村 静山村 长青村 万山村 太平山村 高家窝棚村	16
丰收镇	新富村 新立堡村 新乐村 新田村 富有村 富胜村 洮儿河村 富安村 丰收村	9
四棵树乡	四棵树村 城南村 南山湾村 头段村 铁西村 德昌村 青山村 来宝村	8
联合乡	五间房村 红旗村 四平山村 长发村 红权村 曙光村 北安村 万福村 小窝棚村 兴业村 二龙山村 长虹村	12
西大洼乡	西大洼村 双榆树村 新立村 榆树村 三合村 建设村 董家店村 腰围子村 大围子村	9
乐胜乡	乐胜村 永茂村 日新村 永建村 永乐村 永志村 同立村 同生村 永安村 永平村 太平村	11
大赉乡	长白村 城南村 兴华村 永昌村 林业村 嫩江村 铁北村 渔业村	8
红岗子乡	红岗子村 永合村 新合村 万发村 八家子村 马营子村 一心村 南岗子村	8
来福乡	新平村 新兴村 富田村 新发村 新民村 富乐村 新志村 新建村 来福村	9
古城乡	古城村 长志村 长庆村 民建村 长新村 长安村 长源村	7
烧锅镇乡	富民村 四一村 富强村 富国村 富志村 富合村 富裕村 富新村	8
大榆树乡	榆树村 三业村 胡家窝棚村 前进村 团结村 姜家村 黑山村	7
新艾里蒙古族乡	富兴村 富发村 民兴村 民生村 新艾里村	5
海坨乡	兴功村 渔亮子村 巩固村 四家子村 政权村 互助村	6

全市合计：乡12个 其中民族乡1个 镇10个 城市街道办事处5个 村民委员会223个 社区居委会33个

（许宪友）

市长刘润璞在中国·白城'2001（广州）投资贸易说明会上的致辞

（2001年4月18日）

尊敬的各位领导、各位来宾，女士们、先生们、朋友们：

今天，我们在广州市举办2001年白城投资贸易说明会，并举行贸易和项目签约仪式，非常荣幸地邀请到各位领导和中外朋友们，并得到您们的热情关注和大力支持。我代表白城市政府及全市各族人民向莅临今天会议和给予白城发展热情帮助的各位领导和中外朋友们表示热烈的欢迎和诚挚的谢意！

白城市位于吉林省西北部，座落在松嫩平原腹地，全市幅员面积2.6万平方公里，辖镇赉、通榆、大安、洮南、洮北五个县（市、区）。

白城是关东大地上的一片热土，这里自然资源得天独厚。人均耕地、草原、宜林地、水面、芦苇面积和光热资源在全省第一多，还有石油、天然气、煤、铁、铜、钼、金、银、石灰石、白粘土、珍珠岩等矿藏资源。

白城特色经济明显。农业，是国家级大型商品粮基地市，是全国节水型井灌区建设示范市，被列为全国农业四大开发区之一和国家生态建设示范区。水稻、烤烟、肉牛、芦苇、棉花、淡水鱼、油料、糖料、杂粮杂豆等已成为全国的重要产区。蓖麻产量占全国总产量的四分之一。绿豆产量占全国总产量的40%、出口总量的60%，名优品种大鹦哥绿豆多年来在国内外市场十分畅销。黑水西瓜、福顺辣椒、万宝粉条、大安白鹅、通榆草原红牛、瀚海珠牌葵花仁等名优特产品在国内外市场上享有很高的声誉。

工业，形成了以纺织服装、汽车配件、机械建材、食品医药和造纸印刷等行业为主的工业体系。创出了棉纱、无纺布、毛纺呢绒、电缆、汽车发动机连杆、石油机械、机制纸和沙棘、芦荟系列酒，吉鹤、鹤城、月亮湖牌香烟等一批名牌产品。市场建设初具规模，集贸市场、专业市场、批发市场和要素市场功能齐全，辐射力强，吸引了大量的人流、物流、信息流和资金流。

白城自然风光独特，八百里瀚海景色诱人。这里天空湛蓝，空气洁净，绿草如茵，碧水长流，生态美、自然美、美在天然、贵在原始的自然景观为世人瞩目。在白城随处可见人与自然和谐的美景如诗如画：春天辽阔草原，骏马奔腾；夏天蓝天碧水，仙鹤起舞；秋天茫茫苇荡，百鸟啼鸣；冬天千里雪原，冰上捕鱼。

全市现有景区景点50多处，待开发的景区景点不计其数。世界A级湿地——向海自然保护区湖泊水域、蒲草苇荡、沼泽草原、沙丘黄榆等多样性原始生态，连绵不断。被国内外游客誉为“东有长白山，西有向海湖”。国家级自然保护区莫莫格，是世界珍禽丹顶鹤和多种鸟类的繁殖地，各种生物区系互相渗透，构成了奇特的生态环境。千古有名月亮湖，状如满月，美若嫦娥，烟波浩渺，渔乡风情，余韵绵绵。嫩江度假村、东沟狩猎场、包拉温都天然杏树林、瞻榆大榆树和水岛乐园、团结湖等自然景区景点驰名省内外。森林公园、运河带状公园、环城林果园、华严寺、鹤城大运河、抗洪胜利纪念塔、阳山鹤龙汇等一批人工景观吸引了大批游人。白城，是长期生活在钢筋水泥之间的人们认识自然、回归自然、享受自然的理想之地。

白城地理位置优越，交通通讯便捷。地处吉林、黑龙江、内蒙古三省（区）的交界处，是黑龙江西南部、内蒙古东北部入关的必经之地，是历史形成的区域性商品集散地和经济交流中心。航空、铁路、公路、水路齐备，乌兰浩特白城机场距市区80公里，铁路、公路可直达北京、长春、哈尔滨、沈阳、大连等大城市，水路可直达俄罗斯。通讯设施发达，光纤、微波传输、程控交换、移动电话、无线寻呼立体连网。

白城投资环境理想。我们以投资创业者满意为宗旨，实行了直接办理制、窗口服务制、社会承诺制，“一条龙”办公、“一站式”服务。1998年建立了白城经济开发区，它是集科、工、贸为一体，二、三产业共同开发的新区，政策优惠、服务到位。到这里投资兴业，不仅可以享受国家赋予省级开发区的各项优惠政策，而且还可以采取更加灵活的政策，是投资创业的理想之地。近三年连续开展了城市开发建设管理总体战，新建了二环路、火车站、站前广场、西部供热站、三水厂等一大批基础设施，并加强了环境治理，不断推进城市的绿化、净化、美化、亮化、香化，一个环境优雅、景色宜人、设施配套、功能齐全、文明整洁、秩序井然的新白城已展现在世人面前。

进入充满希望、机遇和挑战的新世纪，面对新的形势，我们要按照“十五”期间全市经济社会发展的总体思路和目标，更新观念争上游，负重前进加压力，改革创新找差距，跨越发展升位次。要重点发展城市经济，走一城崛起，卫星争辉，县域突破的路子。加快建设行走机械配套城、区域商贸中心城、生态环保旅游城，增加经济总量，扩大规模，提高城市化、现代化水平。

白城，这座科尔沁草原上新兴的城市，正站在新世纪的起点上，努力实现跨越式发展，其力已积，其势已蓄，其期已至。我们盛情邀请中外朋友来白城旅游观光、参观考察，诚挚欢迎国内外有识之士前来开发、投资、创业，200万白城人民期待着与您携手发展，在这块仙鹤迷恋的土地上，共创美好的未来。

祝各位领导、中外朋友身体健康，事业兴旺，万事顺达！谢谢大家！

正在崛起的鹤城

—市长刘润璞在中央电视台10频道《城市平台》栏目演讲

（2001年8月26日）

辽阔的科尔沁大草原与宽广的松辽大平原相汇，孕育了一块仙鹤迷恋的土地，这就是素有鹤乡美誉的吉林省白城市。

白城物华天宝，自然资源丰富，人均耕地、草原、宜林地、水面、芦苇、光热资源在吉林省第一多。

白城地灵人杰，特色经济明显。农业是国家级大型商品粮基地市和国家生态建设示范区。工业形成了以汽车配件、纺织服装等行业为主的工业体系。各类市场功能齐全，辐射力较强。

白城天蓝、地绿、水清，草原风光独特。在世界A级湿地、国家级自然保护区—向海，国家级自然保护区—莫莫格、查干浩特旅游开发区等50多处景区景点。是吉林省唯一拥有两个国家级自然保护区的城市，是中国唯一拥有两块世界A级湿地的城市。白城春天辽阔草原，骏马奔腾；夏天蓝天碧水，仙鹤起舞；秋天茫茫苇荡，百鸟啼鸣；冬天千里雪原，冰上捕鱼。

白城交通通讯便捷。公路、铁路、水路、航空齐备；程控电话、无线寻呼、移动通信等立体连网。

十五大以来，我们认真贯彻党的十五大精神和省委、省政府的部署，结合白城实际创造性的开展工作，把白城推向了全面大开发、大建设、大发展的新时期，白城面貌发生了历史性变化。

面向新的世纪，我们要坚持更新观念争上游，负重前进加压力，改革创新找差距，跨越发展升位次的工作方针，合力建设新“三城”即行走机械配套城、区域商贸中心城、生态环保旅游城，推进白城经济社会实现跨越式发展。

展望白城的未来，我们不但期待着在一方蓝天碧水青草地如诗图卷上与您相遇，还热切期待着与你在这里共谋发展，同创机遇，用我们真诚的努力，把白城这颗开发前景诱人、充满潜力与希望的草原明珠，妆扮得更加靓丽多姿。

白城人民欢迎一切有识之士投资、兴业，成就未来！

市长刘润璞在中国·白城'2001(香港)投资贸易洽谈会上的致辞

（2001年9月3日）

尊敬的女士们、先生们：

今天，我们在香港举行2001年白城市投资贸易洽谈会，非常荣幸地邀请到各位朋友、各位嘉宾，我代表白城市政府及全市各族人民向莅临今天会议的各位朋友、各位嘉宾表示热烈地欢迎!

我们这次活动，得到了香港贸易发展局、香港工业总会、香港中华总商会、香港中华厂商联合会、香港总商会、香港旅游发展局、香港中国旅行社、香港康泰旅行社的大力支持，在此，我代表白城市人民政府表示诚挚的谢意！同时，对举行今天这次会议的承办单位—香港富林达远东有限公司表示衷心地感谢!

白城市位于吉林省西北部，祖国地图是一只大公鸡，白城就坐落在鸡眼睛位置。白城总幅员面积2.6万平方公里，辖镇赉、洮南、通榆、大安、洮北五个县（市、区），200万人口。白城资源得天独厚。蕴藏着丰富的石油、天然气、煤、石灰石、白粘土、珍珠岩等矿藏资源。人均耕地、草原、宜林地、水面、芦苇面积和光热资源居全省第一位。

白城特色经济明显。农业，已成为国家级大型商品粮基地，是全国节水型井灌区示范市，被列为全国农业四大开发区之一和国家生态建设示范区。经过多年来的开发建设，已成为全国水稻、烤烟、肉牛、芦苇、棉花、淡水鱼、油料、糖料、杂粮杂豆的重要产区。其中蓖麻产量占全国总产量的四分之一；绿豆产量占全国总产量的40%，出口量占全国出口总量的60%。大鹦哥绿豆、黑水西瓜、福顺辣椒、万宝粉丝、大安白鹅、通榆草原红牛、瀚海珠牌葵花仁等名优土特产品在国内外市场上享有很高的声誉。

工业，形成了以纺织服装、汽车配件、机械建材、食品医药和造纸印刷等行业为主的工业体系。创出了棉纱、无纺布、毛纺尼绒、电缆、汽车发动机连杆、石油机械、机制纸和沙棘、芦荟系列酒，吉鹤、鹤城、月亮湖牌香烟等一批名牌产品。市场建设初具规模，集贸市场、专业市场、批发市场和要素市场功能齐全，辐射力强，吸引了大量的人流、物流、信息流和资金流。

白城自然风光独特。这里天空湛蓝，空气清新，绿草如茵，碧水长流，生态美、自然美、美在天然、贵在原始的自然景观为世人瞩目。在白城随处可见人与自然和谐的美景如诗如画：春天辽阔草原，骏马奔腾；夏天蓝天碧水，仙鹤起舞；秋天茫茫苇荡，百鸟啼鸣；冬天千里雪原，冰上捕鱼。全市现有景区景点50多处，待开发的景区景点星罗棋布。世界A级自然保护区——向海，拥有广袤的湿地、湖泊水域、蒲草苇荡、沼泽草原、沙丘黄榆等多样性原始生态。被誉为“东有长白山，西有向海湖”。国家级自然保护区莫莫格，是世界珍禽丹顶鹤和多种鸟类的繁殖地，各种生物区系互相渗透，构成了奇特的生态环境。千古有名月亮湖，状如满月，美若嫦娥，烟波浩森，渔乡风情，余韵绵绵。嫩江度假村、东沟狩猎场、包拉温都天然杏树林、查干浩特旅游开发区等自然景区景点驰名省内外。森林公园、运河带状公园、环城林果园、华严寺、鹤城大运河、抗洪纪念塔等一批人工景观吸引了大批游人。白城，是长期生活在“钢筋水泥”之间的人们回归自然、享受自然的理想之地。

白城地理位置优越，交通通讯便捷。地处吉林、黑龙江、内蒙古三省(区)的交界处，是黑龙江西南部、内蒙古东北部入关的必经之地，是历史形成的区域性商品集散地和经济交流中心。空路、铁路、公路、水路齐备，乌兰浩特白城机场距市区 80 公里，铁路、公路可直达北京、长春、哈尔滨、沈阳、大连等大城市，水路可直达俄罗斯。通讯发达，光纤、微波传输、程控交换、移动电话、无线寻呼立体连网。

白城投资环境理想。我们以投资创业者满意为宗旨，实行了直接办理制、窗口服务制、社会承诺制和全程服务制，“一条龙”办公、“一站式”服务。1998 年建立了白城经济开发区，集科、工、贸为一体，二、三产业共同开发，政策优惠、服务到位。到这里投资兴业，不仅可以享受国家赋予省级开发区的各项优惠政策，而且还可以采取更加灵活的政策，是投资创业的理想之地。

1998 年，我们战胜了百年不遇的特大洪灾后，在全国人民、海外侨胞，特别是香港同胞们的大力支持下，全市人民重建家园，近三年连续开展了城市开发建设总体战，新建了二环路、火车站、站前广场等一大批基础设施，并加强了环境治理，不断推进城市的绿化、净化、美化、亮化、香化，一个环境幽雅、景色宜人、设施配套、功能齐全、文明，整洁、秩序井然的新白城已展现在世人面前。

进入充满希望、机遇和挑战的新世纪，面对新的形势，我们要按照“十五”期间全市经济社会发展的总体思路和目标，重点发展城市经济。加快行走机械配套城、区域商贸中心城、生态环保旅游城建设，增加经济总量，扩大规模，提高城市化、现代化水平。

我们将坚定不移地实行对外开放政策，加强同世界各国的企业和财团之间的经贸往来，在更多的领域里，开展广泛的经济技术合作，寻求更大的发展。

我们盛情邀请各位朋友来白城旅游观光、参观考察；诚挚欢迎国内外有识之士前来开发、投资、兴业；200 万白城人民期待着与您携手发展，在这块仙鹤迷恋的土地上，共创美好的未来。

祝各位朋友身体健康，事业兴旺，万事顺达！谢谢大家！

白城市人民政府办公室关于转发《白城年鉴(2002)编纂工作实施方案》的通知

（2002 年 4 月 24 日）

各县（市、区)人民政府(管委会)，市政府各委办局、各直属机构：

市政府决定，自今年开始编纂出版《白城年鉴》，每年连续编纂出版。编纂《白城年鉴》是政府行为，是市政府的一项重要事业，是在市委、市政府的领导下对市情的全面调查，是两个文明建设的重要组成部分，是社会主义文化建设的一项系统工程，是承上启下、继往开来、服务当代、有益后世的千秋大业，也是各单位、各部门必须完成的政治任务和历史任务。白城市地方志办公室制定的《〈白城年鉴〉(2002)编纂工作实施方案》已经市政府同意，现转发给你们，请认真贯彻落实。

《白城年鉴》(2002)编纂工作实施方案

根据市政府2002年3月关于编纂出版《白城年鉴》的决定，结合全市工作的实际情况，制定如下实施方案。

一、指导思想

编纂《白城年鉴》(2002)(简称《年鉴》)，要以马列主义、毛泽东思想、邓小平理论和江泽民“三个代表”重要思想为指导，以经济建设为中心，坚持四项基本原则，坚持改革开放的基本路线，全面地、系统地、实事求是地记述2001年全市自然和社会的发展变化与现状及两个文明建设中出现的新事物、新进展、新情况、新成就、新经验、新问题，成为概述一年内事物发展、记录最新事实、汇集统计资料的资料性工具书。

二、基本框架

《白城年鉴》(2002)为综合性地方年鉴。它纵揽全局，门类齐全，集知识、信息、文献、资料为一体。要努力编出内容全面、资料翔实、信息密集、特点突出的既有实用价值又有存史价值的资料性著述。它的基本框架为：

(一)《年鉴》的时间断限，上限2001年1月1日，下限 2001年12月31日。

(二)《年鉴》的记述范围，以白城市现行行政区划为主要记述范围。

(三)《年鉴》的体裁，采用述、志、记、图、表、录等，以志为主体。力求结构严谨、文约事丰，思想性、资料性、科学性为一体。

(四)《年鉴》的篇目设置，按自然和社会事业分门别类，全书设13个部类，即《概述》、《政治》、《地方军事》、《法制》、《经济》、《科教》、《文化·卫生·体育》、《社会生活》、《县(市、区)概况》、《人物》、《大事记》、《文献》、《信息服务》。在这13个部类的前提下，再按照自然和社会事业分工及各项社会事业发展，分设栏目、分目、条目，一事一条。卷首附《白城市行政区划图》和《全市经济建设成就图片专辑》，统计表附在各类之中。

(五)《年鉴》的文体，采取规范的语体文、记述体。行文力求严谨、朴实、简洁、流畅；要文风端正，惜墨如金，力争达到“多一字繁，少一字残”的标准。全书80万字左右。

三、编写原则

(一)编纂《年鉴》要全面记述2001年全市的自然和社会的发展变化与现状，要充分地、实事求是地反映各行各业各项工作的实际情况。采取概述史实、运用数据和以事明理的方法记述，并将本年度与上年数字增减作比较。按照信息总汇的要求，反映出2001年各方面的新动向、新成就、新经验和社会生活的新变化；介绍资源开发的新情况、市场经济新趋向，新产品、名优产品、各种科学技术和各个学术领域的新成果等，为各个方面提供信息。同时，反映工作中发生的偏差、错误，重大事故、重大违纪事件、重大法律案件及自然灾害、灾情等。

(二)编纂《年鉴》要坚持把2001年全市改革开放和经济建设作为记述的主要内容。要贯彻以经济建设为中心，着重记述深入改革扩大开放所取得的重大成就和经验，对于在改革中出现的工作失误、腐败现象及其带来的消极后果的记述，既要遵循实事求是、掌握分寸、宜粗不宜细的原则，又要记述在市委、市政府的领导下，如何纠正和克服的。要突出反映时代特点。

(三)编纂《年鉴》要严格遵守《中华人民共和国宪法》及国家各项法规，贯彻党的民族、宗教、保密等政策，坚持民族平等、民族团结、促进祖国统一的原则。有关涉外问题，按国家有关规定慎重处理。

(四)编纂《年鉴》要汇集各方面的地情资料，记述地情的发展变化与现状，突出反映地方特点和本单位本行业特点。

(五)编纂《年鉴》要准确无误。《年鉴》为信史，必须真实。记述2001年各方面的事实、时间、地点、人名、地名、数字、专用名词术语等，一定要准确可靠。

(六)编纂《年鉴》的速度要快。《年鉴》的名称和性质决定它是一年一度的出版物，具有时效性，必须及时出版。否则，它提供给读者的就不是有关现状情况的系统资料书。因此，要在保证质量的前提下，加快出书速度。各单位力争今年7月上旬完成初稿，市地方志办公室在10月末终审，无特殊情况，力争2003年3月出版发行。

四、具体问题

(一)经费问题。鉴于全市经济紧张的实际情况，编纂出版《年鉴》所需经费，由市财政解决60%；由入鉴图片、单位简介、人物所收印刷费和发行《年鉴》收入中解决40%。

(二)稿酬问题。根据国家出版局关于《书籍稿酬暂行规定》，结合《年鉴》编纂的实际情况，对撰稿、编稿、审稿人，核发一定稿酬。

(三)图片和《单位简介》问题。为全面系统地宣传和推广我市经济和各项事业的新成就、新风貌，提高白城在全省、全国乃至世界的知名度，促进全市经济和各项事业长足发展和进步，根据外地编纂《年鉴》的经验，《年鉴》要刊载《全市经济建设成就图片专辑》和《单位简介》。《图片专辑》和《单位简介》收录：2001年市委、市政府以及党政机关命名(表彰)的先进单位，2001年纳税50万元以上(含50万元)企业和纳税5万元以上(含5万元)私营个体企业，2001年生产省优产品、部优产品、出口产品的企业，2001年市直属事业企业单位和中、省直事业企业单位所取得的成就图片和文字介绍。被收录图片和文字介绍的单位，按本书成本，只付该部分的印刷费。

(四)人物问题。为使《年鉴》成为我市英模人物的光荣榜，知名人士的言行录，精神文明建设的窗口，爱国主义教育的阵地，《年鉴》的《人物》部类，介绍2001年度各方面知名人士的活动、事迹、贡献及生平。其中被收录的县(处)级以上领导干部、英模人物等，由所在单位，按本书成本，只付该部分的印刷费。

五、方法步骤

编纂《年鉴》大体分五步进行：

第一步，做好准备工作。今年1月至5月完成。

首先，审定编纂工作方案。在4月中旬召开编委会，讨论、审定《〈白城年鉴〉(2002)编纂工作实施方案》和《〈白城年鉴〉(2002)入鉴内容提要》。

其次，落实编写任务。在4月下旬召开《白城年鉴》(2002)编纂工作会议。将《年鉴》编纂工作任务落实到市直机关、直属机构和中、省直驻白城各单位、各有关部门。

第三，建立编写队伍。在5月上旬，有编纂《年鉴》工作任务的单位，要建立起由单位领导牵头组成的1至2人编写组。

第四，搞好专业培训。在5月中旬，由市地方志办公室组织，对《年鉴》编纂人员进行专业培训，使编纂工作有个较好的组织、思想基础。

第二步，搜集资料工作。6月上旬完成。资料是编纂《年鉴》的基础，占有大量、全面、翔实的资料是编纂《年鉴》的先决条件。因此，《年鉴》各编写组要以主要精力查阅和搜集2001年档案、文献、报刊、简报、信息、会刊、统计资料等载体上涉及本系统本单位事业发展的有关资料；并对某些不系统、不全面、不准确的资料，进行考证核实；一定要将应收录的《年鉴》的资料，搜集齐备，准确无误。

第三步，编纂初稿。7月上旬完成。编纂《年鉴》的初稿，要体例完备，结构严谨，观点正确，资料翔实，数字准确，特点突出，语言精炼，行文规范。选定条目，要选用有特殊性的资料，要体现本年度特点和本系统本单位特色。条目命题要准，且简明扼要；

内容要专，且特点突出。记述的内容要充分反映本系统本单位在改革开放和经济建设中的新变化。

第四步，修改定稿。11月末完成。各单位编纂的《年鉴》初稿，由本单位领导班子审定后，交市地方志办公室核对、修改，总纂成《年鉴》送审稿。《年鉴》送审稿中的统计数字和涉密问题，分别由市统计局和市国家保密工作局审定。然后，由编委会审查定稿。

第五步，付印出版。12月初至2003年3月完成。《年鉴》出版后，国内外发行。

六、组织领导

编纂《年鉴》是市政府的一项重要事业。《年鉴》编纂工作政策性强、时间紧、任务重，必须在市委、市政府的领导下，在《白城年鉴》编委会的主持下进行。凡有关编纂方针、编纂机构建设、编纂工作方案的审定和《年鉴》终审等重要事项要由编委会讨论决定。编委会的日常工作由市地方志办公室负责。市地方志办公室要按照编纂工作方案，编写《〈白城年鉴〉(2002)入鉴内容提要》，搞好撰稿人员专业培训，做好组稿、编辑、出版、发行等工作。

编纂《年鉴》涉及自然、地理、政治、军事、经济、文化、教育、科技、卫生等部门，必须各单位通力合作才能完成。为此，本着哪个单位干啥写啥的原则，编写任务由各县(市、区)、市直机关、直属机构和中、省直驻白城各有关单位承担。承担编写任务的单位，一定要认识到，为《年鉴》撰稿，不是额外负担，更不是可写可不写的问题，而是关系到各级领导机关和一切部门的业绩能否载入史册的问题，是必须完成的政治任务和历史任务。各单位要确定一名领导负责这项工作，并做到“三亲自”，即亲自研究确定编写条目，亲自组织撰稿，亲自审稿。并选定熟悉本单位工作情况，有较高政治思想水平和较强写作能力的撰稿人，保质保量按时完成《年鉴》撰稿任务。

为使《年鉴》工作保质保量如期完成，对有编写任务的部门，实行“五定”，即：定任务(从拟定条目到按要求打印交稿，由承担单位一包到底)，定人员(由承担单位分管领导牵头组成的编写组，集体负责编写工作)，定时间(今年7月上旬完稿)，定质量(初稿体例完备，结构严谨，观点正确，资料翔实，数字准确，时代特点、地方特点、专业特点突出，文风端正)，定稿酬（《年鉴》出版后，按规定付给稿酬)。对按要求完成编纂任务的单位表彰，未完成任务的单位通报批评，年末不能评为先进单位。

编纂《年鉴》要搜集大量资料，市档案局、统计局及有关部门应积极提供，以保证编纂工作的顺利进行。

副市长姜凤国在《白城年鉴》编纂工作会议上的讲话

（2002年4月24日）

同志们：

今天这次会议，是市政府决定召开的。主要是对《白城年鉴》编纂工作进行动员部署。下面，我讲三点意见。

一、要充分认识编纂《白城年鉴》的重要性和必要性

根据中国地方志领导小组提出的“要积极开展年鉴的编辑出版工作”的要求和全哲洙副省长《关于年鉴工作的谈话》精神，结合我市地方志工作的实际情况，市政府决定，今年开始编纂《白城年鉴》，按年度

编纂，连续出版。编纂《年鉴》是政府行为，是在市委领导下、市政府主持下对市情的全面调查，是两个文明建设的重要组成部分，是承上启下、继往开来、服务当代、有益后世的千秋大业。《白城年鉴》汇集白城的自然、人文、社会、经济等发展变化与现状，具有“存史、教化、资治”的作用。它把全市一年里各方面的新情况、新变化、新发展、新成果、新经验、新问题记载下来，对我们当代人从事的事业，对我们自己、世人和后人都具有极大的借鉴作用。它系统地宣传、推介、展示白城的特色、优势、资源和全貌，特别是改革开放以来的风貌，不仅为我们自己、市外、海外人士了解白城、认识自城、开发白城、振兴白城提供了可靠依据，而且有利于催人奋进，有利于明确方向，有利于凝聚力量，有利于扩大改革开放和对外交往，对于进一步推动白城的经济发展和各项事业进步，都具有重大的现实意义和历史意义。

第一，我们要编纂的《白城年鉴》，是现代化的资料性的工具书，是科技发达、经济繁荣、社会进步的必然产物。它以年度为出版周期，连续不断地提供新的信息，成为系列性的史册；既是标示历史发展过程的实录，又具有纵与横的可比借鉴。要“鉴”社会和经济的发展、演进，包括成就与困难，发展与挫折，经验与教训。以“今天的实录，明天的镜子”使人“阅而知之，知之明之”，给人以深刻的启迪，达到“知往鉴今，温故知新”的目的。

第二，我们要编纂的《白城年鉴》，是地方综合性年鉴，具有政府公报职能。它是以政府官方的名义，按年度公布施政方略、政绩、业绩的年报，是集中概括我们行政区域内综合的、高密度的、大容量的信息资料的最佳载体，是其他任何传播媒介所无法替代的。它的这种特征决定其办刊宗旨、框架设计、内容选择都必须站在政府的高层上，从宏观的角度去把握。紧紧围绕政府的中心工作，忠实地记载政府的施政举措，以及在各方面、各领域所取得的成就和经验教训。它收录的信息资料都是由政府各有关职能部门经过严格筛选后提供的，翔实可靠，且经过有关领导和专家审核，具有官方的权威性。因此，我们应将《年鉴》视为了解市情、地情的必备工具书，视为工作的好帮手、好参谋、良师益友。

第三，我们要编纂的《白城年鉴》，具有汇集、传播信息的功能。它是属于信息产业范畴的一种特殊的信息载体，是当今社会信息流中不可缺少的重要组成部分。《年鉴》的信息处于信息流的终端，它是经过选择、整理、综合、加工、提炼、浓缩、凝定而结晶的强化了的信息。《年鉴》记载的内容以政府行为为主线，兼及社会各行各业的基本情况，汇集了大量的宏观的科学数据和信息资料。这一特征，决定了《年鉴》所记载的内容具有较高的层次和权威性。它的内容将反映我市的概貌，将全市的地情浓缩在一书之中。这种全方位、综合性的内容涵盖特点，使它储存的信息资料具有辐射面宽、信息密集、覆盖范围广的属性。《年鉴》的内容是有连续性的、可比性的，反映事物的角度、层次是符合科学规范的，入鉴内容具有较高的科学价值、实用价值和研究价值。

第四，我们要编纂的《白城年鉴》，具有多种服务功能。一是为政府施政服务。《年鉴》作为政府的年报，所发布的信息资料包括政府的施政纲要、宏观决策及执行情况；政府的政令、法规、方针、政策及执行情况；政府施政的近期、中期及远景目标；政治体制和经济体制改革及进展情况：各行各业在改革开放过程中的重大举措及取得的成果等。这些详尽而又完备的资料信息为政府重大决策提供了翔实资料和科学依据，对政府的宏观管理工作具有重要参考价值。二是为经济建设服务。《年鉴》所发布的投资环境、资源状况、产业结构、经济建设项目控制、市场商情等资料信息，可作为一个窗口，充分地展示全市的地情，迅速而又快捷地沟通与国内外的联系，为经济建设项目实施和国际国内各类商务服务提供准确的信息资料，体现了《年鉴》在经济建设中的架桥和铺路的特殊功能。三是为精神文明建设服务。《年鉴》作为精神文明建设的前沿阵地，所发布的信息贯穿着正确舆论导向，传播高尚的文明道德，倡导正确的价值取向，反腐倡廉，抵御邪恶，遵纪守法，表彰无私奉献的一条主线，是精神文明建设的好教材。四是为社会服务。《年鉴》所发布的资料信息是全方位的，覆盖了社会的方方面面，包括与广大人民群众生活息息相关的生产、择业、社会服务、社会教育以及衣食住行等内容。这些密集的、多侧面的、带有指南性质的信息资料，可满足社会及人民群众的不同角度、不同层次的需要，可为社会及人民群众的工作、学习与生活提供便利的咨询服务。

我们要编纂的《白城年鉴》，是一部科学的、系统的、全面的资料性工具书，可以说是我们这个伟大变革时代、信息社会、知识经济的科学记录，不仅在当代具有重要经济价值和社会价值，而且可以传诸后世，具有长久的认识价值和科研价值。事实证明，编纂《白城年鉴》是一项符合社会需要，符合历史需要的重要事业。

二、要保证《白城年鉴》的编纂质量

质量是《年鉴》的生命。我们编纂的《白城年鉴》，要在指导思想、框架设计、内容选择、条目拟定、稿件撰写、彩页编排设计及印刷装帧的整体上，全方位地保证质量。

（一）《白城年鉴》的编纂工作要坚持“四性”。一是思想性。要把保证《白城年鉴》的政治质量放在首位。《白城年鉴》的内容要符合党和国家的路线、方针、政策精神，坚持以马列主义、毛泽东思想、邓小平理论和江泽民“三个代表”重要思想为指导，贯彻以经济建设为中心，坚持四项基本原则，坚持改革开放的基本路线，和党中央在思想上政治上保持一致。要始终坚持《白城年鉴》在政治上的严肃性，使其保持较高的品位。二是科学性。《白城年鉴》要以改革开放、经济建设和社会发展为中心，内容表现形式要不断适应新情况、新发展、新变化。三是准确性。要本着对历史负责，对后人负责的态度，保证入鉴内容及资料信息准确无误。要客观地反映事物的本来面目，不溢美，不隐恶，不饰非，经得住历史的推敲。四是可读性。《白城年鉴》内容表现形式要灵活多样，图文并茂，文字通俗，便于检索。所载内容要实用性强，资料信息含量大，存史价值高。

（二）《白城年鉴》的编纂工作要坚持“三贴近”的办刊方针。一要贴近政府。要注意反映政府的施政活动和政绩、业绩，提高《白城年鉴》对广大干部的吸引力，增加干部特别是领导干部对《白城年鉴》的利用程度，提高利用率。二要贴近基层。要注意记载反映深层次的，且与广大人民密切相关的内容。要反映广大人民群众的活动，满足广大人民群众的需要，增加广大人民群众对《白城年鉴》的亲切感，使《白城年鉴》逐步走进寻常百姓家。三要贴近经济。要突出经济建设这一主体，在由政府职能部门提供信息资料的同时，逐步扩大征集信息资料的领域。面向社会，从更加广阔的角度和更深的层次挖掘信息资料。

（三）《白城年鉴》的编纂工作要坚持“新、全、特”这个重点。“新”，就是要有年度节奏感，要记新事物、新情况、新发展、新成果、新经验、新问题。“全”，就是类、目齐全，要记大事、要事，总体上要全，各方面也要全，真正反映白城市的全貌。“特”，就是要有时代特色、地方特色和行业特色，要把白城市的特点、地位、作用充分反映出来。

三、要加强对《白城年鉴》编纂工作的领导

编纂《白城年鉴》，是一项系统的文化建设工程，涉及全市党、政、群；工、农、商、学、兵；人文、地理、科研等诸领域、多学科。不仅门类广，内容多，而且还要在今年7月完成初稿，10月完成送审稿，11月终审付印，可谓时间紧，任务重，要求高。因此，必须精心组织，通力合作，努力工作，加强领导，才能保质保量如期完成编纂任务。

第一，落实编纂任务。编纂《白城年鉴》，涉及各条战线，各个领域，各个方面，上至天文，下至地理，包括人、事、物，凡是本年发生的重要事情都要收录。因此，要本着按社会分工，哪个单位干啥写啥的原则，将编纂任务落到市直机关各部门、企事业单位和驻白有关单位。各单位一定要认识到，编纂《白城年鉴》是市政府的一项重要事业，也是各单位、各部门的一项义不容辞的工作任务，必须给予足够的重视，纳入工作日程。要明确认识，为《白城年鉴》撰稿不是可干可不干的额外负担，更不是可写可不写的问题，而是关系到市政府和各级领导机关领导干部及一切部门

的政绩、业绩能否载入史册的问题，是一项非常严肃的政治任务和历史任务，必须保质保量按时完成。

第二，实行编纂工作责任制。为使《白城年鉴》编纂工作保质保量如期完成，对有编写任务的部门实行“一、一、五”编纂工作责任制。“一”即，各单位要确定一名领导同志负责这项工作，作为这项工作的责任人，要做到“三亲自”（亲自研究条目，亲自组织撰稿，新自审稿）；另“一”即，各单位组成一个编写组，选配一至二名熟悉本战线本部门工作情况，责任心强，具有较高思想政治水平和写作能力的人，负责撰写本单位的稿件；“五”即，实行“五定”：一是定任务（从拟定条目到按时打印文稿，由承担单位一包到底）；二是定人员（由承担单位分管领导牵头，组成编写组，具体负责编写工作）；三是定质量（稿件达到体例完备，结构严谨，观点正确，资料翔实，内容丰富，时代特点、地方特点、专业特点突出，文风端正）；四是定时间（7月上旬完成初稿）；五是定稿酬（《年鉴》出版后，按国家规定付给稿酬）。实行编纂工作责任制的目的，就是为了有效地调动编写单位的工作积极性，增强编写人员的责任感，将近百个部门、数百人的工作步伐统一起来，加快《白城年鉴》编纂进度，提高质量。

第三，要通力合作，密切配合。

《白城年鉴》是政府的年报，属官书性质，它所反映的内容代表政府意向，质量优劣直接影响政府形象。因此，必须在市委、市政府的领导下，在《白城年鉴》编委会的主持下进行工作。凡有关编纂方针、编纂机构建设、编纂方案的制定和《白城年鉴》终审等重要事项由编委会讨论决定。编委会的日常工作，由市地方志办公室负责。市地方志办公室要按照编纂方案，编好《〈白城年鉴〉（2002）入鉴内容提要》，搞好撰稿人的培训，做好组稿、编辑、修定、出版、发行等工作。各单位要通力合作。《白城年鉴》许多内容要几个单位共同努力才能完成，因此，必须精诚合作，互相配合，互相支持，不要推诿、扯皮，延误定稿时间。编纂《白城年鉴》需要搜集大量信息资料，市统计局、档案局及有关部门应积极提供，以保证编纂工作的顺利进行。

《白城年鉴》是具有权威性的资料工具书。鉴为信史，内容必须准确。因此，实行“四审”制。一审，由撰稿单位领导班子集体审查。稿件加盖单位公章，撰稿人、审稿负责人分别署名，报市地方志办公室。二审，由市地方志办公室进行。三审，稿件中的国民经济和社会发展的统计数字、涉密问题和民族团结、民族政策问题分别由市统计局、市国家保密工作局和市民委审查。四审，由编委会终审定稿。

同志们：2001年是新世纪的起始之年，也是“十五”计划的开局之年。《白城年鉴》（2002）版所记述的是2001年的事，也是白城历史上第一部《年鉴》。因此，编纂《白城年鉴》的工作，意义重大，光荣而艰巨。要开好头，起好步，把《白城年鉴》办成反映白城经济社会发展进步和白城人民精神风貌的精品佳作。我相信，在市委、市政府的领导下，有同志们的积极努力和扎实工作，一部高质量的《白城年鉴》一定能如期面世！

2002 信息服务

白城年鉴

法 律 服 务

名律师选介

吉林飞达律师事务所主任 吴春科

吴春科（女），二级律师。1960 年 10 月 11 日生于吉林省大安县。1992 年毕业于吉林大学法律系。1987 年从事律师职业。十几年来，代理案件近千件，提供法律援助近百件。先后为 70 余户企事业单位担任法律顾问，成为远近闻名的律师。

2001 年初，郭力威驾驶农用三轮车收猪，遇耿某某等 4 人。耿某某在没经郭力威同意的情况下跳上三轮车。郭力威将车停下，让其下去。耿某某大骂，用拳头打郭力威，几人撕打到一起。其中一人用板锹打郭力威，郭力威用收猪刀防卫，将耿某某右大腿内侧划伤、股动脉断裂，耿某某失血过多而亡。案发后，吴春科接受被告郭力威委托，担任其代理人，为其辩护胜诉。使郭力威免去刑罚，吴春科博得人们赞赏。在侯亚茹诉洮南市政府债务纠纷一案中，吴春科作为政府法律顾问，不懈努力，终于胜诉，为政府挽回经济损失 20 多万元。吴春科组织所内人员，参与政府信访案件咨询，下乡为百姓答疑解惑，免费为当事人提供法律援助，使无能为力的当事人感受到法律的正义与尊严。

（陈文秀）

名公证员选介

洮南市司法局副局长 公证处主任 王雅姣

王雅姣(女)，1956 年 3 月 4 日生于吉林省白城市。1979 年毕业于白城师范专科学校。1975 年参加工作。现任洮南市司法局副局长兼洮南市公证处主任。

王雅姣从事公证工作 20 多年，办理公证万余件，其中涉外千余件，无错伪证。1985 年至 2001 年，先后多次被省、市评为“优秀共产党员”、“先进工作者”、“优秀公证员”。1996 年，被白城市评为“十佳公证员”、“十佳法律工作者”，立三等功。

王雅姣坚持公证必须手续齐全，所需材料绝不可少，假证、错证绝不办。积极开拓公证业务，为洮南市经济建设提供法律服务。开展农机具赊销、土地使用承包、抵押贷款、机动车变更、建房动迁补偿协议、解除劳动合同、婚前财产约定等十几项公证业务。其中办理机动车变更协议公证 7 000 多件。王雅姣撰写的《开展机动车变更协议公证，为加强社会治安综合治理服务》一文，在《吉林公证简讯》第二期上刊登。1995 年、1996 年、1999 年、2000 年，洮南市公证处在吉林省司法厅、白城市举办的行业评比中夺魁；2001 年，被中共吉林省委政法委员会评为“人民满意的公证处”，吉林省司法厅授予“文明公证处”称号。

（陈文秀）

医 疗 服 务

名 医 选 介

白城市中医院院长
孙志杰

孙志杰，1957年10月生于吉林省白城市，1974年6月参加工作。1976年10月加入中国共产党。1980年2月毕业于白求恩医科大学医疗系。现任白城市中医院院长、党委书记，白城市急救中心副主任，副主任医师。

1974年6月至1977年2月，白城市平安镇安全大队知识青年。1977年2月至1980年2月，在白求恩医科大学学习。1980年2月至1995年4月，任白城市医院外科医师、骨科主治医师。1995年4月至1996年9月，任白城市中医院副院长。

孙志杰任白城市中医院院长后，设立120急救中心、肿瘤治疗中心和糖尿病防治中心。2001年，医院固定资产1 100万元，业务收入11 672万元。1984年，孙志杰主持的科研项目获白城市科技成果三等奖。1989年，主持的科研项目获白城市科技成果二等奖。1998年抗洪期间，立三等功。2000年，被国家卫生部授予“全国卫生系统先进个人”称号。

（孙发堂）

白城市红十字会副会长
李德厚

李德厚，1954年9月生于吉林省洮南县。1976年12月加入中国共产党。1980年1月毕业于白求恩医科大学。1972年参加工作。现任白城市红十字会副会长兼秘书长。

1972年至1977年3月，任洮安县大兴公社赤脚医生。1977年3月至1980年1月，在白求恩医科大学读书。1980年1月至1980年7月，任洮安县岭下乡卫生院医师。1980年7月至1983年9月，任白城市卫生防疫站党支部书记。1983年9月至1985年7月，在吉林省委党校学习。1985年7月至1994年3月，任白城市卫生职工中等专业学校党委书记、校长。1994年3至1996年9月，任白城市中医院院长、党委书记。

（徐丽男）

白城市红十字中心血站站长
李春学

李春学，1945年10月生于内蒙古自治区乌兰浩特市。1969年7月毕业于内蒙古大学生物系。1970年8月参加工作。1984年4月加入中国共产党。现任白城市红十字中心血站站长、党支部书记、主任检验师，吉林省输血协会理事、吉林省血液质量管理委员会副主任、白城市血液管理委员会副主任。

1970年8月至1989年4月，任白城地区（今白城市）卫生防疫站科员、副站长、站长。

1995、1997年，中国红十字学会、国家卫生部授予白城市红十字中心血站“全国无偿献血先进城市”铜牌、金牌各1枚。

白城市红十字中心血站现有固定资产1 000万元，新建在白城经济开发区的3 600平方米办公大楼将于2002年8月竣工。采血设备先进，办公环境优美，年供血量140万毫升，基本保证了临床用血。

（李芳　孙发堂）

白城市疾病预防控制中心主任
李荣福

李荣福，1954年3月生于吉林省大安县。1980年3月参加工作。1976年10月加入中国共产党。1980年2月毕业于白求恩医科大学医疗专业。现任白城市疾病预防控制中心主任、党总支书记、副主任医师，受聘为吉林省预防医学会理事、白城市预防医学会副理事长。

1980年3月至1987年6月，任白城地区防疫站、卫生局科员。1987年6月至1992年9月，任白城地区防疫站副站长、站长。

李荣福参与处理了1992年洮南炭疽疫情、1994年大安丰收霍乱疫情、1995年镇赉劳改分局出血热疫情、1998年全市抗洪救灾防病和镇赉东屏猩红热疫情及2001年洮北区民生中学139名学生食物中毒事件等。

1995年，李荣福被吉林省（简称省）卫生厅评为全省霍乱疫情处理“先进个人”。1996年，被省人事厅等6部门定为吉林省首批跨世纪学科带头人。1999年，立三等功。2001年，被国家卫生部评为“全国消灭脊髓灰质炎先进个人”。

1993年、2000年，李荣福主编的《卫生监督行政指南》、《现代保健手册》两部著作，分别由吉林人民出版社、吉林科学技术出版社出版。

（孙发堂）

白城市卫生局卫生监督所所长
夏志忠

夏志忠，1954年1月生于吉林省洮南县。1973年8月参加工作。1976年1月加入中国共产党。1995年12月毕业于中央党校经管专业。现任白城市卫生局卫生监督所所长、党总支书记、副主任医师、受聘为吉林省预防医学会第四届卫生法学专业委员会常务委员、吉林省预防医学会第四届食品专业委员会常务委员、白城市预防医学会副理事长。

1973年8月至1987年6月，任白城地区防疫站科长。1987年7月至1992年10月，任白城地区防疫站副站长、党总支书记。

2001年，夏志忠强化了单位人事制度、管理制度和分配制度的改革。要求全所卫生监督人员文明执法、依法行政、内增素质、外树形象。致力于卫生监督队伍的思想建设、办公场所基础设施的建设以及综合执法的能力建设，从而树立了卫生监督机构的良好形象。

（孙发堂）

洮北区卫生局局长
顾宝玉

顾宝玉，1956年1月生于吉林省白城市。1974年6月参加工作。1976年7月加入中国共产党。1980年1月毕业于通榆师范学校中文专业。现任洮北区卫生局局长、党委书记。

1974年6月至1984年1月，知识青年、教师。1984年1月至1989年7月，任白城市（今洮北区）团市委副书记、书记。1989年7月至1992年8月，任白城市（今洮北区）体改委副主任。1992年8月至1999年12月，任乡长、党委书记。

2000年，洮北区卫生局被洮北区委评为“精神文明建设先进单位”。2001年10月，被白城市委、市政府授予城市开发建设管理总体战“先进单位”称号。2001年12月，被洮北区政府评为“党风廉政建设先进单位”。

（刘开宇　孙发堂）

白城市医院院长
马靖然

马靖然，1957年1月生于吉林省长岭县。1980年2月毕业于长春中医学院中医系，同年参加工作。1995年10月加入中国农工民主党。现任白城市医院院长、主任医师，洮北区政协副主席、白城市政协常委，农工民主党吉林省委委员、农工民主党白城市委副主任委员。

1980年2月至1991年6月，任洮北区中医院院长，白城卫生学校讲师。1991年6月至1999年7月，任洮北区海明卫生院院长、洮北区卫生局副局长。

2001年，白城市医院自筹资金400万元，购置生化分析仪等医疗设备，成立疾病研究所6个，同白城市卫生学校合作成立临床医院。2000至2001年，医院开展新项目、新技术30余项。其中壮骨伸筋容、CT立体定向脑血肿排空术获省级科技成果奖。全年业务收入2 200万元，创历史最好水平。2001年，白城市医院被评为白城市“思想政治工作先进单位”、吉林省“精神文明建设先进单位”。撰写论文46篇，其中4篇被评为国家级优秀论文。马靖然主编了《实用腰痛病学》、《临床组织损伤》等5部专著。1991至1998年，连续被白城市评为“先进干部”，奖励1级工资。2000年，被洮北区政府授予“人民好公仆”称号。

（孙发堂）

白城市医院主任医师
刘文斌

刘文斌，1940年4月生于吉林省吉林市。1964年8月毕业于白求恩医科大学，同年参加工作。1986年加入中国共产党。1991年4月至2000年4月，任白城市医院副院长兼白求恩医科大学白城分校副教授。2001年9月退休。

1964年8月至1974年8月，任白城市医院内科医师。1974年9月至1975年9月，在白求恩医科大学第一临床学院进修。1975年9月至1979年12月，任白城市医院内科医师。1979年12月至1980年10月，离职学习中医。1980年10月至1984年10月，任白城市医院内科主治医师，医务科副科长、科长。1985年至1995年，任白城市医院内科副主任医师、主任医师，副院长。

刘文斌自参加工作以来、在国家、省、市医学刊物等发表各种学术论文数十篇。其中，《脑血管病临床分析》在吉林医学院学报上发表，《急性脑出血病对症分析》，被中华医学会评为优秀论文。多年来对下一级医生及实习生进行指导及传帮带，培训硕士研修班学员多名，在神经内科、心脑血管疾病的诊断、治疗上积累了丰富的经验，为白城市医院作出了突出的贡献。

（徐国政）

白城市洮北区整骨医院院长
康立君

康立君，1956年1月生于吉林省洮南县。1974年6月参加工作。1976年12月加入中国共产党。1980年2月毕业于长春中医学院。现任白城市洮北区整骨医院院长、党支部书记、中医骨伤科主任医师，受聘为全国中医骨伤科手法研究会会员、吉林省中医骨伤学会主任委员、白城市中医学会常务理事、洮北区中医学会副理事长。

1985年5月至1991年6月，任骨科主任、主治医师。1991年6月至1993年6月，任副院长、副主任医师。

康立君任整骨医院院长至今，医院固定资产达到400万元，医疗器械投入100万元，全年业务收入达180万元。

康立君于1986年公派去北京中国中医研究院骨伤科研究所进修学习二年，业务技术得到长足进步。尤擅长中医手法整骨、儿麻、内外翻足、畸形矫正及骨伤科疑难杂症诊治。撰写论文30余篇，其中《骨科复位固定器在踝上骨折中应用》一文获三等奖。1991年研制的“掌骨骨折复位固定器”经临床应用，获1993年当代科技成果转让博览会金奖；在全国专利成果参赛活动中，获“亚细亚杯”优秀发明创造奖。

（张学坤　孙发堂）

镇赉县医院院长
杨国林

杨国林，生于1948年8月。1968年8月参加工作。1972年2月加入中国共产党。1986年4月毕业于吉林医学院。现任镇赉县医院院长、主任医师。

1971年2月至1988年8月，任镇赉县保民乡、沿江乡卫生院医师，建平乡卫生院院长，镇赉县卫生局科长。1988年8月至1999年7月，任镇赉县医院副院长。

1999至2001年，镇赉县医院投资150万元，改造住院大楼，装修高、中档病房28个；筹资400万元，购置医疗设备28台（件）。2001年业务收入1 100万元。1996年杨国林被白城市委、市政府授予“十佳卫生工作者”称号。2001年被镇赉县委、县政府评为“十佳卫生工作者”。

（单德忠　孙发堂）

镇赉县疾病预防控制中心主任
孙立人

孙立人，1965年5月生于吉林省镇赉县五棵树镇后莫台村。1988年7月毕业于吉林农业大学食品加工专业，同年参加工作。1993年3月加入中国共产党。现任镇赉县疾病预防控制中心主任，县卫生局卫生监督所、结核病防治研究所所长、主管医师。

1988年8月至1998年11月，任镇赉县卫生防疫站科员、副站长。

孙立人担任县疾病预防控制中心（防疫站）主要领导以来，坚持以改革求生存，以服务求发展，以管理求效益。使病预防疾控制中心（卫生监督所）的职能作用得到充分发挥。三年来，累计创收380万元，固定资产新增60万元。2001年，孙立人被白城市委授予白城市“优秀共产党员”称号。

（杨玖廷　孙发堂）

镇赉县镇赉镇卫生院院长
刘炳学

刘炳学（蒙古族），1952年7月生于吉林省镇赉县保民乡。1973年8月参加工作。1985年12月加入中国共产党。1991年8月毕业于中国农村智力开发函授学院。现任镇赉县镇赉镇卫生院院长、党支部书记、副主任医师。

1973年8月至1992年2月，任镇赉县卫生防疫站科员、科长、副站长、站长、党支部书记。1992 年 2 月至 1999 年 2 月，任镇赉县卫生局科长。

1983 年，刘炳学被省卫生厅评为“计划免疫先进个人”。1984 年，被白城地区行署评为“计划免疫先进个人”。1986 年，被吉林省政府评为“鼠疫防治先进个人”。1987 年，被镇赉县委、县政府授予“文明职工标兵”称号。1989 年，被吉林省政府评为“计划免疫先进个人”。2001 年，被省卫生厅评为计划免疫先进个人。撰写论文 6 篇，其中在省、国家级杂志上发表 5 篇。

（刘杭伟　孙发堂）

通榆县卫生局局长
李永胜

李永胜，1959 年 1 月生于吉林省通榆县。1977 年 7 月参加工作。1985 年 7 月加入中国共产党。1983 年 8 月毕业于延边医学院。现任通榆县卫生局局长、主任医师。

1977 年 7 月至 1978 年 7 月，插队落户知识青年。1978 年 10 月至 1983 年 8 月，在延边医学院学习。1983 年 8 月至 2001 年 12 月，任通榆县医师、乡卫生院院长、通榆县医院副院长、院长。

1997 年任县医院院长后，开展新技术、新项目百余项，李永胜个人就达 18 项，其中四肢骨折固定术、X 线滤过装置、锅炉节能装置等，提高了工作效率，节约了能源。2001 年，通榆县医院业务收入 1 200 万元，创县医院历史最高水平。

（孙发堂）

洮南市医院院长
卢　勇

卢勇，1945 年 5 月生于吉林省白城市平安镇。1961 年 7 月参加工作。1976 年 8 月加入中国共产党。1983 年 7 月毕业于长春中医学院。现任洮南市医院院长、党委书记、主任医师。

1961 年 7 月至 1992 年 12 月，任白城市平安医院、洮南市洮东医院医生，永茂卫生院、洮南市第二医院院长支部书记。

卢勇在工作中，坚持一切以病人为中心，亲自制定便民措施 28 条，开通了“120”急诊急救绿色通道，在洮南市率先推行门诊导诊服务。1995 至 2001 年，洮南市医院投资 2 000 万元，引进全身 CT、彩超、全自动生化分析仪、闭路影像系统、动态心电等高精尖设备 21 台（件），业务收入比 1994 年增长 17 倍。业务收入自 1997 年以来，连续突破千万元。

1994 年，市医院被洮南市委评为市级“文明单位”、“精神文明建设标兵单位”；1999 年，被评为白城市卫生系统“先进单位”； 1985 年，卢勇被白城市卫生局评为白城市卫生系统“文明职工”；1989 年，被省卫生厅评为省卫生系统“精神文明建设先进工作者”。

（姜玲　孙发堂）

洮南市疾病预防控制中心主任
梁小平

梁小平，1959 年 11 月生于吉林省洮安县。1976 年 11 月参加工作。1978 年 12 月加入中国共产党。2001 年 8 月毕业于中央党校函授学院。现任洮南市疾病预防控制中心主任、市卫生局卫生监督所所长、主管医师。

1976 年 11 月至 1981 年 12 月，任新疆 89802 部队卫生员。1981 年 12 月至 1996 年 12 月，任洮南市卫生防疫站检验室主任、药检所所长。

梁小平调入防疫站（疾病预防控制中心）以来，

深入乡（镇）、村屯，开展防病灭病工作，使全市传染病发病率由 1998 年的 274.7/10 万下降到 2001 年的 86.83/10 万。

1998 年，梁小平被国家卫生部授予“全国抗洪抢险救灾防病先进个人”称号。1999 年，被白城市政府授予 “劳动模范”称号。2000 年，被评为洮南市“精神文明先进个人”。

（郝玉章　孙发堂）

大安市卫生局局长
屈　振

屈振，1957 年 2 月生于吉林省大安县。1975 年 7 月参加工作。1986 年 6 月加入中国共产党。1982 年 12 月毕业于长春中医学院中医专业。现任大安市卫生局局长、党委书记。

1984 年 12 月至 1990 年 6 月，任大安县（市）卫生局医政科长。1990 年 6 月至 2001 年 12 月，任大安市卫生局副局长、党委副书记。

屈振重视机关改革工作，提出“高效、协调、廉政、务实”的工作准则，大兴学习之风、正气之风、作为之风、集体之风、纪律之风，局机关面貌为之一新。积极推行乡村一体化管理工作，加强了村卫生组织的建设。

1997 年，屈振分管卫生协会工作，大安市卫生局被国家卫生部授予“卫协先进县（市）”称号；1998 年，在肿瘤普查工作中，屈振被省卫生厅评为“优秀组织者”。

（孙发堂）

大安市第一人民医院院长
王正路

王正路，1951 年 8 月生于吉林省大安县。1968 年 8 月参加工作。1975 年 12 月毕业于吉林医学院。1986 年 2 月加入中国共产党。现任大安市第一人民医院院长、主任医师，受聘为《中国老年杂志》一至四届特邀编委、《吉林医学》第二至五届特邀编委。

1968 年 8 月至 1972 年 4 月，任小学教师。1972 年 4 月至 1975 年 12 月，在吉林医学院学习。1975 年 12 月至 2001 年 11 月，任大安市第一人民医院医师、主治医师、副主任医师、副院长、院长、主任医师。1993 年，大安市第一人民医院被省卫生厅授予二级甲等医院称号；1994 年，被国家卫生部、世界卫生组织授予“爱婴医院”称号；1993 至 2001 年，连续 8 年被吉林省委、省政府评为“精神文明建设先进单位”。

1992 年，王正路主持参加的课题《老年蛛网膜下腔出血的临床研究》、《老年急性心肌梗塞易患因素的临床研究》，分别获大安市科技进步一、二等奖。1997 年，主持参加的课题《肝硬化门脉高压症者脾功能的研究与应用》，获吉林省科技进步三等奖；主持参加的课题《小分子肝细胞生长因子（HGF）酶解制备工艺及临床应用研究》，获吉林省科技进步二等奖。2000 年，王正路领导和主持的中英合作科研项目《联合抗血小板药物及早期β—受体阻滞剂治疗急性心肌梗塞》的临床研究已取得满意的效果，得到英国牛津大学医学院临床试验中心、中国医学科学院北京阜外心血管病医院的专家高度评价，有效地降低了急性心肌梗塞住院病人平均死亡率、再梗塞的发生率、心脏猝死率。王正路参加编写业务专著 4 本，译著 1 本。在省级以上学术杂志上发表论文 30 篇，其中《急性缺血性脑卒中早期抗血小板治疗临床对照研究》一文在英国著名杂志《Lancel》（柳叶刀）上发表。

（邓凯　孙发堂）

大安市中医院院长
王永春

王永春，1951 年 8 月生于吉林省大安县安广镇。1968 年 8 月参加工作。1986 年 4 月加入中国共产党。1992 年 4 月毕业于长春中医学院。现任大安市中医院

院长、副主任医师。

1968年8月至1995年6月，任医生，平安、大岗乡卫生院院长。1995年6月至2001年12月，任大安市中医院院长。

2001年，大安市中医院筹资40万元，购置医疗设备，开展肺癌手术、开颅淤血清除术等高难手术3项，填补了大安市医疗史上的空白。

1995至2000年，王永春连续5年被大安市卫生局评为卫生系统“先进工作者”。1999年，被白城市委、市政府授予“劳动模范”称号。

（曹晓红　孙发堂）

大安市中医院儿科主任
于晶莹

于晶莹，1942年8月生于吉林省大安县。1966年3月参加工作。1973年4月加入中国共产党。1966年3月毕业于大安卫生学校。现任大安市中医院儿科主任、副主任医师。

1966年3月至1992年7月，任大安市中医院医务科科长。

1998至2001年，于晶莹连续4年被大安市卫生局评为“先进工作者”。1997至1998年，立三等功2次。撰写论文11篇，其中在省、国家级刊物上发表1篇。于晶莹每天接诊患儿40至60人次，年收入54万元左右，他的先进事迹在《白城日报》、《大安日报》分别予以报道。

（曹晓红　孙发堂）

大安市创伤医院院长
刘忠智

刘忠智，1962年10月生于吉林省大安县。1979年5月参加工作。1987年10月加入中国共产党。1992年10月毕业于长春中医学院。现任大安市创伤医院院长、党总支书记、主治医师，被聘为吉林省首届中医肝病专业委员会委员。

1979年5月至2001年7月，任党总支副书记、副院长。

1997至1998年，立三等功2次。1991至1996年，连续6年被大安市卫生局评为“先进工作者”，2000至2001年，被评为大安市“职工教育先进个人”。撰写论文10篇。其中，《加味建中汤治疗胃腔痛临床体会》在《中国实用医学研究》上发表，被评为“优秀论文”；在白城市第十一届科技论文活动中，获优秀科技论文成果二等奖。2000至2001年，被白城市精神文明办公室评为“精神文明建设先进工作者”。

（王淑秋　孙发堂）

大安市创伤医院副院长
杜洪臣

杜洪臣，1967年3月生于吉林省大安县。1991年7月毕业于长春卫生学校大专班。同年参加工作。2000年10月加入中国共产党。现任大安市创伤医院副院长、主治医师。

杜洪臣能独立完成胃大部分切除术、胆囊切除术、脾切除术、胃癌、乳腺癌根治术、甲状腺大部切除等大中型手术。同上级医院协作，完成直肠癌根治等高难手术，对腹部外伤的急诊急救积累了较为丰富的抢救经验。在国家、省级医学杂志上发表医学论文8篇，其中，《腹部外伤在基层医院救治体会》在《中国应用外科》杂志上发表，并在全国基层医院创伤研讨会上获奖。1998年，被大安市总工会评为大安市文明职工；1999 年，记三等功；2001 年，被白城市总工会授予白城市职工“经济技术创新能手”称号。

（张权　孙发堂）

大安市妇幼保健院副院长 侯明明

侯明明（女），1959 年 7 月生于吉林省大安县。1977 年 7 月参加工作。中国共产党党员。1985 年 7 月毕业于大安卫生学校。现任大安市妇幼保健院副院长、医师。

1977 年 7 月至 1998 年 3 月，任妇产科主任。

侯明明在大安市妇幼保健院门诊工作期间，实施“四术”1 500 余例；诊治妇科常见病、多发病、疑难病 2 000 例次；正确处理正常产 1 700 例，难产 60 人次；剖宫产 600 例；子宫全切术近 30 例；卵巢病切除术 40 例；宫外孕 35 人，会阴修补术 30 人。均无差错事故，在社会享有一定声誉。

（孙发堂）

大安市疾病预防控制中心主任 李树森

李树森，1961 年 1 月生于吉林省大安县。1983 年 9 月参加工作。1989年12月加入中国共产党。1991 年 7 月毕业于吉林省委党校。现任大安市疾病预防控制中心主任、市卫生局卫生监督所所长、主管医师。

1983 年 9 月至 1994 年 9 月，任大安县卫生防疫站科员、大安市卫生局人秘科副科长。1994 年 9 月至 2001 年 5 月，任大安市卫生防疫站站长。

1990 年，李树森被白城地区行署评为“计划免疫先进个人”。1995 至 1997 年，立三等功 3 次。1998 年，被白城市委、市政府评为“抗洪救灾先进个人”；2001 年，被大安市委、市政府评为“三五”普法先进个人。撰写论文 5 篇。其中，在省级刊物上发表 2 篇，在国家级刊物上发表 3 篇。

（肖立峰　孙发堂）

大安市结核病防治所所长 高玉升

高玉升，1953 年 4 月生于大安县太山乡。1969 年 9 月参加工作。1987年10月加入中国共产党。1979 年 10 月毕业于国家统考中医科。现任大安市结核病防治所所长、主治医师。

1969 年 9 月至 1989 年 2 月，任大安市静山卫生院医生、副院长、院长。1989 年 2 月至 2001 年 10 月，任大安市卫生工作者协会秘书。

1995 年至 2000 年，大安市结核病防治所连续 6 年被白城市卫生局评为“先进单位”；2000 年，被白城市政府评为“文明单位”；2001 年，被大安市政府评为大安市“文明单位”。

1983 年至 2001 年，高玉升被大安市卫生局表彰 12 次，大安市委、市政府表彰 6 次，白城地区行署、白城市政府表彰 4 次，吉林省政府表彰 1 次。立一等功、二等功各 1 次、三等功 5 次。

（张志钢　孙发堂）

名 医 院 选 介

白城市洮北区整骨医院简介

白城市整骨医院建于 1980 年。隶属洮北区卫生局。

位于幸福南大街。占地面积3万平方米，建筑面积4 800平方米。职工192人。其中，高级职务9人，中级职务23人。院长康立君。设骨科、软组织疼痛科、普外科、内儿科、妇产科、碎石科等科室20个。病床100张。拥有万元以上大型医疗设备15台（件），价值300余万元。主要设备有大型投影电视X线机、振波碎石机、多导心电图机、“B超”机、多动能自动麻醉机、放射线科数字成影设备、救护车和液晶显视监视仪、中药自动熏洗床、多功能电脑控制自动牵引按摩床。

医院以中医整骨为特色，对骨伤科常见病。多发病的治疗有独到之处。其中“手法复位”四肢骨折；对股骨、颈骨骨折、粗隆间骨折采用鳞纹钉、盘式外固定架治疗；采用显微外科技术治疗股骨头无菌坏死，骨髓炎，骨外露；电视导引下胶原酶推管内注射治疗腰椎间盘突出等均取得满意疗效。经济收入由1994年的40万元增至2000年的2000万元。

（李静华）

教 育 服 务

名 师 选 介

白城市第四中学校长
孙向东

孙向东，1955年生于黑龙江省哈尔滨市。中共党员。1986年毕业于白城市电大党政管理专业。现任白城市第四中学校长兼党支部书记、中学高级教师。

孙向东从事教育工作20多年，曾任岭下乡、林海镇学校教师，白城市第五中学团委书记、副校长、党支部副书记、校长，1994年任现职。孙向东撰写的《从九四年高考数学试题来源出处谈信度》被全国第一届理科考试与命题改革研讨会评为三等奖；《构建教育的多维立体框架》被市教委评为二等奖。1990、1991年两次被市政府评为“优秀管理干部”；1995年被省教委、省人事厅评为“省优秀教育工作者”。1996年，学校被市教委评为“教育管理先进单位”。

（张颖娜）

白城市行知中学校长
关桂娟

关桂娟（女），1944年5月生于辽宁省辽阳市。1963年7月毕业于白城师范学校，同年参加工作。1982年10月加入中国共产党。现任白城市行知中学校长。

1963年以来，关桂娟一直工作在教育第一线。1982年，被评为“全国儿童少年先进工作者”。1983年，被评为“全国优秀班主任”。1986年，被评为“省劳动模范”。1985至1987年，被评为省、地“模范班主任”。1987年，在白城地区立功受奖活动中，立一等功。1989年，被白城地区教委授予“优秀教育管理干部”称号。1984年以来，发表论文10余篇，教学成果显著，所任课的班级在1981、1983、1986、1987年中考中，语文成绩均列全市第一名。曾当选第十届、第十一届白城市（今洮北区）人大代表，市妇联执行委员、市工会执行委员。

（王涛）

文化服务

文学艺术家选介

白城市文学艺术界联合会副主席 高玉田

高玉田，1952年7月生于辽宁省昌图县。中共党员。1969年11月至1977年，任中国人民解放军沈阳军区守备第三师七团九连卫生员。1977年至1979年在白城师范专科学校读书。1979年至1981年，任前郭县八郎中学教师。1981年至1982年，任乾安县委宣传部干事、对外宣传科副科长、科长。1996年5月至2001年11月，任白城市文联秘书长。现任白城市文联副主席、党组成员、白城市摄影家协会主席。系中国摄影家协会会员，吉林省摄影家协会理事、组联部主任。

1982年至2001年，高玉田在《中国摄影》、《大众摄影》、《中国报道》、《中国日报》、《吉林画报》、《吉林妇运》、《吉林农村小康》、《摄影世界》、《中华妇幼网》、台湾《思源》等杂志、网站、报刊上发表摄影作品千余幅。代表作《栖霞》，1995年入选第七届国际影展；《十月的聚会》，2001年获全国富士杯反转片摄影比赛二等奖；《骊歌》，2001年全国“中国风光”摄影比赛优秀作品奖；《花期假日》，1999年获富士杯全国反转片摄影比赛三等奖；《科尔沁风光》一组，获《中国摄影》全国摄影十杰提名奖。《临战》，1996年获全国汽车摄影比赛三等奖；《栖霞》，1996年入选中国摄影四十年精品展；《又爱又怕》，1992年入选全国第三届环境摄影展。电视专题片《仙鹤迷恋的土地》，1990年5月4日在中央电视台华夏摄影专题节目栏播放并交流到国外180个电视台；组织拍摄的电视专题片《紫色山岗》，1995年获吉林省银鹤新闻专题二等奖，获吉林省文艺专题三等奖；摄影作品《厚爱》，1999年获吉林之冬金牌奖；《雾锁篱笆》等30余幅作品进入东北三省摄影专业展览、吉林省摄影专业展览并获奖。部分作品被收入《中国摄影家》全集，由上海三联书店出版。

2001年1月，组织并领导了白城市“春风行动”祖国万里采风团，率2名团员实施了从海南三亚到黑龙江漠河的21个省（市、区）的摄影采风活动。通过图片、对话、电视专题采访等活动宣传了白城，此次采风活动行程1.88万公里，历时139天，成为中国摄影史上的有组织的摄影大型活动。《中国特区时报》、《三亚晨报》、《重庆青年报》、《重庆商报》、《湖南卫视》、《吉林画报》、吉林电视台、白城电视台、白城电台、《白城日报》、白城《百姓生活》报等新闻机构对此次活动分别进行了采访和报道。

（罗雁鸣）

白城市书法家协会主席 曹伯铭

曹伯铭，号娥江、山阴。1956年1月生于浙江省上虞县。1972年参加工作。现任白城市文联秘书长、市书法家协会主席，中国书法家协会会员，吉林省书法家协会理事。

1972年至1975年，镇赉县到保公社知识青年。1984年至1987年，在白城市面粉厂、白城市粮食饮料公司工作。1987年至2001年，任白城地区（市）文联书法家协会副主席、主席，副秘书长、秘书长。

曹伯铭书法幼承家训，楷行并举，兼涉魏碑、汉隶。20世纪80年代曾得上海名家方去疾先生指点；又师事同乡前贤罗继祖先生，得其亲授。其书法以行草见长，书法作品博采众长，融会贯通，形成了意韵深邃、气势舒展、俊逸典雅的神韵，其用笔不温不火、疾徐相济、刚柔相融、精练凝净、颇具个人特色。

曹伯铭书法作品多次入选全国和中国·日本、中国·韩国、中国·新家坡国际书法展。其名字及作品被收入《中国书法家辞典》、《中国当代书法艺术大成》等十余种全国性专集；其作品被毛主席纪念堂、中国书协及国内多家博物馆收藏，并选刻于中国各地碑林。出版个人专集《曹伯铭行书兰亭序》；主编《鹤乡书法作品集》、《鹤乡硬笔书法作品集》。2000年12月，作为吉林省书法家代表出席第四次全国书代会。

（罗雁鸣）

白城市音乐家协会主席
王一兵

王一兵（满族），原名爱新觉罗·毓恬，1966年改为现名。曾用笔名：一兵、贻冰、艺兵、宜冰、毓恬、裕田、玉田、江潮等。1946年11月24日生于吉林省农安县。1965年毕业于白城专区艺术专科学校音乐专业；1987年7月毕业于中央戏剧学院编剧（戏剧文学）系。1965年参加工作。中共党员。现任白城市音乐家协会主席，二级编剧，中国音乐家协会会员，中国音乐文学学会理事，吉林省音乐家协会理事，白城市政协文史研究员，中国少数民族作家协会会员，中国莎士比亚研究会会员，吉林省戏剧家协会会员，吉林省作家协会会员，吉林省民间文艺研究会会员，白城市作家协会理事，白城市戏剧家协会理事，白城市民间文艺家协会理事。名字被收入《中国当代艺术家辞典》（文化部编），《中国名人辞典》（人事部编）等大型辞书的条目中。

1965年8月至1984年9月，任大安县评剧团作曲、编剧、副团长、团长，创作室主任。1984年至2001年，历任《绿野》编辑部编辑，白城地区（市）文联副秘书长、秘书长，《绿野》编辑部副主编。

王一兵参加工作38年来一直从事文学、戏剧、音乐、曲艺等创作工作，作品达千万字。主要作品有：长篇小说《百代皇妃》、《萧振瀛将军传奇》；学术著作《满族史话》；中篇小说《水倌》、《塞北乡情》、《轨迹》；短篇小说《五味子》、《专利》、《亮公子的姻缘》、《凑热闹》、《香香女》等30多篇；散文、杂文《漫笔六都话古今》等几十篇；报告文学《航运五重奏》、《只为世人行路平》、《没有正文的报告》、《好戏刚开台》、《燕雁赋》等50多篇；剧本《新媳妇》、《师魂》、《张飞出巡》等20多部；儿童文学《珍珠》、《礼物》、《芦花湾的孩子》等30多篇；电视系列剧《女真人的足迹》15集，电视连续剧《洛神赋》20集；歌曲《关东风》、《一方水土一方人》、《鹤乡的传说》、《春到鹤乡》、《飞向祖国万里晴空》等（录制盒带及光碟），另有歌曲作品近百首发表在各级报刊上。电视单本剧《心秤》（老玟）获中国作协、中国剧协“鲁迅文学奖”二等奖；电视系列剧《明暗之间》获中国文联、中国作协、国家税务总局“全国税法宣传”三等奖。1992年以来获省级各类作品奖几十次。

（范书华）

大安市创作室主任
孙思源

孙思源，1946年生于吉林省洮南县。1965年毕业于吉林省白城专区艺术专科学校，同年参加工作。现任大安市文化局戏剧创作室主任，国家一级作曲，白城市音乐家协会副主席，中国社会音乐研究会会员，大安市政协委员。

1965年至1969年，任大安县评剧团演奏员。1969年至1974年，任中国人民解放军沈阳装甲兵坦克5师政治部独奏员，1974年至2001年，历任大安市评剧团演

奏员、作曲，文化馆文艺辅导员、作曲，文化局创作室作曲兼编剧。

歌曲获奖作品：1990年,《黑土恋情》(关东的黑土地)，获全国农民歌手邀请赛优秀作品奖；《旋飞、旋飞，大安轴承》获全国工人歌曲征歌优秀奖。1991年，《家乡的小河，母亲河》获全国未来词曲作家、演唱家成长之路大选赛创作奖。1992年、1993年，《我的北方汉》获国家文化部和广电部联合举办的全国民间音乐舞蹈比赛优秀奖、国家文化部第三届“群星奖”(政府奖)。1993年，《采油工人之歌》获第二届全国工人歌曲征歌银奖。1995年，《荒原喜事》获中国工人歌曲新作征歌三等奖；《怎么偏偏爱上你》获中国工人歌曲新作征歌一等奖；《红领巾进行曲》获首届中国少年儿童歌曲卡拉OK电视大赛三等奖。1998年，《民兵之歌》获全国首届优秀民兵预备役部队歌曲优秀奖。

歌曲代表作品：《军营男子汉》在1987年《春之声》第3期（全国“杜鹃奖”征歌获奖歌曲集）上发表。《黑土恋情》（关东的黑土地）在1990年《北方音乐》第1期上发表。《分离》在1992年《歌曲》第1期上发表。《怎么偏偏爱上你》在1993年《歌曲》第5期上发表。《军营卡拉OK》在1994年《解放军歌曲》第4期上发表。《花季女兵》在2000年《歌曲》第8期上发表。《一根粉笔写春秋》（教师之歌）在1998年9月11日《音乐周报》上发表。《战士日记》在1998年《军营文化天地》第10期上发表。《等着你》在2001年《军营文化天地》第2期上发表。《红线线》在2001年11月2日《音乐周报》上发表。《请你让我走进》在2001年12月7日《音乐周报》上发表。

歌曲部分播放、演出、选用作品：《啊，北方》1992年在中央人民广播电台“每周一歌”节目中播出。《百年诺言》1997年7月10日在湖南“'97香港回归祖国”优秀歌曲征集大赛颁奖演唱会上被首唱。《关东家》、《我的中原》1998年在中央电视台第8届“大红鹰”杯全国青年歌手电视大奖赛中被首唱。《关东人喜欢关东味儿》2001年春节在吉林电视台和海南电视台联合举办的春节联欢会—“绿雪春歌”专题节目中播映。《雪山少女》（卓玛）2001年7月17日在以胡锦涛为中央代表团团长、孙家正为艺术团团长的中央代表团赴西藏参加庆祝西藏和平解放50周年大会的慰问演出中被首唱，同年在中央电视台第3套节目中滚动播出。2000年《光荣的舰队》被中国人民解放军海军北海舰队制作成MTV收入电视专题片作为片尾曲。《采油工人之歌》、《大西南摇滚》、《妈妈中国》等数十首歌曲被收入《中国企业之歌》和发表在《儿童音乐》等多种歌曲集及音乐杂志与报刊之上。《我们终身难忘的地方》被吉林省大安市第一中学定为校歌。《大安是个好地方》被吉林省大安市人民代表大会通过定为大安市市歌。《白城，我可爱的家乡》、《丹顶鹤迷恋的地方》等六首歌曲作为吉林省白城市市歌征集作品入选《爱白城，唱鹤乡—白城创作歌曲集》。

（范书华）

白城市音乐家协会常务副主席
李东平

李东平，1951年1月13日生于吉林省白城市。1967年7月毕业于白城市第三中学。1968年11月参加工作，1985年6月加入中国共产党。现任白城市戏剧创作室党支部书记、副主任，研究馆员。中国音乐家协会会员，中国群众文化学会会员，吉林省音乐家协会理事，白城市音乐家协会常务副主席，白城市文联委员。

1968年至1970年，白城市（今洮北区）光明公社民乐大队知识青年。1970年4月至1996年10月，任白城市（今洮北区）评剧团乐队伴奏员、作曲、乐队队长，文化馆副馆长、馆长兼党支部书记。

李东平从事文化工作33年，共创作歌曲、舞蹈音乐作品200余首。其中，《小城拥抱你》1992年，获中央电视台、国家建设部联合举办的全国《建设之声》文艺调演创作（作曲）二等奖；歌曲《我是共和国同龄人》、舞蹈音乐《大漠军魂》在1999年中国神剑艺术学会举办的第三届文艺汇演中均获（音乐类）创作一等奖；歌曲《葵花拥抱的地方》、《美丽的梦》、《鹤乡圆舞曲》、《欢庆时请饮一杯酒》、《我们的心脉永相连》等20余首作品于1987年至1997年，在全省创作歌曲评奖或比赛中分别获一、二、三等奖；近年来，创作歌唱家乡歌曲80余首。其中，歌曲《丹顶鹤迷恋的地方》、《绿色的鹤城》、《家乡赞歌》、《葡萄园的姑娘》、《白城明天更美好》、《美丽的白城》、《新白城走进新世纪》等50余首作品分别在省、市报刊、电台、电视台发表、播出和在大型文艺演出中演唱。1999年创作的歌曲《白城明天更美好》作为优秀创作歌曲制成盒带，并作为推荐歌曲广泛推广。近年来，先后为《美哉、东北亚》、《旅游列车从这里通过》、《科通畅想曲》、《农金人的情怀》等14部电视专题片谱写主题歌及场面音乐。歌曲《八女魂》在《全国优秀企业歌曲集》发表。

撰写学术论文20余篇。其中，《军营音乐活动刍议》、《关于歌舞餐厅及其他娱乐场所音乐活动的思考》、《浅析广场文化活动规律》等8篇论文在全省学术论文评奖中分别获一、二、三等奖。

在白城市编辑出版的《绿野创作歌曲集》、《郑冠钧创作歌曲100首》、《爱白城、唱鹤乡》白城创作歌曲集中任副主编。参与白城市第一部大型旅游工具书《仙鹤迷恋的土地》（28万字）的编辑、编务工作。编辑出版《仙鹤迷恋的地方》音乐盒带一件（歌曲10首）。撰写反映白城市社会大文化建设成果，题为《植》的电视专题片角本一部。参与电视专题片《铁马金河中的文化风景线》角本的写作。

多年来，李东平作为主创人员参与策划、设计、组织、辅导了全市各类大型文化艺术活动及音乐艺术赛事活动。

（范书华）

白城市书法家协会副主席
杜尚臣

杜尚臣，1960年6月生于吉林省白城市。1985年7月毕业于大连陆军学院，大学学历。1976年12月参加工作，1979年9月加入中国共产党。现任中国人民银行白城市中心支行工会副主席、办公室主任，高级政工师，吉林省书法家协会理事，白城市书法家协会副主席。

杜尚臣自幼习书，早年取法颜真卿、二王，兼能熔入北魏墓志笔意，故其书风拙朴率真，颇见天趣。勇于否定自己，不断吐故纳新，又先后沉浸于孙过庭、米芾、王铎等大家作品中汲取营养，始终把握住自己的个性，在不变中求变，以散逸为基调，不主故常，不拘一格，在追求书法艺术的情调、气息中，达到了较高的艺术境界。

1992年，《草书论语选句》参加全国监察系统书画展；1996年，《草书唐诗》参加全国金融系统书画展；1997年，《行书唐诗》参加吉林省书法家精品展；1999年，《草书饮中八仙歌八条屏》参加吉林省建国50周年书画大展并获铜奖；作品收入《当代书法家作品集》、《清风书画作品集》、《鹤乡书法作品集》；数十幅作品发表在《中国青年报》、《检察日报》、《金融时报》、《吉林日报》、《白城日报》等报刊上；四幅作品分别被中国历史博物馆、中国军事博物馆、白城博物馆收藏。

（范书华）

白城市书法家协会副秘书长
陈颖志

陈颖志，1972年7月2日生于吉林省镇赉县。笔名大波，斋号宽草堂。1991年8月毕业于白城市财会职工中等专业学校。1992年11月参加工作。现任中国银行白城市分行法律顾问，白城市书法家协

会副秘书长，政协洮北区二届委员，白城市硬笔书法家协会理事，白城市诗词楹联学会理事，吉林省书法家协会会员。

1998年5月开始创办白城市“翰墨堂”书画服务部，致力于为白城市书法发展服务。在艺术上主张“诸体兼擅，以文养书，书文并进”。其作品获吉林省党政干部千人书法大展二等奖。

（范书华）

白城市书法家协会副主席
罗雁鸣

罗雁鸣，1953年1月7日生于辽宁省阜新县。1993年毕业于中共吉林省委党校党政管理专业，本科学历。1970年11月参加工作。1972年12月加入中国共产党。现任白城市政法委干部科科长，吉林省书法家协会理事，白城市书法家协会副主席。

1970年11月至1986年5月，在吉林省白城军分区任战士、机要员、机要参谋、组织干事等。1986年5月至2001年12月，任白城市洮北区人武部办公室主任、洮北区畜牧局党委副书记、白城市政法委干部科科长。

工作之余钻研中国书法，二十余年临池不辍。初学颜（真卿）、柳（公权），继习魏晋法帖，并广涉宋、明、清名家墨迹。真、行、草、隶皆善，尤喜晋·《爨宝子碑》。用笔沉着、工稳，线条凝重、苍劲，不饰雕凿，故其书风呈稚拙、古雅、真率自然之态。书法作品获吉林省书法展览一等奖，并在“戎艺杯”、“米公杯”、“天涯杯”等全国群众性书法展（赛）中入选或获奖；另有多件作品赠送日本、韩国等外国友人。临池之余，潜心书法理论研究，撰写书评文章，在《书法报》、《白城日报》上发表。先后参与编纂大型图书《鹤乡书法作品集》、《鹤乡硬笔书法作品集》，并担任责任编辑、副主编。

（曹伯铭）

中共白城市委党史研究室副研究员
柴廉洁

柴廉洁，1956年4月生于辽宁省彰武县。1985年毕业于东北师大历史系。1979年9月参加工作，1985年5月加入中国共产党。现任中共白城市委党史研究室助理调研员、副研究员，白城市作家协会理事，白城市书法家协会理事，白城市政协文史研究员。

柴廉洁先后任白城地区档案局科员、副科长，白城地区史志工作委员会党史科副科长、白城市委党史研究室科级巡视员、助理调研员。

柴廉洁从事地方党史研究工作18年。主要成果：1988年编辑出版了《白城地区的土地改革运动专辑》，撰写了该书概述1万字并任责任编辑；1990年与吉林省委党史研究室共同编辑出版了党史丛书《洮南根据地》40万字，撰写了该书综述2万字，并承担了全书的文字编辑工作；1992年编纂出版了《白城地区党史大事记（1922—1990）》35.6万字，承担了建国后部分25万字的编写任务和全书的文字统稿；主编了《中共白城市组织史资料》第一、二卷，第一卷1992年1月出版，第二卷1997年11月出版，共63万字，1992年至2000年，审定了所属县（市、区）组织史资料600万字（第一卷9县、市350万字，第二卷5县、市、区250万字）；1994年7月，编写出版了地方党史著作《中共白城简史》19万字，承担了其中5章17万字的编写任务，并任该书副主编；2000年为省委党史研究室编纂的大型党史资料丛书《百年回首—写进历史的吉林》撰写了白城市综述3万字。文章、传记方面：1988年，撰写《陶铸在白城》一文发表于《党员之友》第七期；1991年，撰写的《夏尚志传》发表于《吉林党史人物》第四期；1995年8月，撰写的《白城人民在抗日战争中》发表于《白城日报》；撰写的《洮儿河畔燃烽火》发表于《吉林日报》；撰写的《洮儿河畔的抗日烽火》发表于《绿野》1995年第四期；撰写的《创建洮南根据地，全力支援解放战争》2万字发表于《白城文史资料》2000年第二辑；撰写的《草原播火种，瀚海党旗红》7 000字发表于《白城日报》2001年6月；撰写的《党的光辉照白城》1.3万字发表于《绿野》2001年第四期(庆祝建党80周年专号)。

获奖情况：1991年撰写的论文《中国共产党的产生是历史发展的必然结果》被评为吉林省纪念建党70周年学术论文二等奖；1998年撰写的论文《十一届三中全会与解放思想》被吉林省中共党史学会评为优秀论文二等奖；主编的《中共白城市组织史资料》第二卷，1997年12月被吉林省中共党史学会评为优秀科研成果一等奖；主编的《中共白城简史》1995年12月被吉林省党史学会评为优秀科研成果二等奖，1997年12月被吉林省党史学会评为优秀科研成果一等奖，2001年3月获吉林省党史系统首届科研成果评奖（著作类）一等奖。

（范书华）

大安市老年文体协会 老年文艺协会主席
张书城

张书城，1946年8月生于吉林省大安县。1968年10月参加工作。1975年8月加入中国共产党。1988年10月毕业于吉林省教育管理学院。现任大安市老年文体协会、老年文艺协会主席。

1968年10月至1970年9月，大安县四棵树公社知识青年、大队民兵连连长，四棵树小学负责人。1970年9月至1979年9月，任大安县文化馆馆员、文艺辅导组组长。1979年9月至1981年5月，任大安县文化局干事。1981年5月至1991年12月，任大安县委宣传部干事、副科长，精神文明建设办公室副主任，大安市委宣传部副部长。1991年12月至1998年12月，任大安市大赉乡党委副书记。

1983年至1985年被大安县政府评为先进工作者；1985年至1988年被大安县委授予“优秀共产党员称号”；曾3次被白城地委、行署评为精神文明建设有功人员。1986年，在大安县嫩江之夏音乐会上，笛子独奏《胜利归来》被评为二等奖。1987年，撰写的《选择最佳角度，做好思想政治工作》在省委宣传部召开的全省宣传部长工作研讨会上，作为优秀论文在大会上交流；《论思想政治工作的继承与创新》被白城地委宣传部、地委党校评为优秀论文。

（张泽旭）

文博专家选介

白城市文物管理所所长 研究员
吴喜才

吴喜才，1944年5月生于吉林省扶余县。1969年7月毕业于吉林大学历史系，同年参加工作。1974年加入中国共产党。现任白城市文物管理所（简称文管所）所长兼市文物管理委员会办公室主任、研究员。

1993年以来任白城市第一、二届人大代表，1998年任吉林省第九届人大代表。为中国辽金契丹女真史研究会理事，中国文物学会、博物馆学会、索引学会会员；吉林省考古学会副理事长、博物馆学会会员；白城市社联副主席、文史资料研究员、考古学会理事长。

1969年至1974年，任扶余县社里中学、善友中学教员。1974年至1979年，任扶余县善友公社党委宣传委员。1979年至1984年，任白城地区文管所干部。1982年以来，多次被评为吉林省文博系统“先进工作者”；1985年、1995年，被评为全国文博系统“先进工作者”；1994年，评为白城市拔尖人才；1996年，评为白城市十佳文艺工作者；1998年，获国家文化部设立的“郑振铎—王冶秋文物保护奖”。

吴喜才发表考古学、文物管理学、地方历史学、文物鉴定学、博物馆学等学术文章50余篇，编、著书11部，400多万字。主编的《白城地区文物古迹》一书，获吉林省文化厅科研成果二等奖和白城市科研成果一等奖；《吉林省西部的古代农业探讨》，分获省考古学会、白城社科联优秀成果一等奖。撰写的《用法十年得失谈》，获吉林省长白论丛优秀科研成果一等奖；《〈文物保护法〉执行过程中应注意的理论和实际问题》获吉林省考古学会论文一等奖。探索博物馆为两个文明建设服务的途径和方法，其论文《论新时期博物馆的作用》和《当前地、县级博物馆的主要任务》分获吉林省博物馆学会科研论文一、二等奖。编著出版了《中国古代佳句名篇译评》、《中华百体文选·书说论卷》，前者获白城市科研成果优秀著作二等奖。

吴喜才的事迹和成果收录于《中国专家人才库》、《中国当代历史学者辞典》、《中国专家人名辞典》、《中国百年人物篇》等典籍中。

（白城市文管所）

白城市博物馆馆长　副研究馆员
宋德辉

宋德辉，1954年3月生于吉林省瞻榆县。1970年12月参加工作。1974年6月加入中国共产党。1995年毕业于中央党校函授学院经济管理专业，本科学历。现任白城市博物馆馆长、副研究馆员。

1970年12月至1975年4月，在中国人民解放军铁道兵第三师十三团政治处宣传股服役。1975年6月至1984年11月，任白城地区电影公司工作人员。1984年12月至1994年12月，任白城地区文化局人秘科科员、副科长、科长兼党委办公室主任。

1994年12月，宋德辉任白城市博物馆馆长以来，实施“敞开馆门，面向社会，发挥优势，兴办产业，创收补文，一位两体，创新进取，努力使博物馆工作与市场经济发展相适应”的工作思路。解决了职工生计和事业发展问题。

宋德辉鼓励专业人员提高自身业务素质，进而达到提高全馆整体工作水平。1995年市博物馆在全省率先设立科研奖励基金，奖励在各种理论刊物上和各种学术活动中发表和获奖作者。全馆共在国家、省、市刊物上发表各类文章88篇。

加大文物征集工作力度。使博物藏品从1995年的3千余件增至1万余件。

1995年以来，宋德辉先后在《中国博物馆》、《文物工作》、《中国文物报》、《中国博物馆通讯》、《博物馆研究》、《白城师范学院院刊》、《白城社会科学》、《白城日报》及省学术研讨会发表和交流专业学术论文十多篇。其中《用公共关系原理解决博物馆与观众的问题》和《一江两河与白城古代文明—从八百里瀚海谈起》分别获省文物局、省博物馆学会、考古学会优秀论文评比一等奖。编撰《光辉的历程》、《红军不怕远征难》、《今日白城》等展览讲解词及陈列大纲12个，居全省自办展览之首。多次被省文化厅评为创收补文一等“先进工作者”，白城市“精神文明建设先进个人”，立三等功三次。

1995 年，白城市博物馆被市委、市政府确定为爱国主义教育基地；1996 年，被国家文物局评为全国文物安全保卫先进集体；1997 年，被国家文物局评为全国文物系统优秀爱国主义教育基地；1999 年 9 月，被市委、市政府授予先进单位称号；2000 年，被中共白城市委评为全市精神文明建设先进单位；文物安全保卫工作连续 5 年被省公安厅、文化厅评为文物安全保卫工作先进集体；创收补文连续 5 年被省文化厅、财政厅评为一等先进单位；2001 年，被吉林省委、省政府评为“精神文明建设先进单位”；被国家文化部授予“全国文化工作先进单位”称号。为新中国成立以来白城市文化系统首次获此殊荣。

（李大莹）

索 引

说 明

1、本索引以篇目、栏目、分目、条目内容进行编制，按汉语拼音字母音序（同音字按声调）排列，首字相同按第二字音序排列，以此类推。

2、索引标引词后的数字表示内容所在的页码，数字后的字母（a、b、c）表示栏别（即版面的1、2、3栏）。

3、表格在其标引词后注明“表”。

4、《人物》、《大事记》、《文献》、《附录》、《信息服务》均未编索引。

A

B

C

D

E

F

G

H

J

K

L

M

N

P

Q

R

S

T

W

X

Y

Z

洮北区公路管理段

白城市洮北区公路管理段建于1959年9月。有职工446人。机械设备108台(套)。管养国、省干线总里程141.5公里，乡路总里程400公里。该段在沥青混凝土拌和，路面摊铺，运输和检测等设备方面均达到国内先进水平，是以承建高等级公路，修筑多种混凝土面层大型场地，集设计、施工和养护为一体的工程施工单位。固定资产2000万元。

改革开放以来，洮北区公路管理段积极参加市场竞争，先后承建了20多项省、市公路大修，改造工程，累计完成公路大修总里程140公里，工程优良品率和合同履约率均达到100%，受到上级主管部门和建设单位的普遍称赞。分别被交通部评为"全国交通系统先进集体"，被省委、省政府命名为"文明单位"，被省交通厅命名为"交通战线双文明单位"，连续多年被省公路管理局评为"先进单位"和"文明公路段"，被白城市政府评为"职工职业道德建设十佳单位"。

地址:白城市瑞光北街62号
电话:0436　3323797
邮编:137000

①洮北区交通局副局长、公路段段长张清若
②公路绿化美化
③洮白一级公路白城市南出口

洮北区烟叶有限公司

省委书记王云坤视察烟叶公司

总经理 高 斌

吉林省2000年第二期国家烤烟标准分级培训

精选烟叶

洮北区烟叶有限公司建于1997年。经过4年多的发展壮大，现已成为产品带基地、基地联农户种植、加工、销售为一体的综合性实体公司。有职工50人，内设科室6个，基层烟站5个，技术推广站1个。所属企业有型煤厂、烟储库、专卖店3个。固定资产1 300余万元。办公楼2 000平方米，地下半地下封闭式储存库1.2万平方米，工作场地16万平方米。烟叶种植于2000年纳入国家指定性生产计划。

烟田全部实现水利化，可全程灌溉（喷灌），具备生产优质烟叶产区。所产烟叶色泽金黄和桔黄，成熟度好，油分足，弹性强，烟味醇和，专家鉴定是上乘卷烟的最好填充料，是中低档卷烟的最佳原料。所产烟叶已被上海、海南、乌兰浩特、延边和四平卷烟厂选用。并用此烟叶成功地开发了“吉鹤”、“鹤城”2个系列6个品牌的卷烟，得到广大消费者的普遍认可和欢迎。

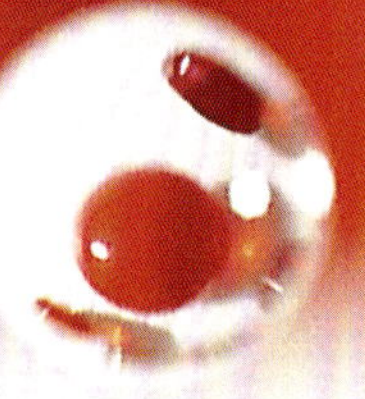

地址:白城市红旗街5号
电话:0436　3225005
邮编:137000

办 公 楼

白城市托车总厂

地址：白城市洮白一级公路5公里处
电话：0436　3678885
邮编：137000

①厂长张亚斌
②领导班子成员
③挂车组装车间
④铣床车间
⑤塔式起重机
⑥四轮挂车
⑦厂容厂貌

吉林丰盛米

董事长　李小毛

年轻的团队核心

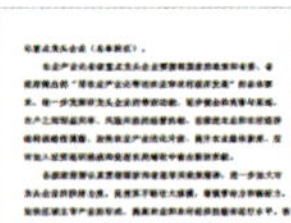

FENGSHENGGRAI

图书室一角

业余体育比赛

业有限公司

大米包装车间

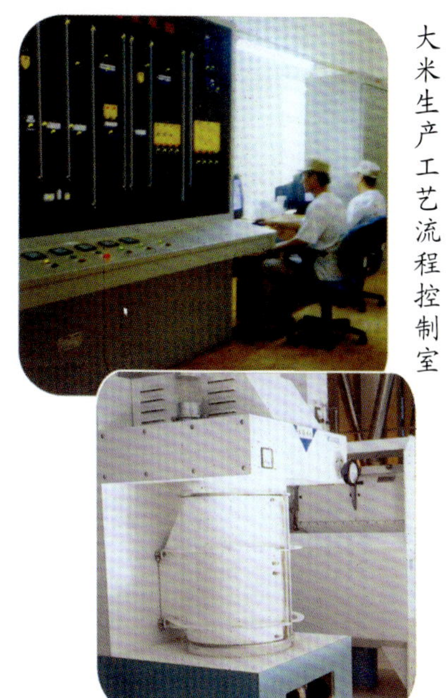
大米生产工艺流程控制室

西德原装进口砂辊米机

吉林丰盛米业有限公司于2001年建成投产。占地面积4万多平方米。公司引进了世界上最先进的西德布勒公司全套碾米设备和国内首台英国“索特克斯”90004型双面色选机。每年可生产优质免淘米5万吨，年销售收入可达1.2亿元。

丰盛米业主要生产丰盛系列“洮儿河”牌、“吉鹤”牌免淘米，其原粮产自世界仅存的三大黑土地之一“吉林省生态示范建设重点保护区”，富饶辽阔的三江平原，毫无污染的洮儿河水灌溉了丰盛米业公司的万亩良田。

公司下属两大现代化农场，13 000亩水稻田被中国绿色食品探测中心审定为A级绿色食品生产基地。“洮儿河”牌、“丰盛”牌和“吉鹤”牌免淘米系列被国家绿色食品发展中心批准使用绿色食品专用标志，被中国粮食协会评为“放心粮油”，吉林省著名商标，被吉林省政府命名为“吉林省名牌产品”。2001年和2002年获中国长春国际农博会金奖。

丰盛米业水稻种植绿色基地（两大农场）得天独厚的地理位置和地域环境，决定了新稻米品质不可替代的地域特性，米质含人体无法合成的13种微量元素，适口性强，低值量淀粉，不含任何抗营养因子，高存量特殊氨基酸（可降低胆固醇，预防高血脂）造就了“天之骄子，米中珍品”的自然属性。

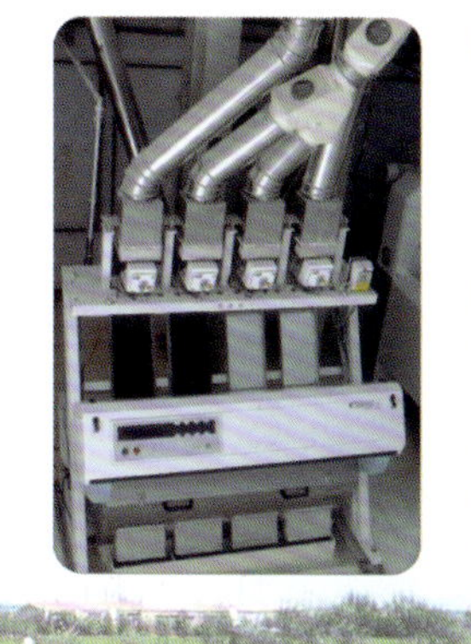
国内首台英国进口色选机

地　　址：白城市长白公路入口处
电　　话：0436 3654588
　　　　　3654688
配送电话：0436 3350196
传　　真：0436 3653228
EMAIL：BCFSMY@MAIL.JL.CN
邮　　编：137000

系列精制产品

白城市佳奇园林园艺基地

③

②

①总经理陈玉明
②省委书记王云坤视察园林园艺基地，市委书记刘润璞陪同
③副总经理高俊奇
④荷兰花卉专家沙汉来基地考察
⑤花卉暖棚
⑥托起十棵“希望之星”资助仪式
⑦佳奇园林园艺基地

地址:白平公路4.5公里
电话:0436 3342978
邮编:137000

④

⑥

⑤

jiaqiyuanyi

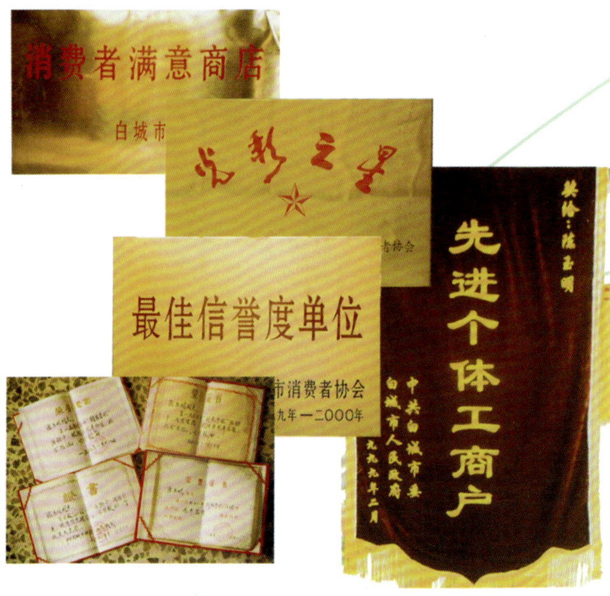

⑦

白城市梦思商贸有限责任公司

mengsijiasi

白城市梦思商贸有限责任公司建于1999年6月。现已成为高档家具、花草苗木产销、园林绿化设计及施工于一体的民营企业。有员工98人，其中管理人员4人，研究员1人，高级工程师1人，工程师3人，经济师1人，设计师1人，是全市民营经济支柱企业之一。到2002年末，公司注册资本110万元，总资产446．2万元，所有者权益为352.1万元。

①

公司下辖三个分支机构，即梦思家私批发销售中心，营业面积3 200平方米，主营近千种中、高档家具，现代化办公系列精品；广东花卉超市，营业面积300平方米，主营中外名优花卉、盆景；佳奇园林园艺基地，经营面积近6万平方米，其中暖棚4栋，主营中外精品花卉、自繁自育草花、栽植、繁育41种绿化用苗木、承揽绿化工程、园林小品设计及施工。

多年来，该公司本着“稳中求进、科学诚信、延伸发展、创新求实”的经营思路。弘扬“富于梦想，敢为人先，和衷共济，创造辉煌”的企业精神。恪守“一流的服务，一流的质量，一流的环境，一流的信誉”服务宗旨。公司曾先后获“最佳信誉单位”、“重合同守信用单位”、“消费者满意商店”、“光彩之星”、“纳税信得过企业”、“再就业工作先进单位”等荣誉称号。

地址:白城市金辉南街19号
电话:0436　3244523
邮编:137000

家俱系列精品

mengsijiasi

吉林裕丰米业股份有限公司

JILIN YUFENG RICE CO.,LTD.

省委书记王云坤来企业视察，市委书记刘润璞陪同

吉林裕丰米业股份有限公司(原白城市裕丰实业有限公司)成立于1994年。是一家以加工免淘米及米制品为主的综合型粮食深加工股份制企业，是吉林省农业产业化的龙头企业，在同行业企业中率先通过了ISO9002国际质量体系认证。公司位于吉林省白城经济开发区,占地面积46 800平方米。现有资产总额5 800万元,每年可加工水稻10万吨。2000年，公司投资1 800万元建立了稻谷精加工生产线,生产全程采用电脑监测控制系统、电脑自动配米系统、瑞士布勒配套碾米设备、英国索特克斯色选机等一系列具有高科技含量、处于国际领先地位的加工设备和工艺，实现了自动化控制和操作。公司有原料生产基地10万亩。成立了裕丰水稻研究所，专门进行水稻的研究和基地建设，对水稻种植全程进行跟踪指导和无污染监控，确保了生产原料的质量和纯度，使原料产出达到了绿色食品标准。公司生产的“好雨”牌免淘米严格按照国家绿色食品标准开发和生产，经碾米、色选、抛光等多道工序加工而成，完好地保存了原料中的优良品质和营养成份。具有颗粒圆润、晶莹剔透、营养丰富、味道清香、免淘洗的特点。2002年1月，通过国家A级绿色食品认证，并经国家质检总局抽检合格；7月被国家质检总局认定为“国家免检产品”。公司先后荣获“国家名牌”、“吉林名牌”等多项大奖；吉林省“质量管理先进企业”、“优秀企业”、“绿色食品2001年度先进企业”；白城市“重合同、守信用”单位、“精神文明建设先进单位”。并被列为全省13个“绿色食品稻米示范基地”之一。

地址：白城市经济开发区富裕路1号
电话：0436 3675000-8133
邮编：137000

稻米精加工生产线

办公楼

金百合商贸有限责任公司

JINBAIHESHANGMAOYOUXIANZERENGONGSI

白城市金百合商贸有限责任公司

白城市金百合商贸有限责任公司建于1998年8月，是以“仓储超市连锁”业态为主的股份制公司。现有员工468人，经营面积12 000多平方米，连锁店4个。

白城市超市第一家，在吉林省西部白城市金百合的崛起，早已家喻户晓。今天的金百合无论是从经营范围、员工人数、营业面积、还是进销商品质量及强大的物资吞吐量和公司的信誉，都得到了消费者的认可。

回顾过去展望未来，在经济不断发展，社会不断进步的同时，公司预计在两年内将连锁店辐射到乌兰浩特、通榆、大安、松源以及周边地区，进一步扩大经营规模。经营面积增加到3万平方米，员工将增加到800人，预计年销售额2.5亿元，成为鹤乡零售业名副其实的商业龙头企业。

地址：白城市海明路123号
电话：0436　3328525
邮编：137000

金百合仓储超市

市长岳清友参加金百合海明店开业典礼

各种商品琳琅满目

董事长卢彬致词

总经理刘炬致词

白城市医院

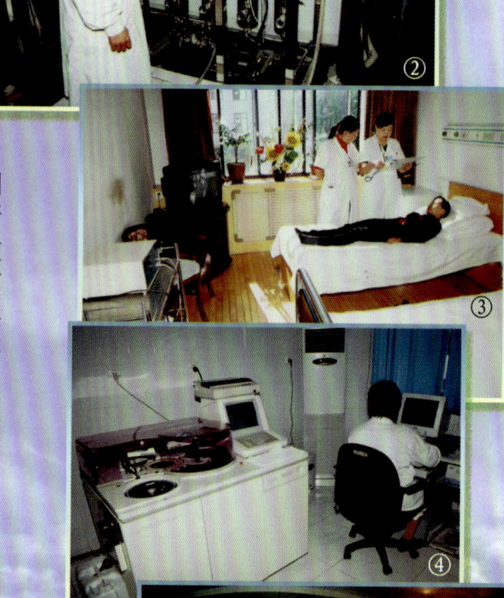

白城市医院建于1948年。经过50多年的艰苦创业，抢抓机遇，励精图治，开拓进取，现已建成一所集医疗、教学、科研、预防、保健、康复、急诊急救为一体的综合性二级甲等医院。占地面积43 600平方米，建筑面积22 483.94平方米。有职工610人，其中，主任医师14人，副主任医师43人，中级职务168人。现有编制床位502张。拥有全身螺旋CT、全自动生化分析仪、彩色超声诊断仪、体外干式震波碎石机等万元以上的医疗检查、检验设备150余台（件）。开设41个临床科室和医技科室，医疗中心4个，疾病研究所6个。

医院人才聚集，技术力量雄厚，每年开展新技术、新项目30余项。外科系统开展了多项高难度手术，内科系统开展了科系齐全的内科病诊治体系，治疗水平居市内前列。在狠抓技术进步，加快科技兴院的工作中，医院大踏步地向院有专科、科有专病、人有专长方向发展。介入治疗中心开展的“CT导引下立体定位脑血肿排空术”、眼科开展的“眼底红药治疗眼底出血”等项目填补了省内空白。白城市医院是吉林省科尔沁草原上的一颗医疗明珠。目前正以其幽雅舒适的医疗环境，良好的医德医风，先进的检测手段，一流的医疗技术，低廉的价格，严格规范的内部管理面对二十一世纪，迎接新挑战，再创新佳绩 。

①院长黄维林
②控制室
③特护病房
④检验室
⑤CT室
⑥医院大楼

地址：白城市中兴西大路9号
电话：0436　3324104
急诊急救电话：96999
3338120
邮编：137000

洮北区妇幼保健院

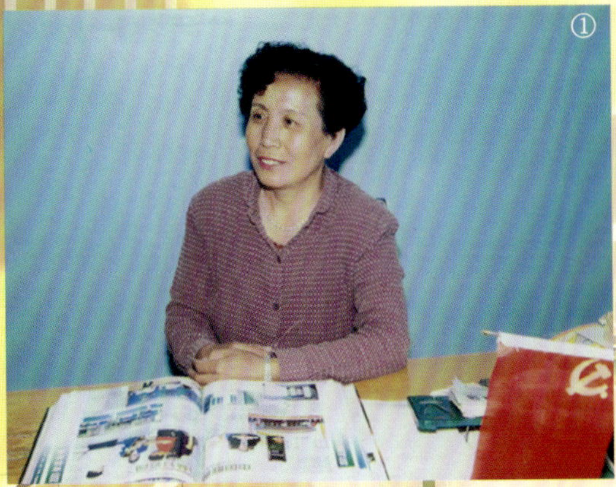

地址：白城市海明西路14号
电话：0436　3324516
邮编：137000

①院长韩秀琴
②宣教室
③检验室
④B超室
⑤乳腺检查
⑥手术室
⑦婚检室
⑧医院大楼

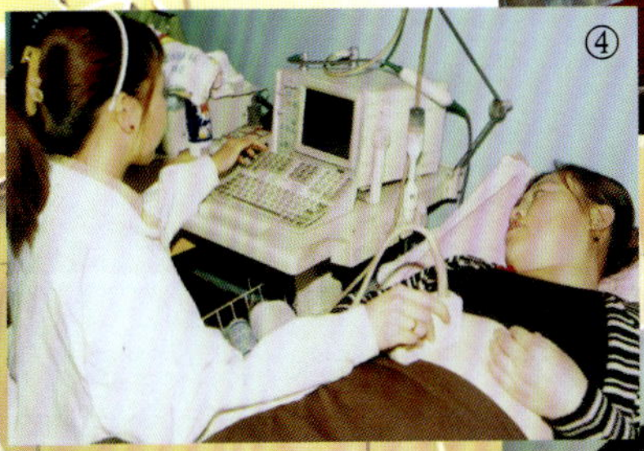

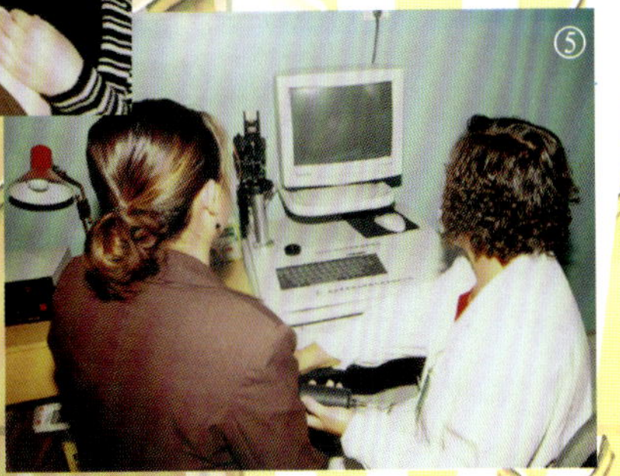

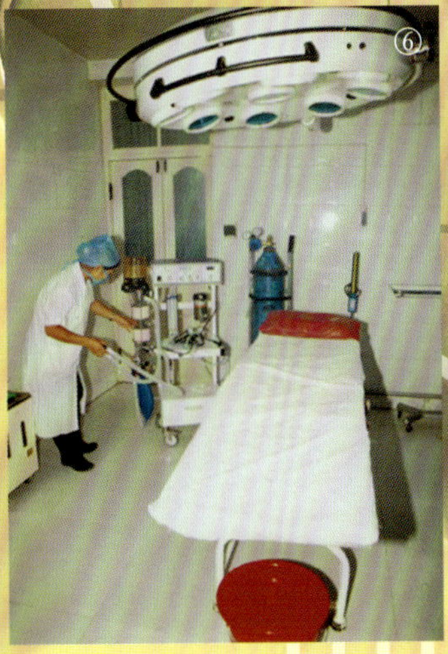

徐伟东牙科医院
①
②
赠：镇赉县医学会口腔门诊
医德高尚 为民敬重
医术精湛 为民除痛
佟永生 2002.9.9
赠给：镇赉县医学会口腔门诊 朱彦军 张亮二位大夫
耐心细致 患者满意
技术精炼 质量最佳
镇赉县李景林 刘淑琴
二〇〇二年六月十八日
③
偉東牙科
23-5

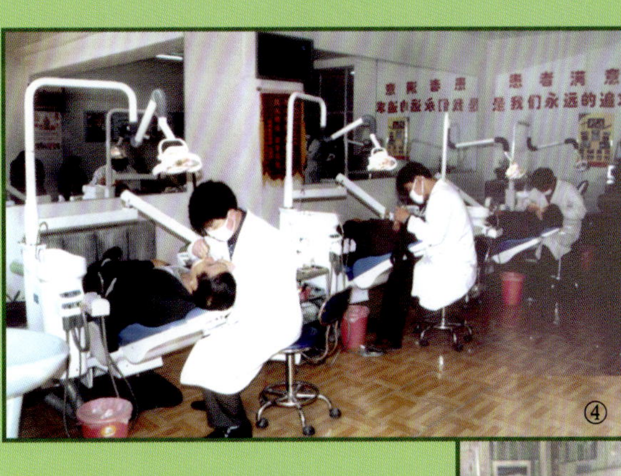

④

地址：白城市海明西路23-5号

电话：0436　　3350003

邮编：137000

⑤

①院长徐伟东
②镶牙
③牙科医院
④牙齿治疗
⑤患者
⑥宣传板
⑦先进设备

徐伟东牙科医院创建于1999年，诊疗区面积500平方米，在镇赉县和洮南市设置两处分院。

医院现有医护人员35人，其中高级职务2人，中级职务4人，初级职务8人。建院4年来，共投资150多万元，购置了国际领先的齿科专业设备。开设烤瓷牙、精密铸造、铸造支架、隐形义齿、传统镶复、牙齿治疗、牙齿美容、儿童牙齿矫正、成人正畸、儿童牙齿保建、无痛洁牙、牙齿增白等综合服务项目。共接待患者60 000余人次，为白城人民的口腔健康事业做出了突出的贡献，赢得了社会各界人士的好评。

秉承高尚医德，打造名牌医院，依靠精湛医术，真诚为患者服务，是徐伟东牙科医院办院宗旨。如今医院正以崭新的姿态，不断完善，不断升华，不断发展壮大。

⑥

⑦

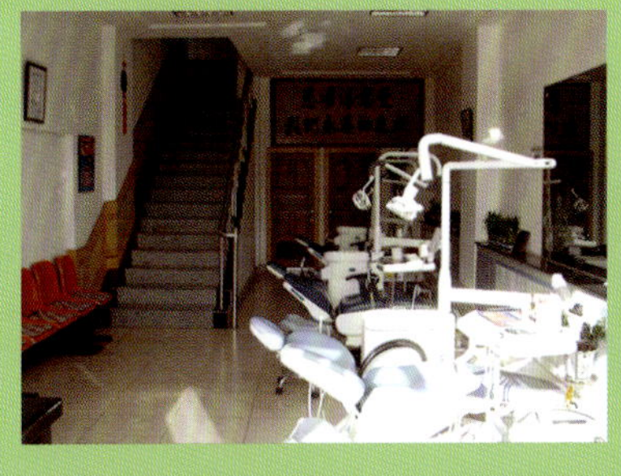

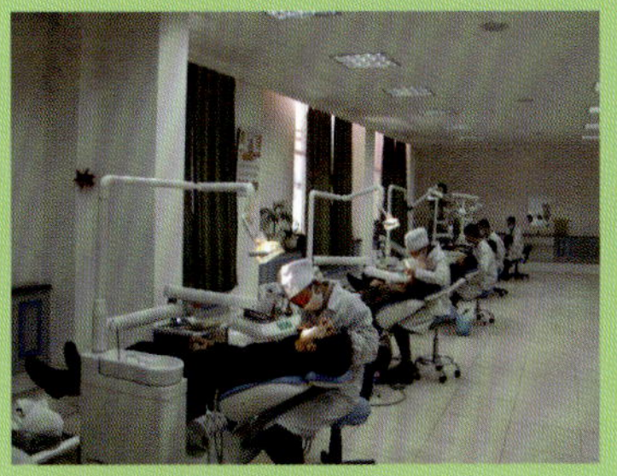

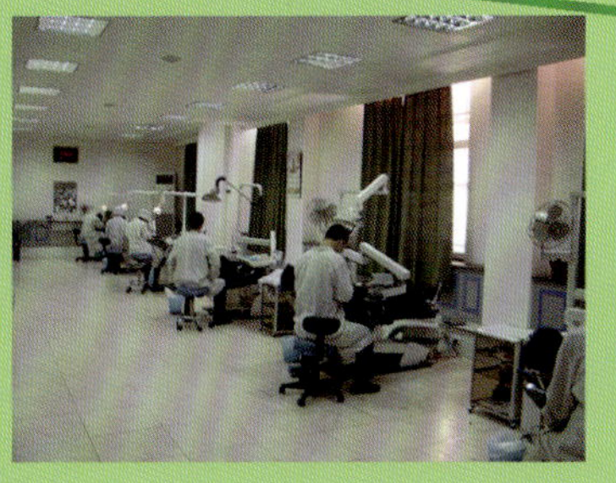

校长　孙绍礼

白城市第三中学

地址：白城市长庆北街12号
电话：0436　3333225　3323614
邮编：137000

副书记　侯连波

白城市第三中学建于1959年。43年来，办学规模不断扩大，由建校初期的“工字房”发展成校园占地面积40 700平方米，校舍面积9 200平方米。有教学班40个，教职工162名，在校学生2 500名，是白城市规模最大的初级中学。

振兴民族的希望在教育，振兴教育的希望在教师。长期以来，白城市三中始终把教师队伍建设作为一项重要工作来抓，培养造就了一支思想素质高，业务能力强的高水平教师队伍。白城市三中创业之初的先辈们以其“求真务实、团结协作、严谨治学、争创一流”的工作作风，为后继者留下了一笔取之不尽，用之不竭的宝贵精神财富。

名师育桃李，桃李更芬芳。在教师的谆谆教诲和精心呵护下，白城市三中的学生们正在健康茁壮地成长着。在国家、省、地、县级学科竞赛中，白城市三中学生更是如鱼得水，尽显英雄本色，特别是在2002年全国初中数学竞赛中，一举为学校夺得了全市数学科团体总分第一名。2002年中招考试，白城市三中又大获全胜，115名学生免费统招进入白城市一中，至此已创造了中考十三连冠的辉煌业绩。确信白城市三中一定能在教育改革的大潮中劈波斩浪,勇往直前，续写更加灿烂的华章！

领导班子成员

教学楼

地址:白城市青年北大街10号
电话:0436　3222322
邮编:137000

①校长刘淑芳
②领导班子成员
③微机室
④校园一角
⑤升国旗仪式
⑥学校田径运动会

白城市实验小学

白城市洮北区实验小学建于1959年。占地面积22 272平方米，建筑面积5 177平方米。学校担负着实验校、示范校、中心校的使命。有教职工85人，其中研究生学历1人，本科学历30人，专科学历27人，小教超高级教师3人，小教高级教师48人。现有教学班30个，在校学生1 800人。设微机室、舞蹈室、多媒体教室。在教学方面学校始终走在教科研的前列，现承担国家级教改课题2项（“注提”实验、创新教育），省级教改课题4项（小学语文“课堂结构”改革实验、家长学校、优化素质教育教学过程的实验研究、小学生心理健康教育），市级教改课题1项（珠脑速算），都取得了显著的成果。几年来，学校先后获全国少先队“红旗大队”称号，国家语委会授予“注提”实验示范校、教学改革先进单位，小学语文“以学为主”的课堂结构改革实验获国家级特等奖，获省“体育传统项目校”，省“小学教师基本功训练优秀校”，省“家长学校示范校”，在教育局一年一度的综合考评中均被评为A档校。

白城市明仁小学

地址：白城市文化东路70号
电话：0436 3239851
邮编：137000

①校长赵桂琴
②领导班子成员
③电子备课室
④丰富多彩的第二课堂
⑤现代化语音室
⑥学生大合唱
⑦环境优美的校园

白城市明仁小学建于1946年。学校占地面积16 380平方米，建筑面积7 526平方米。有教职工92人，其中，小学超高级教师2人，小学高级教师44人，全国优秀教师2人，省科研型教师1人，省学科骨干教师4人。

设语音室、电子备课室、电子图书室、演播室、队室、标本室、实验室、音乐[illegible]舞蹈[illegible]、微机室2个，能容纳200余人的多媒体[illegible]综合大教室，教学的先进性一直处于全市首位。这所具有悠久历史的名校，历尽多年辛勤耕耘，成为[illegible]教育的[illegible]，先后荣获国家现代教育技术[illegible]教育联系校，吉林省精神文明建设先进单位，吉林省科技教育示范校，吉林省艺术特色校，白城[illegible]研兴校实验校，素质教育实验校等殊荣。

2001年学校受到国家、吉林省、白城市、洮北区表彰34次，表彰教师68人次。在全国第八届华罗庚杯数学竞赛中荣获全体总分第一名，38名学生参赛，33人获奖，李博荣获个人成绩第一名。在全国小学生英语竞赛中，34人获奖，其中一等奖5名、二等奖9名、三等奖20名。

2001年副省长全哲洙，教育厅副厅长张茵到明仁小学视察工作，对明仁小学的成绩给予了充分肯定。中国教育电视台、吉林省教育电视台素质教育百校行专栏分别播放了明仁小学实施素质教育的专题片。

白城市文化小学

白城市文化小学建于1960年。如今的文化小学已发展成为具有地方特色、地区示范性的一类一级小学。有教职工120人，46个教学班，2 760名在校生，是全市办学规模最大的一所小学。

校长吴佩臣有着15年党龄，30年教龄的小教超高级教师，省特级教师，中共“十六大”代表，专家型校长；国家、省、市、区四级劳动模范，市、区两级人大代表。

2001年学校建3 100平方米的综合教学楼，配备了语音室、微机室、多媒体教室。校园里1 000平方米的草坪绿地新颖别致，10 000平方米的标准化操场宽阔平整，现代化的教学设施，雅静的校园环境为文化学子提供了良好的发展空间。

学校非常重视教师的在岗提高，2001年，先后派40多名教师到北京、杭州、烟台、吉林、长春等地进修学习，丰富了教师的专业知识，也吸收到了最新的教学思想和教育理念。学校现有省级学科带头人2人，地、县级骨干教师28人，一大批业务精英在文化小学这片沃土上辛勤耕耘着。

2001年，学校整体工作硕果累累，先后被国家、省、市、区政府和教育部门授予“全国‘三算’教学先进单位”，“吉林省精神文明建设先进单位”，“吉林省绿色学校”，“吉林省教育科技示范校”，“教师五项能力整体优秀达标校”。

地址：白城市洮安西路27号
电话：0436　3338409
邮编：137000

①国务院副总理温家宝在中国共产党第十六次代表大会吉林省代表团为吴佩臣校长签名留念
②吉林省副省长李锦斌（中）到文化小学视察工作
③市委书记刘润璞来校视察工作，校长吴佩臣陪同
④校长吴佩臣
⑤升国旗仪式
⑥节日的校园五彩缤纷
⑦美丽的校园

白城市明仁幼儿园

地址：白城市文化东路70号
电话：0436 3232156
邮编：137000

明仁幼儿园建于1958年，原名白城市第一幼儿园。2000年6月1日正式挂牌为“省级示范幼儿园”。建筑面积4 500平方米。有教职工55人，其中小教超高级教师2人，高级教师15人，一级教师13人，二级教师2人。设语音室、微机室、舞蹈室、演播室，室外安装大型玩具10余种。开设学前、大、中、小班10个，在园幼儿400余名，每个班设活动室、寝室、更衣室、卫生间。按《幼教纲要》要求开设语言、数学、科学、社会、音乐、美工、健康课，并加开幼儿英语课，同时进行“早期识字、早期阅读、综合教学”改革实验。

2001年6月，在全国少儿书画“双龙杯”赛中，明仁幼儿园获集体三等奖，获奖幼儿63名，其中获银奖25名、铜奖38名。在全市庆“六一”少儿汇演中，少儿恰恰舞、采茶舞、欢庆舞分别获表演一等奖。幼儿教师在全国少儿书画“双龙杯”竞赛中获辅导奖1人；获省优秀辅导教师奖3人；获市德育先进个人1人，优秀教学成果奖1人，优秀教案奖8人；获洮北区优秀教师奖3人，优秀辅导教师奖3人，巾帼岗位明星1人，“十大能工巧匠”奖1人，优秀教学活动设计奖11人；占全园教师人数的50%。

①园长曲全生
②课堂教学
③幼儿上微机课
④课间体操
⑤家长师生同游大自然
⑥幼儿朗读比赛
⑦教学楼

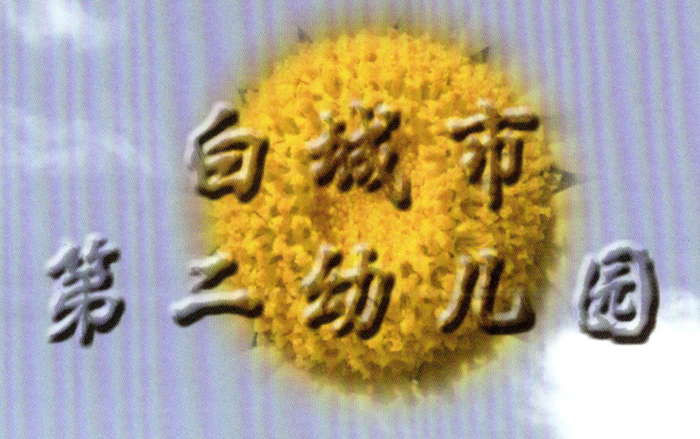

白城市第二幼儿园，建筑面积2 500平方米。有教职工28人，其中小超高级教师3人，高级教师11人，一级教师11人。设语音室、舞蹈室、演播室、家长接送孩子大厅、大型游戏室。开设学前、大、中、小班6个，在园幼儿200余人，每班设活动室、寝室、卫生间，并配置电视、VCD、电子琴、磁力黑板、多变式活动桌椅。室内外大中型玩具数十种。庭院有沙池、草坪、喷泉、植物带、戏水盘、大型组合式玩具。为了幼儿安全，庭院全部铺装了防滑橡胶地砖。为突出本园特色，除按省统编教材授课外，还免费增设英语、珠算、拼音、美术、舞蹈、听读识字、乒乓球等教学内容。为了实现双语教学(汉语、英语)，专门聘请了外国教师，在社会上反响很好。在特色教学中，珠心算教学在全省地级比赛中获三个单项第一名。在武汉举办的"金球杯"幼儿书画大赛中有50余幅参赛作品全部获奖。在省、地、县级幼儿舞蹈比赛中取得了优异成绩。1994年，获省级勤工俭学先进单位，地级先进教研集体奖。2001年，获省级先进个人3人，地级优秀教师3人，地级巾帼岗位明星1人，县级先进个人1人，县级标兵教师2人，发表及获国家、省、地、县级论文奖的教师占95%。

二幼办园宗旨是："一心想着孩子，一切为了孩子"让孩子在轻松、愉快、舒适的环境中学会做人，学会学习，学会强身，学会创造。

地址：白城市文化东路68号
电话：0436　3223090
邮编：137000

①园长陈立新
②市长刘润璞（中）、市委宣传部部长任凤春（左二）、洮北区区委书记纪成和（右一）同幼儿一起过"六一"儿童节
③语音室
④外教教幼儿英语
⑤幼儿室外活动

洮南市百姓休闲广场

洮南市百姓休闲广场位于市委、市政府办公楼前，是在拆除市委和市政府院墙，利用原有场地建设而成。投入资金80万元。占地面积3万平方米，场内种植草坪1万平方米，铺装彩砖4 900平方米，安装回光灯、彩灯205盏。整个广场建设集绿地、花树、灯光于一体，成为洮南市区一道靓丽的风景线。每天清晨，众多的晨练者到这里舞剑练拳，怡然自得；傍晚，人们扶老携幼来这里纳凉嬉戏，尽享天伦，百姓广场真正成了百姓乐园。同时也得到了社会各界的一致好评。

①百姓休闲广场
②广场一角
③广场草坪
④广场夜景
⑤百姓在广场晨练

⑤

洮南市站前灯光广场

为了更好地塑造洮南形象，展示洮南风采，2002年洮南市委、市政府决定把火车站前1.7万平方米的场地建成灯光广场。投入资金120万元。场内安装礼花灯、椰树灯和各种彩灯160杆，种草坪1 900平方米。如今洮南站前灯光广场的夜晚已是流光溢彩；亮如白昼，灯光与绿地交相辉映，构筑了美伦美奂的靓丽景观，成为市民群众茶余饭后休闲娱乐的好去处。

①洮南火车站
②站前灯光广场
③灯光广场夜景之一
④灯光广场夜景之二
⑤人们在广场休闲

洮南市建設局

几年来，洮南市建设局始终坚持两个文明建设一起抓，认真贯彻落实市委、市政府和上级业务主管部门的工作部署，奋力拼搏，真抓实干，取得丰硕成果，充分发挥了城市建设、基本建设、村镇建设的主力军作用。现在，洮南市的城市规划区面积为54平方公里，建成区面积17.4平方公里。市区人口14万人。市区硬化道路54公里，面积78万平方米，形成了纵横交错、四通八达的道路网络；排水泵站4座，地下排水管道65公里，排水设施覆盖整个城区；自来水厂1处，日供水能力1万吨，供水普及率为设计人口的60%；住宅楼房面积90万平方米，人均住宅使用面积17平方米；市区现有公园1座，各类广场7个，园林绿地面积480公顷，绿化覆盖率达28.9%，形成了树木、草坪、花卉多品种栽培，街路、广场、庭院全方位绿化的新格局；市区内有塔灯1座，路灯1 041基杆2 551盏，照明设施更加完备；村镇建设大见成效，城镇基础设施日趋完善，农村新建住宅砖瓦率达100%，人均住宅使用面积16平方米。

建局以来，洮南市建设局先后11次被洮南市委、市政府评为先进局，局党委连续11年被洮南市委评为先进党委，先后4次被白城市委命名为先进党委，局所属8个单位被评为市级精神文明建设先进单位，还有3个单位获省级精神文明建设先进单位殊荣。

①局长、党委书记彭孝臣
②领导班子成员
③城市新姿
④2002年落成的“广昌市场”
⑤办公楼
⑥“双拥模范城”标志塔
⑦世纪家园

地址：洮南市团结西路
电话：0436 6223188
邮编：137100

洮南市畜牧局

地址：洮南市广昌西路22号
电话：0436　6222785
邮编：137100

洮南市畜牧局在全面抓好全市畜牧业发展的同时，按着市委、市政府的要求，把奶牛产业做为重点工作来抓。从引种、改良、疫病防治、奶站建设、园区建设等重要环节入手，初步构筑了奶源基地的框架，力争利用五年时间，做大做强奶源基地，为奶牛产业奠定雄厚的基础。

总体目标：五年内奶牛饲养总量达到10万头。前三年以引为主、以繁为辅，后二年以繁为主、以引为辅。现全市的奶牛饲养量已达到5 000余头。预计2003年奶牛饲养量达到1万头，2004年达到3万头，2005年达到5万头，2006年达到7万头，2007年达到10万头。

畜牧系统的领导、全体职工及广大技术人员有决心抓好奶牛产业，做大、做强奶源基地，为全面推进小康社会做出应有的贡献。

①局长、党委书记段跃平
②领导班子成员
③副局长、高级畜牧师樊宝成在养牛户指导饲养奶牛
③东升奶站一角
④挤奶场景

洮南市
食品卫生监督所
疾病控制中心
①领导班子成员
②治病检测仪
③高温炉
④食品检验
⑤计划免疫室
⑥办公楼
地址：洮南市育英西路82号
电话：0436　6225238
邮编：137100

董事长 柳 祥(左一)
总经理 刘长胜(左二)

地址:洮南市团结东路16号
电话:0436 6223955-8007
邮编:137100

吉林敖东洮南药业股份有限公司

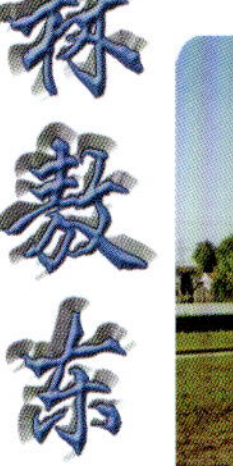

吉林敖东洮南药业股份有限公司是经吉林省体改委批准，以吉林敖东药业集团股份有限公司和中国中医研究院、洮南制药厂实行强强联合组建的股份公司，具有四十年制药历史，为国内天然药物重要生产基地。占地面积10万平方米。有职工410人，其中，工程技术人员80人，高、中级职务28人。公司总股本4698万股。

公司联合以来，按着《公司法》规范动作。充分利用改制后宽松的政策环境，灵活的运行机制，规范化的管理，以科技进步和技术创新为动力，创造了白城地区唯一一家连续3年利税超千万元的业绩，进入全省制药工业企业利税总额20强之列，被吉林省认定为吉林省高新技术企业。四年累计分红率73%。

主导产品心脑舒通胶囊系天然植物药制剂，国内独家生产，是治疗心脑血管疾病的首选药物，为国家首批中药保护品种，中国中药名牌产品，列入《国家基本药物目录》和《国家医疗保险目录》。公司管理系统全部采用ERP系统。公司非常重视科技投入，从英国、德国和台湾地区引进具有国际先进水平的制药设备，采用“敖东城”牌中国驰名商标。以“心脑舒通胶囊”为主导产品，复方益肝灵、清眩降压片等多个新产品并进的“众星捧月”的新格局已经形成。有8大剂型，40多个品种，畅销国内外市场。公司投入巨资开发两个国家中药二类新药，不久即将投入市场。现在具有适应现代天然植物药生产能力的多功能植化药生产线、制药楼和试化楼。

公司以“世人健康、敖东职责”为己任。按照“质量、品种、效益”的原则把公司建设成国内外知名的中药现代化和现代生物制药生产企业，为人类健康和社会进步做出更大贡献。

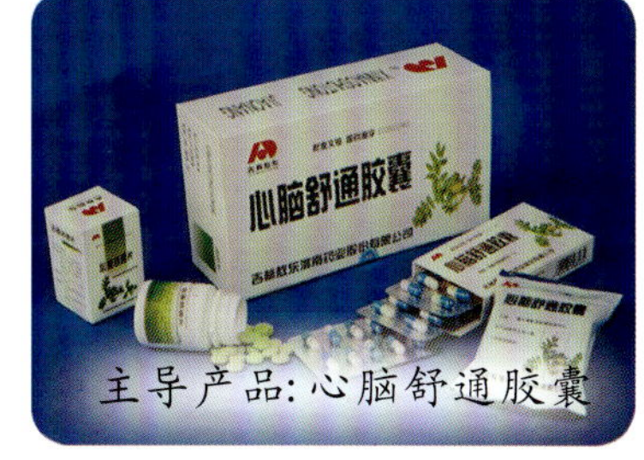

主导产品:心脑舒通胶囊

公司一角

先进的生产设备

厂区鸟瞰

洮南市物资粮油贸易有限责任公司

洮南市物资粮油贸易有限责任公司建于1998年10月。民营企业，从业人员200人。经营面积2 600平方米，仓储面积1 600平方米。固定资产净值200万元，自有资金400万元。经营品种为杂粮杂豆，多销往东南亚各国。

2001年，商品购进总额1 700万元，销售总额2 000万元，税金55万元，利润30万元，劳动生产率1万元/人。2000年企业被评为吉林省百强私营企业。

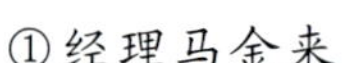

①经理马金来
②市委书记刘润璞到公司视察
③马金来在89届广交会上与外商签约
④加工设备
⑤装运

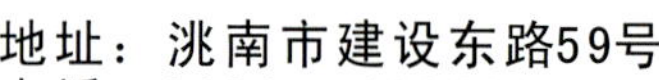

地址：洮南市建设东路59号
电话：0436　6328928
邮编：137100

荣誉证书

马金来 同志：

在吉林省首届主流媒体创富人物评选中，被评选为吉林省

百名创富明星

新星奖

吉林省首届主流媒体创富人物
评选委员会组委会
2003月2月28日

吉林移动通信公司洮南营业部

吉林移动通信公司洮南营业部于1999年7月成立。有职工26人。移动通信基站30个，营业大厅2处，业务代办20处。移动通信信号已覆盖全市90%的乡、镇、场。业务种类有全球通、神州行、长白行、本地通、鹤乡行等。为广大用户开办数据业务、短信息业务、IP电话、移动秘书、手机杂志、手机上网等服务项目。目前全市有全球通移动电话用户36万户，普及率9％。

几年来，以发展为中心，认真抓好通信生产建设，加强企业管理。先后完成光缆接入网工程、土建工程，顺利的完成五期、六期、七期扩容建设任务，完成了268公里光缆直埋和16公里管道建设任务。有效地加速全市信息化建设进程，为全市招商引资创造了良好的通信环境，同时也取得了良好的社会效益，在社会经济发展软环境治理评比中取得了较好成绩。营业班被评为“青年文明号”，企业继续保持了“消费者满意单位”的荣誉和“明码标价信得过单位”。

①经理赵洁军
②领导班子成员
③营业大厅
④业务宣传
⑤办公楼

地址：洮南市广昌西路
电话：0436 6241998
邮编：137100

洮南市馨蜀源制酒厂

洮南市馨蜀源制酒厂建于1962年。原称洮南香实业有限公司，1997年从国有企业改制为股份制企业，2002年转为民营企业，改称现名。占地面积22 692平方米。有员工813人。酒厂有酒类、饮料类、包装装潢类、纯净水类、食品酿造类、禽类，六大类一百多个品种。固定资产1 400多万元。

酒厂以酒类为龙头，酒产品以上等的红高粱为主料，利用得天独厚的优质水资源，添加大枣、枸杞、桂圆，采用独特的工艺和现代检测手段精心配制而成。其特点：清澈透明，窖香浓郁，入口绵甜，香味协调，尾净余长，创出了别具一格，风格独特的洮南香酒，销售到全国各地，深受广大消费者好评。

洮南香酒经有关部门鉴定，产品质量达到国内先进水平，从1963年以来，多次被评为省优、部优、“吉林省名牌”。在轻工业部酒类大赛中被评为优质白酒，获银杯奖。2002年10月获“吉林省名酒”，国家、省、地、市重合同守信誉单位。

馨蜀源制酒厂，随着现代化企业管理制度的建立和市场经济的发展，将“以质量求生存，以信誉求市场，以管理增效益，以科学求发展，”向更高的目标迈进。

地址：洮南市光明北街220号
传真：0436　6231977
邮编：137100

①厂长尚红光
②化验室
③灌装生产线

洮南市北方辣椒有限责任公司

①总经理杨茂义
②杨茂义与韩国客商洽谈业务
③杨茂义陪同韩国客商实地考察椒田
④办公室
⑤挑选优质干椒

地址:洮南市长白公路308公里东侧
电话:0436　6320753
邮编:137100

洮南市北方辣椒有限责任公司成立于2001年。民营企业，是集辣椒产、加、销于一体的专业性公司。有经营场地2万平方米，仓储库房和包装车间1 000平方米。下辖14个辣椒种植产区，分布在洮南市、洮北区、通榆县、大安市、镇赉县和乾安县、扶余县、吉林市。2002年与产区椒农签定种植合同1 000公顷，产红干椒4 000余吨，实现产值2 000多万元，公司回收红干椒900吨，实现销售额540多万元。公司专门有试验、示范基地，做到了试种一批，推广一批，储备一批，保证红干椒的质量始终在国内和国际市场上占领先地位。

公司主要经营方式是订单加服务。每一产区都有技术员常年跟踪指导服务，形成了从育苗到栽培、田间管理及采收、晾晒一条龙的全方位服务体系。公司的经营理念是以人为本，科技领先，诚挚守信，务实高效。把依靠科技作为自身发展的首要。专门成立“辣椒研究所”，聘请毕业于吉林农大本科、有实践经验的高级农艺师为所长，同时聘用9名专业技术人员，从种到管到收全程跟踪指导，提供全年、全面的优质服务。研究工作以吉林农大和中国农大为依据，具备了信息多、信息准、信息快的优势。公司做到了“对客户不赊，对椒农不欠，对信贷不延”。给客商发货，层层建立责任制，严把质量关，深受韩国等外商的好评，对椒农履行合同。公司计划在三年内成立三个分公司：种苗分公司、生产资料（肥、药）分公司、购销分公司，逐步形成集团化公司。并将洮南建成以辣椒为载体的“三个最大”，即：中国北方最大的红干椒生产基地，中国最大的红干椒优良种苗培育基地，中国最大的优质红干椒交易市场。

公司经理杨茂義是“福茂”牌辣椒的创始人，被评为“吉林省十大杰出青年”，“全国青年农民致富带头人。公司产品荣获质量免检。

洮南市第一中学

地址：洮南市光明南街20号
电话：0436　6232993
邮编：137100

洮南市一中于1978年被省教委定为省重点中学。几经发展，现有科教楼、宿舍楼、教学楼，建筑面积12 600平方米。学校有教职工151人，其中，特级教师2人，高级教师20人，一级教师80人。教学班30个，学生1 680人。

在办学实践中，形成了“自信、创新、高效、成功”的优良作风，“勤奋严谨、善导慎行”的教风和“勤学、好问、多思、求是”的学风。有“面向未来，崇尚务实，教求一流，学求博深”的校训。学校重视德育教育，全面提高学生素质。多年来，高考升学率一直保持在80%左右，1995年以来，有12名学生先后考入清华大学、北京大学、人民大学和科技大学。

学校多次受到洮南市委、市政府的表彰，成为“吉林省电化教育示范校”，吉林省“精神文明建设先进单位”。

①校长季国荣
②领导班子成员
③高考光荣榜
④多媒体教学操作室
⑤教学楼

大安市第一人民医院

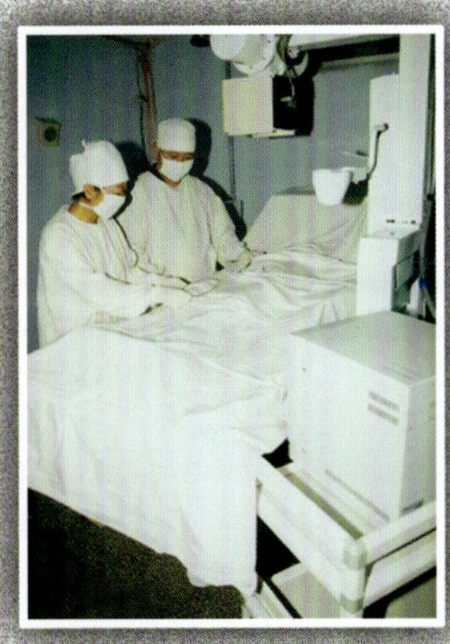

医护人员为患者检查疾病

医院大楼

大安市第一人民医院建于1939年，称大赉县立医院，几易其名，1988年改称现名。占地面积2万平方米，建筑面积1.5万平方米。职工392人，其中卫生专业技术人员321人。设业务科室29个，疗区8个，专业组27个。床位307张。固定资产1 600万元。主要设备有日本东芝全身CT机、B超、美国GE彩超、电视胃镜系统、彩色颈颅多普勒、500mAX线机、动态心电、心电工作站等万元以上大型医疗设备60余台件。

2001年，投资300万元，新建门诊楼、办公楼，并重新装修住院病房楼。医院环境大为改观。在医、教、研和规模、功能等综合实力方面，成为大安市卫生系统的龙头。门诊量7.1万人次。

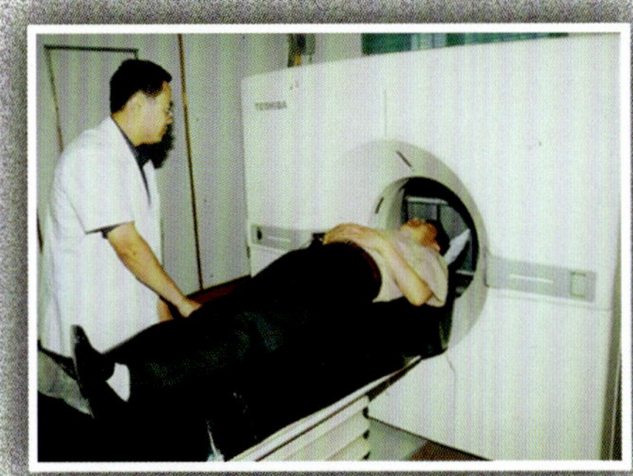

CT室

地址：大安市长白路西
电话：0436 5223836-212
邮编：131300

大安市中医院

大安市中医院建于1949年，称大赉县立中药房，几易其名，1988年改称现名。占地面积8 622平方米，建筑面积4 254平方米。职工212人，其中卫生专业技术人员163人。设临床、医技、行政等科室24个。病床160张。主要设备有CT机、彩超、B超、血凝仪、尿自动分析仪、多功能麻醉机、心电综合分析系统等。固定资产800万元。

2001年，筹资80万元，购血流变仪、洗板机、400mAX线机、X线电视系统、微波治疗仪等。门诊量4.04万人次。大安市中医院坚持“突出中医特色、走中西医结合”的办院方针，普外科研究的《梅花伞式无张力充填塞治疗复发病》，获白城市科技进步奖。

院长 王永春

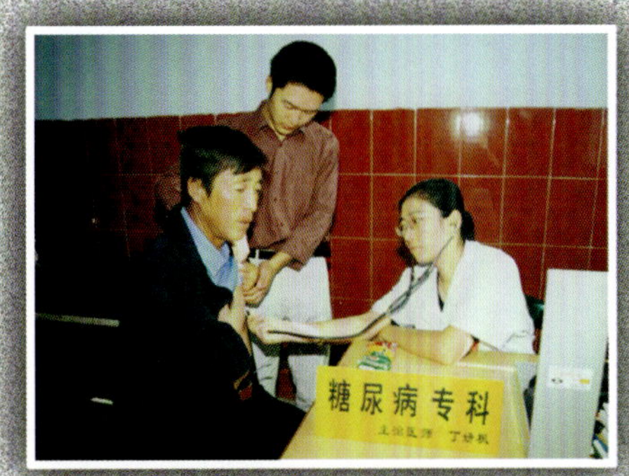

糖尿病专科

医院大楼

地址：大安市人民路北街
电话：0436 5202716
邮编：131300

大安市

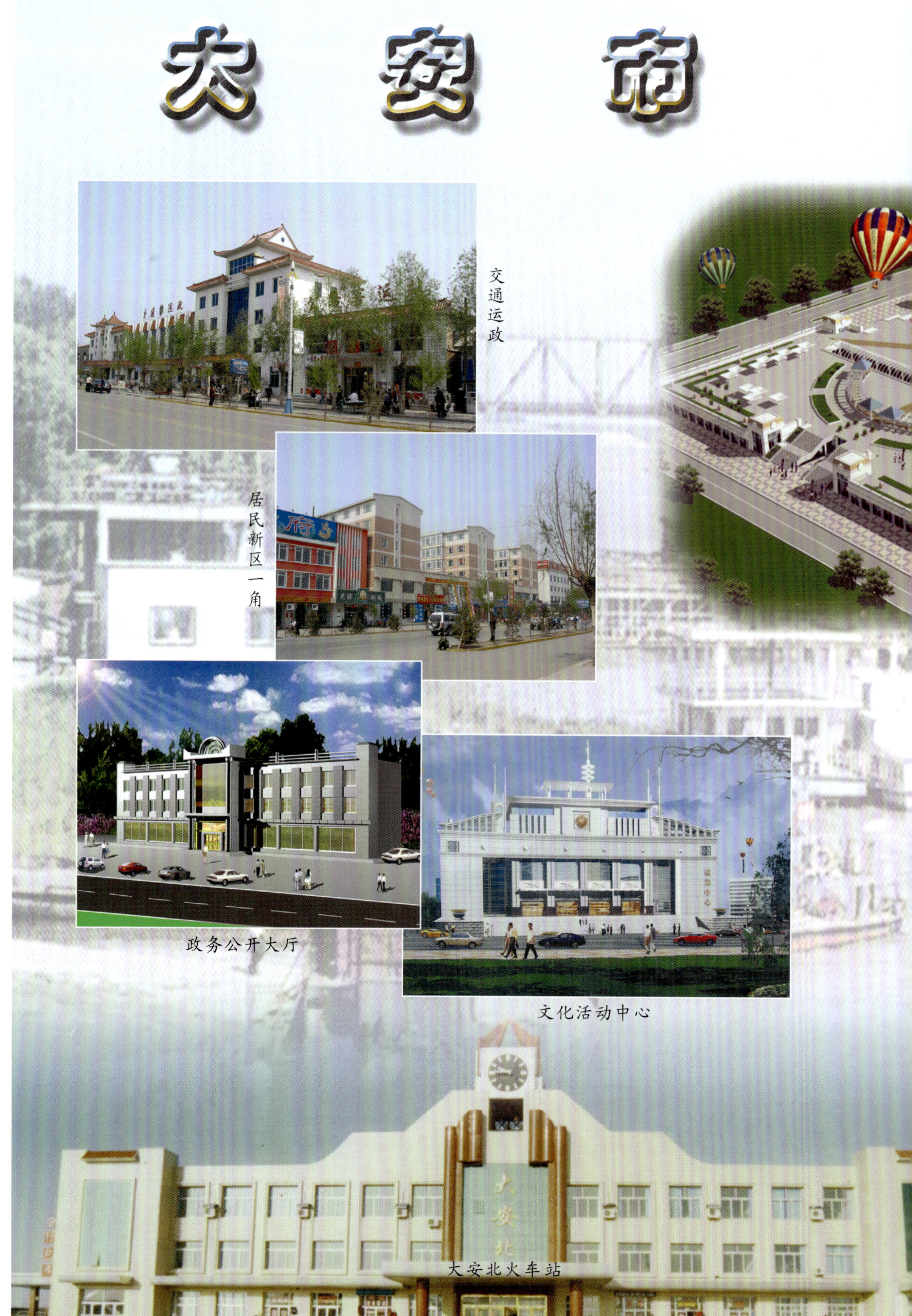

交通运政

居民新区一角

政务公开大厅

文化活动中心

大安北火车站

市容新姿

新世纪广场

步行街

人民路

月亮湖

嫩江度假村

大安港

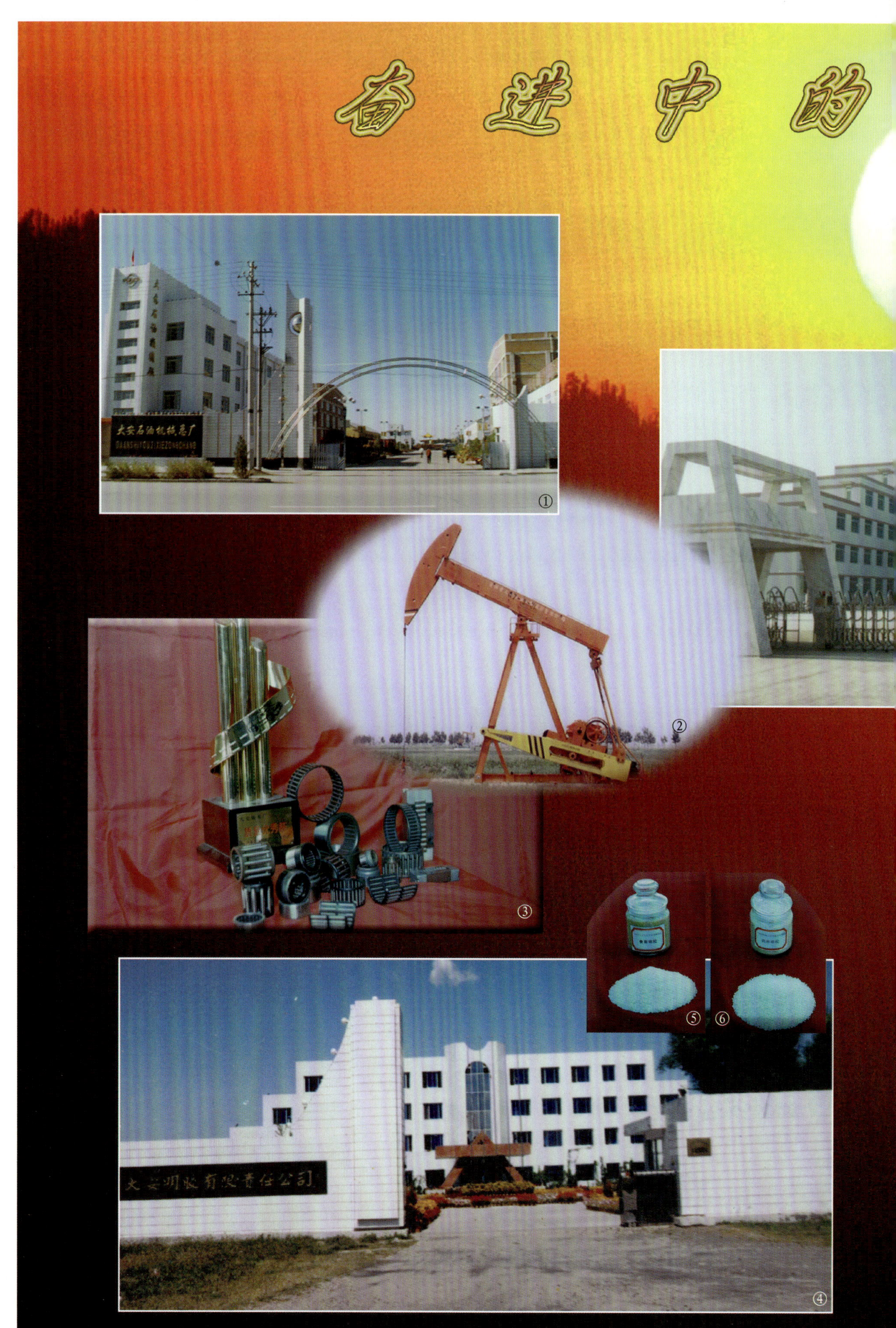
奋进中的
大安石油机械总厂
大安明胶有限责任公司
①
②
③
④
⑤
⑥

大安市

①吉林省华远集团大安石油
机械有限责任公司
②抽油机
③吉林轴承集团有限责任公司
大安公司生产的滚动轴承
④吉林省大安明胶有限责任公司
⑤食用明胶
⑥药用明胶
⑦大安市第一中学
⑧大安市医院
⑨大安市亚龙湾大酒店
⑩亚龙湾酒店吧台
⑪大安市汽车靠背有限责任公司
⑫座椅靠背软垫

大安特色经济

①省委书记王云坤在大安市畜产品加工厂视察
②阳光温室大棚
③法国专家在大安市考察骨素明胶项目
④品种繁多的优质淡水鱼
⑤国家“AAA”级绿色食品“吉鸿”牌大安白鹅
⑥世界闻名的姜家甸草原

大安市烟叶公司

大安市种植烤烟始于1989年。十几年来，立足资源，面向市场，依靠科技加大烤烟开发力度，先后经历了试种、扩大面积上规模、主攻质量上效益和形成产业化四个阶段。现已成为吉林省烤烟面积和产量最大的县（市）。全市共有12 个乡（镇）、72个村、近4 000户农民种植烤烟，年种植面积在5万亩左右，产烟叶10至12万担，年创产值6 000万元。市乡两级财政收入1 000万元，农民收入3 500万元。烤烟已成为全市一项重要的支柱产业。1997年和2001年大安市两次被评为全国烟叶生产先进县（市）。

随着烤烟生产规模的不断扩大，作为产业化的龙头——烟叶公司，也不断发展壮大。十几年来，烟叶公司围绕产前、产中、产后各环节，不断强化自身功能，努力为烟叶生产提供全程优质服务。先后建立了烟叶复烤厂、金业塑料制品厂、烟叶经贸服务公司三家下属企业。目前，烟叶公司资产总额已超亿元。

在烟叶生产上，大安市始终坚持科技兴烟不动摇。在生产中总结出“十全”规范化生产技术模式。坚持科学种、科学管，全市一个管理模式，一个技术要求，一个检验标准，实现了烟叶生产规范化、种植区域化、烟田水利化、耕作机械化，使烟叶质量年年都有新提高。2001年全市上等烟率达20%，中等烟率达65%。

大安市烟叶以颜色鲜艳、厚薄适中、油份足、燃烧性好、无杂气、烟味醇和、出丝率高等诸多特点，得到了用户的一致好评，并荣获2000年中国长春国际农业·食品博览会金奖。目前，全国188家烟厂综合效益排位前20名的烟厂中已有10家与大安市烟叶公司建立了业务合作关系，还与英国“希特兰”公司建立了长期合作关系。

地址:大安市长白街
电话:0436　5224807
邮编:131300

①白城市市委书记刘润璞检查大安烟叶生产
②市长刘继武实地考察烟叶种植情况
③英国“西特兰”公司考察大安烤烟
④东北最大的烤烟生产基地
⑤领导班子成员

镇赉县县容新貌

小康村——保民乡四家子村白银花屯　　永安广场

城市建设　　城标

伊赫昭民俗村

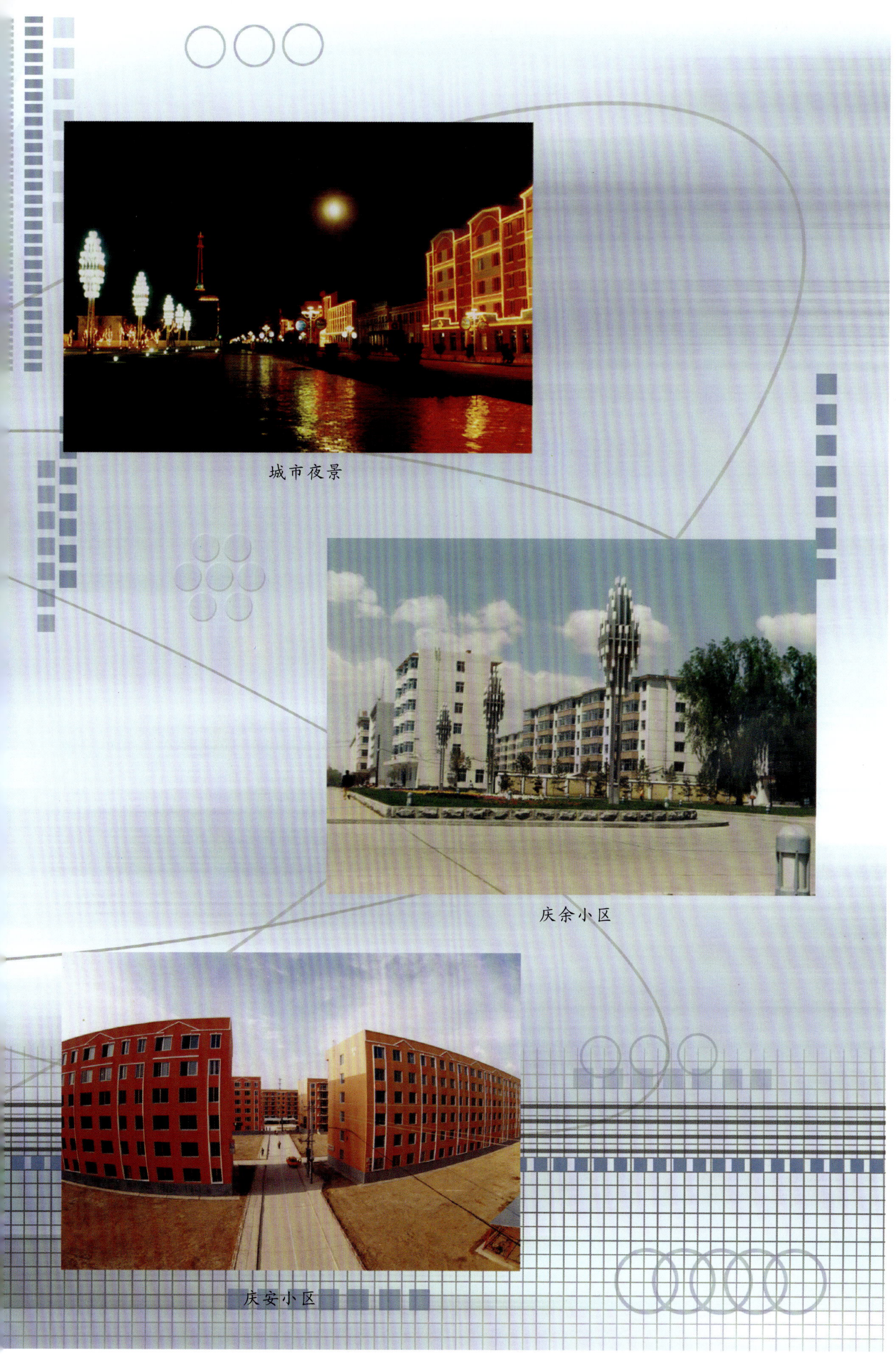

城市夜景

庆余小区

庆安小区

正在崛起的

大草原

莫莫格自然保护区

镇赉湿地

镇赉县

石油开采

S9-2000KV型电力变压器

变压器厂生产的GBW型箱式变电站

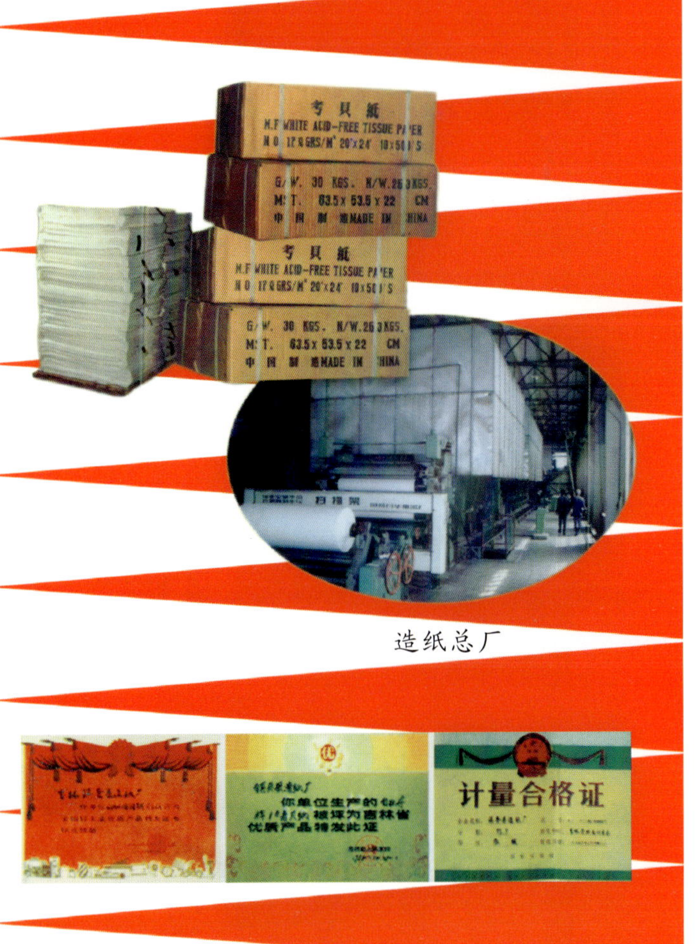

造纸总厂

木材防腐厂

镇赉县计划生育局

镇赉县计划生育局现有职工46人，其中技术服务人员37人(高级职务2人，中级职务3人，初级职务21人)。设综合科、财务科、统计科、法规科、计划生育协会、宣传站、技术服务站、药具管理站。

几年来，镇赉县计划生育局认真贯彻实施人口与计划生育法律、法规；大力开展人口与计划生育宣传教育和技术服务，狠抓计划生育工作人员的培训和队伍建设；努力提高全县计划生育工作人员的业务素质，积极开展全县人口与计划生育目标管理责任制和综合管理责任制执行情况的检查考核。圆满地完成了上级下达的人口计划指标。1993年以来，镇赉县连续10年被评为全省计划生育一类县。2001年被白城市委授予“先进党组织”光荣称号。2002年被列入全省计划生育综合改革试点县。

①局长傅清林
②市长岳清友到镇赉县农村检查计划生育工作
③全县人口与计划生育工作会议
④省计生协会来镇赉县检查计划生育工作
⑤上街宣传人口与计划生育法

地址：镇赉镇庆余街嫩江西路
电话：0436　7223802
邮编：137300

重合同守信用单位
放心食品
名牌产品
金奖
中国环保产品质量信得过重点品牌
经理　马俊辉
镇赉县绿禾有机食品有限公司，是一个设备先进，技术力量较强，产品市场发展前景好的新兴食品加工企业，也是当前农业化发展的加工型龙头企业，年生产能力1 500吨。
公司产品主要以当地出产的绿色大豆为原料。系列产品有学生豆粉、高蛋白豆粉、螺旋藻豆粉、青心青速溶粉等十几个品种；杂豆干制品系列有黄大豆条、丝，黑大豆条、丝，绿大豆条、丝等十几个品种；以绿小豆为原料的绿豆粉以及已开发的以荞麦面、小米面、玉米面为主要原料的免煮面（冷水泡10分钟后加佐料包即可食用）。系列产品进入市场后很受欢迎，被中国环保专业委员会评为首批中国环保质量信得过重点品牌，学生豆粉被长春国际农博会评为名牌新产品，螺旋藻豆粉被齐齐哈尔绿博会评为最畅销新产品，豆制品系列被白城市农业科技那达慕大会评为名牌新产品奖，该企业已通过ISO9001：2000国际质量体系认证。
公司计划开发一批新产品，用于各种精制食品生产的添加原料：蛋青粉、蛋黄粉、花生粉、核桃粉。生产比方便面更方便、更适用、更可口的免煮面品种，以肉类为配料的有牛肉面、羊肉面、猪肉面、狗肉面、鸡肉面等，以蔬菜为配料的有香菜面、菠菜面、柿子面、葱花面等几十个品种。
地址：镇赉镇嫩江路52号
电话：0436　7228328　7237687
传真：0436　7228328
邮编：137300
镇赉县绿禾有机食品有限公司
高蛋白螺旋藻豆奶粉
JIMEI
吉美甜玉米粒
超级营养品
绿禾螺旋藻
LUHE SPIRULINA
超级健康礼品
黑豆油
绿禾有机食品有限公司

镇赉县物资

地址：镇赉镇正阳北街
电话：0436　7222668　7223634
邮编：137300

①总经理刘志军

②领导班子成员

③东北最大的县级商务大厅

④商贸大厅一角

⑤公司生产的省级名优产品

⑥新落成的正阳市场

⑦办公楼

集团公司

镇赉县物资集团的前身是镇赉县物资局，在计划经济向市场经济转轨过程中，由于不适应激烈的市场竞争环境，企业关停，职工下岗，陷入困境当中。2000年8月，镇赉县委调整了该集团领导班子。新的领导班子针对企业现实状况提出了三年实现“稳定、恢复、发展”的战略目标，并扎实有效地开展了具体工作，使奄奄一息的企业恢复了生机，以崭新的面貌崛起在镇赉大地上。

2001年，镇赉县物资集团在没有一点启动资金的情况下，运用市场经济手段，建设了万米建材城，当年盈利270多万元，同时清退职工集资、工资款70多万元，清理债务600多万元。

2002年，建设了20 300平方米的正阳市场，盈利500多万元，同时清理债务1 200多万元，清退职工集资、工资款150万元，使企业提前进入发展阶段。该市场的建设规模和标准在东北县级城市中属一流。投入营业后，可容纳600个业户，年营业额1亿元以上。

通榆县城新貌

①长白大街
②育才路城区一角
③花园小区
④邮电大楼
⑤鹤城夜景

通榆县瞻榆镇

地址:通榆县瞻榆镇
电话:0436　4712310
邮编:137200

书记　马崇明

镇长　鞠长峰

文化馆

商贸区

商贸楼

瞻榆镇位于通榆县城西南45公里,东南与松原市太平川镇相邻,南与内蒙古科左中旗接壤,西与内蒙古科右中旗毗邻,是通榆县西南五乡(镇)两场的文化、政治、经济中心。瞻榆镇建于1906年，是原瞻榆县城所在地。全镇幅员面积674平方公里，其中城区面积15平方公里，是通榆县第二大镇，辖20个行政村、2个街道办事处、6个居民委员会。全镇总人口37 000人。耕地面积17 000公顷。

改革开放以来,瞻榆镇领导审时度势，及时调整工作思路，确立了“工贸兴镇”战略，大力发展镇域经济，农、工、商各业得到全面发展。经过几年的努力，建立了常规农业和日光温室种植两个示范区，万元田(棚)达到5 200户。工业有制砖、酿酒、畜产品加工、葵花仁加工、木材加工等几大支柱产业，年产值达1 000万元，实现利税超百万元。建立了牲畜交易、杂粮杂豆、蔬菜批发、建筑建材和生产资料等五大市场，有国营、集体工商企业34户，个体工商户450户，从业人员3 200人。2001年，全镇实现国内生产总值3亿元，全口径财政收入850万元，居民可支配收入超过3 000元，农民人均纯收入2 000元。

瞻榆镇不断加大城镇建设力度,镇内交通、通信、医疗、文化等基础设施完备，社会安定繁荣，人民安居乐业。1999年被吉林省人民政府命名为“改革与发展试点镇”，2000年被确定为“改革与发展中心镇”，2001年被列为“中心镇改革试点镇 ”。

通榆县人民法院

院长　黄国双

党组成员

通榆县人民法院，坚持以邓小平理论和“三个代表”重要思想为指导，紧紧围绕全县的中心工作，忠实履行宪法和法律赋予的职责，加强审判工作，推进法院改革，狠抓队伍建设，各项工作取得了新进展。2000年被吉林省委、省政法委、省高院命名为“人民满意法院”，被白城市委、市政府命名为“精神文明建设先进单位”。2001年被吉林省高院记“集体二等功”。

办公楼

地址：通榆县开通镇兴华街
电话：0436　4260512
邮编：137200

通榆县人民检察院

检察长　张绍福

领导班子成员

2001年,通榆县人民检察院,各项检察业务工作都取得了突出成绩。七项主要业务工作在全市检察院工作评比中，全部进入优胜，其中有四项业务工作获全市第一名，有两项业务工作受到吉林省高级人民检察院表彰。同年，通榆县人民检察院被吉林省政法委、省高级人民检察院授予“人民满意检察院”称号。

办公楼

地址：通榆县开通镇育才路
电话：0436　4260037
邮编：137200

通榆县财政局

地址：通榆县开通镇团结街
电话：0436　4260356
邮编：137200

①局长王荣武
②领导班子成员
③办公楼

2001年通榆县财政收支首次突破2亿元。财政支出保证了工资、支农、救灾、扶贫及下岗职工生活费的发放。同时投入一定资金支持了工业、农业、文教卫生、城市建设等项事业的发展。财政局被省委、省政府授予“精神文明建设先进单位”，被省财政厅授予“全省财政系统行风建设先进单位”，被白城市委授予“全市农村‘三个代表’学习教育活动先进县（市、区）先进单位”，财政局党总支被白城市委授予“先进基层党组织”，被通榆县委授予“先进基层党组织标兵”，被通榆县直属机关工作委员会授予“县直机关公民道德思想作风建设知识竞赛优秀组织奖”。

④

①

⑤

②

⑥

③

①职业教育中心
②第一中学
③第十一中学实验室
④第一小学
⑤新发乡中心校
⑥县幼儿园

通榆县医院

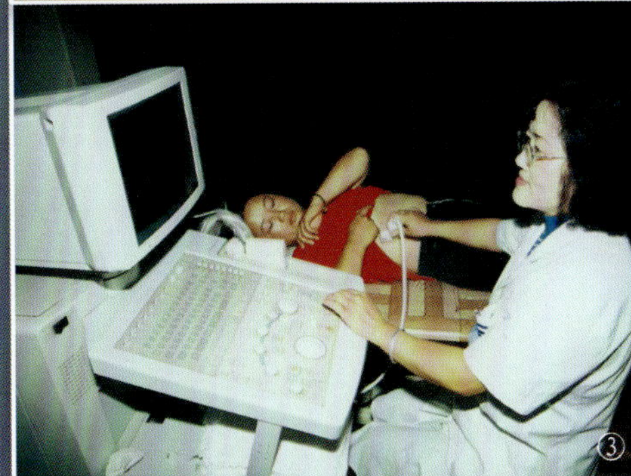

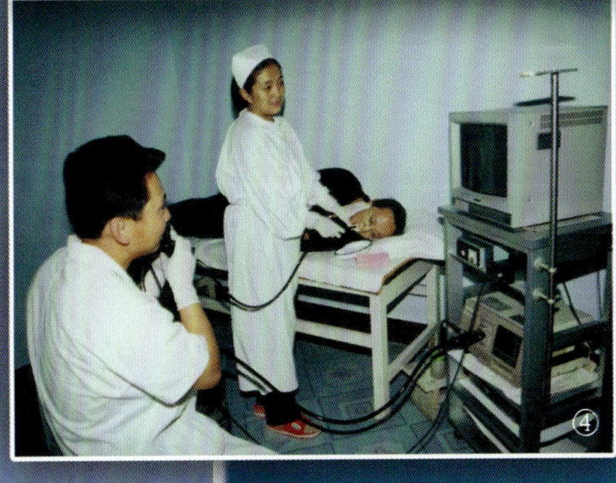

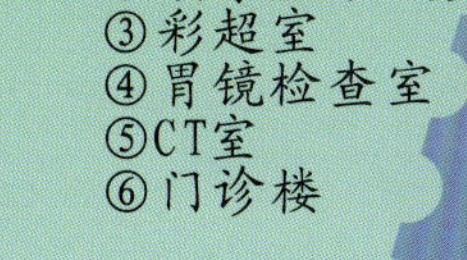
①院长姜银中
②领导班子成员
③彩超室
④胃镜检查室
⑤CT室
⑥门诊楼

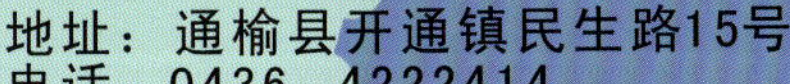
地址：通榆县开通镇民生路15号
电话：0436 4222414
邮编：137200

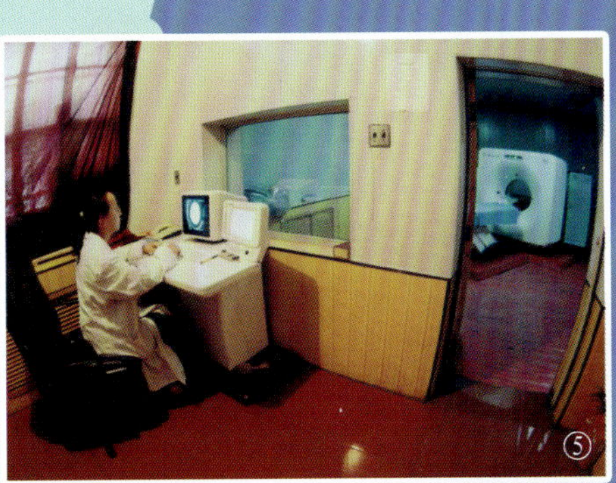

①吉林省省委书记王云坤来开发区视察
②市委、市政府领导检查工业园区的建设情况
③领导班子成员
④吉鹤苑园区——独立别墅
⑤派克企业园
⑥国宏汽车股份有限公司
⑦无氧铜杆标准化厂房
⑧鹤城旅游街
⑨生物医药园——白城市道君药业厂区鸟瞰图
⑩吉鹤生态园园区鸟瞰图

地址：白城市幸福南大街开发大厦
电话：0436 3678990
邮编：137000

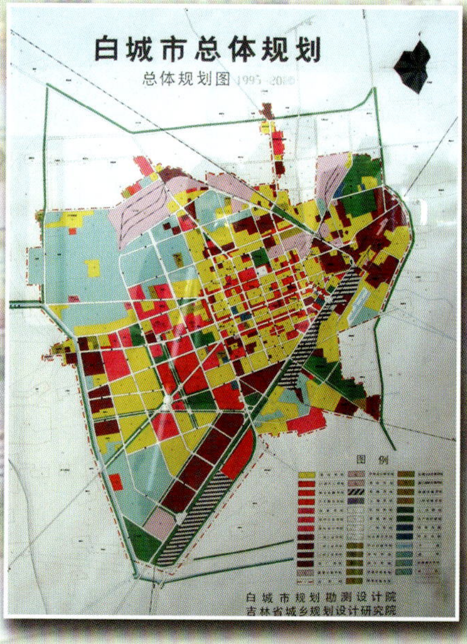

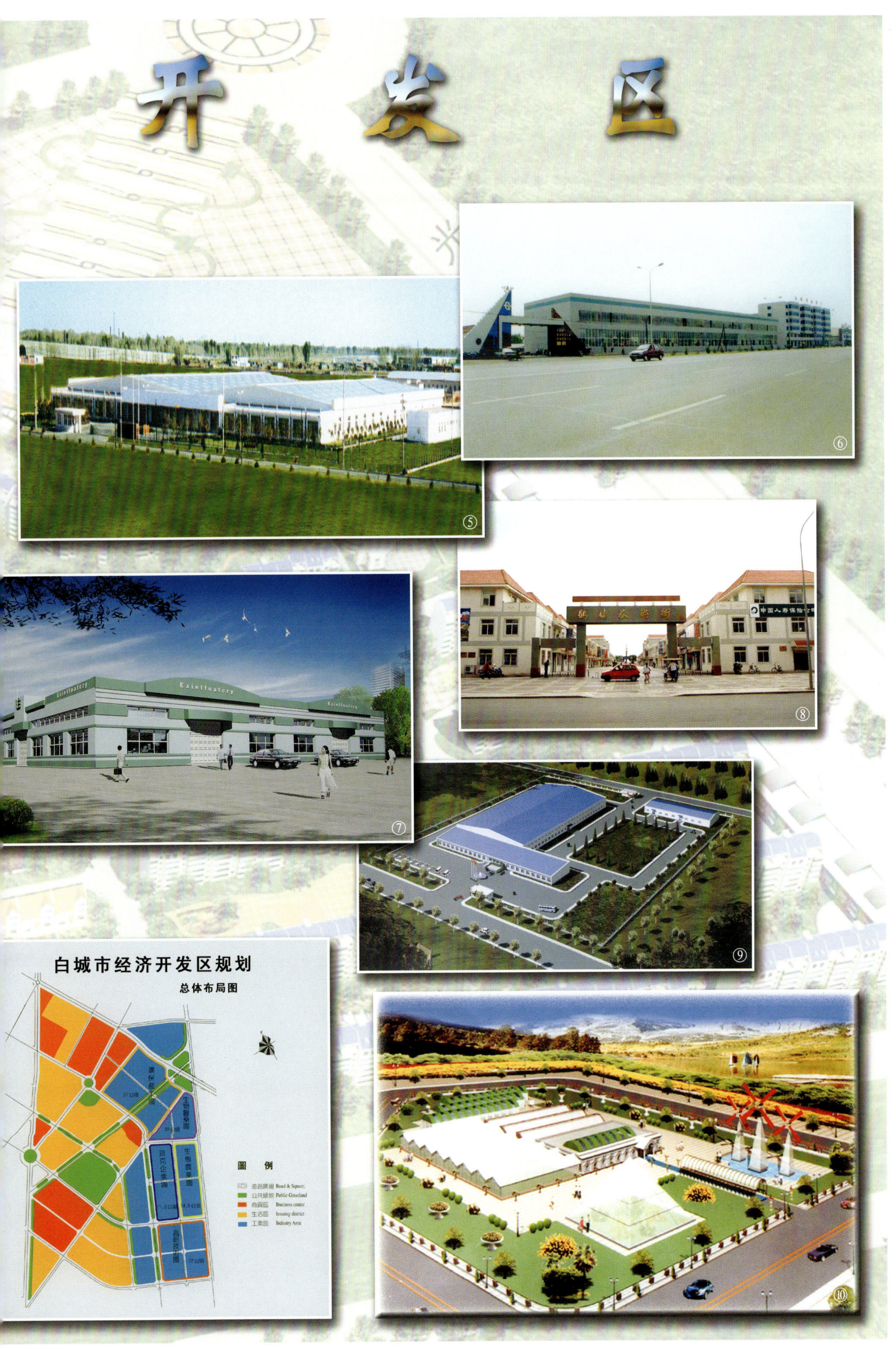
开发区
⑤
⑥
⑦
⑧
⑨
白城市经济开发区规划
总体布局图
圖例
Road & Square
Public Grassland
Business center
housing district
Industry Area
⑩

大安经济

省、市及大安市有关领导参加农业科技那达慕展览

领导班子成员

全体工作人员

开发区

嫩江度假村

大安市创伤医院

大安市创伤医院建于1958年（又称大安市第三人民医院）。占地面积5 000平方米，建筑面积4 000平方米。有职工150人，其中卫生专业技术人员140人。

医院负责大安市刑事、治安、交通案件中全部受伤人员的抢救、治疗和鉴定工作，并由大安市公安局法医专家出诊。2001年，门诊量3.2万人次，比2000年增长14%。年出院病人1 200人次，年手术900多例。

地址:大安市江城中路
电话:0436 5252106
邮编:131300

①领导班子成员
②医院大楼

镇赉县医院

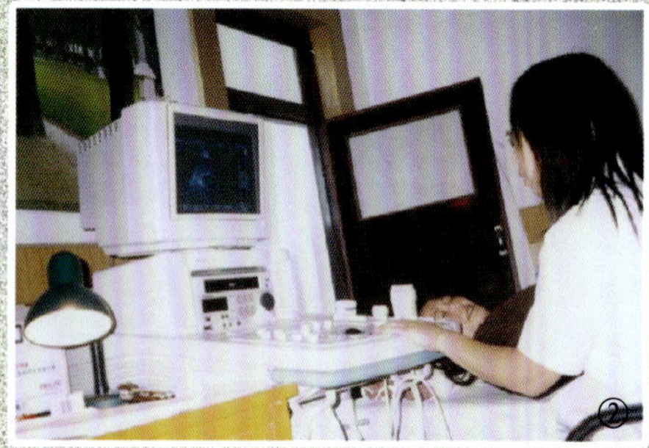

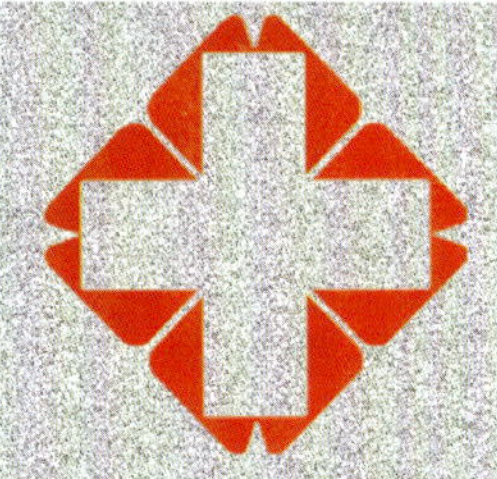

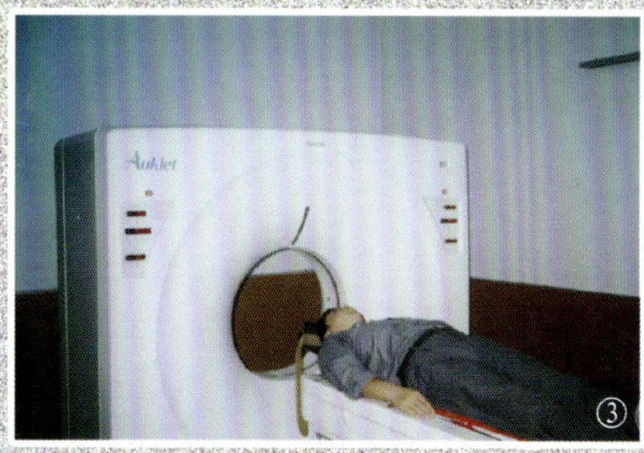

①领导班子成员
②B超室
③CT室
④医院大楼

地址:镇赉镇永安西路1号
电话:0436 7223964
邮编:137300

白城市统计局

地址:白城市文化东路1号
电话:0436　3222941
邮编:137000

①局长李亚芹
②领导班子成员
③微机室
④办公室一角

几年来，白城市统计局为了适应新时期统计工作的要求，坚持以提高统计数据质量为核心，把提高统计数据质量、维护统计数据的准确性放在首位，并贯穿于统计改革和发展的始终，所提供的数据真实、可靠；坚持以优质服务为根本出发点和落脚点，积极探索服务于发展、服务于决策和服务于社会的有效途径，较好地发挥了统计咨询服务的整体功能；坚持以法治统，加大统计执法力度，大力开展统计普法工作，有效地净化了统计工作环境；坚持实行统计方法制度改革，使统计方法制度更好地适应当地党政领导和市场经济发展的需求；坚持加强统计信息化建设，实现了办公自动化和信息传输网络化；坚持强化队伍建设，按照“外树形象、内提素质”的思路，打造了一支作风优良、思想过硬、业务精湛的统计队伍。由于采取了一系列强有力的措施，使统计咨询服务水平有了较大提高，收到了领导满意、社会认可的良好效果。在第五次全国人口普查工作中，白城市统计局获“国家级先进集体”称号。统计局被市政府授予“招商引资先进单位”荣誉称号，党总支委员会被市直机关党工委授予“先进党总支”称号。

白城年鉴 2002 BAICHENGNIANJIAN 白城市人民政府办公室 白城市地方志办公室 编

主　　编：姜凤国
责任编辑：贺　萍　　　　　　封面设计：张建和
责任校对：赵长明　　　　　　版式设计：张　富
吉林人民出版社出版发行（长春市人民大街4646号　邮政编码：130021）
文字排版：白城市地方志办公室　彩页制版：白城市地方志办公室
印　　制：深圳市隆琪印务设计有限公司
开　　本：889mm × 1194mm　　1/16
印　　张：40　　　字　数：1100千字　　　彩　页：256
标准书号：ISBN 7-206-03936-7/Z · 273
2003年7月第1版　　2003年7月第1次印刷
印　　数：2000册　　定　价：268.00元